中国生态旅游发展报告

THE REPORT ON ECOTOURISM DEVELOPMENT IN CHINA

中国生态文明研究与促进会生态旅游分会

中国生态学学会旅游生态专业委员会

组织编撰

叶文　张玉钧　李洪波　主编

科学出版社

北　京

内 容 简 介

本书分为总报告、理论研究篇、区域发展篇、实践与案例篇四部分。

总报告部分以中国生态旅游发展与展望为题对国内的生态旅游发展现状和未来进行了客观分析，同时对九三学社中央推动生态旅游发展的过程进行了系统梳理；理论研究篇分为国际生态旅游发展理论研究进展、中国生态旅游发展理论研究进展、中国保护地生态旅游发展、中国乡村生态旅游发展、中国文化生态旅游发展、中国生态旅游本土化研究、国家公园体制建设对生态旅游发展影响研究和生态旅游的国民教育功能理论研究及自然生态旅游资源类型研究，涉及有关生态旅游理论研究的方方面面；区域发展篇以地理区域为单元，对全国 34 个省份（包括港澳台）的生态旅游发展进行了总结；实践与案例篇涉及国内在社区参与和扶贫、环境解说、非政府组织、自然体验与养生、低碳旅游与户外体育旅游、少数民族原生态文化保护与乡村生态旅游等方面。

本书可供与生态旅游相关的教学、科研工作者及政府、企业等单位的管理人员参考，也可供对生态旅游感兴趣者参阅。

图书在版编目（CIP）数据

中国生态旅游发展报告/叶文，张玉钧，李洪波主编. —北京：科学出版社，2018.5

　ISBN 978-7-03-053813-0

　I. ①中⋯　Ⅱ. ①叶⋯　②张⋯　③李⋯　Ⅲ. ①生态旅游－旅游业发展－研究报告－中国　Ⅳ. ①F592.3

中国版本图书馆 CIP 数据核字（2017）第 141172 号

责任编辑：周艳萍 刘文军 / 责任校对：刘玉靖
责任印制：吕春珉 / 封面设计：王子艾工作室

科 学 出 版 社 出版

北京东黄城根北街 16 号
邮政编码：100717
http://www.sciencep.com

北京中科印刷有限公司印刷

科学出版社发行　　各地新华书店经销

*

2018 年 5 月第 一 版　　开本：889×1194 1/16
2018 年 5 月第一次印刷　　印张：33 3/4 插页：1
字数：800 000

定价：198.00 元

（如有印装质量问题，我社负责调换〈中科〉）

销售部电话 010-62136230　编辑部电话 010-62151061

《中国生态旅游发展报告》
编委会

中国生态文明研究与促进会生态旅游分会
中国生态学学会旅游生态专业委员会 　组织编撰

顾问委员会成员

陈宗兴　十一届全国政协副主席，中国生态文明研究与促进会会长

陈抗甫　十一届全国政协常委、副秘书长，九三学社中央原常务副主席

赖　明　十三届全国政协常委、副秘书长，九三学社中央副主席

黄润秋　十三届全国政协常委，九三学社中央副主席，生态环境部副部长

祝光耀　原国家环保总局副局长、党组副书记，中国生态文明研究与促进会原常
　　　　务副会长

翟浩辉　水利部原副部长，中国生态文明研究与促进会原副会长

刘东生　十三届全国政协常委，国家林业和草原局副局长

王春益　中国生态文明研究与促进会副会长，研究员

张化本　十届、十一届全国政协委员，九三学社中央参政议政部原部长

咨询委员会成员

袁　淏　　陈鑫峰　　詹卫华　　沈志伟　　张文柳

总策划　胡恒学

主　编　叶　文　张玉钧　李洪波

副主编　张光生　过　竹　郑群明

编委会成员（按姓氏笔画排列）

马　娟	马朝洪	马潇源	王　咏	王　珍	王　辉	王　紫
王　蕾	王文瑞	王立龙	王亚惠	王玥宁	王忠斌	王婉秋
王海霞	韦妮妮	文传浩	邓贵平	甘　露	石应平	卢东华
卢锡超	叶　文	田　勇	田　璐	田晓霞	付　昆	付　晶
丛　丽	巩合德	成　海	毕永臻	乔光辉	刘　艳	刘小宇
刘佳艺	刘海洋	刘韶杰	孙宏莉	李　杰	李　桐	李向明
李国平	李洪波	李秋雨	李羚菱	李燕琴	杨　庭	杨会娟
杨宝华	杨春宇	杨晓俊	杨智勇	吴忠宏	何禹璇	邹　佳
邹华丽	沈庆仲	张玉钧	张甲林	张光生	张婧雅	张雅文
张嘉祯	阿依古丽艾力		陈　蓉	陈　瑞	陈天恩	陈玉英
陈佑平	陈君联	陈贵松	陈秋华	陈鑫峰	邵志忠	范志勇
房　蒙	卓玛措	尚晓佳	易志斌	罗明春	罗筱林	和志飞
庞　晶	郑茹敏	郑群明	赵　越	赵敏燕	胡勘平	钟永德
洪鹏飞	姚　娟	秦方鹏	顾成圆	徐　娇	徐世海	高　峻
郭进辉	郭艳萍	郭海健	唐　慧	唐承财	黄志恩	符国基
蒋　艳	蒋万杰	蒋卫东	覃浩庭	程占红	程希平	韩　栋
谢盟月	蒙秉波	赖鹏智	詹卫华	潘淑兰		

序　言

由中国生态文明研究与促进会生态旅游分会和中国生态学学会旅游生态专业委员会汇聚各有关方面力量编写的《中国生态旅游发展报告》近日定稿。书临付梓，我有幸先读为快，在为该报告合作团队多年来所做的不懈努力而感动的同时，也引发了我的一些思考。

党的十八大以来，以习近平同志为核心的党中央，紧紧围绕实现"两个一百年"奋斗目标和中华民族伟大复兴中国梦，举旗定向、谋篇布局、攻坚克难、强基固本，提出了一系列治国理政新理念新思想新战略，开创了党和国家事业发展新局面。习近平总书记强调生态文明建设是"五位一体"总体布局和"四个全面"战略布局的重要内容，要求各地区各部门切实贯彻新发展理念，树立"绿水青山就是金山银山"的强烈意识，构建生态文明建设的"四梁八柱"制度体系，努力走向社会主义生态文明新时代。坚持人与自然和谐共生，建设社会主义生态文明，走绿色发展之路。为加快推进生态文明建设，更好地满足日益增长的旅游休闲消费需求和生态环境需要，要大力发展环境友好型、非资源消耗型的生态旅游，有效整合资源，促进融合发展，优化配套体系，加强资源环境国情教育，引导形成正确的生态价值观，树立崇尚生态文明新风尚，推动形成绿色消费新观念，发展负责任、可持续的旅游业，推动新时代美丽中国建设。

党的十九大报告指出，中国特色社会主义进入新时代，我国社会主要矛盾已经转化为人民日益增长的美好生活需要和不平衡不充分的发展之间的矛盾。生态旅游是建设生态文明与美丽中国的生动实践。随着理论研究和社会实践的不断发展，人们对生态旅游的理解和认识有了很大的变化。生态旅游是人类设计和选择的一种旅游活动方式，其目的和功能是实现人们对自然及其相互关系的重新认识和更科学的解读，突破工业文明时代形成的人与自然的机械关系，从而走向人类社会与自然界的有机共生。生态旅游发展到今天，人们甚至已经把它看作一种新型的伦理观，并成为构建新型人地关系和推动旅游可持续发展的最佳途径。良好的自然生态资源和独特的人文生态资源都是生态旅游发展的基础，是生态旅游吸引力、竞争力和生命力的源泉，两者不可分割。发展生态旅游可以有效保护、合理利用自然生态资源，维护生物多样性，保持自然生态系统平衡；同时也要有效保护、合理利用人文生态资源，包括物质文化和非物质文化资源，从而保护人类文化的多样性和独特性，使之通过生态旅游得到传承和发展。

当前我国生态旅游发展面临难得的机遇。加快推进生态文明建设为生态旅游提供了良好的发展环境，旅游消费需求快速增长为生态旅游提供了健康的发展市场，"一带一路"倡议，以及京津冀协同发展、长江经济带和创新驱动、城乡发展一体化等国家战略的实施，为生态旅游提供了强劲的发展动能。当前，要牢固树立和贯彻落实创新、协调、绿色、开放、共享的新发展理念，以满足人民群众日益增长的旅游休闲消费需求和生态环境需要为出发点和落脚点，以优化生态旅游发展空间布局为核心，以完善生态旅游配套服务体系为支撑，坚持尊重自然、顺应自然、保护自然，强化资源保护，注重生态教育，打造生态旅游产品，促进绿色消费，推动人与自然和谐发展。要以集中连片特困地区旅游资源整体开发为重点，探索生态旅游发展推动贫困地区脱贫攻坚的新途径。要以转型升级、提质增效为主线，促进生态旅游与农业、林业、海洋、文化等相关产业和行业融合发展，与美丽乡村建设相结合，延伸生态旅游产业链，形成旅游综合服务体系。

《中国生态旅游发展报告》一书以党的十九大精神为指导，全面概括了中国生态旅游20多年来的发展历程，并结合我国不同阶段经济社会发展的特点，总结了不同地区生态旅游的开发模式、运营模式和管理机制，突出了发展生态旅游的价值观，提出新时代、新形势、新常态下我国生态旅游发展的走向。全书分为4部分，其中理论研究篇从生态旅游基本理论和基本问题入手，对中国生态旅游发展20多年的理论研究进行详尽的总结和综述，指出了中国生态旅游理论研究中的主要观点、理论方法、流派和研究内容，并提出未来理论研究的方向。在阐述生态旅游基本定义、特征和发展阶段等问题时，做到科学理解和准确阐述，所提观点、所做阐述具备充分的理论依据。尤其是生态旅游本土化、国家公园体制、文化生态旅游、乡村生态旅游、保护地生态旅游等专题研究，都是从中国的特殊情景研究生态旅游问题，总结中国特色生态旅游发展的特殊规律，契合了十八大以来党和国家关于生态文明建设的基本精神，对具体工作的开展具有指导作用。区域发展篇以省（自治区、直辖市）为单元，回顾各地区生态旅游发展的基本过程，提炼发展特色，找寻存在问题，总结发展经验，并结合本地区经济社会发展目标展望生态旅游发展前景。在进行分析时，尽量做到数据准确和内容翔实，并符合各地区经济社会发展形势。实践与案例篇主要以保护地生态旅游区、乡村生态旅游区、文化生态旅游区、生态旅游企业、生态旅游项目等为主题，选取典型性、独特性案例进行分析解剖，突出在生态文明理念引领下的生态旅游开发特色，形成可以推广借鉴的实践经验，反映了我国生态旅游实践过程中的部分成果和不同类型的工作体会，既不是做表彰，也不是排名次。

　　中国生态文明研究与促进会是由姜春云等老同志发起，经国务院批准、民政部注册，由环境保护部业务主管的全国性社会组织。2011年11月11日，我会在人民大会堂举行成立大会，习近平、李克强等中央领导同志发来贺信或作出批示，对研促会工作提出殷切期望和明确指示。从成立至今六年多来，我会以党的十八大和十九大精神为指导，学习贯彻习近平总书记系列重要讲话精神和治国理政新理念新思想新战略，遵照党和国家推进生态文明建设的方针政策与战略部署，聚集全国有志于生态文明建设的力量，积极发挥智囊智库、支撑服务、桥梁纽带作用，深入推进生态文明理论研究与实践创新，坚持为生态文明建设服务，社会影响日益扩大。《中国生态旅游发展报告》既是中国生态文明研究与促进会生态旅游分会与中国生态学学会旅游生态专业委员会近年来的学术结晶，也是国内生态旅游学界和业界近年来的成果总结。报告中既有对生态旅游发展脉络的把握，又有对生态旅游理论研究的深入分析，尤其是对包括港澳台在内的各个地区生态旅游发展现状的系统总结，令人耳目一新，同时实践与案例篇的选取角度和涉及的内容也比较全面。该书读者对象为中央国家机关部门和各级党政机关干部，以及从事生态旅游工作的高等院校、科研机构和社会团体等。该书也可作为生态旅游普及性读物，供社会各界人士阅读。

　　最后，我想强调的是，《中国生态旅游发展报告》的出版凝聚了国内各方人士的智慧与担当。对此，我谨代表中国生态文明研究与促进会表示感谢！希望大家一如既往地关注、支持中国生态旅游的健康发展！

　　应邀写了以上文字，以为序。

十一届全国政协副主席

中国生态文明研究与促进会会长

陈宗兴

目　录

第四篇 实践与案例篇

第一篇

总 报 告

中国生态旅游发展与展望

张玉钧　北京林业大学生态旅游发展研究中心，北京

生态旅游是生态文明建设的有效载体和重要抓手，是构建资源节约型和环境友好型社会、发展低碳经济的最佳方式和重要途径，是建设健康中国、美丽中国，实现中国梦的有力支撑和重要内容。

生态旅游是以可持续发展为理念，以实现人与自然和谐为准则，以保护生态环境为前提，依托良好的自然生态环境和与之共生的人文生态，开展生态体验、生态认知、生态教育并获得身心愉悦的旅游方式。进入 20 世纪 60 年代，发达国家全面反思工业革命带来的全球性环境问题。在"绿色浪潮"和"环境意识觉醒"的影响下，"生态性旅游"的思想开始萌芽。之后经过近 20 年的探索和酝酿，"生态旅游"在 20 世纪 80 年代应运而生。1983 年，墨西哥学者 H. Ceballos-Lascurain 首先创造性地提出"生态旅游"一词，随后在世界范围内广泛讨论并流行开来。最初生态旅游之所以得到关注，是因为人们注意到作为利用对象的生态旅游资源需要保护，同时环境教育的侧重点需要转移，而且客观上社区可持续发展也需要生态旅游的介入。目前，世界范围内的生态旅游正在稳步发展，据国际生态旅游协会（The International Ecotourism Society，TIES）的测算，生态旅游收入以每年 10%～12%的速度快速增长。我国生态旅游的发展几乎与国际同步，已经形成了许多独特的经验和模式，值得总结和推广，很多成果具有国际代表性[1-4]。毫无疑问，中国生态旅游的发展总的情况是发展很快、成绩很大，虽然存在一些不足和问题，但是前景光明。

本报告从中国生态旅游的发展历程与基本现状、发展成效与成功经验、存在问题与发展建议三方面来进行总结和阐述。

1　发展历程与基本现状

1.1　发展历程

国内生态旅游的发展，经历了从概念引进到接受理解和从多种实践到典型示范两个大的阶段。

（1）从概念引进到接受理解（20 世纪 90 年代—2000 年）

伴随着旅游业在我国的兴起，环境污染、景观破坏等问题日益严重，旅游需求与环境保护的关系引起人们的关注。从 20 世纪 70 年代开始，朴素的生态保护思想和可持续旅游的理念贯穿于旅游业发展过程之中。国内正式引入"生态旅游"一词是在 20 世纪 90 年代初期。在之后的 20 多年的时间里，生态旅游在国内引起学术界广泛关注。在此期间，举办了各种形式的生态旅游专题研讨会或论坛[5]。

通常认为，1993 年 9 月在北京召开的"第一届东亚地区国家公园和保护区会议"上通过的《东亚保护区行动计划纲要》，标志着生态旅游的概念在中国第一次以文件形式得到确认。1994 年 3 月经国家旅游局批准，原林业部成立了森林国际旅行社，北京、福建、陕西、大连等 15 个省、直辖市和计划单列市还

先后成立了森林旅游公司或森林旅行社。开发森林旅游资源和开展森林旅游活动，标志着与国家旅游局相配合的森林旅游在管理和开发方面形成了完整的体系。1995 年我国第一届生态旅游研讨会在云南西双版纳召开，就我国生态旅游发展问题进行了深入探讨，会后发表了《发展我国生态旅游的倡议》，还建议国家旅游局将生态旅游作为旅游主题年，这个倡议书引起了业界的广泛关注，并具有标志性的意义。1996 年，在联合国开发计划署的支持下，召开了武汉国际生态旅游学术研讨会，并将生态旅游研究推向实践。同年，国家自然基金委员会与国家旅游局联合资助了"九五"重点项目"中国旅游业可持续发展理论基础宏观配置体系研究"，由国家旅游局计划统计司与中国科学院地理科学与资源研究所共同主持，开展生态旅游典型案例研究。同年 10 月推出的《中国 21 世纪议程优先计划》调整补充方案中，列出"承德市生态旅游""井冈山生态旅游与次原始森林保护"等作为实施项目，进一步推进了生态旅游的发展。1997 年，"旅游业可持续发展研讨会"在北京举行，会议有不少文章涉及生态旅游，认为生态旅游对于保障中国旅游业可持续发展有重要意义。1998 年国家旅游局提出建设 6 个高水平、高起点的重点生态旅游开发区：九寨沟、迪庆、神农架、丝绸之路、长江三峡、呼伦贝尔草原。

1999 年是生态旅游发展重要的一年。国家旅游局、国家环保局、国家林业局、中国科学院 4 个部门联合举办了"'99 中国生态环境游年"，其主题是"走向自然、认识自然、保护环境"，主要口号有：①走向自然、认识自然、保护环境；②返璞归真，回归自然；③生态环境游——时尚的选择；④青山秀水探净土，清风明月近自然。通过此次活动的举办，借助于新闻媒体的推介，"生态旅游"的概念开始被社会广泛关注[5]。

2000 年，由杨桂华等编写的《生态旅游》教材出版发行，成为"我国第一本生态旅游领域理论研究的著作，是国内生态旅游研究的最新成果"。以此为开端，有关生态旅游研究的大量文献和资料，都集中在对生态旅游的概念的界定、内涵的解释、功能的探讨、特征的描述等基础理论研究方面。在此过程中，很多专家和学者做出了不懈努力，吸取国际生态旅游的先进发展理念和做法，为我国生态旅游的深入发展提供了可借鉴的宝贵经验。

（2）从多种实践到典型示范（2001 年至今）

进入 21 世纪，生态旅游在国内得到快速发展，在举办一些重要会议的同时，也在探索多种形式的实践活动，甚至上升到典型示范。

2001 年 3 月，全国旅游发展会议首次提出建立一批国家生态旅游示范区。同年，国家旅游局在《2001 年国家旅游局工作要点》与《中国旅游业"十五"发展规划》中再次提出了建设国家生态旅游示范区的思路，并将其列为我国"十五"期间旅游业发展的重点之一。同年 12 月，中国生态学学会旅游生态专业委员会在北京成立。自成立以来，中国生态学学会旅游生态专业委员会致力于推动我国生态旅游事业的发展，先后成功举办十届中国生态旅游发展论坛，在推动和指导我国生态旅游发展方面取得了丰硕的成果，有力地促进了生态旅游业和生态文明建设的进一步发展。

2007 年，"2007 中国国际生态旅游博览会"成为将理论与实际相结合、国内与国外相结合、景区与线路相结合、普及生态旅游与发展会展奖励旅游相结合的新型展会，为探索中国生态旅游的发展实践提供了一个良好平台。2008 年，全国生态旅游发展工作会议在北京召开，当时国家旅游局正在制订《全国生态旅游示范区标准》，并在会上发布了征求意见稿。2008 年，国家旅游局和环境保护部联合发布了《全国生态旅游发展纲要（2008—2015 年）》。同年，国家旅游局、国家林业局、环境保护部和中国科学院 4 部门（机构）联合发文，将 2009 年确定为"中国生态旅游年"，全国各地纷纷推出各种生态旅游产品系列，进一步加快了我国生态旅游业体系的建立和完善。同年，国务院《关于加快旅游业发展的意见》（国发〔2009〕41 号）中关于新能源、新材料、节能节水减排、低碳旅游、绿色旅游等举措都体现了与生态旅游的关联性。

2009 年，九三学社中央委员会会同中国生态学学会旅游生态专业委员会在湖南、贵州两省进行生态旅游调研，向中共中央、国务院提交了《关于推动我国生态旅游发展的建议》，并作为提案向 2010 年的全国两会提交，受到党中央、国务院的高度重视。在该提案中，九三学社中央提出以下建议：一是制定生态旅游发展规划；二是制定统一规范的生态旅游标准体系；三是完善生态旅游管理的体制机制；四是健全生态旅游的法律法规；五是加大对生态旅游发展的政策支持力度；六是推进科技进步，为生态旅游发展提供科技支撑；七是加强宣传教育，提高全社会生态文明意识。2010 年，由国家旅游局提出，联合环境保护部和两家机构共同颁布《国家生态旅游示范区建设与运营规范》（GB/T 26362—2010）。2011 年，国家"十二五"规划提出"全面推动生态旅游"。

2011 年，我国第一本生态旅游杂志——《中国生态旅游》创刊，对普及生态旅游知识做出了贡献。2012 年，由国家旅游局和环境保护部联合制定了《国家生态旅游示范区管理规程》和《国家生态旅游示范区建设与运营规范（GB/T 26362—2010）评分实施细则》，并颁布实施。2014 年，在九三学社中央的工作推动下，中国生态文明研究与促进会成立了生态旅游分会，其宗旨是遵照国家生态文明建设的方针政策和战略部署，聚集全国有志于生态旅游发展的力量，以服务社会为目的，推动生态旅游事业的健康发展，同时以生态旅游为平台，推进生态文明建设。2016 年 3 月，国家"十三五"规划更是明确提出了要"支持发展生态旅游"。同年，在国家发展和改革委员会和国家旅游局的共同推动下制定了《全国生态旅游发展规划》。可见，生态旅游的总体形势向着利好的方向发展。

近年来的生态旅游典型示范区建设，有助于在实践中进一步理解生态旅游的概念内涵，探索生态旅游的发展路径。同时，有助于平衡社会经济发展与保护生态环境和文化之间的关系，进而保护生态环境，提高环境意识和推动社会全面发展。

1.2　基本现状

当前，我国生态旅游发展形势喜人，无论从政策、产业还是学术研究来看，生态旅游的发展都获得了更多的支持、更大的投入、更加深入的研究和实践。

（1）政策层面

我国生态环境仍比较脆弱，生态系统质量和功能偏低，生态安全形势依然严峻，生态保护与经济社会发展的矛盾仍旧突出。随着我国生态文明建设步伐的不断深入推进和全国旅游工作会议相关部署的全面展开，生态旅游作为推动生态文明建设的重要载体，正迎来黄金发展期和战略机遇期，融合发展势头日益凸显，是建设美丽中国，让城镇更美、让农村更美、让老百姓更富裕的重要途径。实现发展方式的绿色转型、推进生态文明建设，是党的十八大确立的一项重要战略任务。如何把生态文明建设的理念、原则、目标等深刻融入和全面贯彻到我国经济、政治、文化、社会建设的各方面和全过程，把"绿色化"与"工业化、农业现代化、城镇化和信息化"协同推进，着力推进绿色发展、循环发展、低碳发展，为人民创造良好的生产生活环境，形成人与自然和谐发展的现代化建设新格局，是当前和今后一段时期内摆在我们面前的一项艰巨任务。党的十八大明确提出推进生态文明建设，构建生态安全格局。党的十八届三中全会进一步要求建立空间规划体系，划定生产、生活、生态空间开发管制界限。"十三五"规划纲要要求加大生态环境保护力度，为人民提供更多优质生态产品。生态保护作为生态文明建设的重要内容，关系人民福祉，关乎民族未来。为加快推进生态文明建设，更好地满足日益增长的旅游休闲消费需求和生态环境需要，必须加快发展环境友好型、非资源消耗型的生态旅游，有效整合资源，丰富旅游内涵，提升生态品位，促进融合发展，优化配套体系，加强资源环境国情教育，提高环境意识，引导形成正确的生态价值观，树立崇尚生态文明新风尚，推动形成绿色消费新观念，发展负责任、可持续的旅游业，实现人与自然和谐共生。

（2）产业现状

改革开放特别是"十二五"以来，我国旅游业快速发展，旅游已成为城乡居民日常生活的重要组成部分，成为国民经济新的重要增长点。相关数据表明，2015 年国内旅游人数达到 40 亿人次，旅游业总收入 4.13 万亿元。预计 2020 年国内旅游人数将突破 70 亿人次，居民人均旅游次数将从目前不到 3 次提高到 5 次左右，旅游产品供求矛盾将持续突出。我国生态旅游发展至今，由于受各方面因素的影响，生态旅游产业虽然还不能进行独立核算和统计产业体量，但生态旅游产业的特色和规模已经形成。以森林旅游为例，近年来在各级林业部门的共同努力下，全国森林旅游表现出良好的发展态势，从业人员规模逐渐扩大，游客数量不断增加，森林旅游进一步促进了区域经济发展和就业增收能力。从 2015 年以全国森林公园、湿地公园等为基础的统计数据看，森林旅游直接收入 1000 亿元，同比增长 21.21%，创造社会综合产值 7800 亿元，约占 2015 年国内旅游消费（34800 亿元）的 22.41%，同比增长 20%。全年接待游客约 10.5 亿人次，约占国内旅游人数（40 亿人次）的 26.25%，同比增长 15.38%。森林旅游管理和服务的人员数量达 24.5 万，其中导游员和解说员近 3.8 万。此外，生态旅游发展带动了就业增收能力，目前生态旅游已成为农民脱贫增收的新渠道，更成为推动地方经济转型升级、促进消费的新引擎，对地方社会经济的带动作用日益明显[6]。

近年来，人们对生态旅游兴趣的增强反映了一种不断高涨的时代潮流，那就是亲近自然、感受自然正成为一种时尚消费。越来越多的旅游者已经不再满足于一般形式的观光游览，而是追求更深层次的旅游体验，并注重参与性，如野生植物识别、野生动物观察、户外游憩活动、自然和文化传统体验等，甚至还引进吸收了西方国家盛行的边走边学（向导旅游）、专门学习性旅游计划（团体教育性旅游）等旅游项目[7-9]。

（3）学术研究领域

在生态旅游研究体系建立初期，以生态学、地理学和林学等学科为学术背景的一批学者开始从生态伦理、自然保护、空间分布、资源可持续利用和保护地社区发展等角度探讨生态旅游的研究内容。经过 20 多年的努力，生态旅游的概念体系、研究对象及研究内容已基本清晰，其理论"范式"也初步成型[10]。生态旅游是在围绕大众旅游与替代旅游、特定主题旅游、可持续旅游等相互竞争的语境或背景下产生的。国内学者在引进、消化和吸收国外相关概念的基础上，也在积极探讨生态旅游的内涵和本质，并在客观上形成和积累了一套与生态旅游密切相关的概念体系。自 2000 年出版了国内第一本生态旅游教材之后，后续多个版本的生态旅游教材相继出版，这些教材的出版，极大地丰富了生态旅游的研究内容，为生态旅游的细化研究提供了依据和蓝本。以中国生态学学会旅游生态专业委员会的历任委员为核心，联合相关学科的研究者及青年学术骨干组成的生态旅游学术共同体已初步形成。以韩也良、李文埕、卢云亭、郭来喜和吴楚材等为代表的老一辈生态旅游研究开创者，为推动生态旅游的系统研究做出了重要贡献，并在后期形成了吴楚材的起源论、杨桂华的系统论、叶文的本土化思想为标志的生态旅游研究范式。其他学者在生态旅游规划、可持续生计与社区参与、生态环境与生态旅游、利益相关者参与机制、生态旅游认证等方面都进行了有益的探讨。在发展过程中，还相继产生了相关的教育机构、生态旅游相关协会与学术组织，如中国生态文明研究与促进会生态旅游分会、中国生态学学会旅游生态专业委员会、西南林业大学生态旅游学院、中南林业科技大学旅游学院、四川省生态旅游协会、北京林业大学生态旅游发展研究中心等。近年来的国内生态旅游研究至少涉及以下 9 个方面的内容：①生态旅游的基础理论；②生态旅游资源与开发规划；③生态旅游伦理与中国山水文化；④生态旅游市场与品牌塑造；⑤保护地与生态旅游；⑥生态旅游作用与影响；⑦生态旅游管理与政策；⑧生态旅游与社区发展；⑨自然解说与环境教育。特别值得一提和令人欣慰的是，国家自然科学基金对生态旅游研究领域一直在研究项目上给予关注与支持，水利部和国家林业局也对生态旅游的学术交流和研究给予了支持。到目前为止，生态旅游的研究内容逐渐聚焦，研究问题逐渐清晰[11-13]。

2 发展成效与成功经验

2.1 发展成效

（1）与生态旅游相关的研究理论得到深化

伴随着生态旅游的发展，在从理念引进到消化吸收的过程中，生态旅游相关理论得以深化。①基于生态系统服务的复合生态系统理论。复合生态系统是由人类社会、经济活动和自然条件共同组合而成的生态功能统一体。复合生态系统理论把生态系统所涉及的经济、社会和生态问题有机地联系了起来，这就为人们从更大的系统和更综合的角度研究生态旅游搭建了理想的理论平台。②基于生态基础设施的景观生态学理论。生态基础设施（Ecological Infrastructure，EI）最初是指城市的可持续发展所依赖的自然系统，是城市及其居民能持续地获得自然服务（Nature Service）的基础。这里所说的自然服务包括提供新鲜空气、食物、体育、游憩、安全庇护及审美和教育等。它包含一切能提供上述自然服务的城市绿地系统、林业及农业系统、自然保护地系统，并进一步可以扩展到以自然为背景的文化遗产网络，从而与生态旅游建立一定的联系。生态基础设施与景观生态学相关联，作为生态系统管理途径之一，发挥生态基础设施的生态旅游服务功能，可望成为今后的研究热点。③基于生态旅游容量的生态承载力理论。生态承载力是在一定时间、一定空间范围内，生态系统在自我调节及人类积极作用下健康、有序地发展，生态系统所能支持的资源消耗和环境纳污程度，以及社会经济发展强度和一定消费水平的人口数量。通过生态承载力的计算，可以制定区域复合生态系统的经济、社会发展主要指标，提出对生态旅游区建设的相关要求。④基于可持续旅游的可持续发展理论。可持续发展是一个动态过程，它要求在不同的区域内，经济发展和人口、资源、生态环境保持协调，其经济增长、社会稳定发展要建立在有效控制人口增长、合理利用自然资源、逐渐改善环境质量并保持良性发展的基础上，同时促进不同类型地区的协调与均衡，缩小区际发展水平的差距。可持续旅游必须置于可持续发展的框架之下才能得以实现。⑤基于社区参与的利益相关者理论。在生态旅游管理中，单靠政府的方针政策，甚至市场以至技术上的措施是不够的。更强调政府（行政部门）、旅游经营者、旅游者、当地居民、研究者等各个利益相关者价值观的相互交织、碰撞、磨合。同时，政府与市场提供一种平台，以另一种身份来协调各主体之间的关系，以达成对话、协作和相互理解，最终走向生态旅游共治。⑥基于国际理念的生态旅游本土化理论。本土化的生态旅游只有密切联系中西方在传统文化、价值观念、教育模式、旅游市场等方面的差异性，在明确生态旅游的目标与理念的基础上，积极探索并制定符合中国国情的发展路径，才能实现中国的生态旅游健康发展[14-16]。

（2）生态旅游目的地体系基本形成

中华民族在漫长的历史进程中与自然和谐相处，留下了宝贵的自然文化遗产。为了保护这些珍贵的自然文化遗产，中国政府于1956年在广东先行建立了第一个自然保护区。此后，伴随着自然保护区数量的逐年增多，政府各部门根据自身的业务分工和行业特点又相继建立了风景名胜区、森林公园、地质公园、湿地公园、水利风景区、海洋特别保护区（含海洋公园）、沙漠公园等不同类型的自然保护地。截至2014年年底，我国已建立各种类型、不同级别的自然保护地8900多处，总面积约占陆地面积的18%。其中，国家级自然保护地已达2992处。上述这些各级各类自然保护地的遴选过程和准入标准在一定程度上代表了相应的生态系统类型，也基本反映了其生态系统特征。从宏观层面看，我国已初步形成了具有一定规模和本土特色的自然保护地体系。这些各级各类自然保护地作为生态旅游目的地，提供优质的生态旅游资源，为开展生态旅游提供了基础条件[12]。

我国自2013年提出"建立国家公园体制"以来，已相继发布多个关于自然保护和国家公园体制建设的重要政策指导文件。其中 2015 年 9 月中共中央、国务院印发的《生态文明体制改革总体方案》明确指出："建立国家公园体制。加强对重要生态系统的保护和永续利用，改革各部门分头设置自然保护区、风景名胜区、文化自然遗产、地质公园、森林公园等的体制，对上述保护地进行功能重组，合理界定国家公园范围。国家公园实行更严格保护，除不损害生态系统的原住民生活生产设施改造和自然观光科研教育旅游外，禁止其他开发建设，保护自然生态和自然文化遗产原真性、完整性。"可以看出，我国借开展国家公园试点的契机，最终目的是重组自然保护地体系，理顺自然资源资产的管理体制，同时也为开展生态旅游提供了制度保障。

（3）相关法律法规纳入生态旅游运营

政府层面制定的相关政策和法规在一定程度上为生态旅游的发展营造了良好的法律及政策环境。迄今为止，我国涉及生态旅游中环境保护的法律有《中华人民共和国环境保护法》《中华人民共和国文物保护法》《中华人民共和国大气污染防治法》《中华人民共和国森林法》《中华人民共和国野生动物保护法》《中华人民共和国海洋环境保护法》《中华人民共和国水污染防治法》等；对旅游活动行为进行规范的法律法规有《旅游法》《旅游基本建设管理暂行办法》《旅行社管理条例》《旅游安全管理暂行办法》《风景名胜区管理暂行条例》《自然保护区条例》《导游人员管理条例》等行政法规。与此同时，地方政府在国家现有法律的基础上也相应制定了加强旅游资源开发和生态环境保护的法规及政策。

在此过程中，国务院在 1999 年发布了《全国生态环境建设规划》。该规划指出，生态环境是人类生存和发展的基本条件，是经济、社会发展的基础。保护和建设好生态环境，实现可持续发展是我国现代化建设中必须始终坚持的一项基本方针。国务院于 2000 年发布了《全国生态环境保护纲要》，确立了生态保护与生态建设并重的基本原则。该纲要从维护国家生态环境安全、促进经济发展模式转变和实现可持续发展战略的高度，提出了今后一段时间生态保护的目标和任务。《全国生态环境保护纲要》第 17 条还对旅游资源开发利用的生态环境保护做出了专门规定："旅游资源的开发必须明确环境保护的目标与要求，确保旅游设施建设与自然景观相协调。科学确定旅游区的游客容量，合理设计旅游线路，使旅游基础设施建设与生态环境的承载能力相适应。加强自然景观、景点的保护，限制对重要自然遗迹的旅游开发，从严控制重点风景名胜区的旅游开发，严格管制索道等旅游设施的建设规模与数量，对不符合规划要求建设的设施要限期拆除。旅游区的污水、烟尘和生活垃圾处理，必须实现达标排放和科学处置"。2004 年，国家环保总局在《关于加强资源开发生态环境保护监管工作的意见》中进一步强调了旅游资源开发项目的环评审查和生态环境监管重点：必须有生态环境保护规划和宣传教育方案，旅游区内禁止建设破坏景观资源的楼、堂、馆、所；严格限制索道、滑车、旅游列车、娱乐城等建设；科学核定景区容量，做到"区内游，区外住"；禁止在自然保护区核心区、缓冲区内从事旅游开发，不得以开发为目的擅自把自然保护区核心区、缓冲区调整为实验区。2015 年，环境保护部印发《生态保护红线划定技术指南》，指导各地组织开展本地区的生态保护红线划定工作。2016 年发布的《国民经济和社会发展第十三个五年规划纲要》（以下简称《"十三五"规划纲要》），《"十三五"规划纲要》按照山水林田湖系统保护的要求，大力推进生态文明建设，通过强化生态监管、完善制度体系，促使生态空间得到保障、生态质量稳中有升、生态功能逐步改善，从而维护国家生态安全。上述法律法规为生态旅游的有效运营提供了现实依据。

（4）生态旅游管理体制得到完善

在我国，生态旅游的利益相关者主要为生态旅游者、当地社区、政府或行政机构和旅游经营者、其他产业部门及非政府组织（Non-Governmental Organization，NGO）。生态旅游者是生态旅游活动的执行者，接受当地社区和生态旅游经营者的服务在旅游地获得期望的生态旅游体验。生态旅游者是否能够严格按照生态旅游原则进行旅游活动直接影响到生态旅游的可持续发展的目标。一旦某一区域变为生态旅游地，当地社区的自然环境、社会文化和经济发展将直接受到影响。实现区域的振兴是（社区）生态旅游发展目标之一，同时也是生态旅游持续发展的保障。但是当地社区在各利益主体之中获得利益的能力受到各方面的限制。生态旅游经营者是整个生态旅游产业链中一个关键环节。在生态旅游的发展中，旅游经营者需要获得直接的经济利益，但在实践中往往忽视了其经济利益是否可持续获得这个关键问题，并且利益的实现需要一个大的公平竞争的发展环境。生态旅游在一个地区往往不是作为单一的经济成分出现的，整个区域的经济的发展依赖于经济的多元化。在生态旅游管理框架中，有必要考虑其他产业部门（如林、矿、牧、农、渔等）的利益分配和关系协调。非政府组织也是生态旅游管理框架中的一个重要因素，其诉求指向是资源的可持续利用与智慧利用。

生态旅游产出的效益在各利益相关者之间实现合理分配，是一个动态的作用过程。各利益相关者依赖各自掌握的资源，对其他各方施加作用，最终各取所需。处理各利益相关者之间作用关系是生态旅游管理的主要内容，也是关系其成败的关键。利益分配的动态过程始终贯穿在生态旅游管理的框架之中，其中政府的协调与调控作用是不可或缺的。生态旅游已成为实现生态保护、旅游发展、环境教育及社区发展等多重目标的一种最佳手段。

（5）生态旅游产业规模初步显现

我国生态旅游资源禀赋丰富，开展生态旅游的潜力巨大，其产业规模和体量已初步显现，并引领生态产业的全面发展。四川的经验可以很好地说明这个问题。早在2003年四川省委、省政府就发文责成林业部门发展生态旅游，省林业厅赋权省森林旅游服务中心专抓生态旅游，2006年起开始在全省范围内先后开展红叶指数、花卉指数和森林负离子指数监测和发布。2009年四川省成立了生态旅游协会，旨在充分利用四川丰富的生态旅游资源，加大部门合作力度，互促共进，推进全省生态文明建设和生态旅游发展。同年，四川省林业厅联合省旅游局开展了"全省林业生态旅游百佳县、百佳乡镇"评选活动。2012年，四川把全省的生态旅游节会活动纳入林业主管部门审批事项，省委、省政府办公厅印发关于《四川省节庆论坛展会活动管理实施细则（试行）》（川委办〔2014〕6号），第四章第十六条规定：申请举办花卉（果类）、红叶、大熊猫等生态旅游分会场活动的，由省林业主管部门统筹协调。同年，按照四川省政府《关于全面清理非行政许可审批事项的通知》（川府发〔2014〕35号），将四川花卉（果类）、红叶、大熊猫等生态旅游节会和森林、湿地、乡村生态旅游发展论坛纳入林业部门内部审批事项。通过开展"四川花卉（果类）生态旅游节""四川红叶生态旅游节"和举办"中国四川大熊猫国际生态旅游节"等活动，推动了全省生态旅游的蓬勃发展，并助力富民增收。同时，通过举办生态旅游发展暨森林公园建设推进会，新增国家级自然保护地，组织生态旅游发展论坛，评选"四川十大最美花卉观赏地""四川最美杜鹃花观赏地""四川果王子"等，先后成立生态旅游协会摄影分会、自驾自助游分会、艺术分会，极大地带动了四川生态产业的全面发展。因此，通过开展生态旅游，可以促进生态产业的全面发展，从而实现生态产业、生态科技、生态工程以及生态产品等生态旅游价值的实现。

2.2 成功经验

生态旅游对实现自然保护、环境教育及社区发展等方面有着显著影响。我国生态旅游发展至今，取得了很多成功的经验，有3个方面最为显著。

（1）作为生态保护的适用途径

生态旅游既是对自然资源的一种合理利用方式，也是对生态系统的一种有效管理途径。人类对自然的认识千差万别，这主要是基于人类观察自然的角度各不相同。因此，相对人类而言，有与人类关系较密切的自然和与人类关系较疏远的自然之分。也就是说存在两个"自然"，它们分别是按自然固有规律演化的第一自然和与人的活动密切相关的第二自然。第一自然是指未经人类改造的自然，即人类足迹未至的自然，目前保存下来的原始自然已十分稀少，对人类具有宝贵的价值；而第二自然是指在一定程度上经过人类改造的自然，这种次生自然必须在人类的影响下才能存在。从生物多样性的观点来看，第二自然自身不仅能容纳固有的生物物种，而且作为众多野生生物的生长、迁徙和栖息场所，它对野生生物的生存及物种延续具有与第一自然相似的固有价值。此外，从人类生存的角度看，第二自然与人类相邻，它拥有促进人类健康生存发展的作用，亦即作为生态资源的价值。近年来的环境保护运动不断改变着人们对自然的认识，最近较为常见的理解是：自然已经带有融入社会和物理环境两个方面内容的"统合的自然"的特征，反映在人们对自然的认识已经扩展和深化为"自然与自然资源""自然生态系统""社会—经济—自然复合生态系统"等说法上。由于自然具有文化属性，现阶段的自然保护已是文化性的自然保护。"自然保护"的英文表达起初是 Nature Protection，自 1956 年以来逐渐开始使用 Nature Conservation，从这种转变中可以看出对自然"可持续利用（Sustainable Use）"与"智慧利用（Wise Use）"的思想，这也是世界自然保护联盟（International Unionfor Conservation of Nature，IUCN）的解释。无论是第一自然还是第二自然，都是生态旅游得以开展的基础和前提。如果自然得不到保护，受到破坏甚至消失，生态旅游也便无从谈起。

（2）作为环境教育的实用手段

环境教育为旅游者提供深度体验的机会。为了使生态旅游者获得深层次的旅游体验，需要深入了解和把握旅游者的环境意识和旅游景区的环境特征，以便更好地实施环境教育。生态旅游不仅要承担教育功能、体现教育效果，同时要借助环境教育设施，经过周密的环境设计和环境解说等环节而进行环境教育活动。

"环境教育"一词最早出现在 1947 年，是全球环境问题和生态意识觉醒的产物。IUCN 在 1970 年内华达会议上第一次对环境教育的定义作了阐释，即环境教育是认识价值和澄清概念的过程，培养人们理解和评价人及其文化、生物物理环境之间的相互关系所必需的态度和技能。1974 年，联合国教科文组织（United Nations Educational，Scientific and Cultural Organization，UNESCO）指出，环境教育就是达到环境保护目标的一种途径，它不是科学或学习课程的一个分支，而是应该按照终身的原则来进行的整体教育。目前，正规学校环境教育已经从摸索阶段逐步走向成熟，各类非正规环境教育的可行途径和实施手段、方法的研究仍相对缺乏。然而，环境问题是社会问题，仅仅依靠学校教育是不够的。生态旅游在全球范围内的快速发展，尤其是国家公园、自然保护区的广泛开展，使环境教育和生态旅游的结合成为必然趋势。所以，在生态旅游运营过程中开展环境教育不仅切实可行，也具有一定的现实意义。目前人们已普遍认可，与环境相关的教育包括 3 条核心线索，即"关于环境的教育，通过环境的教育，为了环境的教育"，这是当前比较盛行的环境教育模式。"关于环境的教育"是指人们获得价值和知识所必需的知识；"通过环境的教育"强调人们在自然环境中，通过参与活动获得实际经验和环境知识，从而影响其态度、转变其观念，最终转变其行为；"为了环境的教育"是指环境教育的最终目的是人与自然的和谐相处，实现环境、社会、经济的可持续发展。

针对生态旅游的环境教育对象，主要包括当地及周边中小学和高校学生、游客、景区管理者和员工、当地居民和特许经营企业，其中中小学生、高校学生和游客是重要环境教育对象。一般来说，环境教育产品以学生和游客为主要对象，以固定性的博物馆、小型博物馆、户外解说与体验设施（如自导式解说路径）和自然游乐场等为基础，以灵活、移动性的印刷品、相关纪录片和电子解说系统为支撑，以自然学校建设带动生态旅游景区自然体验活动和环境教育课程体系构建为手段，编制乡土教材和科普读物，开展环境解说人才培训，从而形成完善的环境教育产品体系。目前，我国环境教育行业发展越来越快。随着社会对全民环境素养要求的提升和生态旅游业迅速成长，参与到我国环境教育行业的机构越来越丰富，有企业的、私人的、各种基金会的等，不仅投资主体多元化，参与者背景也趋向多元化。

（3）作为社区参与的有效策略

社区参与的目标就是维持社区的可持续生计。生态旅游的核心内涵是通过对生态系统的保护性利用，使当地社区得到可持续发展。一方面，它要求在享受自然的同时保护自然，减少旅游对环境的负面影响，并为自然资源的保护提供资金；另一方面，它可为当地居民提供就业机会和获得收入，提高整体生计水平。通过开展生态旅游，可以带动当地社区相关产业的发展和多重经济的繁荣，从而减轻社区居民对当地资源的依赖。通过扶持居民经营餐饮、住宿、交通、土特产品商铺等旅游小型企业，培训居民作为景区管理人员或从业人员，以及为其提供其他形式的就业机会，可以缓解管理者、当地政府和当地居民之间的紧张关系，减少冲突，从而实现多方共赢，推动当地社区的经济发展和文化进步。

实践活动表明，社区生态旅游作为一项生计策略已经产生了显著的生计结果，但同时还具有很大的提升空间。第一，收入水平增加。在生态旅游策略中，收入增加应该是对当地居民生计产生最显著影响的方面，也是当地居民最为关注的内容。第二，福利水平提升。最显著的结果是使居民的自豪感增强，社区环境更加优美，居民维权意识增强，素质和能力得到了提高。当前，将生态旅游作为社区可持续生计策略时，还存在一些可能的限制因素。具体表现为：①缺少开展旅游业的资金。这主要体现在创业方面，无论是开办农家院还是经营土特产品商店等，都需要一定的起步资金，而既无足够的积蓄，又无外借的渠道，导致一些社区居民虽然有想法和打算，但由于缺少资金投入而不能付诸实施。②社区居民缺乏参与旅游所需的知识和技能。社区居民希望家庭成员中能够有人从事旅游业，但从操作层面并不知该如何下手，对生态旅游的概念也不是很了解，甚至闻所未闻。③社区居民的社会资本很大程度上依赖于社区组织，因此社区组织的不健全或者失职将会导致农户社会资本存量降低。很多社区尚没有成立专门的生态旅游组织，这一点不利于支持当地居民从事生态旅游相关的活动。

3　存在问题与发展建议

3.1　存在问题

进入 20 世纪 90 年代，伴随着游客数量的增加，以大众旅游为趋向的旅游开发在大规模地展开。受其影响，生态旅游本身的发展也出现了一些问题。

（1）生态旅游的内涵未能得到真正体现

生态旅游所依托的资源基础是人与自然和谐共生的生态系统，关键在于人与自然的和谐共生。在我国，伴随着一般性旅游开发的快速推进，原有的自然环境遭到空前的开发冲击。人们在享受旅游所带来的愉悦的同时，也品尝到了"破坏性建设"种下的苦果，这与生态旅游的理念背道而驰。生态旅游有时被当作一种标签和营销策略，全然不顾生态旅游的严格理念，甚至把大众旅游的开发和经营管理方式完全植入生态旅游的经营中，使生态旅游的本质内涵未能得到真正体现。

（2）生态旅游的原则未能得到切实遵循

这方面具体表现在旅游发展过程中的各种短视行为与肤浅理解。可持续旅游是生态旅游应该遵循的一般原则，并在生态保护、旅游发展、环境教育及社区参与 4 个方面得到践行。可以说，生态保护和旅游发展是生态旅游的总目标，而环境教育和社区参与是生态旅游的实现途径。生态保护是前提，体现了管理者的责任和义务；旅游发展是核心，让游客充分享受大自然的馈赠和提供身心放松的氛围；环境教育是责任，保证生态旅游成为尊重自然而负有责任的旅游形式；社区参与是保障，能够实现景区成长和社区富裕。这 4 个方面各有深意，相辅相成，不可偏废。而在现实发展过程中，生态旅游资源的粗放开发而带来的自然资源与环境的破坏现象依然存在，后续的旅游发展、环境教育及社区参与无从谈起，可持续旅游的一般原则未能得到真正坚守。

（3）生态旅游的管理体制尚未有效建立

生态旅游追求的是生态保护、旅游业及地方发展之间的协调与统一，它的合理运营与科学管理涉及旅游者、旅游经营者、当地居民、政府（各部门）及研究者等利益主体的最佳配合。在此管理框架中政府（各部门）还要充当协调员的身份，向其他各个利益主体及时、快速、准确、全面地传达有价值的信息，包括组织编写旅游指南、实施资源保护及人才培养。但目前的现状是政府各部门之间各自为政，尚未形成一种统一协调的管理机制。进一步而言，在生态旅游管理过程中单靠政府的方针政策，甚至市场以至技术上的措施是不够的，更强调政府（各部门）、旅游经营者、旅游者、当地居民、研究者各个关系主体价值观的相互交织、碰撞、磨合。同时，政府与市场提供一种平台，以另一种身份来协调各主体之间的关系，以达成对话、协作和相互理解。

（4）生态旅游的准入标准尚未形成体系

中国的生态旅游正在不断发展，但亟须加以规范，主要体现在景区基础与服务设施生态化不足，专业管理人才缺乏等方面。当务之急，就是在坚持生态旅游原则的基础上完善其运营机制。同时，建立生态旅游认证制度，提高准入门槛。可采取以下具体措施：一方面，积极引进国外先进的生态旅游标准，充分借鉴和参考；另一方面，还应当加快制定适合中国国情的生态旅游标准并尽快形成体系。所幸的是，国家标准《国家生态旅游示范区建设与运营规范》（GB/T 26362—2010）已经颁布，相应的管理办法和实施细则也已陆续出台。

3.2　发展建议

（1）依托生态文明建设，推动生态旅游本土化创新发展

生态旅游作为推进生态文明建设的重要抓手和载体，对更好地满足日益增长的旅游休闲消费需求和生态环境需要，引导正确的生态价值观具有重要作用。生态文明建设既为生态旅游的发展指明方向，同时也是生态旅游发展的基础。生态文明建设的各项内容保障了生态旅游发展的环境条件、基础设施、管理制度和生态旅游的发展空间。生态文明建设产生了生态旅游需求，以生态保护为原则，以绿色需求为导向，创新生态旅游发展内涵显得十分迫切。例如，生态产品策略中如何科学地进行生态旅游产品的组合，以期实现合理利用生态旅游资源的目的。发展生态旅游不仅有利于促进生态文明建设、人与自然和谐发展，还可以培育壮大资源节约型、环境友好型产业，也是促进产业升级转型和城镇化建设的重要着力点。

（2）引导社区参与，提高可持续生计水平

近年来，生态旅游作为一个产业得到快速发展。生态旅游者选择特定的地区，通过他们的支付来达到欣赏生物多样性或特定生物种的目的，从而转化为当地居民的实际收入。在很多欠发达地区开展生态旅游势必对该地区或其附近的居民产生影响。一般来说，住在这样地区的居民往往生活水平较低，且不具备获得经济收入的有效手段，所以开展生态旅游恰好可以解决这样的问题。事实上，这些居民可以成为这个自然区域最合适的管理者和保护者，因为他们对于这片土地有着深厚的感情，同时对这里的一草一木了如指掌，具备许多外人不了解的乡土知识。所以，只要对他们稍加培训，就可以成为正式的导游。而这个环节应在接受正规的管理培训后，通过当地的社会组织有秩序地来完成。生态旅游的核心内涵是通过对生物多样性资源的保护性开发，使当地社区得到发展：一方面，它要求在享受自然的同时保护自然，减少旅游对环境的影响，并为自然资源的保护提供资金；另一方面，它可为居民提供大量受雇的机会及建立小型企业的可能，并带动相关产业发展，是一种提高可持续生计水平的有效策略。

（3）通过多方协调，提升环境教育功能

生态旅游活动主要是依托保护地来进行的，环境教育是生态旅游的主要功能之一。同时，环境教育是一项社会事业，政府部门对此起着主导的作用，而政府的支持对于环境教育的发展也至关重要。针对生态旅游环境教育，相关政府部门应充分认识到其巨大的社会效益，并给予充分的支持，积极推进这一特殊环境教育活动的开展。非政府组织在环境教育中的作用也是不可忽视的，国内外众多案例都充分证实了这点。环境教育的发展需要科学的规划设计和实施管理，包括环境教育设施的规划、教育项目的设

计、教育效果的评价及管理等各方面，这些都需要专业的技术支持。而非政府组织主要的作用就是能够为环境教育提供相关的技术支持。生态旅游环境教育的实施也需要争取到当地居民的支持。当地居民对于他们所生活的区域有着最深刻的认识和了解，同时也是最热爱这片土地的人。如果没有当地居民的支持，他们可能会因为短期经济利益的损失而抵触环境教育的实施。而通过适当的指导和教育，使当地居民认识到环境教育的长期效益，争取当地居民的支持，将极大地提高环境教育的实施效果。

（4）提炼学术问题，发挥学术研究的理论指导作用

针对生态旅游的发展，提炼学术问题。加强生态旅游研究领域与国际间的学术交流，建立中国本土生态旅游研究范式；细化生态旅游研究内容，强化生态旅游治理研究，注重生态旅游体验研究。在研究过程中需要思考以下几种关系：①生态旅游发展与生态文明建设的关系；②生态旅游与健康中国建设的关系；③生态旅游与可持续旅游的关系；④生态旅游与中国传统山水文化的关系；⑤生态系统综合服务功能与生态旅游价值发挥的关系；⑥社会发展与生态旅游开发之间的关系；⑦生态旅游目的地与环境教育的关系；⑧生态旅游定性分析与定量研究的关系等。

参 考 文 献

[1] 钟林生，赵士洞，向宝惠. 生态旅游规划原理与方法[M]. 北京：化学工业出版社，2003.

[2] 宋瑞. 生态旅游：全球观点与中国实践[M]. 北京：中国水利水电出版社，2007.

[3] 马乃喜. 我国生态旅游资源的评价问题[J]. 西北大学学报：自然科学版，1996，2：171-175.

[4] 郭来喜. 中国生态旅游：可持续旅游的基石[J]. 地理科学进展，1997，16（4）：1-10.

[5] 高峻. 生态旅游学[M]. 天津：南开大学出版社，2014.

[6] 国家林业局. 2015中国森林等自然资源旅游发展报告[R]. 北京：中国林业出版社，2016.

[7] 钟永德，袁建琼，罗芬. 生态旅游管理[M]. 北京：中国林业出版社，2006.

[8] 申元村，刘锋. 中国的生态环境与生态旅游[M]. 北京：气象出版社，2011.

[9] 王立龙. 生态旅游体验研究进展[J]. 安徽农业科学，2012，30：14827-14829.

[10] 张玉钧，石玲. 生态旅游：生态、体验与可持续[M]. 北京：中国旅游出版社，2014.

[11] 成升魁，吴大伟，钟林生. 生态旅游理论进展与实践探索：2009青海国际生态旅游高峰论坛论文集[D]. 北京：中国环境科学出版社，2010.

[12] 钟林生，王婧. 我国保护地生态旅游发展现状调查分析[J]. 生态学报，2011，31（24）：7450-7457.

[13] 钟林生，马向远，曾瑜皙. 中国生态旅游研究进展与展望[J]. 地理科学进展，2016，35（6）：679-690.

[14] 叶文，薛熙明. 生态旅游本土化问题研究[J]. 中国人口·资源与环境，2005，15（6）：55-61.

[15] 叶文，蒙睿. 生态旅游本土化·云南[M]. 北京：中国环境科学出版社，2006.

[16] YE W, XUE X M. The differences in ecotourism between China and the west[J]. Current issues in tourism，2008，6：567-586.

计为长远谋
——九三学社中央推动生态旅游发展综述

中共十八大报告指出，推进生态文明建设，是关系人民福祉、关乎民族未来的长远大计。十八大正式将生态文明建设纳入中国特色社会主义事业，形成经济建设、政治建设、文化建设、社会建设、生态文明建设"五位一体"总体布局。习近平总书记强调：生态文明建设是"五位一体"总体布局和"四个全面"战略布局的重要内容。各地区、各部门要切实贯彻新发展理念，树立"绿水青山就是金山银山"的强烈意识，努力走向社会主义生态文明新时代。生态旅游秉承可持续发展理念，注重自然生态系统，资源消耗低、环境污染小、综合效益好。发展生态旅游有利于稳增长、调结构、转方式、惠民生，既契合当下发展需要，又符合长远发展要求，是生态文明建设的有效途径、重要载体，是建设美丽中国、实现全面建成小康社会的必然要求。

九三学社是以科学技术界高、中级知识分子为主体的参政党，在履职实践中对生态文明建设和生态旅游发展格外关注。十多年来，九三学社中央贯彻中共中央战略部署、以习近平总书记系列重要讲话为指导，加强与有关部门、地方政府和专家学者的协作交流，采取多种形式，对生态旅游、乡村旅游和旅游扶贫等问题深入调查研究，所提意见建议为中共中央、国务院和有关部门制定生态旅游发展政策提供了重要参考，有力地助推了我国生态旅游发展。

1 情系生态文明

三江源——长江、黄河和澜沧江的源头，位于我国青藏高原腹地。这里曾经雪山连绵、冰川纵横，养育了世代中国人和东南亚人民，被誉为"江河源""中华水塔"。然而，由于人口膨胀和过度开发，三江源地区植被与湿地生态遭到破坏，水源涵养能力急剧减退，直接威胁到长江、黄河流域的生态安全。进入 21 世纪，三江源的生态问题引起九三学社的关注。2003 年年初，九三学社青海省委建议"把三江源生态保护作为一项国家战略"，得到社中央的高度重视；当年 7 月，时任全国人大常委会副委员长、九三学社中央主席韩启德率队赴三江源实地调研；随后九三学社中央多次召开专题研讨会、座谈会，分析原因，探讨对策，最终形成《关于加大三江源地区生态保护与建设力度的建议》，提出在三江源地区建立统筹兼顾生态保护建设、群众生产生活和地区经济发展的良性机制，建立三江源地区保护与建设常设机构等建议，并把发展生态旅游作为该地区生态建设的一个重要方面。建议受到中共中央、国务院高度重视，胡锦涛、温家宝和曾培炎等领导同志作出重要批示。国家发改委、国务院西部开发办、农业部、水利部、国家环保总局和国家林业局联合召开"三江源地区生态保护与综合治理总体规划协调会"。2005 年 1 月，国务院常务会议批准实施《青海三江源自然保护区生态保护和建设总体规划》，投资 75 亿元用于保护区的生态恢复和建设。

2010 年 4 月，三江源核心区青海玉树发生 7.1 级地震。韩启德主席立即在北京主持召开专题座谈会，并于 9 月再次率队奔赴青海，就灾后重建和生态保护问题进行调研。在报送中共中央、国务院的《三江源生态保护与建设调研报告》中，九三学社提出建立生态补偿长效机制，把解决民生问题放到更加重要的地位等建议。胡锦涛、李克强批示要求有关部门结合"十二五"规划纲要编制，加大对三江源生态保护的支持力度。2011 年 4 月，九三学社中央与中共青海省委在北京共同举办"三江源的新希望——三江源生态保护与平衡发展暨玉树灾后生态重建实践论坛"，三江源保护的议题扩展到文化传承与生态保护、经济发展方式及实施路径等方面。2011 年 11 月，国务院常务会议决定建立青海三江源国家生态保护综合实验区。九三学社中央有关三江源生态保护的多条建议得到采纳。

2015 年 6 月，九三学社中央副主席赖明带队赴青海，开展三江源生态保护法治机制建设调研，就如何立足依法治国全局，稳定、长效保护三江源生态，向中共中央、国务院提出建议。

2015 年 12 月 9 日，习近平总书记主持召开中央全面深化改革领导小组第十九次会议，通过了《中国三江源国家公园体制试点方案》。会议指出，在青海三江源地区选择典型和代表区域开展国家公园体制试点，实现三江源地区重要自然资源国家所有、全民共享、世代传承，促进自然资源的持久保育和永续利用，具有十分重要的意义。

问题导向、持续关注、不断深入，这是九三学社聚焦三江源生态保护调研议政的基本做法。

秉持这样的思路，九三学社在生态文明建设领域执著调研，频频建言。有涉及流域的，如三峡库区及长江上游水污染防治、太湖流域水环境治理和保护、黄河上游地区草原退化沙化治理、金沙江干热河谷流域生态恢复和治理；有涉及区域的，如长白山地区生态文明建设、促进河北省环京津区域绿色发展、川西北高原地区生态建设、川甘青接合部藏区统筹发展、太行山区扶贫开发与生态保护；有涉及关键领域的，如重点区域农业面源污染防治、草原生态建设；还有涉及经济转型发展的，如农业绿色发展、工业绿色发展、交通绿色发展、建筑垃圾资源化等。

"生态文明建设必须坚持全面性、系统性、协同性、持续性"，九三学社通过持久的调研、不断的建言，深刻地体悟到生态文明建设的实践要义。

2　建言高层决策

生态旅游的概念自 20 世纪 90 年代进入中国以来，我国在生态旅游的认识和实践中都存在一定误区。很多地方沿袭传统旅游的方式来推动生态旅游，将生态旅游等同于可持续发展，把它当作适合所有旅游形式、所有地区、所有环节的普遍原则，忽视了生态旅游在设施建设、服务提供、管理方式等方面的特殊要求，导致了生态旅游的畸形发展。2007 年 3 月，九三学社中央敏锐地觉察到生态旅游的泛化现象，建议国家对此高度重视，并提请相关部门组织开展调查研究工作。同年 7 月，韩启德在河北考察时指出，应把加快产业结构调整和生态旅游发展更好地结合起来，为保护华北地区生态环境作出更大的贡献。

2009 年，在时任九三学社中央常务副主席陈抗甫提议下，社中央研究决定将生态旅游发展列为年度重点调研课题之一。这一年，陈抗甫、赖明率队，邀请多个部委的同志参加，前往湖南、贵州两省进行生态旅游调研，形成《关于推动我国生态旅游发展的建议》报送向中共中央、国务院，并作为提案提交次年的全国政协十一届三次会议。九三学社中央建议：应吸取我国第二产业发展"先污染再治理""先建设再规范""先损害再补偿"的教训，将生态保护和可持续发展作为产业发展的立足点，大力发展生态旅游，积极推进传统旅游升级转型，并从"制定生态旅游发展规划""制定统一规范的生态旅游标准体系""完善生态旅游管理的体制机制""健全生态旅游的法律法规""加大对生态旅游发展的政策支持力度""推进科技进步，为生态旅游发展提供科技支撑""加强宣传教育，提高全社会生态文明意识" 7 个方面提出具体建议。建议受到中共中央、国务院的高度重视，温家宝、贾庆林、王岐山、刘延东等领导同志作出批示，有关建议得到采纳，促成了将"全面推动生态旅游"纳入国家"十二五"规划纲要，为我国生态旅游发展营造了良好的政策环境。

2012 年 4 月，时任全国政协副主席、九三学社中央副主席王志珍率队，陈抗甫、赖明参加，邀请相关部委同志和中国生态学学会旅游生态专业委员会有关专家学者，就"少数民族贫困地区经济发展与生态保护"前往黔西南州进行调研，并向中央递交《关于将兴义纳入〈滇桂黔石漠化片区区域发展与扶贫攻坚规划〉的报告》。报告对"如何进一步抓好新一轮西部大开发""新阶段扶贫攻坚和如何进一步搞好生态建设""发展生态旅游、休闲农业""少数民族地区在保护环境生态建设中，如何实施发展新型工业化、新型城市化、新型农业产业化"等方面提出建议。温家宝、回良玉等领导同志作出批示，国务院将兴义市纳入《滇桂黔石漠化片区区域发展与扶贫攻坚规划》区域，并将该市确定为片区中心城市之一。兴义市在基础设施、产业发展、人居环境、就业、社会事业与公共服务、生态保护、财税等多个方面得到中央大力度扶持。

2013 年 6 月，九三学社中央原常务副主席陈抗甫和副主席赖明、赵雯带队，邀请国家发改委、国家林业局、水利部、交通运输部和国家旅游局等部委相关同志，赴大别山地区的安徽省安庆市潜山县、岳西县、太湖县、望江县和六安市金寨县进行调研、座谈，并向中共中央、国务院提出"发展生态旅游，带动大别山区扶贫开发"的建议，俞正声主席批示予以肯定。九三学社提出的"编制全国生态旅游发展规划""加强集中连片贫困地区旅游资源开发"等建议得到采纳。国务院将生态旅游扶贫作为创新机制，国家发改委立项启动全国重点生态片区的生态旅游规划编制，作为今后一段时期生态旅游发展的重点工作。2014 年 8 月，国务院出台《关于促进旅游业改革发展的若干意见》，意见第十七条明确提出"编制全国生态旅游发展规划，加强对国家重点旅游区域的指导，抓好集中连片特困地区旅游资源整体开发，引导生态旅游健康发展"。2016 年 8 月，《全国生态旅游发展规划（2016—2025 年）》公布实施。

大健康产业与生态文明建设和生态旅游发展密切相关。2016 年 8 月，九三学社中央赖明副主席带队，邀请国家林业局、国家体育总局、国家中医药管理局等部委同志，九三学社吉林省委的同志及有关专家学者，赴吉林省就东北地区大健康产业发展情况进行调研，并形成"关于促进东北地区大健康产业发展的建议"。建议得到了李克强总理的批示。国家发改委社会司、国家卫计委规划司牵头，九三学社中央、中国生态文明研究与促进会、国家中医药管理局、国家发改委东北司等部门组成的联合调研组，于 2017 年一季度在东北三省进行了深入调研，并于 3 月底前形成调研成果报送国务院。

未来 20 年，预计我国居民人均年休闲旅游将超过 5 次，全国休闲旅游市场规模将超过 80 亿人次，呈爆发式增长态势。我国农业和农村分布着 70%以上的休闲和旅游资源。2015 年全国乡村旅游共接待游客 20 亿人次，旅游消费总规模约 1 万亿元，每年通过乡村旅游可提供就业岗位 1000 万个，从事乡村旅游的服务人员约 2000 万人，带动超过 7000 万农民受益，已建成和运营各类"农家乐"超过 200 万家。近年来，九三学社对全国 14 个集中连片特困区脱贫攻坚和经济社会发展情况一一进行了调研，在形成的建议中几乎都提出发展乡村旅游的建议。其中，2016 年 9 月，九三学社中央还联合渝、鄂、湘三省市社组织对武陵山区乡村旅游发展情况进行了专题调研，认为休闲度假型乡村旅游可能成为该区域旅游发展新优势。

3 引领社会认知

在推动生态旅游发展过程中，九三学社深感生态旅游发展需要全社会的共同推动，而论坛活动则是向全社会普及生态旅游理念的有效平台。从"第六届（2007 年）中国生态旅游发展论坛"开始，九三学社中央参与了后来每一届论坛。韩启德、王志珍、陈抗甫、赖明等九三学社中央领导同志，都对我国生态旅游的发展方向和重点问题发表了意见和建议。

2010 年 11 月，王志珍在福建参加"第七届中国生态旅游发展论坛"，作了《发展生态旅游，培育消费新热点》的讲话。她强调，发展生态旅游不仅有利于促进生态文明建设、人与自然和谐发展、社会主义新农村建设，还可以培育壮大资源节约型、环境友好型产业，是促进产业升级转型的重要着力点。生态旅游还将是资源型城市发展接续替代产业集群中最具有活力的产业。

2011 年 4 月，韩启德在出席"三江源希望论坛"时强调，生态旅游是实现该地区生态保护与经济发展双赢的有效方式，三江源地区应建立一种以生态保护和生态产业为基础的，兼顾经济和社会需求的新发展模式。

2011 年 5 月，陈抗甫在"第八届中国生态旅游发展论坛"上作了题为《把握历史机遇，全面推动生态旅游》的主题报告。他回顾了我国生态旅游的发展历程，分析了当前的发展形势，指出我国生态旅游正迎来一个发展的黄金时期，并就如何把握历史机遇全面推动生态旅游发展提出了 5 个方面的意见。2012年 12 月，在中国生态文明研究与促进会第二届年会上，陈抗甫再次就生态旅游发展作了题为《推动生态旅游发展，促进生态文明建设》的主题发言。他指出，大力发展生态旅游，就是将弘扬"尊重自然、顺应自然、保护自然"的生态文明理念，贯穿到旅游发展的方方面面和旅游休闲的全过程，进一步增强人们的生态文明意识，提高旅游行业传播生态文明的自觉性。他同时指出，生态旅游是推进新型城镇化的重要抓手，是生态文明建设的重要载体，是实现美丽中国的重要途径。2016 年 12 月，陈抗甫在"第十一届中国生态旅游发展论坛"上进一步指出，"十三五"时期，生态旅游将逐渐成为经济转型升级的重要驱动力，全面建成小康社会的重要力量，精准扶贫攻坚的主要生力军，也是全面体现并实践"创新、协调、绿色、开放、共享"五大发展理念的综合优势产业。推动生态旅游发展，有助于弘扬"尊重自然、顺应自然、保护自然"的生态文明理念，有利于加大旅游业供给侧改革强度，助推精准扶贫，促进欠发达地区脱贫致富。

2014 年 11 月，"第十届中国生态旅游发展论坛"在四川成都举行，赖明作了题为《加强科技支撑引领，促进旅游业转型升级》的主题报告。他分析了在生态文明理念下我国生态旅游发展存在的问题，提出依托科技解决生态旅游发展面临的现实矛盾，加强科学规划、加大科技投入和创新力度、加强科学管理创新等建议，引发与会代表热评。2015 年 12 月，在中国生态文明研究与促进会第五届年会上，赖明又作了题为《推动"互联网+生态旅游"，促进创新发展》的主旨演讲。他指出，生态旅游、生态文明与"互联网+"的结合是时代发展的趋势；"互联网+"实现了更好的资源合理配置，是传统旅游业转型升级的必然途径，也是推动粗放的传统旅游业向集约化的生态旅游发展的重要力量。他认为，依托生态旅游，科学发展"互联网+"，既是旅游业健康发展的重要保障，又是解决旅游业发展面临的现实矛盾的迫切需要。

4　推动平台构建

长期以来，我国主要依托中国生态学学会旅游生态专业委员会、各大院校生态旅游相关专业和组织，开展生态旅游学术研究、传播活动，但由于旅游生态专业委员会更侧重学术性工作，与国家大政方针、社会问题聚焦的结合不够紧密，生态旅游的公众认知程度和社会影响力不高。九三学社认识到，发展生态旅游不是一朝一夕之举，推动生态旅游发展更不是一时一事之功，必须凝心聚力、持之以恒、矢志不渝，才能逐步显效。因此，亟须建立一个更能体现生态旅游的社会性、公益性和学术性的社会平台，通过组织形式完善和组织机构创新，在生态旅游领域为党和国家做出贡献。

2012 年 5 月，经九三学社中央推动，由陈抗甫、叶大年、翟浩辉、郑度、李文华 5 位同志作为发起人，向中国生态文明研究与促进会递交了《关于成立中国生态文明研究与促进会生态旅游分会的建议》。2014 年 3 月，中国生态文明研究与促进会将《关于成立中国生态文明研究与促进会生态旅游分会的批复》下达给筹备小组，同意成立中国生态文明研究与促进会生态旅游分会，明确生态旅游分会是中国生态文明研究与促进会的分支机构，在中国生态文明研究与促进会授权范围内依法开展工作。

生态旅游分会成立后，按照中国生态文明研究与促进会授权范围，积极开展工作。相关工作得到了环境保护部、水利部、农业部、国土资源部、住房和城乡建设部、国家林业局、国家旅游局等部委的大力支持，扩大了生态旅游的社会影响；先后与福建省政府、贵州省政府，成都市、兴义市、三明市、黔南州、长沙市、赣州市等省市（州）政府开展合作，为新常态下地方经济社会发展战略制定提供智力支持；围绕中国特色生态旅游理论体系建设、生态旅游的科技支撑、生态旅游的融合发展等学术前沿开展研讨活动，并组织有关专家学者编写了《中国生态旅游发展报告》；团结了一大批热心推动生态文明建设、生态旅游发展的专家学者和生态旅游景区管理者，促进了生态旅游的公众认知。目前，中国生态文明研究与促进会生态旅游分会已逐渐成为推动我国生态旅游发展的重要社会力量。

草长莺飞二月天，拂堤杨柳醉春烟。在中共中央、国务院一系列治国理政新思想和新方略指引下，我国生态旅游业顺应世界发展潮流，和着中国特色社会主义事业行进的节拍，蹄疾步稳奔前程，发展空间日益广阔。九三学社中央将继续立足"五位一体"总体布局挖掘生态旅游发展的时代价值，立足"四个全面"战略布局探寻生态旅游发展的科学路径，助推生态旅游在美丽中国建设中显现独特魅力，在生态文明建设中发挥特殊作用。

第二篇

理论研究篇

第1章 国际生态旅游发展理论研究进展

钟永德　中南林业科技大学旅游学院，长沙

在 20 世纪 80 年代初期，大众旅游的迅速发展，给旅游环境也带来了极大的威胁。人们寻求既不破坏旅游环境，又能满足自身需求，并能带动地方经济发展的旅游方式。因此，生态旅游便应运而生，并被认为是 21 世纪旅游发展的主要趋势之一。1980 年，加拿大学者 Claude Moulin 提出了第一个与旅游直接有关的概念"生态的旅游"（Ecological Tourism）。而"生态旅游"（Ecotourism）一词则是由国际自然保护联盟特别顾问 H. Ceballos Lascurain 于 1983 年首次提出，并在 1986 年召开的国际环境会议上得到确认。

在过去 30 多年时间里，生态旅游受到了国外研究者的极大关注，并一直成为旅游理论研究热点。联合国把 2002 年确定为世界生态旅游年，并在加拿大魁北克颁布了《魁北克世界生态旅游宣言》。同年，澳大利亚的格里菲斯大学出版了第一本生态旅游专业研究杂志——《生态旅游杂志》（*Journal of Ecotourism*）。此后，相继成立的研究与管理生态旅游的众多协会与组织，推动了生态旅游在全世界的发展。

本章主要对国外生态旅游研究内容、方法、侧重点等进行回顾、借鉴并及时总结经验，有利于国内更加科学地研究生态旅游。

1.1　研究领域

Weaver 从一般旅游产品供给—需求的角度，提出了作为旅游产品的生态旅游 5 个主要相关研究领域[1, 2]，见图 1.1。

在生态旅游供给上，主要包括生态旅游的本质研究、生态旅游地和生态旅游产业。生态旅游需求则主要指生态旅游的细分市场。其中第 3 个相关机构研究领域是指专业与非专业的生态旅游研究机构，包括生态旅游规划与生态旅游政策；第 4 个是指生态旅游影响研究，包括生态旅游的经济、生态与社会文化影响，主要涉及生态旅游质量控制机制与行为规范准则两部分；第 5 个是指生态旅游的外部环境研究，它们是影响或被影响生态旅游的相关外部因素，主要是指人类与其他生命体。本章将从这 5 个方面，总结国外生态旅游的最新研究进展。

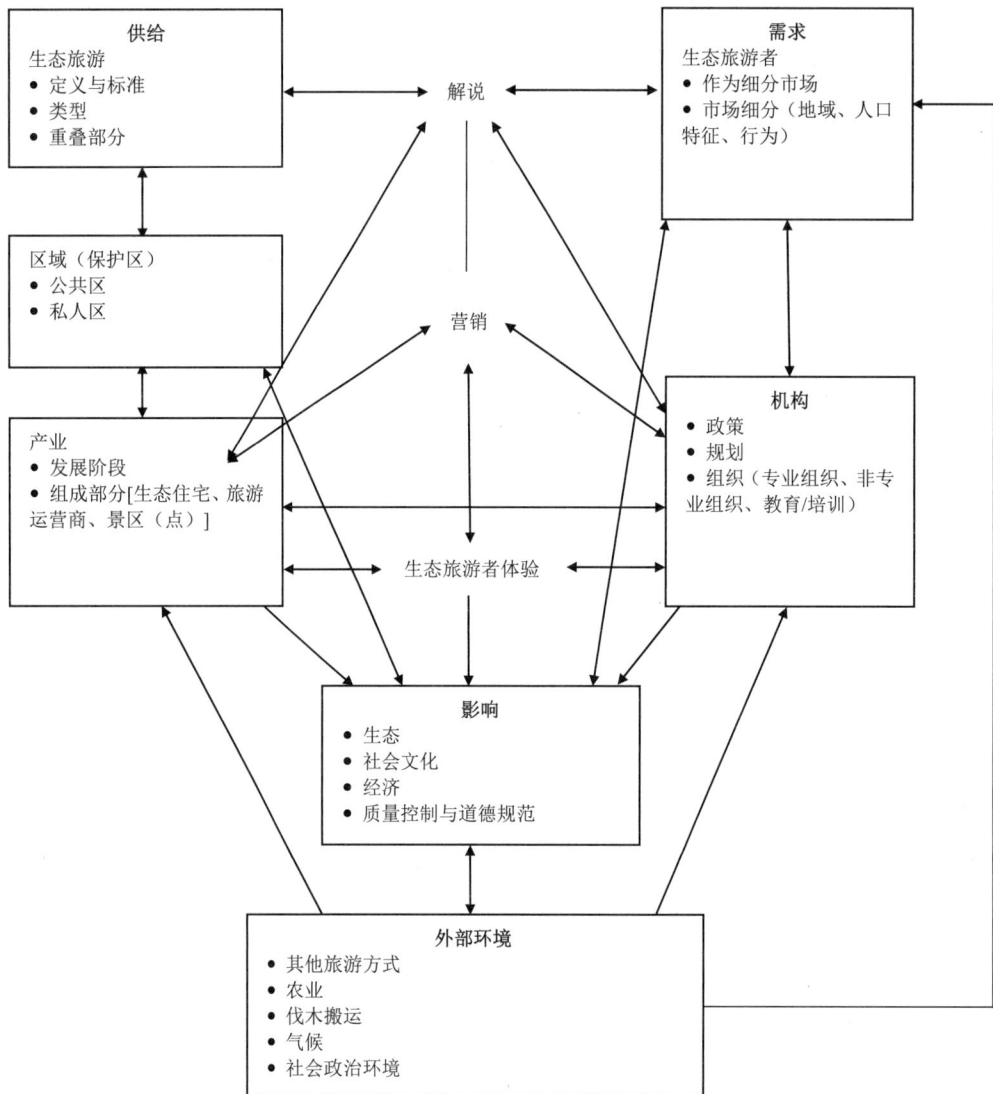

图 1.1　基于供给—需求关系的生态旅游研究构图

资料来源：Weaver（2001b，2007）有修改。

1.2　生态旅游供给研究

1.2.1　生态旅游的本质

　　Fennell 在对国外 85 个生态旅游定义总结的基础上指出，目前生态旅游定义主要集中于价值导向型，如保护、道德规范、可持续性、教育与社区利益等[3]。Blamey 指出，生态旅游应该满足 3 条核心原则：①生态旅游吸引物应该是以自然环境为基础的；②游客与旅游吸引物的交互作用应该集中于学习或教育；③游客体验或生态旅游产品管理应该遵循生态、社会文化或经济可持续性的原则与实践[4,5]。由于每一条原则都留下了足够的空间去说明，因此学者对每一条原则所包括的基本要素都进行了激烈的讨论。Weaver 提出了最低限要求者（Minimalist）和全面的生态旅游模型[6,7]。但是，在一些文献中，对生态旅游是一种以自然为基础的替代性旅游方式产生了疑问，相继出现了一些非常极端的案例，开始挑战生态旅游所隐含的"非消费性或非强制性"的原则。例如，Holland 等、Zwirn 等认为游憩性垂钓也是一种生态旅游活动[8, 9]，Novelli 等认为获取战利品式的狩猎活动也是一种生态旅游活动[10]。他们认为，以上的这些活动可以促进资源保护、产生税收，同时显而易见是以自然为基础的活动。针对生态旅游掠夺性，Ryan 和 Saward 认为，模仿非掠夺的习惯而重新设计的动物园也应该属于生态旅游[11]。

目前，部分学者通过把文化成分融入生态旅游吸引物或者承认生态旅游与传统大众旅游的重叠，逐步扩大生态旅游的范畴。第一种是认为文化是生态旅游吸引物的一个中心组成部分，而原有的 ACE 旅游（Adventure，Culture，Ecotourism）尚不能描述自然或文化旅游。第二种是认为所有的"自然"环境都直接或至少间接地受到人类活动的影响，因而在生态旅游地"文化"是以隐性或更多地以显性的形式表现出来，所以文化脱离不了自然。第三种是认为生态旅游逐步强调"本土的"生态旅游，一直认为土著居民与其自然环境是经过多个世纪的融合共存，从而使自然环境与文化的边界更加模糊不清[12, 13]。

生态旅游扩展到传统大众旅游的范畴是源于 20 世纪 80 年代早期对生态旅游定义的争论，认为生态旅游包括"软"与"硬"两种尺度存在。"软"生态旅游是与高水平的服务和设施相关的，其目的是调节生态旅游地与多数临时参与自然环境游客间的关系。部分学者认为，大众旅游产品如果满足生态旅游的标准，就属于生态旅游产品。但是有些研究者对以上观点提出反对意见，认为生态旅游是替代性旅游的一个分支。学者之间的相互争论在一定程度上认为传统的大众旅游是生态旅游的外部环境。同时，不同学者对生态旅游定义认识的混乱也导致了对其市场大小与增长的认识不一。Cobbinah 调查了解加纳卡昆保育区生态旅游的相关机构人员和当地社区的观点，结果表明理解生态旅游的人非常有限，当地社区对保护与生态旅游开发二者之间混淆不清[14]。

1.2.2　生态旅游地

事实上，所有的生态旅游研究案例都涉及保护区域研究（南极洲由于受到《南极保护条例》的严格约束，可以理解其为保护区的一种类型），因此在生态旅游"供给"的研究文献中，生态旅游地成为最大的一个研究主题。

尽管在中美洲和非洲南部出现了以私人保护区域为生态旅游对象的案例，可是大部分的生态旅游地是以公共保护区域为主。也有许多的案例集中于单独的高质量的私人保护区域，如哥斯达黎加的蒙特维德。除保护区外，其他生态旅游地研究也逐步兴起[15]。Buckley 发现，在澳大利亚，私人所拥有的土地（非保护区）成为生态旅游运营商一项非常重要的资源，但是对其价值的认识不够。另外，越来越多的学者逐步关注被高度改良的私人或公共土地的生态旅游发展潜力，包括城市区域。对这些地域的生态旅游开发研究，需要考虑如下 4 点：①此类空间是否可以为本地野生动植物生活提供足够的生境空间；②游客是否能够进入更加偏远的地区；③是否有助于减缓拥挤的公共公园的压力；④是否有打算重建生境的计划和是否有对随游客参观而变化的区域生态敏感性的关注[16]。Chaminuka 在对南非毗邻克鲁格国家公园研究中发现，因游客愿意对乡村旅游和工艺品市场支付更高的费用，所以在邻近国家公园的农村社区也具备发展有限的生态旅游服务的潜力[17]。Salvador 等的研究结果证实森林类型和亚型之间存在季节性变动，许多物种存在河流生境偏好，并提倡生态旅游保护区可以沿主要河流严格保护区之外的河漫滩栖息地扩展，作为有效的动物避难所，避免来自景观破碎地区人口移民的威胁[18]。Santarem 和 Paiva 认为，在考虑生态保护资金分配的时候，沙漠往往被忽视，更多的投资应配置于沙漠生态旅游研究[19]。

1.2.3　生态旅游产业

生态旅游产业主要是由为生态旅游者提供产品与服务的一系列旅游企业所组成的，其中可分为专业型生态旅游产业与非专业型生态旅游产业两部分。专业型生态旅游产业包括生态旅游住宅、生态旅游运营商和生态旅游吸引物（如天蓬步道、空中索道、潜水艇等）；非专业型包括会议酒店、游轮与旅行社，其目的是服务生态旅游者或为其提供生态旅游产品。目前，对生态旅游产业的专门研究尚少，可能是因为欠发达国家对生态旅游产业外部的研究主要集中于以社区为基础的生态旅游服务的提供。

对生态旅游产业的研究主要涉及小型专业型生态旅游企业的高破产率、导致生态旅游高耗损率的因素、生态旅游中的一般化问题等。另外，也包括针对特定案例的研究，例如，Mackoy 和 Osland 通过调查发现，顾客在选择生态旅游住宅时，自然资源的可接近性与费用偏好是其选择生态旅游产品最为重要的两个要素。Osland 和 Mackoy 指出，科学地评价生态旅游住宅成功的标准不仅包括其良好的业绩，也包括顾客是否获得适当的教育[20]。Parker 和 Khare 构建了影响南非生态旅游产业成功发展的重要因子评价表，并发现生态旅游企业与当地社区的积极合作是其成功发展的关键要素[21]。Zhang 和 Lei 探讨了影响居民参与的生态旅游管理的因素，提出了一个他们的参与意愿、环境知识对生态旅游的态度和旅游景观吸引力之间的结构关系，并提出可以通过相应的管理策略和环境规划，刺激居民参与生态旅游，提高他们的环保知识，鼓励积极的旅游态度，促进居民对当地景点的亲和力[22]。Hawkins 也指出，保加利亚的小型生态旅游企业之间的相互联合可以帮助其获得更大的成功[23]。Silva 和 McDill 在调查美国宾夕法尼亚州中部的生态旅游运营商和公共管理者的基础上指出在某些方面双方的误解会影响公共管理者对旅游运营商的帮助[24]。Dickey 和 Higham 在新西兰利用地理信息系统（GIS）绘制生态旅游商业网络地图，从空间上让游客更好地了解生态旅游企业[25]。Lu 和 Stepchenkova 运用内容分析法，分类游客满意度属性，为度假村管理者评估在关键领域的绩效和发展提供策略，实现最大游客满意度和对有限资源的最大利用[26]。Dhami 等在西弗吉尼亚州的研究确定和划分了森林生态旅游区游客偏好，提出了创建生态旅游地图，为游客、目的地管理者和决策者提供依据[27]。Weaver 在一个相对不发达的地区，为支持保护区而设计合格游客的心理模型[28]。

1.3 生态旅游需求研究

1.3.1 生态旅游者

Wight 指出，对生态旅游者的研究往往通过生态旅游咨询机构或政府相关职能部门使用旅游消费者调查问卷进行，它不仅可以区别生态旅游者和非生态旅游者，也可反映生态旅游者的层次等级。20 世纪末期，澳大利亚昆士兰州政府的某研究报告指出，根据符合一定条件的生态旅游者标准，从其旅行模式、偏好与动机等方面调查发现大约 25%的澳大利亚旅游消费者为生态旅游者，另外 20%的旅游消费者为"可能的"生态旅游者。部分研究则指出较高等级的保护区域中所有的游客均属于生态旅游者[29]。然而，Hvenegaard 和 Dearden 对泰国某一国家公园游客调查发现，仅 2/5 的游客属于生态旅游者[30]。尽管目前生态旅游者与一般大众旅游者的区别存在一定的模糊性，但还是需要对一般旅游消费者与生态旅游者作进一步的分析与总结，以便能够更好地了解生态旅游者的市场规模。Eagles 等和 Wight 在总结前人研究的基础上得出两个非常清晰的结论：一是生态旅游者一般都具有较高的教育程度、工资收入；二是生态旅游者不可能大规模地产生于经济欠发达国家[31,32]。Rawles 和 Parsons 对苏格兰的观鲸旅游者与 Weaver 和 Lawton 对澳大利亚昆士兰州的生态住宅游客调查发现，生态旅游者与一般的大众观光旅游者相比具有较高的环境意识，参与活动的积极性更强[33,34]。Fennell 在对 1990 名在哥斯达黎加旅游的加拿大生态旅游者调查的基础上，纵向分析了生态旅游者的行为与动机，发现生态旅游者的年龄与性别与上述两因素差异显著[35]。

1.3.2 生态旅游细分市场

从行为的观点看，生态旅游者可以细分为"硬"生态旅游者与"软"生态旅游者。2002 年，Weaver 和

Lawton 在总结前人研究与对游客实际调查的基础上提出了"结构性生态旅游者"的概念[34]，当他们游览自然型吸引物时，其比较偏好于"硬"生态旅游体验；当他们在其他环境背景下（如舒适的食宿设施和美味的膳食等），则偏好于"软"生态旅游体验。Eubanks 等则对生态旅游者市场进一步分析发现，美国的观鸟生态旅游者根据其旅行动机、行为与消费模式的差异，可以划分为 8 种不同的类型[36]。在生态旅游者市场研究中，有学者指出生态旅游者所生活的区域对其生态旅游行为有一定的影响，特别是东亚地区，每年有成千上万的游客前往保护区参观游览。Torres-Sovero 发现 3 种类型的游客，因社会经济和文化因素及动机影响而不同[37]。Kerstetter 等和 Tao 等研究发现，尽管采用以欧洲为中心的评估模式，可中国台湾的生态旅游者仍然与欧洲或北美生态旅游者有显著的差异[38,39]。Weaver 指出，东亚的生态旅游者更关心自然景观，对这些吸引物有较为强烈的美学与哲学联系[2]。从生态旅游者人口学特征上看，Wight 研究发现女性生态旅游者与男性相比占有较大的比例，并思考了生态旅游女性化趋势的可能原因[29]，但是在亚洲地区并没有发现两性之间的显著差异[29,32]。同时，Swain 提出了通过"生态—女权扩张论者"主义方式来管理生态旅游，并指出女性在生态旅游供给者与游客中起着非常重要的作用[40]。Tran 和 Walter 从社会性别的角度探讨在越南北部社区生态旅游项目的妇女参与，对以社区为基础的生态旅游的研究和实践提供了建议[41]。

1.3.3　生态旅游解说与营销

生态旅游解说与营销是连接生态旅游需求与供给的媒介。由于生态旅游解说可以促进游客学习，提高旅游体验满意度并积极影响游客的现场与非现场行为，近年来受到了众多学者的普遍关注。Weiler 和 Ham 指出，如何通过生态旅游解说取得上述成效成为生态旅游解说的重要研究课题[42]。另外，许多研究者针对不同案例来研究解说是否具有长期影响游客行为变化的能力。Twidale 和 Bourne 对澳大利亚南澳州某景区旅游解说标志牌进行分析，得出信息错误或易令人误解的旅游解说牌对游客取得高质量的、有益的学习体验有消极影响[43]。在生态旅游市场研究中，除了对游客进行市场细分外，对生态旅游市场其他核心方面的研究关注较少，如促销和广告。Pomao 等系统地运用结构模型，描述出行选择和这一选择对游客满意与忠诚度之间的关系的影响，从而确定有效的营销策略[44]。Varley 和 Medway 指出关键在于"包装"旅游经历，启发形成生态智慧旅游概念，影响游客与山地环境的有意义的联系[45]。View 等和 Lai 等在分析两个生态旅游市场营销案例后发现，在第一个案例中生态旅游运营商并没有在他们的广告中非常有力地传播其所提供的环境学习的机会，在第二个案例中加勒比海地区和拉丁美洲地区一些自我标榜的生态旅游住宅的可持续性实践和认证并没有在其网站上展示出来[46,47]。Weaver 发现，尽管澳大利亚某些旅游运营商的生态旅游产品取得了国家生态旅游认证委员会（NEPA）的认证，可是几乎没有旅游运营商在其网站上宣传其取得认证的生态旅游产品，没有有效地向潜在旅游消费者传播生态旅游产品的相关信息。无论如何，取得认证的生态旅游产品可能在一定程度上具有一定的竞争优势[6,7]。

1.4　生态旅游机构

"机构"具体是指生态旅游涉及的各种正式机构，包括针对生态旅游的政府政策与规划、专业和非专业的组织、教育计划等内容。虽然生态旅游得到越来越多的机构的认同，但是对这个课题的研究非常少。Fennell 等回顾了全球范围内生态旅游政策和规划的发展状况[48]。Stein 等描述了美国佛罗里达州由于生态旅游专家和公共土地管理者出于不同的考虑而使生态旅游政策规划变得混乱[49]。需要特别指出的是，前者认为生态旅游是一种使保护区产生税收的方式，而后者更多地关注生态旅游在促进资源保护上的作用。两者都认为需要有相关政策认同生态旅游在促进社区与私人企业参与的积极作用。Loppolo 鼓励地方政府获得代表利益相关者群体的参与，以确定一个共同的地方发展战略，兼顾生态旅游和环境保护[50]。Reimer

和 Walter 指出在生态旅游管理中，以社区为基础的生态旅游的复杂性，在解决环境保护、当地人生活、文化保护、地方文脉上起着重要作用[51]。

尽管 Duffy 指出，在当今经济全球化的时代，在非洲马达加斯加和其他经济欠发达国家生态旅游开发主要受到全球性国际环境组织的控制，其中部分组织作为旅游和私人保护区的提供者而参与到生态旅游产业的供给方来[52]。Butcher 特别批评了所谓的"新平民主义"（Neo-populism）的生态旅游管理组织，它们提倡授权社区的生态旅游发展模式以帮助小规模的、传统的生活方式的保护，尽管在那些社区中可能不会获得大范围的支持[53, 54]。2002 年国际生态旅游年所通过的《魁北克宣言》是这种保护方式的具体体现。尽管目前对专业生态旅游组织（如国际生态旅游协会、澳大利亚生态旅游协会等）的关注不够，可是它们均表现出地理不对称的成员现象，近几年表现出富有经验的重量级成员人数不断减少[5, 6]。Lipscombe 和 Thwaites 调查发现，目前除了对原有研究对象的外在扩展外，对生态旅游为主题的学术计划与课程的开展与影响的关注也是非常少的[55]。

1.5 生态旅游影响研究

1.5.1 生态影响研究

生态旅游研究中研究范围最广、学术最为严格的区域之一是人类对野生动植物的观察研究。Buckley 综述了人类对野生动植物观察研究，主要包括黄眼企鹅、麋雉、宽吻海豚、美洲小型长尾猴、北美驯鹿等[56]。毫不奇怪的是，这些研究中的绝大部分研究指出了观察者与观察对象之间的距离，认为单个的最关键的因子会对野生动物的胁迫感产生影响。Fowler 对麦哲伦海峡企鹅的观察发现，游客对其影响并不显著[57]。Nevin 和 Gilbert 指出，在美国大不列颠哥伦比亚区，雌性棕熊实际上可以从与人类接近而获得利益，因为这个可以帮助棕熊避免碰见带有侵略性的雄性棕熊[58]。Shutt 探讨了习性、生态旅游及科研活动对在中非共和国的野生西部低地大猩猩粪便的糖皮质激素代谢产物的水平（FGCMs）及生理应激反应的影响，指出物种的保护依赖于生态旅游中对其习性的保护[59]。Wishtemi 指出由于迅速上升的人类对土地、粮食和收入的需求加剧了对野生动物保护区的侵蚀[60]。

尽管这个研究的核心目的是管理游客的生态旅游体验，可是几乎没有任何旅游专家在此方面进行了验证性研究或在专业旅游杂志上发表相关的研究成果。Rodger 和 Moore 指出，根据研究目的的差异，科学家对野生动物保护的理解与目标同生态旅游景点管理者和旅游运营商的意见是有差异的。然而，在旅游研究领域，目前还缺乏生态旅游对野生动物影响的研究，但这不能说明旅游研究者对生态旅游的生态影响还在可以接受限制的范围内[61]。近来，生态旅游研究涉及生态旅游的各个方面，包括生态足迹（Ecological Footprinting）在不同生态旅游景区的应用[62]。生态旅游对生境恢复的影响研究是目前国外正在兴起的一个学术研究课题，其作用包括自愿型生态旅游者实地对野生动物生境保护与改善的作用，主要案例有澳大利亚地球监察案例[31]、澳大利亚保护志愿者联盟[62]和印度尼西亚华莱士经营联盟[63]。Fennell 和 Weaver 提出，生态旅游网络是由现有的保护地组成，在这些保护地游客起到的主要个人作用是强化和重建公园生境[64]。Chiu 等提出游客感知价值、满意度和活动参与度能促进游客对环境负责任的行为，而感知价值直接影响环境负责任的行为，满意度和参与在行为模式起到部分中介的作用[65]。

1.5.2 社会—文化影响研究

在生态旅游的社会与文化影响方面，以社区为基础的生态旅游被认为是一种潜在的解决方式，通过对社区的授权，社区生态旅游不仅可以有利于生态系统的恢复与保护，而且有助于当地社区居民获取利益。在绝大部分案例中，并没有认为以社区为基础的生态旅游是一种放之四海而皆准的万能药，但是其有如下成功因素,如外部协作、内部合作、进入生态旅游区的安全性、有效领导等[66, 67]。Liu 把社会资本的理论视角整合进社区生态旅游,认为高水平的社会资本,特别是认知变量,是鼓励居民的亲环境行为的指标[68]。社会资本水平高可能有助于生态营地的形成,也可能存在被侵蚀的危险,也因为对营地的管理可以改善对环境的危害[69]。其他的问题也包括产生内部矛盾的可能性,在性别、阶层和赞助上矛盾的加剧对本应该而没有包括到社区内的居民产生影响,有可能在外部环境上促进长期矛盾产生等[70]。

在针对当地土著居民的研究中,某些特定文化居民的授权是以社区为基础的生态旅游研究的分支。对当地土著性的强调主要是指生态旅游作为一种从游客那里获取的同情与认可,在游客面前作为一个积极的形象阐述其长期本土占有,在特定区域使用及加强这些地方的法律要求的政治工具[71]。在一定程度上,澳大利亚、加拿大、新西兰和其他地方的土著居民正积极要求扩大原来划定的土著居民保护区,从而取得更大管理区域,另外也要求参与在保护区域内公园或其他景区的管理。目前,"本土性"(Indigenousness)作为生态领域里面一个非常重要的主题,逐步吸引越来越多的学者的关注。Coria 和 Calfucura 在回顾经验的基础上,分析了影响土著社区生态旅游成功与失败的因素,提出通过生态旅游来提高土著社区谋生的可能性及促进土地权和社区的权利[72]。Hipwell 研究中国台湾南部原住民的生态旅游及社区生态旅游在达娜伊谷的成功运作[73]。

1.5.3　经济影响研究

最早有关生态旅游经济影响的研究可以追溯到 20 世纪 70 年代,早期的研究主要评估狮子和其他大型动物在生态旅游中作为游客观看对象的货币价值[74]。在 21 世纪初期,主要是研究生态旅游的条件价值(Contingent Valuation,CV),即目标受众愿意支付多少货币使用或不使用某一特定的环境服务项目,如在加纳某些生态旅游景区的高价门票、中国居民花高价钱为观看在自然生境中生长的大熊猫等。在美国佛罗里达,使用条件价值分析法发现,和大众旅游使海牛生境恶化或破坏来推动旅游发展相比,以生态旅游方式来保护海牛在经济上更为合理[75]。Lindberg 等以洪都拉斯伯利兹地区为例,发现随着社区居民从公园生态旅游中获取收入的增加,社区居民则更加积极地支持保护区的发展[76]。Herath 对生态旅游规划中所使用的经济评估方法进行了分析,其中后者强调从 20 世纪 90 年代开始主要使用投入—产出(Input-Output)方式来计算发展生态旅游所产生的直接与间接经济价值[77]。另外,Gossling 在研究航空器与气候变化的相互影响中,介绍了环境破坏费用法(Environmental Damage Costs)的基本概念并引入生态旅游开发的成本与效益分析中,认为航空器排放的二氧化碳加剧了对气候变化的影响[78]。

1.5.4　生态旅游质量控制与行为规范

生态旅游质量控制机制是保证生态旅游产品和服务与规定标准相一致的方式。在生态旅游中,质量控制机制一般是与可持续的原则和实践相关。质量控制是一种非常重要的方式,通过这种方式,生态旅游能够得到旅游消费者的认同,同时又可以与"绿色冲刷型"(Green-washing)生态旅游相斗争。但是,目前学者对生态旅游的质量控制研究较少,主要有 Sirakaya、Sirakaya 和 Uysal 发现,美国的生态旅游运行商认为生态旅游行为指南中的教育和学习功能比制裁或强制性功能效力更大[79, 80]。然而,Wearing 指出,生态旅游认证最好是在通过第三方设置的非常严格的生态旅游评价标准的审查与认定后才能够获得[81]。事实上,澳大利亚是目前世界上为数不多的具有专业生态旅游认证项目的国家之一,这也表明对生态旅游质量控制的研究较少。Black 和 Ham 在调查生态旅游不同类型利益相关者组群的基础上,以作为全球生态旅游认证标准的澳大利亚生态旅游认证项目为对象,评估了作为生态旅游认证项目基础的澳大利亚生态导游项目的适宜性,可并没有评价旅游消费者对澳大利亚最佳生态认证项目的理解与接受结果。另外,部分研究则尽可能来确定或量化生态旅游质量控制的指示物,以形成生态旅游可持续管理的指标体系[82];Li 建议对中国自然保护区有针对性地制定生态旅游指示物评价体系[83]。Ars 提供了新的实证方法来评估现有的山区基础设施和预测未来的改进，以期提高潜在生态旅游者山地环境的生活质量以及游客的满意度[84]。

除了对生态旅游质量的控制外，更大范围的生态旅游的行为规范也引起了学者的关注。Techera 认为如果要充分利用海洋生态旅游，将需要越来越多的对管理行业法律和政策的关注[85]。Jakson 认为，一个有特色且能广泛应用的生态旅游行为规范是非常有必要的[86]。Donohoe 和 Needham 认为行为规范是生态旅游的核心定义标准之一，生态旅游质量控制是局部与游客行为规范相关的，因为所有的控制机制在一定程度上依赖于准确的自我报告和评估[87]。Malloy 和 Fennell 提议针对生态旅游组织需要制定其行为规范的评价标准[88]。Fennell 和 Malloy 发现，生态旅游运营商与旅游产业中其他旅游方式的旅游运营商相比，更愿意表现他们对生态旅游行为规范的忠诚[89]。Bentley 等分析了昆士兰探险和生态旅游运营商在风险管理实践的经验，提出了一种控制风险模型，以协助运营商进行风险管理[90]。可是，目前生态旅游运营商对生态旅游行为规范的坚持与表述转换为实际工作中的行为规范的研究还不够。另外，也有部分研究非常清楚地涉及了生态旅游行为规范，如 Buckley 研究了在与加拿大北冰洋地区独角鲸相关的行为规范的执行中进退两难的局面，游客对物种的理解是作为保护的一个象征，经常是与当地居民狩猎和消耗独角鲸的传统生活实践相矛盾的[91]。

1.6　生态旅游外部环境研究

目前，生态旅游研究文献中研究生态旅游受到外部文化和地理因素影响的较少。Santarem 等的研究将生态与文化特征相结合，并且充分考虑季节性因素来评价徒步旅游的生态潜力[92]。经济因素相对社会和环境因素来说对生态旅游发挥的作用小，社会参与在生态旅游中有重要地位[93]。Ayala 和 Sharpley 认为，由于"软"生态旅游与传统大众旅游定义存在一定的重叠性，对于两者之间的结合点需要更多的思考[94, 95]。Kontogeorgopoulos 也指出泰国普吉岛所开展的生态旅游活动也是依赖于大众"3S"旅游[96]。Johnson 分析了加勒比海地区海滨生态旅游活动是大众邮船旅游的非常重要的组成部分[97]。Eduardo 等通过对尤卡坦半岛东北部的自然保护区土地覆盖/土地利用变化预测研究，表明生物多样性的保护与传统农业和生态旅游是可以兼容的[98]。由于研究者对生态旅游与自然环境萃取性活动（Extractive Activities）（如游憩性狩猎和垂钓）的关系研究较少，其认为自然环境萃取性活动不属于生态旅游产品。当在禁止开展游憩性狩猎和垂钓等此类旅游活动的高等级保护区生态旅游的潜在冲突减少时，低等级的生态旅游区可以调整旅游产品来满足游客对自然环境萃取性产品和非萃取性产品的需求。

在研究文献中考虑外部环境因素对生态旅游的影响也是很少的。Ospina 研究了哥伦比亚国家公园内战争与生态旅游的相关关系[99]。Amerom 分析了南非国外亲友对生态旅游开发的影响研究[100]。Yu 等阐述了秘鲁亚马孙河流域农业殖民化对发展生态旅游住宅的消极影响[101]。在地球物理学领域，Preston-Whyte 和 Watson 以非洲撒哈拉沙漠地区草原野生动物生态旅游产业为例，通过对贫瘠的草原土地的调查发现气候变化对旅游业的影响显著[102]。

1.7　总结与展望

（1）总结

本章从生态旅游产品的供给与需求关系视角，对国际生态旅游的本质、生态旅游地、研究与管理机构、生态旅游者、生态旅游细分市场，所产生的经济、环境与社会文化影响及生态旅游外部环境研究等多方面的最新研究进展进行了总结，对国际生态旅游研究总结如下：

1）生态旅游的研究现状还处于青年期。目前为止，国外学者对生态旅游的定义、本质和核心标准等多方面的内容认识不一，存在一定的争议。生态旅游正经受学界、业界与外界对其是否能够达到其所承诺的生态、经济与社会文化目标的质疑。

2）生态旅游的研究内容不断扩展与延伸。生态旅游产品、生态旅游地、活动和市场等内容不断扩展，"土著性"或"原住民"等含有文化性的相关内容逐步融入生态旅游的研究范围。

3）生态旅游的环境、经济和社会文化影响的研究正受到研究者的关注。主要表现为如下4个方面的内容：以一种"硬科学"的方式来考虑野生动物生态旅游的影响；关注以社区为基础的生态旅游对优化社会文化影响的潜力；以量化方式来计算生态旅游所产生的激励作用；从伦理道德范畴来考虑生态旅游的影响。

4）生态旅游研究文献呈现"南—北"差异显著。在生态旅游研究中多以经济欠发达国家生态旅游地为案例，然而生态旅游市场、产业和研究机构多以经济较发达国家为考虑对象，同时在国际学术期刊中多以经济较发达国家作者为主。

（2）展望

从上文对国外生态旅游研究进展综述中可知，国际生态旅游研究取得了一定的成果，可是在以下4个方面的研究仍然不够，尚需要加大研究力度，主要表现如下：

1）在生态旅游市场营销上，部分旅游运营商表现为"绿色冲刷型"，其是破坏生态旅游可信度的一个重要因素，如何结合生态旅游的本质内涵、可持续性原则与实践、生态旅游细分市场等多方面宣传生态旅游的核心价值观是需要进一步研究的。

2）在生态旅游研究与管理上，目前主要是依靠经济发达国家的环境组织机构所制定的相关要求与标准，而拥有较多生态旅游地的经济欠发达国家的相关组织或机构则更应该需要因地制宜、实事求是依据本国的实际情况制定相关的生态旅游标准与策略来控制生态旅游质量，保证生态旅游产品与游客的生态、经济和社会文化期待一致。

3）在生态旅游产业研究上，目前对生态旅游产业的研究中主要集中在以社区为基础的生态旅游产品、生态旅游景区、生态旅游住宅和生态旅游运营商等内容上，而对生态旅游产业链上更大范围的其他相关的内容尚需要继续深化。

4）在生态旅游外部环境影响的研究上，除了需要考虑地域、文化、战争等外部因素对生态旅游的影响外，也需要考虑其他外部因素对生态旅游的影响。

参 考 文 献

[1] WEAVER D. Ecotourism as mass tourism: contradiction or reality? [J].Cornell hotel and restaurant administration quarterly, 2001, 42:104-112.

[2] WEAVER D. Ecotourism[M]. 2nd Ed. Brisbane, Australia: Wiley, 2006.

[3] FENNELL D. A content analysis of ecotourism definitions[J]. Current issues in tourism, 2001, 4: 403-421.

[4] BLAMEY R, Braithwaite V. A social values segmentation of the potential ecotourism market[J]. Journal of sustainable tourism, 1997, 5:29-45.

[5] BLAMEY R. Principles of ecotourism [C]. Weaver D. Encyclopedia of ecotourism [M]. Wallingford, UK: CAB International, 2001: 5-22.

[6] WEAVER D. Comprehensive and minimalist dimensions of ecotourism [J]. annals of tourism research, 2005, 32: 439-455.

[7] WEAVER D. Mass and urban ecotourism: new manifestations of an old concept[J]. Tourism recreation research, 2005, 30: 19-26.

[8] HOLLAND S, DITTON R, GRAEFE A. An ecotourism perspective on billfish fisheries [J]. Journal of sustainable tourism, 1998, 6: 97-116.

[9] ZWIRN M, PINSKY M, RAHR G. Angling ecotourism: issues, guidelines and experience from kamchatka [J]. Journal of ecotourism,2005, 4: 16-31.

[10] NOVELLI M, BARNES J, HUMAVINDU M. The other side of the eco-tourism coin: consumptive tourism in Southern Africa[J]. Journal of ecotourism, 2006, 5: 62-79.

[11] RYAN C, SAWARD J. The Zoo as Ecotourism Attraction-Visitor Reactions, Perceptions and Management Implications: The Case of HamiltonZoo, New Zealand[J]. Journal of Sustainable Tourism, 2004, 12: 245-266.

[12] HINCH T. Ecotourists and indigenous hosts: diverging views on their relationship with nature[J]. Current issues in tourism, 1998, 1: 120-124.

[13] NEPAL S. Indigenous ecotourism in Central British Columbia: The potential for building capacity in the tlazten nations territories[J]. Journal of

ecotourism, 2004, 3: 173-194.

[14] COBBINAH P B. Contextualising the meaning of eco-tourism[J]. Tourism management perspectives, 2015, 16: 179-189.

[15] MORAGREGA M. Tourist expansion and development of nural communities: the case of monteverde, costa rica[J]. Mountain research and development, 2004, 24: 202-205.

[16] BUCKLEY R. Ecotourism land tenure and enterprise ownership: Australian case study[J]. Journal of ecotourism, 2004, 3: 208-213.

[17] CHAMINUKA P. Tourist preferences for eco-tourism in rural communities adjacent to Kruger National Park:a choice experiment approach[J].Tourism management , 2012, 33: 168-176.

[18] SALVADOR S, CLAVERO M, PITMAN R L. Large Mammal Species Richness and Habitat Use in an Upper Amazonian Forest Used for Eco-tourism[J]. Mammalian Biology, 2011, 76: 115-123.

[19] SANTAREM F, PAIVA F. Conserving desert biodiversity through eco-tourism[J].Tourism management perspectives, 2015, 16: 176-178.

[20] MACKOY R, OSLAND G. Lodge selection and satisfaction: attributes valued by ecotourists[J]. Journal of tourism studies, 2004, 15: 13-25.

[21] PARKER S, KHARE A. Understanding success factors for ensuring sustainability in ecotourism development in Southern Africa[J]. Journal of ecotourism, 2005, 4: 32-46.

[22] ZHANG H, LEI S L. A structure model of residents' intention to participate in eco-tourism:the case of a wet land community[J].Tourism management, 2012, 33: 916-925.

[23] HAWKINS D. A protected areas ecotourism competitive cluster approachto catalyse biodiversity conservation and economic growth in Bulgaria[J]. Journal of sustainable tourism, 2004, 12: 219-244.

[24] SILVA G, McDILL M. Barriers to ecotourism supplier success: a comparison of agency and business perspectives[J]. Journal of sustainable tourism, 2004, 12: 289-305.

[25] DICKEY A, HIGHAM J. A spatial analysis of commercial ecotourism businesses in New Zealand: AC 1999 benchmarking exercise using GIS[J]. Tourism geographies, 2005, 7: 373-388.

[26] LU W L, STEPCHENKOVA S. Eco-tourism experiences reported online: classification of satisfaction attributes[J].Tourism management, 2012, 33: 702-712.

[27] DHAMI I, DENG J Y, Burns, RC Pierskallac. Identifying and mapping forest-based eco-tourism areas in West Virginia-Incorporating visitors' preferences[J].Tourism management, 2014, 42: 165-176.

[28] WEAVER D B. Psychographic insights form a South Carolina protected area[J]. Tourism management, 2012, 33: 371-379.

[29] WIGHT P. Ecotourists: Not a homogeneous market segment[C]. In D.Weaver(Ed.), Ncyclopedia of ecotourism [M]. Wallingford, UK: CAB International, 2001: 37-62.

[30] HVENEGAARD G, DEARDEN P. Ecotourism versus tourism in a Thai National Park[J]. Annals of tourism research, 1998, 25: 700-720.

[31] EAGLES P, CASCAGNETTE J. Canadian ecotourists: who are they?[J]. Tourism recreation research, 1995, 20: 22-28.

[32] WIGHT P. North American ecotourists: market profile and trip characteristics[J]. Journal of travel research, 1996, 34: 2-10.

[33] RAWLES C, PARSONS E. Environmentalmotivation of whalewatching tourists in Scotland[J]. Tourism in marine environments, 2004, 1:129-132.

[34] WEAVER D, LAWTON L. Overnight ecotourist market segmentation in the Gold Coast Hinterland of Australia[J]. Journal of travel research,2002, 40: 270-280.

[35] FENNELL D. The Canadian ecotourist in Costa Rica: ten years down the road[J]. International journal of sustainable development, 2002, 5:282-295.

[36] EUBANKS T, STOLL J, DITTON R. Understanding the diversity of eightbirder sub-populations: socio-demographic characteristics, motivations, expenditures and net benefits [J]. Journal of ecotourism,2004, 3: 151-172.

[37] TORRES-SOVERO C. Social-ecological factors influencing tourist satisfaction in three eco-tourism lodges in the Southeastern Peruvian Amazon[J].Tourism management, 2012, 33: 545-552.

[38] KERSTETTER D, HOU J, LIN C. Profiling Taiwanese ecotourists using a behavioral approach[J]. Tourism management, 2004, 25: 491-498.

[39] TAO C, EAGLES P, SMITH S. Profiling Taiwanese ecotourists using a self-definition approach[J]. Journal of sustainable tourism, 2004, 12: 149-168.

[40] SWAIN M. An ecofeminist approach to ecotourism eevelopment[J]. Tourism recreation research, 2004, 29: 1-6.

[41] TRAN L, WALTER P. Eco-tourism, gender and development in Northern Vietnam[J].Annals of tourism research, 2014, 44: 116-130.

[42] WEILER B, HAM S. Tour guides and interpretation in ecotourism[C]//Weaver D(Ed.). Encyclopedia of ecotourism [M]. Wallingford, UK: CAB International, 2001: 549-563.

[43] TWIDALE C, BOURNE J. Commentary: practices, problems and principles for ecotourism-a case study [J]. Tourism geographies, 2003, 5: 482-492.

[44] POMAO J, NEUTS B, NIJKAMP P, SHIKIDA A. Determinants of trip choice, satisfaction and loyalty in an eco-tourism destination:a modelling study on the shiretoko peninsula, Japan[J].Ecological economics, 2014, 107: 195-205.

[45] VARLEY P, MEDWAY D. Ecosophy and tourism: rethinking a mountain resort[J]. Tourism management, 2011, 32: 902-911.

[46] VIEW, PRICE G. Ecotourism operators and environmental education: enhancing competitive advantage by advertising environmental learning

experiences[J]. Tourism analysis, 2003, 8: 143-147.

[47] LAI P, SHAFER S. Marketing ecotourism through the internet: an evaluation of selected ecolodges in latin America and the Caribbean[J]. Journal of ecotourism, 2005, 4: 143-160.

[48] FENNELL D, BUCKLEY R, WEAVER D. Ecotourism policy and planning [C]//Weaver D. Encyclopedia of ecotourism [M].Wallingford, UK:CAB International, 2001: 463-477.

[49] STEIN T, CLARK J, RICKARDS J. Assessing nature's role in ecotourism development in Florida: perspectives of tourism professionals and government decision-makers [J]. Journal of ecotourism, 2003, 2: 155-172.

[50] LOPPOLO G. From coastal management to environmental management:the sustainable eco-tourism program for the mid-western coast of Sardinia （Italy） [J]. Land Use Policy 2013, 31: 460-471.

[51] REIMER K, WALTER P. How do you know it when you see it? community-based eco-tourism in the cardamom mountains of Southwestern Cambodia[J].Tourism management , 2013, 34: 122-132.

[52] DUFFY R. Global environmental governance and the politics of ecotourism in Madagascar[J]. Journal of ecotourism, 2006, 5: 128-144.

[53] BUTCHER J. The moral authority of ecotourism: a critique[J]. Current issues in tourism, 2005, 8: 114-124.

[54] BUTCHER J. The United Nations international year of ecotourism: acritical analysis of development implications[J]. Progress in development studies, 2006, 6: 146-156.

[55] LIPSCOMBE N, THWAITES R. Education and training [C]//Weaver D. Encyclopedia of ecotourism [M]. Wallingford, UK:CAB International, 2001: 627-638.

[56] BUCKLEY R. Environmental impacts of ecotourism [M]. Wallingford,UK: CABI. 2004.

[57] FOWLER G. Behavioral and hormonal responses of magellanic penguins(spheniscusmagellanicus)to tourism and nestsite visitation[J]. Biological conservation, 1999, 90: 143-149.

[58] NEVIN O, GILBERT B. Measuring the costof risk avoidance in brownbears: further evidence of positive impacts of ecotourism [J]. Biologica conservation, 2005, 123: 453-460.

[59] SHUTT K. Effects of habituation, research and eco-tourism on faetcal glucocorticoid metabolites in wild western lowland gorillas:implications for conservation management[J]. Biological conservation, 2014, 172: 72-79.

[60] WISHTEMI B E L. The link between poverty, environment and ecotourism development in areas adjacent to maasai mara and amboseli protected areas, kenya[J]. Tourism management perspectives, 2015, 16: 306-317.

[61] RODGER K, MOORE S. Bringing science to wildlife tourism: The influence of managers' and scientists' perceptions [J]. Journal of ecotourism, 2004, 3: 1-19.

[62] HUNTER C, SHAW J. Applying the ecological footprint to ecotourism scenarios[J]. Environmental conservation, 2005, 32: 294-304.

[63] DAVIES J. Exploring Open spaces and protecting natural places[J]. Journal of ecotourism, 2002, 1: 173-180.

[64] FENNELL D, WEAVER D. The ecotourism conceptand tourism conservation symbiosis[J]. Journal of sustainable tourism, 2005, 13: 373-390.

[65] CHIU YTH, LEE WI, CHEN T. Environmentally responsible behavior in eco-tourism:antecedents and implications[J].Tourism management, 2014, 40: 321-329.

[66] CHARNLEY S. From nature tourism to ecotourism? the case of the ngorongoro conservation area, tanzania [J]. Human organization,2005, 64: 75-88.

[67] CUSACK, DIXON. Community-based ecotourism and sustainability:cases in bocas del toro province, panama and talamanca, costa rica[J]. Journal of sustainable forestry, 2006, 22: 157-182.

[68] LIU Z Y. The role of social capital in encouraging residents' pro-environmental behaviors in community-based eco-tourism[J].Tourism management, 2014, 41: 190-201.

[69] JONES S. Community-based eco-tourism the significance of social capital[J]. Annals of tourism research, 2005, 32: 303-324.

[70] JONES S. Community-based ecotourism—the significance of social capital[J]. Annals of tourism research, 2005, 32: 303-324.

[71] ZOGRAFOS C, OGLETHORPE D. Multi-criteria analysis in ecotourism:using goal programming to explore sustainable solutions[J]. Current issues in tourism, 2004, 7: 20-43.

[72] CORIA J, CALFUCURA E. Eco-tourism and the development of indigenous communities: The good, the bad, and the ugly[J].Ecological economics, 2012, 73: 47-55.

[73] HIPWELL W T. Taiwan aboriginal eco-tourism Tanayiku Natural Ecology Park[J]. Annals of tourism research, 2007, 34:876-897.

[74] DIXON J, SHERMAN P. Economics of protected areas[M]. Washington, DC: Island Press, 1990.

[75] SOLOMON B, COREY-LUSE C, HALVORSEN K. The Florida manatee and eco-tourism: toward a safe minimum standard[J]. Ecological economics, 2004, 50: 101-115.

[76] LINDBERG K, ENRIQUEZ J, SPROULE K. Ecotourism questioned:case studies from belize[J]. Annals of tourism research, 1996, 23: 543-562.

[77] HERATH G. Research methodologies for planning ecotourism and nature conservation[J]. Tourism economics, 2002, 8: 77-101.

[78] GOSSLING S. Ecotourism: A means to safeguard biodiversity and ecosystem functions? [J]. Ecological economics, 1999, 29: 303-320.

[79] SIRAKAYA E. Attitudinal compliance with ecotourism guidelines[J]. Annals of tourism research, 1997, 24: 919-950.

[80] SIRAKAYA E, UYSAL M. Can sanctions and rewards explain conformancebehaviour of touroperatorswith ecotourism guidelines? [J]. Journal of sustainable tourism, 1997, 5: 322-332.

[81] WEARING S. Professionalisation and accreditation of ecotourism [J].World leisure & recreation, 1995, 37: 31-36.

[82] BLACK R, HAM S. Improving the quality of tourguiding: towards amodel for tourguide certification[J]. Journal of ecotourism, 2005, 4: 178-195.

[83] LI W. Environmentalmanagement indicators for ecotourism in China's nature reserves: a case study in Tianmushan nature reserve [J]. Tourism management, 2004, 25: 559-564.

[84] ARS MS. Towards the eco-tourism :a decision support model for the assessment of sustainability of mountain huts in the alps[J].Journal of environmental management , 2010, 91: 2554-2564.

[85] TECHERA E J, KLEIN N. The role of law in shark-based eco-tourism:lessons from Australia[J].Marine policy, 2013, 39: 21-28.

[86] JAKSON R. Exploring the epistemology of ecotourism [J]. Journal of applied recreation research, 1997, 22: 33-47.

[87] DONOHOE H, Needham R. Ecotourism: the evolving contemporary definition[J]. Journal of ecotourism, 2006, 5: 192-210.

[88] MALLOY D, FENNELL D. Ecotourism and ethics: moral development and organizational cultures[J]. Journal of travel research, 1998, 36: 47-56.

[89] FENNELL D, MALLOY D. Measuring the ethical nature of tourism operators[J]. Annals of tourism research, 1999, 26: 928-943.

[90] BENTLEY T A, CATER C, STEPHEN J P. Adventure and eco-tourism safety in queensland:operator experiences and practice[J].Tourism management, 2010, 31: 563-571.

[91] BUCKLEY R. In Search of the narwhal: ethical dilemmas in ecotourism[J]. Journal of ecotourism, 2005, 4: 129-134.

[92] SANTAREM F, SILVA R, SANTOS P. Assessing eco-tourism potential of hiking trails:a framework to incorporate ecological and cultural features and seasonality[J].Tourism management perspectives, 2015, 16: 190-206.

[93] Urban eco-tourism: defining and assessing dimensions using fuzzy number construction[J].Tourism management, 2010, 31: 739-743.

[94] AYALA H. From quality product to eco-product: will fiji set a precedent? [J]. Tourism management, 1996, 16: 39-47.

[95] SHARPLEY R. Ecotourism: a consumption perspective[J]. Journal of ecotourism, 2006, 5: 7-22.

[96] KONTOGEORGOPOULOS N. Conventional tourism and ecotourism in phuket,thailand: conflicting paradigms or symbiotic partners? [J]. Journal of ecotourism, 2004, 3: 87-108.

[97] JOHNSON D. Providing ecotourism excursions for cruise passengers[J].Journal of sustainable tourism, 2006, 14: 43-54.

[98] EDUARDO G F, BARBARA A O, MARTHA B M, CELENE E M, GABRIEL R. biodiversity conservation, traditional agriculture and eco-tourism: land cover/land use change projections for a natural protected area in the Northeastern Yucatan Peninsula, Mexico[J].Landscape and urban planning, 2007, 83: 137-153.

[99] OSPINA G. Warand ecotourism in the National Parks of Colombia: some reflections on the public risk and adventure[J]. International journal of tourism research, 2006, 8: 241-246.

[100] AMEROM M. African foreign relations as a factor in ecotourism development: the case of South Africa[J]. Journal of ecotourism, 2006, 5: 112-127.

[101] YU D W, HENDRICKSON T, CASTILLO A. Ecotourism and conservation in amazonian peru: short-term and long-term challenges[J]. Environmental conservation, 1997, 24: 130-138.

[102] PRESTON-WHYTE R, WATSON H. Nature tourism and climatic changein Southern Africa[C]//Hall C M, Higham J. Tourism, recreation and climate change[M]. Clevedon, UK, 2005: 130-142.

第2章　中国生态旅游发展理论研究进展①

张玉钧　北京林业大学生态旅游发展研究中心，北京

如果将生态旅游视作一门学问的话，那么它是介于生态学和旅游学之间的一门交叉性分支学科，其主体学科仍属于旅游学科体系。国内较早使用"生态旅游学"的是北京师范大学卢云亭教授。在之后近20年的时间里，"生态旅游"在国内引起研究者的广泛关注，并成为旅游学的研究热点之一。在此期间，举办了各种形式的生态旅游专题研讨会或论坛；配合行政主管部门组织召开多次生态旅游工作会议，2002年发布了《关于生态旅游发展的北京共识》；2008年发布了《全国生态旅游发展纲要（2008—2015年）》。国家林业局多次组织生态旅游工作座谈会；国家旅游局还把2009年确定为生态旅游年。同年，国务院发布了《关于加快旅游业发展的意见》，文件中关于新能源、新材料、节能节水减排、低碳旅游、绿色旅游等举措都体现了与生态旅游的关联性。2011年，国家"十二五"规划更是提出全面推动生态旅游。中科院地理与资源科学研究所于2011年中国科学院创办了第一本生态旅游杂志——《中国生态旅游》，对普及生态旅游知识做出了贡献。此间还相继成立了研究与管理生态旅游的相关协会与学术组织，推动了生态旅游在国内的全面发展。通常认为，1993年9月在北京召开的"第一届东亚地区国家公园和保护区会议"通过的《东亚保护区行动计划纲要》，标志着生态旅游的概念在中国第一次以文件形式得到确认。

本章对国内生态旅游相关概念界定、研究内容、研究方法及研究重点等进行梳理和总结，有利于国内生态旅游研究的进一步深化。

2.1　生态旅游及相关概念体系

经过20多年的努力，生态旅游的概念体系、研究对象及研究内容已经初露端倪，其理论基础建构也已经清晰。生态旅游是在围绕大众旅游与替代旅游、特定主题旅游、可持续旅游等相互竞争的语境或背景下产生的。国内学者在引进、消化和吸收国外相关概念的基础上，也在积极探讨生态旅游的内涵和本质，并在客观上形成和积累了一套与生态旅游密切相关的概念体系。

2.1.1　关于生态旅游概念

探讨生态旅游概念的国内学者很多。多本生态旅游（学）教材的编写，对生态旅游的概念进行了系统阐述和梳理。自2000年杨桂华、钟林生和明庆忠出版了《生态旅游》教材之后，国内又相继出版了多个版本的生态旅游教材，如卢云亭、王建军的《生态旅游》，田里的《生态旅游》，李俊清、石金莲和刘金福的《生态旅游学》，严力蛟的《生态旅游学》，张建萍的《生态旅游》，高峻等的《生态旅游学》等[1-6]。张凌云和杨桂华等在2004年分别翻译出版了国外的《生态旅游》教材[7,8]。其他学者如王献溥、

① 受中央高校基本科研业务费专项资金资助（2015ZCQ-YL-04）。

卢云亭、郭来喜、王尔康、刘家明、王兴国等、李东和等、张广瑞都相继提出了各自对生态旅游概念的理解[9-17]。很多学者专门对生态旅游概念进行了系统的对比研究。王家骏选取国外 44 个生态旅游定义作为研究对象，通过确认关键词、对关键词进行聚类分析，将定义内容归纳为六大类十一组分，进而构建生态旅游概念模型，在检验模型理论上的可靠性和实践上的适应性后，依据模型提出自己的生态旅游定义[18]。卢小丽等对中外 40 个生态旅游概念进行了定量分析，总结出 8 个生态旅游标准规则[19]。宋瑞认为对生态旅游的定义存在产品论、模式论、产品和模式论之争[20]。鲁小波和李悦铮从内部矛盾的角度对生态旅游进行定义，指出生态旅游是解决旅游活动与环境保护之间矛盾的重要途径之一[21]。吴楚材等将现有的生态旅游概念归纳为 6 种类型，即"保护中心论""居民利益论""回归自然论""负责任论""原始荒野论""环境资源论"，并分别对这些类型进行了深入剖析，认定"环境资源论"之说较为科学合理[22]。李文华院士给出的一个定义，即生态旅游是一种以人与自然和谐共生的生态系统为对象，以可持续旅游为原则，通过对它的保护性开发，使游客、当地居民及旅游经营部门都受益，并能使大众受到环境教育的旅游形式。张玉钧提出生态旅游的概念由 3 个基本要素构成，即在生态旅游过程中的自然保护；在这一过程中强化生态、环境教育；通过这一过程促进旅游地的社区发展。

综上所述，对生态旅游的理解是，人们所认识的生态旅游可能是一种活动、一种科学、一种产品、一种伦理或哲学、一个标识、一类项目、一种市场营销手段或工具、一系列原则和目标，也可能是一种旅游发展模式[23-25]。但是，无论对生态旅游所下定义的角度如何变化，都会遵循以下共同原则，即以自然为基础、对自然保护做贡献、当地社区受益、环境教育、道德规范与责任、可持续性、旅游享受与体验和文化熏陶等。生态学家眼中的自然生态系统具有陶冶情操、愉悦身心等游憩或娱乐服务功能。当游客在为生态旅行掏钱时，他们实际上是在为生态系统的服务功能买单。整个交易的卖点就是游客可以观赏到自然生态系统中奇特的动植物和其他资源禀赋。生态旅游为游客负责，即为他们营造这样的氛围：为游客在旅行中尽享大自然的美妙，进而激发重新思考人生的意义并进一步理解世界的本质；让游客通过对自然界的全新体验及对人类起源的深入思考，从而达到"重塑自我"和"实现自我"的目的。在此过程中，实现自然保护和经济发展的有效结合，达到双赢的目的。

2.1.2 生态旅游系统及其组成要素

（1）生态旅游系统

郭来喜根据生态旅游景物的生成机理，较早提出内生型（原生型）地域生态旅游系统和外生型（延生型）地域生态旅游系统两大类型新概念。杨桂华等把生态旅游系统作为生态旅游（学）的研究对象，根据生态旅游活动得以实现的基本条件，提出了"四体生态旅游系统"，即生态旅游系统由主体（生态旅游者）、客体（生态旅游资源）、媒体（生态旅游业）和载体（生态旅游环境）四大要素组成，并认为生态旅游系统和旅游系统之间主要的差异不是组分数量上的差异，而是一种"质"的差异，这种"质"就是保护。卢云亭在定义生态旅游学时认为它是以研究生态—旅游系统为对象，着重阐释何种旅游形式能更好地保护生态系统及生态环境。当然，对生态旅游系统要素的理论探索成果很多，争议也不少。廖荣华从生态旅游定义、生态旅游系统，包括生态旅游者、生态旅游资源、生态旅游业和生态旅游环境等方面介绍了国内外生态旅游系统理论研究进展[26]。并指出随着社会发展，生态旅游的发展将有"重生态，轻旅游"的趋势，生态旅游的定义也将偏重于"生态角度"，追求旅游地相关资源的保护作用，而弱化其他方面的功能，如经济、旅游等，强调了生态旅游的保护特质。刘英杰提出生态旅游的概念体系由理论基础体系、相关主体行为体系、目标体系构成，并指出未来的生态旅游将朝着"重生态、轻旅游"的方向发展[27]。她认为生态旅游能够有效地促进人们自然生态和人文生态的保护，取得生态效益；生态旅游虽不把追求利润最大化作为目标，但也能带来一定的经济效益；生态旅游还通过对资源的保护和对居民生产、消费观念的转变来实现社会效益；生态旅游的根本目标在于整合生态效益、经济效益、社会效益，实现综合效益最大化。

（2）生态旅游者

钟林生较早提出了生态旅游者教育的主要内容，即自然与文化知识、生态环境意识、生态旅游指南和生态旅游行为规范。自然与文化知识是提高生态环境意识的前提，通过理解自然与文化达到欣赏自然与文化，通过欣赏自然与文化达到保护自然和尊重文化，生态旅游指南能够帮助游客很好地完成生态旅游活动，生态旅游行为规范是保护思想在生态旅游者行为中的具体体现[28]。之后钟林生等还在分析传统大众旅游者旅游行为误区的基础上，提出了生态旅游者的保护性旅游行为概念，并归纳其具有环保性、知识性、参与性、替代性 4 个特点，同时还论述了该行为的层次、阶段与保护行动指南[29]。吴楚材和张朝枝认为生态旅游者至少应具备两个特征：一是生态旅游者的旅游动机是为了享受自然、认识自然、了解自然、亲近自然；二是生态旅游者必须负有一定的环境责任[30]。肖朝霞和杨桂华指出生态旅游者与大众旅游者最大的区别在于生态旅游者具有一定的生态意识，并以严格的和一般的生态旅游者系统理论为基础，通过对云南碧塔海生态旅游景区的国内生态旅游者的生态意识进行调查研究，同时总结了碧塔海生态旅游者的特点和培养对策[31]。黄震方等在分析国际生态旅游者行为特征的基础上，通过对江苏沿海生态旅游者的行为特征调查研究，对比分析了国内外生态旅游者行为特征的共性特征和个性差异，揭示了国内生态旅游者行为特征的基本规律，从而为我国生态旅游的健康发展提供了依据[32]。此后，有大量研究论文在生态旅游者的感知、生态意识、识别方法、偏好、动机与行为特征等方面进行了研究[33-43]。

（3）生态旅游资源

对生态旅游资源的认识一直存在争议，争论的焦点主要集中于是仅指自然生态资源还是包括人文生态资源的问题。马乃喜较早提出了我国生态旅游资源的评价问题，论述了生态旅游资源的主要类型、质量评价与外部开发条件评价的具体内容，并提出生态旅游开发应遵循的主要原则[44]。郭来喜从生成机理考虑，将生态旅游资源划分为内生型或原生型地域生态系统的生态旅游资源和外生型地域生态系统生态旅游资源，并认为我国生态旅游资源的载体主要是自然保护区、森林公园、国家风景名胜区、海洋自然保护区、国家历史文化名城、国家重点文物保护单位、国家旅游度假区，以及动物园、植物园、野生动物繁殖中心、野生植物保存基地、生态研究站网体系等[12]。杨桂华依据成因、主导因素、人类利用、保护性、旅游价值等对生态旅游资源进行了分类[45]。之后杨桂华等认为生态旅游资源是指以生态美吸引旅客前来进行生态旅游活动，为旅游业利用，在保护的前提下，能够产生可持续的生态旅游综合效益的客体。其内涵包括 4 个基点：吸引功能、效益功能、客体属性、保护需要，并具有原生性与和谐性、综合性与系统性、脆弱性与保护性、广泛性与地域性、季节性与时代性，精神价值的无限性、特异的民族性、不可移置性与不可更新性，市场需求的多样性、旅游经营的垄断性。何平从生态旅游作用于旅游者的表现形式将生态旅游资源分为可视生态旅游资源和可感觉生态旅游资源。卢云亭按照性质与功能、价值因素，认为生态旅游资源可组合成一个子系统、主系统在内的庞大结构体系，这个体系包括生物多样性、生物物种美学和生态环境等有形和无形资源，涉及多方面的功能与价值。张建萍按照生态旅游资源的属性把生态旅游分为自然生态旅游资源和人文生态旅游资源两大类型，每一大类型又分别由若干构成要素组成[46]。程道品等对生态旅游资源进行了科学的界定，并根据前人研究的相关成果对生态旅游资源进行了系统的分类，建立了生态旅游资源评价指标体系，对生态旅游资源评价方法和标准进行了量化的研究[47]。王建军等通过对构成生态旅游资源的生态旅游景观资源、生态旅游环境资源进行界定，尝试性地提出了景观和环境并重的旅游资源分类评价思想，初步创立了生态旅游资源的景观—环境分类方案，并探索性地采用 AHP 方法构建了生态旅游景观资源与生态旅游环境资源相结合的定性与定量综合评价基本框架[48]。周文丽从资源组合形成区域的角度对其进行了界定，并以景观生态学相关理论为依据，综合前人研究成果，对生态旅游资源进行了系统分类，构建了 2 个景观系、10 个景观区、39 个景观型的分类体系[49]。周虹认为生态旅游资源是生态旅游赖以发展的基础，对生态旅游资源进行科学系统的评价是合理开发、利用与保护生态旅游资源的科学依据。根据国内已经发表的生态旅游的论文和专著，对国内生态旅游资源评价的研究现状进行综述和讨论，包括生态旅游资源评价的指标体系、评价方法等的综述[50]。曹晓鲜认为民族文化生态旅游资源是一种兼具文化价值、生态质量又极具体验价值的生态旅游资源，并借鉴现有生态旅游资源评价指标体系和模型，尝试构建了民族文化生态旅游资源评价指标体系与评价模型，并运用该模型对湖南西部地区民族文化生态旅游资源进行了综合评价[51]。

（4）生态旅游业

吕永龙较早分析了生态旅游产业发展的潜力与限制条件、生态旅游产业的结构与空间适宜性分布[52]。杨桂华指出生态旅游业是生态旅游系统中沟通生态旅游主体（生态旅游者）和生态旅游客体（生态旅游资源）之间的媒介，在推动生态旅游发展中起到了供给、组织和便利的作用，是由众多部门和相关行业组成的向生态旅游者提供各种服务的社会综合体。吴易明等从产业经济学的角度，研究了中国生态旅游业发展过程中存在问题，并提出相应的战略对策[53]。姚长宏从生态旅游产业系统的本身特征出发，总结了其自组织发展模式，并提出生态旅游产业是指基于核心吸引物的生态价值，以绿色旅游服务、生态文化保护、各方利益共享为目标，围绕可持续发展理念而组织实施的各种旅游服务业的综合，同时指出生态旅游产业具有可持续性、生态性、多样性和共生性等特点[54]。

（5）生态旅游环境

生态旅游环境包括自然生态环境、人文生态环境和社会生态环境。杨桂华等认为，生态旅游环境是以生态旅游活动为中心的环境，是生态旅游活动得以生存和发展的一切外部条件的总和。目前生态旅游环境的研究比较多地集中在环境影响、环境容量与自然保护等方面。明庆忠等进一步探讨了生态旅游环境的构成、特点，以及生态旅游环境与生态旅游活动的"三体"（主体—生态旅游者；客体—生态旅游资源；媒体—生态旅游业）的互动关系[55]。由于生态旅游环境的特殊性，特别是生态旅游对社会文化环境影响的客观存在性与不同生态旅游区文化背景包括生态文化背景的不同，对生态旅游区社会文化环境的研究应当更加重视。国内学者在定性和定量研究上都对生态旅游环境做了一些探索[56-73]。多数研究者探讨了生态旅游对生态系统产生的影响，这种影响包括不可恢复的破坏性负面影响、可控的但无法消除的负面影响、可控的且可以完全消除的负面影响和间接的正面影响，并指出决定生态旅游对生态系统影响程度的主要因素是生态系统自身的质量、生态旅游开发建设的强度与游客量大小、生态旅游地所处的社会经济环境及生态旅游经济的内在规律性。要有效地调控生态旅游对生态系统的影响，需要从科学合理地进行生态旅游规划、控制游客规模与提倡文明旅游、协调生态旅游与当地社会经济关系等多方面入手，才能真正达到尽可能地减少生态旅游对生态系统造成的负面影响。旅游生态学的研究建立了生态旅游环境研究的关联性[74-84]。

在生态旅游标准和认证方面，国内学者进行了相关研究的前期探讨。诸葛仁博士在国内为推广绿色环球 21 的理念以及相关的《生态旅游的国际标准》做出一定贡献。政府有关部门组织出台了一系列生态旅游标准和规范，如《自然保护区生态旅游规划技术规程》（GB/T 20416—2006）、《自然保护区生态旅游规划技术规程》（GB/T 20416—2006）和《国家生态旅游示范区建设与运营规范》（GB/T 26362—2010）。

2.2 理论基础

2.2.1 基于生态系统服务的复合生态系统理论

复合生态系统是由人类社会、经济活动和自然条件共同组合而成的生态功能统一体。20 世纪 80 年代初，马世骏和王如松等中国生态学家在总结了整体、协调、循环、自生为核心的生态控制论原理的基础上，提出了社会—经济—自然复合生态系统的理论和时（届际、代际、世际）、空（地域、流域、区域）、量（各种物质、能量代谢过程）、构（产业、体制、景观）及序（竞争、共生与自生序）的生态关联及调控方法，它们在一定的时空尺度上耦合，构成了一定生态格局和生态秩序的社会—经济—自然复合生态系统。复合生态系统内部各要素之间、各部分之间的相互作用是通过物流、能流、价值流和信息流的形式实现的。到目前为止，较少有研究者可以把复合生态系统与生态旅游直接联系起来进行研究，有的只是依据单一的生态系统类型选取某一方面而进行的研究，如森林生态旅游、乡村生态旅游等。李长荣把人地关系理论作为生态旅游的理论基础，笔者更为倾向于用复合生态系统代替人地关系理论[85]。

李洪波等将武夷山国家自然保护区视为复合生态系统，对其生态旅游系统运用能值理论及其分析方法对其进行讨论和研究[86]。陈佳等借鉴社会—生态系统的相关理论，以陕西秦岭北麓上王村为例，构建乡村旅游社会—生态系统模型，通过实地调查和访谈获取数据，以游客分类为基础，辨识了乡村旅游社会—生态系统获得稳态的关键变量，分析系统内部运行的动力机制[87]。最终划分出生态旅游者和大众旅游者，通过识别不同游客的旅游偏好，结合生态系统商品与服务的质量，以及资本变量，构建旅游社会—生态系统的四维模型，理清指标的关键变量。近年来，国内外出现的城市生态旅游实际上就是在复合生态系统基础上提出来的[88]。

复合生态系统理论把生态系统所涉及的经济、社会和生态问题有机地联系了起来，这就为人们从更大的系统和更综合的角度研究生态旅游搭建了理想的理论平台，资源、环境与生产、消费的关系只有放在复合生态系统三大子系统相互联系相互制约的框架下才能正确地把握。生态经济学对建立复合生态系统与生态旅游之间的联系有时也起到一定的作用。

2.2.2　基于生态基础设施的景观生态学理论

生态基础设施最初是指城市的可持续发展所依赖的自然系统，是城市及其居民能持续地获得自然服务（Natures Services）的基础，这里所说的生态服务包括提供新鲜空气、食物、体育、游憩、安全庇护以及审美和教育等。它包含一切能提供上述自然服务的城市绿地系统、林业及农业系统、自然保护地系统，并进一步可以扩展到以自然为背景的文化遗产网络，从而与生态旅游建立一定的联系。生态基础设施建设的核心理念是通过维护整体自然系统的结构与功能的完整和健康，使城市获得良好的、全面的生态服务。在工业化、城市化快速发展和国土资源面临巨大压力的背景下，将生态系统服务思想与生态"基础性"价值和生态结构相结合，提出生态基础设施理论，用生态化手段来改造或替代城市、道路基础设施系统以及洪涝灾害治理等问题。

生态基础设施一词最早见于联合国教科文组织的"人与生物圈计划"提出的生态城市规划 5 项原则：①生态保护战略；②生态基础设施；③居民生活标准；④文化历史的保护；⑤将自然引入城市。近年来，生态基础设施概念及理论在日益拓展，包括生态系统管理与生态学、景观生态学、生态经济学、生物保护学、生态工程学等多方面研究都对之进行了探讨。同时，生态设施概念对土地利用规划、区域与城市规划和景观规划都产生了影响，也蕴涵着新的规划方法论。生态基础设施思想吸取了生态网络和绿色廊道等概念所强调的连续性和完整性的特性，对联系破碎生境斑块、保持连续的休闲网络和增加可达性、建立连续的自然和文化遗产保护体系有积极意义。同时，在既定的尺度和格局的基础上，保持多大比例的生态用地是一个十分重要的课题。对于中国而言，在土地极其紧张的情况下如何更有效地协调各种土地利用之间的关系，如城市发展用地、农业用地及与之相对应的生态旅游用地之间的合理格局等。

生态基础设施与景观生态学相关联，作为生态系统管理途径之一，发挥生态基础设施的生态旅游服务功能，可望成为今后的研究热点。

2.2.3　基于生态旅游容量的生态承载力理论

生态承载力是在一定时间、一定空间范围内，生态系统在自我调节以及人类积极作用下健康、有序地发展，生态系统所能支持的资源消耗和环境纳污程度，以及社会经济发展强度和一定消费水平的人口数量。生态载力包括 3 层含义：一是生态系统自我调节以及人类的积极作用；二是资源的消耗程度和环境的纳污能力；三是社会经济发展强度和人类消费所带来的压力。其中，前两层含义代表生态承载力的支持部分，第三层含义代表生态承载力的压力部分。如果支持部分大于压力部分，则生态系统不超载，属于健康和有序状态；反之生态系统超载，属于不健康和无序状态。只有结构合理的生态系统才最具稳定性和安全性，同时才能发挥更大的稳定的生态服务功能。而对于某一区域，生态承载力强调的是系统的承载功能，而突出的是对人类活动的承载能力，其内容应包括资源子系统、环境子系统和社会子系统，生态系统的承载力要素应包含资源要素、环境要素及社会要素。目前，随着生态承载力研究的深入，生态承载力评价方法也日益多样化、复杂化，但生态承载力评价还应从简单的评价方法入手，在对评价区域的生态承载力有了一个整体认识的基础上，再选用复杂的评价方法进行深入细致的评价分析。同时，生态承载力评价不仅要对评价区域的生态承载力给出科学合理的度量，同时还要将这种定量评价与国家、地方的规划相结合，转化为指导实践的有用信息传达给决策者。此外，生态承载力评价的客体都是具有动态开放性的多结构、多层次、多形态的高度复杂的系统，但生态承载力评价不能面面俱到，需要抓住复杂系统的关键过程及机制展开生态承载力评价。生态承载力评价方法在处理复杂系统问题上都有各自的优缺点，需要评价者根据评价目的采用互补的方式对方法进行集成，加强综合集成的方法在生态承载力评价中的应用。

通过生态承载力的计算，可以制定区域复合生态系统的经济、社会发展主要指标，提出对生态旅游区建设的相关要求。

2.2.4　基于可持续旅游的可持续发展理论

卢云亭较早论述了生态旅游与可持续发展的关系，提出了生态旅游从范域上的自然性、层次上的高品位性、利用上的可持续性以及内容上的专业性 4 个方面的基本特征，并对旅游从业者和旅游者在生态环境保护方面所应做出的奉献进行了论述。区域可持续发展是指特定区域的需要不削弱其他区域满足其需求的能力，同时当代人的需要不对后代人满足其需求能力构成危害的发展。可持续发展是一个动态过程，它要求在不同的区域内，经济发展和人口、资源、生态环境保持协调，其经济增长、社会稳定发展要建立在有效控制人口增长、合理利用自然资源、逐渐改善环境质量并保持良性发展的基础上，同时促进不同类型地区的协调与均衡，缩小区际发展水平的差距。

2.2.5　基于社区参与的利益相关者理论

社区参与强调当地居民参与到规划与决策制定过程，并将社区居民作为生态旅游规划的重要因素，考虑居民在生态旅游区建设发展中的作用。将区域生态旅游规划很好地融合到当地社会、经济发展的综合系统中，有利于区域的协调可持续发展。以区域社会为背景的生态旅游至少由以下几个方面构成：①保证保护地等自然生态系统及当地文化的生态旅游资源存在；②有到此访问的主要来自城市的生态旅游者存在，并且这样的生态旅游者是以人数分散的小组形式出现的；③能够得到社区参与并且他们要有经济利益的收获。生态旅游的实施与促进，也增加了当地居民的就业机会，从而活跃了区域经济。由于当地居民生于斯长于斯，熟悉当地的山川甚至一草一木，而且从祖先那里传承了一些重要而适用的知识，经过适当的培训可以成为合格的生态旅游向导；④对旅游经营者而言，通过提供良好的服务让生态旅游者更好地利用和享受生态旅游资源；⑤行政部门（代表政府）在制定政策过程中还要充当协调员的身份，向其他各个利益主体及时、快速、准确、全面地传达有价值的信息，包括组织编写旅游指南、实施资源保护及人才培养。在生态旅游管理中，单靠政府的方针政策，甚至市场以至技术上的措施是不够的。更强调行政部门、旅游经营者、旅游者、当地居民、研究者各个关系主体价值观的相互交织、碰撞、磨合同时，政府与市场提供一种平台，以另一种身份来协调各主体之间的关系，以达成对话、协作和相互理解，最终走向生态旅游共治。

2.2.6 基于国际理念的生态旅游本土化理论

自生态旅游的概念被引入之后，在国内得到蓬勃发展，但基于中西方在政治、经济、文化、社会以及环境上的差异性，如果完全照搬照抄西方式生态旅游的理念，就会造成水土不服。相关学者认为中西方在生态旅游上的差异性主要表现在以下 3 个方面：①自然景观与人文景观在地理空间上的融合性。在中国传统山水文化中，"山"为阳，"水"为阴，"男"为阳，"女"为阴，阴阳说构成了中国文化的基础，并从中衍生出了"天人合一"的生态价值观，将人当作自然的一部分，因此，在空间上自然景观和人文景观在空间上是一体的。历史上著名的风景地"三山五岳"，无不是因为自然与文化融为一体而知名。考虑中国的生态旅游不能将自然和文化生态分割，需要建立与西方国家不同的生态旅游资源和旅游产品体系。②环境教育注重情感与艺术的美学观，区别于西方强调对自然和科学的解说和教育，中国的生态旅游解说更注重以民俗和历史为基础的文化故事，追求艺术的感性。③生态旅游市场在社会背景下的差异化，相对于生态旅游市场日渐成熟的西方国家，我国还没有形成真正意义上的生态旅游市场，在社会保障体系、国民生态意识、基础配套设施、生态旅游产品、管理保护制度等方面仍需要加强[89,90]。

在我国的生态旅游规划和设计的实践中，相关的地区也逐步认识到中西方的差异，并形成具有中国特色的生态旅游模式，如云南省大山包与西双版纳国家级自然保护区的生态旅游规划以及普达措国家公园规划都强调本土化生态旅游特征，将旅游行为分为大众观光旅游、大众生态旅游和专业生态旅游，注重文化生态。此类生态旅游本土化项目的实施，不仅得到普通游客的高度认可，也得到生态旅游领域同行专家的肯定，上海师范大学高峻教授提到，普达措国家公园解说系统吸纳了西方注重科普的方式，同时也关注中国人注重文化演绎的传统，10 年了，至今仍是中国内地最好的解说系统。因此，只有在尊重中国生态旅游的独特性，融合理性科学与感性艺术的基础上，才能促进本土化生态旅游的可持续发展。

综上所述，本土化的生态旅游只有密切联系中西方在传统文化、价值观念、教育模式、旅游市场等差异性，在明确生态旅游的目标与理念的基础上，积极探索并制定符合中国国情的发展路径，才能实现中国的生态旅游健康发展。

2.3 研究方法和研究热点

2.3.1 研究方法

佟玉权运用生态学理论，结合生态旅游产业特点，提出旅游生态系统的概念；揭示旅游生态系统同一般区域旅游系统和自然生态系统相比所具有的系统组成的复合性、系统结构的复杂性、系统功能的双重性、系统状态的脆弱性、系统等级的多样性等若干特点，并针对其特点提出适用于该系统研究的遥感与地理信息系统、实验监测技术手段等学科研究的方法[91]。韦新良选择了在浙江省最早开发生态旅游、以森林和山地景观及其生态环境为主的杭州临安太湖源生态旅游区作为研究对象，并以生态旅游区内现已开展生态旅游活动的龙须峡谷景区作为重点研究对象，采用了二手资料收集、实地调查、座谈访问、游客问卷调查等方法，多种形式相互结合收集了研究工作所需的有关材料。在调查分析的基础上，着重就生态旅游对森林资源及其环境的影响、生态旅游者特征、生态旅游区景观动态变化和生态旅游效益综合评价 4 个方面，提出了相应的数量分析方法。通过系统分析、建立数学模型、模型应用和实证分析等步骤，得到相应的研究结果，并提出了生态旅游发展的有关建议。全华系统总结了生态旅游的 4 类研究途径，即定性描述、数理统计、构造模型和"3S"技术。其中，定性描述是指通过逻辑推理、演绎、归纳，对旅游现象进行描述，不做假设检验和实证研究；数理统计方法是指运用百分比、频率、排序、统计图表、回归分析、聚类分析、趋势外推等方法，分析研究基本数据，佐证结论；构造模型是指运用数学建模或计算机模拟，分析处理空间数据，用以支持理论结论；"3S"技术是指用遥感、全球定位系统、地理信息系统采集、分析、处理并可视化表达空间数据的方法[92,93]。在生态旅游研究中，4 类方法都有应用实例，除此之外，生物实验、环境监测等技术方法也在生态旅游研究中广为应用。高峻系统总结了生态旅游的研究方法，指出生态旅游的研究方法定性研究—定位研究—实验研究—定量研究和定性与定量研究的历史过程。其中，数据收集方法又分为定性、定量、定性与定量相结合以及概念性 4 种。同时提供了：①时间序列法；②回归模型法；③地理信息技术；④模式分析；⑤科学实验；⑥调查法；⑦统计分析等生态旅游的研究方法。

2.3.2 研究热点

上述由生态旅游者、生态旅游资源、生态旅游业和生态旅游环境等要素构成的生态旅游系统以及各要素之间的关系无疑是生态旅游研究内容。钟林生等在杨桂华研究的基础上完善了生态旅游研究的内容框架，包括 3 个大的方面：一是生态旅游的特点及其理论基础（包括生态旅游的产生、定义、特点及理论基础）；二是生态旅游的 4 要素（主体、资源、环境和行业）；三是生态旅游的规划与管理（包括生态旅游的理论和方法、案例、内容以及策略）[94]。

程德年基于 CiteSpace 对国内生态旅游进行了计量分析，确定了生态旅游研究的主要内容和方向[95,96]。他在对 185 篇 CSSI 文献中统计出频率由低到高的 10 个关键词：可持续发展（旅游战略）/旅游发展、生态旅游开发/发展模式、（生态）旅游资源、生态旅游者、社区参与、自然保护区、乡村生态旅游、民俗/文化生态旅游、生态文明、低碳旅游。具体而言，近年来的国内生态旅游研究中，至少涉及以下 6 个方面的内容：①生态旅游的基础理论；②生态旅游资源；③生态旅游市场；④生态旅游开发；⑤生态旅游作用与影响；⑥生态旅游管理与政策。2010 年 9 月，中山大学与联合国世界旅游组织签署合作协议，成立"联合国世界旅游组织旅游可持续发展观测点管理与监测中心"（MCSTO），负责中国乃至将来的亚太地区旅游可持续发展观测点的管理与监测等技术工作，此项工作的一些关键监测指标与生态旅游目标具有一致性。

2.4 研究展望

2.4.1 提炼生态旅游概念内涵

目前，关于生态旅游概念的各种提法已经出现很多，但是还没有一个权威性的定义被普遍认可。其中的原因可从两方面分析：一是旅游业、林业及环境教育等各方面人士对生态旅游保持关心的同时，往往从自身角度出发来定义生态旅游，因此提出来的定义在内容的涵盖面上往往存在片面性；二是各个定义的内涵侧重点也有所不同，表现在从理论到实践的各个环节上，包括旅游对象、旅游移动空间、旅游团体的大小、旅游活动的形态以及旅游理念等。但是，各个定义的着眼点分别是从自然保护、旅游业及研究者的角度出发，去体会生态旅游内涵的。因此，生态旅游是依托社会—经济—自然复合生态系统，以可持续旅游为原则，通过对它的保护性利用途径，实现自然保护、环境教育和社区参与等目标，使游客、社区和经营者等利益相关者之间得到互惠共赢的一种旅游形式[97]。简言之，生态旅游在本质上是研究生态系统及其构成要素所营造的环境提供给人们的体验服务过程的一门学问。

2.4.2 细化生态旅游研究内容

今后还需要进一步细化和提炼生态旅游的研究内容，包括研究方法和研究热点。目前，把生态旅游业和生态旅游环境作为生态旅游系统的构成要素来看待存在着一定的争议。或者说这种界定本身就不够严密，生态旅游的研究对象存在生态系统与生态旅游系统的混同。生态旅游是对自然资源的一种合理利用方式，同时也是对生态系统的一种有效管理途径。因此，要建构生态旅游的研究体系，将生态学基础、自然资源生态学、生态系统管理学等纳入生态旅游的研究体系之中。要研究生态旅游在各种保护地类型适应性管理中的作用，同时要研究生态旅游的广域性及其灵活性。

2.4.3　强化生态旅游治理研究

研究国内生态旅游政策与规划中的若干关键因素，包括生态旅游作为一个政策领域，围绕生态旅游的制度安排，治理在生态旅游规划和管理中的作用。生态旅游的对象不仅仅局限于自然生态系统本身，还包括与此自然生态系统对应的区域社会。自然生态系统与其对应的区域社会浑然一体，相互融合，共同作为生态旅游资源而起作用。生态旅游的治理过程涉及各个部门与各个层面，除了政府机构参与外，还要市民、当地居民以及相关经营体的协作与配合。

参 考 文 献

[1] 杨桂华，钟林生，明庆忠. 生态旅游[M]. 北京：高等教育出版社，2000.

[2] 卢云亭，王建军. 生态旅游学[M]. 北京：旅游教育出版社，2001.

[3] 田里. 生态旅游[M]. 天津：南开大学出版社，2004.

[4] 李俊清，石金莲，刘金福. 生态旅游学[M]. 北京：中国林业出版社，2004.

[5] 张建萍. 生态旅游[M]. 北京：中国旅游出版社，2008.

[6] 高峻. 生态旅游学[M]. 北京：高等教育出版社，2010.

[7] FENNELL DA，生态旅游[M]. 张凌云译. 北京：旅游教育出版社，2004.

[8] WEAVER D，生态旅游[M]. 杨桂华等译. 天津：南开大学出版社，2004.

[9] 王献溥. 保护区发展生态旅游的意义和途径[J]. 植物资源与环境学报，1993，2：49-54.

[10] 王献溥. 关于生态旅游和保护区的发展[J]. 中国生物圈保护区，1995，2：17-23.

[11] 卢云亭. 生态旅游与可持续旅游发展[J]. 经济地理，1996，16(1)：106-112.

[12] 郭来喜. 中国生态旅游：可持续旅游的基石[J]. 地理科学进展，1997，16(4)：1-10.

[13] 王尔康. 生态旅游与环境保护[J]. 旅游学刊，1998，13(2)：13-15.

[14] 刘家明. 生态旅游及其规划的研究进展[J]. 应用生态学报，1998，3：327-331.

[15] 王兴国，王建军. 森林公园与生态旅游[J]. 旅游学刊，1998，13(2)：15-18.

[16] 李东和，张结魁. 论生态旅游的兴起及其概念实质[J]. 地理与地理信息科学，1999，2：75-79.

[17] 张广瑞. 生态旅游的理论与实践[J]. 财贸经济，1999，8：43-49.

[18] 王家骏. "生态旅游"概念探微[J]. 江南大学学报：人文社会科学版，2002，1：52-56.

[19] 卢小丽，武春友，Holly Donohoe. 基于内容分析法的生态旅游内涵辨析[J]. 生态学报，2006，4：1213-1220.

[20] 宋瑞. 生态旅游：全球观点与中国实践[M]. 北京：中国水利水电出版社，2007.

[21] 鲁小波，李悦铮. 从内部矛盾的角度探讨生态旅游的定义、条件和发展阶段[J]. 经济地理，2008，28(3)：512-515.

[22] 吴楚材，吴章文，郑群明，等. 生态旅游定义辨析[J]. 中南林业科技大学学报，2009，29(5)：1-6.

[23] 张玉钧. 可持续生态旅游得以实现的三个条件[J]. 旅游学刊，2014，4：5-7.

[24] 张玉钧. 生态旅游的未来[J]. 中国报道，2009，2：66-67.

[25] 吴必虎. 区域旅游规划原理[M]. 北京：中国旅游出版社，2001.

[26] 廖荣华. 关于生态旅游系统理论研究综述[J]. 邵阳学院学报：自然科学版，2003，2(5)：122-126.

[27] 刘英杰. 生态旅游概念体系探析[J]. 经济研究导刊，2014，22：231-232.

[28] 钟林生. 试论生态旅游者的教育[J]. 思想战线，1999，6：39-42.

[29] 钟林生，石强，王宪礼. 论生态旅游者的保护性旅游行为[J]. 中南林业科技大学学报，2000，20(2)：62-65.

[30] 吴楚材，张朝枝. 科学地探索生态旅游资源的开发与利用[J]. 社会科学家，2000，15(4)：14-18.

[31] 肖朝霞，杨桂华. 国内生态旅游者的生态意识调查研究：以香格里拉碧塔海生态旅游景区为例[J]. 旅游学刊，2004，19(1)：67-71.

[32] 黄震方，高宇轩，杨艳. 国内生态旅游者行为特征研究：以江苏沿海生态旅游为例[Z]. 生态旅游发展：中国西部生态旅游发展论坛，2004.

[33] 李燕琴，蔡运龙. 北京市生态旅游者的行为特征调查与分析：以百花山自然保护区为例[J]. 地理研究，2004，23(6)：863-874.

[34] 李正欢，李祝舜. 生态旅游者生态行为的意识层次[J]. 资源开发与市场，2004，20(3)：231-233.

[35] 黎洁. 我国生态旅游者特征与激励因素研究：以陕西太白山国家森林公园为例[J]. 经济地理，2005，25(5)：720-723.

[36] 钟洁，杨桂华. 中国大学生生态旅游者的生态意识调查分析研究：以云南大学为例[J]. 旅游学刊，2005，20(1)：53-57.

[37] 吴忠宏，洪常明，钟林生. 居民对生态旅游认知与态度之研究：以澎湖列岛为例[J]. 旅游学刊，2005，20(1)：57-62.

[38] 李燕琴. 生态旅游者识别方法分类与演变[J]. 宁夏社会科学，2006，5：131-133.

[39] 赵金凌，成升魁，闵庆文. 基于休闲分类法的生态旅游者行为研究：以观鸟旅游者为例[J]. 热带地理，2007，27(3)：284-288.

[40] 李明辉，谢辉. 中外生态旅游者动机与行为的比较研究[J]. 旅游科学，2008，22(3)：18-23.

[41] 席建超，刘浩龙，葛全胜，等. 基于非参与式调查的六盘山生态旅游区旅游者偏好研究[J]. 干旱区资源与环境，2008，22(6)：122-127.

[42] 曾菲菲，罗艳菊，毕华，等. 生态旅游者：甄别与环境友好行为意向[J]. 经济地理，2014，34(6)：182-186.

[43] 张爱平，钟林生，徐勇，等. 黄河首曲地区生态旅游开发适宜区识别与分类研究：结合旅游者偏好的分析[J]. 资源与生态学报（英文版），2015，1：21-29.

[44] 马乃喜. 我国生态旅游资源的评价问题[J]. 西北大学学报：自然科学版，1996，2：171-175.

[45] 杨桂华. 论生态旅游资源[J]. 思想战线，1999，6：33-38.

[46] 张建萍. 生态旅游理论与实践[M]. 北京：中国旅游出版社，2001.

[47] 程道品，阳柏苏. 生态旅游资源分类及其评价[J]. 怀化学院学报，2004，23(2)：50-54.

[48] 王建军，李朝阳，田明中. 生态旅游资源分类与评价体系构建[J]. 地理研究，2006，3：507-516.

[49] 周文丽. 生态旅游资源概念及分类体系研究[J]. 西北林学院学报，2007，22(4)：162-166.

[50] 周虹. 国内生态旅游资源评价研究综述[J]. 理论研究，2010(2)：95-95.

[51] 曹晓鲜. 民族文化生态旅游资源评价模型及其应用[J]. 求索，2010(7)：74-75.

[52] 吕永龙. 生态旅游的发展与规划[J]. 自然资源学报，1998(1)：81-86.

[53] 吴易明，徐月芳. 中国生态旅游业研究[M]. 北京：对外经济贸易大学出版社，2007.

[54] 姚长宏. 生态旅游产业的自组织探讨[Z]. 生态旅游理论进展与实践探索：2009青海国际生态旅游高峰论坛论文集，北京：中国环境科学出版社，2010.

[55] 明庆忠，李宏. 试论生态旅游环境与生态旅游活动[J]. 云南师范大学学报：哲学社会科学版，2001，33(5)：34-40.

[56] 肖洪根. 旅游持续发展与旅游环境保护[J]. 华侨大学学报：哲学社会科学版，1995，2：59-66.

[57] 周世强，张科文. 生态旅游对生物圈保护区的影响分析生态经济，1995，4：33-34.

[58] 蒋文举，朱联锡. 旅游对峨眉山生态环境的影响及保护对策[J]. 环境科学，1996，3：48-51.

[59] 刘鸿雁，张金海. 旅游干扰对香山黄栌林的影响研究[J]. 植物生态学报，1997，2：191-196.

[60] 李贞，保继刚. 旅游开发对丹霞山植被的影响研究[J]. 地理学报，1998，6：554-561.

[61] 韦新良，姜春前，张守攻. 生态旅游对森林资源的影响机理研究[J]. 世界林业研究，2003，16(1)：15-19.

[62] 张力圆，梁增贤，张立，等. 旅游干扰对西藏林芝巨柏林的影响[J]. 生态环境学报，2009，18(4)：1413-1421.

[63] 申葆嘉. 论旅游接待地的社会压力问题[J]. 旅游学刊，1992，3：48-51.

[64] 刘振礼. 旅游对接待地的社会影响及对策[J]. 旅游学刊，1992，15(3)：52-55.

[65] 杜炜. 关于旅游对环境影响问题的思考[J]. 旅游学刊. 1994，3：49-63.

[66] 保继刚. 旅游开发研究：原理、方法、实践[M]. 北京：科学出版社，1996.

[67] 郑向敏. 旅游对风情民俗资源的消极影响及对策研究[J]. 旅游学刊，1996，3：44-47.

[68] 王幼臣，张晓静. 森林公园和自然保护区社会评价的理论与方法研究[J]. 林业经济问题，1996，3：1-8.

[69] 吴必虎，余青. 西部旅游发展应高度重视生态环境、社会文化和经济影响问题[J]. 桂林旅游高等专科学校学报，2003，14（1）：7-8.

[70] 郑群明. 旅游活动对生态旅游地民俗文化影响研究[Z]. 循环·整合·和谐——第二届全国复合生态与循环经济学术讨论会论文集，2005.

[71] 吴东荣. 旅游对接待地文化生态的影响[D]. 桂林：广西师范大学，2006.

[72] 王浩. 旅游影响下的元阳哈尼梯田传统生态文化保护研究[D]. 昆明：西南林业大学，2010.

[73] 郭山. 旅游开发与传统文化自觉：旅游对傣族地区生态环境影响的思考[J]. 云南地理环境研究，2013，25(1)：65-70.

[74] 吴必虎. 旅游生态学与旅游目的地的可持续发展[J]. 生态学杂志，1996，2：37-43.

[75] 刘鸿雁. 旅游生态学：生态学应用的一个新领域[J]. 生态学杂志，1994，5：35-38.

[76] 毛振宾，曹志平，赵彩霞. 生态旅游与旅游生态学的研究进展[J]. 环境保护，2002，2：27-30.

[77] 程道品，王忠诚. 浅析生态旅游学与旅游生态学[J]. 社会科学家，2003，5：89-92.

[78] 那守海，张杰. 旅游生态学的理论与实践[J]. 东北林业大学学报，2004，32(3)：89-90，93.

[79] 章家恩. 生态旅游的理论与实践[M]. 广州：华南理工大学出版社，2004.

[80] 吕君，刘丽梅. 旅游生态学的产生及其研究对象结构分析[J]. 内蒙古师范大学学报：自然科学版，2007，36(3)：140-144.

[81] 晋秀龙，陆林. 旅游生态学研究方法评述[J]. 生态学报，2008，28(5)：2343-2356.

[82] 晋秀龙，陆林．旅游生态学研究体系[J]．生态学报，2009，29(2)：898-909．

[83] 周泉，黄国勤，赵其国．旅游生态学的现状及发展研究[J]．中国农学通报，2012，28(25)：289-293．

[84] 丛林．大青沟国家级自然保护区旅游生态学研究[D]．北京：北京林业大学，2013．

[85] 李长荣．生态旅游的可持续发展[M]．北京：中国林业出版社，2004．

[86] 李洪波，李燕燕．武夷山自然保护区生态旅游系统能值分析[J]．生态学报，2009，29(11)：5869-5676．

[87] 陈佳，杨新军，王子侨，等．乡村旅游社会：生态系统脆弱性及影响机理：基于秦岭景区农户调查数据的分析[J]．旅游学刊，2015，30（3）：64-75．

[88] 马英华，张玉钧．城市生态旅游研究进展[J]．北京林业大学学报：社会科学版，2014：13(4)：32-39．

[89] 叶文，蒙睿．生态旅游本土化·云南[M]．北京：中国环境科学出版社，2006．

[90] YE W, XUE X M.The differences in ecotourism between China and the west[J]．Current issues in tourism，2008，11(6)：567-586．

[91] 佟玉权．旅游生态系统的特点与研究方法[J]．辽宁师范大学学报：自然科学版，2000，23(4)：417-420．

[92] 全华．生态旅游研究方法综述[J]．生态学报，2004，24(6)：1267-1278．

[93] 全华．生态旅游区建设的理论与实践[M]．北京：商务印书馆，2007．

[94] 钟林生，肖笃宁．生态旅游及其规划与管理研究综述[J]．生态学报，2000，20(5)：841-847．

[95] 程德年．基于 CiteSpace 的国内生态旅游研究计量分析[J]．旅游论坛，2016，9(1)：63-70．

[96] 成升魁，吴大伟，钟林生．生态旅游理论进展与实践探索：2009青海国际生态旅游高峰论坛论文集[C]．北京：中国环境科学出版社，2010．

[97] 张玉钧，石玲．生态旅游：生态、体验与可持续[M]．北京：中国旅游出版社，2014．

第3章 中国保护地生态旅游发展[①]

张玉钧　张婧雅　北京林业大学生态旅游发展研究中心，北京

生态旅游的概念是 20 世纪 90 年代初从国外正式传入我国的。一般认为，生态旅游是以人与自然和谐共生的生态系统为对象，以可持续旅游为原则，通过对它的保护性利用，使游客、当地居民以及旅游经营者都受益，并能使大众受到环境教育的一种旅游形式。生态旅游是保护地资源可持续利用的一种有效方式。保护地拥有各种资源，包括生物多样性资源、人文资源、景观资源、土地资源、水资源、空气资源等原始性资源。如果以利用为目的，这些原始性资源可以通过优化组合提升为保护地的生态旅游资源，从而为开展生态旅游提供基础条件。

3.1 我国保护地体系现状

我国生态系统类型多样，是世界上生物多样性最为丰富的国家之一，同时也是享誉世界的文明古国，各族人民在漫长的历史进程中共同创造了宝贵的文化遗产。为保护这些珍贵的生态环境和公共资源，我国于 1956 年建立了第一个自然保护区，此后，在自然保护区数量逐渐增多的基础上，相继建立了风景名胜区、森林公园、地质公园等多种其他类型的保护地。

3.1.1 数量分布

我国现行的保护地体系主要包括自然保护区、风景名胜区、森林公园、湿地公园、地质公园、水利风景区、海洋特别保护区（含海洋公园）、沙漠公园共 8 种。各类保护地的数量及面积均已形成一定规模，总面积约占陆地国土面积的 18%，超出世界 13%的平均水平。

3.1.2 管理体制

我国各类自然资源属国家所有，保护地宏观上采用条块管理。各职能部门代表国家对保护地进行管理，从中央到省、市县形成三层级"条"的组织格局；同时，保护地实施属地管理原则，从而形成横向"块"的序列。其中，国家级自然保护区、国家级风景名胜区是依据国家法规条例建立及审批，其余保护地均是依据部门规章（表 3.1）。

表 3.1　各类型保护地管理依据

保护区类型	审批部门	管理依据	级别
国家级自然保护区	国务院行政法规	《自然保护区条例》《自然保护区土地管理办法》	国务院行政法规

---

① 受中央高校基本科研业务费专项资金"国家公园生态旅游适应性规划与管理"资助（2015ZCQ-YL-04）。

续表

保护区类型	审批部门	管理依据	级别
国家级风景名胜区	国务院行政法规	《风景名胜区条例》	国务院行政法规
国家地质公园	国土资源部	《建立地质自然保护区的规定》《地质遗迹保护管理规定》	部门规章
国家森林公园	国家林业局	《森林公园管理办法》《国家级森林公园管理办法》	部门规章
国家湿地公园	国家林业局	《国家湿地公园管理办法（试行）》	部门规章
国家级水利风景区	水利部	《水利风景区管理办法》	部门规章
国家海洋公园	国家海洋局	《海洋特别保护区管理办法》	部门规章
国家沙漠公园	国家林业局	《国家沙漠公园试点建设管理办法》	部门规章

3.1.3　存在问题

生态系统及自然文化资源是一个不可分割的整体，目前我国以部门划分的资源管理方式，有悖于资源的客观属性，势必会产生资源破碎、多重指定、管理交叉等诸多问题。

（1）保护地体系建立缺乏对生态本底和生态功能的通盘考虑

保护地存在客观的系统连通性，决定着系统的稳定和持续演化。这种连通性有时是跨越所有权边界或传统行政管辖边界，甚至跨越国界，在更大区域（如一个大陆或者全球尺度）上发生的。因此，保护地的研究应以保护地的生态系统组成、保护地生态系统与其环境系统之间的交互作用为基本依据。而我国的保护地体系却是依照各部门管理的自然要素进行分类，这就导致保护地数量虽多但覆盖不足，地域分布不平衡，范围界定过度依赖行政边界，个体之间缺乏连通性，在管理上无法实现无缝对接的合作管理等有违生态系统整体性的问题。例如，仅考虑所有的哺乳动物（560 种）、爬行动物（391 种）和两栖类动物（287 种），就有 48 个物种没有任何保护区覆盖，有 100 种没有得到任何国家级保护区保护[1]。高密度人口地区的保护地覆盖率低，西南、西北地区的国家级保护地覆盖率约为 22.47% 和 14.59%，但人口密度较高的华东和华北地区，国家级保护地的覆盖率仅为 8.29% 和 6.07%。

（2）类型重复指定、管理交叉重叠

同一个地域空间，本应该只属于一种类型的保护地，但现实中却有着多重身份。我国目前保护地按照行政级别实施属地分级管理，同时按照资源类型实施部门分类管理，因此常出现一处保护地内管理机构重叠设置的局面（图 3.1）。例如，安徽省现有森林公园 52 处，与其他单位重叠设置的有 20 处，重叠面达 39%，其中与自然保护区重叠 6 处，与风景名胜区重叠 15 处，与地质公园重叠 9 处，与自然保护区、风景名胜区双重叠 1 处，与风景名胜区、地质公园双重叠 5 处，与自然保护区、风景名胜区、地质公园三重叠的 2 处[2]，各部门各行其是，没有在一个更大的管理平台上行使管理职责，权力的交叉渗透不仅降低了管理效能，增加了投入成本，无形中还扩大了保护的漏洞，加剧了利益的诉求。

（3）资源权属不清、利益相关者地位不平等

我国虽实行中央—省—市县的三层级垂直管理模式，但实际具体管理权限均由各保护地管理机构代表国家进行日常管理。由于顶层管理的缺失，以及业务管理部门和行政管理部门的交叉，常常造成我国保护地资源所有权、管理权、经营权的混淆。保护地的管理者在实际中往往同时充当了所有者和经营者，在利益的驱动下，垄断保护地的经营权，进而造成保护地公益性和代际性的缺失。同时，由于相关法律法规的缺位和地方经济发展的需求，保护地的资源管理地位与当地政府的行政管理地位十分不平衡，以至于多数保护地的管理工作需要服从于当地的经济发展，从而出现门票价格过高、无视环境承载力等不可持续、密集式的建设利用。同样，由于利益相关者地位的不平等，保护地内及周边的居民作为资源的传统利用者，在被禁止对资源的不合理利用后，却没有找到可代替的发展途径，从而导致资源保护与社区生产生活的矛盾。

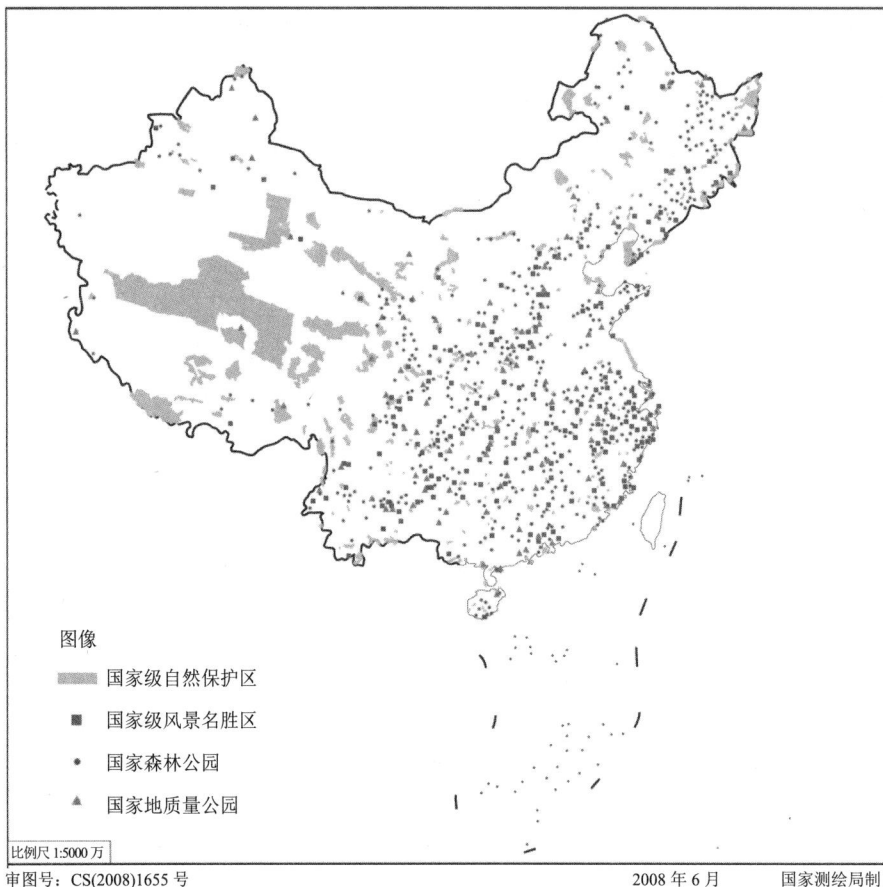

图 3.1　多种保护地类型分布示意

（4）资金及公益性缺失

我国保护地实行属地管理模式，各保护地的资金来源除社会资金外，分为地方筹措与中央专项拨款两大类。但由于我国实际国情等诸多现实问题，中央的财政拨款远远不足以平衡保护地的日常管理支出。据统计，2005—2010 年，自然保护区平均每年的中央财政专项资金投入为 2.79 亿元，文物保护单位的专项资金投入平均每年为 6.27 亿元，风景名胜区 1984—2012 年中央财政累计投入仅 3.62 亿元。总体来看，尽管我国保护区的比例已经约占国土面积的 15%，但每平方公里的投入大约不足 50 美元，而发达国家的投入超过 1000 美元/km²，具有非常大的差距。保护地的公益性主要体现在门票等经营项目价格低、园区环境教育配备完善、社会公众积极参与等方面。相比美国的国家公园，我国的风景名胜区、文物保护单位等保护地的门票价格明显过高（表 3.2）。此外，系统科学的志愿者机制对保护地的环境保护、国民自然意识的树立，都有非常重要的作用。而我国保护地的志愿者机制还处于非常态的一次性项目建设阶段，与美国国家公园体系中常态的、全面的志愿者机制相比，还有非常大的差距（表 3.3）。

表 3.2　我国部分风景名胜区与美国国家公园门票价格对比（2008 年）[3]

国家	代表景区	门票价格/（元/人次）	人均可支配收入/万元	占月人均可支配收入的比例/%
中国	武夷山风景名胜区	140	1.58	10.7
	武陵源风景名胜区	248		18.9
	黄山风景名胜区	202		15.4

续表

国家	代表景区	门票价格/（元/人次）	人均可支配收入/万元	占月人均可支配收入的比例/%
中国	黄龙寺—九寨沟风景名胜区	420		31.9
美国	优胜美地国家公园（Yosemite National Park）	69	24.30	0.3
	黄石国家公园（Yellowstone National Park）	69		0.3
	大峡谷国家公园（Grand Canyon National Park）	69		0.3
	拱石国家公园（Arches National Park）	34		0.2

表 3.3　2006 年美国国家公园体系国际志愿者情况统计

国际志愿者数量/个	150
参与的国家公园个数/个	51
平均每个国际志愿者贡献的周数/周	12.4
平均每个国际志愿者贡献的小时数/h	497
贡献的小时总数/h	73220
每小时节约的成本/美元	14.30
节约的成本总数/万美元	104.70

3.1.4　制度成因

综合分析上述各类问题，其深层次原因是我国保护地管理体系顶层设计的缺失，这个顶层设计主要包括统一管理和法律体系两大部分。保护地治理，需要寻找到一种统一、规范和高效的管理模式，设立一个独立、统一的权威机构代表国家行使相关职能，从国家保护地的整体角度出发，梳理重构我国现有保护地体系。配备顶层的针对整个国土自然资源本身及其与周围社会经济环境构成的复合生态系统的综合基本法，在有效保护生态系统完整性和自然文化资源原生性的前提下，严格制定包括生态旅游在内的资源合理利用机制，保障公共资源的高效管理。

3.2　保护地开展生态旅游的现状评价

3.2.1　保护地开展生态旅游的背景——以自然保护区为例

1. 概述

随着我国改革开放的不断深入，各产业部门，特别是国有企业内部结构调整日益迫切。国有林场的性质属于国有企业，也应尽快探索一系列适合我国国情的改革措施。国有林场在 1994 年以前称为"国营林场"，经营权归属国家，一切费用、开支都由国家负担。1995 年全面引入"国有民营"的承包制度以来，所有权和经营权分离，经营主体通过与国家签订承包合同，其自主经营权得到法律上的认可和保障，这样，林场经营逐步转向承包经营体制。后来，森林、林业部门根据"可持续发展"的要求对国家林场进行进一步战略重组，实行"分类经营"。根据"分类经营"的指导思想，部分国有林场被划入自然保护区范围内[4]。国有林场体系自然保护区目前正处于过渡时期，不久将同其他自然保护区进行整合，最终确定新的自然保护区建立制度。但是，目前面临的一个重要问题是国有林场体系自然保护区的经营问题。

2. 国有林场体系的自然保护区的设立与旅游措施的引入

（1）国有林场经营方针的演变

1950 年 5 月，中央人民政府政务院发布了《关于全国林业工作的指示》。该指示就森林、林业经营问题和方针作如下说明："在风、沙、洪水及干旱等自然灾害多发地区，根据自身土壤状况和气候条件，有计划地植树造林。"受此影响，当时建立的大多数国营林场均属造林林场。20 世纪 60 年代，林业部（现国家林业和草原局）召开全国国营林场工作会议，决定国营林场贯彻执行"以林为主，林副结合，综合经营，永续作业"的经营方针。从此以后，国营林场规模不断扩大，到 20 世纪 90 年代中期，国营林场的森林面积及森林积蓄总量共占全国总量的 1/5。但是，每个林场各具特点，有些林场内全部是人工林，还有些林场内拥有一定数量的天然林。

根据上述这种情况，20 世纪 90 年代中期以后，我国开始实施"分类经营"的方针，根据自身特点和功能，将国有林场进行分类、选定，划分为生态公益林、商品经营林及商品、公益混合林 3 种林场。商品经营型林场的经营方式根据市场经济规律，自主经营，自负盈亏。而生态公益林型林场则脱离原有的经营方式，通过"认定、评估"，有组织地实行再编，逐步过渡到森林公园、自然保护区、防护林林场、特殊用途林林场等经营体制。

（2）国有林场体系的自然保护区的由来

目前我国生态环境图已出炉，而系统性、一元化的规范各种"自然保护区"的法律仍在制定中。虽然都使用"自然保护区"这个名称，但为了维护大自然原始面貌，根据不同法律建立各式各样的自然保护区已取得实质性的进展。另外，还设立了各类风景名胜区（如黄山、泰山）。通常风景名胜区是以观光旅游为主要经营目的，但最近在风景名胜区内也有设立特别自然保护区域的动向。

自然保护区的一种类型是根据《中华人民共和国森林法》（1979 年）（以下简称《森林法》）以保护森林和野生动物为目的而设立的自然保护区（森林和野生动物类型自然保护区）。该法第二十条明确规定："在典型森林生态地区、珍贵动物和植物生长繁殖的林区、天然热带雨林等具有特殊保护价值的其他天然林区，划定自然保护区。"森林和野生动物类型自然保护区是指为了保护森林和野生动物，在政府的规划和管理下，以进行科学研究和文化教育为主要目的，保护自然环境而规划的一定面积的森林。在依照《森林法》指定为森林和野生动物类型自然保护区之前，大多是根据国务院及林业部颁布的指示或条例成立的自然保护区，由国家财政预算统一规划和管理。这种自然保护区的建立和管理制度早在 1956 年颁发的《关于天然森林禁伐区（自然保护区）规定草案》中就已见其雏形。在此以后，众多国有林场根据林业部部门规章被选定为森林和野生动物自然保护区的候选地，保持其自然原始风貌。现在新成立的自然保护区都编入了森林和野生动物类型自然保护区的建立和管理制度。

（3）崇尚自然的新旅游政策的出台

在我国，旅游业作为"朝阳产业"（如同初升太阳一般的产业）备受重视。特别是改革开放以来，旅游基础设施迅速完善、航空线路网不断扩充、观光列车加开，就连旅游设施和宾馆质量也大幅度提高。发展旅游业可以：①为市场经济创造外汇收入；②增加就业；③促进中西部（欠发达）地区的开发；④促进交通、建筑、通信等相关产业的发展等。因此，国家越来越注重搞好旅游事业。

20 世纪 90 年代，旅游路线不仅仅局限在城市旅游和历史遗迹，还扩展到其他范围。其中，作为重要观光资源的大自然重新得到保护和灵活运营。自 1992 年起，"中国旅游年"每年推出不同的主题，1999 年的主题就是"生态旅游"。过去一直对发展旅游事业持谨慎态度，认为它与自然保护区的管理和运营目的相抵触，现在政府及众多研究人员都认为旅游事业具有重要意义。其中，最主要的原因是更多游客希望前往自然保护区游赏。除此以外，国有林场体系的自然保护区面临国有林场经营重组问题，为了保证收入，自然保护区也积极开展旅游事业。作为自主经营的环节发展旅游事业的同时，还注重保护自然生态系统和发展地区经济。

3. 保护地生态旅游现状评价

据钟林生 2011 年对 1110 处被调查保护地的调查结果，初步得出以下几点结论：①我国自然保护地生态旅游已经初具规模，游客数量可观。但是，生态旅游收入总体较低。目前生态旅游收入主要来自于门票和餐饮住宿，其次是旅游商品和其他服务收入。具体生态旅游项目包括冰雪游乐、会议接待、娱乐设施、物业租赁、导游服务、游船、漂流、骑马体验、温泉观光、观光车、游艇、照相、蜂糖、茶艺、高尔夫等；②解说系统尚待完善。从环境解说媒介设置看，导游讲解、游客中心、标识牌、阅读材料是我国保护地最常用的解说方式，使用率在 70%以上。我国大多数保护地重视游客接受环境教育的机会，规划阶段就重视环境解说的构建，解说系统已初步建立，解说载体较为多样，解说主题较为明确，但专业读物与专家解说等专业化解说模式使用率不高，解说内容深度也不够，甚至有些解说出现明显错误；③基础设施的生态兼容性有待提升。我国现阶段各保护地的交通方式依然沿袭了传统大众旅游的模式，生态兼容性程度偏低。虽然多数道路事先经过规划，但仍以游客需求为前提，主要考虑景点、景观的协调，而对保护地生态性考虑不足，导致调查区道路生态兼容程度依然很低；④社区参与水平需要提高。当地居民对生态旅游决策的参与度不高，且影响力小，缺乏有效的参与途径[5-7]。

3.2.2　保护地开展生态旅游面临的挑战

我国保护地生态旅游的发展，目前总体上仍处于初期阶段，从规划、实施到管理尚未形成一揽子体系，特别是在管理上仍在沿用一般旅游景区接待大众旅游的落后方式，加之相关法规不健全、体制不顺畅、规划不完善等原因，使得自然保护区在开展生态旅游时出现了很多问题，甚至影响了生态旅游业的可持续发展。

（1）环境压力增大

开展生态旅游将增大保护地的环境压力。环境压力首先表现在旅游活动对植被、野生动物、土壤、水体等造成不良影响。它所涉及的范围不仅可能发生在保护地范围之内，有时也波及保护地的周边地区。由于保护地开展旅游对环境造成的影响很容易成为敏感问题，所以准确评估这些影响是否可以被接受是最为重要的。

（2）管理成本增加

生态旅游规模的扩大，无疑将增加保护地的管理成本。保护地开展生态旅游需要增加餐饮、住宿等服务设施的需求。伴随游客数量的增长，保护地对一些配套服务的需求也随之上升，如警察、消防、保安以及医疗服务等。

（3）社区经济发展受到影响

保护地开展生态旅游或多或少会影响当地居民的生活，甚至要改变他们传统的生活生产方式。以往静态保护政策只注意当地社区生产生活对保护地的生态环境影响，忽视保护地的建立给社区带来的社会经济影响。在没有国家足够补偿的情况下，在对当地社区不合理的资源利用方式实行禁止时，忽视为其找到可持续的替代发展途径，致使保护与发展总是处在不断的冲突之中。如何协调社区关系，发展地方经济和繁荣地方文化，将是保护地开展生态旅游需要解决的问题。

3.3　保护地开展生态旅游展望

在对有关的研究资料进行整理的过程中，笔者发现，目前我国对保护地发展生态旅游开发与管理的研究虽较全面，但在一些方面仍然需要加强。

3.3.1 建立保护地生态旅游社区参与和利益分配机制

目前，各保护地普遍缺乏适宜的社区参与模式，更没有建立合理的利益分配机制。社区是与当地自然资源的直接利用者，是地方鲜活历史文化的承载者，是保护地文化特殊性的促进者。为了实现保护地生态旅游的可持续发展目的，社区参与是不可或缺的。可通过协议保护的形式，借助政府和非政府组织等社会组织的力量，建立常态的社区培训机制、增强社区能力建设，使社区居民主动地、有意识地参与保护地的建设管理。

3.3.2 提升保护地旅游设施的生态化水平

虽然管理者已经意识到旅游设施的建立很可能对自然景观和环境造成破坏，但是，对保护地生态旅游设施的建立怎样设计才算合理，才能将对自然环境资源的破坏降到最低，目前还没有适宜的标准可供遵循。可依据崇尚自然性、尊重地域性、追求延续性等指标进行最简设计，考虑生态过程的动态性，以发展的理念进行可持续的景观设计。

3.3.3 建立严格的监督保障体制

任何保护地在施行生态旅游规划开发之后，都应该建立一系列相应的监督保障体制，以保证其规划措施都能按计划落实。这种监督保障体制所含内容非常广泛，包括对资源和生态环境的监测，对游客的监测，对资金的保障，以及对人员、技术的保障等。其中，对资金的保障尤为重要。因为经费缺乏这一问题已经严重限制了我国一些自然保护区日常管理工作的运行，更别提进行生态旅游开发了。然而，学者们目前主要关注的是对资源和生态环境的监测，对游客的监测以及建立什么样的机制可以保障资金、人员和技术等因素与保护地生态旅游开发相适应的研究还做得不够，对此方面的研究工作应予以加强。

3.3.4 建立生态旅游认证体系

近年来，一些保护地受经济利益驱动，相继开展了所谓的"生态旅游"，但实际上却远远达不到真正生态旅游标准，使保护地的生态环境和自然资源受到了破坏。这就显示了在我国各类保护地建立生态旅游认证体系的重要性和必要性。事实上，生态旅游认证在国外已经发展了 10 多年，而在我国才刚刚起步，更别提在我国保护地管理中的运用了。国内关于生态旅游认证的研究也还仅仅停留在对国外认证体系的介绍和对国内的一些简单启示方面，尚处于"导入"阶段，对此还缺乏真正深入的研究[8]。例如，如何将国外的认证体系进行本土化，针对各类保护区应该制定何种具体的标准，由什么机构来执行、如何执行，以及怎样能够提升国内游客和经营管理者对生态旅游认证体系的认识等，对此方面的研究还有待加强。

参 考 文 献

[1] 夏友照，解焱，MACKINNON J. 保护地管理类别和功能分区结合体系[J]. 应用与环境生物学报，2011，17(6)：767-773.

[2] 内部资料：国务院发展研究中心《国家公园管理体制研究》，2011 年.

[3] 刘鹏飞，梁留科，刘英. 中美国家风景名胜区门票价格比较研究[J]. 地域研究与开发，2011，30(5)：108-122.

[4] 张玉钧. 中国における国有林场系譜の自然保護区の展開：松山自然保護区を事例として[J]. 林业经济研究，2003，49(2)：19-26.

[5] HAN N Y, REN Z G. Ecotourism in China's nature reserves: opportunities and challenges[J]. Journal of sustainable tourism, 2001，9(3)：228-242.

[6] 钟林生，王婧. 我国保护地生态旅游发展现状调查分析[J]. 生态学报，2011，31(24)：7450-7457.

[7] 钟林生，邓羽，陈田，等. 新地域空间：国家公园体制构建方案讨论[J]. 中国科学院院刊，2016，31(1)：126-133.

[8] 李洪波. 中国内地生态旅游研究 15 年中历程与展望[Z]. 生态旅游理论进展与实践探索：2009 青海国际生态旅游高峰论坛论文集，北京：中国环境科学出版社. 2009.

第4章 中国乡村生态旅游发展

成海 顾成圆 西南林业大学生态旅游学院，昆明

4.1 中国乡村生态旅游发展回顾

4.1.1 乡村生态旅游的发展背景

（1）中国旅游业蓬勃发展

21 世纪以来，中国旅游产业规模不断扩大，产业体系逐步完善，成为国民经济发展过程中的一个新的经济增长点。2009 年 11 月，国务院发布了《关于加快旅游业发展的意见》（国发〔2009〕41 号），明确指出将旅游业发展为国家战略性支柱产业，旅游产业的发展进一步得到了国家层面的政策支持，旅游产业地位不断提升。旅游业作为一个综合性极强的产业，对地区经济发展起到了积极的促进作用，成为调整产业结构，增加劳动就业，带动第三产业发展的重要力量。广大中西部地区也普遍将旅游业作为振兴地方经济的重要支柱产业加以培育和扶持，成为中西部地区新的经济增长点。

（2）乡村旅游兴起

中国乡村旅游的雏形源于古代文人、士大夫对山水的寄情，他们住在乡村，一切生活起居、耕作经营都效仿乡村居民的生活方式，体验村野生活的乐趣，陶冶情操，品性移情，却不以农田为基本的谋生方式和手段。几千年来，中国农耕文化的历史源远流长，以商鞅"垦草"为代表的农耕思想，"重农抑商""耕读为本"的儒家思想代代相传，历经数千年而形成了中华文化的重要组成部分，以至于在中国人的内心深处积淀了深厚的农耕文化情结。这种农耕文化就是乡村旅游发展的核心，乡村旅游的吸引力就表现在农耕文化上。

产业形态的乡村旅游兴起，始于 20 世纪 90 年代各地纷纷建设的农业观光园、蔬果采摘园，开办农家乐等。随后乡村旅游快速发展，国家旅游局于 1998 年推出以"吃农家饭、住农家院、做农家活、看农家景"，与大自然亲近为旅游主题的"华夏城乡游"活动；1999 年提出了"生态旅游年"的主题旅游口号；2006 年，国家旅游局将旅游主题定为"中国乡村旅游年"；2007 年，国家旅游局确定了"中国和谐城乡游"的主题，进一步统筹城乡协调发展，形成了"以旅促农、城乡互动"的新格局。

（3）政策背景

近年来，随着国家对农业、旅游业的重视，结合了农业和旅游业发展的乡村旅游受到了前所未有的关注。党中央、国务院出台了一系列的政策和意见推动乡村旅游的快速发展。2007 年，国家旅游局、农业部决定大力推进全国乡村旅游工作，颁布了《关于大力推进全国乡村旅游发展的通知》（旅发〔2007〕14 号）。2009 年，国务院《关于加快发展旅游业的意见》提出，要推动旅游产品多样化发展：实施乡村旅游富民工程；开展各具特色的农业观光和体验性旅游活动；在妥善保护自然生态、原居环境和历史文

化遗存的前提下，合理利用民族村寨、古村古镇，建设特色景观旅游村镇，规范发展"农家乐"、休闲农庄等旅游产品。2010 年中央一号文件《中共中央 国务院关于加大统筹城乡发展力度进一步夯实农业农村发展基础的若干意见》提出，要积极发展休闲农业、乡村旅游、森林旅游和农村服务业，拓展农村非农就业空间。2011 年，农业部《全国休闲农业发展"十二五"规划》推动我国休闲农业快速持续发展奠定了基础。2013 年中央一号文件《关于加快发展现代农业 进一步增强农村发展活力的若干意见》提出要发展乡村旅游和休闲农业。2014 年，农业部颁发《关于进一步促进休闲农业持续健康发展的通知》，提出要进一步明确发展休闲农业的目标任务，完善落实促进休闲农业发展的保障措施，切实加强对休闲农业工作的组织领导。2015 年 1 月，中共中央、国务院印发了《关于加大改革创新力度加快农业现代化建设的若干意见》（2015 年中央 1 号文件），首次提出要推进农村一二三产业融合发展，积极开发农业多种功能，挖掘乡村生态休闲、旅游观光、文化教育价值；扶持建设一批具有历史、地域、民族特点的特色景观旅游村镇，打造形式多样、特色鲜明的乡村旅游休闲产品；加大对乡村旅游休闲基础设施建设的投入，增强线上线下营销能力，提高管理水平和服务质量；研究制定促进乡村旅游休闲发展的用地、财政、金融等扶持政策，落实税收优惠政策。2015 年 9 月，为了开发农业多种功能，大力促进休闲农业发展，着力推进农村一二三产业融合，农业部会同国家发改委等 11 部门联合印发了《关于积极开发农业多种功能 大力促进休闲农业发展的通知》，提出要明确用地政策，支持农民发展农家乐，鼓励利用村内集体建设用地、开展城乡建设用地增减挂钩试点、利用"四荒地"等发展休闲农业。2016 年中央一号文件《关于落实发展新理念加快农业现代化 实现全面小康目标的若干意见》提出，要大力发展休闲农业和乡村旅游，依托农村绿水青山、田园风光、乡土文化等资源，大力发展休闲度假、旅游观光、养生养老、创意农业、农耕体验、乡村手工艺等，使之成为繁荣农村、富裕农民的新兴支柱产业。

（4）乡村旅游的生态化

随着乡村旅游的快速发展，许多问题也显现出来，生态环境问题首当其冲。2012 年 11 月，党的十八大报告指出：面对资源约束趋紧、环境污染严重、生态系统退化的严峻形势，必须树立尊重自然、顺应自然、保护自然的生态文明理念，把生态文明建设放在突出地位，融入经济建设、政治建设、文化建设、社会建设各方面和全过程，努力建设美丽中国，实现中华民族永续发展[1]。在乡村旅游发展中，结合生态旅游的发展，以改善生态环境为己任，保护原生态的自然、人文环境，走生态化可持续道路的乡村生态旅游成为顺应时代发展的必然选择。

在乡村生态旅游的兴起过程中，蓬勃发展的旅游产业环境为乡村生态旅游的发展创造了良好的条件，日益恶化的城市生存环境为城市居民进行乡村生态旅游提供了内部推力，乡村优良的生态环境资源则成为吸引游客的外部拉力，生态文明建设则为乡村生态旅游的发展指明了发展方向。

4.1.2 乡村生态旅游的发展阶段

中国乡村生态旅游发展历程相对较短，与发达国家和地区相比，总体上仍处于发展的初级阶段。根据杨世瑜 2007 年对乡村生态旅游发展及培育过程的研究，我国的乡村生态旅游发展可以分为 3 个阶段。

（1）自发阶段

20 世纪 80 年代初至 90 年代中期，是我国乡村旅游自发兴起阶段。改革开放初期，在经济较发达的都市郊区，部分农户捕捉到城市出现的洽谈业务接待需求，开始开办农家服务点，如 80 年代成都郫县农科村的"农家乐"农户庭院接待，1984 年开业的珠海白藤湖农民度假村等。1988 年，改革开放较早的深圳为了招商引资举办了首届荔枝节，接着又开办采摘园，取得了较好的经济效益，随后各类采摘园和乡村旅游节日在各地不断涌现，一些农业采摘园、观光园、农家乐等兴建起来，成为乡村生态旅游的雏形。在这个阶段，农民在市场观念的驱动下自发组织起来，依托农业景观和自家农宅开展乡村旅游活动，为市场提供简单的食宿接待服务，销售本地土特产和民族工艺品，实现了脱贫致富的愿望，但旅游活动单一、接待规模较小、组织管理性差。

（2）培育阶段

20 世纪 90 年代中后期，由于休假制度的调整以及生态旅游观念的推动，我国乡村生态旅游在政府扶持引导下得到了快速发展。1995 年 5 月 1 日起全国实行双休日制度，1999 年又将春节、"五一""十一"调整为 7 天长假。1998 年"中国华夏城乡游"旅游主题与"现代城乡，多彩生活"宣传口号吸引大批旅游者涌入乡村。在这一时期，国内学者对乡村环境保护问题和农村社区整体发展等做了大量理论研究和实践探索。在国家旅游局的倡导下，各级地方政府出台政策措施大力支持乡村生态旅游的发展，结合城乡一体化建设，借鉴并吸取成功的乡村生态旅游经验，巩固和壮大"农家乐"、果园采摘、观光农业等旅游产品，开辟和培育新的乡村生态旅游业。到 20 世纪末期，乡村生态旅游发展进入快车道，全国涌现出一批具有一定规模的乡村生态旅游景区、景点。

（3）成型阶段

进入 21 世纪，乡村生态旅游的旅游活动内容和形式不断拓展，一些地区逐渐出现了成型的乡村生态旅游业态，逐步发展出包括都市农庄、高科技农业园区、古镇民俗等不同类型的乡村生态旅游业态。2002 年，国家旅游局颁布了《全国工农业旅游示范点检查标准（试行）》，标志着我国乡村旅游开始走向规范化、高质化。2006 年，"中国乡村旅游年"的明确提出将乡村旅游的角色提到了更突出的位置，"新农村、新旅游、新体验、新时尚"全面推动乡村旅游提升发展。2006 年 8 月，国家旅游局发布了《关于促进农村旅游发展的指导意见》，提出乡村旅游是"以工促农，以城带乡"的重要途径。伴随着生态旅游体系的日趋成熟，乡村生态旅游迎来了转型升级的历史机遇。2007 年国家规范土地承包经营权流转，2008 年健全承包经营权流转市场，克服了乡村旅游发展受土地制度制约。2007 年，"中国和谐城乡游"和"魅力乡村、活力城市、和谐中国"的提出带动了农村风貌大变样。2008 年以来，国务院和各部委密集出台了一批支持乡村旅游发展的政策文件，提出要依托当地区位条件、资源特色和市场需求，大力发展乡村旅游，推动乡村旅游与新型城镇化有机结合，通过加强规划引导规范乡村旅游开发建设，加强乡村旅游精准扶贫，完善乡村旅游服务体系，加强乡村旅游从业人员培训。

近年来，在强劲的市场需求推动下，在各级政府的大力支持和重视下，中国的乡村生态旅游继续快速发展，在产品形态、管理机制、发展模式、市场份额及其在旅游业内部的地位等方面都出现一些深刻的变化。

4.2　中国乡村生态旅游发展现状

4.2.1　乡村生态旅游市场

乡村生态旅游客源市场包括城市里先富起来的一部分人（包括商人、企业家、个体营业者）、周末工薪阶层、城市学生、家庭爱好乡村生态旅游者、离退休职工和入境游客。目前，乡村生态旅游客源市场是以城市游客为主，乡村生态旅游的竞争其实就是客源市场的竞争，乡村旅游地是产生旅游动机的客观因素，各类型乡村旅游地由于在自然环境、生产方式上的相近和相似很难彼此产生强烈的旅游驱动力。由于城乡经济发展水平不协调，导致城乡差距拉大，出现了城市与农村、城市与城市之间相互交换游客的旅游流[2]。总体来看，目前乡村生态旅游市场存在以下特征。

（1）需求向乡土文化倾斜

乡村生态旅游资源中包含自然资源和人文资源，原始的自然生态条件是城市居民选择走向乡村的关键因素，最早的乡村生态旅游形式也是观光、采摘、休闲等活动，但随着城市居民需求的多样化和个性化发展，浓郁的本土乡村文化特色和乡村人文景观越来越受到都市人的关注和喜爱，成为乡村生态旅游关注的热点。在一些乡村旅游地和民族村寨，关于田间体验和具有特色民族风情的文化元素被发掘出来，并形成各式各样的游客参与式项目。文化元素在乡村生态旅游发展中逐渐凸显出来，不仅是乡村旅游的本质反映，而且也是市场需求的必然表现，反映了乡村生态旅游需求的文化倾向。因此，以农村自然风光为基础，以乡土文化为核心是乡村生态旅游的未来发展趋势。

（2）以自组织形式为主

旅行社组团以组织本地区居民到外省市或外地区进行中、长途旅游为主，几乎没有旅行社涉及相对近程的休闲度假旅游市场，即使有，为了尽可能地节约成本，也仅仅向旅游者提供住宿服务和交通服务，缺乏产品完整性以及足够的宣传与营销，城市居民对位于城郊的乡村生态旅游主要以自组织形式为主。特别是随着居民生活水平的提高和汽车的普及，位于城乡接合部、环城游憩带上的乡村生态旅游地，由于距离和出行方式上的近便，城市居民更多会选择自我服务的出行模式，选择自驾车出行，自主安排行程。

（3）总体消费水平低

目前我国乡村生态旅游产品水平仍然处于初级阶段，大都以观光游览为主，消费结构同其他旅游形式相比较，交通费用大体相当，但门票支出部分较少，餐饮和购物方面的消费比重较大，总体人均消费水平较低。另外，乡村旅游属于休闲型消费，消费总量较高，具有较大的消费空间。因此，通过在餐饮、购物以及住宿方面丰富产品层次，提升服务水平，引导旅游者的消费行为，可以增加乡村生态旅游收入。

4.2.2 乡村生态旅游产品

（1）乡村观光生态旅游产品

乡村观光生态旅游产品是乡村生态旅游的基础层次，主要包括以欣赏自然风光、文化古迹、乡村劳作、田园风光、民俗风情等为内容的愉悦视听的旅游活动。观光旅游往往是乡村生态旅游开发的早期产品，由于缺乏科学规划指导，并受到大众旅游功利发展思想的影响，乡村观光旅游的初级阶段往往伴随着对环境的污染和破坏，这一阶段旅游开发和环境保护的矛盾较为突出。和其他类型的旅游产品一样，乡村观光生态旅游产品拥有较大的价格弹性空间。

（2）乡村体验生态旅游产品

乡村体验生态旅游产品是乡村生态旅游的提高层次，旅游者参与农事劳动和生产，通过亲身体验，感受乡村的生产、生活文化，给自己带来身体和精神上的快乐。体验旅游考虑了旅游者融入情境的需要，把农村生产、民俗活动有机地组合在旅游活动中。由于吸取了大众旅游带来的教训，乡村体验生态旅游产品的开发过程中既注重对传统乡村文化的挖掘与传承，也注意对自然环境的保护，旅游开发与环境保护的矛盾得到缓解。

（3）乡村认知生态旅游产品

乡村认知生态旅游产品是乡村生态旅游的专门层次，通过旅游者被动和主动的学习和思考，在参观、参与乡村生态旅游活动过程中，学习到乡土知识，提高自身修养，从而更加自觉的关爱自然环境、尊重当地文化。旅游者对乡村知识认同的过程，也是旅游者自觉规范环保行为的过程，乡村生态旅游开发与环境保护形成良性的互动。

一个区域乡村生态旅游资源单体数量、类型通常情况下是不会发生变化的（除部分人为策划、建设的旅游资源外），乡村生态旅游以同样的"资源库"为依托，通过有效地利用不同旅游资源组合或是利用同一旅游资源的不同功能进行开发，形成了适宜性强、消费层次多样的观光、体验和认知3种旅游产品，满足旅游者的不同需求。

4.2.3　乡村生态旅游业态

旅游业态是指旅游企业及相关部门，根据旅游市场的发展趋势，以及旅游者的多元化消费需求，通过设计特有的结构类型、组织形式、经营方式、盈利模式来提供特色的旅游产品和服务的各种营业形态的总和[3]，我国乡村生态旅游业态发展呈现出以下特征。

（1）农家乐的规模扩张

我国乡村生态旅游产品的典型业态是农家乐，是农民或经营者利用农家院落、田园风光、自然景点，以低廉的价格吸引人们前来游玩的旅游形式。几十年来，农家乐已遍及大江南北，它在增加农民收入、解决农村剩余劳动力的就业、实现城乡融合、加快城乡一体化的过程中发挥出越来越大的作用，并已成为城市居民普遍认可的旅游形式。目前，全国农家乐多达 170 多万家，营业收入超过 2800 亿元，3000 多万农民从中受益，吃农家饭、干农家活、住农家院已成为发展乡村生态旅游的重要增长点。随着乡村生态旅游的发展，很多地方的农家乐连点成片，甚至形成了独具吸引力的旅游目的地。与此同时，不少农家乐也开始扩大经营规模，除了想方设法增加自家庭院的经营空间外，一部分还走上了兼并收购的路子。

（2）现代休闲度假兴起

随着旅游发展方式转型升级，现代乡村生态旅游发展日渐突破传统观念的束缚，特别是很多现代休闲度假项目在乡村地区进行布局，更多地利用乡村地区较城市更优越的生态环境和景观资源。在城市周边的郊区，创建市级生态旅游度假区成为其未来发展的方向。

（3）主题化发展趋势

随着乡村旅游业发展的规模越来越大，市场需求也越来越呈现出多样化和个性化特征，主题化、差异化成为乡村生态旅游发展的大势所趋。如通过发掘农耕文化发展农旅结合的主题农园；通过传承地方性遗产发展乡村主题博物馆；通过提供乡村民俗体验发展主题文化村落；通过结合现代商务度假发展企业庄园；通过利用农业产业化发展生态产业庄园。

（4）乡村旅游和现代农业、文化产业等的融合发展

旅游业是融合性很强的行业。乡村生态旅游从一开始就和农业联系在一起，最早开发农家乐的成都郫县农科村就是花卉苗木生产销售和食宿接待的结合。近年来发展得很快的采摘、农事活动体验、农业园区观光等项目，更是旅游和农业的深度融合。通过融合，不仅获得了旅游收入，而且极大地突破了原来农业生产经营的范畴，促进了农业在市场、组织、技术手段等多方面的现代化。随着乡村生态旅游的不断发展，乡村生态旅游还进一步和第二产业、第三产业融合，形成了各种新型业态。旅游业以其在优化软硬件环境、提升区域品牌、提供流动性市场等方面的功能，在农村产业化进程中起到了孵化和加速作用，促进了城乡产业的一体化格局。乡村生态旅游与各个领域的融合，不仅拓展了乡村生态旅游的范畴，而且丰富了乡村生态旅游产品，形成了一些比较成功的经验。如全国著名的乡村生态旅游地"五朵金花"成都三圣乡，2007 年就建立了中国第一家现代设计博物馆——许燎源现代设计艺术博物馆，近年来又大力发展绘画、雕塑等文化产业，既拓展了乡村地区的产业布局范畴，又丰富了景区游客活动内容[4]。

4.3　中国乡村生态旅游发展经验

4.3.1　乡村生态旅游策划

乡村生态旅游策划指依据生态旅游市场的现实需求和潜在需求，借助乡村生态旅游区独有的旅游资源优势，对该区域旅游项目进行定向、定位、定点的过程，也就是对旅游产品进行研制、优化的过程，其重点是确定旅游的核心吸引力，明确旅游产品体系，并针对旅游观赏，进行旅游景点创意设计[5]。乡村

生态旅游的蓬勃发展，除了乡村生态旅游资源优势外，很大程度上得益于成功的策划。一个成功的乡村生态旅游开发，需要对乡村生态旅游地、乡村生态旅游景区和乡村生态旅游产品等分类策划，它们就像一颗颗闪亮的珍珠，铺就在乡村生态旅游业发展的成功之路上。回顾我国乡村生态旅游策划的成功案例，可以总结出一些值得借鉴的经验。

（1）坚持政府引导和扶持

乡村农民是乡村生态旅游不可或缺的关键因素，但是，由于乡村农民文化知识欠缺，往往造成思想保守，对新事物、新理念的理解和接受程度低；对外界信息感知和应变能力不足；承担经济风险能力弱等。以乡村农民为经营主体的乡村生态旅游，在开发各种旅游项目时受到自身条件的局限，造成乡村生态旅游产品在满足市场需求方面存在严重的滞后。在面对大的项目开发时，乡村农民往往很难依靠自己的力量解决资金、建设、宣传等方面的困难，政府主导模式能够很好地弥补这一缺陷，对乡村生态旅游开发提供强有力的支持和引导，特别是在基础设施建设、土地征用、贷款、税收等方面能够快速推进乡村生态旅游发展。

（2）因地制宜与创新理念

在乡村生态旅游产品策划过程中，不仅需要坚持因地制宜的原则，还应适应市场经济发展的要求，注入创新理念。乡村生态旅游地因其地方特色和民族风情吸引着城市旅游者，面对不断多元化的市场需求，推陈出新则成为产业保持吸引力的关键。运用创新理念，挖掘乡村文化内涵，策划紧扣当地市场需求的乡村生态旅游项目，成为中国乡村生态旅游成功的关键。例如，成都锦江区三圣乡地处城市通风口绿地，按规划不能作为建设用地，土质系龙泉山脉酸性膨胀土，粮食产量不高。锦江区创新思维，充分利用城市通风口背靠大城市的地缘优势，因地制宜，创造性地打造了花乡农居、幸福梅林、江家菜地、东篱菊园、荷塘月色"五朵金花"，推进社会主义新农村建设和旅游产业发展相结合，大力发展都市旅游，整体提升"农家乐"为载体的乡村旅游，形成了社会主义新农村建设的示范点。

（3）突出乡村性

乡村性是乡村生态旅游的本质特征，也是该旅游形式吸引城市居民的根本原因。乡村的自然景观和人文风貌都体现着乡村性，包括乡村田野风光、建筑景观、乡村生活方式、农民的生活态度等。成功的乡村生态旅游开发，都表现出了浓郁的乡村特点，使城市居民可以感受到别样的乡村风格生活。另外一方面，现代旅游毕竟是工业文明的产物，游客对于旅游中的享受和卫生标准都有较高的要求。因此，在保障旅游产品朴素的乡村性之余，也应适应市场的需求，满足旅游者现代化的要求，注重现代化元素在旅游产品开发中的渗透。

4.3.2 乡村生态旅游的营销

乡村生态旅游营销的主要目的是激发旅游者的旅游欲望，正确的营销理念、营销手段、营销规划会对乡村旅游的市场扩张起到推动的作用。乡村生态旅游不仅要提升自己的竞争实力，同时要符合市场规律的良性循环，重视把握营销机会，扩宽客源、增加收入。综观近年来国内乡村生态旅游发展案例，乡村生态旅游的成功开发离不开精彩的营销策划、创新的促销手段和有效的营销实施。

（1）精彩的营销策划

在供过于求的买方市场，如何让消费者在众多的选择中"一见钟情"，往往取决于营销策划的成败。精彩的营销策划可以使乡村旅游产品一炮走红。例如，腾冲县和顺镇有着悠久的文化和丰富的旅游资源：有中国历史上最大的乡村图书馆，藏书 7 万多册，其中有 1 万多册是珍贵书籍；有艾思奇故居；有美丽的水乡风光；有中国第一个民间收藏的抗战博物馆——滇缅抗战博物馆，内有近 5000 件抗战文物。和顺有这么丰富的资源，但长期以来，和顺一直在"埋头做事"，宣传做得很不够。为此，县政府专门到北京，请崔永元为和顺镇代言。在中央电视台 2005《魅力中国·魅力名镇》展示活动中，腾冲县和顺镇在北京友谊宾馆会场周围及出入口设置了有关腾冲旅游的资料和翡翠、火山石、象征大马帮的木马等实物的展示台及大型喷绘和顺形象宣传牌。当时推介就获得了观众的阵阵喝彩声和掌声，崔永元在推介和顺时用他著名的"崔氏幽默"介绍和顺，取得了非常好的推介效果[6]。

（2）创新的促销手段

在市场总需求有限的前提下，乡村生态旅游要将人们消费需求从传统的大众观光旅游中转移到乡村生态旅游，就需要以积极创新的理念，把握市场变化趋势，在广告宣传、公共关系策划、营业推广、人员推销和旅游宣传品营销等方面有针对性地对目标市场展开营销工作。在互联网技术应用普及的背景下，各乡村旅游地广泛地应用微信、微博等最新媒体技术手段对潜在旅游者进行影响与引导，取得了事半功倍的效果。此外，在现场促销活动中从视、听、味、嗅、触觉 5 个方面设计游客参与项目对游客进行感官刺激，为参与者留下难忘的记忆，配合富有特色的旅游纪念品成为推广乡村旅游的有力手段。

（3）有效的营销实施

有了精彩的营销方案和创新的营销手段，还需要落到实处的有效的营销实施，才能保证营销的目标实现。中国东西南北空间跨度大，民族文化和风俗习俗差异大，各地在乡村生态旅游的营销实施上各有特色。例如，同是通过民族节庆或者农事庆典实施营销，除了在突出民族性和地方色彩方面比较一致外，不同地域之间在项目安排和侧重点方面差异较大。

4.3.3　乡村生态旅游的管理

乡村生态旅游的管理包括行业管理和企业管理，政府和行业协会构成乡村旅游企业的外部管理主体，而最为关键的管理在于从事乡村生态旅游的企业主体自身。乡村生态旅游企业管理既是乡村生态旅游经营者所关注的核心问题，也是企业能否赢利的关键。

（1）乡村生态旅游行业管理

乡村生态旅游行业管理指政府及乡村旅游行业组织为了促进乡村旅游的良性发展，运用一定的行政、法律及经济手段，实现乡村旅游市场秩序稳定，乡村旅游经营收入增长的目标。我国乡村旅游起步较晚，但是发展很快，处在转型快速发展阶段，许多矛盾和问题也随之产生。由于乡村生态旅游资金投入的缺乏以及经营者经营理念的落后，导致乡村生态旅游市场供给和城市居民日益增长需求的供需矛盾，该矛盾的化解工作需要由政府来支持、推动，因此政府在乡村生态旅游行业管理过程中起到了至关重要的关键性作用。政府对乡村生态旅游的行业管理主要体现在招商引资、精准扶贫、加强培训、积极引导等方面。例如，成都市政府对农家乐不收管理费，经营 1~2 年不收税费，对中低收入的农户免收各种证照费，土地承包 30 年不变，买地 50 年不变，还组织专业户到全国以及东南亚国家考察。龙泉驿区政府每年拿出近 100 万元举办"桃花节"，又策划宣传了"赏果节"。政府对经营户实行"三证"管理和实行统一收费标准，指导农民增设旅游项目并对其进行培训[7]。乡村生态旅游行业协会是乡村生态旅游经营者自发成立的市场中介性组织，是政府管理职能的延伸，其实质是介于政府和经营者之间的非政府行业管理机构。随着我国乡村生态旅游经营管理的不断完善，政府行政管理逐步向行业管理的转变，行业协会在乡村生态旅游的管理中将发挥着越来越重要的作用。

（2）乡村生态旅游企业管理

乡村生态旅游企业管理指的是旅游资源丰富的乡村生态旅游地区因发展乡村生态旅游受到资金的限制，在当地政府的政策支持和引导下，通过出让旅游开发经营权的方式，吸引投资商介入当地乡村生态旅游的开发并进行管理。企业对乡村生态旅游的管理具体包括基础设施管理、服务设施管理、服务质量管理、卫生安全管理、生态环境管理以及乡村生态旅游业经营管理等方面，质量管理是乡村生态旅游企业管理的核心，特别需要在乡村生态旅游卫生管理、安全管理、员工管理等方面做好质量方面的监督和管理工作。由于从事乡村生态旅游经营的主体不仅有农户为主的农家乐，也有管理规范、实力雄厚的企业集团，因此国内的乡村生态旅游企业管理水平参差不齐，表现出了巨大的差异性。

4.4 中国乡村生态旅游发展问题

4.4.1 创新能力不足

乡村生态旅游是集参与性、趣味性和知识性于一体的休闲方式，乡村生态旅游属于专项旅游产品，能够进行综合性、多样化的项目设计。目前，我国乡村生态旅游开发缺少创新理念，导致旅游项目散乱，旅游产品同质化，产品开发的深度不足，无法形成较大规模和品牌功能。具体表现在以下几个方面。

（1）旅游产品类型单一

多元化的旅游产品是旅游业得以繁荣发展的基础。目前，我国乡村生态旅游产品中较多的是低层次的观光旅游和简陋的休闲度假旅游住宿设施，休闲度假配套的文化娱乐设施和体育设施十分缺乏，尤其是乡村休闲游产品类型同质化严重。乡村生态旅游的各个"农家乐"提供的服务项目大同小异，停留于吃农家饭、钓鱼、喝茶、唱歌、打牌等常规活动，缺少创新。

（2）本土特色缺失

发展乡村生态旅游，原生态、本土特色是关键，这主要是指当地的民俗风情和特有的文化遗迹。一方面，当地旅游经营者为一己私欲盲目地把发展乡村生态旅游，并以此作为发家致富的手段，在经济利益的驱使下只注重了经济收益的多少而忽视了文化内涵与价值。为了迎合旅游者，放着原生的文化、民间的资源不用，舍本逐末地组建表演队、艺术团等，引入太多的"城市元素"，把地方原汁原味的特色文化加以切割、包装，进行商业化运作，使乡村文化失去原生态的韵味，沦为文化快餐。另外，在外来文化的进驻和现代文明的洗礼下，地方民俗文化被慢慢同化，失去了其应有的原始性和乡村性。

（3）文化内涵挖掘不够

乡村生态旅游开发的初衷就是通过给城市居民提供一种变换城市生活方式的环境和一个认识农村的机会，同时通过吸引游客消费，实现农民经济增收。但农村生态旅游开发者的经营理念雷同并缺乏创新理念，对生态文化、乡土文化、乡村民俗等文化内涵的挖掘还不够深入，难以对多层次的游客需求形成满足，游客在游玩中缺少参与性和学习性强的休闲娱乐活动，导致游客消费方式呈现快进快出的浅层旅游状态，重游率低。

4.4.2 资金投入不足

总体来看，我国的乡村生态旅游发展仍然处在农家乐为主的阶段，规模性企业并不多见，开发投资主体单一，主要的资金来源渠道仍是以农民自家出资经营，多渠道获取资金的方式还无法实现。在乡村生态旅游比较发达的地区，尽管政府、农户和私营企业对乡村生态旅游的开发进行了一定的投入，但与乡村生态旅游发展资金要求相比，仍显不足，资金投入不到位，直接影响到旅游项目的开发、基础设施建设和对外宣传促销。前期开发投入的不足往往导致旅游项目的"半开发"状态，影响旅游者的体验，后期管理和维护投入的短缺，将缩短乡村生态旅游地的生命周期，严重制约乡村生态旅游的健康发展。

4.4.3 缺乏专业人才

从农家乐兴起到现在，我国乡村生态旅游已经取得了较大发展，行业规模和从业人员人数持续增长，但乡村生态旅游对于资金、人才和技术的吸引力一直较弱，整个行业长期处在"大而不强"的低状态。在实际的乡村生态旅游操作中，许多乡村生态旅游的管理人员由村干部兼任或当地农民担任，这一群体往往没有必要的旅游管理专业知识，文化水平普遍较低，不能满足乡村生态旅游的发展需要。在操作层面，以农家乐为主的乡村生态旅游服务人员基本都是当地农民，文化素质较低，年龄偏大，服务意识弱，与城市居民所要求的服务质量存在较大的差距。乡村生态旅游从业人员缺乏对乡土文化知识及礼仪礼貌、餐饮服务、市场促销等方面的系统培训，难以适应现代消费需求。

4.4.4　基础设施落后

乡村生态旅游的开展大多集中在城市周边较为偏远的郊区或经济水平较低的民族村寨，当地的基础设施建设和可进入性一般较差，成为制约乡村生态旅游发展的障碍因素。基础设施建设方面，交通条件落后是第一位的，虽然国家的乡村建设中"村村通公路"项目已经基本完成，但通往旅游点的部分道路路况较差，路面较窄，交通标识不完善，在很大程度上阻碍了自驾车旅游者的进入。另外，由于缺少合理的规划以及足够的资金投入，停车场、卫生间、休息室等公共基础设施简陋、设备不完善，住宿、饭馆等主要食宿基础设施条件简陋。再次，乡村供电不稳定、供水不足，小卖部内商品较少、健身保健设施缺乏。最后，由于长期形成的不良卫生习惯，乡村生态旅游地生活垃圾和污水随意倾倒，存在"脏、乱、差"现象。较低水平的基础设施建设让习惯干净舒适的城市游客产生厌烦情绪，客源流失量大，重游率低，同时也给乡村生态旅游形成了一种低端、不规范的行业形象。

4.4.5　宣传力度不足

乡村生态旅游经营者大多是当地农民，由于文化素质和经营理念与专业经营管理者存在差异，在市场宣传、产品销售等服务上没有形成体系，加上资金有限，宣传促销手段仍停留在初级阶段，有的乡村生态旅游景区和经营户甚至除了口碑传播外没有任何宣传。由于宣传促销手段过于传统，影响范围较小，对旅游者的决策行为影响也小。虽然近几年部分乡村生态旅游经营者也开始使用微信公众号、微博等自媒体进行自我宣传，但数量极少，而且制作水平有限。

4.4.6　管理体制问题

（1）管理粗放

目前，全国大多数乡村生态旅游仍处在农家乐阶段，属于自发的、分散的、粗放的个体小农经营方式，缺乏健全的旅游管理机构管理。许多乡村生态旅游景区景点由个人或者村委会管理，处于低水平管理状态。在产品开发和经营秩序上缺乏科学管理和明确分工，造成利益矛盾与冲突事件经常发生，影响了乡村生态旅游的可持续健康发展[8]。

（2）协调机制不健全

乡村生态旅游的发展涉及许多行业和部门，如旅游业、农业、国土资源、文物保护、畜牧业等，各部门之间相互影响、相互作用，但目前还没有建立起相对完善的协调机制。乡村生态旅游业的健康规范发展，不仅需要政府的政策干预，也需要与各部门、各行业组织的自律结合发展。

（3）社区参与度不够

社区参与型的乡村生态旅游是一种重要模式，其重要性虽然引起了学界、政府的重视，但是具体执行中遇到的困难已经成为制约乡村生态旅游可持续发展的瓶颈。在乡村生态旅游实际运营过程中，当地村民的参与通常只是以廉价劳动力的方式浅层次参与，在旅游项目规划、项目建设、投资决策以及项目经营等过程中缺乏话语权和利益分享权，社区参与度严重不足，导致冲突频发。例如西藏吉沙村的村寨旅游开发，纯粹从经济利益和保护物质环境角度制订旅游规划，忽视了当地居民的要求，当旅游者大量涌入时，给村民造成了诸多不便，最终遭到当地居民的强烈反对[9]。

4.4.7 环境污染问题

乡村生态旅游要依托当地的自然生态景观和人文景观，随着游客的大量涌入，对于当地的生态环境的破坏不言而喻，加上后期保护措施跟不上，自然生态环境和民族文化均将遭到破坏。在乡村生态旅游的快速发展过程中，一些原生态的乡村旅游地在利益的驱使下，无视承载力限制盲目开发，促使生态环境恶化，景区"白色污染"现象严重。在城市周边的生态旅游地中，一些自助烧烤场地和游客休息区往往存在垃圾成片的问题，与周边的乡村环境十分不协调，十分影响观感，对乡村生态旅游的可持续发展造成了严重影响。

4.5 中国乡村生态旅游发展趋势

4.5.1 乡村生态旅游的吸引力重构

时至今日，追求现代化已经成为全世界特别是广大发展中国家社会发展的首要目标，成为一种不可逆的全球性潮流。尽管在全球化的现代性面前，本土性试图反抗被同化，彰显自己的特色，但由于现代性本身是一种超越地域性局限的开放体系，具有本土性所不具有的普世性特征，因此在强大的现代性面前，本土性只能选择适应和调适。不过，现代化不是城市消灭乡村的过程，而是城市发展与乡村再造的有机统一。乡村会随着城市化的发展而缩小，但不会因此而消失。乡村依然存在，不过其结构会随着现代化而发生深刻变化，进行自我再造[10]。

国内学者普遍认为，乡村旅游的本质就是其乡村性，乡村性与其所决定的乡村意象是乡村旅游的核心吸引力。的确，乡村所承载的乡土文化是中华文明之根，其中传统村落承载着中华传统文化的精华，是农耕文明不可再生的文化遗产，具有吸引城市居民的传统乡村元素，因此具有极高的旅游开发价值。从旅游需求角度看，旅游的本质是求新求异，乡村性作为乡村旅游的核心吸引力，对于城市居民而言具有一种完全不同于城市性的异质性，乡村旅游就是城市居民对乡村性的向往和审美消费过程。近年来在城市化、工业化的进程中，乡村性已经受损，乡村旅游的干扰可能加剧这种趋势，这对乡村及乡村旅游的可持续发展提出了严峻的挑战。在现代性全球化的时代大背景下，如何回归和重构宁静致远的乡村意境是乡村旅游发展必须考虑的一个问题。

2013 年年底，中央城镇化工作会议和中央农村工作会议为乡村旅游未来的发展指明了方向："把城市放在大自然中，把绿水青山保留给城市居民。要传承文化，发展有历史记忆、地域特色、民族特点的美丽城镇。要体现尊重自然，顺应自然，天人合一的理念，依托现有的山水脉络等独特风光，让城市融入大自然，让居民望得见山、看得见水、记得住乡愁。""中国要强，农村必须强；中国要美，农村必须美；中国要富，农村必须富。"

国际休闲产业协会副主席朱至珍提出，"记得住乡愁"将成为未来乡村旅游差异化发展的魅力之源，也将成为休闲旅游时代的文化体验。纵观我国乡村旅游的发展现状，不少地区明显存在着"低、散、小"等问题，要改变这一现状，应以一个地区的文化特色、"美丽乡愁"作为资源整合的主线。"乡愁"是乡村旅游最重要的文化体验，没有文化的旅游是没有灵魂的。乡村旅游品牌的塑造，来源于特色"乡愁"的挖掘，只有这样才能从"低、散、小"走向"新、聚、大"，才可能从产品创新走向业态多元，进而实现产业融合。伴随着城镇化进程，以"美丽乡愁"为标签的新型乡村旅游将日益走俏[11]。

4.5.2 乡村生态旅游市场需求趋势

当前，我国正在从大众旅游初级阶段向中高级阶段演化，旅游消费结构正在由观光为主向观光、休闲、度假并重转变[12]。虽然观光仍然是我国旅游消费的基础性需求，但是休闲、度假等新需求越来越多。特别是近年来，随着旅游业与农业、医疗、养生、信息等行业融合的范围和深度不断增强，以及我国自驾游、散客游等新的旅游方式形成一定规模，乡村生态旅游已成为城市居民休闲度假的常态化选项，养老型、康体疗养型和探险型的乡村生态旅游将逐步成为主流。

当前，我国人口老龄化现象逐渐严重，养老问题已成为社会的主要问题之一。随着空巢家庭的增多、养老观念的转变，以及老年人消费能力的不断提升，越来越多的老年人选择外出旅游。2013 年出台的《国务院关于加快发展养老服务业的若干意见》《国务院关于促进健康服务业发展的若干意见》，从国家层面为养老旅游创造了极好的机遇[13]。城市周边的乡村生态旅游地自然生态环境好、地方文化特色浓厚，具备较完善的旅游设施和医疗卫生条件，逐渐成为老年人向往的养老型旅游目的地。养老旅游是新时代老年人安度晚年的选择之一，目前我国的大养老旅游产业发展还不成熟，市场上的养老旅游产品缺乏特色和吸引力，多数还停留在概念炒作阶段，不能满足老人的个性需求，未能契合老年人的需求。养老旅游的巨大潜力将推动相关旅游产品的密集推出和创新，市场前景光明。

此外，城市白领一族普遍处于亚健康状态，对健康的需求日益增加，对以康体疗养和健身娱乐为主题的乡村生态旅游项目存在巨大的需求。康体疗养型的乡村生态旅游强调身体、心理与自然优美的旅游环境相融合，引导人们在远离城市的乡村，利用农村良好的生态环境、优美的田园风光、多彩的民俗文化，特别是起伏有变的地形以及山峰、树林、河流、田野等天然户外活动资源，以度假、疗养、体育运动等形式来消除疲劳，以达到返璞归真、娱乐心情、健身、休闲、生态养生等目的。可以预见，在未来的乡村生态旅游发展过程中，通过利用当地丰富的水域资源、山体资源和季节资源，因地制宜地开展温泉疗养游、森林浴疗养游、日光浴疗养游、运动健身疗养游、绿色饮食疗养游等都康体疗养型乡村生态旅游，将具有极大的发展前景[14]。

针对充满活力的城市青年市场，在城市周边的乡村地区开展探险型乡村生态旅游活动，如攀岩、漂流、幽谷探险、自驾车越野、滑草、野外生存、宿营等，将成为未来乡村生态旅游发展的趋势之一。城市周边的乡村地区具备优美的自然环境、独特的地形地貌，适合开展素质拓展、登山攀岩等探险旅游，使体育旅游爱好者在进行体育运动、休闲健身的同时释放激情，感受乡村的独特魅力。另外，越来越多的城市企业为提升员工的团队精神到城郊乡村开展户外拓展训练，这也为探险型乡村生态旅游地的发展提供了较大的市场空间。

4.5.3　未来乡村生态旅游新业态

乡村旅游新业态是乡村生态旅游的新型营业形态，是根据时代的变迁和时尚的变化及旅游市场的发展趋势，依托乡村旅游资源与环境，由市场力、政策力等共同创造出的能够满足乡村旅游者心理、情感、审美享受的新型旅游产品与服务形态[15]。中国乡村生态旅游新业态在各地均有不同程度的发展。例如，山东蓬莱依托海滨自然景观和生态旅游资源，以葡萄酒庄园为载体，策划乡村生态旅游路线，推动滨海度假、葡萄酒旅游与乡村旅游在空间与业态上的深度融合，打造度假型乡村旅游新模式，开发乡村生态旅游新业态；辽宁大连休闲农业和乡村旅游项目建设进入主题化、规模化发展阶段，各种特色主题旅游项目不断涌现，形成了多个旅游新业态：以槐之乡、冰峪酒庄、槐花农庄、御品蓝莓园、蓝莓谷、金百花、南山骏景等为代表的旅游休闲新农庄；以丛常第樱桃园、德汉樱桃园等为代表的精品樱桃采摘园；以常青树为代表的精品采摘大棚；以安波大集、仙人洞镇大集、东沟大集为代表的旅游集市等。安徽黟县利用徽州文化和乡村旅游资源，开发西递村、宏村等古文化村落，在文化旅游、摄影旅游和乡村休闲度假旅游等方面取得新的突破，秀里影视村、奇墅湖度假区等新业态形式不断涌现。甘肃也将开发汽车露营基地、自行车骑游、丝路驿站等乡村旅游新业态。虽然乡村旅游新业态在各地均有所发展，但相对而言乡村旅游新业态发展仍存在创意不够、标准不高、质量不佳、效益不突出等问题[16]。乡村生态旅游新业态发展体系最为完善、发育最为成熟的当属北京市。2007年，北京在国内首次推出了乡村酒店、国际驿站、采摘篱园、生态渔家、休闲农庄、山水人家、养生山吧和民族风苑8种乡村旅游新业态。业态的创新将改变乡村旅游产品单一、特色不突出的现状，丰富乡村旅游产品内涵，促进乡村旅游产业的升级换代。业态创新引领乡村旅游产品升级，并由此制定出了北京市地方标准《乡村旅游特色业务标准及评定》。业态的创新丰富了京郊乡村旅游产品内涵，促进了全市乡村旅游产业的规范化、标准化发展。

总之，乡村生态旅游发展已不再是过去单一的农家乐产品形式和经营业态，不同的目的地出现新的可供旅游者选择的产品。充分利用现有的生态旅游资源，以休闲度假游为重点，挖掘"都市休闲、山水休闲、生态野趣、温泉保健、民俗风情、养生健体、漂流历险、美食养生、红色经典"等特色旅游产品，将成为不可阻挡的发展趋势。

4.5.4　乡村生态旅游+互联网

2013年11月6日，国家旅游局网站发布通知，宣布将"美丽中国之旅——智慧旅游"作为2014年中国旅游宣传主题，并强调将在智慧服务、智慧管理和智慧营销3个方面着力，以促进旅游资源和产品的开发和整合，以信息化带动旅游业向现代服务业转变。随着互联网的纵深发展，网速的提升、社交媒体软件的兴起以及互联网终端设备特别是移动终端的普及，中国旅游市场将全面进入全面智能化、科技化的新时代，乡村生态旅游市场也不例外。

2014年，江苏、天津、广东、广西等地陆续启动了"智慧旅游年"相关活动。各地一年的发展计划描绘了一幅智慧旅游的图景：消费者将可以通过更多新媒体、新技术接收旅游产品信息；经由网络、手机预订酒店机票门票；定制具有个性的私人旅游线路等；智慧景区将提供更加多元化、个性化的服务，虚拟系统将能够帮助游客获得更全面的旅游体验；游客与景区间进行频繁的信息交流，不仅可以促进景区服务内容和形式不断创新，也能给游客带来不同的感受。智慧旅游随之带来了出游便利、出境游保持高速发展、自由行发展迅猛的旅游发展势头。

大数据、云计算、移终端推动智慧旅游发展。智慧旅游特别是基于智慧科技的创业和创新，正在推动产业组织发生深刻的变化。同时，智慧旅游让散客和自组织旅游行为有了现实的可能性[17]。乡村生态旅游企业为了更好地服务大众旅游需求和产业发展，需要加快变革，建立基于现代技术的适应大众化、散客化趋势的企业运营和管理方式[18]。互联网、移动通信和大数据等在传统旅游业的应用，滋生出旅游新业态、新产品、新的营销方式和新商业主体，以携程、去哪儿为代表的在线旅游服务网站，改变了传统旅行社的服务和生产模式，将线上预订和线下消费相结合，为消费者提供了具有更多选择权和更高性价比的产品。乡村生态旅游利用互联网信息平台能恰如其分地描述旅游信息特征，重要的是能将旅游实体抽象为媒体信息单元，构建旅游景点的特征信息库，结合数字化技术实现景点的网络宣传、传播，挖掘旅游产品网络营销市场潜力，充分体现乡村生态旅游的特色旅游和特点旅游双重特性。

参 考 文 献

[1] 胡锦涛. 坚定不移沿着中国特色社会主义道路前进 为全面建成小康社会而奋斗：在中国共产党第十八次全国代表大会上的报告 [R/OL]. (2012-11-17). http://www.xinhuanet.com/18cpcnc/2012-11/17/c.113711665.htm.

[2] 蒙睿，周鸿. 乡村生态旅游：理论与实践[M]. 北京：中国环境科学出版社，2007.

[3] 杨玲玲，魏小安. 旅游新业态的"新"意探讨[J]. 旅游学刊，2009，6：135-138.

[4] 宋子千. 乡村旅游转型发展对土地的诉求和制度环境分析[J]. 中国旅游评论，2014，2：36-43.

[5] 郑志明. 新农村综合体规划中乡村旅游策划研究[J]. 住宅科技，2015，9：31-34.

[6] 杨桂华. 云南生态旅游[M]. 北京：中国林业出版社，2010.

[7] 诺诺. 农家乐的探究[EB/OL]. (2011-04-30). http://www.shnhnjl.com/zhuanzaino_281.htm.

[8] 涂玉婷. 我国乡村生态旅游可持续发展的现状与对策[C]. 中国可持续发展论坛，2008.

[9]　宋章海，马顺卫. 社区参与乡村旅游发展的理论思考[J]. 山地农业生物学报，2004，23(5)：426-430.

[10]　叶文，成海. 旅游融合发展：旅游产业与乡村建设[M]. 北京：中国环境出版社，2015.

[11]　尹婕. 展望：旅游业今年凸显四大趋势[N]. 人民日报海外版，2014-01-14(8).

[12]　国务院. 国务院关于促进旅游业改革发展的若干意见[S]. 国发〔2014〕31 号.

[13]　李泓沄，储德平. 安养乡村、乐享田园：养老型乡村旅游地新机遇：基于养老旅游、乡村旅游与生态旅游的融合发展[J]. 资源开发与市场，2015，31(4)：493-496.

[14]　张满林，朱新杰. 辽宁乡村旅游与体育旅游融合发展模式研究[J]. 体育文化导刊，2013(7)：86-88.

[15]　宋增文. 乡村旅游新业态发展机制研究：以北京为例[J]. 中国农学通报，2013，29(26)：217-220.

[16]　宋增文. 北京乡村旅游新业态发展机制[J]. 北京农业，2015，20：8-13.

[17]　戴斌，吴丽云. 智慧旅游是产业组织和管理方式的革命[J]. 旅游内参，2014(6).

[18]　张禹，严力蛟. 乡村生态旅游社区参与模式研究：以苍南县五凤乡为例[J]. 科技通报，2009，25(2)：220-225.

第 5 章　中国文化生态旅游发展

甘露　石应平　四川大学历史文化学院（旅游学院），成都

生态旅游发展至今，已经获得了普遍的认同。从当今生态旅游的内涵来看，大致可以包含两个方面的主要内容：一是生态旅游是一种以"生态"，即自然环境或景观，为对象的旅游模式，在这里，自然环境或景观是核心吸引物；二是生态旅游是一种对生态环境负责任的旅游发展模式，旅游发展不能干扰到生态系统的稳定，因而往往是有限的、小众的。随着生态旅游实践的不断发展，"文化"逐渐进入到生态旅游的视野中。就当今世界而言，完全不受人类干扰的纯自然环境是极其稀缺的，全球绝大多数的生态景观都不同程度地受到人类的影响。在这样的背景下，关于生态旅游的描述也开始包含"文化"内容。例如，国际生态旅游协会将生态旅游定义为：到环境受保护并改善当地人福利的自然地区去负责任地旅游，这些自然地区吸引人的既包括动物和生物群落，也包括一个地区的自然史和原住民文化。而文化生态旅游则是对生态旅游在文化内容上的进一步深化，是生态旅游和文化旅游的有机融合。

5.1　文化生态旅游的含义

整体上，目前学术界对文化生态旅游的讨论相对较少。综合各种目前关于文化生态旅游的阐述，有两点是非常突出的。

首先，文化生态旅游的基础是文化景观和相关资源。例如，黄安民等提出，文化生态旅游是以了解目的地文化与历史知识，学习、研究、考察、欣赏特定的文化景观，使旅游者获得文化教益的一种专门层次的旅游活动[1]；陈刚认为文化生态旅游需要利用文化因素来吸引游客[2]；刘冰清等、曹晓鲜、赖斌等、吴海伦等也认为文化生态旅游的物质基础是文化景观及相关资源[3-6]。其次，文化生态旅游强调旅游活动和自然、社会环境的和谐。例如，赵飞等将文化生态旅游定义为以与自然、社会环境和谐一致的文化资源为体验对象，以旅游者、旅游地和谐相处，保护区域的文化多样性与文化生态平衡为目的，使旅游者获得文化体验的一种较高层次的旅游活动[7]；刘少和等认为文化生态旅游是以与自然、社会环境和谐一致的文化生态资源为体验对象，旅游活动各方需要承担责任和义务的旅游形式或产品，是生态旅游的新发展和文化旅游的特殊形式[8]。

可以看出，在这些观点中，文化生态旅游的内涵与一般意义上的文化旅游的区分并不明确。至少在吸引物或旅游的物质基础上，二者并没有太大的差别，因而一些文献论及文化生态旅游时，其物质基础具有明显的泛文化旅游色彩。能够体现出文化生态旅游自身特点的主要是自然和社会环境的友好性，即文化生态旅游是一种对自然和社会均负责任的旅游活动方式。但如果文化生态旅游仅仅是指向旅游活动自身的负责任方面，则偏离了生态旅游最重要的一个方面，即生态旅游的吸引物一般是指向自然环境或自然景观，至少，应该包括自然环境或自然景观。因此，现有的文化生态旅游其实大多指的是一种负责任的文化旅游，其生态旅游色彩并不突出。实际上，生态人类学中关于"文化生态"的认识对厘清文化

生态旅游的概念提供了一个有益的视角。

1968 年，美国人类学家维达和拉帕波特首先提出"生态人类学"这一学科，将研究领域界定为如何解释人类及其文化与自然环境之间的相互关系，尤其关注民族文化与自然环境之间的互动关系。其中，文化生态是该学科的一个核心概念。具体来说，一个民族的文化生态大致包含有两个方面的含义：首先，该民族所处的生态环境在漫长的历史过程中，会受到相应的加工和改造，从而使自然环境带有民族文化的烙印，是一种带有民族文化属性的自然环境；其次，民族文化在与自然环境长期互动的过程中，也不断地对自身进行调整，最终形成了一种相互依存和制约的耦合关系[9]。因此，从生态人类学的角度来看，民族文化和生态环境之间的关系并不是分离的，而是形成了一个耦合体，这个耦合体包含着该民族赖以生存的文化环境和生态环境，二者之间的耦合关系就是该民族的文化生态。

依据这一认识，可以对文化生态旅游的旅游吸引物进行界定，即文化生态旅游是一种以具有耦合关系的文化自然综合体为对象的旅游形式。在这个综合体中，自然环境带有鲜明的文化特征，而文化环境则表现为对自然环境的适应性。从这一含义来看，文化生态旅游的旅游对象与世界遗产中的文化景观有着共同的属性，二者都体现为一种统一的人地关系。

5.2 中国文化生态旅游资源的特点

5.2.1 良好的资源禀赋

中国历史悠久，在数千年的历史长河中，中国先民发展出具有自身特色的人地关系观，并将其落实在具体的实践中。整体而言，中国传统社会是一个农业社会，并保持着长期的延续性。由于历史上对自然的改造能力有限，中国的农业文化具有很强的人与自然内在统一的特点，从先秦就形成了"天人合一"的思想，并在道家、佛家等思想中得到了充分发展，留下了丰厚的遗产。这在中国丰厚的自然文化双遗产和文化景观中得到了集中体现。在这些传统中，有的着重于将人类的生存生活实践和自然环境、自然规律统一起来，寻求在顺应自然规律的基础上对自然加以改造，如我国众多历史悠久的水利工程和治水传统，以及传统村落的布局、样式和材料使用等。另外的一些则关注人如何与自然融为一体，将心灵寄托于自然之境，这方面的实例很多，例如我国的传统名山大川、古典园林往往寄托了传统文人的诸多理想，反映了这些文人的诸多旨趣。其中，最具代表性的是起源于魏晋的山水文化，从道家和佛家视角形成了一种具有浓郁中国特色的山水美学，突出反映了中国传统文人对人地关系的独特认识。

5.2.2 多样的资源类型

中国的文化生态旅游资源不仅规模大，而且类型丰富多样。造就这一特点的核心原因在于我国区域环境的多样性和我国民族文化的多样性。就前者而言，我国的领土在热量条件上地跨寒温带、中温带、暖温带、亚热带和热带，在水分条件上囊括了森林、草原、荒漠及各种过渡景观，在海拔高度上从低于海平面一直延伸到世界最高峰，是世界上自然地理条件最为复杂的国家。另外，各种非地带性因素也造就了我国自然环境的异彩纷呈，以极端多样的自然环境为基础，形成了中国丰富多元的人地关系实践。这些人类实践和其所处的自然环境一起，构成了一个异常多元的文化生态系统。例如，我国西北干旱沙漠地区的绿洲文化生态系统、北方草原地区的草原文化生态系统、南方湿润地区的稻作文化生态系统、南方山区的梯田文化生态系统等。另外，我国本身是一个多民族国家，少数民族众多，同一民族内部往往还有不同的族群，从而造就了我国民族文化的多样性。这些民族文化在适应所处的自然环境的同时，还按照自身的文化特色对自然环境进行着改造，是我国文化生态旅游资源类型复杂多样的另一个重要原因。其中具有代表性的例子是云南哈尼族的梯田、新疆维吾尔族的坎儿井、四川藏羌碉楼村寨聚落群、东北鄂伦春族的森林聚落等。这些人地系统无论从自然环境还是文化内涵上，都表现出很强的独特性，很多都具有很强的生态价值和文化价值，并因此而产生出强大的现实或潜在的旅游吸引力。

5.2.3　内在的脆弱性

从人类学角度来看，传统的各种文化生态本质上是人类征服自然的有限能力的反映。由于征服自然的能力有限，人类不得不寻求一种和自然相适应的方式来延续自身的生存和生活处境。这也就使得文化生态具有一种天然的脆弱性，因为随着历史的发展，人类改造自然的能力不断增强，和自然的距离也越来越遥远。特别是工业化以来，技术的飞跃使人类在某种程度上相对于自然的独立性越来越强，工商业在人类社会发展的经济方面占据着主导地位，而传统的文化生态在改善人类生存生活条件和增加物质财富方面远远比不上现代工商业。这对传统的文化生态形成了巨大挑战。一方面，以现代工商业为基础的人类自身的社会生产实践具有很强的同一性，从而导致基于自然环境和民族文化差异的文化生态多样性面临重大危机。另一方面，工商业，特别是工业主导下的人地关系认识中，自然更多地表现出一种资源属性，是商品生产的"原料"，传统认识中的人地有机关联被割裂，人类自身生存和生活境遇的改善更多的是依赖于财富、商品和科技，而非对自然的适应，这就导致了以文化自然综合体为基础的传统文化生态的解体。鉴于工商业和科技发展在人类社会发展中的主导地位在可预见的将来并不会发生根本性的转变，因此，传统文化生态内在的脆弱性也会成为一个固有的属性，文化生态旅游资源的稀缺性越来越突出，需要人类社会的积极干预才能延缓或改变这一趋势。

5.3　中国文化生态旅游的发展现状

5.3.1　文化生态旅游日益成为主流

整体来看，文化生态旅游日益成为一种主流的旅游形式。在我国的5A级旅游景区中，有相当一部分都可以视作为文化生态旅游目的地或文化生态旅游在其中占据有重要地位，这尤其突出表现在一些历史文化名山、古典园林、古城古镇古村以及和少数民族文化相关的景区中。对文化生态旅游价值的发现，一方面源自于对这些目的地历史价值的肯定与继承，如泰山、黄山、苏州园林和西湖等，它们在我国的历史文化传统中一直具有特殊地位；另一方面则和当今世界的整体社会文化价值在一定程度上的传统化有着密切的关系。需要指出的是，这种文化价值的改变并非简单意义上的回归传统，而是将传统作为一种工具来对现代主义进行批判，是一种"后现代主义"。作为现代主义，其主要特征是用"科学和理性的支配方式"去理解和解释世界[10]。这种价值观大规模兴起于17世纪，到两次世界大战之前达到顶峰，目前仍然是占据主流位置的一种价值观和世界观。但随着世界大战和人类大规模屠杀的发生，以及随后发生的全球性生态危机和环境问题，后现代主义认为现代主义并没有使世界变得更好，并形成了一种和现代主义针锋相对的认识和理解，这种理解以"部分的"和"地方的"知识为基础，以"去中心化"和"地方性"为主要诉求，具有鲜明的自身特点：对抗"权力"，破除"中心"，尊重"多元"，追求"平等"，确认"地方知识"，提倡"保护传统"等[11]。

文化生态旅游的出现和繁荣是后现代主义在当今社会的突出表现。虽然一般认为现代旅游业出现在工业革命时期，但现代主义主导下的旅游对象主要是一些所谓的西方"文明中心"，它们被当时占主导地位的帝国主义和殖民主义文化话语表述为人类文明的"代表"和"最高成就"。另外，海滩、湖区等度假地也是这一时期的主要访问对象，游客在这里获得一定程度的休养生息，然后继续投入到社会大生产的洪流。在这种态势下，今天被视作文化生态旅游资源的大部分对象，尤其是非西方社会的文化生态系统，很难进入主流的旅游文化视野。因此，文化生态旅游的出现和繁荣，在一定程度上代表着对以现代化、科技化和全球化为基础的现代主义的对抗。在我国，在工业化水平达到一定程度后，近 20 年陆续出现了诸如丽江、香格里拉、凤凰古城等这样的目的地，传统聚落和少数民族聚落的旅游价值得到了充分肯定，而且无论是文化媒介还是普通公众，都将这些场所的现代化、商业化看作一种负面现象，从而显示出文化生态旅游资源的价值在相当程度上已经获得了主流社会的普遍认同。

除了资源价值受到肯定外，文化生态综合体作为一个整体也开始受到关注。越来越多的学者认识到很多文化对象和自然环境之间存在着密切的关系。世界遗产中自然和文化双遗产、文化景观遗产的出现就是这一认识的代表案例。与此同时，在旅游实践中，一些文化生态也因其整体性而获得青睐。例如，云南哈尼梯田的旅游吸引力就在于其文化和自然相互作用而呈现出的一种整体景观，四川都江堰的旅游知名度也来源于中国古代顺应自然的水利工程文化。因此，文化生态旅游作为一种旅游形式已经进入到公众视野中，而越来越多的文化生态旅游将会使游客重新审视文化和自然之间的关系。

5.3.2　文化生态旅游发展面临的问题

尽管文化生态系统作为一种旅游吸引物类型已经颇具规模，但应该看到，目前也存在诸多问题。其中，最常见或重要的有 3 种现象。一是文化与自然相脱节。在相当比例的文化生态系统用以旅游开发时，无论是开发方、规划者还是游客，往往只关注文化或自然的某个方面而忽视另一个方面。例如，游客对峨眉山的关注更多集中在其佛教圣地的身份上而忽视其物种丰富度以及自然环境的特殊性；对客家土楼的关注集中在建筑形式上而忽略了土楼得以建造的自然和生态背景；对青藏高原及其周边地区雪山的关注也往往集中于冰川的物质景观而忽略了它们在当地少数民族文化中的意义。二是以部分取代整体，以文化生态系统的某一个方面来代替作为整体的文化生态系统。这种现象不仅仅表现在文化与自然的脱节上，还反映在文化和自然各自的不同部分之间。例如，对很多古城古镇古村，旅游开发方和游客的注意力通常集中在物质性的建筑形式和建筑外观上，对这些传统聚落的非物质文化部分却并没有太多的关注；在一些自然生态目的地，一些特殊的美景也往往受到更多的重视，而自然环境的整体性则受到忽视。三是以表象代替实质。很多文化生态系统在用于旅游开发时，往往会以一种概念化的解释来替代地方性的人地关系。例如，藏族、蒙古族、朝鲜族等少数民族地区，由于已经形成了一种概念化的民族文化生态认识，如藏族常常和雪域高原、牦牛、藏传佛教等相联系，从而导致很多藏族地区的旅游目的地着力于构建这一体系，而不是基于本地所特有的文化、生态关系；又如，对于南方濒临河流的传统聚落，在公众心目中也往往形成了一种"江南水乡"印象，从而导致很多"苏州式""徽州式"的旅游化的传统聚落出现。

文化生态旅游发展所面临的问题是诸多原因造成的。首先，很多地方文化生态系统的学术研究欠缺，地方文化与自然之间的内在关系并没有得到充分认识。其次，应该认识到，对大众游客来说，文化生态具有较高的知识门槛，因而往往不是游客访问目的地的主要旅游动机。最后，就大众旅游而言，本质上是一种商业活动，相对文化生态关系的整体性保护，如何能够满足游客的偏好并因此而获得经济收益要重要得多。同时，由于大众旅游的商业属性，目的地的文化经济生活发生变化，居民开始从事一种商业化的生计方式，而在一个文化生态系统中，生计通常是连接文化和生态的重要纽带，其改变常常会导致文化生态系统的解体，从而体现出传统文化生态在大众旅游方面的脆弱性。

5.4　文化生态旅游发展的基本原则

从上面的分析可以看出，文化生态旅游与大众旅游之间具有一种难以调和的矛盾。基于商业化的大众旅游在很大程度上会损害文化生态赖以持续的基础。鉴于此，本章认为，在中国文化生态旅游的发展中，应该遵循以下基本原则。

首先，应该立足于现有的保护体系来选择文化生态旅游发展的资源基础。就我国当前的现实而言，旅游本身带有很强的经济属性，因此，用于发展文化生态旅游的旅游资源是有限的。而在我国当前的保护体系中，无论是世界遗产，还是国家重点文物保护单位或历史文化名镇名村以及国家传统村落等，都强调除了保护对象本身外，还要保护所处的文化环境和生态环境，因而为文化生态旅游的发展提供了物质基础。

其次，构建文化生态旅游的知识体系，特别是在充分研究的基础上建立起科学的知识解说体系。文化生态旅游除了是生态旅游的一种类型外，同时也是遗产旅游的一部分。无论是生态旅游还是遗产旅游，知识的保存和传递都是核心。因此，对知识本身的认识深度以及解说体系的科学有效程度是文化生态旅游得以有效开展的必要条件。

再次，在旅游发展的过程中，要特别注意对文化生态综合体的整体保护，特别是要避免商业化对地方文化生态的侵蚀。文化生态得以延续的核心是要保持其中的文化和生态之间的特殊联系，特别是诸如生计等一些内容往往是这种联系的主要纽带。因此，要尤其加强对这些纽带以及其得以维系的各种物质和非物质基础的保护。同时，由于文化生态旅游自身的特殊性，其发展原则上要由政府或相关保护部门来进行主导，避免商业利益的侵入。另外，文化生态旅游所面对的群体也应该是小众的，是学者以及具有一定知识储备并有着良好保护意识的游客，要避免大众旅游对文化生态基础的不利影响。

参 考 文 献

[1] 黄安民，李洪波. 文化生态旅游初探[J]. 桂林旅游高等专科学校学报，2000，11(3): 56-58.

[2] 陈刚. 发展人类学视野中的文化生态旅游开发：以云南泸沽湖为例[J]. 广西民族研究，2009，3: 163-171.

[3] 刘冰清，刘景慧. 怀化市文化生态旅游发展探略[J]. 湘潭师范学院学报：社会科学版，2008，5: 71-72.

[4] 曹晓鲜. 基于协同的湖南西部民族文化生态旅游品牌资产研究[J]. 湖南师范大学社会科学学报，2010，1: 99-103.

[5] 赖斌，杨丽娟，方杰. 民族文化生态旅游可持续发展水平的测度研究：以四川省为例[J]. 生态经济，2006，1: 99-104.

[6] 吴海伦，王剑. 湿地文化生态旅游开发研究：以武汉琴断小河湿地为例[J]. 华中农业大学学报：社会科学版，2008，3: 25-28.

[7] 赵飞，苏少敏. 文化生态旅游开发初探：以广西都峤山为例[J]. 商场现代化，2009，2: 215-216.

[8] 刘少和，张伟强. 文化生态旅游发展中的矛盾及其克服[J]. 思想战线，2004，3: 122-125.

[9] 杨曾辉，李银艳. 论文化生态与自然生态的区别与联系[J]. 云南师范大学学报：哲学社会科学版，2013，2: 30-36.

[10] MCLEAN I. The concise oxford dictionary of politics[M]. Oxford /New York：Oxford University Press，1996: 395.

[11] 彭兆荣. 后现代性与移动性：生态环境所面临的挤压：兼论旅游人类学视野中的"旅游文化"[J]. 河南社会科学，2007，6: 11-14.

第6章 中国生态旅游本土化研究

叶文 程希平 西南林业大学地理学院，昆明

生态旅游是一个从西方国家引入的概念，西方国家生态旅游产生的自然与社会背景和我国有很大的差异。中国生态旅游自开展之初，就表现出自己的特点，在一些理论指导和政策制定上受到西方生态旅游理论和管理政策的影响，但是在具体的中国文化和社会经济结构中，很难真正地起到指导实践的作用。与此同时，中国的生态旅游虽然开展地如火如荼，出现了具有独特形态的生态旅游，但是由于缺乏理论指导，也出现一些问题。只有客观科学地从中国特殊情景研究问题，研究生态旅游的问题，总结中国生态旅游发展的特殊规律，构建本土化的生态旅游相关理论，寻找传统文化与保护地建设这两种力量的平衡，才能真正帮助中国的生态旅游业摆脱困境，走上一条可持续发展之路。

6.1 西方生态旅游认知的演变

生态旅游作为一种特殊形式的专项旅游，是旅游市场需求结构发生变化和以大众旅游为特色的旅游业发展到一定阶段的产物，具有深刻的环境背景和旅游者心理基础。国外对于生态旅游认知的发展经历了 3 个时期，即调整性自然旅游时期、生态旅游概念创立时期和生态旅游蓬勃发展时期[1]。

6.1.1 调整性自然旅游时期

1983 年以前为调整性自然旅游时期，这一时期的生态旅游指小规模、低密度的旅游活动，分散于非城市地区，而且不像大众旅游那样拥有来自各阶层的游客及各式各样的参与者。旅游活动基本上处于传统的大众旅游和新型的调整性旅游形式并行不悖的状态。这一时期一些学者针对传统的大众观光活动对当地社会所造成的负面影响，提出了自然旅行、自然导向的旅游、友善的环境旅游等一系列与生态旅游相近似的观光方式。尽管它与生态旅游还有一定的差距，但都是为了减少传统旅游方式对生态环境或当地文化造成的负面冲击，生态旅游的某些特性已经萌芽。

6.1.2 生态旅游概念创立时期

在 1983—1989 年，人类环境伦理观觉醒，出现了一批生态旅游的研究者和推行人。1983 年，赫克特首次提出"生态旅游"这一概念，此后学者柯特、谢贝洛斯·拉斯喀瑞等将生态旅游这一概念不断深化，他们为生态旅游概念的创立做出了重要贡献，推动了生态旅游的蓬勃发展。这一时期，学者们一致认为，生态旅游是人类到相对未受干扰或未受污染的自然区域去旅行，一方面关注自然保育及环境生态，一方面又自觉地接受知识和文化的洗礼[2-4]。1987 年以后美国对国家公园的定义改为"环境着想的永续观光，维护该环境的生态完整性，并不损及后代子孙从中获得愉悦"。这一改变促使生态旅游在许多国家成为自然保育经费的最佳渠道，成为国家旅游业发展的主流。

6.1.3　生态旅游蓬勃发展时期

20 世纪 80 年代后期和 90 年代中期，生态旅游得到了真正大规模发展，进入了蓬勃发展时期。不少学者对生态旅游进行实践考察后，从理论上又对其进行了重大修改。具有代表性的是伊丽莎白·布在1992 年对生态旅游的定义：欣赏和研究自然景观、野生生物及相关文化特征为目标，为保护区筹集资金，为当地居民创造就业机会，为社会公众提供环境教育，有助于自然保护和可持续发展的"自然旅游"。与前一时期相比较，生态旅游的概念要全面得多、内容也丰富了许多[5, 6]。90 年代以后，人们对生态旅游不仅有了较深的理性认识，而且在实践中形成了生态旅游的巨大热潮，各国的生态旅游活动有了全面发展，取得了明显的社会、经济、环境效益。

6.2　生态旅游本土化的背景

自 1992 年由西方引入生态旅游开始，中西方生态旅游的差异就已经开始被关注。在中国，中国传统文化"天人合一"的价值观被社会普遍认可，存在现实的思想和行为中，这使西方的保护区系统在中国面临着困境，也是中西方产生冲突和矛盾的基本解释。不同于西方，中国的人与自然统一性的观念决定了人比自然高阶，但不能解释为人类有权控制自然，也非与自然的分裂。

6.2.1　中国自然生态文化在地理空间上的统一性

中国"天人合一"的生态价值观把"天"视为绝对的权威，尽管人们也需要利用自然，对大自然的敬畏还是第一位的，人对自然的索取和回馈是统一的。相对于西方而言，中国古代一直保持着较为恒一的"天人合一"的生态伦理观。上至帝王将相，下至黎民百姓，莫不服膺于此"天理"。古人不但提出"天人合一"思想，更将此作为经世治国之道和居家齐身的重要精神准则，这一理念也影响着当今的中国人。

西方生态价值观基本上将人与自然看成是两种不同物质，人世与自然世界各行其道。在二者的关系链上，人居于主体地位。生态中心主义虽然主张人与自然主体地位的"生态平等"，但人与自然仍然是一个系统中的两个部分，只是由主客二分变为主主二分。这两种旨趣相异的价值观造成了生态旅游文化地理空间认知上的中西差异。例如，西方对教堂的选址，主要在两个地理空间，一是在悬崖峭壁或山顶之上建一高耸的哥特式建筑，目的是为了让在教堂里修行的修士和修女们能无限地接近上帝；二是把教堂建在一个社区的广场边，目的是为了方便社区教众到此参加宗教活动、倾听神职人员布道。这两种地理空间的选择主要考虑的都是神与人的关系，没有考虑人与自然的关系。而中国宗教建筑的选址和布局，无不遵循了"天人合一"思想内涵的"风水"，考虑的主要是宗教建筑与自然环境的关系。因此，中国古代的名山大部分是因文化有名，多为帝王封禅或宗教繁盛所致，自然和文化景观在同一个地理空间中融为一体。因此，在中国做生态旅游研究，将自然和文化生态割裂开来的研究是行不通的。

6.2.2　中国保护地中社区与环境并存

西方生态文明中主张"生态平等"，而这一观念中，人与自然仍然是一个系统中的两个部分，仍然是有根本区别的。"生态平等"成为以美国为代表的西方保护地建立的指导原则，在该原则下，人类需要从保护地中迁出，保护地内只能进行人类探知自然的活动，造成了西方自然环境与人居环境的分离。因而，对于生态旅游资源的内涵，西方国家从其源起之日起就定位在以自然为基础。

但在生态旅游的开发实践中，尤其是在生态旅游本土化的过程中，受中国"天人合一"传统文化的影响，中国传统的社区地多选择于保护地中，尤其是森林保护地中。一方面是基于人们在物质层面对保护地的依赖，人们的衣食住行、生产工具、生活用具均与保护地的资源密切关联，甚至依赖于保护地的资源。另一方面是基于人们,尤其是少数民族在精神层面对森林的敬爱,主要表现在宗教信仰领域。这些宗教信仰体系,尤其是森林信仰体系,为人类保存了大量的原始茂密的森林和古树名木,客观上在生态保护方面发挥了重要作用。另外,少数民族对保护区的管理力量为保护区可持续发展提供了保障。在少数民族特有的管护森林的一系列措施中,发挥作用的主要有民间禁忌、村规民约、森林管理组织 3 种力量。

因此,在推进生态旅游本土化的过程中,与自然地域密切相连的社区文化,尤其是原住民文化也是亟须关注的重点,需要建立与西方国家不同的社区生态旅游模式,强调当地社区的利益,将生态旅游、探险旅游与文化旅游融合在一起。

6.2.3　东西方文化对自然的认知的差异

西方的生态旅游直接诞生于工业革命之后的"回到自然中去"的环境革命狂潮,不但引领人们从城市走向荒野,摆脱机器的禁锢,而且力求降低旅游活动对自然环境的影响,并试图将大自然作为环境教育的一个大课堂。这样,自然景观就成了生态旅游的资源基础,西方的自然旅游在很大意义上就成了生态旅游的代名词。

此外,在西方人地二分的生态价值观的影响下,自然景观和文化景观常常被分离开来,在旅游目的地上,二者也很难重叠,构成了一组二律背反的旅游形式:要么是以原始自然为基础的生态旅游,要么是独特风貌的文化旅游,二者很少能够兼得。虽然原始文化也是生态旅游的主要保护对象,但他们却多处于次要地位,或仅是为在市场营销中增加旅游产品的多样性而将其考虑进来。

与西方景观分离的情况截然相反,基于中国"天人合一"的理念,自然景观与植根于其上的文化景观几乎很难分开,良好自然环境的所在也常常是文化荟萃之地。例如,道家讲究修身养性,因此道观常常选址于清幽奇绝、与天相通之地;儒家与禅宗更在意庭院内部小空间的营造,都意欲将外部的自然纳入到围墙之内,自然之草木俨然已成为家室一员。独特的文化情结也使得国人更愿意接受那些文化与自然相混合的旅游活动[6-8]。

中国的山水景观同样对人文环境产生了巨大的影响。陈正祥先生指出,北宋以后中国人才分布的重心由黄河流域转向长江中下游,除了经济重心南移以外,南方"秀丽山水对文学和艺术的启发和熏陶等也有一定影响"。因此,中国的生态旅游资源并不单纯是具有"自然美"的自然景观,还包括许多与自然伴生的文化景观。

自然生态为文化生态提供了良好的生存发展空间,文化生态也通过道德、宗教的约束维持着自然生态的完整性,二者之间良性互动的依存关系,造就了中国生态旅游人与自然和谐共生的"天人合一"景象。

6.3　生态旅游概念的认知

当前,国内外对生态旅游的概念与内涵的认识还处在争鸣阶段,尚未达成一致的看法,但却有一个核心思想,即生态旅游是强调维护人地和谐统一的旅游方式。目前在以下几个方面已达成共识:① 旅游目的地主要为受人类干扰破坏小、较为原始古朴的地区,特别是生态环境有重要意义的自然保护区;② 旅游者、当地居民、旅游经营管理者的环境意识强;③ 旅游对环境的负面影响小;④ 旅游能为环境保护提供资金;⑤ 当地居民能参与旅游开发与管理并分享其经济利益,因而为环境保护提供支持;⑥ 生态旅游对旅游者和当地社区等能起到环境教育作用;⑦ 生态旅游是一种新型的、可持续的旅游活动。

针对我国国情,我们认为,生态旅游应该是提供保护环境的设施和环境教育,使旅游参加者得以理解、鉴赏自然地域,从而为地域自然及文化的保护,为地域经济做出贡献的一种可持续性的旅游方式。

6.4 我国生态旅游的渊源与演化

生态旅游在我国古已有之。在中国崇尚自然、珍视自然的传统文化的影响下，旅游形式一开始就具有朴素的生态观念。但在追求较好的旅游环境和旅游体验中，也出现了人定胜天等凌驾于自然环境之上的思想。而环境危机的出现让传统的旅游方式走上了人与自然协调发展的道路，对生态旅游的科学发展研究也日益深入。

6.4.1 朴素的生态旅游阶段

中国发展生态旅游历史悠久，早期的山水旅游活动中就包含朴素的生态旅游思想，如《尚书》记载，"舜有五年一出巡的惯例，二月东出泰山，五月南巡衡山，八月西巡华山，十一月北巡恒山"。在农业文明的漫长时期，人类对自然环境的影响小而依赖较大，人们在长期的生产实践中形成了朴素的生态道德观，人与自然处于和谐相处的状态。

6.4.2 现代生态旅游起步阶段

我国现代生态旅游虽然比世界某些旅游发达国家起步晚，但是发展势头却非常猛。1982 年，国务院批准建立第一批国家级风景名胜区，建立第一个国家森林公园——张家界国家森林公园，将旅游业的开发与生态环境保护有机结合，生态旅游作为一项事业在我国受到重视。此后我国生态旅游事业经历了 20 世纪 80 年代初步发展和 90 年代迅速发展阶段。尤其是在 1995 年 1 月在云南西双版纳召开的全国首届生态旅游发展研讨会上，《发展我国生态旅游的倡议》标志着我国对生态旅游的关注和起点。1999 年的中国生态旅游迎来两大盛事：①我国首次承办以人与自然为主题的"中国昆明"99 世界园艺博览会；②国家旅游局把 1999 年定为"生态旅游年"，把中国生态旅游推向了高潮。

6.4.3 生态旅游实践研究深化阶段

此后，在近 10 年中，生态旅游在中国普遍开展。有关生态旅游研究的大量文献和资料研究都集中在对生态旅游概念的界定、内涵的解释、功能的探讨、特征的描述等基础理论研究方面，很多的专家和学者根据中国国情，赋予"生态旅游"概念和理论以中国特色。

近期学术界的关注点集中在中国生态旅游实践的研究上，大致形成了两个热点，一是在我国特殊文化背景和经济条件下对我国开展生态旅游实践特色化和注意问题的研究；二是针对特定区域的生态旅游规划案例研究，重点加入了社区参与生态旅游的相关研究。

6.5 生态旅游本土化的开展方式

国外生态旅游市场日渐成熟，而国内生态旅游市场还没有形成真正意义上的市场。居民年均收入较低、社会保障体系尚不健全、国民生态意识相对薄弱等限制了国内生态旅游者的发展壮大。另外，国内生态旅游区基础设施尚不配套、景区可进入性较差、管理保护制度尚不健全等，也造成了中外生态旅游发展的差异。基于这种情况，我国生态旅游市场可以从以下几个方面发展。

6.5.1 生态旅游市场的开发

（1）生态旅游市场层次的划分

叶文教授于 2005 年主持《香格里拉普达措国家公园总体规划》时，首次提出了基于游客对自然认知的程度，把旅游行为划分为感知层次（大众观光旅游）、浅层认知（大众生态旅游）和深度认知（专业生态旅游）3 个层次。

① 感知层次（大众观光旅游）。在生态觉醒的背景下，大众观光旅游因其承担的生态保护责任较少、游客生态保护意识较弱而颇受争议。但就我国实际情况来看，大众观光旅游拥有强大的经济实力，如果满足了生态旅游的衡量标准，实际上比小规模的专业生态旅游更能够保证资源的可持续发展。生态旅游的环境保护性质决定了大众观光旅游的发展走向，即资源消耗型的大众观光旅游产品得以置换，被生态旅游取代。

② 浅层认知（大众生态旅游）。大众生态旅游市场主要客源是境内大众游客，他们具有浅显的环境意识，在不影响自己利益的前提下，能够考虑一般的环境保护问题，因此，大众生态旅游是观光旅游的提升版。多数大众生态旅游游客具有一定的独立意识，但对导游的依赖度仍然很高。大众生态旅游行为的培养，有赖于合适的自然教育体系（包括硬式自然解说系统和软质解说系统）的建设和传播方式的建构，以及通过技术的方式约束游客的行为以促成其养成自然的行为。例如，香格里拉普达措国家公园内的游览栈道的建设，既满足了游客游览的需要，同时也约束了游客的行为，使其不能随意地去践踏脆弱的高山草甸，通过导游的解说，游客能够理解栈道与保护高山草甸之间的关系。由于文化传统和社会经济发展水平的差异，与欧美发达国家相比，中国大众生态旅游客源市场的培育和行为引导显得更加急迫和有必要。

③ 深度认知（专业生态旅游）。专业生态旅游市场包括国际高端市场和国内高端市场，这是一种带动型市场，即境外游客带动境内游客，专业生态旅游市场是一批具有较高科学文化素质和社会生态意识的游客，具有良好的生态情怀，大多开展深度生态旅游活动。面向专业生态旅游市场，主要开发以认知型为主的生态旅游产品，偏重学习成分含量较重的文化考察、科普旅游和观鸟旅游，适当开发探险旅游产品；提供多种选择的特种交通工具；准备有导游和无导游两套解译系统；服务设施以满足游客基本生活需要为限，设施要考虑生态化设计，并尽量体现地方特点。

（2）促进高端生态旅游市场的发展

目前国际生态旅游市场已经较为成熟，吸引一批国际生态游客对于我国的生态旅游区按照国际标准规范化建设和经营是大有裨益的。同时，国内大众旅游市场经过近几年的飞速发展，已经出现了一批具有较高知识水平，尤其是环境意识较强的游客，他们除了可自由支配收入较高外，出游意愿和旅游消费水平也较高，他们的旅游方式也更有深度。因此，由国外高端游客带动这一群体发展成为国内高端市场的做法是较为可行的。当务之急是要加强国内生态旅游地形象营销，提高知名度，创造各种有利条件，吸引和鼓励国际生态游客前来旅游考察。

（3）培育有中国特色的生态旅游市场

中国自然景观以文化为脉络的独特性决定了旅游地居民和旅游者参与的不可或缺。在当前大众旅游区环境问题日趋严重的情况下，迫切需要对国内大众游客进行环保教育，强化他们的生态意识，才能够让他们学会尊重自然和异质文化。

同时，在遵循游客需求多样性、生态旅游地多类型和维持环境保护资金投入的基础上，不能只进行专业的生态旅游市场开发，中国的生态旅游发展都应该经历一个大众生态旅游的过渡阶段。

6.5.2　解说内容和方法的本土化

国外生态旅游者关注旅游目的地的原生性、自然性，对生态和环境知识具有强烈的求知欲，具备较强的环境保护意识，因而国外生态旅游解说系统的设计注重环境教育和宣传的功能，具有科普教育的特色。而国内生态旅游者较为感性，普遍关注目的地的历史文化特色，对科学知识普及并不重视。由于解说系统是由国外引进的，西方和中国对其应用的基础不同，如果完全将国外的解说系统照搬过来，势必导致解说系统在国内的水土不服,带来解说系统设置不合理、游客不明白解说内容等问题。

解说系统必须本土化才能够有助于国内旅游者科学地认识自然,从而提高生态旅游的科学性和长期发展。根据中国人的认知特点和审美观念,解说系统主要的本土化方式有:

1)在游览过程中多加入人文因素,将科学解释与文化因素结合起来。

2)多加强向导式讲解,同时提高导游的文化水平,在讲解中多融入科学知识。

3)单纯的解说要以生动的形式,配合图片、故事等感性元素。

4)解说过程中要提高游客的参与性,增强旅游体验等。

6.5.3 拓展生态旅游空间

(1)生态体验旅游

生态体验旅游是一种负责任的旅游活动形式,旅游者积极参与到保护旅游目的地自然和文化资源的活动中来,促进当地生态环境的可持续发展。生态体验旅游更强调旅游者的主动性和参与性,突出旅游者的生态体验。体验旅游是随着体验经济时代兴起的一种旅游形式。在快速发展的体验旅游中融入生态旅游的理念,创新发展生态体验旅游的发展模式,将使生态旅游得到良好的发展契机,大大促进我国生态旅游的进程。

(2)生态养生旅游

生态养生旅游的核心概念是在自然景色优美、生态环境良好的地方,通过开展各种养生项目活动达到休闲养生的目的,是目前国际上最具发展潜力、最环保的旅游产品之一,是生态旅游与养生旅游的有机结合。我国悠久的"天人合一"历史文化和城市化快速发展、人口老龄化加剧为我国生态养生旅游提供了历史和现实基础,以生态养生为突破口,将使生态旅游的观念深入人心。

6.6 生态旅游本土化的目标

生态价值观是人类如何看待与自然关系的一种整体意识,在生态旅游本土化的过程中,只有树立正确的生态价值观,才能使生态旅游本土化顺利进行,推动中国生态旅游业走可持续发展道路。

6.6.1 农耕文明阶段:朴素和谐

在早期人类社会,人类对自然的崇拜是一种古老的文化现象。随着社会的发展,人类对自然界有更多的认识和了解,对自然的崇拜和信仰也由单一的拜物和拜神发展到较为复杂的自然文化景观信仰系统,成为人类生存环境中不可缺少的组成部分。中国民间传统信仰的神山圣境、圣林、圣河、圣树、圣草、圣鸟、圣兽等,常和民族历史文化、图腾崇拜及宗教信仰联系在一起,包含着十分丰富而又复杂的人与自然之间的相互关系,不仅有民族文化的功能,同时具有保护生物物种和生态系统功能的作用。如西双版纳的"奄山"就是傣族、布朗族等民族的圣山;中国南方许多传统的水源林保护地都冠以"龙潭林",是中国先民龙崇拜的一种形式。中国古代帝王有"封禅"仪式,对有特殊政治和文化意义的封禅地加以严格保护,成为统治者保护自然的一种行为。因此,在农耕文明的古老文化中,已经孕育了人与自然结为血缘和手足关系的朴素的生态意识和生态伦理。

6.6.2 工业文明阶段:人地对立

18~19世纪的工业革命开创了人类历史的新纪元,工业文明的出现使人类和自然的关系发生了根本的改变,自然界不再具有以往的神秘和威力。但是随之而来的资源危机、环境危机等一系列日益严重的问题摆在当代人面前,人地矛盾激化。第二次世界大战以后,面对工业技术过度发达而带来的战争罪恶,人们纷纷开始沉思反省。机器大工业虽然造就了充足的社会财富，但同时也湮没了人的本性，戕害了自然生灵。随之而来的世界生态运动、较狭义的生态文化等兴起和发展，使由人类中心向生态中心缓慢转变，一定程度上缓解了人地关系的矛盾。尽管后现代主义对人与自然的精神联系做出了新的阐释，把自然的解放看作是人的解放的前提条件，但这还是以人为中心来谈论问题。

6.6.3　生态文明阶段：理性和谐

经过工业文明时代的"黑色文明"，人类更加意识到人类生存资源的有限性和地球的唯一性，更加认识到人与自然和谐共处的重要性。生态文明阶段，人类对环境不是单纯的保护，也不是单纯的开发，而是合理开发与积极保护相统一。我们不能离开对自然的开发利用，单纯强调对自然的保护无法满足人类生存和发展的需要。特别是对发展中国家而言，许多环境问题正是由于科技和经济不发达所造成的。只有积极致力于科技、经济和社会的发展，才有可能更好地解决环境问题。同时，我们也不能离开对自然的保护来单纯强调对自然的开发，使开发变成对自然的粗暴掠夺和破坏。生态旅游正是建立在人与自然协调论和生态文明论等理性和谐的人与自然关系理论基础上，以理性的思想来开展旅游活动，实现和谐的、理性的人地关系。

6.7　生态旅游本土化的实践路径

中国的生态旅游发展决不能仅仅是西方版本的克隆，任何盲目的照搬、效仿都会使先进的观念方法水土不服，只有客观科学地根据中国国情研究问题，才能真正帮助中国旅游业摆脱困境，走上一条可持续发展之路。

6.7.1　建立健全生态旅游法律体系

（1）推动生态旅游相关立法

生态旅游建设首先应制定国家层面的生态旅游管理法规。由于生态旅游区涉及生态系统脆弱敏感地区和易流失的传统文化，因此迫切需要在现有的自然保护区、森林公园等立法基础之上，建立有关开发、监管生态旅游的法律法规。同时，结合我国社区与保护区有所重合的国情，建立和健全自然保护、文化传承、社区参与等法律法规体系，为顺利开展生态旅游奠定基础。

（2）制定生态旅游省级条例

由于我国资源环境条件复杂多样，开展生态旅游的自然环境和传统文化因地而异，因此，在符合国家生态旅游相关立法规定的基础上，各省市要结合自身资源禀赋状况、生态旅游发展程度、客源市场特点等制定地方法规、省级条例，为本地区、全省的生态旅游发展提出切实可行的措施和具体的指导，落实法律对生态旅游区的保护作用。

（3）实现生态景区"一区一法"

根据国家法律法规、省级条例以及生态旅游区的具体情况制定适合本生态旅游区的管理法规，具有较强的针对性和可操作性，同时也符合保护区的传统文化。各省级管理部门应在现有的生态旅游区立法的基础上，加大对所管辖的生态旅游区的景区管理立法，使"一区一法"能够全面实现。

6.7.2　逐步完善生态旅游管理体系

（1）制定行业认证标准

生态旅游必须实行强制认证制度。首先，参照国际通用的"绿色环球 21"（Green Globe 21）认证体系要求，尽快为旅游区和旅游企业出台两个级别的中国生态旅游认证评估制度。根据两类生态旅游区的不同性质，制定内容不同的认证标准：专业生态旅游认证标准相对严格，突出学习、社会文化可持续性和持续增长等容；大众生态旅游认证标准则相对较为宽泛，只需符合环境可持续性即可。认证标准应尽量细化，并具备可操作性。

另外，对游客也实行生态认证制度。主要是由具备生态旅游认证资质的旅行社通过书面考试、累计环保成绩等方式对游客环境素质进行鉴别，合格游客可以获得生态合格证书，同样，证书也分等级，实行年检制。旅行社必须为其所颁发证书负责，一旦有团队游客被发现违规，该社则要面临警告直至摘牌的处分。

（2）建立资金筹措机制

生态旅游景区的资金投入机制决定这生态旅游景区发展的兴衰成败，生态旅游景区只有拥有稳定的经费来源，才能够保证其健康快速发展。国家要确保生态旅游的发展投入，保障运行经费，避免地方将生态旅游作为经济发展的头等目标。同时，开展生态旅游还应建立完善的资金筹措机制，除了政府投入外，应拓宽资金筹措范围，使投入渠道多元化，包括银行贷款、市场融资、社会性投入等，并设立资金使用监督体制，使投入的资金全部用于资源保护、科学研究、项目建设等。

（3）健全政府监管体系

生态旅游的发展需要建立健全完善的监管体系，准确定位政府和生态旅游景区的保护与管理职能，使政府和生态旅游景区的工作重心从经济效益中走出来，将关注点放在保护与合理利用的管理上。将经营和管理权交给生态旅游景区，充分发挥政府在协调、指导、支持方面的作用，发挥生态旅游管理机构在资源保护和合理开发利方面的管理职能，使生态旅游获得可持续、良性的发展。

6.7.3　建立生态旅游产品体系

针对我国生态旅游的发展现状，提出 3 个层次的生态旅游产品体系：认知型、体验型和观光型生态旅游产品。按照环境责任感的高低，其生态旅游的属性值依次降低。但这些旅游产品在设计开发中都应以注重生态环境保护为基础，同时符合生态旅游产品认证标准。

（1）认知型生态旅游产品

认知型生态旅游产品是指能够满足游客主动审美需求和注重学习知识、研究学术，具有强烈环境和社会责任感的旅游产品。认知型生态旅游产品要在产品解译系统的建设上下工夫；游线游程方面都要严格遵从自然规律，切忌为满足游客好奇心而扰乱动植物的繁衍活动；文化考察产品要选择文化特征明显、文化积淀深厚的地点，对游客要进行事前习俗教育，引导游客遵从当地风俗，尤其是要驱除文化中心主义的思想。

（2）体验型生态旅游产品

体验型生态旅游产品是指能为游客提供参与体验机会，比较关注环境和社会的旅游产品，是旅游发展的一大新趋势，也是生态旅游区别于传统大众旅游的特点之一。体验型生态旅游产品，特别是探险旅游和户外运动产品，由于所涉项目都有一定难度，参加者和领队都要经过严格专业培训，要建立旅游安全事前保险预防和事后应急救护机制。

（3）观光型生态旅游产品

观光型生态旅游产品是指那些只能为游客提供被动审美选择的，局限于游赏观光性质的旅游产品。观光型生态旅游产品有助于引导游客向真正的生态旅游者转变，因此要重视对观光型生态旅游产品的开发设计。观光型生态旅游产品开发设计，应重视浅显通俗的环境道德和社会教育，寓教于乐，让游客在娱乐中加深对自然人文环境的保护意识，不断提升游客的生态文明观念。

6.7.4　完善生态旅游保障体系

（1）落实生态补偿机制

生态旅游发展的情况好坏很大程度上取决于生态旅游业各利益主体的作用发挥情况，落实生态补偿机制首先确定生态旅游区相关利益主体，即确定生态旅游区政府、旅游开发商、生态旅游者、社区居民。在此基础上，根据生态旅游区资源状况和经济条件等建立社区关系，签订补偿合同。同时，结合不同生态旅游区的特殊情况，采取不同的补偿方式。

（2）建立产学研合作链

建立生态旅游一体化发展体系，即建立包括社区、科研机构、非政府组织、景区管理和旅游等相关部门、志愿者组织等合作关系，鼓励公众积极参与、依托科研机构开展研究、与非政府组织开展合作、发挥民间环保组织的作用、招募志愿者等活动，推动生态旅游顺利开展，促进生态旅游各项活动的可持续发展，在全社会逐步培养形成生态保护的价值观。

（3）生态旅游区建设

由于中国目前并无完全意义上的生态旅游区，因此，生态旅游区的创建工作迫在眉睫。国内生态旅游区主要可以两种形式建立：

1）改造现有观光旅游区。现有观光旅游区中，有相当一部分是属于自然风景优美、文化景观独特的景区，加之这些旅游区基础设施条件较好，知名度业已形成，将其转化为生态旅游区优势明显。当前关键是要做好景区内部生态环境的复原和景区管理制度的更新两项工作。对于景区原有管理制度，应按照生态旅游认证标准做出相应修改。

2）新建生态旅游区。这里包括专业生态旅游区和大众生态旅游区两种。专业生态旅游区的选址应体现出资源主导型特征，对新近发现的适宜开展生态旅游的资源，首先进行科学的认证评估，确定有开发价值的，分阶段进行有步骤的开发。大众生态旅游区的建设，采取以市场为主导的旅游开发模式，也同样合理分区规划，兼顾不同层次游客的需求，为大众旅游者和生态旅游者划分各自的活动区域，尽量避免重叠。

6.7.5　强化生态旅游社区参与

社区全面参与到旅游中，既有历史发展的必然性，更是解决现实问题的迫切要求。发展生态旅游需要强化居民的文化认同感和社会认同感，减少社会张力，促进社区的整合，为社区全面参与生态旅游奠定理论基础和操作框架。

（1）依靠民间社区组织

在我国历史上，生态保护完全是依靠社会力量进行的。现今成立了自然保护区，虽然保护的形式发生了由民间到政府的重大变化，然而我国数千年的传统文化根深蒂固。无论在汉族地区还是少数民族地区，生态保护的主体依然是群众，动员社会力量进行保护是最有效、最可靠的保护途径[9-11]。

生态旅游本土化保护需要民间机构来组织实施，某些传统的社会组织形式（如社区组织、民间社团和宗教寺院）的继续存在，只要引导得当，仍然可以继续发挥其保护自然的作用。在自然保护区缓冲区、周边地区和生物廊带，建立"社区共管"的机制值得推行，建立社区村民自然保护协会（或小组）也是行之有效的民间保护形式。

（2）尊重保护传统文化

依靠社区力量开展生态旅游本土化，首先要尊重传统文化中有利于保护自然的文化信仰和实践。中华民族传统文化中的"天人合一"思想观念、西双版纳傣族的森林文化生态观、纳西族东巴文化中的"人与自然是兄弟"的传统生态观、藏族本教中的"万物有灵"和圣山圣湖崇拜等都是有利于自然保护和生态多样性保护的民族传统文化，这些以保护自然为目的的传统文化信仰和实践应当受到尊重[12-14]。

同时，生态旅游本土化必须重视传统知识的保护。传统知识是民族传统文化的载体，它包含着人类认识、利用、保护自然和维护生态多样性的丰富知识。这些知识仅仅保存在民间，口传身授，代代相传，为保护生态环境提供了宝贵的知识和经验。

（3）完善社区参与机制

社区参与是体现社区因素和居民意志的有效机制，包括了旅游规划、旅游经济活动、环境保护以及社会文化维护等多方面的内容。但事实上，除通过参与经济活动获取收入以外，由于民主意识淡薄、经济发展落后、知识水平有限和参与意识不足等多方面原因，社区在其他几方面的参与明显不足。如果任由这种情况持续下去，社区参与将随生态旅游资源吸引力下降、生态旅游地衰落及生态旅游社区的解体而逐步衰落。因此，应培养社区居民的东道主意识，使之更积极主动、自觉地介入旅游。为实现生态旅游业的可持续发展，社区需要在旅游规划、旅游地环境保护、旅游地社会文化维护等方面更多更积极主动的介入。其中，政府和行业组织也应积极引导。生态旅游与社区因素更加紧密结合，将使生态旅游的发展具有更强的操作性，更容易实现可持续发展。

6.7.6 优化生态旅游解说系统

生态旅游解说系统是促进环境保护的重要手段，在生态旅游开发与规划中具有举足轻重的作用与地位，如何优化生态旅游解说系统，使之能够有效融入本土化的氛围，是当前我国生态旅游发展的重要抓手。基于以上原因，本章从以下几个方面对推动我国生态旅游地解说系统的发展提出建议。

（1）政府视角：整体政府增加解说公共产品

我国大多数生态旅游地属于"九龙治水"、条块分割的管理格局，普遍存在教育科研等公益性功能发挥不力的问题，这恰恰是各个利益部门权益之争，造成解说系统作为公共产品供给严重不足的直接后果。根据整体政府理论，各政策部门应以公众休闲游憩和环境教育为共同目标，从政策给予重视肯定，从财政上给予大力支持，加强合作、功能整合，提供一套无缝隙的而不是碎片化的解说公共产品。

（2）制度视角：科学指导一线服务规范发展

生态旅游地管理部门制定与解说规划、解说设施、解说员等相关的法律法规、规章制度，鼓励自导式和向导式相结合的解说媒介体系，制定"生态旅游地解说规划技术规程"标准规范，建立科学的解说员培训制度和培训体系，为生态旅游地解说服务和设施建设提供规范化参考。例如，加拿大的《国家公园政策》中有关于解说的条例说明；美国国家公园管理局设计专门的解说条例，在《解说发展规划》中规定了解说活动的形式，以及解说员应具备的技能。

（3）学术视角：国际化经验促进理论与实践

加强与美国国家解说协会、澳大利亚生态旅游协会等国际解说学术团队、行业协会的交流与合作，中外专家通过国际合作项目，共同总结中国解说特色和发展方向。有条件的科研单位或大学开设环境解说专业，或者在相关专业融入解说课程，聘请国外专家授课，设立中外学生交换项目，鼓励学生吸收国外经验，并结合国情实践创新。

（4）社会视角：传统生态旅游观的体验教育

基于中国人"天人合一"传统生态旅游观，融入西方体验教育的教学模式，开创中国解说新模式——东方体验教育。iYouth 国际长青学院与源自德国 EOS 体验教育研究院深度合作，汲取中国传统文化精髓，使体验教育学的大树在中国文化的土壤中生长出适合本土的师资培养体系成果。国外机构进入中国市场采取"东方化"的适应性发展战略，培养中国特色的体验教育师资。总而言之，"本土化"适应性策略适宜于"西方化"解说系统在发展中国家的衍化，促进生态旅游地自然教育、营地教育、艺术教育、青少年教育等社会效益的产生。

参 考 文 献

[1] 卢云亭，王建军. 生态旅游学[M]. 北京：旅游教育出版社，2001：1-40.

[2] 郭岱宜. 生态旅游：21 世纪旅游新主张[M]. 台北：扬智文化事业股份有限公司，1999：177-178.

[3] NELSONA J G. The spread of ecotourism: some planning implications [J]. Environmental conservation, 1994，21(3)：248-255.

[4] BLAMEY R. Ecotourism: the search for an operational definition[J]. Journal of sustainable tourism, 1997，5(2)：109-130.

[5] 叶文. 蒙睿生态旅游本土化[M]. 北京：中国环境出版社，2006：28-41

[6] XU H G, CUI Q M, SOFIELD T, et al. Attaining harmony:understanding the relationship between ecotourism and protected areas in China [J]. Journal of sustainable tourism，2014, 22(8)：1131-1150.

[7] 张金丽. 道教生态伦理和养生理论在康复景观设计中的应用研究[D]. 长春：东北师范大学，2010.

[8] DALLMAYR F. Tradition，modernity and confucianism [J]. Human studies，1993，16：203-211.

[9] SHANER D. The Japanese experience of nature [M]. New York: State University of New York Press. 1989：163-181.

[10] 叶文，薛熙明. 生态旅游本土化问题研究[J]. 中国人口. 资源与环境，2005, 6:55-61.

[11] XU H G, CUI Q M, BALLANTYNE R, et al. Effective Environmental Interpretation at Chinese Natural Attractions: the Need for an Aesthetic Approach[J]. Journal of sustainable tourism, 2013, 21(1)：117-133.

[12] 杨彦峰，徐红罡. 对我国生态旅游标准的理论探讨[J]. 旅游学刊，2007，22(4)：73-78.

[13] 罗鹏，裴盛基，许建初. 云南的圣境及其在环境和生物多样保护中的意义[J]. 山地学报，2001，9(4)：327-333.

[14] YE W, XUE X M. The differences in ecotourism between China and the west[J]. Current issues in tourism, 2008, 11(6)：567-586.

王辉　辽宁师范大学　城市与环境学院，大连

刘小宇　辽宁师范大学　历史文化旅游学院，大连

　　自 1872 年世界第一个国家公园——美国黄石国家公园建立以来，国家公园制度作为资源保护和开发利用的先进模式已在世界上许多国家和地区得到有效推广。美国作为国家公园制度创立的先驱，建立了完备的国家公园体系，保护着国家大部分重要的自然和文化遗产。现在，美国国家公园管理局已拥有 59 个国家公园，覆盖美国 50 个州、华盛顿哥伦比亚特区以及包括美属萨摩亚、北马里亚纳群岛、关岛、波多黎各和美属维尔京群岛在内的海外领地，占地 211065.92km²[1]。进入 21 世纪，国家公园的游客人数持续增加，从 1980 年的 2.2 亿人发展到现在的 3 亿多人[2]。美国国家公园理念同美国自身理念一样始终充满争论：当地利益与国家利益的争论，使用与保护的争论，急功近利与为后人负责的争论。国家公园总是处于不断争论和不断被威胁的境地，但仍在不断发展壮大。国家公园是为合理地保护和利用重要的生态自然资源和历史文化遗产而设立的具有较大面积的陆地或海洋保护区域，除了资源保护之外，还有娱乐、教育等多种功能，是被实践证明了的一种能够在资源保护和利用方面实现双赢的先进管理制度。

　　生态旅游首次被提出是在 1980 年美国旅游学者豪金斯（Hawkins）编写的名为《旅游规划与开发问题》的论文集中。1983 年，世界自然保护联盟生态特别顾问豪·谢贝洛斯·拉斯喀瑞（H.Cebllons Lascurain）首次对其定义，并赋予内涵，1988 年又对生态旅游的内涵进行补充。我国生态旅游研究起始于 20 世纪 90 年代初期，在 2006 年该研究关注度达到最高点随后又开始慢慢回归平缓。2013 年 11 月，十八届三中全会通过的《中共中央关于全面深化改革若干重大问题的决定》中首次提出，"加快生态文明制度建设……建立国家公园体制"，建立国家公园体制，进而促进生态旅游发展、保护生态环境成为生态旅游研究的新方向。2015 年 9 月，为科学推进中国国家公园体制建设，国家发展和改革委员会与美国国家公园管理局签署了《关于开展国家公园体制建设合作的谅解备忘录》。备忘录提出，双方可以在国家公园的立法、资金保障、商业设施、生态保护等方面开展共同研究。

　　拉斯喀瑞将生态旅游定义为"去往相对原始（undisturbed）的地区或未被污染（uncontaminated）的自然区域的旅行活动，其目的是研究、欣赏和品味自然风光、野生动植物及当地文化遗迹（manifestations）"[3]。而国家公园正符合这一自然区域的特征，核心区保护自然风景的原始性，缓冲区仅允许科学研究，实验区在开展生态旅游活动的同时对自然保护的重要性进行宣传。因此，借鉴美国国家公园管理体系，不仅有益于建设我国国家公园体制，也有利于积极推动生态旅游发展。

7.1　关于国家公园

　　国家公园的定义源于美国，其英文为 National Park，最早是由美国艺术家乔治·卡特琳（George Catlin）提出的，他在作品中这样写道："它们可以被保护起来，只要政府通过一些保护政策设立一个大公园，一

个国家公园，其中有人也有野兽，所有的一切都处于原生状态，体现着自然之美"[4]。在黄石国家公园建立之初，美国就以法令的形式明确表示："国家公园服务体系是为了保护风景、自然和历史遗迹、区域内的野生动物，并为游客提供娱乐场所而建立的"[5]。

随着美国国家公园管理模式逐渐被世界各国所认可采纳，世界自然保护联盟在 1969 年对国家公园的定义如下："一个国家公园，是这样一片比较广大的区域：①它有一个或多个生态系统，通常没有或很少受到人类活动因素的影响，区域内具有科学、教育或游憩等特定作用的物种，或者具有高度美学价值的自然景观；②在这里，国家最高管理机构尽可能地在整个范围采取措施阻止人类对自然生态、地貌的占据和开发并尊重大自然形成的生态环境；③到此观光须以游憩、教育及文化陶冶为目的，并得到批准"[6]。

1994 年，为了规范国家公园定义，世界自然保护联盟出版了《保护区管理类别指南》，首先从保护地入手，赋予它一个崭新的定义，即"保护地主要是致力于生物多样性和有关自然和文化资源的管护，并通过法律和其他有效手段进行管理的陆地或海域"。根据保护区的性质可把保护地划分为 6 类：I.严格的自然保护区；II.国家公园；III.自然遗迹；IV.物种栖息地管理区；V.保护景观；VI.资源管理保护区[7]。由此可见，国家公园属于保护地的一类，在此基础上世界自然保护联盟提出并完善了国家公园的定义：国家公园是指主要用于生态系统保护及游憩活动的天然的陆地或海洋，指定用于：①保护一个或多个生态系系统系统的完整性；②排除任何形式的有损于该保护地管理目的的开发和占有行为；③为民众提供精神、科学、教育、娱乐和游览的基地，用于生态系统保护及娱乐活动的保护区[3]。

7.2　美国国家公园体制

目前美国国家公园体系包括 59 个国家公园，纪念碑、湖岸、海岸、野生和风景河流、步道、历史遗址、军事公园、历史公园、游憩区、纪念馆和公园大道等 400 个地方，这些地方均由国家公园管理局（隶属于内政部）负责管理。国家公园管理局通过设立建园标准、立法、园内规划、资金管理、员工选取、环境空间容量控制等方面保护生态环境，为子孙后代留下珍贵而丰富的自然遗产。

7.2.1　美国国家公园管理局

虽然美国早在 1872 就建立了第一个国家公园，但是国会并没有制定公园管理条款和游客应遵守的规定，也没有指定一个独立的部门来进行管理，因此公园没有得到很好的保护。旅游者在公园里乱扔垃圾，在树木和石头上刻字留念，放牧的羊群在公园里吃草，偷猎的情况也很严重。1910 年，内政部长巴林杰（Barringer）提出了"国家公园管理局"草案，目的在丁加强对国家公园及其资源的管理，建立国家公园管理局的想法首次在国会中得到讨论。1914 年，斯蒂芬·马瑟（Stephen Mather）开始负责国家公园的管理工作。到 1916 年，内政部已经负责监督 14 个国家公园，21 座国家纪念碑，以及温泉和卡萨格兰德遗址，但没有统一的领导和组织运作它们。由于缺乏这种统一的领导与管理，公园和纪念碑相互之间进行利益竞争，美国国会接受了未来公园管理局的执行者马瑟、美国国家地理学会及新闻记者等的呼吁，同年 8 月 25 日，总统托马斯·威尔逊（Thomas Wilson）签署了《国家公园管理局组织法》法案，该法案得以通过，国家公园管理局随即成立[8]。

国家公园管理局成立之初，其管理制度比较薄弱，职权范围较小，随着国家公园制度的进一步推进，直到 20 世纪 30 年代国家公园管理局对全国范围的国家公园实行管理的体制才正式形成。目前，国家公园管理局在全国设立 7 个地区局，以州界划分各自管理范围，每个地区局下设 16 个管理部门，另外各有 5 名局长助理分管 5 个方面的工作[9]。

7.2.2 国家公园的立法

19 世纪末期，美国人开始认识到人们无节制地开垦土地、砍伐森林，造成了森林和野生动物的消失，自然环境也遭到破坏。1916 年美国国家公园管理局成立后，依照宪法中的"财产条款"，即美国国会有权制定规则以统制和管理（联邦）土地，颁布了《美国国家公园基本法》，规定了美国国家公园管理局的基本职责[10]。该法将当时的"公园、纪念地、保留地"全部纳入国家公园管理局的管理之下并要求国家公园管理局在保护风景资源、自然和历史资源、野生动物资源，以及保证子孙后代能够不受损害地欣赏上述资源的前提下，提供（当代人）欣赏上述资源的机会。自"六六计划①"以后，即 1956 年开始，国家公园法律建设以生态建设为主，截至 2009 年，国家公园管理局已颁布 32 部相关法案。除此之外，美国国家公园法律体系中拥有数量众多给予授权的立法文件，这些文件不是国会的成文法，就是美国总统令。一般情况下，这类相关文件都会明确规定该国家公园单位的边界，以及其他适用于该国家公园单位的相关内容。现今的美国国家公园则以科学管理和前瞻示范为主要内容，延续一园一法原则，将国家公园的环境保护、教育、游憩功能发展到最大化。

7.2.3 国家公园的规划

（1）园内设计

现在美国国家公园的规划设计由国家公园管理局下设的丹佛规划设计中心全权负责。规划设计中心汇集了各方专家，如建筑、园林风景、动物、林业、农业、生态、环境、病虫害、地理、土壤、水文、冰川、地质、气象、电脑等方面的专家学者，还有经济学家、历史学家、社会学家、美学家、人类学家及管理学家等。同时，每年丹佛规划设计中心定期上交年度总结报告，总结这一年的荣誉、规划内容、资金走向以及下一年的目标规划。

（2）教育解说系统的规划

美国国家公园的解说系统是由哈珀斯·费里解说规划中心（Harpers Ferry Center，HFC）一手策划的。它主要为国家公园解说系统提供以下几方面的规划：①提供园内各种解说和游客体验规划等综合管理规划；②为国家公园的使用和效益提供全方位的媒体解说发展计划；③为媒体解说发展提供援助；④建立解说系统的评估和维护标准；⑤培训、指导工作人员成功管理或使用解说系统。HFC 在实施国家公园解说系统时往往还要与其他部门合作，如在公园安装解释性媒体设施时，HFC 需要与丹佛服务中心、建筑和工程公司以及公园管理者合作和协商如何成功地安装设施。HFC 也会定期在公园内让现场的工作人员或游客提出有关解说系统的建议和评价，以此来完善国家公园解说系统的规划[11]。

7.2.4 国家公园的经营

（1）特许经营

1965 年美国国会通过《特许经营法》，要求在国家公园体系内全面实行特许经营制度，特许经营制度的实施，使管理经营分离，旨在规范国家公园内不宜由政府直接提供的服务和经营行为，以保护和保存公园区域自然人文资源以及以合理费用向游客提供必要的服务为目标。该制度以《国家公园管理局特许经营管理法》（修正案）、《国家公园管理局管理条例》《国家公园管理局管理政策》为基本法律依据，以国家公园管理局局长为最高决策和责任人，以国家公园特许经营合同为双方的行为准则[12]。

---

① 六六计划：又称六六使命，即是指从 1956 年开始，以国家公园管理局成立 50 周年的 1966 年为任务期，完成 10 亿美元的政府直接投资，用以强化职员队伍建设、资源保护管理和公园基础设施改善。

（2）门票服务

国家公园管理局根据立法确立的原则制定门票定价指南。现行的定价指南是根据国会 1996 年立法制定的，按规定所有国家公园门票最高不能超过 20 美元，年卡费用最高为 50 美元。各公园每年都可以向国家公园管理局申请对门票价格进行微调，但需要提供充足的理由，物价上涨成为最主要的影响因素。按照立法规定，各公园用于支付公园的维护和管理开支的资金来源于门票与娱乐项目收费的 80%，国家公园管理局统一管理余下的 20%，同时法律对门票调整有严格的规定，新价格确定后，必须在公布一年后才能正式生效。

7.2.5　国家公园的工作人员

在美国国家公园系统任职的所有正式雇员都是通过公务员考试选拔出来的，资源和旅游专业的大学毕业生理应更具有竞争高级职位的优势。入选的公职人员应在上岗前进行有关专业知识的技能培训，包括财会知识、解说和导游服务、应急搜寻和救生、历史和遗迹学研究及法律等若干方面。其次，国家公园管理局对员工实行严格的问责制，要求每一位员工都必须遵守服务政策。国家公园工作人员的任务是：保护好国家公园的自然资源和人文资源，向游客讲解、宣传、培训及普及科普知识，把国家公园办成一个大自然博物馆。

截至 2014 年年末，美国国家公园管理局最新统计数据显示，美国国家公园管理局拥有超过 20000 个永久、临时和季节性工人。他们被 246000 位平均每年捐赠大约 670 万小时的园内志愿者协助，这相当于国家公园管理局拥有大约超过 3200 名额外员工。

7.3　国家公园体制建设对生态旅游发展的影响

美国国家公园自创立到现在已有近 150 年历史，从最初的发现问题、解决问题，到现在高效管理、防患于未然，将国家公园的各方面建设发展到最佳阶段。最初以管理体系建设为主，保护和发展为辅；现今已经体制完善、管理有序、经营独特、教育意识强烈。细分其发展脉络，它对生态环境发展的影响主要有以下几方面。

7.3.1　创建初期健全法律体系，促进生态旅游发展

尽管在美国国家公园创立初期，生态旅游还是以旅游与环境影响的形式被研究者关注，但创建国家公园初期严格的标准与法律，使美国国家公园生态环境得到有效保护。从 1864 年约塞米蒂被定为州立公园，到 1872 年黄石国家公园正式成立这段时间，美国国家公园也经历过公园内部景点被商人利用、游客被纠缠、火车站附近假导游招摇撞骗等不良现象。建立国家公园的初衷已被遗忘，国家公园功能得不到显现。因此黄石国家公园成立的同时，针对黄石国家公园的保护法律一并出台，目的就是在保护中谋求发展，同时以法律效力约束人们严格执行国家公园的各类要求。截至 1916 年美国国家公园管理局成立前，已颁布 4 部与国家公园建设、保护、管理相关的法律。美国国家公园管理局成立后，又进一步颁布国家公园基本法，强调国家公园的重要性，同时设立国家公园建立标准，并通过各类成文法案约束国家公园的设立。截至 20 世纪 60 年代，美国已建立 40 多个国家公园，随着越来越多国家公园的建立，标准也在不断细化。从 1968 年开始相继出台多条与国家公园生态环境相关的法案，如 1968 年颁布的《原生自然与风景河流法》（Wild and Scenic River Act）和《国家风景与历史游路法》（National Scenic and Historic Trails Act），1969 年颁布的《国家环境政策法》（National Environmental Policy Act，NEPA），1972 年颁布的《海岸带管理法》（Coastal Zone Management Act），1973 年颁布的《濒危物种法案》（Endangered Species Act），1979 年颁布的《古迹资源保护法》（Archaeological Resources Protection Act，简称 ARPA），1988 年颁布的《洞穴资源保护法》（Federal Cave Resources Protection Act，FCRPA），1992 年颁布的《能源政策法案》

（Energy Policy Act），2008 年的《合并自然资源法案》（Consolidated Natural Resources Act）等，共 10 部。《管理政策 2006》要求国家公园管理局严格遵守《国家公园组织法》（NPS Organic Act）和 1998 年颁布的《国家公园综合管理法案》（National Parks Omnibus Management Act），实现园区的生态环境保护。除此之外，还要遵守通用环境保护法律，如《清洁空气法》（Clean Air Act）、《水资源洁净法》（Clean Water Act）、1969 年颁布的《国家环境政策法案》、1973 年颁布的《荒野保护法案》（Wilderness Act），另外还要遵守一些行政命令以及国家相关规定[13]。美国在创建国家公园期间，及时健全法律体系，做到有法可依、有法必依、执法必严、违法必究，保护了美国国家公园的生态平衡，促进了国家公园生态旅游发展。

7.3.2 在联邦统一管理下突破创新，维护生态旅游发展

国家公园管理局在近百年的体制建设与完善过程中，逐渐衍生出一个卓有成效的集约化国家品牌管理模式。尽管联邦领导制约国家公园的内部建设与管理，但同时公园建设有了组织保障，自然景观、野生动物保护被纳入保护范围。后来，单一的联邦管理已不足以囊括美国国家公园的方方面面，美国国家公园管理局在发展中创新，在华盛顿领导管理下，出台了《管理政策 2006》。组织结构上，形成了华盛顿总部主任、七大区域管理主任和驻地公园单位管理主任三级主任责任制管理格局。现在美国国家公园管理模式以联邦统一管理为主，自上而下实行垂直领导并辅以其他部门合作和民间机构，强调保护公园的资源和价值不受损害是管理局管理的核心。公园中不能允许存在影响公园资源和价值的活动。在不确定的情况下，任何活动都要以自然资源的保护为主导。同时管理局将减少这种不确定性，在科学建设的基础上，降低对公园资源、性质、程度的影响。管理局设法保护基础的食物链，植物和动物群落以及个别种类，但不会单独保护个别物种（除非受到威胁或濒危物种）或单体的自然过程，同时尝试保持所有的自然进化的公园生态系统的原始性，包括自然的丰富性、多样性，以及植物和动物物种的遗传和生态完整性。管理局重视生态系统功能以及生态系统中的每一部分，物种的自然演变也被视为不可分割的一部分。通过保护和保持它们的完整性，防止资源退化。国家公园拥有大量自然资源，从城市到乡村，从几英亩到数百万英亩不等。作为国家公园系统的组成部分，这些公园的积淀为美国自然遗产和人文景观提供了更好的理解和欣赏资源。以政府为主导，社会各界鼎力相助，形成了保护公园生态资源与价值为核心的管理模式，不仅保持了国家公园生态的原始性，也维护了国家公园的生态旅游发展。

7.3.3 在规划建设中尊重环境，推动生态旅游发展

在规划设计上，1969 年美国颁布的《国家环境政策法》要求每一联邦政府机构，应该在规划决策过程中，系统利用自然和社会科学方法，应用环境设计艺术，权衡政府行为对人类环境的影响。NEPA 提出了一套环境规划：环境条件现状、行动的必要性与现实性、替选方案对人类环境的影响以及决策结果。美国国家公园的总体管理规划，基本是按照这一内容制定的。尽管如此，不同的决策行为，需要提供的环境影响评价文件的内容深度和公众参与的程度有所不同。NEPA 要求的文件可分为 3 个层次：绝对免除、环境评价和环境影响评测。由丹佛设计中心提出的规划设计，往往都是从社会及人类历史发展的角度来量身定做，并确保在 100—200 年内不会有较大的改动或变动。在规划设计上报以前，必须先向当地及州的国民广泛征求意见，否则参议院不予讨论。即便是总统亲自提议的国家公园建设，也必须严格规划和按程序办理。这样做一方面确保规划设计的质量，另一方面防止违反规划的事情发生。美国国家公园只允许在园内建造少量、小型、朴素的、分散的旅游生活服务设施。园内建筑要求与当地自然环境、民俗文化相协调，并且要求建于隐蔽之处。园内不允许建缆车、索道等设施。国家公园是以环境保护为主要目的，在不降低环境质量前提下持续有效利用。在规划初期注重国家公园内部生态环境平衡，建设时严格按照规划实施，建成后不违背规划，规划建设过程中秉持尊重自然的原则，推动国家公园生态旅游发展。

7.3.4 创建环境教育的户外课堂，保障生态旅游发展

美国国家公园从孕育诞生到发展成熟经历了近 200 年的时间，其间利用和保护之争从未中断，但最后是以保护派的思想胜利而告终。在赫奇-赫奇（Hetch-Hetch）事件等初期阶段，保护的重点主要集中在景观资源本身的美学价值；"二战"期间则转而进行园内森林、古迹等的资源保护。从 20 世纪 60 年代起，国家公园的原真性和生态价值日益被重视，保护理念得到更全面和更高层次的提升。1960 年后环境教育解说系统得到完善发展，国家公园因此被奉为"世界上最伟大的户外学校"。专职讲解是实现这些价值的重要手段，融入了中小学课程内容，在公园现场管理机构和地方学校之间建立了长期的合作关系。公园区内设立的博物馆、游客（教育）中心和书店，百科全书式地展示了当地公园的自然与历史文化资源价值，为访客在理解公园价值的基础上培育保护意识，创造了寓教于游、化游为学、变学为用的情景式互动体验模式。讲解员手捧地图，形象展示实物标本，运用直接对话的方式，吸引大批游客，在公园现场塑造了最具临场感的户外课堂氛围，使听众能在轻松自然的环境中学到相关的地球科学、生命科学或历史人类学知识。

美国近 150 年的国家公园管理经验为我国建立国家公园管理体系提供了借鉴。在国家公园资源利用方面建立生物多样性影响评价机制，通过科学论证，科学规范处理工程建设与保护的矛盾，为各级政府和国家公园管理机构提供资源利用决策依据[14]。国家公园本身具有作为公众环境教育、爱国主义教育以及科普教育的功能。在国家公园建设中，应做好环境教育解说规划，可设置专门负责国家公园解说服务系统规划设计与管理的部门，如美国哈珀斯·费里解说规划中心。此外，可广泛接受志愿者，经过培训纳入专业环保科普宣传教育队伍，对游客进行相关科学知识的普及工作。除稳定的专业环保科普人员解说之外，公园还配备各种通俗易懂的非人员解说系统。国家公园首先要保护生态系统的完整性，其次成为生态旅游、科学研究和环境教育的场所。环境教育户外课堂使得生态保护理念深入人心，提高公民环境保护意识，进而为国家公园生态旅游发展提供了保障。

7.3.5 国家公园的国民性与公益性，诠释生态旅游发展

1969 年美国国会通过《公园志愿者法》，鼓励普通民众参与国家公园的部分管理事务，包括保护公园的资源及其价值，改善公共服务，优化公共关系，为游客提供公园学习与体验机会。公园还雇有专职的法律顾问、专业警察、护林员、狩猎员、巡逻、看守等；每年旅游旺季，公园还临时招募大批辅助人员和志愿者，帮助公园维持秩序、宣传自然风光，教育游客树立环境意识等[15]。目前活跃在全美各地国家公园管理单位中的志愿者，有在读学生、单身青年、青年夫妇、小家庭和社团组织成员。在志愿奉献过程中，志愿者感受到自己就是公园管家和看护人。事实上，志愿者并不限于美国公民，只要有心护卫公园价值，国际游客也可申请加入国家公园志愿者队伍。

美国国家公园管理的理念，指出资金筹集是为完成公益性这一使命而服务的。美国国家公园的资金来源渠道有 3 个：财政渠道、市场渠道和社会渠道。其中，主要的渠道是联邦财政经费，约占 70%。同时其内部的经营项目不应对园内环境产生影响，禁止涉及资源保护、游客游览和公园基本运营等非商业性运营项目。就门票而言，国家公园门票对景区容量的调控主要是体现在对门票销售预约上，一般不通过提高门票价格的方式限制人数，主要通过限制门票数量、规定参观时间段等调节手段和措施来限制游客数量，在经营中核定游览区承载量，保持门票价格公益性，实行收支两条线管理；国家公园建设是全民参与，开发初期多招纳与公园内自然或文化资源管理等相关的专业的志愿者，如专业为生物学、环境科学、生态学、考古学、历史，或者其他类似的相关领域。志愿者是生态环境宣传中不可或缺的一部分，生动的讲解，规范的操作，均有效地维护国家公园内生态环境可持续发展。

7.4 小结

2008 年 7 月，国家林业局正式批准云南省作为国家公园试点省，依托具备条件的自然保护区，开展国家公园建设。同年 8 月，云南省政府成立云南省国家公园管理办公室，挂靠在林业厅，由省林业厅作为国家公园的主管部门，紧接着国务院其他部委也开始关注并参与到推动国家公园的建设中来。2008 年 10 月 8 日，环境保护部和国家旅游局联合批准黑龙江省汤旺河国家公园成为中国第一个国家公园试点单位，这是中国大陆地区第一个获有关政府部门批准核定的真正意义上的国家公园。2013 年，党的十八届三中全会通过《关于全面深化改革若干重大问题的决定》，提出建立国家公园体制，健全生态环境保护的体制机制，加快生态文明制度建设，这是中国首次明确提出建立中国的国家公园体制。这也意味着国家公园作为一种严格保护并合理利用自然文化资源的可持续发展理念和举措在中国蓬勃发展。2014 年 3 月，环境保护部正式发函批准浙江省开化、仙居两县开展国家公园试点。2015 年 1 月，13 部委联合通过《建立国家公园体制试点方案》；同年 3 月，国家发改委发布《建立国家公园体制试点 2015 年工作要点》以及《国家公园体制试点区试点实施方案大纲》；6 月，国家发改委和美国保尔森基金会签署了《关于中国国家公园体制建设合作的框架协议》，启动为期 3 年的中国国家公园体制建设合作。国家发改委称，我国已选定北京、吉林、黑龙江、浙江、福建、湖北、湖南、云南、青海 9 省市开展国家公园体制试点，与美国等国家在国家公园试点技术指南、国家公园案例研究、试点地区国家公园管理体制和政策实证研究、国家公园与保护地体系研究以及机构能力建设等方面开展具体合作。国家发改委将主要提供政策指导，保证项目顺利实施。美国保尔森基金会将为合作提供智力、技术等方面的支持。

国家公园建设的本身就是对自然保护区、风景名胜区等区域的保护，是我国生态旅游发展的新篇章。美国国家公园建设已基本完善，借鉴美国国家公园管理体系，结合我国实际国情，以此建立中国特色国家公园体制，推动"环境友好型"生态旅游的发展。

参 考 文 献

[1] 王连勇，霍伦赫斯特·斯蒂芬. 创建统一的中华国家公园体系：美国历史经验启示[J]. 地理研究，2014(12):2407-2417.

[2] 取自美国国家公园管理局：www.nps.gov 2014 年官方发布数据.

[3] 万绪才，朱应皋，丁敏. 国外生态旅游研究进展[J]. 旅游学刊，2002，17(2):68-72.

[4] 唐芳林，孙鸿雁，王梦君，等. 关于中国国家公园顶层设计有关问题的设想[J]. 林业建设，2013，6:8-16.

[5] 唐芳林. 国家公园属性分析和建立国家公园体制的路径初探[J]. 林业建设，2014，3: 1-8.

[6] 张凌云. 国家公园的发展[N]. 中国旅游报，2004，04-08(4).

[7] 王献溥. 李俊清. 保护区分类和分级的动态管理[J]. 植物资源和环境学报，2000，9(3): 46-48.

[8] http://www.nps.gov/parkhistory/hisnps/NPSHistory/timeline_annotated.htm.

[9] 罗薇. 国家公园管理机制探究[C]//中国法学会环境资源法学研究会. 生态文明与林业法治：2010 年全国环境资源法学研讨会论文集，2010.

[10] 杨锐. 美国国家公园的立法和执法[J]. 中国园林，2002，19(5): 63-66.

[11] 美国国家公园管理局官网：www.nps.gov.

[12] 钟赛香，谷树忠，严盛虎. 多视角下我国风景名胜区特许经营探讨[J]. 资源科学，2007(2): 34-39.

[13] http://www.nps.gov/policy/DOrders/DOrder6.html.

[14] 唐芳林，孙鸿雁. 我国建立国家公园的探讨[J]. 林业建设，2009(3): 8-13.

[15] 卢琦，赖政华，李向东. 世界国家公园的回顾与展望[J]. 世界林业研究，1995，8(1): 34-40.

第8章　生态旅游的国民教育功能理论研究

刘　艳　中南林业科技大学，长沙

西南林业大学，昆明

赵敏燕　中国科学院地理科学与资源研究所，北京

8.1　概述

国内外对生态旅游的定义有很多，有的从旅游者出发，有的从生态旅游经营者出发，有的从旅游开发者视角出发，也有从多视角出发定义的。但是，不论从哪个角度来定义生态旅游，生态旅游都有 3 个核心内涵，即以自然为基础、具有教育性和可持续性[1]。因此，通过环境教育体验提高公众的环境素养是生态旅游的重要标志和主要任务之一。

英国学者卢卡斯 1972 年在其博士论文中提出了对环境教育理论和实践具有深远影响和意义的"卢卡斯模式"，环境教育即"关于环境的教育""在环境中或通过环境的教育""为了环境的教育"[2]。卢卡斯模式完全可以应用在生态旅游中的环境教育活动。在生态旅游中的环境教育可在一定程度上称为"关于生态旅游环境的教育""在生态旅游环境中或通过生态旅游环境的教育""为了生态旅游环境的教育"。它强调了生态旅游环境教育的内容、载体和目的。

李文明和钟永德对生态旅游环境教育下的广义的定义是：环境教育是一种向受教育者等利益相关者（包括生态旅游的经营管理者、社区居民、其他潜在的生态旅游者、已完成生态旅游活动的公众等）传播环境知识、环境保护知识和技能、生态伦理道德，并对客体的环境行为进行实时动态的引导、监控和激励的广义的社会教育活动的总称，其目的是使受教育者增强环境意识，梳理环境伦理观念和环境法制观念，提高环境保护的自觉性和产生环境保护行动[1]。

李文明和钟永德对狭义的生态旅游环境教育的定义也做出如下界定：是指在生态旅游活动的全过程对旅游者传播生态知识、环境保护知识和技能、生态伦理道德，并对旅游者的环境行为进行实时动态的引导、监控和激励的服务管理的总称[1]。

8.2　生态旅游中国民环境教育的发展历程

国内的旅游业发端于 20 世纪 80 年代初，而生态旅游则在 90 年代经国际会议的推动而兴起。国内生态旅游环境教育事业的发展主要由以下几个方面来推动，即学术会议、旅游规划实践、生态旅游景区自我发展的需要和国家推广。

8.2.1　学术会议推动

生态旅游成为 20 世纪 90 年代以来一些国内旅游会议和国内召开的国际旅游会议的重要议题，其中

最有代表性的是 1993 年在北京召开的第一届东亚国家公园自然保护区域会议。该会议提出了这样的生态旅游定义："生态旅游是倡导爱护环境的旅游，或者提供相应设施及环境教育，以使旅游者在不损害生态系统或地域文化的情况下访问、了解、鉴赏、享受自然及文化地域。"[3]该定义实际上明确地提出：生态旅游的核心是关爱自然环境，因此要尽可能地提供相关的环境教育设施以便游客认识、欣赏、享受一定地域内的自然和文化，最终达到保护自然和文化遗存的目的[3]。

2002 年 5 月 19—22 日在魁北克召开的世界旅游高级会议上，与会者向各政府、个体部门、非政府组织、社会团体、理论研究机构、政府间组织、国际金融机构、发展援助机构及当地社会提出了一系列的建议，发布了《魁北克生态旅游宣言》。其中，很多地方都涉及提升公民环境素养，如第 17 条规定，完善和发展教育计划，以提高青少年对保护大自然、可持续利用和地方文化，以及其与生态旅游的关系予以关注；第 28 条规定，促使游客在生态旅游目的地的道德行为和环境保护意识的行为，例如通过开展环境保护教育，或鼓励志愿者社区服务和志愿者环境保护行动；第 29 条规定，通过开展环境保护教育，使所有人员梳理对地方、国家和全球环境及文化的保护意识，并且支持他们及其家人为环境保护、社会经济发展和缩减贫困做出贡献[4]。

为了响应联合国《魁北克生态旅游宣言》关于确定 2002 年为"国际生态旅游年"的决定，中国社会科学院在北京举办了"2002·中国生态旅游论坛"，发表了"关于中国生态旅游发展的倡议书"——《关于中国生态旅游发展的北京共识》。倡仪书呼吁："全国有识之士立即行动起来，大力宣传生态环境保护的重大意义，唤起全社会以实际行动来保护我们赖以生存的生态环境，充分地认识旅游活动和旅游业对生态环境保护区所负担的越来越重大的责任。"

8.2.2　旅游规划推动

在旅游规划方面尚未要求编制部门编制专门的生态旅游环境教育章节，但是国内一些有识之士在其所编制的与旅游相关的规划文本中安排了有关环境教育的内容。国内较早在旅游规划中明确进行游客环境教育设计的是吴楚材、吴章文两位教授。他们主持的《广州流溪河国家森林公园总体规划》（1996 年）规划文本中有一个章节就是"旅游教育"，从宏观层面提出了开展旅游者教育的具体举措。随后，很多景区要求在编制该景区旅游总体规划时，需要加入环境教育或者环境解说的内容。例如，中南林业科技大学旅游学院在为广西南宁青秀山风景名胜区做旅游规划文本时，就有一个章节专门规划青秀山景区的环境解说系统。

8.2.3　生态旅游景区自我发展的需要

随着人们环保意识的提高和公众对生态旅游需求的不断提升，很多生态旅游景区也要求提升自己的环境教育和解说的水平，单独制定了环境教育或环境解说相关的规划或计划。

例如，中南林业科技大学旅游学院参与制定有关环境解说的规划和计划就有《江苏苏州依可绿乐园植物园旅游解说系统规划》《广西姑婆山国家森林公园生态文化解说规划》《张家界国家森林公园黄石寨景区环境解说规划》《北京八达岭国家森林公园国家林业局环境教育示范项目》《杭州西山国家森林公园国家林业局环境教育示范项目》《韶关国家森林公园国家林业局环境教育示范项目》《湖南省长沙洋湖湿地公园解说规划》《湖南省石门夹山国家森林公园解说项目》《湖南郴州莽山国家森林公园环境解说步道规划》《湖南长沙市大围山国家森林公园解说步道规划》《湖南桂东三台山公园环境解说步道规划》《湖南四明山国家森林公园解说规划》等。这些规划系统整理了景区的环境解说资源，并按照环境教育和环境解说的相关原理进行了有序的规划和布置，增强了景区解说的系统性、主题性、针对性，景区工作人员的可操作性也很强，对推动生态旅游提升国民环境素养做出了巨大贡献。

目前，我们国家的一些自然保护区和森林公园还跟国际组织合作，推动生态旅游进一步促进环境教育发展，建立了森林体验中心。国内现在做得比较成熟的两个森林体验中心是天水市秦州森林体验教育中心和北京市八达岭国家森林公园森林体验教育中心。

中德财政合作甘肃天水生态造林项目是由国家发展和改革委员会批准，财政部、国家林业局立项的德国政府赠款造林项目，旨在改善我国西北地区生态环境，提高项目区农民生活水平，建立可永续利用的森林资源。为了长期巩固项目成果，为当地群众普及与森林相关的知识，尤其是培养儿童和青少年保护环境、爱护森林以及可持续发展的意识，中德双方通过多次调研、反复论证，决定利用中德财政合作甘肃天水生态造林项目剩余资金在甘肃省天水市秦州区豹子沟珍稀植物园建立一所森林体验教育中心，取名为"天水市秦州森林体验教育中心"。天水市秦州森林体验教育中心通过向来访群体宣传与森林相关的知识，让他们形成对森林和林业的积极态度，并为其自然体验提供机会。天水市秦州森林体验教育中心主要从以下两方面开展工作[5]。

第一，引导森林体验教育实践活动。2011 年 5 月至今，森林体验教育中心工作人员已引导森林教育实践活动 85 次，人数总计 4475 人次。其中，学龄前儿童 150 人次，小学生 1950 人次，初中生 1050 人次，中专生 550 人次，大学生 350 人次，成人 425 人次。

第二，森林体验教育培训工作。开展森林体验教育培训 4 次，受训人员包括林业工作者、幼儿教师、小学及初中教师等，人数达 95 人次。

2010 年 5 月 14 日，韩国国际协力团中国事务所和国家林业局国际合作司代表中韩两国在北京签署了中韩林业合作"北京八达岭地区森林资源保护与公众教育"项目实施协议，项目目标是在八达岭林场建设一处森林体验中心，宣传森林和环境保护，开展生态教育活动[6]。

八达岭森林体验中心占地 450hm²，分为室内体验馆和户外体验路线。室内体验馆建筑面积 856m²，共设有 4 个展厅、1 个报告厅、1 个序厅，并配有餐厅、办公室、急救室等。4 个展厅的主题分别为八达岭森林的变迁、八达岭森林大家族、森林让生活更美好和八达岭森林艺术研究室，共设计了 13 个展区 42 个展项。户外体验路线设有森林教室、观景台、攀岩区、露营地等。

八达岭森林体验中心新颖别致，建筑与自然融为一体，展示和体验设计充分挖掘了森林的文化价值，具有重要的示范意义。八达岭国家森林公园的员工利用森林体验中心设施和八达岭森林公园的资源开展了适合不同年龄段儿童和青少年的丰富多样的环境教育体验活动。

目前，八达岭森林体验中心已投入运营一年时间。其中，森林体验馆现阶段免费对游客开放，团队预约可得到免费讲解服务；户外体验设施免费向游人开放。

体验中心自开放以来，得到了社会各界的一致好评。八达岭林场、八达岭国家森林公园也通过体验中心开展了森林体验教育活动 66 次，共接待北京市中小学生、亲子家庭 6000 余人。另外，接待国家林业局、北京市及其他省市林业单位考察学习 31 次，有效地发挥了该项目的示范性。

公园设计制作完成了森林体验中心宣传片制作工作，目前已完成体验中心宣传片及体验馆建筑设计理念宣传片。公园依托森林体验中心，积极申报北京市教委"社会大课堂"资源单位资格，力争为中小学生做出更好的服务。2015 年 8 月 25—28 日，公园举办了第一届森林体验夏令营，共有 21 名 8—12 岁的青少年参与，取得圆满成功，为以后举办森林体验夏令营获得了经验。

实际上，有很多生态旅游景点虽然没有森林体验中心这样优质的硬件设施，但是也会根据自己景点的特色制定环境教育体验计划。例如，中国科学院西双版纳植物园的科普部每年都要为来自全国各地的少年儿童开展形式丰富的各种夏令营和冬令营活动，同时也为当地的中小学生开展很多有关本地生态资源的教育活动。

8.2.4　国家推广

国家推广主要指国家级的立法或行政部门通过制定相关国家标准或具有国内普遍性的行为指南来规

定相关教育主题的教育义务或直接对旅游者提出特定的行为要求，主要表现在以下方面[1]。

第一，国家林业局 2001 年制定并发布了《全国野生动植物保护及自然保护区建设工程总体规划（2001—2050 年）》。该规划指出："全国野生动植物及其栖息地保护建设工程是公益性的社会事业，通过野生动植物保护工程的实施，将极大地宣传野生动植物与人类的密切关系，提高人们的自然保护意识。"这是从国家林业局的层面，传达利用自然保护区的各种资源来提升公众的环境素养。而且国家林业局从2012 年开始每年支助 3～5 个国家森林公园进行环境教育示范目前建设。2015 年国家林业局与中南林业科技大学旅游学院合作开展了第一届国家森林公园环境解说员培训班活动。这些举措大大促进了国家森林公园提高国民环境素养的能力，使森林公园的生态旅游功能发挥了更大的效益。

第二，2005 年国家环保总局、中共中央宣传部、教育部联合印发《关于做好"十一五"时期环境宣传教育工作的意见》等文件，要求着力抓好面向公众的环境宣传教育，拓宽公众参与环境保护的渠道，有条件的地方要建设一批形式多样、特色鲜明的环境教育基地，供公众参观、学习、体验，免费或优惠向公众开放。这是国家从中央部委的层面表明通过生态旅游这样的渠道提升公民的环境素养是非常重要的。

第三，2006 年国家质量监督检验检疫总局、国家标准化管理委员会发布了《自然保护区生态旅游规划技术规程》（GB/T 20416—2006）。在技术规程中的"规划原则"部分强调以自然生态为主的生态旅游规划必须遵循"科普性"的原则，即"规划应突出旅游与科普的结合，通过规划以自然生态为主要内容的科普旅游活动，促使游客对自然保护的知识、思想和行动的获得和实现，充分发挥生态旅游区科普考察，宣传教育和观光旅游的多种功能"。同时具体界定了"以环境教育为目的"的旅游活动的产品系列，如"湿地生态旅游""科普考察游"等。此外，还对具有环境教育功能的游客中心、自然生态教育中心、环境解说设施等的建设提出了具体的技术要求。最后还强调要特别发挥生态旅游在"提高人们的生活质量，促进国民素质，唤醒人们的环保意识，增强民众参与环保的信息"方面的社会效益。这是国家质监部门对生态旅游要提高大众的环境素养制定的要求。

第四，国家旅游局 2008 年发布了《全国生态旅游发展纲要（2008—2015 年）》，该纲要将提高国民的环境素养作为生态旅游业发展的重要任务，多个部分都体现了通过生态旅游提升国民环境素养的重要性。例如，在第四部分产业体系建设第二点旅游住宿和餐饮中，提到要与当地的生态爱好者、环境保护团体和生态教育机构交流信息；参加与保护自然以及保护当地文化的宣传教育活动。

在该纲要第四部分产业体系建设第六点生态旅游示范区中，要求生态旅游示范区应努力做到：建立环境教育设施，如游客中心、知识讲解标牌；用通俗、科学的语言解释自然现象，减少迷信和传奇色彩；提供有关自然和地方文化的信息和生态教育材料；收集科学数据，为生态系统管理和环境教育提供依据；开展教育培训，提高从业人员的生态保护素质，正确影响和带动旅游者；为生态旅游组织者或者导游提供学习和培训的机会；配合非政府组织和志愿团体开展生态教育活动。

该纲要第五部分重点工作的第四点，就是开展生态文明教育。把加强旅游者文明素质教育作为发展生态旅游的重要工作，建设生态环境教育基地，引导旅游者文明旅游，做环境保护的参与者、倡导者和实践者。通过多种方式，营造珍视环境、关爱环境的浓厚氛围。加强规章制度建设，对旅游者的行为进行必要的约束，避免旅游者对生态环境造成不利影响。采取多种方式，引导旅游者梳理生态的消费观念、消费行为、消费模式。

该纲要第六部分第四点内容要求推广生态文明教育培训。加强对生态旅游管理管理者、从业人员和旅游者环保知识的教育和普及，增强环保意识，推行文明、科学、健康的旅游行为。加强对当地居民进行生态文明教育，引导居民生活与生态保护目标相一致。加强生态旅游认证体系建设，有针对性地加强生态旅游的培训工作，建立一支具备旅游先进理念，善于经营管理的生态旅游从业人员队伍，广泛学习借鉴生态旅游发展的国际先进经验和发展模式。

8.3　环境教育促进生态旅游的发展

环境教育体验是生态旅游的重要特征之一，能够促进生态旅游的健康和可持续发展。

8.3.1　环境教育是生态旅游的正效益之一

生态旅游的社会效益是多方面的，包括保护自然资源、扶持资源禀赋很好但是社会发展缓慢地区经济的发展、提升了国民环境素养等。因此，很多学者指出环境教育是生态旅游的正效益之一。蒋志刚等提出，环境教育是生态旅游开发环境效益中的正效益之一[7]；"学习、教育价值"是保护完好的原生生态环境和人工生态环境之所以成为生态旅游资源必须具备的价值要素[8]。通过生态旅游中的环境教育体验活动，能够使游客认识生态环境知识，从而理解保护生态环境的重要性，最终产生保护自然环境的积极行为。如果大部分的生态旅游游客都能达到很好的环境教育体验效果，那么就能促进整个社会的可持续发展。

8.3.2　环境教育是生态旅游发展的手段

环境教育是平衡环境保护与旅游开发、经济社会发展的手段之一。为社会公众提供环境教育是有助于自然保护和可持续发展的方式之一。"教育"是实现"自然区域保护"目标的手段之一；对游客进行环境保护知识普及和教育是消除或减少生态旅游可能带来的弊端的途径之一[1]。环境教育在满足旅游者需求的同时，可降低对环境的负面影响，实际上也都是实现可持续目的的手段之一[9]。游客教育是保护旅游资源的可持续性、保护生态环境的平衡以及提高游客游览水平和体验质量的重要手段。

8.3.3　环境教育是对生态旅游者进行管理的措施

环境教育是对生态旅游者进行管理的措施。教育是成功的生态旅游应采取的首要综合管理措施，是最核心的间接管理措施或游客管理的核心内容。在一定程度上，对游客实施环境教育是旅游目的地实施生态旅游的关键条件及生态旅游区游客管理措施之一[10]。如果对游客进行了有效的环境教育，生态旅游业的发展将会顺利而有序地进行。游客能够理解保护自然资源的目的、各种资源保护措施的原理和意义，就会配合生态旅游业发展过程中的各种规章制度，使自己的行为有利于促进环境保护事业，进而使生态旅游业健康发展下去。

8.3.4　环境教育是生态旅游者获得知识的通道

环境教育是生态旅游者获得生态环境知识、提高环境保护技能、提升环境保护意识等的通道。通过环境教育体验活动，生态旅游能使旅游者获得生态环境知识的乐趣，增强保护自然环境的技能，并进一步提升热爱自然、保护环境的意识。游客参与到经过精心系统规划的环境教育体验活动中，能够获得符合自身特点的环境知识、技能和行为的指导，而且这种指导是在轻松惬意的氛围中习得的。生态旅游中的环境教育活动能够提升教育的有效性和趣味性。

8.3.5　环境教育是生态旅游发展的未来走向

环境教育是生态旅游发展的未来走向。环境教育体现了生态旅游的本质，更是在环境问题如此突出的现状下，生态旅游发展的未来走向。要改变目前我国众多的资源环境问题，除了各种科技和法律手段以外，提高公众的环境素养也是重要而且根本的途径。因此，生态旅游除了强调游客要欣赏优美和舒适自然环境以外，更要利用自身优良的自然资源条件加深公众对自然知识的了解和尊敬。因此，从事生态旅游业的工作人员要充分利用生态旅游资源，规划环境教育体验活动，使之成为改变公众环境态度的重要发生地。这个任务将是生态旅游未来发展的重点领域。

8.4　2015 年中国自然教育行业调查

8.4.1　国内环境教育行业发展现状调查

目前，国内的环境教育（又称自然教育）发展方兴未艾。为了解行业发展现状，全国第二次自然教育论坛组织了调研团队（主要由北京林业大学王清春和刘正源负责），于 2015 年 8—10 月开展了"2015 中国自然教育行业调查"[11]。

通过调查问卷的形式，调研团队共收集到 337 份问卷，有效问卷 314 份，并对其进行了统计分析，得到的结果如下。

（1）机构属性

通过统计数据（图 8.1），可以发现目前从事自然教育事业的主要是企业，超过 50%；其次是非政府组织，大约占 1/4。在生态旅游中提高公众的环境素养不仅是国家意志，也是公众自身发展的需求，因此才会有这么多从事环境教育的企业，而且这些企业发展很快。非政府组织依然是环境教育发展的重要力量，它们与自然保护区、森林公园、植物园等以生态旅游发展为主的机构合作，开展各种非营利性的环境教育体验活动，促进环境教育事业的不断前进。随着环境日渐成为经济社会发展的瓶颈，政府各部门也开始重视并资助环境教育项目。例如，国家林业局每年都投入资金支持国家自然保护区和国家森林公园的发展，环境保护部宣教中心在全国各地都很多地方都成立了环境教育基地。

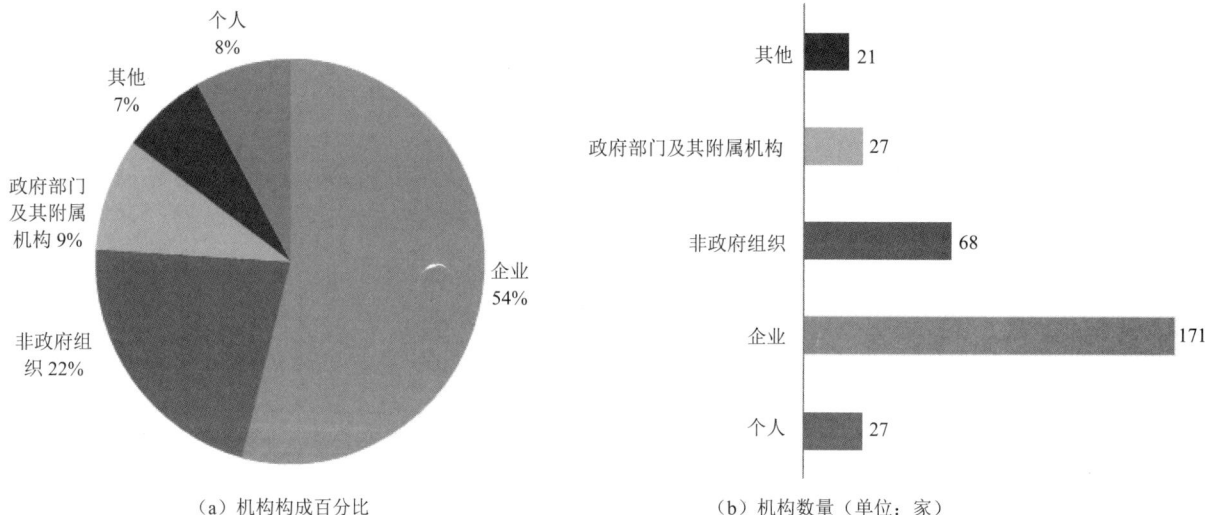

（a）机构构成百分比　　　　　　　　　　（b）机构数量（单位：家）

图 8.1　环境教育机构属性

注：① 政府部门及其附属机构：政府、公办学校、保护区、科研院所以及公园；
　　② 非政府组织：民办非企业、社会团体法人等；
　　③ 企业：所有以企业方式运作的机构，包括社会企业与商业机构；
　　④ 个人：包括未注册机构以及所有单独展环境教育活动的个体；
　　⑤ 其他：私人农场、民办学校、企业托管、自媒体或者其他行业公司等。

资料来源：http://www.natureeducationchina.org/?page_id=256.

（2）注册地点

从所有机构注册等级的地点来看（图 8.2），北京、广东、浙江和上海是环境教育活动开展最活跃的地区。这些地区也是我国经济和教育事业最发达的地区，公众有接受环境教育的市场和社会需求。其次，四川、江苏、福建和云南这些自然资源禀赋较好地区的环境教育事业发展也比较好。

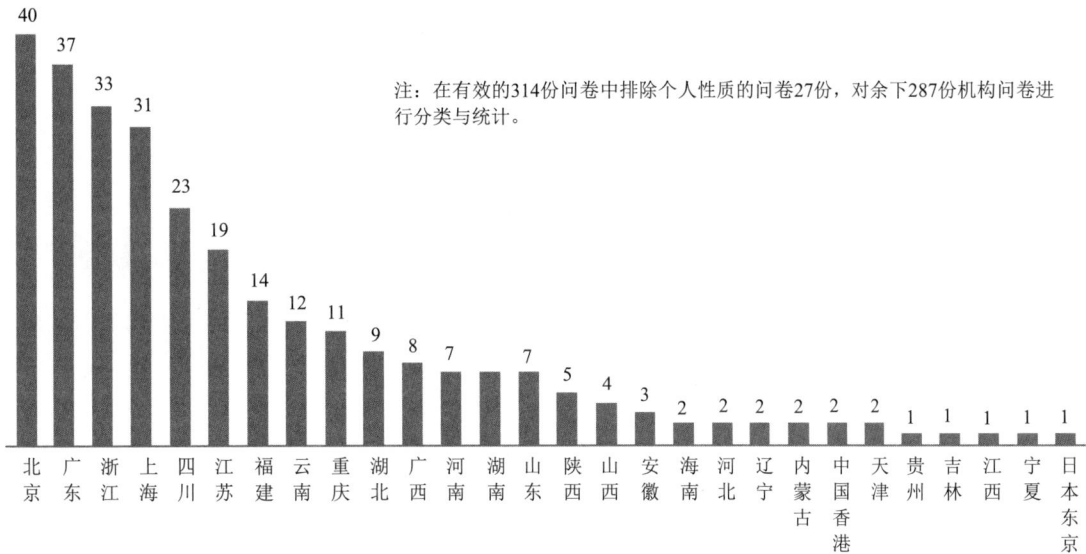

注：在有效的314份问卷中排除个人性质的问卷27份，对余下287份机构问卷进行分类与统计。

图 8.2 环境教育机构注册数量（单位：家）

资料来源：http://www.natureeducationchina.org/?page_id=256.

（3）创建时间

从创建时间来看（图 8.3），在 21 世纪初，环境教育事业比以前有所推进，但是发展水平并不高。但是，从 2011 年开始，环境教育事业进入到了空前繁荣的时期，发展速度特别快，而且每年的增长幅度都在递增，特别是 2015 年增长幅度最大。这说明环境教育事业越来越受到公众的认可和重视，发展潜力和空间很大。

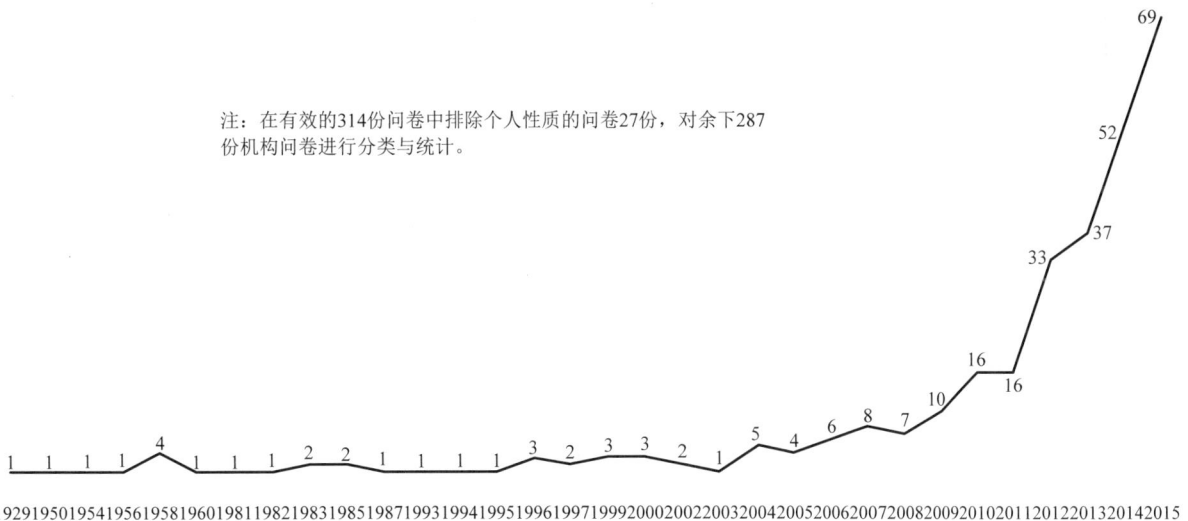

注：在有效的314份问卷中排除个人性质的问卷27份，对余下287份机构问卷进行分类与统计。

图 8.3 环境教育机构创建时间

资料来源：http://www.natureeducationchina.org/?page_id=256.

（4）活动范围

从图 8.4 可见，大约 1/3 的机构是在全国范围内开展环境教育活动，大约 1/4 的机构是在省内或本地开展环境教育活动。可见，环境教育的本土性还是比较突出。在坚持本土化的同时，很多国际环境教育机构也渗入我国的环境教育事业领域，大约有 1/5 的机构在开展全球环境教育活动，它们把中国也列为环境教育发展的重要阵地。

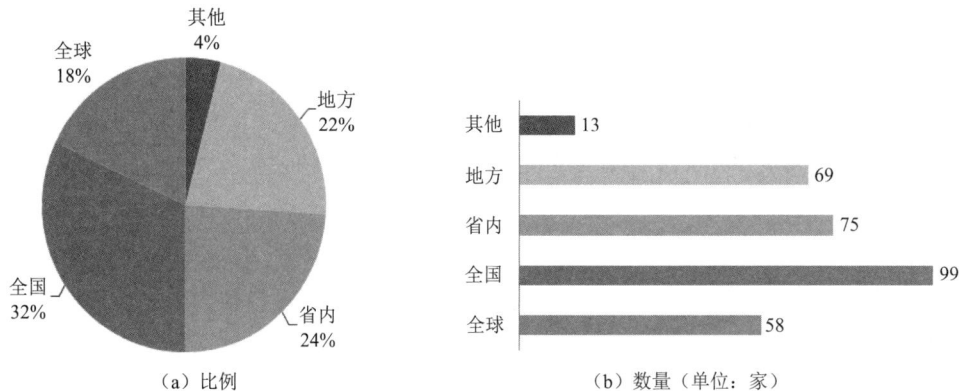

图 8.4 环境教育机构活动范围

注：其他：机构其他项目的项目点、其他国家等。

资料来源：http://www.natureeducationchina.org/?page_id=256.

（5）主要工作领域

从主要工作领域来看（图 8.5），主要活动都与儿童有关，包括自然体验、儿童教育和亲子活动等。儿童是未来世界的建设者和创造者，对他们进行环境教育活动，让他们了解大自然，有利于培养他们的观察能力、创造能力以及对环境负责任的态度等。而且越来越多的家长已经注意到这一点，他们创造各种机会让孩子们有机会接触自然环境，参与各种形式的生态旅游活动。

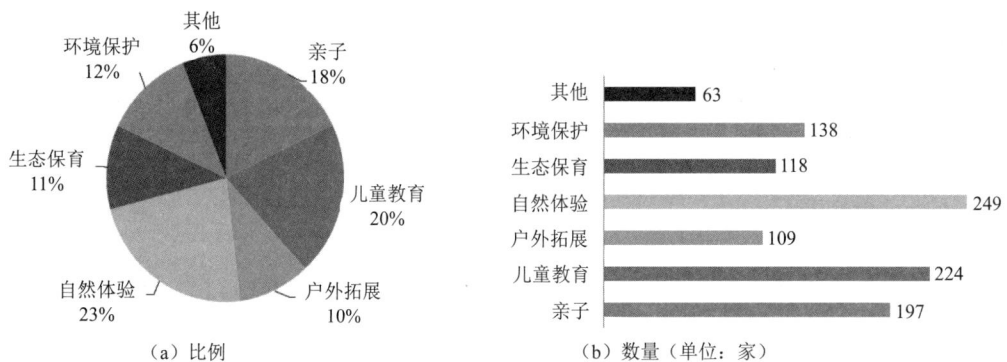

图 8.5 环境教育机构主要工作领域

注：① 生态保育：包含对于生态的。
② 自然体验：自然游戏、自然观察、市域、四季农耕等体验式环境教育项目。
③ 户外拓展：徒步、骑行、攀岩、登山等户外运动。
④ 儿童：单独针对儿童，父母不参与活动。
⑤ 亲子：家庭成员一起展开活动。

资料来源：http://www.natureeducationchina.org/?page_id=256.

（6）受众群体特征

从受众群体来看（图 8.6），环境教育的主要对象还是青少年儿童，还有大学生。也就说，环境教育的目标人群以学生为主，尤其是 12 岁以下的学生群体。

（7）受众兴趣点

从图 8.7 可见，大多数参加环境教育活动的人都喜欢参与自然体验、亲子活动和生物观察等活动。这些活动需要环境教育组织机构能不断开发出适合参与者年龄特征和兴趣爱好的丰富多彩的自然体验活动。

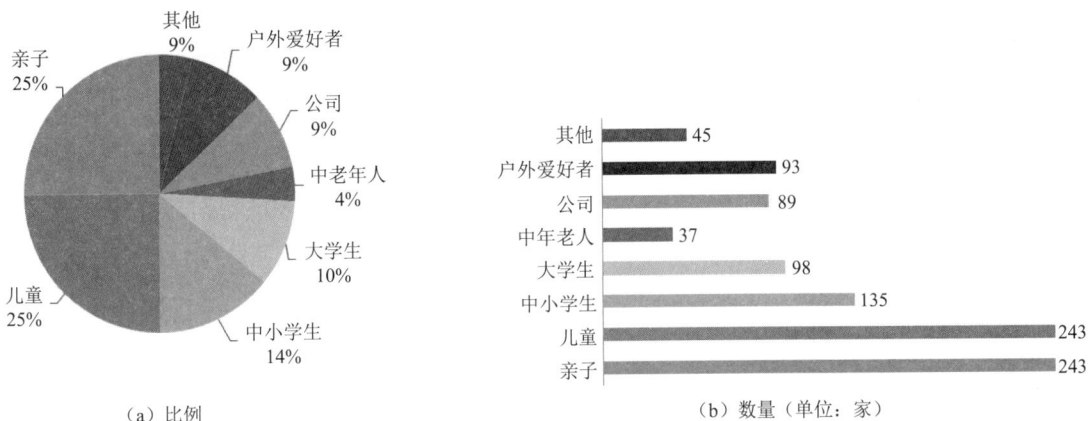

图 8.6　环境教育机构受众群体特征

注：其他：机构其他项目的项目点、其他国家等。

资料来源：http://www.natureeducationchina.org/?page_id=256.

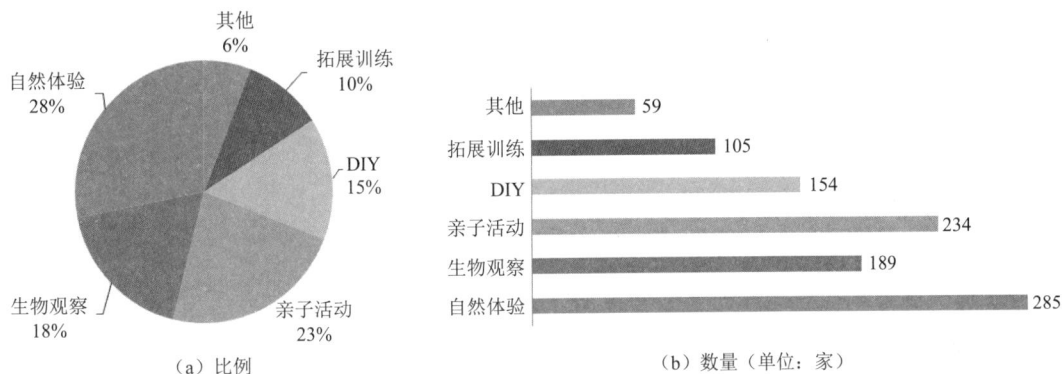

图 8.7　环境教育机构受众兴趣点

注：其他：文化体验、书本阅读、摄影训练等。

资料来源：http://www.natureeducationchina.org/?page_id=256.

（8）主要宣传途径

新媒体逐渐深入到社会的各个方面，已经成为人们日常联络和交流的主要方式之一。环境教育事业兴起的时间不长，没有足够的资金去做传统的视觉媒体的宣传，因此，很多机构采用的是方便、费用较低、传播效率很高的新媒体技术（图 8.8），如微信、微博等。

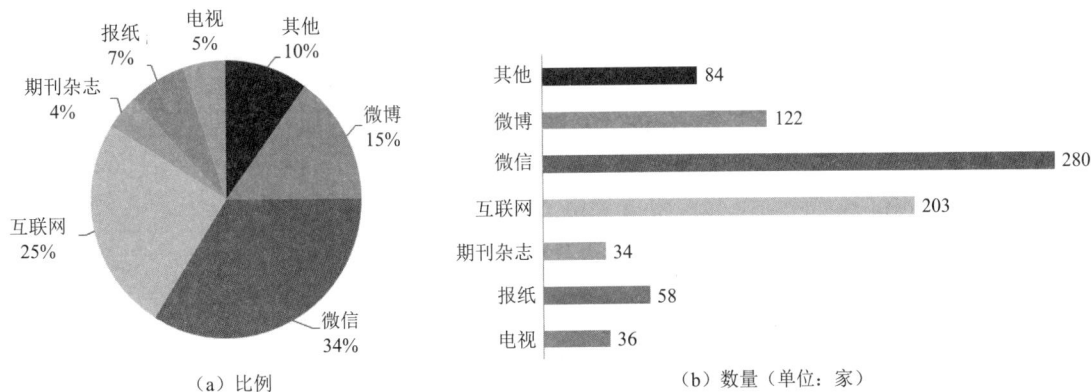

图 8.8　环境教育机构主要宣传途径

注：其他：口口相传、展览、讲座、海报等。

资料来源：http://www.natureeducationchina.org/?page_id=256.

（9）原始注册资金

从资金情况来看（图 8.9 和图 8.10），现在的环境教育机构主要还是个人投资较多，资金投入在 50 万以下，属于小规模的发展阶段。

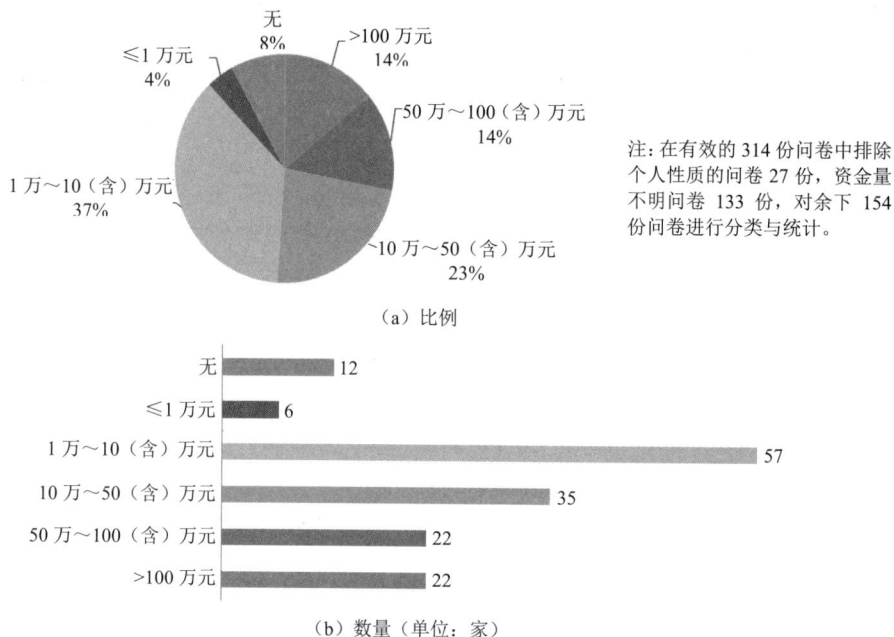

注：在有效的 314 份问卷中排除个人性质的问卷 27 份，资金量不明问卷 133 份，对余下 154 份问卷进行分类与统计。

（a）比例

（b）数量（单位：家）

图 8.9　环境教育机构原始注册资金量

资料来源：http://www.natureeducationchina.org/?page_id=256.

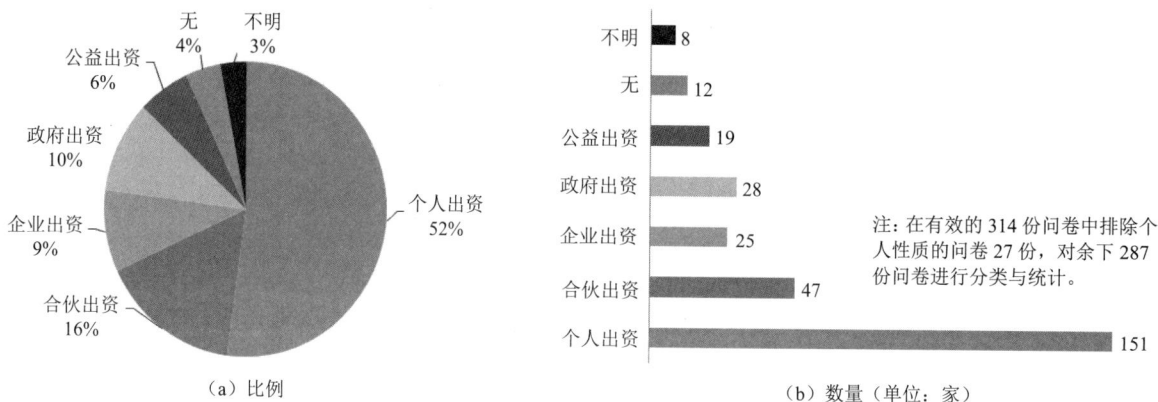

注：在有效的 314 份问卷中排除个人性质的问卷 27 份，对余下 287 份问卷进行分类与统计。

（a）比例　　　　　　　　　　　　　　　　　（b）数量（单位：家）

图 8.10　环境教育机构原始注册资金来源

注：①公益捐款：各种性质的捐款，基金会支持等；
　　②政府出资：政府下拨资金，包括学校及政府相关部门的财政预算；
　　③企业出资：企业投资、风险投资、天使投资等企业支持的各种情况；
　　④合伙出资：理事成员出资、股东筹资、股东注资、众筹、会员会费、私募、公募等；
　　⑤个人出资：自筹、个人积蓄、民间独资等。
资料来源：http://www.natureeducationchina.org/?page_id=256.

（10）企业类型机构专职员工数量

从资金投入上我们可以看出，目前大部分从事环境教育事业的机构都是小规模的，因此，从业人数一般也是 10 人以内，如图 8.11 所示。

不明
12%

10 人以上
12%

0～3 人
30%

8～10 人
17%

4～7 人
29%

注：在有效的 314 份问卷中对 171 份企业类型机构问卷进行分类与统计，其他类型机构在自然教育方面的专职员工数量由于问卷设置问题未能获取到足够的信息，不便统计。

（a）比例

不明　20
10 人以上　20
8～10 人　30
4～7 人　49
0～3 人　52

（b）数量（单位：家）

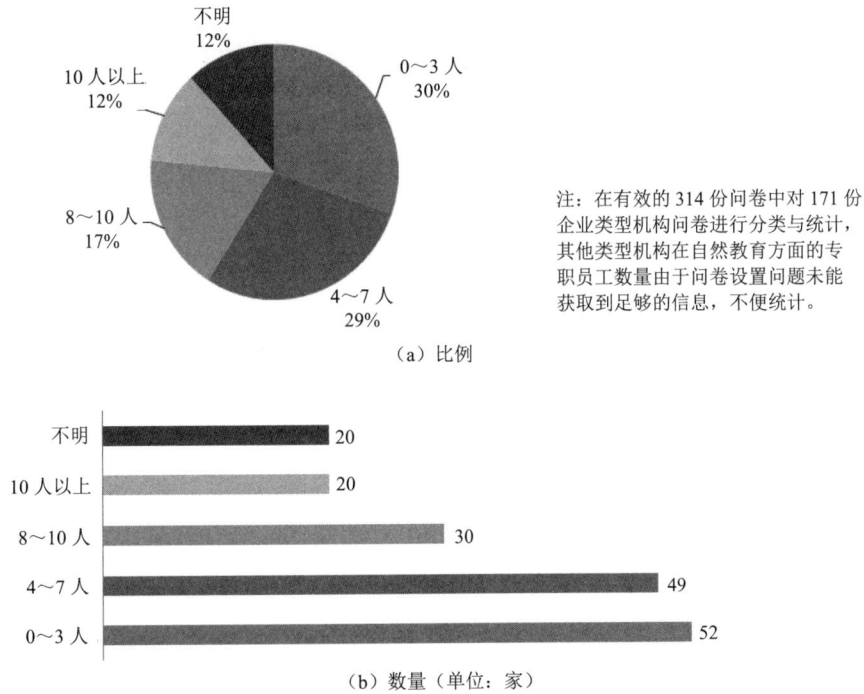

图 8.11　环境教育企业类型机构专职员工

资料来源：http://www.natureeducationchina.org/?page_id=256.

（11）年活动频次

虽然目前从事环境教育的机构规模不大，从业者人数也不多，但是每年开展的活动还是较多的，大部分都在 40 次左右，很多还达到了 41～100 次/年，如图 8.12 所示。可见，这些机构的工作人员的工作是比较忙碌的。

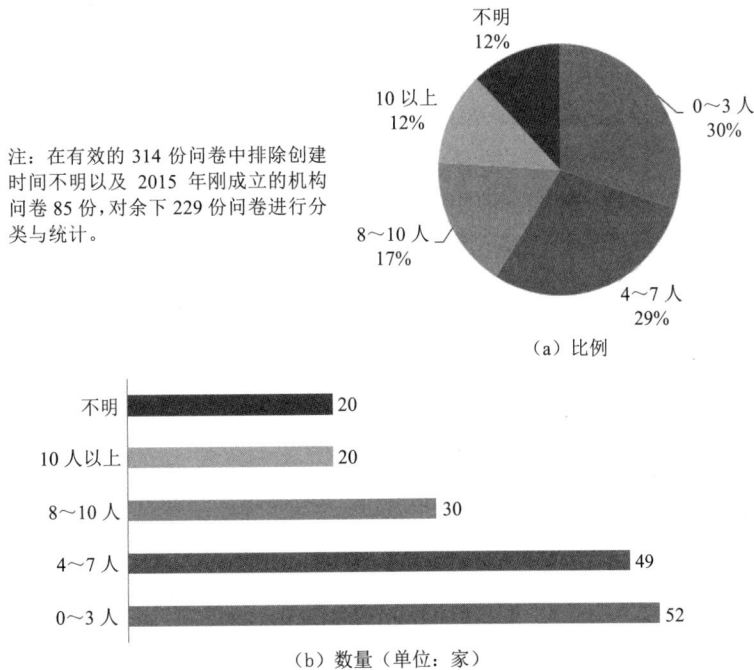

不明
12%

10 以上
12%

0～3 人
30%

8～10 人
17%

4～7 人
29%

注：在有效的 314 份问卷中排除创建时间不明以及 2015 年刚成立的机构问卷 85 份，对余下 229 份问卷进行分类与统计。

（a）比例

不明　20
10 人以上　20
8～10 人　30
4～7 人　49
0～3 人　52

（b）数量（单位：家）

图 8.12　环境教育机构年活动频次

资料来源：http://www.natureeducationchina.org/?page_id=256.

（12）年参加活动人次

从图 8.13 可见，1/3 机构接待环境教育体验活动的参与者是 500 人以下，大约 1/3 是在 1000～5000 人，甚至还有很多机构每年接待的人数超过了 1 万人。可见，目前有越来越多的公众愿意参与到环境教育的活动中来。

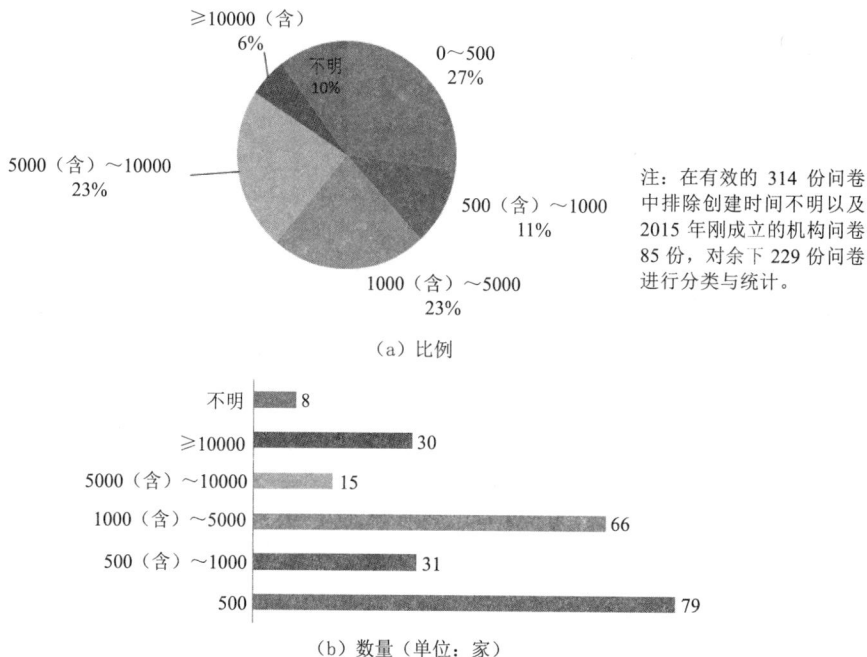

注：在有效的 314 份问卷中排除创建时间不明以及 2015 年刚成立的机构问卷 85 份，对余下 229 份问卷进行分类与统计。

（a）比例

（b）数量（单位：家）

图 8.13　环境教育机构年参加活动人次

资料来源：http://www.natureeducationchina.org/?page_id=256.

（13）面临主要挑战

从图 8.14 可见，各个环境教育机构发展面临的最大问题就是环境教育人才的匮乏以及运作资金不足，还有就是市场不够成熟。

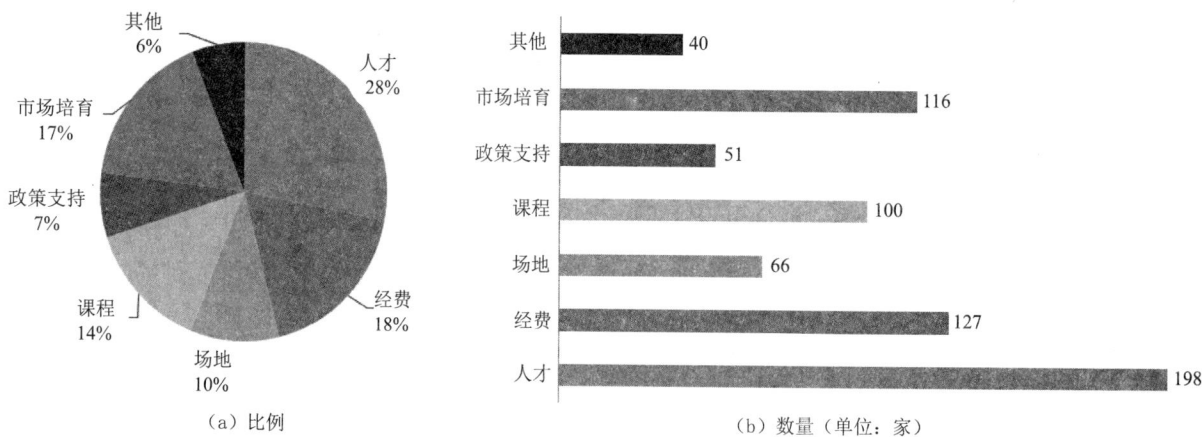

（a）比例

（b）数量（单位：家）

图 8.14　环境教育机构面临主要挑战

注：① 市场培育：公众环境意识、教育意识、社会支持等；
　　② 其他：包括多元合作、团队管理、机构运营、资源整合等。

资料来源：http://www.natureeducationchina.org/?page_id=256.

（14）是否拥有一些软、硬件设施

从图 8.15 可见，大多数环境教育机构没有自己的出版物；大约 50%的机构有自己的基地；大约 3/4 的机构有自己设计的课程计划；2/3 的机构是没有政府的支持，自己独立运营。

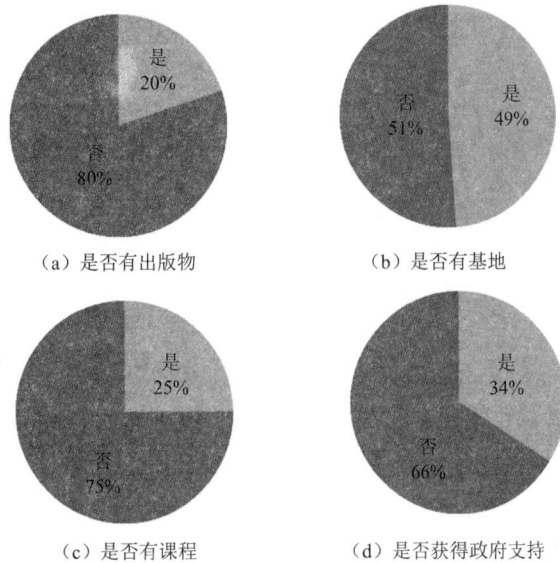

(a) 是否有出版物　　(b) 是否有基地

(c) 是否有课程　　(d) 是否获得政府支持

图 8.15　环境教育机构出版物、活动基地、课程和获得政府支持情况

资料来源：http://www.natureeducationchina.org/?page_id=256.

8.4.2　国内环境教育行业发展现状小结

（1）近年来发展速度不断加快

由以上图表分析可以看出，我国环境教育行业发展越来越快。特别是近几年，随着全民环境素养的提高和生态旅游业的蓬勃发展，环境教育行业也随之如雨后春笋般迅速发展起来，每年递增的幅度不断增加。

（2）社会多方力量投入到环境教育行业

以前的环境教育多是政府机构和一些非政府组织在运作，影响范围不是很广，行业利润也是微乎其微。然而，随着社会对全民环境素养要求的提升和生态旅游业迅速成长，参与到我国环境教育行业的机构越来越丰富，有企业的、私人的、各种基金会的等，不仅投资主体多元化，参与者背景也是多元化的。因此，环境教育事业在社会上的影响力也是不断提升，未来环境教育事业的发展空间将不断扩大。

（3）环境教育未来的发展机遇与挑战

1）发展机遇。环境教育行业作为政府正规教育的一个重要补充，是提升全体公民环境素养的重要途径。它与传统的学校教育在教学场地、教学方式、教学组织、教学用具等方面都有着很大不同，是一种让公众通过形式多样的环境教育体验活动来学习环境知识、培养积极的环境态度和形成负责任环境行为的过程。这种体验过程不是枯燥的知识讲解，而且一种有趣的游戏方式，让参与者能形成对自然的美好印象和珍惜的情感。

随着生态旅游逐渐深入到公众日常生活当中，将环境教育与大众生态旅游结合起来，利用人们在自然游憩的契机，将保护生态环境的理念传播出去，让人们的休闲行为变得既惬意又有意义。

2）未来挑战。随着环境教育行业的迅猛发展，很多环境教育从业者盲目地追逐市场，甚至很容易偏离自然教育的初衷和本质。一些环境教育机构的环境教育活动都是从国外"拿来"的，活动内容雷同。

因此，我们在学习日本、韩国、美国等环境教育发展比较成熟国家和地区的环境教育经验时，不能盲目效仿，要将其中国化。更重要的是，我国的环境教育机构要根据自身的资源，包括自然场地和环境教育引导师，开发有本地特色的环境教育体验活动。这样，参加活动的公众就能更深入地了解某一个地区特色的自然环境资源，了解生物的多样性和地域性的自然环境特征。

由于环境教育的活动很多是在户外进行的，因此安全问题是一个非常重要的问题。但很多环境教育从业者并没有接受过医学急救、户外急救等专业知识的培训，这给环境教育行业带来了很大的隐患。

总的来说，无论是从国家政府层面还是企业层面，近几年我国的环境教育行业都取得了巨大进步。这对提升全民族的环境素养、树立良好的国民形象都有巨大意义。同时，随着国民环境素养的提升，也能促进国内生态旅游业的可持续发展。公众能够在欣赏生态旅游资源的同时，了解我们为什么要保护这些资源，理解生态旅游发展中采取的一些保护措施的生态学意义。生态旅游景区今后应该成为环境教育行业开展丰富多彩的环境教育体验活动的重要场所。

参 考 文 献

[1] 李文明，钟永德. 生态旅游环境教育[M]. 北京：中国林业出版社，2010：3-18.

[2] 江家发. 环境教育学[M]. 芜湖：安徽师范大学出版社，2011：3.

[3] 黄震方. 海滨生态旅游地的开发模式研究[D]. 南京：南京师范大学，2002.

[4] 高峻. 生态旅游学[M]. 北京：高等教育出版社，2010：488-501.

[5] 甘肃省天水市泰州森林体验教育中心. 教育活动[EB/OL]. (2015-01-04). http://www.tsfepc.com.

[6] 北京市林业碳汇工作办公室（国际合作办）. 中韩林业合作"北京八达岭地区森林资源保护与公众教育"项目介绍[EB/OL]. (2012-09-06). http://www.bfdic.com/xiangmuhezuo/xiangmudongtai/2012-09-06/985.html.

[7] 蒋志刚，马克平，韩兴国. 保护生物学[M]. 杭州：浙江科学技术出版社，1997：143-144.

[8] 吴楚材，张朝枝. 科学地探索生态旅游资源的开发与利用[J]. 社会科学家，2000，15(4):14-18.

[9] 吴楚材，吴章文，郑群明，等. 生态旅游概念的研究[J]. 旅游学刊，2007，22(1):67-68.

[10] 吴必虎. 旅游生态学与旅游目的地可持续发展[J]. 生态学杂志，1996，15(2):37-43.

[11] 胡卉哲. 自然教育，先做再说[EB/OL]. (2016-08-11). http://www.natureeducationchina.org/?page_id=256.

第9章 自然生态旅游资源类型研究[①]

郑群明 湖南师范大学旅游学院，长沙

所谓环境（Environment），总是相对于某一中心事物而言的。环境因中心事物的不同而不同，随中心事物的变化而变化。我们通常所称的环境就是指人类的环境。人类环境分为自然环境和社会环境。环境资源是将环境的整体或各个要素作为一类资源。而各种自然资源和环境组合的各种状态都是人类赖以生存与发展的物质基础，即自然环境是重要的资源。在旅游地理研究中，曾认为良好的自然环境是旅游资源，并将气候作为一种旅游资源进行研究[1]。但在国家制定的 1992 年版（试行）、1997 年版（修订）和 2003 年版（国标）的旅游资源分类体系中，都是以景观资源为主体，自然环境资源基本没有涉及，仅在 1997 年版的分类中将"高密度负离子空气"列为旅游资源景观[2]，对旅游区内有巨大开发潜力的环境资源（如旅游舒适期、大气质量、地表水质量、植物精气、土壤等）却没有提到。

随着社会的进步，人的需求在不断改变，旅游资源也要不断地丰富和更新，以满足日益成熟的旅游市场的需求。经历过"生态觉醒"之后，生态环境已逐步成为人们度假休闲的重要资源，不同的环境可以满足不同游客追求良好休闲空间的需求。吴楚材等对生态旅游资源开发的多年研究与实践表明，自然环境资源是生态旅游最为重要的吸引物[3]，环境资源的好坏将直接影响旅游区的品质和持续发展。不同类型的自然生态环境资源，是构成自然类生态旅游资源的主体，如优质的水资源环境、清新洁净的大气环境等。

9.1 自然生态旅游资源的形成背景

9.1.1 人类生存环境日益恶化，促成自然环境成为生态旅游资源

随着高度工业化、城市化和现代化进程的加快，作为人类聚居的城市逐渐变成环境恶劣的"热岛"，环境生态学家从环境生态角度对城市提出了新的评价——城市水泥沙漠。城市中到处充斥着热辐射、光污染、噪声污染、空气污染、水污染、放射性污染、有毒建材等，城市再也不是人类的理想居住地。在发达国家和地区，环境优美的城郊、山边、海边成为富人的居住地，而城市则变成了普通人的聚居区。清新的空气、洁净的地表水、宁静的空间等良好的环境成了高尚的资源。

由于人类生存的自然环境不断恶化，具有良好自然生态环境的休闲度假地成为人们旅游的目的地，自然环境质量成为旅游者产生的重要地理背景之一。城市环境的恶化与休闲度假地良好的自然环境，促动了出游激发与吸引激发同向，从而加强了自然环境质量高的地区的吸引强度。因此，暂时摆脱严重污染的环境，到少污染或无污染的地方去恢复健康、增强体质，越来越成为人们出游的重要动机之一。生态旅游者的兴起也正是追求良好的自然环境资源。1999 年，广东省肇庆市鼎湖山国家级自然保护区开发

① 基金项目：湖南师范大学生态文明研究院开放基金"推进生态文明建设的旅游路径研究"（20151210）。

了空气负离子水平、植物精气含量、空气细菌含量等环境资源，大大增加了旅游区的吸引力，游客数量比 1998 年增加了 50%，并逐渐成为"粤港澳"地区居民生态旅游的首选目的地。

9.1.2 环境意识的提高，促发了人们向往环境良好的区域

自然环境作为一种资源已逐渐成为人们的共识。在旅游地理研究中，学者认为环境是旅游资源，并将气候作为一种旅游资源进行研究。同时，认为环境质量背景是旅游者产生的四大地理背景之一。随着社会的进步，人的需求在不断改变，旅游资源也要不断地丰富和更新，以满足日益成熟的旅游市场的需求。经历过"生态觉醒"之后，自然生态环境已逐步成为人们度假休闲的重要资源，不同的环境可以满足不同游客的需求。为了解除城市恶劣环境的困扰，追求人类理想的生存环境，城市人开始向往到郊外良好的生态环境中去保健疗养、度假休憩、娱乐休闲。例如，有些游客想走进森林，享受森林清新的空气、宁静的环境；有些游客走进森林进行"森林浴"，强身健体、疗养休闲，享受大自然的恩赐。在日本，每年约有 10 亿人次到环境良好的自然公园中生态旅游，有 8 亿人次到森林中进行"森林浴"。研究与实践表明，自然环境资源是生态旅游区和旅游度假区重要的旅游吸引物[4]，开发这类旅游资源是生态旅游区形成亮点和卖点的关键，也可以增强生态旅游地的吸引力和竞争力。

9.1.3 生活水平不断提高，激发人们的旅游消费转向生态体验

从旅游需求角度分析，国际研究表明：一个国家或地区人均收入达 1000 美元时，观光旅游进入火爆时期；当人均收入达 2000 美元时，度假休闲旅游开始起步；当人均收入达 3000 美元时，度假休闲旅游将成为旅游的主体，进入普通家庭的生活中。近几年，我国人均 GDP 超过 1 万美元的城市超过 30 个，主要集中在"长三角"地区、"珠三角"地区和环渤海地区的大中城市，这些城市的家庭成为新兴消费的主力。目前，我国的度假休闲旅游已经进入了一个新时代，近几年北京市、上海市以及成都、长沙等地城郊"农家乐"和乡村旅游火爆就是很好的例子。而这些深受城市居民喜爱和向往的乡村往往是自然环境良好的区域。而"珠三角"地区的居民则更喜爱前往环境良好的森林区和温泉区进行休闲度假和生态旅游。国际旅游界认为：21 世纪是生态旅游的世纪。在人们追求绿色、生态、健康、体验的时代，自然环境资源将成为生态旅游地的重要吸引物，生态旅游产品的开发将为度假地注入新鲜的活力。可以预见，生态旅游资源将成为度假地开发的主攻方向。

9.1.4 环境有价理论，促使休闲度假地选址于森林环境优良的区域

当今社会中，人们已经认识到自然环境资源是有价值的。与传统经济价值概念中赋予价值以劳动和交换的属性相比，认识到自然环境资源（无劳动参与、无交换发生）有价值是人们认识自然过程中的进步。

受地理、文化、经济等方面因素的影响，自然环境资源价值具有地域差异性。由于不同地域自然生态环境各组成要素存在巨大的差别，使自然环境资源在不同的地方价值不同。在旅游开发过程中，受市场需求的刺激，开发者逐渐趋向于选择良好生态环境的山地和滨水区建设休闲疗养度假功能的生态旅游区，以满足游客对良好自然环境资源的追求和消除亚健康。而良好的自然环境资源在调节身心健康方面具有特殊的舒适性的服务价值，如空气负离子、洁净的水体、舒适的森林小气候等在生态保健方面的生态功能性使用价值，正是开发者和生态旅游者共同追求的目标。印度加尔各答农业大学德斯教授对一棵树的生态价值进行了计算：一棵 50 年树龄的树，以累计计算，产生氧气的价值约 31200 美元；吸收有毒气体、防止大气污染价值约 62500 美元；增加土壤肥力价值约 31200 美元；涵养水源价值 37500 美元；为鸟类及其他动物提供繁衍场所价值 31250 美元；产生蛋白质价值 2500 美元。除去花、果实和木材价值，总计创值约 196000 美元。也就是说，一棵 50 年的大树累计创造的环境价值约 20 万美元[5]。

目前，森林、滨水、山地等优越的生态环境也成为建设旅游度假区和生态旅游区的理想地域，环境

资源成为判断一个生态旅游地的重要依据。良好的环境成为一种稀缺的资源，良好的生态环境是生态度假区选址的首要条件，也是现代人选择生态旅游地的重要因素。

9.2　自然生态旅游资源的特征

自然生态旅游资源是各种自然环境要素的综合体，具有自然环境的基本特征，同时也具有旅游资源的属性和内核，主要表现为外在形态的无形性、吸引功能的保健性、开发利用的持续性和价值的多样性等方面。

9.2.1　外在形态的无形性

景观旅游资源大多是有形态的，如地文景观、建筑与设施旅游资源等。而大多数自然环境旅游资源的外在形态是不确定的，或者是无形的。因此，在调查自然环境旅游资源时，很难凭人的感觉来判断其价值和等级，必须借助精密的测量工具。例如，空气负离子旅游资源的品质就必须通过大气离子测量仪进行系统监测，进行系统评价，才能确定其开发的价值。

9.2.2　吸引功能的保健性

自然环境不仅具有观光旅游资源的特点，更重要的是具有保健功能，正是其保健价值吸引着游客前来体验和享受。自然生态旅游资源良好的地区，通常适用于建设生态度假区和生态保健旅游区，主要是利用自然环境的保健特征进行旅游产品开发。例如，德国黑森林就利用森林环境资源建设森林医院，针对城市"文明病"患者，推行"森林疗法"，不打针、不吃药，让患者在森林中享受良好的自然环境，调理身心，恢复健康，深受生态旅游者欢迎。

9.2.3　开发利用的持续性

景观旅游资源一旦破坏就无法再恢复，不可再生。而自然生态旅游资源是由良好生态环境形成的，生态环境保护得好，这类资源就一直保持并可持续利用。如果生态环境遭到破坏，环境资源即会消失，但外界破坏停止后，自然生态旅游资源又会随着生态环境的恢复而恢复。

9.2.4　价值的多样性

自然生态旅游资源的价值具有多样性的特点。在没有认识到自然环境价值之前，自然环境只是作为人类或生物的背景事物，认为环境是依附于主体而存在，其价值不被认可。但通过精确的测量工具，充分地认识到自然环境中存在多种要素和多种类型的资源，其价值也不断地创新，功能不断地被挖掘。例如，森林拥有良好的环境，具有保水、制氧、降尘、生物多样性等功效，在科学家发现了森林能释放出大量有益于人体健康的植物精气后，森林的保健价值被认识，其旅游开发价值也远大于之前认识的价值，它对人类的健康的价值则更加巨大，逐渐成为生态旅游开发的主体旅游资源。

9.3　自然生态旅游资源的类型

随着人们对环境价值的认识不断深入，对环境价值在旅游开发中的应用也进行了多方面的研究。其中，具有典型代表的是吴楚材教授的研究，其研究认为有较大价值的自然生态旅游资源主要包括大气质量、地表水质量、空气负离子浓度、植物精气含量、旅游舒适期、声学等级、天然放射性水平、空气细菌含量、森林小气候 9 类。目前，这一理论已开始在我国南方主要生态旅游区进行开发应用，并创造出综合效益。

9.3.1 良好的大气质量

空气是人生存不可缺少的 3 种物质之一。空气资源无处不在，人沉浸在空气海洋里，沐浴在空气之中，自由地呼吸。一个成年人每天呼吸 2 万多次，吸入空气 15～20m³（1.42kg/m³），约 20～30kg，是人们每天所消费食物和水的重量的 10 倍，一个人 35 天不进食物，5 天不喝水尚能生存，5 分钟不呼吸就会死亡，可见空气的重要。然而城市空气受到越来越多的污染，清新、健康的空气离人类越来越远，城市空气中的有害物质通过肺进入人体，造成了城市"文明病"。随着人类生态意识的觉醒，空气清新、远离城市的地方逐渐成为人们的追求目标，环境优美、空气清新的城郊成为人们居住的佳地。在旅游度假区，清新的空气是其选址的首要条件，度假者为能在清新的空气中享受假日而满足和满意。空气质量成为衡量旅游度假地档次的重要指标，也是开展森林度假旅游的依赖指标之一。

根据最新国家《环境空气质量标准》（GB 3095—2012）要求（自 2016 年 1 月 1 日起实施），风景名胜区、自然保护区、生态旅游区和旅游度假区属一类区，空气质量必须达到国家一级标准。在调查评价旅游区大气质量时，执行国家《环境空气质量标准》（GB 3095—2012）中的一级标准，参照《山岳型风景资源开发环境影响评价指标体系》（HJ/T 6—94）中规定，主要监测 SO_2、NO_2、CO、O_3 和 PM10、PM2.5 两种颗粒物，共 6 种成分。

9.3.2 优越的地表水质量

水是生命的源泉，也是重要的旅游资源。但在常规的旅游资源中，水仅是作为一种景观资源，而对于水的质量没有过多的要求。其实水是重要的环境旅游资源，旅游区地表水的质量将直接或间接影响到土壤、植被、动物的健康，污染的水体还会传播疾病，影响居民和旅游者的身心健康。在旅游度假区，人们需要饮水、用水，还会与水亲密接触，如游泳、漂流、水上游乐，水的质量将直接影响旅游者的选择取向。在有些山区，山溪的水看起来清洁，但可能汞、镉等重金属含量超标。例如，华南某森林公园，由于溪水都被引去发电了，溪水流动性少，枯枝落叶落入溪水中，腐败后在水中形成了致癌物质。随着旅游者环境意识的加强，地表水质量已逐渐成为衡量度假区和生态旅游区档次的指标之一。

根据水资源的用途不同，调查与评价标准也有差异，一般包括《生活饮用水卫生标准》（GB 5749—2006）、《地面水环境质量标准》（GB 3838—2002）、《景观娱乐用水水质标准》（GB 12941—91）等。在旅游开发中通常仅对地表水进行监测和评价，监测方法按《环境监测技术规范》执行，分析方法按国家环保局《水和废水监测分析方法》（第 4 版）分析，国家自然保护区、生态旅游区、旅游度假区等评价标准采用 GB 3838—2002《地表水环境质量标准》第 I 类标准评价，标准中未列入的项目，采用相关标准进行补充评价。

9.3.3 高浓度的空气负离子水平

空气负离子是大气中带负电荷的单个气体分子或离子团的总称。空气负离子具有杀菌、降尘、清洁空气的功效[6]，被誉为"空气维生素和生长素"。空气负离子对生命必不可少，对人体健康十分有益，其浓度高低已成为评价一个地方空气清洁程度的指标。高浓度的空气负离子还广泛应用于保健康体和医学治疗等领域中[7]。自然界的空气负离子是在紫外线、宇宙射线、放射性物质、雷电、风暴、瀑布、海浪冲击下产生的，它既不断产生，又不断地消失，保持一个动态平衡状态。但不同环境中空气负离子浓度差异较大，其中城市空气中的空气负离子浓度一般是 0～200 个/cm³，森林里一般 600～3000 个/cm³，空旷地 200～600 个/cm³，瀑布附近一般高达 40000～100000 个/cm³。不同的下垫面空气负离子浓度不同，一般森林比草地高，草地比空旷地高，针叶林比阔叶林高[8]。通常情况下，森林、海边、瀑布、溪流环境中的空气负离子浓度较高，具有旅游开发利用的价值。

随着人们对空气负离子的医疗保健功能认识的加深，空气负离子的评价成为主要研究内容。由于不同环境条件下的空气离子水平差异很大,因而评价标准也有差别。目前常用的评价方法是单极系数(q,q=n$^+$/n$^-$)和安倍空气离子评议系数(CI)[9],生态旅游区应该达到 A 级(最清洁)和 B 级(清洁)。

9.3.4 丰富的植物精气含量

植物精气是指植物的组织或器官在自然状态下释放出的气态有机物。植物精气在国外又叫芬多精。1930 年,苏联列宁格勒大学教授杜金(B. P. Toknh)博士发现森林植物散发出来的挥发性物质能杀死细菌、病毒,于是他将这种植物的挥发性物质命名为"pythoncidere"(芬多精),芬多精由 python(植物)和 cidere(杀菌)组合成,其字面含义为"植物杀菌素"。这些挥发性有机物主要是萜烯类有机物,如单萜烯、倍半萜烯、双萜烯、三萜烯等[10]。在 20 世纪 80 年代,日本对芬多精的保健作用进行了系统研究,证明萜类化合物的生理功效有镇痛、驱虫、抗菌、抗组胺、抗炎、抗风湿、抗肿瘤、利尿、祛痰、降血压、解毒、镇静等作用[11]。近年来,我国科学家对植物器官所释放出来的挥发性有机物进行了大量研究,分析测定了 100 多种树木的叶、花、木材所放出的精气成分,其化学成分多达 440 种[12],其作用远远超出了杀虫、杀菌功能。大量的植物挥发出来的有机物有防病、治病、健身强体的功效。植物精气是森林度假和疗养旅游的重要资源,在规划设计时要系统调查合理利用,不足的要规划营造,使之成为一个理想的度假场所。

9.3.5 较长的旅游舒适期

良好的气候能满足人们出游的基本生理需求,宜人的气候有利于人的健康,追求舒适宜人的气候是人们外出旅游的重要动机之一,气候资源是重要的旅游资源。大多数人对周围环境感到舒适的程度称为舒适度。特尔俊(W. H. Terjung)研究表明,人体的冷、热感觉主要取决于 3 个因子,即空气温度、湿度和风速,并用舒适指数来表示舒适度,通过心理测试,将人们对周围环境的感觉分为极冷、非常冷、很冷、稍冷、冷、凉、舒适、暖、热、闷热、极热 11 个类型[13]。在一年之内感到凉、舒适、暖的总天数为旅游舒适期[14]。一般来说,旅游舒适期 165 天以上的为一类地区,151~165 天为二类地区,135~150 天为三类地区。根据吴章文等的研究,在我国南方典型的森林度假旅游区,旅游舒适期都较高(159~193天),而在城市居住环境中,由于空调、机动车、工厂散发出大量的热量,造成空气干燥、热辐射等,形成"热岛"效应,使得城市舒适期短。舒适的气候成为度假旅游地的必要条件。

9.3.6 极少的空气细菌含量

空气没有细菌生活所需要的基本条件,所以它不是细菌生长繁殖的场所。空气中的细菌主要来源于飞扬起来的土壤中细菌、人和动物呼吸道排出的细菌。细菌附着在尘埃或液体飞沫上,凭借风力随着空气的流动,可达 3000km 远,可飞 20000m 高。空气是细菌旅行的主要场所。

由于空气中绝大多数细菌对人体健康有害,空气细菌含量多少成为评价空气质量的指标。空气中单位体积(每立方米)中微生物(主要指细菌)数量的多少,是衡量一个地方空气质量好坏的重要指标之一。空气中细菌数量多,则说明该地方的空气质量差。清洁的空气是度假旅游和保健旅游的重要资源,合理利用空气细菌含量少的区域建设度假村,将有利于游客的身心健康,为建设舒适的旅游景区打下基础。

度假旅游地一般远离城市,空气中细菌含量少,加上森林放出的植物精气有杀菌能力;森林中空气负离子浓度较高,空气负离子能杀菌,所以在郊野的森林中空气细菌含量少,对人体健康有益。而在城市中或人群集中区域,空气细菌含量较高,不利于人体健康。研究表明,瀑布周围的空气中细菌含量最少,森林空气中细菌含量为 0~320 个/m^3,极个别森林会达到 500 个/m^3;而城市空气中细菌的含量一般为 2700~28600 个/m^3,大部分城市为 16000~28600 个/m^3。

在旅游区评价空气细菌含量时，采用国家卫生标准。根据《国家生态旅游区标准》，空气中细菌含量限值为 3700 个/m³。空气中细菌含量超过国家限标则不适合建设生态旅游区和接待设施。参照中国科学院生态研究中心对大气微生物污染级别划分提出的评价标准（《大气微生物污染级别划分标准》），在生态旅游区的空气细菌含量等级评价时可参照此标准进行更细的评价。将每立方米空气中细菌含量小于 2500 个的生态旅游区评定为清洁旅游区；而大于 2500 个/m³ 则为不清洁生态旅游区，应采取相应的措施进行整治，监督生态旅游区的开发建设达到健康、持续的要求。

9.3.7 合适的天然外照射贯穿辐射剂量水平

在自然条件下，大气和水体中都含有极微量的放射性物质，辐射剂量很低。但随着原子能工业的发展及其在医学、军事、科研、民用等各项领域的广泛应用，使大气和水体中的放射性物质不断增加，使环境的放射性水平高于天然本底值或超过规定标准，构成放射性污染。

环境放射性的辐射源可分为天然辐射源和人工辐射源（如核试验、医学照射等）两大类。在天然辐射中，经统计表明：有 1/4 来自宇宙射线；1/2 左右来自地球辐射；另有 1/4 来自体内的放射性。在地球辐射中，来自宇宙射线以及地面上天然放射核素发射的 γ 和 β 射线对人体的照射称为外照射，约占 80% 左右，另有 20% 由食物链或吸入转移到人体并沉积于人体组织内所发生的辐射称为内照射。含有放射性的大气、水、碳渣和尘埃会产生电离辐射。当 α、β、γ 射线与生物机体细胞、组织等相互作用时，常引起物质的原子、分子电离，从而破坏机体内某些大分子结构。放射性污染物进入人体主要有 3 种途径：呼吸道进入、消化道食入、皮肤或黏膜侵入。放射性污染物进入人体之后，往往沉积在人的内脏组织器官，如肺、胃肠、肾脏、肝脏以及骨骼中，产生"内照射剂量"。

在自然条件下，环境（如大气、水体）中都有极微量的放射性物质，辐射剂量低，在一般情况下，并不会影响人体健康。但是当放射性污染物种类或数量多时，会出现头晕、头痛、呕吐、毛发脱落、厌食、失眠、白细胞和血小板减少等现象，严重时可能发生肿瘤、白血病或遗传障碍，甚至造成死亡。超标的天然辐射剂量水平对森林度假旅游区的建设是致命的，将直接威胁游客和接待人员的身心健康。例如，一些花岗岩山区局部地区严重超标，不能作为开发的重点，更不能在超标的区域建设旅游度假区。在我国岭南一些花岗岩山区，有部分旅游区环境天然外照射贯穿辐射剂量水平超标，有些测点超过极限值一倍以上，这些超标的区段绝不能建设旅游住宿设施和度假村。通过测定天然辐射剂量水平，可以合理地避免在超标地段建设接待区的风险。因此，在生态旅游区选址时，必须进行环境天然外照射贯穿辐射剂量水平测定，并应该作为旅游区环境评价的一个强制监测指标。由于 α、β 射线辐射距离短，对人体危害可忽略不计，γ 射线穿透能力强，对人体危害大。因此，生态旅游区在调查天然辐射剂量水平时通常只分析 γ 射线。

通过计算天然辐射和宇宙射线所致人均年有效剂量当量来判断旅游区的天然辐射剂量是否在安全范围内。参照中华人民共和国《辐射防护规定》（GB 8703—2002）中对个人剂量的限制值，即公众成员的年有效剂量当量以 1000μSv（微希沃特）为限值标准，某些年份里以每年 5000μSv 为限值标准。通过查清旅游区、居住区域环境放射性水平的天然本底值，为旅游规划决策提供科学依据，为建设健康的生态旅游区筛选有利的环境，同时把最佳的生态环境推荐给游客。

9.3.8 宁静优雅的环境

城市中车辆不断增多，城市建设永不停止，工厂的生产没日没夜，各种噪声对人们健康的危害、对通信的干扰日益严重，已被认为是一种环境公害。由于噪声引起的听觉损伤、心率加快、血压升高、月经不调、性功能减退等疾病统称为噪声病。城市里的人在快速、忙碌之后，需要宁静优雅的环境休息、调整身心，因而宁静的环境便成为城市人假日追求的奢侈品。在生态旅游区和森林度假旅游区，应该充分考虑游客的这种需求，调查接待区的噪声情况，避免造成错误建设。一般旅游区噪声标准参照执行《城市区域环境噪声标准》（GB 3096—93），度假区和生态旅游区必须达到 0 级标准，休闲旅游区必须达到 1 级标准。

9.3.9　宜人的小气候

绿是生命之源，绿色是"舒适之光"、眼健康的保护神。红色的光能杀死视神经细胞，眼睛见到红色和黄色的光，瞳孔就缩小，缩到不能再小的程度，达到保护的目的。见到红色和黄色光的时间长，会产生眼花、心躁；见到绿色的光，视神经感到安全舒适，瞳孔会放大到不能再大的程度，人们的感觉特别舒服，心旷神怡。

森林植物以绿色和青色为主，自然界的各种物体有不同的色彩，不同的色彩对光的反射率不同，反射率在 60% 以上的色彩容易使人产生刺眼的感觉，而绿色的反射率为 47%，青色对光的反射率为 36%，都比较适中，对人体神经系统、大脑皮层和视网膜组织的刺激比较柔和，使人的眼睛不容易疲劳，保护了人的视觉神经系统。

在森林里由于地形遮蔽和森林覆盖，林内与林外相比，日照时数减少 30%～70%，光照强度减弱 31%～92%，太阳总辐射通量密度减小 23% 以上。地形愈闭塞、林冠郁闭度越大，其减弱程度越大。例如，张家界国家森林公园的金鞭溪景区的年可照时数为 4425h，而实照时数仅 809.8h，日照百分率仅 18%。该景区 5 月上旬正午的太阳直接辐射通量为 473.5J/（cm² · min），日总量仅 0.23×10 J/（m² · d），比外界小 23%。森林内具有日照少、日射弱的小气候特征。这种独特的小气候环境具有的造景功能，孕育了森林里深邃神秘朦胧的幽深。森林里气温低，日较差小，与外界临近的空旷地比较，夏季林冠下，白天气温低，日变化缓和，树冠像一把撑开的大伞阻挡了太阳直接辐射，降低了气温，郁蔽度高、通风良好的林冠可使白天的最低温度降低 8.0～14.0℃。大多数森林分布在山地，夜间贴地层的大气有明显的逆温现象。又如，流溪河国家森林公园傍晚 17 时至次日凌晨 6 时之间，均存在辐射逆温，逆温强度为 0.1～1.69℃/m。这种局部环境的低层大气逆温结构，使空气静稳，延长了植物精气在林内的停留时间，增强了森林的卫生保健功能，提高了森林环境质量，有益于人体身心健康。

森林小气候的另一显著特点是空气相对湿度大，云雾水汽多。一般森林内晴天的空气相对湿度可达 80%～93%，空气湿润、清洁，使人感觉舒爽。森林里由于地形起伏，林木阻挡，风速减小，多静风，静风频率比林外多 21%～30%，风速比林外降低 0.2～2.3m/s。

一年中令人感觉舒适的时间称为舒适期，用日平均气温和日平均空气相对湿度的综合值表示。夏季长，暑热天多，酷热难熬，而亚热带森林环境里的气候舒适期一般长达 155～196 天，比同纬度的城镇长 26～34 天。

在日平均气温令人感觉舒适的季节里，不一定昼夜 24h 都使人舒适。一昼夜里令人感觉舒适的温度持续时间称为舒适有效温度，亚热带地区，而亚热带山区的森林里几乎昼夜 24h 令人感觉舒适，舒适有效温度持续时间比临近的城镇要长 8～12h，甚至要长 24h。舒适宜人的环境是人们休闲度假，生态旅游的理想去处。

9.4　自然生态旅游资源的开发利用

9.4.1　深挖环境资源价值，深度开发生态旅游产品

旅游区良好的环境就会形成高质量的生态旅游资源。例如，在森林旅游区，应充分利用森林植物的多样性，测定空气负离子和植物精气成分，合理利用较高浓度的负离子和有益的植物精气资源开发"森林浴"和生态保健区，形成具有市场吸引力的森林生态旅游产品。在水量较大、落差较高、环境良好的瀑布区，测定空气负离子的水平，利用高浓度负离子能治病的原理，开发"负离子浴"和"负离子疗养区"，

结合"地形疗法"和"气候疗法",开拓"森林医学"理论,建设"生态旅游养生中心";在环境宁静优雅的森林中,建设"静养场",治疗"失眠症"和"忙人病",形成森林生态旅游产品;在缺乏植物精气和空气负离子资源的景区,要建设旅游区,可以通过规划设计,营造具有良好生态环境资源的景区。通过多形式、多角度地开发优势环境资源,推动旅游区健康、和谐、有序发展,构建环境友好型的生态旅游区和旅游度假区。

9.4.2 科学规避有害环境因素,建设健康的生态旅游区

根据多年的实践经验,花岗岩地区的天然辐射剂量水平通常较高,如果作为度假区或接待区应特别重视。国内某海滨旅游度假区就因天然辐射剂量水平严重超标,造成接待区建成之日就是破产之时。在南方某高山草原的生态旅游开发中,由于没有调查该旅游区的气候舒适度,在山上建成的度假设施由于湿度太大,造成各种设施常年潮润,游客基本无法住宿。

此外,空气细菌含量和噪声水平也是旅游度假区和旅游接待区要调查的重要环境因子。细菌含量过高会引发各种疾病,造成接待物品腐败;噪声污染会严重影响游客的身心健康和旅游心情,从而导致旅游满意度下降。经验表明,良好的自然景观区环境资源不一定优秀,不一定适合建设旅游度假区,环境中往往暗藏着有害健康的环境因子,充分调查有害环境因子是旅游区避免环境灾难、确保建设健康生态旅游区的有效途径。

随着人们对环境的关注进一步加深,环境资源将被充分开发出来,逐步成为旅游区的核心吸引物之一,成为重要的旅游资源。在开发建设旅游度假区和生态旅游区的过程中,应该充分而广泛地调查各种环境资源,开发有利于人们身心健康的优势环境旅游资源,避免有害的环境因子,着力建设健康、友好的旅游区。因此,建议国家有关部门将环境资源作为一组旅游资源类型,列入旅游资源的调查范围,并制定相应的评价标准,合理利用大自然赋予人类的宝贵财富。

参 考 文 献

[1] 刘振礼,王兵. 新编中国旅游地理(修订版)[M]. 天津:南开大学出版社,2001:105.

[2] 吴必虎. 区域旅游规划原理[M]. 北京:中国旅游出版社,2001:160.

[3] 吴楚材. 论生态旅游资源的开发与建设[J]. 社会科学家,2000,4:7-13.

[4] 吴楚材. 森林环境资源与森林旅游产品开发 [M]. 北京:中国旅游出版社,2007.

[5] 郑群明. 森林保健旅游[M]. 北京:中国环境出版社,2014.

[6] KRUEGER A P. The biological effects of air ions[M]. Washington:Int. J. Bioneteorol,1985:29,205.

[7] 李安伯. 空气离子研究近况[J]. 中华理疗杂志,1988,11(2):100-104.

[8] 郑群明. 空气负离子在森林生态旅游中的应用研究[D]. 长沙:中南林学院硕士学位论文,2000.

[9] 郑群明. 全新旅游资源学[M]. 北京:中国林业出版社,2008.

[10] 刘代中. 森林浴:最新潮健身法[M]. 台北:青春出版社,1984:5.

[11] 只木良也,吉良龙夫. 人与森林:森林调节环境的作用[M]. 唐广仪等译. 北京:中国林业出版社,1992:205-241.

[12] 吴楚材,郑群明. 植物精气研究[J]. 中国城市林业,2005,4:61-63.

[13] 魏德保. 森林与人类健康[M]. 北京:科学出版社,1981:30-32.

[14] 刘继韩. 我国东部若干名山康乐气候分析[J]. 旅游学刊,1988,S1:53-59,35.

第三篇

区域发展篇

第 10 章　北京生态旅游发展报告①

唐承财　覃浩庭　邹华丽　尚晓佳　北京第二外国语学院旅游管理学院，北京

北京市具有丰富的自然生态旅游资源、厚重的历史文化生态旅游资源与多样的民俗文化生态旅游资源。近年来北京市生态旅游获得快速发展，本章从发展回顾、发展现状、发展的创新经验、发展中存在的不足对北京市生态旅游发展进行了系统分析，最后提出了一些促进北京市生态旅游发展的建议。

10.1　北京生态旅游发展回顾

北京市生态旅游发展由来已久，根据其发展历程，我们将其划分为三个阶段。

10.1.1　萌芽探索阶段（1999 年以前）

改革开放后，北京市社会经济发展速度很快，市委市政府高度重视城市生态环境建设，特别是加强湿地自然保护区、森林公园等生态旅游资源保护与发展。例如，1992 年西山、上方山、莽山被列入国家级森林公园，1995 年云蒙山被列入国家级森林公园。截至 1999 年，北京市有森林公园 14 处，总面积为 24433hm²，其中国家级森林公园 4 处[1]。此阶段，北京乡村生态旅游也悄然兴起，其旅游形式以郊区农村观光、学生郊游和农家乐为主。

10.1.2　起步发展阶段（1999—2008 年）

国家旅游局确定 1999 年为"中国生态环境游年"，北京市积极响应国家旅游局的号召，举办系列活动推动中国生态环境游年，大力开发生态旅游。2002 年，北京市人民政府批准将延庆野鸭湖湿地自然保护区升级为市级自然保护区；2003 年，北京市建设北京翠湖湿地公园；2005 年，北京市人民政府批准建设汉石桥湿地自然保护区，同年 6 月，汉石桥湿地自然保护区管理办公室成立，主要负责湿地的保护、科研科普、开发利用等工作。2006 年，国家林业局批准设立北京野鸭湖国家湿地公园，并开始建设野鸭湖湿地博物馆，这是华北地区首座湿地博物馆。2008 年，奥林匹克森林公园全部竣工。以"吃农家饭、住农家院、观自然景、赏民俗情、享田园乐"为主要内容的乡村生态旅游活动迅速发展。这一时期北京市乡村旅游的主要特点表现在 4 个方面：一是乡村旅游产业规模迅速扩张。到 2002 年年底，郊区已有 10 个区县开展了乡村旅游接待活动，乡村旅游接待户达到 1520 户。二是乡村旅游产品逐步丰富。北京郊区已形成食宿接待型、观光采摘型、特色餐饮型、休闲度假型和生态健身型等多种形式的乡村旅游产品。三是经营理念亟待转变。乡村旅游经营者特别看重菜品质量、味道和价格，而对旅游接待地吸引游客至关重要的一些因素，如特色、环境、服务等没有高度关注。四是经营方式趋向多元化。乡村旅游经营方

①　致谢：感谢北京第二外国语学院旅游管理学院 2013 级旅游规划班陈嫱、赵晓跃、陈晓红、张坤玥同学在报告撰写过程中协助收集相关资料。

式从农民自主经营逐渐转变为村集体经营、农户自主经营、政府主导经营、混合经营等多种经营方式[2]。

10.1.3 政府引导阶段（2009 年至今）

2009 年，由国家旅游局、海南省人民政府主办的 2009 年中国生态旅游年启动仪式在海南三亚举行。2009 年，北京市以建设"绿色北京"为总目标，工作重点由中心城转移到新城和远郊区，构建"山区绿屏、平原绿网、城市绿景"三大生态体系。截至 2011 年，北京市森林公园增加为 28 处，总面积为 89540hm²。其中国家级森林公园 15 处，占地 68441hm²；省市级森林公园 13 处，占地 21099hm²，主要分布于房山、昌平、怀柔、门头沟、大兴和延庆等区县[1]。2009 年以来，北京市旅游局开展了生态休闲旅游度假区评定工作。生态休闲旅游度假区要求面积不小于 100km²，生态环境良好，生态系统多样性、生物多样性、景观多样性得到有效保护和永续利用，是以开展生态休闲旅游活动为目的的特色旅游功能集聚区。丰台区南宫集新农村建设、现代地热科普教育、农业观光采摘、温泉养生、休闲娱乐度假、登山健身、感悟佛教文化于一体。自 2009 年全面开展生态休闲旅游度假区创建工作以来，南宫不断完善基础设施功能，提升生态休闲旅游度假的舒适度，走旅游精品建设之路，使南宫成为广大游客满意的生态、低碳、时尚的"乐活家园"。2010 年，北京市旅游局为丰台区王佐镇南宫举行了生态休闲旅游度假区授牌仪式。北京市第一家"生态休闲旅游度假区"正式诞生。2013 年，国家旅游局与环境保护部联合启动国家生态旅游示范区创建工作，首批示范区中北京市有两家入选，分别为南宫国家生态旅游示范区、野鸭湖国家生态旅游示范区；2015 年，北京市平谷金海湖风景区入选国家生态旅游示范区。

10.2 北京生态旅游发展现状

10.2.1 生态资源基础具有多样性

北京市多样的地形地貌条件为生态旅游发展提供了内容丰富的载体，北京市山地约占全市面积的 2/3，约 10072km²。北京市生态旅游区主要集中在山区，由山、水、天象、生物四大要素构成，涵盖自然保护区、森林公园、地质公园、湿地公园、风景名胜区及水利风景区等。

（1）作为都市型区域，其森林覆盖率较高

北京市是我国首都，属于典型的都市型区域。2014 年，北京市完成人工造林面积 2.43 万 hm²，比 2013 年减少 23.1%；北京市林木绿化率达到 58.4%，比 2013 年提高 1%；森林覆盖率达到 41%，比 2013 年提高 1%，相对不少大都市区，其森林覆盖率较高。

（2）区域面积较小，但生物多样性较为丰富

北京市总面积 16410.54km²，相对很多省市，面积较小。北京市地区的动物区系有属于蒙新区东部草原、长白山地、松辽平原的区系成分，也有东洋界季风区、长江南北的动物区系成分，故北京市的动物区系有由古北界向东洋界过渡的动物区系特征。此动物区系有兽类约 40 种，鸟类约 220 种，爬行动物 16 种，两栖动物 7 种，鱼类 60 种。北京市地带性植被类型是暖温带落叶阔叶林并间有温性针叶林分布。大部分平原地区已成为农田和城镇，只在河岸两旁局部洼地发育着以芦苇、香蒲、慈菇等为主的沼生植被，但多数洼地已被开辟为鱼塘，在撂荒地及田埂、路旁多杂草；湖泊、水塘中发育着沉水和浮叶的水生植被。海拔 800m 以下的低山代表性的植被类型是栓皮栎林、油松林和侧柏林。海拔 800m 以上的中山，森林覆盖率增大，其下部以辽东栎林为主，海拔 1000m 至 1800～2000m，桦树增多，在森林群落破坏严重的地段，为二色胡枝子、榛属、绣线菊属占优势的灌丛。海拔 1800～1900m 以上的山顶生长着山地杂类草草甸。

（3）历史文化厚重，民俗文化多样

北京市是我国历史文化名城，具有非常厚重的历史文化积淀，是宗教、传统建筑、非物质文化等聚集地。民俗文化丰富多样，有北京春节厂甸庙会、门头沟妙峰山庙会、东岳庙行业祖师信仰习俗、房山大石窝石作文化村落、石景山古城村秉心圣会、通州区漷县镇张庄村龙灯会、门头沟龙泉务童子大鼓老会等民俗文化。

10.2.2　生态旅游发展形成多种类型

北京市丰富的自然旅游资源和人文旅游资源为生态旅游业的发展奠定了雄厚的物质基础。经过 30 多年的发展，北京市的生态旅游资源已具备一定规模，基本形成了以西山、上方山、蟒山等为代表的森林游憩生态旅游景区，以野鸭湖、红螺慧缘谷、苏家坨稻香湖等为重点的湿地观鸟生态旅游景区，以平谷的"桃花节"、大兴的"西瓜节"、门头沟的"樱桃采摘节"等为代表的农业体验生态旅游景区，以石花洞、周口店猿人遗址、京东第一洞等为主的地貌奇景考察生态旅游景区，以十渡拒马河、延庆妫河、永定河峡谷等为重点的江河漂流生态旅游景区，以康西草原、白草畔、灵山等为代表的草原风情生态旅游景区，以雪世界滑雪场、怀北滑雪场、八达岭滑雪场等为主的滑雪生态旅游景区等。

10.2.3　生态旅游发展形成一定规模

北京市生态旅游始于 20 世纪 80 年代，八达岭长城、十三陵等风景名胜区开发较早（1982 年）。北京市凭借自身得天独厚的自然景观和区位优势，经过 30 多年生态旅游发展的探索和实践，使当地居民的收入增加，同时也带动了相关产业的发展。当前，北京市建立了近 80 家各类生态旅游区，成为开展生态旅游、科研考察、教学实习、科普教育、旅游观光、休闲度假的主要场所。其中自然保护区 20 个（包括森林类自然保护区和湿地类自然保护区），总面积约 1365km^2，占全市国土总面积的 8%；森林公园共 21 处，总面积约 757km^2；地质遗迹保护区 8 处，其中国家地质公园 3 处、市级地质公园 2 处、地质遗迹保护区 3 处，总面积 713.27km^2，占全市国土总面积的 4.3%；风景名胜区共 26 处，其中国家级 2 处、市级 8 处、区县级 16 处，总面积为 2224.2km^2。

10.3　北京市生态旅游发展的创新经验

10.3.1　政府高度重视旅游业发展中的生态保护建设协调

近年来，由于北京地区经济的发展，尤其是旅游业的发展受到了雾霾天气、水资源枯竭和能源价格上涨的严重影响，再加上北京地区多样的地形地貌条件为生态旅游发展提供了内容丰富的载体，如山地约占北京市面积的 2/3，大部分均为生态涵养区，这些由山、水、天象、生物四大要素构成的山地旅游区、自然保护区、森林公园、地质公园、湿地公园、风景名胜区及水利风景区等非常适合集中发展生态旅游区。生态旅游作为旅游业为应对气候变化和能源危机而提出的新型旅游发展形式，以全新的理念指导旅游观念、发展方式和消费方式的转变，得到了北京市政府的高度重视。

10.3.2　政府加强生态旅游法治与生态旅游品牌建设

《北京市旅游管理条例》分别在第三条、第七条强调了生态保护原则，"鼓励和支持一切组织和个人对破坏旅游资源和损害旅游者合法权益的行为进行社会监督和舆论监督"。2008 年，北京市旅游局基于生态产业转型升级理念，率先在全国出台《生态休闲旅游度假区评定规范》，引导生态休闲旅游在资源与环境保护、精细化管理、基础设施建设和营销宣传等诸多方面进一步优化和提升，提出了"划定生态敏感区域"，为动植物"设立隔离区、缓冲区"的要求。

10.3.3 政府注重生态旅游产品的研发与设计

针对生态旅游存在的同质化问题，北京市一直致力于深入挖掘生态旅游资源和文化融合发展，并组织专家对各区的生态旅游资源特色进行了细致调查、认真研究，明确了各个郊区不同的生态旅游特色的清晰定位。例如，房山区为"北京祖源、休闲胜地"，大兴区为"绿海甜园"等。同时，结合京郊旅游提档升级，在国内首次提出了"生态渔村""养生山吧"等全新的生态旅游业态概念，并分别以北京市旅游地方标准的形式加以明确、固化和推进。

10.3.4 政府积极以"旅游下乡"试点活动为抓手发展生态旅游

"旅游下乡"是指旅游休闲活动向乡村流动，资本、科技、人才、信息要素、公共服务设施进入乡村发展，形成一系列政策和措施的集成。北京市在部分资源丰富、生态良好的地区，结合"旅游下乡"试点活动大力发展生态旅游，以自然生态、农耕文化、民风民俗、休闲养生为主要旅游吸引物，强调保持自然生态和人文环境的原真性、乡土性，培养游客热爱自然、保护自然的环保意识。

10.3.5 政府主导开展"百千万"人才培训工程，加强生态旅游人才培养

2013 年，北京市旅游发展委员会启动了对百名乡镇长、千名村官、万名京郊旅游及生态旅游等新业态带头人的"百千万"培训工程。北京市旅游发展委员会计划用 3 年时间对全市京郊生态旅游从业者进行一次全面培训，在北京每个郊区县都建成一个具有带动作用的京郊生态旅游综合体、一个民俗旅游示范乡镇、一种主打的旅游特色商品，促进京郊生态旅游从一般观光游的服务能力，向观光与休闲度假相结合的服务能力方向提升。

10.3.6 采用灵活的经营模式，提高当地区民的参与程度

目前，北京郊区有许多成功的生态旅游经营和管理模式值得借鉴。例如，北京市房山区韩村河镇"公司+社区+农户"生态旅游发展模式：公司先与当地社区（如村委会）进行合作，通过村委会组织农户参与乡村旅游，公司一般不与农户直接合作，但农户接待服务、参与旅游开发则要经过公司的专业培训，并制定相关的规定，以规范农户的行为，保证接待服务水平，保障公司、农户和游客的利益。北京市房山区韩村河镇就是采用北京韩建集团与韩村河镇村委共同经营、村民提供住宿餐饮等服务这一方式成功建成国家 3A 级旅游景点。

北京市昌平区禾子涧生态旅游区采用"政府+公司+农户"生态旅游发展模式。这一模式根据利益多元化的原则，发挥旅游产业链中各环节的优势，通过合理分享参与者利益，避免了过度的商业化，又调动了当地居民的积极性，提高了农民的生态意识，从而为旅游可持续发展奠定了基础。具体的做法是：政府负责该旅游区的规划和基础设施建设，优化发展环境；乡村旅游公司负责经营管理和商业运作；农民旅游协会负责组织村民参与导游、工艺品的制作、提供住宿餐饮等，并负责维护和修缮各自的传统民居，协调公司与农民的利益；旅行社负责开拓市场，组织客源。

10.3.7 重视将生态旅游与其他旅游业态的积极融合，具有很强带动性

生态旅游具有十分丰富的内涵和外延，任何能够实现生态与旅游和谐发展的业态都应纳入生态旅游体系中，北京地区生态旅游与生态观光农业、文化创意产业、遗产旅游、森林旅游、动植物观光旅游、工业旅游等旅游业态的融合发展取得了突出的成就。

（1）生态旅游与生态观光农业、文化创意产业、都市农业的融合

北京郊区不仅具有丰富的自然资源、旅游资源和历史悠久的文化资源，而且有十分丰富的生物资源、农业资源，遍布郊区的名山、秀水、森林、奇洞、皇陵、寺庙等各种自然景观、人文景观、休闲娱乐景观数以千计。得天独厚的旅游资源使北京郊区成为国内旅游的首选地区，也对海外游客产生了巨大的吸引力。所以，在生态原则指导下，北京地区把生态观光农业、文化创意产业、都市农业结合起来发展生态旅游文化创意产业的模式，既有资源禀赋，又有市场，值得深入研究与发扬[3]。

（2）生态旅游与遗产旅游的融合

北京周边地区有丰富的古村落遗址遗迹，古村落作为重要的文化遗产、自然遗产和非物质文化遗产资源，对游客来说具有特殊的吸引力。然而，北京周边地区古村落可持续旅游发展存在着诸多问题，主要问题包括缺乏整体管理、旅游产业规模小、旅游投入不足、基础设施落后等，限制了该区旅游业的发展。因此，将生态旅游引入古村落旅游，在生态原则的指导下，能够为古村落提供整体性保护、特色性保护和动态性保护的遗产资源保护对策，生态旅游的内涵与古村落遗产旅游、文化旅游、农业旅游、休闲旅游、民俗旅游等业态的融合，可以丰富古村落等遗产旅游的产品体系，促进北京地区旅游业的可持续发展。

（3）生态旅游与森林旅游、动植物观光旅游的融合

森林旅游、动植物观光旅游，具有自由、时尚、绿色和亲近自然的特点，本身就是生态旅游的一个主要内容。而北京地区摊大饼式城市化的不断扩张，引发了城市绿色隔离带和国家森林公园建设的热潮。2011 年北京市森林公园增加为 28 处。北京地区丰富的森林资源，为森林旅游的发展提供了良好的资源基础，同时在森林公园里又有着大量的动植物栖息地和动植物研究中心、生态博物馆等，因此，观鸟旅游、麋鹿中心科普旅游等旅游形式也成为森林旅游的大卖点。

（4）生态旅游与工业旅游的融合

北京周边有着丰富的矿业资源，矿山地理位置优越，自然资源丰富，人文历史资源独特，具有较高的工业和生态旅游开发潜力。例如，北京首云铁矿在采矿生产过程中，同时进行了生态重建工程，展现了人类在生态学原理指导下，修复自然、重塑生态景观的能力，较为系统地建成了矿区采场、矿石传输系统、尾矿库、选矿场、铁矿博物馆等系列工业旅游产品[4]。

10.4　北京市生态旅游发展中存在的不足

10.4.1　缺乏科学的生态旅游规划编制

当前全北京市尚未启动生态旅游资源普查工作，也未对全北京市开展生态旅游发展规划工作，北京市不少生态旅游景区，处于生态涵养区，在没有统一的、高起点的规划前，盲目开发，致使一些原生态的旅游景区受到冲击，野生动植物物种减少，一些独特的地貌受到了破坏，生态系统较为脆弱。另外，一些地区为了发展经济，只顾眼前利益，不讲究持续性发展，造成生态旅游目前面临很多环境问题，主要表现为：旅游区环境卫生状况较差，区内垃圾随意堆积；生态旅游开发建设项目与旅游景区整体环境不协调；水体受到污染，空气质量下降，生态旅游资源遭到破坏，生态环境退化、恶化等。因此，编制科学的生态旅游规划，对于政府与企业从整体上指导全北京市生态旅游发展具有重要意义。

10.4.2　生态保护法律法规不健全

目前，我国已形成以《中华人民共和国环境保护法》《中华人民共和国野生动物保护法》《中华人民共和国自然保护区条例》等为基础的野生动植物保护法律法规体系。北京市许多生态旅游景区均位于生

态涵养区或都市发展区内，承担着重要的生态保护功能。然而，现有的法律法规多数只适用于绝对保护区，缺乏针对开展北京市生态旅游区域的相关环境法律法规，这就使得旅游开发规划的各项工作以及管理的各项指标要求没有可以适用的法律依据，特别是对旅游新业态（如房车、露营地）尚未形成具体的法律规范。

10.4.3　生态旅游基础设施建设投入不足

一方面政府公共支出少，另一方面私人投资准入门槛高，投资回报低，从而导致北京市许多生态旅游区的服务设施缺乏，政府建设投入严重不足，保护专用设备缺乏、旅游基础设施的生态兼容性较差、保护手段落后、游客环保教育宣传少，环保教育设施薄弱等，远远达不到游客需求。

10.4.4　生态旅游专业人才培养落后

一方面，对生态旅游直接从业者在环境意识的教育、生态保育知识的传授、可持续发展思想的倡导等方面存在一定的欠缺，致使大部分从业者缺乏生态学基本常识与可持续发展的基本理念。另一方面，生态旅游专业人才的培养和引进难以跟上旅游业快速发展的步伐，缺乏高素质的专业旅游经营管理人才队伍和具有核心竞争力的骨干龙头企业，经营管理水平急需提升。

10.4.5　生态旅游产品特色不鲜明，产品层次较低

许多生态旅游景区或多或少地存在着产品单一、特色不鲜明、缺乏创意等问题，经营陷入进退维谷的困境。在体验生态旅游时，大多数游客也只是体验休闲、观赏为主的游憩活动，产品缺乏生态和文化气息。

10.4.6　管理模式有待进一步创新

相对其他类型景区，北京市大多数生态旅游景区面临着更多的政府职能部门监管，尤其是住房和城乡建设部、环境保护部、林业局的监管，为适应这些监管，要求经营企业从内部进行结构调整，建立规范的企业章程和行为制度。此外，由于生态景区的建设与管理需要更充分地考虑到景区周边社区居民的参与，以及其利益分配，因此，生态景区的管理应该采取灵活的管理模式，摒弃传统的"公司+景区"开发管理模式，而采用"公司+社区+农户"模式和"政府+公司+农户"模式等。

10.4.7　生态宣传不够，游客环保意识不强

生态宣传需要强化生态旅游是以保护完整的自然和文化生态系统为目的，是对旅游资源有保护责任的旅游形式，要求参与者具有较高的环境保护意识。随着游客对旅游产品的生态、绿色、环保的要求越来越高，其自身的环保意识有了一定的提高，但因教育程度、传统习惯和个人素质等因素影响，一些游客仍停留在传统的"到此一游"式自然观光，对环境的爱护不够，缺少自觉的环保意识。而这与宣传不到位、宣传力度缺乏有关，生态宣传需要加强。

10.5　关于促进北京市生态旅游发展的几点建议

10.5.1　全面开展北京生态旅游资源普查工作

生态旅游资源普查是保证区域生态旅游业可持续发展的基础性工作。为了促进北京市生态旅游科学开发的战略部署，根据国家标准《旅游资源分类、调查与评价》（GB/T 18972—2003），对北京市内所有

生态旅游资源基本类型进行调查，了解和掌握北京市生态旅游资源的基本情况，建立北京市旅游资源数据库，以利于北京市生态旅游资源的合理开发利用与保护、旅游规划与项目建设、旅游行业管理、旅游资源信息化管理等方面。

10.5.2　编制北京市生态旅游发展规划

生态旅游发展规划是全面指导北京市生态旅游可持续发展的重要纲领。针对当前北京市尚未编制全市范畴内的生态旅游发展规划，因此，本章建议从生态旅游资源系统调查评价入手，系统分析交通区位、旅游市场、服务设施等相关现状，科学定位北京市生态旅游发展目标、市场形象，策划具有政府引导、游客体验、社区参与、市场运作特色的北京市生态旅游产品项目体系，强化生态旅游服务设施建设、社区居民参与能力建设、智慧旅游管理建设等北京市生态旅游发展保障体系。

10.5.3　生态旅游区应积极发展低碳旅游

北京市应积极发展低碳旅游，减少旅游交通排放是关键，加强生态景区基础设施建设，如住宿、饮食、娱乐等方面的节能减排力度，使用低碳技术建设生态景区，启动低碳认证制度，建立低碳旅游景区评价体系，制定生态旅游景区低碳旅游发展政策，建立低碳发展机制等。

10.5.4　加强生态旅游区的科普功能建设，提高游客环保意识

生态旅游发展的一个关键在于培育自己的客源市场，科普宣传不仅是生态旅游区的一个主要目的和功能，而且是一个极具宣传影响力的卖点。如果经营好，不但可以从政府部门得到资金的支持，还能在游客群体中引起广泛的响应。北京市生态旅游应通过智慧旅游等先进方式，加强生态旅游区的科普功能建设，促进生态旅游区的游客环保意识的提升，逐步培育生态旅游者。

10.5.5　政府应加强生态旅游服务设施建设投入

针对当前政府对于生态旅游服务设施建设投入力度较少的现状，政府应着力在生态旅游区的公共卫生间、污水处理设施、给水设施、供暖设施、生态停车场、生态游客中心、生态游步道、免费无线 Wi-Fi 等方面，加强生态旅游服务设施建设投入力度。

参 考 文 献

[1] 陈珂，张颖. 北京森林公园旅游生态足迹的嬗变与启示：基于 1999—2011 年森林公园的统计数据[J]. 湖南农业大学学报：社会科学版，2015(2)：80-84.

[2] 张慧光. 北京市乡村旅游发展模式研究[N]. 中国旅游报，2009-02-25.

[3] 王振如，钱静. 北京都市农业、生态旅游和文化创意产业融合模式探析[J]. 农业经济问题，2009（8）：14-18.

[4] 姜杰，茅炫，李春霞. 矿区工业旅游及生态旅游资源开发研究：以北京首云铁矿为例[J]. 中国矿业，2008，17（6）：102-104.

第 11 章 天津生态旅游发展报告

易志斌　南开大学旅游与服务学院，天津

11.1　天津市生态旅游发展历程

中国生态旅游起步较晚，但发展速度较快。自 20 世纪 90 年代"生态旅游"概念传入中国后，引起了政府、业界和学界的共同关注[1]。尽管当时人们对于什么是生态旅游，生态旅游的发展目标是什么，如何发展生态旅游还缺乏统一的认识，但这似乎并没有阻碍"生态旅游"概念在中国的迅速普及。尽管本土化的"中国式"生态旅游与国际典型生态旅游要求还有不少差距，距离我国推行的生态旅游示范区也有一定距离，但不得不承认，本土化实践对中国生态旅游市场培育、生态旅游产业发展的战略引领作用和影响十分巨大，并正伴随中国市场经济的发展、休闲度假制度的完善、人民生活水平的日益提高、国家生态文明建设的不断深入而增强。天津市地处华北平原东北部，环渤海湾的中心，东临渤海，北依燕山，旅游资源丰富，景观种类齐全。在全国 74 种旅游资源类型中，天津市拥有 60 多种，包括自然资源 20 余种和近代历史文化资源 40 余种。在自然资源中，海河、温泉、海洋、山地、湿地和湖泊等占主导地位。这些特定的地貌、环境、文化和资源为天津市生态旅游的开发和发展提供了基本条件。近年来，天津市凭借自身得天独厚的自然风光和区位优势，生态旅游发展迅速，不仅使人民增加了收入，也带动了相关产业的发展。回顾天津市生态旅游的发展历程，其主要经历了萌芽、探索和发展 3 个阶段。

11.1.1　萌芽阶段（20 世纪 90 年代）

在 20 世纪 80 年代，全球人口激增，城市膨胀，生态环境不断恶化，在人们开始追求一种"回归自然""追求野趣"的生态浪潮中，"生态旅游"也在悄然兴起。20 世纪 90 年代，"生态旅游"概念刚传入中国。当时，中国绝大部分地区对生态旅游的认识处于萌芽阶段，天津市也不例外。1995 年 1 月在云南西双版纳召开了中国首届生态旅游研讨会，发表了《发展我国生态旅游的倡议》，这标志着中国生态旅游学术研究的开始。在该阶段，国内关于生态旅游还没有一个普遍接受的定义，不同的旅游业界人士和科研人员针对生态旅游的定义、内涵分别有不同的理解。南开大学旅游学系邹树梅和杜江探讨了天津古海岸与湿地国家级自然保护生态旅游的优势、产品定位等[2]。天津地质矿产研究所翟安民和高坪仙认为生态旅游具有 5 方面属性：自然性、低影响利用性、双重目的性、互融性、高层次性，并探讨了天津市滨海地区的生态旅游资源情况及其开发方向[3]。

11.1.2　探索阶段（2000—2011 年）

进入 21 世纪，随着可持续发展思想逐步形成并得到公认，生态旅游也获得了广泛关注，其中最重要的标志是联合国将 2002 年确定为"国际生态旅游年"，并于 2002 年 5 月在加拿大魁北克市召开了由联合国环境规划署和世界旅游组织发起，加拿大旅游委员会和魁北克市旅游局共同组办的世界生态旅游峰会。2002 年 11 月，为了响应联合国关于"国际生态旅游年"的决定，由中国社会科学院和国家旅游局主办的首届"中国生态旅游论坛"在北京召开，就国内外生态旅游理论与实践问题开展了深入的讨论，所通过的《关于中国生态旅游发展的倡议书》在社会上引起较大的反响，极大地推动了生态旅游理论在中国的发展。2005 年，浙江省生态学会、绿色环球 21 中国办事处和浙江林学院联合主办了以"生态环境与社会经济双赢的生态旅游经营"为主题的中国生态旅游国际论坛，吸引了国内外 72 个机构和 160 余名专家与代表参加。2008 年 11 月 12 日，国家旅游局、环境保护部联合颁布了《全国生态旅游发展纲要（2008—2015）》，进一步明确了生态旅游发展方向，明确了生态旅游发展的指导思想、主要目标和重点任务，对全国生态旅游发展具有重要指导意义。2009 年被国家旅游局确定为"中国生态旅游年"，并将主题年口号确定为"走进绿色旅游、感受生态文明"。由此可看出，当时中国旅游政界、业界、学界开始对生态旅游概念逐渐认可和接受，但是对生态旅游理念认识较为肤浅。不少人对生态旅游的理解仅仅停留在走向大自然，对生态旅游的含义缺乏充分的认识和理解，忽视了生态旅游的环境教育和文化保护的意义。这种观点实质上是把生态旅游和自然旅游等同，明显是对生态旅游概念的泛化理解，导致许多号称是"生态旅游"的产品只不过是商家用以招徕客源的幌子，以迎合旅游者向往自然、回归自然的心理。伪生态旅游产品充斥市场，生态旅游市场无序是中国该阶段生态旅游活动开展中最为突出的问题之一。在该阶段，天津市同样出现了各种冠以"乡村生态旅游""湿地生态旅游""森林生态旅游""海洋生态旅游"等名称的项目和产品，以及各种与生态旅游有关的节庆活动、线路、产品。2009 年 4 月 1 日，天津市旅游局、天津市西青区政府、天津市民间文艺家协会共同主办了首届中国天津曹庄花卉生态旅游节。由于对生态旅游缺乏充分的认识和理解，导致出现了粗放型、随意型开发建设；有些旅游规划对生态学、环境学的原理体现或运用不够，在生态旅游区开发建设、生态旅游产品线路设计等方面还存在盲目性；有些景区出现了资源环境的破坏性开发和重复建设现象，或者开发偏重设施建设，忽视环境整治。例如，学者李玉波和闫守刚指出：虽然天津蓟县生态旅游发展迅速，旅游业成为蓟县产业结构中的主导产业，但在其发展中还存在许多问题或不足，主要包括旅游资源开发具有盲目性、环境保护意识淡薄、旅游线路缺乏合理组织等[4]。学者闫维和李洪远指出：天津湿地生态旅游尚处于初期探索阶段，缺乏完善的综合性战略规划和管理规划，甚至没有生态旅游专项规划[5]。

11.1.3 发展阶段（2012 年至今）

经历了十几年的生态旅游理论研究和实践探索，人们对生态旅游的理念不断清晰、深入、完善，各种原则、框架、标准也不断建立。国家国民经济和社会发展"十二五"规划明确指出要"全面推动生态旅游"，全国旅游发展"十二五"规划纲要对发展生态旅游也做出了具体安排。2012 年 9 月，为了科学引导全国生态旅游发展，指导和监督国家生态旅游示范区建设和运营工作，由国家旅游局和环境保护部联合制定了《国家生态旅游示范区建设与运营规范》《国家生态旅游示范区管理规程》和《国家生态旅游示范区建设与运营规范（GB/T 26362—2010）评分实施细则》，并颁布实施。国家生态旅游示范区相关规章制度的实施，填补了国内生态旅游产品认证空白，也保证了发展国内生态旅游区的同时兼顾社会效益、经济效益和生态效益，以保证其可持续发展；同时，加快了我国生态旅游示范区建设，提升了我国生态旅游发展水平。参照有关"国家生态旅游示范区"规章制度，天津市生态旅游区建设也逐渐规范起来，许多生态旅游区也加入到申请"国家生态旅游示范区"认证的队伍，并取得了一定的成绩。2013 年 12 月，国家旅游局、国家环境保护部公布了 2013 年国家生态旅游示范区名单，共 39 家。其中，天津市盘山国家级风景名胜区就是首批入选的"国家生态旅游示范区"。2014 年，天津市黄崖关长城风景名胜区入选国家级生态旅游示范区。2016 年，天津市东丽湖景区入选国家级生态旅游示范区。

11.2 天津市生态旅游发展现状

11.2.1 天津市生态旅游资源

生态旅游资源是在大自然演化、人与自然共同营造下形成的。在人类大规模影响乃至破坏大自然的当今，仍然保持其生态美的生态旅游资源是人类对自然自觉或不自觉保护的结果。国内学者杨桂华等将生态旅游资源定义为"以生态美吸引旅游者前往进行生态旅游活动，为旅游业所利用，在保护前提下，能够产生可持续的生态旅游综合效益的综合体"[6]。生态旅游资源的涵盖面广，内容极其丰富，包括山地、河流、湖泊、海洋、温泉、湿地等。从这个定义来看，天津市有着丰富的生态旅游资源，不仅拥有名山、幽林、秀水，还拥有湖、海、泉、湿地等丰富的生态旅游资源。天津市既有国家 5A 级风景名胜——盘山清幽的自然景色，又有八仙山山高林密、保留着山林野趣的自然特色[7]，还有记载古老地质历史的巨厚的中上元古界地层及海退后在滨海平原留下的贝壳堤和湿地景观，充分体现了天津市生态旅游资源数量多、类型全、特色鲜明等特点。

（1）山地型生态旅游资源

山地型生态旅游资源是自然形成的，在山地生态系统中具有较高生态旅游价值的是森林、草原及荒漠。天津北部的蓟县是集名山、幽林、秀水、雄关、古刹于一体的绿色观光休闲度假旅游区，拥有被称作"京东第一山"的国家重点风景名胜区盘山、八仙山国家级原始次生林自然保护区、九山顶自然风景区和九龙山国家森林公园，与入选世界文化遗产名录的黄崖关长城风景区和属于国家重点文物保护单位的独乐寺等名胜古迹，共同构成一幅俊秀美丽的山水画卷。此类山地型生态旅游资源适宜开展观光、登山、徒步、探险、地质地貌科考等生态旅游活动。

（2）河流型生态旅游资源

河流是指降水或地下涌出的水，汇集在地面低洼处，在重力作用下，经常地或周期性地沿流水本身塑造的洼地流动水体。在河流型生态旅游资源中，可以开展探大江大河之源、观瀑布、漂流、观光等生态旅游活动。天津的平原地势低平，河流汇聚，河流沟渠鳞次栉比，占地面积大。天津位于海河流域下游，是海河五大支流南运河、北运河、子牙河、大清河、永定河的汇合处和入海口，河道纵横交错，素有"九河下梢""河海要冲""北方水都"之称。海河上游支流众多，长度在 10km 以上河流近 300 多条。流经天津的一级河道有 19 条，总长度为 1095.1km。还有子牙新河、独流减河、马厂减河、永定新河、潮白新河、还乡新河 6 条人工河道，总长度为 284.1km。二级河道有 79 条，总长度为 1363.4km；深渠 1061 条，总长度为 4578km。南北运河是著名的御河古道，运河两岸以悠久的漕运文化而久负盛名。近年来，天津加强了沿河景观带的建设，初步实现了景与水相连、人与水相近、水天共一色、林带飘河边的河流融入城市的景观格局。这些河流型生态旅游资源适宜开展亲水休闲、观光、漂流、度假等生态旅游活动[8]。

（3）湖泊型生态旅游资源

湖泊以其烟波浩淼的旷远之美及其与周围山地森林共同构成的"山清水秀"的景色，再加上湖滨的湖水潜在的游泳、潜水等水中娱乐功能，成为对旅游者具有很大吸引力的生态旅游资源。天津湖泊型生态旅游资源较为丰富。众多美丽的湖泊犹如明珠一般镶嵌在津沽大地上，如蓟县的翠屏湖和环秀湖、静海的团泊湖、东丽的东丽湖、津南的鸭淀湖和天嘉湖、北大港湿地自然保护区的北大港水库、宝坻的尔王庄水库等自然风景区。清澈静谧的湖水风光或与群山溪谷，或与平原绿野，交相辉映，异彩纷呈，美不胜收。这些湖泊型生态旅游资源适宜开展水上运动、滨水休闲、风情体验、度假等特色服务的生态旅游活动。

（4）海洋型生态旅游资源

海洋型生态旅游资源指以海洋、海岛为主，也包括众多的海洋生物和岛屿生物在内生态旅游资源，适于开展海滨观光、海滨休闲、度假、疗养、海水浴场、海上体育、娱乐活动、钓鱼、海底探险活动等。天津紧邻渤海湾，是渤海西部的浅水海湾，也是京津的海上门户。海岸线南起歧口，北至涧河口，全长153km，属沉降平原粉沙淤泥质海岸。滩涂面积 370km²，海岸带陆域面积 2266km²。海洋资源可分为海洋自然资源和海洋空间资源两大类。海洋自然资源包括滩涂、海洋生物、海水、海洋油气及海洋能等类别；海洋空间资源包括海洋水运资源、海港、海岸带及滨海旅游资源等。目前，天津市已开发的海洋型生态旅游景区有海滨浴场、东疆人工沙滩海洋、海河外滩公园、中心渔港、北塘渔村等独特的滨海景观。

（5）温泉型生态旅游资源

天津市浅层地热能量非常丰富。早在 20 世纪 30 年代，法国人就在天津的老西开地区开凿了井口温度为 34℃的温泉井。20 世纪 70 年代开始，在李四光的倡导和支持下，经地质工作者三十多年的努力，天津市的温泉资源已基本查明：在宝坻断裂带以南 8800km² 范围内，共分布着地温梯度大于 3.5℃/百米的 10 个异常区，总控制面积 3000km²，总资源量达 8355 亿 m³，相当于 189 亿 t 标准煤。2011 年，天津市与重庆市、福州市一同被国土资源部评选为中国首批温泉之都。天津市 18 个单位利用地热资源建成了温泉康乐项目，已建成温泉游泳池面积达 20000m²。东丽湖温泉度假旅游区被命名为“中国温泉之乡”。这些温泉型生态旅游资源可以通过依托京津新城、东丽湖、团泊湖等新城镇建设，推动地热开发利用示范工程建设，建设一批以温泉为特色的理疗、休闲、度假、康体等生态旅游项目，将天津市打造成京津共享的城际型休闲旅游目的地和全国知名的大众化温泉旅游目的地。

（6）湿地型生态旅游资源

湿地以其独特的芦苇沼泽湿地生态景观和多样珍贵的野生生物资源，展现出独具魅力的自然景观。天津市地处渤海之滨，九河下梢，坑塘星罗，洼淀棋布，河流纵横，库泊遍及，构成了一个湿地网络，该情况在国内非常少见。天津市现有 4 种类型的天然湿地：近海及海岸湿地、河流湿地、湖泊湿地及沼泽和沼泽化草甸湿地[9]。近年来，天津大力发展生态建设，湿地建设与保护日见成效，天津市已相继建成北大港、七里海、团泊洼、塘汉大沿海滩涂、大黄堡 5 处湿地重点保护区，建设了“一南一北”两片生态湿地连绵带。天津市湿地面积超过 24.8 万 hm²，占全市土地总面积的 20.9%。天津市湿地不仅风光秀丽，资源丰富，生物多样性显著，同时具有很重要的科考价值。天津市湿地约有各类动物近 600 余种，主要包括哺乳类、鸟类、两栖类、爬行类、鱼类及大型水生无脊椎动物、底栖动物、浮游动物，其中鸟类尤为丰富。天津市湿地地处东亚—澳大利亚候鸟迁徙路线中部，是候鸟一年两度迁徙的重要停歇地和栖息场所，已发现湿地鸟类 150 种，隶属 7 目 19 科，留鸟占 6.7%，旅鸟占 54%，夏季候鸟占 24%，冬候鸟占 15.3%。不少种类已成为稀有种，其中包括国家一级保护鸟类丹顶鹤、白鹳及中华秋沙鸭等 8 种，国家二级保护鸟类海鸬鹚、白琵鹭、大天鹅等 17 种。如今，北大港、七里海、东丽湖、大黄堡等大型湿地已成为人们春、秋季观赏鸟群、亲近自然的理想去处。湿地型生态旅游资源适宜在划定的区域内开发休闲观光、湿地游乐和水乡体验等生态旅游活动，设置观鸟台、观景台等设施，合理布局一些具有渔家风情的草屋、木屋、木板路、长廊、棚亭等，充分利用芦苇等资源，打造生态旅游产品。

（7）农业型生态旅游资源

农业生态旅游资源是指蕴含着人与自然共同创造的具有生态美的景观及“天人合一”的文化内涵的传统农业，其中农耕的田园风光、牧场、渔业及富有浓郁地方特点的民族风情也具有较高的生态旅游价值。天津市拥有丰富的农业型生态旅游资源，既拥有一些文化底蕴深厚的特色村镇，又具有种类繁多的特色农产品[10]。例如，特色村镇及生态园有西青区杨柳青古镇、水高庄园、蓟县山区常州村、毛家峪村、郭家沟村、东丽区华明新市镇、津南区松江乡村俱乐部、北辰区龙顺生态园、滨海新区诺恩渔业生态园、武清区君利现代农业生态园、宝坻区小辛码头村、静海县西双塘村。名牌农产品主要有北辰青水源有机蔬菜、西青曹庄花卉、张家窝蝴蝶兰、凯润食用菌、东丽傲绿蔬菜、大顺花卉、津南八里台观赏鱼、汉沽三利水产、静海林下柴鸡蛋、宝坻黄庄大米、武清高村西瓜、蓟县瓦岔庄村山药、卫青萝卜、津产大白菜、天津茄子、宁河天祥水产、塘沽诺恩水产、大港神驰奶牛、北辰梦得奶品等。特色干鲜果品主要有蓟县核桃、板栗、柿子、苹果、红果、梨、葡萄等，尤其是盘山柿子、燕山板栗、大棉球红果、黄崖关蜜梨、野生酸枣和猕猴桃等。

（8）科普型生态旅游资源

科普型生态旅游资源旨在研究、科普教育及休闲旅游的植物园、动物园、世界园艺博览园及自然博物馆，既是提高旅游者自然科学知识、增长环境意识的大课堂，也是人们获得高层次理性愉怡的场所，是生态旅游活动难得的地方。科普型生态旅游资源主要类型有植物园、野生动物园、园艺博览园、自然博物馆等。天津市科普型生态旅游资源种类丰富，数量较多。例如，拥有加拿大、泰国、澳大利亚、美国、马来西亚等几十个国家和国内南方各省市 3000 余种各式各样的热带植物的天津热带植物观光园；集中展示多种名、优、奇、特果蔬以及无土栽培、水培、立体栽培、雾培等现代设施农业技术的西青杨柳青园艺科技博览园；展示民俗风情、古韵雄风、江南秀色、写意山水、中西合璧、时代新风的天津武清绿博园；中国第一个主题单元化、全景式展示的集自然探索、科学体验、科学教育于一体的天津自然博物馆等；拥有北极狐、北极狼、白鲸、伪虎鲸、帝企鹅、跳岩企鹅、海狮、海象、海豹等 200 余种海洋动物及上千种珍稀鱼类的天津海昌极地海洋世界等。

11.2.2 天津市生态旅游产品类型

（1）森林生态旅游产品

与其他旅游产品相比，森林生态旅游产品依赖于生态旅游资源的自然性，增加了生态旅游者的参与性，并使旅游者在旅游活动中获得了生态知识和环境教育。森林生态旅游产品是天津市最有特色和优势的旅游产品，是天津市生态旅游产品开发的重点。已建成的一批森林公园、森林类型自然保护区为天津市森林生态旅游产品的开发提供了丰富的自然资源基础和广阔的发展空间。截至 2017 年年底，天津市已建成各级森林公园 4 处、森林型自然保护区 5 处、森林型风景名胜区 1 处，分别是蓟县九龙山国家森林公园、武清港北森林公园、滨海新区官港森林公园、塘沽森林公园、蓟县八仙山国家级自然保护区、宝坻区青龙湾固沙林自然保护区、武清区大黄堡自然保护区、静海县团泊自然保护区、滨海新区北大港自然保护区、蓟县盘山国家级风景名胜区。近年来，天津市以森林公园、自然保护区、地质公园、风景名胜区等为依托，对传统旅游产品进行组合、包装，突出生态特色和生态内容，吸引了不少生态旅游者（表 11.1）。

表 11.1 天津市森林生态旅游产品表

产品系列	代表性的旅游活动	支撑景区
观光旅游	森林观光、观山石、野生动物观赏、植物观赏、观天象等	盘山国家风景名胜区、九龙山国家森林公园、八仙山国家级自然保护区、蓟县国家地质公园等
休闲度假旅游	森林浴、林中散步、林中小憩、垂钓、野餐、野炊、野营、采摘花果等	
运动健身旅游	登山、攀岩、骑自行车等	
科考科普	野生动植物考察、采集制作标本、地质地貌考察等	
文化旅游	天下·盘山、蓟州梨园情旅游文化节、八仙山杜鹃花观赏节、九龙山登山节、国际马拉松旅游活动等	

（2）湿地生态旅游产品

湿地生态旅游产品是指以区域湿地资源为依托，以旅游市场为导向，设计出的能充分显示湿地特征和地方文化的生态旅游产品。当前湿地旅游已经成为国际上流行的旅游之一。湿地被称为"地球之肾"，是陆地上的天然蓄水池，不仅在蓄洪抗旱、调节气候、促淤造地等方面有极其重要的作用，而且是众多野生动植物，特别是珍稀水禽繁殖和越冬的地方。湿地类型自然保护区内的湿地植被、野生动物、人工林等构成了丰富多样的生物景观；沼泽、河流、水渠、鱼塘、水库构成了美丽的水域风光；雾海、日出、晚霞构成了神奇的天象景观，可以以此为依托开展湿地生态观光旅游，游览活动可选择观鸟、游船、摄影、健行、徒步观光或野生动植物专题观赏等。每年 3、4 月，天津市各大湿地公园成了迁徙候鸟的舞台，也给了游客与鸟类亲密接触的机会。近年来，天津市各大湿地公园为游客提供了观光旅游、科学考察、渔俗风情、科普教育、文化旅游等湿地生态旅游产品（表 11.2）。

表 11.2　天津市湿地生态旅游产品表

产品系列	代表性的旅游活动	湿地公园
观光旅游	候鸟观赏、水上观光、摄影、走栈桥	七里海国家级湿地公园、北大港湿地自然保护区等
科学考察	湿地水陆生态系统考察、湿地动物考察、候鸟习性考察、湿地生物多样性考察	
渔俗风情	钓鱼、钓螃蟹、体验渔民生活	
科普教育	参观湿地生态展示馆、湿地生态系统功能和生物多样性教育、湿地环境与候鸟习性教育	
文化旅游	滨海国际观鸟文化节、文学创作、民俗文化、《红旗谱》小说作者梁斌纪念馆	

（3）海洋生态旅游产品

海洋生态旅游产品依托海水、海岸、海岛、海底及海产品等海洋资源，通过海洋生态旅游活动可以培养旅游者宽阔的胸怀，培养旅游者"海纳百川"的精神。近年来，天津市滨海新区依托渤海湾一些未被开发过的原始滩涂开发了一系列海洋生态旅游产品[11]。例如，天津中心渔港项目，依托港内休闲港湾区 1000 个游艇泊位优势，建成了游艇制造、游艇会展、游艇俱乐部三大产业共同发展的游艇产业集群，全力打造成为北方游艇产业中心；天津海昌极地海洋世界项目位于滨海新区响螺湾商务区，是一个集吃、住、行、游、购、娱于一体的综合项目，包括极地海洋馆、酒店式公寓、城市旅游大道等；官港生态游乐园是一个时尚、生态、动感、现代的复合型休闲旅游综合体，主要包括国际风情区、科幻体验区、机械游乐区、水上游乐区、总统农场区、生态绿地区、高尔夫社区、康乐疗养区、湖色观光区等 12 个功能区，是国内领先的特色旅游风景区；汉沽区通过特色农业和旅游业"嫁接"，打造了滨海葡萄观光带和休闲渔业观光带两条旅游农业产业带，滨海葡萄观光带围绕茶淀葡萄种植业，发展集葡萄种植、采摘、观光于一体的休闲度假模式，休闲渔业观光带围绕杨家泊水产养殖业，以杨家泊水产科技园为核心，打造出吃、住、行、游、购、娱一条龙的休闲渔业发展模式。

（4）乡村生态旅游产品

农业生态旅游产品以农村自然生态环境、农业资源、田园风光、农业生产及乡土文化为基础，可以使旅游者在田园风光和清新乡土气息中贴近农村，贴近自然。近年来，天津市依托其丰富的农业型生态旅游资源，开发了一系列乡村生态旅游产品[12]。例如，在西青区、北辰区等城市近郊，重点开发了农业游、林果游、花卉游、渔业游、牧业游等不同特色的主题旅游活动。这些地方以科技为支撑，以循环农业、设施农业为载体，以观光、教育为主要功能，向游客展示农业发展历史及现代农业科技成果，以满足游客放松心情、体验农业的需求。在西青区、静海县等地方，开发了由农民提供土地，让市民参与耕作园地的乡村旅游模式，其一般是将位于近郊的农地集中规划为若干小区，分别出租给城市居民，用以种植花草、蔬菜、果树或经营家庭农艺，让市民充分体验到农业生产过程，享受耕作乐趣。在蓟县山区和滨海新区沿海生态资源丰富的地方，开发了以生态农业、自然景观为基础的观光、休闲旅游，以满足游客体验自然、回归自然的心理需求。在一些历史文化底蕴丰厚的村镇，如杨柳青、北塘等地，利用农村特有的民间文化、地方习俗、民间艺术、民俗风情和居民建筑、古建筑作为休闲农业活动的内容，让游客充分享受浓郁的乡土风情和浓重的民俗文化气息。在武清区、蓟县、宁河县等具有湿地、山水的地方，利用当地特有的自然资源、农业资源和独特的民俗文化，提供购物、垂钓、农家菜品尝、住农家屋等服务，使游客体验农家生活。

11.3 目前天津市生态旅游发展存在的问题及建议

11.3.1 天津市生态旅游发展存在的问题

（1）对生态旅游相关理念认识不足

迄今为止，许多天津市生态旅游区从业人员对旅游业与环境之间的关系缺乏科学认识，误以为去大自然中进行的旅游活动就是生态旅游，对生态旅游中注重保护资源和环境的理念尚未深入理解和广泛接受，有时甚至存在滥用、误用及泛化的现象，以至于在生态旅游开展中仍出现生态破坏等现象。以天津市湿地生态旅游开发为例，从旅游开发者、管理者到游客都缺乏对生态旅游的正确理解，生态环境意识淡薄，开发者和管理者只强调对湿地资源的开发，游客只注重自身获得身心享受，而忽视生态旅游的目的和原则要求，从而对湿地生态环境和生物多样性造成严重的威胁和破坏，无法实现真正意义上的生态旅游。另外，由于不合理的使用和传统旅游的开发，天津部分湿地已经出现生境退化和生物多样性破坏，尤其是很多珍稀保护鸟类数量锐减。

（2）缺乏科学的生态旅游发展规划

生态旅游区具有敏感的天然性，如果随意破坏就会造成生态景观的破坏和不可恢复，因此开发生态旅游产品之前，应该经过科学的规划论证之后才能进行[13]。实际上，在市场经济和利益驱动下，天津市某些生态旅游区缺乏完善的综合性战略规划和管理规划，甚至没有生态旅游专项规划，盲目地上马相关的旅游项目，追求利益的最大化，造成粗放型的经济增长方式，破坏了自然资源，也造成了环境污染。例如，2014 年 5 月 25 日《京华时报》报道：2009 年上半年，天津宁河县七里海国家级湿地保护区范围内一万多亩湿地芦苇被对外承包，5 年后的今天，昔日一马平川的苇田如今沟壑纵横，大面积遭挖土破坏，留下大大小小的坑，浅的为 1～2m，深的则为 3～5m。此外，随着大量生态旅游区的开发，一些现代建筑逐渐在自然保护区渗透，人工景观（如宾馆、饭店和娱乐设施）占有很大比重，这些均造成了原有生态景观的不真实性，违背了生态旅游开发的原则。

（3）生态旅游产品丰富度不够

天津市各生态旅游区多缺乏满足市场需求的创新型、个性、参与型与体验型的生态旅游产品，推出的仍类似传统的观光型旅游产品，绝大部分生态旅游产品与原生性地域特色文化结合不够好，特色不突出，创新品牌意识不强，市场细分不够，最终导致当前天津市许多生态旅游产品缺乏市场吸引力和竞争力，出现难以持续吸引游客、游客停留时间短、消费水平低的现象。以乡村生态旅游为例，当前天津市近郊的许多产品仍停留在低层次的观赏田园风光为主，娱乐仍仅为棋牌、钓鱼、卡拉 OK 等一般性的活动，服务尚停留于餐饮和住宿接待，设施简单。天津市蓟县林业局工作人员张月红等在《天津市森林旅游现状、存在问题及发展对策》一文中提到：天津市各个森林旅游景区路线单一，功能不齐全，缺乏精品线路，缺乏支撑力、吸引力和竞争力都较强的森林旅游项目，森林旅游内涵还不够丰富，缺少像休闲度假、康体疗养、避暑胜地、科普探险型等森林旅游品牌[14]。因此，目前天津市的生态旅游产品开发深度不够，难以吸引高素质、高品位、高消费的生态旅游者。

（4）环境旅游教育不足

从生态旅游的内涵可以看出，发展生态旅游，必须对旅游者和旅游从业人员进行环境教育[15]。通过旅游教育活动普及生态知识，唤醒人们的生态意识，促进生态系统的良性循环，保证生态旅游的可持续发展。环境教育是生态旅游的主要标准、核心内容和关键要素。或者说，不具备环境教育功能的旅游活动即使发生在自然景区，也只能称之为"自然旅游"，而不能称之为"生态旅游"。综观天津市所有生态旅游区，在环境教育方面做得不够理想。例如，学者闫维和李洪远指出，目前天津市湿地生态旅游活动主要局限于湿地观光和观鸟活动，但未提供基本的生态旅游基础设施，如专业的观鸟设备、游览步道、休息的长椅及指导游客行为的宣传牌等，缺乏充分的导游讲解和生态旅游宣传，导致游客环境意识淡薄，生态旅游知识匮乏，不少游客在旅游过程中存在对环境的不良行为，严重干扰湿地鸟类的觅食、休憩、换羽、哺育及迁徙等[16]。

（5）缺乏有效的社区参与机制

当地社区是联系自然环境保护收益、经济收益与社会收益的重要纽带，是生态旅游最核心的利益相关者[17]。生态旅游是通过吸纳当地企业和个人参与生态旅游产品的开发及经营与管理，通过生态旅游利益的回馈机制，甚至通过旅游业的发展和生态旅游产品的开发实现当地对资源利用方式的转变，从而促进当地产业结构的调整和可持续发展战略的实施，最终达到开发一方，造福一方。目前，虽然天津市大部分保护区的生态旅游与社区存在一定的互动，但是社区参与的随机性较大，多为小规模、自发的形式，主要通过提供服务和出售土特产品从旅游活动收益，获益水平偏低，社区还没真正参与到生态旅游发展中去。甚至，原本属于当地社区的资源甚至当地人的生活与活动都成了经营者向游客提供的商业产品的一部分。

（6）生态旅游人才缺乏

生态旅游业要快速、健康、可持续发展，就需要一批不仅具有生态旅游专业知识，而且富有开拓精神和创新意识的高素质人才。然而，天津市旅游从业人员整体素质还不适应生态旅游业发展的要求。目前，绝大多数生态旅游区的从业人员，除了小部分具有大专以上学历外，大多数文化素质较低，或从其他工作岗位转行而来，并未参加过任何专门的有关于生态旅游服务与管理的培训，服务质量较差，具有生态学和环境学相关专业背景的人员更为鲜见，从而导致目前天津市许多自然保护区提供的生态旅游产品不能满足游客精神和心理上高层次的需求，造成所谓"一流景观，三流服务"的局面，致使有些生态旅游区不能提升游客的兴趣，更不能达到生态旅游"回归自然，返璞归真"的目的。

11.3.2　天津市生态旅游发展建议

（1）生态旅游规划先行，注重可持续发展理念

生态旅游是集约型可持续旅游，是旅游业中的知识产业，其旅游对象是具有生态保护色彩的旅游资源，因此对其开发必须按生态学原则，转化成高知识含量的生态旅游产品，而这个转化过程的前提就是制定科学的规划[18]。规划要体现生态旅游的保护性、生态性和知识性，要科学地确定旅游区的环境容量，合理分区，制定资源和环境保育规划，并从试点开始，分步实施，取得经验后再推开。特别是在蓟县中上元古界国家自然保护区、古海岸与湿地国家级自然保护区、八仙山国家级自然保护区、盘山自然风景名胜古迹自然保护区、团泊鸟类自然保护区、北大港湿地自然保护区、大黄堡湿地自然保护区、宝坻区青龙湾固沙林自然保护区，所有基础设施建设和旅游线路设计要避开自然保护区的核心区，而且要尽量采用低耗水、低耗电或零排放的模式，并采用一个适宜的系统处理固体废物和废水，避免造成自然保护区环境污染；做到保持资源的原始性和真实性，与原有的自然背景相协调，避免将现代化的建筑物搬到保护区中，杜绝自然保护区的城市化。生态旅游区中除了必要的游道、观景亭、生态厕所外，其他服务、娱乐设施都应放在景区外的旅游服务区，游道的建设尽量利用原有路径，不破坏自然环境。

（2）加强生态监测，建立管理信息系统

虽然生态旅游不会像传统大众旅游那样给环境带来巨大的负面冲击，但如果开发利用和管理不当，或缺乏科学的监测措施，同样也会给当地的环境和社会带来一定的负面影响。正如前文所述，天津市某些开展生态旅游活动的景区已经出现了一些资源破坏问题，因此，建议在天津市生态旅游区特别是自然

保护区内采取积极措施，包括对生态环境进行监测，利用现代高新技术，如以"3S"技术为基础，监测生态旅游过程中自然保护区内各个自然要素的变化、基础设施的质量和充足度、游客人数、游客满意度、对当地居民的影响等，对生态旅游开发带来的影响进行不断分析预测，及时发现和解决问题，确保生态旅游健康有序发展。同时，建立生态旅游管理信息系统，包括动植物的遗传多样性、物种多样性、生态系统多样性的调查、收集、保护、鉴定、评价等方面的数据管理和服务，通过改善管理手段，使管理趋向自动化和高效化，使旅游营销网络化、现代化，达到提升旅游形象的目的。

（3）提升生态旅游产品档次，创新产品品牌

针对目前天津市生态旅游产品普遍存在的缺乏文化内涵的现状，产品项目设计和开发亟须创新思路，提高文化品位。建议天津市依托蓟县九龙山国家森林公园、八仙山国家级自然保护区、宝坻区青龙湾自然保护区、武清区大黄堡自然保护区、港北森林公园、静海县团泊自然保护区、滨海新区北大港自然保护区、官港森林公园、宁河七里海国家湿地公园的生态、湿地资源优势，结合地区旅游特色，开发精品生态旅游路线。精品的生态旅游线路一定要反映生态性、知识性和科学性。以七里海国家湿地公园为例，它是我国北方面积最大的带有古海岸特色的滨海湿地[19]，建议开发时要突出湿地生态系统的生物多样性、候鸟观察、科普教育的特点，要紧紧围绕珍稀资源"贝壳堤""牡蛎滩"及特色资源"银鱼、紫蟹、芦苇草"做文章，规划设计出有特色的生态旅游活动和项目，把它建成特色鲜明的国内外著名科普基地和生态旅游示范区。

（4）重视当地社区参与

国际生态旅游协会把生态旅游定义为"具有保护自然环境和维系当地人民生活双重责任的旅游活动"，将社区参与作为检验生态旅游的一个重要标准之一。国外学者也认为"生态旅游"一词本身就包含了保护、教育、负责人和积极的社区参与，这也是生态旅游区别于传统自然旅游的一个重要特征。天津市许多开展生态旅游活动的景区往往忽视了当地社区居民的利益和感受，而实际上，社区居民是旅游活动中不可忽视的一个利益相关者。因此，建议在天津市生态旅游发展过程中，从员工招聘到旅游设施承包都应充分考虑当地政府和居民的需求，鼓励当地居民参与生态旅游的开发、经营、管理，让他们亲身感受发展生态旅游带来的经济利益，提高办旅游的积极性，促进旅游与当地社会的协调发展。通过他们直接参与一些旅游活动，促使他们认识到生态环境的价值，从而自觉地保护生态旅游资源，保证生态旅游的可持续发展。

（5）加强生态旅游人才引进和培养，全面提高从业人员素质

生态旅游对人才的需要是全方位的，需要旅游管理、湿地保护与管理、生态旅游、环境科学等多方面的专业管理人才。正如前文所述，天津市目前许多生态旅游区从业人员文化素质偏低，而且大多数从业人员不具备生态学、旅游学相关知识，因此，为了更好地开发和运营天津市生态旅游项目，从业人员的培训应提到议事日程，建议天津市相关部门制定培训规划，对管理人员、导游、服务人员分期分批采取多种形式的培训，以适应生态旅游业发展的要求，促进天津市生态旅游业科学、有序、健康和快速发展。一方面，可以采取"送出去，引进来"的办法，选拔当地有经验的一批管理人员进行深造；另一方面，要"筑巢引凤"，以优越的条件吸引高素质的生态旅游专业人才。另外，也可以委托天津市具有旅游管理专业的高校举办短期培训班，组织旅游学界、业界有关专家学者到当地考察、举办讲座、聘任顾问等，培养一批与生态旅游发展相适应的专业人才，确保天津市生态旅游开发、运营的科学性、高效性和规范性。

（6）建立完善的生态旅游解说系统

生态旅游解说系统包括环境解说和导游解说两方面。在环境解说方面，建议天津市生态旅游区充分利用多种宣传手段（如保护区介绍册、标识牌等各种解说系统）增进游客的生态认识和自律意识，告知游客违规破坏行为的严重性和限定办法，使其了解到其行为与湿地保护的密切性及相应的后果；同时增加管理人员的数量，加大对游客行为的管理力度，依照相关法规严格执行。在导游解说方面，建议天津市政府有关部门要求所有生态旅游区应引进或培养一批高素质的生态导游队伍。生态旅游导游员必须经

过全面的培训考核方可上岗，并且可以适当通过物质奖励和精神激励双重手段，对表现好的生态旅游导游员进行表彰，促使他们在导游过程中养成良好的职业道德和习惯，正确引导游客的游览行为。

11.4　天津市生态旅游发展未来展望

11.4.1　天津市生态旅游业发展全面迈入"四化"通道

十八届四中全会通过的《中共中央关于全面推进依法治国若干重大问题的决定》，为天津市旅游产业的发展提供了重要指导。2013 年 10 月 1 日正式施行的《中华人民共和国旅游法》规定：旅游者在旅游活动中应当爱护旅游资源，保护生态环境；旅游发展规划应当包括旅游资源保护和利用的要求和措施；有必要的环境保护设施和生态保护措施；景区接待旅游者不得超过景区主管部门核定的最大承载量等。在此宏观战略背景下，依法依规，务实高效地贯彻落实好《国务院关于促进旅游业改革发展的若干意见》和《中华人民共和国旅游法》将成为未来天津市旅游业发展的核心任务。在以生物多样性保护为主要任务的自然保护区开发生态旅游将更加规范有序，旅游开发项目环境评估、决策、审批和旅游认证等都将更加规范，受到社会更加有力的监督。天津市生态旅游产业发展将全面迈入法制化、国际标准化、现代化、智能化通道。

11.4.2　天津市生态旅游大众化水平将进一步提高

近年来，天津地区雾霾频发、空气质量急剧下降，"逃离雾霾"已成为天津人日常讨论的话题。旅游逃离也已成为天津人热议的雾霾逃离途径之一。在这种背景下，"空气质量牌""躲霾游""清肺游""纯净游"等一系列主打空气质量的产品纷纷在天津市各大旅行社网站大量上线。基于对健康生活的追求，天津市老百姓对生态旅游的关注度、参与度将进一步加强。

参 考 文 献

[1] 叶文，薛熙明. 生态旅游本土化问题研究[J]. 中国人口·资源与环境，2005，15（6）：55-61.

[2] 邹树梅，杜江. 开拓天津古海岸与湿地国家级自然保护区生态旅游[J]. 环渤海经济瞭望，1998（2）：54-56.

[3] 翟安民，高坪仙. 天津滨海地带生态旅游资源与开发[C]. 烟台：第 2 届年会暨海洋景观、烟台和威海海滨旅游资源开发战略研讨会，1998.

[4] 李玉波，闫守刚. 天津市蓟县生态旅游可持续发展评价[J]. 集团经济研究，2006（12X）：136.

[5] 闫维，李洪远. 天津湿地生态旅游及其可持续发展研究[C]. 天津：第十三届中国科协年会第 6 分会场：绿色经济与沿海城市可持续发展战略研讨会，2011.

[6] 杨桂华，钟林生，明庆忠. 生态旅游 [M]. 2 版. 北京：高等教育出版社，2010.

[7] 李庆奎. 天津八仙山国家级自然保护区生物多样性考察[M]. 天津：天津科学技术出版社，2009.

[8] 田至美，文一惠. 天津市旅游资源的空间组合特征及其优化开发策略[J]. 资源与产业，2010，12（1）：89-94.

[9] 王庆生，张丹，梁怡. 湿地区域生态旅游开发模式探析：以天津七里海湿地为例[J]. 北京第二外国语学院学报，2014，36（5）：1-10.

[10] 王振华. 天津市乡村旅游发展研究[D]. 长春：吉林大学，2014.

[11] 柳礼奎. 天津海洋旅游发展路径探析[J]. 天津经济，2015（11）：18-20.

[12] 张蕾，史佳林，张明亮. 天津休闲农业与乡村旅游发展现状研究[J]. 天津农业科学，2013，19（1）：63-67.

[13] 刘家明. 生态旅游及其规划的研究进展[J]. 应用生态学报，1998，9（3）：327-331.

[14] 张月红，赵占丰，刘杉，等. 天津市森林旅游现状、存在问题及发展对策[J]. 天津农业科学，2012，18（3）：161-163.

[15] 李文明，钟永德. 生态旅游环境教育[M]. 北京：中国林业出版社，2010.

[16] 闫维，李洪远，孟伟庆，等. 基于生物多样性保护的天津湿地生态旅游研究[J]. 环境保护与循环经济，2009，19（12）：67-70.

[17] 宋瑞. 我国生态旅游利益相关者分析[J]. 中国人口·资源与环境，2005，15（1）：36-41.

[18] 易志斌. 中国生态旅游治理研究[J]. 中国软科学，2010（6）：15-24.

[19] 高晚云，刘泓. 天津古海岸与湿地生态旅游开发设想[J]. 天津科技，2001（2）：15-16.

第12章 河北生态旅游发展报告

杨会娟　河北农业大学园林与旅游学院，保定

12.1　生态旅游的理念分析

世界上很多组织和研究者都从不同的角度对"生态旅游"进行了界定，至今尚未有统一认可的定义。大多数研究者认为：真正意义上的生态旅游应当把生态保护作为既定的前提，把环境教育和反哺当地社区作为核心内容，是一种追求可持续发展的旅游活动。生态旅游的目标是促进旅游业的可持续发展。为了更好地实现这一目标，生态旅游应该促进地方经济的发展，唯有经济发展之后才能真正切实地重视和保护自然。同时，生态旅游还应该突出对游客的环境教育意义，游客要考虑自身行为对当地环境和社会文化的影响；生态旅游的经营管理者也更应该重视和保护自然。

目前，我国很多生态旅游实践并没有达到生态旅游的本质要求，着重强调了生态旅游"走进自然"的一面，而忽略了生态旅游"保护自然、反哺社区"的目标。有些生态旅游产品并不是真正意义上的生态旅游产品，而是自然旅游或者是观光旅游的另一种形式，尤其在实践中，生态旅游更多地被看成一种营销方式。当地生态资源、文化资源并没有被很好地挖掘利用，更没有通过解说传递给旅游者；旅游者旅游层次较低，甚至几乎不存在真正的旅游者。因此，发展生态旅游任重而道远。

12.2　河北省生态旅游发展回顾及现状

12.2.1　河北省生态旅游发展回顾

河北古称京畿之地，位于华北平原，中环京、津两市，西倚太行与山西交界，北枕燕山与内蒙古、辽宁接壤，南连山东、河南两省，东临渤海，地势西北高、东南低，由西北向东南倾斜，地貌复杂多样，是我国唯一兼具海滨、湖泊、平原、丘陵、山地与高原的省份，得天独厚的区位条件为其发展生态旅游提供了便捷的空间格局。

总体来讲，河北省生态旅游发展过程大致分为以下3个阶段。

1）初始探索阶段（1983—2000年）。相继建立森林公园、自然保护区，虽然数量不多，但为全省生态旅游事业发展探索了路径，奠定了基础。

2）全面推进阶段（2001—2010年）。随着有关法律法规的颁布实施，特别是开展生态省建设以来，各级各部门认识和重视程度进一步增强，工作力度进一步加大，这一阶段成为河北省各类型公地快速建设发展的高潮时期。

3）规范提高阶段（2011年至今）。经过快速发展，全省公地建立和保护由全面推进的数量增长转向规范建设管理的质量提高阶段。

　　截至 2014 年年底，河北省共建自然保护区 46 处，总面积 71.02 万 hm^2。其中，国家级自然保护区 13 处，省级 26 处，市县级 7 处。各类风景名胜区 48 处，总面积 79.78 万 hm^2。其中，国家级风景名胜区 10 处，省级 38 处。截至 2013 年年底，全省已建立地质遗迹保护区 4 个，总面积 9047hm^2。其中，国家级地质遗迹保护区 2 个，面积 2410hm^2；省级地质遗迹保护区 2 个，面积 6637hm^2。全省已建立地质公园 16 个，总面积 163110 hm^2。其中，国家级地质公园 11 个，面积 131936hm^2；省级地质公园 5 个，面积 31174hm^2。截至 2013 年年底，总数达 93 处，总经营面积 50.85 万 hm^2，其中国家级森林公园 27 处，经营面积 30 万 hm^2。与此同时，各地积极开展农业旅游，以农家乐和农业采摘为主要形式的农业旅游蓬勃发展。以上各种公地的保护、开发及农业旅游的发展均进行了生态旅游的探索和实践。

12.2.2　河北省生态旅游发展现状

　　2010 年以来，河北省启动《河北省旅游业"十二五"发展规划》，强化了河北省生态旅游资源的发掘与整合。该规划指出河北省生态旅游主要依托太行山、燕山、坝上森林草原及湖泊、湿地等资源，要求建设一批国家级、省级生态旅游示范区。重点建设的生态旅游区域包括：①张承草原生态度假区，包括张家口市的张北县、沽源县、尚义县和康保县，承德市的丰宁满族自治县、围场满族蒙古族自治县、平泉县和隆化县；②邢台太行山旅游区，包括邢台县路罗镇及太行奇峡群、映雪湖、天河山、紫金山、前南峪、英谈等，建设以山水休闲、文化体验为主的旅游产业集聚群；③衡水湖生态、文化旅游区，指衡水湖国家级自然保护区及其周边的沿湖区域。从以上规划可以看出，生态旅游建设由点及面，既考虑了资源特色，又符合全民休闲时代的需求。

12.3　河北省生态旅游发展中存在的问题

　　目前，河北省的生态旅游尚处于初级阶段，大部分并不是真正意义上的生态旅游产品，只是自然旅游或者是观光旅游的另一种说法，主要存在以下问题。

12.3.1　生态旅游资源边开发边破坏

　　由于当前国家、地方没有生态旅游开发和管理规范，规划开发不当、经营不到位等原因造成了不同程度的影响和破坏，具体体现在：第一，由于缺少规划或者规划开发不当造成的生态环境破坏。部分地区的政府在开发旅游资源时，不重视旅游规划，或者随意更改规划。一些开发者急功近利，盲目地进行探索式、粗放式的开发，造成许多不可再生的贵重旅游资源的损害与浪费。甚至一些风景区出于经济目的，热衷于旅店、餐馆的建设，盲目扩大旅游区、修建旅游设施。第二，经营管理不到位导致景区资源和环境遭到破坏，如游客超载、垃圾污染等。景区没有科学的景区管理理念、规章制度，缺乏旅游管理人才。

12.3.2　生态旅游景区只自然不生态

　　第一，缺乏生态自然教育环节。自然教育应该是生态旅游活动的关键环节，也是生态旅游区别于一般自然旅游的一个关键因素。生态旅游景区对此重视不够，挖掘不够。第二，不重视解说规划。没有专业导游或者导游普遍没有经过专业训练，不能把当地生态系统特色等自然知识讲解给游客，而是牵强附会、胡编乱造，达不到让游客认识自然、增强环保意识的目的。自导性解说牌数量稀少，所提供的知识内容也残缺不全，展示手段更是保守落后、形式单调，无法满足游客的需要。第三，生态旅游区的经营管理人员对生态旅游认识不足，仅把生态旅游当作营销手段。第四，缺乏经过精心设计的生态旅游景点和项目，景点设施等做到与自然融为一体已属上品，更不用说寓教于乐了。

12.3.3 生态旅游景区多头管理

生态旅游诸多问题的产生有着更加深刻的体制原因，作为生态旅游主要载体的森林公园、自然保护区和风景名胜区在管理归属上属多头领导，分别归林业部门、环保部门、住建部门等管理。作为主要行业管理者的旅游行政主管部门很难有所作为。以自然保护区为例，目前我国的自然保护区采取分部门、分类型、分级别管理的管理体制。面对基层政府对经济发展的迫切需求，基层管理部门在实际操作中难以对抗上级或本级政府的招商开发压力，在保护区一哄而上搞开发的时候，这种管理上的错位和缺位必然引发对环境涸泽而渔的利用。在此也呼吁国家公园制度尽早推行，我国的公地保护能够有统一的管理机构。

12.3.4 当地居民的参与蜻蜓点水

全省生态旅游的开发是以自然保护区、国家森林公园、风景名胜区等资源为基础的。以自然保护区为例，保护区的建设在某种程度上限制了当地社区对资源的利用。我国自然保护区管理经营权合一的体制，导致保护区开发利用资源时的再度争夺，进一步加剧保护区与当地社区的矛盾，社区非法利用与开发保护区资源已成为保护区管理的主要问题。由于目前管理体制的原因，社区还未真正参与到生态旅游发展中，当地居民参与的主要形式只是停留在卖些旅游纪念品和家庭农产品的阶段，这种游兵散勇式的参与又导致市场管理混乱，有时候还给游客留下了极其恶劣的印象。此外，生态旅游要求高素质专业化的从业人员，而很多生态旅游区尚未建立起生态旅游从业人员的培训教育体系，使当地居民因缺乏相应的知识而难当重任。

12.3.5 真正的生态旅游者需要教育培养

作为生态旅游参与主体的游客，是决定旅游活动成为生态旅游活动的关键因素。很多学者对生态旅游者进行了分类，一致认为我国缺乏"严格的生态旅游者"。作为生态旅游活动主体的生态旅游者严重缺乏，导致生态旅游成为空中楼阁、雾里看花。但随着消费理念和消费方式的转变、生态教育的开展，生态旅游者会逐渐地认识到自己的非生态旅游行为并不断地改变这些行为。而要实现这种转变，关键的一个环节就是让旅游者对生态旅游的概念和意义有更深层次的了解，提高生态旅游者的环境意识和生态意识。然而生态意识的觉醒不是沉睡在人类心灵深处或存在于潜意识中的"生态情节"唤醒，而是要通过各种行之有效的措施来培养和提高人们的生态意识，从制度、行为规范、生态教育等方面着手，使生态旅游者的生态行为意识逐渐提升。例如，制订生态旅游者的行为准则、对旅游者进行生态伦理教育等。

12.4 河北省生态旅游发展展望

河北省拱卫京津，人口众多，环境污染严重，人们渴望在良好的生态环境中得到休息放松。生态旅游发展前景良好，但也困难重重。当务之急，要做到以下 3 点。

12.4.1 政府宏观调控，统筹规划

河北省是一个具有丰富旅游资源的大省，其生态旅游的保障体系建设除了依靠完善的法律体制外，更离不开政府的引导、规划和保护。河北省正在编制《河北省生态旅游发展总体规划》，这对河北省生态旅游的发展具有引领作用。政府从观念、政策、资金、管理、技术等方面引导生态旅游的健康发展，改善旅游环境，加大生态旅游宣传力度。建立以高科技为手段的生态监测网络和效应评估体系，制定与可持续发展总体目标相一致的政策和开发战略，确保生态旅游的社会文化、经济效益、生态环境协调发展。

12.4.2　重视"生态旅游协会"的建设

生态旅游协会在推动和促进本国、本地区的生态旅游发展方面能起到不容忽视的作用。河北省目前还没有成立专门的生态旅游协会，为促进生态旅游的发展，河北省须尽快建立生态旅游协会。协会可以举办国际生态旅游会议，设计针对不同机构和人群的生态旅游教育及培训等，成为全省生态旅游理念和技能推广的重要机构。

12.4.3　对自然景区进行生态旅游分级

河北省乃至我国的生态旅游发展尚处在初级阶段，为尽量避免生态旅游开发对脆弱的生态系统造成不可逆转的干扰和破坏，可以参照国外游憩机会谱系的概念，将全省自然景区进行分级，对资源级别较高的区域进行严格的生态旅游试点，作为生态旅游试验区进行示范建设，进一步探索生态科学发展的路径和方式。

第 13 章 山西生态旅游发展报告[①]

程占红　杨宝华　山西财经大学旅游管理学院，太原
郭艳萍　山西旅游职业学院，太原

山西省自古就有表里山河的称谓，东边是太行山，西边是吕梁山，山地面积约占全省面积 2/3，地质结构独特，动植物资源丰富。山西省的河流属于黄河水系和海河水系，主要有汾河、沁河、滹沱河、桑干河、漳河等河流，但由于受温带大陆性气候和人类活动的影响，河流水量锐减，水成为制约山西省发展的重要瓶颈因素。山西省地处黄土高原，沟壑纵横，水土流失严重，自然生态环境相对脆弱，但是黄土地貌景观独特。独特的自然地理环境造就了丰富的自然生态旅游资源。"华夏文明看山西，人说山西好风光"。山西省的人文资源独树一帜，自然旅游资源也很丰富，"人说山西好风光"可谓名副其实。

13.1　山西省生态旅游发展回顾

生态旅游于 20 世纪 80 年代开始出现。与世界上其他国家相比，我国的生态旅游发展相对较晚，20 世纪 90 年代生态旅游的术语和概念在中国才开始出现。20 世纪 90 年代，尽管山西也有一定的生态旅游活动，但是其生态旅游发展依然缓慢。例如，自 1995 年以来，芦芽山自然保护区的游客量在不断增长，尤其是 1997 年晋升为国家级自然保护区以来，游客量有所增加，1998 年达 27500 多人。加之 1999 年是中国的生态旅游年，芦芽山自然保护区的游客量达 36000 多人。这个时期的生态旅游活动不仅游客规模量小，而且客源地主要是山西全省范围，外省区仅占 4.3%[1]；在出游目的上，尽管有一定的科学考察性质的旅游，但更多表现出的是自然观光性质的旅游，具有真正内涵的生态旅游活动还开展得很少。

2000 年以来，全球范围内的各类生态旅游活动持续推进，尤其是联合国将 2002 年的旅游促销主题定为"国际生态旅游年"，同时在加拿大魁北克召开了世界生态旅游峰会，吸引了各级政府、非政府组织、私有部门、学术界和实业界的广泛关注，有力地促进了生态旅游的国际化和社会化的发展。这时期山西省生态旅游也有了新的发展。2000 年第一篇硕士学位论文（论文《芦芽山生态旅游研究》，作者：程占红，导师：张金屯）产生，2003 年第一篇博士学位论文（论文《生态旅游的生态效应及其管理研究》，作者：程占红，导师：张金屯）产生，2005 年第一篇生态旅游学术论文被 SCI 收录（论文 *Relationship between tourism development and vegetated landscapes in Luya mountain nature reserve*，*Shanxi*，*China*，期刊 *Environmental Management*，作者：程占红等），2007 年与生态旅游密切相关的第一项国家自然科学基金项目立项（项目《温带山地型景区旅游开发对植被影响的生态过程研究》，编号：40701175，主持人：程占红），2008 年第

---

①　"国家自然科学基金项目（41571141，31400358）；教育部人文社会科学研究规划基金项目（14YJA630005）；山西省高等学校人文社会科学研究基地项目（2017332）；山西省软科学研究项目（2016041012-1）；山西省高等学校教学改革研究项目（J2014055）；山西省研究生教育改革研究项目（2017JG65）"。

一本生态旅游学术专著出版（专著《生态旅游与植被：芦芽山自然保护区》，作者：程占红，中国环境科学出版社）。根据中国知网检索可知，以主题词"生态旅游"和"山西"进行检索，2000—2010 年，有关山西的生态旅游论文共发表 58 篇。由此可见，山西省在这一时期涌现了一系列生态旅游学术成果。

2000 年以来，山西省的生态旅游业仍然发展缓慢。由表 13.1 可知，6 个景区均与生态旅游有一定的关系，但是生态旅游在各景区的重要性显然不尽相同。五台山属于佛教名山，2004 年和 2005 年接待人次分别是 196.55 万人次和 247.28 万人次，接待人次最多。其次是绵山景区，2004 年和 2005 年的接待人次均接近 100 万人次，绵山景区是煤炭经济转型的典型代表，自其旅游经营权转让后，旅游业发展较快，其门票收入达 2000 万元以上，但是其景区特色更多地表现出人文旅游资源的特性。第三是恒山景区，接待人次超过 50 万人次，门票收入达 1000 万元以上，这与其景区内的核心景观——悬空寺有关。管涔山、历山和壶口 3 个景区均是典型的生态旅游景区，其中，管涔山旅游有芦芽山自然保护区、情人谷、万年冰洞、汾河源头等景区，是诸多生态旅游景区集中的典型区域，但是它们的接待量不足 50 万人次，其中历山景区的接待量不足 25 万人次，在门票收入上，管涔山旅游区和壶口景区接近或超过 1000 万元，而历山景区却不足 400 万元。显然，仅就生态旅游的典型区域——历山自然保护区而言，生态旅游活动的规模和收入还很有限。

表 13.1 山西省主要景区 2004 年和 2005 年旅游发展情况

景区名称	接待人次/万人次		门票收入/万元	
	2004 年	2005 年	2004 年	2005 年
管涔山旅游区	40.37	44.9	1201.85	2240
历山景区	24.36	23.91	398.24	399.41
壶口景区	36.28	44.48	922.59	1274.88
绵山景区	97.8	88.57	2242.73	2158.03
恒山景区	52.1	55.71	1281.7	1483.2
五台山景区	196.55	247.28	1073.13	2363.75

资料来源：山西省"十一五"旅游产业发展总体规划。

山西省旅游资源诸多，尤以人文旅游资源见长。其中，地上古建筑数量居中国之首，因而在旅游营销中山西省长期主打的是文化旅游牌。游客对山西省的印象更多的是大院文化、佛教建筑、寻根祭祖，而自然生态方面的印象相对较少，这在一定程度上也制约了山西省生态旅游业的发展。

13.2 山西省生态旅游发展现状

13.2.1 山西省生态旅游资源载体现状

生态旅游的资源载体是发展生态旅游的重要物质基础，主要有自然保护区、森林公园、地质公园、湿地公园和水利风景区。由表 13.2 可知，截至 2014 年 12 月，山西省有国家级自然保护区 6 个、省级自然保护区 37 个，有国家级森林公园 16 个、省级森林公园 31 个，有国家级地质公园 8 个、省级地质公园 2 个，有国家级湿地公园 5 个、省级湿地公园 15 个，有国家级水利风景区 13 个、省级水利风景区 19 个。除此之外，山西省有与生态旅游有关的 A 级景区 44 个，其中，1A 级景区 1 个，2A 级景区 7 个，3A 级景区 6 个，4A 级景区 28 个，5A 级景区 2 个（表 13.3）。尽管一些生态旅游景区兼有多种资源特色、出现在不同性质的资源载体中，但是这些资源清单也足以说明山西省自然生态旅游资源丰富多样。

表13.2 山西省生态旅游资源载体状况

类型	国家级	省级
自然保护区	山西庞泉沟国家自然保护区、山西历山国家自然保护区、山西蟒河国家自然保护区、山西芦芽山国家自然保护区、灵空山自然保护区、山西五鹿山国家自然保护区（6个）	五台山草甸自然保护区、天龙山自然保护区、绵山自然保护区、运城湿地自然保护区、陵川南方红豆杉自然保护区、桑干河自然保护区、云中山自然保护区、黎城县中央山自然保护区、浊漳河自然保护区、泽州猕猴自然保护区、紫金山自然保护区、孟信垴自然保护区、繁峙臭冷杉自然保护区、薛公岭自然保护区、黑茶山自然保护区、石楼县团圆山自然保护区、霍山自然保护区、太宽河自然保护区、涑水河自然保护区、凌井沟自然保护区、太原汾河上游自然保护区、云顶山自然保护区、灵丘黑鹳自然保护区、应县南山自然保护区、晋中铁桥山自然保护区、平遥县超山自然保护区、榆次区八缚岭自然保护区、韩信岭自然保护区、祁县四县垴自然保护区、蔚汾河自然保护区、人祖山自然保护区、药林寺冠山自然保护区、大同六棱山自然保护区、保德县贺家山自然保护区、吉县管头山自然保护区、安泽县红泥寺自然保护区、翼城翅果油树自然保护区（37个）
森林公园	五台山国家森林公园、管涔山国家森林公园、禹王洞国家森林公园、恒山国家森林公园、赵杲观国家森林公园、交城山国家森林公园、五老峰国家森林公园、乌金山国家森林公园、天龙山国家森林公园、关帝山国家森林公园、云冈国家森林公园、龙泉国家森林公园、方山国家森林公园、太岳山国家森林公园、老顶山国家森林公园、中条山国家森林公园（16个）	离石区安国寺森林公园、介休市森林公园、云竹山森林公园、药林寺冠山森林公园、诸龙山森林公园、马营海森林公园、古交市金牛森林公园、新荣区长城山森林公园、阳高县大泉山森林公园、昔阳县石马寺森林公园、寿阳县鹿泉山森林公园、宝峰湖森林公园、潞城市卢医山森林公园、平顺县白杨坡森林公园、灵通山森林公园、华阴山森林公园、太原阳光森林公园、红叶岭森林公园、临汾九龙山森林公园、梅洞沟森林公园、怀仁县金沙滩森林公园、孤峰山森林公园、清徐县葡峰森林公园、珏山森林公园、古县三合牡丹森林公园、沁县玉华山森林公园、阳泉和谐园森林公园、忻州飞龙山森林公园、五台县清水河森林公园、怀仁县洪涛山森林公园、右玉县杀虎口森林公园（31个）
地质公园	黄河壶口瀑布、万年冰洞、太行山大峡谷、大同火山群、王莽岭、五台山、平顺天脊山、永和黄河蛇曲（8个）	山西省榆社古生物化石省级地质公园、山西省红豆杉大峡谷省级地质公园（2个）
湿地公园	垣曲县古城湿地公园、沁县干泉湖、祁县昌源湿地公园、浑源县神溪湿地公园、长治市沁河源湿地公园（5个）	朔城区恢河省级湿地公园、神池县西海子省级湿地公园、忻府区滹沱河省级湿地公园、方山县南阳沟省级湿地公园、文水县世泰湖省级湿地公园、榆次区田家湾省级湿地公园、平遥县惠济省级湿地公园、介休市汾河省级湿地公园、盂县梁家寨省级湿地公园、沁县北方水城省级湿地公园、高平区丹河省级湿地公园、尧都区东郭省级湿地公园、安泽县府城省级湿地公园、侯马市香邑湖湿地公园、新绛县汾河省级湿地公园（15个）
水利风景区	汾河二库风景区、汾源水利风景区、太原汾河风景区、盂县藏山水利风景区、晋城市山里泉水利风景区、平顺县太行水乡水利风景区、朔州市桑干河湿地水利风景区、阳泉市翠枫山水利风景区、柳林县昌盛水利风景区、宁武县暖泉沟水利风景区、汾河水库水利风景区、沁县北方水城水利风景区、长子县精卫湖水利风景区（13个）	阳高县大泉山水利风景区、宁武县公海水利风景区、繁峙县滹源水利风景区、五台县唐家湾水库水利风景区、忻府区双乳湖（双乳山水库）水利风景区、榆社县云竹湖（云竹水库）水利风景区、武乡太行龙湖（关河水库）水利风景区、长子县皇阳湖（鲍家河水库）水利风景区、芮城县圣天湖水利风景区、交城县柏叶口水库水利风景区、大同市文瀛湖水利风景区、大同市御河生态湿地公园、长子县申村水库（精卫湖）水利风景区、屯留县屯绛水库水利风景区、襄垣县后湾水库水利风景区、沁县圪芦湖水利风景区、沁县西湖水利风景区、侯马市浍河二库（香邑湖）水利风景区、襄汾县七一水库水利风景区（19个）

表13.3 山西省与生态旅游有关的A级景区

景区等级	景区名称
A级（1个）	灵丘县桃花山风景区
2A级（7个）	芮城县圣天湖景区、晋城市山里泉、山西省绛县龙岩山沸水风景旅游区、姑射山仙洞沟风景名胜区、灵空山风景名胜区、九龙山风景区、宁武芦芽山情人谷
3A级（6个）	万荣县孤峰山景区、太行龙口景区、禹王洞风景旅游区、天牙山风景区、吕梁山苍儿会生态旅游景区、左权县莲花岩风景区

景区等级	景区名称
4A 级（28 个）	右玉生态旅游景区、藏山旅游风景区、运城盐湖（中国死海）旅游风景区、忻州市芦芽山风景名胜区、山西阳城蟒河生态旅游风景区、阳泉市翠枫山自然风景区旅游风景区、五老峰风景名胜区、沁水历山原生态农耕文化休闲度假区、山西泽州珏山旅游开发风景区、黄河壶口瀑布风景名胜区、垣曲历山旅游风景区、山西长治太行山大峡谷自然风光旅游区、古县牡丹文化旅游景区、王莽岭生态旅游风景区、太行龙洞景区、太原市森林公园、太原市汾河景区、山西长治平顺太行水乡风景区、长治平顺天脊山、宁武芦芽山万年冰洞、宁武芦芽山汾河源头、山西乌金山文化旅游风景区、怀仁县金沙滩景区、胜溪湖森林公园、孝河国家湿地公园、贾家庄文化生态旅游区、石膏山风景区、红崖峡谷景区
5A 级（2 个）	五台山风景区、绵山风景区

13.2.2　山西省生态旅游发展现状

在考察生态旅游发展现状时，由于对于自然保护区、森林公园、地质公园、湿地公园和水利风景区的管理，政出多门，缺乏基本的旅游统计数据，难以考量其生态旅游发展现状。在此以山西省旅游局分管的 24 个 A 级生态旅游景区为例来分析山西省生态旅游发展的现状。

生态旅游发展主要从景区的接待人数和旅游收入两方面来衡量。由表 13.4 可知，除某些年份资料缺失外，2011—2014 年山西省主要生态旅游景区年接待人数分别是 1015.83 万人、1165.42 万人、1361.17 万人和 1519.14 万人，平均接待人数分别是 42.33 万人、48.6 万人、56.72 万人和 63.3 万人。可见，山西省生态旅游景区的接待人数在逐步增加。4 年期间每年平均接待游客量达 1296.76 万人，主要景区平均接待游客达 54.03 万人。

表 13.4　2011—2014 年期间山西省主要生态旅游景区接待人数　　（单位：万人）

景区名称	年份				4 年平均接待人数
	2011	2012	2013	2014	
芦芽山万年冰洞	36	19	49.61	45.78	37.6
芦芽山汾河源头	24	19	22.8	11.76	19.39
芦芽山情人谷	19.34	11.75	18.49	9.61	14.6
芦芽山风景区	79.34	69.75	37.1	36	55.55
蟒河国家级自然保护区	21.47	40.73	62.22	61.39	46.45
乌金山国家森林公园	—	—	29.68	—	29.68
阳泉藏山风景区	21.41	28.13	—	36.78	28.77
太行山大峡谷	98.23	128.8	146.2	220.19	148.36
平定冠山风景区	1.4	—	—	—	1.4
五台山风景名胜区	358.5	406	425.2	437.5	406.8
古县牡丹文化旅游景区	32.6	38.4	34.7	43.5	37.3
五老峰风景名胜区	10.8	12.33	12.43	13.48	12.26
灵空山风景名胜区	15	16.3	21.15	29.12	20.39
万荣县孤峰山景区	50	80	153	160	110.75
沁水历山原生态农耕文化休闲度假区	10	9	0.5	2.02	5.38
禹王洞风景旅游区	—	—	1.9	2.3	2.1
晋城山里泉风景名胜区	6.1	5.5	2.65	2.6	4.21

续表

景区名称	年份				4年平均接待人数
	2011	2012	2013	2014	
阳泉市翠枫山风景区	3.5	3.54	4.31	4.52	3.97
平顺太行水乡风景区	50.42	56.9	65.4	79.3	63.01
太原汾河景区	—	—	—	—	—
平顺天脊山景区	52.3	53.77	64.62	70.14	60.21
山西王莽岭风景区	15	20.36	26.6	38.43	25.1
垣曲历山风景区	27	41	52	59	44.75
右玉生态旅游景区	83.42	105.16	130.61	155.72	118.73
合计接待人数	1015.83	1165.42	1361.17	1519.14	1296.76
平均接待人数	42.33	48.6	56.72	63.3	54.03

资料来源：山西省旅游局。

由表 13.5 可知，除某些年份资料缺失外，2011—2014 年山西省主要生态旅游景区年旅游收入分别是 538429.06 万元、768145.13 万元、833442.06 万元和 877518.14 万元，平均旅游收入分别是 22434.54 万元、32006.05 万元、34726.75 万元和 36563.26 万元。可见，山西生态旅游景区旅游收入也在逐步增加。4 年期间每年平均旅游收入达 757396.58 万元，主要景区平均旅游收入达 31558.19 万元。

表 13.5　2011－2014 年期间山西省主要生态旅游景区旅游收入　　　　　　（单位：万元）

景区名称	年份				4年平均旅游收入
	2011	2012	2013	2014	
芦芽山万年冰洞	4320	8000	37152.2	15607	16269.8
芦芽山汾河源头	1876	8000	11370.2	2514.52	5940.18
芦芽山情人谷	1221	8250	11311.2	2125.41	5726.90
芦芽山风景区	6357	43251	27046.1	10230.1	21721.05
蟒河国家级自然保护区	1706.08	3510.75	6409.16	6246.05	4468.01
乌金山国家森林公园	—	—	3021.7	—	3021.7
阳泉藏山风景区	2337.18	3127.65	—	2360.93	2608.59
太行山大峡谷	132200	178400	188400	191000	172500
平定冠山风景区	34	—	—	—	34
五台山风景名胜区	286800	391007	417374	461164	389086.3
古县牡丹文化旅游景区	84.5	80	91.65	876	283.038
五老峰风景名胜区	387.6	491.43	475.38	537.45	472.97
灵空山风景名胜区	5000	5470	234.74	300.27	2751.25
万荣县孤峰山景区	180	200	1123	1300	700.75
沁水历山原生态农耕文化休闲度假区	1500	1570	50	51.1	792.78
禹王洞风景旅游区	—	—	116	160	138
晋城山里泉风景名胜区	152.6	184.06	188.8	115	160.12
阳泉市翠枫山风景区	127.1	153.1	142.58	156.11	144.73

续表

景区名称	年份				4年平均旅游收入
	2011	2012	2013	2014	
平顺太行水乡风景区	1255	1352.6	1341.9	3379.6	1832.28
太原汾河景区	66	600	600	600	466.5
平顺天脊山景区	8350	8960	6612.7	20818	11185.18
山西王莽岭风景区	3300	3541.54	3785.75	3985.6	3653.22
垣曲历山风景区	1375	2346	2835	3111	2416.75
右玉生态旅游景区	79800	99650	113760	150880	111022.5
合计旅游收入	538429.06	768145.13	833442.06	877518.14	757396.58
平均旅游收入	22434.54	32006.05	34726.75	36563.26	31558.19

资料来源：山西省旅游局。

从各景区的接待人数和旅游收入看，山西的生态旅游发展也有一些规律可循。第一，五台山风景名胜区的接待人数和旅游收入都是最高的，这与其极大的旅游资源吸引力有着密切的关系，五台山不仅拥有"地质公园、森林公园和草甸自然保护区"的桂冠，而且还是世界文化景观遗产地、四大佛教名山之首，这其中后者起了很大的作用，属于宗教旅游与生态旅游综合作用的结果。第二，太行山大峡谷的接待人数和旅游收入仅次于五台山景区，远高于山西省生态旅游景区的平均水平，这不仅与其地质公园的特色有关，更重要的是其举办了一系列的旅游节事活动，推动生态旅游迅速发展。第三，右玉生态旅游景区的接待人数和旅游收入仅次于五台山风景名胜区和太行山大峡谷，也远高于山西省生态旅游景区的平均水平。右玉县生态旅游发展起始于2004年，当地生态旅游资源丰富、独特，而且其地理区位优越，距离京津大都市圈非常近，同时，在政策上也得到了当地政府的极力支持，因而发展迅速。第四，就自然保护区和森林公园等典型的生态旅游景区而言，如芦芽山景区、蟒河景区、灵空山景区、历山景区和乌金山森林公园，这些景区的接待人数和旅游收入均低于山西省生态旅游景区的平均水平，说明自然保护区和森林公园的旅游发展潜力还有待挖掘。这些景区中芦芽山景区的游客量和旅游收入相对较多，是由于其周边有汾河源头、情人谷、万年冰洞等生态旅游景区，它们组合程度较好，易于吸引游客。

13.3　山西省生态旅游发展的经验/创新

山西省生态旅游发展的经验或创新主要集中体现在两方面：一是以体育节事活动助推生态旅游发展，二是农业生态旅游有声有色。

13.3.1　以体育节事活动助推生态旅游发展

太行山大峡谷位于长治市壶关县，通过举办一系列节事活动，尤其是"冲关大峡谷"体育节事活动，显著地助推了该景区生态旅游的发展。

红豆峡是太行山大峡谷的重要峡谷之一，被誉为"中国第一情峡"。峡内拥有丰富的象征爱情旅游文化元素，因峡内成片生长着珍稀树种——红豆杉而得名，又因为红豆寓意相思，逐渐成为很多爱侣、情人表达忠贞、追求真爱的旅居地。自2004年起，太行山大峡谷就围绕"七夕"传统节日，深入打造"情爱"文化旅游品牌，已连续成功举办了十一届"七夕"情人节活动。以传统中式婚礼盛典、情人大冲关、情歌对唱、万人接吻激情秀、激情泼水、文艺晚会等系列爱情主题活动为载体，把欢乐喜庆的气氛带给游客，让游客和情侣来到红豆峡体验一个别样的七夕。

太行山大峡谷在 2013 年举办了首届全国实景山水挑战类节目"冲关大峡谷",并且与山西卫视签订了合作协议,在山西卫视每天中午 13 点播出。在第一届节目播出以后,不仅山西卫视获得了较高的收视率,而且太行山大峡谷景区游客爆满,景区接待人数从 2011 年的 98.23 万人增长到了 2013 年的 146.2 万人,景区收入也从 132200 万元增长到了 188400 万元。目前,"冲关大峡谷"已经成为山西卫视一档固定的节目。游客在尽情地对大自然欣赏、游玩的过程中,不仅可以增加自己的勇气,而且还可以获得相应的奖品,这种一举三得的活动吸引了大量游客的青睐,也有效地助推了该景区生态旅游的发展。

13.3.2 农业生态旅游有声有色

山西省自然地域条件复杂,各种农产品和小杂粮丰富而独特,农业生态旅游发展有声有色。

太原市清徐县的地理位置决定了其生产的葡萄品质独特,是全国四大葡萄种植基地,素有"葡萄之乡"的美称。每年九月中下旬,清徐县都会举办"葡萄节",吸引了全国各地的游客来尽情地采摘,同时也会举办一些活动,如农家乐活动、农耕文化展等。清徐县通过葡萄采摘节的举办,不仅把葡萄的名声在全国各地打响了,每年慕名而来的游客络绎不绝,而且也有效地把清徐的农业生态旅游带动了起来。

晋中市榆次区北田镇依靠毗邻太原市和晋中市的良好区位,积极实施"果蔬强镇"发展战略。2011年,榆次区北田镇开始举办"北田金秋水果采摘节",同时举行"生态北田,魅力果乡"旅游推介会。榆次区北田镇将采摘节与生态旅游推介会相结合,利用"北田金秋水果采摘节"的吸引力来推动其生态旅游的发展,进一步提升了榆次生态旅游形象;同时,利用生态旅游所带来的效应来加大"绿色北田,果品之都"的品牌影响力。

13.4 山西省生态旅游发展存在的不足

13.4.1 生态旅游产品宣传力度小,知名度没有打开

山西省文化旅游资源丰富,佛教古建、大院文化、红色旅游具有一定的独特性和不可替代性,因而山西省旅游营销主推的是文化旅游。山西省旅游口号多以人文旅游为主,如"华夏印章,人文山西""人文三晋,多彩山西""人文古韵,醉美山西""晋善晋美,人文山西"等。显然,目前山西省被深深地刻上了人文旅游地的印章,提起山西,人们脱口而出的是佛教五台山、平遥古城、乔家大院等。虽然生态旅游目前已引起了各级政府的关注,但对其宣传力度还远远不够,大多数的宣传只是各个景区举行的一些面向省内游客的小范围宣传,面向全国、面向世界的生态旅游宣传还是很少的,至少当前山西省的生态旅游产品还没有树立起自己的品牌和特色。

13.4.2 缺乏对生态旅游的清晰认知,旅游资源和环境问题仍然存在

由于生态旅游内涵的复杂性,旅游管理者、从业人员及游客都对生态旅游缺乏统一的认识,还仅仅停留在认为生态旅游就是以生态资源打造的旅游产品,对其深远的意义和目的缺乏深刻的认知。严格意义上说,现有的生态旅游产品未真正达标。开发的生态旅游产品还只是一般的大众旅游产品,达不到生态旅游专项产品的要求。尽管山西省依托生态旅游资源开发了一些较为成熟的旅游产品,但是从管理模式、景区的设施设备、环境评价、容量控制等方面来看,还有待进一步完善,绝大部分景区还是以其接待人数、经济收入作为发展目标,为了经济利益进行无节制、超容量的开发是普遍存在的问题。管理者对发展生态旅游的意识不强,景区、酒店、旅行社等旅游从业人员职业素质相对较低,特别是对旅游者的环境伦理教育不足等问题难免造成旅游资源开发不当、环境破坏等问题。

13.4.3　旅游开发资金紧缺，基础设施建设相对滞后

开发生态旅游线长、面广，需要大量配套资金。除某些景区（如乌金山、绵山、石膏山、红崖峡谷等）是煤炭型企业投资发展外，其他景区多数没有投资主体，资金的缺乏严重制约了基础设施的建设。例如，2009 年沁源县旅游局已经在花坡设立了开发管理机构，开始开发经营花坡景区，但是因为资金短缺，仅建造了观景步道，一些必要的停车场、给排水、垃圾处理等基础配套设施尚不完善。一些景区的可进入性依然较差，例如，从仁义出口通往石膏山景区的线路为单行线，通往红崖峡谷景区的道路级别低，路面质量差，景区内部的旅游步道、停车场、厕所等亟须完善提升。

13.4.4　缺乏生态旅游精品线路支撑，尚未形成较大的市场影响和辐射力

目前，山西省的生态旅游开发仅停留在依托一些生态资源基础上的景区上，而从全省角度来考虑的宏观上的生态旅游开发仍没有形成，缺乏宏观整体规划。目前只有景区性质的生态旅游规划，没有上升到区域性质的以太行山、吕梁山、太岳山等为典型区域的宏观整体规划，因而缺乏全省域的生态旅游精品线路，也尚未形成较大的市场影响和辐射力。

13.4.5　社区参与不足

社区参与是生态旅游的重要内容。从目前山西省生态旅游发展的实践看，社区参与不足。例如，在平顺县太行水乡景区，通过问卷调查和实地访谈，剖析了农村居民参与旅游业的问题和影响因素，结果发现主要问题有农村居民参与层次较低、参与形式单一、参与的行业和规模有限，参与的经济效益和社会效益也有待提高；影响因素主要有旅游发展水平较低、政策支持力度不够、农村居民自身的不足和开发者对社区参与的忽视。在汾河源头景区，运用实地考察、关键人物访谈的研究方法对 8 个村庄参与生态旅游的从业人口、参与行业、旅游收入等问题进行调查与分析。结果发现：东寨村与西马坊村的居民参与程度较高，旅游从业人口比例大，餐馆、宾馆数量较多，旅游收入较丰厚，而其余社区参与的情况一般。汾河源头社区参与旅游业的特征可以总结为：社区参与跟旅游景点的品牌吸引力、地理位置有关。但是社区参与旅游业的范围有限且层次较低，参与旅游业的人数较少，参与旅游业所得收入较少。

13.5　山西省生态旅游发展的未来展望

山西省是国家资源型经济转型综合配套改革试验区，随着山西省经济的转型发展，旅游业在拉动全省经济发展中的作用将越来越明显。同时，党的十八大在"五位一体"的总体布局中把生态文明建设放在了尤为重要的地位，这使得生态旅游发展有了新的契机。山西省旅游局也正在实施生态旅游规划，加快推进各地市生态旅游发展的步伐。山西省的旅游产品结构正逐步调整，生态旅游将作为重要的内容加以推介和宣传。

2015 年 10 月 16 日，山西省旅游发展暨"互联网+旅游"大会在太原召开，时任省长李小鹏在会上强调，要深化改革，创新业态，加强基础设施和服务设施建设，加大宣传推介力度，加快把旅游业打造成山西省新兴支柱产业；同时，决定在山西省每年都要举行一次全省旅游发展大会，而采取的形式是申办制。

潜在的生态旅游者主要来自于城市区域。近年来，随着山西省与周边省份的高速公路和高速铁路的迅速发展，其区位优势将突现，尤其是面向庞大的环渤海区域城市群，将会吸引更多的潜在生态旅游者。

参 考 文 献

[1] 程占红，张金屯. 芦芽山自然保护区生态旅游客源特征分析[J]. 山西大学学报：自然科学版，2002，25（1）：82-85.

第14章 内蒙古生态旅游发展报告

杨智勇　内蒙古财经大学旅游学院，呼和浩特

14.1　内蒙古自治区生态旅游发展回顾

内蒙古自治区生态旅游依托于内蒙古自治区旅游业的发展。随着20世纪80年代初内蒙古自治区旅游业的发展，内蒙古自治区生态旅游业开始发展，并成为内蒙古自治区旅游业的重要组成部分。内蒙古自治区生态旅游的发展大概经历了4个阶段。

14.1.1　初期发展阶段（1979—1990年）

本阶段从1979年到20世纪90年代初。此时生态旅游具有如下特点。

1）从客源主体来看，当时的游客主要是因公来内蒙古自治区访问的政务人员，以国际旅游为主，国内旅游未受重视，也未做相应的统计报表。来访的主要目的是政府公务，参观游览多安排在公务之余。

2）从旅游区域来看，受到交通和服务设施等因素的制约，内蒙古自治区生态旅游活动主要集中在呼和浩特和包头等少数几个中心城市和口岸城市。这主要是因为公务访问和接待活动也主要集中在这几个区域。参观的景区景点主要是政府设立的接待点，在呼和浩特周边，以草原旅游和蒙古族风情等生态旅游资源为主，希拉穆仁、辉腾锡勒、葛根塔拉等著名的草原旅游点在这一时期开发建设。

14.1.2　快速扩张阶段（1991—2003年）

自1991年始，随着内蒙古自治区旅游交通设施的改善，旅游市场的扩大，以近距离节假日旅游为主的国内旅游迅猛发展，有力促进了内蒙古自治区旅游生态规模的迅速扩大。这一时期生态旅游发展有如下特点。

1）生态旅游的目的地从最初的呼和浩特、包头等地，扩大到鄂尔多斯、呼伦贝尔、通辽、赤峰等地，内蒙古自治区各地的生态旅游资源全面开放。

2）生态旅游产品方面形成了东、西两条旅游线路：西部线路以呼和浩特市为中心，辐射包头市、乌兰察布市、鄂尔多斯市，以草原、沙漠、蒙古族风情为特点；东部线路以海拉尔区为中心，辐射呼伦贝尔市全境，以自然风光、鄂伦春、鄂温克、达斡尔民族风情、口岸风景为特色。

3）生态旅游入境人数快速增长。随着与邻国蒙古、俄罗斯双边关系的改善和沿边开放政策的实施，内蒙古自治区开办了中俄、中蒙边境贸易。来自俄、蒙两国的旅游者人数迅速增加，带动了生态旅游国际旅游人数和创汇数的成倍增长。

4）此阶段的生态旅游属于粗放式发展，还未达到规范化发展程度。在生态旅游资源开发上还处在盲目开发阶段，近距离重复开发现象严重，雷同产品大量涌现。环境保护还未受到重视，过度开发现象严

重，生态旅游资源遭到破坏，游客及政府的生态旅游意识淡薄，追求经济利益，希拉穆仁等旅游景点的过度开发就是明证。

14.1.3　规范化发展阶段（2004—2012 年）

进入 21 世纪以来，内蒙古自治区生态旅游业进入了规范化的自觉发展阶段。

（1）政府颁布了一系列政策规范旅游的发展，生态旅游是其中重要的组成部分

内蒙古自治区政府成立了全区旅游产业发展指导委员会，加强对全区旅游工作的领导；拨专款委托中国科学院编制了《内蒙古自治区旅游业发展总体规划》，确立了全区旅游业发展目标、战略布局和发展重点，其中特别强调内蒙古自治区旅游业走生态旅游的道路。

（2）旅游精品战略得到有效实施，以生态旅游资源产品为主打产品，打造了 4 条旅游精品线路

1）呼伦贝尔—兴安盟的草原、森林、冰雪、边贸旅游线路。该线路包括呼伦贝尔市、兴安盟和通辽市部分地区。这一线路涵盖草原、森林、冰雪、火山、温泉、河流、湿地、湖泊、民俗和口岸 10 类旅游资源。

2）锡林浩特—赤峰的草原、蒙古族文化、辽文化、地质奇观、温泉度假线路。该旅游线路地跨锡林郭勒盟、赤峰市、通辽市 3 个盟市。旅游线路所经过的区域包括科尔沁草原、科尔沁沙地、巴林草原、浑善达克沙地、锡林郭勒草原、大兴安岭南段、燕山山脉余脉—七老图山等地理单元。

3）呼和浩特—包头—鄂尔多斯的蒙古族文化、草原、沙漠观光旅游线路。这条旅游线路包含了呼和浩特、包头、乌兰察布、巴彦淖尔和鄂尔多斯 5 个城市，有草原、沙漠、河流、湖泊、森林、民俗与民族文化、文物古迹等。

4）阿拉善盟的宗教朝圣、居延文化、航天科普、沙漠观光旅游线路。

这些旅游精品线路的推出，使得自治区生态旅游从资源优势转化为产品优势，进而为形成经济优势起到了推动作用。

14.1.4　生态旅游转型升级阶段（2013 年至今）

随着 2013 年《国民旅游休闲纲要（2013—2020 年）》《中华人民共和国旅游法》实施，2014 年 7 月 2 日，国务院常务会议指出，要着力推动旅游业转型升级，使旅游开发向资源节约和环境友好转型，旅游产品向观光、休闲、度假并重转变，旅游服务向优质高效提升。内蒙古自治区提出旅游业发展的总体思路：在国家旅游发展战略和自治区"8337"发展思路指引下，紧紧围绕旅游转型升级这条主线和不断提高内蒙古自治区旅游在全国的影响力这个主题，突出"草原文化、北疆特色、休闲度假"3 个核心。内蒙古自治区的生态旅游迎来十分重要的发展阶段，政府层面更加重视生态旅游资源的保护和生态旅游意识的培养。

适应国家旅游转型升级的战略部署，内蒙古自治区党委、内蒙古自治区政府高度重视旅游业发展。2013 年 3 月，内蒙古自治区时任党委书记王君在自治区贯彻全国两会精神大会指出的对内蒙古自治区发展进行系统阐述，提出"8337"计划时指出：要把内蒙古自治区建成体现草原文化独具北疆特色的旅游观光休闲度假基地。2016 年，内蒙古自治区第十次党代会从全局和战略的高度，对内蒙古自治区转变经济发展方式、调整产业结构作出全面部署，明确了加快推动经济转型升级的主攻方向，确定"建设国家重要能源基地、新型化工基地、有色金属生产加工基地、绿色农畜产品生产加工基地、战略性新兴产业基地和国内外知名旅游目的地"的产业定位。内蒙古自治区的生态旅游迎来十分重要的发展阶段，从政府层面更加重视生态旅游资源的保护和生态旅游意识的培养。

14.2 内蒙古自治区生态旅游发展现状

14.2.1 内蒙古自治区生态旅游资源概况

内蒙古自治区有连绵起伏的崇山峻岭、广袤无垠的草原、水产丰美的河流湖泊、遮阴蔽日的森林、种类繁多的珍禽异兽、婀娜多姿的奇花异草和丰富的矿产资源，这些为生态旅游的发展提供了良好的自然基础。目前主要生态旅游资源有以下几方面。

（1）草原生态旅游资源

内蒙古自治区自古以来是我国主要的畜牧业区，草原面积超过 88 万 km^2，占内蒙古自治区总面积的近 2/3，占全国草场总面积的 1/4 多，居我国 5 大牧区之首。由于自治区地跨寒温带、中温带和暖温带，气候湿润又有很大差异，水热因素影响草场植被与牧草群落的分布，从而形成了从东到西的草甸草原、典型草原、荒漠草原和荒漠 4 个草原生态类型，并形成了呼伦贝尔草原、科尔沁草原、锡林郭勒草原、乌兰察布草原、鄂尔多斯草原等自然景观区。

1）呼伦贝尔草原分布于大兴安岭西麓的高原上，总面积约为 8.37 万 km^2，大部分属于草甸草原和典型草原类型。

2）科尔沁草原主要包括大兴安岭东南部浅山丘陵、辽嫩平原、西辽河平原等地区，草场面积约 635.5 万 hm^2，其中林间草场面积约 368.4 万 hm^2，大部分为草甸草原，部分为典型草原和荒漠草原。

3）锡林郭勒草原分布在东至大兴安岭南段西麓、南至阴山山地北麓、西至集宁—二连浩特铁路、北达中蒙边境的广大区域内，总面积超过 1900 万 hm^2，是内蒙古自治区重要的传统天然草原，也是世界著名的天然草原之一。

4）乌兰察布草原东起集宁—二连浩特铁路，北至中蒙边境，西止巴彦淖尔高原东侧，南接阴山山地北麓，总面积近 700 万 hm^2，以荒漠草原为主，南部大多辟为旱作农田。

5）鄂尔多斯草原位于阴山山地以南，三面为黄河所环抱，仅在东南部以古长城为界与陕北高原相接，总面积超过 700 万 hm^2。

内蒙古自治区草原地势平坦、沃野千里、空气清新，夏季气候凉爽，吸引无数国内外游人。著名的草原旅游点有呼伦贝尔的呼和诺尔、巴彦呼硕草原旅游点，通辽的珠日河草原旅游区，赤峰的玉龙沙湖、乌兰布统、巴彦塔拉草原旅游区，锡林浩特的白音锡勒、乌珠穆沁、察哈尔草原旅游区，以及内蒙古自治区中部的格根塔拉、辉腾希勒、希拉穆仁草原旅游区等。

（2）沙地、沙漠生态旅游资源

内蒙古自治区也是我国沙地、沙漠景观类型最丰富的地区之一，主要分布在内蒙古自治区西部、中西部，中国 12 大沙漠中，内蒙古自治区占有 8 个，即巴丹吉林沙漠、腾格里沙漠、乌兰布和沙漠、库布齐沙漠、毛乌素沙漠、浑善达克沙地、科尔沁沙地、呼伦贝尔沙地，沙区总面积达 12.96 万 km^2。其中，鄂尔多斯的响沙湾旅游景区为国家 5A 级景区。内蒙古自治区沙漠景观很具典型性，巴丹吉林沙漠面积 4.7 万 km^2，是我国第三、世界第四大沙漠，其西北部还有 1 万 km^2 以上的地域至今尚无人类的足迹。目前开发的沙漠旅游区有银肯响沙湾旅游区、月亮湖旅游区和刀图海沙湖区等。

（3）野生动植物生态旅游资源

内蒙古自治区分布各类野生高等植物 2781 种，植被组成主要有乔木、灌木、半灌木植物、草本植物等基本类群，其中草本植物分布面积最广。按类别分，种子植物 2208 种，蕨类植物 62 种，苔藓类植物 511 种。自治区野生脊椎动物众多，总计 712 种，主要有圆口纲 1 种、鱼纲 100 种、哺乳纲 138 种、鸟纲 436 种、爬行纲 28 种、两栖纲 9 种。其中，列入国家重点保护动物 116 种，一级保护动物 26 种，二级保护动物 90 种。自治区有中国和日本两国政府保护候鸟及栖息环境协定中规定的保护候鸟 128 种，中国和澳大利亚两国政府保护候鸟及栖息环境协定中规定的保护候鸟 45 种，《濒危野生动植物种国际贸易公约》附录物种脊椎动物 99 种。

（4）森林生态旅游资源

内蒙古自治区森林旅游资源主要分布在大兴安岭、阴山和贺兰山。按树种可分为针叶林、落叶阔叶林和针叶落叶阔叶混交林。从森林旅游资源景观及其品位角度来看，内蒙古森林旅游资源的组合类型多样，有森林与草原景观组合（大兴安岭西麓、克什克腾旗）、森林与火山熔岩景观组合（阿尔山）、森林与湖泊景观组合（达尔滨湖区）、森林与高山峡谷景观组合（贺兰山），以及森林与鄂伦春、鄂温克和达斡尔民族（狩猎）风情的结合，不仅极大地丰富内蒙古自治区森林旅游产品类型，而且也使森林生态旅游成为内蒙古自治区品牌产品中的重要系列。

（5）湖泊及水域生态旅游资源

内蒙古自治区有大小河流千余条，其中流域面积在 1000km^2 以上的有 107 条，主要河流有黄河、额尔古纳河、嫩江和西辽河 4 大水系。大小湖泊星罗棋布，较大的湖泊有 295 个，面积在 200km^2 以上的湖泊有达赉湖、达里诺尔和乌梁素海。内蒙古自治区水资源总量为 545.95 亿 m^3，其中地表水 406.6 亿 m^3，占总量的 74.5%；地下水 139.35 亿 m^3，占总量的 25.5%。

（6）湿地生态旅游资源

内蒙古自治区 8hm^2 以上湖泊、沼泽、人工湿地以及宽度 10m 以上、长度 5km 以上河流总面积 9016 万亩（1 亩≈666.67 平方米），占国土面积 5.08%，面积居全国第三，初步建立了以湿地自然保护区和湿地公园为主的湿地保护体系。其中，纳入保护体系的湿地面积 2214 万亩，占全区湿地总面积的 24.6%。内蒙古鄂尔多斯遗鸥和达赉湖国家级自然保护区列入《国际重要湿地名录》。

（7）历史文化生态旅游资源

内蒙古自治区在远古时期就有人类活动，史前文化遗迹丰富，后来又是北方游牧民族聚居的家园，因此，留下大量的文化遗址、古陵墓、宗教遗址等。

内蒙古自治区的史前文化遗存十分丰富，尤其是石器时代的文化遗址在我国史前文化遗存方面占有重要地位。例如，现呼和浩特东北郊保合少乡的大窑文化遗址，鄂尔多斯乌审旗萨拉乌苏河一带的萨拉乌苏文化遗址，以西拉沐沦河、老哈河流域为中心的赤峰红山文化。

内蒙古自治区的古城遗址数量较多，仅列入国家和自治区级保护的就有 22 个，其中国家级 8 个，包括云中郡遗址、辽上京和辽中京遗址、元上都遗址、居延古城遗址和林格尔土城子古城遗址等。

内蒙古自治区境内还有数量较为丰富的长城遗址，包括战国时期秦国长城、魏国长城、赵国长城、燕国长城以及秦长城、汉长城、金界壕、明长城。

古墓葬在内蒙古自治区旅游资源中占有独特地位。除著名的鄂尔多斯成吉思汗陵、呼和浩特的昭君墓外，还有以赤峰巴林左旗的埋葬辽太祖耶律阿保机的辽祖陵为代表的辽墓群、巴林右旗的清代荣宪公主墓等。

内蒙古自治区宗教建筑有呼和浩特东郊的辽代万部华严经塔、赤峰宁城的辽中京大明塔，另外还有大量的藏传佛教寺庙，如呼和浩特的大召、小召、席力图召、美岱召，包头的五当召、百灵庙，阿拉善盟的延福寺，鄂尔多斯的准格尔召，赤峰的兴源寺，锡林郭勒盟的汇宗寺、善因寺等。

（8）民俗文化生态旅游资源

民俗文化旅游资源是内蒙古自治区最富魅力和最有生命力的部分，其中，长期生存在这里的民族有蒙古族、达斡尔族、鄂温克族和鄂伦春族，这些民族长期形成的传统生活方式仍有很多保留了下来，对旅游者产生很大的吸引力，主要有饮食文化资源，如烤全羊、烤羊腿、羊背子、手把肉、涮羊肉，奶皮、奶酪、奶粉、奶豆腐等奶制品，以及包括巴盟烩菜、猪肉勾鸡、羊杂碎、莜面、荞面、烧卖、对夹等地方风味美食和面点小吃。此外，还有祭祀敖包为代表的祭祀神灵与礼拜祖先的仪式，"那达慕"大会为代表的民族节庆活动，马头琴、安代舞、盅碗舞为代表的民间艺术。

14.2.2 内蒙古自治区生态旅游发展现状[①]

（1）生态旅游规模

依托内蒙古自治区丰富的生态旅游资源，内蒙古自治区生态旅游获得快速发展，2016 年内蒙古自治区全年共接待旅游者 9805.32 万人次，其中国内旅游者 9627.41 万人次，入境旅游者 177.91 万人次，分别是 2000 年的 13.1 倍和 4.54 倍，见图 14.1 和图 14.2。

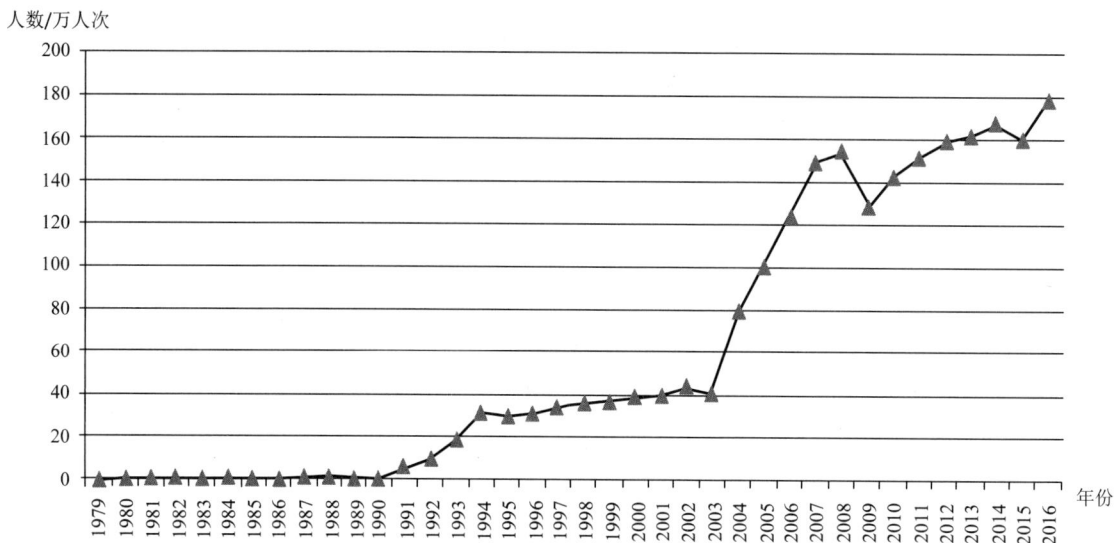

图 14.1　1979—2016 年内蒙古自治区入境旅游人数统计

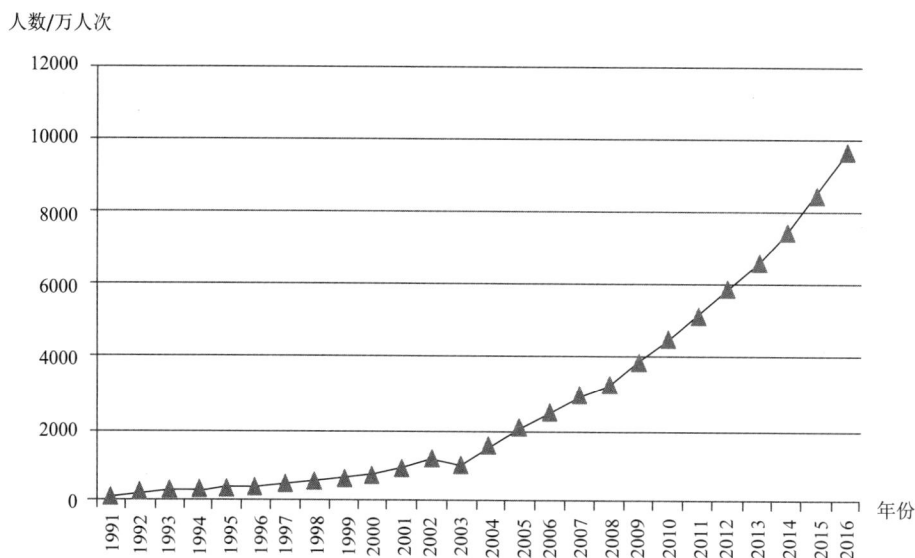

图 14.2　1991—2016 年内蒙古自治区国内旅游人数统计

---

① 鉴于生态旅游没有单独统计，故内蒙古自治区生态旅游的相关统计数据用内蒙古自治区旅游业的统计数据代替，内蒙古自治区的旅游资源主要为生态旅游资源，因此这些数据是可信的。

2016 年，内蒙古自治区完成旅游业总收入 2714.7 亿元（图 14.3），比上年增长 20.28%。

（2）内蒙古自治区生态旅游业发展

内蒙古自治区生态旅游业发展已经形成一定规模，截至 2016 年年底，内蒙古自治区 A 级旅游景区达到 337 家，比上年增加 19 家；星级乡村（牧区）家庭旅游接待户 462 家；星级饭店 319 家，比上年增加 1 家；旅行社 966 家，比上年增加 10 家；旅游商品销售企业 414 家，比上年增加 12 家；旅游运输企业 35 家。

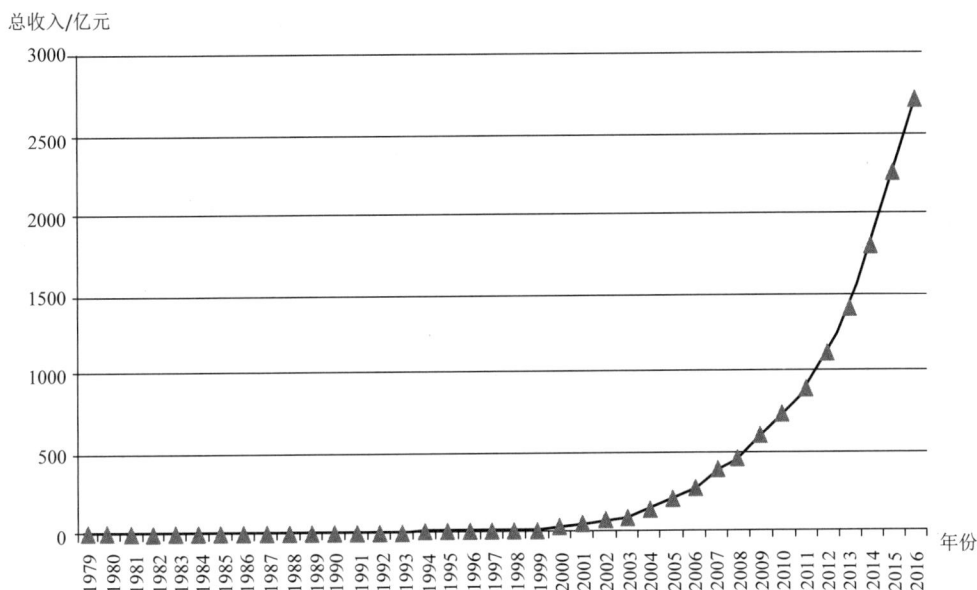

图 14.3　1979—2016 年内蒙古自治区旅游总收入统计

14.3　内蒙古自治区生态旅游发展的经验/创新

14.3.1　颁布了全国第一部地方生态旅游服务标准

2008 年，为引导和规范内蒙古自治区生态旅游的建设、经营、管理和服务，促进生态旅游健康发展，内蒙古自治区旅游局制定了全国首部地方性生态旅游服务标准——《内蒙古自治区生态旅游服务标准》及《内蒙古自治区生态旅游服务标准评分细则》，高效指导自治区生态旅游的发展。该标准内容共有两大部分，对适用范围、引用文件、术语和定义、总则以及生态环境、文化保护、交通、旅行、住宿、餐饮、景区、购物、娱乐服务、旅游设施、安全保护、清洁卫生、公共服务、绿色营销、综合管理、人员培训、教育与科技等提出了科学、全面、详细的规范性要求；详分细则依据规范性要求，对申报生态旅游项目达标情况进行了客观具体的评分[1,2]。

14.3.2　重视旅游规划，保护旅游资源

内蒙古自治区一直以来重视旅游规划。1999 年 9 月，内蒙古自治区颁布了《内蒙古自治区旅游管理条例》。2004 年，修订通过了《内蒙古自治区旅游条例》（以下简称《条例》）。《条例》专设一个章节，从资源的可持续发展方面予以阐述，《条例》规定：旅游资源开发，必须坚持先规划后开发、坚持可持续发展和市场导向的原则，严格审批制度，开发旅游资源和建设旅游项目应当符合旅游发展的总体规划等[1]。

2008 年，内蒙古自治区颁布了《内蒙古自治区旅游规划管理办法》，指导全区旅游规划，对旅游资源的合理开发从法规角度进行了规定，如旅游发展规划应当坚持可持续发展和市场导向的原则，注重对资源和环境的保护；旅游区的空间布局、基础设施建设、旅游项目开发、旅游产品开发都要按照旅游区开发建设规划所确定的规划方案进行，不得随意、盲目地进行开发建设；各盟市、重点旅游旗县都要编制旅游发展规划，旅游景区都要编制旅游开发建设规划等[3,4]。

14.3.3　政府实行禁牧、休牧、轮牧政策，保护生态旅游资源

草原旅游是内蒙古自治区的主要生态旅游形式，草原生态环境的保护是内蒙古自治区生态旅游的基础。由于全球气候变暖、降雨时空分布不均衡、人口较快增长、人为干扰及投入不足等原因，内蒙古自治区草原"三化"（沙化、退化、盐渍化）严重，草原生态环境日趋恶化，沙尘暴、荒漠化等危害日益加剧。为此，从 20 世纪 50 年代开始，内蒙古自治区就开始尝试、探索禁牧、休牧、轮牧制度，以此恢复草原植被、改善草原生态。2000 年，相继启动了京津风沙源治理工程和退牧还草工程。2011 年，全面落实草原生态补助奖励机制，认真贯彻落实《内蒙古自治区草原生态保护补助奖励机制实施方案》和《内蒙古自治区草原生态保护补助奖励机制监督管理办法》等一系列政策文件。2011 年实际落实禁牧面积4.428 亿亩，涉及资金 245635.46 万元。目前，禁牧区主要分布在阿拉善盟、巴彦淖尔市、包头市、乌海市、鄂尔多斯市以及乌兰察布市部分地区，沙地分布于呼伦贝尔市、赤峰市、通辽市、兴安盟、锡林郭勒盟重度退化沙化区。

中西部禁牧区，主要选择在草原承载力低下且发生中度以上退化、沙化、盐渍化的草地。该区域自然植被稀疏，土壤瘠薄，需要采取长期禁牧措施恢复草原生态。

中东部禁牧区，主要选择草原严重退化或中度、重度沙化、盐渍化的草地。这些区域虽然处于水、热条件较好的地区，但由于人口密度大、草原利用过度，需要一定时间的禁牧使草原休养生息。

为了加强对补奖机制工作的指导，内蒙古自治区政府补奖机制实施方案还包括了 6 个附件：《内蒙古自治区草原生态保护补助奖励机制监督管理办法》《内蒙古自治区草原生态保护补助奖励机制资金管理办法》《内蒙古禁牧、草畜平衡监测评价标准与方法》《内蒙古牧草良种补贴项目实施方案》《内蒙古自治区嘎查（村）级草原管护员管理办法》及《中共内蒙古自治区纪委自治区监察厅关于严明纪律确保草原生态保护补助奖励资金安全发放的意见》[5]。

14.4　内蒙古自治区生态旅游发展存在的不足

14.4.1　生态旅游处在低级阶段，生态保护意识不强

生态旅游是一种保护生态环境的旅游形式，它最大的特点是保护性。然而，当前的内蒙古自治区生态旅游处在低级粗放发展阶段，各部门生态保护意识不强。虽然各盟市、各旅游景区制定了旅游规划，然而在执行过程中，规划中的保护措施不到位，致使旅游资源遭到破坏。

内蒙古自治区草原、沙漠、森林等生态旅游地由于远离城市，配套接待设施不完善，旅游地随意排放生活废水、废弃物及游客践踏草场、乱扔垃圾的问题较为突出，在一定程度上破坏了生态旅游资源。

此外，内蒙古地区社会发展相对较为落后，有关部门生态保护意识不强，对旅游者、旅游经营者的不文明行为及环境破坏行为处罚不严，使得个别地方生态环境有所破坏，尤其是在旅游快速发展的早期，这种现象更为严重。

14.4.2　景区追求经济效益，旺季接待量超过旅游容量

内蒙古自治区个别旅游景区在经营过程中，经营者为短期经济利益所驱动，对旅游者来者不拒，尤其是在旅游旺季无限制地接待旅游者，大大超过旅游容量，忽视对生态环境的保护，对生态环境造成很大的压力，如内蒙古最早发展草原旅游的希拉穆仁草原，由于靠近首府呼和浩特，游客数量巨大，对草原生态破坏很大，草场退化非常严重。内蒙古自治区的旅游接待，由于淡旺季明显，每年的 6—8 月为草原旅游旺季，其余季节游客数量较少，这种状况导致了经营者不顾生态环境，无限制接待旅游者现象的普遍存在。

14.4.3　资金匮乏，发展不平衡

内蒙古地区总体经济发展水平在全国来看比较滞后，生态旅游景区发展不平衡，地区之间生态景区发展投入资金差异较大。经济发达的鄂尔多斯地区，随着煤炭经济的衰退，许多煤炭企业转型，将大量闲置资金投向生态旅游景区，景区硬件设施档次很高，并且引发鄂尔多斯地区近年晋升 4A 级以上景区速度明显快于其他盟市，2016 年以前内蒙古自治区仅有的 2 家 5A 级景区响沙湾和成吉思汗陵也归鄂尔多斯所有。草原旅游资源闻名全国的呼伦贝尔、锡林郭勒，虽然生态旅游资源无可挑剔，但因地区经济发展相对欠发达，景区以及农家乐的建设水平明显滞后于经济发达的鄂尔多斯、包头、呼和浩特市。

14.5　内蒙古自治区生态旅游发展的建议

14.5.1　加强对生态旅游资源的保护

内蒙古自治区以生态旅游资源为主，必须要加强对生态旅游资源的保护。为此要做到：第一，做好科学的旅游规划，并认真落实。合理科学的旅游资源开发，会延长其生命周期，改善资源环境，不合理的开发不可避免地会造成某种破坏。开发中要把游览区和接待区分开，禁止在景区的核心区建设宾馆等生活接待设施。第二，加强对旅游者数量的控制，把旅游者控制在旅游资源承载力的范围内，尤其是生态脆弱的草原旅游资源更应该控制游客数量。第三，落实生态保护的资金。制定相应的政策，确保景区收入的一定比例资金投入到生态资源的保护。

14.5.2　做好宣传管理，使生态旅游的理念深入人心

当前的生态旅游处在初级阶段，人们缺乏对生态旅游的正确认识，需要做好宣传管理，使生态旅游的理念深入人心。政府部门要制定和健全生态环境保护方面的法律法规，对掠夺性资源开发商要加大处罚力度；旅游经营者要有可持续发展的理念，放弃以牺牲生态环境、当地的传统文化和历史遗产为代价来发展旅游，禁止各种掠夺性的资源开发和经营活动；导游人员要加强生态旅游概念的讲解，让游客知晓自己的行为可能对环境造成破坏；旅游者要不乱扔垃圾，不沿途抛撒垃圾，采用"留下的只有脚印，带走的只有照片"的旅游方式。

14.5.3　健全投融资渠道，加大生态环境保护资金的投入

生态景区发展，需要资金作为后盾和保障。除企业自筹资金外，通过国家贷款、招商引资、民间融资、项目融资等多种方式，加大生态环境保护资金的投入，解决生态旅游项目开发与生态环境保护资金短期的问题。对景区专用于保护生态环境项目的贷款进行减息、免息。同时，探索建立旅游开发生态补偿基金和生态质量保障基金，加快旅游生态环境的恢复和建设。

14.5.4　培养生态旅游人才

人才是生态旅游发展的关键和保证,目前生态旅游专业毕业的学生很少,能胜任生态旅游专项旅游的导游、服务和基层管理人员不多,对于旅游活动中有关生态、森林植物等方面的问题无法回答,不能满足生态旅游者求新、求奇的心理追求和生态意识的培育。因此,要加强生态旅游人才的培养,对生态旅游各级管理者、执行者进行生态知识、能力的培训,提高服务质量。

参 考 文 献

[1] 内蒙古旅游局. 内蒙古自治区生态旅游服务标准[Z]. 2008-05-04.

[2] 内蒙古旅游局. 内蒙古自治区生态旅游服务标准评分细则[Z]. 2008-05-04

[3] 内蒙古自治区人民代表大会常务委员会. 内蒙古自治区旅游条例[Z]. 2004-07-01.

[4] 内蒙古旅游局. 内蒙古自治区旅游规划管理办法[Z]. 2008-05-04.

[5] 高常胜. 内蒙古禁牧政策在线访谈内容提要[EB/OL]. (2012-03-09). http://finance.sina.com.cn/nongye/nyqyjj/20120309/142211553346.shtml.

第15章 辽宁生态旅游发展报告

王 辉 辽宁师范大学城市与环境学院，大连

卢锡超 辽宁省旅游局，沈阳

刘小宇 辽宁师范大学历史文化旅游学院，大连

15.1 辽宁省生态旅游发展回顾

生态旅游作为旅游业重要的组成部分，在世界旅游业及中国旅游业中扮演着重要的角色。据 WTO 的统计资料表明，世界旅游业每年以 4% 的速度增长，而生态旅游业以平均 20% 的速度增长。从规模总量上来看，生态旅游市场在规模上占全球国际旅游市场总量的 40%～60%。

自 1982 年，中国建立第一个国家风景名胜区开始，辽宁省政府一直关注辽宁省生态旅游建设。2008 年以来，辽宁省全面开始"生态省"的建设，将环境保护和生态建设放在经济社会可持续发展中统筹考虑。2011 年，辽宁省环境保护支出 982 亿元，对厕所等环境卫生设施加大投入，投资 332 亿元用于绿化，加大城市园林绿化。2013 年，十八大提出"把生态文明建设放在突出地位，融入经济建设、政治建设、文化建设、社会建设各方面和全过程，努力建设美丽中国，实现中华民族永续发展"，辽宁省在《辽宁省生态旅游发展专项规划（2014—2025 年）》提出以生态环境和生物多样性保护为前提，以市场需求为导向，以国家森林公园与国家级自然保护区和国家级地质公园为龙头，以生态旅游城市（县）、生态旅游镇（村）、生态旅游景区为示范，构建生态旅游产品、生态旅游产业和生态旅游目的地三位一体的生态旅游体系，着力突出"海韵山水，生态辽宁"的主题形象，大力提高辽宁省生态旅游在全国的影响力，将辽宁省建成多样化生态旅游产品支撑、复合型、国际性的生态旅游目的地和生态旅游产业集聚地[1]。

15.2 生态旅游发展现状

辽宁省有 14 个省辖市、100 个县（市、区），总人口 4271 万人。全省下辖 2 个副省级城市、12 个一般地级市、56 个辖区、17 个县级市、19 个县、8 个自治县。其中，2 个副省级城市分别为沈阳和大连。12 个一般地级市分别为鞍山市、抚顺市、本溪市、丹东市、锦州市、营口市、阜新市、辽阳市、盘锦市、铁岭市、朝阳市、葫芦岛市。辽宁省陆地面积 14.59 万 km^2，其中山地面积 8.72 万 km^2，占 59.8%；平原面积 4.87 万 km^2，占 33.4%；水域面积 1 万 km^2，占 6.85%；海域面积 15.02 万 km^2，其中渤海部分 7.83 万 km^2，北黄海 7.19 万 km^2。辽宁省大力发展以海洋为主的生态旅游，突出特色旅游资源，推动生态旅游发展。

15.2.1　资源现状

按照国家标准《旅游资源分类、调查与评价》（GB/T 18972—2003），全国旅游资源分为 8 个主类、31 个亚类、155 个基本类型。对辽宁省的生态旅游资源进行全面普查，调查结果显示：辽宁省生态旅游资源涵盖了中国自然旅游资源普查分类的 5 大主类，17 个亚类，66 个生态旅游资源基本类型，旅游资源类型覆盖率分别为 100%、70.8%、54.2%。在 5 大主类中，辽宁省生态旅游资源的地文景观类拥有 37 种基本类型中的 32 种；水域风光景观类拥有 15 种类型中的 13 种；生物景观类拥有 11 种类型中的 7 种；天象与气候景观类拥有 20 种类型中的 5 种；建筑设施类拥有 49 种类型中的 9 种（详见表 15.1）。具有代表性的生态旅游资源有 547 处，其中含有地文景观类单体的资源有 175 处、水域风光类的 195 处、生物景观类 122 处、天象气候类 9 处、建筑设施类 46 处。辽宁省生态旅游资源数量与类型以大连地区最为突出，本溪市、朝阳市、丹东市在资源数量和资源类型上也很多，但数量上不及大连市，其余各城市在资源数量上和资源类型上排名各不相同。

表 15.1　辽宁省主要资源种类统计[①]

类型	基本类型			主要资源普查	
	全国/种	辽宁省/种	所占百分比/%	资源数量/处	占资源总数/%
地文景观	37	32	86.5	175	32
水域风光景观	15	13	87	195	35.7
生物景观	11	7	63.6	122	22.3
天象与气候景观	20	5	25	9	1.6
建筑与实施	49	9	18.4	46	8.4
合计	132	66	50	547	100

辽宁省生态旅游资源分布具有全域性特征，分布广泛，而且聚集度高，在地域分布上具有总体分散、优势资源局部相对集中的特点，且同一区域生态旅游资源类型相似，如沿海 6 市、沿辽河 4 市、西大凌河 4 市及辽东 5 县。从空间结构分布来看，辽宁省生态旅游资源分布广泛，遍地分布与相对集中相结合，生态旅游资源总体向大连、沈阳、鞍山、本溪、丹东、盘锦、抚顺和朝阳等城市集中。名山、秀水、奇石、异洞等生态旅游资源遍布全省；各市生态旅游资源特色各异，如鞍山、丹东的生态名山，盘锦红海滩的生态湿地，本溪的岩溶地貌，大连的浪漫海滨等，都体现出辽宁省生态旅游资源分布的地域特色。综合生态旅游资源的地域分布特征和资源特色的因素，辽宁省优势生态旅游资源在区域分布上构成 6 大生态景观集群：滨海岛屿生态旅游集群、湿地生态旅游资源集群、沿辽河生态旅游资源集群、大凌河生态旅游集群、山水田园生态旅游资源群和地质温泉旅游资源集群。全省各市、县几乎都有生态旅游景区和旅游景点分布，并各具特色。截至 2013 年年末，全省有国家 A 级旅游景区 365 处，其中有 4 处 5A 级景区，9 处国家级风景名胜区，14 处省级风景名胜区，30 处国家级森林公园和 41 处省级森林公园。

15.2.2　旅游业现状

2013 年，辽宁省共有旅行社 1165 家，比 2012 年多出 24 家，接待入境游客 838155 人，国内游客 3822782 人，旅行社从业人数 7986 人；共有星级酒店 421 家，其中五星级酒店 25 家，四星级酒店 72 家，三星级及以下共 324 家，总营业收入 7646029.1 千元，星级酒店从业人数 52566 人；旅游景区从业人数

---

① 根据辽宁省旅游局《辽宁省生态旅游发展专项规划（2014—2025 年）》数据整理所得。

2033 人。2013 年，辽宁省旅游院校 55 所，其中高等院校 34 所，中等职业院校 21 所，旅游院校学生总人数 15516 人，其中高等旅游院校学生人数为 12186 人。辽宁省 2009—2013 年旅行社收入变化、星级酒店数量变化以及旅游院校数量变化如图 15.1、表 15.2 所示。

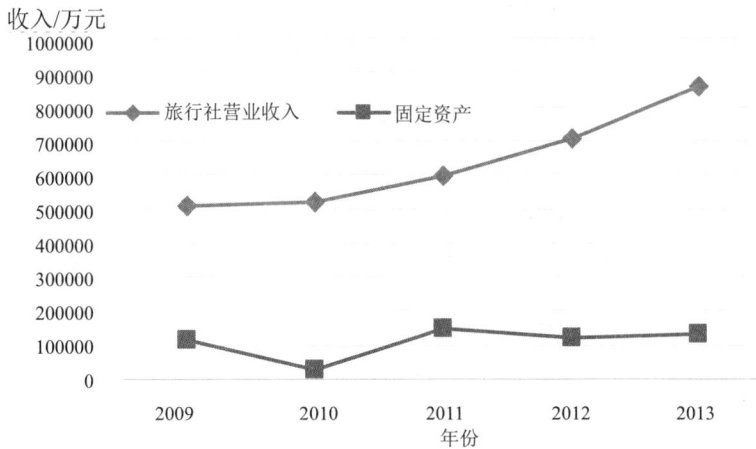

图 15.1　2009—2013 年旅行社收入变化

表 15.2　2009—2013 年辽宁省星级酒店数量变化以及旅游院校数量变化①　　　（单位：个）

年份	旅游高等院校数量	旅游中等职业院校数量	旅游教育院校数量和	五星级酒店数量	四星级酒店数量	三星级酒店数	二星级酒店数量	一星级酒店数量	星级酒店数量和
2009	32	41	73	13	29	259	159	24	484
2010	33	42	75	16	68	222	117	9	432
2011	34	43	77	17	68	212	108	8	413
2012	35	44	79	17	67	198	113	4	399
2013	34	21	55	25	72	217	104	3	421

　　旅游交通方面，辽宁省已形成铁路、公路、港口、航空相结合的立体交通网络，外部可进入性和内部通达性好。省内高速交通网络完善，同城化效应明显。辽宁省境内铁路干支线稠密，沈阳、锦州、大连、丹东为主要铁路枢纽站，铁路密集度居全国之首；公路密如蛛网，沈大、沈本、沈丹、沈抚高速公路连接省内外大中城市；全省的国际航线和国内航线众多，鞍山机场、大连机场、丹东机场等缩短了辽宁省与世界各地的距离；同时境内拥有大连港、营口港、丹东港、锦州港、葫芦岛港、大东港、鲅鱼圈港和金州港等良好的大中港口，为国内外旅游者提供了方便快捷的旅游服务，辽宁省便利的陆海空立体交通网为生态旅游的发展提供了便捷的交通条件[2]。

　　辽宁省近年来大力发展以生态旅游为核心的旅游业，不断扩大城市绿地面积，增加城市公园数量，不但提高了城市居民休闲娱乐生活的质量，同时也促进了辽宁省生态旅游的发展（图 15.2）。

---

① 根据 2009—2014 年《中国旅游统计年鉴》数据整理所得[3-8]。

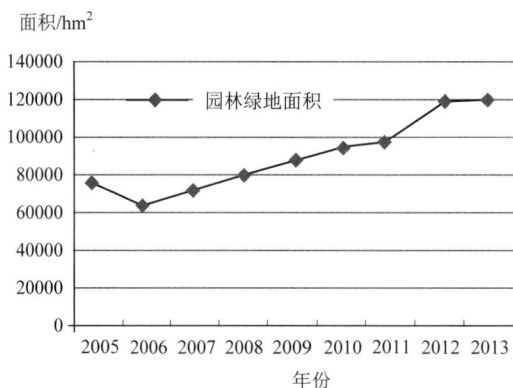

图 15.2　辽宁省绿地面积折线图

15.2.3　客源现状

辽宁省是全国交通基础设施较为发达的地区，也是东北地区通往关内的交通要道和连接亚欧大陆的重要门户。辽宁省内的大城市较多，以历史文化名城沈阳为中心的中部城市群在 150 km 半径内分布着鞍山、抚顺、本溪、辽阳、铁岭等大中城市，形成了庞大的潜在旅游群体。便利的海陆空立体交通网为客源的流动提供了便捷的交通条件，此外辽宁省距中国三大出游地之一的京津唐地区较近，为辽宁省发展生态旅游提供了良好的潜在客源市场基础。据《2014 年中国旅游统计年鉴》显示，2013 年辽宁省接待国外入境过夜游客 1736132 人次（平均逗留天数 3 天）；接待中国香港入境过夜游客 400348 人次（平均逗留天数 2.8 天），澳门入境过夜游客 107263 人次（平均逗留天数 2.4 天），台湾入境过夜游客 316670 人次（平均逗留天数 2.6 天）；接待大陆游客 40427.2 万人次，其中过夜游客 16979.4 万人次，一日游游客 23447.8 万人次[8]。

15.3　生态旅游发展特点

15.3.1　生态旅游市场全面增长

随着生态旅游在全球范围内的兴起和发展，以及生态旅游业带来的经济效益和生态效益增长，生态旅游产业在辽宁省的地位日益提高，甚至已经成为区域经济发展的强大动力。各市（县、区）争相以生态旅游资源为依托，加大对生态旅游资源的开发、经营和配套设施的建设，政府的带动和强劲市场需求使生态旅游市场取得全面增长。2013 年，辽宁省国际旅游（外汇）收入 347714 万美元，比 2012 年增长 6.5%，入境过夜游客人均每天花费 212.45 美元，辽宁省旅行社主要营业收入 85.79 亿元，全国排在第 12 位，比 2012 年高出 12.14%。365 家旅游景区，接待游客 0.53 亿人次，营业收入 66.19 亿元，其中门票收入 13.05 亿元。

15.3.2　生态建设取得初步成效

近年来，通过实施天然林保护、退耕还林还草、辽河治理、碧海行动计划、城市环境整治等一系列重大举措，环境污染和生态恶化的趋势有所减缓，部分地区和城市环境质量有所改善。2005 年，省辖城市平均 85.8% 以上天数环境空气质量达到二级标准，近岸海域水质功能区达标率为 86%。全省森林覆盖率达到 31.8%，自然保护区面积占土地总面积的比例达到 9.7%，水土流失面积占土地总面积的比例由 1995 年的 36.3% 下降到 29%。辽宁省生态维护状况总体向好，仅少部分地区相对较弱，生态建设取得成效。

15.3.3　生态观光产品不断发展

辽宁省温泉旅游建设和乡村旅游建设取得突破性进展，规划实施沈阳、大连、丹东、营口、辽阳、盘锦等 7 个市温泉旅游发展专项规划、14 个温泉旅游小镇项目和 10 个温泉度假区项目。截至 2013 年 6 月，全省共创建 3 个全国休闲农业与乡村旅游示范县、4 个全国休闲农业与乡村旅游示范点、37 个全国农业旅游示范点，温泉乡村休闲旅游产品体系得到持续性发展。此外，不同城市面对分散的生态旅游资源，整合旅游资源和产品，联合市（区、县）景区，合作推出经典生态旅游线路，共享旅游市场，区域旅游合作板块开始出现。

15.3.4　生态旅游目的地建设成效显著

辽宁省各市（区、县）在打造生态旅游过程中，突出温泉、湿地、乡村等特色旅游资源，完善景区景点旅游基础设施和旅游服务设施，生态旅游目的地建设取得明显成效。辽宁省积极开展各项宣传活动，借助影响力深远的国内外旅游交易会、展览等系列活动，努力推销生态旅游目的地旅游产品。2013 年 7 月 23—30 日举办的辽宁旅游产业项目招商周期间，组合八城市共推出了 189 个招商项目。招商周期间，共有 43 个旅游项目正式签约，总投资额达 1427.46 亿元人民币。经过历年来的招商活动，全省现有投资 10 亿元以上在建和建成温泉旅游项目 78 个，总投资额达到 1900 亿元；8 月 25 日，辽宁省政府在宽甸县召开了现场办公会议，确立了宽甸创建辽宁生态旅游改革实验区，9 月 17 日，正式批复，实现从观光旅游向休闲度假、健康养生、会议会展旅游多元发展的新跨越，实现由省内重点旅游城市向全国知名旅游城市的新跨越，实现经济发展方式由资源利用粗放型向绿色生态集约型的新跨越。2015 年 9 月 18—21 日，辽宁省旅游局组织各市旅游机构及旅游企业 70 余人，参加了由国家旅游局和天津市政府共同主办的中国旅游产业博览会和北方十省市旅游交易会。展会期间，辽宁省主动与中国北方十省市及"一带一路"经济带地区旅游部门对接，加强交流与合作，提升辽宁省生态旅游目的地旅游品牌形象。

15.4　生态旅游发展存在的不足

尽管辽宁省生态旅游在市场建设、生态环境建设、生态旅游观光产品及生态旅游目的地品牌形象等方面取得一定成绩，但由于一些先天的制约和现实的问题，生态旅游发展在核心型生态旅游产品打造、生态式服务设施和生态环境解说系统构建等方面尚存不足。

15.4.1　核心型生态旅游产品未成熟，品牌竞争力较弱

尽管辽宁省打造生态旅游大省正在进行，但未能实现建立生态旅游强省。辽宁省的生态旅游资源和产品中，没有像安徽黄山、山东泰山、湖南张家界、四川九寨沟、广西桂林山水、吉林长白山等在全国乃至世界有重大影响力和竞争力的大型品牌旅游区。辽宁省生态旅游主要停留在区域性国内市场，国际化程度低。日本、韩国、俄罗斯、朝鲜等周边国家的国际客源占入境市场接近 65%，未形成全球性大市场。国内生态旅游以全省、周边市场为主，中远距离市场比重较小。国内生态旅游综合消费水平较低。国内生态游客人均花费低于十强省市平均水平，综合效益有待提升。尽管宽甸县生态旅游实验区打造的"鸭绿江边、仙境宽甸"正成为沈阳、大连、吉林、黑龙江、北京、天津、唐山及环渤海等 16 城市的首选品牌，并延伸到日本、韩国、俄罗斯等国外市场，但由于其开发时间较短，宣传还未完全打开，导致仍未成为在国际、国内市场具有影响力的大型生态旅游企业。此外，生态旅游行业整体素质不高，跨区域资源整合和国际旅游市场开拓能力不强；产业体系发育不完善，生态旅游要素配套不尽合理，新业态发育不足；自驾车旅游、湿地旅游、海洋海岛旅游等新热点产品开发尚处于起步阶段。

15.4.2 生态式服务设施不齐全，规划管理不完善

近年来，随着人民生活水平的不断提高，人们对旅游的热情不断高涨，旅游业的发展也越来越受到重视。辽宁省高瞻远瞩以建设"生态旅游省"为目标，但由于目前我国在生态旅游方面的涉猎不足，尚处在初级探索阶段，并没有很好的范例可供参考，加之辽宁省一直以工业为支柱产业，旅游业开发与其他省份相比相对滞后，经验不足，因此辽宁省在创新发展生态旅游时存在一系列问题。辽宁省大多数地区生态旅游相关服务还比较粗放，精细化、精致化、精专化不足。特别是受管理体制和经营机制影响，生态旅游管理体制和经营机制不活，社会力量介入及资源权属的明晰程度均明显落后。辽宁省已经开发的旅游景区，特别是依托自然资源开发的旅游景区虽也以生态旅游自居，但是距离生态旅游景区的标准还存在距离，主要问题是旅游产品开发者对景区内生态环境保护要求不明确，生态环保式服务设施不齐全，服务人员生态意识薄弱，生态旅游公共管理和接待服务质量水平不高，许多生态旅游服务单位在细部管理和细微服务上还有待提升。另外，旅游业也面临着来自于其他产业在资源使用、资金争取、政策扶持、环境保护等方面的竞争。生态旅游规划内容详实，目标明确，多数规划虽为长期规划，但实施规划时，长远环境考虑不够全面，规划内容与实际建设存在偏差，使得经济效益虽在短时间内增长迅速，但是生态环境保护方面出现漏洞，形成先发展后修补的局面，破坏了当地生态系统的平衡。

15.4.3 生态旅游解说系统未形成，地方性研究论文较少

辽宁省生态旅游景区从业人员对生态旅游相关专业知识了解较少，对于生态旅游的知识和特点无法做出详尽的解说；游客在生态旅游系统中占据核心位置，但是大部分游客还没有达到生态旅游的素质要求，许多景区污染物没有得到有效处理。旅游院校对生态旅游环境教育的解说课程未得到良好开展，即使开展多以选修课形式进行，达不到预期效果。此外，关于辽宁省生态旅游相关研究论文，多关注于海岛生态旅游开发研究，基础性研究如对生态旅游的含义、特点及生态旅游对旅游地的生态、经济和社会的影响缺乏全面的研究。对于已开发景区的生态旅游的规划设计维护和管理还不够充足，如旅游旺季，部分生态旅游地游客严重超载，超过了生态旅游区的环境容量，导致生态环境的退化和生态旅游资源的价值降低，这一类问题仍未得到有效的长期控制。尽管景区在短时间内获得了较大的经济利益，但是从长远来看，只会对生态环境造成更大的破坏，违背了可持续发展的原则，会损失更多的直接经济效益。

15.5 生态旅游发展的未来展望

随着旅游业快速发展，生态环境问题已逐步得到重视，生态旅游发展拥有巨大契机。但生态旅游并不同于其他基本旅游方式，对自然环境的保护与开发，需管理者平衡并保证其能够以最合理的方案达到最合适的效果。以辽宁省当前的生态旅游发展态势来看，未来可在如下几方面着重考虑。

15.5.1 开发独特产品，打造生态旅游品牌

辽宁省生态旅游发展，应彰显生态旅游特色，可尝试以绿色生态为特色，以休闲体验和度假为主线，确立多元化、立体化的生态旅游产品体系，重点打造温泉、海洋、乡村、沟域、湿地等一系列参与度好、体验性强、趣味性高、生态教育效果明显的休闲、度假生态旅游产品。通过生态旅游产品、生态旅游产业和生态旅游目的地建设，促成旅游与相关产业融合，共创生态文明发展之路，形成后工业社会以绿色为主线的新型区域生态发展道路，逐步摆脱传统的"观光旅游"的思想桎梏，改变旅游资源的利用方式，实现旅游产品的多元化和复合性供给。尽管辽宁省生态旅游开发固然离不开山地、森林、海洋、温泉、湿地等旅游资源，但随着旅游市场日益追求差异化、个性化需求，以及愈发注重通过旅游体验和度假获

得身心放松、释放压力、愉悦心情、寻求多元化经历的需求变化，生态旅游开发必须走创新引领之路，全面实现产品转型和提升，开发独特生态旅游产品。开发生态旅游产品，必须坚持旅游精品战略，突出生态旅游资源特色，提高品位，高标准、高质量建设，防止盲目和粗放开发，培育出市场竞争力强和综合效益好的旅游产品。

15.5.2　创建生态旅游解说系统，保护生态旅游发展

环境教育解说是对生态环境保护最为有效的实施形式，既向全民进行生态旅游宣传，也提高全民生态旅游环境意识。生态旅游发展也离不开服务人员的协助，服务人员素质的高度决定了生态旅游发展的未来。因此，辽宁省生态旅游建设应加强生态旅游从业人员职业道德、岗位技能、商务和社交礼仪的培训，提高从业人员的服务意识和素质、外语能力和网络信息化技能。相关旅游接待设施在提供标准化服务的基础上，充分考虑生态旅游的个性化需求，实现规划服务与特色服务相结合。加强满足生态旅游市场需求的导游服务人员的生态保护意识和生态知识讲解能力。倡导生态文明，引领旅游者在旅游的过程中主动将垃圾带出景区，尽量降低旅游活动对环境的负面效应。引导企业提高生态保护意识，注重生态环境监控，生态旅游景区必须做好环境影响评估工作，严格在环境承载力的框架下进行容量管理，切实保证生态安全。此外，也要加大环境教育投资力度，普及全民环境教育，向全民进行生态旅游科普，鼓励公众参与生态保护实践，推广绿色消费方式，倡导生态价值观，将环境道德内化于心，从而使生态建设和保护成为一种自觉的意识和行动，促进生态旅游发展。

15.5.3　建立海岛型国家公园，保护生态旅游发展

在我国沿海区域位置上，辽宁省呈弧形分布在黄海北部和渤海辽东湾大陆岸线一侧的浅海大陆架上，是我国北方海岛主要分布区。辽宁省共有海岛 266 个，多属于近陆岛、无居民海岛（234 个）。这些岛屿生态集中化程度高，呈组团分布，周围海域生态资源丰富，不少岛屿蕴藏着丰富的旅游资源。目前，海岛旅游已成为辽宁省旅游的一大特色，现已开发的海岛主要有菊花岛、大小长山岛、獐子岛、海洋岛、广鹿岛、石城岛、王家岛和大鹿岛。各海岛旅游人数和旅游收入都呈现逐年上升趋势。党的十八大报告提出，"提高海洋资源开发能力，发展海洋经济，保护海洋生态环境，坚决维护国家海洋权益，建设海洋强国。"海洋旅游是发展海洋经济、建设海洋强国的重要组成部分。2013 年通过的《中共中央关于全面深化改革若干重大问题的决定》明确提出，要"建立国家公园体制"。同时，国务院在 2014 年 8 月 9 日发布《国务院关于促进旅游业改革发展的若干意见——重点任务分工及进度安排表》中第一项就是稳步推进建立国家公园体制，实现对国家自然和文化遗产地更有效的保护和利用。因此，辽宁省可在已开发的海岛旅游区域，建立海岛型国家公园，打造独特海洋旅游产品的同时，保护辽宁省生态旅游发展。

15.5.4　审时度势、抓住机遇，全面推进生态旅游发展

党的十八大报告提出，要把生态文明建设放在突出地位，融入经济建设、政治建设、文化建设、社会建设各方面和全过程，努力建设美丽中国，实现中华民族永续发展。为此，我们必须坚持节约资源和保护环境的基本国策，坚持节约优先、保护优先、自然恢复为主的方针，着力推进绿色发展、循环发展、低碳发展，逐步形成节约资源和保护环境的空间格局、产业结构、生产和生活方式。随着我国对环境保护和旅游业发展的不断重视，发展生态旅游无疑是一个双赢的选择。发展生态旅游一方面使国内外游客体验我国壮丽的自然风景和深厚的文化底蕴，另一方面使得保护环境的意识深入人心。因此，辽宁省政府、旅游局一直致力于辽宁省生态旅游发展，并制定出《辽宁省生态旅游发展专项规划（2014—2025 年）》长远规划，辽宁省更应该在国际和国内政治、经济、环境支持的推动下，借力时势，全力推进生态旅游业发展。

　　辽宁省生态旅游建设，应以立足保护、适度开发、注重特色、协调发展的指导思想为基础，建设与之配套的交通设施和服务设施，发展生态旅游服务业，建立生态馆，完善服务体系。针对生态旅游区良好的生态环境、丰富的物种资源和多元的原始自然区，结合现代旅游发展的趋势，体现生态旅游的特点，宣传尊重自然、保护自然的生态旅游思想，把生态旅游景区建设成为具有野营、探险、科研、教育和观光等多功能的旅游休闲度假区，为辽宁省生态旅游未来发展树立品牌基础，同时促进辽宁省的经济、社会、文化等方面全面发展。

参 考 文 献

[1] 辽宁省旅游局. 辽宁省生态旅游发展专项规划（2014—2025 年)[R].

[2] 辽宁省发展和改革委员会、旅游局. 辽宁省生态旅游发展调研报告[R]. 2015.

[3] 中华人民共和国国家旅游局. 中国旅游统计年鉴2009[M]. 北京：中国旅游出版社，2009.

[4] 中华人民共和国国家旅游局. 中国旅游统计年鉴2010[M]. 北京：中国旅游出版社，2010.

[5] 中华人民共和国国家旅游局. 中国旅游统计年鉴2011[M]. 北京：中国旅游出版社，2011.

[6] 中华人民共和国国家旅游局. 中国旅游统计年鉴2012[M]. 北京：中国旅游出版社，2012.

[7] 中华人民共和国国家旅游局. 中国旅游统计年鉴2013[M]. 北京：中国旅游出版社，2013.

[8] 中华人民共和国国家旅游局. 中国旅游统计年鉴2014[M]. 北京：中国旅游出版社，2014.

第16章 吉林生态旅游发展报告

刘海洋　长春师范大学，长春

16.1 吉林省生态旅游发展回顾

16.1.1 旅游业发展现状

吉林省旅游业起步于 20 世纪 70 年代末 80 年代初，经过多年的发展，逐步形成了国内旅游和入境旅游相互融合、互补互促的发展格局。旅游综合产业体系不断完善，旅游经济收入逐年提高，旅游对吉林省社会发展的贡献得到充分体现。目前吉林省旅游业步入了快速稳定的增长阶段，并已成为全省的支柱性产业。

根据吉林省国民经济和社会发展统计公报提供数据，2016 年，全省全年旅游总收入 2897.37 亿元，增长 25.2%。其中，国内旅游收入 2845.94 亿元，增长 25.4%；旅游外汇收入 7.91 亿美元，增长 9.3%。截至 2016 年年末，全省有旅行社 1036 家，其中分社 303 家；星级以上饭店 193 家，其中五星级宾馆 5家；全省拥有国家 A 级旅游景区 243 家，其中 5A 级旅游景区 5 家[1]。吉林省旅游业表现出积极稳定的发展态势。

16.1.2 资源现状

吉林省拥有 20719 个旅游资源单体，类型丰富，占全部旅游资源 8 个主类，31 个亚类，155 个基本类型，具体见表 16.1。其中，主类拥有率均为 100%；亚类比全国总数少 1 个（BE 河口与海面），拥有率为 96.77%；基本类型比全国总数仅少 11 个，分别为丹霞（ACI）、雅丹（ACJ）、泥石流堆积（ADB）、地震遗迹（ADC）、观光游憩海域（BEA）、涌潮现象（BEB）、击浪现象（BEC）、冰川观光地（BFA）、避寒气候地（DBC）、长城段落（FCE）、悬棺（FEC），拥有率为 92.90%。从资源类型的拥有量来看，吉林省旅游资源十分丰富。

表 16.1　吉林省各层次旅游资源数量统计

系列	全国数目/个	吉林省	
		数目/个	占全国比例/%
主类	8	8	100
亚类	31	30	96.77
基本类型	155	144	92.90

吉林省优良级旅游资源单体分属 8 个主类，按单体数量排序依次是建筑与设施、地文景观、水域风光、人文活动、生物景观、遗址遗迹、旅游商品和天象与气候景观，具体见表 16.2。其中，247 个五级资源单体分布在全部 8 个主类中，按单体数量大小依次是建筑与设施（100 个）、人文活动（51 个）、地文

景观（33 个）、水域风光（27 个）、生物景观（22 个）、旅游商品（6 个）、遗址遗迹（6 个）和天象与气候景观（2 个）。529 个四级旅游资源单体分布在全部 8 个主类中，按单体数量依次是建筑与设施、地文景观、人文活动、生物景观、遗址遗迹、水域风光、旅游商品和天象与气候景观；2465 个三级旅游资源单体分布在全部 8 个主类中，按单体数量依次是建筑与设施、地文景观、水域风光、遗址遗迹、生物景观、人文活动、旅游商品和天象与气候景观（表 16.2）。

表 16.2　优良级旅游资源单体分类构成

主类	优良级单体数						合计个数/个
	五级旅游资源		四级旅游资源		三级旅游资源		
	个数/个	比例/%	个数/个	比例/%	个数/个	比例/%	
地文景观	33	13.36	74	13.99	202	8.19	309
水域风光	27	10.93	34	6.43	167	6.77	228
生物景观	22	8.91	37	6.99	150	6.09	209
天象与气候景观	2	0.81	3	0.57	10	0.41	15
遗址遗迹	6	2.43	37	6.99	157	6.37	200
建筑与设施	100	40.49	271	51.23	1556	63.12	1927
旅游商品	6	2.42	31	5.86	95	3.85	132
人文活动	51	20.65	42	7.94	128	5.19	221
合计	247	100.0	529	100.0	2465	100.0	3241

优良的生态环境、丰富的生态资源，是吉林省最大的特色、最宝贵的财富、最突出的优势、最重要的品牌。吉林省是国务院首批生态建设试点省，生态环境保存完好，全省有长白山、向海、莫莫格等 38 个自然保护区，全省森林覆盖率达到了 42.5%，自然生态旅游资源禀赋丰富、品位极高、组合俱佳，具备打造中国新兴生态休闲、山水观光度假旅游名省的潜质。吉林省东部茫茫林海、西部湿地草原、中部松辽平原的生态环境特征，各地区独具特色。东部长白山区素有"长白林海"之称，是世界著名的旅游目的地；西部草地资源丰富，总面积为 584.22 万 hm²，草原辽阔，集中连片，一派"风吹草低见牛羊"的景象。吉林省自然形成的湿地面积约为 74.15 万 hm²，主要有向海湿地、莫莫格湿地、查干湖湿地、哈尼湿地、雁鸣湖湿地、珲春敬信湿地和长白山自然保护区湿地等。吉林水域资源丰富，松花江、鸭绿江、图们江、松花湖、红石湖、白山湖、净月潭、查干湖、向海等都是理想的水域生态旅游之地。吉林省整体上形成了博大山岳、广袤森林、浩渺江湖、草原湿地的生态景象。

16.1.3　客源市场现状

近年来，吉林省接待旅游总人数逐年增加。2016 年，全省接待国内外游客 16578.77 万人次，比上年增长 17.3%。其中，接待国内游客 16416.82 万人次，增长 17.4%；接待入境游客 161.95 万人次，增长 9.4%。在入境游客中，接待外国游客 142.17 万人次，增长 10.0%；港澳台同胞 19.78 万人次，增长 4.7%。各地区中，长春市、吉林市和延边州的接待量最多，东部游客接待量明显多于西部。

（1）国内客源市场

从吉林省游客的基本构成看，旅游客源主要集中在中青年市场。对游客收入统计分析发现，游客收入大部分在 3 万~10 万元，说明吉林省对高消费水平游客消费的吸引力较小，也说明省外或国际游客数量较少。从游客出游动机上看，主要为休闲度假和自然风光，其次是人文体验。从出游方式上看，吉林省游客出游方式以自助游比例最高，其次是旅行社组团，单位组织所占比例相对较小。从人均消费上看，人均消费为 1000～3000 元的游客占到将近 40%的比例，消费支出中以交通、景区门票、住宿等基本消费占的比例较大，而购物、餐饮及娱乐活动等支出比例较低，说明吉林省旅游消费结构不够合理。从对景区偏好程度上看，游客希望去的景点有长白山、净月潭、长影世纪城、莲花山滑雪场、伪满皇宫、查干湖、世界雕塑公园、松花湖、珲春等边境口岸，促成吉林省旅游的主要吸引因素有东北民俗风情、森林自然生态、乡村田园风情、冰雪风情运动和朝鲜民族风情。

（2）入境客源市场

吉林省入境旅游客源市场以亚洲为主体，其次是欧洲，这两个洲际游客占到 90%以上的比例，美洲、大洋洲、非洲所占的比例较小。吉林省入境客源市场消费水平低于全国平均水平，从全国整体来看，外国人的人均消费水平高于全国平均水平，而香港同胞和澳门同胞消费水平明显低于全国平均水平。来吉林省的入境游客对遗址类、商贸类和生态类旅游资源比较感兴趣。例如，长白山、集安高句丽王城遗址对韩国游客有较大吸引力；珲春的商贸旅游、养生旅游、医疗旅游等专项旅游对俄罗斯远东地区有较大吸引力；滑雪、温泉、高尔夫等休闲项目受到韩国、俄罗斯等国家青睐。

16.2　吉林省生态旅游发展特点

吉林省生态旅游资源品位极高，是国务院首批生态建设试点省，生态环境在全国处于领先地位，蓝天白云、富氧森林、湿地草原、广袤田园、冬日雪峰、秋日红叶等美丽的生态景观全国罕见。吉林省生态旅游在发展中具体表现出以下几个特点。

16.2.1　生态经济示范省建设取得初步成效

1999 年经国家有关部门批准，吉林省被列为全国生态省建设试点，使吉林省成为中国继海南省后第二个生态经济示范省[2]。其实质是让生命系统与环境系统之间，通过不断的物质循环、能量流动与信息传递，建立一个相互联系、相互影响、相互作用、相互依存的统一整体，在发展的过程中，精心维护人类生存与发展的可持续性。吉林省十分重视生态省建设，组织有关部门和科研人员编制了生态省建设规划大纲，既要保护生态环境，又要发展经济，重点工程是恢复自然保护区生态系统、综合治理水土流失、建设生态农业、综合治理西部草原、综合防治城市污染等。在各生态经济区内，生态保护已经提升到战略的高度，而美好的自然生态环境是发展生态旅游的前提条件。吉林省各种生态系统比较齐全，森林、草原、土地等资源丰富，2015 年吉林省三市一县入选首批国家生态保护与建设示范区，分别是白城市、集安市、临江市和汪清县。生态经济示范省建设取得了一定的成绩。

16.2.2　冰雪旅游项目开展较好

吉林省积雪期长、雪质好，雾凇、冬捕等景观壮美、奇特，是国内开展冰雪旅游活动的最佳区域。此外，吉林省冰雪旅游资源丰富，既可游玩，又可观赏；既可滑冰、滑雪，又可赏冰灯、冰雕。此外，冰雪艺术、冰雪文化活动应有尽有，已形成一定的品牌优势，如吉林市雾凇冰雪旅游节和长春净月潭冰雪旅游节已成为我国冰雪旅游节庆活动的知名品牌。

吉林省滑雪场数量众多。目前，吉林省滑雪场现已达到了 34 座，组建了 2 个国家滑雪综合训练基地，2017 年，吉林省在建亿元以上冰雪旅游项目有 10 余个，已构成规模较大、设施先进、条件优越、体系完备的滑雪旅游基地群。主要包括 2007 年亚冬会雪上项目比赛场地——北大壶滑雪场、距中心城市最近的国际标准滑雪场——长春莲花山滑雪场、全国最大的原始森林滑雪场——吉林莲花山滑雪场、城市中的滑雪场——长春净月潭滑雪场、高山滑雪场——长白山滑雪场等。吉林省具有建设冰雪旅游强省的资源条件。

16.2.3　逐步形成了品位价值较高的生态旅游产品

经过多年的发展，吉林省逐渐形成了一批资源品位价值较高的生态旅游产品。吉林省有 5 个国家级自然保护区、16 个国家级森林公园、9 个国家级水利风景区和 4 个国家级风景名胜区。其中，4 个国家级风景名胜区分别是吉林松花湖风景名胜区、长春净月潭风景名胜区、龙仙景台风景名胜区和龙防川风景名胜区。

吉林省品位价值较高的生态旅游产品以长白山自然保护区、向海自然保护区和莫莫格自然保护区为代表。位于吉林省东部的长白山自然保护区，1980 年加入联合国教科文组织"人与生物圈"保护网，被列为世界自然保留地。该保护区是全国建区最早、面积较大、价值高、质量好的保护区之一，具有森林生态系统完整、生物多样性丰富的特点，是地球上同纬度保存最完好的森林生态系统。长白山还是一座天然的自然博物馆和巨大的生物基因库，这里有保存完整的野生植物区系和特有的动物区系，共有植物 2424 种。其中，高等植物 1000 多种，野生脊椎动物有 500 多种，无脊椎动物达千种以上，国家规定保护的珍稀的特产动物 150 种。这些为科学考察旅游和观赏旅游提供了良好充足的基础和条件。向海自然保护区位于吉林省西部通榆县境内，1986 年被国务院批准为国家级自然保护区，1994 年被列入《拉姆萨尔公约》《国际重要湿地名录》，是我国目前列入《国际重要湿地名录》的 7 个自然保护区之一，是保护丹顶鹤等珍稀水禽和沙丘蒙古黄榆为主的保护区，其自然生态系统多样、野生生物资源丰富，在国内外湿地生态环境及珍稀濒危水禽保护与研究方面具有特殊地位、典型意义和重要科研价值。莫莫格自然保护区位于镇赉县东南，以保护珍稀水禽为主。

16.3　吉林省生态旅游发展问题分析

由于吉林省的生态旅游业发展史相对较短，目前尚为旅游开发的初期模式。一方面，人们对生态旅游的认识和产品开发大多还停留在初级阶段，强调到大自然中旅游，强调对旅游资源的开发，将生态旅游只作为一种普通的产品来开发，而忽视了旅游本身对环境造成明显的和不明显的、近期和远期的危害[3]。另一方面，某些景区只从市场需求角度考虑，将生态旅游作为纯粹的旅游方式，不考虑长远利益，这样也必然造成对生态旅旅游的不可持续发展。目前，吉林省许多地方的所谓生态旅游都是打着生态旅游的招牌，其实只是自然旅游或者观光旅游的简单变形而已。这样的发展思路，必然带来一系列问题，具体表现在以下几个方面。

16.3.1　生态环境的破坏

旅游发展与环境保护的矛盾是吉林省发展生态旅游面临的主要问题。旅游开发将会对生态环境造成不同程度的破坏，在没有周密的调查、系统的分析、科学的规划和严格的执行情况下开展旅游活动，大量的游客进入，尤其是游客流量超过了旅游环境容量时，将对旅游生态环境造成严重破坏[4]。生态旅游对环境要求高，同时也会产生一定影响，吉林省生态旅游的开发已经对生态环境保护带来一定程度的破坏。吉林省保留了许多原始、自然的生态旅游资源，生态环境比较敏感和脆弱，而吉林省生态旅游的开发在许多地区还停留在大众的观光旅游的层次上，缺少深层次的开发，以粗放式开发为主。吉林省很多生态旅游区都是由于缺乏科学合理的规划的产物，导致对生态旅游地承载力计算不准确，大量游客的进入超出了生态旅游地的环境承载力，旅游者进入旅游区产生的垃圾污染没有得到很好的回收和管理，使原本脆弱的生态环境更加恶化。旅游区时常发生拥挤或超载，产生各种污染，对生态环境造成破坏。加之开发中重开发轻保护，环保观念和生态意识不强。从地方政府角度来看，重开发轻保护，重视经济成绩，强调经济收入和游客接待数量，一味扩大旅游人数、建筑数量，盲目发展机动车辆，致使污染增大，忽略了生态旅游的本质要求；从经营管理者的角度来看，为谋求自身利益，对资源采用掠夺式、粗放型的开发利用方式，造成了许多不可再生资源的损害；从旅游者的角度来看，在景区内留下废弃物、随意采摘、乱刻乱画等。

16.3.2　生态旅游产品趋同

吉林省生态旅游产品趋同主要表现在两个方面：一是与邻近辽宁省和黑龙江省生态旅游产品的趋同；二是省内生态旅游产品的趋同。辽宁省、黑龙江省与吉林省有大致相同的自然条件、资源和社会经济结构，东北三省都以森林生态、冰雪活动、边境旅游等为优势资源，区域产品趋同。相似的旅游资源必然容易造成旅游产品的相同。黑、吉、辽三省目前生态旅游产品具有很大程度的相似性，这对吉林省构成强有力的威胁，旅游客源市场竞争将日益激烈，吉林省生态旅游发展正面临着"南北夹击"的挑战。吉林省欲在旅游客源市场中占据一席之地，不仅需要独具特色的生态旅游资源、高层次生态旅游产品和高质量的旅游服务，而且需要技高一筹的策划和推销，避免与黑龙江省和辽宁省的优势雷同。如何在产品的创意上做文章，组合旅游资源，突出生态特色，形成竞争力则是吉林省生态旅游发展面临的重大问题。省内生态旅游产品相似性更高，由于大部分地区对生态旅游内涵、特点和规律把握得不够，同类旅游开发现象比较普遍，旅游产品只是简单的重复，功能单一，品味不高，毫无特色，缺少精品。例如，吉林省在开展民俗风情游时，各地只是简单的复制，像长白山那样知名的生态旅游地少之又少。

16.3.3　相关生态旅游的相关法律法规不健全

开展生态旅游无论是规划开发还是经营管理都离不开法律制度的有力保障。目前，我国已经制定出台了一系列与生态旅游相关的法律法规，如环保法、森林保护法、土地管理法、野生动物保护法、自然保护区条例、风景名胜区管理条例等，这些都对我国生态旅游的发展具有一定的规范和指导意义。但是，上述这些法律法规都是相关主管部门根据其各自所管辖对象的特点而制定的，缺乏针对生态旅游的专门规定和要求。吉林省作为生态旅游大省，目前相关生态法律法规不健全，加之在经济利益驱使下，出现有法不依、执法不严现象，导致法律失效。缺乏法律的有效制约与规范，生态旅游的开展只能过分依靠人的素质的提高，但是，单纯依靠人自觉遵循科学规范进行实践行为，其实是主观唯心主义的期望，结果必然是各为其利，失去生态旅游的本来面目，并引发一系列问题。总之，多种原因共同作用，使吉林省相关生态旅游法规不能完全发挥对生态环境的保护作用，不能有利地保护生态旅游发展。

16.3.4　人才匮乏、管理落后

生态旅游是高品位、高质量的旅游形式，其健康、持续发展依赖于旅游主体，即旅游者、经营管理者和当地居民素质的提高及环境意识的增强。生态旅游要求经营管理者具有较高的环境意识和良好的经营管理能力，能够科学、合理地进行规划开发和经营管理。而目前的吉林省生态旅游总体上只停留在学术研究阶段，缺乏管理与经营的人才，在经营管理中各种问题频出。吉林省生态旅游直接从业人员中，受过专业教育的人少之又少，特别是缺乏工作在生态旅游区游客接待第一线的专业生态导游人才。许多自然保护区的工作人员都是原先林场的工作人员，学历不高，素质偏低，这些都阻碍了生态旅游的发展。另外，生态旅游区导游的生态教育问题尤其突出，大量导游没有经过生态、环境的专门培训，缺乏科学的知识与技能，真正的生态旅游难以开展。现阶段，由于缺乏全省范围内一个综合、统一的规范，全省大部分风景区存在决策随意化、各自为政、旅游管理效率低下、以导游服务为代表的接待服务质量难以保证、市场混乱等问题。

16.4 吉林省生态旅游发展展望

16.4.1 牢固树立保护性开发的理念

保护性开发是生态旅游资源开发利用的前提,没有保护就谈不上持续的开发与利用。生态旅游资源保护的对象不仅包括已经开发利用或正在开发利用的生态旅游资源和资源型旅游产品,还应包括尚未开发、但在未来可以预期的时间内将会得到开发并且会产生显著旅游经济价值的生态旅游资源及其整体环境。开发利用的同时必须保证拿出收益的一定比例用作资源的保护基金,采取相关的措施和手段对旅游资源进行分级、分类保护,特别是对具有较大旅游开发价值的生态旅游资源单体和高等级资源单体的密集区应优先保护和重点保护[5]。

为此,建议有针对性地制定全省旅游资源开发与保护的财政转移支付、土地资源开发、产业发展、环境保护、人口迁移、项目投资、金融融资等领域的政策、法规与条例等,使生态旅游资源开发与保护形成制度化安排。

16.4.2 强化生态旅游开发的规划管理,促进区域协调发展

为突出生态旅游特色,避免行政界线妨碍生态旅游资源保护,旅游主管部门要针对旅游开发过程中出现的分散、零碎、机动、即时等特点采取有效措施,加强旅游开发中的规划管理,建立健全相关的制度体系,协调好各职能部门的权力与利益、责任与义务关系。树立大生态旅游观念,把生态旅游产品开发纳入到旅游开发之中,对生态旅游产品的设计、制作、加工、销售、服务等多个环节进行有效的管理和监督,应着重考虑生态旅游资源的地域完整性与资源整合开发,促进生态旅游的整体发展。在开发生态旅游产品时,必须改变单一观光型旅游产品结构,向新的深度和广度开拓。充分挖掘各区域的生态旅游资源特色,创立品牌产品。针对不同的目标市场,开发新型的生态旅游产品,以满足游客多样化的要求,拓宽客源市场。

16.4.3 低碳旅游方式

倡导低碳旅游方式,即以低能耗、低污染为基础的绿色旅行。通过宣传倡议等形式,向游客宣传低碳旅游,积极营造"旅游与文明同行、文明与旅游同在"的良好氛围。鼓励游客出行乘坐公交或者骑自行车,提倡旅行用品循环利用,减少碳排放,在旅游目的地进行无污染旅游宣传。大力介绍生态知识,增强游客生态意识,自觉保护生态环境。不断提高游客文明旅游的意识,坚决杜绝污染公共环境的不良行为;大力推进吉林省低碳旅游示范区建设,鼓励有条件的地区先行先试,努力探索可持续的低碳发展模式;合理确定景区环境容量,确定游客容量警戒线,在旅游旺季采取限流措施。

16.4.4 加强建设施工期的生态环境保护

景区景点及基础配套的项目建设,尽量与周围的地文景观环境协调,科学规划选线、选址,避开饮用水水源地、各禁止开发区核心区等生态环境敏感区域。工程建设集中取土,尽量减少取土场数量,减少占地面积,建筑所需采石、采木场须安排在旅游区外。因旅游区内修路和必要基础设施建设引起的土地裸露,相关的建设部门必须编制水土保持方案,制定切实可行的植被恢复补偿措施。例如,采取水土保持措施,减少土壤流失量;采取洒水等适当防护措施减少地表扬尘;施工区设置临时废气、废水、噪声处理设施,确保达标排放;针对渣土等固体废物设置临时存放场所,并采取防护措施。

16.4.5　建设全国生态旅游示范区、低碳旅游试验区和示范区

　　统筹布局生态旅游产品开发，避免森林公园、湿地公园等国家禁止开发区的全面规模开发和同质化开发，将一批国家自然保护区、国家森林公园、国家地质公园、国家湿地公园等规定为旅游限制开发区，严格限制开发规模和游客容量、禁止进行团队接待。积极推动国际生态旅游示范区和国家森林城市建设，积极参与"生态景区中国行暨争创全国低碳旅游实验区"活动，鼓励各景区根据全国生态旅游示范区、低碳旅游实验区标准进行创建申报，引导各旅游城市创建申报国家森林城市，全面提升吉林生态旅游优质品牌和生态省优质形象。

参 考 文 献

[1] 吉林省统计局. 吉林省 2016 年国民经济和社会发展统计公报[R].

[2] 苗雅杰. 吉林省生态旅游开发研究[D]. 长春：东北师范大学，2007

[3] 张锐. 我国生态旅游发展的问题与对策研究[D]. 长春：东北师范大学，2005.

[4] 齐莉莉. 我国生态旅游发展存在的问题及对策[J]. 安徽商贸职业技术学院学报，2006，5（2）：41-44.

[5] 张秋惠，杨絮飞. 吉林省生态旅游开发的对策研究[J]. 吉林师范大学学报：自然科学版，2006，27（2）：33-35.

第17章 黑龙江生态旅游发展报告

丛丽　何禹璇　罗筱林　北京林业大学园林学院旅游管理系，北京

17.1　黑龙江省生态旅游发展回顾

黑龙江省，简称黑，省会哈尔滨，位于中国最东北部，中国国土的北端与东端均位于省境。黑龙江辖12个地级市（其中哈尔滨市为副省级市）、1个地区，共64个市辖区、18个县级市、45个县、1个自治县。截至2013年，黑龙江省下辖13个地级行政单位，分别是哈尔滨、齐齐哈尔、牡丹江、佳木斯、大庆、大兴安岭、黑河、绥化、伊春、鹤岗、双鸭山、七台河、鸡西。其中，区域性中心综合型城市4座——哈尔滨、齐齐哈尔、牡丹江、佳木斯；资源型城市7座——大庆、鸡西、双鸭山、鹤岗、七台河、伊春、大兴安岭；农业城市1座——绥化；边贸旅游城市1座——黑河。另有2个省直辖县级行政单位：绥芬河、抚远。

17.1.1　旅游业现状

根据国家统计局黑龙江调查总队提供的数据，2016年黑龙江省共接待游客1.45亿人次，同比增长11.27%；实现旅游业总收入1603.27亿元，同比增长17.76%。其中，国内游客1.44亿人次，旅游收入1572.86亿元，同比分别增长11.25%和17.64%。全省星级酒店385家，家庭旅馆1337家，经济快捷酒店1055家。全省旅行社588家。其中，经营出境旅游61家，经营边境旅游46家，经营入境国内旅游的共110家。导游从业人员2.8万人。黑龙江省对外开放步伐不断加快，积极引进外资旅游企业，旅游对外合作取得积极进展。

17.1.2　客源市场现状

根据黑龙江省机场集团提供的数据显示，2016年全省机场共实现运输飞行起降15万架次，运送旅客1894.9万人次，同比分别增长8.6%和12.7%。根据中华人民共和国国家统计局统计数据显示，2016年全省铁路累计发送旅客10480万人次，同比增长5.9%。公路客运量28550万人次，同此下降12.5%。

空间结构方面，国内客源以黑龙江省内居民为主体，约占70%，以城镇居民为骨干，依托全省各级风景区，利用周末、节假日开展休闲度假、生态观光旅游，组织青少年学生生态科学、文化考察旅游，以近距离短程游为主；国内北方地区，以城市居民为主体游人约占15%，依托国家级、省级风景名胜区，开展观光欣赏、滑雪度假旅游；来自沿海经济发达地区的游人约占10%；中西部地区游人约占5%；港、澳、台是黑龙江省的重要客源市场，游客重游率较高；海外客源以俄罗斯及东欧国家游人最多，约占海外游人的70%；亚洲地区以日本、韩国、东南亚等国为主，约占入境游人规模的13%；洲际市场包括欧洲（西欧、北欧等国）、北美洲和大洋洲等国家。

旅游方式与目的方面，省内游客团队（单位、集体）和散客都有，主要进行休憩健身、度假和游览

欣赏；国内其他地区游客以散客居多，主要进行观光欣赏旅游；海外游客以团队方式旅游居多，以商贸及特定的参观访问为主要目的。

17.2　黑龙江省生态旅游资源载体现状

黑龙江省有丰富的旅游资源，依据资源普查的分类，包括地文资源、水文资源、生物资源、人文资源和天象资源，5 大类型齐全。具体包括 16 种基本类型 1631 处资源实体，具体见表 17.1。例如，黑龙江有最纯净的水系，有黑龙江、乌苏里江、松花江和绥芬河 4 大水系，其中 3 个是中俄界江。俄罗斯远东地区面积 621 万 km^2，只有 650 万人口，是世界上人口密度最低、原生态保持最佳的地区之一，保障了我们最干净的水源和空气；黑龙江有最静美、最神奇、最浩瀚的湖泊，世界第二大高山堰塞湖镜泊湖、世界三大冷矿泉之一的五大连池和中俄界湖兴凯湖，无论是水面面积、自然风光还是发展潜力，都要优于其他省份那些知名的湖泊；草原面积虽然只居全国第 7 位，但黑龙江的水草丰美，有机质含量最高，在这里能看到"风吹草低见牛羊"的唯美画卷。

黑龙江省是我国生态示范省，是水土资源配置最佳的地区，发展生态养生旅游具有得天独厚的优势。黑龙江省有全国最广袤的森林，截至 2016 年，黑龙江省森林覆盖率达 46.74%，建有各级自然保护区 251 处，国家级自然保护区 40 处，居全国第一位。林业厅所辖森林公园 63 处。黑龙江有全国最大的湿地群，天然湿地面积占全国的 1/8，扎龙、三江、兴凯湖、洪河 4 处湿地被列入《国际重要湿地名录》（表 17.2）；有 430 处 A 级旅游景区，其中 3A 级及以上的风景名胜区 251 家，如表 17.3 所示。

表 17.1　黑龙江生态旅游资源

主类	亚类	基本类型
地文资源	生物化石点	嘉荫龙骨山、逊克县的黑龙江沿岸及乌拉嘎地区
	名山	松峰山
	火山熔岩景观	五大连池、嫩江科洛火山群、五大连池的火山口、石龙景观、宁安的火山堰塞湖——镜泊湖、玄武岩台地和北湖火山口等
	山石风景	帽儿山、龟形石、丞相峰、椅子山、龙石阵
	沙（砾石）地、沙滩	嫩江沙地、哈尔滨和佳木斯的沙滩
	岛屿	古城岛、名山岛、黑瞎子岛、八岔岛、大黑河岛、明月岛、柳树岛、珍宝岛，林甸县的地热
水文资源	河流	黑龙江、乌苏里江、松花江、绥芬河 4 大水系，现有流域面积 50km^2 及以上河流 2881 条，总长度为 9.21 万 km
	湖泊	淡水湖 241 个，咸水湖 12 个，水面总面积 3037km^2（不含跨国界湖泊境外面积），主要湖泊有兴凯湖、镜泊湖、连环湖等
生物资源	森林	全省森林覆盖率 46.14%，森林面积 2097.7 万 hm^2，活立木总蓄积量 18.29 亿 m^3。有寒温带的落叶松白桦林、温带的红松阔叶林及针、阔叶纯林和混交林
	草原	松嫩平原草地类型以草甸类草地和干草地为主；三江平原草地类型以草甸类草地和沼泽类草地为主；区域内的虎林市月牙湖国家级草地类自然保护区是典型的沼泽类草地；北部、东部山区半山区草地主要为林间草地
	湿地	全省已建成湿地类型自然保护区 87 处，其中国家级 23 处，省级 64 处，拥有扎龙、三江、洪河、兴凯湖、珍宝岛、七星河、南瓮河、东方红 8 处国际重要湿地；建立了 58 处国家湿地公园，其中国家级 41 处，省级 17 处
	古树名木	红松、樟子松、人工培育的中草药园、良种繁育园、种质资源保护基地、养鹿场、狩猎场等

主类	亚类	基本类型
人文资源	历史古迹	哈尔滨顾乡、荒山、密山新开流古人类遗存、齐齐哈尔市的昂昂溪和同江市古人类文化遗址、依兰县五国城遗址
	古今建筑	阿城市白城金代宫殿遗址,宁安市东京城镇唐代勃海国遗址及石灯、古井,清代宁古塔遗址,侵华日军的虎林市虎头要塞,东宁县的东宁要塞,孙吴县的胜山要塞等
	地方产品	鄂伦春族的桦皮工艺制品、赫哲族的鱼皮工艺制品及柳编、草编工艺品及生活用品;根雕、木雕;阿城市版画、大兴安岭桦树皮画;饮品有五大连池矿泉水、小兴安岭刺五加茶、椴树蜜、大兴安岭北极神茶等
	社会风情	少数民族赫哲族、鄂伦春族、达斡尔族及朝鲜族的民俗、民居
天象资源		雪景、漠河的北极光、雾凇

表17.2 黑龙江生态旅游发展的主要资源载体

类型	国家级	省级
自然保护区	黑龙江扎龙、黑龙江乌裕尔河、黑龙江凤凰山、黑龙江东方红湿地、黑龙江珍宝岛湿地、黑龙江兴凯湖、黑龙江清七星河、黑龙江饶河东北黑蜂、黑龙江友好、黑龙江新青白头鹤等(40个)	黑龙江哈东沿江湿地、黑龙江呼兰河口湿地、黑龙江安兴湿地、黑龙江龙口、黑龙江平顶山、黑龙江山河林蛙、黑龙江松峰山、黑龙江拉林河口湿地、黑龙江黑龙宫林蛙、黑龙江龙凤湖等(84个)
森林公园	黑龙江牡丹峰国家森林公园、黑龙江火山口国家森林公园、黑龙江大亮子河国家森林公园等(32个) 黑龙江威虎山国家森林公园、黑龙江五营国家森林公园、黑龙江亚布力国家森林公园等(24个) 黑龙江呼中国家森林公园、黑龙江加格达奇国家森林公园(2个) (总计58个)	东方红省级森林公园、溪水省级森林公园、蛇洞山省级森林公园、山河省级森林公园、铧子山省级森林公园、双凤山省级森林公园、双子山省级森林公园、香炉山省级森林公园等(29个)
地质公园	五大连池世界地质公园(世界级)、镜泊湖世界地质公园(世界级)、黑龙江嘉荫恐龙国家地质公园、黑龙江伊春花岗岩石林国家地质公园、黑龙江兴凯湖国家地质公园、黑龙江伊春小兴安岭国家地质公园(由原茅兰沟和桃山地质公园两个省级地质公园组成)、黑龙江凤凰山国家地质公园、黑龙江山口国家地质公园(8个)	宁安市火山口地质公园、朗乡花岗岩石林地质公园、黑龙江省莲花湖地质公园、黑龙江省喀尔喀玄武岩石林地质公园、黑龙江省二龙山——长寿山地质公园、黑龙江省兴安峡谷地质公园、黑龙江省洞庭峡谷地质公园、黑龙江省七星峰地质公园等(24个)
湿地公园	哈尔滨太阳岛国家湿地公园、哈尔滨白渔泡国家湿地公园、新青国家湿地公园、富锦国家湿地公园等(20个) 阿木尔国家湿地公园、双源国家湿地公园、漠河九曲十八湾国家湿地公园、古里河国家湿地公园(4个) (总计24个)	黑龙江嘉荫太平岛省级湿地公园、黑龙江富裕乌裕尔河省级湿地公园、小穆棱河省级湿地公园、穆棱河省级湿地公园、坤河省级湿地公园等(14个)
水利风景区	红旗泡水库红湖旅游区、五常市龙凤山水利风景区、五大连池市山口湖水利风景区、甘南县音河湖水利风景区、齐齐哈尔市劳动湖水利风景区等(22个) 尼尔基水利风景区 (总计23个)	嘟噜河自然保护区、莲花湖省级自然保护区、镜泊湖自然保护、大佳河省级自然保护区、呼玛河自然保护区、逊别拉河自然保护区等(36个)

表17.3 黑龙江省与生态旅游有关的A级景区

景区等级	景区名称
A级(25个)	大兴安岭古里生态旅游区、鸡西鸡东县长寿泉风景区、哈尔滨市方正莲花湖公园、鸡西市虎林月牙湖风景区、牡丹江市亮子河水库、绥化北林饮马沟山庄旅游区、佳木斯市猴石山旅游风景区、绥化肇东蓝水湾旅游度假区、大兴安岭白银纳鄂伦春民族文化旅游区等25处

续表

景区等级	景区名称
2A 级 （154 个）	哈尔滨市金河旅游公园、哈尔滨市木兰县香磨山风景区、哈尔滨市阿城会宁公园、哈尔滨市阿城玉泉威虎山森林公园、大庆市杜蒙寿山民俗休闲度假村、齐齐哈尔蛇洞山风景区、齐齐哈尔音河水库风景区、齐齐哈尔青松狩猎场、齐齐哈尔市水师森林公园等 154 处
3A 级 （144 个）	大兴安岭万亩种子园景区、大兴安岭塔河栖霞山植物园景区、佳木斯同江三江口生态旅游区、佳木斯市水源山公园、双鸭山北秀公园、大兴安岭加格达奇北山公园、伊春铁力透龙山风景区、伊春映山湖生态园、森工尚志苇河林业局八里湾景区、森工方正林业局小龙山风景区等 144 处
4A 级 （102 个）	森工亚布力滑雪旅游度假区、哈尔滨宾县二龙山旅游风景区、齐齐哈尔扎龙自然保护区、伊春五营国家森林公园、牡丹江宁安火山口国家森林公园、齐齐哈尔明月岛风景区、伊春市嘉荫恐龙国家地质公园、森工阿城平山旅游区、森工雪乡旅游区、牡丹江东宁要塞遗址等 102 处
5A 级 （5 个）	哈尔滨市太阳岛公园、黑河市五大连池风景区、牡丹江镜泊湖风景名胜区、伊春汤旺河石林风景区、大兴安岭漠河北极村旅游区共 5 处

注：根据黑龙江省旅游局官网统计。

17.3　黑龙江省生态旅游发展的特点分析

17.3.1　区域联动，整体发展

由于地理位置的特殊性和资源特色，黑龙江省旅游发展积极促成与区域内外、国内外多领域、多层次的深入合作，形成资源互补、产品共创、市场共建、利益共享的区域旅游合作新局面。在国际层面主要加强和东北亚的战略合作；在国内层面上加强与长三角、珠三角、环渤海三大经济发展实体的合作；在大东北层面上，加强同邻近省份，特别是同吉林、内蒙古的合作。建立资源、市场、信息共享平台，建设旅游地域网络系统，消除旅游障碍，推动区域旅游共同发展，实现多方共赢格局。此外，生态旅游体系规划与黑龙江省旅游业发展宏观战略相一致，与周边旅游区体系相对接，与旅游城镇建设和城市基础设施建设相衔接，发展生态旅游协作区，实现客源互流、产品互补、线路连贯、整体发展。

17.3.2　坚持政府主导、部门联动

黑龙江省生态旅游发展中，政府扮演了重要的角色。政府调控宏观，在观念、政策、机制、规划、资金、社会领域中对发展旅游业提供支持和保障。完善旅游产业政策，加大培育力度，科学、有效地组织各部门力量，整合社会资源，形成合力开发旅游的机制。

政府主导型发展战略是各个国家尤其是发展中国家旅游发展过程中的共同经验，黑龙江省旅游局一直以云南等省区政府主导发展旅游业的实践为学习榜样，推广和应用这一经验。针对黑龙江省各地区旅游企业多头管理，小、散、弱特点，在应对国内外大旅游公司竞争的情况下，唯一的出路就是支持旅游企业联合，培育旅游集团。"政府主导与企业化（主要是集团化）运作模式"即将成为黑龙江省产业运营的普遍模式。宏观协调由国家出面，基础设施建设由当地政府引导，中观操作由集团承担，微观运营由企业自主，使政府主导与企业化（主要是集团化）运作很好地结合起来。

17.3.3　坚持重点突破、培育特色

黑龙江省地域辽阔，旅游开发很不平衡，其发展路径表明，依托旅游中心城市或王牌景区景点的优先发展，使其成为旅游经济的增长极或游客集散中心，带动周边地区旅游业的兴起；依托著名旅游景区景点

组织旅游线路，构造旅游产业带，进而带动相关地区旅游业的发展。宏观上把握旅游业发展背景与形势，找准市场切入点和突破点，培育具有强竞争力的北国风光特色生态旅游产品。集中力量突破发展冰雪旅游、生态旅游、边境旅游产品，培育特色旅游产品品牌，不断培育特色，推动整体旅游产品体系构建。

17.3.4 护源开发，科学发展

"护源"开发导向模式是指保护好生态旅游资源与客源基础上的综合开发，即在保护好黑龙江省的自然环境、民俗风情、历史文化、名胜古迹等旅游资源和来黑龙江省旅游的游客的基础上，进行的生态旅游开发，这是黑龙江省旅游可持续发展的关键。按照护源开发原则，科学合理利用资源，特别是对冰雪、湿地、森林、湖泊等资源的开发利用，开发前应做好环境影响评估，确保旅游资源的可持续利用，确保全省旅游业走上健康、快速、和谐、可持续发展之路。

17.3.5 生态旅游的"三Z"投入开发模式

"三Z"投入开发模式，是指生态旅游特有的资源－知识－资金"三Z"不可偏废的投入开发模式。这一模式在黑龙江省的实践路径如下：第一，承认资源有价，让资源在旅游业经济效益中占一定股份，使人们在认识上珍惜和保护资源及环境，实践上部分资金用于维持和保护资源及环境。第二，充分认识知识对于旅游开发的价值，知识是有"价"的，这个价值体现在旅游资源开发规划设计的特色挖掘、主题创意和宣传促销上。在资源导向型的旅游地，旅游资源开发后的"增值"效应正是旅游开发中知识有价的体现；在客源导向型的旅游地，由出奇制胜的创意建成的主题公园火爆的经济效益就是知识有价的体现。第三，资金投入。三大投入缺一不可，资源和知识是发展旅游业的前提因素，资金投入是保证因素。因此，在黑龙江省旅游开发过程中要资源、资金、知识并重，充分重视旅游策划与宣传的重要性，达到了较好的市场效果和回馈。

17.4 黑龙江省生态旅游发展问题分析

虽然黑龙江省生态旅游发展取得一定的成绩，但是毋庸置疑，生态旅游的发展大多还停留在初级阶段，旅游发展中存在一定的问题，具体表现在以下几个方面。

17.4.1 旅游资源的开发仍停留在粗放阶段

许多地方政府有关部门在开发旅游资源时，缺乏深入的调查研究、全面的科学论证和评估与规划，便盲目地进行探索式、粗放式的开发。开发中重开发、轻保护，造成许多不可再生的贵重旅游资源的损失与浪费。例如，野生动物也是极其珍贵的旅游资源，许多地方在开发这一旅游资源时，管理不善，执法不力，不少野生动物遭到滥捕滥杀，有的宾馆饭店甚至以野生动物作为美食招揽游客，使不少珍稀品种濒临灭绝。黑龙江省在 100 余年的时间里森林的蓄积量就减少了 14.9 亿 m³，森林面积减少到 1751.3 万 hm²。森林生态系统结构过于单一，成熟林、过熟林面积和蓄积量分别下降到 10%和 20%[1]。黑龙江省湿地面积在全国属首位。但从 20 世纪 50 年代起，全省开始大规模开垦湿地，造成湿地面积急剧减少，特别是三江平原湿地破坏更为严重，50 年间约有 350 万 hm² 湿地沼泽消失。

17.4.2 法律法规的监督和管理控制不足

黑龙江省生态旅游管理方式和技术落后，规划缺少复合型的旅游规划人才，人力资源的状况不容乐观。大多数游人和景区的管理者缺乏对生态旅游的正确认识，游人缺少自律和环保意识，管理者监督和控制不足，许多生态景观面临严重破坏。黑龙江省目前缺乏相应的法律法规来支持政府的监督管理工

作，从而影响了政府在生态旅游业发展和旅游市场管理中的权威性，并成为黑龙江省生态旅游发展的"瓶颈"。

17.4.3 缺乏科学的规划，生态旅游资源破坏较严重

缺乏对生态旅游相关理论和内涵的准确把握，造成了生态环境的破坏和生态旅游资源的降级，使得一些生态旅游资源由于没有得到很好的开发利用和保护而面临耗竭。生态旅游存在和发展的基础是优质的生态旅游资源和良好的生态环境，而黑龙江省部分生态旅游区在开发中缺乏科学的规划，没有做到开发与保护并重，更没有实现经济与环境的协调发展。短期的经济行为、资源的盲目开发，严重破坏了生态旅游资源，更使生态旅游失去了其本来的含义。黑龙江省是我国野生动植物资源最丰富的省份之一，由于对自然资源的不合理开发利用，野生动物生存栖息环境受到严重威胁和破坏，致使全省野生动植物资源不断减少，有的达到相当濒危的程度，如梅花鹿、豹、野生人参等基本绝迹，东北虎、大马哈鱼、紫杉等处于濒危状态[2]。近 10 多年来，景区的人工化、商业化、城市化使风景区受到毁灭性的破坏，由于在景区内开山炸石，砍树毁林，水土流失严重，破坏了景观的整体性、统一性。例如，大小兴安岭、伊春等地，近几十年来，由于大搞毁林形式开荒，以林为能源，森林面积急剧下降，使原来良好的生态环境遭到严重破坏。

17.5 黑龙江省生态旅游发展的未来展望

20 世纪 90 年代以来，国际旅游的重心逐渐向东北亚太平洋地区转移，随着东北亚地区旅游业的发展，黑龙江省旅游客源地更加广阔，丰富的生态旅游资源吸引着大量的国际游客，良好的国际环境为黑龙江省生态旅游产业的发展提供了国际市场环境、条件和机遇。生态旅游得到了黑龙江省政府的认可和支持，在"十五""十一五""十二五""十三五"规划中都重点提出大力发展省内生态旅游并带动全省旅游业的发展，确立了旅游业发展要以"市场需求为导向，以资源优势为依托，坚持集约经营，整体推进，超前发展，保护环境的原则和加大力度，加快发展，力争跨入旅游强省行列，成为中国北方重要旅游目的地的目标"[2]。

建立北国风光特色旅游开发区，是构建并提升黑龙江省整体产业体系的重大举措，是关系到未来黑龙江省经济、社会和生态发展的重要战略步骤，是巩固黑龙江省在东北亚大战略中保持关键地位的棋子，是黑龙江省贯彻科学发展观、构建和谐社会、建设社会主义生态文明的首要体现。"十二五"时期，重点建设北国风光特色旅游开发区，有利于加快全省旅游业实现跨越式发展，推动经济社会发展和文明进步；有利于塑造和展示地方形象，提升黑龙江省在国际上的知名度和影响力；有利于促进保增长扩内需战略实施，增加财政收入；有利于城乡一体化发展，扩大社会就业，促进社会和谐；有利于挖掘黑龙江省文化资源，推动边疆文化繁荣；有利于保护生态环境，推动基础设施改善，实现协调可持续发展[3]。北国风光特色旅游开发区就是充分利用全省独具特色的生态资源优势，以整合优化、培育特色旅游产品为切入点，以打造龙头精品为品牌，以哈尔滨、五大连池、镜泊湖、小兴安岭、北极、扎龙湿地、兴凯湖、大庆温泉、抚远华夏东极、鹤岗黑龙江界江十大旅游开发区建设为核心，以搭建营销策略平台为手段，以保障体系为支撑，力争通过不懈的努力，真正构建起点面结合、有效互动、面向全国、辐射欧美的黑龙江省北国生态旅游全方位发展体系。

参 考 文 献

[1] 汪晓梅. 黑龙江省生态旅游发展问题及对策[J]. 黑龙江对外经贸，2007（10）：81-82.

[2] 李朝洪，潘春梦. 黑龙江省生态旅游产业发展的态势分析及对策[J]. 中国林业经济，2007（4）：10-12.

[3] 叶文，薛熙明. 生态旅游本土化问题研究[J]. 中国人口·资源与环境，2005，15（6）：55-61.

第18章 山东生态旅游发展报告

蒋卫东　山东省发展委员会规划发展处，济南

庞晶　山东财经大学经济学院，济南

18.1 山东省生态旅游发展回顾

山东省生态旅游资源丰富，种类全、数量多，具有较大发展空间。近年来，山东省大力推进生态旅游发展，取得了良好的经济效益、社会效益和环境效益。

18.1.1 山东省生态旅游发展进程

（1）生态旅游的实践启动期（1985—2002 年）

国家森林公园建设，推动了中国生态旅游发展的实践。1985 年，泰山国家森林公园的建设，拉开了山东省生态旅游发展的帷幕。随后，又有 37 处国家森林公园、21 处国家自然保护区、50 处国家湿地公园、12 处国家地质公园、77 处国家水利风景区相继建立。这些高品质的国家级森林公园、地质公园、自然保护区、湿地公园等，构成了山东省生态旅游开发与保护的自然资源载体，对山东省自然文化遗产的传承、生物多样性的保护、生态环境的改善及环境质量的提升产生了积极有力的影响。

（2）生态旅游的发展加速期（2003—2010 年）

"生态省和生态山东"建设，推动山东省生态旅游的全面发展。以可持续发展为目标，2003 年山东省政府颁布了《山东生态省建设规划纲要》，提出了建设"大而强、富而美"生态山东的重大战略举措，明确了生态旅游发展方向。2006 年，为深入贯彻国家旅游局、国家环保总局（现为中华人民共和国生态环境部）《关于进一步加强旅游生态环境保护工作》，山东省旅游局（现为山东省旅游发展委员会）和环境保护厅在临沂联合部署"生态旅游示范区创建工作"，旨在加强生态环境保护，改善旅游生态环境质量，促进旅游业持续快速健康发展，至此，山东省生态旅游发展进入快车道。

（3）生态旅游发展的全面提升期（2011 年至今）

2012 年，山东省在国家生态示范区建设的引导下[①]，发布了《山东省省级生态旅游示范单位评定办法（试行）》（鲁旅发〔2012〕41 号），并于 2013 年和 2014 年先后两批授予了东营黄河口生态旅游区、烟台昆嵛山国家级自然保护区等 14 家单位为省级生态旅游示范单位[②]。其中，昆嵛山国家森林公园与微山湖国家湿地公园被评选为国家生态示范区。在 2013 年山东省人民政府出台《关于提升旅游业综合竞争力，

[①] 根据《国家生态建设示范区管理规程》和《国家生态旅游示范区建设与运营规范（GB/T 26362—2010）评分实施细则》。

[②] 包括东营黄河口生态旅游区、烟台昆嵛山国家级自然保护区、烟台长岛旅游景区、济宁微山湖景区、莱芜雪野旅游区、潍坊双王城生态旅游区、威海市；青岛世界园艺博览会园区、潍坊安丘市百泉生态旅游区、潍坊市峡山湖旅游区、临沂市沂南县竹泉村旅游区、潍坊安丘市柘山镇、临沂市蒙阴县、临沂市沂水县院东头镇在内的 14 家省级生态示范区。

加快建成旅游强省的意见》后，于 2014 年《关于促进旅游业改革发展的实施意见》中又提出编制山东省生态旅游规划，充分体现出山东省各级政府对生态旅游发展的重视程度。在顶层设计和生态旅游示范区引领带动下，山东省生态旅游得到了全面的发展和提升。

18.1.2 山东省生态旅游发展成就

生态旅游遵循可持续发展的理念，在生态环境保护的基础上，推动了自然资源和人文资源的合理开发和有效利用。山东省 30 年生态旅游的发展，推动了经济的发展、社会的进步和环境的改善。

（1）修复生态环境，提升环境质量

山东省生态旅游开发以资源保护为主，始终坚持"先保护再开发"的原则，森林公园、湿地公园、自然保护区的建设，对于改善生态环境、保护生物多样性，发挥了巨大的作用。例如，济南九如山瀑布群景区累计投入 8000 多万元，植树 500 多万株，森林覆盖率达到 97%，让原本山体岩石裸露、土壤瘠薄质差的九如山一带山区成为名副其实的"植物宝库"。

生态旅游发展到哪里，生态环境保护和修复就延伸到哪里。生态旅游发展促进了生态环境的修复和改善，尤其在煤炭塌陷地集中的济宁、枣庄、菏泽等地，塌陷地的综合治理结合生态旅游开发，收到了良好的经济、社会和环境效益。另外，威海市华夏城旅游风景区先后投入巨资 8.5 亿元，填土修山，拦水筑坝，造湖治河，先后治理采石场 44 处，植树绿化山体 5000 多亩，改造湖泊 35 个，治理河流 7km，把景区打造成了葱郁茂盛的秀美山川，成为山东省乃至全国生态环境保护与建设的典范。

（2）建设美丽乡村，促进扶贫致富

"绿水青山就是金山银山"的开发理念，促进了乡村旅游的发展。农村是生态旅游资源最为丰富、发展潜力最大的地区，依托农业资源、民俗文化和自然生态，乡村旅游已逐渐成为山东省生态旅游发展的主战场。2011 年，山东省人民政府颁布了《山东省乡村旅游业振兴规划（2011—2015 年）》，推动了乡村旅游的全面提升和蓬勃发展。威海的里口山、临朐的牛寨村、滨州的狮子刘村、淄博的中郝峪村、泗水的泗张镇等地区，是山东省乡村旅游的典范，它们在保护古村落和民俗文化、美化乡村景观、改善乡村环境、促进农民脱贫致富等方面产生了积极影响。乡村旅游通过挖掘、保护和传承农村文化、开发农业资源、改善农村环境、完善基础设施建设，加快了"美丽乡村"和"生态文明"的建设。

"旅游+美丽乡村建设"，开展旅游精准扶贫。生态扶贫、旅游扶贫是当前扶贫工作重要的抓手，生态旅游在促进贫困地区发展、提升农业效率方面发挥着积极作用。山东省生态旅游发展促进了农村四荒治理及利用，通过恢复农村原始的地形地貌、保护原生态的自然景观等系统工程，对农村的生态环境修复、农业生产条件改善以及促进农业的可持续发展产生了较大的影响。贫困地区大多区位条件较差，但生态环境优美，符合"绿水青山就是金山银山"的开发理念，适于进行生态旅游开发。像滨州市狮子刘村通过重点开发特色餐饮、农事体验、生态果蔬采摘、水体旅游、乡村度假等项目，积极发展乡村旅游，在保留其原生态乡村风貌的基础上，提升村落的整体环境，不断完善配套的基础设施建设，助推了美丽乡村的建设。

（3）促进产业融合，提升产业结构

山东省生态旅游的发展践行了"旅游+"对经济社会的融合带动作用，不仅为旅游业的发展提供内容和文化元素，同时也促进了旅游与其他产业的融合，提升了产业质量。"旅游+林业"促进了国家森林公园的保护与开发，形成了跳出林业办产业，依托林业搞旅游的新形式。"旅游+农业"促进了农村产业融合发展，加快了农村产业结构调整，延伸了农业产业链条，拓展了农业的新功能，发展了农业新业态。例如，淄博市中郝峪村通过开发蔬菜劳作园、观花赏花园、漂流、休闲养生宿营等旅游项目，开展乡村旅游、发展绿色经济，从 2003 年全村人均收入 2000 元左右，每年接待 1000 多人，年总营业额 30 万元，到 2012 年，全村人均收入 24800 元，年接待 10 万人，年总营业额 1400 万元，村民人均收入增长了 12

倍。因此，山东省生态旅游不但促进了自然资源和生态环境的永续利用，也加快了经济增长方式和消费模式的转变，形成了资源节约、环境保护的产业结构，已成为促进经济发展的新的增长点。

回顾 30 年的发展历程，可以看到山东省生态旅游成果斐然，生态旅游市场规模日趋扩大，生态旅游产业体系逐步完善，生态旅游环境保护不断加强。在绿色发展引领下，山东省的生态旅游也将步入繁荣发展时期。

18.2 山东省生态旅游发展现状

18.2.1 资源基础分析

山东省地处东部沿海，生态环境复杂多样，生态旅游资源数量丰富、分布广泛，既有丰富多样的自然生态旅游资源，又有历史悠久的人文生态旅游资源和多种多样的乡村生态旅游资源，为旅行者提供了广阔的生态旅游空间。

（1）自然生态资源齐全

山东省地形地貌多样，适于发展生态旅游的自然资源数量多、质量高。首先，山地约占陆地总面积的 15.5%，丘陵占 13.2%，森林覆盖率高达 23%，独特的地形与葱郁的森林使山地森林旅游资源独具魅力，尤其是鲁中南山地在西北部低缓平原的映衬下更显高大挺拔，鲁东低山丘陵区地势起伏和缓，植被茂密，使得全省整体呈现"西雄东秀"的格局。其次，湖泊湿地旅游资源知名度高。山东省湖泊湿地面积达到 1.6 万 km^2，占全省总面积的 10.2%，主要分布在以南四湖为主的鲁西南地区以及黄河三角洲地区。最后，滨海旅游资源独具特色。山东省海岸线绵长，海岸地貌结构多样，海湾众多，海滨风景秀丽；集山、海、城、湾于一体的自然海滨以良好的环境质量、怡人的气候条件和独特的城市风光，成为山东省最具特色的生态旅游资源。

（2）人文生态资源丰厚

山东省人文生态资源丰厚，历史古迹、宗教建筑等大多存在优美的自然环境内，知名度高、竞争力强。这些资源主要分布在济南、泰安、曲阜、烟台、潍坊、济宁与威海等文化气息浓厚的城市，如泰安、济南与曲阜构成了"一山一水一圣人"的格局，三地的旅游资源各具特色，优势互补，以"三孔"为代表的圣人文化充分与济南独具特色的泉水资源和泰安独一无二的壮丽景观链接，使曲阜孔子文化的熏陶更具感染力。在生态人文型旅游景区里，宗教、人文历史文化的保存与传承，加上当地特色的民俗文化，使山东省人文生态旅游资源更具灵魂与活力。

（3）生态农业资源丰富

山东省具有数量众多、质量较高的乡村生态旅游资源。一是农业经济发达，乡村物产丰富，各类作物齐全且知名度高；二是地貌类型齐全，自然风光独特；三是历史文化悠久，民俗文化浓厚、历史古迹丰富。依托丰富的乡村旅游资源和深厚的文化底蕴，游览、观光、采摘与垂钓等各类生态旅游得以大发展，农（渔）家乐型、休闲农业型、传统乡村节庆民俗型、古村落与乡村博物馆型乡村旅游进一步丰富。

18.2.2 产品类型分析

基于对生态旅游的定义①，目前山东省的大多数旅游景区都符合生态旅游的发展理念。根据生态资源

---

① 本书对生态旅游的定义是指旅游者基于回归自然、体验古朴文化、保护自然生态和传统文化等动机，在不损害生态环境的可持续发展前提下，到自然环境优美或人文气息浓郁的地区进行的以自然资源和传统文化为客体，并促进旅游地经济、社会、生态效益同步协调发展的一种新型的可持续性旅游活动。

特色与地形地貌特征，参考《国家生态旅游示范区建设与运营规范指引》，本报告将山东省生态旅游产品划分为 5 类：山地森林型、湖泊湿地型、海滨海岛型、生态人文型和生态农业型，并选择了 135 处重点生态景区进行分类分析。

（1）山地森林型

这是以山地环境、森林植被及其生境为主而建设的生态旅游区。这类景区主要分布于鲁东丘陵地区及鲁中南山地丘陵区，以沂蒙山、蒙山、昆嵛山等为典型。在 135 处生态旅游景区中，山地森林型景区 61 处，占比为 45.19%。其中，5A 级景区 3 处，4A 级景区 55 处，3A 级景区 3 处。可见，这类旅游产品数量较多、品质较高，发展较成熟，在山东省生态旅游产品谱系中具有竞争优势，主要开发了登山、探险、攀岩、观光、漂流、滑雪、野营、度假、温泉、疗养、科普与徒步等相关旅游产品。

（2）湖泊湿地型

这是以水生和陆栖生物及其生境共同形成的湿地为主而建设的生态旅游区。这类景区目前主要分布于鲁西南平原湖泊区及鲁北平原和黄河三角洲生态区，省内以济南天下第一泉景区、黄河口生态旅游区和微山湖等为典型。这类景区反映了对山东省重点生态保护区中鲁西南、鲁北平原及黄河三角洲生态区的开发与利用，主要依托湖泊湿地、河流水库及国家级风景名胜区、自然保护区和森林公园发展而来。目前，重点开发的湖泊湿地 19 处，其中有 5A 级景区 1 处，4A 级景区 15 处，3A 级景区 3 处。该类产品在重点生态景区的比例约占 14.07%，资源优势突出，但是产品优势不突出，主要开发观光、观鸟、垂钓、水面活动等旅游产品。

（3）滨海海岛型

这是以海洋、海岸生物及其生境为主而建设的生态旅游区。这类景区主要分布于近海海域与岛屿地区，以威海的刘公岛、烟台的蓬莱阁和长岛为典型。该类景区位于山东省东部沿海地区，海岸线狭长，经济社会发展程度高，该类重点景有 14 处，其中，5A 级景区 2 处，4A 级景区 12 处，是山东省生态旅游开发的优势区域，适于开发海洋度假、海上运动和观光活动等旅游产品。

（4）生态人文型

这是以突出的历史文化等特色形成的人文生态及其生境为主而建设的生态旅游区。这类景区主要集中于风光秀美的大山名川，泰山、崂山都是历史古迹、宗教建筑的聚集地。作为孔孟之乡，齐鲁大地也是儒家文化的发祥地，曲阜三孔景区更是享誉全球。山东省重点生态人文景区有 15 处，其中，5A 级景区 3 处（包括曲阜的三孔景区、烟台南山景区和台儿庄古城），4A 级景区 12 处（包括孟府孟庙、千佛山风景区等），主要是观光游览、民俗体验、休闲度假等旅游产品。

（5）生态农业型

这是利用农业景观、乡土风情和农村空间来吸引游客的一种新型农业经营形态。生态农业资源分布较广，根据地域特点可以划分为半岛滨海、齐鲁山乡、湖泊湿地、黄河沿岸、运河风情及平原风情 6 类乡村旅游区，目前相对成熟的有 26 处，其中，4A 级景区 17 处，包括菏泽牡丹园、沂南竹泉村、兰陵国家公园等，3A 级景区 4 处，2A 级景区 5 处，主要开发观光、农业体验、美食、野营、度假和疗养等旅游产品。

18.2.3　发展效益

（1）经济效益

从各类生态旅游产品数量来看，山地森林型生态旅游区在整个山东省生态旅游区中占比优势明显。该类产品高达 45.19%，其他四种类型数量则较为接近，比例均在 10%～20%（图 18.1）。究其原因，山东地区的旅游资源以山地、森林为主，而旅游景区和旅游产品构建的资源依赖性极高，因此山林型生态旅游区数量远高于其他类型。

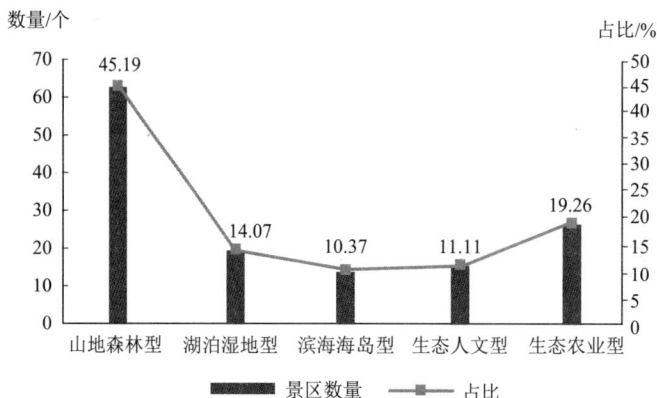

图 18.1　山东省不同生态旅游景区数量及占比

从景区接待人数来看，滨海海岛型最为突出。2014 年，山东省 135 个重点生态旅游景区共接待游客量 16854.32 万人。其中，滨海海岛型景区接待游客量最多，为 6160.98 万人，约占 36.55%；其次是山地森林型景区，约占 28.95%；两者占比高达 65.5%（图 18.2）。可见，滨海海岛型景区和山地森林型景区是支撑山东省生态旅游发展的核心载体，彰显出极强的竞争力与吸引力。

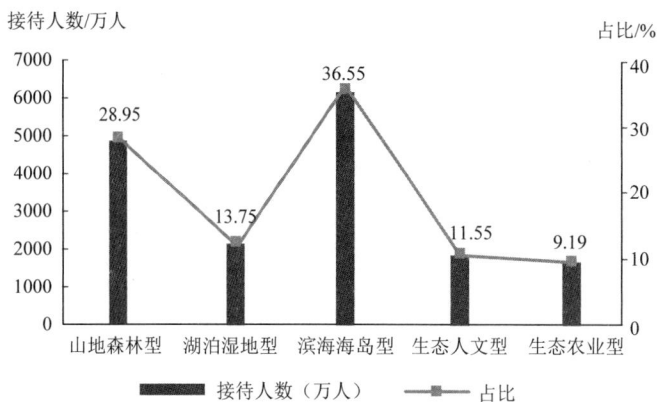

图 18.2　山东省各类生态旅游景区接待人数及占比（2014 年）

从资产总额来看，湖泊湿地型景区资产总量最大。截至 2014 年底，山东省 135 个重点生态旅游景区资产总额达 8151931.26 万元。其中，湖泊湿地型景区占 39.79%，高于山地森林型 14.48%，远远高于滨海海岛型及生态人文型景区，生态农业型投资最少，仅占 6.25%（图 18.3）。由此可见，湖泊湿地环

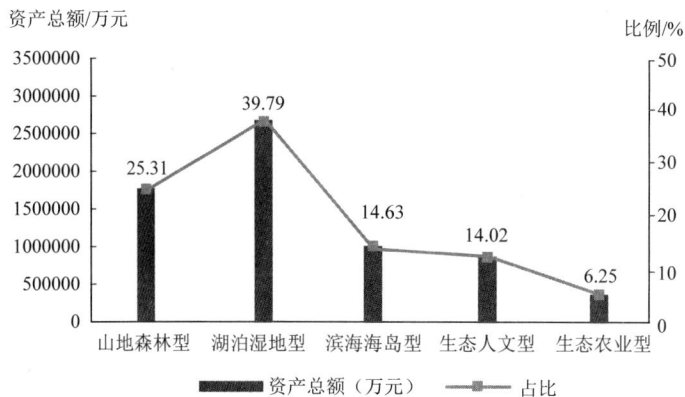

图 18.3　山东省各类重点生态旅游景区资产总额及占比关系（2014 年）

境的治理与开发耗资巨大，在该类产品打造过程中同时承担着河道治理、水质改善与生态环境修复等重要任务。生态农业型产品投资少、见效快，对农村经济带动作用大而倍受投资者青睐，有着巨大的发展潜力。

从景区总收入来看，山地森林型和滨海海岛型两类产品收入最高，旗鼓相当。山地森林型占30.34%，滨海海岛型占29.05%，湖泊湿地型占27.86%，生态农业型为7.35%，而生态人文型最低5.40%。可见，在山东省生态旅游里，自然生态型产品占绝对优势。景区收入依赖于产品和业态的丰富程度，进一步对每类景区的平均收入进行核算发现，滨海海岛型的单个景区收入最高31090.41万元；湖泊湿地型次之，为21965.30万元；山地森林型为7451.06万元。可见，目前滨海海岛型景区产品较丰富，业态较完善，能留得住游客，度假功能突出。

从收入结构来看，大多以门票和餐饮为主。收入结构反映了景区的功能和业态的完备程度。从整体来看，第一是门票收入，约占25.31%；第二是餐饮收入，约占21.19%；第三是住宿收入，约占13.71%；第四是商品收入，约占12.30%；第五是交通收入，约占6.65%；演艺收入最少，约占0.79%（图18.4）。数据表明，目前山东省生态旅游收入结构并不均衡，旅游业态不丰富，门票餐饮比例过高，而真正留得住客人、带动当地经济发展的住宿和旅游商品比例较低。

进一步考察各种类型生态景区的收入结构（表18.1），门票比例最高的是生态人文型，高达81.88%，基本属于门票经济，其次是山地森林型，其门票收入也占44.20%，商品收入最高的是生态农业型，高达36.73%，乡村旅游对农产品的销售起到积极作用；餐饮收入比较高的是湖泊湿地型（31.30%）和滨海海岛型（25.01%）。在住宿收入上，滨海海岛型占33.70%，其他类型景区都比较薄弱。交通占比比较高的是山地森林型，而演艺所占比例只有在生态人文型产品中所占比例最高。这些收入结构反映出不同类型生态景区的赢利点和成熟度。

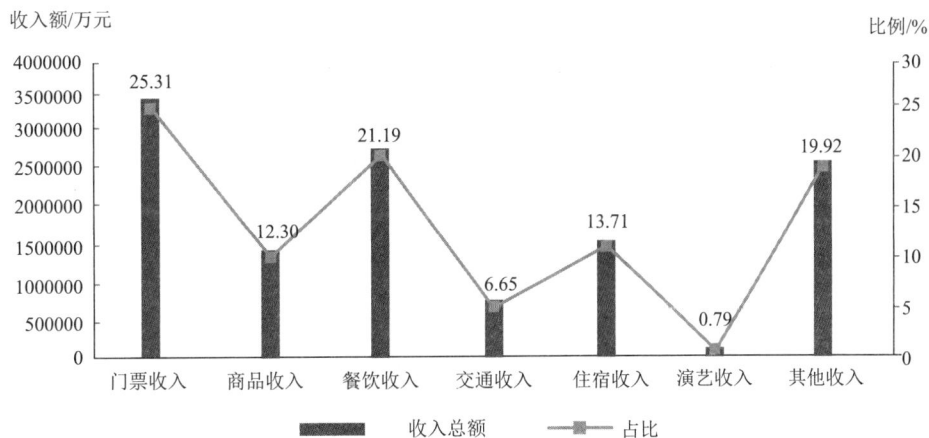

图18.4　山东省重点生态旅游景区收入及结构（2014年）

表18.1　2014年山东省重点生态旅游景区的收入结构

景区类型	景区总收入/万元	门票占比/%	商品占比/%	餐饮占比/%	交通占比/%	住宿占比/%	演艺占比/%	其他占比/%
山地森林型	454514.65	44.20	7.12	9.09	15.69	7.38	0.48	16.04
生态人文型	80892.12	81.88	1.36	3.02	1.05	3.61	6.04	3.05
湖泊湿地型	417340.73	6.23	13.31	31.30	6.33	3.40	0.40	39.03

景区类型	景区总收入/万元	门票占比/%	商品占比/%	餐饮占比/%	交通占比/%	住宿占比/%	演艺占比/%	其他占比/%
滨海海岛型	435265.77	15.15	12.60	25.01	0.09	33.70	0.00	13.01
生态农业型	110105.706	18.32	36.73	31.05	0.62	7.26	2.79	3.22
合计	1498119	25.31	12.30	21.19	6.65	13.71	0.79	19.92

结合以上分析（图 18.5），山东省滨岛海岛型生态旅游景区具有较高的吸引力，是山东省生态度假旅游的主体；山地森林型景区未来应突破单纯的门票收入，着力强化休闲度假旅游；湖泊湿地型景区依托其丰富的渔湖资源，商品和餐饮收入较高；生态农业型景区收入主要源于商品和餐饮收入，突出表现为商品收入优势，表明生态农业在促进农产品销售方面效果比较突出；但是，其他各项（如交通、住宿和演艺等）比例较低，说明该类型景区发尚需多元化开发，丰富旅游业态。

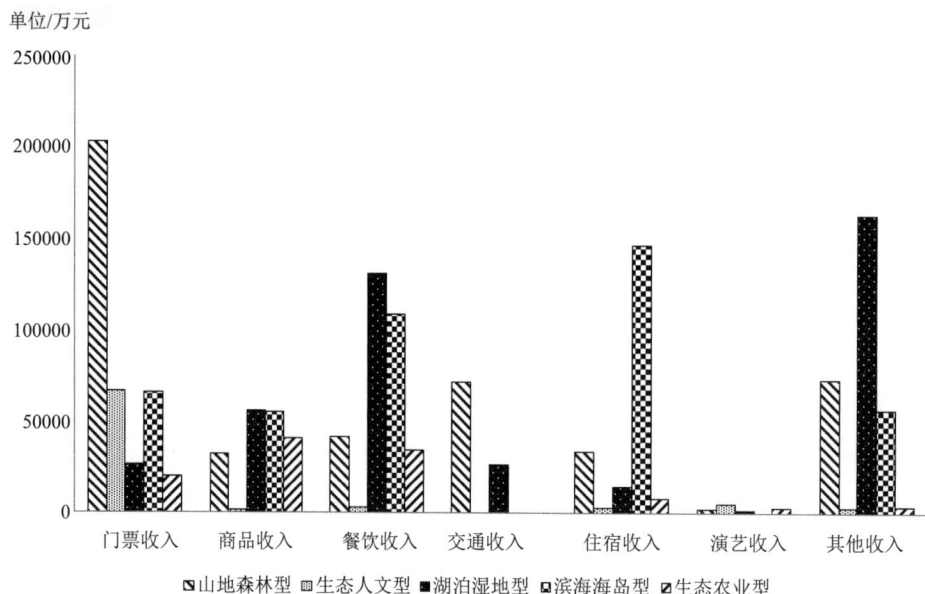

图 18.5　山东省各类重点生态旅游景区收入及比例关系（2014 年）

（2）生态效益

1）生态环境逐步改善。近年来，生态省、市、县、环境优美乡镇逐级推进，生态功能保护区、自然保护区、森林公园、地质公园、风景名胜保护区等有机结合，形成了较为全面的生态保护体系。全省已建成黄河三角洲等各级各类自然保护区 76 处，总面积 110.8 万 hm²，占国土面积的 7%；建成各级生态功能保护区 15 个，面积 68.1 万 hm²，占国土面积的 4.3%。仅分布于生态旅游区的 31 个生态保护区，实现生态保护功能面积共 25297km²，其中生物多样性保护面积 2550km²，近海及海岸生物多样性与渔业资源保护面积 10367km²，水源涵养和水土保持 1558km²，防风固沙面积 2000km²，洪水调蓄 2159km²，产生了巨大的生态效益。

2）环保意识得以改观。山东省生态旅游的发展还带动了社会生态意识的提高，引领了公众的环境友好行为，促进了生态文明建设。山东省建成国家级生态示范区 24 个，全国环境优美乡镇 124 个，省级环境优美乡镇 262 个，文明生态村 1200 多个。这些生态旅游示范区的建设，为生态山东建设起到了良好的示范带动作用。

（3）社会效益

1）扩大就业。生态旅游的发展带动了就业，其中 135 个重点生态旅游景区就吸纳就业 77323 人。其中，湖泊湿地型景区增加了 27165 人的就业岗位，社会效益较高；而生态农业型景区增加了 3723 人的就业岗位，社会效益有待提高（图 18.6）。

2）脱贫致富。生态农业的发展加快了贫困人口脱贫进程和扶持了弱势群体。山东省在发展生态旅游过程中重视惠及贫困人口和弱势群体，优先扶持贫困落后地区，鼓励景区优先聘用妇女和年龄大等难以就业的失业人员，倡导生态旅游景区对附近发展落后的农村让利和互利共赢，特别重视为贫困户提供增收脱贫机会。

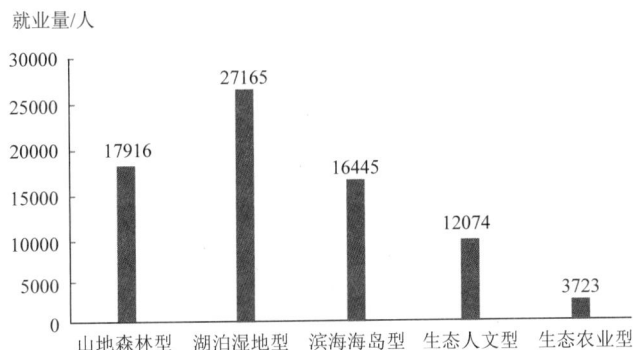

图 18.6　山东省各类生态旅游景区就业量（2014 年）

18.3　生态旅游发展的经验及创新

18.3.1　秉承绿色发展理念，践行规划先行原则

山东省始终突出规划引导先行作用，将生态文明建设作为各类规划的指导原则，目标同向、措施一体，形成了高效的发展合力。围绕生态省建设，山东省先后编制了《山东生态省建设规划纲要》《山东省重点生态功能保护区规划（2008—2020 年）》《山东省乡村旅游业振兴规划（2011—2015 年）》《山东省生态旅游发展规划（2014—2030 年）》等，目前正在邀请世界旅游组织重新编制《山东省旅游发展总体规划》。这一系列相关规划都突出绿色品牌打造，强调生态旅游资源的保护与开发、重视景区生态环境保护与建设，加强生态容量控制与管理、注重旅游项目环境评价和环保举措的落实，成为引领全省旅游产业实现生态发展、可持续性发展的方向标。

18.3.2　坚持开发保护并重，注重综合效益提升

山东省旅游局高度重视与持续完善生态旅游发展的政策体系建设，把生态旅游作为保护环境资源和文化资源的重要手段，先后修订实施《山东旅游条例》等旅游标准，为生态旅游发展提供导航。在各项政策的支持下，不断整合与综合利用生态旅游资源，统筹经济、社会和生态效益，注重全面协调发展，而非三大效益中的某一效益最大，尤其严令禁止利用大量经济投资破坏环境进行获利的行为。在生态效益层面，生态旅游发展促进了生态功能保护区建设，保持流域和区域生态平衡，加强水土保持，维护和发展生物多样性，有效防止和减轻自然灾害，保障区域生态安全；在经济效益层面，生态旅游发展维系社会经济持续健康发展，增加当地社区的经济收入；在社会效益层面，生态旅游发展增强了社会公众的生态意识，形成节约资源和保护环境的社会氛围，为当地居民提供更多的就业机会，帮助脱贫致富，并提升了生态旅游区的整体形象。

18.3.3　创新品牌推广模式，打造旅游整体形象

依托"好客山东"这一整体性旅游品牌形象，加强生态旅游产品品牌建设，打造品牌效应。围绕山水圣人、黄金海岸和乡村旅游等，建设一批国内外知名旅游产品品牌；依托国家大遗址保护曲阜片区，打造"游三孔、知天下"和"登泰山、保平安"等历史文化产品品牌；依托海岸线和滩涂、湾、岛、礁等资源，规划贯通沿海景观大道和海上观光游览通道，打造"仙境生活海岸"滨海休闲度假品牌；依托农村地区生态旅游资源、民俗文化和非物质文化遗产等，按照差异化原则，打造"齐鲁乡村游、好客到我家"的品牌集群。强化生态旅游在"好客山东"品牌中的突出地位，在中央电视台、山东卫视、凤凰卫视等主流媒体进行大力宣传，打造生态友好的生态旅游目的地形象。

18.3.4　着力提升生态品质，加强示范带动效应

山东省坚持资源开发、产业培育、区域打造、生态保护、文化传承"五位一体"的开发思路，根据旅游区的生态环境容量，坚持旅游开发、生态环境保护和建设同步规划、同步实施，着力建设和提升各大旅游区的生态品质。做到在开发中保护，在保护中开发，在生态脆弱的海岛、河道、湿地与自然保护区内，严格限制开发强度，实施保护性开发；在生态人工化地区，适度提高开发强度。在项目建设、资金扶持、线路策略、市场促销等方面重点支持生态旅游示范区的发展与建设，充分发挥示范带动效应。早在 2006 年，山东省就开展了生态旅游示范区创建工作，随后通过实施特色景观旅游名镇名村示范建设、乡村文明行动、百镇建设示范行动等，以点带面，更好地推动了山东省生态旅游发展。

18.4　山东省生态旅游发展的不足

在看到山东省生态旅游蓬勃发展的同时，也要清新认识到山东省生态旅游还存在着开发模式比较单一、专业人才不足、宣传引导不够等问题。

18.4.1　资源整合有待加强，生态保护意识尚需提高

生态旅游开发是一个系统工程。目前部分开发企业对资源采用掠夺式、粗放型开发方式，造成资源环境的过度开发。另外，由于不能有效衔接，整体开发呈现"碎片化"倾向，部分资源开发层次较低，导致区域性资源整体性、系统性和协调性不足，生态旅游融合发展水平不高。由于环保观念和生态意识不强，个别地方重视经济成绩，重开发轻保护，强调经济收入和游客接待数量，片面扩大旅游人数和增大建筑数量，忽视生态旅游的本质要求，导致环境承载力超限，不可再生资源浪费严重。部分旅游者随意丢弃三废（废气、废水、废渣）、随意采摘等行为均破坏了生态环境甚至是生态平衡，导致生态环境承载力超限。

18.4.2　产业链条延伸不足，综合效益尚未充分发挥

某些地方和景区仍处于"门票经济"阶段，景区服务功能单一，仅停留在"转一转、看一看"的生态观光阶段，难以满足游客"吃、住、行、游、购、娱"的需求，没有形成健康的产业链组织，导致生态旅游综合效益尚未充分彰显。

18.4.3　市场推广重视不足，产品知名度亟待提升

山东省生态旅游景区数量众多，但由于市场推广与营销重视不足，导致客户群一般局限于周边地区，

而在远距离区域，产品的知名度较低，这种过于单一的客源市场结构对生态旅游可持续发展产生巨大的危机。因此，山东省生态旅游景区应加大市场推广与宣传力度，全力提升景区的吸引力知名度。

18.4.4　生态规划落地难，规范管理势在必行

由于存在着规划作用不被认同和规划意识薄弱等客观因素，部分规划难以落实和实施，规划的引领作用难以充分和有效发挥。虽然山东省已在全国率先走出了乡村旅游规划的一步，但在规划编制与实施中存在乡村生态旅游发展地位不强、过于套用城市的范式与标准、乡村景观与乡村性保护不足等问题；过于强化游客服务，忽视农民主体地位和发展意愿，导致农民参与乡村生态旅游的积极性不高。多数景区积极引进先进管理经验，加强精细化管理。但仍有部分景区开发经营理念、模式与手段滞后，导致生态旅游资源开发层次不强、深度不足，生态旅游产品体系不全，旅游市场细分不足，对新兴的休闲体验、竞赛疗养等生态旅游等高品质项目开发欠缺；在旅游旺季，存在服务意识不强、服务质量不高、游客意见较大等突出问题，景区经营管理的标准化、精细化与规范化亟待加强。

18.4.5　旅游专业人才缺乏，从业人员培训有待加强

目前生态旅游景区均采用企业运营模式，但专业人才尤其是高端旅游经营管理缺乏，直接限制景区管理水平的提高和长远发展。与生态旅游迅速发展的现实相比，部分从业人员的素质与专业能力相对滞后，主要表现为难以针对游客提供优质个性化的精神服务，无法使游客得到高品位的享受。另外，从业人员的生态意识不高，生态知识缺乏，难以正确地引导旅游者，避免游客对生态环境的破坏。

18.5　生态旅游发展的未来展望

生态旅游是近年来旅游业中增长最快的部分，已成为 21 世纪国际旅游的主体。随着绿色发展理念的提升，山东省生态旅游发展的前景更加明确、突出、广阔，并逐步迈向方式绿色化、管理规范化、消费便捷化的发展新格局。

18.5.1　发展目标及格局

（1）发展目标

山东省将以世界遗产、5A 级景区、国家森林公园与国家级自然保护区和国家级地址公园为龙头，以省级森林公园、省级自然保护区、重点旅游景区（点）和度假区等为骨干，以塑造生态友好旅游产业形象、促进人与自然和谐发展为目标，构建起较为完善的生态旅游产业体系，并成为全国有重要影响力的生态旅游目的地，进入生态旅游先进省区行列；逐步形成海滨自然风光休闲度假游、黄河河口湿地生态系统和珍奇鸟类观光考察游、历史文化人文系统体验观光游、齐鲁风情民俗参与休闲游、山岳风景和森林公园观光休闲游、现代农业观光考察游等生态旅游发展模式体系，助推生态旅游成为带动整个旅游业快速发展的主体。

（2）发展格局

根据自然地理条件的分异特征和生态旅游资源的分布规律，山东省生态旅游空间格局将更为合理，整体将呈现“24567”的空间发展格局。其中，“2”是指 2 个交通廊道，即依托胶济铁路与济青高速形成的东西交通走廊，高铁、京沪与京福等高速形成的南北交通走廊；“4”是指 4 大功能板块，即鲁中南山地丘陵生态旅游区、鲁西南平原湖泊生态旅游区、鲁北平原和黄河三角洲生态旅游区、鲁东近海海域与岛屿生态区；“5”是指 5 条生态旅游精品线路，即结合全省旅游品牌线路，推出环境优美、安全舒适、服务优良的旅游产品，重点开发建设大泰山生态旅游线、儒风运河生态旅游线、黄河入海生态旅游线、

仙境海岸生态旅游线等 5 条在全国生态旅游市场上影响大、竞争力强的生态旅游精品线路；"6" 是指 6 类生态旅游产品，即基于生态旅游资源分布，积极推动山地森林型、海滨海岛型、水库湖泊型、河流湿地型、生态农业型和生态文化型 6 类生态旅游产品开发建设；"7" 是指 7 个生态旅游重点区域，即以山东省内代表性森林公园、自然保护区、湿地公园、地质公园、海岸及海岛等为依托，以自然生态景观和未来发展潜力为判断依据，确定山东省长岛、昆嵛山、黄河口生态旅游区、微山湖、蒙山、泰山和青岛世界园艺博览园区 7 个生态旅游优先重点区域。

18.5.2　实施路径及手段

（1）完善制度框架，推动生态旅游制度化管理

加强顶层设计，建立健全涵盖生态旅游发展的相关政策、法规、标准与技术体系，包括资源保护奖惩机制、社区居民参与机制、旅游人才管理机制、品牌塑造与市场营销机制、旅游发展的协调机制、管理考核机制等在内的生态旅游发展机制，使生态旅游有法可循，有法可依。在制度框架完善过程中推动生态旅游制度化管理，在旅游资源开发、旅游设施建设、旅游市场经营、旅游教育培训等方面实施全面依法监督管理。

（2）整合各类资源，发挥政策性资金导向作用

围绕规划安排，积极协调各级部门，依托联动作用积极发展全域旅游，以点带线、以线带面；整合国土、林业、水利、农业、财政等各类资源，实施生态旅游资源的综合利用与开发，将生态发展理念置于各类风景区、度假区和乡村旅游点建设的首位，避免生态旅游资源的碎片化和过度化。突出政策性资金的导向作用，积极拓宽资金筹措渠道，努力争取国家、省、市政策倾斜和资金扶持，认真落实配套投资，鼓励企业自筹建设资金，保障各项建设计划实施。

（3）引进智力支持，持续强化规划的引领作用

引进一批有较高专业水平和理论造诣的高级智囊专家，吸收国内外先进理念，增强宏观决策的前瞻性；吸引有丰富市场运作经验和较强经营能力的企业家，带动生态旅游产业快速发展；吸引一批符合生态旅游发展所需要的高等院校优秀毕业生，壮大山东省人才队伍规模，持续增强生态旅游的智力支持能力。不断提升各类规划的前瞻性、针对性和操作性，做实规划引领，确保各类规划统一实施，协调运行，提升规划整体合力；完善乡村规划师制度和专业师生帮扶试点工作，全程跟进规划实施，力促规划落地，充分保障规划的龙头地位和引领作用。

（4）加大教育培训，提升公众的绿色发展意识

加强生态旅游宣传、教育，建立生态旅游从业人员培训体系，提高经营与管理人员的生态责任意识、法制观念及专业水平，突破 "土财主" 和 "老农民" 传统意识形态的制约，严控在生态旅游过程中大拆大建、过度开发与盲目建设；提升从业人员的绿色发展理念，倡导绿色旅游和绿色消费的观念与行为，将绿色发展理念渗透到自然生态、人文生态与生活生态保护与旅游开发的全过程。

（5）突出乡村旅游，保障当地农民的主体地位

把乡村旅游列为山东省生态旅游未来发展的主战场，在生态环境容量制约下防止乡村旅游过度开发；强化乡村经济的生态化发展与乡村景观的生态化建设，依托生态农业和设施农业等基础积极发展农业公园、渔业公园、森林公园等生态示范区。突出乡村生态文化博物馆建设，加强专项资金支持古村落保护规划与建设，以及乡村文化保护；增加乡村旅游带头人培训力度，学习国外发展乡村旅游的先进理念。在乡村旅游发展中始终突出当地农民的主体地位，把农民当成投资主体、发展主体、管理主体、服务主体与受益主体。

（6）利用 "互联网+" 平台，建设 "智慧旅游" 生态景区

以互联网为代表的全球新一轮科技革命正在深刻改变着世界经济发展和人们的生产生活，旅游与互

联网的深度融合发展已经成为不可阻挡的时代潮流。"互联网+"实现了更好的资源合理配置，是传统旅游业转型升级的必要途径，也是粗放的传统旅游业向集约化的生态旅游发展的重要力量。因此，推进旅游区域互联网基础设施建设、旅游相关信息互动终端等设备体系建设、旅游物联网设施建设，通过互联网平台对旅游资源、电子行程管理系统、投诉咨询、运营商用户、进出港航空旅客数据等进行收集整合，为旅游公共信息服务、旅游企业监管、旅游市场秩序整治、旅游投诉、旅游目的地警示等提供数据分析基础。同时通过开放的数据交换共享平台，可以实现与各地政府部门、旅游企业等的数据采集及共享，创新智慧旅游大数据应用服务，建设"智慧旅游"景区。

第 19 章　江苏生态旅游发展报告①

张光生　江南大学旅游与生态环境研究中心，无锡

江苏省地处长江下游，平原辽阔、水网密布，具有良好的基础环境和自然生态，形成了以江河湖海和湿地生态为主、以丘陵山地和森林环境为辅，以"水"为特色的生态旅游资源[1]。从 20 世纪 90 年代中期开始，江苏省大力发展生态旅游，涌现出一批具有一定投入规模、接待能力和产出水平的生态旅游景区。例如，盐城湿地生态国家公园、宿迁洪泽湖湿地国家级自然保护区、苏州太湖湿地公园、徐州银杏国家博览园、常州天目湖南山竹海、南京银杏湖生态旅游度假休闲观光区、扬州凤凰岛生态旅游区等。泰州溱湖湿地国家生态旅游示范区、常州天目湖国家生态旅游示范区、苏州镇湖生态旅游区、无锡蠡湖风景区已经成为国家生态旅游示范区，生态旅游已经成为江苏省旅游业的重要组成部分。

19.1　发展历程与发展现状

19.1.1　生态旅游发展起步早起点高

资料显示[2]，江苏省生态旅游真正的规划建设工作开始于 20 世纪 90 年代末。1999 年 12 月，国家环保总局（现生态环境部）正式下文批准扬州市为全国生态示范区建设试点地区。为此，扬州市人民政府特邀请中国科学院生态环境研究中心牵头，组织国内外一流专家与扬州市各主管部门的专业人员一起编制《扬州生态市建设规划》。该规划第十四章专门论述旅游业和生态旅游业，在开篇发展生态旅游一节就明确说明，按照扬州建设"生态城市"的总体思想和目标，充分利用现有的及潜在的旅游资源，不断挖掘生态内涵，以兴建具有特色的生态旅游区为重点，加强景点景区开发建设，努力为游客创造环境优美、景色迷人、吸引力强的景观，为当地居民创造卫生、舒适和安谧的居住环境的扬州市旅游资源开发建设新格局。根据自然和人文特征，将扬州市逐步建成长三角地区最适宜创业和生活的城市之一、具有深厚内涵的历史文化旅游城、具有传统风貌的园林旅游城和具有水乡特色的生态旅游城。

进入 20 世纪，江苏省各地生态旅游蓬勃发展。2001 年 9 月，盐城市就到上海召开盐城生态旅游（上海）推介会，期间共推出生态旅游和旅游重点项目 20 多个。江苏省打出生态旅游品牌，引起了上海旅游界、新闻界、企业界的热烈反响。2003 年，江苏省推出了国家级珍禽自然保护区生态旅游开发项目、扬州凤凰岛生态旅游区项目和江心洲生态旅游观光园区项目等。南京市八卦洲打造"春走芳草地、夏绕碧荷池、秋饮黄花酒、冬吟白雪诗"独特的四季生态旅游岛。南京浦口区举办"中国南京浦口生态旅游节"。2003 年 9 月，大丰麋鹿国家级自然保护区已经成为苏北龙头和江苏省海涂湿地生态旅游中坚。2003 年 10 月，大丰市建成苏北最大的海滨休闲生态乐园——斗龙生态旅游庄园，这是一个集生态保护、农业发展、旅游度假为一体的庄园体系。2003 年 12 月，南京市质监部门出台了《农业旅游服务规范标准》，被认为

---

① 基金项目：2013 年度教育部人文社会科学研究规划基金项目（项目批准号：13YJA790148）。

是江苏省第一部农业生态旅游服务地方标准。

2004 年 4 月，南京市雨花台区不惜投入巨资千方百计引进"三资"精心打造优美环境，大力发展生态旅游农业。2004 年 6 月 3 日，江苏经济报刊登文章《风景这边独好——江苏生态旅游巡礼》，可以充分反映当时江苏省生态旅游发展的喜人景象[3]。在绿色田间体验淳朴的乡间生活，拿起农具体验一把种菜、摘果等农业生产过程；到机器林立的工厂，欣赏工人们令人眼花缭乱的娴熟操作；花半晌工夫了解工业产品的生产流程——这已成为渴望返璞归真、洞悉生活原生态的都市人最时尚的一种生活方式，于是生态旅游这一传统旅游中的新成员便应运而生。人们热衷的工农业旅游景点已经涉及农村风貌、高科技农业、生态农业、花卉生产、林果种植、水产珍珠养殖、海洋渔业、蛇业加工、农业主题公园、农家乐和精细毛纺、服装加工、电力生产、海港货运、化妆保健品以及金箔、刺绣、云锦、泥塑、梳篦、玉雕、木刻等传统工艺生产众多方面。在江苏省，方兴未艾的生态旅游以奇特的景观和无限的魅力促进了诸多产业的融合与发展，体现了科学的发展观念。

19.1.2　政府不断加大生态旅游投资力度

2008 年，江苏省投资 70 多亿元，实施生态旅游建设项目 170 多个，完成苏州荷塘月色湿地公园、扬州瘦西湖万花园、徐州云龙湖小南湖等项目。2009 年在江苏省国民经济和社会发展的主要任务中就明确指出，合理开发滩涂资源，稳步增加耕地面积，加强沿海湿地保护，积极发展生态旅游。2009 年，江苏省生态旅游项目建设以"扩大建设规模、实行分类管理、突出重点项目、加大投资力度"为方向，加快了旅游产品开发。全省生态旅游投资完成 60 亿元，其中重点项目完成投资 40 亿元，继续保持年均 30% 以上的增长速度。

江苏省以传统旅游景区资源整合、环境整治和提档升级为重点，不断促进景区向"环境优化、产品优质、服务优良"的方向转变。同时，针对资源差异，开发特色旅游项目和产品，适应不同游客的需求，重点打造 5 大湿地公园（苏州太湖、无锡鸿山、泰州溱湖、扬州东湖和徐州微山湖）、3 大自然保护区（丹顶鹤、麋鹿、洪泽湖）、2 大森林旅游（宜溧竹海、水上森林）和 3 大主题生态旅游（金仓湖郊野公园、昆承湖海星岛海洋生态乐园和林海古道自驾游基地）项目。

在乡村旅游景区内，江苏省重点推进了游览、观赏、垂钓、田园采摘及生态农业等项目建设，推出大众化、普及型生态旅游产品；在生态资源丰富的自然保护区、湿地公园、森林公园，推进生态保护、体验、观光、科普等项目建设，形成一批具有较高品质的示范型生态旅游产品；在生态资源独特的自然保护区，打造观鸟、赏鹿、科考和原生态旅游等项目，在科学保护的基础上经过高水平的建设，形成世界级的高端生态旅游精品。

此后，江苏省生态旅游在各地积极推进、快速发展。泗洪生态旅游绽放"五朵金花"：洪泽湖湿地公园、国家级洪泽湖湿地森林公园、穆墩岛风景区、王沙岛风景区、柳山湖旅游风景区。泗阳县积极利用本地自然生态资源、观光农业资源优势，通过挖掘和整合生态旅游资源，积极包装和推介生态旅游产品，做活生态旅游"三大文章"：做好生态理念游文章、做深生态环境游文章、做活生态休闲游文章。总投资 8 亿元的江苏锦隆宝华山生态旅游度假项目在镇江句容宝华镇签约。宿迁市喜获"2009 中国最佳生态旅游品牌名城"称号。

江苏省旅游局和江苏省环保厅于 2009 年 10 月 26 日召开了全省生态旅游发展推进会。会议邀请了杭州西溪国家湿地公园介绍经验，中科院地理科学与环境资源研究所专家做生态旅游专题讲座。省旅游局领导在讲话中指出，生态旅游是培养绿色消费和绿色生活理念的有效方式，有利于推动生态文明建设和加快旅游产业的转型升级，并提出江苏省生态旅游发展的总体思路：以科学发展观为指导，结合江苏省实际，认真贯彻落实《全国生态旅游发展纲要》，进一步加强生态环境保护、建设和生态旅游资源利用，开发旅游精品，强化教育功能，优化管理服务和市场机制，塑造生态友好的旅游产业形象，打造国家生态旅游目的地，为建设生态文明、实现旅游业可持续发展做出积极贡献。此次推进会的主要任务就是深入贯彻落实《全国生态旅游发展纲要》，试行由省旅游局和环保厅共同制定的《江苏省生态旅游示范区技术规范》，正式启动省级生态旅游示范区创建试点工作。

2010 年年初，为宣传江苏省丰富的旅游资源和江苏世博旅游特色产品，吸引更多国内外游客来江苏省旅游，江苏省旅游局还组织编制了《江苏生态旅游大全》。2011 年 4 月，《江苏省"十二五"旅游业发展规划》中明确提出要"创新生态旅游方式，确保生态旅游品质，培育生态旅游意识"。

19.1.3　特色发展推动生态旅游提质增效

近年来，江苏省各地充分挖掘旅游资源优势，走生态旅游特色发展之路，举办各种生态旅游节庆活动。除了政府，企业也在积极参与生态旅游的建设和发展。例如，盐城市建湖弘宇生态园启动"生态旅游月"活动；镇江市丹徒区凤凰山庄举办"赏桂花、品美食"生态旅游节；苏州木渎西部打造生态旅游新城；南通如皋长青沙生态旅游度假区极力打造特色旅游目的地；昆山巴城大力打造五湖文化生态旅游圈；徐州丰县打造历史文化和生态旅游名县；泰州市着力打造"一圈四带"农业生态旅游新格局；扬中市推出"游扬州古城·品扬中河豚"扬中美食生态旅游；盐城盐都区积极打响"生态旅游品牌"；淮安坚持科学跨越发展打响生态旅游品牌；生态旅游筑牢产业根基，常熟"旅游活市"谱新曲；泰州溱湖风景区强化旅游项目建设做大生态旅游名片；特色生态旅游景点抱团吆喝"美丽锡山休闲行"启动；昆山生态旅游高峰论坛隆重举行；扬州仪征打造生态旅游集聚带，让荒山变乐园。

2014 年 8 月 15 日，由《半月谈》杂志社主办的"2014 旅游文化榜"发布典礼在北京市京西宾馆隆重举行，盐城市荣膺"美丽中国之旅十佳绿色生态旅游城市"称号。同年 9 月 13 日，第二届旅游业融合与创新论坛暨 2014 最美中国榜发布会在北京市举行，盐城市以生态旅游和特色魅力两大特色从众多参评城市中脱颖而出，荣获"最美中国·生态旅游""特色魅力旅游目的地城市"称号。

以绿色为发展主色调的高淳，通过数十年的坚守，创造了生态文明建设的"高淳经验"，进入了生态率先发展的领跑时代。2015 年 3 月 28 日，第七届中国·高淳国际慢城金花旅游节开幕，高淳以建设生态领军城市为目标提出"三个加快"，即加快生态品牌塑造与城乡形态的互补，加快生态禀赋发掘与绿色经济的嫁接，加快生态环境指标与幸福指数的融合。希望高淳向着经济强、百姓富、环境美、社会文明程度高的目标迈进。

2015 年 11 月，扬州邗江区最大的生态旅游项目一期核心景观区开建，今后游客将可零距离体验农家野趣，除了绿色果蔬长廊内特大南瓜、袖珍南瓜、黑皮大冬瓜让游客一饱眼福以外，树上穿越、勇士狩猎则让游客有回归大自然最真实的体验。

近年来，江苏省生态旅游发展取得了显著进步，仅森林湿地生态旅游就超过 5000 万人次。此外，全国企业信用信息公示系统显示，江苏省有 5 家以生态旅游命名的公司。而网络查询显示，江苏省以生态旅游命名的公司共有 22 家，还有许多从事生态旅游及其相关产业的公司。

19.2　发展特色与发展经验

19.2.1　省级部门联合，不断推进全省生态旅游的积极发展

旅游与环境相互依存、相互促进，旅游需要优良的生态环境，旅游能够有效促进环境保护和生态建设。保护生态环境是生态旅游的核心，也是生态旅游有别于其他旅游方式的主要特征。许多生态旅游是在重要生态功能区开展的，重要生态功能区是开展生态旅游的基本依托。江苏省环保厅不断加大重要生态功能区的保护力度，促进生态旅游的发展。2004 年 8 月，江苏省环保厅正式启动全省重要生态功能保

护区规划工作，并率先在江阴进行试点。2005 年 4 月，规划工作在全省全面开展，规划共划定 12 类 569 个重要生态功能保护区，总面积 23711.89km², 占全省国土总面积 23.11%。这些重要生态功能保护区包括自然保护区、风景名胜区、森林公园、地质公园、湿地公园和自然型世界遗产地等，对维护生态安全具有十分重要的意义。江苏省环保厅还绘制了电子地图、开发了管理信息系统，并初步投入了使用。各地对重要生态功能保护区，采取了严格的管理和保护措施。在这些重点保护的区域，生态系统保存相对完好，生物多样性丰富，植被和地貌景观多样。

2009 年 10 月 26 日，江苏省旅游局和江苏省环保厅召开了全省生态旅游发展推进会，联合发布《江苏省生态旅游示范区创建工作方案》和《江苏省生态旅游示范区技术规范》，江苏省级生态旅游示范区的试点工作正式启动。试点将优选少量符合标准的单位，批准为省级生态旅游示范区，并在此基础上在全省范围内推进。

在推进生态旅游发展中，环保部门与旅游部门积极配合，把生态旅游纳入到生态文明建设和良好生态创建之中；依照法规政策对包括旅游景区在内的重要生态功能区建设项目进行严格把关，严控新上污染项目；积极主动为发展生态旅游提供环境政策咨询服务；对包括旅游景区在内的重要生态功能区及周边地区的环境进行治理，并在资金上予以重点倾斜；加强对包括旅游景区在内的重要生态功能区的环境质量和生物多样性情况的监测，建立预警制度，并及时评估旅游景区生态环境状况，发布相关信息；加强包括旅游景区在内的重要生态功能区的环境执法检查、监督。

19.2.2　制定地方标准，规范和引领生态旅游区的规划建设

2013 年，江苏省地方标准《生态旅游示范区评定规范》（DB32/T 2037—2013）（以下简称《规范》）由江苏省质量技术监督局发布，并于 2013 年 6 月 10 日正式实施。

为了有效保护江苏省旅游区的生态环境，合理开发利用生态旅游资源，规范和引领生态旅游区的规划、建设、经营管理与服务，2011 年 4 月初，省旅游局与省环保厅组织有关专家成立了《规范》编制小组，并委托南京师范大学具体承担相关工作，编制了《规范（征求意见稿）》。经过反复征求各市旅游、环保部门、景区及专家的意见，并召开专题研讨会，形成了新的《规范（试行）》。通过试点和创建工作，结合实践过程中反映的相关问题和反馈意见，编制小组对《规范》再次进行了修改完善，2012 年 12 月，《规范》通过专家评审。

发展省级生态旅游示范区是推进生态文明建设工程的重要抓手，也是培养绿色消费和绿色生活理念的有效方式。江苏省《生态旅游示范区评定规范》的正式发布及实施，对江苏省发展生态旅游、转变经济增长方式，促进生态保护和旅游发展、加快推进旅游强省和生态省建设具有十分积极的意义。

19.2.3　丰富节庆活动，掀起各地生态旅游的发展热潮

（1）江苏省森林生态旅游节

2008 年 6 月 3 日，为期近一个月的首届江苏省森林生态旅游节在常熟虞山国家森林公园开幕，作为旅游节组成部分的常熟森林旅游生态观光节暨宝岩杨梅节同天开幕。首届森林生态旅游节以"关注森林，关爱绿色"为主题，内容包括举办 2008 长三角森林生态旅游交易会、森林旅游高层论坛、"关注绿色，共享奥运"主题活动周等大型活动，还向社会推出江苏省森林生态十大黄金旅游线路，全方位展示江苏省森林生态旅游的魅力和前景，同时促进长三角地区森林旅游事业的交流与合作。

截至 2012 年，在不同的城市共举办五届江苏省森林生态旅游节。江苏省森林生态旅游节是推动森林公园、湿地公园、自然保护区建设和森林旅游产业健康、快速发展的大型公益绿色盛会。自 2003 年江苏省推进绿色江苏建设以来，全省森林资源总量快速增长。生态文化是生态文明的基础，森林文化是生态文化的核心内容。森林公园、湿地公园及自然保护区是开展生态文明宣传教育的重要阵地，森林生态旅

游是弘扬生态文化的重要载体。大力发展森林生态旅游，有利于增强人们关注森林、关爱绿色的生态文明意识，有利于促进人们在放松心情、调节身心的同时，接受森林文化熏陶。江苏省各级林业部门以森林生态旅游节的举办为契机，深入挖掘森林生态文化的丰富内涵，积极发扬"创业创新创优、争先领先率先"的新时期江苏精神，大力弘扬生态文化，加快建设生态文明，为推动科学发展、建设美好江苏做出新的更大的贡献。

（2）中国（泗洪）洪泽湖生态旅游节

2011 年 7 月 16 日，举办首届中国（泗洪）洪泽湖生态旅游节，依托洪泽湖湿地国家级自然保护区，推出系列生态旅游活动，彰显"游大湿地、做深呼吸"生态文化特色，向中外游客呈现一个"自然、健康、绿色、环保"的生态旅游目的地。

2013 年 7 月，举办第二届中国（泗洪）洪泽湖湿地生态旅游节。本届旅游节围绕"湿地，让出游更健康"主题，自 8 月 12 日至 9 月 12 日，围绕"畅游湿地·养生篇""品味湿地·抒意篇""守望湿地·呵护篇"三个篇章，持续推出涉及面广、吸引力强、影响深远的系列文化旅游经贸活动，全力打造"大湖湿地、水韵泗洪"生态旅游经典品牌。

（3）中国丹顶鹤国际湿地生态旅游节

中国丹顶鹤国际湿地生态旅游节始于 2007 年，每年举办一届，至今已经举办九届，开展了一系列与湿地生态旅游及丹顶鹤相关的活动。例如，"东方湿地美、欢乐城乡游"、黄金周"万人游盐城"启动仪式；鹤仙子形象使者评选；旅游交易会；中国盐城湿地生态旅游国际高层论坛；千名中外客商"欢乐江浙沪，和谐城乡游；走进新干线，相聚在盐城"等活动。

（4）中国·大丰麋鹿生态旅游节

中国·大丰麋鹿生态旅游节始于 2010 年，每年 5 月 16 日至 8 月 22 日在大丰举办，现已成为展示大丰社会经济对外开放和发展业绩、丰富旅游资源的节庆品牌活动。

（5）江苏游子山森林生态旅游节

江苏游子山森林生态旅游节自 2013 年以来，已连续成功举办三届，不但提升了游子山国家森林公园的知名度和美誉度，也促进了游子山森林生态旅游的快速发展。

（6）无锡太湖生态旅游节

无锡太湖生态旅游节是无锡滨湖区在转型发展中重点打造的、在国内外有着一定影响力的旅游文化领域的节庆盛会之一。自 2005 年首创以来，生态旅游节依托丰富的旅游资源和人文环境，以其独特精彩的活动、丰富的内涵和贴近社会大众的风格，受到了社会各界的积极参与和广泛好评。目前，生态旅游与文化创意产业，已成为当地吸引投资的重点产业、经济发展的新支撑点。

此外，还有南通狼山金秋生态旅游节、江阴水韵月城生态旅游节、镇江市丹徒区凤凰山庄"赏桂花、品美食"生态旅游节、宿迁市运河湾生态园生态旅游节等。江苏乡村旅游节、中国南京国际梅花节等也对江苏省生态旅游的发展发挥了重要的推动作用。

19.3 存在问题和发展举措

19.3.1 存在问题

有学者研究认为江苏省具有良好的发展生态旅游的自然环境和生态基础，但存在部分生态资源退化、生态环境遭到破坏、经营管理体制不完善、旅游立法不健全、缺乏国际交流与合作等问题[4]。江苏省盐城市旅游局专门对该市的生态休闲旅游进行了深入的调查研究，形成了《关于大力推进盐城生态休闲旅游健康发展的调研报告》，其中第二部分加快生态休闲旅游发展面临的主要问题基本也是江苏省生态旅游发展中存在的主要问题的缩影。

虽然江苏省生态旅游资源丰富，但生态旅游产业水平仍处于起步阶段，资源开发不充分，产业发展小而散，功能设施不配套，发展水平与丰富的旅游资源还不相适应，与经济转型升级的迫切要求还不相适应，与人民群众旺盛的旅游需求还不相适应。这些差距的背后有这样四个方面的主要原因。

（1）思想认识不够统一，加快发展的合力尚未形成

各地对加快发展生态旅游的认识并不一致，各级政府、各个不同的行政主管部门重视程度差异较大。主要原因是：一是旅游项目单体投入大、外部性强、回报周期长，短期成效难以体现；二是旅游项目受土地、资金等因素制约性较大，项目落地比较难；三是旅游考核的比重偏低，与发展工业项目比，工作性价比偏低等。总之，受政绩考核的指挥棒影响，一些干部还将主要精力放在短平快的工业项目上，而对投入大、上马难、收益慢的旅游项目关注度不高。

（2）区域发展不平衡，全省精品旅游线路打造存有短板

江苏省各地旅游资源并不均衡，发展阶段有先有后，基础设施参差不齐，各地推进生态旅游发展的体制机制与产业定位还不相匹配，生态旅游管理人员短缺，生态旅游业引导资金不足等直接限制了区域生态旅游经济的发展。

（3）规划引领的措施不强，有力有序发展的机制尚未形成

全省各地几乎没有制定专门的生态旅游总体规划，生态旅游业发展缺乏整体谋划与思考，景区建设一哄而上、盲目跟风、缺乏个性，有同质化发展的现象；有的地区规划的约束性不强，缺乏对旅游规划的目标管理和绩效评估，规划和建设两层皮，没有市场导向，建设项目档次不高、特色不鲜明；有的地区旅游、国土、城建、交通等部门规划不衔接，旅游发展所需的设施配套等问题在实际操作中难以解决。

（4）政府引导资金投入不足，产业发展提速难度较大

旅游项目先期投入大、回收周期长，但综合效益、社会效益高，需要政府主导建设，市场化运作景区。常州的恐龙园、春秋淹城，南通市的濠河、宿迁的项王故里等，在项目发展初期，都是政府在主导投入。一个好的大项目甚至可以对整个区域起到很强的带动作用。江苏省生态旅游龙头产品还相对较少，生态旅游产业发展的加速度难以提高。

19.3.2　发展举措

针对江苏省生态旅游发展的基本现状和存在的主要问题，未来生态旅游发展的前景广阔、生态旅游资源开发的空间较大，为了进一步做大规模、做优结构、做强特色、做响品牌，除了要创造生态旅游品牌、加强保护区建设、创新管理体制、健全立法机制和加强国际交流合作以外，还应该采取以下具体措施。

（1）突出规划引领

以邓小平理论、"三个代表"重要思想、科学发展观为指导，全面贯彻落实党的十九大精神，深入贯彻习近平总书记系列重要讲话精神，围绕经济强、百姓富、环境美、社会文明程度高的"强富美高"新江苏建设，结合江苏省实际，利用"十三五"规划的契机，科学制定江苏省和13个城市的生态旅游总体规划，引领江苏省和各个城市生态旅游的可持续发展。

（2）实施差异开发

苏南、苏中、苏北的经济发展速度、经济富裕程度、生态旅游的资源条件、环境条件、开发条件等差异明显，应该采取不同的措施和策略进行开发建设。苏南要严格依据国家或相关部门的总体规划进行开发且与各发展规划衔接好，对于名气不大的生态旅游资源，必须制定以保护为主的开发策略；对于较成熟的生态旅游资源，要走向更广阔的市场。苏中应对生态旅游资源进行谨慎的开发，不能为了一时的经济利益乱开发，寻求不同于其他区域的生态旅游资源的特色进行深入挖掘、开发。苏北要避免盲目开发，严格制定相关管理办法，并加强当地群众的生态旅游意识，通过以保护为主，合理开发生态旅游资

源的方式带动苏北地区经济的发展和生态旅游资源的保护。

（3）加强景区建设

生态旅游是以可持续发展为理念，以保护生态环境为前提，以统筹人与自然和谐为准则，依托良好的自然生态环境和独特的人文生态系统，采取生态友好方式，开展的生态体验、生态教育、生态认知并获得心身愉悦的旅游方式。生态旅游是一种旅游产品、一种旅游活动和一种发展理念。生态旅游区的建设不同于一般的旅游区，必须充分体现生态旅游的内涵——亲近自然、学习自然、保护自然；必须把握生态旅游的要点——基于自然区域、注重生态环境保护、自然知识的教育和解释、改善旅游地人民的生活水平；必须体现生态旅游的特点——保护性、参与性、普及性和科学性。

（4）开展专项统计

目前，江苏省并没有专门的生态旅游统计资料，有关数据都是和旅游统计资料混为一体，根本无法区分。我们也和省里相关厅局、13个城市的旅游局进行了积极联系，除了盐城市提供了《关于大力推进盐城生态休闲旅游健康发展的调研报告》和《盐城市生态休闲旅游产业主体发展现状统计表》，其他部门均未提供任何资料。所以，开展江苏省生态旅游专项统计工作刻不容缓，只有摸清生态旅游的家底、明确生态旅游发展定位和目标、清楚生态旅游发展的问题和不足，江苏省生态旅游才能获得长足的进步。

参 考 文 献

[1] 郭剑英. 关于进一步发展江苏省生态旅游的思考[J]. 产业与科技论坛，2009，8（7）：71-72.

[2] 周晓平，王芳. 风景这边独好：江苏生态旅游巡礼[N]. 江苏经济报，2004-6-3（T00）.

[3] 姚矜，沈苏彦. 江苏生态旅游资源的评价分析[J]. 产业与科技论坛，2014，13（14）：75-77.

[4] 盐城市旅游局. 关于大力推进盐城生态休闲旅游健康发展的调研报告[R]. 2014.

第20章 安徽生态旅游发展报告[①]

王立龙　安徽师范大学生命科学学院，芜湖

徐娇　贵州省水利水电建设管理总站，贵阳

晋秀龙　滁州学院，滁州

20.1 安徽省生态旅游发展回顾

1979 年，邓小平同志发表"黄山谈话"，开启了安徽省和我国现代旅游业发展的新征程，也使安徽省成为中国现代旅游业发源地[1]。同样，安徽省也是发展生态旅游的首倡省份之一。安徽省生态旅游发展起步较早，发展基础良好。20 世纪 90 年代以来，安徽省旅游局、建设厅、环保局、林业厅及相关地市就联合进行了生态旅游规划调研和宣传动员工作，提出了"碧水、蓝天、青山、净土"的口号，并在全国较早启动了"两峰"及黄山、天柱山、天堂寨等生态旅游区的开发[2]，同时，还开发了"两山一湖自然绿色之旅""皖西大别山生态游游区"等生态旅游线路和自然生态旅游保护区等；开展了绿色旅游饭店和低碳旅游景区创建活动，各景区和饭店推出了一系列生态旅游措施，如景区车辆实行统一换乘措施，有计划地转移安置景区常住人口，减少景区接待宾馆床位数，改变企业燃料结构，实行蔬菜净物上山、垃圾下山处理、洗涤用品下山清洗等措施，旅游企业运用节能技术和设备，加快污水处理等提升工程建设，实行景点封闭轮休，开展生态综合整治、开展 ISO 14000 环境质量认证等活动。经过近 20 年的营建，安徽省生态旅游呈现出蓬勃发展的态势。目前，全省以创建"绿色旅游饭店""全国低碳旅游试验区""国家生态旅游示范区""美丽中国·生态旅游（十佳）标杆镇"等为目标，开展了多种形式的生态旅游品牌塑造，取得了良好的效果，推动了全省生态旅游事业的不断发展。

在科学研究方面，安徽师范大学陆林教授领衔的旅游团队自 20 世纪 90 年代以来就对安徽省旅游地理进行了长期研究。特别是 2004 年以来，依托安徽师范大学生态学博士点，陆林教授培养了晋秀龙、巩劼、刘飞、王立龙、黄志强、杨安娜等旅游生态学方向的博士生，对省域内黄山、九华山、太平湖、琅琊山等重点风景名胜区开展了大量生态旅游微观和宏观方面的系统研究，在国内外学术期刊发表了一批有重要影响力的理论及实践研究成果[3-6]，推动了安徽省生态旅游科研事业及生态旅游实践的发展。

20.2 安徽省生态旅游发展现状

安徽省是生态大省，生态旅游资源丰富。安徽省旅游局近年来高度重视生态旅游产品的开发，并将发展生态旅游列入《安徽省"十三五"旅游业发展规划》中，省旅游局先后组织了多次调研活动，基本

———————————
① 安徽省科技计划项目（1607a0202073）和国家自然科学基金项目（41371162）资助。

摸清了全省生态旅游资源现状和开发中存在的问题。目前,安徽省生态旅游品牌建设在稳步推进。全省已经创建绿色旅游饭店 70 家。2011 年,黄山风景区成功入围首批"全国低碳旅游试验区";2013 年和 2014年,黄山和池州市九华天池风景区先后被批准为国家生态旅游示范区;2013 年安徽天堂寨镇荣摘"美丽中国·生态旅游(十佳)标杆镇"桂冠。

目前,安徽省生态旅游景区在不断增加,但发展进程参差不齐,如安徽颍上县小张庄曾经是"全球生态环保 500 佳",但因为后期管理未能跟上,到 2013 年才通过省旅游局 3A 的验收,而与其相邻的同样是"全球生态环保 500 佳"八里河却从一个泛滥成灾的采煤塌陷区湖泊一跃而成皖北首个 5A 级旅游景区,创造了生态旅游景区发展的奇迹。小张庄和八里河的不同发展路径和成效也是安徽省开展生态旅游参差不齐的生动写照,其中差异化的生态旅游发展路径还需要深入研究,成果对未来安徽省生态旅游发展的路径选择将具有较大意义。

近年来,安徽省生态旅游虽蓬勃发展,但具有区域特色的生态旅游景点建设滞后,在国内有显示度的生态旅游品牌匮乏,在 2014 年 6 月公布的中国十大生态旅游景区中安徽省没有上榜。整体来说,目前安徽省的生态旅游仍处于起步阶段,大部分生态旅游并不是真正意义上的生态旅游产品,而是自然旅游或者是观光旅游的另一种形式,有的还对环境产生了影响和一些破坏,生态旅游基础设施投入不足,建设落后,管理机制不完善,生态旅游理念还未能被旅游参与者和建设者接受。例如,湿地公园是开展生态旅游的重要场所,安徽省已试点建设国家湿地公园有 26 家,但在调查中发现,这些公园的生态旅游建设还停留在理念上,存在不同程度的问题,如部分公园未能按照国家标准进行建设,过多使用水泥等非生态材料,水上交通工具依然使用污染较大的柴油动力,甚至破坏了原生态环境,影响了生态旅游效果和生态旅游品牌塑造[7,8]。

作为一个欠发达省份,安徽省在发展生态旅游的过程中,面临着生态旅游快速发展和经济投入不足等诸多现实问题。但作为一个生态大省,安徽省有着得天独厚的生态旅游资源,如具有千年传统的古徽州生态民居资源、世界文化遗产西递和宏村、世界自然和文化遗产黄山风景区等生态自然资源[9,10]。如何充分利用已有的生态旅游资源,打造具有区域特色的生态旅游产品,是未来安徽省生态旅游建设必须解决的现实问题。

20.3 安徽省生态旅游发展的经验和创新

20.3.1 生态旅游资源保护成效显著

安徽省拥有类型多元的生态景观资源,目前,大多资源都得到了很好保护。截至 2017 年,安徽共拥有省级及省级以上的品牌生态旅游资源 288 处。共建省级以上自然保护区 39 处,总面积 40 余万 hm²,其中,国家级自然保护区 8 处,省级 31 处;各类风景名胜区 41 处,其中,国家级重点风景名胜区 12 处,省级 29 处;地质公园 16 个,其中,国家级 11 个,省级 5 个;国家生态公园 1 处,森林公园 81 处,其中,国家级森林公园 32 处,省级 49 处;全省林业用地面积 440.35 万 hm²,森林总面积 360.07 万 hm²,森林覆盖率 25.8%,林木总生长量为 2351.99 万 m³。安徽天然湿地面积 292 万 hm²,湿地面积占国土面积21%,26 处湿地公园被列为国家湿地公园建设。在《安徽省"十三五"旅游业发展规划》编制中,强化了安徽生态旅游资源的发掘与整合。同时出台了《安徽省人民政府关于进一步加快发展旅游业的实施意见》《安徽省旅游条例》《安徽省旅游市场管理办法》《黄山风景名胜区管理条例》《安徽省人民政府关于促进旅游业改革发展的实施意见》等一系列相关法律法规和政策文件,对生态环境、自然遗产等生态旅游资源进行有效的保护。这些生态旅游资源的良好保护为安徽省生态旅游发展打下了坚实的基础。

20.3.2　挖掘区域生态旅游资源

近年来，安徽省一直在不断探索对区域特色生态旅游资源的挖掘，部分生态旅游景点建设取得了较大成功，如八里河风景区的异军突起。2014 年"十一"黄金周，八里河 7 天接待 44 万人，游客人次赛过黄山，超过九华山，比过安徽芜湖方特，一举夺下安徽最挤景区称号，八里河的成功正是得益于其变废为宝，开展生态旅游。1993 年，八里河被联合国环境规划署授予"全球 500 佳"称号；其后，八里河提出"实施生态旅游带动战略"，经过近 20 年的不懈建设，2013 年，八里河风景区被国家旅游局授予 5A 级风景区称号。这一系列成绩的取得都离不开两个字——生态，八里河的特色之处也正是因地制宜，将煤矿塌陷地留下的废湖荒地变成了生态旅游资源的宝库。

20.3.3　将文化生态保护纳入区域生态旅游规划

安徽省在旅游发展中一直比较重视对区域文化生态的保护和利用工作，在各类区域生态旅游规划中都要求正确处理文化遗产保护和发展旅游的关系。例如，2010 年安徽徽州文化生态保护实验区成为我国第一个跨省区的文化生态保护实验区。该实验区就是在徽州文化产生、发展、传承的区域对其所承载的文化表现形式，开展以非物质文化遗产保护为主的全面的整体性保护工作的徽州文化圈涉及的地缘范围。"徽州文化生态保护实验区建设工程"项目入选 2010 年十大"国家文化创新工程"，该工程也受到了安徽省各级旅游管理部门的重视，这也体现在相关生态旅游规划文本和实践中。

20.4　安徽省生态旅游发展出现的不足

目前，安徽省的生态旅游尚处于初始阶段，真正意义上的生态旅游产品不多，生态旅游品牌建设滞后。八里河风景区虽异军突起，游客人数创造了奇迹，但目前该景区还是依靠阜阳市人口近 800 万的地理优势吸引本地游客和一日游为主，在国内影响力还不足。总体上来看，安徽省生态旅游在资源利用、管理设计、区域联动、产品开发、人才建设等方面还存在诸多问题与不足。如何在"十三五"期间抢抓机遇，发掘出具有区域特色的生态旅游资源，打造在国内有影响力的生态旅游品牌，是安徽省面临的重大战略机遇与挑战。目前安徽省生态旅游发展主要存在以下问题。

20.4.1　环境影响和破坏大

当前国家还没有专门针对生态旅游开发和管理的具体规范，生态旅游参与者生态保护意识不强，开发缺乏科学性和统筹性。安徽省在开展生态旅游过程中也出现了对自然环境造成影响和破坏的情况，主要体现在以下三个方面：第一，规划建设不当对生态系统造成破坏；第二，部分景区游客超过环境承载力；第三，旅游垃圾对景区环境造成破坏。部分景区在开发旅游资源时，缺乏深入调查和科学规划论证，匆忙上马，进行探索式、粗放式开发，造成许多不可再生资源的损害与浪费。有的风景区出于经济目的，热衷于旅店、餐馆的建设，盲目扩大旅游区、修建旅游设施。例如，有的山相对高度不到百米，也修建索道，不仅破坏了自然风景区的原貌，而且使游人大量集中于容量有限的山顶，导致景观和生态的破坏。近年来，无节制的自然保护区生态旅游热的掀起，不仅没有起到保护生态的效果，反而使保护区内脆弱的生态系统遭到严重破坏，如黄山光明顶附近的高山湿地已经消失，天堂寨风景区部分旅游基础设施建设破坏了原生态景观。

20.4.2　基础条件落后

生态旅游要通过游客走进自然、认识自然，达到自觉保护自然的目的。因此对生态科学知识的普及才是生态旅游活动的关键环节，也是生态旅游区别于一般自然旅游的一个关键因素。目前，安徽省的生态旅游开发远未达到如此标准，不但生态科学知识没有得到普及，而且连生态景区地貌特征、生物种类等生态知识整理都没做好。其次，导游讲解不规范、不科学，大多数导游普遍没有经过专业训练，不能把地质地貌的形成、动植物的分布及保护区生态系统现状等自然知识讲解给游客，而是以传说故事等低层次解说为主，达不到让游客认识自然、增强环保意识的目的[11,12]，就连生态旅游区的经营管理人员，也不清楚生态旅游的本质内涵。另外，野外解说标牌数量稀少，生态旅游导览系统缺失，所提供的知识内容不够完整，展示手段落后单一，无法满足游人的需要，生态旅游缺乏拳头产品，生态旅游品牌建设滞后；生态旅游示范点、示范区建设仍需加强。

20.4.3 管理权属不清

作为生态旅游主要载体的森林公园、自然保护区和风景名胜区等在管理归属上属多头领导，分别归林业部门、环保部门、住建部门等管理，导致作为主要行业管理者的旅游行政主管部门很难有所作为，跨区域生态旅游市场联动较弱。以自然保护区为例，目前主要采取分部门、分类型、分级别管理的管理体制，保护区均由保护区所在地的林业、环保、农业等行政部门管理。面对当地政府对经济发展的迫切需求，保护区在实际操作中难以应对上级或本级政府的招商开发压力，在保护区一哄而上开发资源时，这种管理上的错位和缺位必然导致对环境涸泽而渔的利用。

20.4.4 社区居民未真正参与，人才匮乏

安徽省生态旅游的开发是以自然保护区、国家森林公园、风景名胜区等资源为基础的。以自然保护区为例，保护区的建设在某种程度上限制了当地社区对资源的利用，自然保护区管理经营权合一的体制，导致保护区开发利用资源时的再度争夺，进一步加剧保护区与当地社区矛盾，社区非法利用与开发保护区资源已成为保护区管理的主要问题。由于目前管理体制的原因，社区还未真正参与到生态旅游发展中去，当地居民参与的主要形式只是停留在卖些低端旅游纪念品和家庭农产品阶段，导致市场管理混乱，甚至给游客留下不好的印象。此外，生态旅游要求要高素质的从业人员，而很多生态旅游区并未建立起生态旅游从业人员的培训和教育体系，生态旅游人才队伍建设有待加强，当地居民也因缺乏相应的知识而难当重任。

20.5 安徽省生态旅游发展的未来展望

"十三五"期间，安徽省生态旅游的比重将更加突出，生态文明将融入旅游规划、开发、建设、经营和管理全过程，生态旅游品牌塑造将得到更加重视[13]。安徽省将以森林公园、风景名胜区、自然保护区、湖泊湿地等生态旅游区为依托，以融合发展为手段，区别开发观赏、科考、探险、狩猎、生态农业体验等多样化的生态旅游产品。总体布局是将安徽省生态旅游发展分为皖南山水文化生态旅游片区、长江黄金水道生态旅游片区、大别山自然生态旅游片区、江淮丘陵漫岗生态旅游片区、淮河湿地原乡生态旅游片区和皖北平原农林生态旅游片区 6 个片区，推动大黄山国家公园创建工程、全域生态旅游示范创建工程、生态旅游社区共建示范工程、生态旅游科普研学示范工程、生态旅游小镇创建示范工程、生态旅游精准扶贫推进工程、生态环境修复旅游示范工程、生态旅游景区建设提升工程和引江济淮沿线旅游发展工程 9 大典范推送工程[14]。

到 2020 年，生态旅游收入占旅游总收入比重达 70%；世界级生态旅游资源新增 1 处，国家级生态旅游资源达 140 处；打造 8 个生态协作区，建设 10 条精品生态旅游线路，打造 18 条生态风景道，开发 5 类生态旅游产品，建设 120 个重点生态旅游目的地。生态旅游基础设施进一步完善，区域旅游合作机制

基本形成，公共服务能力进一步提升，社区参与、营销推广、环境教育、科技创新体系逐步健全。初步建成全国具有一定影响力的生态旅游强省。

到 2025 年，安徽省生态旅游的知名度、美誉度和竞争力大幅提升，基本形成环境友好型、资源节约型的生态旅游发展格局，成为长三角的生态后花园、华东地区的生态屏障、生态文明的安徽样板，形成具有国际知名度的生态旅游品牌。

同时，安徽省将深度挖掘古徽州千年演变遗留下来的宏村生态民居资源、黄山风景区自然生态资源、皖北采煤塌陷区农民湿地公园等生态资源，以打造富有区域特色的生态旅游品牌为目标，力争在生态旅游品牌塑造上有所作为。为确保生态旅游良性发展，安徽省将做好以下基础工作。

20.5.1　坚持"保护优先"开发原则

安徽省在"十三五"期间，将坚持"保护优先、规划先行、科学开发、可持续发展"的原则，划定禁止开发区，明确缓冲区，确定鼓励开发区，强调生态旅游的生态保护功能、生态教育功能和科学普及功能。对于生态旅游大多是在边远地区的问题，安徽省将把旅游开发与扶贫结合起来。例如，安庆市岳西县彩虹湾景区地处深山原始森林，省里在招商引资过程中，一方面规范开发商对景区的开发，另一方面鼓励开发商组织山地流转，结合旅游进行新农业开发，在组织对山民培训的基础上开展规模化茶叶、果树等经济作物种植，既提升了景区的观赏性、旅游体验性，增强生态旅游效果，同时也带动了当地人民群众致富。

20.5.2　融合开发生态旅游产品

利用山区林地、湖泊湿地等自然生态资源，发展观光旅游、休闲度假、康体养生、研学旅游、红色旅游等不同形式的生态旅游，尽量减少生态旅游开发过程中的重复建设。例如，充分利用现有较为成熟旅游业态的基础设施条件，进一步优化提升现有旅游接待能力，利用现有条件分散生态旅游开发所需要的住宿、餐饮等接待设施建设，尽量减少生态旅游开发过程中对环境的破坏，同时充实生态旅游的参与性和娱乐性，增强生态旅游的吸引力。

为尽量避免生态旅游开发对脆弱的生态系统造成不可逆转的干扰和破坏，可以参照红色旅游经典景区的片区划分经验，在全省选择一批生态旅游基础较好、游客群体较成熟的地区，设立"安徽生态旅游试点片区"，进一步探索生态旅游发展的路径和方式。

20.5.3　加快推进体制机制建设

对于生态系统脆弱敏感地区，安徽省拟强化立法保护，在现有的自然保护区、森林公园等的立法基础之上，建立有关开发生态旅游监管的法律法规。在生态旅游区的管理方面，应该严格审批和管理。以自然保护区为例，针对生态旅游的环境管理可以分阶段进行，如立项阶段的环境管理、施工期环境管理以及运营后的生态监测和评价，不同阶段的环境管理的侧重点要有所不同。

合理构建生态旅游补偿机制。改革自然保护区现行管理体制，实行经营、管理分开，保护区内的执法人员和科研人员实现公务员制。生态旅游区经营采取许可证制度，由企业承担一定的生态补偿费用，企业旅游收入抽出一部分回馈给当地，以补偿当地政府和社区的生态保护支出。例如，继续推进和完善新安江生态补偿机制，并将相关实践成果借鉴应用到安徽省生态旅游实践中。

20.5.4　强化生态旅游宣传教育

"十三五"期间，安徽省将加强对生态旅游管理者、从业人员、当地居民和旅游者环保知识教育，增强环保意识。把加强旅游者文明素质教育作为发展生态旅游的重要工作，引导旅游者文明旅游，做环境保护的参与者、倡导者和实践者。要通过多种方式，在生态旅游区营造珍视环境、关爱环境的浓厚氛围。同时，加强对当地社区普通群众的环保知识教育，运用宣传教育栏、广播、电视等形式，把生态旅游环境保护的观念和当地文化、风俗等结合进行宣传，便于当地居民接受。

20.5.5　适当增加政府投资

生态良好区域往往是偏远落后地区，财政条件和基础设施一般比较差，生态旅游开发需要投入大量资金。"十三五"期间，安徽省将在以往对旅游道路、停车场等旅游基础设施建设前期投入的基础上，适当增加政府补贴性投入，突出生态旅游进程中环境保护的重要性，更多向科技含量高、环保意识强的生态旅游项目倾斜，重点支持露营地、自驾营地、立体停车场等项目。

参 考 文 献

[1] 沈宏胜. 打好"旅游强省"这张金质名片需"一盘棋"[EB/OL]. （2017-04-10）. http://bbs.anhuinews.com/thread-1601501-1-1.html.

[2] 周娟，范星宏，王朝辉. 区域旅游低碳发展的战略路径与策略研究：以安徽省为例[J]. 华东经济管理，2011，25（12）：57-60.

[3] 巩劫，陆林，晋秀龙，等. 黄山风景区旅游干扰对植物群落及其土壤性质的影响[J]. 生态学报，2009，29（5）：2239-2251.

[4] 晋秀龙，陆林，覃逸明. 游憩活动对琅琊山风景区两种草地植物种子发芽率的影响[J]. 生态学报，2009，29（12）：6834-6842.

[5] Yang A N, Lu L, Zhang N. The diversity of arbuscular mycorrhizal fungi in the subtropical forest of Huangshan (Yellow Mountain), East-central China[J]. World Journal of Microbiology and Biotechnology, 2011, 27（10）: 2351-2358.

[6] 王立龙，张喆，晋秀龙，等. 淮北国家城市湿地公园野生植物区系及栽培植物营建[J]. 自然资源学报，2016，31（4）：682-692.

[7] 王立龙，陆林，唐勇，等. 中国国家级湿地公园运行现状、区域分布格局与类型划分[J]. 生态学报，2010，30（9）：2406-2415.

[8] 祁礼为. 安徽生态旅游品牌营销研究[D]. 长沙：中南林业科技大学，2011.

[9] 王乃举，黄翔. 文化生态型乡村重构与旅游发展研究：以安徽池州市为例[J]. 旅游研究，2010. 2（2）：56-60.

[10] 李斌. 安徽生态旅游发展简论[J]. 安徽林业科技，2001（6）：28.

[11] 赵敏燕，叶文，董锁成，等. 中西生态旅游解说系统差异化研究进展及本土化路径[J]. 地理科学进展，2016，35（6）：691-701.

[12] 钟林生，马向远，曾瑜皙. 中国生态旅游研究进展与展望[J]. 地理科学进展，2016，35（6）：679-690.

[13] 安徽省旅游局. 安徽省"十三五"旅游业发展总体规划.

[14] 安徽省发展和改革委员会，安徽省旅游局. 安徽省生态旅游发展规划（2016—2025）.

第21章 浙江生态旅游发展报告

蒋艳　浙江外国语学院国际工商管理学院，杭州

21.1 浙江省生态旅游发展现状

浙江省的生态旅游起步较晚，于20世纪90年代中后期才得到初步发展，而且景区总量少，规模也很小。生态旅游区主要以森林公园为主，自然保护区和风景名胜区也有不同程度发展，但近年浙江省生态旅游区发展迅速。

21.1.1 建设生态旅游强省，创建生态旅游示范区

浙江省以建设"绿色浙江"为目标，努力建设生态旅游强省。全省已建立了天目山风景区、千岛湖—新安江、富春江生态旅游区、南麂生态旅游区和泰顺生态县5个典型的生态旅游区，并确定安吉龙王山自然保护区、海盐县南北湖生态旅游区、诸暨市五泄生态旅游区、宁波天童国家森林公园、普陀区桃花岛生态旅游区、仙居生态旅游区、凤阳山—百山祖国家级自然保护区、金华双龙生态旅游区和开化古田山国家级自然保护区为各相关市开发生态旅游的重点。南麂列岛国家级海洋自然保护区被纳入联合国"人与生物圈计划"，玉环大鹿岛为海岛森林公园。另外，浙西大峡谷、太湖源风景区、淡竹原始森林等一批以自然生态为主题的生态旅游区层出不穷。

2013年，浙江省以"美丽中国"为导向，积极参与生态省、"三改一拆""四边三化"等省委中心战略，旅游生态化工作成效显著。根据国家标准GB/T 26362—2010《国家生态旅游示范区建设与运营规范》，联合省环保厅和有关专家，加强国家生态旅游示范区创建指导，衢州钱江源国家森林公园和宁波滕头村被评为全国首批国家生态旅游示范区。省旅游局联合省环保厅组成验收组，对全省创建的第五批省级生态旅游区进行验收，认定温州永嘉龙湾潭国家森林公园、湖州太湖旅游度假区为省级生态旅游示范区，杭州大奇山国家森林公园、宁波余姚丹山赤水旅游景区、绍兴诸暨东白山风景区、台州玉环漩门湾旅游景区、温岭方山旅游景区、丽水遂昌千佛山景区为省级生态旅游区。截至2016年年底，全省累计创建省级生态旅游示范区21个，生态旅游区78个。

21.1.2 生态旅游产品类型多样

浙江历史悠久，不仅有众多的自然生态旅游资源，而且有丰富的人文生态旅游资源。根据国家旅游局现行旅游资源分类方法，旅游资源有69种，浙江省的旅游资源基本类型有65种，占94.2%。这些旅游资源都可考虑作为生态旅游资源进行开发。结合全省生态旅游资源特色和外部发展条件，省内有森林公园生态旅游、自然保护区生态旅游、风景名胜区生态旅游、工业生态旅游、农业生态旅游、宗教生态旅游6种生态旅游产品类型。这几种生态旅游产品，并不是孤立的，而是相互融合、相互补充的系列生态旅游产品。各区域内的资源整合形成一个主题鲜明、各具特色的生态旅游区带。其中，各大森林公园、

自然保护和风景名胜区是浙江省生态旅游发展的主要地域之一，同时，以生态工业、生态农业、宗教等为主题的生态旅游也发展迅速。

（1）森林公园生态旅游

浙江自 1982 年 8 月建立第一家森林公园——宁波天童森林公园以来，森林生态旅游业不断发展壮大，森林生态旅游的网络和体系就已初步形成。"十二五"以来，浙江继续积极推进森林公园建设：全省森林旅游业迅猛发展，森林公园提质增量，森林旅游规模不断扩大；各级政府重视，森林公园环境日趋美观；促农增收效益显著，发展森林旅游业成为农民脱贫致富的新路子；森林休闲养生特色进一步凸显。

截至 2015 年年底，全省共有森林公园 199 处，总面积约 43.1 万 hm²，其中，国家级森林公园 39 处（如雁荡山国家森林公园、千岛湖国家森林公园等），省级森林公园 80 处。根据现有森林公园景观类型特征，可开发以山岳地貌、湖泊岛屿、瀑布温泉、水景漂流、休闲度假、科考探险、人文历史、民族风情等特色的生态旅游项目。"十二五"期间，浙江新建森林公园 50 处，新增面积 4.6 万 hm²，其中，国家级森林公园 2 处，省级森林公园 12 处；全省森林公园旅游收入由 2010 年的 87.9 亿元增加到 2015 年的 205.4 亿元，翻了一番以上，接待国内外游客人数由 3303.6 万人次增加至 6098.5 万人次，增长了近一倍。全省年投入森林公园建设资金比"十一五"期间增长 1.2 倍，年均达 29 亿元。2015 年，全省 119 处省级以上森林公园吸收社会从业人员约 7.54 万人。杭州余杭径山·山沟沟国家森林公园内有农家乐 158 户，从业人员 437 人，2015 年产值超过 7000 万元[1]。2015 年，由中国绿色时报报社《森林与人类》杂志发起"寻找中国森林氧吧"评选活动中，浙江省有 4 处森林旅游景区入选。雁荡山国家森林公园空气、水体等质量均达国家一级标准，主要景区、景点的空气负离子含量达 2.6 万个/cm³，成为人们休闲养生的福地[2]。据统计，2015 年，浙江全省森林公园共接待国内外游客 6098.47 万人次，同比增加 10.87%；森林旅游总收入达 205.37 亿元，同比增长 34.25%[1]。

（2）自然保护区生态旅游

截至 2012 年年底，全省已有 32 个各类自然保护区，其中，国家级自然保护区 11 处（如被誉为浙江第一、第二高峰的黄茅尖、百山祖所在的黄茅尖国家自然保护区和百山祖国家自然保护区等），省级自然保护区 9 处，县级自然保护区 13 处。根据各自然保护区内景观类型特征，可开发登山探险、动植物观赏、科学考察、宗教朝拜等特色的生态旅游项目。例如，根据文件《关于认定浙江省科普教育基地的通知》（浙科协发〔2015〕26 号），浙江九龙山国家级自然保护区管理局（宣教馆）被评为浙江省科普教育基地，以声、光、电的形式，通过图片展示和视频播放，展示九龙山丰富的动植物资源和独有的自然风貌，普及和宣传自然科学知识[3]。

（3）风景名胜区生态旅游

目前，全省拥有 3 处世界遗产、22 处国家级风景名胜区（如杭州西湖国家级风景名胜区、普陀山国家级风景名胜区）、40 处省级风景名胜区和 120 处市县级风景名胜区。全省风景名胜区总面积达到 7403km²，占全省陆域面积 7.27%[4]，其中国家级风景名胜区数量居全国前列，是名副其实的风景名胜资源大省。根据风景区内景观类型特征，可开发观光、游览、科普、健身、娱乐等特色的生态旅游项目。

（4）工业生态旅游

浙江省多处城镇转换发展方式，将工业优势转化为生态旅游产品优势。例如，现在已开发的浙北丝绸古镇游，包括：赴杭州参观中国丝绸博物馆、丝绸专业市场；到丝绸故里湖州（或嘉兴）参观丝织厂，并亲自与蚕乡蚕农一道，参与采桑喂蚕宝宝等农事活动等。丝绸工业生态旅游向游客展示传统的丝绸生产技术，包括从栽桑养蚕到抽丝织布的整个过程，以及古老的纺织机器。安吉县天荒坪镇也借助漫山毛竹，实现了从工业强镇到生态旅游名镇的转变，在竹印象竹生活体验馆里，通过模拟和视频展示，为游客讲解竹加工的过程。还有天台工业强镇平桥镇作为中国过滤布名城，将工业作为平桥的金名片，发展工业生态旅游。

（5）农业生态旅游

浙江地处东南沿海，四季分明、雨量充沛、光照充足，属亚热带季风气候，是著名的"鱼米之乡"，农业生态旅游资源丰富。根据地方各乡镇的自然条件和人文传统，可开发农业劳作游、乡村民俗游、集市商贸游、农产品的采摘活动游等特色的乡村生态旅游项目。现已开发宁波滕头生态村游、浙江古村落文明游等，而且越来越多地方的生态农业成旅游亮点，如温岭曙光生态农业园等。2016 年 4 月 21 日，浙江首个农业生态旅游光伏项目投入运行。浙江省长兴县吕山"渔农光互补光伏发电项目"占地面积 2000 多亩，总投资超过 6 亿元，将光伏与智慧渔业、农业高效有机结合，建成集光伏发电、农业种植、渔业养殖、旅游观光于一体的生态旅游农业光伏示范基地[5]。

（6）宗教生态旅游

全省拥有众多的古刹名寺，如我国四大佛教名山之一的普陀山的普济寺、法雨寺、慧济寺；佛教济宗重要门庭和日本曹洞宗祖庭的宁波天童寺；明朝"天下禅宗十刹"之一的溪口雪窦寺等。"深山藏古寺"，自古以来，宗教就与名山联系在一起，也就与旅游的关系十分密切。开发宗教生态旅游可与开发森林公园、自然保护区的生态旅游项目结合在一起。现已开发浙东佛教朝拜游、济公故里参拜游等。

21.1.3　形成了一批生态旅游品牌

浙江省生态旅游发展成效显著，打造了一批生态旅游名牌产品。整体上，生态旅游产品的打造以"纯美浙江，灵净自然"为标准。具体如下。

（1）生态城市品牌

浙江省持续推进生态城市建设，截至 2012 年，累计建成 7 个国家环保模范城市、7 个省级环保模范城市；国家"森林城市"6 个、省级"森林城市"20 个；国家生态县（市）6 个，省级生态县（市、区）41 个；9 个市（县）被环境保护部列入全国生态文明建设试点地区；杭州被国家列为低碳城市试点，成为第一批低碳五省八市中唯一试点省会城市。

（2）生态旅游品牌

截至 2010 年年底，旅游度假区品牌：建成国家级旅游度假区 1 个——杭州之江国家旅游度假区，省级旅游度假区 18 个；风景名胜区品牌：建成国家级风景名胜区 19 个、省级风景名胜区 40 个；森林公园品牌：建成国家级森林公园 39 个、省级森林公园 80 个；自然保护区品牌：建成国家级自然保护区 11 个、省级自然保护区 9 个。

（3）生态旅游名城、名镇、名村、名景

2009 年，开展了由《浙江日报》和浙江省生态旅游系列宣传活动组委会联合主办，浙江省委省政府新闻门户网站浙江在线协办的"浙江省十大生态旅游名城、名镇、名村、名景"评选活动，根据景区、景点的唯一性或典型性、生态旅游建设规划的科学性、可持续发展潜力、生态设施、资源保护、道路与交通、旅游接待服务设施等方面，评选出了浙江省十大生态旅游名城、名镇、名村、名景。

（4）生态旅游效益显著

生态旅游作为浙江省旅游发展的重要形式，由生态旅游带来的经济效益也非常明显。1992—2011 年，省旅游总收入不断攀升，旅游经济总量从 1992 年的 35.9 亿元增加到 2011 年的 3900 亿元；旅游收入占全省 GDP 比例也呈现递增趋势，1992 年旅游收入仅占全省 GDP 的 2.7%，到 2011 年旅游收入占全省 GDP 比例高达 12.8%。

21.2 浙江省生态旅游发展经验和创新

21.2.1 提供政策保障，建设生态省

浙江省政府重视生态旅游，编制了《浙江生态省建设规划纲要》（浙政发〔2003〕23 号）（以下简称《纲要》）。该《纲要》把生态旅游列入了生态省建设的重要内容，要求把生态观念和生态文化融入旅游的各个环节，使生态旅游成为浙江省的重要品牌，带动全省旅游业整体水平的提高。《浙江省旅游产业发展规划（2014—2017）》提出浙江旅游产业发展的生态化。要坚守生态保护的底线，坚持生态文明的理念，把好山好水好空气、原汁原味原风情作为发展旅游业最大的优势、最好的品牌，推动旅游开发向集约型转变，更加注重资源能源节约和生态环境保护，以旅游产业发展带动城乡环境改善，积极倡导低碳旅游，推行绿色消费，使旅游业真正成为资源节约型和环境友好型的生态化产业，成为实现"绿水青山就是金山银山"的重要载体，助推美丽浙江建设[6]。

21.2.2 建立以循环经济为核心的生态经济体系，促进旅游环境保护

建设生态省的主要目的是建立以循环经济为核心的生态经济体系，强调社会可持续发展，重视资源节约与环境保护，具体可以表现为"资源—资源产品（服务）—再生资源—资源"的循环发展模式，并以"资源消耗最少、污染排放最少、生态环境最优美"为发展目标。浙江省在发展循环经济与生态旅游的过程中，已经取得显著成就，其取得成就的原因主要为及时转变消费观念，积极倡导绿色消费。这与循环经济的减量、再利用、再循环的相关内容是一致的。当浙江人民养成这种消费观念之时，就会自觉地将这种观念体现在生态旅游服务中，最终带动旅游服务的优化升级。

生态旅游建设较好地保护了自然保护区、森林公园等生态旅游资源。以杭州西溪国家湿地公园为例，其以发展生态旅游为依托，植物配置以突出自然和野趣为主，西溪梅岸一区已恢复梅树栽种 200 多亩，并设置了水禽嬉戏地。这些保护措施也促进了人与自然的和谐发展。浙江省在大力发展生态旅游业的过程中，也让游客回归自然、认识自然、享受自然、保护自然。以千岛湖为例，在千岛湖生态旅游发展过程中，严格实行水源保护，在保证水质的前提下，以农家乐为代表的生态旅游获得了快速发展，也带动了人均收入的提高。千岛湖位于钱塘江上游，是钱塘江的主源头，出境水量占钱塘江总水量的 40%以上，是浙江省最为重要的饮用水源保护地。一直以来，淳安牢固确立"保护第一、环境优先"的理念，弘扬生态文明，着力发展生态旅游业，从严开展工业污染治理，加强环境基础设施建设，严格控制源头污染，实施严格的植被保护措施。这一系列的措施不仅保证了千岛湖水环境质量，而且促进了生态旅游经济的发展，提高了人均收入水平。

21.2.3 加快重点生态功能区旅游主业化发展

按照《浙江省主体功能区规划》，更加突出旅游业在各类功能区建设中的战略定位，进一步发挥旅游业在"绿色屏障""蓝色屏障"和重点生态功能区建设方面的积极作用。按照有突出的生态功能、有独特的旅游资源、有特色的产业结构要求，推进淳安、文成、泰顺、开化、景宁、庆元等 10 个重点生态功能区旅游主业化发展，重点在产业结构调整、旅游业发展和消费、社会民生改善、体制机制改革等方面先行先试，走出一条县域经济发展的特色之路。科学编制总体规划，推进"腾笼换鸟、优二进三"，逐步淘汰落后的工业产能，重点发展生态、休闲、度假、养生等新型旅游业态。以国家公园试点、国家生态旅游示范区等为载体，结合"五水共治""三改一拆""四边三化"等中心工作，打造绿色低碳旅游业，到 2017 年争取创建 10 个国家生态旅游示范区、2 个国家公园[6]。

21.2.4　推进生态旅游示范区建设

浙江省支持丽水等地进入旅游改革试点序列,大力推进衢州国家休闲区、五龙湖国家生态度假旅游实验区和安吉国家乡村旅游度假实验区等各类试点示范区建设,支持湖州以国家生态文明先行示范区的"身份"来推动国家生态文明先行示范区建设和国家乡村旅游专项改革,支持临安生态养生试验区、龙游文化旅游试验区等的创建工作,创新浙江模式旅游产业发展。加强对旅游改革试点单位的动态考核,开创浙江旅游改革试点工作新局面。

到 2017 年,浙江省重点建设 100 个生态旅游区[6]。目前拟培育国家生态旅游示范区名单:杭州西溪湿地、临安天目山景区、东钱湖旅游度假区、慈溪雅戈尔达蓬山文化旅游区、文成铜铃山景区、永嘉楠溪江石桅岩景区、太湖旅游度假区、安吉中南百草原景区、长兴仙山湖景区、柯桥大香林旅游区、定海国际旅游度假区、仙居神仙居景区、天台山景区、龙泉山景区、遂昌南尖岩景区、庆元百山祖景区。

21.2.5　推进东部海洋海岛生态旅游和西部山区生态旅游业发展

浙江省着力推进东部海洋海岛旅游和西部山区生态旅游业发展步伐,加快把"海上浙江"和"山上浙江"培育成为未来几年全省旅游业转型发展和创新发展的两翼。其中,"东扩"海洋旅游要紧紧抓住浙江海洋经济发展示范、舟山群岛新区等国家级战略机遇,积极推进邮轮、游艇、帆船、人造海滩、休闲度假岛、禅修和海洋探险等高端旅游产品开发,大力发展海钓、运动休闲、航空旅游等新型旅游产品,建设梅山—春晓、大陈—大鹿、洞头—南麂—渔寮、朱家尖—桃花岛、三门湾等一批高品质的特色海洋旅游区,培育东极岛、白沙岛、花岙岛、渔山列岛等一批特色休闲旅游岛和特色渔村,实现全省海洋旅游新跨越;"西进"生态旅游要以衢州、丽水、湖州、温州西部和台州西南山区为重点,以绿色崛起和生态富民为战略导向,推进景观森林建设,建设一流生态休闲养生福地。因地制宜探索形成以生态旅游业推动环境保护、促进新型城镇化、加快山区经济全面转型升级的科学发展模式,切实把山区生态优势转化成为旅游产业优势,使生态旅游业成为富民强县的主导产业[6]。

21.2.6　推进生态旅游理论本土化创新

首先,浙江省相关专家积极进行生态旅游理论探索。其中,养生旅游被认为是生态旅游和休闲旅游的创新与发展。浙江省高度重视创新生态旅游,发展养生旅游。武义县是全国最早提出实施养生旅游战略的县份之一。紧接着,丽水市明确提出"秀山丽水、养生福地"战略,是全国较早提出发展养生旅游的地级市。浙江省养生旅游发展良好,"十大养生福地"也陆续揭晓。浙江省旅游局、浙江省老龄工作委员会办公室联合开展"省级中医药养生旅游示范区"评选工作,并在武义寿仙谷有机国药循环农业示范基地召开了现场会议。此外,浙江省还积极运用国际会展推动养生旅游。2009 年"中国武义·国际养生旅游高峰论坛"发布《养生旅游武义宣言》,提出养生旅游概念。目前,浙江各地发展了一批养生旅游综合体项目,"浙商回归"重大项目中也有不少养生旅游项目,如嵊州狮子山养生旅游综合体、富阳永安龙门养生旅游综合体等。

其次,通过实施智慧旅游工程,实现生态旅游发展升级。浙江省正在实施的智慧旅游工程,以构建旅游商务平台为抓手,促进区域智慧旅游一体化工程扎实推进,强调旅游线路智能化设计、推出个性化产品与品质化服务,推动生态旅游升级。

21.2.7　实现生态旅游产业融合发展

随着旅游产业融合发展,生态旅游的空间领域随之深入拓宽。浙江以构建社区利益共享为抓手,促进生态旅游和谐发展。例如，浙江天台县工业强镇平桥镇有"中国过滤布名城"的美誉，其重视生态旅游，走融合发展道路；太湖源生态旅游模式，注重景区和社区共同发展、利益共享，使景区的白沙村成为浙江省生态第一村，成为全国生态旅游发展社区共享的一个典范；金华赤松景区，引进港商投资自主发展，注重弘扬黄大仙"普济劝世、治病救难"的慈悲精神，积极开展义诊和义务教育，大力扶持当地农民发展旅游服务业，实现了景区与社区共同发展，利益共享，切实促进了当地经济和社会的发展与繁荣，金华赤松景区的文化生态旅游模式，为招商引资开发文化生态旅游提供了一个具有重要推广价值的范例。

21.2.8 实施县域生态旅游全域化工程，促进城乡一体化统筹发展

（1）生态旅游全域化

浙江省安吉、武义、洞头、景宁、桐庐、仙居 6 个县明确提出实施县域全域化旅游，将整个县作为一个生态旅游景区进行建设，出台了相关政策，编制了全域化旅游的规划，并制定了全域化旅游三年行动计划。德清裸心谷度假村的"洋家乐"项目为全国提供了一个无景区旅游的成功范例，为全域化旅游的大发展提供了广阔的空间和有效的路径。实施县域生态旅游全域化工程，促进了公共服务体系普惠化和城乡一体化统筹发展。

（2）建设美丽乡村，促进旅游地生态保护和社会经济协调发展

浙江省是在全国最早实施"美丽乡村"建设行动的省份，通过加快当地生态旅游发展，实现社会经济和环境的协调发展，把潜在的生态旅游资源转化为经济优势。浙江安吉成为美丽中国的重要元素，中国美丽乡村的样板。安吉县以"村村优美、家家创业、人人幸福、处处和谐"为发展目标，为解决"三农"问题提供了一条有效途径。安吉模式的核心经验是：变农业资源为农业资本，在要素重新定价、重新分配中占据主动，进而使农业在"接二（产）连三（产）"的同时，实现"跨二进三"，实现重大跨越。安吉因地制宜围绕第二、第三产业确定主导产业，围绕品牌建设推进支柱产业，围绕提高农业效益实现了第一、第二、第三产业良性发展，实现了生态保护与经济社会发展的协调与统一。宁波奉化滕头村是一个有着 300 多户、800 人左右的小村庄。20 世纪 60 年代初，该村是个"田不平、路不平，亩产只有一百零，有囡不嫁滕头村"的穷地方。改革开放以来，滕头村利用地区生态旅游资源优势，突出人与自然、人与文化的互动式体验，实施村庄规划和园林营造，形成了绿树成荫、花果相间、百鸟合鸣、四季花开的自然美景，相继荣膺全球生态 500 佳、世界十佳和谐乡村、全国首批文明村、中国生态第一村、首批国家 4A 级旅游景区的称号。在 2010 年上海世博会参展案例中，宁波滕头村成为世界上唯一一个进驻 2010 上海世博会"最佳城市实践区"的乡村。2010 年，滕头村实现社会生产总值 47.5 亿元，村民人均收入 2.8 万元，成为第一、第二、第三产业全面发展的社会主义现代化新农村。

（3）生态旅游在美丽城镇建设发展中举足轻重

美丽城镇作为美丽城市和美丽乡村的重要纽带，生态旅游扮演着重要角色。新型城镇化，对美丽城镇提出更高要求，特别注重"五美融合"：山水生态明秀美、居民生活和乐美、空间布局精致美、产业发展活力美及特色文化灿烂美等。"五美融合"也是新形势下生态旅游全域化发展对生态旅游城镇的根本要求。浙江省十分注重美丽县城、美丽城镇、美丽乡村建设的整体推进。桐庐已经率先成为"中国最美县城"，并形成了甚乡村美丽工程一体化的桐庐经验，具体做法如下：贯彻"规划先导，体系完善；不比规模，只比精致"的理念；以桐庐养生文化为特色，着力打造"中国快递产业物流总部"；严格实施城市化的"过程管理"文化保护模式与"安得下、富得起"拆迁补偿模式，探索"市场化驱动城市化"的新路子；在明确生态型城镇共性发展的同时，按照一镇一品特色发展的要求，科学制定城镇体系规划，明确每个城镇的主题定位。以桐庐为代表的一大批最美乡镇，正在浙江大地形成。浙江省环境保护厅、浙江省农村工作领导小组办公室共同举办的浙江千镇竞选，评出了 16 个"最美乡镇"[7]，并在 2012 年

第二个生态日之前发布。

21.3   浙江省生态旅游发展中存在的问题

浙江省在生态旅游虽然在建设过程中取得了一定的成就，但也存在一些问题，主要在生态旅游认识、规划制定、法规体系、环境保护、配套设施、人才建设、景区管理等方面存在不足，有待进一步完善。

21.3.1   对生态旅游认识不足

目前，浙江省一些政府主管部门、生态旅游从业人员、生态旅游者等人群对于生态旅游的认识不足。各种组织、机构和开发商、经营者泛用滥用"生态旅游"一词；生态旅游的概念严重泛化（如一些地方政府把整个旅游业的发展规划称为生态旅游发展规划），甚至异化（打着生态旅游的牌子开发对资源环境产生严重威胁的项目），生态旅游只成了旅游市场促销的一种标签，对游客、社会大众和媒体进行了误导。如果把这种泛化或异化的模式作为中国特色并继续任其发展，不加以规范，不但损害生态旅游的形象，影响旅游业的可持续发展，甚至还会间接阻碍浙江省的循环经济建设进程，甚至严重影响浙江省的生态文明形象。

21.3.2   生态旅游规划滞后

生态旅游规划滞后主要体现于三个方面。其一，未对生态旅游区进行深入调研认证，还没有编制规划，便盲目进行粗放式开发。生态旅游产品开发不深，对生态旅游资源和环境缺乏有效保护，造成旅游资源的浪费和破坏，导致生态旅游景点开发管理的无序。其二，当前很多旅游规划都没有得到有效执行。如许多自然保护区，未能按照规划制定的功能分区开展生态旅游，在缓冲区内从事过度的旅游经营活动，甚至在核心区内也开展旅游活动。其三，设施和景观缺乏合理设计。生态旅游特别强调旅游区与当地自然社会环境的和谐，但很多生态旅游区热衷于饭店、餐馆、商店的建设，修建高档旅游设施，甚至不惜以牺牲具有多种生态功能的自然景观为代价，修建过多的人造景观，造成许多景观城市化、商业化严重，使旅游区的景观功能发生错位，违背生态旅游的初衷。

21.3.3   旅游环境建设滞后，生态法规有待完善

浙江省乃至全国生态旅游的开发历史较短，虽然有一些与生态旅游的发展和环境保护相关联的法律和法规，但是具体到生态旅游资源的开发利用和经营管理，仍缺乏法律制度的约束，不能够用法律对生态环境加以保护。环境是旅游可持续发展中的关键因素之一，但浙江省一些地区生态旅游环境保护意识较差，旅游环境建设较为滞后。

以自然保护区为例，目前许多已开展生态旅游的自然保护区，未能严格按功能区划原则开发旅游项目，相应的生态旅游管理办法未制定或不健全。如很多景区都没有完善的旅游收益分配管理制度，不仅造成旅游区群众很少从生态旅游中获益，也不能确保部分生态旅游的收入用于环境保护和生态补偿，对保护区无法形成真正有效的管理。

21.3.4   生态旅游产业发展不够成熟

首先，生态旅游产品缺乏整合。浙江省较高层次的生态自然旅游资源和产品较少，特别是世界级的旅游资源和产品不多，在世界上的知名度还不高；生态旅游各搞各的，还没有完全形成合力；有一些生态旅游仅停留在营销层面上，对生态旅游资源和大环境的保护与营造的力度还不够。

其次，生态旅游设施落后，综合接待能力较弱。浙江省生态旅游发展尚不成熟，在设施建设方面仍

然存在很多不足。一些旅游区吃、住、行、游、购、娱等基础设施不完善，如卫生条件差、道路狭窄、停车点稀少。景区内有关环境保护方面的消烟除尘、污水处理、垃圾处理和处置等设施，尚有部分不符合环境保护标准，不能很好地控制污染。旅游景区内的人工景点和服务设施的设置不能和当地自然景观融合一体，景区内标识牌、宣传牌的摆放位置不当也破坏了自然景观的和谐。这些因素都导致景区综合接待能力不强，制约了生态旅游的发展。

21.3.5 专业旅游人才缺乏，景区市场管理欠缺

一是旅游者、社区居民和旅游从业人员素质不高。目前许多生态旅游者、社区居民和旅游从业人员环保意识和文化素质不高，时常有毁坏生态环境的现象发生，这在一定程度上制约着生态旅游的发展。生态旅游要求高素质专业化的从业人员，而很多生态旅游区尚未建立起生态旅游从业人员的培训教育体系，当地居民又因缺乏相应的知识难当重任。与此同时，社区未能真正参与到生态旅游发展中去，当地居民参与的主要形式只是停留在卖些旅游纪念品和家庭农产品的阶段，这种散兵游勇式的参与又导致市场管理混乱，有时候还给游客留下了极其恶劣的印象。二是生态旅游专业人才缺乏。浙江省生态旅游发展实践尚浅，既懂生态学知识和旅游学知识，同时又能正确把握生态旅游内涵的专业人才缺乏，这些专业人才主要包括经营管理人才、专业服务人员和对生态环境影响进行评估和制定保护措施的生物、地理、气象等诸领域的专家。

21.3.6 生态环境污染严重

根据《浙江省生态环境保护"十三五"规划》分析，浙江省的环境质量改善形势不容乐观。全省尚有四分之一的地表水断面水质达不到功能目标要求，京杭大运河、钱塘江等水系局部河段仍存在一定程度污染，部分平原河网污染相对严重；近岸海域水质总体仍为极差，杭州湾、象山港、乐清湾、三门湾4个重要海湾水质全部为劣四类。灰霾天气呈现常态化发生态势，酸雨率仍居高不下。土壤环境质量变化趋势不容乐观，工业用地污染问题相对突出。全省生态系统功能还不强，生态环境空间被蚕食侵占以及不合理开发、碎片化开发现象突出，山水林田湖缺乏统筹保护，生态环境治理亟待深化。经济中高速增长与资源环境承载力不足的矛盾、公众对环境质量高诉求与环境质量持续性改善高难度的矛盾仍将比较突出，生态环境质量依然是我省高水平全面建成小康社会的明显短板。此外，区域性、结构性污染仍然突出。全省经济结构仍以重化工业为主，"低、小、散"企业量多面广，一些区域性、结构性污染问题仍然比较严重。部分工业园区废水、废气污染突出，绍兴和萧山印染化工行业、富阳造纸行业、宁波化工和临港产业、衢州化工行业、舟山石化及油品储运行业、台州医化行业、丽水合成革行业和金华、衢州畜禽养殖行业等，都有不同程度的污染问题。

21.3.7 生态旅游区存在程度不等的水土流失问题

虽然浙江省生态旅游区绝大多数生态旅游区植被郁闭度高，水土流失较轻，禁止毁林开荒和开山炸石等行为，但仍有旅游区遭到破坏，导致严重水土流失，且局部地方水土流失时有发生，有的甚至相当严重，尤其是景区公路两侧、水库四周、宾馆和房屋等建筑物所在地更为突出。据调查，天台山风景区的百丈溪在暴雨时，溪水中相对含沙量达5%～20%，每年溪水流入桐柏水库的入口处的淤泥迅速增多，库容不断减小。永嘉楠溪江景区，平时江水清澈见底，但每遇暴雨，泥沙顺流而下，溪水一片混浊，其主要原因是超载的旅游活动和旅游设施建设造成的土质松动。

（1）超载的旅游活动

浙江省许多生态旅游区在旺季时总是人满为患，从而产生一系列的负面影响。如桃花岛风景区、金华双龙风景区、天台石梁风景区等，在旅游黄金周时，日游客量达几万人次。在景区有限的范围内要容

纳如此多的游客，必然会导致土壤板结、树木损坏、根茎暴露、水质污染、动植物种群成分改变，以及生物多样性下降等。即旅游活动可能对土壤和植被造成的干扰和破坏，改变了土壤结构，降低了植被的蓄水保土作用，进而引发土壤侵蚀并加剧了水土流失。

（2）旅游设施建设

在旅游景区中修建道路、桥梁、停车场、楼堂馆所、索道等人文景观及服务设施，由于工程量大，占地面积也大，必然会对自然资源和环境造成严重的破坏。例如，在千岛湖景区修建索道、开挖边坡的同时必然会引起植被破坏、弃土堆积、地面渗水等问题，从而造成水土流失；同时，修建索道后，由于大量游客进入梅峰景区，景区附近土体和植被经常被游客任意践踏和破坏，也加剧了水土流失。又如，天台山石梁飞瀑景区 2002 年新建了一个 $800m^2$ 的停车场，边坡周长约 70m，弃土沿边坡倾倒。目前该边坡因雨水冲刷形成了几十条深度 1～5cm 的沟道。可见，设施建设引起的水土流失较为严重。

21.4　浙江省生态旅游发展建议

生态旅游建设是一项复杂的系统工程，涉及诸多领域和旅游产业发展要素各方面，需要旅游者、旅游地居民、旅游经营者和政府部门的广泛参与和积极支持。浙江省生态旅游发展要遵循生态安全和环境保护优先，兼顾合理开发和利用的原则，用旅游保护生态，以生态促进旅游，促进生态旅游可持续发展。主要对策建议如下。

21.4.1　提升对生态旅游的认识

从广义上说，生态旅游就是可持续发展旅游，它贯穿于整个旅游业的发展过程之中。从狭义上说，生态旅游就是把旅游和环境保护紧密结合，或者说它是可持续发展理论在旅游业上的应用，是在不破坏环境的前提下，以自然环境为主要活动舞台所进行的一种对生态和文化负责任的旅游。生态旅游的核心思想是强调维护人地和谐、天人合一。生态旅游的目标是保护自然资源和生物的多样性，维持资源利用的可持续性，实现旅游业的可持续发展。为了更好地实现这一目标，生态旅游应能促进地方经济的发展，唯有经济发展之后，人们才能真正、切实地重视和保护自然。同时，生态旅游还应突出对旅游者的环境教育意义，生态旅游的经营管理者也更应该重视和保护自然。

当前普遍存在的一个问题是生态旅游的呼声很高、来势很猛，但是人们对生态旅游的真正含义却缺乏准确、全面的认识和理解。因此，发展生态旅游应务求"绿色开发"（指生态保护与环境保护的可持续发展），即不但要在微观项目上达到较高的环保水准，更要在宏观控制上达到较高的政策水准，决不能采用"遍地开花"的粗放型开发方式。

21.4.2　科学编制生态旅游规划，加强政策法规体系建设

各级、各类生态旅游开发和经营活动必须以科学合理的生态旅游规划为前提。生态旅游规划编制或修编之前，要有一支高水平的专业生态旅游规划队伍，要重视征求当地社区和原住民意见。

完善生态旅游的扶持政策。制定切实可行、操作性强的配套政策，如引导、奖励生态旅游发展的财政扶持、税收奖励政策，促进绿色节能技术在旅游领域研发、应用和推广，使生态旅游政策与产业、金融、财税等经济政策相互协调、紧密结合，为生态旅游发展提供政策保障。同时，建立健全法规体系。建立生态旅游区保护条例、生态旅游景区服务条例等保护和鼓励发展生态旅游的新法规。各地区要按照国家及省的法律法规，根据当地实际情况，制定实施一些地方性办法。

21.4.3 加强生态旅游设施建设

加强环保、节能、人性化的生态旅游设施建设，在不破坏原有景观的前提下，建设必要的旅游设施，满足生态旅游者需求。完善生态旅游交通，加快重大铁路工程建设及推进城际快速旅游交通建设，构建各重点旅游城镇及景区间的交通联系；对各生态旅游景区内部交通，着重突出生态旅游交通的特点，采用节能、环保、特色的交通工具。建设生态旅游配套设施，包括生态旅游信息网络、生态旅游标识体系、生态化的星级旅游厕所、合适规模的景区停车场等。

21.4.4 创新生态区域管理机制

建立健全各项管理制度，包括现行的各项环境管理制度、自然资源权属管理制度、有偿使用制度和使用权（产权）流转制度、旅游经营管理制度等。理顺旅游管理体制，推进生态旅游资源管理经营一体化体制改革，避免机构重叠、管理重复、政出多门。严格监督检查，加强对旅游区的生态环境监测，及时掌握旅游区生态环境变化。

21.4.5 积极推进人才队伍建设

加快生态旅游方面人才的培养，把引进人才、培养人才、用好人才有机结合起来，建设一支高质量的生态旅游人才队伍，提高生态旅游管理水平。积极引进生态旅游人才，尤其是熟知生态旅游的高级管理人员及能够评估生态环境影响和做好生态环境保护方面的专家。创造性地培养生态旅游人才，对从事生态旅游工作的人员进行系统培训；重视高级管理人才的培养，使他们成为促进生态旅游发展的带头人；还要注重培养谙熟地方特色的人才，促进当地生态旅游发展。

21.4.6 吸收国外经验

生态旅游在我国的发展时间较短，但其在美国、英国等发达国家已经有了超过 100 年的发展史，这些国家对开展生态旅游的认识更加全面，理念更加先进。对浙江省而言，在开展本地区生态旅游的过程中，应多从国外汲取养分。同时，国际生态旅游协会、绿色环球等国际性生态旅游组织制定了国家公园的游憩管理规范，得到世界的普遍认同，这也是值得浙江省学习的。总体而言，浙江省在开展生态旅游的过程中，要结合全省的实际情况，引进先进的理念，开展多角度的生态旅游分析，优先促进生态旅游行业的发展。

21.4.7 确立生态旅游形象，创立生态旅游品牌

从地理角度来看，浙江省除荒漠、高山等少数地理环境外，已经具备了亚热带各种生态系统类型，自然保护区面积大、物种种类繁多、风景名胜资源丰富，这些都为浙江省确立生态旅游形象奠定了基础。

在早些年，浙江省就确立了"山水浙江、书画江南"的旅游地形象，但旅游地形象不等于生态旅游形象。就浙江省自然资源来看，其属于亚热带向热带的过渡地带，植物兼具亚热带、热带的特点。浙江省的人工管理栽培系统发达，许多国际上难以见到的自然资源都可以在浙江省发现踪迹。因此，浙江省要确立自己"亚太生态系统博览园"的生态旅游形象，充分发挥本地区的优势，确立自己在生态旅游市场竞争中的优势。生态旅游品牌的创立需要高品质的服务质量和一批符合国际高标准的生态旅游产品，旅游的各个要素都要按可持续旅游的要求来组织。

21.4.8 推动生态环境教育，大力弘扬生态文化

增进大众对自然与文化生态的了解，普及环境伦理和生态环保知识。环境教育包括学校教育、机构

培训、大众媒体的宣传和寓教于游的潜移默化教育。生态旅游通过寓教于游的潜移默化，对提高大众的生态环境意识，是其他教育形式无法替代的。

要建立良好的生态文化体系，必须借助于环境教育、环境法制、环境经济和环境政策等手段。环境教育是一切手段发挥作用和产生效果的重要前提。环境教育使人们正确认识环境和环境问题，具有良好的环境觉悟，养成文明的保护环境的行为习惯，从而投身于防治环境污染，改善生态环境行列。环境保护教育必须从小抓起，致力于培养和造就出既关心自身生活环境，也关心子孙后代生活环境的世界公民。在学校的思想政治教育体系中加入中国传统文化的精髓部分，利用媒体开辟环境教育专题，大力宣传环境道德原则，把环境教育列入公务员培训的重要内容。要把生态旅游作为公民生态教育的重要途径，生态旅游的产品设计必须融入生态观念和生态文化。

制定《浙江省生态旅游指南》，做好游客、公众和导游的生态旅游教育和行为管理，增强环境保护意识。加强生态旅游管理的重要方面是利用信息技术进行管理，整合与旅游相关的资源和要素（如风景点、动植物活动规律、历史文化、旅游线路和宾馆饭店等），建立统一的数据平台，实现多部门数据共享。在此平台之上，建立环境和经济影响模型，进行旅游资源评价、综合旅游规划和旅游环境容量管理。

参 考 文 献

[1] 浙江省林业厅. 浙江森林旅游成为节假日旅游新热点[EB/OL]. （2016-03-07）. http://www.forestry.gov.cn/main/56/content-849492.html.

[2] 首届中国森林氧吧论坛[J]. 森林与人类，2015（10）：2-3.

[3] 刘菊莲. 九龙山保护区宣教馆被评为浙江省科普教育基地[EB/OL]. (2016-01-12). http://www.suichang.gov.cn/zwgk/ztzl/jls/kyxj/kydt/201601/t20160112_1916906.html.

[4] 规划发展处. 孙喆副书记参加全省国家级风景名胜区联席会议[EB/OL]. (2016-11-14). http://www.gotohz.gov.cn/ghjs/lyjq/201611/t20161114_143761.html.

[5] 徐昱. 浙江首个农业生态旅游光伏项目投运[EB/OL]. (2016-04-22). http://www.china5e.com/news/news-941030-1.html.

[6] 省发改委社会处. 浙江省旅游产业发展规划（2014—2017 年）[EB/OL]. (2015-01-19). http://www.zjdpc.gov.cn/art/2015/1/19/art_342_704234.html.

[7] 赵小燕. 浙江千镇竞选"最美生态乡镇"16 个乡镇上榜[EB/OL]. (2012-06-29). http://www.zjepb.gov.cn/hbtmhwz/rdzt/sgzjstr/201207/t20120704_347209.html.

第22章 福建生态旅游发展报告

陈贵松　陈秋华　福建农林大学旅游学院，福州

22.1 福建省生态旅游的创新发展

22.1.1 武夷山为首引领生态旅游发展

以武夷山为首的福建生态旅游是中国生态旅游的先行者。1978 年，在福建林学院的教师们和著名昆虫学家、福建农学院的赵修复教授的呼吁下，武夷山自然保护区得到邓小平同志的审批，1979 年，武夷山自然保护区诞生，成为我国首批国家级自然保护区之一。1982 年，武夷山被列为"国家重点风景名胜区"。1987 年，武夷山自然保护区被联合国教科文组织列入"世界生物圈保护区"。1992 年，武夷山自然保护区被联合国列为"全球生物多样性保护区"，同年国务院批准设立"武夷山国家旅游度假区"。1993年 9 月，国务院批准武夷山航空口岸为国家一类口岸。1999 年 1 月，武夷山市被国家旅游局命名为"首批中国优秀旅游城市"。1999 年 10 月，被中央文明办、国家建设部（现住房和城乡建设部）、国家旅游局授予"全国第二批文明风景旅游区示范区"。1999 年 12 月，武夷山被联合国教科文组织世界遗产委员会列入《世界自然遗产和文化遗产名录》。武夷山自然保护区的建立是福建省生态旅游的开始，之后的每一步都为福建省生态旅游的发展打下了坚实的基础。2003 年，武夷山自然保护区已经被公认为"生态旅游的绝好去处"。1979—2015 年，历经 36 年，武夷山的生态旅游已经走过了漫长的岁月，福建省的生态旅游在我国是一个先行者。

22.1.2 构建生态旅游大格局

1988 年，福建省建立了第一个全省的森林公园——福州森林公园。福建省因其丰富的生态旅游资源，森林旅游发展迅速。2000 年，闽西上杭县旅游部门隆重推介梅花山"绿色之旅"，完善和建设梅花山保护区标本馆、华南虎繁育中心、农业生态园地、龙龟森林公园、观日岩览胜台、红豆杉森林浴场、步云避暑山庄等景点，形成梅花山旅游区绿色生态旅游线路。2001 年福建就提出了"构建闽西北绿三角生态旅游区"的构想，为生态旅游扩大规模和发展提供了思路。南平各级政府高度重视旅游业的发展，积极对外推介旅游招商项目，制定出台了扶持政策和具体的措施，营造了一个良好的投资环境。随着高速公路的建设、武夷山基础新航线开通，闽北旅游业的发展迎来了新的契机，大武夷旅游景点成为多方投资的热点，武夷山的绿色生态旅游得到了愈发广泛的关注。2004 年福建省确定旅游业发展的总体布局，努力构建特色鲜明的"五区两带"旅游发展大格局。其中，"两带"指北起宁德，经福州、莆田，至泉州、厦门、漳州的东部滨海蓝色生态旅游带和北起武夷山，经南平、三明至龙岩的西部绿色生态旅游带。"两带"的建设为福建滨海生态旅游和森林生态旅游的发展提供了宽广的环境。2005 年起，福建着手打造森林生

态旅游体系。

22.1.3　精心策划生态旅游项目活动

2004 年，武夷山国家级森林公园申报成功；2005 年，建立了"勇士乐园"，这种"参与体验"的生态旅游成为武夷山旅游新创意。

2005 年 12 月 1 日，武夷山森林生态旅游节在武夷山国家森林公园举行。这次活动是由中国生态学学会旅游生态专业委员会、福建省林学会森林旅游专业委员会、共青团福建省委、武夷山市人民政府、武夷山风景名胜区管理委员会举办的，全国有 80 多家旅行社的总经理、50 多家森林公园的代表参加了武夷山森林生态旅游节[1]。2006 年 6 月 1 日，武夷山生态旅游区第一期工程——红河谷山水观光旅游景区、武夷源生态休闲景区开园接待游客。武夷源生态旅游区全面建成后，将成为一个以生态与道教养生文化为主题，并与地方文化相结合，以特色自然资源为基础，集吃、游、购、娱等内容于一体的生态休闲旅游区域。

22.1.4　率先参与生态旅游示范试验

2006 年，武夷山举办以"发展生态旅游，共建绿色家园"为主题的"2006 中国武夷山森林生态旅游节"。本次旅游节以武夷山世界遗产地良好的生态环境为依托，搭建了森林生态旅游发展平台，展示了丰富的森林生态旅游资源；通过休闲与户外运动论坛、全国旅游院校院长（系主任）武夷山论坛和全国旅游院校大学生户外运动邀请赛的举办，传达了崇尚健康、绿色、自然的旅游方式，促进运动休闲与森林生态旅游相结合，推动森林生态旅游和户外运动开展。在此次旅游节中，武夷山经中国生态学学会旅游生态专业委员会批准，成为中国首家"中国生态旅游示范试验基地"[2]。该称号也赋予了福建省生态旅游很高的殊荣。

22.1.5　科学制定生态旅游发展规划

以规划引导生态旅游景区的科学发展。以武夷山为例，为在发展生态旅游的同时实现保护和发展的"双赢"，武夷山组织专家学者开展旅游资源调查和旅游环境监测，在多方调研论证的基础上，制定了《武夷山生态旅游规划》，从有利于保护生态物种及其遗传的多样性，有利于保护森林生态类型的多样性，有利于保护动植物区系起源的古老性和生物群落地带的特殊性，有利于保护和改善野生生物的生存栖息环境等角度，制定了严格的安全质量控制目标、生态环境保护目标。根据省内自然保护区、国家森林公园和其他生态旅游区的资源承载情况，开发出地文景观、水域风光、生物景观、天象与气候景观、遗址遗迹、建筑与设施、旅游商品、人文活动 8 大类旅游产品。每年旅游线路都按照资源环境的容量核定出游客的流量，并配置了科普标识牌，让游客及区内居民从旅游业中体验生态文明。2012 年，福州市琅岐岛制定生态旅游规划，为建设成为以生态旅游度假、休闲宜居等综合服务为主的国际生态旅游岛提供依据。

22.1.6　打造福建特色生态旅游品牌

2007 年，福建省林业厅酝酿已久的"森林人家"健康休闲游在福州旗山公园正式启动[3]，"森林人家"是由福建省林业厅与福建省旅游局共同打造的旅游品牌。"森林人家"是以良好的森林资源环境为背景，以有游憩价值的景观、景点为依托，为城市游客提供价廉物美的吃、住、游、娱、购等服务的生态友好型旅游产品。这种生态旅游方式在全国尚属首创，为福建省创建了一个森林生态旅游品牌。此外，2008 年 1 月，福建开发建设东冲半岛国家级滨海生态旅游度假区。东冲半岛国家级滨海生态旅游度假区，位于福建霞浦县东南部，主要建设十大景区，即三沙台贸旅游区、松山妈祖文化旅游区、葛洪山道教文化生态旅游区、北兜和外海湖运动休闲旅游区、高罗湾旅游度假区、大京金沙湾旅游区、吕峡滨海休闲旅游区、外浒滨海文化旅游区、海岛风情旅游度假区、连家船海上休闲体验旅游区，助推福建滨海生态旅游的发展。

22.1.7　争创中国最佳生态旅游县

自 20 世纪 80 年代起，德化县便开始发展循环经济，封山育林、退耕还林、植树造林，并逐步形成了"以林蓄水、以水发电、以电烧瓷、以瓷养林"的循环经济模式，为发展生态产业提供了强大的资源基础，德化森林种植业等得到蓬勃发展，生态旅游业、森林地产业方兴未艾，生态资源形成的产业效益日渐凸显。2010 年，由联合国亚太城市发展研究中心、联合国人居环境发展促进会、中国城市建设发展促进会、中国旅游业联合会、中国品牌管理协会、中国特色旅游城市研究中心、商务时报报社 7 个单位联合举办的"第六届中国旅游城市（县）发展大会暨中国特色魅力旅游城市公益评选颁奖盛典"上，德化县被授予"中国最佳生态旅游县"称号[4]。这个全国性的荣誉称号再次对福建省生态旅游的发展建设给予了肯定。目前，德化县已拥有戴云山国家级自然保护区、石牛山国家森林公园和国家地质公园、岱仙湖国家级水利风景区 4 个"国"字号生态品牌，生态环境质量位居全国第 29 位、全省第一位，是全国绿化模范县、福建省最佳人居地、福建最佳旅游目的地、最值得向世界推荐的中国文化旅游大县和福建省优秀旅游县。德化将立足于自身的生态优势，以荣获"中国最佳生态旅游县"为契机，继续做优发展环境，通过科学规划、推出精品、强化宣传、区域合作等形式全力打造独具魅力的"全国养生村""旅游宜居城市"。

22.1.8　出台生态景区旅游服务规范

2011 年，福建省首个生态景区旅游服务规范——福建省地方标准 DB35/T 1187—2011《永泰生态景区旅游服务规范》通过专家审定。该规范的实施将有利于引导和规范永泰生态旅游的建设、经营、管理和服务，有效提高永泰县旅游市场竞争力，促进生态环境和旅游产业的协调发展，对其他地区的生态旅游亦有指导意义。福建龙海龙佳生态旅游度假有限公司也建立系列旅游服务标准体系，构建了《龙海龙佳生态服务标准体系》。此外，福建省出台了一系列支持旅游标准化建设的文件，如《福建省生态旅游标准化体系试点建设方案》，促进生态旅游景区管理与服务的规范化。

22.1.9　抢抓机遇助推福建生态旅游

雾霾侵袭北方各省，却意外促使福建生态旅游异常火爆，不少旅行社推出以福建优质空气为主打的旅游线路，这得益于福建省持续名列全国前茅的生态环境质量。生态优势是福建最具竞争力的优势。福建省城乡人居环境优美、舒适，是全国唯一水、大气、生态环境全优的省份，拥有 3 个国家环保模范城市、2 个国际花园城市、8 个国家园林城市（县城）。福建省还建立了完善的生态安全保障体系，全省已建成江海堤防总长达 5800km，沿海防护林基干林带达 3037km；气象预警信息覆盖率达 90%以上；地质灾害综合管理信息系统和群测群防网络初步建成。近年来，福建省大力推进生态省建设，为建设"美丽福建"打下了坚实基础。水土流失治理是福建省生态省建设的突破口。据介绍，福建省在全省 22 个水土流失重点县开展大规模的治理工程，已累计治理水土流失面积 1.23 万 km^2。同时，开展造林绿化，仅 2011 年以来就完成造林 1000 多万亩。在经济发展中，福建省将绿色经济和循环经济作为重点，把环境容量作为项目引进的重要依据。

福建省为响应十八大提出的"努力建设美丽中国"的号召，启动"山海画廊·人间福地"行动计划，计划打造一批旅游品牌县，突出福建省自然生态环境优势，迎合福建省世界级的名山胜水和海滨风光，形成"清新福建"的独特旅游风格，推动福建生态旅游。2013 年，福建全面启动"清新福建"的品牌营销，推出"清新福建"主题营销，持续利用微博、微信等新媒体广泛宣传。福建的优质空气成为微博热议话题，并成为部分省外旅行社推动福建旅游的"招牌"。据悉，许多北方来闽游客选择改签机票在福建多停留几天，而上海等长三角地区的旅客来闽，多会选择坐动车在福建周边的好山好水中度几天假或过个周末，享受这里的优质空气。目前，外地旅客来闽主要走武夷山－福州－厦门这一常规线路，而武夷山的森林"大氧吧"是最受欢迎的景点之一，作为省会城市的福州，空气质量之好也使得不少游客大为羡慕。之后，旅游部门陆续推出80多项"清新"主题旅游活动，引来大批游客。同年4月，福建省旅游局编制的"清新福建"生态游、空气游的英文、德文版旅游宣传折页亮相，宣传折页在机场、火车站及酒店等免费发送。同时，省旅游部门到境外推介时，也将现场向境外游客发送。这一举措有利于吸引更多的境外游客来闽生态游、空气游。中国内地最"绿"的省份正在吸引越来越多艳羡的目光，"生态福建"正成为展示给世界的美丽名片。

22.1.10 生态旅游列居扶贫开发重点

2013年，时任福建省副省长的陈冬在参加全省旅游系统党员干部党课时提出，福建要把生态旅游作为扶贫开发的重点[5]。把生态旅游融入"生态文明先行示范区建设"的重要组成部分，做足做强生态旅游主题，着力抓好省委、省政府确定的23个省级扶贫开发重点县的乡村旅游工作。从2005年开始，依托太姥山的辐射带动和九鲤溪良好的生态条件，发展景区依托型乡村旅游，陆续开发了竹筏漂流、峡谷运动乐园、真人CS野战基地、露营野趣等旅游项目，挖掘乡村古道、杜家古堡、田园风光等乡村特色游。随着赤溪乡村旅游的迅速发展，旅游扶贫效果也迅速显现，福建走出了一条"生态立村、旅游富村"的旅游扶贫路。

22.1.11 创建省级生态旅游示范区

为进一步推动福建旅游强省和生态文明先行示范区的建设，深入实施生态省战略，全力打造绿色和蓝色生态旅游带，推动福建旅游业转型升级。根据相关旅游景区的申报和各地区市旅游局、环境保护部联合评估、遴选、初审和推荐上报，省旅游局联合省环境保护厅，按照国家标准GB/T 26362—2010《国家生态旅游示范区建设与运营规范》、《〈国家生态旅游示范区建设与运营规范（GB/T 26362—2010）〉评分实施细则》和《国家生态旅游示范区管理规程》，组织技术评估组和考核验收组对申报单位进行材料初审、技术评估和考核验收，并对合格的单位进行公示，评定厦门天竺山森林公园、平和县三平风景区、邵武市瀑布林生态旅游景区、龙岩市连城县冠豸山生态旅游区4个单位为首批省级生态旅游示范区。2014年继续评定了永安桃源洞－鳞隐石林生态旅游区、将乐玉华洞生态旅游区、南平顺昌华阳山生态旅游区、漳平九鹏溪生态旅游区、武平梁野山生态旅游区5个单位为省级生态旅游示范区。2015年，全省新增省级生态旅游示范区名单11家[6]，包括福州鼓岭生态旅游区、永泰云顶景区、漳州东南花都生态文明旅游区、莆田九鲤湖国家森林公园、莆田九龙谷国家森林公园、三明格氏栲国家森林公园、三明闽江源生态旅游区、福建土楼永定景区、宁德霍童古镇景区、柘荣九龙井生态旅游区、柘荣县鸳鸯草岭旅游区。截至目前，全省已评定20家省级生态旅游示范区。

22.1.12 入选国家生态旅游示范区

2014年1月7日，国家旅游局公布了2013年国家生态旅游示范区名单，福建省武夷山国家生态旅游示范区和龙岩梅花山国家生态旅游示范区成功入选。国家生态旅游示范区是由国家旅游局与环境保护部联合发起，国家旅游局等部门组织力量，依照《国家生态旅游示范区管理规程》和《〈国家生态旅游示范区建设与运营规范（GB/T 26362—2010）〉评分实施细则》，经相关省级旅游部门和环境保护部门联合技术评审和推荐、专家审核，确定的重点生态旅游资源保护区域。此次全国共有38家单位列入国家生态旅游示范区[7]。

2014年国家生态旅游示范区的名单中，全国共37家单位入选国家生态旅游示范景区，福建省厦门天竺山森林公园、龙岩市连城县冠豸山生态旅游区榜上有名。2016年1月公布的35个国家生态旅游示范区中，福建省福州市鼓楼生态旅游区、福建省永泰云顶旅游区名列其中，说明福建省多处的生态旅游走在国家的前列。

22.1.13 建设全国生态旅游先行区

2014年，在贯彻十八届三中全会精神的开局之年，福建提出"发挥生态优势，建设全国生态旅游先行区"的目标，着力构建绿色山地生态旅游带和蓝色海洋生态旅游带两大生态旅游带，以生态旅游发展为主题引领全省旅游产业发展。根据《福建省旅游产业创新提升规划》（以下简称《规划》），福建省将以"一中心两先行区"作为旅游发展定位，大力打造生态旅游先行区[8]。"一中心两先行区"即"我国重要的自然与文化旅游中心、全国生态旅游先行区、海峡两岸旅游交流合作先行区"。旅游部门计划用3年时间，打响"清新福建"品牌，大力发展清新空气游、长寿健康游、高铁邮轮联动游、茶瓷雕艺术游等福建特色旅游新业态，做强生态旅游。探索国家公园体制，建立国家级生态旅游示范区体系，建立景区和旅游城市PM2.5发布制度，实施"百镇千村"生态乡村旅游工程，着力发展庄园经济，建设森林人家、水上渔村，重点将"福建茶庄"打造成为中国旅游品牌。同时，《规划》以"两带三核三区"的旅游发展格局来实现福建旅游产业创新升级。其中，"两带"为蓝色生态旅游带、绿色生态旅游带；"三核"为厦门、福州、武夷山；"三区"为闽东北山海画廊旅游区、闽西南滨海文化度假区、闽西北文化生态旅游区。

22.1.14 首创生态旅游景区清新指数

2014年3月，由福建省在全国首创的福建优质生态旅游景区"清新指数"[9]正式对外发布。"清新指数"是福建优质生态旅游景区PM2.5和负氧离子数据实时值的统称，属福建省首创，引领生态旅游发展潮流。

22.2 福建省生态旅游发展主要类型

22.2.1 森林生态旅游

福建省森林旅游业起步于20世纪90年代初期，发展于90年代中期，起步虽晚，但发展速度较快。自1988年经原国家林业部批准建立"福州森林公园"以来，目前全省已有178处县级以上森林公园，其中国家级29处、省级128处、县级21处，经营区总面积达18.7万hm²。全省有福州、旗山、灵石山、平潭、天柱山、东山、华安、猫儿山、三元、龙岩、仙人谷、大蚺山、崇武海滨、九侯山等森林公园已正式对外开放，"吃、住、行、游、购、娱"为一体的旅游条件逐步成熟，具备旅游接待床位7000余张，年可接待游客能力达3500万人次。森林公园构筑了生态旅游框架，与自然保护区、"森林人家"等形成合力，共同推动了福建生态旅游的发展。

福建省良好的森林生态为旅游提供了一个美丽的舞台。首先，生态旅游资源丰富，动植物种类繁多，野生脊椎动物1686种，昆虫1万多种，高等植物4703种，其中，属国家重点保护的珍稀树种50多种，野生动物157种，为生态旅游打下了良好的基础；其次，省内有武夷山、戴云山两大山系，在山峦起伏中，分布着许多奇山异石，构成生态旅游的重要景观。福建省地处东南沿海，山海相连，气候适宜，景观异质，在区位和自然条件上都有发展生态旅游的优势。为了与全省大旅游相衔接，省林业部门推出了4条特色生态旅游线路，阵容强大，交叉铺开，辐射全省。它们分别是以福州国家森林公园、闽侯旗山、福清灵石山国家森林公园和莆田笛韵"森林人家"为主体的城郊绿动吸氧游；以泰宁猫儿山、武夷山、浦城匡山国家森林公园和双同森林人家为主体的碧水丹山生态游；以三元国家森林公园格氏栲景区、永安九龙竹海、漳平天台、龙岩等国家森林公园为主体的红土绿韵体验游；以德化石牛山、长泰天柱山、东山海岛国家森林公园和漳江口湿地为主体的山海画廊养生游等。生态游的闪亮登场为"清新福建"锦上添花。

福建省的"森林人家"是以良好的森林环境为背景，以有较高游憩价值的景观为依托，充分利用森林生态资源和乡土特色产品，融森林文化与民俗风情为一体的健康休闲型品牌旅游产品。自推出以来，因其特色和个性化的理念，受到了广大经营者和旅游者的追捧，现已在全国推广。"森林人家"按统一规划、统一标准、统一促销的原则，将"森林人家"建设与社会主义新农村建设相结合。如龙岩洋畲"森林人家"、建宁高峰"森林人家"就是典型的成功例子，让广大林农认识到绿色、生态也可以生钱，变生态公益林的被动保护为主动保护。浦城双同"森林人家"去年接待游客 4 万多人次，村民人均纯收入 9350元，带动村民生产加工土特产全年产值达到 160 多万元，真正让双同村的村民尝到了保护生态的甜头。永安市青水乡龙头村村民罗春典依托天宝岩国家级自然保护区，投资 300 万元办起"森林人家"，带动林农致富。全村现有"森林人家"5 户，安置富余劳动力 20 多人，年增加劳务收入 20 多万元，实现了从原来卖笋竹原材料到卖森林景观的跨越。福建省的"森林人家"建设初见成效，已拥有"森林人家"357户，其中星级达 50 户。全省"森林人家"年度接待游客数达 697 万人次，总收入达 3.2 亿元[10]。

发展生态旅游的机遇摆在面前，当前正是天时、地利、人和。福建省正全面启动森林公园建设，推进部分国有林场建成开放一批森林公园。把城镇周边建成景观带，将森林融入城市，用绿道连接八闽，福建省的生态旅游正脚踏实地，转变观念，提升档次，让人们在呼吸着新鲜空气、享受负氧离子滋润的同时，接受生态理念的熏陶，感受美丽福建的自然风光。

22.2.2　滨海生态旅游

福建省是海岛大省，拥有 2214 个海岛，居全国第二，海岛量约占全国的 1/5。海岛旅游资源丰富，自然景观和人文景观兼具，景观秀丽，各具特色，开发海岛旅游具有很好的优势。当前，海岛旅游已从单一的休闲度假发展到观光、旅游、朝圣、品鲜、海上运动、会展酒店、游艇俱乐部、高尔夫球场等高端生态旅游。

目前，福建省正大力发展滨海生态旅游，东山、平潭、琅岐等生态旅游岛正在建设之中，福建新区也将打造成国际滨江滨海旅游新城。可以说，福建的滨海生态旅游正渐入佳境，极具发展前景。

22.2.3　自然保护区生态旅游

截至 2015 年，福建省已建自然保护区 90 个，总面积 44.8 万 hm^2，形成武夷山脉自然保护区群、闽江流域自然保护区群、鹫峰山—戴云山—博平岭自然保护区群、沿海湿地自然保护区群，"三纵一横"自然保护区网络基本成型[11]。

福建省拥有国家级自然保护区 16 个，省级自然保护区 21 个。其中，武夷山自然保护区是最具代表性的一个，其多样的生物物种、优美的自然景观、重要的生态地位，吸引了国内游生态旅游者前来旅游和学习。从 2009 年开始，武夷山自然保护区停止接待大众游客，不再销售旅游门票，经办理审批手续后可进入进行科学考察。停止大众旅游后，武夷山自然保护区适度开展生态环境的科普教育活动，这也是一种生态旅游，具有保护性和教育学习性。闽江河口湿地县级自然保护区于 2007 年晋升为省级自然保护区，2013 年晋升为国家级自然保护区。闽江河口湿地是福建省最优良的河口三角洲湿地，是最具典型性的滨海湿地生态系统，是亚热带地区典型的河口湿地，在东洋界华南区具有重要的代表性，具有巨大的生态旅游潜力。

22.2.4　乡村生态旅游

福建乡村旅游发展火爆，已成为旅游发展的新亮点。截至 2015 年，福建有 327 个农家乐被评为"中国乡村旅游金牌农家乐"。福建省一部分乡村生态旅游是在 2013 年"美丽乡村"的背景下发展起来的。

2014 年，95 家主要乡村旅游点累积接待游客 2131.93 万人次，同比增长 31.0%，高于全省景区评价增速的 5.87%，61.61%的乡村旅游点接待游客人数实现 10%以上的增长，近三成乡村旅游点实现 30%以上的高速增长，11 家乡村旅游点增速超过 100%。福建省一部乡村分生态旅游是在旅游扶贫的背景下发展起来的，2015 年，福建省 52 个村被确定列入国家旅游扶贫试点村名单。福建省乡村生态旅游力求创新发展，泉州市旅游局手绘形式的乡村生态旅游攻略地图正式发布，42 个乡村旅游推介，为游客提供便利。同时，福建省已将"乡村生态旅游"与"互联网+"相联。

22.3 福建省生态旅游新发展

2015 年，随着国家"海上丝绸之路"和"一带一路"建设的推进，福建省的海岛生态旅游业也积极跟上步伐。福建东山欲打造海丝核心区，建设美丽生态旅游岛；平潭开始打造超大规模的国际滨海生态旅游综合体；马尾琅岐开发生态红线初步划定，规划五年后成为成国际生态旅游岛。生态旅游岛将以生态旅游度假、健康养生、智慧创意、休闲宜居等综合服务为主体。国际生态旅游岛的建设将助推福建省生态旅游走向国际。

"十三五"期间，推进生态旅游示范区体系建设，新增加 3～5 家国家生态旅游示范区，创建 10 家以上省级生态旅游示范区，引导景区利用生态优势资源发展康养、运动项目、优化休闲度假功能，开展"生态旅游品牌县"创建行动，引导国家级、省级生态市、县（市、区）大力发展生态旅游产业，打造生态旅游品牌县，促进经济效益和环境保护有机统一。"生态旅游品牌县"建议名单有泰宁、屏南、永定、惠安、东山、永泰、邵武、同安、德化、安溪、周宁、政和、顺昌、宁化、明溪、长泰、平和、连城、上杭、长汀、永春、仙游等。

"十三五"期间，推动国家东部生态旅游实验区纳入国家重点旅游发展区域，积极主动参与浙皖闽赣国家东部生态旅游实验区建设，四省共同打造生态、遗产高地，形成国家东部生态屏障、国际一流旅游目的地、山区生态富民示范区、多省合作交流机制创新示范区。

参 考 文 献

[1] 秋汝泉. 武夷山举办森林生态旅游节[N]. 厦门日报，2005-12-02.

[2] 章恒，彭建军. 武夷山建成中国首家生态旅游示范实验基地[N]. 中国广播网，2006-08-18.

[3] 黄力. 福建林改 首创"森林人家"休闲健康游[N]. 中国产经新闻，2007-05-14.

[4] 寇婉琼，陈添树. 德化获评"中国最佳生态旅游县"[N]. 福建日报，2010-08-18.

[5] 汪平. 福建把生态旅游作为扶贫开发重点[N]. 中国旅游报，2013-11-18.

[6] 何海铭. 我省新增省级生态旅游示范区 11 家[N]. 福建日报，2016-01-31.

[7] 福建省旅游信息中心. 我省武夷山、梅花山入选国家生态旅游示范区[EB/OL].（2014-01-15）. http://travel.66163.com/newsinfo.php?id=503098.

[8] 储白珊. 省旅游产业创新提升规划通过评审[N]. 福建日报，2014-02-22.

[9] 张秀冰. 福建省 50 个景区正式发布"清新指数"[N]. 福州晚报，2014-03-20.

[10] 林贵明. 福建森林生态旅游前景广阔[N]. 福建日报，2013-07-12.

[11] 福建省环境保护厅：我省构建"三纵一横"自然保护区网络 [EB/OL].（2015-11-03）. http://www.fjepb.gov.cn/zwgk/stbh/201511/t20151103_168904.html.

第 23 章　上海生态旅游发展报告

高峻　李杰　邹佳　张嘉祯　上海师范大学，上海

23.1　概述

生态旅游出现于 20 世纪 80 年代，始于国际上对可持续发展问题的关注，并逐步由理念走向实践，积累了发展经验。我国生态旅游发展也经历了这一概念从接受到理解，从理解到实践，从实践走向示范的过程。虽然专家学者对生态旅游的内涵有各种不同的见解，但生态旅游作为区域可持续发展战略的实践手段，在促进生态环境保护、促进当地经济社会发展等方面的作用已得到认可。在理论上，生态旅游业成为 30 多年来旅游研究的热点，受到广大专家学者的关注[1]。

党的十八大提出要"把生态文明建设放在突出地位，融入经济建设、政治建设、文化建设、社会建设各方面和全过程，努力建设美丽中国，实现中华民族永续发展"。建设生态文明是一场全方位、系统性、根本性的绿色变革。近年来，上海市生态文明建设成果显著，城市公园、绿地、动植物园及城郊自然生态保留地，以及具有独特历史文化价值的人文景观的环境质量得到了大幅度提升。上海明确提出要着力"协调集约、绿色发展"，要继续坚持实施节约资源和保护环境基本国策，通过"让生产生活更加绿色低碳、让城市资源更加有效利用、让城市环境更加天蓝水清、让城市生态更加清新怡人"的建设，促进上海城市的可持续发展，这也为上海生态旅游发展奠定了良好的基础。

23.2　上海市生态旅游发展现状

23.2.1　自然植被景观

上海地处泛北极植物区中国—日本森林植物亚区华东地区的北部，是温带性植物地理成分和热带性植物地理成分相互交汇的过渡地带，以适应各种生态条件的草本植被占主导地位[2]，自然植被属于中亚热带常绿阔叶林带。同时由于上海地处中亚热带的北缘，崇明等部分属于北亚热带地区，植被也出现常绿、落叶阔叶混交林地的过渡性植被类型。但是由于受到人类活动的影响，上海地区的自然植被遭受到严重破坏，目前仅存于金山三岛保护区内。大多数低山丘的植被都为次生林和人工林，平原上的野生植被主要是非地带性草甸草本植被，西南部低矮丘陵地区主要分布的植被为次生林灌丛和人工林，西部地势低洼地带为水生沼泽植物。在滨海新成陆地区主要为沙生和盐生植物。整体上看来，上海地区植被分布特征为：东部沿海地带为盐生植物群落，中部为中生植物群落，西部为沼泽和水生植物群落[3]。

23.2.2　生态旅游资源

上海市生态旅游资源主要分为以下 6 大类型：自然保护区、森林公园、郊野公园、湿地公园、动植

物园、美丽乡村，详见表 23.1、图 23.1 和图 23.2。

上海市目前已经建立了自然保护区 5 个，总面积 93821hm^2，其中国家级保护区 2 个，省级保护区 3 个。

上海市国家级森林公园共 4 处，总占地面积 1957hm^2，分别为上海佘山国家森林公园、上海东平国家森林公园、上海海湾国家森林公园、上海共青国家森林公园。省级森林公园包括滨江森林公园、滨海森林公园、吴淞炮台湾湿地森林公园等其他多个市郊森林公园。

根据《上海郊野公园总体规划》，上海将在郊区选址、建设 21 个郊野公园，总用地面积约 40000hm^2。2015 年 10 月，上海首座郊野公园——金山区廊下郊野公园开放。近期规划建设嘉定区嘉北郊野公园、崇明长兴郊野公园、闵行区浦江郊野公园、松江区松南郊野公园、青浦区青西郊野公园、松江区广富林郊野公园。

上海目前有 4 座动植物园，其中，上海野生动物园为 5A 级景区，上海动物园、上海植物园、上海辰山植物园为 4A 级景区。

全市湿地总面积 46.46 万 hm^2，重点湿地 27 处，主要有 6 大湿地公园，即崇明西沙—明珠湖湿地公园、东滩湿地公园、吴淞炮台湾湿地森林公园、金海湿地公园、世博后滩公园、南汇嘴观海公园。其中，近海与海岸湿地面积为 29.67 万 hm^2，占湿地总面积约 78%，主要分布在长江河口和杭州湾北岸地区。人工湿地面积为 5.79 万 hm^2，约占总面积的 15.36%；其余湿地类型为河流湿地、湖泊湿地、沼泽湿地，分别占地 7241.46 hm^2、5795.16hm^2、9289.2hm^2 [4]。

《上海市旅游业改革发展"十三五"规划》提出上海市将建设 9 大以农事体验为特色的乡村旅游休闲带，包括浦东新区大团乡村旅游休闲带、浦东新区周浦新场古镇乡村旅游休闲带、嘉定区华亭乡村旅游休闲带、奉贤区庄行—青村乡村旅游休闲带、崇明县港西乡村旅游休闲带、青浦古镇历史文化乡村旅游休闲带、金山区廊下乡村旅游休闲带、松江区浦南乡村旅游休闲带、宝山区罗泾镇乡村旅游休闲带。

表 23.1 上海市生态旅游资源统计表

资源类型	级别	资源名称
自然保护区	国家级	九段沙湿地国家自然保护区、崇明东滩鸟类国家级自然保护区
	省级	金山三岛自然保护区、长江口中华鲟自然保护区、黄浦江上游饮用水源地保护区
森林公园	国家级	佘山国家森林公园、东平国家森林公园、海湾国家森林公园、共青国家森林公园
	省级	滨江森林公园、滨海森林公园、吴淞炮台湾湿地森林公园等
郊野公园	—	廊下郊野公园、嘉北郊野公园、长兴郊野公园、浦江郊野公园、松南郊野公园、青西郊野公园、广富林郊野公园等
湿地公园	—	崇明西沙—明珠湖湿地公园、东滩湿地公园、吴淞炮台湾湿地森林公园、金海湿地公园、世博后滩公园、南汇嘴观海公园等
动植物园	—	上海野生动物园、上海动物园、上海植物园、上海辰山植物园
美丽乡村	—	大团乡村旅游休闲带、周浦新场古镇乡村旅游休闲带、华亭乡村旅游休闲带、庄行—青村乡村旅游休闲带、港西乡村旅游休闲带、青浦古镇历史文化乡村旅游休闲带、廊下乡村旅游休闲带、浦南乡村旅游休闲带、罗泾镇乡村旅游休闲带

数量/个

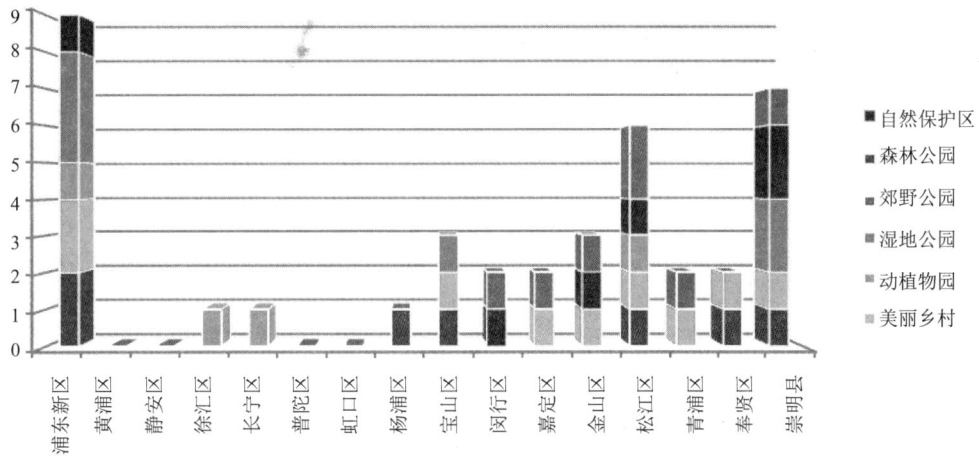

图 23.1　上海市各区县生态旅游资源分布统计图

资料来源：中华人民共和国环境保护部；上海市林业局；上海市旅游局。

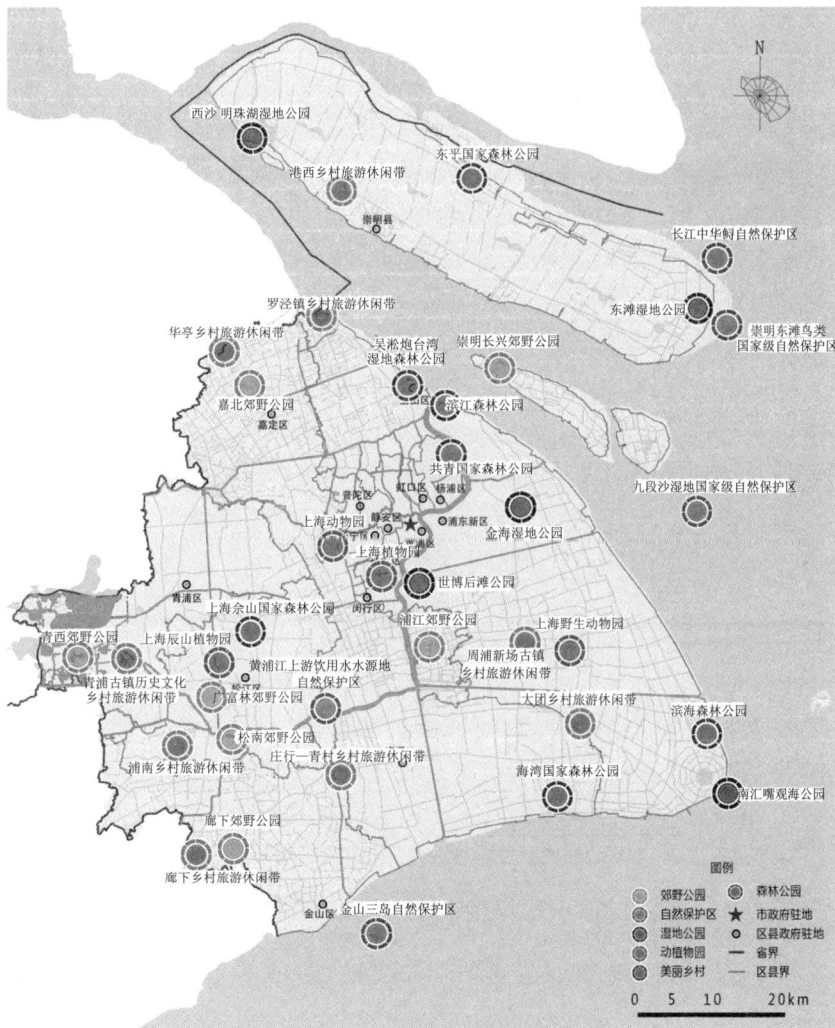

图 23.2　上海市生态旅游资源分布图

23.2.3 生态旅游产品

近 10 年，上海各项生态旅游产品延续过去良好的发展态势，生态旅游景区已从原自然生态保护景区拓展到半自然景观景区和生态文化景区。游览对象包括含有河流、湖泊、海湾海岸、岛屿、珍稀动植物等的自然保护区、森林公园、风景名胜区、农村田园景观、风情小镇等，生态旅游形式包括游览、观赏、科考、科普、水上运动、休闲度假、康体疗养、田园采摘、生态文明村生活体验、生态农业主体活动参与等，呈现出多样化的格局。上海生态旅游产品在设计开发、推广营销等方面推陈出新，提升生态旅游产品开发的层次和深度。

按开展生态旅游的类型划分，上海生态旅游产品有以下 4 大类型：低山森林型、湖泊湿地型、沿江滨海型和乡村旅游型等。

（1）低山森林型

近几年，上海市城市森林及生态旅游发展极快，截至 2009 年年底，全市森林面积 79754hm²，森林覆盖率为 12.58%，初步构建了以外环森林观光休闲圈、黄浦江水源涵养林、郊区千亩以上的 15 片大型片林为主体的森林生态旅游发展格局[5]。

现阶段上海低山森林生态旅游产品，主要依托各地的自然保护区、森林公园等，以森林、水系等自然资源为主，规模较大，既承载多样的游憩活动，也对城市自然资源的保护、生态教育起到示范作用[6]，主要包括佘山国家森林公园、东平国家森林公园、共青国家森林公园等。据 2014 年上海旅游年鉴统计，自佘山森林公园开放 20 年以来，公园共接待游客近 3000 万人次。

（2）湖泊湿地型

河流湖泊湿地主要包括淀山湖及其周围的湖荡低洼湿地及黄浦江、苏州河两岸和市郊人工河沿岸的水网湿地，目前主要开展生态观光、湿地体验等旅游产品。人工湿地主要包括市郊农作物水田、水产养殖区、人工沟、渠、塘等，目前主要推出农事体验、休闲垂钓等旅游产品，可细分为湖泊生态型和湿地生态型。

湖泊生态型以构建人水和谐的生态休闲旅游综合体为特色，以淀山湖、滴水湖等为代表；湿地生态型主要依托湿地生态系统而修建，包括崇明西沙—明珠湖湿地公园、金海湿地公园等。

（3）沿江滨海型

充分利用长江及东海区域，以及近海岛屿和海域资源，依托邮轮、游艇、游船和休闲度假区等旅游业态和功能区建设，拓展都市滨海临江休闲度假、生态体验等功能。上海目前重点打造的自然保护区以沿江滨海海岛型为主，可细分为沿江滨海生态型和海洋海岛生态型。

沿江滨海生态型以海湾国家森林公园、滨江森林公园、滨海森林公园为代表，景区开发过程中强调市民及游客的亲水休闲和生态体验，强调环境保护、生态修复。

海洋海岛生态型以金山三岛自然保护区、长江口九段沙湿地自然保护区、崇明东滩鸟类国家级自然保护区等为代表，目前主要推出生态观鸟、研学科普等旅游产品。

（4）乡村旅游型

当前，以感受乡土气息、拥抱亲近大自然、品味农家菜为目的的休闲农业与乡村旅游正受到人们的追捧。截至 2014 年，上海培育了 19 个全国休闲农业与乡村旅游示范点，已建成各类农业旅游景点 245 个，其中年接待规模万人以上的景点 96 个，年接待游客 2019.34 万人次。

农业旅游节多依托生态林、农业生产基地，利用周末和节庆开展各类民俗观光、果蔬采摘、参观购物等活动，主要包括南汇桃花节、长兴岛柑橘节、嘉定葡萄节等。

观光农业景点利用田园景观、自然生态和环境资源，结合农林牧渔生产、农业经营活动、农村文化及农家生活，提供民间休闲，增进对农业和农村体验的农业经营，主要包括崇明前卫生态村、孙桥现代农业园区、南汇桃源民俗文化村、上海鲜花港、金山区农民画村、申隆生态园等。

根据 2014 年和 2015 年农业部公布的中国最美休闲乡村名单，上海最美休闲乡村已达到 7 个，分别为崇明县瀛东村（特色民俗村）、奉贤区海湾村（历史古村）、青浦区张马村（历史古村）、奉贤区杨王村（现代新村）、金山区渔业村（特色民俗村）、松江区黄桥村（现代新村）、奉贤区潘垫村（历史古村）。

上海首个最大房车营坐落于崇明，拥有 27 辆 4 个型号的房车可以直接入住，还有 3 个空车位接待自己开房车来的游客。此外，申江房车休闲园、东平国家森林公园房车营地已被评为"首批长三角房车旅游标准化示范营地"。据统计，目前上海市已规划建设有 5 个房车标准基地及 1 个房车小镇。

23.3 上海市生态旅游功能区

上海市生态旅游功能区主要包括崇明三岛功能区、淀山湖功能区、杭州湾北岸功能区和松泖九峰功能区，如图 23.3 所示。

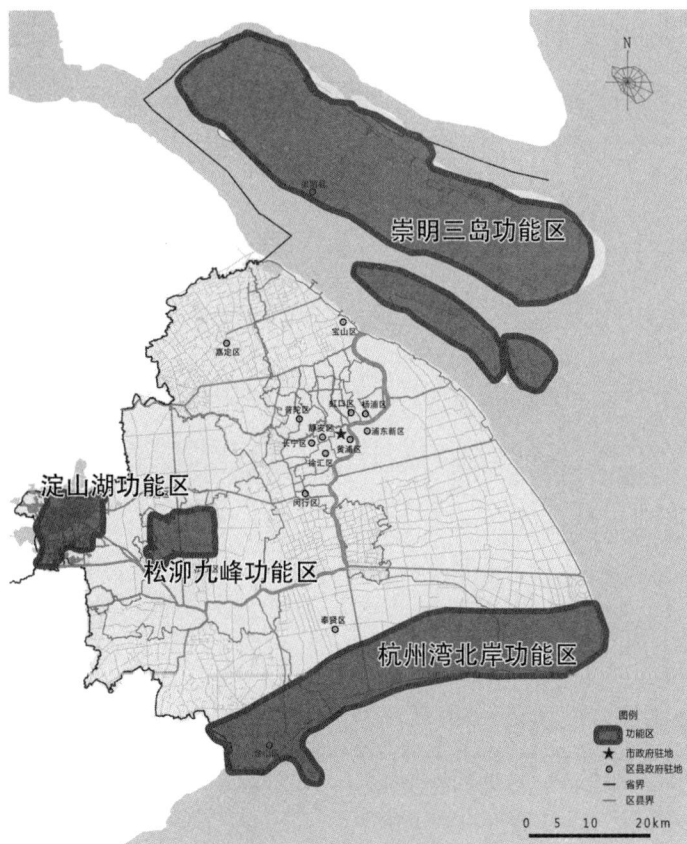

图 23.3 上海市生态旅游功能区分布图

23.3.1 崇明三岛功能区

崇明县由崇明、长兴、横沙三岛组成，三岛陆域总面积 1411km²。崇明岛地处长江口，是中国第三大岛，被誉为"长江门户、东海瀛洲"，是中国最大的河口冲积岛，中国最大的沙岛。崇明岛成陆已有 1300 多年历史，现有面积为 1267km²，海拔 3.5～4.5m。全岛地势平坦，土地肥沃，林木茂盛，物产富饶，是著名的鱼米之乡，且该岛因为各种地理因素，面积每年增长约 5km²。

崇明县以"生态岛"建设为目标，已被命名为国家级生态示范区。崇明岛风光旖旎，景色秀丽，拥有上海市第一个国家地质公园，还有国家级的自然保护区。东平国家森林公园、前卫生态村、明珠湖为国家 4A 级旅游景区及全国农业旅游示范点。崇明县共有旅游资源 28 处，其中地文景观 3 处，水域风光 4 处，生物景观 2 处，建筑与设施类旅游资源 19 处。

西沙国家湿地公园总面积 4500 亩，是崇明岛国家地质公园的核心组成部分，也是上海目前唯一具有自然潮汐现象和成片滩涂林地的自然湿地。园内主要保存着两大类 17 种典型的地质遗迹，展示着世界第一大河口冲积岛沧海桑田的地质景观及人与自然和谐相处的生态文明。

东平国家森林公园是目前华东地区最大的平原人工森林，也是上海地区规模最大的森林公园[7]。

东滩滩涂辽阔，地处长江口与东海形成的"T 型"结合部的核心部位，拥有丰富的底栖动物和植被资源，是候鸟迁徙途中的集散地，是东亚—澳大利西亚鸻鹬类、东北亚鹤类及东亚雁鸭类的重要停歇地和越冬地。崇明东滩记录的鸟类达 284 种，迁徙水鸟上百万只[8]。

崇明的乡村旅游资源丰富，主要以农家乐和生态游为特色。原生态的生活和习俗吸引大量的都市人来崇明体验农家生活、品味农产品，已开发瀛东村、前卫生态村等多个知名农业旅游景点。

23.3.2　淀山湖功能区

淀山湖是上海市唯一的淡水湖泊，位于江苏省和上海市交界处，跨青浦、昆山两地，总面积 62km²，其中上海占 2/3，昆山占 1/3。周边旅游资源丰富，环湖分布有朱家角古镇、上海大观园、东方绿舟、上海太阳岛、陈云纪念馆等 5 个国家 4A 级景区，而且淀山湖水质清澈，达到国家二级水质，适宜开展水上运动。2006 年，淀山湖被评为第六批国家级水利风景区。淀山湖是一个国际大都市边缘的以古镇群为主题的生态湖区[9]。

淀山湖水面辽阔、环境幽静、知名度较高。淀山湖是上海市面积最大的淡水湖泊，与毗邻的湖荡串珠相连，周边河渠成网，构成典型的江南水乡景色。湖区既有进行水上运动类项目的宽敞水面，又有适于荡舟、采莲、垂钓的小湖浜，各湖荡间大小河流相通，适宜开辟水上风景旅游线。淀山湖是上海赛艇、龙舟、帆船等水上运动的训练中心。

淀山湖周边人文景观和现代游览场所相互融合、相得益彰。江南水乡古镇位于淀泖水系之间，与湖水风光交相辉映、小巧玲珑、各具特色。乡村旅游以古镇生态游为特色，以上海大观园古建筑园林群与上海国际高尔夫球乡村俱乐部、福克游艇俱乐部、东方绿舟、上海水上运动场等为标志的现代游览场所镶嵌于湖泊群间，形成了人文景观[10]。

23.3.3　杭州湾北岸功能区

杭州湾北岸滨海地区位于上海市南翼，东起临港新城，西至沪浙交界处，涉及浦东临港、奉贤、金山 3 个区域，区域总面积达 1961.2km²，拥有海岸线 105.74km，约占全市江海大陆岸线的 60%。主要景区包括上海海湾国家森林公园、金山三岛自然保护区、碧海金沙景区、金山城市沙滩、滴水湖景区等。

乡村旅游三大片区各具特色。金山区以古镇文化游、观海踏青游为特色，以农民画村、中华村农家乐、漕泾休闲水庄为代表；奉贤区以生态休闲游为特色，以申隆生态园、玉穗绿苑、花果山百枣园为代表；浦东新区以赏花观光游为特色，以上海鲜花港、桃花村、桃博园为代表[11]。

23.3.4　松泖九峰功能区

松泖九峰功能区位于上海市西南郊、松江区西北部，区域内屹立着一群小山丘，其中库公山、凤凰山、薛山、佘山、辰山、天马山、机山、横云山、小昆山，有"松郡九峰"之称。

松泖九峰功能区拥有上海唯一的自然山林资源，风光秀丽，既有历史遗存景点，如天主教堂、佘山天文台、地震台、护珠塔、九峰寺、二陆草堂等；又有休闲娱乐景点，如上海欢乐谷、上海辰山植物园、上海佘山国际高尔夫俱乐部、上海天马乡村俱乐部、上海月湖雕塑公园、上海世茂佘山艾美酒店、上海东方索菲特大酒店、上海月湖会馆等。

本功能区未来将合理调整小昆山、佘山集镇的功能，重点推进国家植物园、华侨城、月湖、紫园、天坑酒店等项目及其周边的高端居住、配套会所及论坛等设施建设，并完善过境轨道交通和旅游枢纽的布局，适度增强廊道性的绿化，成为上海市重点生态旅游功能区之一。

23.4　展望

通过对上海生态旅游发展现状和相关数据分析，并根据当前国内旅游总体趋势，下面从 3 个方面来预测上海生态旅游发展趋势。

23.4.1　推动上海旅游业向生态旅游业发展

转变旅游发展方式，大力发展生态旅游，实行在保护的前提下开发，在开发中保护，实行全过程、全方位和整体化管理。上海发展生态旅游业应该：第一，成立上海市生态旅游协会，负责全市生态旅游事宜；第二，尽快建立健全上海市生态旅游标准；第三，制定全市、各区县、各行业的生态旅游发展规划，融合景观生态学原理，应用生态学、社会学、人类学、城市生态学等多学科进行综合研究；第四，进行生态旅游教育培训；第五，对旅游企业、旅游景区、旅游产品、生态导游进行生态旅游认证，提高生态旅游地的吸引力，更好地促进城市生态旅游发展。

23.4.2　开发模式从以游客为主体，转变为更加注重社区参与

生态旅游发展的宗旨是不仅要保护当地脆弱的生态环境，同时还要为当地居民谋福利。社区生态旅游的发展是生态旅游和文化旅游相结合的产物，在开发生态旅游的过程中，不能一味地以游客为主体来寻求经济效益，应将更多的精力投入社区建设，让更多的市民能够参与进来。这样游客在到社区进行生态旅游活动的时候，一方面，可以被当地独特的生态系统所吸引，也可被特定生态系统所培育出的丰富多彩的社区文化所吸引；另一方面，市民也可以共享生态旅游的成果。

23.4.3　上海未来生态旅游发展的重点

上海未来生态旅游发展的重点主要有森林生态旅游、湿地生态旅游和乡村生态旅游。

发展上海森林生态旅游，就要积极探索能够有效实现保护与发展的体制机制，通过发展森林旅游带动经济社会发展，带动群众增收致富。上海森林旅游产品开发的本地景观资源以人工为主，缺乏自然产品，资源同质性现象明显。在森林旅游产品开发中，须不断创新。产品与项目规划设计要妥善处理景观生态整体性和空间异质性的关系，完善分区功能，突出分区特色，增强森林旅游产品的吸引力和生命力，满足不同社会阶层不同的旅游消费需求。

发展上海湿地生态旅游，应依据上海现有湿地资源的分布和现状，从最大化发挥湿地生态功能的角度，着手湿地公园的建设与开发。发挥湿地景观协调、水之净化、碳汇、生物多样性保育及旅游、娱乐、文化功能，并结合上海市郊野公园建设，使湿地的生态服务功能融入和服务于郊野公园的建设目标和功能体现。

发展上海乡村生态旅游，建立品牌意识，开发特色产品。乡村旅游资源在杭州湾北岸、嘉青松、崇明三岛、近郊地区有一定差异，在产品开发过程中应结合区域特色，发挥各自优势，重视规模经营。注意营造乡村文化氛围，重视乡村绿化、美化和净化，使乡村自然生态、田园风光和谐统一，建设完善旅游基础设施。在服务游客的同时，改善本地农民的生活质量，加强乡村旅游规划和人才培训。

参 考 文 献

[1]　高峻，孙瑞红．生态旅游学[M]．北京：高等教育出版社，2010．

[2]　高峻．上海自然植被的特征、分区与保护[J]．地理研究，1997（3）：82-88．

[3]　李莹莹．城镇绿色空间时空演变及其生态环境效应研究[D]．上海：复旦大学，2012．

[4]　蔡友铭，周云轩．上海湿地[M]．上海：上海科学技术出版社，2014．

[5]　国家林业局华东林业调查规划设计院．上海市森林资源规划设计调查报告[R]．2009．

[6]　李英升．上海市城市森林生态旅游产品规划探讨[J]．华东森林经理，2012（1）：26-29．

[7]　崇明县旅游委员会．浅谈崇明生态旅游的开发[J]．上海农村经济，2000（4）：14-15．

[8]　徐宏发，赵云龙．上海市崇明东滩鸟类自然保护区科学考察集[M]．北京：中国林业出版社，2005．

[9]　林华．长三角视野下的环淀山湖地区发展研究[J]．上海城市规划，2010（5）：29-32．

[10]　邵黎明，周苏芳．上海市淀山湖地区旅游资源可持续开发刍议[J]．资源开发与市场，1997（3）：128-129．

[11]　吴国清．都市型乡村旅游发展创新研究：以上海市为例[J]．生态经济，2008（10）：104-108．

第24章 台湾生态旅游发展报告

吴忠宏　台中教育大学，台中

赖鹏智　台湾野 FUN 生态实业有限公司，台北

观光旅游带来了经济收入，并创造许多就业机会，甚至达成扶贫与脱贫的目标，因此在很多地方，观光旅游被当成是经济的救星。然而，急遽的观光旅游发展，也带来了各种负面的冲击，包括经济、生态环境、社会文化等方面。鉴于观光旅游所带来的种种问题以及环境、经济、社会之间紧密的联结性，旅游业者不得不承认环境与旅游有着密不可分的关系。因而出现一种反省的运动，即将传统大众旅游（mass tourism）转型成对环境、社会及文化资源较少冲击的旅游，因此，各式各样的旅游替代方案开始受到重视，生态旅游（ecotourism）、永续旅游（sustainable tourism）等相继被提出，此即国际上著名的"负责任旅游的运动（the movement of responsible tourism）"。这种想法的主要概念是结合"生态保育"与"旅游发展"，即所谓的生态旅游，期盼能透过生态旅游扮演的桥梁角色，将生态保育和旅游发展的对立态势，蜕变为双赢的管理模式。换言之，就是能兼顾经济发展、环境保护和社会公正平等三个永续发展的精神。因此，生态旅游的缘起与发展，基本上与环境意识的觉醒及观光旅游的需要有密不可分的关联性。

生态旅游是 20 世纪末兴起的浪潮，是一种不同于大众旅游的模式。联合国为呼应 21 世纪论坛所提出的整合环境保护、促进经济发展的目标，指定 2002 年为国际生态旅游年。台湾也于 2002 年 1 月指定该年为生态旅游年，并公布了 2002 生态旅游年工作计划，其中包含了 6 项策略与 29 项措施。

台湾最早自 20 世纪 90 年代初期开始探讨生态旅游的相关议题[1]。早期多属传播及介绍生态旅游概念的论述[2-7]。台湾观光部门进行"台湾潜在生态观光及冒险旅游产品研究与调查"[8]显示，以往很受欢迎的公园旅游、观光部门和地方举办了各类生态旅游相关活动，甚至绿岛也被 APEC（亚洲太平洋经济合作组织）选定为亚太地区发展生态旅游的热门景点等，都显示了公部门对生态旅游的重视。而民间则有野鸟学会、生态解说队、赏鲸豚等活动，也有旅行社组织赴国外赏鸟等主题生态旅行，但由于市场营销因素，旅游业界提出的生态旅游套装方案，其选择地点偏向以丰富的生态资源为特色，而在实际运作上，其保育观念，甚至配合生态旅游地的管理规则等观念都付之阙如，因此仅停留于营销手法层面。

台湾针对"生态旅游"研究的博硕士论文自 1995 年起，至今共有 481 篇，至于发表于期刊的生态旅游论文则约有 462 篇。而台湾生态旅游的发展，可以从以下两点来介绍。

24.1 台湾生态旅游发展特色

2001 年 3 月，包括台湾在观光旅游与生态保育两个方面的产、官、学、业界及相关保育社团代表，集结成立了台湾生态旅游协会。该协会成立后，积极探勘台湾可以发展生态旅游的地点、架设网站、提供相关信息交流、培训相关人才、辅导景点及旅游业者、透过大众媒体倡导、举办研讨会、规划或勘选生态旅游游程，在台湾全力推进生态旅游。

经过 10 余年来的倡导与推动，虽然生态旅游内涵不见得人尽了解，但"生态旅游"已经是台湾民众普遍知道且公私部门都运用的词汇，并陆续发展出一些符合国际思潮的生态旅游产品，下面简述台湾生态旅游发展过程中形成的几项特色。

24.1.1 公部门积极辅导小区发展生态旅游

公部门通过辅导小区发展生态旅游可以达到生态保育与提升小区经济的双重好处，因此，台湾林务部门与水土保持部门、台湾营建部门、交通观光部门都投入人力与资金，聘请专业辅导团队协助辖区内的小区向生态旅游发展。

24.1.2 小区是经营主体，公部门从旁协助

小区或因产业转型需求或因追求经济发展，在开展生态旅游的初期，无论是专业技能的传授或营销宣传，都需要公部门挹注资源，但在发展到一定成熟度后，协助的资源会慢慢抽离，小区必须自主经营相关业务，这样才能摆脱依赖进而持续营运。

24.1.3 建构了小区型生态旅游地的发展模式

经过长年的实践，公私部门已累积许多小区发展生态旅游的营造经验，透过以"调查生态旅游资源、凝聚共识拟定策略、教育训练、建置产业营运机制、建置资源管理机制、生态旅游资源商品化、营销推广、检讨策励"为主要工作项目的生态旅游辅导架构，促成以"小区经营""资源管理"及"旅游管理"三个构面组成小区生态旅游发展模式，完成建置以保育为标的、小区为主体，符合可持续经营理念的小区型生态旅游地。

24.1.4 生态保育是主要诉求

生态保育是生态旅游的核心价值，没有生态保育精神的旅游，就跟一般旅游没有两样。台湾的生态旅游产品中，会对旅行业者与游客诉求保护野生动植物，会对小区居民提出禁盗捕、禁盗伐的呼吁，对小区解说员也交付义务巡守、监测自然资源的任务，凸显生态保育的理念与作为。

24.1.5 小区解说员是灵魂人物

台湾现已成熟发展各地小区生态旅游当地解说员，分配其担任"地陪"的任务。他们接受严谨专业的培训，经过辅导机关的评鉴通过，得以上线服务旅客。小区地陪一方面收费补贴家庭收入，另一方面介绍当地自然与人文风情，让游客深入了解旅游地的特色及小区为保护环境资源所做的努力。同时以身作则带动游客共同保护环境与生态，是完善生态旅游的关键性人物。

24.1.6 游程以自然与人文并重

台湾有丰富的小而美且多样的生态资源，也有融合祖国大江南北多族群的文化风貌，具有多族原住民的生活文化特色，也有许多友善环境耕作养殖的农渔产及与环境共生的特色民宿等，交织成自然与人文、健康与养生、保育与环保精彩并茂的生态旅游游程。

24.1.7 回馈机制让旅游收益可以贡献生态保育或小区公益

台湾的小区生态旅游非常强调观光利益必须回馈给小区中没有经营旅游生意的居民，不能是从业者独占旅游利益，却让村民蒙受游客带来的脏乱环境、汽车废气或隐私被侵扰等问题，而且美丽的风光与对游客的友善也必须居民共同维护才行，因此，小区旅游业者（如从事民宿、农家乐、解说员、接驳车、

农特产、手工艺品者）应该提拨一部分营收作为小区公益或生态保育的基金。

24.1.8　严格遵守从业者操作规范及游客行为守则

台湾的小区生态旅游地都有小区业者公约或管理办法，以约束从业者必须遵守环境保护与生态保育等相关行为规范。针对游客，也有相应的行为守则，希望游客爱护当地旅游资源，不乱丢垃圾、不采摘花木、不骚扰野生动物等。

24.1.9　强调环境教育功能

台湾对生态旅游的期待还赋有对业者与游客环境教育的功能，通过对从业者的训练过程，要求从业者在操作时力求减废、节能、减排、不惊扰动物、不破坏环境；对游客则在游程中通过解说、体验等方式，让游客认识自然生态，进而喜欢、了解并愿意在生活中实践保护生态、友善对待环境的行为。这些都是在生态旅游营造与推展过程中一再强化并付诸实现的。

24.2　台湾生态旅游发展类型

24.2.1　公家单位推动生态旅游

台湾主要推动生态旅游相关业务的公部门有公园系统、森林游乐区系统及风景区系统，也各自有自己所辖的景区。每个系统都会举办生态旅游相关活动，但不是常态举办，且较着重在解说导览、环境教育或观光游憩层面，少与产业面联结和推广。近几年，这三大系统积极辅导小区景点营造与人才培训，带动许多小区朝发展生态旅游方向前进。

林务部门是公家机关中持续推进生态旅游产业化的单位，自 2002 年开始，林务部门施行"小区林业"方案，协助小区景观绿化美化、资源调查、解说员养成及营销生态旅游等。从 2003 年开始进行森林生态旅游游程评鉴、林务人员生态旅游教育训练、森林生态旅游潜力小区遴选、森林生态旅游策略联盟机制建置、森林生态旅游策略与行动方案研订等，至今未曾中断推动生态旅游相关业务。

林务部门森林生态旅游策略联盟是公部门推动生态旅游产业化成功的范例，经过严格挑选景点与旅行社，由被授权执行的旅行社串联森林游乐区、小区及友善环境的餐饮住宿业者，或是当地特色商店，组合成符合生态旅游原则与做法的游程在市场上营销，获得游客的赞赏与支持。

林务部门还有一项创新的做法，其他部门后来也跟进，就是工作假期结合生态旅游模式，让志愿者除了为修补自然步道劳动服务外，还进入小区体验当地生态旅游，深化了生态旅游的附加价值。

渔业部门于 2003 年支持台湾中华鲸豚协会推出赏鲸标章，这是台湾第一个与生态旅游有关的标章。台湾的赏鲸业盛行于东部海岸港口，截至 2015 年年底，共 8 艘赏鲸船获有赏鲸标章，且示范效果的赏鲸标章船愈多，愈有助于赏鲸旅游质量之提升，也因要遵守严格赏鲸规范，对鲸豚的干扰也会降低。

台湾公园系统拥有珍贵的自然资源，且许多园区周边就是原住民或传统农家所在，所以公园本身就是生态旅游重点区域。各公园长期以来除了原有以解说带领游客体验自然的旅游活动外，也致力于消除与周边部落、小区因保育执法带来的冲突，积极辅导部落、小区发展生态旅游，并协助宣传，最终形成生态保育及生态旅游的伙伴关系。其中，最具典范效果的就是垦丁公园。从 2005 年开始，辅导曾经抗争非常激烈的社顶部落，在循序渐进地执行相关辅导计划后，社顶部落从没落的小区脱胎换骨成恒春半岛之星，并由此产生磁吸效应，由原来的一个点串连到线与面的发展。截至 2015 年年底，已经有 8 个周边小区接受垦丁公园辅导而成功开展生态旅游。

24.2.2 民间团体参与生态旅游

1984 年台北野鸟学会成立，其后各地鸟会陆续成立，这是台湾最早成立的自主性民间保育团体。其他保育、环保组织（如大自然教育推广协会、主妇联盟环保基金会、荒野保护协会、蝴蝶保育学会、鲸豚协会、萤火虫保育协会、自然步道协会、环境信息协会、生态旅游协会、千里步道协会）相继成立，各自举办各式各样的活动，吸引不同年龄与阶层的民众进入大自然，与野生动物"无害相遇"，欣赏台湾生态之美，同时进行环境教育，提升休闲游憩质量。

民间保育社团推出主题式自然观察之旅，行程主要是体验并欣赏当地的生态资源（如鸟类、蝶类、风景）。不以热门观光景点为诉求，怀抱关怀与学习的态度，不但是替自己的行为负责，也是为旅游目的地的生态环境负责，逐渐养成了参加者仔细聆听、细心观察的习惯，也培养了一些同好、志愿者、解说员，更将台湾丰富多样的生物资源一点一滴记录保存下来，为台湾发展生态旅游奠定良好基础。

自从生态旅游概念逐渐普及后，保育团体组织体验活动除了保有自然观察与自然教育的成分外，也寻求与小区结合，将经济利益带给小区的可能性。许多保育团体的户外考察、体验活动都陆续加入进到小区参访、用餐或住宿的行程，让原来的自然旅游提升为生态旅游。

台湾环境信息协会与台湾千里步道协会经常举办各式生态工作假期，带动民众亲近山水、关怀土地、奉献体力、回馈社会。"工作假期"是短期投入，以一次性活动居多。除了基本的志愿服务精神外，还有度假休闲的意味。它既讲"工作"（无偿劳动），也讲"假期"，所以参加者一方面贡献劳力，一方面也享受度假乐趣。在活动安排上会有相关学习课程（如手作步道、施工方法、小区文史）、休闲娱乐活动（如联谊、晚会、参访、导览解说、自然体验）及劳动服务工作等。而实施过程则一定要顾及环境保护、生态保育、文化传承、小区利益与环境教育等原则，其实工作假期可以说是生态旅游的变形版或进化版，即将许多附加价值以工作假期形态融入生态旅游的设计中，这在台湾已经是非常成功、很受欢迎的度假模式。

24.2.3 小区型生态旅游地范例

台湾的小区以生态保育为主轴进而发展生态旅游的滥觞始自 1989 年嘉义县阿里山乡山美村（邹人部落）达娜伊谷的封溪护鱼行动，这是在没有政府与任何民间团体力量协助下纯粹由村民自主发起的生态保育行动。因护鱼有成加上山水美丽，让各界惊艳，后续吸引游客一波波上山观赏，进而成立生态园区收取门票。除了提供就业机会，也将盈余作为小区公益，成为世界上极为先行的自主型小区生态旅游案例。

1999 年 9 月 21 日凌晨，台湾发生里氏 7.3 级的大地震，位在震中附近的南投县埔里镇桃米村受灾严重。灾后重建时，有新故乡文教基金会与农业委员会特有生物研究保育中心进驻辅导，从调查资源、人才培力、栖地复育做起，在废墟中逐渐营造出浑然天成的人工湿地及以青蛙、萤火虫、蜻蜓为主题的生态旅游资源，加上严谨的导览解说专长训练及以农村或生态特色所建设的民宿，因此吸引游客或小区组织前往参访，为重建的小区带来新生命，成为震灾后小区营造与小区生态旅游发展之典范，至今盛况不坠。

2002 年生态旅游年后，各地小区朝向生态旅游发展的风气兴盛，加上政府机关积极辅导，经过十余年，也有更多兼顾生态保育、环境保护、环境教育及小区福祉的生态旅游范例小区出现，以下简要介绍三个案例。

（1）屏东县恒春镇垦丁里社顶部落

位于垦丁公园范围内的社顶部落，自 2005 年开始接受垦丁公园管理处的辅导，从调查资源开始，准备发展生态旅游。2006 年，垦丁公园管理处委托专业辅导团队进场，进行小区共识凝聚、组织培力、解说员训练、生态资源巡守、游程规划、游客导入、机制建立等多面向、全方位的辅导措施。辛苦但扎实的过程，加上垦丁公园管理处相关承办人与主管也都积极参与各项会议、支持多种有利措施，使得原本与公园对立的小区不久后反而成为公园的保育伙伴，并进而影响其他小区争相希望垦丁公园管理处前往辅导，并以社顶部落成功的模式作为学习对象。

社顶部落发展文化促进会是小区生态旅游的推动组织，也是单一窗口。该窗口负责业务接洽、工作派遣、收费、酬劳发放、回馈金收取管理与运用、计划申请与执行、垦丁地区旅宿业策略联盟等，任务繁重。本由主管部门补贴人事费用来负责窗口业务，2013 年起，则可完全自主经营承担所有营运成本。可见该小区发展生态旅游已具明显的经济效益。

协会分派生态旅游工作，同时向受分派者收取回馈基金，用于老人年度礼金、鼓励升学及成绩优异奖学金、部落急难救助金等。自 2009 年起，协会每年发放一次敬老礼金新台币 1000 元给年满 70 岁以上的会员，具体呈现了生态旅游的社会公益性。

社顶部落开展生态旅游已十余年，一个生态旅游地该有的管理机制（如总量管制、解说派遣、单一窗口、回馈机制、无偿资源巡守、环境监测等）不仅健全，而且不因时间流逝、人事变化或生意起伏而有所改变，不像一些小区，总在成功后没几年就一一变质走样。因此，社顶部落在台湾是公认的小区型生态旅游地第一名，甚至是可以拿到国际上呈现的最佳小区型生态旅游范例。

（2）嘉义县竹崎乡光华村顶笨仔聚落

顶笨仔聚落是客家人在清朝由平地移垦到阿里山区落脚的传统农村，仍保有许多幢传统三合院及屋前石埕，更保有老实丰厚的乡土人情。2006 年，阿里山风景区管理处委托专业团队进驻辅导，协助小区居民调查生态旅游资源及执行可持续发展策略，包括确认特色核心资源、基础性的资源监测及休闲产业质量维护、相关保育与环保规范拟定、小区永续发展共识研议、核心资源巡守机制建立与执行、生态旅游游程规划、游憩冲击调查及环境监测、核心资源商品化、小区导览解说员训练、媒体营销宣传等。在小区居民与民宿业者极力配合，产、官、学三者共同辅导下，可持续发展课题日渐融入小区居民日常生活中，生活、生产及生态的三生环境成为顶笨仔聚落追求的目标。

该聚落居民在农闲时本有猎捕鼯鼠的习惯，在接受生态旅游启发后，转而禁猎保护鼯鼠，台湾原生的三种鼯鼠（白面鼯鼠、大赤鼯鼠及小鼯鼠）变成顶笨仔夜间生态观察的最佳主角。在当地居民的保护下，不但成功遏止了外地的猎人进入该地狩猎，也让本区的鼯鼠成为台湾地区种类齐全、数量最多也最容易观察的生态旅游资源。为了减少夜间探照对鼯鼠的干扰，解说员严格遵守每只观察不逾 15 分钟且不以强光直射脸部，避免伤害鼯鼠视力的规范。顶笨仔聚落借着夜赏鼯鼠成为因生态保育而成功发展生态旅游的范例。

该聚落多间民宿原来都用一次性沐浴备品与餐具。经过劝导，在原有的一次性用品用完后，都改用环保补充式沐浴乳剂与重复使用的餐具，同时推广公筷母匙，加强合菜饮食卫生，张贴节约水电倡导卡片，并实施垃圾分类、资源回收，成为阿里山观光业者实施环保措施最普遍的景区。

（3）嘉义县东石乡鳌鼓湿地森林园区周边小区

位于台湾西南部海边的鳌鼓湿地原是滨海泥滩地，在 1964 年筑堤造陆后，成为农林渔牧多重产业经营的农场，1986 年，因地层下陷及台风破堤，海水倒灌，积水不退，形成 300 多公顷的水域湿地。在废弃利用后，湿地逐渐形成水鸟天堂，也因此被依"野生动物保育法"划设为"野生动物重要栖息环境"。自 2002 年起，部分陆域人工造林，现今连成一片树海，更增地景多样化。于是林务部门设立鳌鼓湿地森林园区，修建步道、凉亭、自行车道与观鸟亭等休闲设施，于 2012 年开放大众使用，并在同年委托专业辅导团队协助周边两村三小区以鳌鼓湿地为基地发展生态旅游。

辅导团队进行生态旅游资源调查及建置解说资料、拟定园区生态旅游发展策略与行动计划、生态旅游产业营运及管理人才知能培力课程、游程规划、共识凝聚、营运与管理机制建立、营销宣传等工作。经过长时间的严格培训，居民从对生态资源与解说服务完全陌生逐渐变成"业务能手"，林务部门也对通过测试的居民授予园区解说员资格，可以对游客收费解说，并通过单一窗口的运作接受外界预约及轮流派遣，居民开始感受湿地生态旅游带来的经济效益。

为了可持续利用湿地资源，小区解说员无偿巡守湿地，劝导禁止钓、捕鱼，并对核心资源（如黑脸琵鹭、黑翅长脚鹬、高头蝠、家燕等）进行监测，了解季节性数量变化与栖地利用情形，同时通过深入观察指标物种而加深印象，增强解说能力。周边小区的餐厅、自行车租赁、休闲鱼塘、早期农具博物馆加上解说团队，组成策略联盟，由单一窗口统一管理，每笔生意收取一定比例的"环境保育及社会公益基金"回馈小区。

鳌鼓湿地已经成为人工海埔新生地回归自然，并以生态旅游明智利用成为湿地环境教育的案例，而小区居民参与生态旅游培训后，开始关心生态并守护生态，也见证了当地居民就是环境资源的守护神，这是生态旅游除了经济收益外还有无可评量的其他效益。

综上所述，台湾生态旅游的发展经过 20 多年的调整与修正，已逐渐趋于成熟。当然还是有需要改进的地方，更有待全体民众共同持续努力来提升。

<h2 style="text-align:center">参 考 文 献</h2>

[1] 欧圣荣. 台湾地区生态旅游之研究回顾与展望. 2002 中美澳三国环境解说与生态旅游国际学术研讨会论文集[C]. 台中：台中师范学院环境教育研究所，2002：164-209.

[2] 王育群. 生态观光：国际发展现况[J]. 户外游憩研究，1996，9（4）：19-30.

[3] 左显能. 生态观光之发展策略[J]. 户外游憩研究，1993，6（4）：25-34.

[4] 杨宏志. 生态观光：一项责无旁贷的推展工作[J]. 台湾林业，1992，18（10）：20-22.

[5] 杨宏志. 生态旅游：方法及技术[J]. 台湾林业，1995，21（1）：2-7.

[6] 杨秋霖. 森林游乐的新趋向：生态旅游[J]. 现代育林，1994，10（1）：6-11.

[7] 刘吉川. 生态观光及其在观光发展上所面临之问题[J]. 野生动物保育汇报及通讯，1994，2（1）：13-17.

[8] 交通观光部门. 台湾潜在生态观光及冒险旅游产品研究与调查[J]. 户外游憩研究. 台北：户外游憩学会，1997.

第 25 章 湖北生态旅游发展报告

付昆　武汉商学院旅游与酒店管理学院，武汉

　　湖北省位于中国中部偏南、长江中游，洞庭湖以北，故名湖北。湖北东连安徽，南邻江西、湖南，西连重庆，西北与陕西为邻，北接河南，中部为"鱼米之乡"的江汉平原。湖北是承东启西、连南接北的交通枢纽，长江自西向东，横贯全省 1062km。长江及其最大支流汉江，润泽楚天，水网纵横，湖泊密布，湖北省因此又称"千湖之省"[1]。湖北文化底蕴深厚，中华民族的始祖炎帝的故里就在湖北。春秋战国时期的楚国在长达 800 多年的历史中，创造了楚文化[2]。湖北省境内除长江、汉江外，省内各级河流河长 5km 以上的有 4228 条，另有中小河流 1193 条，河流总长 5.92 万 km，其中，河长在 100km 以上的河流有 41 条。省内的长江支流有汉水、沮水、漳水、清江、东荆河、陆水、滠水、倒水、举水、巴水、浠水、富水等。其中，汉水为长江中游最大支流，在湖北省境内由西北趋东南，流经 13 个县市，由陕西白河县将军河进入湖北郧西县，至武汉汇入长江，流程 858km[3]。湖北省降水地域分布呈由南向北递减趋势，鄂西南最多达 1600mm，鄂西北最少为 800mm。降水量分布有明显的季节变化，一般是夏季最多，冬季最少，全省夏季雨量为 300～700mm，冬季雨量为 30～190mm。6 月中旬至 7 月中旬雨量最多，强度最大，是湖北的梅雨期[4]。湖北省地势大致为东、西、北三面环山，中间低平，略呈向南敞开的不完整盆地。在全省总面积中，山地占 56%，丘陵占 24%，平原湖区占 20%，独特的地理环境造就了湖北省丰富的生态旅游资源。

25.1 湖北省生态旅游发展回顾

　　"生态旅游"这个概念自 1980 年被加拿大学者科劳德·莫林（Claude Monlin）首次提出以来，1993 年国际生态旅游协会把其定义为：具有保护自然环境和维护当地人民生活双重责任的旅游活动。早期，生态旅游是作为一种旅游产品推向市场的。20 世纪 90 年代初，可持续发展概念被提出后，生态旅游被认为是实现可持续发展的基本手段和途径。与世界上其他国家相比，我国的生态旅游发展相对较晚，20 世纪 90 年代生态旅游的术语和概念才在中国开始出现，李绪萌于 1995 年对生态旅游提出了自己的定义。在 20 世纪 90 年代，湖北就有一定规模的生态旅游活动，但是其生态旅游发展依然较慢。

　　2000 年以来，全球范围内的各类生态旅游活动持续推进，尤其是联合国将 2002 年的旅游促销主题定为"国际生态旅游年"，同时在加拿大魁北克召开了世界生态旅游峰会，有力地促进了生态旅游的国际化和社会化的发展。湖北省生态旅游的研究和实践有了新的发展。2001 年 10 月，时任湖北省咸宁市市长的尹汉宁提出咸宁的目标是建设有地方特色的生态旅游城市；根据《中共武汉市委武汉市人民政府关于改革东湖风景区管理体制的通知》（武发〔2006〕10 号），经湖北省机构编制委员会批准，设立武汉市东湖生态旅游风景区管理委员会，为市人民政府派出机构；2008 年湖北省启动实施鄂西生态文化旅游圈建设。在中国知网以关键词"生态旅游"和"湖北"进行检索，2000—2010 年，有关湖北的生态

旅游论文共发表 45 篇[5]。2002 年第一篇论文（《湖北大别山生态旅游中存在的环境问题及对策》，作者为朱萍、徐红、项高齐）被发表；2009 年有 21 篇论文被发表，其中期刊论文 9 篇，报纸论文 12 篇（这其中又有 9 篇是关于湖北打造鄂西生态旅游圈的）。由此可见，湖北省在这一时期涌现了一系列生态旅游学术成果。

2000 年以来，湖北省的生态旅游业发展比较快。湖北省大多数旅游景区是与生态旅游相关的。由表 25.1 可知，2000 年，湖北接待旅游人数首次超过 5000 万人次，同比增长 17.77%，旅游总收入相当于全省 GDP 的 7.96%；2002 年，湖北接待旅游人数接近 7000 万人次，同比增长 10.47%，旅游总收入达到 407.52 亿元，相当于全省 GDP 的 9.67%。这些说明了湖北省生态旅游活动已经初具规模。

表 25.1　湖北省 2000—2002 年旅游业发展情况

年份　　項目	接待人次		旅游总收入		
	绝对数 /万人次	增减 /%	绝对数 /亿元	增减 /%	相当于全省 GDP /%
2000	5523.08	17.77	282.26	14.22	7.96
2001	6130.78	11.00	353.64	25.29	9.11
2002	6772.43	10.47	407.52	15.24	9.67

资料来源：湖北省旅游局。

25.2　湖北省生态旅游发展现状

25.2.1　湖北省生态旅游资源载体现状

生态旅游的资源载体是发展生态旅游的重要物质基础，主要有自然保护区、森林公园、地质公园、湿地公园、水利风景区及生态旅游示范区。湖北省有国家级自然保护区 13 个、省级自然保护区 22 个；有国家级森林公园 36 个、省级森林公园 57 个；有国家级地质公园 10 个、省级地质公园 13 个；有国家级湿地公园 26 个（全国第一）、省级湿地公园 41 个；有国家级水利风景区 16 个、省级水利风景区 43 个。此外，湖北省有国家级生态旅游示范区 4 个，省级生态旅游示范区 26 个（表 25.2）；同时，湖北省有与生态旅游有关的 A 级景区 240 个，其中，1A 级景区 1 个，2A 级景区 29 个，3A 级景区 104 个，4A 级景区 97 个，5A 级景区 8 个（表 25.3）。由于湖北省大多数生态旅游景区兼有多种资源特色，因而湖北省生态旅游资源将会出现在不同性质的载体之中。表 25.2 和表 25.3 中的资源清单充分说明了湖北省生态旅游资源载体的丰富性、分布的广泛性及类型的多样性。

表 25.2　湖北省生态旅游示范区建设情况

类型	国家级	省级
生态旅游示范区	神农架生态旅游区、麻城市龟峰山风景区、武汉东湖生态旅游风景区、襄阳市尧治河生态旅游区（4 个）	麻城市五脑山国家森林公园、浠水县三角山风景区、房县野人谷风景区、郧西县五龙河景区、郧县九龙瀑布景区、十堰市黄龙滩景区、宜昌市三峡人家景区、宜昌市三峡大瀑布景区、长阳清江画廊、宜昌市车溪民俗文化旅游区、嘉鱼县三湖连江风景区、咸宁潜山国家森林公园、咸丰唐崖河景区、利川苏马荡景区、京山绿林山景区、谷城薤山旅游度假区、谷城南河小三峡景区、五峰柴埠溪大峡谷景区、远安鸣凤山风景名胜区、郧西龙潭河景区、孝昌观音湖生态文化旅游度假区、英山大别山主峰景区、英山桃花冲景区、蕲春三江生态旅游区、随州市大洪山风景名胜区、恩施枫香坡景区（26 个）

资料来源：湖北省旅游局。

表 25.3　湖北省与生态旅游有关的 A 级景区

景区等级（数量）	景区名称
A 级（1 个）	南漳香水河风景旅游区
2A 级（29 个）	枝江沙浪奇观景区、秭归县五龙温泉风景区、十堰市桃花湖旅游度假区、丹江口市狮子岩度假村、十堰浪溪河千年古树群风景区、郧西悬鼓观公园、丹江口吕家河民歌村旅游区、郧西县夹河关旅游区、房县显圣殿旅游区、房县诗经尹吉甫生态文化旅游区、茅箭大川生态农业观光园、茅箭百二河生态休闲长廊、保康县汤池峡温泉度假区、保康县紫薇林、襄阳鹿门风景名胜区、南漳龙王峡景区、京山天河度假村、咸宁星星竹海风景区、咸宁太乙洞、团风县大崎山风景区、浠水县斗方山风景区、黄梅县东山五祖旅游区、汉川汈汊湖东湖游乐园、广水高贵三潭风景区、利川市福宝山生态综合开发区、恩施市铜盆水森林公园、利川龙渠休闲度假村、宣恩县伍家台旅游区、仙桃市沔城风景名胜区
3A 级（104 个）	武汉黄陂区木兰古门景区、武汉木兰湖旅游度假区、青山区张公山寨景区、江夏区梁湖都市农庄、黄陂区木兰胜天旅游区、东西湖郁金香主题公园、武汉后官湖湿地公园风景区、兴山县昭君村古汉文化游览区、宜昌鸣翠谷景区、宜都奥陶纪石林、宜都大宋山景区、宜都古observe音洞度假山寨、宜昌情人泉景区、秭归县链子崖景区、长阳天柱山景区、长阳麻池古寨景区、长阳丹水漂流景区、枝江步步升文化旅游区、宜都市清江天龙湾旅游度假区、夷陵区西塞国旅游区、十堰市龙泉寺旅游区、郧县青龙山恐龙蛋化石群地质自然保护区、竹山九华山森林公园、竹溪县偏头山森林公园、十堰市牛头山森林公园、丹江口金蟾峡旅游区、竹山县女娲天池旅游区、丹江口市松涛山庄景区、湖北紫薇岛生态旅游度假区、郧县龙吟峡旅游景区、湖北诗经源国家森林公园、十堰市四方山植物园、竹溪县龙王垭观光茶园旅区、房县南潭生态文化旅游区、郧县沧浪山国家森林公园旅游区、十堰太极湖旅游区、竹溪县楠木寨旅游区、枣阳市无量台风景区、保康县黄龙观风景区、襄阳市黄家湾风景园、谷城县五山堰河乡村旅游区、枣阳白水寺风景区、枣阳白竹园寺、枣阳青龙山熊河风景区、谷城县南河小三峡风景区、谷城县薤山旅游度假区、南漳县水镜庄风景区、松滋市洈水风景区、公安县北闸风景区、石首市南岳山森林公园、荆州市监利县周老嘴景区、湖北省漳河风景名胜区、荆门市龙泉公园、荆门仙居风景区、荆门市太子山森林公园王莽洞景区、鄂州西山风景区、咸宁玄素洞、咸宁澄水洞旅游区、咸宁汉商温泉养生园景区、咸宁市崇阳县大泉洞景区、咸宁市咸安区鸣水泉风景区、崇阳桂花森林公园、通城黄龙山旅游区、嘉鱼官桥八组景区、咸宁市潜山国家森林公园、通城黄袍山国家油茶产业示范园、英山县大别山丽景风景区、武穴市宋河生态山庄、蕲春县大鑫湾仙人湖养生度假区、英山县乌云山茶叶公园、罗田县燕儿谷生态农庄、红安县吴氏祠景区、罗田县圣人堂景区、武穴市希尔赛生态农庄、武穴市层峰山景区、蕲春县龙泉花海观光园、黄州区齐安湖生态农庄、蕲春县横岗山森林公园、武穴市横岗山景区、武穴市仙姑山风景区、湖北鄂人谷生态旅游度假村、蕲春县三江生态旅游度假区、大冶市青龙山公园、黄石西塞山风景区、大冶市龙凤山生态园休闲度假村、阳新县石田古驿生态旅游区、阳新县军垦五夫园、孝感董永公园、汉川公园、孝感嘉伦河温泉度假村、孝感市新景园生态旅游度假区、随州大洪山琵琶湖风景区、恩施州龙麟宫景区、利川市朝阳洞景区、巴东无源洞旅游景区、恩施州枫香坡侗族风情寨、建始县朝阳观旅游区、恩施清江源现代农业科技园、来凤县卯洞景区、恩施市二官寨景区、利川玉龙洞景区、利川苏马荡景区、神农架天生桥景区、神农架香溪源景区
4A 级（97 个）	中科院武汉植物园、黄陂农耕年华景区、黄陂木兰清凉寨景区、黄陂锦里土家风情谷旅游区、黄陂大余湾旅游区、蔡甸九真山风景区、宜昌西陵峡风景名胜区、宜昌三游洞景区、宜昌车溪民俗旅游区、宜昌三峡观坝旅游区、宜昌市柴埠溪大峡谷风景区、宜昌九畹溪风景区、宜昌石牌要塞旅游区、宜昌市三峡大瀑布旅游区、宜昌三峡竹海生态风景区、宜昌市高岚朝天吼漂流景区、当阳玉泉山风景名胜区、远安鸣凤山景区、五峰后河天门峡景区、宜昌金狮洞景区、十堰市五龙河旅游景区、郧西龙潭河旅游区、丹江口市太极峡景区、房县野人洞（谷）旅游区、郧西县天河旅游区、郧县九龙瀑旅游区、十堰黄龙滩旅游区、十堰市赛武当旅游区、房县观音洞旅游区、十堰市人民公园、武当山南神道旅游区、郧西上津文化旅游区、郧县虎啸滩旅游区、竹山县女娲山旅游区、丹江口武当峡谷漂流、丹江口沧浪海旅游区、襄阳隆中风景名胜区古隆中景区、襄阳凤凰温泉旅游区、南漳春秋寨旅游区、保康尧治河旅游区、保康县五道峡景区、洪湖生态旅游风景区、洪湖悦兮半岛温泉旅游区、钟祥市黄仙洞、荆门市绿林山景区、荆门市彭墩乡村旅游世界、湖北莲花山旅游区、鄂州梁子岛生态旅游度假区、通山九宫山旅游区、咸宁市赤壁古战场景区、龙佑赤壁温泉旅游度假区、咸宁市陆水湖风景区、咸宁市隐水洞景区、咸宁市通圣太乙温泉、咸宁市楚天瑶池温泉度假村、嘉鱼县山湖温泉景区、咸宁市温泉谷度假区、咸宁三江森林旅游区、浠水县三角山旅游风景区、麻城市龟峰山景区、英山县大别山主峰旅游风景区、英山县桃花

续表

景区等级（数量）	景区名称
4A 级（97 个）	冲旅游风景区、罗田县天堂寨景区、红安县天台山风景区、黄冈市遗爱湖景区、罗田县大别山薄刀峰风景区、黄冈市东坡赤壁风景区、黄梅县四祖寺禅宗文化旅游区、麻城市五脑山森林公园、黄石市黄石国家矿山公园、大冶市雷山风景区、阳新仙岛湖生态旅游风景区、黄石市东方山风景区、湖北汤池温泉旅游景区、孝感市双峰山旅游度假区、孝昌县观音湖旅游度假区、孝感市天紫湖生态度假区、安陆白兆山李白文化旅游区、随州市西游记公园、随州市炎帝故里风景名胜区、随州市西游记漂流、随州文化公园、随州市大洪山风景名胜区、随州千年银杏谷景区、利川腾龙洞风景旅游区、恩施州坪坝营景区、咸丰县唐崖河景区、建始县野三河景区、利川市佛宝山大峡谷漂流景区、恩施市梭布垭景区、利川龙船水乡景区、巴东巴人河旅游景区、建始县石门河景区、来凤县仙佛寺景区、巴东县链子溪原生态文化旅游景区、神农架天燕旅游区、神农架红坪景区
5A 级（8 个）	武汉东湖风景名胜区、黄陂木兰生态文化旅游区、三峡人家风景区、长阳清江画廊旅游度假区、十堰武当山风景名胜区、巴东神农溪旅游区、恩施大峡谷景区、神农架生态旅游区

资料来源：湖北省旅游局。

25.2.2 湖北省生态旅游发展现状

由于自然保护区、森林公园、地质公园、湿地公园和水利风景区的管理涉及多个部门，同时也缺乏基本的旅游统计数据，难以提供比较可靠的数据来考量全省生态旅游的发展情况。截至 2015 年年底，湖北省有 3A 级及以上景区 283 家，其中与生态旅游相关景区共 210 家，占全省 3A 级及以上景区总数的 74.2%；湖北省有 4A 级及 5A 级景区 127 家，其中与生态旅游相关的景区共 105 家，占全省 4A 级及 5A 景区总数的 82.68%；湖北省超过 75% 的旅游景区都是生态旅游景区，3A 级及以上景区是湖北省接待游客的主体，在此以湖北省旅游业发展总体情况的 80% 来替代分析全省生态旅游发展的现状。

湖北省生态旅游的发展主要从接待生态旅游人数和生态旅游收入两个方面来进行衡量。由表 25.4 可以看出，2010—2014 年，湖北省年接待旅游人数分别是 21128.22 万人、27368.39 万人、34494.98 万人、40889.00 万人和 47177.07 万人，同比接待人数增长率分别为 39.01%、29.53%、26.04%、18.54% 和 15.38%；2010—2014 年，湖北省年接待生态旅游人数分别是 16902.57 万人、21894.72 万人、27595.98 万人、32711.20 万人和 37741.66 万人。可见，湖北生态旅游景区接待的人数在这 5 年是逐步增长的。5 年期间，年平均接待生态旅游游客量达 27369.23 万人。由表 25.5 可以看出，2010—2014 年，湖北省年旅游总收入分别是 1460.53 亿元、1992.89 亿元、2629.54 亿元、3205.61 亿元和 3752.11 亿元，旅游总收入同比增长分别为 45.40%、36.45%、31.95%、21.90% 和 17.05%；2010—2014 年，湖北省年生态旅游总收入分别是 1168.42 亿元、1594.31 亿元、2103.63 亿元、2564.49 亿元和 3001.69 亿元。可见，湖北生态旅游总收入在这 5 年也是逐步增加的，5 年期间年平均生态旅游总收入达 2086.51 亿元。

表 25.4　2010—2014 年期间湖北省旅游人数情况

项目 年份	国内旅游人数		入境旅游人数			生态旅游人数
	绝对量/万人次	增减/%	人数/人次	增减/%	全国排名	绝对量/万人次
2010	20946.48	39.04	1817416	36.17	14	16902.57
2011	27154.87	29.64	2135247	17.49	14	21894.72
2012	34230.26	26.06	2647163	23.97	13	27595.98
2013	40621.04	18.61	2679623	1.23	13	32711.20
2014	46900.00	15.52	2770689	3.40	11	37741.66

资料来源：湖北省旅游局。

表 25.5　2010—2014 年期间湖北省旅游总收入情况

项目 年份	旅游总收入		生态旅游总收入	相当于全省	
	绝对数/亿元	增减/%	绝对数/亿元	GDP/%	三产增加值/%
2010	1460.53	45.40	1168.42	9.24	24.78
2011	1992.89	36.45	1594.31	10.17	27.65
2012	2629.54	31.95	2103.63	11.82	32.02
2013	3205.61	21.90	2564.49	12.99	34.11
2014	3752.11	17.05	3001.69	13.71	33.06

资料来源：湖北省旅游局。

从湖北省旅游业的接待人数和总收入来看，湖北的生态旅游发展也有一些特点。首先，湖北省各重点生态旅游景区担当着旅游接待主力，5A 级的生态旅游景区更凸显领军地位。2016 年"五一"期间，黄陂木兰景区群接待游客 45.07 万人次，同比增长 24%；东湖风景区接待 26.23 万人次，同比增长 7%；神农架接待 17.20 万人次，同比增长 32%；武当山接待 11.65 万人次，同比增长 8%；长阳清江画廊接待 9.80 万人次；三峡人家接待 8.50 万人次；神农溪接待 3 万人次；恩施大峡谷接待 3 万人次。其他景区也表现不俗，赤壁古战场接待 8.15 万人次；车溪接待 5.60 万人次；隆中接待 2.80 万人次；黄石国家矿山公园接待 2.40 万人次；罗田薄刀峰接待 2.40 万人次。其次，湖北省各地积极推进旅游供给侧改革，加快转型升级，提高供给水平，优化旅游产品，扩大旅游消费市场。与以往举办的大型节庆活动不同，2016 年"五一"期间，各地旅游景区结合自身特点，开展主题突出、特色鲜明、更加亲民、参与性更强的"小而精"的主题旅游活动。例如，武汉市旅游局和楚天都市报发布了 21 项旅游活动菜单，东湖风景区举办杜鹃花节、玫瑰节、牡丹花会，黄陂木兰天池举办踏青节和稻草人节，锦里沟景区举行民俗风车节，清凉寨举办啤酒烧烤篝火晚会，张公山寨举办水上乐园"徒手摸鱼"村趣体验狂欢节，鄂州市梁子湖旅游区举办首届"风车文化节"和"莲花山风筝节"。丰富多彩、特色突出的旅游活动，为地方旅游注入了活力。最后，自助自驾游担当主力，大众旅游消费更加成熟。私家车的日益普及，加之节假日期间高速公路免收小型客车通行费，自驾游游客成为假日旅游的主角。武汉东湖、木兰天池、恩施大峡谷，以及宜昌、黄冈、神农架等各大景区周边停车场爆满，外地牌照车辆明显增加，景区散客比重约 90%，旅游酒店和农家乐入住爆满。自驾旅游以亲友、家庭为主，受假期时间限制，主要是周边和近程市场。随着高铁、动车网络的形成和武汉区位优势的进一步凸显，越来越多的游客选择铁路出行。2016 年 4 月 30 日，汉口站发送旅客 14.50 万人，刷新单日客流量最高纪录。从游客的消费行为看，出游经验更加丰富，选择出行方式、时间、目的地更加理性，一般都是通过网络先查询旅游产品、出行线路等旅游资讯，预订好住宿、门票等再出游，更关注旅游的品质和体验。

25.3　湖北省生态旅游发展的经验

湖北省生态旅游发展的经验主要集中体现在两个方面：一是以竞争力的提升为核心推动生态旅游的健康发展；二是以游客满意度为抓手规范生态旅游市场。

25.3.1　以竞争力的提升为核心推动生态旅游的健康发展

（1）生态旅游资源量多质优，市场主体发展迅猛

湖北省生态旅游资源存量丰富，种类多样。全省 A 级景区数量众多、品质优越，其中 4A 级以上景区占比达 37.4%，5A 级景区总数达 11 家，居全国前五位，与生态旅游相关的景区占比达到了 82% 以上，

为生态旅游发展提供了坚实的基础。截至 2014 年年底,湖北省拥有 569 家星级饭店,4 星级以上占比 20%,旅行社总量达到 1056 家,其中出境旅游旅行社 69 家,星级饭店和旅行社经营规模和服务质量均能够较好地满足游客需要。

（2）生态市场规模不断扩大,客源格局持续优化

随着湖北旅游市场主体不断增加,接待设施不断完善,生态旅游市场规模增长势头强劲。国内旅游保持高速增长,入境旅游实现逆势增长,在全国入境旅游普遍下滑的情况下,仍能保持 3.4% 的增幅。湖北省旅游经济总量首次迈入"全国旅游业第一方阵"。国内旅游客源半径逐步扩大,省内游持续活跃,外省及港澳台入鄂游增长强劲;海外市场在日韩、欧美等传统客源地的影响力不断巩固和加强,并逐渐扩大到东南亚及大洋洲等中远程客源地。

（3）政策支持不断加强,市场活力更加充沛

湖北省各级政府对旅游发展的支持力度不断加强,系列旅游产业扶持政策陆续推出,充分释放了各地发展旅游业的热情,推动了全省旅游业繁荣发展。其一,表现为各类旅游宣传营销活动广泛开展,目前全省已有 30 余种国际性、地方性节庆节事活动,加之各类旅游博览会、推介会,广泛分布于全年各个时段,成为全省旅游业积攒人气的有效平台。其二,市场化进程日益加快,旅游领域成为各类资本聚集的"洼地",仅 2014 年全省就完成旅游项目投资总额 711.55 亿元,同比增长 41%。其三,湖北旅游业正在成为"大众创业、万众创新"的重要领域,全省旅游直接就业人数平均增长率达 17.1%,旅游在拉动就业、产业扶贫等方面的社会功能日益凸显。

（4）市州发展势头良好,空间布局渐趋合理

湖北省旅游业的发展与全省"一元多层次"战略体系紧密结合,在空间发展布局上围绕"两圈一带"战略,加快建设武汉城市旅游圈,积极构建鄂西生态文化旅游圈,着力打造长江旅游经济带,充分推动了全省各市州旅游产业的快速发展,形成了先发地区巩固提升,后发地区强劲增长的喜人局面。

25.3.2 以游客满意度为抓手规范生态旅游市场

（1）生态旅游形象较为鲜明,城市交通便利快捷

在生态旅游品牌形象方面,湖北省各类旅游宣传促销活动,特别是华中旅游博览会、武汉国际旅游节、宜昌三峡国际旅游节、十堰武当山国际旅游节等系列节庆节事活动的持续举办,使游客对湖北生态旅游品牌的认知与认可得到不断强化,生态旅游目的地形象得到不断加深,旅游知名度和美誉度都得到持续提升。在生态旅游市场散客化的时代背景下,湖北省各市州普遍建有较为完善的高速公路与铁路客运交通,便捷的交通网络为省内外游客提供了更加灵活的时间选择和更为丰富的线路组合,较好地满足了游客"快旅慢游"的需要。

（2）网络平台建设完善,信息服务覆盖广泛

湖北省各级旅游部门和旅游企业积极利用网站、微信、微博等推出全新旅游资讯平台,加大旅游信息发布频率,推动旅游服务信息化水平明显提升,让游客获得了更加便捷的旅游体验。微信方面,武汉市、十堰市、宜昌市、恩施州（全称为恩施土家族苗族自治州）等市（自治州）的旅游部门及 A 级景区都开通了微信公众号,定期推送丰富的旅游资讯,并提供"食住行游购娱"一站式服务,赢得了众多游客点赞;微博方面,各市州旅游官方微博信息的时效性、实用性明显增强,话题性、原创性内容增多,与游客互动更加频繁。网站方面,各地旅游官网普遍增加了特产、美食、娱乐等方面的旅游信息,并增设了旅游指南、旅游贴士等板块,更加贴近大众旅游时代的游客偏好。

（3）生态旅游市场秩序稳定,游览环境持续改善

湖北省旅游行业不断加大旅游市场秩序整治力度,不仅延续和加强了联合执法、社会监督、公开曝光等有力举措,还针对"黑车""黑社""黑导""黑网站"和低价旅游陷阱进行了专项整治。受访游客对

湖北省旅游市场秩序的评价普遍较高，旅行社整体上诚信规范，景区游览环境日益改善，游客纷纷表示在湖北旅游比较放心。

（4）餐饮服务较为规范，美食旅游获得认可

2015 年，游客对旅游餐饮服务的评价较上年有较大改善。各市州针对以往农家乐、景区餐馆等旅游餐饮服务主体的经营粗放问题进行了有效的整治和引导，食品卫生、明码标价、合理定价等状况有所改善，得到了游客的认同。

25.4　湖北省生态旅游发展存在的不足

25.4.1　旅游产业结构不合理

从全国区域经济的发展态势来看，长三角、珠三角等城市圈中，一级城市北京、天津等发展得很好，但是这些地区的二级城市和一级城市发展的悬殊不是很大。湖北省与这些地区不同，无论是入境旅游还是国内旅游，武汉市都处于绝对的领先地位，近两年来国内旅游收入有 50%左右、入境旅游收入有 60%左右集中在武汉，而被确定为湖北省的两个省域副中心城市的宜昌和襄阳两市的国内、入境旅游收入总和还不到武汉市的一半，可见湖北省旅游产业产值呈现高度集中性和不均衡性。从近两年的统计数据看，在旅游总收入绝对值方面，武汉、宜昌、襄阳三市均有所增长，但武汉市在全省的百分比略有下降，而宜昌和襄阳则处于上升状态，其中宜昌上涨了 1%左右。国内旅游收入方面，以武汉、宜昌、襄阳、荆州、十堰、恩施 6 市（自治州）份额较大，6 市（自治州）总和占全省 17 个市总量的 80%以上。但是除了武汉、宜昌外，其他 4 市的国内旅游收入差距不大。由此可见，湖北旅游产业呈现出极度的不均衡化发展趋势。

25.4.2　生态旅游产品同质化比较严重

从总体上看，全省生态旅游产品的开发还主要停留在传统旅游产品的设计与组合上，生态旅游新产品的开发明显不足，特别是对旅游资源的文化内涵挖掘不够，缺少高品位、大规模、有鲜明特色的综合性生态旅游产品。由于对资源特色与开发方向把握不够，出现了较严重的生态旅游产品同质化和区域旅游产业同构化现象，突出地表现为各地的旅游产品多以观光型为主。

25.4.3　鄂西地区生态旅游景区的可进入性较差

鄂西地区地处中国南北气候过渡带和中西结合部的生态走廊，有着独特的生态资源和生态优势，具有很多发展生态旅游的有利条件。鄂西地区独特的地理位置和悠久的历史文化孕育了丰富的自然和人文景观旅游资源，既包含同类的旅游地，也拥有互补性的旅游资源。在鄂西地区的所有旅游资源中，矿产资源、森林资源、水利资源、土特产及畜牧业和渔业等生态旅游资源优势得天独厚，原始森林，生态农业和特色农业，山村田园风情，风景水体类的温泉、瀑布、河流、峡谷、山溪，各种各样的地貌景观（如丹霞地貌、喀斯特地貌、溶洞），以及地方土特产（如茶叶、木耳、水果、香菇、中草药等），构成鄂西地区最具特色的旅游资源。但是鄂西地区西部以山地为主，东部处于山地到江汉平原的过渡地带，多数县市处于山地环境，地形崎岖，受此影响，鄂西区域可进入性较差，区域内部铁路公路密度低，等级不高，路况较差，不能适应现代旅游"快旅、慢游、舒适、安全"的要求，因此，旅游交通是制约鄂西地区生态旅游发展的瓶颈。

25.4.4 湖北省生态旅游产品的营销策略和力度不到位

近几年，湖北省旅游业在政府的大力支持下有了较快的发展，但与全国旅游发达省份相比还存在较大的差距，主要原因不在于旅游资源、区位交通条件、客源市场等因素的影响，关键在于营销理念落后、营销动作小气、营销冲击力不强。在全球化背景下，市场经济就是影响力经济，旅游业更是如此。市场规则是只认第一，不认第二。湖北生态旅游要获得较快发展，首先必须提高知名度，扩大影响力，提升注意力，最有效的方式就是突出湖北地域特色文化的营销效应。

25.5 湖北省生态旅游发展的未来展望

针对生态旅游市场空间潜力巨大的现实，坚持形象推广与产品推广并举，进一步加大旅游市场宣传力度，进一步提升旅游市场宣传精度，不断开拓更加广泛的旅游客源市场。在海外客源市场，要加大推广力度，可积极借助政府合作、企业交流、民间活动等平台，充分调动地方及企业的积极性，建立完善统一对外营销机制，持之以恒地推广湖北总体生态旅游品牌和优势市州生态旅游品牌。在国内客源市场，要提升营销精度，加快构建客源地市场信息数据库，研究不同客源地生态旅游消费偏好，推动国内生态旅游营销具体到点、精确到人，避免"大而全"，减少营销过程中的随意性与盲目性。在省内旅游市场，要扩大广度，重在拓展旅游宣传渠道，在做好生态旅游产品宣传的同时加强生态旅游消费理念的推广，提升省内居民周末游、近郊游的热情。

坚持以游客的评价为导向，以优化生态旅游环境为重点，以加强旅游行业管理为主要途径，全面提升旅游公共服务水平，不断提高旅游服务质量和旅游体验。一是继续深入推进旅游"厕所革命"，推进生态旅游景区最大承载量的核定与执行，加强生态旅游景区周边环境整治，着力营造更加舒适和谐的游览环境。二是推进生态旅游市场综合治理，加强基层旅游执法监管，加大旅游市场整治力度，强化对违法违规旅游经营行为的查处，着力营造规范诚信的旅游形象。三是以旅游专线车、旅游集散中心、咨询中心、网络旅游平台建设为重点，推进旅游交通服务、智慧旅游服务、旅游咨询服务，着力构建具有国际水准、体系完备、优质高效的生态旅游公共服务体系。

参 考 文 献

[1] 河流与湖泊[EB/OL]. [2014-02-25]. http://www.hubei.gov.cn/hbgk/zrdl/201204/t20120406_344454.shtml.

[2] 湖北省情介绍[EB/OL]. [2014-07-19]. http://www.fohb.gov.cn/qtlm/show/7213.aspx.

[3] 绵延水乡[EB/OL]. [2014-02-26]. http://www.hubei.gov.cn/mlhb/lxhbzt/201209/ssshdjg/201209/t20120917_398167.shtml.

[4] 湖北气候[EB/OL]. [2014-02-26] . http://www.hubei.gov.cn/tzhb/touzi/lxhbzt/tzhj/tzhj/201207/t20120710_384137.shtml.

[5] http://epub.cnki.net/kns/brief/default_result.aspx, [2016-04-25].

第26章 湖南生态旅游发展报告

罗明春　中南林业科技大学旅游学院，长沙

生态旅游是旅游业的重要组成部分和可持续旅游的重要方式，也是建设两型社会的重要手段。湖南省是我国旅游大省，山水风光秀丽，气候温和湿润，生物种类具多样性，生态旅游资源富集，为开展生态旅游提供了得天独厚的资源条件。多年来，在国家大力发展旅游业的宏观背景下，湖南省作为两型社会试点省份，打造"旅游强省"，依托生态旅游资源优势，使省内生态旅游产业得到了快速发展，充分发挥了经济效益、环境效益和社会效益。

26.1　湖南省生态旅游发展基本态势

26.1.1　资源赋存量多质优

湖南省东、南、西三面环山，中部丘岗起伏，北部湖盆平原展开，沃野千里，形成了朝东北开口的不对称马蹄形地形。全省地貌类型多样，有半高山、低山、丘陵、岗地、盆地和平原。全省河网密布，流长 5km 以上的河流 5341 条，总长度 9 万 km，洞庭湖为我国第二大淡水湖，湖区面积 4040km^2。全省共有水库 14121 座，总库容 530.72 亿 m^3。湖南是我国重点林区省份，全省林地 1291.33 万 hm^2，湿地 393.07 万 hm^2，分别占全省国土总面积的 60.97% 和 18.56%。全省森林面积 1214.67 万 hm^2，全国排名第 7 位；森林覆盖率 57.52%，全国排名第 6 位（含台湾省），有华南虎、云豹、黄腹角雉、白鳍豚等野生保护动物及银杉、珙桐、南方红豆杉等珍稀濒危植物。气候、地貌、水文、动植物等优良的生态环境本底为湖南省生态旅游资源提供了良好的基础保障。

湖南省生态旅游资源类型多样，数量丰富，质量优越。有着历史悠久的南岳衡山，闻名遐迩的洞庭湖——岳阳楼，我国第一个国家森林公园——张家界国家森林公园。奇山秀水伴名胜古迹，绿树珍禽衬乡土风情。经过几十年的生态旅游发展，湖南省已初步形成了以森林公园、风景名胜区、自然保护区、湿地公园、地质公园、水利风景区、国家生态旅游示范区、省星级乡村旅游区、休闲农业与乡村旅游示范点等经营管理单位为载体的多类型的生态旅游景区（点）体系。截至 2014 年年底，全省拥有世界自然遗产 2 处、世界地质公园 1 处、世界灌溉工程遗产 1 处。在国家级层面上，有森林公园 54 处、风景名胜区 20 处、自然保护区 23 处、湿地公园 49 处、地质公园 11 处、水利风景区 27 处；在省级层面上，有森林公园 60 处、风景名胜区 40 处、自然保护区 28 处、地质公园 15 处、水利风景区 37 处、休闲农业与乡村旅游示范点 14 处、星级乡村旅游区（点）517 处。全省有 7 处国家级生态旅游示范区；7 处国家 5A 级景区全部为生态旅游景区；87 处国家 4A 级景区中，60 处为生态旅游景区。湖南省的国家森林公园数量和国家级风景名胜区数量均居全国第一。

26.1.2 产业发展持续稳定

森林是陆地上最大的生态系统，也是湖南省生态旅游发展的主要载体。从 1982 年我国第一个国家森林公园张家界国家森林公园建立以来，湖南的森林旅游业发展迅速。以张家界国家森林公园为核心吸引物的武陵源区 2014 年共接待国内外游客 1539.8 万人次，同比增长 11.5%，其中入境游客 69.8 万人次，同比增长 19%；累计旅游总收入近 65.3 亿元，同比增长 14.5%。伴随着森林旅游的发展，湿地生态旅游、乡村旅游等其他生态旅游也得到相应的发展。生态旅游在湖南省旅游业中占有重要地位，而且与其他旅游形式往往难以截然分开，因此从湖南省旅游业发展的情况也可见生态旅游发展之一斑。2009 年，全省旅游总收入 1099.47 亿元，迈入全省千亿产业行列；2010—2014 年，全省接待游客人次年均增长 19.23%，旅游总收入年均增长 20.94%；2014 年，全省接待国内旅游者 4.12 亿人次，入境旅游者 219.55 万人次，实现旅游总收入 3050.7 亿元，相当于全省 GDP 的 13.91%，旅游业在全省产业发展中的支柱地位得到了巩固和提升。

生态旅游与其他产业关联度高，辐射带动作用强，湖南省生态旅游发展过程中，与其他产业逐步融合。在与第一产业融合方面，湖南省林业厅、湖南省旅游局（2016 年，改设湖南省旅游发展委员会）签订了《关于推进森林旅游发展的合作协议》，共同推进森林旅游发展。在与第二产业融合方面，主要体现在旅游装备、旅游用品和旅游纪念品制造，如主要从事攀岩、拓展等项目建设的湖南长沙御峰体育文化有限公司（简称御峰户外），以张家界岩画为代表的旅游纪念品。与第三产业融合涉及旅游与文化、信息、交通、金融、健康、养老、气象等产业的结合，如依托南岳、武陵源景区建立全国气象旅游示范点和全国雷电预警示范点，举办湖南省国际旅游节、张家界国际森林保护节，推出长沙—武夷山旅游专列、旅游信贷产品等。

生态旅游产业融合路径主要表现在资源融合、技术融合、市场融合和功能融合等方面。在资源融合方面体现在旅游产业与工业、农业、文化方面的融合，表现形式为工业旅游、农业旅游和节事旅游。2012 年，湖南省旅游局分别与湖南省林业厅、湖南省气象局签署合作协议，标志着资源融合已经上升到政府层面；在市场融合方面体现在与会展、商务等的融合，表现形式为会展旅游、商务旅游和奖励旅游等；在功能融合方面体现在与教育、医疗和体育等的融合，表现形式为修学旅游、医疗旅游、体育旅游等；在技术融合方面体现在与创意、信息、技术、动漫等的融合，表现形式为产品创意、动漫设计、网络营销等。

湖南省在生态旅游发展过程中，还特别注重产学研一体化发展。湖南是全国最早进行森林旅游研究和森林旅游人才培养的省份。以中南林业科技大学、国家林业局森林旅游工程技术研究中心、张家界可持续旅游定位研究站、湖南省旅游研究基地、湖南省旅游学会、中南生态旅游规划设计有限公司为代表的产学研一体化机构，在生态旅游规划设计、空气负离子、植物精气、森林保健、生态旅游教育、生态旅游从业人员培训等方面，以及生态旅游业与教育、研究的融合方面起到了很好的示范作用。

26.1.3 空间格局基本形成

湖南省在生态旅游发展过程中，基于不同的生态旅游资源基础、社会经济发展水平和交通区位条件等，已基本形成"四区一带"的空间格局，即北部的环洞庭湖生态旅游片区、西部武陵山生态旅游片区、东部罗霄山生态旅游片区、南部南岭生态旅游片区及湘江生态旅游带。

洞庭湖汇集湖南湘资沅澧四大水系，连长江，邻湖北，是湖南融入长江经济带的节点。环洞庭湖生态旅游片区涉及益阳、常德、岳阳 3 市，主要生态旅游资源类型为湖泊、湿地、平原、乡村，主要生态旅游景区为洞庭湖—君山岛、柳叶湖—桃花源、皇家湖—桃花江等，主要生态旅游产品有水上观光、湿地观鸟、乡村休闲、生态度假。武陵山属亚热带向暖温带过渡类型气候，是亚热带森林系统核心区、长江流域重要的水源涵养区和生态屏障，包括湖南、湖北、贵州、重庆和广西等省市。武陵山生态旅游片区涉及常德、张家界、怀化、邵阳、娄底、永州 6 市和湘西土家族苗族自治州，主要生态旅游资源类型为森林、山地、峡谷、溶洞、温泉、河流、乡村，主要生态旅游景区有壶瓶山、江垭温泉、武陵源、猛洞河、坐龙峡、红石林、万佛山、南山牧场、崀山、紫鹊界梯田等，主要生态旅游产品为地质观光、温泉度假、森林游憩、户外运动。南岭是中国南部最大山脉和重要自然地理界线，还是长江水系与珠江水系的分界线，动植物资源丰富，地貌类型多样，包括湖南、广东、广西和江西等省份。南岭生态旅游片区涉及永州和郴州两市，主要生态旅游资源为森林、山地、野生动植物、溪流、瀑布、气象景观等，主要生态旅游景区有莽山、西瑶绿谷、九嶷山、双牌水库、金洞等，主要生态旅游产品有森林游憩、野生动植物观光、科普教育、漂流、探险、温泉疗养、户外运动等。罗霄山脉位于湖南和江西的交界，是两省的自然界线，也是湘江和赣江的分水岭，主要山峰海拔都在 1km 以上，气候温和湿润，动植物和矿产资源丰富。罗霄山生态旅游片区涉及郴州、株洲、长沙、岳阳四市，主要生态旅游资源有森林、山地、沟谷、温泉、河流等，主要生态旅游景区有东江湖、汝城温泉、神农谷、大围山、连云山等，主要生态旅游产品有水库观光、溪沟漂流、温泉度假、生态养生、森林观光等。湘江是湖南省最大的河流，也是湖南的母亲河，河网密布，支流和水库众多，湘江生态旅游带涉及衡阳、长沙、株洲、湘潭、永州五市，主要生态旅游资源有河流、水库、丘陵、乡村等，主要生态旅游景区有南岳、岳麓山—橘子洲、大京水库—仙庚岭、韶峰、舜皇山等，主要生态旅游产品有登山览胜、近郊休闲、乡村旅游等。

26.1.4　区域合作稳步推进

　　湖南省委省政府十分重视生态旅游的区域合作，依据不同时期的国家发展战略、不同的地理区位、不同的交通条件，积极稳步地推进与周边地区的生态旅游合作。21 世纪初期，湖南省就积极推动张家界及周边景区点充分利用西部大开发政策，加强与西部地区省份的旅游合作。近年来，区域合作上达成了越来越多共识，取得了越来越多的成就。2012 年签署的《全面推进泛珠三角区域旅游协调发展合作协议》，提出重点打造黔湘桂粤民俗生态旅游区、湘粤港澳高铁旅游黄金通道等，使这两个区域生态旅游合作步入"快车道"。此外，先后召开了湘、贵、渝周边地区旅游区域合作座谈交流会，以及湘赣边区域旅游开放合作交流工作会议，并商讨制定了《湘赣边区域旅游合作交流实施方案（征求意见稿）》。

　　2014 年，习近平总书记在湖南考察时，首次提出了湖南位于"东部沿海地区和中西部地区过渡带、长江开放经济带和沿海开放经济带结合部"的区位优势，随后在湖南省旅游局的倡议下，31 个城市签署了《岳阳共识》旅游结盟协议，致力于打造高铁沿线、长江沿岸特色精品旅游线路，实现线路互接、客源互送，建立异地投诉、联合执法制度，确保无障碍旅游。2014 年 9 月，南岭生态旅游与生态功能区建设研讨会在湖南省郴州市举行。研讨会上，湖南省、广东省、广西壮族自治区、江西省四省（区）七市共同发布关于生态保护的《南岭生态旅游促进宣言》（对南岭生态旅游促进宣言发表意见）。四省（区）七市将以此次共同宣言为新的契机，开拓创新，扎实工作，推进南岭地区生态旅游合作迈出实质性的步伐，真正实现旅游资源共享、产品互补、客源互送的共赢局面，这标志着南岭生态旅游片区的区域合作已经开始实施。

26.1.5　政策法规助推发展

　　为推动生态旅游和旅游业的发展，湖南省制定了一系列促进生态旅游发展的政策和措施。先后于 2007 年出台《中共湖南省委、湖南省人民政府关于加快发展旅游产业的决定》，2009 年出台《湖南省人民政府关于加快旅游项目建设培育旅游市场主体的意见》，2012 年出台《中共湖南省委、湖南省人民政府关于建设旅游强省的决定》。2013 年出台的《湖南省人民政府关于发展特色县域经济强县的意见》中，旅游业是县域经济发展的重点扶持特色产业。

　　为规范生态旅游发展，湖南省制定了一系列地方性法规和标准。在法规方面，有关系到湖南省旅游发展的,如 2008 年发布的《湖南省旅游条例》;有关于生态旅游资源开发和保护的,如《湖南省环境保护条例》《湖南省建设项目环境保护管理规定》《湖南省森林和野生动物类型自然保护区管理实施细则》《湖南省湿地保护条例》等;也有针对单个保护对象的,如《湖南省武陵源世界自然遗产保护条例》《湖南省东江湖水环境保护条例》《湖南黄桑国家级自然保护区管理办法》。此外,湖南省还通过制定地方行业标准促进生态旅游持续发展,如湖南省地方标准 DB43/T 758—2013《旅游饭店节能减排要求及考核评价》、DB43/T 484—2009《乡村旅游服务 星级评定准则》、DB43/T 878—2014《两型旅游景区》等。同时,为指导旅游规范发展,湖南省还出台了《湖南省乡村旅游建设"3521"工程实施方案》《湖南省现代服务业发展行动计划(2014—2017 年)》等。

26.2　湖南省生态旅游发展存在的问题

湖南省在生态旅游发展过程中,取得了较为突出的成就,但是,由于各种历史原因,湖南省的生态旅游发展也存在一些问题,这些问题主要表现在以下 3 个方面。

1)产品特色待突出,即在资源、区位、交通等条件基本相同时,生态旅游景区如何开发具有特色的差异化的生态旅游产品,从而获得更好的经济效益,促进生态旅游的经济可持续。

2)环境问题要重视,即在生态旅游资源开发利用和生态旅游活动开展时,如何通过管理和教育等手段,更好地保护生态环境,促进生态旅游的环境可持续。

3)公共服务需完善,即更好地改善生态旅游景区的可进入性、生态旅游标识系统、生态旅游地社区居民的生活环境,促进生态旅游的社会文化可持续。

26.3　湖南省生态旅游发展展望

26.3.1　发展思路

以科学发展观为指导,深入贯彻落实党的十八届四中全会精神,依托长江经济带建设、大武陵山区综合开发、环洞庭湖生态经济带建设、大罗霄山综合开发,围绕湖南省两型社会建设目标,正确把握旅游开发、生态建设、环境治理和文化保护之间的内在联系,以"品牌化、国际化、区域化、一体化、精品化"为方向,以促进湖南省生态旅游区"生态、生产、生活"的完美融合为目标,以生态旅游示范带、生态旅游示范区和生态旅游示范项目发展为依托,以点带面,从线到片,着力整合区域生态旅游资源、优化生态旅游发展环境、推进旅游产业转型升级,实现区域统筹、产业联动、协调推进,深化与周边省份和地区的交流合作,打造我国生态旅游的重要基地、长江经济带独具特色的生态旅游目的地、中国南方生态旅游发展的龙头,推进湖南区域经济的转型和"旅游强省"战略的实施。

26.3.2　战略目标

以武陵山生态旅游片区、环洞庭湖生态旅游片区、罗霄山生态旅游片区、南岭生态旅游片区、湘江生态旅游带为重点,统筹建设一批生态旅游精品线路和重点生态旅游项目,积极完善生态旅游公共设施和配套要素,推进湖南省生态旅游特色化、集约化、一体化、品牌化发展,实现湖南省生态旅游业在服务功能、综合环境、配套设施、可持续发展能力及市场竞争能力等方面的全面提升,实现生态旅游接待人次和总收入年均增长率达到10%以上,促进湖南区域生态环境的保护和修复,带动当地居民脱贫致富,实现生态效益、环境效益和社会效益的共赢。

26.3.3　总体布局

根据湖南省生态旅游资源分布格局，积极实施"以湘江为带，以山系为区，区域联动，整体跨越，协调推进"的生态旅游发展策略，构建"四区一带"的生态旅游发展空间格局（图 26.1），即武陵山生态旅游片区、环洞庭湖生态旅游片区、罗霄山生态旅游片区、南岭生态旅游片区、湘江生态旅游带。

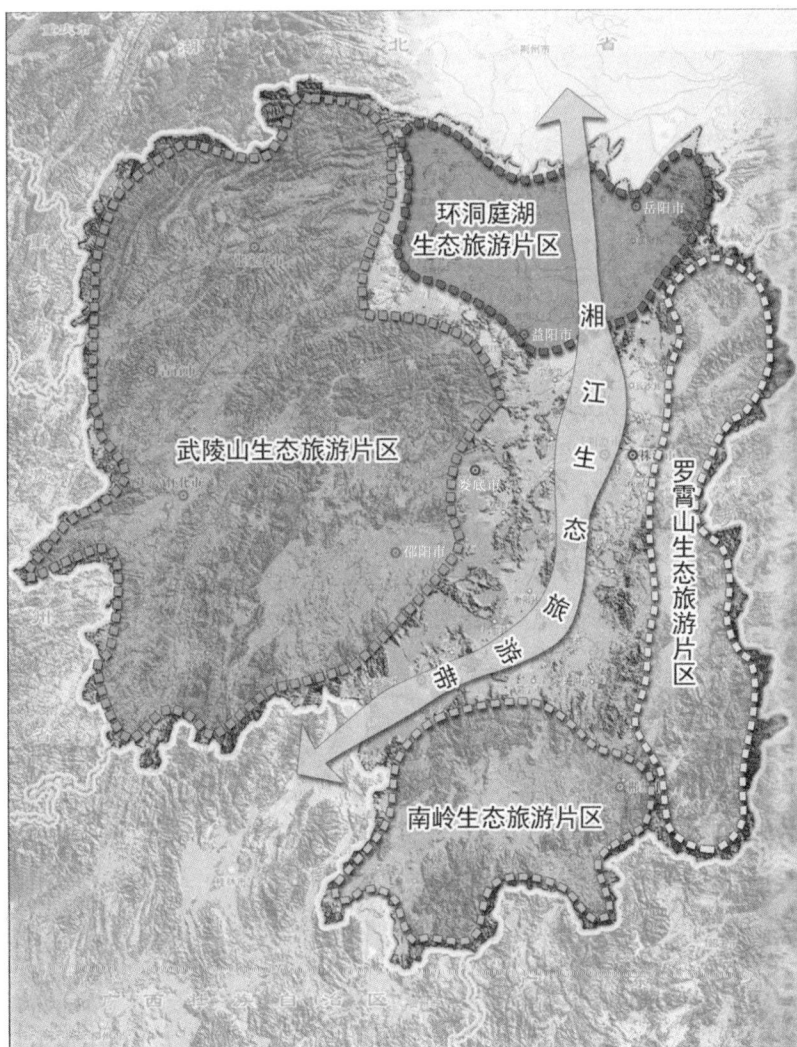

图 26.1　湖南省生态旅游"四区一带"空间布局

26.3.4　战略重点

1. 线路引领战略：打造 5 条互联互通生态旅游线路

以主要山脉、高速、高铁、水系为轴线，以已经形成的生态旅游空间格局为基础，以重点生态旅游区为依托，着力打造 5 条对接东西连通南北的生态旅游精品线路。

（1）东线：红绿湘东寻根游

以罗霄山脉为核心，依托生态旅游景区和人文旅游景区，东邻江西井冈山，西连湘江生态旅游带，北至洞庭湖生态旅游片区，南接南岭生态旅游片区，打造红绿交映寻根游线路：（北线大云山—五尖山）—福寿山—汨罗江—连云山—大围山（接中线岳麓山—橘子洲）—云阳山—酒埠江（接中线南岳）—神农谷（接江西井冈山）—东江湖—八面山（接南线飞天山）—汝城温泉—九龙江—广东。

（2）西线：神秘湘西观光游

以大湘西纵向发展为轴线，以两侧生态旅游景区及民族风情为依托，南北分别向广西、湖北延伸，西部与贵州、重庆对接，东部从北向南接环洞庭湖生态旅游片区、湘江生态旅游带和南岭生态旅游片区，打造神秘山水观光游线路：湖北—壶瓶山—张家界—天门山—猛洞河—小溪—吕洞山（接重庆）—红石林—坐龙峡—德夯—矮寨—南华山—凤凰（接贵州）—雪峰山—万佛山（接贵州、广西）—黄桑—城步南山（接广西）—崀山（接广西）—虎形山—紫鹊界—大熊山—茶马古道—北线。

（3）南线：五岭逶迤体验游

以南岭山脉为轴线，省外连接广东、广西和江西三省份，省内连接东线、西线和中线，凸显南岭生态屏障功能的同时，打造五岭逶迤体验游线路：广西—千家峒—都庞岭—九嶷山—阳明山西瑶绿谷—莽山—广东。

（4）北线：洞庭胜状度假游

依托环洞庭湖湿地公园及周边平原、丘陵和乡村等精品生态旅游区，结合不断优化的交通、逐渐丰富的产品、持续提升的服务，通过岳阳楼这一节点，延伸至南洞庭、西洞庭和湘江，将整个洞庭湖拓展为长江中游黄金旅游带上的重要板块，提升洞庭湖的国际影响力。与湖北荆州市共同打造和拓展环洞庭湖精品生态旅游线路：湖北荆州—澧阳平原—西洞庭—桃花源—南洞庭—东洞庭—湖北—三峡大坝—长江三峡。

（5）中线：湘江风光生态游

以湘江为轴线，整合沿岸生态旅游资源，创新开发水上旅游产品和滨江绿道旅游产品，开展观光、休闲、度假、体验、商务会展等体现湖湘文化和两型特色的水域休闲游：东洞庭湖—岳麓山—橘子洲—韶山—南岳衡山—金洞—舜皇山。

2. 项目支撑战略：建设 18 大生态旅游综合项目

国家战略是引擎，公共服务是支撑，项目建设是核心。以项目建设为抓手，结合国家发展导向和全省"旅游强省"战略要求，积极论证，统筹谋划一批生态旅游项目，包括三大引擎项目、六大支撑项目、九大核心项目，带动全省生态旅游的跨越发展和转型升级。

（1）重点建设 3 大引擎项目

围绕发展武陵山片区、罗霄山片区、环洞庭湖片区等国家战略项目，建设武陵山生态旅游开发及扶贫综合项目、洞庭湖国家公园建设综合项目、罗霄山生态旅游综合开发项目三大引擎项目。

（2）统筹发展 6 大支撑项目

结合生态旅游发展和环境保护的需要，统筹发展六大旅游公共设施建设项目，即生态环境保护工程、生态旅游教育工程、国家步道建设工程、生态旅游公共设施建设工程、湖南省智慧旅游综合开发项目。

（3）积极推进 9 大核心项目

依据"四区一带"的空间格局和五条生态旅游线路，对于没有进入引擎项目的地点，建设九大核心生态旅游项目，即壶瓶山—夹山生态旅游区综合建设项目、沅江中下游生态旅游综合开发项目、舜皇山—萍洲—浯溪生态旅游区综合建设项目、大九嶷山生态旅游区综合建设项目、苏仙岭—万华岩生态旅游区综合建设项目、大南岳衡山生态旅游区综合开发项目、长株潭绿心生态休闲综合开发项目、水府庙—韶山生态旅游区综合建设项目、大云山—五尖山生态旅游区综合建设项目。

3. 产业融合战略：促进 6 大产业与生态旅游融合发展

适应"两型社会"建设要求和新型农业、新型工业、新型城镇及信息化发展趋向，拓展生态旅游与其他产业融合的途径，深化产业融合的内容，大力推进生态旅游与农业、林业、文化、工业、体育、康体养生等产业和行业的融合，提高产业发展效益。

4. 区域联动战略：推动 5 大领域区域旅游一体化合作

加强区域联合，建立与湖北荆州和恩施州、江西赣州和萍乡、重庆、贵州铜仁、广西桂林和贺州、广东韶关等周边省市（自治州）的旅游合作机制，通过监管互动、资源整合、客源共享、品牌共建和营销合作推进不同层次、多种形式、跨地区跨行业的区域合作，加速区域旅游一体化进程。

5. 人才强旅战略：完善 3 大生态旅游人才发展体系

通过完善生态旅游专业人才教育培训体系、完善生态旅游高技能人才培养体系和完善生态旅游精英人才引进体系，来充分保障生态旅游的人力资源，促进生态旅游的发展。

第27章 河南生态旅游发展报告

陈玉英　河南大学历史文化学院旅游系，开封

洪鹏飞　三门峡职业技术学院经济管理学院，三门峡

27.1 河南省生态旅游发展回顾

河南，位于我国中东部，地处黄河中下游。境内黄河、淮河、长江、海河四大水系干支流河流纵横交织，卫河、漳河在北部汇入海河，丹江、湍河、唐白河在西南部注入汉水，太行山脉、伏牛山脉、桐柏山—大别山脉三大山脉沿北、西、南省界呈半环形分布。1980 年，河南省建立了第一个自然保护区——内乡宝天曼自然保护区；1982 年，信阳鸡公山自然保护区、栾川老君山自然保护区、济源猕猴自然保护区等 13 个自然保护区相继建立（表 27.1）。其中，国家级自然保护区 2 处，为内乡宝天曼自然保护区和信阳鸡公山自然保护区，这为河南省生态旅游发展奠定了资源基础，提供了发展优势。

表 27.1　河南省自然保护区一览表（1980—1982 年）

自然保护区名城	级别	建立时间	主要保护对象
内乡宝天曼自然保护区	国家级	1980	暖温带向北亚热带过渡的森林生态系统，珍稀动植物
南召宝天曼自然保护区	省级	1982	暖温带向北亚热带过渡的森林生态系统，珍稀动植物
桐柏太白顶自然保护区	省级	1982	以水源涵养林为主的森林生态系统，珍稀动植物
商城金刚台自然保护区	省级	1982	暖温带—北亚热带森林生态系统，珍稀动植物
西峡老界岭自然保护区	省级	1982	暖温带—北亚热带森林生态系统，珍稀动植物
鲁山石人山自然保护区	省级	1982	暖温带森林生态系统，珍稀动植物
灵宝小秦岭自然保护区	省级	1982	暖温带森林生态系统，珍稀动植物
嵩县龙池曼自然保护区	省级	1982	暖温带森林生态系统，珍稀动植物
新县连康山自然保护区	省级	1982	北亚热带森林生态系统，珍稀动植物
罗山董寨自然保护区	省级	1982	珍贵鸟类红腹锦鸡等及其生活环境
济源猕猴自然保护区	省级	1982	猕猴等野生动物及其生活环境
济源太行山禁猎区	省级	1982	猕猴等野生动物及其生活环境
信阳鸡公山自然保护区	国家级	1982	暖温带—北亚热带落叶常绿阔叶混交林
栾川老君山自然保护区	省级	1982	暖温带—北亚热带落叶常绿阔叶混交林

资料来源：韩新华，李长海. 保护与开发并重 开展生态旅游——河南省自然保护区发展现状及展望. 中国植物学会植物园分会第十六次学术讨论会论文集，2001 年 6 月。

20 世纪 80 年代末，彼时河南省全省性的旅游资源调查工作还未全面展开，就有学者对河南旅游资源

及其开发做了粗略分析，指出河南省地貌旅游资源丰富，兼有平原河流、乡村生态旅游资源，以及山地地质旅游资源，山地主要分布在西部和南部，海拔高度和切割程度差别甚大造就了河南独特的山地旅游景观特征，而郑州黄河游览区是境内较为壮观的黄河游览区之一[1]。1992 年，伏牛山被林业部和世界自然基金会确定为具有国家和全球重要意义的区域，被"中国生物多样性保护行动计划"确定为森林生态系统自然保护的优先领域。时至 1995 年，河南省内的太行山脉已形成百泉风景名胜区、南太行林虑山风景名胜区、云台山风景名胜区、神农坛风景名胜区、青天河风景名胜区、王屋山风景名胜区、五龙口风景名胜区 7 个县级风景名胜区。据此，分布如此集中的省级风景区为国内罕见，有望形成一条以生态为主的国家级旅游热线。彼时学者对可供生态旅游的自然风景组成要素（包括地貌、水体、气候、植物和植被、古树名木、野生动物）做了浅要分析[2]。

1995 年 5 月，河南省第十二次全会确定了 6 个河南省"九五"重点旅游建设项目，石人山、白云山、宝天曼等伏牛山旅游开发项目即在其中。1997 年，河南省计经委中长期规划与国土处编制了《河南省伏牛山自然风景区总体规划纲要》[3]。1998 年，河南省人民政府下发《关于加快发展旅游业的决定》[4]（以下简称《决定》），提出正确认识旅游业的地位和作用，把旅游业作为优先发展的支柱产业，列入国民经济和社会发展规划。《决定》鼓励有条件的地方利用荒山、荒地和非饮用水面资源成片开发旅游区域，做到开发与保护并举，旅游景区建设要突出重点，增强精品意识，要把郑州黄河大观、黄河小浪底旅游区、伏牛山自然风景区等项目建成具有国际影响力的旅游精品。在地方，南阳市政府豫政〔1999〕66 号文件和《南阳市旅游事业发展规划》均把伏牛山旅游开发列入重点旅游建设项目和近期开发重点[3]。

进入 21 世纪，胡良民于 2000 年提出河南省要在国内外旅游市场上提高知名度，必须关注和培养生态旅游、观光农业、探险旅游等一些旅游经济新增长点[5]。河南省是农业大省，农业基础雄厚。一方面反映我国农村特色的农耕、民俗风情、田园生活、乡村风貌等景观丰富；另一方面，城乡经济发展和人民生活水平的提高会增强人们对提高生活质量、改善农村环境、发展观光农业的需求，并为发展观光农业旅游提供了优越条件。太行山、伏牛山、桐柏山—大别山等山区拥有多处森林生态、珍稀动物、禁猎禁伐等类型的自然保护区，黄河中游、淮河上游、丹江口等地先后兴建大中型水库，为发展生态旅游提供了良好基础。王淑华针对河南省山水自然资源的分布特点，认为河南拥有吸引力较强的生态旅游资源，在发展生态旅游时应把生态资源的开发和保护紧密结合在一起，不以牺牲生态环境为代价，要认真制定生态旅游资源开发规划和管理法规，因地制宜发展具有河南地方特色的生态旅游产业，发展生态饭店、生态旅馆、生态交通、生态商店等产业[6]。张泽指出伏牛山自然风景区地理位置独特，自然风光旖旎，动植物资源种类齐全，各类景观特点明显，具有特殊的旅游价值，而南阳市境内的伏牛山是整个伏牛山的腹地和核心地段，境内保护区面积占整个国家级伏牛山自然保护区总面积的 70% 以上，石人山南麓（龙潭沟、九龙口）、宝天曼和老界岭等主要自然景观集中于此段，应该依托优势资源，以回归自然和生态旅游为主题，推崇、顺应、保护和利用自然，完善基础设施，高质量高品位开发，建成融观光、休闲度假、科普探险、生态示范为一体的生态旅游景区，成为河南旅游的品牌和闪光点[7]。

2001 年 9 月，河南省政府下发了《关于加快旅游业发展的实施方案》[8]。该方案提出以郑、汴、洛沿黄旅游线和嵩山、伏牛山、太行山、桐柏—大别山旅游区为骨干，努力构筑河南旅游大框架，着力开发文化观光、寻根朝敬、休闲度假和生态旅游项目，把伏牛山旅游区、太行山旅游区、桐柏—大别山旅游区建设成开展包括生态旅游在内的多种旅游项目的重要基地。积极配合国家实施生态旅游示范区开发建设，规划建设黄河生态旅游示范区（小浪底水库、三门峡黄河白天鹅生态园）、伏牛山生态旅游示范区（石人山、白云山、龙峪湾、重渡沟、宝天曼）、太行山生态旅游示范区（云台山、青龙峡、五龙口、王屋山）、大别山生态旅游示范区（鸡公山、嵖岈山、淮源）等一批生态旅游示范区。

娄玉芹、李春生于 2001 年对河南省农业观光旅游的开发问题进行了思考，指出农业旅游具有生态旅游的内涵，河南省应将观光生态农业作为农业观光旅游的发展类型，既增加综合农业效益，又吸引一定数量规模的游客，使旅游者在观赏、品尝、购物、娱乐、疗养、度假的同时学习到有关生物食物链、生态环境保护等科学知识[9]。2001 年，信阳南湾水库风景区被水利部确定为国家水利风景区。为做好旅游业的各项工作，景区确立了"坝上保护、坝下开发"的指导思想，建设成以生态旅游为主题，在库区可以充分观赏自然风光，在坝下可尽情感受游乐、餐饮和豫南文化的风景名胜区[10]。马向阳于 2002 年指出河南省信阳市地处大别山北麓，山水资源丰富，植物种类繁多，优越的自然条件为信阳生态环境保护和建设提供有利条件，因此应积极开展生态旅游为主的第三产业建设，利用山、水、林、泉、瀑等旅游资源，科学规划、合理布局、突出特色，大力发展生态旅游业，把生态旅游作为新经济增长点来抓[11]。

21 世纪头 5 年，我国旅游业的发展出现了 3 大模式——焦作现象、栾川模式和宁波经验，而焦作现象和栾川模式的诞生地——河南省焦作市、河南省栾川县分别地处河南省生态旅游集聚地北部太行山脉和西部伏牛山脉。

1999 年，焦作市做出大力发展旅游业的决策；2000 年，确立焦作山水旅游定位；2001 年，完成焦作山水旅游新格局的构建；2002 年，掀起全市创优高潮；2003 年 3 月，"焦作山水""云台山"被评为中国旅游知名品牌；2003 年 6 月，正式申报云台山世界地质公园；2003 年年底通过国家旅游局创优验收；2004 年 2 月，联合国教科文组织正式命名云台山世界地质公园为世界首批地质公园。5 年间，焦作市旅游接待人数、门票收入、综合收入 3 项经济指标呈现出持续增长的态势，全市国民生产总值年均增长 11.85%，国民生产总值人年均增长 10.7%，地方财政收入年均增长 21.5%[12]。"焦作现象"是对焦作市旅游业快速发展的一种赞扬性表述，是山水旅游促进资源型城市成功转型的典型。

2004 年 10 月 29 日，《中国旅游报》头版刊发了该报副总编邵春的署名文章《"栾川模式"考》。"栾川模式"由此被旅游业界人士频频提到，并逐步得到认可。"栾川模式"是国家级贫困县栾川县 21 世纪初大力发展旅游探索出的经验总结。2005 年 3 月 19 日，"栾川模式"研讨会在北京钓鱼台国宾馆举行，国家旅游局、河南省、洛阳市有关领导出席，来自国内及日本、韩国、加拿大、新加坡等地的 40 多名专家学者参加研讨，全国 60 多家新闻媒体进行了专题报道[13]。2005 年 11 月 23 日，在云南昆明"中国国际旅游交易会"期间，国家旅游局牵头举办了"宁波经验·焦作现象·栾川模式"总结推广峰会。

2006 年 7 月，时任河南省省长李成玉对河南省西南部的嵩县白云山、信阳南湾湖、南阳南召县真武顶、内乡县宝天曼、西峡县老界岭、洛阳栾川县龙峪湾等景区的生态旅游发展进行实地考察，提出要上下齐心协力抓旅游，精心打造伏牛山生态精品线路，统筹规划、整体推出，提升河南旅游的品位和档次[14]。同年 9 月，河南省政府下发了《关于进一步加快伏牛山生态旅游发展的意见》[15]，提出要抓住机遇，尽快把伏牛山培育成全国著名的生态旅游目的地，充分发挥生态旅游资源优势，加快开发建设步伐，打造伏牛山生态旅游品牌，把伏牛山核心景区培育成 5A 级旅游区，把石人山—白云山—龙峪湾—老界岭—宝天曼—南湾湖生态旅游线培育成国内知名的精品旅游线。

2007 年 5 月，云台山被国家旅游局正式命名为全国首批 5A 级景区。同年 6 月，时任河南省委书记徐光春深入洛阳栾川、嵩县和南阳西峡等地，实地考察伏牛山生态旅游开发情况，并提出政府应增加财政拨付，重点支持景区道路建设、景点开发等项目[16]。

2008 年，中共河南省委、省政府提出"两带五区"的河南省旅游发展总体布局，"两带"即沿黄古都旅游带、南水北调中线生态观光带，"五区"是嵩山禅武文化旅游区、南太行山水生态旅游区、伏牛山休闲度假区、桐柏—大别山旅游区、豫东平原古文化旅游区。

2008 年 11 月，时任河南省委书记徐光春在日本访问时提出了"旅游立省"省域旅游发展理念[17]。12 月 15 日，河南省委政策研究室和河南省旅游局联合组织召开了全省旅游发展战略研讨会，邀请专家针对河南省旅游产业发展前景展开研讨。

2009 年是国家旅游局确定的全国生态旅游年。同年 5 月 8 日，"2009 河南省生态旅游年"在南阳市西峡县老界岭风景区正式启动，全省旅游系统积极响应和谋划，推出了"黄河风情""梦醉花都""神游太行""探寻伏牛"等 10 条生态旅游精品线路和开封菊花花会、国际黄河旅游节、黄河小浪底观瀑节、郑州樱桃、葡萄文化节等 12 项生态旅游节庆活动[18]。

在全省积极发展旅游业的背景下，凭借丰富的自然旅游资源和人文旅游资源，河南省开发出一系列生态旅游产品，主要包括自然生态旅游产品和人文生态旅游产品两大类[19]，前者包括森林生态游、花卉欣赏游、野生动物观赏游、田园风光游、运动健身生态游，后者有河洛文化生态游、寻根问祖人文生态游、殷商文化生态游、宋文化生态游、中华佛教文化生态游、历史名人文化生态游。

2011—2012 年，河南栾川、新安、孟津等县域乡镇从调整农业发展结构、促进农业与第三产业融合、做好农村土地流转等多层面出发，建设农业生态观光园，大力发展生态旅游[20-24]。河南省的乡村生态旅游，经过近 20 年的发展，经历了农家乐型、农业娱乐型、乡村度假型 3 个阶段，从最初简单的农家服务型的乡村休闲旅游发展到集观光、劳作、游乐诸多活动为一体的较为完善的乡村生态旅游[25]。

2012 年 2 月，河南省人民政府办公厅下发了关于印发《河南省"十二五"旅游产业发展规划》（以下简称《规划》）的通知。《规划》提出依托资源、区位交通、文化等特色和优势，发挥伏牛山、太行山、桐柏—大别山等山地生态环境优势，以及黄河小浪底、信阳南湾湖、漯河沙澧河、驻马店薄山湖、舞钢石漫滩、平顶山昭平湖等水利湖泊资源，整合中医药、温泉、武术、太极、宗教、民俗等特色，开发休闲度假、康体养生产品，实现生态与人文融合，打造全国新兴的山地休闲度假旅游目的地，在大黄河之旅国家精品线路的基础上，整合沿线生态、人文资源，丰富休闲、体验和度假产品，打造一条集世界文化遗产、中华古都群、黄河湿地生态于一体的黄金生态文化旅游带。《规划》还提出打破行政区划，整合景区资源，以建设旅游目的地和集聚区为重点，构建"一区两带四板块"新格局，其中"两带"指黄河黄金生态文化旅游带、南水北调中线生态文化旅游带[26]。

2013 年 12 月，国家旅游局和环境保护部公布 2013 年国家生态旅游示范区名单[27]，共计 39 家单位，河南省焦作市云台山国家生态旅游示范区和平顶山市尧山·大佛国家生态旅游示范区榜上有名。

2015 年 1 月，国家旅游局公布 2014 年国家生态旅游示范区公示名单[28]，37 家旅游景区入选，其中河南省有 2 个景区入选，分别为驻马店市嵖岈山旅游景区和鹤壁市淇河生态旅游区。

27.2　生态旅游发展现状

2015 年 9 月，河南省旅游局与省环境保护厅按照相关标准及工作要求，组织旅游、环保专家对全省申报国家生态旅游示范区的单位通过听取汇报、实地查看、核查资料和技术评估等工作程序，最终评定洛阳栾川重渡沟风景区、信阳南湾湖风景名胜区及三门峡天鹅湖国家城市湿地公园达标，拟推荐为国家生态旅游示范区[29]。

2015 年 10 月，嵖岈山风景名胜区被国家旅游局确定为国家 5A 级旅游景区。至此，河南省的国家 5A 级旅游景区共有 11 家，其中 7 家与山地有关，分别为焦作风景区（云台山—神农山—青天河）、洛阳嵩县白云山景区、平顶山鲁山县尧山—中原大佛景区、洛阳栾川县老君山—鸡冠洞旅游区、洛阳新安县龙潭大峡谷景区、南阳西峡伏牛山老界岭·恐龙遗址园旅游区和嵖岈山风景名胜区。

2015 年"五一"小长假，焦作市共接待游客 88.13 万人次，实现门票收入 4309.82 万元。其中，云台山接待游客 16.90 万人次，门票收入 1919.00 万元；青天河景区、神农山景区分别接待游客 18.52 万人次、19.34 万人次，门票收入分别为 1268.60 万元、999.10 万元。洛阳嵩县白云山、天池山、木札岭、卧龙谷 4 大景区共接待游客 7.29 万人次，门票收入 202.08 万元。栾川重渡沟景区 3 天共接待游客 4.50 万人次，实现旅游综合收入 1200 多万元。新安县龙潭大峡谷、黛眉山、荆紫仙山、新安樱桃谷等景区共接待游客 16.35 万人次，门票收入 522.88 万元。南阳西峡龙潭沟旅游区共接待游客 5.60 万人[30]。2015 年国庆节期间，河南全省共接待游客 4570.40 万人次，实现旅游收入 266.20 亿元，其中焦作云台山共接待游客 39.27 万人次，洛阳栾川重渡沟 7 天共接待游客 9.47 万人次，门票收入 781.00 万元，同比分别增长 11%、15%[31, 32]。

截至 2015 年，河南省共有国家森林公园 30 家，国家级自然保护区 12 处，国家级风景名胜区 9 家，国家地质公园 15 家，详见表 27.2。

表 27.2   河南省各类生态旅游项目概况

种类	名录	单位数/家
国家森林公园	河南嵩山国家森林公园、河南寺山国家森林公园、河南汝州国家森林公园、河南石漫滩国家森林公园、河南薄山国家森林公园、河南开封国家森林公园、河南亚武山国家森林公园、河南花果山国家森林公园、河南云台山国家森林公园、河南白云山国家森林公园、河南龙峪湾国家森林公园、河南五龙洞国家森林公园、河南南湾国家森林公园、河南甘山国家森林公园、河南淮河源国家森林公园、河南神灵寨国家森林公园、河南铜山湖国家森林公园、河南黄河故道国家森林公园、河南郁山国家森林公园、河南玉皇山国家森林公园、河南金兰山国家森林公园、河南嶂峡山国家森林公园、河南天池山国家森林公园、河南始祖山国家森林公园、河南黄柏山国家森林公园、河南燕子山国家森林公园、河南棠溪源国家森林公园、河南大鸿寨国家森林公园、河南天目山国家森林公园、河南大苏山国家森林公园	30
国家级自然保护区	河南黄河湿地国家级自然保护区、河南豫北黄河故道湿地鸟类国家级自然保护区、河南焦作太行山猕猴国家级自然保护区、河南南阳恐龙蛋化石群国家级自然保护区、河南伏牛山国家级自然保护区、河南宝天曼国家级自然保护区、河南鸡公山国家级自然保护区、河南董寨国家级自然保护区、河南连康山国家级自然保护区、河南小秦岭国家级自然保护区、河南丹江湿地国家级自然保护区、河南大别山国家级自然保护区	12
国家级风景名胜区	鸡公山风景名胜区、洛阳龙门风景名胜区、嵩山风景名胜区、王屋山—云台山风景名胜区、尧山（石人山）风景名胜区、林虑山风景名胜区、青天河风景名胜区、桐柏山—淮源风景名胜区、郑州黄河风景名胜区	9
国家地质公园	河南嵩山国家地质公园、河南焦作云台山国家地质公园、河南内乡宝天幔国家地质公园、河南王屋山国家地质公园、河南西峡伏牛山国家地质公园、河南嶂峡山国家地质公园、河南关山国家地质公园、河南黄河国家地质公园、河南洛宁神灵寨国家地质公园、河南洛阳黛眉山国家地质公园、河南信阳金刚台国家地质公园、河南小秦岭国家地质公园、河南红旗渠·林虑山国家地质公园、河南汝阳恐龙地质公园、河南尧山地质公园	15

27.3   生态旅游发展的经验

河南省是农业大省和文化大省，自然地理环境优越，生态旅游资源丰富。依托太行山脉、伏牛山脉、桐柏山—大别山脉生态旅游资源，焦作、洛阳、南阳、信阳等在发展生态旅游上均取得不俗的成绩。在焦作、洛阳、南阳等地旅游业快速发展的进程中，形成了一些具有借鉴意义的经验。

27.3.1   政府主导

地区政府高瞻远瞩，将发展旅游业作为战略决策，发挥主导作用，积极定位旅游业发展，构建旅游业发展格局。坚持规划优先，高起点编制生态旅游发展规划，先规划后建设，开发与保护并重，以保护为主。积极主导基础设施建设，修建旅游公路和通信设施，改善游客可进入性。树立品牌意识、精品意识和创优意识，提升景区品位。依托旅游业带动地区转型，出台支持政策和措施，优化发展环境，将自然生态资源与人文资源有机结合起来，坚持做强、做精、做好。

27.3.2   部门联动

上下一心，从干部到群众全员联动，埋头苦干，鼓足地区群众发展旅游业热情和信心，一步一个脚印搞旅游建设。干部发挥带头作用，责任制包干。从政府到企业全员推介，不断开拓新的客源市场。在策划和营销上屡出奇招，开展形式多样的活动，提高地区旅游影响力和吸引力，促进客源的稳定快速增长。借助传统媒体和新兴媒体，举办和承办大型节事活动，唱响地区旅游名气。

27.3.3　市场化运作

坚持市场化运作，把招商引资作为做大做强旅游业的突破口。一是以资源招商，充分利用现有资源，通过项目带动资源开发实施；二是通过转让企业经营权，引导、鼓励民营资本参与旅游开发，激活旅游企业的发展后劲；三是以项目合作方式，完善旅游基础设施。通过市场化运作，将地区生态旅游业越做越强，既富民又增加地方财政。

27.4　生态旅游发展存在的不足

27.4.1　生态旅游观念有待提高

河南省的生态旅游发展尚处于起步阶段，上到地方政府下至旅游者，在对生态旅游的认识和观念上还存在着许多误区，不能充分认识到生态旅游的重要性。生态旅游资源不单单是原生态的自然资源，生态旅游也不是简单的回归大自然。重经济轻保护，大众观光式的方式难以确保生态旅游可持续发展。

27.4.2　生态旅游监管体系不够健全

旅游行政管理体制不顺畅是河南省乃至全国旅游业的通病，国家森林公园、国家级自然保护区、国家级风景名胜区、国家地质公园分属不同的部门，政出多门，管理和责任难以统一。生态旅游资源具有脆弱性，超出一定环境容量的旅游活动会导致生态退化，对生态旅游资源造成破坏。河南省的生态旅游监管体系不完善，影响生态旅游的长远发展。

27.4.3　缺乏科学的生态旅游规划

地方政府在开发生态旅游资源时，缺乏深入调查和全面科学论证，缺乏科学的规划，开发方式粗放，资源依赖性较强，对生态旅游的规划和开发仍按照传统大众旅游的方式进行，规划中缺乏必要的保护性措施，保护意识淡薄，重开发轻保护，不能将社会效益、环境效益和经济效益统一协调。

27.4.4　生态旅游开发层次不高

生态旅游具有多种功能，它比大众旅游更注重对当地自然和文化的保护、更注重对旅游者的教育。河南省的生态旅游地多处在深山区，基础设施完善程度不够，可进入性稍差，开展生态旅游受到诸多限制，有条件的生态旅游开发较早的地区，其生态旅游活动以观光休闲为主，生态旅游的多种功能没有被充分利用和发挥。

27.5　生态旅游发展的未来展望

河南省生态旅游发展方兴未艾，未来大有文章可做。开创生态旅游发展的新局面，要加强基础设施和生态旅游配套设施的建设，完善、提升和夯实生态旅游发展硬基础。充分发挥河南省文化旅游和生态旅游优势，深层次挖掘文化和生态内涵，做长做深生态旅游产业链深度和宽度。确立科学的全局化的发展思路和规划意识，树立生态、社会、经济三位一体的可持续发展观念。加强沟通学习和区域合作，积极消化吸收国内外生态旅游发展经验，"走出去"和"引进来"两手抓，提升生态旅游发展水平。理顺和创新体制机制，建立健全法律法规和监管体系，有效规范生态旅游利益相关者各方行为，充分发挥市场主导作用。积极开展"互联网+"和"旅游+"，提高生态旅游信息化水平，促进生态、旅游同其他产业的融合。

参 考 文 献

[1] 李永文. 论河南省的旅游资源及其开发[J]. 地域研究与开发，1989，8（1）.

[2] 李惠道. 河南太行山生态旅游资源浅析[J]. 中国园林，1995（4）.

[3] 张泽. 南阳伏牛山自然风景区的旅游价值[J]. 河南地质，2000，18（4）.

[4] 河南政报：河南省人民政府关于加快发展旅游业的决定（豫政〔1998〕31号）. 1998年9月.

[5] 胡良民. 河南省旅游经济发展的前景分析[J]. 地域研究与开发，2000，19（4）.

[6] 王淑华. 河南省生态旅游的开发与可持续发展[J]. 许昌师专学报，2000（4）.

[7] 张泽. 南阳伏牛山自然风景区的旅游价值[J]. 河南地质，2000，18（4）.

[8] 河南政报：河南省人民政府印发关于加快旅游业发展实施方案的通知（豫政〔2001〕28号）. 2001年9月.

[9] 娄玉芹，李春生. 河南省农业观光旅游开发与思考[J]. 经济经纬，2001（1）.

[10] 刘世华，阚文蔚，孙中强. 依托山水资源发展生态旅游：南湾水库风景区旅游开发的实践与思考[J]. 河南水利，2002（1）.

[11] 马向阳. 关于河南省信阳市发展生态经济的思考[J]. 河南林业科技，2002，22（3）.

[12] 佚名. 焦作现象[EB/OL]. http://baike.baidu.com/view/2460648.htm.

[13] 佚名. 栾川模式[EB/OL]. http://baike.baidu.com/view/50837.htm.

[14] 打造大伏牛山生态游：河南省省长李成玉考察豫西南生态旅游发展[N]. 中国旅游报，2006-7-19.

[15] 河南省人民政府公报：河南省人民政府关于进一步加快伏牛山生态旅游发展的意见（豫政〔2006〕50号）. 2006年9月.

[16] 李东芳. 河南省生态旅游开发现状及对策[J]. 河南教育学院学报（哲学社会科学版），2009（6）.

[17] 河南省人民政府. 专家看"旅游立省"战略[EB/OL].（2009-06-12）. http://www.henan.gov.cn/ztzl/system/2009/06/12/010139991.shtml.

[18] 中华人民共和国国家旅游局. 河南省确立旅游立省发展战略[EB/OL].（2008-12-23）. http://www.cnta.gov.cn/xxfb/jdxwnew2/201506/t20150625_458385.shtml.

[19] 河南省人民政府. 河南省生态旅游年南阳启动[EB/OL].（2009-05-11）. http://www.henan.gov.cn/jrhn/system/2009/05/11/010133602.shtml.

[20] 林绍贵. 河南省生态旅游现状及可持续发展研究[J]. 河南商业高等专科学院学报，2010，23（1）.

[21] 三川镇人民政府. 河南三川镇发展生态旅游促进一三产业融合发展[J]. 小城镇建设，2012（1）.

[22] 调整产业结构发展生态旅游：河南省新安县建设现代农业发展纪实[N]. 中国特产报，2012-11-21.

[23] 李丽颖，张培奇. 在长处凸起从短处转型：新安县结构调整、土地流转、生态旅游"三篇文章"一起做[J]. 农家参谋，2012（2）.

[24] 卢新松. 河南孟津小产业做出大文章[J]. 农村工作通讯，2012（22）.

[25] 陈佳平. 河南省乡村生态旅游开发问题研究：基于中原经济区的视角[J]. 河南社会科学，2012，20（10）.

[26] 河南省人民政府. 河南省人民政府办公厅关于印发河南省"十二五"旅游产业发展规划的通知[EB/OL]. http://www.henan.gov.cn/zwgk/system/2012/02/16/010291177.shtml.

[27] 中华人民共和国中央人民政府. 两部门关于2013年国家生态旅游示范区名单的公示[EB/OL]. http://www.gov.cn/gzdt/2013-12/03/content_2541307.htm.

[28] 中华人民共和国国家旅游局. 2014年国家生态旅游示范区公示名单[EB/OL]. http://www.cnta.gov.cn/zwgk/tzggnew/gztz/201506/t20150625_429648.shtml.

[29] 河南旅游政务. 河南省旅游局、河南省环境保护厅推荐申报2015年国家生态旅游示范区的公示[EB/OL]. http://www.hnta.cn/Gov/zwgk/zwgw/zwgs/2015/946635663.shtml.

[30] "五一"小长假火爆省内游[EB/OL].（2015-05-05）. http://newpaper.dahe.cn/hnrb/html/2015-05/05/content_1257737.htm?div=0.

[31] 云台山圆满度过"十一"黄金周[EB/OL].（2015-10-16）. http://news.hexun.com/2015-10-16/179876489.html.

[32] 2015年国庆节河南接待游客4570万人次揽金266亿[EB/OL].（2015-10-7）. http://news.dahe.cn/2015/10-07/105757346.html.

第28章 江西生态旅游发展报告

田勇　江西师范大学历史文化与旅游学院，南昌

李向明　江西财经大学旅游与城市管理学院，南昌

28.1 江西省生态旅游发展背景回顾

在生态保护和建设方面，江西省陆续出台了《江西省实施〈中华人民共和国水土保持法〉办法》《关于加强东江源区生态环境保护和建设的决定》《江西省鄱阳湖湿地保护条例》《江西省森林条例》《关于加强森林资源保护和林业生态建设的决议》《江西省森林防火条例》等；先后提出了"既要金山银山、更要绿水青山""绿水青山就是金山银山""山上办绿色银行""建设绿色生态江西"等科学理念，从深化林业产权制度改革入手，连续组织实施了"山江湖工程""造林灭荒""山上再造""退耕还林"等一系列生态环境保护工程，实现了森林资源全面增长。同时提出以"一流的水质、一流的空气、一流的生态环境、一流的人居环境、一流的绿色生态保护和建设机制"为目标，构建"五河一湖"及东江源头生态环境安全格局，保持"五河"及东江源头优良的生态环境，使鄱阳湖永保"一湖清水"。截至2010年，"五河"源头及东江源头保护区内地表水水质达到 II 类以上，鄱阳湖监测断面 III 类以上水质比例达到 78%以上，城市集中式饮用水水源地水质达标率达到 95%以上，农村饮用水水质和村镇环境质量进一步改善。

在产业定位方面，从 2000 年起，江西省省委、省人民政府提出了"三个基地，一个后花园"，即把江西建成沿海发达地区产业梯度转移的承接基地、优质农产品供应基地、劳务输出基地和沿海地区群众旅游休闲的后花园，实现江西在中部地区崛起的大战略。

江西省生态旅游资源丰富多样，发展条件优厚。江西省省委、省政府对生态旅游非常重视与支持。"十五"期间就确立了江西在 21 世纪走生态经济可持续发展的战略发展道路；"十一五"期间积极发展生态旅游，做出了具体的生态旅游发展规划，并提出着力理顺主要景区的管理体制和加强旅游基础设施建设等发展措施。江西省适时提出了"在中部地区崛起"战略，建立"三个基地、一个后花园""环鄱阳湖旅游圈""环鄱阳湖城市圈""鄱阳湖生态经济区"等发展战略。2009 年 12 月 12 日，国务院正式批复了《鄱阳湖生态经济区规划》，为生态旅游业的发展奠定了坚实的基础。

2010 年 11 月 20 日，全面展示江西独特的生态文化，以"生态中国、绿色江西"为主题的中国鄱阳湖国际生态文化节在南昌隆重开幕。江西省借助其影响力与辐射性大力开展生态旅游活动，提高人们的生态文明意识，加强生态文明建设，促进江西生态旅游产业转型升级、进位赶超，展示江西绿色崛起新形象，增强江西的经济实力。

2013 年，为有效保护自然生态环境，合理利用生态资源，规范省级生态旅游示范区创建工作，推进江西省生态旅游持续健康发展，江西省旅游局和江西省环境保护厅制定了《江西省省级生态旅游示范区评定办法（试行）》。2013 年年底，江西省提出"旅游强省"的发展战略，提出"到 2017 年，每个设区市

至少建成 1 处国家生态旅游示范区，同时，打造一批乡村旅游、生态旅游、温泉旅游、水体旅游、工业旅游示范点；推进鄱阳湖生态旅游区建设；推动赣浙闽皖国际文化生态旅游示范区建设，与周边省份联合推出跨省域精品旅游线路；支持旅游资源丰富地区开展城乡建设用地增减挂钩试点工作，挂钩周转指标可优先用于生态旅游项目"。

2014 年，江西省提出"绿色崛起"的发展方针。绿色崛起就是加快转变经济发展方式，在保护好生态环境的基础上，加快江西崛起新跨越，真正走出一条生态与经济协调发展的路子。江西以得天独厚的生态环境与生态旅游资源为依托，把发展生态旅游作为加强生态环境与生态旅游资源保护，调整产业结构，拉动经济增长和促进生态环境建设的重要环节来抓，取得了显著成绩。2014 年，江西省旅游接待总人数超过 3.13 亿人次，同比增长 25.18%，全省旅游总收入 2649.7 亿元，同比增长 39.75%，旅游总收入增长到相当于全省 GDP 的 16.87%。

28.2 江西省发展生态旅游的资源环境

江西历史悠久，既有灿烂的古代文明，又有光荣的革命传统，以经济繁荣、文化发达而享有"物华天宝，人杰地灵"之美誉，是名副其实的"江南昌盛之地，文章节义之帮"。江西不仅拥有得天独厚的自然生态旅游资源，而且拥有闻名于世的人文生态旅游资源。前者如庐山、井冈山、龙虎山、三清山、武功山、黄岗山等名山和鄱阳湖、柏林湖、仙女湖等名水；后者如"世界瓷都"景德镇，古民居景观（如乐安流坑、婺源李坑），古建筑景观（如南昌滕王阁、绳金塔）等。

28.2.1 总体概况

江西地势南高北低、周高中低，最北部广阔的长江对江西基本形成封闭式包围之状，使江西成为我国少见的省级封闭式自然地理单元，形成一个相对独立、完整的水陆相生生态系统。同时，江西地处亚热带湿润季风气候区，雨热同期、四季分明，良好的气候资源、水资源、土地资源及矿产资源分布保证了江西丰富多样的生态旅游资源。

江西省总面积为 16.69 万 km^2，约占全国总面积的 1.7%，土地分布素有"六山一水二分田，一分道路和庄园"的誉称[1]。江西是生态旅游资源大省，截至 2014 年，江西共有 4 处世界遗产、6 处国家遗产，3 个世界地质公园；国家级森林公园 46 处，省级森林公园 114 处，市县级森林公园 14 处；已建成自然保护区 188 处，其中国家级自然保护区 13 处，省级自然保护区 37 处，市、县级 138 处，总面积 118 万 hm^2，占全省面积的 7.1%。这些森林公园和自然保护区涵盖了江西森林生态系统和生物多样性的精华，构成了江西省生态旅游的基本框架。

此外，江西省有国家级与省级湿地公园 60 余处，其中有 16 处国家湿地公园（试点），已通过验收并正式授牌 2 处。2014 年 12 月 31 日，江西省林业厅公布了《江西省第一批省重要湿地名录》，共 44 处。全省拥有风景名胜区（点）400 多个，其中，国家级 14 个，国家级风景名胜区的数量位列全国第三，8个国家 5A 级旅游景区，省级风景名胜区 26 个（表 28.1）。另外，还有 3 个国家历史文化名城、5 座国家级保护寺观、51 处国家重点文物保护单位。

表 28.1 江西省旅游资源一览表

类别	数量/个	名单
世界遗产	4	庐山风景名胜区、三清山风景名胜区、上饶龟峰、鹰潭龙虎山
世界遗产预备名单	3	赣南围屋、婺源汪口—理坑古村落、井冈山—黄岗山
世界地质公园	3	江西庐山世界地质公园、三清山世界地质公园、龙虎山世界地质公园

类别	数量/个	名单
国家地质公园	5	江西庐山国家地质公园、明月山国家地质公园、江西三清山国家地质公园、江西武功山国家地质公园、江西龙虎山国家地质公园
国家 5A 级旅游景区	8	庐山风景名胜区、井冈山风景旅游区、龙虎山风景名胜区、三清山风景名胜区、婺源江湾景区、景德镇古窑民俗博览区、瑞金市共和国摇篮旅游区、明月山旅游区
国家重点风景名胜区	15	庐山风景名胜区、明月山国家级风景名胜区、仙女湖风景名胜区、井冈山风景名胜区、三清山风景名胜区、三百山风景名胜区、梅岭—滕王阁风景名胜区、龟峰风景名胜区、高岭—瑶里风景名胜区、武功山风景名胜区、神农源风景名胜区、大茅山风景名胜区、庐山西海风景名胜区（原云居山—柘林湖风景名胜区）、龙虎山风景名胜区、上饶灵山风景名胜区等
国家森林公园	46	云碧峰国家森林公园、明月山国家森林公园、阳岭国家森林公园、庐山山南国家森林公园、武功山国家森林公园、安源国家森林公园、梅岭国家森林公园、怀玉山国家森林公园、万安国家森林公园、泰和国家森林公园（白鹭湖国家森林公园）、岩泉国家森林公园、三百山国家森林公园、三爪仑国家森林公园、江西景德镇国家森林公园、五府山国家森林公园、毓秀山国家森林公园（原名仰天岗）、翠微峰国家森林公园、灵岩洞国家森林公园、清凉山国家森林公园、鄱阳湖口国家森林公园、三叠泉国家森林公园、梅关国家森林公园、铜钹山国家森林公园、五指峰国家森林公园、龟峰国家森林公园、瑶里国家森林公园、九连山国家森林公园、陡水湖国家森林公园、军峰山国家森林公园、峰山国家级森林公园、阁皂山国家森林公园、柘林湖国家森林公园、三湾国家森林公园、上清国家森林公园、九岭山国家森林公园、岑山国家森林公园、天花井国家森林公园、碧湖潭国家森林公园、上十岭国家森林公园等
国家湿地公园	2	鄱阳湖国家湿地公园、孔目江国家湿地公园
国家级候鸟自然保护区	1	鄱阳湖国家级候鸟自然保护区

28.2.2　环境条件

由国家林业局倡导支持、北京林业大学生态文明建设课题组编撰完成的《2014 中国省域生态文明建设评价报告》（以下简称《报告》），对各省份生态文明情况进行打分及排名。《报告》披露的情况显示，我国整体生态文明建设水平呈上升趋势，其中，江西省生态文明指数由 2013 年度的第 18 位攀升至第 6 位。江西省良好的生态环境和资源状况，提高了生态文明指数分值。

据该《报告》，江西生态文明建设特点是，生态活力居全国领先水平，协调程度居全国上游，环境质量居于中上游，社会发展欠佳，在生态文明建设的类型上属于生态优势型，尤其在生态活力指标上，江西的森林覆盖率和建成区绿化覆盖率仍居全国前两位；森林质量、自然保护区的有效保护、湿地面积占国土面积比重均居全国中游。之所以取得成绩，与江西省良好的生态基础条件和重视生态文明建设密不可分。在生态文明建设中，江西省主打生态品牌，将生态环境建设与保护放在基础性地位，为全省的经济、政治、文化、社会进步奠定了坚实的生态环境基础。

在生态建设方面，2015 年排在前十的省（自治区、直辖市）依次为浙江省、福建省、山东省、重庆市、安徽省、广东省、江西省、陕西省、江苏省、上海市，见图 28.1。

良好的绿色生态环境为发展生态经济，尤其是生态旅游经济提供了得天独厚的自然条件。

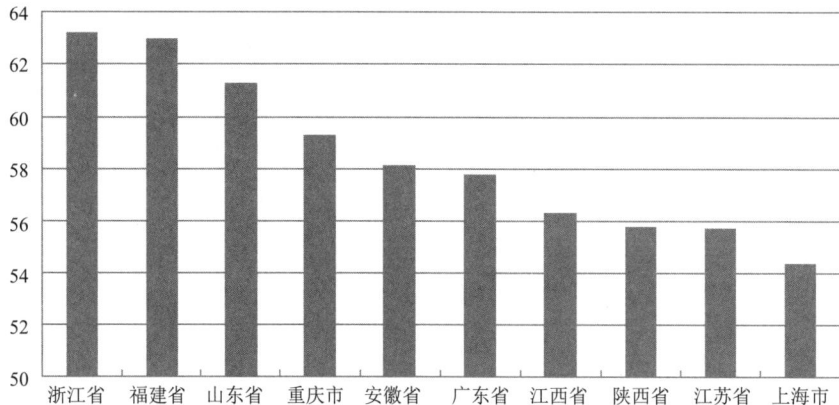

图 28.1 2015 年"美丽中国"省（自治区、直辖市）生态建设前十名

资料来源：四川大学"美丽中国"研究所. "美丽中国"省区建设水平（2015）研究报告[R].

28.2.3 生态旅游资源利用

（1）森林资源

中国生态旅游主要是依托森林公园、自然保护区及风景名胜区等优秀的自然资源条件而发展起来的，独具特色的高品位生态旅游资源是发展生态旅游业的优越的本底条件，而评价生态旅游资源的一个重要标准是森林资源，森林资源是生态经济发展的物质载体。江西地处东部湿润森林区，是亚洲东南部热带、亚热带植物区系的起源中心之一。江西作为生态资源大省，有着得天独厚的森林资源，与其他省（自治区直辖市）市相比，江西森林资源丰富，2006 年森林覆盖率突破 60%，2015 年达 63.1%，居全国第 2 位，仅次于福建。

江西省森林植被景观、野生动物景观、自然风光、人文景观交相辉映，自成体系，孕育了丰富的生态旅游资源。以广袤的常绿阔叶林为代表的亚热带森林生态系统和以中国最大的淡水湖为代表的湿地生态系统构筑了良好自然生态，庐山、井冈山、三清山、龙虎山，已成为来江西旅游游客必游之胜景，江西省立足丰富的森林风景资源发展生态旅游具有得天独厚的优势。据统计，江西省各级森林公园设立达 170 处，总数位居全国前列，2013 年，江西省森林公园年度收入总额 52.32 亿元，其中旅游收入 45 亿元（含门票收入 7.1 亿元）；接待游客 4700 万人次，其中境外游客 690 万人次[2]。森林旅游产业已成为潜力巨大、稳步发展的朝阳产业。

（2）生物资源

江西省地形地貌类型多样，很多动植物都能在江西找到适宜生存的气候条件和土壤，在此繁衍生息。江西省生物资源极为丰富，截至 2008 年，全省约有 4000 余种种子植物，470 多种蕨类植物，100 多种苔藓类植物，500 多种大型真菌类。据统计，江西共有 119 科木本植物，其中 56 科是向北延伸到赣地为止的热带性科。江西珍稀、濒危树种有 110 种属于中国特有，如属于中国亚热带特有的水松、金钱松、玉兰、柳杉、木莲、华东黄衫等 60 余种；属于江西特有的红花杜鹃、井冈杜鹃、江西山柳、背绒杜鹃、美毛含笑、江西槭、柳叶腊梅、井冈厚皮香、全缘红花油茶、井冈葡萄、井冈猕猴桃、寻乌藤竹、井冈绣线梅、厚皮毛竹、河边竹等 16 种属[3]。据统计，全省野生脊椎动物有 845 种，其中哺乳类 105 种，鸟类 420 种，爬行类 77 种，两栖类 40 种，鱼类 203 种。在生物资源中不乏在世界旅游业中占有重要地位的佼佼者，如鄱阳湖，其湖岸线长 1800 km，面积达 2933km²，是我国第一大淡水湖，是世界上最大的白鹤越冬地，是世界人口密集区的重要湿地生态系统。鄱阳湖生物资源十分丰富，湖中有水生植物 102 种，鱼类 122 种，保护区鸟类 300 余种，其中水鸟 115 种，约占全国 225 种水鸟的 51%，可以说鄱阳湖是鸟的世界，是候鸟王国，其可供旅游开发的生态资源无可比拟，在全国乃至全世界具有唯一性，开发潜力相当大。

（3）水体资源

江西北部以鄱阳湖为中心，卫星湖泊星罗棋布，共有大小天然湖泊上百座，在全国仅次于湖北；还有大中型人工湖泊 213 座。据江西省水利厅、省统计局 2013 年 5 月联合公布的江西省第一次水利普查公报显示，江西拥有水库 10819 座（已建成 10785 座，在建 34 座）；常年水面面积 $1km^2$ 及以上的天然湖泊 86 个（$1000km^2$ 的大湖泊 1 个，即鄱阳湖）；涉及流域面积 $50km^2$ 及以上的河流 967 条（1 万 km^2 及以上的河流有 8 条）。江西共有温泉 100 处，其中高温温泉 16 处，中温温泉 40 处，低温温泉 44 处；有饮用矿泉水 60 处，知名清泉 20 余处；有具一定规模的瀑布 200 余处，其中知名瀑布 60 余处，江西是全国泉瀑最多的省份之一。

截至 2015 年年底，江西共有 36 处国家级水利风景区（占全国 719 家的 5%），这个数字在全国各省份排名中靠前。在北京举行的 2015 全国生态文明建设高峰论坛暨城市与景区生态文明成果发布会上，庐山西海风景名胜区上榜"全国十佳生态旅游示范景区"。

江西省湿地旅游资源丰富，以鄱阳湖为代表的湿地生态系统是江西省生态品牌的主要体现之一。2007 年，江西省第一个国家级湿地公园——孔目江国家湿地公园正式成立。此外，江西省已向国家林业局申报了永修县修河国家湿地公园、安远县东江源国家湿地公园以及鄱阳县国家湿地公园等 17 个湿地公园试点工作。

（4）人文资源

在悠久的历史长河中，孕育了具有江西特色的文化，统称为赣文化，是中华民族的重要组成部分。由于江西居"吴头楚尾，粤户闽庭"的地理位置，拥有便利的水路交通，与外地的各方面交流较为频繁，文化上呈现出"过渡性""兼容并蓄"的特征。各地区、各民族文化的多样性在此有机地结合起来，赣文化终成为由多元子文化所构成的集合，以宗教文化、陶瓷文化、傩文化和客家文化为典型代表。这些文化都具有明显的地域性，是江西自然地理特点的产物，反映了"天人合一"的哲学思想，包含朴素的生态观，自然与文化已融为一体，是极具潜力的文化生态旅游资源[4]。

江西省文化生态旅游资源可以概括为"七个千年"，分别为：千年古村——流坑古村、理坑古村、渼陂古村、钓源古村、竹桥古村；千年瓷都——景德镇；千年名楼——滕王阁、浔阳楼、郁孤台、八境台；千年宋城——赣州；千年药都——樟树，自古号称"药不到樟树不齐、药不过樟树不灵"；千年古寺——九江市能仁寺、庐山东林寺、九江市永修县真如寺、吉安市青原山净居寺、鹰潭市龙虎山天师府；千年书院——白鹿洞书院、鹅湖书院、白鹭洲书院，丰富的人文资源为江西省生态旅游发展提供了有利条件。

28.3　江西省生态旅游发展的经验

28.3.1　顶层设计、高位推动

顶层设计、高位推动，是江西生态旅游发展最强动力。近年来，江西陆续出台了《关于加快旅游产业大省建设的若干意见》《关于加快森林旅游发展的意见》《关于推进旅游强省建设的意见》《关于大力推进林下经济发展的意见》等一系列鼓励旅游发展的政策措施，提出了"生态立省、绿色崛起""建设富裕和谐秀美江西"和"旅游强省"的发展战略，江西林业主管部门与省旅游主管部门建立了推进森林生态旅游发展的合作机制。森林生态旅游迎来了前所未有的机遇，发展势头强劲。2005 年，江西省林业厅就制定了《关于加快自然保护区和森林公园建设的意见》，2010 年又制定了《关于开展创建省级湿地公园活动的意见》。

随着经济的高速发展、居民收入的提高、闲暇时间的增多，江西丰富多彩的人文资源和优美的自然

资源环境，对旅游者的吸引力也越来越大。随着省政府对旅游业发展的大力支持、交通状况的进一步改善以及旅游业的快速发展，江西生态旅游也迅速崛起。2009 年为我国的生态旅游年，主题口号为"走进绿色旅游，感受生态文明"，江西以此为契机大力发展生态旅游业。江西省省委、省政府确立了走生态经济可持续发展道路，从政策、管理、人才、资金等方面对生态旅游发展进行扶持。

28.3.2　生态经济、绿色发展

江西在多年的传统经济同向追赶过程中，由于受多方因素制约，与发达地区差距仍在逐步拉大。实践证明，江西应寻求一条扬长避短，新的超前的经济发展道路，生态经济战略发展道路在此背景下应运而生。江西省在 20 世纪 90 年代末提出在保护生态环境的前提下，走生态经济发展道路，把生态农业、生态工业（有机食品加工为主）、生态旅游业培育为三个支柱型产业，把江西建成中国省级生态经济区，生态旅游业作为生态经济的重要组成部分，承担了第三产业龙头的发展重任[5]。生态旅游是江西生态经济战略的重要组成部分，既促进江西旅游业产业结构的调整与升级，推动旅游业的可持续发展，又能促进江西自然环境的改善，还对江西"三农"问题的解决，实现劳动力转移，加快资金积累，从而带动经济效益、社会效益、环境效益的全面提高，以及推动两个文明建设和建设和谐小康社会等具有深远意义。

"国家级生态旅游示范区"于 2001 年提出，由当时的国家旅游局、国家计委、国家环保总局共同制定认定标准，经申报、评估、验收、公告、批准、复核等相关程序共同评定，评选出生态旅游区中管理规范、具有示范效应的典型。目前，江西共有 4 处国家级生态旅游示范区，分别是江西省上饶市婺源国家生态旅游示范区（首批，2013 年），吉安市井冈山国家生态旅游示范区（首批，2013 年），上饶市鄱阳湖国家湿地公园（2014 年），吉安市青原山风景名胜区（2015 年）。为展示江西独特的生态文化，2010 年11 月 20 日，在南昌举办了以"生态中国、绿色江西"为主题的中国鄱阳湖国际生态文化节。江西借助其影响力通过开展生态旅游活动，加强生态文明建设，促进生态旅游产业转型升级，展示了江西绿色崛起的新形象，增强了江西的经济实力。

28.3.3　发挥优势、特色挖掘

山清水秀、生态宜人，是江西生态旅游发展最亮品牌。江西省地处中国东南偏中部长江中下游南岸，东邻浙江、福建，南连广东，西靠湖南，北毗湖北、安徽而共接长江。境内除北部较为平坦外，东西南部三面环绕有幕阜山脉、武夷山脉、怀玉山脉、九连山脉和九岭山脉，中部丘陵起伏，成为一个整体向鄱阳湖倾斜而往北开口的巨大盆地，形成一个相对独立、完整的水陆相生生态系统。良好的气候资源、水资源、土地资源及矿产资源的分布有利于生物多样性的形成，良好的生物资源为江西发展生态旅游提供了深厚的物质保障。

"物华天宝，人杰地灵"是江西自古的真实写照。江西有大小河流 2400 余条，赣江、抚河、信江、修河和饶河为江西五大河流。鄱阳湖为中国最大的淡水湖，同时也是世界上最大的候鸟栖息地。气候温暖，雨量充沛，生态环境良好，森林覆盖率达 63.1%，居全国前列[6]。同时，封闭式的地理单元孕育了有江西特色的赣文化，主要依托绝特山水、红色文化、陶瓷文化、宗教文化和客家文化等[7]。相对封闭的水陆生态环境与数千年历史文化积淀相结合，使江西具备发展生态旅游的优良条件，也为确立生态旅游业为江西旅游业主攻方向具备了现实的基础和远大的发展空间。

28.4　江西省生态旅游发展存在的不足

江西省虽然具备发展生态旅游的优势条件与资源基础，但目前并没有成为中国生态旅游大省，江西仍存在不少制约生态旅游健康发展的因素，主要表现在以下几个方面。

28.4.1　思想观念有待转变

目前，一些地方仍存在"旅游是无烟工业，不会对环境造成破坏"的思想观念，未把生态旅游环境耗损价值纳入旅游产品成本中，使得自然景观资源未能得到有效保护。同时，资源规划过程中，未能把环境效益、社会效益和经济效益结合起来通盘规划，给生态资源的可持续开发利用留下隐患。

28.4.2　管理体制有待理顺

目前，我国生态旅游景区大多分布在一些动植物资源和生物多样性较为丰富的国家地质公园、自然保护区、各级森林公园、湖泊、河流、山谷、海滨、天然或人工的各类水体中，这意味着其涉及的行政管理部门较多。与国内大多数景区一样，江西各生态旅游区管理中存在旅游资源区域归属问题；职能单位条块分割、各自为政问题；多重管理、权责不清的问题[8]。部分地区还存在决策随意化和管理低效化问题。这些问题的存在是制约生态旅游可持续发展的一个主要原因。

28.4.3　生态旅游规划滞后

目前江西的生态旅游规划相对滞后，在一些旅游资源开发过程中缺乏科学的理论指导。近年来，一些地方政府高举"旅游兴市、旅游兴县"大旗，希望通过发展生态旅游来实现本地区的快速发展。但一些生态旅游景区在旅游开发与建设时缺乏全面科学的论证、评估与规划，开发者急于求成，贪图眼前利益，对旅游资源重开发轻保护，造成了许多不可再生资源的损坏与浪费，如对风景区植被、地形的破坏导致自然景观的破坏等。

28.4.4　开发品位有待提高

由于研究和开发资金投入不足，影响了江西生态旅游区的开发和旅游设施的建设，许多珍贵的生态旅游资源处于未开发或半开发状态[9]。江西省生态旅游产品的层次不多、档次不高，表现为生态旅游产品单一，形象不突出；没有充分发挥生态旅游资源的功能和效应，没有明确的主题形象；没有设计高品位、高档次的旅游主体产品，也没有对旅游资源（景点）进行组合，形成系列配套旅游产品。

28.4.5　软硬环境总体较差

软硬环境总体较差主要表现在：首先，生态旅游专业人才的缺乏。现在江西省内的生态旅游示范区的工作人员几乎很少接受过生态旅游专业训练的。其次，生态旅游客源市场没形成。因为生态旅游要求的素质相对普通旅游来说要高，而当前游客素质的提高还需要一定的时间，加上生态旅游观念还未在全省完全普及，因此，真正意义上的生态旅游客源市场还没完全形成。再次，生态破坏和环境恶化。在有的生态旅游示范区，部分当地居民可能还不知道或没听说过生态旅游，有的甚至还有损害生态旅游资源的行为。同时，在旅游资源的开发利用中缺乏生态保护意识和环境保护意识，造成生态破坏和环境恶化，严重破坏了生态旅游资源，导致江西部分区域生态系统的脆弱化以至退化。最后，由于资金投入不足导致了旅游基础设施档次偏低，配套设施不够完善。

28.5　江西省生态旅游发展的未来展望

近年来，为充分发挥丰富的生态旅游资源，江西省以生态理念为主脉，初步形成了以"六山"（秀甲天下庐山、革命摇篮井冈山、峰林奇观三清山、道教祖庭龙虎山、东江源头三百山、休闲度假明月山）"一湖"（中国最大的淡水湖鄱阳湖）"一村"（中国最美的乡村婺源）"一海"（庐山西海）"一峰"（龟峰）为代表的形象鲜明、各具特色的生态旅游目的地体系，并将逐步完善形成游、购、娱、食、住、行系统配套的生态旅游产业框架。同时，在以下几个方面加强生态旅游发展。

（1）打造生态旅游品牌

依托江西生态旅游资源优势和特色，加快生态旅游品牌的建设。积极发展山地生态游、森林温泉度假游、森林养生游、城郊森林休闲健身游等特色生态旅游模式，满足消费者观光、休闲、度假、文化、体验、健身和养生等多样化需求，形成一批有吸引力的生态旅游精品线路。

（2）加强生态旅游资源保护

合理布局各类生态旅游设施，做好重大生态旅游项目开发前期研究及生态环境影响评估。加强生态旅游项目建设的管理，严格按要求办理项目审核审批手续，防止生态旅游开发对旅游资源和生态环境造成严重破坏；严格控制各类大型永久性设施建设，杜绝不可逆转的破坏性开发行为。

（3）创新生态旅游发展模式

依托森林公园、湿地公园和自然保护区等生态旅游景区，引导和支持农、林、牧等各类产业从传统生产中解放出来，转变产业发展方式，走融合发展模式，创新生态旅游业态与发展模式。

（4）加强生态旅游宣传促销

建立部门联合、上下联动的生态旅游宣传促销机制，加大生态旅游的公益性宣传。立足自身资源优势和产品优势，准确把握市场定位，加大特色生态旅游产品的策划和推介，不断推出和丰富具有地方特色、资源特色和文化特色的生态旅游主题活动。充分利用媒体、网络、展会、宣传手册等各种宣传平台和途径，加大市场营销力度。

参 考 文 献

[1] 金卫根，孙丽萍，吴瑞娟. 略论江西生态旅游资源的保护性开发[J]. 福建林业科技，2005，32（2）：150-152，157.

[2] 江西省林业厅官网. 森林旅游发展情况[EB/OL]. （2014-04-16）. http://www.jxly.gov.cn/id_b167d4a70d0e4393a61757ad81b969d4/news.shtml.

[3] 马艳芹，黄国勤. 江西生态旅游的可持续发展研究[C]//中国人口·资源与环境 2013 年专刊：2013 中国可持续发展论坛（一），2013：6.

[4] 邹宽生. 江西发展生态旅游的思考[J]. 生态经济，2004（S1）：176-177.

[5] 田勇. 江西生态旅游产业发展战略研究[C]//中国生态学会. 生态旅游发展：第二届中国西部生态旅游发展论坛论文集. 2004：9.

[6] 张衍传，汪涛涌，宋甫丁，等. 江西生态旅游可持续发展的对策分析[J]. 农业与技术，2013（6）：239-240.

[7] 刘芳，程兆兆. 试论江西生态旅游产业发展的优势[J]. 农业考古，2011（6）：324-326.

[8] 王立国，魏琦. 江西省生态旅游 SWOT 分析及其战略选择[J]. 江西农业大学学报：社会科学版，2006，5（2）：82-84.

[9] 陶表红. 生态旅游产业可持续发展研究[D]. 武汉：武汉理工大学，2012.

第29章 广东生态旅游发展报告

李国平　广东省旅游发展研究中心，广州

29.1　广东省生态旅游发展回顾

依托得天独厚的生态环境和生态资源优势，广东省在积极保护和利用自然资源的基础上，大力倡导生态环境经济、绿色消费理念，将生态旅游打造成推动绿色发展的强有力引擎和生态环境保护的重要载体。概括来看，广东生态旅游发展大致经历了3个阶段。

（1）第一阶段（1997年以前）

1997年前是广东生态旅游萌芽和起步阶段。在此阶段，以星湖旅游区、丹霞山旅游区、万绿湖旅游区等为代表，肇庆、韶关、清远、河源生态旅游率先起步。

早在1956年，肇庆鼎湖山就成为我国第一个自然保护区；1979年又成为我国第一批加入联合国教科文组织"人与生物圈"计划的保护区，建立了"人与生物圈"研究中心；1982年国务院又将星湖风景名胜区（含七星岩、鼎湖山）列为全国第一批44个国家级重点风景名胜区之一[1]。

从化流溪河国家森林公园建于1986年，是我国首批兴建的十大森林公园之一，因地处广州主要饮用水源地而更受关注，与从化温泉一起成为广东重要的生态旅游目的地。20世纪80年代中期兴起的乐昌市九泷十八滩漂流，号称"中国第一漂"，于1987年6月开始营业。1987年8月往返广州—韶关的旅游列车"丹霞号"开通。1988年8月1日，广东丹霞山和西樵山被列入第二批国家重点风景名胜区。1989年5月24日，广东省政府公布广州白云山等14个第一批省级风景名胜区。90年代初开始，广东逐步开发以大旭山瀑布、三排瑶寨、连州地下河为代表的连南、连山、连州等清远文化生态旅游线路。1993年6月，乐昌九泷十八滩等6个第二批省级风景名胜区公布。1995年，丹霞山获批国家自然保护区。1996年，中国第一个现代化的露天温泉度假村——恩平金山温泉度假村建成。1997年，中国第一个民营野生动物园——番禺香江野生动物世界建成。

环保是万绿湖的生命线，依托全国首家通过国际环境管理体系ISO 14001认证的桂山国家森林公园、广东省重要的生态屏障和深圳香港饮用水源地所在地，东源县于1994年开始了以万绿湖为龙头的环保旅游开发历程，乘坐环保游览船，采取"湖内游、湖外住"的办法保护万绿湖水质，导游背的"请把垃圾交给我"环保袋成为当时的创举，后来的义务导游对生态环保的宣传也深入人心。

广东生态旅游发展也体现在生态旅游客源的组织输送方面，1988年9月7日—11月7日，中国青年旅行社广东分社组织"广东省各界青年赴美自行车旅游考察团"，乘自行车横跨美洲大陆。1997年9月22—31日，广东省中国旅行社组织了172人的"罗布泊荒漠旅游探险团"，徒步穿越有"生命禁区"和"死亡之海"的罗布泊荒漠地区。

（2）第二阶段（1998—2006年）

1998—2006年，进入了以粤东西北地区为重点的广东生态旅游加快发展阶段。在此阶段，"广东人游广东"宣传推广活动和旅游扶贫政策的实施起到了市场促进和生态景区建设对接的作用，森林、温泉、漂流、乡村等多元化主题生态旅游在粤东西北地区全面发展。

1998年，广东开始启动"广东人游广东"系列活动，省内游蓬勃发展。"广东人游广东，先游广东第一峰"这一宣传口号家喻户晓。同年9月1—5日、11月16—23日，广东省旅游局分别联合农业厅、海洋水产厅召开座谈会，此后又联合省农业厅召开农业生态推广会，积极发展生态、农业、海洋旅游。1999年是中国生态旅游年，当年1月1日，广东省旅游局在鼎湖山启动"99广东生态环境旅游年"，正式揭开了广东省生态旅游大发展的序幕。

鼎湖山是广东生态旅游开发的先驱。1998年3月12—22日，广东省面向全省17个森林公园和自然保护区以及19个市旅行社，在鼎湖山联合举办了由160名学员参加的首届"森林生态旅游导游员"培训班。同年12月，在中南林学院旅游研究中心，特别是吴楚才教授的帮助下，肇庆市首次将"负离子"概念引入旅游环境质量量化标准，并随之开发了以负离子为卖点的"鼎湖山品氧游""鼎湖山洗肺游""鼎湖山生态减肥游"等生态旅游产品，在旅游市场上独领风骚，这在我国生态旅游发展中具有里程碑意义。此后，负离子含量成为各地宣传旅游区环境质量的重要依据，"天然大氧吧——鼎湖山"也因此成为我国生态旅游经典景区。

2003年3月22日，以"走向大自然、负离子洗肺、好山水提神"为主题的粤港澳生态保健游大联动在德庆县盘龙峡生态旅游区启动。2005年5月，中国国家体育总局正式授予清远市全国第一个"漂流之乡"的称号。2006年，南昆山十字水生态度假村试营业，该度假村是国内首个同时获得"绿色环球21可持续设计达标评估"认证（由绿色环球亚太国际组织签发）和"全球景观设计大奖"（由百年世界专业协会——美国景观设计协会颁发）的度假村[2]，被美国国家地理评为全球生态酒店Top50。

在此阶段，广东省旅游部门以生态旅游促进旅游可持续发展为核心，以旅游扶贫为重要抓手，着眼于有天然生态基础和旅游开发条件的传统生态旅游资源开发，较为全面的生态旅游产品体系开始逐步形成。全省涌现出一批优质生态旅游景区，如肇庆鼎湖山的"品氧谷"、茂名根子荔枝世界、丰顺龙鲸河漂流、盘龙峡瀑布群、南岭国家森林公园、河源野趣沟、饶平绿岛山庄、广东乳源大峡谷、黄满寨瀑布群、新会小鸟天堂等。

（3）第三阶段（2007年至今）

2007年至今，为国民旅游休闲背景下的广东生态旅游全面发展阶段。在此阶段，广东国民旅游休闲计划在全国率先实施，绿道旅游在全国率先兴起；农业生态和乡野休闲成为刚性需求，环珠三角生态休闲带形成；产业融合与资源整合提速，森林山地和海洋海岛主题的生态旅游进一步受到重视；自驾车生态休闲旅游兴盛，"驴友"、营地、游学等生态旅游新业态受到青睐。

2007年，为充分发挥优美的生态环境优势，广州市增城区城市总体发展战略规划提出"建设广州东部生态旅游休闲区"的目标，开始了从市区到白水寨风景区的休闲健身自行车绿道建设，广东绿道网建设热潮正式启幕，绿道生态游成为享誉全省，乃至全国的生态休闲旅游的新方式。广东绿道网由10条省立绿道组成，涵盖21个地级以上市的全部陆域，面积约17.98万 km^2，将广东全省具有较高自然和历史文化价值的各类郊野公园、自然保护区、风景名胜区、历史古迹等重要节点串联起来。其中的生态型绿道指的主要是位于乡村地区，以保护生态环境和生物多样性、欣赏自然景致为主要目的而建设的绿道[3]。

2007年12月3日，国家旅游局、国家环境保护总局共同授予深圳东部华侨城"国家生态旅游示范区"的荣誉称号，东部华侨城成为中国首个获得此项殊荣的旅游区。

2008年11月26日，广东省委省政府公布《关于加快广东旅游业改革与发展建设旅游强省的决定》，提出将广东建设成为"全国旅游综合改革示范区"。2009年2月23日，"广东省试行国民旅游休闲计划新闻发布会"在中国大酒店举行。随着两项重要战略举措的全面实施，广东旅游资源整合与产业融合的步伐开始提速。2009年9月27日，广东省林业局和广东省旅游局联合为南岭国家森林公园等首批50家"广东省森林生态旅游示范基地"授牌；同年 11 月 30 日，广东省旅游局、广东省农业厅正式公布首批 23 家农业旅游示范基地名单。2011 年编制的《广东省旅游发展规划纲要》提出，全省要重点建设绿色生态旅游产业带和蓝色滨海旅游产业带，进一步明确了广东生态旅游发展区域重点。2014 年、2015 年广东省海洋渔业局与省旅游局分别在南澳岛和珠海召开了海岛管理暨旅游工作会议。

2010 年 8 月 1 日，广东丹霞山继获得世界地质公园之后，被列入世界自然遗产名录。2014 年，韶关丹霞山、梅州雁南飞旅游区获批国家级生态旅游示范区。2014 年 3 月 22 日，"广东省国家公园发展战略暨广东高地公园建设研讨会"在韶关市举行，为实现区域经济协调、健康、持续发展，会议建言发挥粤北生态资源优势，建设粤北高地公园，《生态文明建设之韶关宣言》在会上发布。2015 年，全国首选 9省市开展国家公园体制试点，广东虽然未列入，但针对南岭森林公园、南澳岛、万山群岛、川岛群岛建设国家公园可行性进行的有益探索，为广东生态旅游发展提出了更高的要求和发展目标。2016 年 1 月，南昆山获批国家生态旅游示范区。河源万绿湖风景区创建国家生态旅游示范区则已通过省评。

在此阶段，以生态旅游为特色的连州地下河、雁南飞、白云山、丹霞山、罗浮山、西樵山、海陵岛等旅游区相继获得国家 5A 级旅游区；最美森林公园、最美海岛、最美乡村、最美省道等开始评选；徐闻波罗的海农业生态游、英德红茶文化生态游、新丰樱花节和枫叶节、丰顺八乡山花海、南雄花海和银杏游等乡村农业生态旅游持续升温。在传统生态旅游资源的基础上，湿地公园、红树林、高山草甸、鸟岛、徒步道等生态旅游场所开始成为游客的新宠，后工业化阶段的珠三角地区生态旅游开发逐渐成为共识并付诸实践。

29.2　广东省生态旅游发展现状

随着生态环境压力的日益明显，亚健康成为普遍现象，可持续发展需求与绿色消费潮应运而生，人与自然和谐相处的理念深入人心，广东各地对生态旅游均非常重视。

广东生态旅游是依托自然保护区、森林公园、风景名胜区发展而来的，从空间来看，这些依然是目前广东生态旅游的重点所在。广东现有自然保护区 270 个、森林公园 1060 个、湿地公园 128 个，是全国自然保护区、森林公园数量最多的省份，也是全国湿地大省[4]。得益于生态屏障资源优势，南岭山脉是广东生态旅游发展最为主要的区域，沿江河、环珠三角生态休闲带、滨海海岛、环主干旅游区周边也是广东生态旅游的主要集聚区（带）。此外，广东的生态旅游也已经逐步从早期的原生态的自然景观，发展到半人工生态景观，旅游对象包括原野、农村田园景观等，分布区域遍及全省，旅游形式包括游学、观赏、科考、探险、垂钓、徒步、田园采摘、生态农业主体活动等，呈现出多元化发展的格局。总体来看，粤东西北地区生态旅游区分布要比珠三角更为普遍。

目前，广东各种类别的生态旅游区主要有：山岳生态类景区，如丹霞山、西樵山、罗浮山、鼎湖山、白云山、天露山等；湖泊生态类景区，如万绿湖、南水湖、星湖、湖光岩、高州玉湖、鹤地银湖等；森林生态类景区，如流溪河国家森林公园、小坑国家森林公园、石门国家森林公园、南岭国家森林公园、大北山国家森林公园、南昆山国家森林公园、广宁竹海等；湿地生态类，如南沙湿地、海珠湿地、白云湖湿地、东源湿地、星湖湿地公园、深圳华侨城湿地、海丰县莲花山湿地和联安湿地；海洋生态类景区，如南澳岛、万山群岛、川岛群岛、惠州海龟自然保护区、珠海红树林、湛江高桥红树林和海陵岛红树林等；漂流类生态景区，如清远漂流群等；瀑布生态类景区，如盘龙峡瀑布群、黄满寨瀑布群等；高山草甸生态类，如阳春鸡笼顶、信宜天马山、新兴天露山、罗定八排山等；徒步生态类，如广东大峡谷、英西峰林、南岭森林公园、丹霞山等；观鸟生态类，如海丰大湖鸟岛、公平鸟岛和南澳鸟岛等；文化生态类景区，如南岗千年瑶寨、必背瑶寨、雁南飞、系列南粤古驿道等；农业生态类景区，如欧家梯田、莲花乡村旅游区等；江河生态类景区，如北江游、东江画廊、西江游、梅江—韩江游等。从某种意义上讲，东莞水乡、松山湖、珠海万山群岛、深圳东部华侨城等可以说是珠三角进入后工业化阶段的生态旅游区代表。节庆类生态旅游产品主要有南昆山生态旅游节、大北山生态旅游节、新丰樱花节等。

根据《2014 年广东省林业综合统计年报分析报告》，当年广东参加林业旅游与休闲的人次达到 2.08 亿人次，比上年增加 52.9%；旅游收入达到 1112 亿元，比上年增加 24.8%[5]。

29.3 广东省生态旅游发展的经验与创新

环万绿湖旅游发展实践启示——生态旅游对环境保护具有重要的促进作用。万绿湖作为"粤港水塔"，是香港、河源、深圳、广州、东莞等珠三角东部城市群共 4000 万人的重要饮用水源，通过适度的生态旅游开发，在保持地表水一类水质的同时，不但没有破坏环境，反而成为广东生态环境保护教育的重要展示基地和研学旅游目的地。

广东绿道旅游开发实践启示——旅游公共服务体系的配套建设可以撬动巨大的生态旅游消费潜力。始于增城的广东绿道旅游开发，目前已经拓展到全省范围，成为城市居民周末乡村休闲游和环珠三角生态游憩带建设的重要载体，有力地带动了旅游休闲消费，其成功的关键在于抓住了绿道这个旅游公共服务设施建设，使得沿线生态旅游产品能够有机地结合起来。

广东旅游扶贫工程实践启示——生态旅游是扶贫开发的有效载体，旅游扶贫，大有可为。贫困地区大多位于生态环境良好的生态发展区，始于 2001 年的广东省旅游扶贫工程，每年投入 3000 万元（后追加到每年 5000 万元），大部分投向粤东西北地区的生态旅游项目开发，取得了显著的扶贫成效。

广东生态旅游发展历程启示——示范带动是生态旅游发展的有效途径。生态旅游具有综合性的经济、社会和生态效益，但前期引导性投入较大，需要标志性景区扛旗。回顾广东生态旅游发展历程，无论是生态旅游品牌创建、理念引领还是实践开发，万绿湖、鼎湖山、清远漂流、增城绿道、恩平温泉等标杆性生态旅游区，均在不同阶段或不同领域起到了"领头羊"的作用，是全省生态旅游持续健康发展的重要战略支点。同样，生态环境压力较大的地方，通过生态旅游项目开发的示范作用，更能展示绿色发展成效，如东莞水乡和松山湖。

29.4 广东省旅游发展存在的不足

广东生态旅游发展存在的不足主要表现在以下 3 个方面。

一是生态旅游基础设施和旅游公共服务设施配套不完善。以旅游交通、旅游集散、出行指引、公共游憩、垃圾处理、旅游安全救援、标准规范等为重点的旅游公共服务体系建设有待进一步完善，在环保教育方面缺乏必要的环境教育设施，自然博物馆或展厅、知识讲解标牌等旅游接待设施配套滞后，缺乏较为专业的生态旅游专业接待人员。

二是探索资源保护与旅游开发双赢的手段和思路还需要创新。特别是国家森林公园、自然保护区和海岛附近的旅游开发，存在规划建设体量过大易破坏原始自然美、旅游资源与土地的无序开发或占而不建等旅游资源环境保护方面的挑战，也存在被动保护、展示手段单一等现象。

三是生态旅游开发层次较低，生态旅游品牌塑造有待突破。生态旅游资源优势并不等同于产品优势，广东不同的生态旅游资源类型所处的发展阶段也不尽相同。从产品化程度来看，除了漂流发展速度较快外，森林山地生态旅游、江河湖泊生态旅游、滨海海岛生态旅游开发均处于发展的初级阶段，即使是各地广泛开发的农业乡村生态旅游，旅游者的环境保护理念在旅游过程中的体现与结合也有待于提高。开发粗浅、精品不多、项目雷同等现象也是广东生态旅游开发的普遍现象。

29.5　广东省生态旅游发展的未来展望

生态旅游是游客渴望回归自然的必然选择，近年来成为世界旅游发展的潮流，也是广东地方政府吸引投资的重点产业，经济发展的新增长点，更是生态发展区的战略支撑。放眼未来，广东要站在生态文明建设的高度重视生态旅游发展，将生态旅游开发作为广东旅游行业贯彻落实生态文明建设国家战略的重要举措，积极营造全域生态旅游发展大环境，形成社会各界共同关注和参与生态旅游发展的局面。

从战略举措来看，广东应立足域内森林公园、名山大川、自然保护区和海岛，着力培育 2～3 个国家公园，建设一批重点生态旅游项目和生态旅游示范基地；依托广大乡村原野，推动乡村生态旅游产业化、规模化发展，打造一批生态旅游名镇名村；率先完善生态旅游产业集聚区（带）的旅游公共服务体系建设，建设一个完善的生态旅游品牌体系；强化政府引导，完善生态旅游政策、法规、标准；加强生态旅游规划及其环境影响评价，实现生态旅游资源开发与保护共赢。从区域发展来看，应按照"两带一环、三大片区、两流域"空间布局思路，着力打造产品特征凸显、区域优势互补、资源利用高效的生态旅游发展格局。其中，两带一环：即南岭绿色生态旅游产业带、沿海蓝色生态旅游产业带、环珠三角生态休闲游憩带；三大片区：包括粤北南岭山水生态旅游区、粤东北客家山地生态文化旅游区、粤西热带—南亚热带生态农业与果乡休闲旅游区；两流域：即北江流域生态旅游集聚区、西江流域生态旅游集聚区。从生态旅游线路来看，应结合自驾游，重点打造粤北世界自然遗产—南岭风光游、粤东北山水田园—客家文化游、肇庆清远生态画廊千里自驾游、粤西地质奇观—南海船说游、万山群岛和川岛群岛跳岛游、雷州半岛热带风光游、南中国黄金海岸游等生态旅游产品[6]。

参 考 文 献

[1] 邓圩. 探访我国第一个自然保护区广东鼎湖山[EB/OL]. （2015-03-16）. http://zq.southcn.com/content/2015-03/16/content_120140680.htm.

[2] 惠州南昆山十字水生态度假网站首页[EB/OL]. （2016-01-05）. http://7735.hotel.cthy.com/.

[3] 广东省绿道网建设总体规划（2011—2015 年）[EB/OL]. [2018-03-18]. https://wenku.baidu.com/view/7504b02f4b73f242336c5f85.html###.

[4] 贺林平. 生态惠民　绿透广东[EB/OL]. （2016-01-18）. http://news.163.com/16/0118/02/BDJ3F06U00014AED.html.

[5] 广东林业厅. 2014 年广东省林业综合统计年报分析报告[EB/OL]. （2015-03-18）. http://www.gdf.gov.cn/index.php?controller=front&action=view&id=10028752.

[6] 《广东省志》编纂委员会. 广东省志（1979—2000 年）旅游卷[M]. 北京：方志出版社，2014：24-28.

第 30 章 广西生态旅游发展报告

韦妮妮　广西经济管理干部学院，南宁

邵志忠　广西经济管理干部学院，南宁

生态旅游是一项综合性强、资源消耗低、环境污染少的经济产业，有无烟工业和朝阳产业的美称。随着社会的进步和时代的变迁，生态旅游正逐渐成为人们热爱的一种旅游形式。发展生态旅游对于推进乡村经济的发展，增加地方财政收入，增加就业岗位具有极其重要的作用。广西以独特的自然生态景观和与之共生的民族人文风情为依托，大力发展生态旅游产业，极大促进了广西旅游可持续发展和旅游产业的转型升级。生态旅游业将有望成为广西旅游大发展中率先突进的产业，给全区整体旅游开发注入活力，成为最具活力的经济增长点。

30.1 广西生态旅游产业发展概况

30.1.1 整体发展概况

根据广西壮族自治区旅游发展委员会发布的统计数据，2011 年广西接待国内外游客总人数 1.75 亿人次，旅游业收入首次突破 1000 亿元，达 1277.81 亿元，相当于广西 GDP 的 10.92%；而 2016 年，全区接待旅游总人数 4.09 亿人次，实现旅游总消费 4191.36 亿元。经过多年的发展，吃、住、行、游、购、娱等旅游服务功能逐步完善，广西生态旅游产业呈现出广阔的发展前景，目前正在实施的生态经济十大工程之一，就是重点推进生态旅游发展工程。截至 2016 年年底，广西有国家生态旅游示范区 3 家，自治区生态旅游示范区 8 家；星级乡村旅游区（农家乐）1200 多家，其中四星以上星级乡村旅游区（农家乐）293 家；全国农业旅游示范点 23 家，全国休闲农业与乡村旅游示范县 11 个、示范点 22 个；全国特色景观旅游名镇名村 19 个，传统村落 161 家；广西农业旅游示范点 95 家，广西休闲农业与乡村旅游示范点 63 家；广西"森林人家"35 家；"金绣球"农家乐 71 家；中国国际乡村旅游目的地 1 家，中国乡村旅游创客示范基地 3 家[1]。

广西已基本形成了以生态观光、长寿养生、农家乐体验为一体的旅游综合体，通过旅游产品结构调整，形成了观光旅游产品和度假旅游、乡村旅游、文化旅游、红色旅游、生态旅游、专项旅游相结合的多元化产品体系。根据全区旅游资源的特点和不断变化的市场需求，精心营造旅游热点，突出发展健康养生旅游、民族节庆旅游等能充分体现广西自然气候、民族文化特色的各种专项生态旅游产品，有效地提升了旅游产品竞争力。根据广西旅游资源广泛分布于广大农村地区、贫困山区、民族村寨的特点，以及旅游市场对自然生态、特色文化和休闲度假的需求，发展生态旅游能够与当地农村发展、农民增收紧密结合，扶贫作用和带动功能都很显著。

（1）"美丽广西·生态乡村"建设助推乡村生态旅游

近年来，广西生态旅游业得到了长足的发展。为了满足发展生态旅游的本质要求，结合自治区"美丽广西·生态乡村"建设，共安排 14.64 亿元全面推动环境保护与经济发展从相克到相生的转变，围绕发展特色农业，积极培育民宿经济，将自然风光、民宿经济与特色休闲农业相结合，将生态旅游与乡村发展融合。通过整合农业、水利、交通、科技、住建和社会各类资源，推进"村改居""农民改市民"等农村综合改革，对村屯道路、能源、水利、环境卫生等生态乡村基础设施进行项目建设，实现农村社区就地城镇化，通过乡村建设带动乡村旅游。通过这些年乡村旅游发展，广西总结出不同的乡村旅游发展模式，包括政府引导模式、景区帮扶模式、亦农亦旅模式、异地安置模式、城企相助模式等，引导和推动贫困地区发展乡村旅游。截至 2016 年年底，广西共有 943 个贫困村脱贫摘帽，其中有 135 个将乡村旅游作为特色产业的贫困村同步实现了脱贫[2]。

此外，覆盖全广西的乡村第一个旅游联盟——广西乡村旅游行业协会（以下简称协会）于 2016 年成立，台湾宜兰中山休闲农场与协会会长单位建立伙伴关系，为广西乡村旅游发展注入强劲有力的支持。2017 年中国美丽休闲乡村推介名单公布，150 个村落入选 2017 年中国美丽休闲乡村，其中广西占了 5 个，广西乡村生态旅游前景广阔。

（2）"林业+旅游"，实施重点项目带动

广西是林业大省，是全国森林景观资源和物种资源最丰富的省区之一，拥有神奇秀丽的山水景观，神秘壮美的地貌景观和丰富奇特的生物景观。广西的森林资源是广西发展生态旅游业最大的优势，林业生态旅游能够以良好生态促进旅游发展，以发展旅游促进生态保护，最终实现旅游产业发展的生态化。广西从自治区层面重点实施森林生态旅游精品景区建设"510 工程"，即打造十大森林公园、十大湿地公园、十大森林健康养生基地、十大森林生态旅游示范县、十大现代特色林业生态旅游示范区，推进森林旅游的创新融合发展。同时，有序推进"森林人家"品牌建设，采取 6 项措施助推森林旅游业改革发展。截至 2015 年年底，全自治区建有林业自然保护区 63 个、森林公园 61 个、湿地公园 13 个，这些本身就是广西最宝贵的旅游资源[3]。全自治区森林公园实现收入总额 25.63 亿元，森林旅游人数 4500 万人次，森林旅游收入突破 200 亿元[4]，森林旅游成为广西旅游业发展的重要组成部分。

（3）"农业+旅游"，打造生态休闲农业升级版

将农业、生态和旅游结合起来，利用田园景观、农业生产活动、农村生态环境和生态农业经营模式，吸引游客前来观赏、品尝、体验、度假、购物等。同时抓好品牌农业建设，围绕各地果蔬、桑蚕、畜禽、粮食等，着力建设特色农产品，现代农业、生态旅游同步发展，延长农产品产业链，培育休闲观光、生态循环、健康养生等新型乡村业态。广西乡村旅游接待规模逐年快速增长，2016 年广西乡村旅游接待游客 1.77 亿人次，占全区接待游客量的 43.4%；乡村旅游消费 1089.75 亿元，约占广西旅游总消费的 26%[5]。

近年来，广西以发展生态旅游、农业旅游为重点，整合旅游资源，参与旅游资源开发，完善景区基础设施。在现有休闲农业、生态观光等资源的基础上，浪平麻竹长春园、浪平文化旅游区、东平塘龙生态农庄、九龙客家生态游乐园、亚山鲤鱼湾休闲农庄等一批乡村旅游项目竞相崛起。

（4）"湿地+旅游"，湿地生态旅游正兴

广西以湿地类型自然保护区、湿地公园和湿地保护小区为框架，初步形成星罗棋布、各具特色的湿地景观。利用政府湿地保护投入，林业部门开展了生态恢复、基础设施、设备购置、科研监测、科普宣教等项目建设，使广西典型湿地生态系统、珍稀物种以及候鸟迁徙、繁殖和越冬栖息地等得到更加有效的保护，有效地改善了项目实施区域生态脆弱和退化湿地的生态状况，逐步形成滨海、河流、库塘等多种湿地类型的保护和恢复示范模式。截至 2017 年年底，全自治区共建立各级湿地类型自然保护区 12 处，已通过验收的国家湿地公园 2 个，国家湿地公园试点建设 22 处，拥有北仑河口、山口红树林等 3 处国家重要湿地，其中 2 处列入《国际重要湿地名录》。2015 年广西湿地保护和恢复工程投资过亿，实际完成

1.0489 亿元，其中中央投资 6376 万元，地方投资 4113 万元[6]。经财政部和国家林业局组织审查，全国奖励一批在湿地保护及科普宣教中成绩突出的市县，每县奖励 500 万元，广西的荔浦、东兰两县榜上有名。

（5）"水利+旅游"，水利风景名胜区建设初步见效

广西属于水利旅游资源大省，70%以上的市县城区均有河流经过，水资源丰富，占全国水资源总量的 7.12%。结合河湖治理、病险水库除险加固、灌区改造、水土保持等水利工程建设，努力打造特色鲜明的精品水利景区，水利风景区创建工作取得了可喜的成绩。截至 2016 年年底，从水利部公布的十六批次国家水利风景区中，广西已挂牌百色市澄碧河水利风景区、北海市洪潮江水利风景区、南宁大王滩水利风景区、南宁天雹水库水利风景区、德保县鉴河水利风景区、靖西龙潭鹅泉水利风景区、鹿寨县月岛湖水利风景区、南丹八穿河地下大峡谷水利风景区、象州象江水利风景区、柳城融江河谷水利风景区、都安澄江水利风景区共 11 个国家级水利风景区。通过水利工程建设、沿河景观打造，以水为脉，做好地方文化和水文化的继承与创新，水利风景区正在健康平稳的发展，有力地推动了水生态文明建设。

（6）各类生态旅游节庆蓬勃开展

各类旅游节数不胜数，如上林举办"徐霞客故地"生态旅游养生节；容县沙田柚旅游文化节；蒲庙(五圣宫)红龙果生态旅游节；金秀大瑶山生态山水旅游节；马山百合嘉年华生态旅游节；石埠草莓节等。各类生态旅游节日益增多，如广西马山县从 2016 年 3 月份起，月月举办"一乡一节"生态旅游节活动，全县 11 个乡镇结合各自乡镇的实际和特色，依次举办形式不同的活动，涉及生态旅游节庆的有金银花节、红水河会鼓节、弄拉生态祈福节等。通过举办生态旅游节活动，既打造出一批批生态旅游品牌，又弘扬了特色民族文化，拉动了第三产业的健康发展。生态旅游节已然成为广西生态旅游经济发展的动力。

（7）"生态+旅游+"融合形成新的旅游业态

越来越多的人通过生态旅游的方式，走近自然、了解自然、亲近自然、保护自然，"生态+旅游+"受到热捧。旅游产业融合发展已经成为广西旅游经济增长的重要动力。近年来，旅游部门与农业部、水利部、林业部等部门合作，共同推进以旅游为主导的农家乐、林家乐、渔家乐、水利风景区等规划建设，创建了一批乡村旅游区、星级农家乐。如巴马养生游以保护生态养生旅游环境为目的打造的"全国长寿养生生态旅游区"已经形成品牌，"旅游+生态+休闲+农业+"衍生出许多生态旅游产品，具备较强的竞争力，生态旅游作为战略性龙头产业的带动作用和辐射作用明显。

生态旅游与农业、工业、商业、房地产业、林业等相关产业实现融合发展，也催生了旅游新业态，带动了休闲农场、户外拓展、民俗秀场、水上运动等旅游新业态发展，形成了桂北山水生态乡村民俗游、北部湾滨海生态渔家风情游、盘阳河世界长寿之乡乡村养生游、中越边境山水田园乡村民俗游、桂东古镇古村休闲观光游、刘三姐故乡民族风情游等十余条特色精品旅游线路。

30.1.2　存在的主要问题

（1）发展方式较为粗放，经济效益欠佳

广西生态旅游具备独特的资源优势，但是完整的生态产业还没有形成且产业链短，其生态旅游发展过多地依赖自然资源，依赖景区景点，资源未能有效整合，没有重大项目支撑，生态旅游形式以及产品较为单一，与农业、工业、商贸业、体育业、文化产业等产业的对接不够紧密，缺少文化、历史内涵，过夜游客少，难留住游客，致使生态旅游经济增幅不突出。

（2）相关配套的服务功能不够完善

广西生态旅游景区、景点大多地处偏远地区，景点分散而且交通不便，已经开放的生态旅游区虽具一定的竞争力，但由于旅游配套设施水平较低，呈现出节假日或旅游黄金期的宾馆、停车场等设施严重供给不足，道路拥堵现象，其竞争力尚未发挥。此外，通往景区的交通基础设施落后，新旅游项目不能及时开发，制约了生态旅游的发展，需强化生态旅游业发展的现实支撑。

（3）特色品牌少，生态旅游冷热不均问题突出

目前，广西的生态旅游主要是以观光旅游加体验为主，对旅游企业而言，没有特色意味着没有回头客。虽然巴马养生旅游的品牌已打响，人气较旺，由广西桂林、广西环江（贵州荔波的拓展地）等组成的"中国南方喀斯特"二期使广西首次被纳入《世界遗产名录》，具有较高的知名度，但没有得到深度挖掘。此外，广西绝大部分生态旅游区发展较为滞后，主要原因是没有在全区范围内实施差异化的功能定位，同质化现象严重。还要不断谋划新的生态旅游产业项目，策划一批好项目，打造更多的特色生态旅游品牌。

（4）生态旅游商品开发滞后，附加值低

缺乏高品级的生态休闲度假旅游和一批具有带动性和吸引力的生态旅游产品。在生态旅游开发热的大环境下，广西生态旅游产品销售不乐观，生态旅游产品面临文化内涵不足、服务水平不高、附加值低、产品单一和重复等严重问题。生态旅游商品生产企业数量小且规模小，难以成为龙头企业，生产品牌产品困难。

（5）信息化建设较弱

"互联网+生态旅游"是未来生态旅游发展的一个方面，智慧生态旅游建设较为薄弱，如网络媒体营销、微信支付、电子门票等旅游信息化建设，也进一步影响了生态旅游教育功能的实现。提升生态旅游信息服务水平，通过"互联网+"模式加强旅游宣传营销，打造生态旅游精品刻不容缓。

30.2　广西生态旅游业发展趋势分析

党的十八大首次提出"美丽中国"的宏伟蓝图。十八届五中全会提出"绿色"发展理念，意味着"十三五"期间要着力推进绿色发展、循环发展、低碳发展。2016 年，发改委出台全国生态旅游发展规划，结合集中连片特困地区脱贫致富和生态文明建设，提出全国生态旅游发展的总体布局，形成包括生态旅游协作区、生态旅游目的地、生态旅游线路、生态旅游重点景区的生态旅游精品体系，配合教育部出台促进研学旅行发展的政策措施。可以说，发展生态旅游，机遇与多重政策叠加扶持，生态旅游业发展时代已经到来。

30.2.1　承担起生态旅游扶贫的责任

生态旅游是一种可持续发展的产业，能够带动整个社会、经济、技术的发展。伴随着生态扶贫、旅游扶贫的推进，保护生态资源，传承挖掘本地乡土文化，用好用足政策，实施生态旅游，实现脱贫奔小康，已成为生态旅游扶贫的一个基本共识。广西目前的生态旅游产品体系载体包括世界遗产，自然保护区、风景区、森林公园、地质公园、水利风景区、农庄等，许多地方通过发展生态旅游带动了当地相关产业的发展，为当地居民创造了大量的就业机会。而"国家生态旅游示范区"与"国家旅游扶贫实验区"的重大举措在推动生态城镇、绿色乡村建设也发挥了重要作用，为实现"美丽中国"打下坚实的基础。

30.2.2　跨产业融合趋势越来越明显

生态旅游形式包括游览、观赏、科考、探险、狩猎、垂钓、田园采摘及生态农业主体活动等，其多元化旅游形式具有很强的包容性，很容易与其他相关产业扩展形成较长的产业链，形成生态产业集群。基于对健康生活的追求，生态旅游的范围拓展越来越宽，涉及的内容也越来越多，农业、林业、花卉业、养殖业等都可以发展出很多可以进行生态旅游的景点。随着生态旅游的不断跨产业融合，势必将会产生更多的各种复合类型的生态旅游景点。

30.2.3 生态旅游专业化、深度体验化

与大众旅游不同的是真正意义上的生态旅游要求参与者具有较高的环保意识。旅游开发者和经营者必须要对所处地区生态系统的特点非常了解，具有生态环境保护的专门知识，在旅游娱乐的同时唤醒人类环境生态意识，关注文化与环境保护。随着各级政府部门对森林、湿地等自然体验教育的进一步倡导和推广，自然体验教育将得到深化发展，成为未来生态旅游中最富有意义的组成部分之一。而目前广西很多生态旅游实践并没有达到生态旅游的本质要求，着重强调了生态旅游"认识自然、走进自然"的一面，而忽略了生态旅游"保护自然"的目标，各地开展的生态旅游产品并不是真正意义上的生态旅游产品，而是自然旅游或者是观光旅游的另一种形式。

伴随着人们生态意识的逐步提高，生态旅游专业化水平正在明显提升，有档次、有规模的高端生态旅游产品层出不穷。其中"农业+生态+旅游"的深度体验式产品集合了体验化的农业劳作模式、乡村的原生态宁静环境、情趣化的游憩方式，受到广大群众的热捧。

30.3 广西生态旅游发展的对策建议

30.3.1 科学开发，做好生态旅游规划

生态旅游是科技含量很高的产业，科学开发即是对生态环境一种积极而有效的保护。在广西生态旅游资源的开发过程中，要始终坚持开发与保护并重的原则，根据生态旅游规划地的具体环境容量和资源承载力，形成生态旅游功能分区，实施不同级别的开发力度。如在大瑶山、大明山、北仑河口、合浦儒艮等自然保护区，根据其境内的生态环境的敏感性，划分并建立禁止性开发区、限制性开发区及保护性开发区，从而实施不同程度的开发，以达到寻求生态旅游发展与环境保护双赢的目的。真正把生态旅游产业放在战略支柱位置，把握自身特色，注重顶层设计，强化规划引导，把控和引领行业发展方向。

30.3.2 加大投入，优化旅游环境

生态旅游景点大多处于偏远地区，目前广西连接生态旅游景区景点的交通联系主要是以城市间的交通要道为主，以省会城市南宁及14个地市为主的交通网络为基础。由于以南宁—柳州—桂林为轴线的地区经济发展水平较高，东南部次之，而西北部地区大多数为革命老区，城市间的线性组合交通至各个景点间沿途交通道路等级低，通车里程少，路况差，交通基础设施薄弱对旅游业发展的制约明显。需要加大对旅游景区景点的配套基础设施建设投入，不断提高服务设施和综合配套能力，着力完善各景区内部道路、公共厕所、引导标志、游客接待中心等基础设施建设，提升旅游承载能力，进一步完善铁路与城市轨道交通、公共交通、出租车等各类交通，以及汽车旅游营地服务设施，因地制宜开展"厕所革命"。同时，积极建立和完善旅游公共信息平台，为游客提供多样化的信息服务。

30.3.3 积极引导，培育本土知名生态旅游品牌

充分利用本地生态资源，大力发展养老产业、生态农业，放大自身的资源优势，创造供给，引导消费，培育本土知名生态旅游品牌。政府鼓励高起点规划、高标准实施，多方吸引投资，积极协调引导景区景点打造品牌，提高景区景点知名度，带动当地产业发展。相关部门要为特色生态旅游项目的推进创造条件，做好协调，抓好落实，为企业提供优质服务，营造良好发展氛围，招徕更多投资客商，以旅游促进环境保护，推动当地经济发展，带动百姓脱贫增收。

30.3.4　差异发展，跨区域整合资源

应充分利用自身所具有的生态旅游资源优势及空间分布特点，确立南部沿海、中部西江沿岸为代表的湿地生态科普游；沿交通要道、黄金水道和边境口岸等形成"沿路、沿江、沿边"的生态乡村游；点状以森林自然保护区为主的山水森林生态游。同时利用农耕文化与农业发展优势，推动传统农业观光游向农业生态旅游的积极转变。在此基础上，全跨区域整合资源，共同推进全区生态旅游发展统一大格局，使之成为广西旅游业发展的主旋律。

参考文献

[1]　广西壮族自治区旅游发展委员会.广西旅游发展委员会与美团旅行达成战略合作打造旅游电商扶贫模式[EB/OL].[2017-11-29]. http://www.cnta.gov.cn/xxfb/hydt/201711/t20171129_848477.shtml .

[2]　新华网. 广西：旅游开发"责任状"将助 550 个贫困村脱贫[EB/OL]. (2016-03-05). http://www.xinhuanet.com/local/2016-03/05/c_1118241675.htm.

[3]　创建示范区　一起"森呼吸"[EB/OL]. 广西日报. (2015-11-11). http://news.163.com/15/1111/13/B853KD5I00014Q4P.html.

[4]　国家林业局.迎头赶超，向森林旅游强区目标迈进[EB/OL]. (2016-11-01). http://www.forestry.gov.cn/main/1046/content-916513.html.

[5]　"2017 年乐游广西：乡村旅游嘉年华"活动举行[N]. 中国旅游报. (2017-08-20).

[6]　广西湿地保护与恢复年投入首超亿元[EB/OL]. 中国旅游新闻网. (2016-01-25). http://www.cntour2.com/viewnews/2016/01/25/xmHH5V86qvrUk4RuK9wz0.shtml.

第31章　海南生态旅游发展报告

符国基　海南大学旅游学院，海口

　　生态旅游是着重通过体验大自然来培养人们对环境和文化的理解、欣赏和保护，从而达到生态上可持续的旅游[1]。生态旅游的主要特征是旅游活动场所在自然生态景区或具有生态文化的人文景区、保护环境、生态教育和促进社区经济发展。海南省是中国第一个生态示范省，在当前全国建设生态文明的热潮中，回顾、分析和总结海南生态旅游发展历程、发展现状、经验、问题和原因，展望海南未来生态旅游发展等，具有重要意义。

31.1　海南省生态旅游发展回顾

　　海南生态旅游发展阶段和其社会经济发展阶段、旅游发展阶段有着明显的相关性，和国家生态旅游发展进程相吻合。海南生态旅游发展阶段基本上分为：萌芽期（1976—1998 年）、起步期（1999—2009 年）、发展期（2010 年至今）。

31.1.1　萌芽期（1976—1998 年）

　　1976 年，海南建设第一家森林公园——尖峰岭森林公园，标志着海南生态旅游的萌芽。1983 年 3 月，中共中央、国务院批转《加快海南岛开发建设问题讨论纪要》，指出"海南岛有条件逐步建成国际避寒冬泳和旅游胜地"。1986 年 1 月，全国旅游工作会议宣布将海南作为中国七个重点旅游城市和地区之一，海南作为全国的重点旅游区还被列入国家的"七五"计划。1988 年 4 月，海南建省办经济特区，但海南优势和经济着力点还没有形成共识，旅游业还未确立为龙头产业。1992 年，国家林业局批准建立尖峰岭国家森林公园。同年，建立有热带风情的亚龙湾国家旅游度假区。1996 年 1 月，海南省委二届四次全会正式提出了"一省两地"产业发展战略，"一省"是指新兴工业省，"两地"是指热带高效农业基地和热带海岛休闲度假旅游胜地。同年 1 月 1 日，由国家旅游局和海南省人民政府共同主办的"1996 中国度假休闲游"开幕式在三亚亚龙湾国家旅游度假区举行，标志着海南作为度假休闲旅游地的形象开始被人们认同。"全社会共办大旅游"是此阶段的生动写照。中国第一家五星级度假酒店——亚龙湾凯莱度假酒店建成。在 1996 年和 1997 年香港国际旅游交易会上，海南成为国内唯一连续两年分别获得"最有希望的新的旅游目的地"和"最佳休闲产品奖"荣誉的旅游目的地。1998 年，海口市、三亚市获得首批"中国优秀旅游城市"称号。三亚市在推出旅游服务承诺体系和实施 ISO 14000 环境管理体系方面走在全国旅游城市前列。经过 1996—1998 年的重点建设，海南的旅游基础设施和服务条件得到较大改善，旅游业逐渐成为海南经济的支柱产业和新兴优势产业。

　　这一阶段，海南旅游业逐步发展壮大，成为海南经济的支柱产业。旅游业发展布局是以三亚和东部海岸带为重点区域，注重开发海滨旅游资源，民族文化风情旅游开始发展。而生态旅游只处于萌芽状态，主要特征是生态旅游没有得到社会各界的认识和重视。尽管在旅游业发展过程中，有不少旅游景区、旅游活动符合生态旅游的要求，但不具有目的性和自觉性。

31.1.2　起步期（1999—2009 年）

1999 年 1 月 1 日，中国生态旅游年启动仪式在三亚南山文化旅游区举行，表明国家对海南发展生态旅游的期望。围绕该主题，海南开展了 99 文昌椰乡生态游、儋州文化生态游、99 中国（海南）学生生态夏令营、南山长寿节、天涯海角国际婚礼节等系列活动。生态旅游开始走入岛内旅游界的视野，岛内游客从新的视角体验海南岛的生态环境，入岛游客对海南岛的旅游资源和生态环境留下更深的印象。同年 7 月 30 日，海南生态省建设正式启动。《海南生态省建设规划纲要》提出："在发展观光旅游、度假休闲游、康乐保健游的同时，积极发展以认识大自然、享受大自然、爱护大自然为内容的生态旅游，重点推出海洋生态游、热带雨林考察游、动植物观赏游、登山探险游等专项产品。加强生态保护的宣传教育，普及生态旅游知识，提高环境意识，倡导文明旅游。""生态旅游"正式在政府文件中出现，标志着海南生态旅游开始起步。2000 年，万泉河旅游全面启动，博鳌生态旅游示范区成为"亚洲论坛"永久会址。2002 年，编制完成《海南省旅游发展总体规划》，确立了旅游业可持续发展原则，把发展生态旅游作为重要内容。同年，五指山生态旅游发展规划出台。同年 3 月 1 日，海南省正式实施《海南省旅游条例》，这是我国加入 WTO 后制定的第一部地方性旅游法规。2003 年，"非典"肆虐，海南无"非典"，凸显了海南生态的优势，海南不断推出新的旅游宣传形象和促销主题，如健康岛、安全岛等。2005 年，《海南生态省建设规划纲要（2005 年修编）》进一步强调加快发展生态旅游业。为此，海南加快旅游景区的生态环境保护基础设施建设，在南山、亚龙湾、天涯海角、兴隆热带花园、热带海洋世界、七仙岭、尖峰岭等旅游景区充实生态旅游内涵，将生态环境资源优势转化为旅游产品优势，提升了景区的生态文化品位。建设完善了三亚南山、兴隆热带花园、亚龙湾、博鳌等一批以生态保护和恢复为基础的生态旅游区，推出了五指山探险、七仙岭温泉浴、尖峰岭"森林浴"、五指山和万泉河漂流等一批生态旅游路线和生态旅游项目，提升了海南省旅游业的竞争力。尖峰岭森林公园被美景中国评为"中国最美十大森林公园"之一。2009 年，海南以"中国生态旅游年"活动为契机，全力打造"生态旅游在海南"的品牌，将生态游、生态文明村、农业旅游示范区和休闲农庄等旅游产品编入海南特色旅游线路加以大力推广。

这一阶段，海南认识到生态环境是海南发展的最大优势，成功塑造了中国生态示范省的形象，生态旅游得到政府重视，生态旅游成为旅游业的重要支柱、生态经济的组成部分，开发建成了一批生态旅游景区和产品。旅游管理部门和旅游经营企业对发展生态旅游、提高生态旅游质量、壮大旅游经济已经形成共识。

31.1.3　发展期（2010 年至今）

2010 年 1 月 5 日，海南国际旅游岛建设成为国家战略，《国务院关于推进海南国际旅游岛建设发展的若干意见》明确提出，要把海南建设成为我国旅游业改革创新的试验区、世界一流的海岛休闲度假旅游目的地、全国生态文明建设示范区。同年 6 月，海南省省委、省政府组织编制的《海南国际旅游岛建设发展规划纲要（2010—2020 年）》提出，将大力发展乡村旅游、森林旅游和海洋旅游，塑造与海南自然环境和旅游资源优势相匹配的旅游品牌形象，逐步形成海南旅游的核心竞争力。这表明海南对生态旅游的认识进一步提高，有力地促进了海南生态旅游的发展。2011 年，相继出台了《海南省热带森林旅游发展总体规划》和《海南省森林生态旅游管理规定》，海南被国家林业局、国家旅游局确定为全国唯一的省级"全国森林旅游试验示范区试点单位"。同年，颁布《全省重点旅游景区和度假区规划建设的若干意见》，有力地推动了海南旅游景区和度假区的快速发展。2013 年 1 月 1 日，"中国海洋旅游年"在三亚半山半岛帆船港全面启动，海洋旅游逐步深入人们的生活，旅游模式也已经从滨海观光向滨海度假转变，从近海休闲向远洋度假转变，从三亚湾到海口西海岸的海南岛东部海岸，形成了中国唯一的黄金滨海旅游线路，沿途可以体验到帆船绕桩赛、摩托艇、潜水、拖拽伞、香蕉船、海上垂钓等多姿多彩的海上旅游项目。海南的海洋旅游已经成为全国滨海旅游的"风向标"[2]。同年，开始重点启动的"请到海南深呼吸"的主题营销活动，更是结合海南一流生态环境和资源，加快推动了康体游、养生游、好空气游等生态旅游新产品。2014 年，出台了《海南省乡村旅游总体规划（2014—2020 年）》。2015 年，全省各级旅游部门严格按照《海南省乡村旅游点（区）等级的划分与评定（试行）》标准开展乡村旅游点等级评定工作，有效提升了乡村旅游点的管理和服务质量，促进了全省乡村旅游的发展。近几年来，生态游、雨林游等绿色旅游新业态、新产品开始与发展较为成熟的蓝色旅游实现互补共赢，尖峰岭、霸王岭、吊罗山、五指山的森林旅游已经启动，呀诺达热带雨林文化旅游区、亚龙湾热带天堂森林公园、南湾猴岛等森林旅游项目正进行品牌化、精品化改造提升[3]。海南在国内率先提出针对游客的高尔夫游，成为海南极具吸引力的旅游新业态。海南积极促进文化与生态旅游融合发展，为生态旅游注入文化之魂，推动海口演丰镇、文昌东郊镇、琼海博鳌镇等 22 个特色旅游小镇的建设。这些特色旅游小镇无一不具备鲜明的本土文化特色，都向游客展示自己的南洋文化、中原文化、海洋文化、农耕文化、咖啡文化和独特的民族风情，成为吸引岛内外游客的开放大景区，仅 2014 年 10 月 3 日一天，潭门南海渔业小镇接待的游客就达 2 万人次[3]。

这一阶段，海南生态旅游在向品牌化发展的基础上，逐步实现生态旅游的"蓝绿"互补，生态旅游向森林生态旅游、海洋生态旅游、文化生态旅游、乡村生态旅游拓展，生态旅游产品形态多样，不断满足国内外游客对生态旅游日益增长的需求。

31.2 海南省生态旅游发展现状

31.2.1 生态旅游景区

海南省建立了自然保护区 49 个，总面积为 270.23 万 hm²，其中国家级自然保护区 10 个、省级自然保护区 22 个、市县级自然保护区 17 个。全省自然保护区陆地面积 24.32 万 hm²，占全省陆地面积约 6.94%。全省森林公园 27 处，总面积约 17.0 万 hm²，其中国家森林公园 9 处、省级森林公园 16 处，市县级森林公园 2 处。海南省风景名胜区 38 个，其中，国家级风景名胜区 1 个。海南省 A 级生态旅游景区 48 个，其中，5A 级景区 5 个，4A 级景区 16 个，3A 级 23 个，2A 级 4 个。海南省各市县生态旅游景区分布情况见图 31.1。

从经营情况看，东寨港、铜鼓岭、霸王岭、尖峰岭、吊罗山、五指山、鹦哥岭等国家自然保护区和白石岭省级自然保护区有少量的生态观光、度假旅游，其他自然保护区的旅游活动极少或者几乎没有。尖峰岭、七仙岭、石山、吊罗山、霸王岭、蓝洋、海南侨乡等国家森林公园和亚龙湾热带天堂、白石岭、东山岭、热带花园等森林公园有开展生态旅游活动，其他森林公园都很少有生态旅游活动。三亚热带滨海国家级风景名胜区，除东郊椰林、东山岭、香水湾、石山火山、万泉河、白石岭，温泉、临高角滨海、七仙岭、百花岭瀑布、鱼鳞洲滨海、南丽湖、龙门激浪等风景区有较好的生态旅游活动外，其他风景区开展生态旅游活动较少或程度不高。A 级生态旅游景区都是生态旅游活动开展比较成熟的景区。海南大多数旅游活动是在自然生态景区进行的。

按开展生态旅游的类型划分，海南生态旅游景区有以下 9 大类型：山丘生态景区，以霸王岭、尖峰岭、吊罗山、五指山、鹦哥岭等为代表；湖泊生态景区，以松涛水库、南丽湖等为代表；森林生态景区，以黎母山、热带天堂森林公园、呀诺达热带雨林等为代表；海洋/海岛生态景区，以亚龙湾、分界洲岛、东寨港和三沙市等为代表；观鸟生态景区，以海南东岛白鲣鸟、永兴鸟类、名人山鸟类等自然保护区为代表；漂流生态景区，以万泉河、五指山漂流等为代表；文化生态景区，以槟榔谷黎苗文化、三亚南山文化、日月湾南海渔村文化旅游区等为代表；温泉生态景区，以官塘温泉、七仙岭温泉、南田温泉景区等为代表；乡村生态景区，以农垦万嘉果农庄、罗帅雨林休闲山庄、什寒村等为代表。

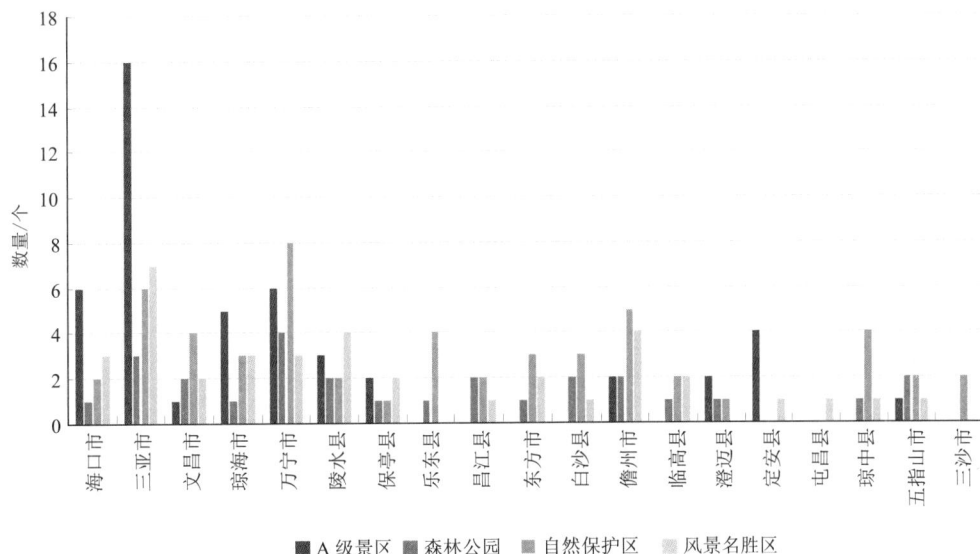

图 31.1 海南省各市县生态旅游景区分布情况

31.2.2 旅游产业规模

2014 年，海南省共接待游客 4789.08 万人次，实现旅游总收入 506.53 亿元，全省旅游业增加值占 GDP 比例达到 7.4%，旅游总收入相当于 GDP 的 14.5%，排名全国第 14。截至 2014 年年底，全省共有酒店宾馆 3300 家，客房 18 万间，床位 30 万张；其中五星级及按五星级标准建成并营业的酒店 67 家，旅行社 393 家，具有导游资格的人员 1.25 万名。截至 2014 年年底，海南旅游业直接就业人数约 35 万人，带动相关产业就业人数约 140 万人，其中带动农民就业 2 万余人[4]。

31.2.3 生态旅游业态和产品

目前，海南省形成了三亚亚龙湾、海棠湾、三亚湾、大东海，万宁神州半岛、石梅湾，海口西海岸、陵水清水湾、琼海博鳌湾 9 个海湾度假区；打造了呀诺达热带雨林文化旅游区、亚龙湾热带天堂森林旅游区、南湾猴岛生态旅游区、尖峰岭国家森林公园 4 个精品森林生态旅游景区；培育了全国休闲农业与乡村旅游示范县 2 个、示范点 10 家、省级乡村旅游示范区 10 家、省级乡村旅游点 34 家和乡村旅游示范点创建单位 134 家；2014 年全省乡村旅游点接待游客 600.46 万人次，乡村旅游总收入 17.75 亿元。全省共有高尔夫球会 51 家，高尔夫球场 74 个；全省已形成海口观澜湖、琼海官塘、万宁兴隆、保亭七仙岭、三亚蓝田、儋州蓝洋 6 个温泉旅游度假区。近海休闲、低空飞行、房车旅游、教育旅游逐步形成新的旅游消费热点，2014 年体验潜水游客超过 120 万人次，产值 4.2 亿元；全省已建成低空飞行基地 2 个；全省首个房车、自驾车露营地已落户亚龙湾，建成 20 个自驾车、房车项目配套用房、10 个进口拖挂式房车、30 个帐篷露营位；全省研学基地和夏令营基地 16 个，每年参加活动的学生人数 40 万人次[4]。海南生态旅游景区已从原自然生态保护景区拓展到半自然景观景区和生态文化景区，旅游对象包括自然山体、河流、湖泊、海湾海岸、岛屿、珍稀动植物等保护区、森林公园、风景名胜区、地质公园、农村田园景观、风情小镇等，生态旅游形式包括游览、观赏、科考、科普、水上运动、休闲度假、康体疗养、田园采摘，生态文明村、生态农业主体活动等，呈现出多样化的格局。

31.3 海南省生态旅游发展经验

31.3.1 严守"生态"红线，在保护中开发

海南旅游业是依托优良的生态环境、独特的气候资源和丰富的旅游资源发展起来的。海南旅游景区绝大部分是自然生态旅游景区。发展得好的旅游景区是生态环境保护得好的景区。海南生态旅游景区的建设和运营都严格执行国家环境保护法律法规，坚持将旅游开发与活动规模控制在生态环境承载力范围之内，在保护中开发，在开发中保护。

呀诺达热带雨林文化景区将"生态优先"和"最小干预"的生态保护原则放在首位，形成了生态旅游资源"保护—利用—保护"的良性循环，真正把生态环境保护当作景区可持续发展的生命线，成为中国旅游景区保护与开发协调发展的典范，获评"2013 全国十佳休闲农庄"和"2015 全国休闲农业与乡村旅游五星级景区"。

亚龙湾热带天堂森林公园遵循开发和保护相结合的思路，用钢管结构架在石头上，建成了不超过两层的、分散的别墅式度假设施——"鸟巢度假村"，很好地保护了山体、土地和植被。山上的生活污水每天及时处理，污水处理达到中水标准以后，就地渗透浇灌森林植被，很好地解决了生活污水的出路和环境污染问题。

亚龙湾国家旅游度假区确定了"开发建设以保护环境为基础"的原则，比较成功地把握了有效保护与合理利用、积极开发与防止污染的关系，经过连续几年的监测，亚龙湾的空气环境质量、海水质量持续保持全省全国领先水平，获得社会各界的广泛赞扬。

南湾猴岛生态旅游区对景区进行保护性开发，坚持"小客厅、大卧室"的开发原则，确定了以生态环境和野生猕猴的保护为基础，提出著名的"三人理论"，即景区开发者是主人的仆人，仆人的职责是照顾好主人，同时还要替主人接待好客人（游客）。游客来到猴岛景区，只能到旅游开放区域这个"小客厅"来拜访猕猴王国的主人们，而游客不能进入猕猴的"大卧室"过度打扰它们宁静的生活。

31.3.2 海南生态省和国际旅游岛建设极大地推动了生态旅游的发展

海南生态省建设鼓励发展生态农业、生态旅游等与生态环境相互促进的产业，生态旅游成为旅游业的一个重要支柱和生态经济的重要组成部分，这是因为生态旅游是一种依赖环境资源又保护环境资源的可持续旅游发展方式。因此，海南生态省从发展目标和产业结构上推动生态旅游的发展。从 1999 年起，围绕生态省建设战略目标，海南省旅游业发展定位发生了变化，生态旅游成为生态经济的抓手，生态旅游景区和生态旅游产品迅速发展。

海南国际旅游岛明确了建设一批生态旅游景区、生态旅游路线，大力发展海洋旅游、森林旅游、温泉旅游、乡村旅游等特色旅游产品，把生态旅游推向更广泛、更深入的阶段，出现了高尔夫康体游、风情小镇文化游、岛屿休闲度假游、水上运动游、生态文明村观光游等形式多样的新业态、新产品。

31.3.3 生态旅游与其他产业的融合发展

生态旅游与其他产业的融合发展主要是生态旅游与农业、林业的融合发展。海南积极推动生态旅游与农业的融合，大力发展现代生态农业展示、生态田园观光、生态农业生产体验、瓜菜采摘、生态农家旅馆、特色餐饮、垂钓捕捞等生态休闲农业，打造了"北仍村""百里百村""奔格内"等系列热带乡村生态体验旅游线路。海南充分利用热带雨林资源优势，打造了霸王岭、尖峰岭等具有核心竞争力的自然

景观区，发展热带森林观光、休闲康体、民族工艺品，展示民族风情，实施生态移民，实现了生态保护、山区扶贫和生态旅游开发的有机结合。

31.3.4　文明生态村、"大区小镇"是生态旅游的有效载体

2002 年开始，海南在全省范围内持续进行文明生态村建设。截至 2014 年年底，全省已累计建成 1 个国家级生态村、225 个省级小康环保示范村和 15591 个文明生态村，全省文明生态村占自然村总数 66.9%[5]。海南文明生态村背后的"生态之美""发展之美""和谐之美""人文之美"吸引了大量游客。2012 年，白沙在全县 40 个村庄试点美丽乡村建设，文明生态村建设与乡村旅游相结合，促进了白沙县农村环境与经济的协调发展。海南依托文明生态村打造"美丽乡村""天涯驿站""奔格内""农家乐"等乡村旅游品牌，推动了乡村旅游发展。琼中县什寒村 2014 年荣获"最美中国乡村"；2015 年获"中国最美乡愁旅游村寨"称号；白沙县罗帅雨林休闲山庄获评"全国休闲农业与乡村旅游五星级景区"；澄迈县荣膺国务院新闻办公室中国互联网新闻中心颁发的"中国美丽乡村建设示范县"称号。

2005 年，海南省在国内第一次提出了"海南特色旅游小镇"的建设，把小城镇建设和旅游产业结合起来。2008 年，海南提出"大区小镇"的概念。"大区小镇"是海南旅游开发模式的一大创新。"大区小镇"即以大的度假区、景区带动周边旅游风情小镇建设，同时，依托旅游风情小镇开发主题性度假群落，并使海南文明生态村得到旅游产业支撑，发展旅游新业态[6]。南山、博鳌、南湾猴岛等一批景区开始尝试这一新模式，如在南山二期的开发中，专门在景区大门附近规划建设了南山文化小镇。景区在带动当地农户创收同时，文化小镇同时丰富了景区的文化内涵[7]。

31.3.5　创建一批高新技术集成旅游示范景区

从 2012 年起，海南每年认定 3～5 个高新科技集成旅游示范景区。全省建成了包括呀诺达雨林文化旅游区、亚龙湾热带天堂森林公园等在内的 10 家具有区域代表性、示范和带动作用的示范景区。这些示范景区是集科技集成、科技创新和科学管理与旅游功能于一体的综合性实体，以低碳、生态、环保、高效为特色的现代生态旅游景区，对旅游景区及周边地区可持续发展起到示范与推动作用。高科技集成范围包括信息化、生态环保、新能源及节能和资源保护等方面[8]。信息化方面包括电子语音导览、旅游营销平台、虚拟旅游、智慧景区、物联网技术等；生态环保方面包括膜过滤直饮水、污水处理（含中水回用）、集中式沼气利用、环保厕所、垃圾处理等；新能源及节能方面包括高效节能 LED 混光路灯、高效节能灯等；资源保护方面包括将通过应用高技术手段进行自然资源和人文资源保护监控与管理，如热带雨林生态环境监控监测、景观环境监控等。

31.4　海南省生态旅游发展的不足

31.4.1　社会各界对生态旅游认识不足

随着海南生态旅游活动的不断开展，生态旅游逐渐被人们了解和认识。但是对于多数社会各界各阶层人士来说，并没有真正理解和掌握生态旅游的概念和内涵。各级政府多数人员对生态旅游的认识和实施仅停留在喊口号上，没有深刻理解生态旅游对于转变经济发展方式和环境保护的意义，因而不能做出系统全面的生态旅游决策、组织和指导。多数旅游企业仅仅将生态旅游作为"商标"和营销手段，开展的旅游活动实际上仍是传统大众旅游。多数旅游者来海南旅游，主要目的是享受海南的环境和资源，没有认识到旅游者应该有保护环境的责任。社区居民没有认识到生态旅游资源对于当地经济和环境保护的作用，没有自觉地参与生态旅游和环境保护的实践。

31.4.2　海南生态旅游开发和开展不足

生态旅游资源开发不足。相对于生态旅游资源来说，旅游景区开发程度较低，海南自然生态旅游资源单体有 355 个[9]，成为生态旅游景区的有：自然保护区 49 个，森林公园 27 个，风景名胜区 38 个，A 级生态旅游景区 48 个。除了国家级自然保护区和森林公园有一些生态旅游活动外，其他的保护区和森林公园都很少开展生态旅游活动。即使是旅游开发的保护区和公园，生态旅游的设施、项目和活动都不多，开发程度较低。例如，海南森林旅游存在缺乏规划、基础设施落后、管理水平低、人才缺乏、宣传促销不力等问题。

生态旅游景区同质化、重复现象较多。生态旅游景区开发较为成熟的区域主要是东部沿海地区，生态旅游景区产品多数是滨海浴场、滨海观光和度假区，大同小异。

生态旅游时空分布不均衡。空间上，东部沿海开发较为成熟，中部、西部开发很少，三亚市、万宁市、琼海市、海口市、陵水县、保亭县等市县开发得较好，屯昌县、白沙县、乐东县、临高县、东方市等市县开发得不足；时间上有淡旺季之分，淡季时，人数和活动较少，旅游设施处于不饱和状态。

生态旅游产品特色化、品牌化不突出。海南仅有 5 个 5A 级生态景区，1 个国家风景名胜区，16 个 4A 级生态景区，这些生态景区是开发和运营得较好的景区，其他生态景区没有较好地开发出其应有的生态价值，旅游设施和活动的质量不高，没有形成特色化和品牌化。

31.4.3　政府对生态旅游的重视和管理不足

政府没有颁布生态旅游发展的条例、规定和实施细则。海南从旅游业发展之初到现在，其旅游政策导向是以发展传统的大众旅游为主，追求旅游人数和旅游收入的增长。在地方规划、年度计划和年度总结中，各级政府都关注旅游接待人次和旅游收入两个指标，对生态旅游的价值和作用关注度不高。到目前为止，海南还未出台针对生态旅游发展的具体文件和规定。

海南还没有生态旅游的管理机构。生态旅游活动需要有组织、有计划地开展，尽管海南各级政府部门也有涉及生态旅游的安排，但至今尚未有全省或市县的生态旅游主管部门或具有主管功能的协会、学会机构、监测统计机构，因而没有生态旅游监测统计数据资料。

没有全省的生态旅游发展总体规划。尽管海南在《海南生态省建设规划纲要》《海南国际旅游岛建设发展规划纲要（2010—2020 年）》等文件中有发展生态旅游的条款，但对于如何发展生态旅游，却没有具体的实施细则和总体规划。

31.4.4　生态旅游景区社区参与不足

目前，海南旅游景区的社区参与度不高。有少数景区吸收当地居民参加景区工作（如呀诺达），但大多数景区社区参与的主要形式仅限于在旅游景区销售土特产和旅游纪念品及开办家庭旅馆等。景区经营者只重视景区的建设和发展，忽视帮助和促进社区经济发展和居民生活水平的提高，没有重视对当地居民的就业培训；社区居民忽视居民生活质量和环境资源的保护，没有自觉地保护景区和居民赖以生存的环境资源。

31.4.5　局部景区低水平开发带来生态破坏

众多在海岸带进行旅游项目开发的开发商，缺乏保护资源与生态环境的意识，重开发，轻保护，将酒店、宾馆、度假区、观景台建在海岸沙滩及海岸防护林带上，破坏了海岸沙滩沙坝、防护林地和自然生态系统。文昌市东郊椰林白来马度假区于 20 世纪 90 年代初，将度假酒店建在海岸沙滩上，导致入侵的海水吞没了椰子树和村庄，20 年海岸线向陆地后退 100m 以上。三亚市为发展三亚湾度假型房地产，大规模清除原有的基岩、沙滩、珊瑚礁、红树林等，导致三亚湾侵蚀的加剧，海岸线已明显向陆地后退[10]。在其他东线海岸，上述例子也有存在。

31.5　海南省生态旅游发展的未来展望

31.5.1　把海南旅游业做成生态旅游业

把海南旅游业做成生态旅游业，既是海南生态省和国际旅游岛建设的战略要求，也是海南区位和环境资源的客观要求，更是全国人民和世界人民的共同希望。海南发展生态旅游业，第一，成立海南省生态旅游协会，负责全省生态旅游事宜；第二，尽快建立健全的海南省生态旅游标准；第三，制定全省、各市县、各行业的生态旅游发展规划；第四，进行生态旅游教育培训；第五，对旅游企业、旅游景区、旅游产品、生态导游进行生态旅游认证；第六，培育生态旅游品牌，以点带面，大力推广，使海南生态旅游发展成世界的典范 [10]。

31.5.2　把海南做成一个生态旅游景区

海南被誉为中国的生态岛、健康岛，本身就是一个生态景区。把海南做成一个生态旅游景区，就是要把海南作为一个整体进行规划和建设，继续加强生态环境保护，把海南生态环境资源优势转变为生态经济优势。按照《海南省总体规划》的要求，深入推进"蓝绿互补"，积极推动"东西均衡"，认真做好"陆海统筹"，逐步把海南建设成为生态旅游业发达、生态环境优美、生态文化独特的绿色之岛、生态之岛、文明之岛。让游客一踏上海南的土地或是在海南的任何一个地方，都能够感受、体验和学习到海南的生态美。

31.5.3　海南未来生态旅游发展的重点

海南未来生态旅游发展的重点主要有森林生态旅游、海洋生态旅游和乡村生态旅游。

发展森林旅游是海南省省委、省政府的重大决策。发展海南森林旅游，就要积极探索能够有效实现保护与发展的体制机制，通过发展森林旅游带动经济社会发展，带动群众增收致富，使保护森林成为当地群众的自觉行动。把海南当作一个大的森林公园和森林生态系统整体规划建设；逐步完善以五指山为核心，向外辐射尖峰岭、霸王岭、吊罗山、黎母岭等国家森林公园和自然保护区的森林生态旅游网络；从黎苗民族文化着手，结合历史文化资源，深入挖掘旅游潜质，形成不同的文化主题，建成一批有特色、高水平、有影响力的热带雨林主题公园和生态文化教育基地，打造最具核心竞争力的"热带海岛森林公园"[11]。

发展海洋生态旅游是打造"海洋强省"战略目标的重要举措，也是建设国家海洋强国和现代海上丝绸之路的组成部分。海南滨海旅游已经成熟，但远洋旅游、三沙旅游还未完全起步。应当把海南岛与三沙市进行整体统一规划，进行海洋生态旅游资源调查与生态旅游功能区划，在三沙设立海洋国家公园，建设海口、万宁、昌江、陵水等多个海洋主题公园并形成海洋公园集群；在保护生态的前提下，进行岛屿及其周边开发；积极培育海洋旅游新业态，大力开发近海潜水、帆板、冲浪等海上运动项目；开发环南海、东南亚及海上丝路邮轮游线。

发展海南乡村生态旅游，重点应是加强乡村旅游规划和人才培训，加强乡村旅游设施建设，连片整合和开发乡村旅游资源，建设乡村旅游景区（点）集群，充分挖掘乡村特色文化，增加乡村生态旅游产品的多样化，提高旅游产品的品质，让游客在体验乡村生态美的同时，提高生态保护、生态旅游的意识。

参 考 文 献

[1] 2002 年澳大利亚生态旅游协会与可持续旅游合作研究中心. 绿色环球 21 国际生态旅游标准[S]. 绿色环球 21，2002.

[2] 杨春子. 海南：海洋旅游踏上新征程[N]. 中国水运报，2014-2-10（006）.

[3] 杨春虹. 作为海洋大省和生态大省的海南，旅游产品发展空间进一步拓展"下海上山"：海南旅游"蓝绿"互补[N]. 海南日报，2015-1-6（T11）.

[4] 孙颖. 如何提升海南旅游产业发展质量与水平[EB/OL]. （2016-01-11）. http://www.visithainan.gov.cn/government/.

[5] 海南省生态环境保护厅. 2014 年海南省环境状况公报[N]. 海南日报，2015-06-05.

[6] 薛莹，赵书彬. "大区小镇"模式下海南乡村旅游发展探析[J]. 科技与产业，2013，13（10）：36-39.

[7] 王赵洵. 海南开启"大区小镇"新模式[N]. 中国旅游报，2009-06-06.

[8] 葛明明. 海南创建一批高新技术集成旅游示范景区[N]. 中国旅游报，2014-01-22（027）.

[9] 符国基. 海南省自然旅游资源调查研究[J]. 热带地理，2010，30（5）：552-557.

[10] 符国基. 旅游大省环保之道：海南国际旅游岛旅游自然环境保护[J]. 环境保护，2010（17）：52-54.

[11] 林程东. 在保护中发展 在发展中保护 海南省政协建议将海南打造成热带海岛森林公园[N]. 中国政协报，2011-02-14（A02）.

第32章　澳门生态旅游发展报告

孙宏莉　香港职业训练局专业教育学院酒店、服务及旅游学系，香港
黄志恩　香港理工大学酒店及旅游管理学院，香港

32.1　引言

旅游业在澳门起着至关重要的作用。政府要通过发展会展旅游、城市旅游和文化旅游来丰富它的旅游形象。为了使其经济多元化并转型成为休闲中心，澳门将"世界旅游休闲中心"作为自己的策略性定位。

生态旅游是基于自然资源和文化遗产的旅游产品，是一种对目的地破坏程度较低的旅游形式[1]。Hetzer 也强调了其定义中的文化资源[2]，他将生态旅游定义为 4 个核心要素：环境影响小、尊重当地文化、使当地人受益和使游客满意。生态旅游是平衡可持续旅游产业发展、保护自然资源，减少对文化遗产负面影响的有效模式[3]。

生态旅游发展能够丰富澳门的旅游目的地形象，进一步引导澳门成为休闲中心并平衡城市发展。本章节研究将回顾澳门生态旅游的发展，包括资源、近期发展和限制条件。此外，研究城市生态旅游对当地经济的贡献，并讨论关于未来发展的实用启示。

32.2　澳门生态旅游发展回顾

澳门坐落于中国珠江三角洲的西岸，毗邻大陆珠海，在香港向西 60km 外，包含澳门半岛、氹仔岛、路环岛和路氹城，有着丰富独特的遗产和历史[4]。

因"东方的蒙特卡洛"而著称的澳门有相当长的旅游业历史，尤其因博彩活动而出名。然而，旅游产业也包括诸如生态旅游的其他游憩活动。因其交融了中西方文化并拥有多样的自然资源，澳门被视为可以吸引国内外游客的生态旅游目的地。两个主要类型的资源在澳门是生态旅游的吸引物，包括以自然为基础及以文化为基础的资源，这两类资源都展示在表 32.1 中。

表 32.1　澳门的生态旅游资源[4-6]

资源类型		旅游吸引物
自然导向资源	自然保护区	望德圣母湾湿地生态观赏区、九澳水库淡水湿地生态区、叠石塘山湿地生态模拟区
	游步道	望厦山健康径、松山健康径、大潭山环山径、九澳水库环湖径、黑沙龙爪角海岸径、路环步行径、路环东北步行径系统、黑沙水库家乐径、黑沙水库健康径、黑沙龙爪角家乐径、九澳高顶家乐径、石排湾郊野公园径（包括石排湾自然教育径）、路环健康径、路环石面盆古道
文化导向资源		妈祖庙、港务局大楼、亚婆井前地、澳门郑家大屋、圣老楞佐教堂、岗顶前地、议事亭前地、何东图书馆、伯多禄五世剧院、圣若瑟修院及圣堂、三街会馆（关帝庙）、仁慈堂大楼、牌坊、卢家大屋、圣保罗大教堂遗址、玫瑰圣母堂、大三巴哪吒庙、旧城墙遗址、大炮台、圣安多尼教堂、东方基金会会址、基督教坟场、东望洋炮台

以自然为基础的生态旅游资源如望德圣母湾湿地生态观赏区、九澳水库淡水湿地生态区和叠石塘山湿地生态模拟区，包括自然生长的、多样性丰富的动植物物种，通过建立保护地以保护资源及其自然、生态和文化价值。

"望德圣母湾湿地生态观赏区坐落于氹仔住宅式博物馆水体对面的西侧，占地 4500m^2，它是澳门重要的湿地生态区。在望德圣母湾湿地生态观赏区种植着各种各样的植物，包括能够高度代表澳门之美的莲花和其他水生植物，如睡莲、梭鱼草、畦畔莎草、伞莎草、三白草；也包括灌木，如桂花、紫薇和黄婵等做装点之用。从此，这个生态观赏区形成了一套标准。区内还增加了多样化的游憩设施，包括木质长椅、一个由锦屏藤和箭杜鹃做的乘凉处，外加一个竹制屏风。因此在欣赏和感受自然环境之美时，居民还能利用自然风格的设施来享受自然。而且，游客在欣赏对面的鹭鸟林时，澳门最美风景点排名前十之一、氹仔住宅式博物馆的葡萄牙建筑恰能映入眼帘。将近 30 种的鸟类栖息在鹭鸟林，包括小鹭鸟、黑冠夜鹭和中国池鹭。傍晚，游客还能看到鸟类成群结队的现象，如鹭鸟回林而形成上百只鸟儿一起回巢的壮观景象。游客还可以听到诸如普通蟾蜍和青蛙等发出的此起彼伏的蛙叫声，很像自然音乐会。[5]"

徒步远足和散步游步道在寻求具有挑战性绿色旅行的游客之中很受欢迎。澳门有 14 条游步道，两个坐落于澳门半岛，一个在氹仔岛，十一个在路环岛[5]。游步道是最受欢迎的活动区，人们可以享受徒步旅行、俯瞰低地，而且这对自然环境冲击较小。例如，"大潭山环山径长约 4000m，坐落于大氹仔自然公园东面的氹仔岛。它有一条沿途充满生态、教育和审美价值的，坡度适合散步的小径。它很适合游憩和健身，特别适合家庭和学生的户外自然活动。有一段路被称为'健身步步走'或叫'高峰的阶梯'，因为它攀爬了一个陡峭的山坡，并直达一处海拔达 159.2m 的山峰，最高点在氹仔[4]"。

此外，澳门有着独特的历史和文化景观。澳门的历史中心于 2005 年被联合国教科文组织列入世界遗产名录。这座城市的建筑、艺术、宗教、传统、美食和社区都是综合文明的痕迹[4]。中国和葡萄牙文化在澳门被很好地融合和保存。例如，"澳门圣保罗大教堂遗址（大三巴牌坊）指的是被火灾毁于 1835年、原建于 1602—1640 年的马特德教堂的正面墙体以及毗邻教堂的圣保罗学院遗迹。总的来说，旧马特德教堂、圣保罗学院和大炮台都是耶稣会信徒的建筑，它们组成了人们心中的澳门'卫城'。附近的旧圣保罗学院的考古学遗址则见证了第一个西式大学在远东的建立，它曾有着精心设置的学术项目。如今的圣保罗大教堂遗址外墙起着象征城市圣坛的功能[5]"。

32.3 澳门生态旅游发展现状

为了丰富旅游活动并转型成为具有国际品质的旅游目的地，澳门旅游局致力于发展多种旅游产品和提供高质量服务。2014 年，澳门接收的总游客量为 31525632 人，比 2013 年增长了 7.5%。中国内地依然为最大的客源市场，总计贡献了 21252410 万游客，占 67.4%。从中国香港和中国台湾来的游客分别为 6426608 人和 953753 人，成为第二和第三客源市场。2014 年来自短途市场的游客数与 2013 年不相上下。其中，来自韩国的游客人数上升了 16.9%，占总游客人数的 1.8%，而来自马来西亚和菲律宾的游客数分别下降了 14.1%和 4.1%，来自中国台湾的游客人数则下降了 4.7%。在排名前十的客源市场中，仅有美国是远途市场，共计 181457 名游客到访。前十名的客源市场数据如表 32.2 所示。

表 32.2　2014 年客源市场前十名[4]

市场	游客量/人	占总游客量的比重/%	变动百分比（2013 年/2014 年）/%
中国内地	21252410	67.4	14.1
中国香港	6426608	20.4	−0.5
中国台湾	953753	3.0	−4.7

续表

市场	游客量/人	占总游客量的比重/%	变动百分比（2013 年/2014 年）/%
韩国	554521	1.8	16.9
日本	299849	1.0	3.2
菲律宾	262853	0.8	-4.1
马来西亚	250046	0.8	-14.1
新加坡	196491	0.6	3.6
印度尼西亚	189189	0.6	-9.3
美国	181457	0.6	1.1
其他	958455	3.0	-5.8
总计	31525632	100	7.5

2014 游客消费年总额达 510 亿美元，其中 440 亿美元为博彩消费，70 亿美元为其他消费[4]。澳门旅游局对游客的旅游景点评价进行了调查研究，有 41.2%的游客对旅游景点表示满意，有 12.3%的游客认为旅游景点应该进一步改进提高。然而，据作者所知，目前官方统计中缺少完整的生态旅游专项统计数据，旅游公共部门可以持续关注生态旅游活动，从而给予公众更多的信息。

32.4　澳门生态旅游发展的经验和创新

澳门将自己定位为"世界旅游休闲中心"，并将发展为具有国际品质的旅游目的地。在澳门主要有两点生态旅游的发展创新。

首先，生态旅游与澳门博彩业是相适应的。赌场在澳门经济中扮演重要的角色[7]。在现在这种情况下，生态旅游产品的目标为小利基市场。Du Cros 的研究发现，赌场旅游能与澳门其他的游憩活动共存[8]。澳门拥有丰富的自然和人文资源来发展生态旅游。另外，它良好的设施和高质量的服务能够满足生态旅游者的需求。生态旅游能够促进保育并促进可持续发展[9]，进一步丰富澳门的旅游活动。

其次，澳门城市生态旅游的萌芽吸引了极大关注。许多学者讨论并发起澳门城市生态旅游[6,10]。城市生态旅游迎合了市民和旅游者的需求，维持了城市环境的平衡，并为当地经济体系做出了贡献。除了直接的经济收益，发展城市生态旅游也能够提升城市中相关的游憩、休闲和娱乐活动机会，以平衡澳门的城市发展。从社区视角看，城市生态旅游能对当地社区、游客和环境产生巨大的正面影响[11]。城市生态旅游能够促进资源保育，提供可持续发展机会，普及生态旅游教育并提高政府的收入以落实管理和保护体系。

32.5　澳门生态旅游发展的限制

澳门未来的生态旅游将会繁荣，然而也不能忽视这种环境友好型的旅游实践所存在的局限性。澳门发展生态旅游实践有 3 个主要约束。

1）政府、私营部门和社区之间的良好合作必须能平衡赌场和生态旅游的发展。例如，有关生态旅游动机、行为和消费的数据显示，澳门主要发展的是赌场旅游，赌场的收入是当地经济的主要来源，生态旅游则被置于次位。城市过度依赖赌场旅游活动，长期下去可能难以维持赌场和生态旅游的平衡。

2）将生态旅游活动整合进赌场旅游线路存在巨大的挑战。赌场消费者的行为和一般的生态旅游者行为有很大区别。前者享受室内活动、高级别的设施和服务。人们已经投入了大量精力、做了很多研究来理解赌场游客的行为和动机，以使他们在进行博彩之旅时加入生态旅游的内容。

3）游客体验没有被周全地考虑。Du Cros 发现旅游客流在澳门热门的遗产景点产生了拥堵和资源使用过度的现象[8]。而生态旅游则以尽可能少地损耗资源为特征。因此，对于目的地容量的良好规划和控制是必要的。旅行社和游客必须被教育和培训，以提高生态旅游观念。

32.6 澳门未来的生态旅游发展展望

深入研究澳门未来的生态旅游发展，可以看出生态旅游市场是随着时间不断演化的。因为有各种各样的资源和人们不断增强的体验和保护自然环境的动机，生态旅游在澳门有着光明的未来。此外，发展生态旅游能够丰富澳门的旅游产品，并使澳门转型为和谐且可持续的旅游目的地。考虑到上文阐释的限制因素，下面将为促进未来澳门生态旅游的发展提一些建议。

1）必须特别注意生态旅游的产品设计，以及生态旅游活动与娱乐购物游的融合。应该把浅层次的生态旅游者作为目标客源。Acott 等人定义了浅层次生态旅游者的一些特征：他们享受能与自然接触的活动；他们在目的地更喜欢高质量的体验，如高质量的设施、高级别的住宿、高质量的服务。赌场游客可能住在城市或者其他商业环境，他们可能会喜欢在户外探索自然资源并享受传统文化[12]。澳门有世界级的娱乐设施和多样的生态旅游资源，这为澳门给浅层次旅游者开发生态娱乐旅游产品提供了可能。

2）因为有些旅游目的地存在拥挤和资源被过度使用的现象，所以在规划和控制游客承载量方面必须付出更大的努力。旅游和文化遗产管理部门需要合作[8]。为了实现可持续发展和高质量的城市生态旅游，旅游景点应该测算最大游客量，以防给自然资源和文化遗产带来破坏。旅游者介入生态旅游活动的级别也应该与之适应，且不会带来区域退化。

3）应该强调有关生态环境的教育和培训。旅行社应该举办培训班来传播环境知识并培训生态旅游者的娱乐技能。同时，应该给游客提供指示说明，增强他们的环境意识和兴趣，使他们理解澳门生态旅游产业的社会和环境责任。

参 考 文 献

[1] CATER E, LOWMAN G. Ecotourism: a Sustainable Option?[M]. Brisbane: John Wiley & Sons, 1994.

[2] HETZER W. Environment, tourism, culture[J]. Links, 1965.

[3] CHRIS R. The gaze, spectacle and ecotourism[J]. Annals of tourism research, 2000, 27(1)：148-163.

[4] 澳门政府旅游局. http://en.macautourism.gov.mo/sightseeing/sightseeing.php?c=10.

[5] 澳门民政总署. https://nature.iacm.gov.mo/e/ info/default.aspx.

[6] ZHANG M, CHEN W. Preliminary discussion on initiative for urban ecotourism in Macau[J]. Ecological economy, 2010(227)：107-111.

[7] GU X, TAM P S. Casino taxation in Macau: an economic perspective[J]. Journal of gambling studies, 2011, 27(4)：587-605.

[8] DU CROS H. Emerging issues for cultural tourism in Macau[J]. Journal of current Chinese affair, 2009, 38(1)：73-99.

[9] McKERCHER. Business development issues affecting nature-based tourism operators in Australia[J]. Journal of Sustainable Tourism, 1998, 6(2)：143-154.

[10] DING H, GAO Y. Tentative research on urban eco-tourism in Macau[J]. Ecological Economy, 2007.

[11] WEAVER D. Ecotourism[M]. Brisbane: John Wiley & Sons, 2001.

[12] ACOTT T G, LA TROBE H L, HOWARD S H. An evaluation of deep ecotourism and shallow ecotourism[J]. Journal of sustainable tourism, 1998, 6(3)：238-253.

第 33 章　香港生态旅游发展报告

陈天恩　香港岭南大学，香港
黄志恩　香港理工大学酒店及旅游管理学院，香港

33.1　引言

33.1.1　简介

与 2009 年相比，香港的年入境游客数量在 2014 年翻了一倍，达到了超过 6000 万的历史新高。其中的 77.7%来自于中国内地，第二是来自中国台湾的 3.3%。过去几年，美国、韩国和日本总是排在第 3～5 的位置。虽然 2014 年入港旅游的旅游消费仍在增加，过夜游客的人均消费和平均停留时间及满意度却呈现下降趋势[1]。最受欢迎的景点包括星光大道、太平山、主题公园和一些露天集市，购物和餐饮依然是游客在香港的主要活动。除了由于大陆游客数量激增和行业中的不法行为而导致旅游业的负面效应受到更多批评外，在近几年，游客的到达模式和旅游产业发展并无变化。悲观地说，香港没有新的旅游吸引物来吸引游客，生态旅游虽然发展了多年，却依然是利基市场。

33.1.2　香港的生态旅游潜力

香港的生物多样性非常丰富，但因其湿地的尺度较小且限制开放，许多市民并没有意识到。香港有 235 种蝴蝶、120 种蜻蜓、185 种淡水鱼、超过 100 种的两栖动物和爬行动物、超过 500 种的鸟类和超过 50 种的哺乳动物[2]。总的来说，湿地的资源应该可以满足游客们的不同兴趣。

尽管拥有发展生态旅游所需的有利条件，如丰富的自然美和生物多样性[3]，香港的生态旅游发展在激发商业潜力和提高游客到达量方面仅取得了有限的成功[4-6]。一些人认为生态旅游不可能在香港取得成功，但它一直是香港旅游局想要促进的利基市场[7]。笔者回顾了一些现象，识别出香港旅游局投资生态旅游的可能价值——增强环境和反污染问题的意识、限制破坏性的发展项目、提升环境保育项目以扩大生物多样性，并增强游憩活动在这片土地上的受欢迎程度。

以概念化旅游为工具来支持目的地的长期发展，生态旅游在城市的价值能够延伸到为整个社区、环境或目的地提供潜在利益。正如之前的研究认为，香港发展生态旅游的财务动机是无关紧要的，宏观效益才是支持生态旅游的更好理由。

如果城市发展生态旅游的好处可以延伸到整个当地社区，而不仅仅只为产业自身做贡献[8-10]，那么生态旅游的价值就能够从不同视角得到广泛研究。

33.2　香港生态旅游总体发展：过往数据，历史发展

Cheung 和 Jim 追溯历史发现，香港旅游局在 20 世纪 90 年代中期开始推进生态旅游，其开始受欢迎是在 2003 年"非典"（SARS）爆发之后[11]。许多居民把他们的休闲诉求从基于城市的娱乐转向乡村时，一些当地旅行社开始使用"生态旅游"的名称来促进乡村区域的旅游。然而实际的质量和运作不尽如人意，也没有很好地紧扣生态旅游的概念。

当地人对于可持续旅游的概念相当薄弱。本土市场中基于自然目的地的当地旅游非常具有竞争力，因为一些所谓的区议会、政党和旅行社组织等所谓的"生态旅游"赞助者给了当地人"享受乡村是免费的"的错误概念。而且旅游参与者仅仅因为香港所有的郊野公园和乡村都不收费，而在拜访乡村时拒绝支付门票钱或捐助保育金。具有讽刺意味的是，一些参与者仅满足于最基本的生态旅游知识，然而能传达更深信息、收取更高费用的专业导游却不受欢迎。旅行社采取低价策略确实有损旅游质量和旅行社的盈利能力，最后损害整个行业的质量。

对于当地市民的教育是不充分的。许多在美国、澳大利亚和加拿大的居民为他们的自然景观而骄傲。不幸的是，在香港，社区没有意识到生态旅游的潜力，所以令人惊叹的乡村也仅在人们的口碑相传中得到推广。而且，一些因生态旅游而著名的国家的环境教育显然比香港更先进。来自西方发达国家的游客愿意支付很高的价格来享受半天高质量的生态旅游。与此相反，香港市民仍不太愿意支持环境保护项目。一些人参与当地乡村旅游仅仅因为好玩且不收门票。另外，许多当地社区没有做好准备来欢迎生态旅游者，一些社区甚至反感旅游者的打扰。这样一来，旅游者和当地居民都不支持生态旅游活动。

在生态旅游方面缺乏专业人员是另外一个致命因素[6]。没有高水平的学术项目聚焦于生态旅游，研究人员和专业培训者的实用性很有限。这种缺陷进一步导致了具有专业知识和良好培训的生态向导的短缺，因此生态旅游的质量有极大的差异，特别是很多人都是出于兴趣而兼职。尽管市场上有一些培训课程，但其项目设计和质量都有很大不同。这样一来，努力支撑产业的也仅仅是少数出于热情而参与实践的人，而不是专业团体。这个问题关系到资格认证的缺失。生态旅游的目标群体主要为高端消费者，他们寻求自我实现或教育成就，因此旅游产品和服务质量应该足够专业到能满足他们的复杂需求。事实上，在资格认证缺失的情况下，旅游参与者没有能力鉴别生态向导的专业性和资质。能够使用外语讲解的生态向导又很少，所以旅行社只能给具有专业知识的生态向导安排翻译，这样就降低了质量。

传统旅游产业的目标和实践可能会和生态旅游的概念有冲突。总体来说，产业主要聚焦于商业影响和短期利润。相反地，生态旅游关注利基市场和长期投资。作为一个新兴的旅游模式，大多数体验产业的实践者没有足够的知识来正确地实行生态旅游。研究发现，产业实践者并不了解生态旅游，而自然爱好者在体验真正的生态旅游时不会选择旅行社。而且就参与者数量、参与旅游的动机、旅游管理和参与者服从旅游向导等方面来说，生态旅游的运作模式与传统旅游完全相反。这些盲点不仅仅阻碍了政策规划、调控设计和人力培训，不正确的实践也影响了资源并削弱了生态旅游的潜力。

另外，香港整体的城市形象降低了其作为目的地的生态旅游需求，因其总体形象侵犯了强调乡村和绿色环境的生态旅游概念[6]，尽管产业实践者发现入境游客到访乡村的数量在增长。因为缺乏合适的旅游产品，大多数游客都是自己翻阅游客指南和香港旅游局手册来获取基本信息。虽然香港旅游局在做推广工作，喜爱生态旅游的旅游者也只是少数人，但无论如何，生态旅游都缺乏足够的支持，市场上也无法获得相关的旅游产品。

2011 年中国香港世界地质公园开园并引入相关的资质认证体系之后，市场发生了细微的改变。Cheung 和 Jim 做了跟进研究，发现游客在生态旅游热点区更偏好高质量的信息、旅游向导和低影响的活

动[11]。游客选择目的地时会被景点的高生态价值和优良的场地管理左右，而场地设施和可达性却没有那么重要。教育和收入与偏好高品质的向导呈正相关关系。虽然生态旅游的政策和运营都强调要留出进步空间，但专业水准和对于合适的规划管理的需求都有了微小的上升。

33.3 香港生态旅游发展的现状

入境生态旅游市场是不重要的。一些服务于日本和韩国市场的旅行社促进了香港的生态旅游，创造了小利基市场。这个市场除了一般的游线，还包括生态旅游。旅游者数量虽然少，但令人欣喜的是，在一些特殊市场，游客选择可替代的旅游体验的意识有所增强。一些来自日本和韩国的旅游者在个人层面上会出于不同原因而旅游。他们既不付游费，也不通过旅行社安排生态旅游；他们的停留时间很可能会因他们在城市的其他地方增加了消费而延长。另外，少量服务于欧美市场的旅行社开始提供生态旅游，以作为在香港的另一种活动。最初的反馈令人振奋，因为少数的重游游客热衷于体验都市化香港的其他方面。然而，香港的入境市场规模整体的确在缩小，这意味着该市场的商业重要性极低。

对于生态旅游产品的本土需求在 2003 年 SARS 之后有了急速发展。之后的许多年，发展速度减缓，但在香港建立地质公园之后再次恢复了活力。参观地质公园的当地游客数量在 2011—2012 年达到了历史新高，但最近的调查数据显示，该数量又下降了约 10%[12]。一些有兴趣的游客偶尔会学习关于岩层和环境保育的更多知识，但是更多人还是把地质公园旅游看作娱乐性的观光活动，很少考虑其教育性和保育价值。总之，因为廉价的一日游很受欢迎，本土生态旅游市场的生存现状很不健康。类似的情况是，入境生态旅游市场也仅仅存活在极低的需求和供给下。香港没有专业的生态旅游旅行社。当然，这些提供生态旅游的机构应该被归类为提供"具有绿色概念的旅游产品"的旅行社。市场对于生态旅游模糊不清的定位阻碍了它的发展。

对提高环境保护意识的回应，反映在商业主体增强的财政支持上。许多非营利组织获得了支持，并开始对少数享有特权的群体提供生态旅游活动，或者组织环境保护项目。这些活动被引入小学和中学，让孩子们有机会参观香港的乡村区域，以学习关于遗产保育的知识，理解循环利用的重要性。有许多旅行社为了培训学校地理、生物、通识教育的老师而安排了考察之旅。被培训过的老师之后会为他们的学生组织类似的活动，其目的在于增进他们对于科目的理解。这样的活动不仅提高了学生对于科目的兴趣，还提升了他们的环境保护意识。

在所有的游线中，香港地质公园成为最受欢迎的景点。有许多原因使地质公园旅游如此受欢迎：首先，政府强势地推进地质公园发展，特别是在声明它有成为国家地质公园的可能性之后。作为生态旅游的一部分，地质旅游很可能成为这片土地上未来的一个主要吸引物。第二，政府为了引导地质公园的旅游而非常积极地调整认证向导的许可证发放。一些当地导游也积极采取专业发展来获得带领相关旅游团的许可。经济动机也是一个原因。认证向导能赚更多收入，他们的平均导游费高于普通导游。有趣的是，该区域其他的生态旅游活动显然没那么受欢迎，这也说明了当地居民是趋势的追随者。因此之后的生态旅游潜在趋势也必须纳入考虑范围。

除了地质公园旅游，当地人主要出于休闲目的参与生态旅游活动，人们想要在乡村登山和呼吸新鲜的空气。一些经验丰富的本土游客期望多样化的旅游活动，他们能很好地调整自己，甚至形成了聚焦于目的地特殊生态重要性的兴趣团体，自发组织并引领生态旅游。经济效益方面，"专业旅游者"并不会从旅游产业中获得多少经济收益。来自于当地的"业余"参与者的经济收益对于产业也不重要。然而，这其中存在一些有可能对自然环境造成负面效益的旅游活动，这可能会降低入境生态旅游市场的潜力。

尽管如此，和几年前相比，如今的游客在生态旅游伦理方面获得了更多的教育。大多数旅游者在乡村有着良好的自律意识，因此他们在进行生态旅游活动时也不会制造破坏、产生污染或带来干扰。尽他们很少有前瞻性的活动来保育或保护环境，但至少很少有破坏行动，因此也使得环境影响降低至最小。毋庸置疑，参与生态旅游活动的这些体验能在教育环境友好社区群体方面发挥重要作用。

33.4 香港生态旅游发展的创新

发展生态旅游对于目的地至关重要。从社区来说，Pickering 等人确信生态旅游的发展在整体上对社区有益，虽然他们也承认增加的游客量对环境带来的负面影响是难以避免的[13]。Weaver 相信生态旅游对当地社区、旅游者和环境能产生巨大的福利，例如保育措施、可持续发展机会、教育和政府用于管理和保护系统的收入都会提升[14]。Stem 等人相信生态旅游能够作为广泛的保育策略而被有效利用[10]。从Higgins-Desbiolles 的观点来看，生态旅游能够培养人们转变生态意识，引领一种人与环境的可持续关系[15]。所有的这些观点都和 Stronza 一致，即生态旅游不仅仅是保育的经济工具，更是创造新价值和社会关系的动机[16]。

从产业角度看，大众旅游市场能够在软性生态旅游模式方面协调"绿色"趋势，通过提供多样化的选择而从生态旅游获得利益[17]。另外，生态旅游也可以通过获得大量的游客访问、带来可持续的经济发展，而从大众旅游市场得到好处。更重要的是，Ohe 相信生态旅游也能适用于城市环境[18]。

因为城市区域和生态旅游地的物理距离比较短，生态旅游被建议定位为针对入境游客的一种补充类型的旅游活动。考虑到目的地形象和市场最低需求，生态旅游在香港很难成为主要的旅游活动形式。而且，生态旅游虽能作为一种有趣的第二选择，却很少被如此强调。旅游者会在上午享受城市观光，然后下午到乡村去散步恢复精神。在全世界都不能提供于短时间内实现两个完全相反的旅游体验之时，这种结合能够成为城市化香港独一无二的好点子，如湾仔的半山、西贡、米铺以及周边岛屿的一些地方都很适合生态旅游。理想状态下，如果旅游者延长他们的停留时间，他们的旅游体验、心中的目的地形象和经济贡献都将极大提升。

不像某些著名的生态旅游目的地，生态旅游的投资回报和总体贡献被认为并不重要。生态旅游的商业潜力严重依赖于市场大小和需求。因为大众的生态旅游市场还没形成，所以现在的市场需求估计都是小型的利基市场。笔者建议生态旅游既不要把目标定在大众市场，也不把其放在首要地位，因为大众市场与生态旅游的概念相矛盾，而生态旅游对于旅行社来说太小、太专业。"因小而美"也许是对生态旅游商业的一个较为合适的描述，只有少数群体能够从生态旅游获益。因此生态旅游优先考虑的应该是那些不是很专业却充满活力的市场，这个市场从等级上低于专业群体。瞄准了合适市场的、时尚的生态旅游产品应该在不同的季节加以推广。另外，建议从单纯的生态旅游中扩展视野到覆盖文化旅游、遗产旅游，甚至能够包括旅游者全部体验的其他主题活动。

大多数旅行社无法从生态旅游中获利，这并不是一件令人惊讶的事，因为市场太小，而成本却太高。这些商业企业仅提供生态旅游而取得成功的机会很低；反之，包括生态旅游、教育项目、导游培训甚至销售生态旅游设施或设备的打包的生态旅游服务才是应该采取的方式，这种方式能够成为一种商业模式。该实体应组织教育项目和生态旅游。来自政府赞助的教育项目，可以培养知识渊博的导游。这些导游可以在较低的成本下带领一次游览。经过一段时间的培训，这些向导将更加成熟且专业，可以胜任更高级别环保团体的高级主管。市场最终将扩大，迫使政府为生态旅游的发展投入更多精力。

33.5 香港发展生态旅游的不足之处

Silva 和 McDill 注意到了一系列阻碍生态旅游商业成功的因素，包括企业、中介、原住民和网络[19]。小型企业主通常因为缺乏营销技巧或无法承担高额广告费用而很难接触到目标市场；反之，利用政府资金来开发网站和互动地图导引及播客的蒙特利尔则成为受欢迎的地质旅游目的地[20]。如今的旅游产品推广是多方向的。网络已经被证明是一种生态旅游者受欢迎的信息来源[21]，这暗示着生态旅游产品的网络营销能够有效吸引游客。发展香港的生态旅游在实践上有很大的挑战。

（1）人们普遍关注生态旅游资源和产品的多样性

笔者不否认中华白海豚和各种鸟类让香港闻名；然而，这也许很难成为更有"吸引力"的资源。香港有很多不同的游径，但是它们吸引生态旅游者的潜力有待商榷。尽管香港有设施极好的广域郊野公园，但是来香港的游客会抱着在郊野公园烧烤的目标吗？香港确实有很多未被勘察的资源，但是否要宣传这些资源也是两难的窘境。资源一旦被大众熟知，环境就有可能因游客数量的增长而被破坏。另外，生态旅游资源的容量成为关键问题，因为显然没有巨大的资源可以用来支撑令人满意的、产生重要回报的需求。米铺是一个典型案例，这里有着严格的游客量管理条例。政策一方面保护了野生动植物免于干扰，另一方面劝阻了数量巨大的潜在参与者。尽管在中国香港世界地质公园对外开放后有了新产品，生态旅游产品的多样化和可利用性还是相当有限。

（2）香港的城市目的地形象

研究人员一般认为目的地形象会影响具体旅游地的决策[22]。文献研究也反映，目的地的主要竞争在于它们和周边竞争者的形象比较[23]。作为大众感知为亚洲金融中心的城市旅游目的地，大多数旅游者到香港旅游都是为了城市生活。马来西亚、泰国在地理上很近，并且现在都提供生态旅游。这些地方都会与香港在相似的低价格水平旅游者群体上进行潜在竞争。尽管香港旅游局不定期地将香港作为绿色目的地来推广[7]——除了摩天大楼和购物，却仍然只有很少人会计划到这个小城市的自然风景地来旅游。新界很少登上最受欢迎的旅游景点名录。另外，香港的严重污染形象已经臭名远播，这会使潜在旅游者打消念头。香港有美丽的海滩，但已因污水而关闭；香港有绿色的乡村，却已被垃圾给破坏。虽然多年来人们对于防治环境污染的意识在缓慢提升，但环境污染的负面形象显然还是毁灭性的[24]。

（3）在生态旅游方面，政府最低的承诺和支持存在问题

回到 2000 年，生态旅游委员会声称具有世界级设施和景点的香港在中远期可以发展为亚洲的自然旅游中心。然而除了申请世界地质公园以外，政府的贡献是微乎其微的。几年前，笔者曾认为政府在提供信息方面很优秀，在具体实施方面却很差。现在笔者意识到，近些年很多旅游板块的海外营销案例根本没有包含绿色因素。无人引导研究方向、无人营销、无人建设必需的设施，甚至更无人指出发展生态旅游的必要性。

此外，又一个非常重要的挑战是缺乏经济回报和产业支持。自然导向的游客在财务方面的经济贡献是值得争论的。一些人认为生态旅游是低消费的旅游活动类型，商业回报不能和诸如购物旅游和会展旅游的主要旅游活动相比。他们坚信生态旅游者更偏好登山和观鸟，这些被归类为旅游消费很少的活动；而且事实上它们的经济贡献确实很少。另外，市场相对来说非常小，所以贸易的商业潜力也很小，而专业受训的导游收费又高于一般的服务提供者。

33.6　香港生态旅游的未来

与 Chan 等人的研究相似，尽管来自日本、韩国和欧美市场的游客意识在缓慢增长，极低的需求和供给下的入境生态旅游市场很难生存[6]。游客量和商业规模仍然不足以支撑一个相当大的生态旅游旅行社的存活。然而，一些住在香港很多年、爱好自然的外国人开始建立他们自己的小型旅行社或家庭旅行社。他们经常通过诸如脸谱和推特等网络和社会营销渠道来推广他们的服务。这些网站展示了自然景观的美丽风景照、参与者的反馈和可购买的生态旅游产品，成功地吸引到很多外国人参与这些旅游活动。许多参与者都是小团体中寻求独特旅游体验的个体旅游者。

人们相信，承受极低开销的个人旅行社或家庭旅行社能够在生态旅游方面开展一种可持续的商业模式。一方面，代理商本身就是享受自然活动的自然爱好者，他们担任领队的动机就是出于对自然发现乐趣和探索的真正热爱；经济回报不是他们的主要动机。另一方面，他们在乡村居住了很多年（相比于市中心，乡村区域的居住成本非常低），因此他们对于周围乡村环境的了解、他们与社区的关系以及他们对于生态旅游商业的心态都与"一般商人"非常不同。他们比当地人更能理解游客的需求和想法。因此，他们带来的服务能够很好地和旅游者的生态旅游体验需求对接，而且一些游客自己组织的生态旅游线路会在商业区停留更长时间并消费更多，从而使整个社区受益。最重要的是，他们对于美丽的景观、香港极好的旅游体验，甚至对于改进城市化的旅游目的地感知形象等方面积极的口碑宣传，对吸引更多人来香港旅游来说都是至关重要的。

考虑到当地人生活方式的变化，笔者认为本土生态旅游市场的休闲和游憩目的将继续存在。尽管资源分散在香港领域的不同地区，但香港的地理尺度较小，因此1小时之内能很方便地到达那些资源。从2003年SARS危机之后开始大受欢迎的本土旅游是一个奇怪的现象。当时的旅游警告建议香港居民不要去海外旅游，于是香港居民开始到本土乡村区域进行旅游，以享受自然景观。

综上所述，人们的生态旅游意识提高了。尽管本地旅游在这些年逐渐变得没那么受欢迎，但越来越多的游客开始自己探索乡村，走进自然。这是因为出现了更多容易阅读的出版物，如香港特别行政区渔农自然保护署发行的关于域内乡村的书籍[3]，以及介绍域内自然资源、登山步道和露营地等的指南手册。为了让生态旅游更加可持续，政府必须在政策规划、调控和授权等方面给予支持和长期承诺，这对生态旅游产业的健康成长至关重要。理解参与者需求和资源供给是发展生态旅游的重要策略。

根据香港旅游局官网，对于游客来说，海滩、城市公园、登山、骑行、自然公园和附近岛屿都是极好的户外旅游吸引物，而香港世界地质公园则是生态旅游的核心之一[7]。2009年它成为国家地质公园，并被世界地质公园网络（GGN）纳入其中。2011年，它被重新命名为中国香港世界地质公园[25]。然而东平洲的一些岛屿被归类成地质公园区域，村民因此对香港成为世界地质公园网络新成员感到气愤，并控诉政府忽略了他们来取悦旅游者[26]。世界地质公园网络则称中国香港世界地质公园成功通过复审，并将继续作为世界地质公园网络的成员[27]。但游客量的减少[12]和当地居民的有限支持仍是值得考虑的问题。

长期以来，生态旅游一直是有潜力的利基旅游市场。它有助于整体提升城市旅游目的地的吸引力。以秘鲁的案例为例，仅靠发展生态旅游来为旅游产业创造经济收益的效果有限，但如提升目的地形象、居民对于城市和社区义务的感知等环境，社会和文化效益及无形价值会远远超过经济收入[16]。小型旅行社承担有限的经济负担就可以以某种方法获得一些商业机会，因为他们能够很好地利用网络营销等"免费"资源。

此外，政府应该认真规划策略结构和政策实施来引导生态旅游的健康发展。为东平洲提供可持续的水电供应来专门援助当地村民是一个例子，这会使地质旅游可持续，并且得到旅游者和当地居民的共同欢迎。考虑自然生态旅游和香港的情况，"因小而美"必须成为香港发展生态旅游的思路。换句话说，政府的参与和支持至关重要。

社区不会因为引入生态旅游而有很大改变，然而这种利基旅游市场的存在将对社区总体带来稳步促进的益处。香港的生态旅游价值应从宏观视角来研究，以便为未来的可持续发展确定策略方向。

33.7 总结

尽管生态旅游对于旅游产业和社区经济利益的重要性还没被证明，但在其他方面，香港生态旅游价值不应该被低估。这是形成包括旅游产业在内的香港全貌中非常有趣的一部分。换句话说，发展生态旅游不应该仅止于旅游产业，即香港作为旅游目的地的总体发展，应让城市巨大的人口量和令人惊叹的环境价值可以共存。这才是需要考虑的问题。

随着地质公园的策略性发展，当地可以更好理解区域自然资产的可获得性。基于国家和国际标准的地质公园定向发展成果则能为生态旅游发展提供更长期的支持和美誉。毋庸置疑的是，公园的管制和地质旅游向导的管控能成为倡导诸如观鸟、园艺甚至文化部门等生态旅游多方面标准升级的第一步。另外，作为环境保护意识提高的结果，开发具有特殊科学价值的区域需要被紧密监控。在珍贵的海洋公园临时暂停的住宅项目——西贡海下湾就是一个例子。

香港整体的城市化形象使它作为生态旅游目的地的吸引力将降低。城市形象与传统概念下令人期待乡村和绿色环境的生态旅游目的地存在着矛盾。尽管有两个研究者发现在香港进行乡村旅游的入境游客有缓慢增长，但这些游客的大多数都是自己参考指南书和香港旅游局的手册来获得基础信息并参与自然探索的。香港旅游局的推广力度应该增强，支持香港生态旅游产品的发展也很重要。

笔者坚信生态旅游应该被定位为入境游客参与大众旅游活动的补充，特别是对于重游者和受过良好教育的自然爱好者。生态旅游的实践毋庸置疑会提升目的地形象，改进城市化目的地中对于环境污染的负面感知[28]。同时，生态旅游应该被考虑作为当地居民的休闲游憩活动。

参 考 文 献

[1] 香港旅游局. A statistical review of Hong Kong Tourism[EB/OL]. https://securepartnernet.hktb.com/en/research_statistics/research_publications/ndex.html?id=3632.

[2] 香港渔农自然护理署. Hong Kong biodiversity online[EB/OL]. (2015-09-28). http://www.afcd.gov.hk/english/conservation/hkbiodiversity/ kbiodiversity.html.

[3] 香港渔农自然护理署. About conservation[EB/OL]. https://www.afcd.gov.hk/english/conservation/conservation.html.

[4] McKERCHER B, CHAN T Y J. Urban ecotourism: challenges and opportunities[J]. Journal of Tourism, 2002,5(1)：77-93.

[5] McKERCHER B, FU C. Living on the Edge[J]. Annals of Tourism Research, 2006,33(2)：508-524.

[6] CHAN J, WONG A, MAK B. Business potential of ecotourism in Hong Kong: challenges and opportunities: proceedings of 5th China tourism forum 2008[C].

[7] 香港旅游局. Great Outdoors[EB/OL]. (2015-11-02). http://www.discoverhongkong.com/eng/see-do/great-outdoors/index.jsp.

[8] WALPOLE M J, GOODWIN H J. Local economic impacts of dragon tourism in indonesia[J]. Annals of tourism research, 2000, 27(3)：559-576.

[9] HE G, CHEN X, LIU W, et al. Distribution of economic benefits from ecotourism: a case study of Wolong Nature Reserve for Giant Pandas in China[J]. Environmental Management, 2008(42)：1017-1025.

[10] STEM C J, et al. How 'eco' is ecotourism? A comparative case study of ecotourism in costa rica[J]. Journal of sustainable tourism, 2003, 11(4)：322-347.

[11] CHEUNG L T O, JIM C Y. Ecotourism service preference and management in Hong Kong[J]. International journal of sustainable development and world ecology, 2013, 20(2)：182-194.

[12] 香港特别行政区. Press release: lcq14: measures to attract more people to visit Hong Kong Geopark[EB/OL]. (2015-11-02). http://www.info.gov.hk/gia/general/201410/29/P201410290412.htm.

[13] PICKERING C M, BEAR R, HILL W. Indirect impacts of nature based tourism and recreation: the association between infrastructure and the diversity of exotic plants in Kosciuszko National Park, Australia[J]. Journal of ecotourism, 2007, 6(2)：146-157.

[14] WEAVER D. Ecotourism[M]. Milton, Queensland: John Wiley & Sons, 2001.

[15] HIGGINS-DESBIOLLES F. Indigenous ecotourism's role in transforming ecological consciousness[J]. Journal of ecotourism,2009, 8(2)：144-160.

[16] STRONZA A. The economic promise of ecotourism for conservation[J]. Journal of ecotourism, 2007, 6(3)：210-230.

[17] WEAVER D. Ecotourism as mass tourism: contradiction or Reality?[J]. Cornell hotel and restaurant administration Quarterly, 2001, 42(2): 104-112.

[18] OHE Y. Impact of rural tourism operated by retiree farmers on multi-functionality: evidence from Chiba, Japan[J]. Asia pacific journal of tourism research, 2008, 13(4)：343-356.

[19] SILVA G, McDILL M E. Comparison of agency and business perspectives[J]. Journal of sustainable tourism, 2004, 12(4)：289-305.

[20] JOLY M, VERNER A, COTE A. Urban geotourism: the case of montreal[J]. E-review of tourism research, 2009, 7(6)：124-132.

[21] DONOHOE H M, NEEDHAM R D. Internet-based ecotourism marketing: evaluating canadian sensitivity to ecotourism tenets[J]. Journal of ecotourism, 2008, 7(1)：15-42.

[22] TAPACHAI N, WARYSZAK R. An examination of the role of beneficial image in tourist destination selection[J]. Journal of travel research, 2000,

39(1)：37-44.

[23] BUHALIS D. Marketing the competitive destination of the future[J]. Tourism management, 2000, 21(1)：97-116.

[24] CHAN J. How the HKTB can deal with the poor air quality in Hong Kong: adopting the concept of tourism attraction systems: proceedings of Asia tourism forum 2010[C], 2010.

[25] 香港地质公园. Foreword[EB/OL]. (2015-11-02). http://geopark.gov.hk/en_s1a.htm.

[26] POST S C M. Hong Kong Government accused of neglecting villagers while promoting geopark tourism[EB/OL]. (2015-11-02). http://www.scmp.com/news/hong-kong/health-environment/article/1859995/hong-kong-government-accused-neglecting-villagers.

[27] 香港渔农自然护理署. Press Releases: Hong Kong geopark retains global status[EB/OL]. https://www.afcd.gov.hk/textonly/english/publications/publications_press/pr2010.html.

[28] LAW R, CHEUNG C. Air quality in Hong Kong: a study of the perception of international visitors[J]. Journal of sustainable tourism, 2007, 15(4): 390-401.

第34章 四川生态旅游发展报告

马朝洪　四川省生态旅游协会，成都

随着社会经济的不断发展，人们生活水平得到显著提高，渴望得到更多精神上的享受。于是，旅游成为人们繁忙工作后放松愉悦的最佳选择。但是近年来过度旅游带来一系列问题，造成了环境污染和资源浪费。在这种背景下，生态旅游应运而生，成为保护与发展的调节剂。

作为全国森林资源大省，四川依托丰富的动植物资源，依托天然林保护、退耕还林两大生态建设工程，大力发展生态旅游，取得了显著成效，走在了全国前列。

34.1 真抓实干，大力发展生态旅游

34.1.1 普查资源，摸清生态旅游发展家底

四川山川秀丽、地形多样、物种丰富，是全国乃至世界高差最大的省区，发展生态旅游具有得天独厚的条件。2005 年，省政府安排省林业厅负责对全省生态旅游资源开展普查评价。

34.1.2 规划引领生态旅游发展

四川省先后编制和印发了全省生态旅游发展规划纲要，全省林业生态旅游"十二五"发展规划。组织专家评审四川唐家河、王朗、卧龙、米仓山、蜂桶寨等国家级自然保护区生态旅游总体规划，以及四川水磨沟、宝顶沟省级自然保护区黑龙池片区、小寨子沟、瓦屋山、勿角、翠云廊省级自然保护区梓潼片区的生态旅游总体规划。

34.1.3 打造生态旅游四大品牌

四川生态旅游经过多年发展，逐步形成大熊猫、森林、湿地、乡村 4 大生态旅游品牌。

（1）大熊猫生态旅游

目前，"大熊猫故乡游"已成为全省生态旅游的核心产品，把大熊猫作为代言人是四川生态旅游的一大亮点。以卧龙、碧峰峡、成都斧头山、都江堰 4 个大熊猫基地为龙头，大熊猫栖息地自然保护区为依托，开展并形成了深受游客喜爱的"大熊猫寻踪""大熊猫探秘""大熊猫栖息地科考""当一天大熊猫志愿者"等大熊猫故乡游生态旅游产品。通过规划设计、开发建设、论坛研讨、市场推进，雅安宝兴（世界大熊猫文化发源地）及四川卧龙（世界大熊猫王国）等品牌逐步形成，正吸引越来越多的中外游客。四川大熊猫栖息地世界自然遗产包括卧龙、四姑娘山、蜂桶寨、金汤孔玉、喇叭河、龙溪虹口、黑水河、鞍子河自然保护区和西岭、夹金山、二郎山、鸡冠山等森林公园，面积 9245km^2，涵盖成都、阿坝州、雅安、甘孜州等 4 个市（州）12 个县。四川省着力完善大熊猫景区旅游功能设施，积极开展大

熊猫栖息地恢复及走廊带建设，建立了 46 个大熊猫自然保护区，野生大熊猫保护区网络体系基本形成。2015 年启动了成都、绵阳和雅安 3 个大熊猫国家公园创建工作。

（2）森林生态旅游

截至目前，四川有林地面积已达到 1544.16 万 hm²，森林覆盖率达 35.76%，四川省共有 127 个森林公园，其中 38 个国家级森林公园，57 个省级森林公园，32 个市县级森林公园。目前，全省已形成了以九寨国家森林公园、海螺沟国家森林公园、瓦屋山国家森林公园为代表的一批具有较高知名度和较好基础设施的精品森林旅游景区，形成了一大批森林观光、森林养生、森林休闲、红叶彩林观赏、野生花卉（杜鹃、珙桐等）观赏、野生动物（鸟类）观赏等森林生态旅游产品。

（3）湿地生态旅游

截至 2015 年年底，四川共有 43 个湿地公园，其中国家级 24 个（21 个为试点），省级 19 个，被誉为"地球之肾"的湿地是自然界最富生物多样性的生态景观和人类最重要的生存环境之一。四川甘孜州海子山、措普，阿坝州九寨沟、若尔盖等地的湿地资源，以独特优美的自然景观、神秘悠远的原始气息吸引了大批游客前往览胜。

（4）乡村生态旅游

四川省依托长江防护林建设、天然林保护、退耕还林等林业生态工程形成的良好生态环境，大力发展乡村生态旅游。从 1984 年乐山地区五通桥区杨柳镇翻身村王家花园接待中外游客，参观房前屋后盆景花园、品赏豆花饭起步，到 1987 年温江地区郫县友爱镇农科村依托庭院景观经营"农家乐"，再到 2006 年国家旅游局授予成都市锦江区三圣花乡国家 4A 级旅游景区，代表了四川乡村生态旅游的发展历程。目前，乡村生态旅游逐步从分散粗放的传统"农家乐"向集约精细的乡村度假型转变；从单纯的农户经营向多元化投资经营模式转变；从比较单一的乡村观光旅游向休闲度假并重转变。

34.1.4 举办生态旅游节会活动

省林业厅从 2011 年起联合省委农工委、省旅游局举办"四川首届花卉生态年"活动（设温江花卉生态旅游节主会场和瓦屋山杜鹃花节、宜宾栀子花节 2 个分会场），同时四川省生态旅游协会还监测发布了花卉观赏指数。当年，在全国统一开展的清理和规范庆典研讨会论坛活动工作中，经省林业厅申报并经四川省清理和规范庆典研讨会论坛活动工作领导小组批准，保留举办"四川花卉（果类）生态旅游节""中国四川红叶生态旅游节""中国四川大熊猫国际生态旅游节""中国成都森林文化旅游节"和"四川生态旅游发展论坛"。2012 年 2 月，四川省清理和规范庆典研讨会论坛活动工作领导小组转发省林业厅《关于规范管理花卉（果类）等生态旅游节会活动的意见（试行）》（川清组发〔2012〕1 号）的通知要求，从申报条件、审批程序、经费管理、加强监管与责任追究等环节做好花卉（果类）、红叶、大熊猫等生态旅游节庆活动的举办和规范管理工作，将此打造成为四川的品牌节会。2014 年 2 月，《中共四川省委办公厅 四川省人民政府办公厅关于印发〈四川省节庆论坛展会活动管理实施细则（试行）〉的通知》（川委办〔2014〕6 号）第十六条明确规定："申请举办花卉（果类）、红叶、大熊猫等生态旅游节会分会场活动的，由省林业主管部门统筹协调。"2011—2015 年，全省举办花卉（果类）、红叶和大熊猫三大生态旅游节及成都森林文化旅游节等节会活动 150 场。

（1）生态旅游节会形成系列

生态旅游节会不仅提高了四川林业生态旅游的知名度，也推动了该省把经济林木观赏资源、红叶资源和大熊猫品牌转变为了生态旅游发展资本，进而把生态旅游发展资本转变成了生态旅游产品，一三产业联动，带动地方发展，成效较好。

2015 年，四川省林业厅继续联合省旅游局、相关市（州）政府共同举办了"2015 四川花卉（果类）生态旅游节"崇州自驾赏花节主会场和金川梨花节、威远无花果节等 37 处分会场活动、"2015 四川红叶生态旅游节"黑水冰山彩林节主会场和宝兴夹金山等 5 处分会场活动、"中国四川大熊猫国际生态旅游节"都江堰主会场和九寨沟分会场活动及森林文化旅游节、生态旅游博览会等节会共 48 处。

2015 年度生态旅游节会举办地游客平均增长 31%，特别是安岳柠檬节、黑水红叶节、金川梨花节和江油四川首届生态旅游博览会，有力促进了果品销售，使游客成倍增长，节会经济效益凸显。

安岳柠檬节的成功举办，有效带动了出行、餐饮、住宿、娱乐和购物消费；展场销售 1000 多万元、订货金额达 6100 余万元，8 个参展电商线上线下成交额超过 1.5 亿元，达成合作营销意向的额度则超过 10 亿元人民币；精美的文艺节目和极具创意的活动主会场布置，让广大市民享受到了一顿丰盛的"文化大餐"，极大地丰富了群众的精神文化生活。

都江堰大熊猫节按照"互联网+"思路，运用前沿科技，将城市、熊猫与旅游完美融合，将熊猫形象植根于城市文化之中，把出租车装扮成熊猫在城市中穿梭，开发大熊猫旅游产品，丰富都江堰大熊猫旅游的附加值。

黑水县作为阿坝州典型的吊脚、闭塞的县，自举办冰山彩林节以来，节会经济不断见效，游客年增幅达 40% 以上。2015 年，为期 2 个月的彩林节共吸引游客 53.18 万人次、旅游收入 4.54 亿元。活动期间，全县餐饮、住宿接待量明显提升，主要酒店日均入住率达 90% 以上。旅游市场消费需求旺盛，旅游商品和本地特色产品销售良好，全年游客达到 125 万人、总收入 11.6 亿元，实现了以旅促农、富民增收的预期目标。环线上的川西林业局酒店等国有森工宾馆、饭店、招待所都是彩林节的受益群体。

在江油举办的四川首届生态旅游博览会（以下简称生博会）为期 7 天，共接待观众 16 万人次，其中主展场共接待各类游客 10 万人，各地林业部门组织观摩团交流学习达 1760 人。作为生博会开幕式举办场地、获得国家林业部门首个花卉专类公园称号的"四川江油国家百合公园"，自生博会开园以来截至 2016 年 1 月，累计接待游客近百万人次，园区营业收入 0.6 亿元，拉动区域消费近 2 亿元。生博会上共计展出全省 21 市州依托林业生态旅游推介的生态旅游商品 477 种；推荐生态旅游投融资项目 197 个，总计金额 1753.2 亿元；成功签约项目 19 个，金额达 193.3 亿元。2015 年 11 月 9 日，江油市举行了首届四川生态旅游博览会签约项目集中开工仪式。

生态旅游节会效果呈现为"五个一"，即举办一场活动，提高一次认识、整治一片环境、锻炼一批骨干、进行一场宣传、带动一方发展。

（2）监测和发布全省花卉、红叶观赏指数

四川省森林旅游中心、四川省生态旅游协会与华西都市报、成都商报等知名媒体合作，连续发布红叶指数和花卉观赏指数，为游客"春观花、秋赏叶"的出行活动做好服务工作，将工作范围延伸到民众日常生活中，进一步提高林业的地位和作用。

（3）开展评选活动

近年来，四川省林业厅通过评选"四川生态旅游十佳县百佳乡镇""四川低碳生态旅游示范景区""四川十大最美花卉观赏地""四川十大最美杜鹃花观赏地""四川花仙子""四川果王子"等一系列评选活动，提高了社会公众的参与度，推广了四川生态旅游资源，拓展了四川生态旅游产品形态，扩大了四川生态旅游影响力。

34.1.5　推进森林公园建设管理规范化

近年来，为加强四川省森林公园管理机构建设、总体规划编制，形成上下一体的森林公园管理体系，全省采取一系列措施扭转局面，取得良好成效。

（1）召开全省森林公园工作会议

通过宣讲森林公园建设的意义，以会代训对各级森林公园管理干部和国家级森林公园主要负责人进行政策法规和管理技能的培训。先后于 2012 年 5 月在广元剑阁县召开全省森林公园工作会，2013 年 9

月在成都召开全省国家级森林公园中央财政禁止开发区转移支付项目培训会，2014 年 10 月在阿坝州黑水县召开全省林业生态旅游发展暨森林公园建设工作会，2015 年 12 月在成都召开全省森林公园项目建设管理会议。

（2）组织编制全省和各市州区域森林公园发展总体规划

通过编制规划促使各级林业主管部门明确发展目标和工作重点，同时加强对景区规划的管理，组织专家评审泸州福宝、瓦屋山、措普、北川、剑门关、阆中、凌云山、二郎山、夹金山、龙苍沟等国家森林公园，安岳千佛寨、内江长江、达州犀牛山、宣汉峨城竹海、彭州白鹿、万源黑宝山、渠县大坡岭、通川千口岭、巴中章怀山等省级森林公园总体规划。

（3）大力推进森林公园创建工作

依托良好的天然林和人工林景观资源，结合国有林区和国有林场改革转型发展。一是指导和支持国有森工企业和国有林场创建森林公园，二是指导和支持 4 大贫困片区森林景观资源优势突出的乡村创建森林公园，呈现出各地申报森林公园热情高涨的态势。2015 年新增森林公园 9 个，其中国家级 5 个、省级 4 个。

（4）加强对建设项目的规划管理

组织专家现场审查瓦屋山、七曲山、福宝、龙苍沟等国家森林公园建设项目，实地考察海螺沟国家森林公园总体规划建设项目事项，实地调研周公山省级森林公园灾后重建相关工作进展情况，实地考察二郎山国家森林公园建设索道占用林地事项，以及三台凤凰山、冕宁灵山、西昌泸山森林公园等建设项目林地征占用合规性。通过考察，进一步规范了森林公园建设项目报批的程序，加快了依法建设和管理森林公园的步伐。

（5）争取国家财政资金投入

从 2012 年起，四川省国家级森林公园纳入生态功能区禁止开发区国家财政资金转移支付补助范围，用于国家级森林公园（330 万元/个）资源保育和生态科普教育等，同时争取到省财政投入支持省级森林公园的建设管理补助资金，实现了森林公园国家无投入的突破，有力地促进了全省森林公园事业的发展。四川省林业厅制定了《四川省国家森林公园国家重点生态功能区转移支付禁止开发区补助资金管理办法（暂行）》，规范资金使用，加大项目监管力度。

（6）森林公园监督检查见成效

借森林公园实施项目建设占用林地报批时机，宣传贯彻森林公园管理规定，对在督查中发现的问题发出督查通知，限期整改。对攀枝花二滩国家森林公园隶属关系问题，绵阳高山国家森林公园原总体规划超过 10 年问题，成都都江堰国家森林公园无森林公园管理机构、未编制总体规划等问题进行督查。目前已有荥经龙苍沟、梓潼七曲山等 20 多家森林公园新建起了管理机构。

34.1.6 成立四川省生态旅游协会，助推产业大发展

2008 年，由四川省森林旅游服务中心倡导并发起，与九寨沟国家级自然保护区、瓦屋山国家森林公园、长江造林局、唐家河国家级自然保护区、成都文化旅游集团、四川农业大学等共同成立四川省生态旅游协会筹备组。当年，经省林业厅和省民政厅批准。2009 年 5 月，在成都召开四川省生态旅游协会（以下简称协会）成立大会暨汶川地震灾后重建与生态旅游发展论坛，协会业务主管部门为四川省林业厅。后来陆续成立了四川生态旅游协会摄影分会、自助自驾游分会、艺术分会，吸收社会公众力量共同发展四川生态旅游业。协会及其分会成为政府及其职能部门推进生态旅游产业发展的一支重要力量，主办的四川生态旅游网、四川生态旅游全搜索手机微官网、四川生态旅游杂志和协办的四川电视台《天府旅游》栏目，举办的四川花卉（果类）、红叶和大熊猫等系列生态旅游节及论坛，为扩大四川生态旅游影响力，有效整合资源、形成合力，促进信息交流搭建了一个良好平台。

34.2　成效显著，生态旅游成为惠民生促发展的新兴产业

34.2.1　生态旅游成为经济发展新动力

十八大以来，中央将加快生态文明建设纳入了国家发展战略，党中央、国务院出台《关于加快推进生态文明建设的意见》（中发〔2015〕12 号），提出"要充分认识加快推进生态文明建设的极端重要性和紧迫性，切实增强责任感和使命感，牢固树立尊重自然、顺应自然、保护自然的理念，坚持绿水青山就是金山银山""大力推进绿色发展、循环发展、低碳发展，弘扬生态文化，倡导绿色生活，加快建设美丽中国，使蓝天常在、青山常在、绿水常在，实现中华民族永续发展""大力发展有机农业、生态农业，以及特色经济林、林下经济、森林旅游等林产业"。

作为新型产业的生态旅游，是促进经济发展的利器。据统计，2014 年，全国 GDP 增长 7.4%，四川省 GDP 增长 8.5%。2014 年，四川实现生态旅游直接收入 596.7 亿元，接待游客 2.1 亿人次，带动社会收入 1565 亿元，生态旅游直接收入同比增长 22.7%，占全省林业产业总产值比重达 25%，位居全国前列。生态旅游已成为广大人民群众日益旺盛的消费需求，成为拉动地方经济发展的新动力，并保持强劲增长势头。据测算，生态旅游收入每增加 1 元，可带动相关行业增收 4.3 元，生态旅游行业每增加 1 个工作岗位，就能间接为相关行业创造 5 个就业机会，生态旅游业对经济的强大拉动作用是显而易见的。生态旅游是"绿水青山"和"金山银山"的桥梁和纽带，是实现"绿水青山就是金山银山"的重要保障。

34.2.2　生态旅游促进社会经济发展方式转变

生态旅游不但具有保护绿水青山和富民增收的双重责任，同时也是通过产业转型协调生态产业发展与生态环境保护的金钥匙，更是引领生态文明意识，繁荣生态文化的重要载体。在经历了农业经济、工业经济时代之后，人类社会正在或已经进入服务经济时代，现代服务业的发展程度已经成为衡量一个国家或地区综合竞争力和现代化水平的重要标志。作为现代服务业重要内容之一的生态旅游业，它是转变发展方式、调整经济结构和创新产业发展的重要途径，能缓解经济发展带来的资源短缺、能源紧张、生态环境负重等矛盾。

锦江区三圣乡的"五朵金花"，过去都是以种植粮食作物为主，农民不富裕，经过经济结构调整和发展乡村生态旅游，形成了"花乡农居""幸福梅林""江家菜地""荷塘月色""东篱菊园" 5 个主题景区，被誉为"五朵金花"。"五朵金花"是一个集生态景观资源保育、生态休闲、旅游度假为一体的乡村生态旅游胜地，在这里人们不仅可以感受到传统的乡村文化，又可以欣赏到优美的乡村景色，更能体验回归田园、拥抱自然的别样情趣，是市民、游客休闲的好去处。三圣花乡以生态促旅游、以旅游带动产业，进而有效带动农民增收，走出了一条建设社会主义幸福美丽新农村的路子。

34.2.3　发展生态旅游有利于促进社会和谐稳定

四川是全国唯一的羌族聚居区、最大的彝族聚居区和全国第二大藏，又有秦巴山区、乌蒙山区、大小凉山彝区、高原藏区等贫困山区，同时又是全国的重点林区，"三区合一"。这些山（林）区基础建设落后，但旅游资源丰富，因此不能照搬发达地区发展重工业的经验，只能通过发展生态旅游等方式来发展建设，发展生态旅游成为促进民族地区、贫困山区和广大林区迅速脱贫致富的必然途径。旅游业的发展，不仅极大地促进了广大林区农牧民增收致富和生产生活方式的变革，而且深刻地影响着农牧民的思想观念。农牧民生产生活方式变了，融入现代文明，追求健康生活方式，环保意识增强，渴望文化知识，教育更受重视。

阿坝州是四川省第二大藏区和我国羌族的主要聚居区，拥有众多得天独厚的自然景观。近年来，阿坝州州委、州政府确立了以生态旅游业为主导，大力建设国际旅游精品区的发展战略，积极发展生态旅游产业。他们在发展生态旅游业的过程中把群众利益放在首位，使旅游经济变成了富民经济，当地群众成为旅游开发的最大受益者，有效解决了"保景与富民"的矛盾，被联合国官员赞誉为建设和谐景区与社区的"世界典范"。九寨沟县漳扎镇依托国家级自然保护区和国家森林公园的景观和品牌资源，有近八成群众直接或间接从事旅游服务业，全镇有宾馆饭店 93 家，藏家乐 54 家，商铺门面 600 余个，出租房屋 300 余户，旅游从业人员 1 万余人，2014 年人均纯收入超过 2 万元。

34.2.4 生态旅游促进农民增收致富

近年来，发展生态旅游成为调整农村产业结构，促进农民增收致富的有效法宝。2014 年，全省农民人均生态旅游收入为 173.3 元，占农民人均林业家庭经营收入的 20.1%。位居各项林业家庭经营收入的第一位。全省生态旅游对农民增收主要呈现以下特点。

（1）形态多样性

近年来，全省各地立足市场需求，开发形成了森林观光、森林养生、森林探险科考及观（彩）叶、赏花、品果、避暑、休闲、观鸟、大熊猫寻踪等特色生态旅游产品，带动了景区资源管护、交通运输、餐饮住宿、娱乐购物等服务业的发展，有效地增加了农民就业机会，促进了农村的商品流通，提高了农村家庭收入。广元剑门关国家森林公园积极引导当地农户参与环卫、安保、导游和商品销售、餐饮住宿等服务，2014 年带动 900 多农户、3600 余人从事生态旅游相关服务，人均纯收入超过 1.8 万元。

（2）区域特色性

各地充分利用森林、湿地和荒漠景观资源，着力打造特色生态旅游产业，增加农民收入。在民族地区，初步形成以观光、科考、探险为重点的原生态自然风光生态旅游业；在盆周山区，基本形成以森林康养、避暑、观光、体验为重点的生态旅游业；在平原丘陵区，已经形成以赏花、品果、休闲、度假为重点的生态旅游业。2014 年，九寨国家森林公园利用"九寨天堂"开展森林观光旅游，吸引原住民2000 余人就业，人均纯收入达 2.6 万元。

（3）收益综合性

各地利用林业资源发展生态旅游，不仅有效地改善了林区生态环境、传播了生态文化，而且扩大了社会就业、促进了林农和林业职工多渠道增收。一些农户或职工自主开展食宿接待、销售土特产品，有效地盘活了家庭资产、增加了经营性收入；一些农户或职工从事景区管护、导游、安保、运输等服务工作，增加了工资性收入；一些林农通过林权流转或以森林景观资源、林地资源入股，增加了财产性收入；一些地方建立补偿机制，增加了农民或林业职工的转移性收入。

34.3 展望未来，四川生态旅游发展更加豪迈

生态旅游已经成为"绿水青山"和"金山银山"之间的桥梁，顺应"绿色发展"理念，在拉动内需、调整结构、转型发展中发挥了重要作用。四川省生态旅游产业在"十二五"基础上进一步"提质增效"，必将迎来更快更好的发展。

34.3.1 确立发展目标

1）将生态旅游打造成"千亿"产业，在"十三五"期末，实现生态旅游 3.6 亿人次，直接收入 1500 亿，占林业产业比重达 30%以上，带动社会收入 2400 亿，林农人均收入 960 元以上。

2）到"十三五"期末，森林公园建设达 200 个以上，生态公园及专类公园建设达 20 个以上，依托

森林公园、自然保护区、湿地公园、林业产业基地、家庭林场、植物园、野生动物繁殖驯养基地、林业生态工程形成的花（果）景观、花卉（果类）节会举办地等发展生态旅游景区（点）达到 1000 个以上。

3）到"十三五"期末，全省建成森林人家 1000 个，生态旅游示范村 300 个，建设生态旅游示范县 20 个，生态旅游示范乡（镇）150 个，生态旅游示范景区（点）50 个，自然生态体验教育基地 50 个和森林养生基地 50 个，充分发挥示范效应。

34.3.2　建设 6 大项目

（1）森林游步道系统建设项目

全省林业生态工程和野生动植物保护工作带来的丰硕成果，形成富集的森林资源，吸引着大批游客回归自然、享受生态。建设集山林美景、野趣、生态、健身于一体的森林游步道，是通过对特色山林景观的适宜开发，使其有效地为当地居民和游客服务，并发挥集旅游观光、休闲度假、娱乐健身、林业生产于一体的综合型功能。按照"少花钱、少破坏、原生态"的原则，尽量利用原有登山道路，结合天保工程和森林防火工程的巡护道，按照国家登山健身步道标准（NTS 国家标准 0708）因地、因景而设。各森林游步道所属单位须制作森林游步道指南，包括森林游步道示意图、精品线路推荐、环保手册、安全手册等。重点选择一批可进入性高，距离城市不超过 1 小时车程的森林公园、自然保护区和湿地公园开展森林游步道建设，总长度为 200km 以上。

（2）自然生态体验教育体系建设项目

为大力推进生态文明建设的精神，全面提升公众生态素养，挖掘和发挥森林、湿地的多重功能，丰富生态旅游内涵，强化生态旅游的生态性、教育性、体验性，创建一批开展自然生态体验教育专门场所。生态体验是对生态旅游的升华，其内容丰富、形式多样、特色鲜明，符合当前大众对生态旅游的新诉求。编制《四川省自然生态体验教育基地创建和管理办法》《四川省自然生态体验教育基地创建考核标准》及《四川省自然生态体验教育基地志愿者管理办法》，联合团省委、省科协、省教育厅共同推进自然生态体验教育基地标准化和示范性建设，从而构建全省自然生态体验教育产品体系，根据地方特色推出具有地域性、特色性的生态体验教育产品。

（3）生态旅游四化建设

结合自然保护区、森林公园和湿地公园的保护管理和发展建设要求，推行生态旅游四化建设。一是从游客中心、生态停车场、游憩设施、标识系统、环卫设施、安全设施、医疗救援设施、信息服务化设施、自然生态教育设施等标准建设入手，完成建设标准化；二是充分认识信息化在加强和规范全省生态旅游管理中的重要技术支撑作用，积极结合"智慧旅游"和林业系统生态监测系统实现管理信息化；三是完善生态旅游示范建设、森林人家等行业标准。依托森林和景观资源，加强生态旅游综合服务监管，探索设立政府、景区、企业、林农利益联结机制，维护林农等资源培育者的合法权益，实现经营规范化；四是鼓励和支持农民有偿转让生态景观资源使用权，或以作价入股等方式让其参与旅游企业经营，增加财产性收益和经营性收入，实现社区现代化。

（4）自然保护地生态旅游建设

1）增加生态旅游景区数量。大力推进森林公园，特别是城郊型森林公园、专类公园、生态公园和国家公园（试点）建设；加快推进国有林场和大小森工改革，鼓励创建森林公园，建立有利于保护和增加森林资源、有利于改善生态和民生、有利于增强林业发展活力的国有林区新体制；鼓励自然保护区、湿地公园在科学规划的前提下适度发展生态旅游。

2）拓宽生态旅游投融资渠道。加大国有林场扶贫力度，支持通过修建断头路和硬化道路，改善发展条件，吸引社会资本参与共同开发；积极推进森林公园建设市（州）或县（市、区）设立由生态旅游开发企业、投资公司共同组建"生态旅游产业股权投资基金"，扩大投融资渠道；研究探索以生态景观评估价值、门票收益、基础设施等作抵押物申请生态旅游专项贷款的途径和方式，解决"融资难、融资贵"问题。

3）丰富生态旅游产品体系。进一步开发生物科考、森林探险、植物花卉（彩叶）观赏、生态体验教育、野生动植物参观和森林养生、城郊森林公园休闲度假等生态旅游产品，满足游客多元化需求。

（5）自驾自助游营地及线路建设项目

2016—2020 年，最终形成全国著名的自驾车旅游目的地。建立等级分明、类型多样化、空间分布合理的自驾车旅游营地空间布局，并不断提升自驾营地品质；形成跨省线路、省内线路与地级市线路 3 个层次的自驾车精品旅游线路网络。

建立自驾车信息系统，通过旅游网站等向旅游者提供自驾线路、景区票务预订、酒店预订、交通票务预订、加油站、汽车维修站等信息，编制自驾游旅游指南；发展自驾车旅游组织，扶持一批旅行社、汽车俱乐部与 4S 店等企业，使其成立提供汽车导航、维修、对外联络、导游等服务的专业队伍，能够向市场推出自驾旅游产品；扶持有实力的大型汽车租赁公司，形成自驾车租赁网络，实现自驾车辆异地还车服务；建立自驾车安全保障体系，促进自驾保险的推广。

（6）森林休闲养生项目

环境问题带来人民对生态环境的关注、工作和生活的压力引发改善亚健康的诉求、老龄化社会出现养生养老需求和森林产业提质转型发展的大势所趋等都是发展森林休闲养生的推手。森林中的气环境（森林氧气、植物精气、负氧离子、空气洁净度）、光环境、水热环境和声环境是森林养生的优势所在。通过制定森林养生基地质量标准、鼓励森林养生相关产业发展（森林康复中心、森林医院等）、构建森林解说及疗养师认证体系、建立森林养生指导专家库来推动森林养生基地建设，发挥森林的多元化功能。

第 35 章 云南生态旅游发展报告

成海　李羚菱　西南林业大学生态旅游学院，昆明

35.1　云南省生态旅游发展阶段

如果将 1995 年 1 月在西双版纳召开的中国首届生态旅游发展研讨会作为国内生态旅游发展的起点，那么云南省在中国生态旅游的发展历程中可以说是亮点频出，在理论研究和实践应用方面都走在了前列。从 1995 年开始，云南省生态旅游大致可以分为 3 个阶段：1995—2000 年是起步阶段，2001—2007 年是快速发展阶段，2008 年至今是全面发展阶段。

35.1.1　起步创业阶段（1995—2000 年）

1995 年 1 月，在西双版纳召开的首届生态旅游发展研讨会标志着我国对生态旅游关注的开始，也是国内生态旅游发展的正式起点。自 1997 年以后，根据美国作家希尔顿的小说《消失的地平线》，通过认真的分析和学术酝酿，云南省政府向全世界公布"香格里拉就在迪庆中甸县（后更名为香格里拉县）"的新闻后，作为迪庆香格里拉腹地的中甸县名声大噪，吸引了国内外学者、新闻记者及旅游者前来寻找香格里拉。中甸县优良的自然生态系统和远离尘世"天人合一"的意境，成为全人类渴求的"世外桃源"，是世界新兴的生态旅游热潮的一大聚集点。

1999 年，国家旅游局把年度旅游主题定为"生态环境旅游年"，同年 5 月 1 日至 10 月 31 日举办的中国昆明世界园艺博览会，向全世界展示了云南省生态旅游"彩云之南，万绿之宗"的特色，促进了云南省生态旅游的快速发展。"香格里拉探秘游"被列为 1999 年中国生态旅游年的"中国十大生态旅游精品线"之一，"云南迪庆"也被列为生态旅游年的"中国六大生态旅游区拳头产品"之一。为了大力推动云南省生态旅游的发展，由云南省"九五"科技攻关项目资助，云南大学工商管理与旅游管理学院负责开发设计，云南省旅游局负责技术把关和经费配套，中甸县政府负责实施，在可持续发展战略和旅游扶贫原则指导下，构建保护性开发模式，开发设计并建成了以中甸县城为旅游中心城镇，以碧塔海、松赞林寺和霞给村为主体的滇西北香格里拉生态旅游示范区[1]。

35.1.2　快速发展阶段（2001—2007 年）

进入 21 世纪，云南省旅游产业体系基本形成，旅游产业规模不断扩大，旅游业成为云南省的支柱产业之一。2004 年 2 月，云南省委、省政府发布的《中共云南省委　云南省人民政府关于加速林业发展的决定》（云发〔2004〕9 号）提出，要发展八大林产业，做大、做强森林生态旅游业，把云南建成"亚洲最著名的生态旅游目的地"。自此，云南省以各种类型的森林公园和自然保护区为依托，科学规划，重点开发生态旅游、森林保健、森林探险、科学考察和科普教育等特色森林旅游业，保护地开始大量支撑生态旅游发展。

在这期间，普达措国家公园的成立极大地促进了云南省生态旅游的发展。2004 年，在云南省有关领导以及云南省环境保护厅、云南省旅游局的支持下，云南省政府研究室、大自然保护协会和西南林业大学合作开始了对国家公园建设理念和管理模式在云南的可行性和前景的专门研究。同年，时任迪庆藏族自治州州长的齐扎拉提出了在香格里拉建立国家公园的构想。2005 年，云南省开始规划建设普达措国家公园。2006 年，迪庆藏族自治州政府正式发布《关于建立香格里拉普达措国家公园的批复》，批准建立普达措国家公园，将碧塔海、属都湖景区管理局更名为香格里拉普达措国家公园管理局，机构规格、隶属关系、人员编制和领导职数维持不变。香格里拉普达措国家公园管理局在迪庆藏族自治州政府领导下，依照相关法律和行政法规，对景区资源实行统一管理、统一规划、统一保护和统一开发，并对景区享有监督权、制定管理法规权、管理权、门票收益权和资源收费权。在地方管理方面，采取迪庆藏族自治州政府授权和香格里拉县政府委托的方式，由香格里拉普达措国家公园管理局对辖区经济社会事务进行管理，对红坡村、尼汝村和九龙村等国家公园周边村庄进行有关行政管理。

2006 年 1 月，由大自然保护协会和西南林业大学生态旅游学院联合成立的国家公园发展研究所在西南林业大学正式挂牌。同年 2 月，云南省政府在滇西北旅游现场办公会上正式做出建设国家公园的战略部署，并把推进国家公园建设列入"十一五"发展规划。2006 年 8 月 1 日，普达措国家公园开始对外开放试营业。在试营业期间，门票直接收入就由没有建国家公园前的每年 500 多万元增加为 2007 年的 1 亿多元。普达措国家公园内部和周边的社区居民得到了 1000 多万元的收入。2007 年 6 月，普达措国家公园在云南省迪庆藏族自治州正式挂牌成立。

35.1.3 全面发展阶段（2008 年至今）

基于普达措国家公园的良好示范效应，2008 年 6 月，国家林业局批准云南省为国家公园建设试点省，以具备条件的自然保护区为依托开展国家公园建设工作，探索有中国特色的国家公园建设和发展思路，云南省生态旅游进入了一个新的发展时期。2008 年 8 月，云南省政府明确由云南省林业厅主要负责国家公园相关工作，并在云南省林业厅挂牌成立云南省国家公园管理办公室。

在这期间，大量国企、民企进入保护地进行生态旅游开发。云南省旅游投资有限公司通过控股公司对西双版纳野象谷和大理苍山洱海片区等生态旅游资源进行了投资开发，云南世博旅游控股集团有限公司则投资开发了元阳哈尼梯田、丽江老君山和昆明轿子雪山等生态旅游景区，湄公河集团投资开发了普洱太阳河国家森林公园、西双版纳原始森林公园和西双版纳基诺山寨等生态旅游景区，云南城投集团投资建设了普达措国家公园、梅里雪山国家公园、维西滇金丝猴国家公园及虎跳峡等生态旅游景区。

为了快速推进国家公园建设，2008 年 9 月，云南省林业厅和云南省政府研究室共同完成了《云南省国家公园发展战略研究》。2009 年 12 月，云南省政府发布了《关于推进国家公园建设试点工作的意见》，明确国家公园建设试点的意义、工作思路、主要措施和组织领导机制。根据《关于推进国家公园建设试点工作的意见》精神，云南省国家公园管理办公室组织编制了《云南省国家公园发展规划纲要（2009—2020 年）》，作为全省国家公园建设的指导性文件。此外，云南省政府还印发了《国家公园申报指南》和《国家公园管理评估指南》等政策性文件指导国家公园试点建设工作规范、有序地推进。

2008 年以来，云南省作为国家公园建设试点省，以国家公园为特色的生态旅游发展迅速，与国家公园相关的技术标准和法律法规快速完善。2009 年 11 月 16 日，云南省质量技术监督局批准《国家公园基本条件》（DB53/T 298—2009）、《国家公园 资源调查与评价技术规程》（DB53/T 299—2009）、《国家公园 总体规划技术规程》（DB53/T 300—2009）、《国家公园 建设规范》（DB53/T 301—2009）4 个国家公园地方系列标准发布实施，实施时间为 2010 年 3 月 1 日，归口单位为云南省国家公园管理办公室。2010 年 12 月，老君山国家公园管理局委托西南林业大学生态旅游学院编制了《丽江老君山国家公园生态旅游技术标准》。2011 年，丽江市人民政府第 37 次常务会议审议通过《丽江老君山国家公园管理办法》。2012 年，发布《自然保护区与国家公园巡护技术规程》（DB53/T 392—2012）、《自然保护区与国家公园生物多样性监测技术规程　第 1 部分：森林生态系统及野生动植物》（DB53/T 391—2012）和《高黎贡山国家公园生态旅游景区建设及管理规范》（DB53/T 372—2012）3 个国家公园地方标准。2014 年，发布《国家公园管理评估规范》（DB53/T 535—2013）。2015 年 11 月 26 日，《云南省国家公园管理条例》由云南省第十二届人民代表大会常务委员会第二十二次会议审议通过，自 2016 年 1 月 1 日起施行。

总的来说，云南省在国家公园建设方面在全国实现了"五个率先"：一是率先开展国家公园建设试点；二是率先建立中国内地第一个国家公园；三是率先初步建立国家公园体制；四是率先制订第一部国家公园管理体制地方立法；五是率先成为国家公园建设典范[2]。

随着生态旅游理念的逐渐深入人心，越来越多的城市白领阶层开始热衷于各种户外休闲活动，面对巨大的市场需求，大量的户外运动企业和旅行社推出了类型多样的户外生态旅游产品，如户外徒步、野营、漂流等。

35.2　云南省生态旅游发展概况

35.2.1　生态旅游资源

云南省是山河的故乡，梅里雪山、玉龙雪山、高黎贡山、苍山坐落其间；金沙江、珠江、澜沧江、怒江、红河、独龙江 6 大水系穿梭于间。云南省是动植物的王国，是世界一流的地质地貌遗迹区、世界著名的动植物模式标本产地、世界级物种基因库。"一山有四季，十里不同天"的垂直气候十分明显。山岳、江河、峡谷、垂直气候、喀斯特及珍稀动植物等景观享誉国内外，在我国大西南旅游圈和大湄公河次区域国际旅游圈内，云南省拥有三江并流自然遗产地、高黎贡山人与自然保护圈、西双版纳热带雨林等高级别自然生态景观。

云南省有悠久的、积淀深厚的历史文化，昆明、大理、丽江、建水、巍山等是国家级历史文化名城，神秘的南诏、大理两代王国扎根于云南这片神秘的热土，大理曾经是"亚洲文化十字路口的古都"，丽江古城和东巴古籍是世界文化遗产和记忆遗产，"茶马古道"和"西南丝绸古道"承载着弥足珍贵的古道文化。

此外，云南省是我国民族种类最多的省份，除汉族以外，人口在 6000 人以上的民族有 25 个，其中 15 个是云南省特有民族。各民族在漫长的生产生活实践中，创造出了各具特色的区域文化，如大理的南诏文化、丽江的东巴文化、西双版纳的贝叶文化等。各少数民族的文化传统在衣食住行、婚丧嫁娶、民居建筑等各方面均有其独特的体现，如文化丰厚的白族风情、源远流长的纳西风情、炽热奔放的藏族风情、刚毅深邃的傈僳族风情、鲜为人知的独龙族风情、神秘独特的摩梭风情等。

总的来说，云南省的生态旅游资源可以分为三类：一是自然生态旅游资源，包括世界自然遗产、地文景观资源（地质景观、山地景观、峡谷景观、喀斯特景观）、水体景观资源（江河景观、湖泊景观、湿地景观、冰川景观、泉水景观、瀑布景观）、生物景观资源（植被景观、植物景观、草甸景观、花卉景观、人工植被景观、动物景观）、气候气象景观资源；二是人文生态旅游资源，包括世界文化遗产、遗址遗迹、建筑与设施、名人故居、旅游商品、民族节庆、非物质文化遗产；三是资源保护区，包括国家公园、风景名胜区、森林公园、湿地公园、地质公园、水利风景区、历史文化名城、历史文化名镇、历史文化名村。

35.2.2 生态旅游产业

（1）生态旅游企业

20 世纪 90 年代开始，随着旅游市场的蓬勃发展，云南省涌现了一批综合性的大型旅游集团企业，如云南世博旅游控股集团有限公司、云南省旅游投资有限公司、大理旅游集团有限责任公司、云南金孔雀旅游集团有限公司和昆明诺仕达企业（集团）有限公司等，这些大型旅游企业在生态旅游发展方面起到了强有力的带头示范作用。

（2）生态旅游产品开发

以旅行社为代表的云南各类旅游企业根据市场需求，推出了一系列各具特色的生态旅游产品，主要是以林业系统下属的自然保护区、国家公园、湿地公园、森林公园、国有林场等为核心，以森林、湿地、野生动植物等特色资源为依托，主要开展森林生态观光、野生动植物科考、森林休闲度假、森林探险、森林科考科普和森林旅游村等特色生态旅游产品。此外，还有以滇西北雪山为主的登山运动、以境内河流为主的漂流活动及以峡谷为主的探险旅游等。

（3）生态旅游收入

云南省生态旅游主要以林业部门为依托，以森林旅游为主要特色。截至 2015 年，云南省有 12 个州市建立了森林旅游接待单位、林业宾馆和相应的服务机构，开展了观光、观鸟、生物多样性考察、探险等为主的生态旅游项目。20 个国家级自然保护区建设依靠保护区监测、科研、社区共管等工作，结合科普宣教，使"生态旅游小区"建设得到稳步发展。据不完全统计，2015 年全省依托各国家公园、自然保护区、森林公园、湿地公园等开展森林旅游接待中外游客超过 3000 万人次，实现森林旅游收入近 50 亿元[3]。

35.2.3 生态旅游教育科研成果

1995 年 1 月，在西双版纳召开了中国首届生态旅游发展研讨会，同年西南林业大学林学系就设置了国家首批森林旅游本科专业，1999 年，林业系更名为资源学院，并将该专业更名为"森林资源保护与游憩"。2001 年，森林资源保护与游憩专业从资源学院分离，成立生态旅游系，2006 年 1 月 6 日，生态旅游系更名为生态旅游学院。目前生态旅游学院设有旅游管理本科专业和旅游管理硕士学位点，以及自主设置的生态旅游（0705J8）硕士学位点，生态旅游学是旅游类本科生和研究生的必修课。地理学一级学科的建设为生态旅游的学科建设和人才培养奠定了坚实的基础。在生态旅游学院叶文教授的带领下，生态旅游学院学术团队规划设计并指导了中国内地第一个国家公园——香格里拉普达措国家公园，获得了良好的社会经济效益，曾荣获"全国林业产业突出贡献奖"。此外，云南大学、云南师范大学、云南财经大学、云南民族大学、昆明学院、云南旅游职业学院等高校都开设有旅游类专业，为云南生态旅游输送了大量的优秀人才。

依托蓬勃发展的旅游业，云南旅游学界人才辈出，科研成果丰硕。早在 1996 年，叶文、明庆忠和杨志耘出版了《云南山水景观论》（云南科技出版社）。随后，叶文教授带领的团队陆续出版了《生态旅游本土化·云南》（中国环境科学出版社，2006）、《香格里拉的眼睛：普达措国家公园规划与设计》（中国环境科学出版社，2008）、《生态文明：民族社区生态文化与生态旅游》（中国社会科学出版社，2013）。2000 年，云南大学工商管理与旅游管理学院杨桂华教授组织编写了《生态旅游》（高等教育出版社，2002），该教材获得国家教委优秀教材二等奖；随后杨桂华教授的团队陆续出版了《生态旅游的绿色实践》（编译，科学出版社，2000）、《生态旅游景区开发》（科学出版社，2004）、《生态旅游》（译著，南开大学出版社，2004）、《生态旅游案例研究》（译著，南开大学出版社，2004）、《生态旅游（第 2 版）》（专著，高等教育出版社，2010）、《云南生态旅游》（中国林业出版社，2010）、《旅游生态补偿》

（科学出版社，2015）。另外，田里教授主编的《生态旅游》（南开大学出版社，2004）、李鹏副教授的《旅游业生态效率》（科学出版社，2013）等也是重要的生态旅游著作。20 多年来，云南旅游学界的各位专家学者还发表了众多与生态旅游相关的论文和著作，在全国生态旅游研究领域形成了人才聚集、成果丰硕的"云南生态旅游现象"。

35.2.4　积极与国际组织合作

云南省生态旅游的快速发展和国际组织密切相关。据《21 世纪经济报道》，云南省是中国非政府组织最活跃的地方。丰富的生物多样性，毗邻东南亚的地利之便，使云南省成为环保类和生态类非政府组织最先入驻的地区。另外，云南省是中国少数民族数量最多的省份，少数民族大多分布于边远的山脉深处，有的村寨还处于刀耕火种的原始状态，语言和民俗风情的多样性，为那些致力文化保护的国际组织提供了广阔的工作空间，也成为扶贫类非政府组织重点帮扶的区域。作为以丰富的自然生态和民族文化资源为基础的生态旅游，一开始就成为环保类、生态类和扶贫类非政府组织的关注的热点，云南省各级政府积极与国际组织合作，成功地将国外成熟的生态旅游开发经验引入本土实践。例如，中国内地第一个国家公园——普达措国家公园就是政府、高校和大自然保护协会深度合作的成功典范[4]。

35.3　云南省生态旅游发展经验

35.3.1　多利益主体合力助推

云南省生态旅游的快速发展是多利益主体合力助推的结果。

首先，得益于政府重视。改革开放以来，历届云南省委、省政府都高度重视旅游业发展，并依托旅游资源优势，全面实施政府主导战略，着力发展和培育旅游产业。1996—2005 年是云南省旅游业高速发展阶段，旅游产业逐步成为云南省的支柱产业，对全省国民经济和社会发展的贡献日益明显。通过政府主导，各种促进旅游发展的政策、人才和资金都快速向旅游业集中，云南省生态旅游发展具备了坚实的政策、人才和资金基础。

其次，国际力量的多方支持加速了云南省生态旅游的发展。以非政府组织为主的各种国际组织，在环保、生态和扶贫的旗帜下，通过各种方式和地方政府、高等院校和科研机构形成了紧密的合作关系，极大地促进了云南省生态旅游的快速发展。

最后，社区参与也是云南省生态旅游成功的宝贵经验。通过社区居民参与旅游业，为当地居民提供了就业机会，促进商品意识的形成，同时旅游收入反哺社区有力提高了当地居民收入。以国家公园为例，截至 2013 年年底，普达措国家公园总游客量达到 615.6 万人次，实现旅游总收入 10.2 亿元。8 个国家公园每年用于社区补偿和社区项目扶持的直接资金投入达 2600 多万元。国家公园的建设为周边社区的群众提供了巡护、环境维护、导览等工作岗位 1169 个，678 户社区群众参与了国家公园经营活动。周边群众开展相关经营活动获得的收入每年达 2200 多万元，从事相关管护工作获得的工资性收入每年达 3000 多万元，国家公园周边社区人均收入从普达措国家公园建设前的 1287 元增加到 3189 元。群众收入成倍增长，许多地方从远近闻名的"穷山沟"变成人人向往的"金窝窝"[5]。

35.3.2　以自然保护地为支撑

云南省发展生态旅游主要依靠林业系统的各种类型的自然保护地的支撑，包括自然保护区、国家公园、森林公园、湿地公园和国有林场等，特别是自然保护区和国家公园，不仅涵盖从热带雨林至寒温性针叶林的自然森林生态系统，还包含了雪山冰川、高山峡谷、高原湿地等特色自然景观资源，是云南省森林旅游资源精华的浓缩，体现了云南省森林王国和气候多样的特点。

35.3.3　旅游策划和规划先行

云南省生态旅游的蓬勃发展，除了得益于天然的生态旅游资源优势外，还得益于各级政府和企业重视旅游策划和规划。精彩的生态旅游策划、规划、方案为后续的成功开发奠定了科学基础，铺就了云南省生态旅游发展的成功之路。以浪漫的丽江古城和神秘的香格里拉为代表的生态旅游地品牌策划，以昆明世博园和西双版纳傣族园为代表生态旅游景区策划及规划，以及以大理三道茶表演和香格里拉藏民家访为代表的生态旅游产品策划及规划，为云南省生态旅游的快速崛起提供了有力保障，为云南省生态旅游发展积累了经验[6]。

35.3.4　有效解决保护和发展矛盾

云南省通过有效解决保护和发展的矛盾，使各利益主体各得其所，使生态旅游真正实现了可持续发展。传统大众观光旅游业的快速发展，一度使发展和保护的矛盾凸显。云南省通过开展国家公园建设试点，为我国探索了一种新型的保护地发展模式，填补了我国大陆地区保护地体系的空白，创新了生物多样性保护管理体制，强化了生态保护，带动了社区发展，传播了生态文化，全面提升了生态保护、科研教育、旅游观光和社区发展功能，初步实现了生态效益、社会效益、经济效益协调发展。

35.4　云南省生态旅游未来发展

35.4.1　积极开展与南亚、东南亚地区的交流与合作

云南省位于东亚、东南亚和南亚的"三亚"枢纽位置，云南省与老挝、越南和缅甸三国接壤，既是东南亚通道的重要组成部分，也是南亚通道的关键环节，恰好处于两个通道的"连接点"上。云南省还是我国沟通太平洋和印度洋的重要链环，是我国通向中南半岛的主要门户。随着中国—东盟自由贸易区、大湄公河次区域旅游合作、中印经济合作及泛珠江三角洲经济区的全面启动，云南省具有的战略区位优势逐渐突显，区位优势得到不断提升。云南省生态旅游要获得大发展，就要通过争取更为宽松的跨国旅游区域合作政策，包括简化出入境手续、限时免签、落地签证政策等，消除区域旅游障碍，积极推进开通昆曼大通道国际旅游客运线路的工作，以推动昆曼大通道自助自驾游和团队游的发展。通过邀请和鼓励双方旅游企业互设合资、独资旅行社和办事机构，共同开发旅游市场。

此外，要建立以政府为主导，非政府组织参与，多行业联动发展的模式。中国和东南亚、南亚各国国情相似，习惯上是依靠政府的行政力量来实现管理目标，这种管理方式发挥着巨大的作用。结合当前国际经济形式，区域旅游合作已经不再是单纯的政府行为，而是需要多方参与、沟通和协调的多方合作行为。近年来，各种非政府组织的发展非常迅速，如国际知名的太平洋亚洲旅游协会、中国旅游协会、中国地理学会等，这些非政府组织通常以定期举办学术论坛、会议等形式来带动政府、学术界、企业之间的互动，并将研究的主张、成果等通过媒体向社会传播，以增强社会的总体认同感。旅游业是一种综合性及敏感性都非常高的产业，随着旅游业的发展，会逐步地向其他行业渗透，并促使新的旅游现象出现，如工业旅游、农业旅游等，云南省与东南亚、南亚的贸易往来十分密切，可以借助旅游业这个平台促进工业、农业、交通、文化等各行业的联动发展，反过来又以各行业的联动来带动旅游业的发展，形成相互促进、共同发展的综合体。

35.4.2　依托生态文明建设做强生态旅游产业

生态旅游与生态文明的内涵、理念、方法原理和社会效益均具有一致性，生态旅游与生态文明都秉承"可持续发展"的理念，崇尚尊重自然、顺应自然法则，保护环境。生态文明建设不仅为生态旅游的发展指明了方向，还是生态旅游发展的基础。生态文明建设的各项内容保障了生态旅游发展的环境条件、基础设施、管理制度和生态旅游的发展空间。生态旅游发挥了保护旅游地自然生态系统和环境、发展当地社会经济和传承当地文化的重要作用，是实现生态文明建设的重要途径。当前，随着我国生态文明建设步伐的不断推进，生态旅游作为环境友好的、可持续发展的旅游活动将不断促进生态文明各个方面的建设。生态旅游对构建生态文化体系的意义体现在树立旅游地的生态文化形象、提升当地居民的生态文明意识与文化自豪感、传承与发展旅游地文化 3 个方面。生态旅游发挥了保护旅游地自然生态系统和环境、发展当地社会经济和传承当地文化的重要作用，是实现生态文明建设的重要途径。云南省要做强生态旅游业，就要借生态文明建设的东风，以全新的视觉、全新的理念重新审视和判断旅游发展问题。

35.4.3　发挥民族文化大省优势做强民族文化旅游

云南省是中国少数民族最多的省，全国 56 个民族中，云南就有 52 个。其中，白族、哈尼族、傣族、傈僳族、佤族、纳西族、拉祜族、景颇族、布朗族、普米族、阿昌族、怒族、基诺族、德昂族、独龙族是云南特有的 15 个少数民族。近年来，云南省先后开发了一批以民族服饰、民族舞蹈、民族节庆、民族餐饮、民族工艺品和民族特色村镇为主要内容的民族文化旅游产品，培育了以傣族泼水节、白族三月街、丽江古城、香格里拉等为代表的民族文化旅游精品，云南民族村有限责任公司、东巴谷生态文化旅游股份有限公司等民族文化旅游企业逐步做大做强。《中共云南省委 云南省人民政府关于建设旅游强省的意见》，明确要求通过民族文化与旅游产业的融合发展，建设古滇旅游文化项目等 10 大历史文化旅游项目和 150 个民族特色旅游村，用民族文化来增强云南省旅游产业的吸引力，用发展壮大的旅游产业来增加群众的就业收入，并带动云南省民族文化走向全国，走向世界。发挥民族文化大省优势做强民族文化旅游，要坚持"保护为主，抢救第一，合理利用，传承发展"的工作方针，进一步挖掘民族民俗文化遗产，开展民族文化旅游资源保护与开发，打造以"神秘""独特"为特点的云南民族文化旅游品牌。

参 考 文 献

[1] 杨桂华，钟林生，明庆忠. 生态旅游[M]. 北京：高等教育出版社，2010.

[2] 云南日报. 2016-02-18. http://yndaily.yunnan.cn/html/2016-02/18/content_1039706.htm?div=-1.

[3] 数据来源：云南省森林旅游发展规划（2016—2025 年）.

[4] 陈小莹. NGO 的云南生态[EB/OL]. （2007-10-10）[2017-02-16]. http://finance.southcn.com/nfcm/content/2007-10/10/content_4256007.htm.

[5] 云南省林业厅. 解放思想 创新举措 努力推进国家公园建设试点：云南省国家公园建设试点工作情况汇报[EB/OL]. (2014-04-28)[2017-02-16]. http://www.ynly.gov.cn/8415/30180/96481.html, 2014.

[6] 杨桂华. 云南生态旅游[M]. 北京：中国林业出版社，2010.

第36章 贵州生态旅游发展报告①

杨春宇　贵州财经大学工商学院，贵阳

36.1　引言

生态文明是人类环境与发展的主题，是体现政府意志和民众意愿的国家战略，其核心要义是以生态文明理念引领经济社会发展，实现经济效益、社会效益、生态效益同步提升，是科学发展观的顶层设计和最高遵循。生态旅游正在成为 21 世纪的旅游主题。《国家生态旅游示范区管理暂行办法》明确生态旅游是"以吸收自然和文化知识为取向，尽量减少对生态环境的不利影响，确保旅游资源的可持续利用，将生态环境保护与公众教育同促进地方经济社会发展有机结合的旅游活动"，生态旅游资源的开发强调人与自然的和谐共生。

贵州省位于中国西南部，介于东经 $103°36'\sim109°35'$、北纬 $24°37'\sim29°13'$，平均海拔在 1100m 左右，是一个山川秀丽、气候宜人、资源富集、民族众多的内陆喀斯特山区省份。贵州省高原山地独特的地质地理环境，形成了千姿百态的自然景观，构成了风韵独特的地域性喀斯特旅游单元。在全省 17.6 万 km^2 的土地上，旅游资源十分丰富。贵州省旅游资源类型包括自然、人文、社会和气候等各个方面，是生物多样性和生态旅游资源丰富的地区之一。独特的自然、人文景观，古朴浓郁的民族风情和山、林、水、洞融为一体的喀斯特风光，对国内外旅游者具有强烈的吸引力。

明代诗人刘伯温曾说："江南千条水，云贵万重山，五百年后看，云贵胜江南"，这种预测赋予贵州省一种激励，一种豪情。发挥生态优势，主打生态旅游牌，也是可持续旅游发展的必然选择。作为长江、珠江上游生态安全的重要屏障，生态旅游发展既是贵州省的使命，也是贵州省自身的选择。贵州省连续举办四届生态文明贵阳会议，并于 2013 年升格为生态文明贵阳国际论坛，这成为我国唯一以生态文明为主题的国家级、国际性论坛。2015 年 2 月，《绿色贵州建设三年行动计划（2015—2017年）》在贵州省启动，"绿色贵州"将成为新品牌。2015 年，中央政府工作报告以前所未有的姿态强调了生态环保的重要性。"绿水青山就是金山银山"，成为有识之士共同的理念。新环保法的实施，使环保"新常态"呼之欲出。强调环境保护的新形势为贵州省生态旅游开发提供了良好的背景，也提出了更高的发展要求。

36.2　贵州省生态旅游发展实践回顾

贵州省旅游业起步较晚，自 1997 年《贵州省国民经济和社会发展"九五"计划和 2010 年远景目标纲要》将旅游产业正式纳入国民经济社会发展的六大支柱产业之一以来，旅游产业已成为贵州省重要的支柱产业，旅游收入快速攀升（图 36.1）。2014 年，贵州省旅游总收入为 2895.98 亿元，实现旅游增加

① 国家社会科学基金项目《文化旅游产业创新系统演化理论研究》（12XJY025）；贵州省科学技术厅软科学项目（黔科合 LH 字〔2014〕7277 号）。

值 780 亿元，占 GDP 的比重为 8.7%左右，占服务业增加值的 18%左右，全年旅游接待总人数达到 3.21 亿人次[1]。其中，生态旅游作为贵州省旅游产业的重要类型，发展势头最为强劲。截至 2014 年年底，贵州省全年接待入境游客 85.5 万人次，实现外汇收入 2.17 亿美元，同比分别增长 10.1%和 7.6%。接待省外游客 1.42 亿人次，同比增长 20.1%，2014 年省外入黔游客为 1.55 亿人次。"坐下来、静下来、住下来"的游客不断增加，以观光、体验、休闲、度假、康体、避暑等生态旅游形式为出游取向的游客占全省接待游客总量的 7 成以上，全年接待过夜游客 1.03 亿人次，同比增长 20.3%，国内游客人均花费突破 900 元[1]。

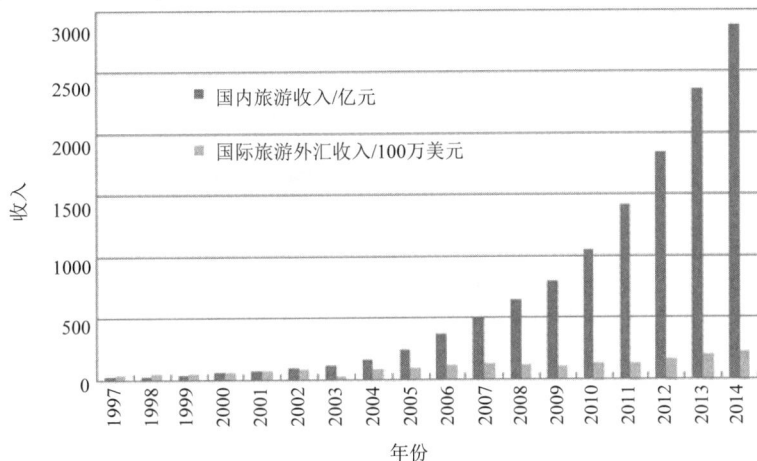

图 36.1　贵州省国内旅游、国际旅游外汇收入历年数据（1997—2014 年）

资料来源：中国统计局.1997—2014 年《贵州统计年鉴》。

结合贵州省生态旅游资源，以及其国家自然保护区、国家森林公园、国家风景名胜区、国家地质公园等发展实际情况出发，可将其生态旅游发展实践过程归纳分为 4 个阶段：萌芽阶段（1986—1992 年），起步发展阶段（1993—2000 年），快速发展阶段（2001—2008 年），全面发展阶段（2009 年至今），见图 36.2。

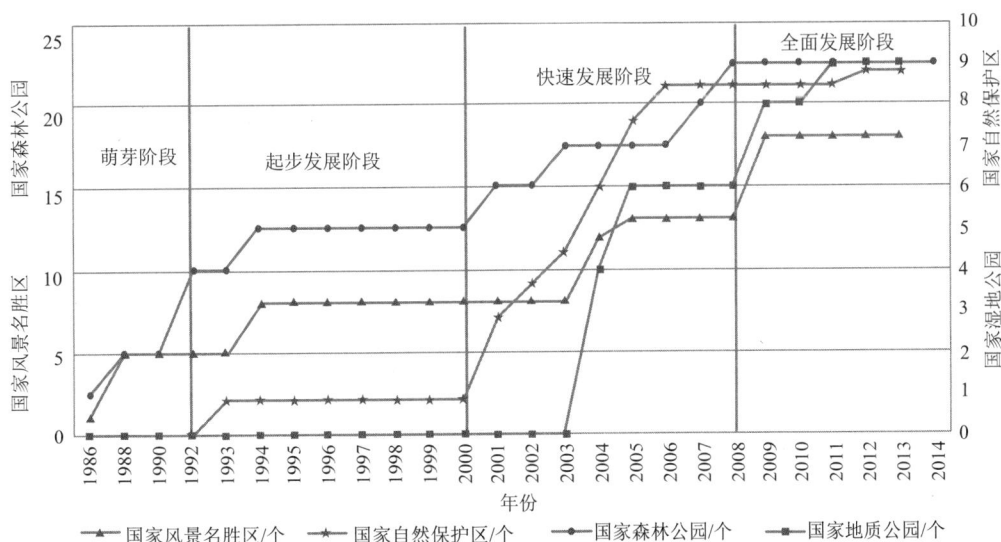

图 36.2　贵州省国家自然保护区、国家森林公园、国家风景名胜区、国家地质公园数量变化（1986—2014 年）

资料来源：贵州省林业厅，贵州省森林公园简介；贵州省统计局.《2005 贵州统计年鉴》《2009 贵州统计年鉴》《2014 贵州统计年鉴》。

36.2.1 萌芽阶段（1986—1992 年）

与我国其他旅游业发达地区比较而言，贵州省生态旅游起步较晚，主要依托风景名胜区、国家自然保护区、国家森林公园、国家地质公园开展生态旅游。贵州省 1982 年建立了第一个国家风景名胜区（黄果树风景名胜区）和第一个国家自然保护区（贵州梵净山自然保护区），将旅游开发与环境资源保护结合在一起，并强调旅游资源的开发必须以保护为前提[2]。截至 1992 年年底，贵州省拥有国家自然保护区 4 个、国家级重点风景名胜区 5 个。

贵州省生态旅游在这一时期无论是理论还是实践建设都处于摸索阶段，尚未开展以生态旅游为主题的专项旅游活动，其旅游市场需求与供给主要集中在观光、游览活动。首先，虽然大多数旅游者向往自然、希望回归自然，但自然保护意识却不强，追求娱乐是其主要目的。生态旅游开发经营者为了迎合这种需求，在生态系统脆弱地区大力开发各种游乐设施，对生态环境造成严重破坏。其次，旅游者缺乏环保观念。景区乱涂乱画、践踏草坪、乱扔垃圾等恶习难以杜绝，还远未达到旅游者到大自然中去，在欣赏自然景观和了解生态现象的同时接受环境教育，使生态旅游资源能够达到可持续发展目的。

这一时期贵州省生态旅游发展的总体特征如下。

1）政府、企业及从业人员尚未透彻理解生态旅游的内涵及合理的发展模式，尚未开展以生态旅游为主题的专项旅游活动。

2）生态旅游开展的目的比较单纯，只为增加收入。

3）生态旅游活动范围狭窄，主要在一些自然资源或自然景观异常丰富的地区。

4）游客人数较少、旅游收入来源单一，真正的生态旅游者主要来海外，尤其是欧美、日本等国家和地区的一些受教育程度高、经济能力强、社会地位高的人群。

36.2.2 起步发展阶段（1993—2000 年）

1993 年，贵州省建立竹海（赤水市）和百里杜鹃（毕节地区）两个国家级森林公园。虽然当时森林旅游并不是严格意义上的生态旅游，但是上述基础性工作为今后贵州省生态旅游的发展提供了良好基础。随着可持续发展理论及国家"西部大开发"政策的提出，1999 年中共贵州省委、省政府出台了贵州省第一部系统性旅游业管理条例（《贵州省旅游业管理条例》，1995 年和 2000 年分别启动编制《贵州省旅游发展总体规划》①，以加快贵州省旅游业发展步伐，把旅游业培育成全省新的支柱产业，实现"生态建省"战略目标。

1999 年是我国生态旅游发展过程中最重要的一年。国家旅游局、国家环境保护总局、国家林业局和中国科学院联合推出"1999 生态环境旅游年"，拉开了中国生态旅游序幕[3]。贵州省委、省政府开始重视生态旅游发展，意识到生态旅游一方面可以赚取外汇，另一方面比林木和农业等其他资源利用方式对资源本身的破坏性小，生态旅游能够将保护与开发相结合，将满足旅游者需求与改善当地社会福祉相结合。截至 2000 年年底，贵州省拥有国家自然保护区 5 个、国家级重点风景名胜区 8 个、国家森林公园 2 个。

这一时期贵州省生态旅游发展的总体特征如下。

1）政府部门、专业研究人员、当地居民介入生态旅游实践活动。

2）政府部门实施旅游发展策略时，开始注意旅游业发展所带来的环境、生态、社会、经济的综合效应。

---

① 该规划是在贵州省政府主持下，由世界银行提供贷款资助，由贵州省政府与世界旅游组织、国家旅游局共同编制的新时期贵州省旅游发展规划，是贯彻中共贵州省委、省政府的发展意图，实现贵州省旅游业快速、可持续和跨越式发展的战略性、宏观性、指导性的发展规划。

3）生态旅游活动开展主要集中在旅游资源丰富但经济相对贫困的民族地区。

4）旅游活动处于由传统大众旅游向生态旅游转变的调整时期，是生态旅游发展过程中相当重要的一个时段。

5）旅游业与可持续发展理论相结合，产生旅游业可持续发展新理论，为生态旅游发展提供理论指导。

36.2.3　快速发展阶段（2001—2008年）

贵州省在国家政策引领下，其生态旅游发展进入新的发展阶段。2002年，《中共贵州省委、贵州省人民政府关于加快旅游业发展的意见》，提出要将旅游业发展成为贵州省新的支柱产业。同年，《贵州旅游发展总体规划》编制完成，规划提出到2010年，力争把贵州省建成多民族特色文化和高原生态旅游目的地；2004年7月，中共贵州省委九届五次全会提出了生态建省的战略目标；2006年，首届贵州省旅游产业发展大会在安顺黄果树国家重点风景区隆重召开①，并于2008年9月在西江苗寨举行以"建设生态文明，发展和谐旅游"为主题的第三届旅发大会，从此贵州省开辟了以生态文明引领旅游发展的创新道路。截至2008年年底，贵州省拥有国家自然保护区9个、国家级重点风景名胜区13个、国家森林公园21个、国家地质公园6个。

在这一阶段，森林公园总数由上个阶段的8个（国家级的有2个，省级的有6个）上升到2008年的65个（其中，国家级的有21个，省级的有26个），森林旅游收入及接待游客人数更是快速攀升[4]（图36.3）。

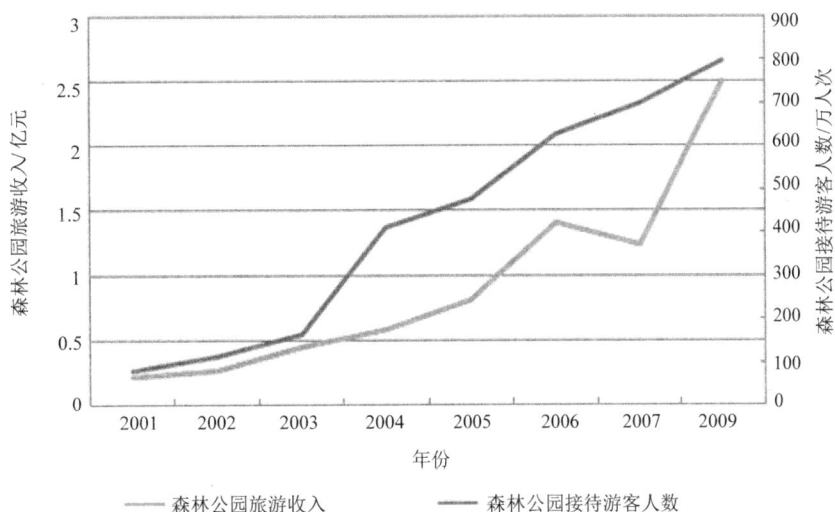

图36.3　贵州省森林公园旅游收入、接待游客人数历年变化（2001—2009年）

资料来源：贵州省林业厅，贵州省森林公园简介。

随着贵州省旅游产业的不断发展，乡村旅游也逐渐蓬勃发展，取得较好的社会效益、经济效益。2005年，贵州省完成国内首个省级乡村旅游规划《贵州省乡村旅游规划》及相关标准体系，这些标准体系促进了贵州乡村生态旅游的发展。2008年年末，贵州省开展乡村生态旅游的经营实体有6万余户，直接从业人数达到30余万人，带动200万余农村劳动力就地转产和旅游就业[5]。这一时期贵州省生态旅游发展的总体特征如下。

---

①　为加快全省旅游业发展步伐，把旅游业培育成全省新的支柱产业，贵州省委、省政府决定，从2006年起每年举办一届贵州省旅游产业发展大会，全省所有市州轮流申请举办。贵州省旅游产业发展大会已成为贵州省整合各方资源，推动承办地在基础设施、生态环境、接待服务和旅游产业发展等方面实现提速发展的重要抓手，已成为统一贵州省旅游发展认识、改善旅游发展环境、提升旅游影响力、助推贵州省旅游业和经济社会发展的重要平台。

1）新的乡村模式——乡村生态旅游出现，将乡村农业、民俗文化、旅游业有机结合在一起。

2）生态旅游在整个贵州省范围内实践，生态旅游活动规模越来越大，生态旅游产品丰富。

3）政府开始高度重视生态旅游发展，出台相关政策、成立相关组织、举办各种活动及召开生态旅游相关会议，旨在科学地指导生态旅游发展。

4）各级政府部门注意到生态旅游与当地社区千丝万缕的联系，并努力改善生态旅游发展环境及与社区发展的关系，为社区谋福祉。

5）强调生态文明建设，以生态文明理念引领生态旅游发展。

6）生态旅游在实践过程中出现泛化现象，旅游负面影响与生态旅游理念出现较大偏差，旅游业发展以追求旅游经济目标为主，真正意义上的生态旅游尚未建立。

36.2.4 全面发展阶段（2009 年至今）

2009 年是贵州省生态旅游历史性的一年。2009 年，中国唯一以生态文明为主题的国家级、国际性高端峰会——生态文明贵阳国际论坛落户贵阳，大会首次提出"绿色经济"的概念。同年，贵州省在"2009 中国生态旅游年"中推出了包括六盘水布依民族文化生态旅游节、梵净山生态文化节等 47 项生态旅游主题活动，向中外游客呈现一个"自然、健康、安全"的生态旅游目的地。从此，贵州省生态旅游进入一个全面发展阶段。虽然生态旅游泛化现象依然存在，但泛化程度在逐渐降低，专业程度在逐步提高。

2012 年，贵州省政府高起点编制《贵州省生态旅游总体规划》，推出 3 万亿元项目库，依托发展旅游业充分带动社会就业与脱贫致富，实现了贵州省旅游业全面健康发展，旅游业发展逐步走向完善。

2013 年年初，贵州省政府颁布《贵州省 100 个旅游景区建设 2013 年工作方案》，集中力量对重点旅游景区进行建设投资，整合旅游专项资金和项目建设，推动全省旅游产业发展。

2015 年 3 月，贵州省与德国特里尔应用科技大学联合编制《贵州生态旅游发展战略规划与案例研究项目》，该项目借助新思维、新视角和新方法探索贵州旅游的特色、绿色发展之路，从而创建生态旅游的"贵州模式"。截至 2015 年年底，贵州省拥有国家级自然保护区 9 个、国家级风景名胜区 18 个、国家森林公园 25 个、国家湿地公园 36 个、国家地质公园 9 个、世界自然遗产地 3 处。

这一时期贵州省生态旅游发展的总体特征如下。

1）政府重视程度提高，扶持政策灵活多样，生态旅游规划、生态旅游建设更加规范，改变遍地开花、模式单一的现象。

2）生态旅游市场针对性越来越强，生态旅游产品的细分日趋合理，旅游地生态旅游基础设施改善。

3）开展以"生态旅游"为主题的旅游活动及制定旅游发展策略。

4）互联网对生态旅游的全面发展产生重大影响。

5）生态旅游概念被越来越多的社区居民接受，游客的生态旅游意识提高。

36.3 贵州省生态旅游发展现状

36.3.1 旅游产业经济快速增长

2002 年，《贵州旅游发展总体规划》编制完成，这部由贵州省政府与世界旅游组织、国家旅游局共同编制的新时期旅游发展规划，提出将旅游业打造成为贵州省一个主要的支柱产业。之后，贵州省旅游产业经济呈快速增长趋势。2004—2014 年，接待国内外旅游人数年均增长率为 26.21%，旅游总收入年均增长率为 29.57%（表 36.1）。2014 年，贵州省旅游景气指数增加 2.03%，上升到 107.77；全年接待游客 3.21 亿人次，同比增长 20.08%；实现旅游总收入高达 2895.98 亿元，同比增长 22.16%；旅游总收入、接待总人次在全国分别排在第 15 位和第 17 位，进入全国第二方阵，基本实现了旅游大省的阶段性发展目标[1]。

表 36.1　2004—2014 年贵州省接待国内外旅游人数、旅游总收入统计表

年份	接待国内外旅游人数/万人次	增长率/%	旅游总收入/亿元	增长率/%
2004	2480.37	34.60	167.6	43.55
2005	3127.08	26.07	251.14	49.85
2006	4747.89	51.83	387.05	54.12
2007	6262.89	31.91	512.28	32.36
2008	8190.23	30.77	653.13	27.50
2009	10439.95	27.47	805.23	23.29
2010	12913.02	23.69	1061.23	31.79
2011	17019.36	31.8	1429.48	34.7
2012	21401.18	25.75	1860.16	30.13
2013	26761.28	25.46	2370.65	27.44
2014	32100	19.95	2895.98	22.16

资料来源：贵州省统计局.《2005 贵州统计年鉴》《2009 贵州统计年鉴》《2014 贵州统计年鉴》。

36.3.2　旅游交通基础设施不断完善

2009 年，贵州省高速公路网"6 横 7 纵 8 联 4 环"①出台，预计到 2030 年，贵州省境内 3A 级以上旅游景区所在城市将全部高速公路连接成网络；截至 2015 年年底，贵州省已实现 88 个县（市、区）全部通高速公路目标，覆盖贵州省的 18 个国家级风景名胜区。贵广高速铁路于 2014 年 12 月 26 日正式通车运行；成贵（成都至贵阳）高铁已正式开工，预计 2019 年 12 月可建成通车；贵南（贵阳至南宁）高铁预计 2015 年 12 月开工建设，2021 年建成通车；长昆（长沙至昆明）客运专线 2010 年 3 月开始动工；2015 年 6 月 18 日怀化新晃至贵阳段开通；黎平机场、荔波机场、六盘水月照机场、毕节机场都投入运营；贵阳龙洞堡机场三期和遵义机场扩建工程已启动。长期以来由于交通不便而限制贵州旅游业发展的问题，目前已得到很好的解决。

36.3.3　生态旅游产业发展条件明显改善

（1）旅游区品牌建设取得明显成效

截至 2013 年年底，贵州省已建立自然保护区 121 个（国家级 9 个，省级 7 个，地市级 21 个，县级 84 个）、建成森林公园 75 个（其中，国家级 22 个，省级 32 个）、风景名胜区 72 个（国家级 18 个，省级 54 个）、国家级地质公园 9 个（省级地质公园 142 个）、世界自然遗产 3 个（赤水丹霞、荔波喀斯特、以施秉云台山为代表的"中国南方喀斯特"）、世界自然文化遗产 1 个（茂兰喀斯特森林）；2015 年，贵州省织金洞、贵州省遵义播州海龙屯分别成为世界地质公园、世界文化遗产，填补了贵州省没有世界地质公园的空白，实现贵州省在世界文化遗产方面的零突破；贵州省梵净山于 2014 年 7 月 11 日在"生态文明与旅游可持续发展"主题论坛上，入选中国十大生态旅游景区。

---

① 6 横——德江至习水、大兴至威宁、江口至都格、鲇鱼铺至胜境关、水口至江底、余庆至安龙；7 纵——松桃至从江、沿河至榕江、道真至新寨、崇溪河至罗甸、赤水至望谟、生机至兴义、威宁至板坝；8 联——绥阳至遵义、黔西至大方、扎佐至修文、天柱至黄平、都匀至织金、惠水至安顺、大山至六盘水、榕江至麻尾；4 环——贵阳环线、遵义环线、六盘水环线、安顺环线。

（2）生态示范区、示范县建设成效凸显

截至 2014 年年底，国家级生态旅游示范区 3 个、生态示范县 11 个、全国休闲农业与乡村旅游示范县 4 个、全国休闲农业与乡村旅游示范点 12 个。这些示范区、示范县的建设改善了当地的生态环境，促进了生态旅游产业的发展。

36.3.4　乡村生态旅游和森林旅游

2014 年，贵州省乡村旅游接待旅游人数达到 1.29 亿人次，同比增长 22%，乡村直接旅游收入达到 550 亿元，同比增长 25.4%，占旅游总收入的 18.9%，带动社会就业 234 万人，受益人数超过 470 万，实现了经济效益、社会效益和环境效益三者的有机统一。2014 年，贵州省森林公园全年接待游客达到 3341 万人次，直接旅游收入达到 40 亿元，较 2013 年将分别增长 32.2% 和 74.8%（表 36.2）。

表 36.2　2014 年乡村旅游与森林公园接待游客人数与旅游总收入一览表

项目	接待旅游人数/亿人次	增长率/%	直接旅游收入/亿元	增长率/%
乡村旅游	1.29	22	550	25.4
森林公园	0.3341	32.2	40	74.8

资料来源：贵州省林业厅. 贵州省森林公园简介。

贵州省旅游局. 傅迎春局长在全省旅游工作会议上的讲话. (2015-01-22)。

36.3.5　生态旅游资源多样

（1）林业资源丰富，自然景观独具特色

截至 2014 年年底，贵州省林地面积达到 880 万 hm² （1.32 亿亩），全省森林面积达到 863.22 万 hm² （1.29 亿亩），森林覆盖率达到 49%，活立木总蓄积为 4.31 亿 m³，森林蓄积为 4.01 亿 m³。喀斯特面积约占贵州省土地面积的 73%[6]，喀斯特地貌形成的奇峰、异石、山泉、飞瀑、湖泊池沼、溶洞峡谷等自然景观随处可见，它们展现着贵州高原的奇特、古朴、神秘的魅力。

（2）生态旅游气候资源最宜人

2014 年的《贵州统计年鉴》显示：贵阳市年平均气温为 15.1℃，1 月是最冷月，平均气温为 4.2℃，7 月是最热月，平均气温一般是 24℃，为典型夏凉地区。贵州省 13 个地级市所在城市在 2013 年全年中，降水量最多是都匀市，为 1454.8mm，最少的是仁怀市，为 778.7mm。贵州省年日照时数最多的是兴义市，为 1712.6h，最小的是都匀市，为 860.6h，境内各地阴天日数一般超过 150d。贵州省常年相对湿度在 70% 以上。

（3）民族文化生态旅游资源多姿多彩

贵州省共有 18 个世居民族①，少数民族人数占全省人口的 36.11%，传统节日有 1000 多个，集会地点有 1000 多个；有 36 项国家级非物质文化遗产、440 项省级非物质文化遗产、10 个生态与民俗博物馆及 71 个全国重点文物保护单位。

36.3.6　生态旅游规划体系逐步完善

2012 年，国务院颁发《国务院关于进一步促进贵州经济社会又好又快发展的若干意见》（国发〔2012〕2 号）后，全省各市州地开始陆续编制地级生态旅游发展规划，逐步形成省、地、县三级生态旅游发展规划。《贵州生态文化旅游产业发展规划》《贵州森林旅游发展专项规划》《贵州省乡村旅游发展规划》《贵阳市生态文明城市总体规划（2007—2020 年）》《安顺市西秀区生态文化旅游发展规划》等专

---

① 汉族、苗族、布依族、侗族、土家族、彝族、仡佬族、水族、白族、回族、壮族、蒙古族、畲族、瑶族、毛南族、仫佬族、满族、羌族。

项生态旅游规划的编制，为贵州省新一轮生态旅游发展指引了方向。2015 年，启动《贵州生态旅游发展战略规划与案例研究》编制项目，该项目是由贵州省与德国特里尔应用科技大学科研团队联合编制，借助新思维、新视角和新方法，探索贵州旅游的特色、绿色发展之路，从而创建生态旅游的"贵州模式"。

36.3.7　国际生态旅游合作日益加强

2009 年 6 月，与世界银行签订贵州文化自然遗产地保护和发展项目协议，并于 2014 年获得贷款，用于贵州省文化与自然遗产保护和发展项目费用。2013 年，"生态文明贵阳国际论坛"设置"携手瑞士、绿色赶超——瑞士贵州对话"系列主题活动，不断深化中国贵州省与瑞士交流合作，在生态建设上学习和借鉴瑞士的先进发展经验，努力把贵州省建设成"东方瑞士"；2014 年 6 月 9 日，"镇远国际旅游论坛年会"在镇远古城启动，搭建了贵州与国际交流合作的新平台；2015 年 3 月，贵州省正式启动《贵州生态旅游发展战略规划与案例研究项目》项目编制，将使用实例探索国际视野下的可持续旅游发展问题，推进创立生态旅游"贵州经验"，为贵州省打造生态旅游目的地提供智力支撑；2015 年 10 月 10 日，中国首届国际山地旅游大会在贵州省兴义市开幕，大会发布《国际山地旅游贵州宣言》，提出建立国际山地旅游合作平台，加强国家交流互动，保护宝贵的山地生态旅游资源。

36.4　贵州省生态旅游发展经验

36.4.1　生态文明引领生态旅游发展

生态文明是一种意识形态，是一种思想理论，对生态旅游起到主导作用。2009 年，生态文明贵阳国际论坛落户贵阳，论坛为贵州省提供了借鉴国内外生态文明建设成果和实践经验交流平台。2012 年，《贵州生态文化旅游创新区产业发展规划（2012 年—2020 年）》编制完成，为贵州省生态旅游发展指明道路和方向；2014 年，《生态文明与旅游可持续发展贵阳宣言》正式出台。2014 年，贵州省以"绿色、低碳、环保"为主题，大力宣传"文明旅游"活动。例如，贵州省引导游客摒弃陋习文明出游活动，贵州省麻江县开展"文明与旅游同行"主题宣传活动；施秉县"四强化"打造文明旅游风景线等。在"生态文明"省引领下，全省绿色经济得到发展、生态环境得到保护、生态文化得到弘扬。近年来，贵州省坚持以"生态文明理念"指引旅游业发展，将生态文明的理念、境界、遵循和路径与旅游发展有效地融合在一起，实现人与自然的和谐共处。

36.4.2　坚持走"守住发展与生态两条底线"道路

贵州省在发展生态旅游的过程中，坚持有所为、有所不为，坚持恪守"四个青山绿水"（保护青山绿水、美化青山绿水、建设青山绿水、利用青山绿水）和"五个一方"（保护一方山水、传承一方文化、造福一方百姓、促进一方经济、推动一方发展）的发展，坚持"守住发展和生态两条底线"的底线思维，千方百计保护好全省的生态环境和生态资源，最大限度地优化生产、生活、生态空间，多给生活"添绿"，多为生态"留白"，让游客真正望得见山、看得见水、记得住乡愁。

36.4.3　旅游产业发展大会平台彰显力量

为加快贵州省旅游业发展步伐，把旅游业培育成为全省新的支柱产业，贵州省委、省政府决定，从 2006 年每年举办一届贵州旅游产业发展大会。旅游产业发展大会自举办以来，极大地促进了贵州省旅游基础设施、接待服务、旅游经济和生态环境的发展，也为贵州省提供了提高旅游发展认识、改善旅游发展环境、提升旅游影响力、助推贵州省旅游业和经济社会发展的重要平台。旅游产业发展大会在带动贵州省旅游产业发展的同时推动了贵州省生态旅游产业的发展。

在历届旅游产业发展大会，贵州省委、省政府都会出台一个支持旅游产业发展大会举办地加快旅游业发展的意见。贵州省发展和改革委员会、贵州省交通厅、贵州省林业厅、贵州省文化厅、贵州省住房和城乡建设厅、贵州省扶贫开发办公室、贵州省旅游局等也配套出台支持承办地发展旅游产业的扶持意见和具体措施，从而为生态旅游的发展提供政策上的支持。历届旅游产业发展大会坚持"整合资源、加快发展"的宗旨，保持了政策的延续性；历届旅游产业发展大会主题又逐步递进、深化，倡导、引领全省的旅游产品、旅游服务体系建设和发展方式转变。

36.4.4 产业融合带动生态休闲式乡村旅游发展

贵州省是全国最早编制省级乡村旅游规划的省份。把乡村发展与旅游发展有机结合起来，大力发展生态休闲式乡村旅游，不仅可以保护乡村生态自然资源和民俗文化资源，还可以使乡村脱贫致富。

贵州省以自然生态、特色农业、民族村居、文化遗产为依托，已形成了雷山西江、平坝天龙屯堡、贵定音寨、黎平肇兴、丹寨石桥、余庆松烟、桐梓九坝等一批知名乡村旅游品牌；也形成了一批以生态景观、乡村风光为依托的城郊休闲型，以特色农作物观光、采摘为依托的农业观光休闲型，以自然气候为载体的避暑度假型，以特色资源为吸引物的乡村体验型，以民族村寨和古镇为特色的文化体验型等复合型乡村旅游产品。贵州生态休闲乡村旅游吸引越来越多的海内外游客，有力地带动了美丽乡村建设，促进了农业增效、农民增收、农村繁荣，增强了乡村自然资源、文化资源的保护力度。

36.5 贵州省生态旅游发展的不足

36.5.1 生态旅游基础设施短缺

贵州省由于地处云贵高原，海拔较高，地形崎岖，喀斯特地形显著，交通通信建设难度大、投资巨大、发展缓慢，贵州省93%的面积为山地和丘陵，铁路、公路建设成本较高。因而，许多景区交通设施短缺，给游客带来不便，易达性较差。连接全省与海外客源市场的航道不畅，省内接待游客的公路运输能力不足，尤其是乡村二级公路网络条件和养护没有得到足够的重视，崎岖而颠簸、漫长的行程使游人旅游心感疲惫，这是生态旅游发展的一个严重制约因素。

旅游地或景区、景点配套设施和基础设施不够先进、数量少、等级低或设备简陋，没有达到生态旅游对旅游地的基本要求，也无法满足旅游客源日益增长的消费需求。

36.5.2 对生态旅游认识存在误区

贵州省生态旅游开发缺少的不是资源，而是观念上的正确认识。生态旅游从提出至今虽已有30多年，但就其定义、内涵、特征、性质及发展模式等知识了解不够全面，或只是片面地理解生态旅游就是对自然资源的保护和开发，甚至有些旅游地将生态旅游与山水直接挂钩，对生态旅游错误的认识从根本上制约了贵州省生态旅游的发展进程，同时也导致贵州省自然景观和人文景观的布局、规划不协调的现象。贵州省生态旅游主要是依附在旅游业、生态文化建设、乡村旅游、观光农业等相关产业发展的，在追求经济效益的目的下，对生态旅游的误解严重破坏了经济效益与生态资源保护两者的平衡状态。

36.5.3 生态旅游实践过程中存在泛化现象

首先，部分地方政府或旅游地为了迅速扩大旅游人数、增加旅游收入、促进地方旅游业快速发展，利用"生态旅游"作为营销亮点进行大力宣传与实施，在没有深刻理解什么是生态旅游及生态旅游应该如何操作的情况下，大力发展生态旅游，造成了景区拥堵、污染严重、植被破坏、资源退化、景区动物生活受干扰等严重违背生态旅游理念的现象，或是盲目开发，出现遍地开花和重复建设的乱象。其次，生态旅游者也存在严重的泛化现象，生态旅游是具有强烈生态意识、环境保护意识、行为责任意识且区别大众旅游的旅游行为，而在贵州省生态旅游实践中，许多旅游者认为只要是去生态旅游地旅行就能成为生态旅游者。生态旅游实践过程的泛化现象严重浪费了生态旅游资源和旅游投资资金，破坏生态资源的原始性。

36.5.4　生态旅游资金投入及宣传力度不够

贵州省经济发展水平相对周边省份滞后，经济实力不够强大，因此导致资源开发利用水平不高，无力进行生态资源科学规划和普查；投入管理费用少，导致管理上存在疏忽，使很多珍贵文物资源存在人为破坏现象，大部分有开发价值的自然旅游资源没有得到很好的开发与利用。

经过多年的不断发展壮大，贵州省旅游产业在贵州省国民经济和社会发展中的地位和作用已得到认可，在国内外知名度也逐渐提高，但贵州省生态旅游的发展宣传力度仍然不够。目前，贵州省重大的旅游活动平台主要是促进旅游产业整体快速发展的，而专门针对"生态旅游"发展的知名平台很少。

36.5.5　未能实现旅游者接受环境教育的生态旅游目的

从生态旅游的角度来看，生态旅游是通过旅游者走进自然、认识自然，从而达到自觉保护自然的目的。但是，目前的生态旅游开发远未达到这样的标准。首先，贵州省的生态旅游业缺乏必要的环境教育设施。其次，贵州省的生态旅游业缺乏专业人员。生态旅游区的许多导游没有经过专业训练，不能把地质地貌的形成、动植物的分布及保护区生态系统的意义等知识讲解给旅游者，达不到让旅游者认识自然、增强环保意识的目的，更没有取得教育生态旅游者自觉保护环境的效果。

36.5.6　缺乏贯彻生态旅游吸纳当地人参加管理，保证当地居民利益的原则

目前，贵州省生态旅游开发主要依赖于自然保护区、国家森林公园、风景名胜区等资源基础。以自然保护区为例，自然保护区的建设在某种程度上限制了当地社区对资源的利用，由于我国自然保护区管理和经营合一的体制原因，当自然保护区开发利用资源时，往往会导致资源争夺，加剧自然保护区与当地社区的矛盾。社区非法利用与合理开发自然保护区资源已成为自然保护区管理的主要问题。由于目前管理体制的原因，社区还未真正参与到生态旅游发展中，当地人参与的主要形式只是停留在售卖旅游纪念品或是提供简单食宿的阶段，没有真正从当地的生态旅游中获得利益，从而加大了对生态旅游资源的开发利用和保护难度。

36.6　贵州省生态旅游发展展望

36.6.1　蓝图——构建面向未来的生态旅游产业体系

在进入生态文明建设的当下，践行生态旅游，体验多彩贵州，已成为一种时尚、一种潮流，不仅受到越来越多的人喜爱，也成为贵州省旅游业界人士共同努力的方向。贵州省正依托良好的自然生态环境和独特的人文生态系统，以旅游的方式，延伸环保的触角，致力于把生态文明的理念、境界、遵循和路径有效地融入旅游发展中，使旅游业在实现人与自然和谐共处及国家战略中发挥重要作用，用旅游发展助推生态文明建设，构建面向未来的生态旅游产业体系。

36.6.2 路径——多给生活"添绿"，多为生态"留白"

贵州省发展生态旅游具有明显的比较优势，良好的生态是贵州省的核心竞争力，也是贵州省旅游赖以生存发展的源泉。但是我们必须看到自然与人文资源、生态环境的脆弱性及不可复原性，尤其在现代商业文明的裹挟和冲击下，贵州省生态旅游必须要有"守住发展和生态两条底线"的底线思维，同时还要用生态理念构建"快旅慢游"体系，合理引导生态旅游消费。着力发挥生态环境优势产业，充分发挥旅游资源优势，把旅游业做大做强。在发展生态旅游过程中，要坚持有所为、有所不为，要用敬畏自然的心态去对待点点滴滴的旅游开发，形成旅游发展与生态文明建设的良性互动。否则，如果"底线"坚守不好，道法自然、尊重文化、记住乡愁就无从谈起，甚至于一片森林、一片田园、一池湖水、一群古村落一夜之间就可能毁于一旦。

36.6.3 未来——推动旅游发展与生态文明建设良性互动

贵州省致力于按照"生态产业化、产业生态化"的理念，以国家六部委批复的《贵州省生态文明先行示范区建设实施方案》为指导，依托生态文明贵阳国际论坛、国际山地旅游大会、贵州省旅游产业发展大会等平台，重点抓好国家生态旅游示范区、生态旅游度假区建设，集中打造 5 个 100 工程，形成以5A 级旅游区、世界自然遗产地、世界自然文化遗产地、世界地质公园、风景名胜区、自然保护区、森林公园、湿地公园和地质公园为载体，以观光、避暑、休闲、度假、康体、科研、文化体验和环境保护为内涵支撑的生态旅游发展格局，力争将贵州省建成生态旅游大省。

参 考 文 献

[1] 傅迎春. 抢抓新机遇 迎接新挑战 与时俱进推进旅游产业化[C]. 贵阳，2015 年贵州省旅游工作会议，2015.

[2] 杨胜明. 以实现"两个突破"为目标：发展旅游经济·促进脱贫致富[J]. 理论与当代，1997（Z1）：4-6.

[3] 牛然，李学东. 我国生态旅游发展的现状、问题及对策：1999 年至今国内生态旅游文献研究[J]. 首都师范大学学报：自然科学版，2008，29（2）：49-54.

[4] 徐应华，秦燕. 贵州森林公园经济效益分析与预测[J]. 四川林勘设计，2008，12（4）：47-49.

[5] 王燕，等. 贵州乡村生态旅游发展现状及对策[J]. 贵州农业科学，2013，41（6）：221-225.

[6] 宋晓虹，欧敏. 生态旅游与贵州旅游开发[J]. 贵州师范大学学报：自然科学版，2002，20（3）：44-47.

第37章 西藏生态旅游发展报告

王忠斌　西藏农牧学院，林芝

37.1 西藏自治区生态旅游业发展环境

37.1.1 自然地理环境

（1）地理位置与行政区划

西藏自治区位于中国青藏高原西南部，地处北纬 26°50′~36°53′，东经 78°25′~99°06′。北接昆仑山、唐古拉山与新疆维吾尔自治区、青海省毗邻，东隔金沙江与西藏自治区省相望，东南连接云南省，南与缅甸、印度、不丹、尼泊尔等国家毗邻，西与克什米尔地区接壤，是中国西南边陲的重要门户。西藏自治区下辖 6 个地级市（拉萨市、昌都市、日喀则市、林芝市、山南市、那曲市）、1 个地区（阿里地区）和 72 个县（区）。西藏自治区首府设在拉萨市，是西藏自治区政治、经济和文化中心[1, 2]。

（2）自然环境

西藏自治区位于我国西南部，是青藏高原的主体部分。全区面积超过 120 万 km²，自然条件独特、自然资源丰富多样，是地球上独特的一个单元。平均海拔 4000m 以上的大高原，在全球高原高山区域中占有重要的席位，被称为地球的"第三级"。西藏自治区拥有千姿百态、类型独特而壮观的地貌，边缘高山分布、峡谷深切，内部山脉高耸，湖盆星罗棋布。受高原地貌影响，动植物区系差异显著，同时受季风气候和大陆气候的影响，形成了藏南极高山、高山河谷盆地区、藏东高山峡谷区及藏北高原湖盆区[3]。

37.1.2 社会经济环境

西藏自治区是以藏族为主体的少数民族自治区，2014 年年末，全区总人口数为 317.55 万。全区总人口 80%以上在农牧区，城镇化水平较低。农牧业是西藏自治区的主要产业，现有耕地总面积 22.99 万 hm²。西藏自治区是我国五大草原牧区之一，天然草地面积居全国之首。改革开放和中央第三次西藏工作座谈会以来，在中央的亲切关怀和 17 个对口支援省市、15 个国有大企业的大力支援下，西藏自治区的国民生产总值从 1965 年的 3.27 亿元增长到 2014 年的 920.83 亿元。全年接待国内外旅游者 1553.14 万人次，比上年增长 20.3%。其中，接待国内旅游者 1528.70 万人次，增长 20.5%；接待入境旅游者 24.44 万人次，增长 9.5%。旅游总收入 204.00 亿元，增长 23.5%；旅游外汇收入 14469 万美元，增长 13.2%[4]。

37.1.3 历史文化环境

藏族是中华民族大家庭中的一员，在辽阔的青藏高原上繁衍生息，几万年前，青藏高原地带就有了古人类活动。据史书记载，从吐蕃第一代赞普开始，西藏历经 42 代藏王的传承与发展，对以后社会、政治、经济和文化的发展都起到了巨大的作用。悠久的民族历史、独具特色的民俗文化与神秘的藏传佛教彰显了西藏光辉灿烂的文化[5]。

37.2 西藏自治区生态旅游业背景与现状

在世界许多国家和地区，生态旅游正以超乎寻常的速度发展。生态旅游这种有别于传统大众旅游，将旅游活动与生态保护、环保教育、文化体验和区域发展密切结合的旅游形态，已经成为 21 世纪国际旅游发展的主流。

37.2.1 西藏自治区生态旅游发展背景

1992 年起，尤其是 1994 年中央第三次西藏工作会议后，全国各地加大了对西藏自治区支援力度，加强了各项基础设施建设的投入，改善了西藏自治区旅游业的可进入性。1990—2002 年，西藏自治区旅游业规模增长较快，旅游人数年增长率达 29.6%，营业收入增长率为 28.7%。统计资料表明，自 1996 年以来，中央政府仅在西藏自治区生态建设项目方面的投资就达 3.68 亿元，同时，天然林资源保护和退耕还林还草等一大批生态工程的实施，有效地改善了西藏自治区的生态环境。在第四次西藏工作座谈会上，朱镕基同志特别强调指出："必须高度重视和切实加快发展西藏旅游产业。"习近平总书记在庆祝西藏和平解放 60 周年大会上进一步提出西藏继续建设世界旅游目的地的指示要求，并提出把发展旅游提升到一个新高度。建设"重要的世界旅游目的地"是治边、稳藏、治国方略中的一个关键环节。

37.2.2 西藏自治区生态旅游经济现状

通过 20 多年的探索与实践，西藏自治区形成了以世界自然遗产、世界人与生物圈保护区网络成员、风景名胜区、森林公园、自然保护区和地质公园等生态旅游项目为主要载体，以森林观光、避暑、度假、野生动植物观赏、生态考察、科学研究和教育培训、环境保护等为主要内容的生态旅游活动，呈现出较好的发展态势。生态旅游的内涵不断丰富，景区面积不断扩大，基础设施和配套设施显著改善，可进入性显著提高，生态环境保护措施有力，产生了良好的环境效益、经济效益和社会效益[5]。

37.3 西藏自治区生态旅游资源状况

辽阔的西藏自治区江山壮丽，景色独特。高山雪峰绵延千里、耸立云霄，湖泊星罗棋布，峡谷深邃陡峭，草原茫茫千里。南缘山地森林苍郁，高寒荒寂的藏北更是野生动物的天堂。西藏自治区自然条件独特、自然资源丰富、人文历史底蕴深厚，处处散发着神秘的气息，人文景观品位极高。

37.3.1 西藏生态旅游资源类型

根据自然景观和生态系统特征，按照《旅游资源分类、调查与评价》（GB/T 18972—2003），西藏自治区生态旅游资源可以分为生物景观、地文景观、水域风光、气象气候景观、遗址遗迹、建筑与设施及其他生态旅游资源等类型，其中生物景观、地文景观、水域风光生态旅游资源优势突出。

（1）生物景观

西藏自治区植被类型多样，生物资源极为丰富。高等植物有 5000 多种，占高等植物总种数的 1/6，其中木本植物 1700 多种，木本植物中裸子植物就有近 50 种[6]。西藏自治区还有 1000 余种具有珍贵药用价值的植物，其种数占全国野生药用植物的 2/3。西藏的动物种类据目前资料看，脊椎动物有 648 种，其中鸟类有 473 种 98 个亚种。西藏自治区共建立各类自然保护区 47 个，其中，国家级自然保护区有 9

个、自治区级自然保护区有 14 个、地县级自然保护区有 24 个。125 种国家重点保护野生动物、39 种国家重点保护野生植物在已建的自然保护区中得到较好的保护。西藏自治区建立了 22 个生态功能保护区（国家级 1 个）、8 个国家森林公园、3 个国家湿地公园、4 个地质公园（国家级 2 个）、3 个国家级风景名胜区。生物景观生态旅游资源是开展大自然探密、森林浴、野生动植物科考、科普教育、生态观光、休闲度假、疗养等生态旅游活动的重要资源载体。西藏自治区是我国传统的五大牧区之一[7]，有天然草地 12.31 亿亩，草原风光和民族风情长期融合，是开展草原观光、草原风情体验等生态旅游活动的理想场所。

（2）地文景观

地文景观生态旅游资源主要有山景、峡谷、洞穴、沉积构造和灾害地质景观等，此类资源适宜开展观光、登山、徒步、探险、地质地貌科考等生态旅游活动。西藏自治区内高山险峰数以百计，名山众多。其中，"世界之巅"珠穆朗玛峰、"神山之首"冈仁波齐、"中国最美山峰"南迦巴瓦等已经开展了观光、登山、徒步、探险、科考等生态旅游活动，还有众多山地具有开发潜力。

（3）水域风光

西藏自治区内江河纵横，水系密布，流域面积大于 $10000km^2$ 的河流有 20 余条，大于 $2000km^2$ 的河流在 100 条以上。西藏自治区不仅是中国最大的天然湖泊密集区、中国湖泊分布最多的省区，也是世界上湖面最高、范围最大、数量最多的高原湖区。西藏湖泊之多之美恰似"大珠小珠落玉盘"。1500 多个大小不一、景致各异的湖泊错落地镶嵌于群山莽原之间，面积达 $24566km^2$，约占中国湖泊总面积 30%，其中面积超过 $1km^2$ 的湖泊有 787 个，是开展观光、科学考察等生态旅游活动的适宜目的地。在西藏自治区东部、西南部及东南、东北山区各地寂静的山涧中，绒扎瀑布群、秋古都龙瀑布群、藏布巴东瀑布群、帕隆藏布瀑布群是西藏自治区最值得称道的瀑布，是雅鲁藏布江干流上 4 个巨大的瀑布群。西藏自治区的地热蕴藏量居中国首位。已知地热显示点有 630 多处，地热显示类型达 20 余种，几乎县县有地热显示，数量之大居中国各省区之首。西藏自治区的冰川面积约为 2.74 万 km^2，占全国冰川总面积的 46.7%，主要分布地域：一是藏东南即念青唐古拉山东南段纳木措湖周围，著名的有南迦巴瓦雪峰和加拉白垒雪峰，有西藏境内最长的恰青冰川；二是喜马拉雅山脉东段的羊卓雍措附近区域、横断山脉的贡嘎山周围，并以海洋性冰川为主；三是珠穆朗玛峰周围地区有名的为绒布冰川，这一带以冰塔林著称。

（4）气象气候景观

西藏自治区的气象气候景观主要包括光现象、天气与气候现象。西藏自治区气候类型多样，地域差异大，垂直分异明显，气候的空间分异造就了景象万千的气象气候景观。

（5）遗址遗迹

西藏自治区名胜古迹众多。目前，全区有各级文物保护单位 251 处，其中，国家级重点文物保护单位 27 处，自治区级重点文物保护单位 55 处，地（市）、县级文物保护单位 169 处。茶马古道、卡若遗址、曲贡遗迹、宗山抗英遗址、古象雄遗址等地适宜开发观光、科考、教育等旅游活动。

（6）建筑与设施

古建筑是西藏自治区旅游资源中数量较多的一个类型，主要包括寺庙、王宫、宗堡、庄园、林卡等类型。布达拉宫、罗布林卡、大昭寺、雍布拉康、扎什伦布寺、帕拉庄园等是开展旅游体验的理想场所。

（7）其他生态旅游资源

西藏自治区众多城市的郊区及乡镇周边地区分布着许多生态环境优美、田园风光独特的农业生态旅游资源。农业生态旅游以农村自然风光、花卉、果木、苗圃、园林等特色农业及近便的区位条件吸引城市居民前来观光、休闲和娱乐。这些旅游资源对城市居民具有较强的吸引力，拥有广泛的客源市场，可以满足当地城市居民周末休闲度假的需求。西藏自治区历史悠久，是文化资源大省，有丰富多样的人文生态旅游资源，独特的饮食、居住、服饰、民俗艺术文化，加之与自然环境长期融合成为一体的原生性地域特色文化，如珞巴文化、僜人文化、夏尔巴人文化等，以及众多历史沉淀深厚的文物古迹，为生态旅游资源赋予了丰富的文化内涵。这些人文生态旅游资源对旅游者具有强烈的吸引力。

37.3.2 西藏生态旅游资源分区

生态旅游资源与其他资源一样，其分布格局有鲜明的地域特点。旅游资源区划是认识旅游地理环境的基础。旅游资源要素区划有利于反映旅游资源的区域特性，便于旅游资源的合理开发。

《西藏自治区旅游发展总体规划（2005—2020 年）》将西藏生态旅游资源划分为 7 大区域：①横断山旅游资源区；②喜马拉雅东端念青唐古拉旅游资源区；③中东喜马拉雅旅游资源区；④西喜马拉雅旅游资源区；⑤藏东北旅游资源区；⑥藏南一江两河旅游资源区；⑦羌塘高原旅游资源区。

（1）横断山旅游资源区

本区有"三江峡谷"、康巴民俗风情、宗教寺庙、雪山和森林旅游资源，位于念青唐古拉山—伯舒拉岭东，北与青海省、东与四川省、南与云南省为邻，西至丁青、比如一带。拥有怒江、澜沧江、金沙江流经该区，芒康盐井、强巴林寺、卡若遗址、梅里雪山等一批极品级生态旅游资源。

（2）喜马拉雅东端念青唐古拉旅游资源区

本区包括念青唐古拉山—伯舒拉岭以西，南面，西起米拉山口、加查、朗县交界处，东至西巴霞曲东，南抵国境线，本区是雅鲁藏布江大拐弯下游峡谷区，山高谷深、峡谷纵切、起伏极大。自然旅游资源品位更高，受印度洋暖湿气流影响，加之雅鲁藏布大峡谷水汽通道作用，这里雨水充沛，自然景观类型多样，发育着西藏最好的自然植被，是我国原始林区面积最大的区域。本区有雅鲁藏布大峡谷、南伽巴瓦峰、恰青冰川、然乌措、巴松措、色季拉国家森林公园、易贡国家地质公园、慈巴沟国家级自然保护区、烈山古墓、工布民俗风情等一大批精品旅游资源。

（3）中东喜马拉雅旅游资源区

本区属于山中段和东段的主体部分，平均海拔在 4000m 以上，山脉中段海拔最高，分布着珠穆朗玛峰等 5 座 8000m 以上的高峰，羊卓雍措、珠穆朗玛峰、卓奥友峰、马卡鲁峰、洛子峰、希夏邦马峰等世界级山地旅游资源，是登山、科考、户外爱好者的天堂圣地。

（4）西喜马拉雅旅游资源区

本区东起玛旁雍措，西至国界，北起阿伊拉日居（冈仁波齐峰主脊），南抵喜马拉雅山。本区分布有玛旁雍措、冈仁波齐、扎达土林、古格遗址、孔雀河、古象雄遗址等世界级生态旅游资源。

（5）藏东北旅游资源区

本区地处念青唐古拉东段以南侧，念青唐古拉山以北，东界与丁青、比如之东与横断山旅游区为邻，西界为安多、那区之西怒江水系与羌塘内流湖泊水系之间的内外流水系分界线。本区有唐古拉山口、青藏铁路景观带、骷髅墙、孜珠寺、那曲赛马节、藏东北草原风光等精品旅游资源。

（6）藏南一江两河旅游资源区

本区行政区划主要包括拉萨市、山南市、日喀则市大部分区域，这里自古以来就是高原藏民族繁衍生息的主要聚居地，是西藏民族文明的诞生地，又是西藏现代藏民族政治、经济、文化中心，也是西藏旅游业最为发达的中心地带。本区拥有高原河谷景观、传统建筑和人文活动、宗教寺庙等旅游资源，包括布达拉宫、大昭寺、小昭寺、罗布林卡、桑耶斯、扎什伦布寺、萨迦寺、雅砻河谷风景名胜区等一批富含藏族文化特点的精品旅游资源。

（7）羌塘高原旅游资源区

本区有高原湖泊、野生动物、雪山草原等最具高原特色景观的旅游资源，地处阿伊拉日居—冈底斯—念青唐古拉以北，昆仑山脉以南，东起安多、那区之西怒江水系与羌塘内流湖泊水系之间的内外流水系分界线，西至国境线。该区拥有羌塘国家级自然保护区、纳木措自然保护区等典型高原景观的精品资源。未来规划重点建设樟木、吉隆、亚东、普兰和日屋 5 个面向南亚的陆路边境口岸城镇，具有发展边贸旅游的优势。因此，西藏边境地区是西藏自治区旅游业的另一个集中分布区。

37.4　西藏自治区生态旅游定位与发展战略

37.4.1　指导思想

以西藏自治区政府"663"发展思路为指导，坚持"高端、特色、精品"的总体思路，着力推进国际旅游精品建设，着力推进旅游与文化、新型城镇化、农牧业、藏医药、民族手工业等产业的融合发展，着力加强国际化旅游公共服务体系，着力深化旅游综合改革，做大做强做精特色旅游业，做深、做细、做透旅游全产业链，努力把西藏建设成为具有显著世界影响力、全国辐射力、区域带动力的重要世界旅游目的地和生态环境优良、文化魅力独特、社会文明和谐的世界知名的特色旅游大区。

37.4.2　总体定位

以"高端、特色、精品"为总体思路，以"世界屋脊·神奇西藏"为主题形象，借鉴世界著名旅游目的地发展经验，加快推进国际化旅游精品、国际化旅游公共服务、国际化旅游品牌营销等方面的建设，力争把西藏自治区建设成为世界高原生态旅游创新区、世界藏文化体验中心、南亚国际旅游合作实验区和世界著名特种旅游目的地。

37.4.3　发展战略

（1）高端引领

进一步解放思想、创新思路，瞄准京津冀地区、长江三角洲地区、珠江三角洲地区和四川省、重庆市、云南省等国内中高端客源市场，以及欧美等国际客源市场，不以追求游客数量为目的，而以游客消费质量为目标，走内涵式的提质增效之路。围绕做大做强做精西藏旅游业，以全球视野、高标准、高起点创新打造世界级旅游品牌，突出高端、精品和定制旅游，不断提高全区旅游产业布局的聚合度。

（2）国际品质

西藏自治区以旅游资源的原生性、世界性、唯一性和时代性为基础，对照重要的世界旅游目的地建设目标，以世界高度和国际理念打造具有世界影响力的旅游目的地。

（3）促进旅游与文化、生态的全面融合

西藏自治区为全面促进旅游与文化、生态的融合应做到：积极推进旅游与新型城镇化，旅游与藏文化产业，旅游与农牧业、藏医药、民族手工业和体育等产业的深度融合；积极推进藏文化创意旅游产业基地、农牧业休闲度假基地、藏医药健康养生基地、民族手工艺创意产业园等项目建设；创新高原生态科考游、高原特种旅游（自驾、徒步、探险、登山、摄影等）、高原农牧休闲游、藏文化旅游演艺、藏医药健康养生游、特色民族工艺品、直升机观光旅游以及国际旅游小镇、藏族民俗村镇等新产品新业态，丰富旅游消费内容。

（4）开放合作

依托国道、高速公路、铁路、机场等旅游交通设施的建设完善，西藏自治区全面推进京津冀地区、长江三角洲地区、珠江三角洲地区等中高端旅游客源市场的开拓，吸引大型旅游投资企业和专业旅游人才；积极推进西藏自治区与青海省、新疆、四川省、云南省等旅游大省建立跨区域旅游合作关系，共建跨区域旅游协作区，实现资源共享、客源互流和品牌共享。

37.4.4 发展目标

（1）产业目标

截至 2020 年，西藏自治区区接待游客达到 2500 万人次，年均增长 10%以上，旅游总收入突破 500 亿元，旅游产业成为西藏自治区国民经济和社会发展的主导性支柱产业。对外开放水平进一步扩大，高端特色旅游精品建设取得显著成效。旅游公共服务设施、旅游经营管理和服务水平与国际通行的旅游服务标准全面接轨，实现由旅游资源大区向旅游资源强区的跨越，初步建成重要的世界旅游目的地。

（2）生态目标

着力推进建立生态安全长效补偿机制，试点探索国家公园管理体制，建立重点景区旅游承载量预警系统，推动西藏自治区生态资源的保护、合理利用，尤其对大江大河源头区，重要的湖泊、湿地、河谷区及生物多样性等优势资源加强保护[8]。

（3）文化目标

弘扬社会主义先进文化，深入挖掘西藏自治区历史文化、宗教文化、藏族文化、藏医药文化、特色民族手工艺等特色资源，积极申报世界文化遗产、国家非物质文化遗产等，探索文化与旅游融合发展新路子，促进藏文化的传承发展，努力把西藏自治区建设成为中国面向世界的重要文化交流平台。

（4）社会目标

截至 2020 年年末，旅游支撑作用大幅提高，旅游经济就业人数达到 50 万人。旅游业成为增加农牧民收入，实现接近全国平均水平的最佳途径和最大保障。旅游业在建设新型城镇化、促进民族团结、维护边疆稳定等方面的作用进一步凸显，成为促进西藏自治区社会和谐发展的重要力量。

37.5 西藏自治区生态旅游空间布局与发展特征

在统筹考虑城镇规划、交通规划、产业规划、旅游规划及相关上位规划基础上，构建出"2567"旅游空间布局，即 2 大旅游中心、5 个重要节点城市、6 条旅游环线、7 大旅游片区。

37.5.1 2 大旅游中心

（1）拉萨国际旅游中心

以拉萨国际旅游城市建设为契机，积极推进国际旅游集散服务中心、城市旅游公共服务设施、藏文化创意休闲旅游项目、特色主题休闲街区等项目的建设，积极创建拉萨文化旅游经济改革试验区，形成全区旅游服务中心枢纽，建设西藏自治区旅游核心与国际化旅游目的地。

（2）林芝生态旅游中心

以林芝市八一镇为核心，以林芝机场为主要交通集散枢纽，积极推进游客集散服务中心建设，全面推进藏东南文化建筑风貌改造、民俗文化体验休闲街区、特色餐饮美食休闲街区、藏东南民俗文化创意展览中心等项目的招商引资和创新建设，积极创建林芝生态文明建设实验区，将八一镇建设成为西藏自治区全域旅游集散服务中心和重要的旅游窗口。

37.5.2 5 个重要节点城市

统筹考虑西藏自治区全域旅游生产力布局，结合西藏自治区新型旅游城镇化建设，重点推进日喀则市（日喀则地区）、昌都市（昌都地区）、乃东区（山南地区）3 个重要旅游节点城市建设；中远期有序推进那曲市（那曲地区）、噶尔县（阿里地区）2 个重要旅游节点城市建设。

37.5.3　6 条旅游环线

以拉萨市为西藏自治区内的集散中心，依托铁路、国道和支线机场，整合沿线重要景区、节点县市、旅游村镇等资源，重点打造西藏自治区 6 条旅游精品环线（东环线、西环线、南环线、北环线、东大环线和西大环线），带动沿线地区旅游经济发展。

37.5.4　7 大旅游片区

（1）圣地文化体验旅游区

全面树立"世界文化遗产城市旅游"理念，深化遗产旅游内涵[9]，扩展拉萨遗产旅游空间，推动城郊旅游、冬季旅游和夜间旅游，构筑全年旅游和全天候旅游新格局。

（2）珠峰生态文化旅游区

以国家历史文化名城日喀则市为中心，发挥扎什伦布寺、珠穆朗玛峰等世界级旅游吸引物及边境区位的优势和潜力，逐步建设成西藏自治区历史文化与珠穆朗玛峰生态旅游重要目的地和联通南亚的门户旅游区。

（3）藏东南生态旅游区

以林芝机场为支撑，以林芝世界生态旅游区（生态旅游中心）建设为契机，积极推进高原森林生态精品观光项目、鲁朗国际旅游小镇、藏族民俗文化村镇、国际旅游景观廊道和高原生态休闲度假项目的建设，创新森林度假、精品观光、民俗体验、专项旅游等旅游业态，建设世界级生态旅游目的地。

（4）藏源文化体验旅游区

继续发挥雅砻河谷国家级风景名胜区及与拉萨、贡嘎机场距离近的优势与潜力，围绕"藏民族和藏文化发祥地"的主题，建立健全具有地方特色的行、游、住、食、购、娱和信息、安全、救援等旅游配套体系，大力发展藏文化休闲体验游。

（5）藏东康巴文化旅游区

以唐蕃古道、茶马古道为文化主线，积极推进国家文化遗产廊道、国际生态旅游廊道建设，联动四川省、云南省共建大香格里拉旅游区。依托壮美自然环境、古盐田、藏医药、温泉资源，开展高原生态养生之旅；依托底蕴丰厚的康巴文化、多元宗教文化开展民俗体验、宗教朝觐之旅；联动拉萨及周边四川省、云南省、青海省，积极发展生态科考游及自驾车旅游。

（6）藏北野生动物与生态观光旅游区

本区有高原游牧风情、象雄文化、羌塘可可西里野生动物园等高原特色旅游资源，以那曲镇为中心，以青藏铁路、青藏公路和 317 国道为发展轴，内联拉萨，外通青海，大力发展野生动物观赏游、藏家牧区观光体验游、羌塘高原草原休闲观光游及自驾车旅游，建设成为青藏线上的旅游明珠地区，支撑西藏自治区旅游率先实现跨越式发展的重要基地。

（7）神山圣湖朝觐与探险旅游区

本区呈现神山圣湖、古格遗址和土林奇观等西藏独有的全球性旅游吸引物资源，抓住阿里机场、西藏东西旅游发展轴规划建设的战略机遇，以狮泉河镇为中心，积极推动普兰口岸建设，联动区内中国的拉萨市、日喀则市、新疆维吾尔自治区，以及印度、尼泊尔等邻国，全面推进南亚朝觐祈福旅游市场开拓，大力发展文化观光游、宗教朝圣游、科考探险游、边境口岸游和自驾车旅游，打造成为世界闻名的历史宗教文化、生态旅游和特种旅游目的地。

37.6 西藏自治区生态旅游项目建设

西藏自治区围绕建设"重要的世界旅游目的地"的战略目标，以世界顶级自然生态和藏文化资源富集地为吸引，以"高端、特色、精品"为总体架构，打造具有独特性、差异性的世界级旅游产品和具有生活型、体验性的地域特色旅游产品。

37.6.1 旅游产品体系

西藏自治区以世界顶级自然生态和藏文化特色旅游资源为核心依托，统筹考虑西藏自治区的文化产业、高原农牧业、藏医药产业、民族手工业及新型城镇化建设等多方面要素，深度对接世界旅游发展趋势和国内国际旅游需求状况，以"高端、特色、精品"为总体开发方向，为建设重要世界旅游目的地提供坚实的内容支撑。

（1）优化提升雪域精品观光旅游产品

西藏自治区依托珠穆朗玛峰、雅鲁藏布大峡谷、神山圣湖（冈仁波齐峰、玛旁雍措）、纳木措、巴松措、尼洋河、羊卓雍措、念青唐古拉山、羌塘草原、鲁朗林海、可可西里然乌湖等精品高原山水旅游资源，积极开发高山冰川观光、森林峡谷观光、草原生态观光、湖泊湿地观光、珍稀野生动植物观光等旅游产品，打响地球之巅游、世界第一峡谷游、神山圣湖游、天人奇观游和羌塘高原湖泊游 5 个世界级观光旅游品牌。

（2）深入推进宗教文化体验旅游产品

西藏自治区深入研究藏传佛教、本教、天主教、伊斯兰教等宗教文化旅游资源，瞄准宗教信徒、宗教专业研究人士、普通信众等旅游客源市场，深入推进宗教朝觐、祈福许愿、高端养生等旅游产品的开发，全面提升宗教建筑（寺院、佛塔等），如布达拉宫、大昭寺、扎什伦寺、哲蚌寺、色拉寺、桑耶寺等宗教文化场所旅游产品，打响雪域圣城游的世界级旅游品牌。

西藏自治区积极推进宗教绘画艺术（如唐卡、壁画、传统吉祥图案、经书插画）、宗教音乐舞蹈（如跳神舞羌姆等）和宗教雕塑等旅游文化体验、旅游纪念品等产品的开发。

（3）丰富升级民俗风情与历史文化旅游产品

西藏自治区充分利用民族村镇、民族文化，以及世界级、国家级非物质文化遗产，重点推进藏族、门巴族、珞巴族、纳西族和僜族、夏尔巴族等少数民族文化的旅游开发，积极开发民族村镇观光、民族文化演艺、民族生活体验、民族美食餐饮、民族音乐舞蹈、民族节庆活动、民间《格萨尔王》说唱等旅游产品。深入挖掘雅砻文化、象雄文化、茶马古道、唐蕃古道等历史文化旅游资源，拉孜古城、扎达古格、芒康古盐井等文化遗址遗迹旅游资源和山南烈士陵园、拉萨市红色旅游系列景区（中央人民政府驻藏代表楼旧址、拉萨烈士陵园、青藏铁路拉萨站）、日喀则市江孜县宗山抗英遗址三大全国红色旅游经典景区，鼓励发展昌都烈士陵园、那曲烈士陵园、勒布—扎日红色旅游区等红色旅游资源，积极推进系列文化创意产业基地、爱国主义教育基地和国家文化旅游廊道等项目的建设开发。

（4）大力推进自驾旅游与低空飞行旅游产品

西藏自治区依托 318 国道、317 国道、219 国道、109 国道、214 国道、207 省道、204 省道、拉林高等级公路、通县油路及通用航空机场的规划建设，以东环线、东大环线、西环线、西大环线、南环线、北环线 6 条旅游精品环线和茶马古道、唐蕃古道两条国际文化廊道为主要抓手，全面推进沿线旅游交通引导标志系统、旅游驿站（以加油站、加水站为依托）、旅游厕所、汽车旅馆、旅游安全救援中心等旅游配套设施的建设，面向中高端客源市场大力发展高原自驾旅游产品。

西藏自治区与四川省合作，大力推进 318 国道中国最美景观大道建设；积极推进西藏自治区通用航空机场建设（低空飞行基地），创新培育直升机观光高端旅游产品。

（5）全域推进高原农牧业与乡村旅游产品

西藏自治区依托青稞、高原油菜、马铃薯、优质绒山羊、牦牛、藏系绵羊、藏猪、藏鸡及藏药材等高原特色农畜产品和虫草、红景天等优势农业资源，积极推进花卉观光基地、大地田园艺术、农业庄园、特色乡村美食、土特产品等旅游产品的开发。用旅游景观的概念看待乡村，重点开发一批参与性强、地方特色浓郁、服务设施配套、卫生环境良好的藏家乐、家庭旅馆、民俗旅游村镇等一系列旅游产品。

（6）创新培育特色休闲度假旅游产品

西藏自治区逐步完善林芝市、昌都市、山南市综合交通运输能力和基础设施，稳步发展林芝森林生态度假、昌都养生休闲度假、山南宗教休闲度假等产品，协调发展拉萨市、林芝市、日喀则市的温泉休闲度假产品。依托拉萨市、林芝市的旅游城市建设，有序发展会议型、城郊型、乡村型、藏医药养生型等多类型休闲度假项目，适度开发旅游地产，推动这些地区建设成为全国重要的会议与奖励旅游基地。

37.6.2　旅游精品线路规划

西藏自治区对接京津冀地区、长江三角洲地区、珠江三角洲地区、四川省、重庆市、云南省等和欧美等中高端客源市场需求，依托飞机、铁路、国道、高等级公路和通县油路的交通换乘接驳，结合交通线路的布置，串联沿线主要景区（点）、旅游村镇、农牧业基地等，打造 6 条交通串联型游线。

近期（2015—2020 年）重点推进东环线、西环线、南环线和北环线建设；中远期（2021—2030 年）积极推进东大环线、西大环线建设。

37.6.3　旅游项目建设规划

以建设重要世界旅游目的地为战略目标，以"高端、特色、精品"为总体架构，统筹考虑"2567"全域旅游空间布局、旅游产品体系、旅游精品线路等内容，以"生产力""吸引力""竞争力"为项目建设和申报筛选原则，构建由"5 个国家公园、11 个引擎项目（3 大高端+4 大特色+4 大精品）、若干重点项目"组成的西藏自治区旅游项目库体系，作为西藏自治区建设重要世界旅游目的地规划（2015—2030 年）的落地实施抓手。

西藏自治区依托区内一流景观和旅游价值较高的自然保护区，衔接区内已建、在建和规划建设的项目，借鉴美国黄石国家公园等国际经验，建设 4 大自然生态型国家公园（珠穆朗玛国家公园、雅鲁藏布江国家公园、纳木措国家公园、神山圣湖国家公园）和 1 大历史文化型国家公园（含布达拉宫、大昭寺、八角街、罗布林等），探索符合西藏区情的国家公园体系建设新路径，树立国家公园新典范，积极推动与四川省、云南省共建大香格里拉国家公园。

西藏自治区紧紧围绕"高端、特色、精品"的总体思路，近期以 11 个引擎项目（3 大高端+4 大特色+4 大精品）为抓手，推进墨脱高端生态休闲度假区、西藏直升机观光旅游基地、山南藏医药康体养生基地 3 大高端旅游项目建设；推进中国西藏文化旅游创意园、扎西德勒旅游商品购物中心、芒康生态文化休闲旅游区、江孜古城旅游区，综合提升 4 大特色旅游项目建设；推进羊卓雍措国家 5A 级旅游景区、尼洋河—巴松措生态度假区、扎达古格探秘休闲旅游区、中尼国际旅游合作实验区 4 大精品旅游项目建设。

参 考 文 献

[1] 张泽梅，郑洲. 西藏发展生态旅游的对策研究[J]. 经济体制改革，2009，10（4）：181-184.

[2] 北京清华规划设计研究院. 西藏自治区旅游发展战略规划研究（2005—2020 年）[M]. 北京：清华大学出版社，2008.

[3] 杨浪涛. 西藏旅游完全手册：成都[M]. 成都：四川人民出版社，2001.

[4] 曹凤英. 西藏行知书：广东[M]. 广州：广东旅游出版社，2004.

[5] 加央旦培，杨改河．西藏自然保护区生态旅游 SWOT 分析与开发对策[J]．西北林学院学报，2011，26（2）：225-231.

[6] 李文毅，罗怀斌．西藏林芝的生态旅游资源及特色[J]．中南林业调查规划，2005，24（1）：43-46.

[7] 王忠斌，杨小林，赵佩燕．西藏墨脱县森林生态旅游业发展现状与对策[J]．西藏科技，2013，12（8）：55-58.

[8] 杨桂华，等．生态旅游[M]．北京：高等教育出版社，2001.

[9] 张建萍．生态旅游理论与实践[M]．北京：中国旅游出版社，2003.

第38章 重庆生态旅游发展报告

张雅文　秦方鹏　文传浩　重庆工商大学长江上游经济研究中心，重庆

38.1 重庆市生态旅游发展概况

38.1.1 重庆市经济发展概况

重庆市位于中国内陆西南部、长江上游地区，面积为 8.24 万 km^2，辖 38 个区县（自治县）。作为中国中西部唯一的直辖市、国家重要中心城市、长江上游地区经济中心、国家重要的现代制造业基地、西南地区综合交通枢纽和全国统筹城乡综合配套改革试验区，直辖以来，重庆经济社会发展取得显著成就。2016 年重庆市全年实现地区生产总值 17558.76 亿元，比上年增长 10.7%。其中，第一产业增加值为 1303.24 亿元，增长 4.6%；第二产业增加值为 7755.16 亿元，增长 11.3%；第三产业增加值为 8500.36 亿元，增长 11.0%[1]。

现如今，重庆市已建成"二环八射"高速公路网和"一枢纽五干线"铁路网，基本实现"4 小时重庆""8 小时周边"；形成了电子信息、汽车、装备制造、综合化工等千亿元级产业集群，农业农村和金融、商贸物流、服务外包等现代服务业快速发展；国际贸易迅速发展，两路寸滩保税港区、西永综合保税区、团结村铁路口岸成为内陆重要口岸，以长江黄金水道、渝新欧国际铁路联运大通道等为支撑的"一江两翼三洋"大通道骨架基本形成；民生不断改善，教育、医疗、文化、社会保障等各项事业全面进步，生态环境建设持续加强。

38.1.2 重庆市旅游发展概况

自 1997 年直辖后，重庆市的国内地位和国际知名度得到提升，重庆市的旅游业迅速发展。1997 年，全市旅游接待游客 0.19 亿人次，旅游总收入 73.45 亿元，旅游外汇收入 10548 万美元[2]。据 2016 年重庆市旅游业统计公报，2016 年重庆市接待境内外游客达到 4.51 亿人次，实现旅游总收入 2645.21 亿元；接待入境游客 316.58 万人次，实现旅游外汇收入 16.87 亿美元[3]。

截至 2016 年年末，重庆市共有旅行社 558 家，其中出境游旅行社 84 家（含赴台社 9 家），一般旅行社 474 家；拥有旅游星级饭店 225 家，其中五星级 28 家，四星级 54 家，三星级 117 家，共有绿色旅游饭店 61 家；拥有国家 A 级旅游景区 214 个，其中 5A 级景区 7 个，4A 级景区 76 个[3]。

2016 年，全市旅游行业紧紧围绕"把旅游业培育成为我市综合性战略支柱产业和加快建设国际知名旅游目的地"的目标定位，主动适应经济发展新常态，全力推进旅游业改革发展、转型升级，取得了良好成效，实现了"十三五"旅游发展的良好开局[3]。

38.2 重庆市生态旅游发展现状

38.2.1 生态旅游资源丰富多样

首先，重庆市有得天独厚的自然生态旅游资源。重庆市属中亚热带湿润季风气候区，气候温和，四季分明，雨量充沛，植物资源种类繁多，有野生维管植物 6000 多种，其中有珍稀濒危及国家重点保护野生植物 85 种，国家一级保护植物有桫椤、水杉、秃杉、银杉、珙桐等，二级保护植物有银杏、鹅掌楸、金佛山兰等。重庆市有 5234 种野生动物资源，其中有金丝猴、梅花鹿、华南虎等 11 种国家一级保护动物；林麝、毛冠鹿、金猫、小熊猫等 47 种国家二级保护动物[4]。

森林是最具多样性的生态系统，重庆市现有金佛山、小三峡、仙女山、歌乐山等 25 个国家森林公园，占地面积 133936.82hm²，占全市面积的 1.6%。1979 年 4 月，重庆市政府根据《中华人民共和国森林法》（试行）批准成立了第一个自然保护区——缙云山自然保护区。截至 2016 年，重庆市共有 7 个国家级自然保护区。

其次，重庆市有引人入胜的生态文化旅游资源。重庆市是以汉族为主体，土家族、苗族、回族等民族组成的多民族地区，形成了各具特色的民族风情。

其中土家族是重庆的重要少数民族之一，主要聚居在酉阳、石柱、黔江、秀山、彭水等区县，传统文化积淀浓厚，土家村落、建筑风格等都是别具一格的生态文化旅游资源。

重庆市是我国的历史文化名城，历史渊源流长，文物积淀非常深厚，形成了独特的巴渝文化。历代的劳动者留下了大量具有历史价值、艺术价值和科学价值的文物。现今，重庆市有世界文化遗产 3 处——大足石刻、武隆喀斯特、金佛山喀斯特；全国重点文物保护单位 55 处——钓鱼城遗址、白鹤梁题刻等；全国历史文化名镇 18 处——合川涞滩镇、石柱西沱镇等。

38.2.2 生态旅游格局基本形成

区域旅游产业发展的基本模式可以有两种选择：一是目的地型发展模式；二是通道型发展模式[5]。在生态旅游孕育阶段及诞生阶段，由于存在不可避免的基本矛盾，重庆市生态旅游发展只能选择通道型发展模式，核心功能定位为观光型旅游胜地，一方面，培养旅游城市的集聚功能和扩散功能，另一方面，培育旅游产业的发展机制和成长优势，打造旅游产业价值链。在生态旅游的发展阶段和深化阶段，就需要适时地转型升级，因为通道型发展模式是一种低收益的开发模式，这种开发模式与重庆市丰富的生态旅游资源极不相称。

经过多年的实践与探索，重庆市生态旅游已初步建立起以长江三峡黄金旅游线、四面山—金佛山生态旅游区、仙女山—芙蓉洞观光休闲旅游区、渝东南民俗旅游区和山水都市旅游圈等为核心的目的地的生态旅游发展格局。其中，长江三峡，乌江画廊，南川金佛山，武隆天生三硚、仙女山等生态旅游产品在国内国际市场中都具有一定的影响力。

38.2.3 生态旅游模式逐步转变

目前，重庆市生态旅游模式主要有观光欣赏型、民俗文化型、休闲度假型 3 种。观光欣赏型生态旅游主要以现代都市风貌、著名景区景点，以及传统自然、人文景观（如长江三峡）等为主要内容；民俗文化型生态旅游是以少数民族聚居地为载体，特色民俗民风、传统节庆为主要内容，集观光、娱乐、体验等活动于一体的综合性生态旅游模式；休闲度假型生态旅游主要去往高品位的自然景观（如国家森林公园）、原始生态区、农家乐等地，以棋牌、体育、垂钓等休闲娱乐活动为基础，辅助一些乡村疗养、品茶、钓鱼、动物饲养、植物养殖等特色的休闲旅游活动。

从客流份额及趋势分析，2016 年重庆都市圈层旅游接待人数 20582.92 万人次、旅游收入 1257.07 亿元，分别占据重庆市总数的 45.7%、47.5%，客流占全市客流份额最高。2016 年长江三峡旅游金三角接待人数 2836.05 万人次、旅游收入 177.82 亿元，是渝东北区域旅游客流主要去向。渝东南接待人数 6822.69 万人次，旅游收入 443.41 亿元，分别占据重庆市总数的 15.1%、16.8%，总体基数较小，但增长速度仅次于渝东北区域，接待人数和旅游收入同比增长分别达到 19.9%、20.1%[3]。这些数据可以说明，尽管都市观光游、三峡观光游仍占比较大，但渝东南等具有民俗特色的生态旅游类型正在不断崛起，重庆市旅游逐渐从走马观花类型向具有内涵的生态、民俗旅游类型发展，正在逐步实现旅游发展模式的转变。

38.3　重庆市生态旅游发展评价

38.3.1　生态旅游发展的成功经验

（1）结合城市营销，挖掘城市生态文化内涵

重庆市独特的地理环境，使城市依山而建，城是一座山，山是一座城，城在山中，山在城中，因而得名"山城"。以这样独特的城市文化为依托，创新发展城市营销理念，形成强势的旅游品牌，是重庆市生态旅游业得以发展的一大成功经验。在城市营销策略中，旅游者的心理感受是着眼点，通过品牌的塑造，在游客心中形成了一个鲜明的形象，"山城""美女""火锅""小香港"是属于重庆市的专属名片。

为此，2011 年重庆市提出了重庆市旅游的宣传口号——"重庆，非去不可"，并在中央电视台推出了"非去不可"的系列宣传片。在宣传片中呈现了巫山大小三峡、奉节天坑地缝、大足县大足石刻、武隆天生三硚、涪陵白鹤梁、合川钓鱼城重庆 6 大旅游精品景区。"非去不可"的城市营销策略，以鲜明的形象定位及有效的传播途径，优化、提升重庆市的软硬环境及相关服务，发掘和创新重庆市的独特吸引力，进而树立正面和良好的形象，提升重庆市的综合竞争力，成为吸引旅游者前往重庆市旅游的重要的要素之一。

2011 年，重庆市旅游业各项指标均创历史新高，增幅稳居全国前列。全市共接待海内外旅游者 2.22 亿人次，比上年增长 37.3%，旅游总收入 1268.62 亿元，比上年增长 38.22%。其中，接待入境旅游者 186.4 万人次，旅游外汇收入 9.68 亿美元，分别比上年增长 36.04% 和 37.66%；接待国内旅游者 2.2 亿人次，国内旅游收入 1202.76 亿元，分别比上年增长 37.31% 和 38.51%[5]。

（2）积极捆绑申遗，打造世界生态旅游胜地

2007 年，云南石林、贵州荔波、重庆武隆组成第一期的"中国南方喀斯特"，最终在第 31 届世界遗产大会上顺利通过了评审，成为中国第 34 项载入《世界遗产名录》的项目，同时也是我国首个跨省的捆绑型世界遗产项目。2014 年，重庆金佛山、贵州施秉和广西桂林、环江组成的第二期"中国南方喀斯特"作为原有"中国南方喀斯特"项目的扩展和补充，在第 38 届世界遗产大会上被列入《世界自然遗产名录》。

在两次申遗中，重庆市都榜上有名，这有赖于重庆市政府对旅游业发展的高度重视。捆绑申遗与单个申遗相比，竞争力更大，获批难度相对降低。这种方式实则是转换眼光审视旅游资源，深入研究并发现资源的共性，同时也凸显了每个个体的资源特征。在申遗成功后，各个项目所涉及的地区可以集中力量打造统一品牌，统一制定宣传策略，进行保护性开发，相互监督经营行为，共同保护生态环境和资源。

自 2014 年 6 月金佛山申遗成功后，第一个月旅游量达到 18953 人，同比增长 172%，旅游收入实现 631 万元，同比增长 178%[6]。一年多以来，金佛山在景区质量、景区管理等方面发生了翻天覆地的变

化。景区道路、游览指示等景区配套设施逐步完善，还筹办了金佛山国际旅游文化节、2015 中国健身名山登山赛等活动。通过强化景区管理，2015 年 2 月，金佛山景区被中央精神文明建设指导委员会评为"全国文明风景旅游区"。

（3）政府积极引导，拓展生态旅游产业链

以重庆市武隆旅游发展历程为例，早在 1993 年，在武隆的财政收入只有 3800 万元的情况下，武隆政府敏感地意识到，武隆发展的春天即将来临，专门邀请中国洞穴学会会长朱学稳等一批专家进行旅游规划，投入 850 万元开发芙蓉洞，将生态旅游作为武隆今后旅游发展的主题，启动了生态旅游的开发项目。

自此以后，历届武隆县（区）委、县（区）政府始终把旅游产业作为主导产业和富民产业，锲而不舍地抓生态旅游品牌打造工作。2006 年，武隆县政府与张艺谋艺术创作团队签订《合作打造"印象·武隆"大型山水实景演出项目意向书》。2007 年，武隆在财政收入只有 2.72 亿元的情况下，出资 1 亿元组建重庆市武隆喀斯特旅游投资有限公司。同年，在第 31 届世界遗产大会上，"重庆·武隆喀斯特"作为"中国南方喀斯特"世界自然遗产项目的组成部分，在世界遗产大会审议中获得全票通过，成功列入《世界遗产名录》，成为当时全国第六处、重庆唯一一处的世界自然遗产。成功申报世界遗产后，当年游客就达到了 164.26 万人次，实现旅游收入 7.69 亿元，同比分别增长 25.85%和 29.03%[7]。

此外，武隆生态旅游的发展也离不开政府对旅游市场的有效监督和规范。政府在治安体系、旅游消费环境、标准化服务等方面投入大量人力财力，并以统筹规划和分类指导为原则来指导政府主导的开发行为，制定了一系列政策规章，使生态旅游发展的运行机制能够真正融入激烈的市场，从而获得可持续的发展动力。

38.3.2 生态旅游发展存在的问题

（1）行政体制扁平化，区域旅游合作受制约

1997 年 6 月 18 日，重庆市举行直辖市挂牌揭幕仪式，成为继北京、天津、上海之后的第 4 个直辖市，也是最年轻的直辖市。自重庆市成为直辖市以来，减少行政层级、提高行政效能被列为行政体制改革的主要任务。到 2007 年，撤销了万县市、涪陵市和黔江地区 3 个地市级机构和 107 个区公所，行政管理层次减少为"市—区县—乡镇"三级，实现了行政管理的"扁平化"。

"扁平化"的行政模式促进了重庆市整体经济的发展，但是旅游业具有综合性、关联性和较强的外部性等特征，这就要求发展旅游业必须重视区域旅游协调和业态的合作。由于行政区划经济的制约，旅游一体化进程中跨行政区的利益冲突问题一直没有得到有效解决，成为影响一体化深入发展的根本性障碍，缺乏整体旅游规划，区域内部发展不平衡、旅游合作缺乏利益补偿机制等问题也逐渐暴露。

以三峡库区为例，库区所涉及的各区县政府由于目标与利益不一致而出现认识与行动上的不一致，在旅游资源开发、建设及其他旅游设施配备等方面并没有把长江三峡作为区域旅游发展整体，而是各自为政，画地为牢，重复建设，甚至出现割据格局。旅游资源管理政出多门，政府部门和权益相互交织，错综复杂，加上联合整体促销机制未能建立，在对外促销方面，各打各的牌，有时为了争夺客源，甚至不惜互相贬低对方景点，诸如此类的现象不仅不能给重庆市生态旅游发展带来益处，反而制约了规模经济和品牌效应的形成。

（2）产业结构不合理，区域主导产业不科学

主导产业是现代经济增长的驱动轮，如果区域主导产业选择不科学，就难以实现经济的跨越式发展、资源的有效配置，也难以缩小各地区之间的发展差距。

以渝东南为例，渝东南地区拥有众多国家级自然保护区（如桃花源、芙蓉江风景区、小南海风景区等）、国家级森林公园（如仙女山国家森林公园、金银山国家森林公园、黄水国家森林公园和黔江森林公园等）、国家地质公园（如后坪箐口天坑群、天生三硚和芙蓉洞等），优美的自然风光使其具有发展绿

色生态旅游业的独特优势。然而数据显示，2006 年，渝东南第三产业占地区生产总值的 40%，到 2013 年，第三产业占地区生产总值的比重不升反降，下降到 36%，年均下降了 0.5 个百分点。2013 年第一、二、三产业构成比例分别为 15.7%、48.3%、36.0%，与全国平均水平相比，渝东南地区第三产业占比低 10.1 个百分点[8]。

分析渝东南当前的产业结构，可以看出：第二产业是发展最快的产业，是该地区的主导产业；第三产业处于比较劣势地位，发展相对缓慢，服务第一、二产业的能力急需提高。从工业部门内部分类角度看，渝东南地区依然以高污染、高耗能、低产出工业门类为主，高附加值和高科技工业部门占比很小。渝东南工业的快速发展给地区自然生态环境带来巨大压力，资源短缺现象日渐严重。这样的发展模式显然不具有可持续性，区域主导产业的选择不太合理，产业结构有待转型调整，第三产业巨大的发展潜力有待挖掘。

（3）生态承载压力大，区域资源环境遭破坏

在我国生态旅游的发展进程中，生态保护教育的普遍缺失与滞后，使大多数旅游主体缺乏环境保护意识，从而造成了生态资源和环境的严重破坏，可持续发展的生态旅游面临严峻挑战。

生态旅游是一个成本低、收益高、回报快的产业，这促使许多地方纷纷把生态旅游业确定为地方新的经济增长点和新兴优势产业，"森林公园""生态旅游区""生态度假村"如雨后春笋般出现，相关旅游路线猛增，景区接待人数连年创造新高。但不少地方在开发生态旅游资源之前，没有进行深入的调查研究和全面的科学论证，往往是盲目投入、仓促上马，结果造成景区运营后出现了游人稀少，收不抵支，难以维持正常经营的情况。更为严重的是，有些景区为了追求经济效益，无视景区有限的承载能力和接待能力，在特定的节假日期间接纳了过量游客，对景区的生态环境造成了灾难性的破坏。

近年来，重庆市的旅游业有了长足发展，但是与此同时，在生态环境上也付出了沉重的代价。重庆市生态旅游发展过程中，旅游容量估计不足，有效控制和调节不够等问题较为突出，导致生态环境承载压力过大。旅游者产生的生活废水、排泄物和旅游活动中产生的垃圾，未经处理或处理不当对水资源造成破坏；踩踏植被，以及由此引起的土壤有机质、矿物质流失；旅游道路、食宿设施、游乐设施的建设导致旅游地局部植被破坏、土壤结构变化，甚至引发山体滑坡、塌方、危岩崩落等地质性灾害。

38.4　重庆市生态旅游发展趋势展望

38.4.1　经济新常态为生态旅游注入新理念

2014 年 12 月，中央经济工作会议指出，"认识新常态，适应新常态，引领新常态，是当前和今后一个时期我国经济发展的大逻辑"。在新常态渐趋流行的语境下，秉持"尊重自然、顺应自然、保护自然"的理念，倡导"万物平等、和谐共生"价值观的生态文明建设必将成为环境治理领域的新常态。随着"保护环境就是发展生产力"新经济观、生态平等新价值观和"绿水青山就是金山银山"新资源观等观念的重新确立，"绿色、循环、低碳"的可持续发展、"万物和谐、互动共生"的包容性发展成为引领中国未来发展的新常态。

社会步入新常态的发展阶段，旅游不再是一味地满足旅游企业、旅游者等旅游活动主体的需要，而是在坚持尊重自然当头、保护环境优先原则下，满足游客"亲近自然、回归自然"的心理需求。人们渴望返璞归真，到静谧、幽美、洁净与开阔的大自然中去感悟、领略、认识、欣赏、接触原汁原味自然景观。旅游者不是片面追求经济效益，而是追求经济效益、生态效益和社会效益的综合性提高，进而赋予生态旅游以尊重，以顺应自然和采借地域文化知识为价值取向，最大限度地减少对生态环境的负面影响，确保旅游资源的永续利用的深刻内涵。而重庆市由于复杂的地形地貌形成了幽、奇、险、秀的特色

景观，丰富的生态旅游资源对于旅游者有着巨大的吸引力。因此，重庆市生态旅游的发展市场广阔。

38.4.2 多重战略机遇为生态旅游聚合"新动力"

国家"一带一路"倡议和长江经济带战略赋予了重庆市开放开发新的战略机遇和历史使命，贯彻落实国家"一带一路"倡议和建设长江经济带是重庆市大发展的战略新机遇和新使命，有利于重庆市加快实施5大功能区域发展战略，强化枢纽功能，充分发挥西部地区重要增长极、长江上游地区经济中心作用；有利于重庆市加快内陆开放高地建设，提升向东向西对内对外开放水平，充分发挥西部开发开放战略支撑作用。未来，重庆市成为西部中心城市，经济、社会、科技等各方面都快速发展，吸引着更多的人将目光投向重庆市，势必会带动生态旅游业良好发展，重庆市各区县的各类生态旅游景点也将迎来新的机遇。

重庆市在积极贯彻落实国家"一带一路"倡议和建设长江经济带的过程中，有"3大目标，5个原则，6项任务"，重点之一就是"构筑长江上游生态安全屏障"，实施"碧水、蓝天、田园、宁静、绿地"5大行动，确保三峡库区水质总体保持稳定，促进产业发展生态化、生态经济产业化，生态环境质量持续改善，生态系统稳定性显著增强，生态安全得到有效保障，生态旅游发展前景广阔。

38.4.3 "5大功能区"为生态旅游探索"新路径"

重庆市将划分为都市功能核心区、都市功能拓展区、城市发展新区、渝东北生态涵养发展区、渝东南生态保护发展区5个功能区域。随着5大功能区发展战略的深入推进，全市生产力布局和产业结构的不断优化，重庆市经济和生态环境持续、协调、健康的发展。重庆市"5大功能区"旅游资源丰富，特色鲜明，互补性较强。壮丽的自然山水风光，奇特的山城都市风貌、深厚的历史文化积淀、浓郁的民族民俗风情，为旅游业发展提供了得天独厚的资源优势。接下来，"5大功能区"战略将发挥出更大优势，其中，都市功能核心区大力发展开放型现代服务业，都市功能拓展区着力发展高端制造业，城市发展新区拉开工业化主战场，渝东南、渝东北两地区，坚持走生态发展之路，根据自身资源禀赋和市场需求，加快发展旅游经济、特色效益农业、旅游服务业。

"5大功能区"各区域加强对旅游景区（点）及相关设施的建设，以突出山城特色为重点，以"都市旅游、三峡旅游、民俗旅游、生态旅游、宗教旅游"为核心，将重庆市"5大功能区域"旅游主体功能科学定位，加快体育赛事、节庆旅游、会展旅游、温泉旅游、养生旅游等专项旅游产品的开发，从而满足当代旅游对参与性、娱乐性、休闲性的需求。

参 考 文 献

[1] 重庆市统计局.2016 年重庆市国民经济和社会发展统计公报[EB/OL].(2017-03-30).http://www.ha.stats.gov.cn/sitesources/hntj/page_pc/tjfw/tjgb/gjhgsgb/article5c690ef7a2aa4ed98f9c86cbcb590580.html.

[2] 重庆市统计局, 国家统计局重庆调查总队. 重庆统计年鉴 1997[M]. 北京：中国统计出版社，1998.

[3] 重庆市统计局.2016 年重庆市旅游业统计公报[EB/OL].(2017-03-15).http://www.cqta.gov.cn/zwgk/tzgg/system/2017/03/15/000006279.html.

[4] 重庆市环境保护局. 2014 年重庆市环境状况公报[EB/OL].(2017-05-27)[2016-02-16]. http://www.cq.gov.cn/publicinfo/web/views/Show!detail.action?sid=3994951.

[5] 重庆市旅游发展委员会办公室. 2011 年重庆市旅游业统计公报[EB/OL]. (2012-10-03)[2016-02-16]. https://wenku.baidu.com/view/0408ce0a4a7302768f993903.html.

[6] 重庆市旅游局. 2014 年重庆接待游客 3.5 亿人次 旅游收入超 2000 亿[EB/OL].(2014-12-25)[2016-02-16]. http://www.classic023.com/newsview-2055827.html, 2014.

[7] 黄雨恬. 政府主导下的重庆武隆旅游开发研究：以"印象·武隆"为例[D]. 重庆：西南大学，2014.

[8] 越镇成. 三次产业视角下渝东南地区就业结构的变动研究[D]. 重庆：重庆师范大学，2011.

第 39 章 宁夏生态旅游发展报告

马潇源　宁夏大学农学院，银川

39.1 宁夏回族自治区生态旅游发展回顾

39.1.1 宁夏回族自治区自然生态环境

宁夏回族自治区深居内陆，位于北纬 35°14′～39°23′，东经 104°17′～107°39′，在祖国的版图上处在黄河东流往北拐弯的位置。南北长 456km，东西宽 50～250km。全区总面积 6.64 万 km^2，东邻陕西省，西部、北部与内蒙古自治区相接，南部与甘肃省相连。

宁夏回族自治区地处我国地质地貌"南北中轴"的北段，在华北台地、阿拉善台地与祁连山褶皱之间。西、北、东三方有腾格里沙漠、乌兰布和沙漠和毛乌素沙漠，南面与黄土高原相连。地形南北狭长，地势南高北低，西部高差较大，东部起伏较缓。

宁夏回族自治区的地貌南北迥异，从南向北表现出由流水地貌向风蚀地貌过渡的特征，境内有较为高峻的山地和广泛分布的丘陵大地。构造复杂，高原与山地迭起，盆地参差错落，其中，丘陵占 38%，平原占 26.8%，山地占 15.8%，台地占 17.6%，沙漠占 1.8% [1]。按地表特征，可分为南部暖温带平原地带、中部中温带半荒漠地带和北部中温带荒漠地带。从地貌类型看，可分为黄土高原、鄂尔多斯台地、洪积冲积平原和六盘山、罗山、贺兰山南北中三段山地。

六盘山自南端往北延，与月亮山、南华山、西华山等断续相连，将黄土高原分隔为二。东侧和南面为陕北黄土高原与丘陵，西侧和南侧为陇中山地与黄土丘陵；中部和北部以干旱剥蚀、风蚀地貌为主，是内蒙古高原的一部分。中部山地、山间与平原交错。卫宁北山、牛首山、罗山、青龙山等扶持山间平原，错落屹立。北部地貌呈明显的东西分异。黄河出青铜峡后，塑造了美丽富饶的银川平原。银川平原西侧，贺兰山拔地而起，直指苍穹；东侧鄂尔多斯台地高出银川平原百余米，是宁夏向东的灵盐台地。

宁夏回族自治区地处祖国地貌转折过渡地带，其较为特殊的地质构造将宁夏旅游的基本要素赫然放大。特殊的地理位置、迥异的地貌形态、南北降水的悬殊和气候的差异共同构成了宁夏回族自治区千姿百态、神奇与神秘的自然风光。宁夏回族自治区地质地貌景色丰富，自然风光的各种要素齐全并富有特色，堪称地球自然风光的博物馆，是国内外地质或地貌学者必到的考察研究地区之一，也是热衷自然风貌的旅游者必游之地。

39.1.2 宁夏回族自治区生态旅游资源

宁夏回族自治区的旅游资源可分为 7 大类（表 39.1），31 种景观，占自然旅游资源分类的 78%，包括从全新世至前寒武纪地层剖面、全球闻名的地震断层和遗迹、第四纪冰川地貌、连绵起伏的沙丘、色彩鲜艳的丹霞地貌、历史悠久的黄河峡谷、风格各异的山地风光。这里虽地处西北干旱地带，但河流、湖泊、泉水随处可见，风景宜人的森林公园、沙水相连的自然保护区、平坦舒展的草原、种类多样的珍稀动物，特别是反映西北干旱、半干旱气候特征的风蚀、风积景观及草原景观分布甚广，特色鲜明。丰富的自然旅游资源，可供来自世界各地的生态旅游者选择。

表 39.1　宁夏回族自治区旅游资源类型

基本类型	全国/个	宁夏回族自治/个	宁夏回族自治区占全国比例/%	单体数/个	占单体总数/%
地文景观类	16	6	37.5	9	4.86
水文景观类	7	3	42.9	6	3.42
生物景观类	7	4	57.15	24	13.0
历史遗产类	21	16	76.2	62	33.5
现代人文类	21	16	76.2	64	34.6
抽象人文类	7	2	28.6	6	3.24
旅游服务类	7	5	71.4	13	7.02

宁夏回族自治区的各类地貌类型齐全且地形反差大，对比强烈却又相携而生，和睦共处。黄河左邻腾格里、右伴毛乌素；贺兰山西抵阿拉善、东护银川平原，是我国东西部的地质分界线；牛首山—罗山西邻中卫—中宁盆地，东接鄂尔多斯高原，不仅平分了宁夏回族自治区东西，而且作为青藏高原东北最外缘的一条断裂带，分隔了青藏高原东北缘和鄂尔多斯地块两大构造单元；六盘山、南华山等南部山脉定格了宁夏回族自治区南部地区的地貌格局，使宁夏回族自治区南北在地形、气候、降水、民俗风情等方面截然不同。黄河与大漠、沙丘与湖泊，漫漫黄沙与青青草原，这些特征迥异的自然景象共生共存，勾画出旷达而温婉，舒展中静谧的意境，也成为开发生态旅游的重要资源（表 39.2）。

表 39.2　宁夏回族自治区生态旅游资源名录

主类	亚类	基本类型	资源名称	资源所在地
A 地文景观	AA 综合自然旅游地	AAA 山丘型旅游地	灯盏山	彭阳县
			六盘山	泾源县
			牛首山	青铜峡市
			八卦山	盐池县
			南华山	海原县
			香山	沙坡头区
			天都山（西华山）	海原县
			滚钟口	西夏区
			苏峪口	西夏区
		AAB 谷地型旅游地	黄河谷地	沙坡头区
		AAC 沙砾石地型旅游地	沙坡头	沙坡头区
			黄沙古渡	贺兰县
		AAD 滩地型旅游地	黄河湿地湖	沙坡头区
			香山湖	沙坡头区
	AB 沉积与构造	ABA 断层景观	海原断裂带	海原县
		ABB 褶曲景观	月亮山	西吉县
		ABC 节理景观	五峰山	彭阳县
		ABG 生物化石点	石嘴山古树化石	大武口区
			小渠子沟古树化石	惠农区

续表

主类	亚类	基本类型	资源名称	资源所在地
A 地文景观	AB 沉积与构造	ABG 生物化石点	西河桥古生物化石	惠农区
			中宁石峡沟泥盆系地质剖面保护区	中宁县
		ACB 独峰	火石寨刀背岭	西吉县
		ACC 峰丛	寺口风景区	沙坡头区
		ACE 奇特与象形山石	火象山	隆德县
			寺口子	沙坡头区
		ACG 峡谷	胭脂峡	泾源县
			香水峡	泾源县
			朝那湫渊	彭阳县
			青铜峡大峡谷	青铜峡市
			十里长峡	青铜峡市
			左记沟	盐池县
			韭菜沟	大武口区
			归德沟	大武口区
			兵沟	平罗县
			黑山峡	沙坡头区
		ACH 沟壑地	黄土沟壑	
		ACI 丹霞	火石寨丹霞地貌	西吉县
			寺口子	沙坡头区
		ACM 沙丘地	沙坡头	沙坡头区
		ACN 岸滩	南长滩	沙坡头区
			北长滩	沙坡头区
		ADB 泥石流堆积	三关口	泾源县
		ADC 地震遗迹	震湖地震遗址	西吉县
			党家岔堰塞湖	西吉县
			海原地震地质公园	海原县
			中宁古地震遗迹	中宁县
B 水域风光	BA 河段	BAA 观光游憩河段	石嘴子	惠农区
			清水河	沙坡头区
			长流水	沙坡头区
			茹河	彭阳县
			黄河古渡	贺兰县
			泾源野荷谷	泾源县
			金沙湾旅游区	青铜峡市
			艾依河	金凤区
	BB 天然湖泊与池沼	BBA 观光游憩湖区	古城湾旅游区	利通区
			中营堡湖	利通区
			庙山湖	青铜峡市
			寺尔滩湖	盐池县
			哈巴湖	盐池县
			星海湖	大武口区

主类	亚类	基本类型	资源名称	资源所在地
B 水域风光	BB 天然湖泊与池沼	BBA 观光游憩湖区	三湖风景区	大武口区
			沙湖	平罗县
			腾格里湖	沙坡头区
			香山湖	沙坡头区
			鸣翠湖	兴庆区
			阅海公园	金凤区
			海宝公园	兴庆区
			盐湖	原州区
		BBB 沼泽与湿地	黄河公园	利通区与青铜峡的交界处
			西湖公园	灵武市
			鸣翠湖	兴庆区
			阅海	金凤区
			宝湖	兴庆区
			星海湖国家湿地公园	大武口区
		BBC 潭池	老龙潭	泾源县
	BC 瀑布	BCA 悬瀑	茹河瀑布	彭阳县
			泉眼山瀑布	中宁县
	BD 泉	BDA 冷泉	鸭儿洞泉	海原县
			滚泉	中宁县
		BDB 地热与温泉	楼房沟温泉	泾源县
C 生物景观	CA 树木	CAA 林地	火石寨森林公园	西吉县
			花马寺国家森林公园	盐池县
			大武口森林公园	石嘴山市
			银川森林公园	金凤区
			苏峪口国家森林公园	贺兰县
			六盘山国家森林公园	隆德县
		CAB 丛树	盐池沙地旱生灌木园	盐池县
			银河红柳林景区	惠农区
			挂马林海	彭阳县
		CAC 独树	四合木保护区	惠农区
	CB 草原与草地	CBA 草地	云雾山草原	原州区
			罗山自然保护区	同心县
			马兰花大草原	平罗县
			灵武白芨滩国家级自然保护区	灵武市
		CBB 疏林草地	云雾山草原自然保护区	原州区
	CC 花卉地	CCA 草场花卉地	通湖草原	沙坡头区
			苏峪口公园	贺兰县
		CCB 林间花卉地	金沙岛	沙坡头区
	CD 野生动物栖息地	CDA 水生动物栖息地	沙湖	平罗县
		CDB 陆地动物栖息地	六盘山动物栖息地	泾源县
			贺兰山动物栖息地	西夏区
			罗山自然保护区	同心县
		CDC 鸟类栖息地	六盘山鸟类栖息地	泾源县

续表

主类	亚类	基本类型	资源名称	资源所在地
C 生物景观	CD 野生动物栖息地	CDC 鸟类栖息地	鸵鸟山庄	利通区
			青铜峡鸟岛	青铜峡市
		CDE 蝶类栖息地	白芨滩自然保护区	灵武市
D 天象与气候景观	DA 光现象	DAA 日月星辰观察地	黄河落日	沙坡头区
			腾格里沙漠观星	沙坡头区
	DB 天气与气候现象	DBA 云雾多发区	六盘山云海	隆德县
			云雾山	原州区
		DBB 避暑气候地	泾河园避暑山庄	泾源县

39.2 宁夏回族自治区生态旅游发展现状

39.2.1 宁夏回族自治区生态旅游资源开发现状

生态旅游的资源载体是发展生态旅游的重要物质基础，宁夏回族自治区生态旅游资源丰富，经过近年来对于生态资源的有效开发，形成了以自然保护区、森林公园、地质公园、湿地公园和水利风景区为主的生态旅游开发主体。目前，宁夏回族自治区已开发的生态旅游资源中，国家级自然保护区 7 个、区级自然保护区 3 个；国家级森林公园 3 个、区级森林公园 3 个；国家级地质公园 1 个；国家级湿地公园12 个；国家级水利风景区 7 个（表 39.3）。

表 39.3 宁夏回族自治区生态旅游发展的主要资源载体

类型	国家级	区级
自然保护区	贺兰山自然保护区、哈巴湖自然保护区、沙坡头自然保护区、罗山自然保护区、灵武白芨滩自然保护区、六盘山自然保护区、云雾山自然保护区	青铜峡库区湿地自然保护区、西吉火石寨自然保护区、石峡沟泥盆系剖面自然保护区
森林公园	六盘山国家森林公园、苏峪口国家森林公园、花马寺国家森林公园	火石寨森林公园、大武口森林公园、银川森林公园
地质公园	西吉火石寨国家地质公园	—
湿地公园	银川国家湿地公园（分阅海、鸣翠湖两个园区）、黄沙古渡国家湿地公园、鹤泉湖国家湿地公园、石嘴山星海湖国家湿地公园、镇朔湖国家湿地公园、简泉湖国家湿地公园、吴忠黄河国家湿地公园、太阳山温泉国家湿地公园、青铜峡库区国家湿地公园、固原清水河国家湿地公园、中宁天湖国家湿地公园，平罗天河湾黄河国家湿地公园	—
水利风景区	青铜峡唐徕风景区、沙坡头水利风景区、银州市艾依河水利风景区、石嘴山市星海湖水利风景区、灵武市鸭子荡水利风景区、石嘴山市沙湖水利风景区、中卫市腾格里湿地水利风景区	—

截至 2016 年年底，宁夏回族自治区共有 A 级旅游景区 57 家（表 39.4）。其中，5A 级景区 4 家，4A 级景区 15 家，3A 级景区 23 家，2A 级景区 15 家。尽管一些生态旅游景区兼有多种资源特色、出现在不同性质的资源载体中，但是这些资源清单也足以说明宁夏回族自治区自然生态旅游资源丰富多样。

表 39.4 宁夏回族自治区与生态旅游相关的 A 级景区

景区级别	景区名称
5A	沙湖旅游区、港中旅（宁夏）沙坡头旅游区、镇北堡西部影城、水洞沟旅游区
4A	宁夏贺兰山国家森林公园、六盘山旅游区、固原博物馆、西夏陵、中华回乡文化园、贺兰山岩画、黄沙古渡原生态旅游区、鸣翠湖国家湿地公园、须弥山旅游区、青铜峡黄河大峡谷·中华黄河坛旅游区、黄河横城旅游度假区、火石寨景区、腾格里沙漠湿地·金沙岛旅游区、银川黄河军事文化博览园、宁夏张裕摩塞尔十五世酒庄

续表

景区级别	景区名称
3A	平罗玉皇阁、中卫高庙、中卫寺口子风景旅游区、盐池革命烈士纪念园、阅海国家湿地公园、玉泉营葡萄庄园、哈巴湖生态旅游区、北武当生态旅游区、中国枸杞馆、森淼生态旅游区、宁夏园艺产业园、巴格斯酒庄、同心红军西征纪念园、青铜峡黄河生态园、灵武长流水旅游区、西夏风情园旅游区、宁夏志辉源石旅游区、吴忠博物馆、宁夏移民博物馆、老龙潭景区、范家峡森林公园、宁夏腾格里·金沙海旅游度假区、大河之舞·黄河宫
2A	海宝塔寺、贺兰山滚钟口、兵沟旅游区、灵武高庙、国务院直属口五七干校博物馆、银川市红玛瑙枸杞观光园、银川塞上江南枸杞观光园、宁夏伊利乳业工业旅游点、石嘴山石文化博物馆、宁夏长湖清真产业园、平罗县庙庙湖生态旅游区、平罗县塞上江南文化旅游产业园、海原天都山西夏皇家石窟、海原九彩坪拱北旅游区、灵武大海子沙漠生态旅游区
A	——

39.2.2 宁夏回族自治区生态旅游资源发展历程

生态旅游是以有特色的生态环境为主要景观的旅游，以可持续发展为理念，以保护生态环境为前提，以统筹人与自然和谐发展为准则，并依托良好的自然生态环境和独特的人文生态系统，采取生态友好方式开展的生态体验、生态教育、生态认知并获得心身愉悦的旅游方式。

宁夏回族自治区地处中国东西方向的中北部，位于沙漠与黄土高原、沙漠与河流绿洲的过渡地带，高山与平原的过渡带，干旱与半干旱气候过渡带，塞外与关内的过渡带。高山与平原、盆地相间，沙漠与绿洲共存，各民族齐聚、各类历史文化共同发源成长。宁夏回族自治区无论是在地理位置、自然环境方面，还是在人文风情、历史文化方面，都别具一格，无论是从南到北，还是从东到西，地球上各类自然环境、各种自然风光在这里都有所体现，而且界限分明，特征明显。正因为如此丰富而多样的生态旅游资源，才成就了宁夏回族自治区较为多样的生态旅游类型。

（1）以自然为主的宁夏回族自治区保护地生态旅游发展

宁夏回族自治区已开发的以自然为主的生态旅游，主要集中在湿地、沙漠、山地3大类资源上，且成为有别于中国其他省区的独特生态旅游。

1）对于宁夏回族自治区而言，丰富多样的湿地资源，使其成为西北地区独具特色的生态旅游目的地，这里的湿地资源涵盖了湖泊湿地、河流湿地两大类。其中，河流湿地占全区湿地面积的40.7%，永久性河流主要分布在宁夏平原，季节性或间歇性河流主要分布在固原、银川南部地区，大部分源头为黄土高原与六盘山山系，均属于黄河水系，主要由清水河、苦水河、红柳沟、葫芦河、泾河构成。洪泛平原湿地主要是黄河洪水泛滥期间淹没的河流两岸地势平坦地区，包括河滩、泛滥的河谷及季节性泛滥的草地。湖泊湿地占全区湿地面积的57.4%。永久性和季节性咸水湖面积极小，仅占湖泊湿地面积的3.9%，主要分布在毛乌素沙地的盐池、灵武一带[2]。目前这些数量众多的湿地，已经开发成为生态旅游区的有沙湖旅游区、沙坡头旅游区，以及12个国家湿地公园和7处水利风景区，这些景区绝大部分已开展生态旅游接待工作，并承担有湿地生态环境保护的重要功能。其中，沙湖、银川国家湿地公园等已成为重要的鸟类栖息地，并在过去几年里持续举办观鸟节等生态旅游活动，银川国家湿地公园的鸣翠湖园区还开发有鸟类认知、湿地植物认知等生态科普旅游项目。

2）宁夏回族自治区有3大沙漠环境，分别是乌兰布和沙漠、毛乌素沙漠、腾格里沙漠，其中乌兰布和沙漠最为年轻，腾格里沙漠最古老，毛乌素沙漠介于二者之间。宁夏回族自治区的沙漠旅游资源虽在全国层面而言并不突出，但宁夏的腾格里沙漠生态旅游开发和毛乌素沙漠生态旅游开发近年来无疑已成为西部生态旅游的亮点。腾格里沙漠位于青藏高原东北缘、黄土高原西北部，阿拉善地区东南部，面积约4.27万km²，是中国第4大沙漠。沙漠包括北部的南吉岭和南部的腾格里两部分，习惯上统称为腾格里沙漠。宁夏回族自治区中卫市的沙坡头沙漠生态旅游区的生态旅游开发成为西部地区沙漠生态旅游开发的热点。沙漠从宁夏回族自治区的边缘跨过，给宁夏回族自治区带来了自然环境方面的压力，但勤劳勇敢的宁夏人民向沙漠开战、向沙漠进军，取得了中国治沙科学上的一项巨大成就，同时是全球沙漠治理的范例之一，也成为宁夏回族自治区沙漠生态旅游的最大看点。宁夏回族自治区沙水相伴的另一种胜景是沙漠与湖泊为伴，其中最典型的当属沙湖。沙湖位于宁夏省会城市银川北侧 40km 处，处于银川平原的中心位置。顾名思义，"沙湖"就是沙漠与湖泊，目前已成为宁夏重要的候鸟栖息地，也是生态旅游者趋之若鹜的旅游目的地。到了宁夏回族自治区，在这 6 万多 km^2 的土地上，生态旅游的旅游者可以领略沙与水、浩瀚沙海与平阔绿洲共存的美景，可以在绿冠遮阴的沙塬上驾车奔驰，在沙漠的小木屋里享受凉爽惬意。

3）宁夏的山地面积约占全区总面积的 16.4%，山地是宁夏重要的地貌类型。从分布上说，有北部西侧的贺兰山和主要集中于南部地区的六盘山、南华山、西华山、月亮山、罗山、香山、云雾山、牛首山等。宁夏的山按照高程划分，大部分属于中山，海拔在 2000～3500m。山不在高，有仙则名。特别是宁夏回族自治区最大的两座山一南一北，南为六盘山，北为贺兰山；南为关中与塞外的"秦陇锁钥"，北为农耕民族与游牧民族中间的"天然屏障"；民族英雄岳飞的《满江红·写怀》与伟人毛泽东的《清平乐·六盘山》可谓双绝。贺兰山植物资源丰富：1500m 以下，有旱生木本饲草，如斑子麻黄、洛氏锦鸡儿、猫头刺、猫耳刺；耐旱小灌木，如木猪毛菜、百里香、薄皮木等；1500～2000m，有耐旱的乔灌木，如杜松、灰榆、蒙古扁桃、狭叶锦鸡儿、金雀儿、酸枣、黄刺玫、小叶金老梅等；2000～2400m，有油松、山杨、青海云杉、白桦、山柳、杜松等；2400～3000m，以云杉为主。贺兰山的动物资源丰富，鸟类有雁行目斑头雁、鸡行目蓝马鸡、雨燕目柚燕；两栖爬行类有林蛙、沙蜥；兽类有食肉目艾鼬、偶蹄目马鹿、岩羊等。据考察，贺兰山野生动物属 16 目、36 科、111 种，其中属于国家二级保护动物的珍贵动物有马麝、林麝、岩羊、马鹿、兔狲、猞猁、石貂、石鸡、蓝马鸡等。贺兰山分布着滚钟口森林公园、苏峪口国家级森林公园及贺兰山岩画景区，是发展宁夏回族自治区山岳生态旅游的最佳地点。其中，苏峪口森林公园内的贺兰山博物馆成为重要的生态科普基地。目前，宁夏的主要山岳地区贺兰山、六盘山均已进行一定程度的生态旅游开发，亦是当地高等院校相关专业领域专家、学者的生态研究目的地。但其他一些山岳生态旅游资源尚未开发，如位于宁夏中部干旱带的罗山国家级自然保护区，由于生态环境极度脆弱，并不主张进行生态旅游的开发。

（2）以文化为主的宁夏回族自治区文化生态旅游发展

宁夏回族自治区虽地处边塞，但历史源远流长，可以从 3 万年前开始书写。中原农耕文明与草原游牧文明在黄河两岸交汇碰撞，东西方文化沿丝绸之路在宁夏山川播种。西夏王朝定都宁夏，中国回族聚居宁夏，使宁夏回族自治区文化底蕴深厚、丰富多元、绚丽多姿。宁夏回族自治区地处北方草原与黄土高原、游牧文化与农耕文化的过渡地带，义是东部华夏民族和西部少数民族接壤的地区，这一独特的地理位置，形成了宁夏回族自治区文化多样性和兼容性的特点。宁夏回族自治区是一个具有独特魅力的地区：岩画文化、丝路文化、西夏文化神秘而又璀璨；回族文化悠久而厚重；边塞文化、大漠文化、黄河文化奇崛而豪放，这些为宁夏回族自治区开展文化生态旅游夯实了基础。

水洞沟是宁夏回族自治区唯一的古人类文化遗址旅游景区，位于灵武市临河镇水洞沟村，于 1923 年发现，属中国最早发现的旧石器时代古人类文化遗址之一，距今 3 万多年，被誉为"中国史前考古的发祥地"。景区已开发建设了 20 余个景点，其中最负盛名的是水洞沟遗址博物馆、藏兵洞、红山堡、张三小店等。今日的水洞沟已经成为一个集旅游观光、科学考察、休闲娱乐、军事探秘于一体的人文生态旅游区。

在新石器时代，宁夏回族自治区内中北部遗留下了贺兰暖泉、青铜峡鸽子山、中卫长流水、鄂尔多斯边缘灵盐台地等 40 余处遗迹，南部以海原县菜园遗址为典型代表。从文化内涵而言，农牧业兼营，原始农业出现，人类以定居为主。鸽子山遗址和菜园遗址为全国重点文物保护单位，具有可供开发利用的深厚文化内涵和独到的人文旅游价值。

"天下黄河富宁夏"，黄河孕育了"塞上江南"富庶天下的宁夏平原，形成了当今宁夏回族自治区独特的移民屯垦文化和黄河灌区文化，最终形成了今日辉煌的黄河金岸。从中卫出发，顺黄河北上至惠农，在 500km 的滨河大道沿线，但见河湖呼应、草木对吟，绿不断线、景不断链。中卫黄河湿地公园、中宁枸杞博物馆、吴忠新月广场、青铜峡滨河新村、灵武枣博园、灵武黄河书院……其中的中华黄河坛、黄河楼、大禹文化园、回乡文化园等，是黄河岸边最壮观的建筑。

西夏文化，因党项人建立的西夏政权遗留下来的文化而得名，是一种曾经消失的文明，独特神秘性是其最大的特征。其兴起于 11 世纪党项人创立国家之时，发展的核心区域位于今宁夏平原。西夏王陵、省嵬城、贺兰山西夏行宫、承天寺塔、一百零八塔、拜寺口双塔、宏佛塔等遗迹和建筑是西夏文化的实物证明[3]。

回族的先民从丝绸之路走来，回族在成吉思汗西征的战火中形成。宁夏回族自治区是中国的"回族之乡"，回族人口占全区 650 万人口的 1/3，是全国回族最集中的地方，具有独特的回乡文化。在宁夏回族自治区旅游，可以体验回族的宗教信仰和风俗习惯、领略伊斯兰文化和回族民俗文化、品尝回族的美味佳肴、感受独特的清真饮食文化，参观伊斯兰风格的清真寺和拱北、了解回族伊斯兰人文景观，还可以了解这块土地上回族人民的勤劳、包容、开拓、智慧等优秀的品质。

（3）以农牧业为主的宁夏回族自治区乡村生态旅游发展

宁夏回族自治区的乡村旅游目前已经形成了"一圈三带一山"的空间分布格局。其中，"一圈"是以银川市兴庆区、金凤区、西夏区和贺兰县、永宁县及灵武市为中心圈的休闲农业与乡村旅游区，已经形成了一批具有高新农业科技特点的设施农业、观光农业，而丰富多样的瓜果采摘、休闲垂钓、乡村美味，已经成为宁夏人周末休闲的好去处。"三带"则是指黄河金岸休闲带、贺兰山东麓葡萄长廊休闲带及艾依河流域都市休闲带。

其中，黄河金岸休闲带是以中卫、吴忠、银川、石嘴山沿黄城市带为主，依托黄河金岸、黄河湿地资源、回族乡村文化等特色，开发以生态旅游、休闲度假为主的乡村休闲旅游带，形成了银川诗画田园休闲农业区、石嘴山市激情塞上休闲农业区、吴忠市水韵风情休闲农业区、中卫市塞上沙都休闲农业观光区，建设 300km 的休闲农业生态文化景观和休闲旅游观光休憩区。

贺兰山东麓葡萄长廊休闲农业带则是以银川市、石嘴山市、青铜峡市、红寺堡区和农垦集团沿山地带为主，依托贺兰山东麓地区沿山生态果林、葡萄产业基地资源，发展以生态观光、酒庄体验为主的休闲农业葡萄小镇、葡萄酒庄，建设生态化、高端化休闲农业度假区和主题酒庄、农庄、乡村俱乐部、特色葡萄酒小镇、乡村营地、商务会所等休闲产品。

艾依河流域休闲旅游带是以艾依河流域和湖泊湿地为主，利用良好的渔业资源和艾依河两岸怡人的自然风光，打造以都市休闲为主题的艾依河流域休闲产业带，围绕田园人家，创意农业，发展观光蔬菜园、休闲餐厅、休闲农场、花卉种植，形成以农事参与、生态观光、文化传承、乡村旅游为主的休闲产业体系。

"一山"是指环六盘山休闲聚集区。该聚集区依托环六盘山地区丰富的自然资源，得天独厚的生态环境，优美多姿的自然景观，历史悠久的回族文化，影响深远的红色革命文化，开发具有自然生态景观、民俗风情体验、特色饮食品尝、健康养生功能的独具山区特色的休闲农业与乡村旅游，形成以家庭农户为主的休闲观光、采摘垂钓、民俗体验的休闲山庄、专业村、农家乐。特别是泾源县以其独特的自然山水、森林景观、回乡风情为特色，围绕老龙潭旅游，发展集生态旅游、疗养避暑、野外探险、科学考察于一体，以农家乐为主要模式的休闲农业。西吉县充分利用龙王坝村传统三合院等特色民居和九云山寺庙、震湖等人文和自然旅游资源，建设现代生态休闲农业观光庄园。隆德县充分发挥全国红色旅游景点景区、民间绘画之乡、全国先进文化县的优势，大力挖掘非物质文化遗产，围绕红色旅游，打造具有鲜明文化特色的休闲农业区。

39.3　宁夏回族自治区生态旅游发展的经验与创新

39.3.1　宁夏回族自治区生态旅游发展的经验

（1）以自然生态保护为主，以旅游开发为辅

宁夏回族自治区由于地处西部干旱半干旱带，自然生态条件相对较差，生态资源的保护难度大，对于宁夏回族自治区内的生态旅游资源，政府主要采取以生态保护为主的措施，对境内的各类资源实施有效的保护，使脆弱的生态资源在面临着旅游产业大开发的社会背景下，能够得以较为全面的保护。当地政府对一些已经进行旅游开发的自然资源的开发力度也极为有限，并不主张对自然资源进行大规模的开发。

（2）注重人文生态旅游资源和农业生态旅游资源的保护和挖掘

宁夏回族自治区独特的西夏文化、回族文化和黄河灌区农业文化是宁夏回族自治区有别于其他省区的垄断性文化生态旅游资源。伴随着旅游产业的快速发展，宁夏回族自治区政府及民间日益注重对独特文化资源的保护与挖掘。近年来，宁夏回族自治区形成了以西夏文化为主题的人文生态旅游项目，以及以回乡文化园、纳家户清真寺、吴忠穆民新村等一批体现回乡文化风情的生态旅游项目。特别是在对黄河灌区独特的农耕文化开发上，形成了黄河金岸、贺兰山东麓葡萄文化旅游长廊等一批具有强烈地域文化特征的人文生态旅游项目，正在成为区域性的新兴旅游目的地。

39.3.2　宁夏回族自治区生态旅游发展的创新

（1）创新生态资源利用模式

在一切资源皆旅游资源的当下，宁夏回族自治区创新性地开发生态旅游资源，如采用第一、二、三产业融合的模式，开发贺兰山东麓的葡萄种植产业，最终形成了中国独特的"葡萄种植—葡萄酒酿造—葡萄酒文化"的生态旅游板块。

（2）创新生态旅游开发模式

宁夏回族自治区在生态旅游开发模式上不断实现创新，采用景区开发、节日开发等方式，大力宣传宁夏回族自治区生态旅游。例如，近年来，在宁夏回族自治区颇具影响力的中卫南长滩梨花节、彭阳山花节等生态旅游节庆，使这些以往"养在深闺人未识"的生态旅游资源成为旅游者争相追捧的热点。

39.4　宁夏回族自治区生态旅游发展存在的不足

39.4.1　资源开发深度不够

宁夏回族自治区虽然拥有较丰富的生态旅游资源，但对于自然景观中的文化内涵挖掘不够，旅游产品整合开发不到位，系列化不足，名牌精品少，旅游产品之间的互补协调较为欠缺，竞合共赢的发展格局未能建立。

39.4.2　产品体系不完整

目前，宁夏回族自治区旅游业还停留在单纯的旅游景点观光上，旅游景区的配套设施建设持续投入不足，旅游者参观游览往往是"走马观花"，停留时间短，无综合性旅游购物点，无娱可乐，旅游消费相对单一，"吃、住、行、游、购、娱"6 要素短板较多，对服务业、加工业的辐射带动力不强。

39.4.3 生态旅游形式单一

旅游是创意产业，是参与性、体验性、互动性较强的产业。目前，宁夏回族自治区生态旅游主要以休闲、观赏为主，创意体验类的旅游项目较少，休闲娱乐项目单一，参与互动性活动匮乏，不利于生态旅游向高层次和规模化发展。

39.4.4 生态资源保护管理体制不完善，经费投入不足

宁夏回族自治区生态旅游资源可持续开发目前还是一个崭新的领域，湿地资源的开发利用也处于初始状态，并未进入生态环境持续利用阶段，生态旅游业处在萌芽探索阶段，在生态资源保护、生态旅游开发的基础设施建设方面，特别是在生态体验、生态科普教育等方面的开发基本上处于空白，并且经费投入严重不足。

39.4.5 从事生态旅游行业的专业人才奇缺

宁夏回族自治区生态旅游业在宣传营销、人才培养等方面存在一些不容忽视的问题，景区之间推广资源相互利用率不高，营销范围、品牌效应仍需进一步加强。从事生态旅游行业的专业人才奇缺，从业人员结构性矛盾突出，人才培养后劲不足。

39.5 宁夏回族自治区生态旅游发展的方向及展望

39.5.1 宁夏回族自治区生态旅游发展的方向

1. 重点开发方向

（1）沙坡头旅游经济开发试验区

沙坡头旅游经济开发试验区位于黄河流域中部的中卫市，规划面积为335km^2，以"一核一带"（一核：沙坡头区迎水桥镇旅游核心资源聚集区；一带：黄河沙坡头大峡谷旅游带）为重点，着力发展旅游主体产业、旅游相关服务业、旅游产品生产和装备制造业、养老服务业、观光农业、沙产业、智慧产业七大类产业。下一步，以沙坡头景区为核心区，推进旅游资源深度开发与产品整合，沿迎闫公路沙漠湿地草原光伏旅游带和黄河南北长滩旅游带，重点实施沙坡头景区提升改造、旅游新镇、腾格里沙漠旅游度假区、银阳光伏科技生态园、大漠风情休闲度假区等项目。预计到2020年，接待旅游者人数达到500万人次，旅游收入达到145亿元，园区实现增加值100亿元以上。

（2）六盘山旅游扶贫试验区

2000年4月，受国务院委托，国家旅游局与国务院扶贫开发领导小组办公室、国家发展计划委员会、财政部、中国民用航空局、国家文物局等部委批准在宁夏固原地区设立全国唯一的国家级旅游扶贫试验区——六盘山旅游扶贫试验区。2014年，国家旅游局等八部委联合下发了《关于进一步加强六盘山旅游扶贫试验区建设的函》（旅函〔2014〕23号）。"十三五"期间，六盘山旅游区作为全区生态旅游重点区域，着力打响"高原绿岛""长征圣山""丝路重镇""回乡风情"四大旅游品牌，精心打造以六盘山红军长征纪念馆、将台堡红军长征胜利会师纪念园、单家集、乔渠革命遗址和任山河战役纪念园为重点的红色旅游区，以六盘山国家森林公园、野荷谷、老龙潭、胭脂峡、白云寺为重点的生态观光、消夏避暑旅游区，以火石寨国家地质公园、震湖为重点的地质观光旅游区，以固原博物馆、须弥山石窟、萧关遗址文化园为重点的丝绸之路文化旅游区，形成生态旅游、红色旅游、乡村旅游、休闲度假旅游多形

式、复合型的旅游产品体系。预计到 2020 年，年接待旅游者达到 600 万人次，实现旅游收入 174 亿元。

（3）贺兰山东麓葡萄文化旅游长廊

贺兰山东麓被公认为世界最适宜葡萄种植及葡萄酿酒的地区，是全国第三个获得葡萄酒原产地保护认证的产区。同时，贺兰山东麓历史文化积淀极为丰厚，有可追溯到旧石器时期的贺兰山岩画，新石器时期人类活动遗址，秦汉时期戍边军民的墓葬群，西夏时期的皇家宫殿、寺庙、陵寝、窖藏，明代的长城、古堡、古建筑群，新时期代表西部黄土文化的镇北堡西部影城。宁夏回族自治区已编制完成《贺兰山东麓葡萄文化旅游长廊建设规划》，贺兰山东麓葡萄种植基地已达到 100 万亩，培育出了加贝兰、法塞特、银色高地、类人首等具有国内外影响力的葡萄酒品牌。"十三五"期间，将按照"一廊、一心、三城、五群、十镇、百庄"的空间布局，将贺兰山东麓打造为全国最大的葡萄文化旅游廊道，完善贺兰山东麓一线旅游休闲度假功能，整合提升贺兰山东麓一线传统景区，建设完善贺兰山岩画、西夏避暑行宫、苏峪口森林公园、星海湖湿地公园、北武当旅游区，做好大水沟西夏离宫遗址保护和昊王故渠遗址保护工作，对明长城进行保护性修复，建设西夏陵国家考古遗址公园。预计至 2020 年，形成相对完善的产业链体系后，贺兰山东麓葡萄文化旅游长廊可实现旅游收入 300 亿元，实现产业增加值 1000 亿元以上。

（4）黄河金岸文化旅游廊道

黄河金岸文化旅游廊道是以黄河为轴线，以沙湖、沙坡头、黄河大峡谷、水洞沟、黄沙古渡、横城古渡等核心景区为重点的一条多姿多彩的沿黄城市旅游带。"十二五"期间，宁夏回族自治区实施的"黄河金岸"滨河大道和一系列园林景观工程，不仅使宁夏回族自治区成为全国的"黄河旅游之最"，也将宁夏回族自治区的主要景观连缀成一串耀眼的明珠。"十三五"期间，黄河金岸文化旅游廊道仍是宁夏回族自治区生态旅游重点打造的区域，在重点提升沙湖、沙坡头、黄河大峡谷、水洞沟等核心景区建设标准和文化内涵的基础上，整合银川金水园—横城古渡—兵沟旅游区—石嘴子风景区，加快实施滨河新区全域 5A 级景区建设项目，建成黄河外滩长河栈道景区、兵沟自驾车营地、黄河水上航运旅游服务中心、黄河军事文化博览园二期项目、鸣翠湖水世界及四季滑雪场、中华回乡文化园二期工程、华夏河图生态小镇、薰衣草休闲度假庄园、天山海世界黄河明珠、宝丰休闲牧场、五虎墩万亩生态园、小龙头明长城遗址及滨河万亩果园生态休闲旅游区。预计至 2020 年，黄河金岸文化旅游廊道年接待旅游者可达 1500 万人次，实现旅游收入 435 亿元。

2. 重点生态旅游线路

根据宁夏回族自治区生态旅游资源特点和空间布局，可形成"激情沙漠探险""奇享塞上江南""探秘西夏古国""观光黄河金岸""漫步葡萄长廊""重走丝路北道"六大精品线路。

（1）激情沙漠探险

黑山峡—沙坡头—腾格里沙漠湿地旅游区—通湖草原。

（2）奇享塞上江南

沙湖—星海湖湿地公园—青铜峡黄河大峡谷—中卫沙坡头—六盘山国家森林公园。

（3）探秘西夏古国

西夏陵—贺兰山岩画—苏峪口森林公园—明长城—内蒙古黑水城。

（4）观光黄河金岸

沙坡头—青铜峡黄河大峡谷—黄沙古渡—水洞沟—黄河外滩长河栈道—兵沟旅游区。

（5）漫步葡萄长廊

西夏陵—贺兰山东麓文化旅游带—星海湖湿地公园—北武当旅游区。

（6）重走丝路北道

固原古城—战国秦长城—六盘山国家森林公园—老龙潭—胭脂峡—野荷谷—须弥山石窟—火石寨国

家地质公园。

39.5.2　宁夏回族自治区生态旅游发展的展望

（1）加强旅游基础设施建设

按照存量做优、增量做精的原则，进一步加大旅游基础设施建设力度，深度开发塞上江南新天府、贺兰山历史文化、六盘山红色生态三大板块，不断改善生态旅游景区基础设施条件。注重提升景区文化内涵，注重可持续发展，使优美景观和基础设施载体相得益彰、交相辉映，全方位展示宁夏回族自治区的壮美自然风光和特色人文资源。

（2）完善旅游公共服务设施

加强旅游交通设施、通信设施、安全设施、游客集散中心、游客服务中心等公共基础设施建设，促进旅游公共服务建设和运营市场化，吸引社会投资主体开展公共服务。完善旅游公益惠民服务体系，制定面向弱势群体的旅游优惠政策，发行旅游年卡、旅游一卡通等多种形式的旅游惠民产品。

（3）提升旅游信息化水平

一是建设旅游运行监测平台。通过接入景区景点图像以及气象、交通等部门的相关信息，实现对各类检测数据的统计分析和展示，提高产业运行状态和突发事件的监测、预警水平。二是建设移动互联网平台。以微网站为核心，开发覆盖 36 家 A 级景区的智能导游系统，全面整合电子认证、电子票务等系统，探索建立门票预约制度和游客评价机制，提高公共信息服务能力。三是建设多语种资讯平台，开发涵盖旅游六要素的宁夏回族自治区旅游客源地多语言服务系统，拓宽对外宣传营销渠道。

（4）健全旅游资源保护体系

建立宁夏回族自治区旅游资源评估标准体系和旅游资源电子信息库，更加重视各级各类旅游资源的保护，建立宁夏回族自治区旅游资源开发与保护的监控体系。严格各级各类旅游规划的编制、论证、审批程序，强化规划管理，建立规划执行责任追究制度，科学界定旅游功能分区，合理确定景区容量，避免旅游资源的过度开发。

（5）加大人才培养力度

整合宁夏回族自治区旅游教育资源，形成完整的高等院校、中等院校、职业学校、培训中心为载体的旅游人才培养体系。继续健全旅游人才保障机制，用好宁夏回族自治区旅游发展专项资金，实施宁夏回族自治区旅游培训计划，五年内完成对旅游企业中高级管理人员、导游人员、景区饭店服务人员的分级分类培训，争取把宁夏回族自治区旅游人才培养纳入《宁夏回族自治区中长期人才发展规划纲要（2010—2020 年）》。支持宁夏回族自治区旅游学校改善办学条件，优化旅游专业体系和课程设置，形成旅游人才工作与旅游业发展良性互动的格局。

参 考 文 献

[1] 杨占武. 宁夏风光旅游[M]. 银川：宁夏人民出版社，2015.

[2] 宋春玲，全晓虎. 宁夏回族自治区湿地生态旅游可持续开发研究[J]. 湿地科学，2007，5（2）：174-180.

[3] 杨占武. 宁夏人文旅游[M]. 银川：宁夏人民出版社，2015.

第40章 新疆生态旅游发展报告

田晓霞　乌鲁木齐职业大学副校长，乌鲁木齐

唐慧　新疆大学旅游学院，乌鲁木齐

1992 年，联合国环境与发展大会通过《21 世纪议程》。1994 年，《中国 21 世纪议程：中国 21 世纪人口、环境与发展白皮书》由国务院审议通过，成为世界上第一部国家级可持续发展大纲，实施后在世界上获得广泛的高度评价。为了与联合国《21 世纪议程》对接，同时反映新的发展需要，我国于 1996 年对《中国 21 世纪议程：中国 21 世纪人口、环境与发展白皮书》进行了调整与修订，增加了生态旅游专项，对中国生态旅游的发展具有划时代意义。

党的十八大报告中提出："建设生态文明，是关系人民福祉、关乎民族未来的长远大计。面对资源约束趋紧、环境污染严重、生态系统退化的严峻形势，必须树立尊重自然、顺应自然、保护自然的生态文明理念，把生态文明建设放在突出地位，融入经济建设、政治建设、文化建设、社会建设各方面和全过程，努力建设美丽中国，实现中华民族永续发展。"党的十八大报告首次把大力推进生态文明建设独立成章，把生态文明放在社会发展战略的位置。

旅游与生态文明关系密切。生态旅游是生态文明的重要内容之一，旅游发展是社会经济建设的重要组成部分，理应将生态文明建设的理念有机融入。生态旅游是以吸收自然和文化知识为取向，尽量减少对生态环境的不利影响，确保旅游资源的可持续利用，将生态环境保护与公众教育同促进地方经济社会发展有机结合的旅游活动[1]。

我国将生态文明建设放在国家层面高度重视，生态旅游的发展变得日益重要。近年来，各省市将生态旅游看作生态文明建设的一部分，政府、旅游企业大力发展生态旅游，生态旅游在国内迎来全新的发展时期[2]。

40.1　生态旅游资源丰富、产业地位提升

新疆维吾尔自治区拥有丰富的生态旅游资源，生态旅游开发有一定的实践基础。截至 2014 年年底，已开发旅游景区（点）中有国家 A 级景区 284 家，其中 5A 级景区 8 家，4A 级景区 62 家。5A 级景区数量位列西部第一、全国第三。新疆维吾尔自治区现有旅游星级宾馆饭店 405 家（其中，五星级 16 家，位列西北五省区第一），旅行社 340 家，各类语种导游 2.4 万人。旅游直接从业人员 31 万人，间接从业人员 125 万人。国家级生态旅游示范区 1 家（那拉提景区），自治区级生态旅游示范区 4 家（那拉提景区、喀拉峻景区、温泉县、巴尔鲁克景区）。世界自然遗产 5 处，世界文化遗产 6 处。国家级风景名胜区 5 处，自治区级风景名胜区 13 处。国家级森林公园 21 处，自治区级森林公园 40 处。国家级自然保护区 10 处，自治区级自然保护区 20 处。国家地质公园 6 处。国家湿地公园 19 处。国家水利风景区 19 处。国家级文物保护单位 113 处，自治区级文物保护单位 596 处。世界级非物质文化遗产 3 处，

国家级非物质文化遗产 87 处。这些为新疆维吾尔自治区生态旅游的发展打下了坚实的产业基础。

鉴于新疆维吾尔自治区独特的自然和人文景观，发展新疆维吾尔自治区生态旅游也引起了中央的高度重视，国务院 32 号文件明确提出"要把吐鲁番、喀什、喀纳斯、天池和那拉提打造成为全国乃至全世界著名生态旅游景区"，与此同时，新疆各个旅游景区开始实施生态旅游发展规划的制定工作。例如，对喀纳斯景区编制的《大喀纳斯旅游区总体规划》，将整个喀纳斯景区分为 3 个功能区：核心区、缓冲区、实验区，旅游开发只集中在缓冲区外围的实验区，旅游活动主要在喀纳斯湖南部湖周地带，面积为 35km²。生态旅游这一新的旅游理念已经在新疆维吾尔自治区各个重要的旅游景区逐步形成，生态旅游已经成为新疆维吾尔自治区旅游业乃至整个新疆维吾尔自治区经济发展的重要经济增长点。

40.2 新疆维吾尔自治区生态旅游发展历程

生态旅游理念随着旅游的发展，从传播到扎根已有 30 多年的历程。根据 30 多年生态旅游理念的发展、实践的应用、政府发展政策，将新疆维吾尔自治区生态旅游的发展历程分为萌芽阶段、起步阶段和发展阶段 3 个阶段。

40.2.1 萌芽阶段（1978—1998 年）

新疆维吾尔自治区旅游业是在 1978 年党的十一届三中全会提出的"对外开放、对内搞活"方针基础上起步的，紧接着顺应"七五"计划，开辟新的旅游路线，开放新的旅游城市，加快基础设施的建设，提高管理水平和服务质量，开始发展旅游业。

这一时期，新疆维吾尔自治区尚未形成"生态旅游"的明确概念，强调的是"资源保护及永续利用"，形成了生态旅游区的雏形。1980—1984 年，新疆维吾尔自治区建立了 16 个自然保护区，面积约为 85000km²，约占全疆面积的 5.3%，居全国各省区自然保护区面积的首位。1985 年，中国国际旅行社乌鲁木齐分社开辟了新旅游项目——山间徒步旅游，让旅游者在饱览天池胜境之后，分别沿东线、南线、北线三条线路徒步山谷，观赏天山风光，这一项目深受外国旅游者的喜爱。

1987 年，王殿俊在《新疆旅游事业展望》中提到："我们要充分发挥自治区旅游资源的优势，针对国际旅游市场的需求，不断推出形式多样、唯我独有、富有民族特色和地方特点的旅游项目，如民俗旅游、探险旅游、沙漠旅游、登山旅游、滑雪旅游、狩猎旅游、汽车旅游、森林旅游、科学考察旅游等。"同年，法国一个 4 人探险队徒步穿越塔克拉玛干大沙漠，这是第一支外国沙漠探险旅游团成功地穿越世界第二大沙漠。

1988 年，中国旅行社乌鲁木齐分社、新疆西域旅行社、新疆大自然旅行社等单位先后开展了塔克拉玛干大沙漠旅游、沙漠观光旅游、高山山间旅游、乔格里高山旅游、帕米尔高原徒步旅游等 12 个新的旅游项目。

1993 年 9—11 月，中国新疆大自然旅行社和英国皇家地理学会联合组织了穿越塔克拉玛干大沙漠探险活动，完成人类历史上首次由西向东徒步穿越"死亡之海"的壮举。1995 年 5 月，新疆中国国际旅行社组织日本游客，骑骆驼从和田河穿越塔克拉玛干大沙漠，开辟了骑骆驼远征大沙漠的旅游路线。1997 年，新疆中国旅行社组织了"百名中国人徒步穿越罗布荒漠"大型特种旅游活动。

自然保护区的建立，徒步游、骑行游等多种旅游新型项目的开展，都表明虽没有明确"生态旅游"概念，但是这一思想已经不知不觉在新疆维吾尔自治区旅游局的规划和各大旅行社的实践中得到体现，为今后更为深远的传播和指导实践打下了坚实的基础。

40.2.2　起步阶段（1999—2012 年）

1999 年，我国确定以"生态环境游"为主题的旅游年，这是新疆维吾尔自治区生态旅游发展的一个转折点。新疆维吾尔自治区旅游局组织的"99 生态环境游环保志愿者"活动有机关干部、各旅游企业、天池哈萨克族牧民等代表近 300 人参加，同年举办的"99 生态环境旅游宣传咨询日"活动也得到了全区 15 个地州市的热烈响应。自此，生态旅游得到了更广泛的关注，研究者、政府官员和实业界开始对话，使公众对生态旅游有了更加明确的认识，新疆维吾尔自治区生态旅游步入一个全新的时期。

进入 21 世纪以后，新疆维吾尔自治区旅游业进入大发展时期，2001—2007 年，新疆维吾尔自治区接待入境旅游者年均增长 8.2%，旅游外汇收入年均增长 8.6%，国内旅游者年均增长 16.4%，回笼货币年均增长 17.9%。这一时期，各大旅行社竞相开发各类生态旅游产品，并通过网络进行了广泛的宣传，新疆维吾尔自治区生态旅游项目迅速成为国内外旅游者的首选。

2008—2009 年，新疆维吾尔自治区旅游业受到了极大的考验和挑战。受国内自然灾害和国际金融危机的双重冲击，2008 年，新疆维吾尔自治区旅游业增速明显回落。全年共接待国内外旅游者 2231.32 万人次，旅游总收入为 207.38 亿元，比上年分别增长 2.8% 和 1.0%。2009 年，全年共接待旅游者 2133.49 万人次，旅游总收入 186.08 亿元，比上年分别下降了 4.4% 和 10.3%[3]。旅游业整体的滑落现象，对生态旅游的发展也产生了极大影响，这一时期的生态旅游在起步阶段面临了重重考验。2009 年，新疆工作座谈会召开以后，在对口援疆政策的施行、旅游优惠政策的颁布及各级政府的共同努力下，新疆维吾尔自治区旅游业呈现强劲反弹，甚至出现"井喷"态势，各项指标再创历史新高。新疆维吾尔自治区接待国内旅游者 4802.52 万人次；国内旅游总收入 619.53 亿元；接待入境旅游者 150.17 万人次；创汇 49700 万美元。与"十一五"相比，入境旅游者人数增长 128.54%，创汇增长 124.97%；国内旅游者人数增长 67.77%，国内旅游收入增长 121.49%[3]。

2010 年 5 月召开的新疆维吾尔自治区党委七届九次全委（扩大）会议率先提出，要牢固树立"环保优先、生态立区"理念，采取更有力的措施保护好生态环境。随后，在新疆维吾尔自治区第八次党代会及相继召开的一系列重大会议上，都对"环保优先、生态立区"理念做出详细阐述，提出明确要求。2010—2012 年，新疆维吾尔自治区先后召开了伊犁河流域生态环境保护工作座谈会和维吾尔自治区生态环境保护工作座谈会，对新时期、新阶段坚持"两个可持续"，加强生态环境保护工作做出全面部署。在 2011 年 10 月召开的新疆维吾尔自治区第八次党代会上，新疆维吾尔自治区党委把环境保护放在经济社会发展的首要位置，强调一切开发建设必须坚持"环保优先、生态立区"，必须遵循资源开发可持续、生态环境可持续，必须对历史负责，对人民群众和子孙后代负责。

这一时期随着人均可自由支配收入的提高，人们的消费观念发生了本质的变化。随着环境保护、可持续发展等观点深入人心，旅游者不再追求传统的旅游方式，生态旅游这一顺应时代潮流的旅游方式得到人们的青睐。加上政府的大力支持、旅游企业的新品线路推出等，新疆维吾尔自治区生态旅游迈入新的阶段。

40.2.3　发展阶段（2013 年至今）

2013 年 6 月 21 日，柬埔寨金边的第 37 届世界遗产大会正式公布，全国各族人民翘首企盼的中国"新疆天山"列为世界自然遗产。新疆天山被批准列入联合国教育、科学及文化组织《世界遗产名录》中的世界自然遗产目录，填补了新疆维吾尔自治区乃至我国西北地区没有世界自然遗产的空白，对于保护和开发好新疆天山资源、促进新疆维吾尔自治区生态建设、永保新疆维吾尔自治区山川秀美具有十分重要的意义[3]。

自此，新疆维吾尔自治区的生态旅游发展迈向全新的高度。2013 年 3 月 30 日召开的新疆维吾尔自治区党委第 18 次常委扩大会议提出，要把生态文明建设作为新疆维吾尔自治区"安身立命"的大问题，坚持"两个可持续"，走绿色发展、循环发展之路。2013 年 11 月、2014 年 11 月先后召开的新疆维吾自治区党委八届六次、八次全委（扩大）会议对推进生态文明制度建设和加强生态文明法治保障分别做出部署安排。2014 年 12 月，新疆维吾尔自治区党委明确提出，努力把新疆维吾尔自治区建设成为最洁净的地方，这为生态旅游奠定了坚实的基础[3]。

新疆维吾尔自治区的生态旅游经过多年的发展，从思想到实践有了全新的跨越式的发展。但是从总体发展阶段上看，新疆维吾尔自治区生态旅游还处于初级阶段。目前，新疆维吾尔自治区的生态旅游更多的是一种意识或理念，虽对实际旅游活动有一定指导作用，但还没有形成可实际操作的标准和模式。全疆范围内真正意义上的生态旅游区屈指可数，喀纳斯生态旅游区、那拉提生态旅游区也需要进一步的发展和建设。总的来说，新疆维吾尔自治区生态旅游的发展尚不成熟，还需要政府、旅游企业及各族人民的共同奋斗。希望在不久的将来生态旅游这一旅游理念会在新疆维吾尔自治区各个重要的旅游景区得到实践应用，生态旅游将会成为新疆维吾尔自治区旅游业乃至整个新疆维吾尔自治区经济发展的重要经济增长点。

40.3 新疆维吾尔自治区生态旅游发展对策及建议

40.3.1 完善生态旅游规划，慎重开发生态旅游资源

制定科学、合理的旅游规划是新疆维吾尔自治区生态旅游发展的先决条件，可以指导生态旅游资源开发有计划、有步骤地开展，减少盲目性，真正使生态旅游实现可持续发展。新疆维吾尔自治区大力发展生态旅游的目的，不仅仅是发展旅游产业，增加经济增长点，更重要的是将旅游产业发展对生态环境造成的负面影响降到最低，实现旅游资源的可持续利用及旅游产业的可持续发展。新疆维吾尔自治区拥有丰富的山地、荒漠、草原、湿地、绿洲、人文等生态旅游资源，但同时新疆维吾尔自治区的众多生态旅游资源又多位于生态环境脆弱的地区。因此，如何将新疆维吾尔自治区的生态旅游资源优势充分发挥，合理开发新疆维吾尔自治区的生态旅游资源，将众多资质雄厚的旅游目的地打造成国内外知名的生态旅游项目品牌，关键在于做好规划[4]。2017 年，新疆维吾尔自治区旅游局已经制定了《新疆维吾尔自治区旅游业发展发展第十三个五年规划》，对新疆维吾尔自治区旅游业发展思路进行了部署。

为保证新疆维吾尔自治区生态旅游发展过程中尽量减少开发对生态环境质量的负面影响，各个生态旅游景区在制定发展规划的过程中，可以按照美国学者 Forst 提出的核心保护区、游憩缓冲区和密集游憩区功能分区的办法，遵循适度、有序、分层次开发的原则，慎重开发生态旅游资源。具体来讲，在游憩缓冲和密集游憩区开发那些不影响或少影响生态环境的旅游项目，不允许任何形式的有损生态环境的开发行动，以维护生态系统的平衡。而在核心保护区内，严禁开发任何项目，维护和保持原生态的自然与人文景观。总之，生态旅游规划要求任何旅游项目的开发，应以不破坏生态环境及生态平衡为前提，相关旅游产业基础设施的建设应与自然环境协调统一，做到因地制宜、顺应自然。

40.3.2 加强生态旅游宣传教育，强化生态旅游理念

新疆维吾尔自治区自然生态和人文生态旅游资源丰富，同时，新疆维吾尔自治区的生态环境极其脆弱，承担着我国重要生态屏障的重任，并且新疆维吾尔自治区的生态旅游资源多集中在绿洲边缘，经济发展落后，生态系统脆弱，对人类的经济活动及其敏感。因此，新疆维吾尔自治区开发生态旅游一定要处理好资源开发与生态保护的关系，在大力发展旅游产业经济、帮助当地居民摆脱贫困的同时，切实保护生态环境和生态平衡。这就要求新疆维吾尔自治区在大力发展生态旅游的同时，应通过各种形式对旅

游产业相关人员进行广泛的宣传教育，让生态旅游参与人都能够树立起环保的意识，提高生态旅游意识，强化生态旅游理念[5]。

具体来说，要针对两类人群或机构进行多方位宣传教育：

1）从事生态旅游的人员或组织机构，主要包括各个生态旅游景区的从业人员、当地居民及相关政府主管部门。针对这一类人，定期开展以"生态旅游"为主题的业务培训，使他们牢固树立环保 3R 理念，即限制（reduce）、再使用（reuse）、再循环（recycle），使他们深刻认识到新疆维吾尔自治区生态的脆弱性和生态旅游的可持续思想，使他们以主人翁的姿态在生态旅游开发、经营、管理中自觉保护资源环境，强化其生态旅游理念。同时，应加强对生态旅游各景区导游的培训，增强导游的生态旅游意识，提高其素质，在引导游客、介绍旅游景点过程中，实时地向旅游者描述和解释当地的自然景观与原生态文化，传输生态旅游理念。

2）生态旅游消费者，包括旅游者和潜在旅游者。针对这一类人，在进入景区开始游玩之前，要开展有关生态旅游环境意识教育，如通过开展简短的进入景区前的生态旅游理念教育或宣传活动，使旅游者在生态旅游景区游玩期间能够时刻保持环保意识，约束与规范自身的各种旅游行为。建议在各大生态旅游景区建立生态旅游博物馆作为旅游的项目之一，通过参观生态旅游博物馆，使游客们切实感受生态旅游的内涵，从自身做起，倡导生态文明。

40.3.3　加强生态旅游规制建设，切实保护生态环境

加强生态旅游行业规范，建立科学完善的规章制度，是生态旅游产业发展的必要保障。鉴于新疆维吾尔自治区生态旅游资源丰富、旅游目的地体系庞杂的现状，新疆维吾尔自治区政府、各地方政府及相关管理部门应从以下 3 个方面做好制度建设。

1）明确界定旅游资源管理、生态环境保护、旅游产业行政管理等各个部门的职责与权限，从源头协调好生态旅游开发与生态环境保护的关系。具体来说，旅游资源管理部门对新疆维吾尔自治区各个生态旅游景区统一规划后，应从开发经营活动中撤离出来，做好各景区旅游资源开发项目的审批与监督管理即可。

2）建立旅游资产和生态环境的管理机构，负责制定和执行有关旅游资产和生态环境管理的政策法规，实施对国有资源资产和生态环境的有效管理，对旅游资源和生态环境的现状进行调查，并对旅游资源和生态环境的破坏情况按照规定要求相关主体进行相应的维护与修复，确保在发展旅游经济的同时生态环境能够得到有效保护。

3）制定生态旅游产业的相关管理制度，优化旅游景区管理秩序。例如，景区外来车辆的管理制度、景区生活能源管理制度、景区生态环保教育宣传制度等。

通过各个层次、各项生态旅游规章制度的建立与完善，在大力推进新疆维吾尔自治区生态旅游业发展的同时，切实保护好新疆维吾尔自治区的生态环境，从而实现新疆维吾尔自治区生态旅游的可持续发展[6]。

40.3.4　提炼项目特色，打造生态旅游精品

生态旅游是一种新的理念，同时也是旅游业发展的一种新模式。旅游目的地对生态旅游概念的理解程度，决定了旅游者对生态旅游目的地的期待度、满意度及其市场前景，往往需要通过产品的开发反映出来。新疆维吾尔自治区旅游资源丰富，但并非有山有水就一定能开发生态旅游，有些生态极其脆弱的地方应慎重开发旅游产业。新疆维吾尔自治区生态旅游的开发也不是简单的利用自然资源（山地、荒漠、草原、湿地、绿洲、人文等旅游资源），而是要按照生态旅游的内在要求和各地旅游资源的现实情况，高起点地开发独具特色、品质精良的生态旅游产品。

新疆维吾尔自治区的生态旅游产品的开发一定要区别于粗放式的传统大众旅游产品开发模式，要走

提炼项目特色、打造生态旅游精品的道路。建议新疆维吾尔自治区围绕"三山（阿勒泰山、天山、昆仑山）""两盆（环准格尔盆地、环塔里木盆地）"等大区域旅游板块，将全区生态旅游产业做一个划分。根据生态环境的价值和可进入性等因素，进一步提升、完善、整合，重点打造喀纳斯、天山天池、大那拉提、喀什、吐鲁番 5 个世界级生态旅游精品景区以及赛里木湖、托木尔大裂谷、可可托海、巴音布鲁克、乌鲁木齐南山、库姆塔格沙漠、库车大峡谷等若干个国家级生态旅游精品景区。另外，建议在喀纳斯、天山天池、大那拉提等景区建设生态旅游示范区，在示范区内，对景点开发、基础设施建设等进行科学规划与严格管理，通过提炼项目特色、打造生态旅游精品，特别是通过示范区的建设，总结生态旅游发展中的经验与教训，从而带动全疆生态旅游产业的发展。

40.3.5　重视生态旅游促销，分层次推向国内外

新疆维吾尔自治区生态旅游资源丰富而独特，其总体特征为总量丰富、类型齐全、功能多样。按照《中国旅游资源普查规范》的资源分类，新疆维吾尔自治区具备了所有 6 大类型的旅游资源，并拥有 68 种基本类型中的 56 种，在全国居于前列。众多的旅游景点中，不乏像喀纳斯、天山天池、大那拉提等世界级生态旅游精品景区。但是从旅游产品营销的角度来看，多年来，新疆维吾尔自治区旅游形象及其生态旅游品牌在国内外的推介与促销活动的力度还远远不够。为此，在未来的新疆维吾尔自治区生态旅游产业发展过程中，自治区及各地方政府、旅游景区、旅游企业应充分重视生态旅游产品的促销与推介，加大宣传力度，分层次地将新疆维吾尔自治区众多的精品景区推向国内外市场，让世界及国人了解新疆维吾尔自治区，了解新疆维吾尔自治区的生态旅游。

在新疆维吾尔自治区旅游形象及其生态旅游品牌的宣传推介中，应充分发挥各种宣传媒体的作用，要联系新疆维吾尔自治区内的电视、广播、网络、报刊等各种新闻媒体，完善全区生态旅游宣传报道网络。同时，应高度重视加强与央视及国内重点客源市场（如北京、浙江、广东等东部发达省区及香港、澳门等）新闻媒体的联系，扩大宣传渠道，通过这些地区的新闻媒体，加大对新疆维吾尔自治区生态旅游大省形象及其各个生态旅游品牌的系列报道。另外，应提倡和支持以地方政府和旅游企业出资为主做地域性的旅游产品宣传，新疆维吾尔自治区的旅游企业要更新经营理念，充分认识宣传促销的重要性，舍得在这方面加大投入，争取在激烈的旅游市场竞争中脱颖而出。在旅游宣传品的内容上，力求突出新疆维吾尔自治区生态旅游的自然景观、人文景观的特色，做到语种齐全、图文并茂、制作精美、吸引力强。就目前的宣传媒介而言，新疆维吾尔自治区旅游企业应高度重视互联网的利用。从消费者的角度来看，消费者要了解一个生态旅游产品，可能首先想到的是通过旅游目的地网站获取相关信息，包括特色、景点、价格、旅游线路、交通工具等，所以，新疆维吾尔自治区旅游企业要加大企业网站的建设，实时更新，让潜在旅游者迅速获取有价值的信息。

参 考 文 献

[1] 张凌云. 试论有关旅游产业在地区经济发展中地位和产业政策的几个问题[J]. 旅游学刊，2000，15（1）：10-14.

[2] 卢云亭，王建军. 生态旅游学[M]. 北京：旅游教育出版社，2001.

[3] 新疆维吾尔自治区统计局. 新疆统计年鉴[M]. 乌鲁木齐：新疆人民出版社.

[4] 刘瑛. 新疆生态旅游发展规划先行[J]. 大陆桥视野，2012（17）：80-81.

[5] 于晓兰，帕尔哈提·艾孜木. 新疆生态旅游发展现状及其对策研究[J]. 新疆师范大学学报：自然科学版，2005，24(3)：224-227.

[6] 何昭丽. 新疆旅游生态环境与经济协调发展研究[J]. 中国经贸导刊，2013（1Z）：58-60.

第41章 青海生态旅游发展报告

卓玛措　青海民族大学旅游学院，西宁

陈蓉　青海师范大学生命与地理科学学院，西宁

41.1 青海省生态旅游发展的环境背景：重要的生态地位

青藏高原作为世界上最年轻和最高的一个地理单元，习惯上被人们称为地球上的"第三极"，这足以说明其独特的地位和特性。它的存在对其周边和东亚地区，甚至全球的环境也有巨大的影响[1]。青藏高原生态系统每年创造的服务价值达 9363.9 亿元，占全国生态系统每年服务价值的 16.7%，占全球生态系统服务价值的 0.61%[2]。青海省地处黄河、长江、澜沧江和黑河"四江之源"，素有"中华水塔"之称。黄河、长江、澜沧江、黑河从青海省内出境的径流量分别占到其总量的约 50%、25%、15% 和 43.58%。源头地区的生态环境质量不仅影响包括青海省内的广大青藏高原地区，而且直接影响这些大河的水量和水质。青藏高原地区是我国重要的生物多样性分布区，包括可可西里、江河源头地区在内的许多无人居住区，分布有许多适应高寒生态条件的、世界特有的动植物种类，是我国重要的生物基因资源宝库。因此，青海省生态环境不仅关系到区域内社会经济的可持续发展和人民生活水平，而且关系到江河中下游地区的生态环境质量，是国家生态环境建设的战略要地[3]。2014 年 10 月 29 日，《青海省生态文明先行示范区建设实施方案》获国家发展和改革委员会等六部委正式批复，青海省列入国家首批生态文明先行示范区。同年，根据党的十八届三中全会明确提出"建立国家公园体制"，国家林业局将青海省纳入国家公园建设试点，青海省的生态地位和生态安全问题被列入国家生态安全战略议程。

青海省旅游业发展起步较晚，前期发展滞后，近 20 年来大量旅游者的进入，从一定程度上加剧了青海省的生态环境压力。在现代管理技术条件下，生态旅游是一个地区资源与环境、社会和经济可持续发展的最佳运作形式[4]。生态旅游战略的实施及其理念的推广，是旅游业对青海省环境保护责任的使命性担当，也是旅游业对生态文明理念的时代性担当。纵观青海省旅游发展历程，生态旅游从一定程度上得到了重视，但在发展过程中也存在一些问题。本章力图从青海省生态旅游发展历程中发现问题、总结经验，并提出青海省生态旅游业未来发展的战略性建议。

41.2 青海省生态旅游发展的基础：天然的优势旅游资源

受地质构造运动控制，青海省地势高耸且高差悬殊、地貌类型复杂多样、垂直地带性明显，山地、高原、盆地等地貌在青海省都有典型分布[5]，加之物种丰富，为青海省生态旅游发展提供了良好的自然资源基础。据考古发现，在距今 3 万年前的旧石器晚期，青海省的先民就在这片广袤的土地上繁衍生息[6]。目前，青海省共有 33 个少数民族。截至 2011 年，少数民族人口为 264.32 万人，占全省人口的 46.98%。悠久的人类居住历史及多民族聚集现状，为青海省生态旅游发展提供了良好的人文环境基础。

鉴于目前国内外关于生态旅游概念、内涵及评价标准的非统一状态，本章在学习前人研究成果的基础之上，认为生态旅游资源就是以自然生态景观和叠加在自然生态景观上的人文生态景观为吸引物，能够满足生态旅游者的生态旅游体验需求，并能为旅游业所利用而促进当地可持续发展的生态旅游的客体[7]。同时，对生态旅游资源的界定倾向于我国现有体制中的自然保护区、森林公园、地质公园、自然型风景名胜区、湿地公园等，认为"农业旅游示范区""非物质文化遗产"及重要的人类文化遗址也属于生态旅游资源范畴。根据此标准，本章对青海省重要的国家级生态旅游资源做了初步统计，共有国家级自然生态旅游资源 30 处，人文生态旅游资源 32 处（表 41.1）。此外，青海省还有国家重点文物保护单位 44 处，大量文物保护单位位于生态旅游资源所在地。

总体来看，青海省的生态旅游资源数量较多，级别较高，三江源、青海湖、热贡艺术等资源在国内外都具有垄断性。优势鲜明的旅游资源，使青海省生态旅游的发展具备得天独厚的资源基础。

表 41.1　青海省国家级生态旅游资源一览表

自然生态旅游资源	自然保护区	循化孟达自然保护区
		青海湖自然保护区
		可可西里自然保护区
		隆宝自然保护区
		三江源自然保护区
	森林公园	北山国家森林公园
		大通国家森林公园
		坎布拉国家森林公园
		群加国家森林公园
		祁连国家森林公园
		麦秀国家级森林公园
		哈里哈图国家森林公园
	地质公园	坎布拉国家地质公园
		年宝玉则国家地质公园
		北山国家地质公园
		昆仑山国家地质公园
		贵德国家地质公园
		青海湖地质公园
		玛沁阿尼玛卿山地质公园
	湿地公园	贵德黄河清国家湿地公园
		西宁湟水国家湿地公园
		洮河源国家湿地公园
		玛多冬格措纳湖国家湿地公园（2015 年试点）
		都兰阿拉克湖国家湿地公园（2015 年试点）
		乌兰都兰湖国家湿地公园（2015 年试点）
		德令哈尕海国家湿地公园（2015 年试点）
		玉树巴塘河国家湿地公园（2015 年试点）
		天峻布哈河国家湿地公园（2015 年试点）
		祁连黑河源国家湿地公园（2015 年试点）
		互助南门峡国家湿地公园（2015 年试点）

续表

		格萨尔（青海省）
		拉仁布与吉门索（互助土族自治县）
		老爷山花儿会（青海省大通回族土族自治县）
		丹麻土族花儿会（青海省互助土族自治县）
		七里寺花儿会（青海省民和回族土族自治县）
		瞿昙寺花儿会（青海省乐都县）
		藏族拉伊（青海省海南藏族自治州）
		锅庄舞（玉树卓舞）（青海省玉树藏族自治州）
		弦子舞（玉树依舞）（青海省玉树藏族自治州）
		锅庄舞（白龙卓舞、卓干玛）（青海省称多县、囊谦县）
	非物质文化遗产	土族於菟（青海省同仁县）
人文生态旅游资源		藏戏（黄南藏戏）（青海省黄南州藏族自治州）
		藏戏（青海马背藏戏）（青海省果洛藏族自治州）
		皮影戏（河湟皮影戏）（青海省）
		贤孝（西宁贤孝）（青海省西宁市）
		藏医药（青海省藏医院 金诃藏药业公司）
		土族盘绣（青海省互助土族自治县）
		塔尔寺酥油花（青海省湟中县）
		热贡艺术（青海省同仁县）
		灯彩（湟源排灯）（青海省湟源县）
		加牙藏族织毯技艺（青海省湟中县）
		土族纳顿节（青海省民和回族土族自治县）
		热贡六月会（青海省同仁县）
		土族婚礼（青海省互助土族自治县）
		撒拉族婚礼（青海省循化撒拉族自治县）
		那达慕（青海省海西蒙古族藏族自治州）
		循化县撒拉族绿色家园
		互助县古城村
	农业与乡村旅游示范点	贵德县全国休闲农业与乡村旅游示范县
		大通县桥头镇向阳堡特色果品种植观光休闲基地
		乐都县洪水坪生态农业旅游观光园
		西宁乡趣农耕文化生态园

41.3　青海省生态旅游发展历程：政府主导下的积极作为

青海省旅游业发展起步较晚，长期以来，在我国旅游业发展中所占市场份额较低。20 世纪 90 年代中期以后，青海省旅游业进入跨越式发展阶段，入境旅游者由 1996 年的 10421 人次增加到 2014 年的 50535 人次，旅游外汇收入由 1996 年的 205 万美元增加到 2014 年的 2574 万美元（图 41.1）。但是，青海省旅游业长期在我国入境旅游市场中所占市场份额不足 1%，而生态旅游是从国外兴起的旅游方式，比较成熟的生态旅游者以国外游客居多，入境旅游市场的狭窄从一定程度上说明青海省的生态旅游发展较为缓慢，究其原因，有多方面的因素。事实上，在青海省旅游业发展进程中，各级政府对生态旅游给予了高度关注，并提供了良好的政策支持和顶层思路指导。自 1999 年国家旅游局提出"生态环境旅游"主题，青海省重要的旅游规划及历届旅游发展大会，都将生态旅游作为重要问题提到议事日程。从以下的青海省生态旅游发展历程代表性事件中可以得到见证。

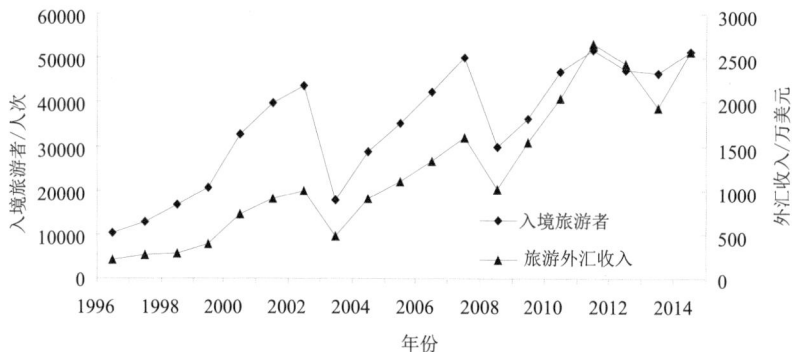

图 41.1　1996—2014 年青海入境旅游及旅游外汇收入情况

1）2000 年，发布《青海省旅游业发展与布局总体规划（2001—2020 年）》。规划明确提出要遵循"保护第一，以发展促保护"的总体思路，在保护的基础上进行科学合理适度开发，保护好高原自然生态环境和多民族、多宗教、多文化的特色的规划原则；提出力争在 2005 年以前，把青海省建设成为全国著名的高原特色生态旅游目的地和避暑旅游基地的规划目标。该规划的编制开启了青海省旅游发展的新篇章，使旅游发展成为政府积极引领发展的产业之一，生态旅游的概念引起了广泛的关注。

2）2005 年 4 月，青海省召开首次旅游发展大会。国家旅游局局长在大会讲话中指出，青海省旅游业发展的实践经验之一，就是充分发挥资源和区位优势，使旅游业竞争力明显提升。"自然景观独具特色、民族风情绚丽多彩、历史文化和宗教文化悠久浓郁"是青海省的资源优势，也是青海省发展旅游业的重要依托。"中华水塔"三江源自然保护区、"鸟类天堂"青海湖、高原珍稀动物王国可可西里及塔尔寺等佛教圣地，都是高品位的旅游资源。这次大会，吹响了青海省旅游业快速发展的号角，同时，也意味着青海省自然旅游资源及人文旅游资源的优势进一步得到肯定，而这些资源，恰恰是发展生态旅游业重要的基础。

3）2007 年 8 月，青海省召开第二次旅游发展大会。会议明确提出建设高原旅游名省的战略，指出建设高原旅游名省，就是用科学发展观统领旅游发展全局，以优势旅游资源为依托，突出特色旅游、生态旅游、健康旅游、文化旅游，整合区域内的各类旅游资源，加快基础设施和配套设施建设，着力打造环青海湖民族文化体育旅游圈、环西宁"中国夏都"旅游圈，形成黄河上游水上明珠旅游带、昆仑文化世界顶级旅游带，培育青藏铁路旅游线和青藏高原生态旅游区。此次大会的召开及形成的决议，对生态旅游的重视提升到空前高度。会议之后，《三江源生态旅游规划》进入筹备和考察阶段。

4）2007 年 12 月，《青海省三江源地区生态旅游发展规划》编制合同签订暨项目启动仪式在西宁举行。根据规划编制的内容纲要，三江源地区生态旅游包括自然生态旅游和文化生态旅游两个方面，该规划将对这一地区的旅游资源进行科学评价，明确三江源地区生态旅游的发展战略与主题形象定位，以及产品开发方向、特色和主要内容，明确生态旅游资源与环境保护的范围和保护措施。2008 年 12 月，该规划通过评审，并逐步进入实施阶段。由于规划区的重要生态地位及规划文本的科学性，该规划研究成果在 2010 年获得国家科技进步二等奖。该规划的编制和实施，最大的成效就是三江源地区发展生态旅游成为政府、学界、社区居民等的共识。

5）2009 年 6 月，青海省第四次旅游发展大会召开。宋秀岩指出，在规划建设的方向上，要坚持统一规划，体现特色，把旅游项目与文化、体育、生态项目有机对接融合起来，突出抓好旅游基础设施和配套服务设施建设工作，坚持原生态、人性化的理念，让游客切身感受到青藏高原神奇壮美的自然魅力。在规划建设的重点上，超前策划一些以高原自然风光、生态旅游、民族风情、宗教文化为重点的优质旅游项目。

6）2009 年 8 月，中国青海国际生态旅游论坛在西宁举办。论坛的中心议题包括高原与山地生态旅游发展模式、中国特色的生态旅游区建设标准、生态旅游产业体系构建、生态文明与生态旅游、青藏高原生态旅游发展战略等。青海省旅游局局长围绕实施生态立省战略，建设高原特色生态旅游目的地在大会做了系统分析性发言。此次会议的召开，在青海省生态旅游发展历程中具有里程碑意义，进一步推动了青海省生态旅游理论及实践探索的进程。

7）2011 年 5 月，《青海省旅游业"十二五"发展规划》出台。该规划对青海旅游业重新定位：将旅游业培育成为推动青海省实现跨越发展、绿色发展、和谐发展、统筹发展的战略性支柱产业；将青海省建设成以"生态、体验、特色文化"等为主题的时尚旅游新高地，力争建成全国生态旅游和低碳旅游试点省、旅游体制机制试点省。2011 年 5 月，青海省召开了第五次旅游发展大会。会议强调落实"十二五"期间的旅游发展目标，目标之一就是要以"树形象、提品质、增效益"为目标，发掘历史文化、依托民俗文化、凸显生态文化、融合宗教文化、开发体育文化，积极探索文化与旅游结合的有效途径，走以文化支撑旅游的内涵式发展道路，集中力量提升青海省旅游文化软实力，塑造"大美青海"新形象。

8）2015 年 8 月，青海省召开了第六次旅游发展大会。郝鹏省长讲话指出，强力推进旅游产业发展，把"大美青海"品牌打造得更加响亮，把青海省建设得更加和谐美丽，把旅游业培育成为国民经济的战略性支柱产业和令人民群众更加满意的现代服务业，把青海省打造成为民族特色文化旅游目的地、国家生态旅游目的地、丝绸之路战略支点上黄金旅游目的地。会议部署了"十三五"期间的 8 项重点工作之一，就是要加快产业转型升级，促进旅游业与相关产业互动发展，促进旅游与文化深度融合，促进旅游开发与生态保护协调并重。同时，强调围绕"持续打造大美青海，努力建成旅游名省"，突出"一圈三线三廊道三板块"旅游发展格局，抓住三江源、昆仑山、大年保玉则生态旅游品牌，积极融入大香格里拉、大九寨、大河西走廊环线旅游圈，构建国际特色生态旅游目的地。

在政府的高度重视及历届旅游发展大会思想的指导下，青海省的生态旅游产业得到了充分的重视，并逐渐成为实现青海省生态文明建设的重要产业，在国家生态文明先行示范区建设中担当着重要的角色，一批重要的生态旅游项目也得到实施，并取得了一定的效果。2014 年，青海湖景区、大通老爷山—鹞子沟旅游区入选国家旅游局第二批生态旅游示范区名单。

2009 年之后，在前期旅游资源评价等研究的基础之上，学术研究对青海生态旅游的关注度进一步加强。卓玛措主持的国家社会科学基金项目《青海南部高原藏区生态旅游环境承载力及社区参与研究》获批，并丁 2015 年结题。一些级别较高的学术论文也相继出现。例如，卓玛措等对青南高原的社区参与角度对推动生态旅游健康发展进行了研究[8]，陈蓉等对青藏高原的生态旅游空间结构进行了研究[9]，蒋贵彦等对青南高原藏区生态旅游空间承载力进行了测算[10]，田大江以青海湖为例对生态旅游形象定位问题进行了研究[11]，唐承财等在对青海黄河大峡谷生态旅游资源评价的基础上提出开发策略[12]。学术研究动向表明，青海省的生态旅游开发在不断深化。

41.4　青海省生态旅游发展存在的问题与发展策略

41.4.1　存在的问题

（1）主导思想与生态旅游实践脱节

在长期的政府主导发展局面之下，在旅游业发展战略及景区开发等方面，各界对生态旅游的重视提升到了一定层次，但同时也存在严重的生态旅游理念与现实脱节的情况。政府主导下的发展模式，加之旅游系统的复杂性，导致政府主观愿望与生态旅游业实践产生巨大落差。事实上，青海省的旅游业实践在一定程度上仍停留在大众旅游时代，旅游产品仍然以传统的观光旅游为主，团队游客居多，生态旅游在一定程度依然是一个概念性问题或成为旅行社招揽游客的"标签"。

（2）生态旅游目的地形象模糊

旅游形象是吸引旅游者的关键因素，也是影响旅游者行为的重要因素。近年来，青海省创造性地推广"大美青海"旅游宣传口号，并在营销方式上采取多种方式，取得了积极的成效。但是，生态旅游目的地形象比较模糊，尤其是主要支撑景区形象体系的构建仍处于探索阶段，没有明晰富有吸引力的形象，影响了国内外生态旅游者的认知及决策行为。

（3）旅游供给系统缺乏生态性

旅行社、饭店、交通和景区是旅游供给系统的重要组成部分，严格意义上的生态旅游，对这几个行业有严格的要求。例如，旅行社要设计组合生态旅游线路、培育能肩负生态教育功能的导游；饭店的生态化要求在运行机制、经营方式、资源利用等方面都体现低能耗的基本生态理念；交通的生态化也要求低排放、低污染；景区的生态化要求在景区管理及游客教育方面都有严格的标准。目前，青海省的旅游景区的生态化开发方面取得了一定进展，但是旅游饭店、旅行社及交通的生态性不容乐观，绿色饭店及生态饭店在青海省几乎不存在，旅行社的经营方式依然是单纯追求经济效益的传统方式，区域内公路交通的环保车辆数量很少，很多景区内部交通也未实现生态化。整体上，旅游供给系统的生态性严重缺乏，与生态旅游目的地的发展愿景的要求相去甚远。

（4）生态旅游发展中忽视社区参与

社区参与是生态旅游的内涵之一。社区参与对于生态旅游不是"应当"，而是"必须"[13]。在青海省生态旅游发展历程中，社区参与从无到有，虽然如今许多社区居民参与生态旅游，但社区参与生态旅游仍处于个别参与的萌芽阶段。无论是生态旅游的规划，还是景区项目的开发经营与管理，忽视社区参与成为普遍现象，由此衍生出的不良现象影响了景区的可持续发展。

（5）景区环境教育功能不明显

对旅游者、社区居民及管理者进行环境教育和培育，是生态旅游景区的重要功能。就目前青海省已经建成和在建的生态旅游景区来看，景区的环境教育功能并未得到良好体现，表现在以下方面：①景区的环境解说系统不完善，标志牌、导游系统不完备，景区的生态展览、展示点较少；②对社区居民的引导和环境培育还未完全纳入景区管理范畴；③能激发旅游者环保意识，并产生积极环境教育效果的参与性旅游项目较少。

41.4.2 青海省生态旅游发展策略

（1）生态项目落地，实现从理念到实践的转化

相对于传统的大众旅游，生态旅游是一种新的旅游方式，其概念、内涵和形式都区别于传统旅游方式，在可持续发展及生态文明建设进程中肩负重要使命。青海省生态旅游业的发展带有自上而下执行的色彩，其理念从政府的主导推向旅游业实践，对旅游业、旅游从业者、旅游者都提出了新的要求，从一定层面对社会发展的文明程度也提出了要求，这些问题是短期之内难以解决和实现的。因此，在政府层面，作为旅游项目的主要管理群体和生态旅游的调控体，在从规划出台到项目建设的过程中，用严格的生态旅游标准大力促成项目落地，并严格监管项目的运行状况，以此作为青海省生态旅游从理念到实践运作的突破口。

（2）整合优化要素，塑造生态旅游形象

整合最能代表和体现青海生态旅游的要素，如典型的生态旅游资源中的三江源、可可西里、青海湖、藏文化等要素，重选设计、组合、定位青海生态旅游形象，提出响亮的青海省生态旅游口号，打造

青海省生态旅游标志物，开发青海省生态旅游系列产品，形成立体化、全方位、高等级的生态旅游产品体系。通过多种渠道进行生态旅游专项营销，向旅游市场传播鲜明的青海省生态旅游形象，为青海省成为国际国内知名的生态旅游目的地奠定基础。

（3）完善旅游供给，实现旅游产业生态化

根据生态旅游供给系统的绿色化、清洁能源、环境保护等多方面的要求，在生态旅游供给系统中采用新的清洁能源、循环理念、高新排污处理技术等有利于环境保护的举措，建设生态化的旅游供给系统。大力提倡使用清洁能源的区域内交通车辆，使用环保型景区交通工具及人力、畜力等景区交通方式；引进和建设绿色酒店，发展循环生态景区，在企业内部使用可循环利用的耗材及能源；在旅行社等旅游企业推行体现生态旅游理念的企业文化。

（4）强调社区参与，注重社会功能

通过积极的社区参与举措，将社区居民参与生态旅游利益分配，通过共享生态旅游利益，激发其参与旅游的积极性，引导社区居民认识旅游开发与社区经济发展、社会进步的双赢性。通过培训，加强社区人员的责任心，并利用社区人力资源担负起对旅游者的部分管理功能。生态旅游在促进社区经济社会发展方面有积极作用。

（5）加强环境教育，保护与开发同步

青海省生态旅游系统是天然的环境教育场所。通过生态旅游开发，加强环境教育，在培育社区居民、普通居民、旅游者等方面起到积极作用，是生态旅游在环境保护方面的责任体现。在生态旅游发展初期，以景区作为基本的教育场所，可通过环境解说系统的完善、生态旅游产品的多样化开发、利用"互联网+"等技术，为旅游者提供生动的、可参与的、丰富多彩的生态旅游项目，既实现旅游者的旅游需求，又实现环境教育、环境保护的多重目标。

（6）牺牲短期利益，建设全域生态旅游目的地

全域生态旅游目的地的建设，在思路转变及旅游业经营方式等方面有更高的要求[14]。结合青海省的生态地位及生态文明先行示范区的机遇，继续在政府的主导下，通过开发规划方式、运营方式、旅游业管理等多方面的改革与创新，将青海省打造成一个限制高能耗传统旅游方式的全域生态旅游目的地，在短期之内，可能会牺牲眼前利益，但从长久来看，这将会是一种更能体现青海省特色、更能促进生态文明建设进程的旅游业可持续发展之路。

参 考 文 献

[1] 郑度，李炳元. 青藏高原地理环境研究进展[J]. 地理科学，1999，19（4）：295-302.

[2] 谢高地，等. 青藏高原生态资产的价值评估[J]. 自然资源学报，2003，18（2）：189-196.

[3] 贾敬敦，等. 青海生态环境变化与生态建设的空间布局[J]. 资源科学，2004，26（3）：9-16.

[4] 卢云亭. 生态旅游学[M]. 北京：旅游教育出版社，2004.

[5] 卓玛措. 青海地理[M]. 北京：北京师范大学出版社，2010.

[6] 崔永红，张得祖，杜常顺. 青海通史[M]. 西宁：青海人民出版社，1999.

[7] 陈蓉. 青藏高原生态旅游开发研究[D]. 西宁：青海师范大学，2009.

[8] 卓玛措，等. 社会资本视角下青南高原藏区生态旅游发展的社区参与研究[J]. 青海民族研究，2012，23（4）：58-63.

[9] 陈蓉，等. 青藏高原生态旅游空间结构研究[J]. 干旱区资源与环境，2012，26（2）：192-198.

[10] 蒋贵彦，卓玛措. 青海南部高原藏区生态旅游资源空间承载力研究[J]. 资源与产业，2013，15（4）：113-117.

[11] 田大江，等. 生态旅游形象定位研究：以青海湖为例[J]. 干旱区资源与环境，2012，26（4）：181-188.

[12] 唐承财，钟林生，陈屹松. 青海黄河大峡谷区生态旅游可持续发展策略[J]. 资源开发与市场，2013，29（3）：322-324.

[13] 佟敏. 基于社区参与的我国生态旅游研究[D]. 哈尔滨：东北林业大学，2005.

[14] 厉新建，张凌云，崔莉. 全域旅游：建设世界一流旅游目的地的理念创新：以北京为例[J]. 人文地理，2013，28（3）：130-134.

第42章 陕西生态旅游发展报告

杨晓俊　西安外国语大学旅游学院，西安

42.1　陕西省生态旅游发展回顾

42.1.1　起步阶段

我国在 1996 年对《中国 21 世纪议程：中国 21 世纪人口、环境与发展白皮书》进行了调整与修订，增加了生态旅游专项，对中国生态旅游的发展具有划时代意义，也标志着生态旅游在各地陆续蓬勃发展。陕西省最初的生态旅游是基于自然保护区的山水类生态旅游，涌现出一批山岳型旅游景区，如太白山国家森林公园、朱雀国家森林公园、翠华山国家地质公园等。随后在历史古迹和文物遗址保护与开发的推动下，人文生态旅游也发展起来。

42.1.2　发展阶段

（1）自我发展阶段

进入 2000 年以后，依托自然和人文生态旅游资源，借助于大型景区客源市场，附近村庄自主发展以餐饮观光为主的农家乐乡村旅游。在建设生态旅游接待示范村的过程中，住宿接待主要有以现有村寨为主建立的家庭旅馆模式，餐饮接待主要有以现有地方民俗为主的饮食模式，交通、导游及旅游商品购买、体验型娱乐接待均使用旅游区现有设施。这种方式一般以村集体经营为主，缺乏科学规划和环境保护意识。

（2）外来资本注入阶段

进入 2010 年后，随着国家生态文明建设和相关政策的扶持，陕西省加大力度实施秦岭生态区规划、河湖水系的治理和生态补偿措施。为尽快改善当地社会经济环境，陕西省旅游局扩大招商引资规模（如国内外企事业单位、非政府组织、政府、私人组织或其他实体），引入资本发展生态旅游，为旅游者提供适度的、实用而卫生的食宿条件和导游服务，在生态环境保护、基础设施改善方面做出一定贡献。该阶段生态旅游经营方式一般是集团化管理或者委托管理模式。

42.1.3　提升阶段

这一阶段陕西省生态旅游迎来集约化的发展阶段。在加大环境质量和服务设施提升力度同时，陕西省先后建立 15 处国家级自然保护区，46 处省级自然保护区。特别是随着社区参与和生态规划相关指标的实施，旅游设施及居民生活设施的空间设置缓冲地带、过渡地带、核心地带、居民生活区、旅游设施区、农林牧区等不同部分。在此基础上，陕西省重点对相关利益群体进行了利益分配机制的协调和监督。

42.2　陕西省生态旅游发展现状

42.2.1　区域地貌差异显著，自然生态景观多样

陕西省南北地理跨度较大，坐拥秦岭山脉、渭河平原和黄土高原，拥有丰富的自然旅游资源。全省以秦岭为界南北河流分属长江水系和黄河水系，主要有渭河、泾河、洛河、无定河和汉江、丹江、嘉陵江等。陕西省横跨 3 个气候带，南北气候差异较大。境内由北向南集塞上风光、黄土风情、草原景色和江南山水于一体，有以奇险著称的西岳华山，有常年积雪的太白山，有中国第二大瀑布壶口瀑布，有中国最大的沙漠水湖红碱淖，有中国最大的黄河湿地洽川风景区等一批高品位的自然景观，有世界珍稀动物大熊猫、金丝猴自然保护区等生态景点，是休闲度假旅游、生态旅游、科学考察的汇聚之地。

42.2.2　历史文化底蕴深厚，人文旅游资源丰富

陕西省是中华民族及华夏文化的重要发祥地。早在 80 万年前，蓝田猿人就生活在这里。陕西省是中国历史上建都时间最久的地方，历史文化旅游资源极为丰富，是中华民族文化的重要发祥地。坐落在陕北黄陵县的中华民族人文始祖轩辕黄帝陵，是凝聚中华民族的精神象征。

悠久的历史赋予陕西掘之不尽、观之不胜的文化遗产，形成了天然历史博物馆。秦始皇陵兵马俑被誉为"世界第八大奇迹"，明代西安城墙是中国保存最完好的古城墙，以及唐贵妃洗浴的地方华清池，还有大雁塔、小雁塔，西安碑林、司马迁墓、唐太宗昭陵、唐高宗乾陵等古迹，陕西历史博物馆、碑林博物馆、临潼华清宫等众多的博物馆，这些给陕西省的旅游提供了最佳的资源。此外，还有秦腔、农民画、剪纸、泥塑、皮影等独具特色的民俗文化，纯朴的陕北秧歌、民歌、信天游、腰鼓等，都以其独特的风格在国内外旅游市场上享有很高的知名度。

进入 21 世纪以来，陕西省旅游总收入一直保持着年均增长 20.7%的发展态势，比全省经济总量增长率高出 7.4 个百分点。2014 年，全省累计接待境内外旅游者 3.32 亿人次，其中生态旅游人数占国内外出游人数的 57.5%，比上年增长 16.5%；旅游总收入达到 2521.4 亿元，生态旅游收入占旅游总收入的42.38%，比上年增长 18.1%。生态旅游产业已站在新的起点上，跨入新的发展通道。

42.2.3　生态旅游发展迅速，空间地域特色鲜明

陕西省由于独特的地理环境，大秦岭生态旅游圈贯穿陕南和关中地区。在河湖水系环境治理和生态绿化的实施下，形成河湖水系湿地生态旅游及百里画廊景观。具体地域差异如下。

1）西安：重点发展生态休闲、田园养生、宗教朝觐旅游。

2）宝鸡：重点开发民俗与自然风光相结合的休闲旅游。

3）渭南：重点发展华山地质奇观旅游和黄河湿地生态游。

4）汉中：重点开发建设自然生态、珍稀生物、两汉三国文化相结合的休闲度假旅游。

5）安康：重点打造汉江生态旅游。

6）商洛：重点开发建设森林生态旅游。

7）延安：重点打造红色旅游和黄河生态游。

8）榆林：重点发展沙漠湖泊、丹霞地貌和人文生态游。

9）铜川：重点发展红色旅游和人文生态游。

42.2.4　政府引导和支持，生态旅游民生工程成果显著

陕西省政府根据国家相关规定，搬迁和转移生态脆弱地区内的村民，统一安置，提供就业培训和就

业指导，对中小旅游企业提供财政支持与政策扶持，并提供旅游产品与旅游服务培训。当地劳动力在生态旅游行业就业有优先权，根据劳动合同，维护当地居民利益，合理进行生态旅游业利益补偿。制定针对当地居民的生态旅游区就业培训计划，使当地居民有能力胜任不同就业岗位，如导游、售票员、门卫、中低层管理员等。

42.3 陕西省生态旅游发展的经验/创新

42.3.1 生态旅游发展提档升级，战略地位逐步扩大

在发展生态旅游的过程中，陕西省始终坚持保护优先、道德规范、可持续发展、教育与社区利益相结合的原则，在"十三五"期间提出生态旅游与当地的社会、经济、文化及环境一体化发展的战略方针，制定不同地区生态旅游发展重点，加快区域产业结构调整，提升区域生态旅游发展地位。

42.3.2 生态旅游建设精雕细琢，区域带动作用明显

（1）建立生态旅游资源评价体系

陕西省在原来生态旅游资源评价基础上，加大生态旅游资源评价的健康性、大众性、可持续性、传承性等指标，先后制定了《陕西省5A、4A级旅游景区评定管理办法》《旅游特色名镇评定标准》《乡村旅游示范村评定标准》。陕西省建立基于保护自然环境、可持续发展生态旅游的评价体系，使游客体验或生态旅游产品管理遵循生态、社会文化或经济可持续性的原则与实践。

（2）生态旅游规划设计

为使风景区实现利用、增值、保护的良性循环，陕西省在风景区开发初期和中期对风景区内整个生态系统进行了规划设计，以使景区的建设适应原有的景观格局、地形地貌不被破坏、山石水体不受污染、动植物生长不受干扰，保证风景区内生物多样性，使风景资源可持续利用和发展。通过对社区的授权，社区生态旅游不仅有利于生态系统的恢复与保护，而且有助于当地社区居民获取利益，保证生态旅游的社会文化效益和生态效益。

（3）建立生态旅游效应评价与信息反馈机制

建立生态旅游区普查档案，对生态旅游区的地质地貌、动植物物种、水文及自然环境的其他要素进行普查并分类。在生态旅游区发展过程中，陕西省组织相关研究机构对生态旅游的社会、经济、环境、生态影响进行有效评价。例如，2013年陕西省旅游环境调查研究中的专题：生态旅游环境调查研究[1]。从当地居民认知入手，调查居民对生态旅游区的自然环境、人文环境、社会环境的感知，分析生态旅游发展对当地的影响（表42.1～表42.3），提出相关整改建议和措施。

表42.1 居民对自然环境的感知
单位：%

调查因子	显著变差	适度变差	没有变化	适度改善	显著改善
野生动植物数量	29	23	13	24	11
水环境质量	34	24	16	15	11
空气质量	38	22	18	12	10
环境噪声	33	24	16	14	13
水土流失面积	28	22	15	19	16
植被覆盖面积	17	24	21	20	18
固体垃圾	35	28	11	17	9

续表

调查因子	显著变差	适度变差	没有变化	适度改善	显著改善
视觉舒适度	12	24	22	31	11
生态环境总体质量	22	23	22	16	17
当地居民的环保意识	11	22	19	30	18
当地政府治理力度	18	21	18	25	18

表 42.2 环境变化的表现（或原因）及其所占比重　　　　　　　单位：%

水质变差		空气质量变差		环境噪声变差		水质变好		空气质量变好	
表现	占比	表现	占比	表现	占比	表现	占比	表现	占比
颜色变浑浊	35.49	悬浮物增多	59.52	旅游开发施工	39.22	颜色变清澈	36.96	悬浮物减少	40.94
悬浮物增多	32.14	有气味	36.34	旅游者喧哗	20.43	悬浮物减少	32.61	气味减轻	45.24
有气味	24.84	其他	4.14	旅游交通噪声	32.78	气味减轻	21.72	其他	13.82
藻类大量繁殖	7.53	—	—	其他	7.57	藻类减少	8.71	—	—
总计	100	—	100	—	100	—	100	—	100

表 42.3 居民对人文环境影响的感知　　　　　　　单位：%

调查因子	显著变差	适度变差	没有变化	适度改善	显著改善
地方经济发展	11.54	13.82	12.23	48.14	14.27
就业机会	11.28	14.48	16.65	40.35	17.24
当地居民收入	11.95	13.37	14.43	38.49	21.76
外来投资	7.92	13.54	16.72	43.39	18.43
生活水平	12.47	10.12	14.23	42.37	20.81
贫富差距	23.58	19.75	15.82	31.68	9.17
基础设施	12.82	15.45	14.12	29.09	28.52
人际关系	18.45	23.73	20.47	24.19	13.16
妇女地位	4.61	12.56	19.73	32.26	30.84
犯罪率	19.26	24.73	17.89	30.07	8.05
黄赌毒现象	19.63	28.71	17.42	22.76	11.48
医疗服务	13.42	20.37	14.56	41.31	10.34
文化交流	7.52	13.64	18.24	47.82	12.78
道德标准	9.47	27.32	17.13	31.5	14.58
人们之间的信任程度	28.59	21.38	13.89	28.91	7.23
当地文物的保护与利用	6.82	17.45	26.41	30.94	18.38
传统文化的挖掘和保护	9.83	19.93	23.07	27.56	19.61
居民的思想观念	8.13	21.14	23.83	31.21	15.69

居民对人文环境的感知（表 42.3）数据分析可以得出，旅游能给当地带来的好处主要有带动当地经济发展、增加居民收入、改善生活水平、增加基础设施建设，特别是能提高当地妇女的地位、提高了医疗服务水平、促进了当地文物的保护与利用，有利于当地传统化的发掘与保护、促使当地居民的思想观念的提升等。

42.3.3 生态旅游品牌举世瞩目，生态旅游文化最接地气

陕西省通过网络征集旅游形象口号，打造"山水人文，大美陕西"品牌。通过"秦岭与黄河的对话"活动，展示陕西省的人文美、自然美、文化美。还有《大秦岭》纪录片的拍摄，从自然和文化的角度全面阐释秦岭生态符号。针对不同客源市场，按照"秦岭——中国的中央国家公园""终南山——世界文化名山""秦岭——宗教祖庭""秦岭——探险胜地""秦岭——度假胜地""秦岭——生态天堂"等主题打造系列产品，做大旅游品牌，扩大秦岭旅游的知名度。

区域乡村旅游亮点突出，形成地域品牌特色。截至目前共有 25 个国家级乡村旅游示范村。其中，关中民俗文化旅游体验地——袁家村；记得住乡愁的休闲体验旅游目的地——沙·沙河；有山有水有故事的文化旅游古镇——青木川；让游客有尊严、有品质、有温暖的民俗文化体验园——马嵬驿。这些国家级乡村旅游示范村使乡村旅游发展有灵魂、有文化、有内容，为美丽乡村建设拓宽思路，打开发展通道。

42.4 陕西省生态旅游发展出现的不足

42.4.1 基础薄弱

受地区经济水平制约，旅游区域发展不平衡，总体开发建设水平不高，生态旅游产业体系不健全，旅游基础设施、服务设施建设滞后。近些年，旅游道路建设发展很快，但区域内大的旅游交通环线和小区域旅游环线都没有形成，连接线、旅游专线严重不足，制约了旅游业的发展。区域内旅游自驾车营地、汽车旅馆、加油站、游客服务中心等设施还处在初建阶段，远远不能满足需要。

42.4.2 投入不足

陕西省生态旅游产品较为丰富，但投入严重不足，大项目建设始终裹足不前，缺少拳头产品，没有形成强大的影响力和吸引力，建成或在建项目都属于中等规模、中等投入、中等水平建设，难以取得突破性的发展。

42.4.3 旅游从业人员素质与休闲度假需求不相适应

陕西省旅游服务质量和水平与发达地区差距较大。旅游从业人员受教育程度普遍较低，整体素质良莠不齐，与倡导的人文生态旅游度假需求不相适应。

42.5 陕西省生态旅游发展的未来展望

42.5.1 合理布局，板块发展

大秦岭地域辽阔，人口众多，发展旅游业规划布局十分重要。陕西省应依托大秦岭地区的旅游资源，对大秦岭旅游的资源分配、交通体系建设、基础设施配套、服务功能完善给予合理布局、全面建设、产业化发展。同时，陕西省应重点发展华山板块、骊山—王顺山板块、终南山板块、太白山板块、嘉陵江板块、金丝峡板块、瀛湖板块、南宫山板块、汉江板块、长青板块、汉中三国板块、黎坪板块，以板块促发展[2]。

42.5.2 成立统一机构，加强管理，形成合力

建议打破现有的行政区限制，跨区域进行旅游联合开发。陕西省政府到各市、县政府必须适度进行

权限的集中，统一管理。成立陕西省旅游发展管理委员会，由主管旅游的副省长担任委员会主任，由发改委、财政、旅游、林业、环保、建设、国土、文物、交通、水务等单位组成，负责对全省生态旅游业的发展进行宏观调控和统一管理，就陕西省生态旅游产业发展的战略、规划、政策等重大问题进行研究，加强对旅游景区开发建设的督促、检查和指导，协调解决秦岭旅游所涉及的各行业、企业和旅游经营者的发展问题，统一包装、联合促销，形成旅游发展的合力。

42.5.3　加大教育培训力度，不断提高从业人员素质

通过"走出去、请进来"等方式，采取在岗培训与离岗培训、人才引进与双向交流等多种办法，加强对旅游从业人员的业务培训，有效提升管理和服务人员的发展理念、经营水平和服务意识，牢固树立游客至上的观念，强化服务就是产品、服务就是形象的思想，为全面提高旅游产品质量、打造精品景区、加快大秦岭旅游开发提供人才保障。

参 考 文 献

[1] 高万辉，等. 陕西旅游环境调查研究[M]. 西安：西安交通大学出版社，2015.

[2] 陕西省旅游局. 陕西旅游发展报告[M]. 西安：陕西旅游出版社，2015.

第43章 甘肃生态旅游发展报告

王文瑞　田璐　兰州大学资源环境学院，兰州

43.1　甘肃省自然生态旅游发展回顾

甘肃省地处中国西北，东接陕西、西邻新疆，东西长达 1665km，南北最宽仅为 530km，狭长形的政区空间格局在全国地图上格外显眼。正因此，甘肃省地跨多个地貌单元和气候区，为开展以自然旅游资源为基础的生态旅游提供了得天独厚的条件，因而甘肃省号称旅游资源大省。甘肃省旅游业的特点之一是历史文化遗产类旅游长期占据主导地位，自然生态类旅游开发较晚。按照自然生态类旅游景区的开发和知名度的提升进度，可以将甘肃省生态旅游发展划分为如下 2 个阶段。

（1）20 世纪 80—90 年代末

此阶段甘肃省旅游资源开发绝大部分重点在历史文化遗产类，自然生态类旅游开发很少。依托丝绸之路沿线的石窟、长城、佛寺和古墓葬等文化遗产的旅游开发居多，自然类旅游资源开发较少，如敦煌莫高窟及敦煌附近的鸣沙山—月牙泉、平凉崆峒山等。此阶段总体上表现为自然生态旅游逐步开发但不占主要地位。

（2）21 世纪初至今

在全国生态旅游大潮的驱动下，甘肃省开始重视并快速开发诸多以自然旅游资源为主体的生态旅游产品，特别是依托国家级自然保护区和森林公园等已有较高知名度的旅游资源开展自然生态旅游活动。虽然甘肃省旅游从资源单体数量来说仍然是人文类旅游资源占据多数，但自然生态类旅游景区的知名度提升速度很快，这与国内旅游需求快速增长和区域均衡增长需要而采取拓宽市场的政策有关。除了上述被动带动发展的自然景观类景区外，依托优势资源而生长的自然类旅游景区开始出现，如临潭县的冶力关森林公园、景泰黄河石林、宕昌县官鹅沟、漳县贵清山—遮阳山等景区。

总体来看，甘肃省生态旅游发展相对缓慢，在近 30 多年的发展中，历史文化类的旅游占主导地位，近 10 年以自然景观为基础的生态旅游正在逐步开展。

43.2　甘肃省生态旅游发展现状

目前，甘肃省对生态旅游的概念和理解仍存在较大差异。本章仍按照传统对生态旅游特征的表达来分述区域生态旅游发展情况。生态旅游至少涉及 4 个方面，即自然性、保护性、科学教育和促进社区发展方面。

43.2.1　生态旅游资源类型及特色

自然类旅游资源的多样性是甘肃省生态旅游的基本特征。由于甘肃省地跨全国三大气候单元，即青

藏高原高寒区、东部季风区和西北干旱区，同时也连接着多个地貌单元，如库姆塔格沙漠、祁连山、巴丹吉林沙漠和腾格里沙漠、甘南高原、黄土高原、秦岭山地和六盘山山地等多种类型，在此基础上提供了多样的自然旅游资源，具有特色的自然旅游资源包括沙漠、雅丹、丹霞、冰川、草原、干旱区湿地湖泊、山地森林等。这些自然生态类旅游资源所依托的自然保护区、森林公园、湿地公园等如图 43.1 和表 43.1～表 43.3 所示。

（1）沙漠类旅游景区

沙漠类旅游景区包括敦煌的鸣沙山—月牙泉、武威沙漠主题公园和腾格里沙漠、张掖国家沙漠公园等。沙漠类景区主要开展娱乐类和观光类旅游活动，如鸣沙山滑沙、骆驼骑乘及各种沙漠汽车越野活动，武威沙漠公园和连古城保护区提供沙漠生物认知、沙漠化治理和生态保护等科普教育，张掖沙漠公园提供沙漠汽车拉力赛等。

（2）冰川旅游景区

冰川旅游景区包括肃南县的七一冰川、肃北县的透明梦柯冰川和武威附近的冷龙岭冰川等。其主要以冰川观光为主，兼具理解气候变化下冰川退缩和内陆河流域水资源变化的生态教育功能。

（3）雅丹旅游景区

雅丹旅游景区主要有敦煌雅丹地貌国家地质公园，位于敦煌市以西 180km 与新疆交界处，是罗布泊边缘地带典型的风蚀地貌景观，以观光为主。

（4）丹霞和彩色丘陵旅游景区

丹霞景区主要包括张掖冰沟丹霞景区、天水麦积山和仙人崖丹霞景区、永靖炳灵丹霞景区、兰州天斧沙宫丹霞景区。彩色丘陵景区包括张掖彩色丘陵景区、兰州附近的树屏彩色丘陵景区和苦水彩色丘陵景区。甘肃省由于地处西北而干旱少雨，导致植被覆盖度较低，因而丹霞和彩色丘陵的地貌特征呈现度很好、可观赏性高。

（5）草原旅游景区

草原旅游景区主要包括青藏高原东缘的甘南高原及祁连山北麓的山丹军马场大马营草原。例如，夏河桑科草原、玛曲草原等高原草原景区，融合藏民族风俗而得到较早开发，也是距离较近且可达性好的高原草原景区。位于祁连山北麓的山丹军马场大马营草原景区等，近几年开展了油菜花观赏季节性旅游活动。

（6）湿地湖泊类景区

湿地湖泊类景区位于干旱区的河西走廊的内流河流域，湿地往往与干旱环境形成鲜明的对比而具有较好的吸引力，如敦煌西湖、阳关湿地、张掖黑河湿地等，内陆河流域湿地为理解干旱区水资源利用与生态环境冲突关系最好的例证，提供了生态教育的功能。

（7）山地森林景区

在祁连山、陇南及甘肃中东部黄土高原上间或分布着诸多山地森林景观，为植被覆盖率较低的黄土高原上点缀了绿色，但就全国来说这种景观并没有明显的特色和垄断性，因而一般仅具有地方性吸引力。但在与历史文化遗产类组合较好的山地森林类旅游地具有较高知名度，如平凉崆峒山。

目前，甘肃省获得批准的国家级森林公园、国家级自然保护区和国家级湿地公园见图 43.1 和表 43.1～表 43.3（数据截至 2014 年年底）。这些国家级的公园大部分开展了不同程度的旅游活动。

图 43.1　保护区和森林公园分布图

表 43.1　甘肃省国家级森林公园（截至 2014 年）

名称	批复时间	名称	批复时间
永登县吐鲁沟国家森林公园	1992-09	大峪国家森林公园	2003-12
和政县松鸣岩国家森林公园	1992-09	沙滩国家森林公园	2003-12
兰州市石佛沟国家森林公园	1992-09	腊子口国家森林公园	2003-12
徐家山国家森林公园	1992-11	官鹅沟国家森林公园	2003-12
庄浪县云崖寺国家森林公园	1992-11	文县天池国家森林公园	2005-12
小陇山麦积国家森林公园	1997-12	莲花山国家森林公园	2005-12
贵清山国家森林公园	1996-08	寿鹿山国家森林公园	2005-12
渭河源国家森林公园	2000-12	庆城县周祖陵国家森林公园	2005-12
鸡峰山国家森林公园	1999-05	小陇山国家森林公园	2005-12
天祝三峡国家森林公园	2002-12	大峡沟国家森林公园	2005-12
冶力关国家森林公园	2002-12	甘肃子午岭国家森林公园	2015-01

表 43.2　甘肃省国家级自然保护区（截至 2014 年）

保护区名称	主要保护对象	类型	始建时间
连城	森林生态系统及祁连柏、青杆等物种	森林生态	2001-04
兴隆山	森林生态系统及马麝等野生动物	森林生态	1986-01
民勤连古城	荒漠生态系统及黄羊等野生动物	荒漠生态	1982-01
张掖黑河湿地	湿地及珍稀鸟类	内陆湿地	1992-12
太统—崆峒山	温带落叶阔叶林及野生动植物	森林生态	1982-01
甘肃祁连山	水源涵养林及珍稀动物	森林生态	1987-01
安西极旱荒漠	荒漠生态系统及珍稀动植物	荒漠生态	1987-06

续表

保护区名称	主要保护对象	类型	始建时间
盐池湾	白唇鹿、野牦牛、野驴等珍稀动物及其生境	野生动物	1982-04
安南坝野骆驼	野骆驼、野驴等野生动物及荒漠草原	野生动物	1982-12
敦煌西湖	野生动物及荒漠湿地	野生动物	1992-12
敦煌阳关	湿地生态系统及候鸟	内陆湿地	1994-10
白水江	大熊猫、金丝猴、扭角羚等野生动物	野生动物	1963-01
小陇山	扭角羚、红腹锦鸡等野生珍稀动植物	野生动物	1982-11
太子山	水源涵养林及野生动植物	森林生态	2005-01
甘肃莲花山	森林生态系统	森林生态	1982-12
洮河	森林生态系统	森林生态	2005-02
尕海—则岔	(《国际重要湿地名录》)黑颈鹤等野生动物、高寒沼泽湿地森林生态系统	森林生态	1982-09
黄河首曲	珍稀鸟类	野生动物	1995-11
秦州大鲵	大鲵及其生境	野生动物	2010-07

注：兴隆山于 2013 年被列入国家生态旅游示范区，同年还有甘南州当周草原国家生态旅游示范区；太统—崆峒山于 2014 年被列入国家生态旅游示范区；尕海—则岔于 2011 年被列入《国际重要湿地名录》。

表 43.3　甘肃省国家湿地公园（截至 2014 年）

名称	行政区域	批准时间
张掖国家湿地公园	张掖市甘州区	2009
兰州秦王川国家湿地公园	兰州市永登县	2011
民勤石羊河国家湿地公园	武威市民勤县	2013
文县黄林沟国家湿地公园	陇南市文县	2013
康县梅园河国家湿地公园	陇南市康县	2014
嘉峪关草湖国家湿地公园	嘉峪关市长城区	2014
酒泉花城湖国家湿地公园	酒泉市肃州区	2014

注：张掖国家湿地公园于 2015 年被列入《国际重要湿地名录》。

43.2.2　生态旅游与社会发展

相对大众旅游，生态旅游的重点之一是寻求更多机会提升当地社区福利和真正提高社区居民生活水平。甘肃省属于经济发展较为落后的省份，减贫任务艰巨，发展旅游业可以起到一定的减贫作用，甘肃省已开发的以自然资源为基础的旅游地在社区减贫方面初见效果。

（1）生态旅游发展辐射乡村旅游

以自然环境为基础的生态旅游一般发生在远离城市的城郊、农村和荒野。目前，大部分生态旅游景区周边不同程度地出现以农家乐为基本形式，以餐饮、休闲茶座、小商品购物乃至住宿为服务内容的社区参与旅游方式。2015 年 8 月 12 日，国家旅游局公布了乡村旅游"千千万万"品牌名单，其中甘肃省的中国乡村旅游模范村有 27 个，中国乡村旅游模范户 30 个，中国乡村旅游金牌农家乐 300 个。这从侧面反映出旅游景区对农村社区发展的辐射带动作用。在 27 个模范村中，诸多村落是依托自然生态旅游景区的辐射，如表 43.4 所示。在此基础上，甘肃省 2015 年已建成旅游示范村 42 个，旅游专业村 447 个，农家乐 9115 户，带动农民就业 9.45 万人，乡村旅游消费年收入达 46.5 亿元[1]。

表43.4　甘肃省部分"中国乡村旅游模范村"及其依托的生态旅游景区

村名	依托的生态旅游景区
张掖市临泽县倪家营镇南台村	张掖丹霞国家地质公园
酒泉市敦煌市月牙泉镇月牙泉村	鸣沙山—月牙泉风景名胜区
定西市漳县大草滩乡新联村	遮阳山景区
临夏州康乐县莲麓镇足古川村	莲花山国家级自然保护区
甘南州临潭县冶力关镇池沟村	冶力关国家森林公园
甘南州迭部县益哇乡扎尕那村	扎尕那风景区

（2）乡村旅游改变社区从业结构

农村社区在旅游的带动下，在农业产业机构、就业结构和生活方式都发生了明显的改变。以甘肃张掖丹霞国家地质公园彩色丘陵景区附近的倪家营镇南台村为例，截至 2015 年，该村为了配合景区美化，在景区周边种植花卉，为开展农家乐服务而种植果园 400 亩，改变了过去以种植玉米为主的农业结构，从传统农业转向了观光农业。此外，经营能力较强的农户购买旅游观光车 43 辆，从事景区旅游服务工作，发展住宿、餐饮、娱乐等经营性农家乐 74 户，修建商住两用别墅 8 栋 16 户，开发了奇石、根雕、手工编织等高附加值的旅游商品 20 多种，农民经历了从单纯的农业生产转变为农业旅游服务的角色变化。2015 年 1—8 月全镇共接待游客 70.4 万人次，同比增长 63.9%[2]。农民的观念和投资理念也在发生变化，如南台村正在建设中的临泽县丹霞民俗文化旅游村，由本村 193 户农户通过入股众筹的形式开发建设，预计建成后可提供就业创业岗位 400 余个，带动周边就业人数 2000 余人，预计年接待游客可达 20 万人次，实现综合收入 1.2 亿元[2]。

（3）社区生态旅游管理模式更新

在社区依赖生态旅游实现减贫过程中，不免出现利益纠纷问题，甘肃省部分社区摸索到可行的持续发展管理模式，并作为典范予以推广。甘南州临潭县冶力关镇下属的池沟村等 4 个村可谓是甘肃省社区发展与生态旅游结合的典范。从 2004 年伊始，依靠冶力关国家森林公园的冶海景点，池沟村在政府鼓励和支持下首先发展农家乐接待业务。到目前已形成以冶力关镇为中心的池沟村、关街村、洪家村和堡子村共 500 多户农家乐，小吃店 55 处，旅馆 48 家，从业人员 1800 多人，日可接待游客 6000 多人。据不完全统计，农家乐经营户户均纯收入达 3.8 万元，年收入 10 万元以上的多达 40 户左右，基本形成"一家一品"、各具特色的经营模式[3]。在管理和经营方面，冶力关镇也形成了较好的利益分配机制。例如，为了避免农户之间的不当竞争，成立了农家乐协会、农家乐自管小组等来协调农户之间的关系，在旅游旺季时各接待农户的供求信息通过景区网站实时公布等措施。

43.2.3　制度——生态旅游持续性的保障

生态旅游的制度保障较少直接针对旅游行为或过程的本身，更多是从旅游资源保护出发的。例如，针对天然林、湿地、自然保护区等特殊自然环境的相关法规和政策等，出台诸如《甘肃省自然保护区管理条例》《甘肃省湿地保护条例》和《甘肃祁连山国家级自然保护区管理条例》《甘肃省甘南藏族自治州生态环境保护条例》《甘肃兴隆山国家级自然保护区管理条例》《甘肃白水江国家级自然保护区管理条例》等与保护生物多样性有关的地方性法规，这些法规的制定保障了生态旅游业的资源基础。

43.3　甘肃省生态旅游发展的经验

43.3.1　优势文化旅游地辐射生态旅游发展的路径

甘肃省以文化类旅游资源为传统优势，并在此优势的基础上带动毗邻区域的自然生态旅游发展。知名度高的文化旅游景区吸引了较多的客源，并在自然—文化景区融合过程中为自然生态旅游区拓展了客源。当然，具有特色的自然生态旅游提升了整个区域的旅游吸引力，如沙漠类旅游地鸣沙山—月牙泉与敦煌莫高窟的组合、张掖丹霞和彩色丘陵与大佛寺的组合等。此外，还有一些独立发展的特色自然旅游地，如七一冰川、透明梦柯冰川等。

43.3.2　政府强力推进的积极作用

甘肃省由于整体经济落后，民间资本对旅游投资乏力，如基础设施建设和旅游扶贫在很大程度上需要政府资金的铺垫才得以启动，特别是在基础设施上的投资。同时政府在管理方面也投入很多精力推进旅游发展，如乡村旅游经营培训。这种带有计划经济色彩的方式在经济欠发达地区会起到重要作用。

43.3.3　低开发度旅游的积极作用

甘肃省整体旅游发展缓慢，但这对自然生态来说却有积极的一面，即尽可能多地保留了未开发的原始自然风貌。此外，企业和政府的低参与度虽然导致旅游开发进度缓慢，但同时也为当地社区留下可参与的空间。在目前的精准扶贫政策下，采取点对点的扶贫政策有可能为更多社区参与提供机会。

43.4　甘肃省生态旅游发展中的不足

甘肃省旅游业总体上发展程度较低，其原因是多方面的，包括地理区位优势不明显、交通通达程度较低、旅游地形象不明显、政策支持力度可再提升、重要生态旅游区与邻近区域空间竞争明显等。

（1）区位优势不明显、交通通达程度较低

甘肃省除了河西走廊廊道地形平坦，其余区域均以起伏山地为主，如陇南西秦岭山地、甘南高原丘陵、陇东与陇中黄土高原丘陵、河西祁连山山地等。山地不利于交通运输业的发展，甘肃省公路、铁路和航空等交通密度均较低。截至目前，甘肃省只有兰新客运专线一条快速铁路线且未与东部相连，航空民用机场已开通 8 个，但相对吞吐量还是较低。

（2）旅游地形象不明显

全省旅游地形象以历史文化为主。甘肃省呈西北—东南向的带状行政区空间形态，与之平行的陇海—兰新铁路线为古丝绸之路主要路径，沿线历史文化遗迹分布比较密集，如敦煌莫高窟、嘉峪关关城、麦积山石窟等文化遗产旅游得到了较早开发，因而甘肃省对外旅游形象基本以此类文化遗产为主，而自然生态类旅游开发较晚，在短期内还难以明显影响到省外潜在游客的形象感知。

（3）政策支持力度可再提升

甘肃省是以能源、原材料工业为主的、以重型化工业为特征的省份，旅游在全省发展战略中作为经济补充形式或者扶贫方式之一。目前，甘肃省对生态旅游业的支持力度尚待提升。

（4）重要生态旅游区与邻近区域空间竞争明显

全省以森林公园为主的生态旅游主要分布在陇南、天水、河西祁连山北麓等地，这些生态旅游资源对本地居民或全省邻近大中城市具有较好的游憩和旅游吸引力，但对于邻近的省外旅游者吸引力相对较弱。这是由于旅游资源的相似程度较高，空间上存在竞争的关系。例如，陇南与四川省北部和陕西省西南部同属秦巴山地西段，资源特征相似，且陇南交通不便、资源分散，生态旅游发展程度较低；天水以小陇山林业局管辖范围内的森林生态旅游也与陕西宝鸡等地具有一定相似性；陇东黄土高原与陕北、河西走廊北部荒漠区与内蒙古自治区和新疆维吾尔自治区等的旅游资源存在相似性和空间竞争。

43.5　甘肃省生态旅游发展的未来展望

43.5.1　旅游战略下的生态旅游契机

甘肃省"235"战略中提出，到 2020 年全省将建成大景区 20 个、省内市（州）将建成 30 个精品景区、县（区）建成 50 个特色景区，形成 100 个重点景区体系，共涉及乡镇 76 个、行政村 302 个，人口总数达 40 万[4]。规划的 20 个大景区中约有一半与自然生态旅游相关，期望在未来的旅游开发建设中将生态和绿色观念融入各类景区建设中，旅游类型包括文化旅游、乡村旅游、城镇旅游和红色旅游等。

43.5.2　交通设施完善是生态旅游发展的基础

甘肃省将继续完善交通网络，为旅游提高可进入性。截至 2015 年年底，甘肃省 14 个市州政府驻地全部以高速公路贯通，86 个县市区政府驻地以二级及以上公路贯通[4]。城市之间的通达性达到了较高的水平，解决了发展旅游的外部交通和区域交通问题，但从城市（镇）到达旅游景区的"最后一公里"问题仍然亟须解决，城市集散中心与生态旅游点的交通改善是未来甘肃省发展生态旅游的主要目标之一。

43.5.3　注重区域市场，优先发展本地服务

甘肃省重点旅游景区和具有国内国际影响力的景区主要以历史文化类景区为主，而自然生态旅游景区的影响相对较小。因此，自然生态旅游可以瞄准城市居民周末游憩和休闲的需求，促使自然生态系统为本地居民提供更多文化服务。但这需要转变观念，弱化传统观念中景区建设即面向全国甚至全球市场的不切实际的"幻想"，在生态旅游建设中更多面向本地或区域市场服务，同时增强与旅游相关的社区发展能力的建设，这与区域减贫等民生经济目标是一致的。

43.5.4　重视生态教育功能

甘肃省拥有一些具有地方特色的自然旅游资源，生态旅游景区不应仅提供景观观赏功能，还应重视自然知识传播、提升民众保护生态的意识等功能。总体来说，甘肃省历史文化遗产类旅游资源在知识解说方面做得比较到位，自然生态类旅游资源方面仍需加强。例如，干旱区植被类型及其在防治沙漠化中的作用认知，彩色丘陵表达的地质知识，绿洲农业的水资源需求与流域环境变化的理解等。

参 考 文 献

[1] 甘肃省旅游发展委员会网站. http://www.gsta.gov.cn/.

[2] 新华网甘肃频道. http://www.gs.xinhuanet.com/.

[3] 新华网甘肃频道. http://www.gs.xinhuanet.com/.

[4] 甘肃省旅游发展委员会网站. http://www.gsta.gov.cn/.

第四篇

实践与案例篇

第44章 中国生态旅游社区参与和扶贫实践

李燕琴　中央民族大学管理学院，北京

社区生态旅游（community-based ecotourism，CBET）是与中国环境更相适应的生态旅游细分市场，它能最大限度地维持自然资源的可持续性、防止经济漏损和保护当地传统文化，因此更接近真正意义的生态旅游[1]。在众多生态旅游概念中，"当地社区受益"仅次于"以自然为基础的活动""对保护的贡献"，在中国成为排位第三的核心标准，相比国外第五的排位[2]，显示了中国生态旅游研究中对"社区"更高的重视程度，这与中国国情对（生态）旅游扶贫的迫切需求密不可分。

44.1　CBET 的中国发展

44.1.1　时间的滞后性：发端于 20 世纪 90 年代末中国生态旅游高速发展期

20 世纪 80 年代，生态旅游作为一种反大众旅游的可持续形式逐渐发展。生态可持续性最先受到关注，而如何促使那些生活在生态脆弱区周边的人们自发地保护环境，社会可持续性以及细分的 CBET 研究与实践也很快在 20 世纪 90 年代初受到关注。中国生态旅游发展大概滞后西方 10 年，更为细分的 CBET 发展在生态旅游一般性概念得以普及后才逐渐进入人们视野，1999 年被国家旅游局命名为"生态旅游年"，是中国生态旅游事业第一个高速发展期，亦是在此前后出现了一些 CBET 研究的重要文献，成为对日益增多的 CBET 中国实践的学界呼应。

1998 年，周世强[3]首先以卧龙自然保护区为例，探讨了生态旅游与自然保护、社区发展的协调途径。卧龙自然保护区自 20 世纪 80 年代初开展生态旅游以来，从小规模和随意性逐渐趋于较大规模和有组织性的旅游活动，从盲目开展转变为科学规划，从无村民参与到村民自发形成旅游品市场。在此过程中，旅游行为的调查研究起到重要的作用，保护区提出"时空差协调法"，即利用旅游行为的时空波动与自然保护区的分区结构、生物多样性的空间分异规律和农业生产的季节变化所形成的时间差和空间差，来合理规划生态旅游景区、组织国内外客源和适时安排农业生产活动，促进了当地旅游经济的可持续发展。

不仅自然保护区，文化富集的少数民族区域也成为发展 CBET 的重要地区。2001 年，洪颖等[4]对滇西北香格里拉生态旅游开发与藏族社区文化进行调查，结果显示，居民对参与旅游业所获收益的使用意向除小部分用于改善物质生活条件外，大部分资金会用于扩大经营规模，体现了一种"参与旅游业→受益→更多地参与旅游业"的倾向，这将使以农为重的传统社区经济结构比例发生渐变。传统的民族文化是生态旅游资源的重要组成部分，而生态旅游开发中建立起来的"发展民族文化产业→使社区受益（包括享受现代文明）→树立文化资源观念→自觉保护传统文化→促进文化产业进一步发展"的良性循环机制，使社区的传统文化在现代化进程中得以保护。

44.1.2　演进路径：从外源推动到内源推进

从 1998 年 CBET 受到关注以来，其在中国的实践呈现由外源推动到内源推进的趋势特征，发展大体经历两个阶段：①1998—2007 年，非政府组织（non-government organization，NGO）推动的快速发展期。1999 年的中国生态旅游年与 2002 年的世界生态旅游年都极大地推动了生态旅游及 CBET 概念的普及；②2008 年至今，中央政府推动的本土化发展期，国家生态旅游示范区工作快速发展。NGO 在中国 CBET 实践的问题开始显现，对生态旅游和 CBET 概念充分理解后，国人开始反思，它适合中国吗？中国的生态旅游和国外的"ecotourism"一样吗？

作为外来概念，对生态旅游和 CBET 的内涵、标准、操作方式等，无论是学者还是业者都经历了一个学习的过程。什么是 CBET？如何发展？第一阶段国人对此显现出极大的热情，利用各种机会向世界其他国家和地区学习。2002 年、2003 年何艺玲[5]和张建萍[6]分别对泰国、肯尼亚的 CBET 成功经验进行介绍。卧龙自然保护区则在 1988 年专门邀请澳大利亚的琼斯·戴维斯女士对卧龙自然保护区的旅游者和科学工作者进行调查，同时不断地协助开展生态旅游监测，指导卧龙自然保护区的生态旅游规划和实践[3]。学者的相关研究也部分得到国际社会的支持，如加拿大国际开发署（CIDA）Tier 项目[2]、联合国教科文组织 UNESCO-MB 资助项目[7]、中加越 3 国 7 高校合作开展的 CBCM 项目[8]、中国环境与发展国际合作委员会项目[9]等。

同时，国际 NGO 驻华机构也从不同角度在各自项目中涉及旅游，尤其是在促进生态旅游发展方面，也有 NGO 把工作重点放在 CBET 社区组织和能力建设上。2003 年，通过 4—5 年在中国的项目实践，越来越多的国际 NGO 认识到生态旅游发展是一个涉及多领域的系统工程，任何单一的努力都难以改善生态旅游发展的外部环境和提高生态旅游发展的整体效果。作为在中国的国际 NGO，如何把有限的项目资源放在最关键的领域更有效率地通过生态旅游发展来实现各自组织的目标成为一个共同关心的议题。尤其重要的是，肩负共同的使命与责任，这些活跃于生态旅游发展的国际 NGO 如何进行优势与经验互补，通过协调与合作，把分散的资金、技术人力资源聚集获得更大效果，也迫切需要解决。在保护国际（Conservation International，CI）建议下，2003 年 11 月在成都召开了"国际 NGO 中国项目生态旅游座谈会"。座谈会力图提供机会，分享各个组织在生态旅游发展方面的经验与教训，并共同讨论在中国生态旅游发展过程中国际 NGO 的角色和切入点，在短期内如何加强各个相关组织间的协调与合作，共同改善在中国发展生态旅游所需要的外部环境并提高生态旅游项目的成效。旅游发展与扶贫、旅游与旅游开发区当地人的权利是大家共同关注的一些 CBET 相关问题，生态旅游的社区参与、需要协调的关系和生态旅游相关的能力建设成为大家讨论集中的热点①。在保护国际、云南省生物多样性和传统知识研究会（Center for Biodiversity and Indigenous Knowledge，CBIK）等的共同主办下，更大规模、多方参与的西南社区生态旅游交流会于 2006 年 4 月在云南召开。来自青、川、滇的 15 个社区的 30 多位社区代表先从昆明出发，经大理、丽江到香格里拉，一路参观了昆明的民族村、大理古城、喜洲镇周城村、丽江古城（包括世界宣明会的永胜之窗、大自然保护协会的绿色旅游推广中心、青年旅馆、瑞和园等），以及香格里拉纳帕海边的哈木谷村等。参观使社区代表获得了对 CBET 的直观和感性认识，在之后香格里拉讨论会上，社区代表对 3 天的参观感受有精彩地总结和发言。会议代表普遍认为 CBET 需要社区主导参与，并能够促进文化传承和生态保护，并制定规定约束游客行为，在可能的情况下，最大限度地满足游客体验自然、体验文化的需求。与会代表认为 CBET 的原则应包括：规划和监测、考虑潜在保护利益、考虑生态文化条件、社区参与、高质量的产品、减少对环境的影响、提供培训、与游客和旅

---

① 资料源自百度文库：国际 NGO 中国项目生态旅游座谈会会议报告[EB/OL]．（2013-11-24）[2016-02-15]. http://wenku.baidu.com/link?url=sLJIYu-KbDVg5Xz QHPSp5Rgm kww6k Rg7sVxdTGot6s_uan2OchTZWGw-4Sx4tESiA1RFQ5E43vbSr0A_yUrEgWUW3uJJP4yulOhAsgmwshO.

行社的合作等，并认为旅游不应成为农业、畜牧业等传统生计的替代[②]。

2006 年作为第一阶段的转折年，基本达到国际 NGO 推动 CBET 发展的巅峰时期，滇、川成为其最主要的根据地。之后 NGO 行动的局限性、西方文化的水土不服、中国真正生态旅游者的匮乏及当地居民脱贫致富的迫切性等问题，使曾经风风火火的项目与主导的 NGO 多数黯然离去。例如，国际 NGO 扶持下的文海生态旅馆，2002 年曾被美国《户外》（Outside）杂志列为全球前十的生态旅馆，但到 2005 年由于没有专人负责管理，经营状况不够理想，改为承包给丽江的一位经营者继续经营，承包者只向文海合作社每年支付一定的承包费用，与文海生态旅馆建立的初衷相偏离[10]。2006 年，在 Thornton 基金、花旗集团、哥伦比亚大学藏学研究中心等资助支持下，山水自然保护中心（由保护国际中国发展而来）与合作伙伴共同启动了"社区生态旅游学校"项目。此项目为愿意发展生态旅游的社区农牧民提供掌握生态旅游服务和管理技能的培训机会、分享交流经验的沟通平台，旨在提高西南山地社区农牧民的生态旅游技能和意识，培养一批具有生态旅游意识和自我发展能力的社区精英，增强社区领导力和参与旅游发展与决策的能力，并积极促成社区与外部的沟通合作，倡导社区旅游经济与自然环境的和谐发展[③]。该项目曾举办多次 CBET 培训会，培训社区学员达 200 余人，但由于种种原因，山水自然保护中心很快退出了"社区生态旅游学校"项目的运作。"绿色环球 21"作为相当长一段时间内旅行旅游业唯一全球性公认的可持续旅游标准体系，国际影响力大，自 2002 年 7 月以来，在国家环境保护总局等支持下，绿色环球亚太地区总部开始在中国开展试验示范的推广工作，之后"绿色环球 21"中国首席代表诸葛仁围绕生态旅游认证以成都为驻地，在中国开展了大量相关工作。但通过相关网络查询，其在中国的工作 2007—2008 年已很少，2010 年则正式离开[④]。

伴随第一阶段国际 NGO 力量退去，政府主导的国家生态旅游示范区建设快速发展。2008 年 11 月，全国生态旅游发展工作会议在北京召开，当时国家旅游局制定《全国生态旅游示范区标准》，并在会上发布了征求意见稿。2012 年 9 月，由国家旅游局和环境保护部联合制定《国家生态旅游示范区管理规程》和《国家生态旅游示范区建设与运营规范（GB/T 26362—2010）评分实施细则》，并颁布实施。2013 年 12 月，国家旅游局、国家环境保护部公布 2013 年国家生态旅游示范区名单，共 39 家。但从 2013—2015 年的名录来看，入选的上百家多为景区，临近这些景区的社区因此会获得一定益处，但像文海、甲居藏寨这样环境优美、文化富集的社区还难以独立申报为国家生态旅游示范区。在此阶段，一方面，随着经验的增加，CBET 村寨社区村民参与的意识和能力在逐步增强；另一方面，学界对于生态旅游在中国如何发展的问题也开始进行深刻反思。2008 年有两篇重要的英文论文发表，都涉及中国生态旅游与西方"ecotourism"的差异。叶文等[11]探讨了中国和西方生态旅游的不同，提出在受"天人合一"传统影响的中国，中国人真正追求的不是西方那种孤立的自然，而是融合人类文化与自然的景观。钟林生与澳大利亚学者 Buckley 等[12]合作的论文则更加直接地指出，中国的"生态旅游"与西方的"ecotourism"不是同义语。中国有着和西方不同的文化，中国的"生态旅游"与西方的"ecotourism"也在三个方面存在着显著差异，即更强调健康的促进作用、更偏好人类艺术和艺术品融入自然、规模无限制。可见，对文化的强调构成了中国生态旅游的重要特征，CBET 的发展在中国有着更为适宜的土壤，这也呼应了上文提到的，中国学者对"当地社区受益"这一生态旅游标准更加重视[2]。

44.1.3　空间的多源性：依托自然保护区与文化富集区

生态旅游源于那些地广人稀的发达国家。"以自然为基础的活动"是生态旅游不可撼动的第一准

---

② 资料源自内部资料：西南社区生态旅游交流会会议报告（2006 年 4 月 3 日—4 月 8 日），[2016-02-15].

③ 资料来源：http://www.baike.com/wiki/%E5%B1%B1%E6%B0%B4%E7%94%9F%E6%80%81%E4%BC%9A%E4%BC%B4%E8%87%AA%E7%84%B6%E4%BF%9D%E6%8A%A4%E4%B8%AD%E5%BF%83&prd=so_1_pic, [2016-02-16].

④ 绿色环球 21 离开的时间经由西南林业大学地理学院的叶文教授获得，绿色环球 21 首席代表曾为该学院的兼职教师。

则，因此 CBET 最初的逻辑是，如何通过生态旅游促使那些生活在生态脆弱区周边的人们自发地去保护环境，所以 CBET 的地点多是保护区周边的社区，展现出"社区+（自然保护区）生态旅游"的特征，我们可称为近保护区型 CBET。将社区共管模式应用于生态旅游，通过旅游业的开发，使村民脱贫致富，是解决保护生态环境和发展经济所面临的矛盾的有效途径，可使当地的生态资源和生物多样性得到切实保护。从近太白山国家自然保护区的大湾村的经验看，社区共管作为我国自然保护区管理模式的一种有益探索，兼顾了当地政府和社区居民的利益，已显示出其所具备的一些优势[13]。九寨沟自然保护区在实践中也摸索了一套社区参与景区管理的有效办法，如设立专门机构和利用社区组织对居民进行管理、建立多渠道社区居民就业和参与管理方式、组建股份制旅游经营公司、建立公平的利益分配机制等[14]。社区共管是自然保护区缓解"开发与保护"这一矛盾的有效措施。

中国生态旅游发展所呈现的重文化性特征，还使一些环境优美、文化独特的少数民族村寨、古村落成为 CBET 发展的重要地点，它们往往能呈现"天人合一"的特征，是"社区（社会）生态+旅游"，我们可称为文化富集型 CBET，这些社区常常本身就是收费的景区。例如，位于四川北部与甘肃交界处的白马社区，地处汉藏两大文化圈的交界地带，居于高山峻岭之间的古老村落，自然景观优美，当地的白马藏族被称为"民族活化石"，目前人口仅存 14000 多人。在世界自然基金会、王朗自然保护区、当地政府和白马社区居民的共同努力下，白马社区的民俗生态旅游于 1999 年正式启动[15]。又如，曾经作为"社区生态旅游学校"的甲居藏寨，位于四川甘孜州丹巴县，是最具嘉绒藏族风情的村寨之一，整个山寨依着起伏的山势逶迤连绵，将田园牧歌式的画卷展示在人们眼前，成为一种艺术品般的存在。2005年，在由《中国国家地理》组织的"选美中国"活动中，以甲居藏寨为代表的"丹巴藏寨"被评为"中国最美的六大乡村古镇"之首⑤。

44.2　中国 CBET 的社区参与与扶贫实践

社区参与被公认为 CBET 成功的关键与保障[16]，但东西方体制不同、文化不同，参与模式也有差异。在中国，相当多的 CBET 发展以扶贫作为终极目标，旅游扶贫一向被认为是好的扶贫，是产业扶贫的主要方式。2015 年 7 月，国家旅游局和国务院扶贫开发领导小组办公室提出，到 2020 年，要通过引导和支持贫困地区发展旅游使约 1200 万贫困人口实现脱贫，约占全国 7017 万贫困人口的 17%⑥。其间，相当一部分旅游发展可归为 CBET 的范畴，因此对于中国本土化 CBET 扶贫发展规律的研究也是对时代需求的一种积极呼应。

44.2.1　中国 CBET 的社区参与和发展模式

社区居民作为生态旅游开发中的相关利益群体之一，他们参与生态旅游开发、经营的内在动因直接影响生态旅游开发的质量和生态旅游社区的可持续发展。张一恒等[17]通过在滇西北哈木谷社区的实地调查发现，旅游经济收益的公平分配是社区参与生态旅游的最基本条件、资助特别贫困的家庭参与生态旅游是生态旅游社区稳定发展的前提、旅游征地补偿制度的完善程度直接影响到社区参与生态旅游的积极性。也就是说，利益分配是当地居民最为关心的问题，这既涉及政府与村民的利益分配，也涉及村民之间的利益分配。

社区参与模式直接关系到 CBET 涉益方的利益分配问题。保继刚和孙九霞[18]最早关注到社区参与旅游发展的中西差异，其出现的深层社会文化原因为民主化进程不同、NGO 和 NPO（non-profit

---

⑤ 资源来源：http://baike.baidu.com/link?url=HhCj3qYj8JdBGNFOn7MAm30UBQLlYsXx8PmQs8cUrGzG42Not1 DOq8WJnTm PJ4SqpDmC45jg HIP d8egYxX5qga.

⑥ 资料来源：中国网，李金早，精准实施旅游扶贫 助力全面小康（全文）[EB/OL]．（2015-11-06）[2016-02-16]. http://www.china.com.cn/ travel/txt/2015-11/ 06/content_36997814.htm.

organization，非营利组织）等民间组织的发育程度不同、旅游发展阶段不同。中西方社区参与的差异表现在：①参与的社会意义不同，旅游是西方社会当地社区发展的力量之一，但却是中国当地社区发展的主导力量；②所追求的利益点不同，西方在追求旅游发展的经济利益的同时看到了旅游所带来的或潜在的负面影响，中国的社区参与注重单纯的经济利益诉求；③参与各方的主动性不同，西方的社区在很大程度上是主动参与到旅游发展过程中，而中国社区几乎都是被动参与旅游的；④参与方力量对比不同，西方社区、企业、政府等各参与方之间力量对比均衡，而中国各社区参与方的力量对比相对悬殊；⑤参与的发展阶段不同，西方走得比中国远。而罗永常[19]对贵州多个村寨的调研发现，不同开发阶段、不同开发模式下的旅游利益分配机制都不成熟。根本原因是作为资源的拥有者和载体的村寨和村民获益有限，因而也失去了资源保护和进一步参与旅游的动力，直接威胁着民族村寨旅游的可持续发展。他认为在开发理念和目标上，政府主导模式往往追求的是短期政绩和旅游经济效益而非村寨的发展，而在"谁投资谁受益"政策背景下的"旅游扶贫"往往只是扶持了少数人的富裕，企业主导下的开发则更是以追求企业的利益最大化为目标。无论哪种模式，一旦政府、企业的利益和村民利益发生矛盾、对立，又总是以牺牲村民利益来维护政府的政策和企业的赢利。其实，无论何种发展模式都有成功的范例，关键是作为弱势方的村民能否有平等对话的可能，能否有更多的发展机会，不是让村民牺牲利益，而是作为CBET 的主导者需基于长远的可持续发展考量，在短期内有些牺牲精神。以下简单归纳 CBET 的主要发展模式及成功范例。

（1）社区主导型

如云南迪庆藏族自治州德钦县云岭乡的雨崩村，由居民自主开发，基本实现了经济增权、心理增权和部分政治增权。雨崩村村民真正参与到旅游决策、管理、利益分配各个环节中，在游客住宿、租马等经营方面实施了基于轮流制的相对均衡的利益共享的措施，控制了外来投资，使雨崩村发展为社区自主的、自我实现的可持续性旅游社区[20]。但本质上雨崩村的成功只是个案，怎样在制度层面上确立社区的权力，进行制度性增权，真正凸显社区在旅游发展中的主体地位，还需要继续探索。

（2）NGO 主导型

尽管文海生态旅馆的辉煌时间不长，但还可算是 NGO 推动下较为成功的案例。文海生态旅馆从建设到完善先后得到加州大学戴维斯分校、云南省社会科学院、福特基金会、日本政府和大自然保护协会的资助。文海旅馆建筑风格保持当地特色，并完美融入周围自然环境；生态理念贯穿整个文海旅馆设计和建设，如清洁能源、可持续用水系统和有机蔬菜大棚等。文海生态旅馆还向游客提供解说服务项目；并成立文海合作社，由社区拥有并维护管理[21]。先进的建设和管理理念得益于国际 NGO 在此过程的主导，当然，水土不服是另一维度的事情。

（3）政府主导型

贵州省雷山县西江千户苗寨是典型的政府主导型模式。早在 20 世纪 90 年代，西江千户苗寨就开始开发旅游业，但成效不高，直到 2008 年由政府主导的"一会一展一节"⑦在西江千户苗寨隆重召开，才使其知名度、美誉度及影响力得到前所未有的提升和扩张[22]。宣传营销是政府的优势，如呼伦贝尔的中俄边境小镇室韦，也是在政府推动下于 2004 年被评为"CCTV 十大魅力名镇"后，旅游市场才被逐渐打开[23]。但政府不是万能的，也存在"政府失灵"现象。因此，在 CBET 发展到一定程度后，旅游企业、社区主体及第三方力量的加入成为必然[22]。

（4）企业主导型

广东南岭国家级自然保护区，于 2004 年将景区 50 年的经营权转给香港中恒伟业集团，并成立南岭中恒生态旅游发展有限公司，负责其旅游开发和管理。中恒公司进驻后，积极申请"绿色环球 21"的规

---

⑦ 指贵州省第三届旅游产业发展大会、第一届多彩贵州中国原生态国际摄影大展、第二届中国贵州凯里原生态民族文化艺术节。

划认证。公司中层以上均参加"绿色环球 21"的培训，公司的运作始终本着"国际生态旅游标准"和"可持续社区标准"的理念和要求，如企业最大化雇用当地员工、尊重社区文化、老建筑改造注重生态兼容性、公司资助当地退休职工开办农家餐馆。此外，公司还通过开展艺术节、环保教育、技能培训等让人们重新审视自身的生存环境，在自省中增强社区的主人翁意识[24]。

（5）多元主导型

理想的模式是社区参与主体各司其位，互相制衡。曾艳提出参与主体由政府、社区组织（社区居民代表组成）、旅游企业、民间组织（NGO、NPO、协会等）构成，因此理想的参与模式即"政府+社区组织+旅游企业+民间组织+法制规范"[25]。

事实是，任何一方主导的社区参与都需要多涉益方的有效配合，如雨崩村的成功也获得了当地政府和国际 NGO 的支持；而一个社区适合何种 CBET 发展模式，是由社区自身的特征和资质决定的。总体而言，越是文化独特、相对闭塞的社区，接纳外来组织主导就越要谨慎，发展速度更不宜太快，以使村民尽可能地适应并随 CBET 发展逐渐成长，确保 CBET 的可持续发展。

44.2.2　中国 CBET 的扶贫实践

改革开放以来，中国的扶贫事业经历了体制改革推动扶贫、开发式扶贫及攻坚扶贫三个阶段，其中旅游开发作为攻坚扶贫的方式，被普遍认为是消除贫困的最佳途径[26]。统计显示，2010—2014 年全国通过发展乡村旅游带动了 10%以上贫困人口脱贫，旅游脱贫人数达 1000 万以上。乡村旅游带动农村贫困人口脱贫的方式和途径主要有以下 5 种：① 直接参与乡村旅游经营，如开办农家乐和经营乡村旅馆；② 在乡村旅游经营户中参与接待服务（打工）；③ 通过发展乡村旅游出售自家的农副土特产品，扩大了农产品的销售渠道，也提高了农产品的销售价格；④ 通过参加乡村旅游合作社和土地流转获取租金；⑤ 通过资金、人力、土地参与乡村旅游经营，获取入股分红⑧。

在中国以扶贫为主要目标的 CBET 发展区域众多，构成了旅游扶贫的重要资源基础。现有的 1392 个 5A 和 4A 级旅游景区中，60%以上分布在中西部地区，70%以上的景区周边集中分布着大量的贫困村[27]；另有大量文化富集型 CBET 区，地处偏远、相对贫困、文化独特性保存较好。鉴于实践需求的迫切性，学界对于旅游扶贫问题在近 15 年来寄予了高度的关注[28-35]。

20 世纪 90 年代末，英国国际发展局提出 Pro-Poor Tourism（PPT）概念，即有利于贫困人口的旅游，旅游扶贫由此成为国内外旅游界关注的重点。但值得注意的是，国外旅游扶贫研究表明[34]，与国内旅游业界几乎一致的认可相比，旅游扶贫的效果在国际社会备受质疑。例如，贫困人口进入市场的可能性、商业可行性、完善的政策保障（包括土地利用、承认贫困人口的合法权益等），要达到旅游消除贫困这一目标并非易事。因此，旅游发展不是贫困地区的万能药，必须在合理的操控及规划下才能成功。国内学术界对旅游扶贫中的问题早有指出，2006 年曾本祥[33]系统总结了旅游扶贫的若干问题。至今，像忽视社区利益，利益分配不公，项目、产品设计单一，经营粗放，规模小，组织形式分散，对民族文化、环境的潜在负面影响等依然没有得到有效解决。快速发展的旅游业脱贫效果突出，但也引发了民族村寨社会生态的巨变。例如，封闭而缓慢发展的社区短时间向开放的旅游社区演进；原本擅长于农牧业劳作的村民要快速成长为旅游从业者；大量游客、外来开发商的涌入打破了千百年邻里守望的传统社会氛围，收入分配不均、贫富差距拉大，民族文化遭受冲击，各种社会矛盾凸显等，都使居民和政府面临前所未有的压力，而压力的疏解不当往往成为恶性社会冲突的导火索。李燕琴[36]通过对中俄边境村落室韦旅游扶贫的长期跟踪，提出了社区压力应对的 ABCD-X 模式，并结合实践经验，提出民族村寨旅游扶贫进程的 7 大误区。

---

⑧ 资料来源：中新网，李琳，中国将大力发展旅游业带动 1200 万贫困人口脱贫[EB/OL]. (2015-11-23)[2016-02-17]. http://www.chinanews.com/gn/ 2015/11-23/ 7637243.shtml.

1）旅游发展越快越好。不同社区资源不同，所拥有的社会资本不同，可接受的变化限度也有差异，旅游发展要把握好节奏，因地制宜。

2）旅游扶贫是社区发展的机会，而非压力源。当变化超出人们适应能力时，无论好事、坏事都表现为压力。

3）旅游扶贫仅仅使居民收入增加。如忽视人力、精神信仰，特别是社会文化资源的作用，其结果将是居民收入虽有增加，但人与人关系的恶化使人们的幸福感不如从前或增幅有限。

4）旅游业是推动个人致富、社区发展的唯一"救命稻草"。经验表明，强调社区生计构成的多样性对贫困或边缘化社区尤其重要，旧生计应被视为压力应对的资源，而非阻碍。

5）招商引资一定有利于村寨旅游发展。事与愿违，外来投资者雄厚的实力常使其成为社区有限资源的争夺者，缺乏责任约束的长驱直入往往会激怒当地村民。

6）旅游扶贫过程要确保地区稳定，就要尽可能避免冲突。冲突是社会中重要的平衡机制，无须也无法避免；要利用良性的冲突，发挥其正功能，防范恶性冲突，管控其负功能。

7）旅游协会这样的非政府组织可有可无。协会作为村寨的子社区，它增强了居民的微归属感，对社区稳定和秩序起着十分重要的作用。

从专注于经济资本的增加到对社会资本改善的呼吁，及至对包括人力资本等在内的可持续生计目标之下的旅游发展模式的探索，代表了对旅游扶贫更综合、更客观的认识。社会资本的概念在过去 20 多年引起广泛关注，1986 年 Bourdieu 在其著作《资本的形式》中强调了与经济资本、文化资本相区别的社会资本的价值，代表学者之一的 Putnam 将社会资本用于区域发展的研究中，指出社会资本是促进组织为了实现共同利益而相互协作的信任规范和网络。刘静艳[37]等发现，社会资本是一个调节变量，可正向调节生态旅游收益与居民环保意识之间的关系。因此作者认为，除了生态旅游收益，经营者及政府应该正视社会资本在社区内发挥的作用，在生态旅游社区内建立一种互相信任的、一致认同的规范，在社区居民之间创造一种良好的社会关系，这种精神上潜移默化的影响，能够从本质上改变居民的价值观和文化观，促进居民的环保意识。孙九霞等[38]通过访谈和观察发现，经济资本和社会资本在旅游社区互相作用、共同存在，旅游不仅对旅游目的地社区有着巨大的经济影响，而且通过当地文化促进了地方（社会）资本的重组与再生。因此，除经济资本之外，社会资本已成为一个越来越受到重视的维度。1999 年英国国际发展局建立的可持续生计框架，除经济资本、社会资本外，还包括自然资本、人力资本和金融资本。生态旅游和可持续生计在关注的效益和核心利益者、参与主体、引导主体及管理方式等方面存在很大的一致性[39]，因此很快被应用于 CBET 的分析。王瑾等在白洋淀的调研发现，农户在金融资本、人力资本、社会资本方面存量不足限制了旅游发展的参与；而从事旅游业的农户认为旅游业在利益分配合理、公共设施和服务改善及居民环境教育方面，还未发挥其应有的作用。随着 CBET 的发展，当地农户的生计处于一种不断变迁的状态，对于那些资本存量、流量不足及转换与流动能力薄弱的非旅游户，极易在乡村旅游发展的过程中陷入贫困，这一点需予以关注[40]。

44.3　小结

中国的 CBET 发展大体可分为两个阶段：1998—2007 年，NGO 推动的快速发展期；2008 年至今，中央政府推动的本土化发展期。从空间上划分，中国的 CBET 发展有两种类型：一是以"社区+（自然保护区）生态旅游"为特征的近保护区型 CBET；二是以"社区（社会）生态+旅游"为特征的文化富集型 CBET，后者更具中国特色。从社区参与角度划分，中国 CBET 的发展模式包括：社区主导型、NGO 主导型、政府主导型、企业主导型、多元主导型，不同模式都有成功的范例，适合的才是最好的。总的来讲，越是文化独特、相对闭塞的社区，接纳外来组织主导时越要谨慎。面对当下的旅游扶贫热潮，CBET 因其内在的可持续性要求及对社区利益的关注，可大有作为。但实践层面要保持更为清醒的认识，学界在对不同旅游扶贫案例的长期追踪中，已关注到其发展进程的一些误区，并开始从单纯关注经济资本，向社会资本及包括五大资本在内的可持续生计目标过度，相应成果今后可更好地指导中国的旅游扶贫实践。

参 考 文 献

[1] 邓冰，吴必虎. 国外基于社区的生态旅游研究进展[J]. 旅游学刊，2006，21（4）：84-88.

[2] 卢小丽，武春友，Donohoe H. 生态旅游概念识别及其比较研究：对中外 40 个生态旅游概念的定量分析[J]. 旅游学刊，2006，21（2）：56-61.

[3] 周世强. 生态旅游与自然保护、社区发展相协调的旅游行为途径[J]. 旅游学刊，1998，13（4）：33-35.

[4] 洪颖，卓玛. 滇西北香格里拉生态旅游开发与藏族社区文化调查研究[J]. 旅游学刊，2001，16（2）：81-84.

[5] 何艺玲. 如何发展社区生态旅游?：泰国 Huay Hee 村社区生态旅游(CBET)的经验[J]. 旅游学刊，2002，17（6）：57-60.

[6] 张建萍. 生态旅游与当地居民利益：肯尼亚生态旅游成功经验分析[J]. 旅游学刊，2003，18(1)：60-63.

[7] 蒋高明，等. 内蒙古锡林郭勒生物圈保护区中城市(镇)的功能及其与保护区的相互关系[J]. 生态学报，2003，23（6）：1184-1191.

[8] 刘岩，张珞平，洪华生. 生态旅游资源管理中社区参与激励机制探讨：以厦门岛东海岸区生态旅游开发为例[J]. 农村生态环境，2002，18（4）：60-62.

[9] 赵金凌，等. 国内外观鸟旅游研究综述[J]. 旅游学刊，2006，21（12）：85-90.

[10] 杨金兰. 国际 NGO 扶持下的生态旅游乡村发展研究：以丽江文海为例[J]. 环境保护与循环经济，2014，34（2）：48-51.

[11] YE W, XUE X M. The differences in ecotourism between China and the West[J]. Current issues in tourism, 2008, 11（6）：567-586.

[12] BUCKLEY R, et al, Chen T. shengtai louyou: cross-cultural comparison in ecotourism[J]. Annals of tourism research, 2008, 35(4): 945-968.

[13] 张宏，杨新军，李邵刚. 自然保护区社区共管对我国发展生态旅游的启示：兼论太白山大湾村实例[J]. 人文地理，2005，20（3）：103-106+166.

[14] 任啸. 自然保护区的社区参与管理模式探索：以九寨沟自然保护区为例[J]. 旅游科学，2005，19（3）：16-19+25.

[15] 连玉銮. 白马社区旅游开发个案研究：兼论自然与文化生态脆弱区的旅游发展[J]. 旅游学刊，2005，20（3）：13-17.

[16] 张玉钧. 可持续生态旅游得以实现的三个条件[J]. 旅游学刊，2014，29（4）：5-7.

[17] 张一恒，叶文，沈超. 社区参与生态旅游的内在动因分析：以滇西北哈木谷社区为例[J]. 旅游科学，2006，20（3）：23-28.

[18] 保继刚，孙九霞. 社区参与旅游发展的中西差异[J]. 地理学报，2006，61（4）：401-403.

[19] 罗永常. 民族村寨社区参与旅游开发的利益保障机制[J]. 旅游学刊，2006，21（10）：45-48.

[20] 保继刚，孙九霞. 雨崩村社区旅游：社区参与方式及其增权意义[J]. 旅游论坛，2008，1（4）：58-65.

[21] 杨金兰. 国际 NGO 扶持下的生态旅游乡村发展研究：以丽江文海为例[J]. 环境保护与循环经济，2014，34（2）：48-51.

[22] 费广玉，等. 民族村寨社区政府主导旅游开发模式研究：以西江千户苗寨为例[J]. 贵州师范学院学报，2009，20（6）：28-35.

[23] 李燕琴. 旅游扶贫中社区居民态度的分异与主要矛盾：以中俄边境村落室韦为例[J]. 地理研究，2011，30（11）：2030-2042.

[24] 刘静艳，等. 南岭国家森林公园旅游企业主导的社区参与模式研究[J]. 旅游学刊，2008，23（6）：80-86.

[25] 曾艳. 国内外社区参与旅游发展模式比较研究[D]. 厦门：厦门大学，2007.

[26] 倪茜楠. 旅游扶贫模式研究[D]. 开封：河南大学，2012.

[27] 陈静. 旅游为扶贫工作插上绿色翅膀[N]. 2014-12-10.

[28] 操建华. 旅游业对中国农村和农民的影响的研究[D]. 北京：中国社会科学院研究生院，2002.

[29] 黄国庆. 国内旅游扶贫研究综述[J]. 安徽农业科学，2013，41（13）：5821-5824.

[30] 梁坤. 国内旅游扶贫研究十年(2003—2012)综述[J]. 河北旅游职业学院学报，2013，18（3）：27-30.

[31] 王晓阳，黄萍. "长江上游生态旅游扶贫与防灾减灾战略论坛"学术综述[J]. 环球市场信息导报，2015，（27）：74-75.

[32] 严春艳，王兴水. 中国旅游扶贫研究进展[J]. 社科纵横：新理论版，2009（1）：49-50.

[33] 曾本祥. 中国旅游扶贫研究综述[J]. 旅游学刊，2006，21（2）：89-94.

[34] 李会琴，等. 国外旅游扶贫研究进展[J]. 人文地理，2015（1）：26-32.

[35] 李佳，钟林生，成升魁. 中国旅游扶贫研究进展[J]. 中国人口·资源与环境，2009，19（3）：156-162.

[36] 李燕琴. 旅游扶贫村寨社区压力应对的 ABCD-X 模式：以中俄边境村落室韦为例[J]. 旅游学刊，2015，30（11）：40-50.

[37] 刘静艳，陈阁芝，肖悦. 社会资本对生态旅游收益与居民环保意识关系的调节效应[J]. 旅游学刊，2011，26（8）：80-86.

[38] SUN J X, ZHANG X. Interactions between economic and social capitals of tourist communities: a case study of Dai Park in Xishuangbanna[J]. Anthropologist, 2014, 18(3): 1029-1039.

[39] 王瑾，张玉钧，石玲. 可持续生计目标下的生态旅游发展模式：以河北白洋淀湿地自然保护区王家寨社区为例[J]. 生态学报，2014，34（9）：2388-2400.

[40] 易俊卿，吴吉林，麻明友. 传统村落乡村生态旅游对农户可持续生计影响研究：以张家界石堰坪村为例[J]. 旅游纵览（下半月），2015（10）：90-91+94.

第 45 章　台湾环境教育及解说发展脉络

吴忠宏　台中教育大学，台中

潘淑兰　湖北经济学院旅游与酒店管理学院，武汉

45.1　环境教育与环境解说历史发展之比较

环境教育与环境解说之差异性近年来在世界上引起学术界广泛地讨论，然而在实务工作场域常常将两者视为一样的学科，甚至认为环境教育包含环境解说，或环境解说包含环境教育，甚至将环境解说视为环境教育。本章拟从环境教育与环境解说的发展历史来谈，并依照年代做简要整理，希望借由历史回顾的方式来探究两者间的相异之处，让将来从事环境教育或环境解说的同好能有清楚的认识与了解。环境教育人员或环境解说人员如果对自己所从事的专业都不清楚的话，将难逃失败的命运。

45.1.1　环境教育之历史回顾

环境教育是人类对周遭环境日渐关心下的一个产物[1]。从 1960 年开始，世界各国为维护其国家环境质量，纷纷制定环境政策、设置环境保护机构、颁布环境保育法令，以避免环境质量的日益恶化与生态环境的持续破坏。工业革命之后，伴随工业化而来的环境灾难频频发生，使世人深感环境问题日益严重，科技不再是解决环境问题的万灵丹。"环境教育"一词最早出现于 Paul 和 Percival Goodman 所写的《*Communitas*》书上[2]；世界自然保护联盟（International Union for Conservation of Nature，IUCN）在 1948 年第一次在国际会议上使用环境教育这个名词。之后，一直到 1965 年英国才首次使用"环境教育"一词[1]。1970 年在环境教育的发展历史中或许具有划时代的意义，因为由 IUCN/联合国教科文组织（United Nations Educational Scientific and Cultural Organization，UNESCO）在美国内华达州所主办的一个国际会议中首次对环境教育下了一个定义，后来此定义在环境教育界中被称为"经典之作"。其定义如下[3]："环境教育是一种辨识价值和澄清概念的过程，为的是要去发展必要之技巧与态度以了解和欣赏人类、文化、生物物理环境间之相互关联性。"（Environmental education is the process of recognizing values and clarifying concepts in order to develop skills and attitudes necessary to understand and appreciate the inter-relatedness among man，his culture，and his biophysical surroundings.）。

IUCN 的"内华达州"定义后来被英国的环境教育学会采用；同年，也促成美国国会通过《环境教育法案》[1]。从 1970 年开始环境教育才逐渐受到国际的重视，如 1972 年的人类环境会议（United Nations Conference on the Human Environment）及 1977 年的第比利斯国际环境教育会议（Tbilisi International Environmental Education Meeting）等，国际召开了许多重要的会议，发表了重要的宣言，对后来环境教育的发展有重大的影响。1977 年，在第比利斯召开的第比利斯国际环境教育会议是第一个跨政府的环境教育会议，有 66 个 UNESCO 成员的官方代表团及 20 个非政府组织（non-governmental organization，

NGO）参加。《第比利斯宣言》阐明环境教育的定义："一个教育过程，在过程中，个人和社会群体了解他们的环境，以及组成环境的生物、物理和社会文化因子间的交互作用，并得到必需的知识、技能和价值观，进而能个别或集体地行动，以解决现在和将来的环境问题。"宣言也提出环境教育的目标范畴应包括：觉知（awareness）、知识（knowledge）、态度（attitude）、技能（skill）、参与（participation）[4]。从 1977 年的第比利斯国际环境教育会议可以看出，由各国分别面对环境的日益破坏，进而召开全球性的会议承认环境问题的急切性与环境教育的重要。两次会议中提出明确的环境教育定义、目标与指导原则，作为实践环境教育的全球架构。

1987 年，世界环境与发展委员会发表了著名的报告《我们共同的未来》（Our Common Future，也称《布伦特兰报告》），其中最为人知的是它定义"可持续发展"为"不损及未来世代满足需要的能力下，进行满足当代需要的发展"[1]。1992 年，在巴西里约热内卢举办的联合国环境与发展大会（the United Nations Conference on Environment and Development，UNCED）又称地球高峰会（或称里约会议），史无前例地由最多政府的首长参加。UNCED 通过了 3 项文件：《关于环境与发展的里约热内卢宣言》（简称《里约宣言》）《21 世纪议程》《关于森林问题的原则声明》。《里约宣言》被认为是参与的各国代表共同沟通的结果。《里约宣言》包含 27 个指导原则，主要目的是透过各国新的合作方式成立全球伙伴关系，关注社会与人民。《里约宣言》声明，"朝向可持续发展，使所有的民众有更好的生活质量"。《21 世纪议程》是进入 21 世纪兼顾环境与发展的行动蓝图。它的序言中即阐明，我们期望有个更安全与富足的未来，且以平衡的态度来面对环境与发展的问题。我们必须满足人类最基本的需求，兼顾生态的情况下提升生活质量。UNCED 的另一个成果是创立了联合国可持续发展委员会（the United Nations Commission on Sustainable Development，UNCSD），目的是监督《21 世纪议程》的执行状况[1]。

2002 年，在南非约翰内斯堡举行世界可持续发展峰会（The World Summit on Sustainable Development，WSSD）。针对水资源、能源、健康、农业生产力、生物多样与生态系经营五大议题进行讨论，同时针对消灭贫穷，改变不永续消费及制造，健康及可持续发展等进行探讨，最后 WSSD 通过的《约翰内斯堡可持续发展宣言》[5]中重申 1972 年斯德哥尔摩会议及 1992 年里约热内卢举行的地球高峰会议达成环境保护与社会及经济可持续发展宣示的重要性，并对可持续发展作多方面的承诺。为达成可持续发展目标，应促进成立更有效率、民主及负责任的国际多边组织。此高峰会议是暨 1987 年《我们共同的未来》后，更进一步也更明确将环境教育与可持续发展紧密扣合的会议。

联合国于 2002 年推动《联合国可持续发展十年教育计划（2005—2014 年）》（UN Decade of Education for Sustainable Development 2005—2014），而 UNESCO 正式通过以《里约宣言》所揭示的条文，作为从事《联合国可持续发展十年教育计划（2005—2014 年）》的基础架构，全球同步，共同为追求可持续发展的理想而努力。它的愿景是，"使世界上的每一个人都有机会受教育及学习，在价值观、行为及生活形态上都能迈向永续性的未来，并促使社会正向的改变"[5]。2008 年，在瑞典哥登堡召开可持续发展教育会议，此次会议呼吁各国政府及民间组织必须优先重视可持续发展教育。此次会议主要重申可持续发展教育在正规及非正规教育中的重要性，也呼吁各国金融风暴是短暂的危机，环境资源的危机才是真正的危机，在会议中重申可持续发展教育必须关切地面向为终身学习、性别平等、学习的改变、伙伴关系、各领域专业成长，以及可持续发展教育的课程、实践与研究[6]。

从环境教育的发展历史来看，环境教育是期望通过教育的过程，使个人和社会群体了解他们的环境，并得到必需的知识和技能，进而能个别或集体地行动，以解决现在和将来的环境问题。演进至今，不仅期望解决环境的问题，还要朝向兼顾环境、社会及经济可持续发展的生活迈进。

45.1.2 环境解说之历史回顾

Wu 提到中国人长期以来对自然解说的影响是非常深远的[7]。Devoe 曾描述古代中国伟大的哲学家老子曾说过一句话叫"道法自然"[8]；Lin 也曾论述许多的中国文学与艺术都是建立在对自然的热爱之上[9]。可惜中国对解说的研究没有转变成实用性的学科，反而仅止于哲学境界。

目前，最早的环境解说遗址是在法国某处洞穴内所发现的人类猎捕动物的壁画[10]。这些图画表达了史前人类对大自然现象的想法与观察，并渴望彼此沟通。解说主要分为以下几个阶段。

1）历史上有关环境解说的第一个重要时期是公元前 600—前 150 年的希腊人时代。希腊人和大自然共存并亲身解说大自然及应用他们对大自然的知识。

2）解说发展的第二阶段是文艺复兴时期。在这期间，科学家如波以耳（Boyle）和牛顿（Newton）等，公布了他们对大自然定律的发现，这些也形成了自然解说员的基本知识。

3）在 1850 年工业革命后，也开始了解说发展的第三阶段。社会大众的生活已有所转变，工人开始寻找休闲时间来放松及享受生活。然而剩余出来的时间却对过去许多只知道工作的人来说制造出一些问题。

4）解说发展的第四阶段是 20 世纪初期在瑞士和挪威的"自然研究（nature study）"，然而直到 1896 年波士顿美术馆及巴黎卢浮宫为大众提供解说导览后，解说才被认为是一门专业。事实上，在 1871 年，当约翰·缪尔（John Muir）住在优胜美地山谷时，就曾说："我要解说岩石，学习河流、暴风雨及雪崩的语言。我要让自己熟悉在冰河和原野花园中，并尽可能靠近世界的内心。"缪尔所使用的"解说"一词是第一次出现在历史文献中的，后来被美国国家公园署正式采用。

一般人公推安纳斯·米尔斯（Enos Mills）为自然向导之父，他于 1888 年开始从事自然向导的工作。1915 年，米尔斯已经建立了导览的标准并创立导览专业。然而在 20 世纪 50 年代末期，导览的名称逐渐转为解说，而那些导览人员也都被称为解说员。

在 1919 年的暑假，当首位国家公园署署长 Stephen T. Mather 观赏过由 Loye H. Miller 在塔霍湖地区所提供的夜间活动后，留下了深刻的印象并要求类似的活动应在黄石国家公园内推广。稍后，C. M. Gpetje 和 Mather 署长共同邀请 Miller 和 Harold C. Bryant 提供解说活动。最后，在 1920 年的暑假，首次公办的大众解说服务在优胜美地国家公园正式展开。在此同时，黄石国家公园的处长 Horance H. Albright 也任命 Milton P. Skinner 担任公园自然学家并掌管解说活动的工作。Skinner 因此成为美国国家公园署的第一位公园自然学家。而解说课课长的编制则一直到 1953 年才设立，1964 年，第一座解说训练与研究中心正式在西维吉尼亚州的哈伯菲利市成立。在解说之父费门·提尔顿（Freeman Tilden）于 1957 年出版《*Interpreting Our Heritage*》（《解说我们的遗产》）[11]一书后，解说专业逐渐地被世人重视与推广。

吴忠宏教授于 1997 年认为，解说是一种信息传递的服务，目的在于告知及取悦游客并阐释现象背后所代表之含意，借着提供相关的信息来满足每一个人的需求与好奇，同时又不偏离中心主题，期望能激励游客对所描述的事物产生新的见解与热诚。通过解说服务，除了传达环境知识，增进游客对自然生态、历史遗址与文化资源的了解并提升游憩质量外，更能启发游客保育资源及爱护环境的信念与行动，因此解说被视为有效的管理工具之一。

由此看来，环境教育与环境解说的形成各有其历史背景，虽然两者常有相似的目标，但因其本质与哲理不同，作者认为在推广及运用上应加以区分而不该任意混淆。

45.2　台湾环境教育的发展历程

台湾环境教育的起步较晚，但也努力追寻国际的脚步。台湾于 1988—1992 年推动"加强推动环境教育计划"。1990 年，当地教育部门成立"环境保护小组"，以整合各级学校校园污染防治，以及推动各级学校有关之环境教育工作。1992 年核定"环境教育要项"，才算是具体展开推动环境教育的工作[12]。

自 1993 年开始，台湾建置了 4 个环境保护教育展示中心，包含"北区环境保护教育展示中心"（于台湾科学教育馆）、"中区环境保护教育展示中心"（于台湾自然科学博物馆）、"南区环境保护教育展示中心"（于高雄科学工艺博物馆）、"东区环境保护教育展示中心"（与东海岸国家风景区管理处合作），全面性地建立全民珍惜环境资源的价值观[13]。除此之外，1989 年，苗栗县大湖乡成立第一处水土保持户外教室，作为学校户外教学的场所。目前这样的教室已有 20 处，开展水土保持教育与倡导之工作，是中小学水土保持户外教学活动的据点。

因应 1992 年地球高峰会及可持续发展的趋势，台湾于 1997 年成立"永续发展委员会"（简称永续会），专责可持续发展政策咨询及工作协调，以加强推动保护地球环境、保育自然生态、合理利用资源等，追求可持续发展。1997 年，台湾环境教育学会研拟"迈向二十一世纪可持续发展的环境教育行动策略（1998—2004 年）"，可谓台湾第一份以可持续发展为主题的环境教育政策规划。永续会于 2000 年拟定"21 世纪议程——可持续发展策略纲领"，作为台湾推动可持续发展的策略依据。因应联合国《21 世纪议程》，永续会于 2000 年制定"台湾 21 世纪议程——可持续发展愿景与策略纲领"，以永续海岛台湾为主轴，以永续经济、永续环境及永续社会三面向，拟定可持续发展策略纲领，作为台湾推动可持续发展的基本策略及行动指导方针[6]。

台湾教育部门 1999 年公布的"九年一贯课程七大领域的课程纲要草案"中，将环境教育纳入九年一贯课程的重大议题，推动将环境教育融入各科教学。为了鼓励学校全校性地推动环境教育，2000 年开始进行台湾绿色学校伙伴网络计划，通过网站希望树的奖励机制，带动学校愿意自动自发，对校园及小区的空间、生活、教学、政策进行了解与改善，使学校成为一个绿色学校。2000—2010 年成功提报了16350 笔[14]。台湾通过这样的平台推动环境教育的经验与成果的交流与分享，也通过奖励的机制，让学校在环境教育推动及生活实践上持续前进。

正规教育积极推动环境教育，非正规教育也没有停摆。例如，荒野保护协会的淡水自然中心与双连埤生态教室、台北市将关渡自然公园委托台北市野鸟学会经营、台北市文化部门委托芝山文化生态绿园给台北市野鸟学会、泉顺食品公益性委托观树教育基金会经营有机稻场与台大的梅峰农场。民间个人与团体成立二格山自然中心、阿里磅生态农场、台东太平生态农场等，利用户外的场所进行环境教育[13]。而台湾林务部门于 2007—2009 年在全省成立了 8 个自然教育中心，为全民进行环境教育提供了优良的场所。

由于国际环境教育的发展趋势，以及学者、专家、民间团体十几年的奔走与促成，立法与行政单位的共同努力，台湾于 2011 年正式实施"环境教育法"，其第一条即阐明"为促进民众了解个人及社会与环境的相互依存关系，增进全民环境伦理与责任，进而维护环境生态平衡、尊重生命、促进社会正义，培养环境公民与环境学习社群，以达到永续发展"[6]。它的施行对台湾来说是环境教育推动的重要里程碑。

由以上台湾环境教育发展的趋势，可以看出环境教育的开端是环境的污染与环境议题开始受到重视。环境教育的目标在个人部分应从提升个人的觉知、知识、态度、技能与参与做起，终极目标应以满足当代需求但不损害下一代的需求，同时兼顾环境、社会与经济发展的永续发展为愿景。我们期许由正规教育与非正规教育的共同努力，促进全民能了解个人、社会与环境的关系，兼顾环境、社会与经济的发展，以达到可持续发展的愿景，期望"环境教育法"的推动能更全面性地促进环境教育的落实。

45.3　台湾环境解说的发展历程

台湾解说服务的发展，早期主要是分别由观光部门、营建部门及林务部门负责。解说服务在台湾的缘起可追溯自 20 世纪 70 年代的初期，由游汉廷先生自美国所引进的，他和几位学者向上级鼓吹解说服务的重要性与益处。通过他们的热心与影响力，第一次的解说服务研习会在 1976 年于溪头森林游乐区举办，自此之后，台湾大学森林系陈昭明教授开始进行第一份有关解说的研究，并在本科阶段开授解说的课程，

吴忠宏提及在 20 世纪 70 年代期间，观光部门印制了许多有关花卉、动物、昆虫、鱼类及濒临绝种的物种等主题的解说出版品，然而由于大众的不了解，解说的概念并未推广至全省。垦丁公园管理处在 1984 年正式成立，其在组织架构中设立了解说教育课后，解说服务的概念逐渐形成。同时，台湾第一本有关解说的硕士论文由欧圣荣于 1984 年完成，至此，解说服务开始逐渐推广到社会大众。在 20 世纪 80 年代营建部门在解说活动推广上居于领导地位，观光部门开始将其角色转变成为观光客提供风景区相关信息或行程安排与接洽。自从 1989 年组织改制后，林务部门成立了解说服务的专责单位，加强推广森林游乐区及自然保护区的解说服务，其最主要的目的是提倡自然保育的概念。多年来，越来越多的决策者了解到解说服务不仅提升了游客的游憩体验外，还减少了许多管理上的问题，如涂鸦、滥垦滥伐、森林火灾、盗采等，解说服务的重要性逐渐获得社会大众的认可。

目前，除了上述的单位外，许多公营机构，如动物园、植物园、博物馆、天文台、美术馆、古迹遗址、保育中心，以及民营单位的主题游乐园、休闲渔场、休闲农牧场、观光果园、市民农园、保育团体、环保组织、地方文史工作室等纷纷设立专责单位负责解说服务的工作。1998 年，吴忠宏教授首先在研究生阶段开授解说专业课程，倡导环境解说工作，并积极在观光旅游及休闲游憩景点推广解说服务，以倡导资源保育和环境保护，并丰富游客的游憩体验。自从 2001 年实行周休两日以来，休闲的议题逐渐受到百姓的重视，民众出外旅游从事休闲活动蔚然成风，对解说服务的需求更是与日俱增。环境解说在学术上的探讨与研究也有显著的提升，关于环境解说的硕士、博士论文也呈现大幅增长趋势。经过了 20 年的努力倡导与实际作为，目前学术界也体会到解说服务的重要性与必要性，因此在台湾高等院校中的观光、旅游、休闲、游憩、地理、森林、环境教育等相关科系中都已有开授环境解说或解说技巧的课程，以上种种说明解说服务在台湾的旅游休闲游憩的理论发展与实务推广中已渐渐成熟，日趋重要。

过去，一般游客外出旅游时多是走马看花或偏好景物的丰富性，很少关心或注意游憩过程中内在心灵的体验。因此如果在旅游过程中有解说员的带领，游客将可深入欣赏大自然的奥妙并从中体会游玩的乐趣。但人口的增加、产业的变迁、科技的进步、交通的发达，导致人类与环境的关系愈来愈疏远，身为一位解说员，最重要的任务之一就是挑起游客内心当中对周遭环境沉寂已久的好奇心，进而通过精心设计的解说方案来提升游客对环境的敏感性，使其知晓周遭环境的问题；通过实际的参与来了解环境问题的解决方式；借着体验、观察与游戏等解说技巧来激发他们思考并感受，进而欣赏（感恩）周边环境之美；最后能对周边环境做出承诺——即保护环境。这一连串的过程，称为"感受连续性（sensitivity continuum）"。生态环境不当的开发与利用已造成许多经营管理上的问题，其主因就是民众对自然保育与环境保护的议题不够关心，缺乏地方感所致。大家如果都将周边的环境当成是自己的家园，环境的破坏将会降到最低的程度。至于该如何培养民众对环境的敏感性，吴忠宏认为解说员可循序渐进地带领民众从观看（see）自然，感受（feel）自然，倾听（listen to）自然，体验（experience）自然，阅读（read）自然，欣赏（appreciate）自然，到保护（protect）自然，亦即"SFLERAP"。美国国家公园署（U.S. National Park Service）有一句非常发人深省的名言正说明了解说对环境保护与自然保育的重要性："通过解说，就能了解；通过了解，就会欣赏；通过欣赏，产生保护；通过保护，才能永续。"

参 考 文 献

[1] PALMER J A. Environmental education in the 21st century: theory, practice, progress and promise[M]. London: Routledge, 1998.

[2] WHEELER K. International environmental education: an historical perspective[J]. Environmental education and information, 1985, 4(2):144-160.

[3] IUCN. International working meeting on environmental education in the school curriculum, final report[R]. Gland, Switzerland: IUCN, 1970.

[4] UNESCO. Intergovernmental conference on environmental education: Final Report[R]. Tbilisi, UNESCO, 1978.

[5] WSSD. The Johannesburg declaration on sustainable development[J].Environmental protection, 2002, 25(1):31-33.

[6] 梁明煌. 环境教育纲领规划项目计划. "环境保护署"委托研究报告：EPA-2009-E103-02-308.台北市；环境教育法(2010 年 6 月 5 日)，2010.

[7] WU H C. Evaluation of interpretation: effectiveness of the interpretive exhibit centers in Taroko National Park, Taiwan[M]. Unpublished doctoral dissertation. Stephen F. Austin State University, Nacogdoches, Texas, 1997.

[8] DEVOE A. Nature in Chinese thought[J]. Audubon magazine, 1946, 48:355-361.

[9] LIN Y T. The importance of living[M]. New York: John Day Co,1940.

[10] WALLBANK T W, TAYLOR A M. Civilization, past and present[M]. 2Vol. New York: Scott, Foresman and Co, 1942.

[11] TILDEN F. Interpreting our heritage[M]. Chapel Hill: University of North Carolina Press, 1957.

[12] 周儒，高翠霞. "环境保护署"环境教育策略分析与发展[R]. "环境保护署"与台湾师范大学环境教育研究所合作计划，2007.

[13] 周儒. 实践环境教育：环境学习中心[M]. 台北：五南，2011.

[14] 绿色学校伙伴网络计划. 2012 年 10 月 21 日，取自 http://www.greenschool.moe.edu.tw/aboutGS/?key=5.4，2012.

第46章　国际环保 NGO 的中国生态旅游实践
——以 WWF 在华的自然保护工作为例

王蕾　孙轶颋　世界自然基金会

自然保护工作的核心目标是实现人与自然的和谐发展，生态旅游作为平衡特定时空区域内生态效益、经济效益、社会效益的得力工具之一，在全球得到了非政府组织（non-government organization，NGO）的大力推广和广泛应用。

世界自然基金会（World Wide Fund for Nature，WWF）是在全球享有盛誉的独立性非政府环境保护组织之一，自 1961 年成立以来，WWF 一直致力于环保事业，在全世界拥有将近 520 万名支持者和一个在 100 多个国家活跃着的网络。目前，WWF 已发展成为世界上最大的独立性国际非政府自然保护组织，在国际环境保护运动的进程中扮演了重要角色。

"生态旅游"作为一个专业术语于 1983 年首次由世界自然保护联盟（International Union for Conservation of Nature，IUCN）提出，此后 30 多年来，WWF 作为 IUCN 的重要战略合作伙伴和主要资助方之一，在全球范围内与当地政府、企业和本土 NGO 一起开展丰富多彩的生态旅游研究和实践活动。在生态旅游这一概念发展早期，WWF 支持的基于拉美国家保护地开展旅游活动实践的研究报告《生态旅游：潜能与陷阱》（1990 年）更是对世界生态旅游产业的发展产生了重大的影响。

半个世纪以来，从非洲的国家公园到澳大利亚的大堡礁，以 WWF 为代表的国际环境保护 NGO 在全球推动着形形色色的生态旅游研究与实践的开展，并把通过科学开展生态旅游促进关键生态系统和濒危物种保护的成功经验推广到世界各地。

46.1　中国生态旅游与国际环保 NGO

生态旅游是新型的、可持续发展的第三产业，替代原有的对自然资源不可持续的利用方式，力求在保护自然环境的同时提高当地居民的福祉。生态旅游旨在为人们提供良好放松、休憩的环境同时，为当地创造收益。为更好地体现自然环境的价值，减少旅游的负面影响，国际环保 NGO 在推动并完善中国生态旅游的理论研究和探索实践中做出突出的贡献。

改革开放以来，越来越多的国际环保 NGO 在中国开展环保工作。NGO 因其独立性、自愿性、灵活性，往往能深入某一区域，就环境问题主动协调矛盾、探索解决方式。自 20 世纪 90 年代起，国际环保 NGO 就以灵敏的触觉，感受到中国生态旅游的发展潜力，进而广泛参与相关制度建设、旅游产品开发、旅游宣传等工作。WWF、大自然保护协会（The Natura Conservancy，TNC）、IUCN 等国际环保 NGO 都是积极实践生态旅游的代表。其中，从在中国开展和支持的项目数量、资金规模、时长和深度等方面衡量，WWF 在中国的生态旅游实践尤为突出，本章也将着重介绍。

WWF 的工作宗旨：坚持全球性、独立性、文化多元性和无党派的立场；用科学的办法解决环境问题，同时以批判的眼光来审视自身取得的成就；寻求对话，避免不必要的对抗；通过多种渠道提供环境问题解决方案，包括实施野外实地项目、推动相关政策出台、开展能力建设和环境教育工作。在每个实地项目的制定和实施过程中都强调当地社区或原住居民的参与，尊重当地的文化和经济需求，努力与各国际性机构、其他 NGO、政府部门、商业机构及当地社区建立良好的合作关系。WWF 日常运营中在使用资助方的资金时，以高信用标准要求自己。这些因素使 WWF 引领下的生态旅游活动和项目有更高的利益相关方参与度，并能取得更好的生态、社会和经济的综合效益。WWF 在其工作区域通过各种途径推动生态旅游相关活动的开展与探索，协助制订生态旅游相关计划和提供专业咨询，积极与各级政府、机构和国际组织开展合作，缓和人类与自然、人类与野生动物之间的冲突，遏止自然环境的恶化，创造人类与自然和谐相处的美好未来。

作为最早参与中国生态旅游实践中的国际环保 NGO，WWF 于 1999 年首先发起四川岷山王朗自然保护区和周边社区的生态旅游活动，并支持相关能力建设和设施发展，在保护区、社区与游客之间建立起稳定的市场联系。WWF 一方面推动并提高了岷山王朗自然保护区的大熊猫栖息地保护成效，另一方面增加了社区收入，改善了当地人的生活条件。此后十几年 WWF 又持续参与和支持了以湿地保护、森林生态系统保护等为主题的生态旅游建设，并广泛开展生态旅游宣传教育工作，在中国生态旅游发展实践的历程中发挥着积极的作用。

TNC 和 IUCN 也是在我国较早参与生态旅游的国际环保 NGO。1991 年，TNC 进入云南德钦工作，并逐步参与当地雨崩村的生态旅游项目的建设。2002 年，TNC 又参与了位于丽江西北角文海地区的生态旅游项目，帮助设计绿色生态旅游项目，并保护当地的自然资源。TNC 是雨崩地区"禁止攀登梅里雪山"的政策制定过程中重要的推动者。IUCN 是国际上最早提出"生态旅游"概念的机构，通过引导生态旅游政策制定、设施规划建设、为生态旅游项目筹集资金等方式，参与中国的生态旅游项目。2013 年，IUCN 与关键生态系统合作基金（CEPF）联合发起一项 1040 万美元的投资，用于中国南方地区、泰国、老挝等的生物多样性保护。2016 年，IUCN 通过影响当地合作伙伴，指导海南湿地的生态旅游建设项目。

46.2 国际环保 NGO 的中国生态旅游实践经典案例分享

46.2.1 WWF 支持中国国家公园体制建设——积极参与生态旅游相关制度探索

2013 年年底，WWF 北京代表处科学与政策创新中心观察到中国政府在党的十八大中提出"探索建立国家公园体制"这一新政对刺激中国生态旅游政策制定的积极意义。生态旅游并不是一把万能钥匙，特别是在东部人口密度较高的地区，如果国家公园制度被有强烈经济发展冲动的利益相关方解读为"将大众旅游发展到自然和人文环境优异的原生态区域"，有可能造成对既有保护成果的损害并进一步加剧当前中国面临的生态系统破碎化和政府治理结构破碎化的现况。因此，在 WWF 美国分会和 WWF 总部的卢克·霍夫曼基金会的资金和技术支持下，WWF 中国启动了"国家公园项目"，支持中国政府根据"保护优先，全民公益"的理念，梳理现有保护地体系，在"十三五"期间探索建立一批国家公园。

2014 年 10 月，WWF 在北京联合 IUCN、国务院发展研究中心、中国科学院生态环境研究中心，发起了首届跨发展和改革委员会、环境保护部、林业部、住房和城乡建设部、国家文物局、水利部、国家海洋局、国土资源部 8 部委和联合国发展计划署、联合国环境署、TNC 等国际机构参与的生态文明制度建设与国家公园论坛。此后，WWF 参与了 9 个首批国家公园试点单位的方案咨询或评审，并联合北京师范大学启动了专门的博士后研究项目，以自然资本的理念和工具促进各利益相关方在确定保护目标、制定相关决策、规范管理制度等方面达成共识。WWF 作为非盈利社会团体，对社会参与和社区发展制度有丰富的经验和深刻的理解。如何让更多的利益相关方，特别是让企业参与，甚至投资到自然保护项目中；如何让当地社区在生态旅游活动的开展中真正受益、在实现可持续生计的基础上改善生活条件；如何为大尺度下的区域和流域生态系统提供生态与人文的双重福祉等当前公民社会面临的挑战，WWF 正积极寻求与各利益相关方的对话，共同探索难题的解决方式。

WWF 竭力支持中国政府建立中国国家公园体制并逐步完善体系，并从政策倡导、公众宣传、科学研究、项目示范 4 个方面切入工作，参与国家公园体制建设。目前，生态旅游的理念与方法已由 WWF 和合作伙伴一起贯穿融入国家公园政策和导则制定、试点方案制度设计、国家公园分区规划、旅游设施建设规划、自然导览体系规划与设计、生态旅游管理者和从业者培训、国家公园志愿者体制创新等方面。

46.2.2　TNC 丽江市文海生态旅游——扶持乡村旅游业的发展

文海村位于丽江玉龙雪山南脚，是茶马古道上的重要站点。当地森林资源、生物多样性资源丰富，加上广阔的高山草甸，秀丽的雪山风光，使文海具有成为著名旅游景区的潜力。然而，由于当地土地贫瘠、热量缺乏，农业发展落后，人民依赖砍伐森林等方式生存。落后的生产生活方式破坏了当地森林资源、生物多样性资源，使原本脆弱的生境陷入恶性循环，加剧了当地的贫困。

为保护文海地区脆弱的生态环境、提升当地居民的生存福祉，发展文海地区生态旅游的建议被提上日程。TNC 作为拥有开展生态旅游经验的国际环保 NGO 参与文海的生态旅游项目建设。2002 年，TNC 编制《文海村保护与发展规划》，与当地村民、政府一起发展当地的生态旅游事业，推动建设了文海旅游管理主体——文海合作社及下设的新拓生态旅游局。并且在 TNC 的资助下，当地建立起文海生态旅游馆，为徒步旅游者提供客栈。一方面，文海生态旅游馆汇集当地建筑特色，体现了当地的风土人情；另一方面，文海生态旅游馆使用清洁能源与蔬菜大棚，体现了生态环保理念的思想，同时兼具宣传环保知识的作用。

TNC 在文海的生态旅游项目中，加强了生态旅游的社区居民参与，和当地政府建立良好的合作关系，从而显著改善了当地居民的生活状况。项目开始后，每户年收入由 50 元提高到几千元，当地居民对文海周边森林的过度采伐基本停止，文海的自然环境得到保护，文海生态旅游馆也成为全球前十的生态旅馆。

46.2.3　IUCN 海南湿地生态旅游——指导地方生态旅游事业发展

海南羊山湿地是海南最重要的湿地生态系统之一，但在过去的几年中，羊山湿地面临污染、垃圾填埋、建筑侵占及外来物种入侵等威胁。因此，当地政府在当地环保企业的帮助下，建立"松鼠学校"，通过游览湿地公园、定期讲授环境知识，提升当地居民对湿地生态系统价值的认知，从而保护羊山湿地。

在羊山湿地项目中，IUCN 扮演了资助者与推动者的角色，不仅在资金上支持当地 NGO 的活动，还帮助"松鼠学校"培养了第一批导游，在整个项目的推进中发挥了不可替代的作用。IUCN 认为生态导游不仅可以提升导游自身的环境意识，还能通过宣传教育使更多的人意识到羊山湿地美丽的自然景观与重要的生态价值，并对羊山湿地生态旅游项目提出许多宝贵的建议，指导羊山湿地的发展。

46.2.4　WWF 成都市"农家乐"生态旅游——减少旅游对生态系统的负面影响

成都市"农家乐"是当地自发形成的具有生态旅游性质的旅游活动。然而，由于城市周边农家乐数目逐渐增多且农家乐直接将餐饮污水排入河流，超过了水体的自净能力，进一步污染了下游河流。WWF 为"农家乐"设计了人工湿地，处理"农家乐"产生的污水，减少乡村旅游对生态系统的负面影响。

人工湿地建立后，生活和生产污水在排入河流之前，先经过湿地，经过处理后再排入河流。人工湿地处理污水成本低、效果好，并具备一定的景观价值，形成了"农家乐"的一道独特风景。WWF 根据"农家乐"的规模与地理位置，合理布局和规划人工湿地建设。迄今为止，四川省类似的人工湿地已有13 个，污水处理效果可以达到国家污水处理一级 B 标准。小型人工湿地建设是 WWF 针对"农家乐"项目专门开发的兼顾湿地和淡水生态系统保护，与乡村旅游和户外游憩相互促进、相得益彰的，带动与支持农户发展替代生计转型附加值较高的服务业，从而在提高环境效益的同时增加农民经济收入，已被当地政府大力推广。

46.2.5　WWF"长江流域湿地保护网络"——因地制宜开发旅游品牌和发展替代生计

"长江流域湿地保护网络"中包含了 WWF 开发和开展的一系列代表性生态旅游项目，是由成都市、武汉市、长沙市、上海市 4 个城市的项目办公室共同实施的大型流域保护项目，包括青海省、四川省、重庆市、湖南省、湖北省、贵州省、江西省、安徽省、江苏省、上海市等行政区域。该项目旨在推动长江流域内保护区的有效管理，维持生态系统和过程的完整性与服务功能，增强其对气候变化的适应与自我修复能力，减缓气候变化对自然生境和人类生产生活的负面影响，提高全社会对湿地生态系统的保护意识。洞庭湖、西畔山洲与崇明东滩开展的生态旅游工作在整个项目中极具代表性。

（1）洞庭湖国际观鸟节

洞庭湖国际观鸟节是在 WWF 的推动下，由当地政府组织的大型生态旅游活动，已连续举办 8 届。湖南东洞庭湖是 300 多种候鸟的栖息地，借助观鸟活动、观鸟大赛等形式，宣传保护湿地、保护候鸟的理念，宣传保护候鸟与保护湿地的关系。观鸟活动有效地拉近了旅游者与野生动物、自然的距离。通过观鸟活动，旅游者与当地居民提高了对候鸟在生态系统中发挥的重要作用的认识。目前，洞庭湖国际观鸟节已成为世界各地观鸟爱好者的盛会，是全球具有较大影响力的观鸟活动之一。

（2）退田还湖生态旅游发展

1998 年的洪水灾害使越来越多的人认识到长江周边行洪区的重要作用。在 WWF 的资助与推动下，湖南湖北等地沿江居民逐渐退出洪泛区，实现退耕还湿（地）。为提高当地居民收入，WWF 引导当地农户开发有机种植（柑橘、棉花）、有机养殖（淡水水产）、农家乐等产品和项目，以政策激励的形式补偿当地社区居民由于退田还湖、退田还湿所减少的收入。WWF 在生态旅游产品开发整体思路下，指导和引导的相关项目产业升级和生计替代项目充分体现了对自然资源可持续利用的理念，取得了良好的综合效益，至今相关工作仍在以丰富多彩的方式进行中。

例如，西洞庭湖及其周边湿地群是 WWF 长江项目主要示范点之一，该项目致力于帮助周边渔民和农民改变传统的生产生活方式发展适洪型产业，通过恢复和保护湿地，使西洞庭湖湿地生态旅游资源得到有效保护和可持续利用。由 WWF 在 1999 年支持和发起，并由汉寿县旅游局组织实施的西洞庭湖周边地区"农（渔）家乐"示范项目的成功，标志着西洞庭湖地区农村生态旅游已步入规范化经营的轨道。

（3）上海崇明东滩生态旅游

对于拥有良好的生态环境的上海崇明岛，生态旅游源于满足都市居民亲近自然、观赏自然风光的需求。2003 年，WWF 与合作伙伴共同确定在上海市崇明东滩鸟类自然保护区开展国际重要湿地可持续管理示范项目。WWF 与合作伙伴在 2003－2006 年开展了一系列提高保护区生态旅游管理水平和完善管理制度方面的能力建设和探索行动。WWF 与国家林业局等合作伙伴共同推动建立崇明湿地宣教中心、志愿者之家和自然学校等，共同投入完善旅游服务所需的硬件和软件。在生态旅游理念的指导下，崇明东滩开展了湿地保护、湿地公园建设和试点、管理人员培训教育、滩涂与河口湿地保护示范区建设、外来物种管控等项目。经过 3 年的时间，项目完成了崇明东滩管理计划的编制，组织开展了崇明东滩栖息地基本生态特征和服务功能的评估，编制科研监测计划并组织实施监测活动，制定了崇明东滩自然保护区管理办法、建立保护区通行证准入制度，建立保护区与当地政府相关部门的共管机制，为保护区人员提供专业技术及管理技能培训、组织开展宣传教育活动等。现在的崇明东滩已成为上海家庭周末度假，观察自然、亲近自然、热爱自然，寓教于乐的乐园。

46.2.6　WWF 秦岭生态旅游——宣传教育，认知自然

秦岭在大熊猫和生物多样性保护上具有十分重要的地位和作用，WWF 于 2001 年年底确定在秦岭开展保护与发展共进项目，希望结合国家工程建设项目在强化传统保护利用方式的同时，促进在大熊猫分布区内采用生态友好的可持续发展模式，并通过宣教和科普活动，加强管理人员、访客对自然的认知。在该项目支持下，秦岭地区至今已在保护区和森林公园周边建立了 8 个环境教育中心宣传保护知识，为访客提供生态旅游相关信息。同时，WWF 生态旅游项目培训旅游管理人员、森林解说员等超过450 人次。

秦岭生态旅游示范区在对管理人员、游客的宣传中探索创新模式，以黑河国家森林公园为示范点进行义务的环保宣讲，将保护生态、保护大熊猫的理念植入人心，2011 年 WWF 支持建立的陕西长青国家级自然保护区华阳访客信息中心就是实践游客教育的典型案例。访客信息中心是访客获得旅游目的地第一手资料的最重要场所，访客在踏入保护区后，将首先通过访客信息中心精心策划的图片和多媒体展示直观地了解保护区。此外，华阳访客信息中心的整个设计和建设都保证了生态环保、与周边环境和谐融入。WWF 希望该访客信息中心作为访客集散地的同时能成为一个对外宣传自然保护的窗口，通过开展环境教育和宣传，让更多进入这个区域的访客了解自然保护区的生物多样性及开展保护工作的重要性，从而能够通过改变个人行为，减少对于环境和野生动植物栖息地的负面影响。

46.2.7　WWF 环境教育项目——NGO 的理念倡导与示范作用

WWF 自 1996 年在中国开始启动环境教育项目，先后开展中国中小学绿色教育行动（1997—2006年）、可持续社区等多项工作。在 WWF 的推动下，北京师范大学、华东师范大学等全国 21 所高等院校先后建立了可持续发展教育中心（研究所）。2003 年，WWF 支持教育部编制并发布了中国第一部国家级环境教育指导性文件——《中小学环境教育实施指南（试行）》，对我国中小学环境教育的性质、任务、目标、内容和评估等工作做了系统的指导，在全国约 50 万所中小学进行实践和运用。近年来，为了更好地应对和解决全球环境问题，WWF 不断调整保护战略，从最初的物种及栖息地保护扩展到对气候变化与能源、生态足迹等领域。而环境教育项目的策略也更多地聚焦于如何与自然保护项目相结合，通过教育来推动保护目标的实现。

WWF 自然学校是 WWF 在中国自然教育的重要工作之一。在开展"自然学堂"的过程中，不仅实现了亲子交流，更让环境意识、生态意识深入家长与孩子的内心。环境教育的目的在于将保护生态的意识深入人心，WWF 通过自然学校的方式，完成了环保 NGO 传递生态理念的工作。

46.3　国际环保 NGO 参与中国生态旅游的驱动因子

国际环保 NGO 参与全球各地的生态旅游项目建设，积累和传承了相对成熟和丰富的生态旅游项目经验，在自身内部基因与外部因素的驱动下，使国际环保 NGO 有动力、有能力参与中国生态旅游项目建设。

46.3.1 国际环保 NGO 的内部基因

（1）机构使命

国际环保 NGO 以保护环境、促进人与自然和谐发展为使命，关注任何影响生态系统稳定性与自然资源可持续利用的人类活动。生态旅游作为旅游的特殊形式，尽管强调对生态系统美学价值的可持续利用，但是其中人类活动对生态系统造成的影响仍是国际环保 NGO 的关注点。国际环保 NGO 在生态旅游项目与活动中以结果为导向，聚焦对保护目标的保护效果，在工具与方法的运用上灵活多样，优势突出。

（2）协调各利益相关方的不同利益诉求

在生态旅游项目中，国际环保 NGO 积累了大量协调、解决冲突的经验。作为中立的第三方，国际环保 NGO 立足保护与发展双赢的目标，构建平台促进政府、社区、私营部门等利益相关方通过交流、协商、合作来达成共同的愿景和目标，从而最大化区域生态系统的服务功能和价值，并实现对自然资源的可持续利用。

目前，我国保护地管理上普遍存在部门和行政区划带来的管理破碎化、"一地多牌、政出多门"、保护资金使用效率较低等问题。除去政府治理的因素，要解决保护地可持续发展问题还需要社区参与和社会关注，NGO 以其独立性更容易构建发展均衡与各方诉求妥协的沟通渠道和桥梁。

（3）立足科学

国际环保 NGO 在对自然资源的可持续利用方面有着科学和丰富的理解，通过理论研究和实践探索促进生态旅游相关科学研究和政策制定，并基于保护目标的生态特征和保护地的科学内涵设计与规划满足生态、社会、经济效益最大化的生态旅游开发方案，对相关制度设计做分析研究和完善建议，应用先进技术方法监测和控制游憩活动对生态系统的负面影响。

46.3.2 国际环保 NGO 的外部因素

（1）大众旅游带来的挑战

保护地往往是自然资源和景观资源丰富的区域，更容易受到公众的关注和各种小众生态旅游团体的青睐，如攀岩、观鸟、漂流、野营等活动团体。我国自然保护地当前还缺乏相关管理经验，缺少标准，有法难依和管理混乱是较普遍的现象。环境容量和游客承载力问题如果不能科学地解答，打着"生态旅游"旗号的一些不可持续的活动也有可能破坏当前来之不易的保护成果，如前些年某机构组织的前往藏区的"虫草采集生态旅游"。

（2）政策导向和趋势带来的机遇

绿色生活、绿色消费近年来被中国政府反复强调，落实"绿水青山就是金山银山"是生态环境优越区域地方政府的新方向，自然资源如何与社会资源和金融资本形成良性循环是地方政府探索生态文明的重点课题之一。生态旅游业作为高附加值、劳动密集型行业，对经济和就业有双重贡献，因此往往位列地方政府的首批行业发展规划。

（3）商业模式创新带来的挑战

PPP（public-private-partnership，公私合营）模式正在环境治理的各个领域中热火朝天的实践着，私营企业的活力为生态保护带来了新的角度和视野。例如，当前以保护生态系统原真性和完整性为首要目标的新一轮国家公园体制建设，将社会参与机制作为四大机制创新之一，并特别提到了"探索特许经营模式"。一直以来，保护地内和保护地周边的交通、餐饮、住宿等服务和设施建设都是各种企业家眼中的"商机"，如何更好地约束和引导短视甚至盲目的发展冲动，促使保护机构深入生态旅游开发的相关活动中，是当前商业模式创新带来的挑战之一。

46.4　国际环保 NGO 参与中国生态旅游的原则和宗旨

46.4.1　以保护环境为根本目标

无论是开发示范案例还是参与制度创新，国际环保 NGO 参与中国生态旅游的首要目标是保护关键物种和生态系统，将人类活动对生态环境的负面影响最小化。在众多在中国的实践中，从高山到海洋，国际环保 NGO 支持生态旅游的核心考核指标都围绕着环境的改善。即使涉及社区居民生计改善的问题，国际环保 NGO 在旅游方案的设计中也首先考虑了对环境的影响。可以说，国际环保 NGO 在中国参与生态旅游的实践中始终坚守生态旅游的原则，即将旅游对环境的影响降到最低。

46.4.2　兼顾当地社区发展和全民公益性

生态旅游政策或制度的设计都是为了改变生计模式和水平，实现将自然资源保护用可持续的方式转换为经济效益。只有当更多的人享受到保护成果，保护项目才能走得更长远。生态旅游的受益者可以分为两类：一类是当地居民；另一类是游客，或者说全体公民。

对于当地居民，国际环保 NGO 在参与生态旅游设计时，已经考虑到他们的生计问题。因此，生态旅游方案能够兼顾环境保护与社区居民的福祉。通过生态旅游，一方面，当地居民收入提高，另一方面，其生存的自然环境得到改善，当地居民的福祉增加，实现了人类发展与生态系统保护的双赢。

对于游客或者全体公民，国际环保 NGO 参与生态旅游的目的在于使游客感受到生态系统的美学价值，进而激发游客亲近自然、热爱自然的感情。当一个地区的生态系统得到较好的保护时，游客在观赏中得到身心的愉悦，享受到生态系统的美学价值，其自身的福利也得到提高。

46.5　国际环保 NGO 在中国生态旅游实践中的角色

在实践过程中，国际环保 NGO 主要扮演以下 4 个方面的角色。

（1）理念传播者

作为理念传播者，国际环保 NGO 广泛宣传生态环境的价值，引导更多的决策者和公众认识生态环境的价值，甚至推动更多本土 NGO 的萌发和参与，如 WWF 在秦岭生态旅游规划项目和访客信息中心建设、在洞庭湖创建和支持国际观鸟节等。

（2）政策倡导者

生态旅游首先需要影响相关规划、管理、投资政策和决策的制定，实现对土地和资源的可持续利用。WWF 将多年在中国工作的实践经验与在其他国家学习收集的成功案例相结合，与专家学者、中央各部委和各地方等合作伙伴一起，为中国自然保护地的相关制度建设提供建议。

（3）项目示范者

国际环保 NGO 作为大自然的代言人，以项目所有人、负责人和执行者的身份活跃在政府、居民、自然环境之间，切实协调生态旅游的各利益相关方，通过共同制定区域土地利用方针和采取切实的统一行动来提高自然保护综合效益。作为生态旅游的项目负责人或设计者，国际环保 NGO 同时注重项目范式的建立和推广。例如，在成都市"农家乐"的污水处理方案中，WWF 设计出旅游对环境负面影响解决方案的范式，并进一步加以推广。项目示范者的作用为中国发展生态旅游积累了经验，起到了榜样的作用。

（4）研究推动者

国际环保 NGO 在实践的过程中同时注重理论指导实践，不断提出新的工具、方法和政策建议，支持与联合相关领域的专家学者组成智库，为解决问题提供新思路。国际环保 NGO 始终走在生态旅游领域的研究与实践前沿，推动全球生态旅游发展。

46.6　国际环保 NGO 在中国生态旅游实践中的经验与挑战

长期的在中国生态旅游的实践中，国际环保 NGO 积累了大量的经验与教训。WWF 在中国开展生态旅游项目历史最长，范围最广，因此作者从 WWF 的角度分析国际环保 NGO 在中国生态旅游实践中的经验教训。

46.6.1　经验

（1）保护目标得到有效保护和恢复

WWF 的生态旅游项目基本都能按计划执行达成最初制定的保护目标。无论是在项目设计还是执行中，WWF 都以自然资源的可持续利用和最小化旅游活动对生态系统的负面影响为原则，通过野外实地调查和遥感数据解读，对资源进行监测，确保保护目标得到有效保护。以 WWF 发起和组织的洞庭湖国际观鸟节为例，其不仅吸引了社会各界，为洞庭湖生态旅游开创了一个新的品牌，同时洞庭湖的生态环境、鸟类的栖息地质量得到明显改善，洞庭湖的鸟类已从 10 年前的 297 种增加到了现在的 342 种，数量也由 12 万余只增加到了 15 万余只。

（2）保护地原有的管理冲突与问题得到缓解或解决

国际环保 NGO 擅长从独立和中立的角度促进部门协作，在充分交流与分析利益相关方不同利益维度的基础上，促进各方共同制定和达成区域发展目标，构建信任和互助的协作关系。具体途径包括：解析不同利益相关方的参与意愿、态度和驱动力；协助各利益相关方充分交流和描绘生态旅游项目所要实现的共同愿景；协助制定生态旅游经营活动的组织形式和制度安排；搭建平台交流探讨主要利益相关方的诉求、角色及其相互关系；促进建立和完善生态旅游管理的相关制度和法律政策框架；丰富生态旅游项目和产品的主要运作内容和手段；协助达成生态旅游各利益相关方的责权利划分等。

（3）降低自然保护项目的运作成本和提高运作效益

生态旅游通过发展第三产业引导可持续的旅游消费，提高当地社区收入；多渠道的资金机制吸引社会资金（包括投资和捐助）降低保护成本；提高生态旅游地域知名度，为社会经济发展提供各种其他机会，产生品牌效应，改善投资环境；提升当地政府的执政能力，提高自身造血机能和发展能力。WWF 推动和加速了这一进程，利用自身优势和经验设计旅游线路、内容、形式、管理机制，降低了项目的成本并提高了动作效益。

46.6.2　挑战

（1）难以兼顾生态旅游项目的可持续性

生态旅游项目在国际 NGO 的深度介入和强势引导下，初期基本上可以实现项目目标，但是一旦项目结束团队退出，长期的社会经济双赢效益难以维系。生态旅游服务的供给方需要谨防投资方和地方政府的逐利冲动所导致的变形（变成以发展旅游经济为主）、变味（受到外来文化和行为方式的冲击），甚至会完全变质而脱离"生态旅游"。生态旅游项目的出发点都是促进自然保护和当地社区和谐发展，如若结果走向对旅游资源的粗放或无序开发，则会加剧对生态环境的负面影响并导致不可持续的生计模式，这是大家最不希望看到的。

因此，生态旅游项目从设计之初就要注重制度建设和聚焦社区发展，对退出机制和可持续的资金机制进行充分的评估和准备，退出之后要有追踪和实施效果监测评估。例如，九寨沟和长白山分别是以大熊猫和东北虎栖息地为保护对象的国家级自然保护区，但是在早年生态旅游开发的过程中没有基于科学研究进行合理的游线开发设计和分区管理制度设计，缺乏在关键性区域执行严格保护或针对访客干扰的研究和规定，现在虽然是驰名海内外的自然景观旅游区，但已经丧失了作为大熊猫和东北虎栖息地的功能和作用，这样的生态旅游结果也是令人非常遗憾的。

（2）难以确定开发生态旅游项目的限制条件和门槛

生态旅游并非一把万能钥匙，无论是观光型还是体验型旅游都需要良好的自然资源本底提供支持，很难想象一个不具备资源、区位和交通优势的保护区社区发展生态旅游。WWF 成功的生态旅游项目通常具备以下条件：①独特的自然资源和景观（如洞庭湖观鸟、观豚）；②依靠周边的大城市，甚至特大型城市为其带来稳定的客源（如崇明东滩、米埔）；③交通发达、便利，如在长江中游这样河湖纵横、陆路水路四通八达的区域。WWF 自 2003 年开始在贵州省赤水河流域推动流域综合管理示范，当地政府也非常重视生态旅游的规划和发展，但当时显然不具备上述条件，对自然科学和历史文化内涵也挖掘得不够充分，目前虽有显著改观，但总体来说赤水河流域的丹霞地貌、河谷漂流、万亩竹林等生态旅游资源和项目开发至今仍处于起步阶段。

（3）缺乏相关生态旅游标准、相关法规和制度的支持

由于生态旅游在我国起步较晚，因此存在对生态旅游的理解误区，也缺乏相应的制度与标准，特别缺少适合中国国情的成功政策示范。在这种客观条件下，WWF 在中国开发的生态旅游的相关项目面临着制度上、标准确定上的挑战，执行过程只能"大胆尝试、小心求证""摸着石头过河"，以乡规民约为生态旅游设计中的重要参考。

第47章 生态旅游新途径——森林体验与森林养生实践探索

程希平 郑茹敏 西南林业大学地理学院，昆明

陈鑫峰 国家林业局森林旅游管理处，北京

生态旅游作为一种特殊形式的专项旅游，是旅游市场需求结构发生变化和以大众旅游为特色的旅游业发展到一定阶段的产物，具有深刻的时代和社会背景。中国自西方引入生态旅游的概念至今已有 20 多年的历史，其在国民经济与生态文明建设中的地位日益凸显，生态旅游的相关理念已逐步深入人心，相关的周边产业得到了蓬勃发展，生态旅游的产品类型不断得到完善与丰富。其中，森林体验与森林养生作为一种回归自然、享受自然，并在活动的过程中提升热爱自然、保护自然理念的专项旅游活动，越来越受到广大民众的青睐。2016 年 1 月 7 日，国家林业局《关于大力推进森林体验和森林养生发展的通知》（林场旅字〔2016〕17 号）也明确规定：要进一步发挥森林多功能作用，有效利用森林在提供自然体验机会中的突出优势。因此，作为重要的绿色生态旅游资源，开展森林体验与森林养生，既符合国家宏观政策的要求，又利于弘扬生态文明理念、培养爱国情操、改善民生福祉、扩大教育内涵。尤其对儿童及年轻一代的环境教育与启发，还有利于提高大众健康水平，预防生活习惯病，减少医疗支出，满足人民群众不断增长的健康需求，契合了生态文明与绿色发展的时代要求，为实现生态环境保护与地方经济增长做出了积极贡献。

47.1 森林体验与森林养生的发展

随着现代工业的发展，伴随着现代生活的生态环境不断恶化与民众精神压力的持续加大、生态环保意识及自我学习意欲的逐渐提高，走进森林，回归自然，优化生命，提高生活质量，越来越受到重视与欢迎。森林体验与森林养生作为回归自然、感悟生命的重要形式之一，以其清新自然的独特环境和积极参与全身心感受，成为人们缓解压力、获取知识、康体健身、愉悦身心的一种新途径。

47.1.1 森林体验的发展

人类文明的发展历程与森林及其赋存环境息息相关，对于森林的开发也由最初的原始崇拜、资源获取与简单利用，向着审美自然、体验文化、陶冶身心、感知生命等综合认知方向发展。早在 1941 年，库尔特·哈恩（Kurt Hahn）就在威尔士建立了 Outward Bound 户外学校，利用森林资源与环境，通过相关的体验活动，使到访者能够定位并认识自身的素质，最终实现自身价值的体现；日本也于 20 世纪 50 年代末就加大对森林体验项目的开发，依托"青少年自然之家""自然学校"等以森林为代表的自然基地，以自然认知与感悟为基础，针对不同群体的青少年及相关者开展了森林体验、异文化交流、团队合

作、环境教育、厌学学生教育、残障儿童教育等相关活动；美国 1881 年建立了国家森林保护区，1960 年通过了《森林多功能利用及永续生产条例》，1992 年美国参加森林旅游及体验的人数已达 20 多亿，家庭收入的 1/8 用于森林旅游，每年总花费约为 3000 亿美元；英国在每个国家公园都建设了多个环境教育中心，并配备环境教育专业人员及优良的解译设施对游客进行环境解说，提高公众的环保意识。综合以上代表性国家在森林体验发展与开发的历程可以看出，人类正在通过回归自然、体验森林的方式，逐渐感悟并认识森林的功能，进而激发人们对森林与环境保护的自律观与责任感，最终为实现森林的永续利用与维护生态平衡提供助力。

日常生活中"体验"有多种含义，但其基础为"原始体验"，通常指利用五种感觉器官（视觉、听觉、嗅觉、味觉、触觉）来感知自然事物和现象，即通过亲身经历与实践，认知周围事物并获得经验，产生的主观心理感受。森林体验（Forest Experience）是依托于森林资源和森林景观，通过引导人们调动自身所有感官来感受森林、认识森林，了解森林与人类活动的各种关联，促进身心健康，激发人们积极主动参与森林保护，最终实现林业可持续发展的一种实践方式。众所周知，21 世纪是体验经济时代，体验经济代表了经济发展的趋势和潮流，体验经济是继农业经济、工业经济和服务经济之后一种新的经济形态。在森林体验开发利用中亦是如此。联合国大会于 2011 年"国际森林年"确定了"森林为民"的主题，以此提高人类对各类森林的可持续管理、森林保护和可持续发展的认识，让人们关注人类与森林的相互联系，鼓励世界各地的国家、区域和地方组织根据各自的兴趣，参与到森林的各项体验活动中，从此开辟了森林体验开发与利用在世界生态旅游中的新方向。

47.1.2　森林体验的模式

由于体验的范畴较广，在学术上很难对其活动项目与范围进行界定，因此在明确森林体验的类型与模式时，要结合其开发利用的途径总结归纳。国内亦有相关学者将森林体验的类型划分为观光休闲型、认知教育型、运动探险型、康体保健型，并对不同类型的森林体验项目进行了梳理。笔者结合国内外的相关研究及森林资源现状与国民的体验需求，将森林体验的主要形式划分为感知型审美体验、认知型学习体验、参与型实践体验。

（1）感知型审美体验模式

森林的体验与审美活动是一个复杂的过程，要综合运用视觉、听觉、嗅觉、触觉、味觉等多种知觉才能获得全面的感知。感知型审美体验是指通过五种感觉器官（视觉、听觉、嗅觉、味觉、触觉）体验森林中独特的资源及环境，感悟大自然之美，提高自身素养。在森林体验基地建设的此类模式开发过程中，应该强化五感组合，营造体验氛围。视觉方面：在自然、文化与设施建筑等景观的建设上，充分体现人与自然和谐的要素；听觉方面：由于自然界的声音较为单调持续，应该结合鸟鸣、流水、风吟、林涛等声音，构成节奏、旋律及音调和谐的乐曲，从而增添景观美感；嗅觉、触觉与味觉方面：通过树木花草的芬芳与洁净空气，以及古树躯干、山林奇石的触摸，健康特色的森林食品的品尝，从而达到全方位的森林体验。在此模式中，应该注意季相的搭配与空间的差异性。

（2）认知型学习体验模式

学习教育是永恒的主题，也是各个阶层都关心的话题。体验从某种程度上讲也是一种教育方式，认知型学习体验是在满足一般审美需求的基础上，注重知识学习、学术研究，将学习教育元素融入森林体验活动中，通过主题规划，开展标本采集、自然考察等项目，把学习教育功能发挥到最大化。认知型学习体验主要分为自然认知和人文认知，侧重的对象主要为儿童、青少年的认知教育，主要通过互动性和参与性的游戏、讲授、实践、照顾动植物、模拟场景、角色扮演等方式开展，让人们在森林里学会如何与自然和谐相处，树立保护环境、亲近自然的意识，培养对大自然的人文情怀。可供开发的项目主要有森林内观察与学习、林内野生生物保护、开展艺术创作、体验宗教文化、参与社区活动等。

（3）参与型实践体验模式

森林体验效果与参与度及互动性有较大的关联性，若参与度与互动性的需求得到了较高层次的满足，则森林体验的地位也越高。森林体验基地应开发本地特有的资源，使人们参与和融入体验活动中，创造有特色的森林体验过程。参与型实践体验主要是指通过参与各项森林中的体验项目，锻炼身体、历练意志、陶冶情操，促进身心健康。可供开发的项目主要有拓展训练、徒步、爬树、宿营、森林素材的工艺品制作、林业相关作业等。

47.1.3 森林养生的发展

随着社会发展，人类对森林的认识，由最初的原始崇拜、资源获取与简单利用，向着审美自然、体验文化、感知生命、陶冶身心、医疗保健等综合认知方向发展。人们逐渐开始对森林有了新的认识和回归自然的渴求，同时对森林养生的理解也不断地丰富与发展。国外森林养生的发展经历了以下 3 个阶段。

（1）第一阶段：1980 年以前以德国为代表的雏形期

德国是世界上最早开始森林养生实践的国家，而美国则是开展森林疗养条件研究最早的国家。德国是森林养生的起源地，早在 19 世纪 40 年代，德国就在巴特·威利斯赫恩镇创立了世界上第一个森林浴基地，形成了最初的森林疗养概念，并先后建立了 350 处森林疗养基地；美国则侧重开展森林环境、社会、生理和心理健康功能的研究，目前，森林养生已经融入国民生活，国民人均收入的 1/8 用于了森林养生，年接待游客 20 多亿人次。

（2）第二阶段：1980—2000 年以日、韩为代表的发展期

以日本和韩国发展迅速为代表。1982 年，日本林野厅首次提出将森林浴纳入健康的生活方式，并在日本西北部的长野县举行了第一次森林浴大会；1983 年，又发起了"入森林、浴精气、锻炼身心"的建设活动。1982 年，韩国开始提出建设自然疗养林；1988 年，韩国确定了 4 个自然养生林建设基地，1995 年将森林解说引入自然养生林，启动森林利用与人体健康效应的研究。

（3）第三阶段：2000 年以后全世界蓬勃发展期

进入 21 世纪，全球各个国家纷纷开始认识到森林所带来的健康养生效益，欧盟于 2004—2008 年发起了森林、林木及人类健康与福祉的研究，旨在增加自然环境对欧洲居民健康和福祉贡献的了解，并使人们进一步了解森林和树木与人体健康的关系；芬兰于 2010 年启动了 "Well-Being-Themed Restorative Forest Trail"（康复森林步道）活动，并在欧盟国家，特别是波罗的海国家得到了拓展；截至 2015 年，日本全国共认证了 60 处、3 种类型森林疗养基地，每年近 8 亿人次到基地进行森林浴，森林疗养产业得到迅速发展，并拥有 1000 个有资质从业的森林讲解员、治疗师；韩国营建了 158 处自然休养林、173 处森林浴场，修建了 4 处森林疗养基地和 1148km 林道，也有较为完善的森林疗养基地标准和森林疗养服务人员资格认证、培训体系。

总之，随着居民经济收入的提高，人们越发关注生态环境与康体保健的需求，养生保健作为释放心理压力，提高身体机能的一种特殊途径，越来越受消费者的青睐。森林一直以来被认为是人类精神的摇篮，现代科学也逐渐证实，森林及其环境对人类生理与心理有重要的养生保健效果。同时，发展森林养生事业，增进公众健康和预防生活习惯病，是国际林业发展的一个最新趋势，也是建设生态文明和美丽中国的生动实践。

由于森林及所赋存的森林环境与人类健康的密切关系逐步为世人所熟知，相关的科学研究及实证探索已于 19 世纪 40 年代初展开，以德国为代表的"库乃普疗法"推崇自然环境与人体健康的和谐关系，俄罗斯发展提出的植物"芬多精"科学也为森林树木的康体保健价值提供了科学依据。另外，法国与韩国提出的"空气负离子"与"休养林"等相关森林养生理论逐渐得到了社会的广泛认可。2007 年，日本在已有养生的基础上又提出了"森林疗法"（Forest Therapy）的概念，将森林养生与现代医学有机结

合，形成一个新兴的产业——"森林医学"，该产业属于替代医学、环境医学和预防医学的范畴，并初步在日本社会形成较为统一的认知，即处于在优美的森林环境中发挥五感体验，感知森林之美，或者利用森林气候、地形、环境，通过适量的运动等可达到增进及维持身心健康的目的。养生（Wellness）原指道家通过各种途径增强体质、颐养生命、预防疾病，最终达到延年益寿的医事活动，而森林养生是在人类对于森林及其环境的不断认知过程中衍生出来的。森林养生（Forest Wellness）是指充分利用森林环境和资源，科学地发挥森林保健效果，帮助到访者实现精神放松、身体疗养，达到增进（维持）身心健康目的的一种活动。

近年来，森林及其资源禀赋对人体健康的功效被越来越多的学者通过研究所证实（表 47.1），其结果主要体现在心理健康与生理健康两个方面。在心理健康方面，通过刺激五官感受，可实现降低疲劳、愉悦放松、改善心情、调节情绪等功能。在生理健康方面，主要包括：①调节中枢神经，减少交感神经活动、增加副交感神经活动；②降低血压及脉搏率，预防和减缓高血压等症状；③调节荷尔蒙分泌变化，减缓糖尿病等症状；杀死病菌，提高人体免疫力；④提高 NK 免疫细胞活性，预防癌症的产生和恶化。虽然森林环境对人体健康来说，益处与风险（森林有关的传染病：如普玛拉病毒、莱姆病、疟疾、蜱媒脑炎等；危险的野生动物；如有毒果实等）并存，但若管理有效，风险就会减小。

表 47.1　森林环境与人体疾病的治愈效果

疾病名称	治愈效果	疾病名称	治愈效果
肥胖	○	哮喘	○
高血压	◎	强迫症和不安症	◎
糖尿病	○	更年期障碍	◎
高血脂	○	斑块脱发	◎
冠心病、心肌梗死	◎	酒精依赖症	◎
消化性溃疡	◎	惊悸	◎
过敏性肠炎	◎	摄食障碍	◎
慢性闭塞性肺炎	○	—	—

◎治疗效果已证实；○治疗效果待证实。

47.1.4　森林养生的主要途径与类型

森林养生的概念一直伴随着其康体保健功能被提出，早在 19 世纪 40 年代初，德国人就率先推出了"地形疗法""自然健康疗法"和"气候疗法"，而后又有法国的"空气负离子浴"、俄罗斯的"芬多精"科学和韩国的"休养林构想"等相关参与森林体验康体活动与研究，这在一定程度上促进了森林养生的普及和发展。随着社会发展，人类对森林的认识由最初的原始崇拜、资源获取与简单利用，向着自然审美、文化体验、感知生命、陶冶身心、医疗保健等综合认知方向发展。进而在此过程中，对森林养生的理解也在不断地丰富与发展，对森林养生的实践途径也逐渐有所归纳，笔者从景观的欣赏、环境的体验、空间的游憩、文化的熏陶、食材的饮食等进行了归纳（表 47.2）。

表 47.2　森林养生的主要途径

主要途径	实践方式
森林景观的欣赏	利用优美的各类植被景观，向游客提供观赏资源，激发游客积极的心态，使其领略自然的美景，达到愉悦心情、修身养性的目的
森林环境的体验	通过森林环境中的负氧离子、植物精气等养生因子，促进游客达到身心放松、康体保健的功效
森林空间的游憩	利用森林区域的空间、地形及环境等条件，满足各类游客的需求，提供各具特色的运动机会，提高健康水平

续表

主要途径	实践方式
森林文化的熏陶	通过加深对人与自然关系的认识，对林区各种民俗、宗教或历史文化等的接触与理解，达到拓展视野、陶冶情操的目的，有利于培养尊重、包容、合作、积极的人生态度
森林食材的饮食	通过提供生态、安全、营养的林产品及其初加工食品，并引导改善饮食结构与习惯，满足人类健康饮食的需求，促进人体健康

由于养生及森林养生所包含的内容较为广泛，且由此产生的不同类型产品也是纷繁复杂，笔者基于森林资源及其赋存环境的特征与内涵，将其划分为保健型养生、康复型养生、饮食型养生、运动型养生和文化型养生。

（1）保健型养生

保健型养生是指人们沉浸在森林环境中而产生的自然、放松、愉悦的身心状态，达到调节身心的目的。保健型养生是指主要通过人的肺部吸收森林植物散发出来的具有药理效果的植物精气和森林空气中浓度较高的空气负离子，达到改善身体状态的一种养生保健活动，主要包括森林浴、负氧离子保健场、植物精气养生、森林日光浴、温泉浴等。

（2）康复型养生

康复型养生是指充分利用森林环境对相关慢性疾病的疗效，开展森林养生疗养活动。通过"绿茵疗法"，使人们达到防病、治病和疗养的目的，如森林养老养生、森林美容美体、心理咨询等。

（3）饮食型养生

饮食型养生是指合理利用森林中的植物资源，根据不同植物特有的药用价值配制食物，增进健康，获得保健养生需求，如食疗、茶疗等。

（4）运动型养生

运动型养生是指在森林环境中，利用身体的各种活动来增强体质、减少疾病、促进健康，从而达到养生的目的。养生运动有多种形式，如散步、慢跑、登山、劳动疗法等。

（5）文化型养生

文化型养生以利用森林人文景观、森林文化展示体验等要素提供养生服务为主。主要包括：①通过游览森林人文景观、文化遗迹、佛道儒的寺观庙院等，给人以启迪；②通过森林资源及景观的变化，使人领悟生命和谐的真理；③通过在森林环境中学习实践佛道儒的养生养性功法，开阔视野，使生命质量得到提升，如"八段锦""易筋经"、禅修、太极、瑜伽、森林冥想等。

47.2 森林体验及森林养生与生态旅游的关联

47.2.1 森林体验及森林养生与生态旅游一脉相承

由于社会经济和文化的快速发展，城市生存环境的恶化使生态旅游成为旅游发展的潮流，而森林作为陆地上最大的生态系统，是人类赖以生存的物质基础，因此，森林生态游成为世界可持续性旅游——生态旅游发展的新趋势。据报道，目前美国家庭收入的1/8用于森林游憩，每年总花费约3000亿美元；在日本，每年有8亿人次进行"森林浴"；德国提出了"森林向全民开放"的口号。亚太地区的许多国家也同样着力发展森林生态旅游。而我国政府也大力推进传统林业的转变，着力构建林业生态和产业体系，同时随着人们关注森林和保护自然生态意识的增强，森林生态旅游已成为旅游中的一个新亮点。

生态旅游是一种欣赏、探索和认识自然的高层次的旅游活动，它倡导的是人与自然的和谐统一。在生态文明和生态福祉建设中，森林体验与森林养生是两种新型、重要的生态旅游方式。森林体验与森林养生不同于一般的旅游活动，二者都是对旅游内涵的丰富和完善，是为游客提供保护环境的设施和环境教育，使旅游参加者得以理解、鉴赏自然地域，从而为地域自然及文化的保护，为地域经济做出贡献的一种可持续性的旅游方式。它们符合生态旅游保护自然环境及其资源的可持续发展、强调社区参与和对参与者进行环境教育的特征。因而，森林体验与森林养生是生态旅游的子产品，它们是生态旅游在森林区域的具体运用和实践，是实现生态旅游的一种途径，但生态旅游不仅仅局限于森林体验和森林养生。

47.2.2　森林体验及森林养生是生态旅游发展的新途径

森林体验和森林养生丰富和升华了生态旅游的内涵，扩展了生态旅游的内涵和外延，为生态旅游的发展提供了更加广阔的发展空间，也为生态旅游的发展提供了新的思路和方向。

（1）森林体验及森林养生提供了环境教育的新思路

环境教育是生态旅游的重要功能之一，生态旅游的环境教育功能是指在生态旅游活动中借助教育手段提高利益相关者的环保意识，使其认识人与环境的关系，了解环境问题的复杂性和严重性，增强环境保护的自觉性、责任感和紧迫感，从根本上转变人们的环境道德观念，为生态旅游的发展提供强大的智力支持。

森林体验和森林养生不仅实践了生态旅游的宗旨，而且突破了传统以观光为主的生态旅游形式，将生态和体验、养生的科普教育相结合。森林体验和森林养生基地为参与者打造了许多充满趣味性、有教育意义的活动，能够激发参与者的兴趣，强化他们对自然环境的认识。同时，设置专职解说人员，通过互动、多媒体、展板等方式，向参与者讲授自然知识，给他们带来快乐教育。这些森林体验和森林养生专职讲解员还能够对参与者的行为起到直接的示范监督和制约作用。这种新型的环境教育方式不仅开拓了科普教育的实践途径，同时也极大地改善了目前生态旅游的现状。

（2）森林体验与森林养生开拓了资源利用的新方式

生态旅游区是指以独特的生态资源、自然景观和与之共生的人文生态为依托，以促进旅游者对自然、生态的理解与学习为重要内容，提高对生态环境与社区发展的责任感，形成可持续发展的旅游区域（《国家生态旅游示范区标准》），包括山地型、森林型、草原型、湿地型、海洋型、荒漠型、人文生态型7大类型。森林型生态旅游的开发利用既具有其他类型生态旅游开发利用的相似之处，也具有自身独特的、深入的开发利用方式。

森林提供木材的功能逐渐弱化，而改善生态环境、为公众提供体验养生的功能日益加强。森林体验依托自然资源和自然景观，调动人们自身所有的感官去感受森林、认识森林，了解森林与人类活动的各种关联，最终实现林业可持续发展。而森林养生则通过发掘森林独具特色的养生保健功能实现了森林多功能开发，成为人们追求高品质生活的消费新时尚。在森林型地区开展森林体验和森林养生，为森林多功能找到了新的突破点，改变了生态旅游单一的观光、只保护不开发的发展模式，是对生态旅游的深化发展。

（3）森林体验与森林养生满足了回归自然的新诉求

生态旅游不仅考虑自然环境方面的影响，还强调对旅游环境的保护，更考虑文化、经济和环境方面的影响，考虑参与者的生态知识背景和社会背景，强调人与自然的可持续发展，是全面的旅游发展观。而当今社会随着城市生存环境的恶化，人们对生态旅游的需求表现为极强烈的回归自然的诉求。

森林体验和森林养生以森林环境和森林产品为基础，以森林精神文化为依托，将身体与心灵全部融于森林乃至整个自然界之中，是回归自然、感悟生命的重要形式之一，以其清新自然的独特环境和积极参与的全身心感受，成为人们缓解压力、获取知识、愉悦身心的一种新途径。通过在森林体验和森林养生基地进行体验和养生活动，不仅参与者的身体健康水平会大幅改善，而且在心理状态、行为模式、价值趋向等方面也将产生深层次的提升。这两种生态旅游形式尊重了参与者的内心诉求，符合当今生态旅游发展的形势。

（4）森林体验与森林养生发展了社区参与的新道路

生态旅游不同于其他旅游的主要特点在于强调社区参与和对参与者的环境教育，其中强调社区参与是指当地居民参与旅游开发与管理并分享其经济利益，能够促进生态旅游地经济发展，实现生态环境和资源的社会经济价值，实现生态旅游持续、健康发展。

我国拥有 29 亿亩森林、5 亿亩自然湿地、几十亿亩的荒漠和丰富的野生动植物资源。截至 2013 年，全国已建各级森林公园 2948 处，各级湿地公园数量 723 处，各级林业自然保护区 2163 处，另外还有一大批树木园、野生动物园、沙漠旅游区等，这些资源为森林体验和森林养生发展奠定了良好基础。这些地区也保留了源远流长的森林文化精髓，有着绿色环保的生活方式和人文道德。同时这些资源所在地也是我国森林人口集中的地区，对这些地区进行森林体验和森林养生开发满足了山区人民的生计需求，能够有效解决社区发展问题，是对生态旅游的实践。

47.3 中国开展森林体验与森林养生的意义

以森林体验与森林养生为主的生态旅游产业，是依托森林资源，涵盖吃、住、行、游、购、娱等系列设施与服务供给的总和，并与休闲、文化、创意等产业结合形成多产业结合的综合产业链。该产业遵循政府主导、可持续发展、市场导向、突出特色、产业联动等发展原则。发展森林体验与森林养生是提高生态旅游品位、升级生态旅游产品的重要抓手。

47.3.1 是实现森林多功能利用的必然选择

林业的发展模式涉及与森林利用和保护相关的社会、经济及环境等方面，即意味着需要从不同角度有目的地干预、保护和维持森林生态系统及其功能，从而不断地获取森林资源产品和服务。从宏观层面上来看，林业经历了两个发展模式，即木材生产为主的模式和生态或环境林业模式，以上两种林业发展模式均不能因时制宜、因地制宜地经营森林，发展林业，不能全面、准确引领林业的发展方向。森林体验与森林养生的发展能很好地契合现代森林多功能利用，森林的多功能利用本质决定了森林体验与森林养生的开发，在实现其所担负的营林、观光、教育、休闲、康体、运动等责任的基础上，既保护了森林的生态环境，又实现了森林的可持续发展。

47.3.2 是提高生态文明理念的重要途径

应发展森林体验与森林养生事业，实现"大森林、异体验"的格局，使国民在享受优美自然风情的同时，强健体魄，学习科学知识，提高环保意识，弘扬爱国理念。森林体验与森林养生作为一种回归自然的形式，融入了林业经济、生态平衡、可持续发展、人与自然协调的理念和精神，不仅促进了环保意识的增强，还满足了回归自然的需求。

森林体验与森林养生是林业与社会沟通的主要桥梁，还是人类感悟自然、认知自然、提升自我的重要途径。基地内多样的自然与文化资源是生态文明建设的载体，丰富多彩的"寓教于乐"式体验活动，使森林体验与森林养生成为向社会公众普及科学知识、提高环保意识、培养爱国情操的重要阵地。因此，推进森林体验与森林养生发展，将使生态文明的理念深入人心，意义深远。

47.3.3 是改善环境与健康问题的主要抓手

随着环境问题的日益恶化，尤其是与人类健康息息相关的 PM2.5 雾霾危害、沙尘暴侵袭等，人们逐渐开始进森林来养生，在森林中呼吸负氧离子、植物精气，这将成为现代都市人的习惯和生活方式。另外，我国约有 60%（约 7 亿）的人处于亚健康状态。尽管造成亚健康的原因是多种多样的，但过度疲劳仍是首要原因。据报道，亚健康状态在城市新兴行业人群中占到 60%~70%，过度疲劳也越来越多地成为我国人民的健康大敌，亚健康状态已困扰着社会各阶层的男女老幼，尤其是当代都市中人。通过森林体验与森林养生产业的发展，可以提高环保意识，促进身心健康。

47.3.4　是促进旅游市场多元化的重要体现

据统计，中国目前 60 岁及以上老年人口已经超过 1.49 亿，占总人口的 11%以上。预计 2020 年将达到 2.4 亿，占当时总人口的 16%左右。到 2050 年，老年人口总量将超过 4 亿，老龄化水平将达到 30%以上。老龄人口猛增、高龄化和空巢化趋势明显，给中国的养老体系带来了前所未有的压力，养老问题引起了政府和社会的重视。另外，目前我国 18 岁以下的人口占总人口的比例约为 20%，约 2.8 亿。对于森林体验与森林养生的群体，青少年与老年人占据了总人口的 31%以上，市场庞大。随着我国计划生育政策的转变及医疗与生活条件水平的提高，这一部分人群还有继续扩大的趋势。因此，森林体验与森林养生的市场潜力巨大。另外，该产业的发展也有利于丰富森林旅游产品，完善森林区的产品体系，充分挖掘和发挥森林的多重功能、提升森林价值，满足社会公众多元化的户外游憩需要，发挥森林的保健与教育功能。

47.3.5　是调整产业结构增加就业的有效手段

森林体验与森林养生是森林旅游产业从观光阶段转型到体验阶段的有效途径，这是产业发展的必然趋势，也是体验经济的发展趋势。作为新型产业，需要多学科、多部门的合作，要开展相关的研究，要以开拓创新的精神来发展和推动，进而有利于创造更多就业机会。尤其在城区人口越来越密集，就业岗位紧张的情况下，在广袤的郊区森林大力发展自然休闲林和养生林，对林业的壮大繁荣是一个机遇，对整个社会产业结构调整也是一个机遇，对促进林区繁荣也有积极的效果。

47.4　中国开展森林体验与森林养生的现状

47.4.1　中国开展森林体验的现状

1982 年建立湖南张家界国家森林公园之后，中国的森林体验与森林养生产业得到飞速发展。据统计，2014 年森林旅游人次达到 9.1 亿，并已构成以森林公园、湿地公园、林业自然保护区为主体，以野生动物园、珍稀植物园等多类型景区为辅助的森林体验与森林养生体系。随着国民生活水平与认知层次的提高，人们逐渐不满足于单纯的感性的森林旅游观光，而追求回归自然的森林体验和森林养生，并期望能够在森林体验和森林养生中获得更多理性与感性交融的认知，在此基础上各地也相继开展了一些关于森林体验的工作。

2010 年 5 月 14 日，韩国国际协力团中国事务所和国家林业局国际合作司代表中韩两国在北京签署了中韩林业合作"北京八达岭地区森林资源保护与公众教育"项目实施协议，项目区为北京市八达岭国家森林公园和松山国家级自然保护区。2012 年修建完成了松山国家级自然保护区 650m 长生态栈道，项目的核心内容——八达岭森林体验中心于 2014 年 6 月 1 日举行开放仪式。八达岭森林体验中心分为室内体验馆和户外体验路线，共设有 4 个展厅、1 个报告厅、1 个序厅，并配有餐厅、办公室、急救室等。户外体验路线设有森林教室、观景台、攀岩区、露营地等。

2011 年 5 月甘肃天水市借鉴德国先进的森林体验教育理念与方法，开发的中德甘肃秦州森林体验教育中心，建设了森林体验馆、探险通道等设施。该中心自建成以来，已接待大量不同层次和不同年龄的社会群体和个人。截至目前，森林体验教育中心共接待来访者 11145 人次。引导学生开展森林体验教育实践活动 125 次，人数 7892 人次；引导成人团体开展活动 39 次，人数 2075 人次；各类调研、学习、采访人士及散客游人 1178 人次。

瓦屋山国家森林公园位于四川盆地西沿的眉山市洪雅县境内，距成都 180km。2011 年以来，该公园以其丰厚的历史文化底蕴和奇特的高山台地的资源为基础，合理开发了高山台地风情与山水森林生态景观及户外拓展与丛林体验等相关项目。

福建旗山国家森林公园飞越丛林冒险乐园位于闽侯旗山森林温泉度假村内，是与法国"飞越丛林冒险乐园"合作的亚洲较大的项目之一，总规划 8 条不同等级的挑战路线，分别为"快乐童年、丛林奇兵、激情穿越、终极挑战"等，设计的线路有难易等级，参与者可以按照自己的节奏安全前进，4～70 岁的游客均能参与。该项目让游客在与大自然的亲密接触中探险玩耍，并能在玩耍中得到锻炼。

我国东北地区在其丰富的森林资源基础上，开发了森林小火车项目。亚布力森林小火车是中华人民共和国成立初期山里往返山外的唯一交通工具，也是运输山上木材的唯一通道。这段轨距为 0.762m 的窄轨铁路，是在 1958 年拆除的原国铁线路路基上铺设的，随着采伐量调减和公路建设的快速发展，曾经在茫茫林海中辉煌了 40 年的森林小火车，已悄然退出了林区交通运输的舞台。2012 年 10 月起，亚布力林业局和相关企业进行合作，让小火车再次"转动"起来，服务于当地旅游业。这段窄轨全长 8.5km，2013 年全线开通。

浙江省的森林体验开发注重森林古道建设，将着重挖掘古驿道遗迹，以保护和恢复为主，发挥其沟通与连接自然、历史、人文节点的作用，引导人们走进森林、享受森林。森林古道的保护与开发将重点实施森林廊道系统、慢行道系统、驿站节点系统、服务系统、标识系统和基础设施等建设内容。2014 年，浙江省先行启动新昌—天台段"霞客森林古道"、文成—景宁—泰顺段"畲乡森林古道"等森林古道试点。在项目实施上，通过政府引导、规划先行、试点示范的方式，积极推广森林游憩、野外体验、森林浴等森林休闲养生活动，走出一条"绿水青山就是金山银山"的山区可持续发展道路。

2013 年 9 月 14 日，由陕西省林业厅组织开展的森林体验活动在牛背梁国家级自然保护区北沟森林体验基地启动。森林体验活动为中小学生开设了生动的森林课堂。通过亲身体验，让中小学生切身感受到森林的生长与变化，使生态文明理念根植人心。陕西省目前筹建了以森林、山水为主的"牛背梁北沟森林体验基地"和以珍稀野生动物为主的"楼观台森林体验基地"。后期还将再建 10 处森林体验基地，基本做到每个市一处，以此增强全社会特别是青少年热爱森林、保护生态的意识。

目前，我国森林体验开发的范畴不断扩大，涵盖了森林教育、森林文化、森林旅游等多形式的森林体验活动，森林体验的内涵也在不断深入，且正在形成一个完整的森林体验体系。虽然总体上取得了一定的成果，有了较大的发展，但各种森林体验基本上集中于青少年的自然体验与教育，形成了观光型、体验型、休闲型森林体验产品，对于成年人来说森林体验开发利用仍旧匮乏，还亟待开发，国内森林体验依旧处于发展阶段。

47.4.2 中国开展森林养生的现状

我国开展森林养生有很久的历史。我国自古以来崇尚保健养生，从传统文化角度看，养生是一种处世哲学，是天、地、人三者之间的和谐共生，这种文化传统从古延续至今，在自然疗法与园艺疗法的研究与实践方面有较多的医学实验，为森林养生研究提供了重要的理论与技术基础。

20 世纪 80 年代起，我国开始以森林观光为主要旅游形式，这为森林养生发展奠定了一定的基础和条件。中国台湾及内地一些地方开始规划建立了森林浴场，以满足日益增长的保健需求，但整体规模小，模式单一，产生的影响有限。目前，北京启动了"森林修养基地"建设，黑龙江等地开展了"森林医院""森林疗养基地"建设活动，进行了有益的探索。

　　黑龙江日月峡是一处集现代化养生、科研、健身于一体的森林公园。景区四季分明的气候特点造就了各有特色的四时景观：春天的雪中花、夏季的清凉地、秋日的五花山色、隆冬的洁白世界，依此可开展春游、夏漂、秋赏山色、冬嬉雪的四季旅游养生活动。丰富的传统文化神韵赋予森林生态养生以活力。森林营地错落有致，周边建有度假村，度假村三面环林、一面靠山、绿树掩映、依山傍水，50 座山林别墅被连绵起伏的坡地和原始森林环抱着，高低错落，自然隔断成不均匀的独立营地，构成一道靓丽的风景线。

　　广东鼎湖山品氧谷位于广东省肇庆市，是中国第一个自然保护区，中国首批三个"联合国人与生物圈保护网"之一。鼎湖山山高林密，云崖飞瀑，溪水长流，景色极幽。鼎湖山品氧谷的负氧离子含量最高可达 10 万个/cm^3，不但能洗去一身的疲累，还能洗尽繁闹都市的污烟浊气，森林中的植物芳香还有杀菌的作用。品氧谷全长约 2.1km，分为健康步道、品氧居草寮、静养场三步养生。

　　重庆中国森林养生城古剑山位于綦江西北部，距重庆主城 1h 车程，规划总面积 100km^2，首期开发 30km^2。景区森林覆盖率达 85%以上，是重庆的绿色心肺和天然氧吧，负氧离子含量居全市之首。景区内不光有绮丽的山水风光，还拥有原生态艺术（版画）村等人文景点，有包括自行车、跑马和滑草等多种运动项目的生态运动公园，有驴友天堂——长田山自驾车营地等运动设施，有綦江会馆等高品质的养生度假接待设施。

　　湖南省浏阳市的大围山，素有"长寿之山""绿色之山""神奇之山"之称，是华中大三角周边重要的森林生态景区。大围山推出"四季五行九养"的养生模式，由自然界的五行元素（金、木、水、火、土），折射到四季（五行学说里的五时，即春、夏、长夏、秋、冬），再按照四季的物候特征，来命名五个养生山寨。每个养生山寨都按照五行学说来设置，通过五行 SPA、五行膳食、五行音乐等方法，将五行元素折射到五色、五音、五味、五气，再折射到人身体的五脏、五官、五情等各方面。大围山九养模式，即通过药浴、膳食、运动、宗教、功法、音乐、书画、民俗、度假九种手段，达到调养身心的目的，实现真正的天人合一的养生境界。

　　北京近郊型森林疗养基地——西山森林浴场，建有 3 条健康步道：短线、中线、长线，分别推出综合游乐型、自然闲趣型和远山拓展型森林养生项目。进行一整天的森林浴活动，可起到放松和缓解压力、改善睡眠和城市病、改善人体内分泌的森林疗养功效。

　　现阶段，对于森林养生来说，我国偏向于对森林旅游休憩规划建设与技术支持方面的研究，规划建立了森林浴场，以满足日益增长的保健需求，以及负离子、植物精气和森林浴中的生理与心理效应研究，并总结了包括环境疗法、温泉疗法、饮食疗法、文化疗法和医学疗法在内的森林养生疗法。但缺乏整体森林环境对于人类健康效应的深入系统研究。另外，我国相关的森林养生项目难以满足日益增长的保健需求，整体规模小，模式单一，产生的影响有限。

47.5　中国开展森林体验与森林养生的对策

　　推广开展森林体验与森林养生事业能够缓解人们亚健康的现状，提升自我学习的机会，增加亲近自然的机会，满足人们日益增长的"养生需求"，同时能够促进森林多功能利用，提高森林经营水平，实现生态文明建设的目标。结合目前国内旅游产业发展现状，为实现中国森林体验与森林养生快速健康发展，提出以下建议。

47.5.1　重视政府引导，整合森林资源

　　在森林体验和森林养生的开发中，政府的重视、引导和支持是其取得成功的重要保障。各级林业行政主管部门要充分认识森林体验的意义，确立各地森林体验基地建设的发展思路与目标。加强森林体验

与现代林业和旅游业，以及文化、体育、农业、医疗、商业等各行业的融合，构建完整的森林体验产业链。2012 年 11 月，党的十八大提出了"大力推进生态文明建设"的战略决策，为开展森林多功能开发利用提供了决策支持。由于修建展示馆、宿营地、休憩木屋、森林教室、探访路径验、科普教育等基础设施投入较大，加上公共休闲、环境教育和集体参与的定位，因此与度假村的开发经营有一定的差别，否则会导致生态环境的破坏。综合以上因素，对于森林体验基地的建设需要政府统筹安排，并作为一项公共的基础设施加以完善。

47.5.2　制定相关标准，形成规范管理

在森林体验和森林养生基地的认定过程中，要依靠政府的行政干预对森林体验的开发进行科学规范，建立并完善开发与运营的结构体系。要制定详细的评价标准，主要包括自然条件（资源条件、通达度、基础设施、自然环境）、服务条件（森林体验项目、当地居民接受状况、宣传营销、接待设施、特色项目）和安全条件（管理的规范性、体验器材质量、食品安全、森林立地环境安全）。国家级森林养生基地评价标准是地方级标准的重要参考，应分阶段分区域地在全国建设一批森林养生基地，总结经验，逐步推广和提高。

同时，联合相关部门成立了专门的审查委员会，按照既定标准对森林体验基地进行统一的审查和评选，使森林体验基地建设与管理的发展越加规范化。我国的森林体验开发才刚刚起步，为了规范该项活动，就应该预先制定相关标准，防患于未然。

47.5.3　培养专业人才，提供智力保障

森林体验指导人员是开展此项活动的组织者与执行者，在一定程度上决定了森林体验活动的成败。加强森林体验专业人才的培养，可为持续开展森林体验活动提供智力保障。森林体验和森立养生不仅是建一些供人游玩的游乐设施，还是一项综合性活动，培训专业性人才从事此项工作更为重要。

不同的群体对森林需求的重点存在较大差异。例如，适合青少年认识未知世界对森林资源类型有具体要求，为中老年人提供疗养服务对森林景观、立地与植物配置也存在差异。另外，什么样的森林适合上班族解压放松，什么样的森林类型有利于残（智）障人士的恢复等，这些都需要专业性的人才开发、专门的设施来满足特定需求。我国目前尚缺少此类专业性人才，可派遣相关人员到特定国家进行培训，以及通过采取对外项目合作的形式来加强我国的森林体验专业人才培养。同时，应积极探索岗位技能与薪酬体系相衔接的有效机制，使森林体验人事管理、劳动管理、教育管理三者有机结合。

47.5.4　坚持保护优先，探索发展模式

在森林等自然资源的开发过程中，要始终坚持保护优先的原则，禁止在自然保护区的核心区、缓冲区开展森林自然资源旅游活动。对于各类建设工程，必须做好前期研究及对生态系统的影响评估，逐步建立起资源监测体系。在经营管理过程中，要认真选择和规划体验线路及区域，制定有效措施，尽量把各种体验项目对生态造成的不利影响降到最低。

此外，政府和社会都要积极支持并探索、创新多元化的森林养生经营管理模式，鼓励和引导社会资金投入森林体验基地建设，扩大林业信贷对森林体验的扶持，大胆引入市场机制，在确保森林体验基地管理机构行使统一规划与管理并确保森林权属清晰的基础上，鼓励各类企业、社会团体、个人以合资及合作等方式参与森林体验基地的开发和经营。

47.5.5　提高理念宣传，加深合作机制

森林体验和森林养生产业的良好发展与公民对森林体验和森林养生的认知度密不可分。因此，要充

分利用各种媒体多途径、多层次宣传森林体验和森林养生知识，培育良好的森林体验和森林养生市场环境，指导和引导森林体验和森林养生活动，激发民众对森林体验和森林养生的需求。此外，森林体验和森林养生涉及多个领域，需要有多学科参与，要加强森林养生保健机理研究，通过研究成果进一步影响决策者和普通市民。同时，加强国际合作，强化引进来、走出去的人才交流与培养策略，推进技术与理念的引进和消化吸收。并且制定优惠政策，引导社会参与合作，发挥市场作用。

47.6　小结

国务院在《国务院办公厅关于印发中医药健康服务发展规划（2015—2020 年）的通知》（国办发〔2015〕32 号）中提到"鼓励民营资本投资包括健康体检、咨询等健康服务，体育健身，健康文化和健康旅游四个主要的健康服务领域"。另外，国家林业局《关于大力推进森林体验和森林养生发展的通知》也明确规定：要进一步发挥森林多功能作用，有效利用森林在提供自然体验机会中的突出优势。作为重要的绿色生态旅游资源，开发森林资源，充分利用森林的多种保健功能，也将为满足人民群众不断增长的求知与健康的需求做出积极贡献。森林体验与养生事业的发展不仅有利于增长和保护森林资源，提高森林价值，改善环境，振兴林业；有利于培养民众认识森林、亲近森林、了解森林、保护森林的意识；还有利于弘扬生态文明理念、培养爱国情操、改善民生福祉、扩大教育内涵。尤其对儿童及年轻一代的环境教育与启发，还有利于提高大众健康水平，预防生活习惯病，减少医疗支出。对于调整产业结构，转型升级，增加就业，带动相关产业发展，促进地方经济增长同样具有推动作用。因此，加快推进森林体验与养生产业的发展既符合国家宏观政策的要求，又契合了生态文明与绿色发展的时代要求，还有利于激发林业生产力、提升森林价值，实现森林生态环境保护与森林多功能利用的有效平衡，更加丰富了生态旅游的内涵。

第48章 吉林通化市健康旅游探索与实践

王珍　云南师范大学，昆明

吉林省通化市是全国"五大药库"之一，有"中国中药之乡"之美誉，是我国第一个被命名的"中国医药城"，也是吉林的生态风景名城、中国葡萄酒城、中国钢铁城。通化市医药产业产值已达到千亿级，总量和效益均牢牢占据吉林省的"半壁江山"[1]。通化市大健康旅游发展步伐的加快，成为我国发展健康旅游的先驱典范，并接连荣膺"国家园林县""全国文明县""首批创建生态文明典范城市""全国首批绿色发展优秀城市""国家生态县"等荣誉称号[2]。通化市发展健康旅游、构建健康旅游产业链势在必行，其发展之路也是值得关注与学习参考的重要典范。

48.1 健康旅游发展概述

"健康旅游"（Health Tourism 或 Wellness Tourism）一词是伴随着 2001 年国家旅游局推出的"中国体育健身游"主题旅游年而出现的，大气环境的恶化和拥堵嘈杂的城市生活使人们渴望一种以健康为生活第一元素的生活方式[3]。健康旅游是一种深度健康体验历程，其通过使养生健康的旅游产品成为某一生活方式的象征，甚至是一种身份、地位识别的标志，从而建立稳定的消费群体。2003 年的"非典"、2004 年的禽流感及 2017 年的寨卡病毒，天灾人祸的负面影响使人们更加关注健康旅游这种新型的旅游模式。当今许多旅行社推出了"健康游旅游线路"，各地也争相提出了要建立"健康旅游目的地"的发展思路。可见，研究通化市健康旅游发展不仅对该地区，乃至全国走健康旅游发展模式，都具有重要意义。

48.1.1 健康旅游的内涵

目前，关于健康旅游的概念尚未能够得到学者专家的一致认同，相关词语有健康旅游、康体旅游、保健旅游、健身旅游、休闲旅游等。代表性观点有以下几种：郭鲁芳认为，健康旅游是一个综合性的概念，一切有益于现代人消除第三状态、增进身心健康的旅游活动都可归入健康旅游[4]。罗明义认为，康体旅游是指能够使旅游者身体素质得到不同程度改善的旅游活动[5]。陶汉军认为，保健旅游是以疗养或治疗疾病及增进身体健康为主要目的的旅游[6]。王兴斌认为，健身康复型旅游是以康体健身、养生医疗为主要内容的旅游活动[7]。世界卫生组织在南非地区实施"健康岛"研究项目，对健康旅游的实践进行了深入讨论。世界旅游组织在《旅游业 21 世纪议程》中提出，应该重视旅游构建健康生活的命题，倡导通过健康旅游来减少旅游发展的负面影响、保护环境，使旅游可持续发展，让人们健康地生活[8]。卡斯帕尔认为，健康旅游旅途中的所有环节、经历和居住地点都要有利于保持或者改善身心健康状态。综上可见，广义上的健康旅游的概念，有助于人们认识旅游活动有促进身体健康状况的改善的作用，有利于旅游管理部门的宣传和促销，而对于内涵的解读有助于旅游企业开发健康旅游产品、活动和项目，探索适合地区性的健康旅游之路。

48.1.2　健康旅游的类型

目前国内学者对健康旅游的分类研究较多，按度假型旅游目的地划分为山地运动、体育旅游、森林旅游、温泉旅游等，按功能划分为保健旅游、医疗旅游、养生旅游等。王艳和高元衡认为，根据健康旅游在改善旅游者身体健康状况中所发挥的作用，可将其划分为求医疗养型、休闲调整型、增强体质型和自我实现型 4 类[3]。李东在《论健康旅游的类型、市场和概念》一文中则从主客体角度将健康旅游分为主动追求型和被动追求型两种类型[9]。国务院印发的《"健康中国 2030"规划纲要》中指出，旅游业是给人带来身心健康、促进人的全面发展的幸福产业，能够在促进国民健康事业的发展过程中发挥关键作用，成为"健康中国"的催化剂。人们在健康旅游休闲的过程中，不仅拥有陶冶情操的怡情体验，还可以获取养生保健知识、体验传统医药及康疗服务、感悟健康文化内涵，从而达到防治疾病、养生休闲、舒适放松的目的。同时，健康旅游促进了旅游业的发展，实现了经济发展的升级，促进了健康产业的发展和人口素质的提高，使我国物质文明、精神文明得到了全面提升。

48.2　通化市发展健康旅游的优势基础

48.2.1　健康旅游资源优势突出

（1）生物资源丰富，"山—水—林"结构完整

通化市具有独特的气候及繁多的生物种类，这为发展健康旅游提供了特有而重要的生态健康环境。通化市属中温带湿润气候区，年平均气温为 5.5 ℃，气候凉爽舒适；多年平均降水量为 870mm，主要集中在夏季；年日照时数为 2200h；2/3 以上的面积为山区，属长白山系；境内森林立木总蓄积 6621.1 万 m^3，森林覆盖率 68%，空气负离子含量极高，是名副其实的"生态大氧吧"，也是著名的"北国山城"，是吉林省重点林区之一。通化市河流千余条，分归鸭绿江、松花江水系。其中，最大河流有鸭绿江、浑江、辉发河。鸭绿江流经通化市至辽宁省丹东市入黄海，流域面积 3.2 万 km^2。另外，通化市拥有龙湾火山群、罗通山、五女峰等奇特的自然景观，有 6000 年前的原始文化遗址，有国家级森林公园 4 处（龙湾国家级森林公园、白鸡腰国家级森林公园、五女峰国家级森林公园、石湖国家级森林公园）。由此可见，通化市自然旅游资源为其发展健康旅游奠定了优势基础。

（2）中医药资源质量高，医药产业基础雄厚

通化市野生经济植物共 13 科，达 1000 余种。其中，人参产量占中国的 40%，是中国著名的"人参之乡"。目前已经查明的药物资源 252 科、596 属、1133 种，有植物药、动物药和矿物药，是中国著名的"中药之乡""葡萄酒之乡""人参之乡"和"优质大米之乡"；绿色食品资源 190 余种，野生经济动物 100 多种，食物资源包括蕨菜、薇菜、蒲公英、桔梗、元蘑等 190 余种野生植物，还有林蛙、蜂蜜、花粉、天然色素和矿泉水等丰富的生物资源。通化市已初步形成医药工业、医药商贸、医药科研、医药教育、中药材基地、医药康复、医药文化"七位一体"协调发展的格局。其中，全市制药品种达 4200 多种。目前，制药企业发展到百余家，有规模的医药企业 108 家，而修正、东宝、万通、金马、茂祥等 11 家企业已经发展为享誉国内外的知名集团公司，东宝、金马等 5 家企业独立上市，位居全国地级上市医药企业首位，医药工业总产值达到 1109.6 亿元，总量和效益占全省的 55% 以上。通化制药企业数量、上市制药企业数量、国家级医药技术中心数量和制药企业销售人员数量在全国地级市中均排第 1 位，通化医药产业集群被评为"中国百佳产业集群"[10]。

48.2.2 健康旅游发展前景广阔

根据通化市发展健康旅游的"国家中医药健康旅游示范区"建设战略，其在景区景点建设、招商引资、旅游市场的建设等方面日益凸显优势[11]。一是通化市地缘环境得天独厚。通化市地处东北亚经济圈的几何中心，不仅是东北亚经济圈和环渤海经济圈的腹心地带、东北东部大通道的重要枢纽、物流集散地、吉林省向南开放的窗口，也是我国对朝三大口岸之一，是面向朝鲜半岛和东北亚区域的出关前沿。独特而重要的地缘优势使通化市成为东北亚重要旅游目的地，也为其成为吉林省发展生态文化旅游和国际性健康旅游及跨国健康旅创造了良好的发展空间。二是基础设施建设更加完善。通化市进一步加大了对交通、通信、水电、医疗卫生等基础设施的建设和市容市貌的整治力度，使通化旅游发展环境更加优化。目前，通沈、通丹、通梅高速公路建成通车，通化市形成了以通化至长春、通化至沈阳、通化至丹东、梅河口至草市、营城子至松江河（辉南段）五条高速公路为骨架的多元化公路网络。通化被列入国家公路运输枢纽建设规划。2014 年 6 月 18 日，通化机场正式通航，共开通通化至北京、通化至上海、通化至广州、通化至深圳 4 条航线，目前正在运营的有通化至北京、通化经大连至上海、通化经天津至广州 3 条航线，2015 年旅客吞吐量为 8.5 万人次[12]。

48.2.3 "健康旅游+"契合元素特色鲜明

（1）人文旅游资源吸引力巨大

通化市人文荟萃，6000 多年前这里就是东北少数民族政权高句丽王国和努尔哈赤创建清王朝的发祥地，是高句丽文化、满族萨满文化的发源地。高句丽王国在这里设都 425 年，留存大量珍贵文物和文化遗址。全市各种文化遗址 300 多处，有 4 处国家级文物保护单位，15 处省级文物保护。自 2015 年高句丽世界文化遗产申报成功以后，高句丽文化古迹深受中外游客青睐。为加快集安旅游业的发展，通化市以高句丽文化为主题，建设集休闲度假、会议、住宿、餐饮和娱乐于一体的综合性旅游园区，以提高通化市特色民族文化旅游内涵，使其成为当前旅游发展的新突破口。

（2）通化红色旅游资源丰富

通化市既有抗联文化旅游资源，又有抗美援朝文化资源，还有在国共合作期间爱国主义教育方面的资源，这为发展红色旅游奠定了坚实的资源基础。抗日战争时期，通化市是民族英雄杨靖宇率领抗日联军杀敌的主战场，是陈云指挥"四保临江"战役、中共中央辽东省委、中共辽宁省委和通化省委运筹革命事业的大本营。通化是中国空军的摇篮，中国第一所空军航校就创建在通化，建有高志航（中国空军之父）纪念馆。革命根据地积淀的"红色文化"不仅是重要的红色旅游资源，当它与现代健康旅游有机结合时，又为旅游者在身体健康的同时，提升自身思想道德修养和人文素养提供了非常好的现实素材，是通化市发展"健康旅游+"构建体系的重要组成部分和重要平台。

48.2.4 特色稀缺生物资源是带动健康旅游的重要载体

特色旅游商品具有稀缺性和地方代表性。通化市具有悠久的人参历史文化和丰富的人参资源，素有"中国人参之乡"的美誉，人参产量分别占全省的 31%、全国的 26% 和全世界的 15%，同时具有文化优势、区位优势、加工优势、技术优势、品牌优势和市场优势。随着旅游业的快速发展，旅游商品消费不断提高，通化市旅游局不断推出旅游商品新品，积极开发具有地域特色的旅游商品。先后挖掘出松花砚、高句丽剪纸、东北草编、人参花茶、参白金、葡萄酒等一大批特色旅游商品，现已形成手工艺品、山珍特产、医药保健、休闲食品、通化名品、创新设计 6 大类上百种旅游商品。同时政府结合新的发展契机，积极推进健康养老、健康休闲、健康旅游、医疗保险、健康体检等服务行业的发展，推进公立医院改革试点，鼓励和支持企业、商业机构、基金会等社会资本开办老年病、康复等专科医院，启动智慧医疗工程；拓展以健康、养生、休闲度假为主的旅游景点建设；打造以养生、美容、保健、旅游、文化、教育等领域健康服务业的发展格局，有效地促进了通化市走健康旅游发展之路，加快把旅游业打造成为第四大支柱产业。

48.3　通化市健康旅游"3+1"创新模式

通过"政府带动、企业参与、全民共创"三个不同层面的主力军，带动一个目标——"我国大健康产业示范基地"的有序推进。政府是健康旅游发展的主导力量，也是全力推进北部生态度假观光旅游区、南部边境文化休闲旅游区、中部医药健康养生旅游区三大区域功能定位的主要实践者，同时对于企业参与和民众发挥各自作用起了至关重要的引导作用。通化市实施贯穿南北、国内外健康旅游线路打造的长远发展目标。在健康旅游中融入长吉图国家战略和中俄蒙东部走廊，集中打造鸭绿江边境旅游合作区、高句丽文化旅游观光区、酒文化休闲旅游体验区、龙湾生态旅游度假区和中医药健康旅游示范区等5 大集聚特色功能板块，全力提升通化市"国家全域旅游示范市"建设。

48.4　通化市发展健康旅游的经验思考

48.4.1　有效整合健康旅游资源，制定合理发展战略

通化市拥有丰富的中医药资源、人参保健品、红酒基地及红色旅游资源，然而很多年里吉林省外的游客却知之甚少……发展通化市健康旅游产业，政府部门要高度重视，加强旅游竞争和合作发展思路，促进旅游资源由分散开发向整体开放开发推进转型，整合当前特色旅游资源，互补旅游资源及职能部门管理监督力度，有效提升通化市的城市形象，统一营销，打造旅游产业。按照国家旅游实施"515"战略布局，以加快建设旅游战略性支柱产业为目标，以"东方康城、绿色通化"为主题，以完善旅游发展要素为重点，以体制机制创新为动力，深度开展区域旅游合作，着力挖掘旅游文化资源，出台有效扶持政策。2013 年以来，先后完成了通化市、集安市、通化县和柳河县旅游总体规划修编或编制工作；完成了金厂镇、三源浦镇等一批项目旅游总体规划的编制；完成了振国养生谷·壹号庄园、大泉源酒业文化旅游区、白鸡峰旅游景区、通化县岗山国际滑雪旅游度假区、集安太极湾国际旅游度假区、国东大穴等一批重点景区和项目规划。东昌区金江花海旅游、通化县振国养生谷、集安高句丽王家园林豆谷离宫、集安十里滨水、集安鸭绿江河谷葡萄园、集安鸭绿江畔油菜花海、集安滨江码头、通天葡萄酒庄园、柳河五七干校等旅游建设项目已开始运营。

48.4.2　"健康体验"资源为核心的健康产业融合发展

2016 年 9 月，通化市人民政府积极响应国家旅游局和国家中医药管理局联合印发的《关于开展国家中医药健康旅游示范区（基地、项目）创建工作》通知，深度开发中医药健康旅游服务项目，经过省级专家评审，在上报的 18 家中有 7 家单位入选，而申创"国家中医药健康旅游示范区"在吉林省级评定中排在第一位。充分利用当地中医药资源，突出保健、养生理念，开发多种健康旅游的养生体验旅游产品。依托各大药厂药企，通过弘扬儒释道学文化来弘扬中医药文化，挖掘、整理和传承古代名医、名药、养生思想，以未来建设"中医药博物馆""中医药文化园""国医堂""中医药名人堂""中药植物园"等项目为依托，将原有的道教文化资源、佛教文化资源及中医药养生资源有机结合，建设集观光休闲、娱乐、康复养生保健、医药购物、食疗、诊治疾病为一体的中医药健康旅游产业，将旅游休闲和养生治病合二为一，开拓中医药健康旅游市场。

48.4.3　项目带动，打造"国家中医药健康旅游示范基地"

按照"一体两翼一带"总体布局，通化市已形成涵盖医药生产、医疗服务、养生养老、生态全域旅游、绿色食品、保健食品、运动休闲等多个行业的健康服务业体系。同时，通化市与周边地区"山同脉、水同源、文化同根"，与朝鲜隔河相望，积极开展相关旅游项目。通过大力建设核心中医药示范区，以推进国家级中医药健康旅游示范基地的步伐。现正在建设的示范项目有康美新开河吉林人参产业园健康旅游示范基地、集安市中医医院中医药健康旅游示范基地、通化市林场白鸡峰中医药基地、通化百泉林场——长白山挖参之旅旅游基地、通化县快大人参产业园中医药健康旅游示范基地、吉林省通化振国药业有限公司通化壹号庄园。目前的示范项目分别为集安大地参业有限公司中医药健康旅游示范项目、集安市中医医院医疗养生保健项目、修正药业集团三位一体中医药健康旅游示范项目。另外，结合医药文化的同时，还可结合诸如通葡、通天、大泉源等酒文化企业，不断开发以品酒、观摩、体验为主的酒文化旅游产品体系，使之成为商、养、研、学的医药健康旅游目的地。

48.4.4　打造全国健康旅游品牌，初显成效

（1）做好宣传营销的发展定位工作

通化市政府设立专项宣传基金，加大宣传力度，多渠道、全方位宣传。例如，组织地区内、省内外的大型联合促销活动，尤其是要加强与周边地区的旅游热点线路合作，联合对外宣传促销；积极利用节事活动和节庆活动，不断地整合资源，加大宣传推介力度。2013 年以来，除连续参加省局组织的央视捆绑式高端旅游形象宣传外，部分县（市）及重点景区还在东三省开展了阶段产品促销，并利用各种新媒体开展宣传推广，连续多年在央视一套"朝闻天下"天气预报栏目和新闻频道投放"通化四季风光"广告。

（2）通过节庆活动树立目的地品牌

开展节庆旅游活动进行宣传，扩大知名度。例如，"龙湾野生杜鹃花卉旅游节""集安鸭绿江国际枫叶旅游节""通化金秋旅游新闻发布暨'相约通化'十大景区推介会""通化金秋葡萄采酿旅游季""'漫步白鸡峰'森林音乐会主题活动"等系列宣传营销推广活动，使通化市城市旅游品牌形象进一步提升。2013—2016 年，坚持举办"通化滑雪旅游节""吉林龙湾野生杜鹃花卉旅游节""消夏旅游节"和"集安鸭绿江国际枫叶文化旅游节"四季旅游节庆活动，创建旅游活动品牌，努力提高通化城市旅游形象。几年来，采取"请进来""走出去"的营销方式，积极组织旅游企业参加国家、省级组织的各种博览会、交易会、旅游大集等活动，扩大通化旅游的知名度和影响力。

48.4.5　深度挖掘"健康旅游"内涵，形成发展体系

（1）健康全域旅游

建设发展通化市健康特色小镇，该项目包括特色度假小镇、养生养老公寓组团、健康护理及配套组团、户外运动组团四大功能区，全力打造中国北方的一个集养生养老、旅游度假、运动休闲、娱乐购物等为一体的具有北欧风情的绿色、生态、健康小镇。

（2）健康运动旅游产业

利用得天独厚的森林资源、滑雪气候资源优势和中华人民共和国第一座高山滑雪场的历史优势，打造滑雪体验健康旅游产品为国际高端现代化滑雪场，开创东北冬季滑雪旅游顶级品牌和东北三省全民健身中心。

（3）"乡村+健康"旅游

由旅游向康养升级，将传统乡村旅游度假区向乡村康养旅居区升级，打造通化市国际乡村康疗基地。在此基础之上升级地方传统山林旅游，借助乡村旅游发展前期投资和现状，巧妙运用健康理念与养生旅游产业相结合，顺势利导，在发展新农村的层面上扩散式发展乡村康养旅游，建设避暑度假养

生、生态文化体验、休闲观光度假、温泉养生等健康养生产业，让省内外游客前来养身、养心，不愿离开。

参 考 文 献

[1] 秦光荣. 依托云南优势资源，大力发展健康旅游[J]. 云南政报，2005（8）：1-3.

[2] 通化市申创"国家中医药健康旅游示范区[EB/OL]. (2016-09-06). http://www.cnta.gov.cn/xxfb/xxfb_dfxw/.shtml.

[3] 王艳，高元衡. 健康旅游概念、类型与发展展望[J]. 桂林高等旅游专科学校学报，2007（12）：1-3.

[4] 郭鲁芳. 健康旅游探析[J]. 北京第二外国语学院学报，2005（3）：63-66.

[5] 罗明义. 现代旅游经济学[M]. 昆明:云南大学出版社，2001：56.

[6] 陶汉军. 新编旅游学概论[M]. 北京: 旅游教育出版社，2001：33.

[7] 王兴斌. 旅游产业规划指南[M]. 北京: 中国旅游出版社，2000：54.

[8] 健康旅游将成为本世纪旅游业主基调[N].中国经济时报，2005-03-11.

[9] 李东. 论健康旅游的类型、市场和概念[J]. 国土与自然资源研究，2016（1）：70-73.

[10] 通化市委宣传部. 通化市着力推进医药健康产业发展[EB/OL]. (2014-11-27). http://jl.sina.com.cn/city/jjjl/2014-11-27/14508_3.html.

[11] 通化市统计局. 通化市 2014 年国民经济和社会发展统计公报[EB/OL]. (2015-04-10). http://www.tonghua.gov.cn/info/1681/21637.htm.

[12] 姜明明. 吉林通化机场正式通航[EB/OL]. (2014-06-18). http://news.xinhuanet.com/fortune/2014/06/18/.

第49章 福建武夷山南源岭村社区参与生态旅游 模式探讨

陈秋华 福建农林大学旅游学院，泉州

郭进辉 武夷学院旅游系，南平

49.1 武夷山南源岭家庭旅馆发展概况

49.1.1 武夷山南源岭村概况

南源岭村位于武夷山市兴田镇西北端，毗邻武夷山风景名胜区，区位优势显著、地理条件优越。全村现有新村、景源、双门、麦场4个自然村，7个村民小组，246户家庭，村人口836人。为了保护武夷山世界遗产地，1999年武夷山景区管理委员会对周边的居民进行拆迁安置。2006年南源岭村开始片区规划，建成旧村景区搬迁安置小区、双门安置小区（即大红袍安置小区）、麦场安置小区。村民主要从事旅游业和现代农业，葡萄种植户40家，总产值168余万元。茶叶种植户30余家，茶叶总产量88.2t，茶业总产值近1800万元。目前南源岭村建有葡萄、蔬菜种植基地和自驾游营地，新建南源岭文化信息中心、活动中心、警务室、游客服务中心等公共服务设施，发展乡村休闲度假旅游潜力巨大。

49.1.2 南源岭家庭旅馆发展概况

2010年夏季南源岭村遭遇特大洪灾，灾后重建中，对新村建设统一规划。由于毗邻武夷山风景名胜区，2012年部分村民利用家庭空闲房屋开办了10家家庭旅馆。2013年国庆黄金周，自驾游呈现爆发式增长，武夷山面临游客住宿困难问题，部分村民看到商机开始兴办家庭旅馆，当年家庭旅馆数增加到25家。截至2015年年底，全村共有家庭旅馆107家，总床位数1760床，在建家庭旅馆20家，餐馆共16家，从事旅游业的人数为418人，占总人口比例超过50%，全村年接待游客14.6万人，家庭旅馆户年均入住率为40%～60%，旅游收入1200多万元，人均收入达1.6万元。

49.1.3 南源岭家庭旅馆发展模式

南源岭村家庭旅馆业在发展过程中逐渐形成了"村委会+公司+协会+业户"的发展模式。由村委会和旅游主管部门按市场需求发动南源岭村民开办家庭旅馆，开办过程中各级政府和家庭旅馆协会对旅馆进行必要的指导和引导。南源岭村在民政局注册成立南源岭家庭旅馆协会，负责南源岭家庭旅馆开办的各项事务，如组织经营业户参加培训、纠正经营业户违规经营、对经营者经营行为监督管理等，协会成员为全村家庭旅馆经营业户。协会根据家庭旅馆分布，将整个村分为A、B、C、D四个片区，每个区一名组长、两名副组长，小组内日常事务由三人负责。村委会以南源岭村为名注册漫游小镇旅游有限公司，旨在形成村财力增收、农户增收、村集体面貌的发展、对业户进行监管约束的良性循环。做大公司，补贴农户，专门扶持开办旅馆的业户，由村委会决定旅游公司的管理结构和经营方向。公司负责本村家庭旅馆的经营管理业务，包括负责基础设施建设、营销宣传等工作。家庭旅馆业户负责接待游客。村委会于 2013 年在宁武高速九曲互通口，集体投资 200 多万元，建起武夷山旅游信息中心南源岭村咨询点，该咨询点集咨询、住宿、餐饮、购物、景点门票销售为一体，为村里吸引了大量的游客，也提升了旅游服务能力。

49.2　南源岭家庭旅馆发展模式分析

49.2.1　南源岭家庭旅馆发展模式的优点

（1）业户的经济收入得到提升

经营业户作为南源岭家庭旅馆发展模式参与主体之一，通过开办家庭旅馆，拓宽了经济增收渠道。在家庭旅馆这一特殊的行业尚未在南源岭村中普及开来时，南源岭村村民主要以种植作物或外出就业为主，经济收入较低。随着武夷山旅游业的迅速发展，武夷山的住宿业在节假日游客数量暴增期间开始出现供不应求的状况，部分业户看准了这一时机，利用闲置房屋开办家庭旅馆，得到村委会和协会的鼓励和帮助，取得了不菲的收益。其他村民也纷纷效仿，陆续开办类似的家庭旅馆。而对于村民来说，家庭旅馆的开办使其由简单的"农户"转变成了"商户"，村民既是家庭旅馆的业户，也是家庭旅馆的服务提供商，经过指导、培训后开展经营活动，经济收入较之于之前单纯的农业生产有了显著增加，甚至成为主要收入来源。据受访经营业户"静鑫农家菜"反映："现在生意越来越好，去年年收入 14 万元，占了家庭全年总收入 90%以上。"受访 58 户家庭旅馆经营业户在开办家庭旅馆前平均年收入为 2.72 万元，开办家庭旅馆后平均年收入为 5.75 万元。与未开办旅馆前相比，业户收入有显著提升。

（2）开办家庭旅馆业易获得多渠道支持

南源岭家庭旅馆的发展模式有政府、村委会、协会的参与，业户开办家庭旅馆较为便捷快速。首先，由于有政府、银行等相关部门支持，村委会、协会助力，南源岭村村民开办家庭旅馆门槛较低。南源岭村村民学历大多不高，知识文化水平有限。对于知识比较匮乏、缺乏商业经验的村民来说，完全依靠自己的力量，办起来、经营好家庭旅馆本是一件相当不易之事。而如今，政府为了鼓励村民开办家庭旅馆，先后出台了相应政策，积极扶持家庭旅馆业发展。同时，在行政事项审批方面，也对村民开办家庭旅馆的手续予以了简化。银行等金融服务机构针对开办家庭旅馆的业户也提供了贷款利率优惠。相对于其他商业贷款，对该类贷款予以快速审核、降息降费的支持，大大减轻了村民贷款难度和还款压力。税务主管部门在税收方面也给出了优惠措施，对月营业额低于 3 万元的予以免征各类税费。其次，协会在家庭旅馆的开办过程中也积极对村民进行协助指导，并解决村民遇到的困难。协会会定期不定期地组织经营业户进行集中培训，使有资质却缺乏经验的村民"快速入门"开办起家庭旅馆，并高效地组织经营活动，越来越多的村开始谋划起了开办家庭旅馆的生意。据受访经营业户"志勇客栈"反映："这两年政府对开办家庭旅馆很支持，现在办旅馆的人也越来越多了。银行针对家庭旅馆有贷款利息优惠，利息比平常贷款少了很多。在税收方面也给予优惠，月营业额低于 3 万的不用交税。开办前村里会组织人上门指导如何开办，开办后也常有携程、去哪儿这样的公司来培训，帮忙解决了很多问题。"调研表明，31%的经营业户在经营过程中主要获得村委会的帮助，36.2%的经营业户在经营过程中主要获得家庭旅馆协会的帮助。村委会、协会提供的帮助，对家庭旅馆的开办经营起了很大的积极作用。

（3）各主体紧密合作

南源岭村家庭旅馆模式下，根据当初的构想，村委会不参与家庭旅馆开办经营活动，主要负责传达、执行上级政策，引导业户开办家庭旅馆，负责南源岭村基础设施建设等。家庭旅馆协会作为公益性非营利组织，代表旅馆经营业户的利益，主要负责南源岭家庭旅馆开办的各项事务，如组织经营业户参加培训、对业户进行必要的指导、纠正经营业户违规经营、对经营者经营行为监督管理等。漫游小镇公司负责本村家庭旅馆的经营管理业务，营销宣传等工作，向业户发放分红，做大做强公司，补贴农户。家庭旅馆业户作为服务提供者，配合村委会、协会、公司开展经营活动，主要负责接待游客。各主体之间相互依存，相互监督，紧密合作，最终实现共赢。

（4）经营机会平等

南源岭村家庭旅馆业竞争环境较自由，家庭旅馆业户平等竞争。南源岭村各家庭旅馆业户可根据自己的经济条件、创意思想开办家庭旅馆，家庭旅馆特色不受限制，开办较自由。目前南源岭村家庭旅馆业户以本村村民为主，暂无大型的家庭旅馆企业形成垄断局面。据南源岭家庭旅馆协会会长反映："南源岭家庭旅馆目前外来人口开办 12 家，本村暂时没有大型企业参与投资"。同时南源岭村委会、协会、公司、业户之间相互监督、相互依存，保证了南源岭家庭旅馆经营机会的平等性。家庭旅馆经营业户凭借本旅馆资源条件、特色招徕游客入住。据受访经营业户"兰茶人家"反映："协会制定了一个最低价，每家按照这个最低价各自开展经营，各家明里暗里肯定都有竞争，但这个竞争是公平的，你没有特色没有好的服务，肯定争不过别家。"

49.2.2 南源岭家庭旅馆发展模式存在的问题

（1）村委会、协会、公司无法真正发挥作用

由于缺乏强有力的政策保障，村委会、旅馆协会无法真正发挥监管作用，主要体现在以下几个方面：第一，家庭旅馆协会不能真正全力维护旅馆业户的利益。家庭旅馆协会作为非营利性组织，本应代表家庭旅馆业户的利益，却因运行资金不足而逐渐成了村委会的代表，变成了"一套班子，两个牌子"。协会各负责人虽由会员选择产生，但大部分为经济状况较好、文化素质较高的人员。据受访经营业户"幸福旅馆"反映："这个协会的会员是全村的经营者，但是会费缴纳较少，因为很多人认为这个协会除了传达上级意见之外没有多大作用。协会并不代表村民，专门帮上级说话，协会的作用颠倒了，本该是为经营者服务的，提了很多意见没有效果。"第二，漫游小镇公司正式运营。南源岭漫游小镇公司新成立不久，距离达到预想目标仍需很长的时间，短时间内无法发挥预期作用。第三、村委会、协会对业户开办家庭旅馆缺乏引导。村委会、协会对村民开办家庭旅馆持支持鼓励态度，对业户如何开办、经营家庭旅馆进行了相关知识培训，但对村民开办家庭旅馆没有合理引导，任由村民自主开发经营，最终导致了南源岭村家庭旅馆同质化严重。大部分家庭旅馆都是简单利用自家闲置房屋经过简单装修开办旅馆，相同的周围环境，相同的建筑风格，推出的房间类型基本相同，少有特色与其他家区别开来，游客也难选择。第四，家庭旅馆经营者与协会、管理部门逐渐偏离。家庭旅馆业的兴起，提高了经营者的收入，受文化和其他素质的影响，且家庭旅馆业户经营过程中主要与在线网站等平台合作，在经济利益的推动下，他们把这种经营归为自己和网站平台、游客之间的直接关系，不服从村委会或协会的监管，接受管理的观念逐渐减弱。管理部门、协会如果要介入，进行统一管理显得困难得多。很多家庭旅馆业者将会认为村委会或协会的监管行为影响了他们的经营活动和收入的提升，认为权益受到威胁。最终结果往往是经营者发展了自家却影响了整体，不利于整个家庭旅馆业的发展。据受访经营业户"志勇客栈"反映："以前会有竞争，后来有了协会监督很少有竞争，但偶尔还是会有部分年纪较大的不听劝诫，压低价格进行价格竞争，协会虽然有处罚措施，对他们也是无可奈何。"

（2）南源岭村家庭旅馆发展缺乏规划

南源岭村缺乏家庭旅馆村发展总体规划，主要体现在以下几个方面：第一，由于村里未规划停车场，所以大多数家庭旅馆都没有场地可以停车，不能够满足日渐兴起的自驾游之需。第二，村口存在脏乱差的问题，占道经营现象十分突出。村内绿化率低，一排排建筑显得格外突兀。村道路两侧、建筑周围卫生环境仍有很大提升空间。村口是南源岭村的面子，是游客对南源岭村的第一印象，做好面子工程对于南源岭整体形象提升有很大意义。据受访经营业户"福泰源民宿"反映："村入口村道两边太破旧了，应该进行整改，这样游客来了看着也会舒坦些。"第三，南源岭各家庭旅馆的引导标志、旅馆标志等均是由经营业户各自设置。村道边、路灯上均可见到各家旅馆的引导标志，各家建筑上的旅馆标志也是风格各异，使原本规划整齐的新片区看起来十分混乱。据受访经营业户"吉辉民宿"反映："这里旅馆太多，标志很乱，很多游客跟我们反映难找到我们家，我们都是亲自接送，但是游客出去玩就没办法了，经常有游客出去后回来又找不到。"第四，南源岭家庭旅馆的发展存在同质化现象。为了促进家庭旅馆业在南源岭的发展，过分追求开办量而忽略了开办质量。在对新办家庭旅馆的审核、帮扶过程中很少对业户进行特色化经营的指导，导致家庭旅馆缺乏特色，同质化严重。南源岭村建筑统一整齐，但却缺少了文化底蕴。南源岭村自然魅力的"乡愁"逐渐失去。

（3）业户旅馆经营水平较低，服务质量不高

第一，业户管理观念淡薄，管理的随意性较大。经营者多是采用经验化管理的方法，没有一套严格的家庭旅馆管理办法，且家庭旅馆大部分是家族式经营，家庭成员参与日常经营管理活动，所以在旅馆员工、服务等方面管理的随意性比较大。调查表明，仅有27%受访业户有制定一套管理办法管理家庭旅馆的日常事务。业户对于每季度、每年的经营状况没有进行有效记录和科学分析。随着家庭旅馆经营业务扩大，这将会成为其发展的障碍和瓶颈。第二，旅游服务素质不高。家庭旅馆经营者文化素质普遍偏低，旅游专业人才较少。村民在开办家庭旅馆之前养成了自由自在的习惯，现开办旅馆需要为他人提供服务，服务质量易受服务提供者文化素质、服务意识的影响。第三，经营业户参与家庭旅馆开办与管理的能力偏低，没有经过充分的知识和实践准备而盲目跟风开办旅馆。53.4%的受访业户是看到邻居开办家庭旅馆后跟着开办家庭旅馆，41.4%的人是自己看到商机，而这41.4%的业户里有大部分人认为商机即是看到邻居通过开办家庭旅馆获得不少经济收入。在旅游淡季等空闲时间较多的时候，也较少有业户主动补充相关知识，管理、服务质量提升困难。调查发现，仅有20.7%的家庭旅馆业户在旅游淡季或闲暇时打算加强相关知识的学习。综上所述，家庭旅馆经营业户在经营管理、服务方面普遍质量不高，仍有很大空间有待提升。

（4）村委会、协会运作资金与发展不平衡

南源岭村村委会、协会运作资金不足。南源岭村家庭旅馆业蓬勃发展使得南源岭村村民收入大幅度提升，而与之不同的是，作为领导、管理者的村委会、协会的运作资金却没有因此而增多。村委会无法获得足够的资金用以基础设施的建设改造、乡村环境的治理，协会无法获得足够的资金开展协会内相关活动。目前，南源岭村财政资金来源主要是通过销售景区门票所获得的补贴、申报项目获得的扶持资金，协会资金的主要来源是部分家庭旅馆业户每年缴纳的200元会费，资金严重不足。据南源岭村党支部书记反映："村财政收入不足，很多时候一个好点的项目都是由于资金不够而难以开展。"

（5）缺乏一个自有平台

现南源岭家庭旅馆对外推广、销售平台主要为各大在线旅游网站、团购网站，如携程网、去哪儿网、美团网等。其中，67.2%的受访经营者订单来自于在线旅游网站或团购网站，10.3%为亲朋好友介绍，1.7%为旅行社预定，20.7%为其他，主要是游客到店订住。综上所述，南源岭家庭旅馆大部分订单来自于在线平台，经营业户对于在线平台依赖较大。南源岭缺乏一个自有平台，充分开展对外宣传、推广、销售活动。

49.3 南源岭家庭旅馆发展模式优化建议

49.3.1 切实发挥村委会、协会作用

第一，强化村委会、协会对经营业户进行监管的政策保障。加强与工商、卫生、公安、消防、旅游局等单位的联系合作，制定家庭旅馆经营规章制度。各部门配合村委会、协会落实相应规章制度，强化政策保障，实行家庭旅馆业清退机制，对于不遵守家庭旅馆经营规则的坚决取消开办家庭旅馆资格，予以清退。第二，村委会、协会理顺各自职责。村委会主要负责监督管理，协会应坚持旅馆业户自理，与行政系统区别开来。南源岭家庭旅馆协会应主要负责家庭旅馆业户的经营管理培训、指导，向业户推广先进经营管理理念；为经营业户融资、客源等问题提供帮助；做经营业户与政府的沟通桥梁，维护经营业户的合法权益；联合协会成员齐心协力，做大做强南源岭家庭旅馆品牌，吸引更多游客入住。

49.3.2 完善相关规划

（1）结合南源岭村实际情况，对南源岭村环境进行提升改造

组织家庭旅馆经营业户统一制作旅馆标志物、指引标志，并制定统一的安装位置、安装方式。村口设置家庭旅馆总导航图，标明各家庭旅馆所在区位，村道每隔一段设置一个本段落内家庭旅馆指引图，便于游客寻找。规划建设停车场、停车位，便于自驾游游客的入住。提高南源岭村绿化率，使建筑与环境更协调，恢复乡村容貌。引进村家庭旅馆业户专属清洁公司，负责对旅馆床上用品、餐具等的清洗消毒工作。

（2）提高南源岭村家庭旅馆开办质量

放缓南源岭村家庭旅馆发展速度，避免业户盲目跟风开办家庭旅馆。从追求开办数量改为追求开办质量，保证南源岭村家庭旅馆朝健康有序的方向发展

（3）推行特色化、差异化经营理念，避免各家各户雷同

在新办家庭旅馆资格审核中加入旅馆特色审核。对新办家庭旅馆经营特色开展评审，对开展特色经营有困难的业户开展帮扶，对经营业户开展相关培训，使其认识到特色化、差异化经营将为其带来的好处。按协会划分的 A、B、C、D 片区，规划片区特色。例如，"武夷特色区"的内外部装饰以武夷山传统房屋装饰为主，如"马头墙""砖雕""木雕"等，结合武夷山民俗活动，主要体现武夷山传统文化；"文艺青年区"的外部装修主要以小清新风格为主，结合清吧、咖啡屋等建筑，迎合当代青年人所好。

49.3.3 加强业户培训

除了重视对家庭旅馆业户如何开展经营进行培训、帮助之外，更应重视对业户待客服务、管理理念的培训。由村委会、协会组织旅游行业先进组织、旅游人才等开办培训班，考虑到大部分家庭旅馆业户的文化水平，培训过程应主要采用多媒体方式，便于业户接受。组织旅馆经营业户到经营较成功、有特色的地区考察学习，使旅馆经营业户认识到先进经营理念和高标准服务对于提高旅馆收益的重要性，更加积极地加入学习的队伍中。与高校建立合作机制，研究南源岭村家庭旅馆成功经验、创新方法，并提供调研条件和高校学生社会实践机会，让专业学生充实到家庭旅馆服务人员队伍中来，提高整体服务水平。在家庭旅馆经营方面，年轻群体的创意点较多，更易捕捉到市场信息，应多鼓励村里有识青年返乡创业，给予政策、资金支持，提高经营业户整体水平，加快南源岭家庭旅馆业升级，提高南源岭家庭旅馆竞争力。

49.3.4　实行股份制运营制度

目前，南源岭漫游小镇公司已成立，但未开始正式运行，作用还未发挥出来。公司可实行股份制运营，股东仅面向南源岭村家庭旅馆业户。家庭旅馆业户以房屋、资金、劳动等形式参与入股，公司负责统一服务标准，招来游客并向家庭旅馆业户平均分配客源。公司通过资金累积，用以基础设施建设改造、业务推广等经营活动，公司所得收益按股份比例及各户劳动份额发放。实行股份制运营制度，方便对寻求加入或已加入的经营业户进行约束、管理，避免因资金不足导致基础设施落后的情况及业户之间的恶性竞争，有利于提高服务水平。

49.3.5　休闲度假产品多样化

目前，南源岭村家庭旅馆业务均以提供住宿为主，几乎没有其他类产品与服务。家庭旅馆不应只以价格优势占领市场，在提供住宿的同时，可以提供综合化的服务。南源岭村的家庭旅馆可以效仿国外家庭旅馆，为游客提供餐饮服务，使游客体验当地特色家常菜。或将房前空地、阳台等区域妥善利用起来，进行特色装修为游客提供场地，由业户带领入住游客进行篝火晚会、音乐会、做美食等活动，向游客提供文娱活动。另外，还可为游客提供自行车、汽车等交通工具出租业务，便于游客出游。或者结合南源岭村的葡萄、草莓等农作物，为游客提供采摘、自制美食服务，也可出售业户自制当地特产。

49.4　小结

2015 年年底，南源岭村又有 20 多户家庭旅馆开门迎客。尽管南源岭家庭旅馆的发展模式仍存在一定的问题，但笔者相信，随着南源岭家庭旅馆业的发展，南源岭家庭旅馆的发展模式将得到更好的完善，成为家庭旅馆业界的典型。

第50章 重庆武隆生态旅游探索与实践

张雅文　秦方鹏　文传浩　重庆工商大学长江上游经济研究中心，重庆

50.1　发展历程——"穷山恶水"到"生态招牌"的华丽蜕变

武隆是典型的山区农业县，长期以来武隆人民以农业为生，由于工农业发展不具优势，武隆经济、社会、文化发展缓慢，人民生活贫穷，被列为国家级贫困县。

武隆旅游开发以 1994 年 5 月 1 日芙蓉洞正式对外开放作为标志。当时朱学稳教授认为芙蓉洞是"一座斑斓辉煌的地下艺术宫殿，一座内容丰实的洞穴科学博物馆"。于是，"地下艺术宫殿""洞穴科学博物馆"成为武隆旅游的最初形象，"天下第一洞"成为承载这个形象的最初口号。

1994 年、1996 年和 2001 年，中国、英国、美国、爱尔兰和澳大利亚等国内外地质洞穴专家对芙蓉洞进行了三次大规模的探险科考后，"地下艺术宫殿""洞穴科学博物馆"的形象得到进一步强化和推广。随后，武隆开始开发芙蓉江漂流。

1999 年 8 月，黄柏渡漂流成功对外开放。同年，天生三硚（原名"龙桥洞"）被考察组发现，并被评价为"具有极高科研、景观价值"。2000 年 4 月，天生三硚景区对外开放。2002 年 4 月，龙水峡地缝景区正式营业。至此，武隆景区囊括了山、水、洞、桥、缝等自然生态要素，旅游吸引力进一步提升。

由于武隆具有世界级的自然旅游资源，资源种类丰富，山水林泉、洞桥坑缝齐全，空间分布疏密得当，有适宜开展生态旅游的优势。因此，一任接着一任的领导班子锲而不舍地抓生态旅游品牌打造，率先在全市确立并实施"生态旅游大县"战略，提出了建设"全市特色经济强县、全国生态县和国际旅游目的地"的近期目标和"中国武隆公园"的远期发展定位，大力发展生态旅游产业，加速绿色崛起、富民强县，探索出一条生态旅游的新路子。

（1）生态旅游带动经济发展

2014 年，武隆县以生态为本的旅游业实现了大突破：全年游客接待量达 1908 万人次，增长 9%，接待总量和增速全市领先。仙女山和天生三硚游客接待量连续两年突破 100 万人次，使武隆成为全市唯一拥有两个"100 万游客景区"的区县。20 多年来，武隆旅游从无到有、从小到大，历届武隆县委、县政府始终把旅游产业作为主导产业和富民产业。如表 50.1 所示，武隆地区生产总值（GDP）、三次产业增加值都实现了大幅增长，产业结构不断优化，比重已从"一三二"转型为"三二一"。

表 50.1　武隆经济发展相关数据表

年份	GDP/亿元	第一产业增加值/亿元	第二产业增加值/亿元	第三产业增加值/亿元	产业结构比
1994	4.97	2.35	1.21	1.41	47.3：24.3：28.4
2013	107.9	16.13	43.14	48.64	14.9：40.0：45.1

数据来源：重庆市 1995—2014 年统计年鉴。

（2）生态旅游促进人民富裕

武隆旅游资源优势转化为经济发展优势，促进了城乡居民收入的有效增加。如表 50.2 所示，2013 年城镇居民人均可支配收入为 22985 元，是 2004 年的 2.7 倍；农民人均纯收入 7633 元，是 2004 年的 3.5 倍，是 1996 年的 6.3 倍。

表 50.2　武隆人民生活相关数据表

年份	城镇居民人均可支配收入/元	农民人均纯收入/元
1996	—	1215
2000	—	1615
2004	8650	2203
2008	12592	3475
2013	22985	7633

数据来源：重庆市 1997—2014 年统计年鉴。

（3）生态镇、村建设颇有成效

目前，武隆成功挤入首批国家主体功能区试点示范县和国家生态文明先行示范区，已通过验收并命名市级生态镇 1 个，市级生态村 26 个，县级生态村 150 个。21 个市级生态镇正待命名，1 个国家级生态镇正在申报中。

50.2　发展基础——品位极高的生态旅游资源

50.2.1　仙女山——四季变幻的"奇女子"

武隆仙女山国家森林公园是重庆十佳旅游景点，是国家 5A 级风景区，地属武陵山脉，位于重庆市武隆县境乌江北岸，交通便捷，渝涪高速公路、涪武高等级公路贯通武隆。仙女山海拔 2033m，拥有森林 33 万亩，天然草原 10 万亩，有"南方第一牧场"的美誉，其旖旎美艳的森林草原风光在重庆独树一帜。

绿茵的春季，仙女山被此起彼伏的山丘、浓浓浅浅的绿色笼罩。朵朵盛开的野花簇拥成团，天蓝得透亮，白云肆意地变换着各种姿态，成群牛羊在明媚的阳光中悠闲地倘佯原野间。山峰、山谷、森林与草原浑然一体，交相辉映，给人以阴柔与阳刚相济的和谐美。

炎热的夏季，仙女山依然气候凉爽温和，月均温在 18～20℃，即使在最热的 7、8 月，最高温度也不超过 30℃。景色妩媚多姿、气候清凉舒爽，茫茫林海，清风吹拂，凉爽宜人，是休闲度假、避暑纳凉的生态旅游绝佳胜地，因此仙女山享有"山城夏宫"之美誉。

艳丽的秋季，阳光拥抱着从容、悠闲的仙女山，湛蓝的天空中朵朵白云似乎触手可及，清晨美丽的朝霞给草原泼上了一层醉人的深红色，绿草托着晶莹的露珠，五颜六色的野花灿烂地绽放其中，远处成片的向日葵泛起花浪，充满了浪漫的情调和斑斓的绮丽。

严寒的冬季，从上年 11 月至来年 2 月，仙女山平均气温在 0℃以下。雪景是仙女山的极品景观，无垠的林海和莽原被冰雪所笼罩，呈现出一派林海雪原的圣洁美景，白雪皑皑，银装素裹，雾凇、冰瀑令人情潮涌动，草原滑雪、赏雪、雪地烤羊等活动深受喜爱。每当此时，仙女山就成为重庆及周边观赏雪景、开展雪上运动的绝佳生态旅游胜地，图 50.1 是白雪覆盖的仙女山。

图 50.1　白雪覆盖的仙女山

50.2.2　天生三硚——造物主的馈赠

天生三硚地处仙女山南部，位居仙女山与武隆县之间，景区内包容了山、水、雾、泉、峡、峰、溪、瀑，是一处高品位的生态旅游区。2007 年，获国家 5A 级旅游区殊荣，被中国体育总局指定为"中国户外运动基地"。著名导演张艺谋曾在这里拍摄了 4《满城尽带黄金甲》，是整部电影唯一的外景拍摄地点。

天生三硚由天龙桥、青龙桥、黑龙桥组成，三座桥高、宽、跨度分别在 150m、200m、300m 以上，呈纵向排列，平行横跨在羊水河峡谷上，将两岸山体连在一起，形成了"三硚夹两坑"的奇特景观。天生三硚以其规模庞大、气势磅礴称奇于世，是亚洲最大的天生桥群，被称为"自然界留给人类的宝贵财富"。

沿着幽静的小道来到大桥下，便会对雄伟、壮观有更深的理解，惊叹造物主竟是如此的神奇。天生三硚桥体溶洞四伏，水帘高悬；桥下溪流潺潺，喷泉叮咚。景区内林森木秀，峰青岭翠，悬崖万丈，壁立千仞，绿草茵茵，修竹摇曳，飞泉流水，一派雄奇，苍劲、神秘、静幽的原始自然风貌，以山、水、瀑、峡、洞、桥等要素构成一幅完美的自然山水画卷。景区内"飞崖走壁""擎天一柱""翁驱送归"等景点更为引人入胜，使人流连忘返，图 50.2 是俯瞰的天生三硚。

图 50.2　俯瞰天生三硚

50.2.3　芙蓉洞——精彩斑斓的梦境

芙蓉洞是重庆武隆乌江画廊岩溶地质公园的核心景观，是一个大型的石灰岩洞穴，是"一座斑斓辉煌的地下艺术宫殿，一座内容丰实的洞穴科学博物馆"，其丰富、珍贵的沉积物，绚丽多姿的景致吸引着海内外游客。2005 年 10 月 23 日，中国最美的地方排行榜在京发布。其中，芙蓉洞是被评为中国最美六大旅游洞穴之一，位列第二名。2011 年 7 月 6 日，芙蓉洞风景区正式被国家旅游局批准为国家 5A 级风景名胜区。

芙蓉洞全长 1864m，洞体宏大，次生化学沉积物种类繁多，从宏观到微观、从水下到水上、从早期到现在、从碳酸盐类到硫酸盐类无所不包。景观有气势宏大的石柱、石笋、钟乳石，有玲珑剔透的石花、石膏花、石晶花、石旗等，有珍稀精美，号称瑰宝的石幕、珊瑚晶花、犬牙晶花、鸡爪石花，大小景点 300 余处，沉积物种类近 100 种。

芙蓉洞的洞穴有许多世所罕见的精品，其中，池水沉积堪称精华之一。例如，洞中的"珊瑚瑶池""犬牙晶花池""贵妃浴池"等，在清澈见底的池水中，晶莹剔透，玉洁冰清，让人如入瑶池。

都说梦境是变幻莫测的，但当你进入"天下第一洞"芙蓉洞之后，那种神秘变幻的景致比梦境还要令人惊奇！在精心配置的彩色灯光下，包罗万象的古笋、石柱施展出浑身解数，变幻着它们的风姿，如飞瀑、如百花、如宝塔……仿佛来到奇珍异卉的梦中仙境，进入了一个斑斓辉煌的地下艺术宫殿，多少万年的自然之力才造就了这一神秘梦境！被誉为洞中一绝的"巨幕飞瀑"，更是芙蓉洞石幕景观的典型代表，它那流畅如水、细腻精致的线条，使人想起古希腊的雕塑，而这种风格的石瀑正是芙蓉洞的一道"招牌菜"，图 50.3 是芙蓉洞一隅。

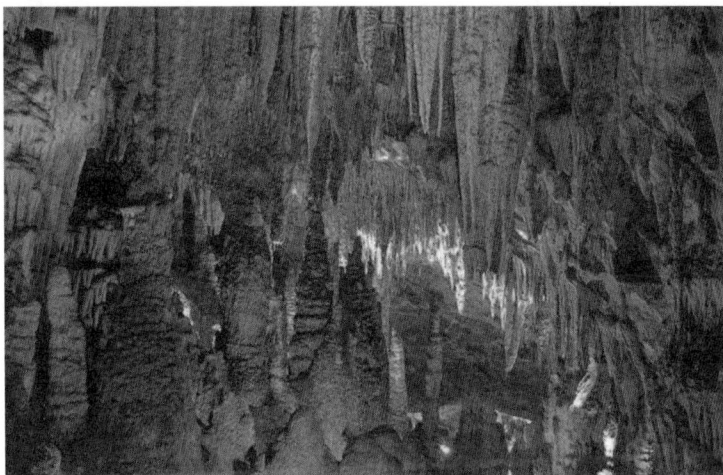

图 50.3　芙蓉洞一隅

50.3　发展经验——因地制宜的生态旅游之路

50.3.1　狠抓环境保护工作，奠定生态基础

生态旅游倡导旅游者认识自然、保护自然，强调旅游开发与环境保护的协调性。武隆旅游的发展得益于其独特的旅游资源优势，而这些旅游资源又与生态环境息息相关。如果生态平衡遭到破坏，旅游资源的优势也将消失，因此，环保工作就显得尤为重要。武隆政府深刻认识到这一点，并采取了相应措施。

（1）"四清四治"，摸清环保底数

通过成立由县政府分管领导为组长、各相关单位为成员的环境保护"四清四治"专项行动领导小组，建立健全"四清四治"常态工作机制，优化"四清四治"数据管理系统，逐步开展"四清四治"排查清理工作。通过"四清四治"，基本掌握了污染源底数，完成了数据初审初筛，建立了污染源基础台账，完成了筛查、填表、数据录入、审核提交等工作。经清理，2014年全县共计确定"四清四治"对象689个，其中工业企业284个，畜禽养殖业213个，餐饮业78个，医疗卫生机构43个，放辐射单位45个，生活污水垃圾集中处理设施26个。

（2）"五大行动"，改善环境质量

①蓝天行动：着重控制燃煤及工业废气污染，以社区、场镇为单位创建无煤区域，餐饮业、企事业单位及工地食堂禁止使用燃煤，鼓励使用清洁能源，深度治理工业废气，大力实施减排项目；②碧水行动：加大湖库及次级河流综合整治力度，有效改善水环境质量，深化工业污染防治，实现污染物稳定达标排放，继续推进环境基础设施建设，不断提高污水垃圾处理水平；③宁静行动：创建武隆县地税小区为安静居住小区，编制水井湾煤矿风井噪声限期治理方案，按照方案对噪声进行全面治理；④绿地行动：加强世界自然遗产、自然保护区、风景名胜区、湿地资源和现有城市绿地保护，同时增加绿地面积，确保城市建成区绿地率增长与城市人口增加平衡发展；⑤田园行动：开展农村环境连片整治项目，加强农村生活污水、生活垃圾、畜禽养殖污染治理。

通过环保"五大行动"和"四清四治"工作的有效推进，全县环境质量得到持续改善，为生态旅游的开展提供了基础保障。2014年，城区环境空气质量优良天数为343天；两江一河中，乌江、大溪河除总磷超标外，其余项目均达标。芙蓉江水质达标率达100%，县城饮用水源地中心庙、油坊沟水质达标率达100%。乡镇集中式饮用水源地中，除火车站备用水源水质达标率为97%外，其余乡镇饮用水源水质达标率为100%。区域环境噪声53.5dB，交通干线噪声65.3dB，均在标准范围内。

50.3.2　扩大生态资源总量，提升旅游价值

（1）提高森林覆盖率

充分利用国家实施的天然林保护工程、退耕还林工程、长江功能防护林工程等重点林业工程，加强森林资源的培育和保护力度，使森林面积及森林质量得到大幅度提升。森林覆盖率由2003年的32.7%增加到2014年的60.1%，增长了近一倍。同时，武隆还严格按照《中华人民共和国森林法》等相关法律法规对森林资源实施保护，全县森林生态系统得到了极大的保护与发展。

（2）打造别样景观

以武隆仙女山为例，为进一步扮靓仙女山，提升仙女山的旅游价值，首先仙女山镇以旅游主干道、城市街道、小区、广场等为重点，用30多个品种的200余万株乔、灌、木本花卉装扮了44km的旅游环线，真正实现城镇四季鲜花灿烂。其次，仙女山镇的建筑风格设计可谓匠心独运，城镇建筑的主色调、主风格既不是简单地定位为中式或美式，也不是复制照搬其他地方小城镇建设风格，而是围绕仙女山整体的山水风貌特点及城镇定位进行打造。此外，仙女山镇启动了度假区灯饰工程，对城镇灯饰的风格、样式、布局等进行了整体规划，以主要街道亮化为框架、以道路两侧建筑物亮化为重点、以广场亮化为点缀、以门牌亮化为烘托，加快推进城镇亮化工程。

（3）增设生态度假景点

在从观光旅游转向生态旅游的发展过程中，武隆在自然景观景区的基础上科学规划，从2013年开始，武隆就通过招商引资，增加旅游度假景点和设施，使游客能够真正"留下来"。目前，总投资达150亿元，星际未来城、懒坝国际文化艺术主题公园、仙女山国际户外运动营地、阳光童年、中下石院民俗文化村寨等重大旅游项目成功落地并陆续启动建设。仙女山室内滑雪场项目、天生三硚电梯项目、芙蓉江索道等项目已完成投资约1.8亿元。

50.3.3　融合地方文化内涵，拓展生态理念

生态旅游早期是指回归大自然的旅游活动，多接近于自然旅行或绿色旅行，但这是对生态旅游的表

层理解，如果只讲自然生态旅游，而不讲人文生态旅游，就不能称之为全面的、深层次的生态旅游观。文化是旅游的灵魂和重要内容，文化的差异形成吸引力，所以相应的文化载体就能形成旅游吸引物。随着人们的认识由浅入深、由低级向高级的不断深化，人们越来越注重生态旅游中物质文化与精神文化的结合。在旅游发展中，武隆始终关注满足旅游者的生态文化需求，选择适合的旅游理念并贯穿于生态旅游产品设计、市场定位、包装广告、公关形象、促销服务等旅游营销过程中。除天坑地缝、天生三硚、仙女山、芙蓉洞等大家耳熟能详的自然生态景区之外，旅游开发商挖掘出具有文化内涵的旅游景点，让世界知道武隆不仅山川秀美，更有独特的民间民俗文化。

重点打造"印象·武隆"。以突出渝东南少数民族文化内涵为重点而打造的"印象·武隆"——大型山水实景演出，凸显了武隆旅游的文化内涵，增强了武隆旅游的吸引力，已被评为"重庆市最具观赏价值的旅游重点项目"。如果说世界自然遗产的积淀为"中国武隆公园"的建设提供了绝佳的素材，那么"印象·武隆"的生态文化内涵则让"中国武隆公园"更具有生命力。"印象·武隆"定位为自然与文化、历史与现代、本土与世界的结合，充分挖掘了地域文化，以厚重的文化底蕴向世人展示了"不一样的印象、不一样的武隆"。其中的川江号子、哭嫁、滑竿、麻辣火锅等就具有浓郁的地域文化特色，艺术地再现了川渝地区独特的文化，展现了巴渝地区恢弘壮阔的地理风貌和重庆人民坚忍不拔、团结协作、顽强拼搏、乐观豁达的精神品质，其地方特色、民族特色、时代特色都十分明显，有着丰富的内涵。

"印象·武隆"于 2012 年 4 月 23 日正式公演，当年就成为全国 7 个印象系列公演第一年观演人数和门票收入双料冠军。自开演以来，"印象·武隆"已经演出 1100 多场，实现门票收入 1.4 亿元。

50.3.4　强化市场营销，树立品牌形象

在生态旅游发展实践的基础上，武隆并未忽视生态旅游的理论研究，而是把宣传和普及生态旅游知识与旅游营销结合起来，整合各方力量，提高市场营销精准度。通过大力实施政府引导、媒体跟进、企业联动的"三位一体"营销策略，同时充分利用微博、微信、微电影、影视植入等新技术，实现营销网络全覆盖。此外，针对细分市场制定营销策略，大力开展事件营销，精心策划了一批吸引眼球的活动。

（1）举办大型体育赛事

从 2003 年开始，赛事年年举办，规模一届比一届大，水平一届比一届高，影响一届比一届大。目前，武隆已经连续举办了 14 届国际山地户外运动顶级品牌——中国重庆武隆国际山地户外运动公开赛，已连续举办了 12 届芙蓉江龙舟锦标赛、芙蓉江户外运动联赛、万峰林海骑行赛等一系列具有国际影响力的品牌赛事，这种体育与旅游融合生长的模式，使生态旅游的独特价值得到了应有的释放和彰显，在把武隆旅游推向世界的过程中，起到了直接、有效的宣传作用。

（2）举办各式节庆活动

目前已举办多次仙女山国际露营音乐节、冰雪童话季、国际风筝节、森林旅游节等多个旅游节庆活动，用节庆把数以万计的游客吸引到武隆来的同时，也把武隆旅游的魅力展示在世界面前。

（3）植入影视综艺大作

从 2006 年的《满城尽带黄金甲》到 2014 年的《变形金刚 4》，再到《爸爸去哪儿》，伴随着一部部本土取景的影视、综艺大作相继热播，武隆旅游近年来声名鹊起。在影视剧作的现场拍摄、前期宣传、媒体见面、全球首映等各个环节中，武隆掀起了旅游营销高潮，逐步向"世界的武隆"迈进。

第 51 章　河南栾川生态旅游探索与实践

乔光辉　河南工业大学工商管理学院旅游系，郑州

谢盟月　河南大学历史文化学院、休闲与会展研究所，开封

栾川县位于河南省西部伏牛山，素有"洛阳后花园"和"洛阳南大门"的美誉。栾川境内生态旅游资源丰富，共有 8 大类 26 个亚类 84 种基本类型，拥有国家 5A 级景区 2 家，4A 级景区 5 家，各种观赏景区达到 20 余个，年均游客接待量突破 1000 万人次，并呈逐年上升之势。栾川地处洛阳、南阳、三门峡、平顶山四市之中心，洛栾高速、武西高速在栾川交汇，同时 1 条国道、4 条省道经栾川向周边辐射，连贯南北，承东启西，能连接连霍、沪陕、二广等高速公路，区域可进入性相对较强。

近年来，栾川县大力实施"生态立县、旅游兴县、工矿强县"发展战略，实现了经济社会持续健康发展。特别是坚持旅游引领带动，持续促进旅游融合发展，拓展丰富旅游业态，山地旅游、动植物观赏游、乡村生态文化游等多种生态旅游类型蓬勃开展，实现了生态旅游业的快速发展，叫响了享誉全国的县域旅游发展"栾川模式"，并接连荣膺"中国旅游强县""中国生态旅游百强县""国家级生态县""世界十大乡村度假胜地"等荣誉称号，栾川县生态旅游发展的成功获得了越来越多的关注。

51.1　栾川县生态旅游发展的优势条件

生态旅游资源主要有以下几类：①满足游客亲近、回归自然，欣赏生态美的的生态旅游资源，主要有自然保护区、森林公园、动植物欣赏及其他各类自然景观等。②满足游客领略体验生态文化、接受生态文明熏陶类的旅游资源，主要有园林文化景观、农业文化景观和生活习俗生态文明景观等。生态旅游是保护环境、保护资源的旅游，是可持续发展的旅游。在自然保护区、森林公园中开展生态旅游，不仅使旅游者领略了自然风光的生态美，体验了其内在的文化品位，也为自然资源赋予高附加值，创造了经济价值。

51.1.1　生态旅游资源的丰富性

优良的自然生态条件是发展生态旅游业的前提，丰富的自然和人文资源是发展生态旅游业的基础。栾川县生态旅游资源的丰富性不仅表现在数量上，而且表现在种类上。栾川不仅有典型的生态系统、珍稀动植物、旖旎的自然景区、奇异的自然遗迹，还有丰富多彩的民俗文化、深厚的历史文化等。栾川县的 6 家 A 级旅游景区中（表 51.1），有 5 个属于伏牛山世界地质公园，1 个国家级风景名胜区，2 个国家级自然保护区等。作为县域单元，栾川县的生态旅游资源数量多且品位高。

表 51.1　栾川县生态旅游景区汇总

名称	等级	称号
鸡冠洞	AAAAA	伏牛山世界地质公园、国家级风景名胜区
老君山	AAAAA	国家级自然保护区、伏牛山世界地质公园
龙峪湾	AAAA	伏牛山世界地质公园、国家级自然保护区、全国文明森林公园
重渡沟	AAAA	伏牛山世界地质公园、全国农业旅游示范点
养子沟	AAAA	伏牛山世界地质公园、中国最佳休闲度假胜地
抱犊寨	AAAA	中华第一古寨、国有生态林区

资料来源：栾川旅游资讯网和洛阳市旅游发展委员会网站。

51.1.2　生态旅游资源的独特性

栾川县森林资源丰富、植被茂密，全县林地面积 212145hm²，森林覆盖率 82.4%，居河南省第一位。林木绿化率 85.05%，有"中原肺叶"之称。该县环保局测量数据显示，城区环境空气优良天数常年保持在 320 天以上，2013 年优良率达到 96.4%。境内耸立着 1.2 万座山峰，分布着 8800 多条沟谷，森林覆盖率达 83.3%，生态资源优势明显且各具特色，如秀竹飞瀑的渡沟，成因独特、景观壮丽的鸡冠洞，中原天然生态园龙峪湾，中原第一泉九龙山温泉等。以龙峪湾来说，它以原始的森林，丰富的树种而著称，山高、林密、水澈，同时，更为罕见的是，空气中负氧离子含量高达 6 万个/cm³。

51.1.3　生态旅游资源分布的集中性

栾川县生态旅游景点中，伏牛山主峰老君山、鸡冠洞等集中分布于栾川县的西南部，重渡沟景区距离九龙山温泉不足 20km，其他自然生态旅游资源也大多集中在伏牛山区等地。

51.2　栾川县生态旅游发展的成果

因为生态旅游资源优势明显，栾川生态旅游起步较早，发展速度快，取得了丰硕的成果。下面依据时间维度，将栾川县生态旅游划分为三个阶段，并分别介绍该阶段取得的主要成果。

51.2.1　起步阶段的成果（1999—2005 年）

从重渡沟探索发展乡村旅游开始，栾川兴起了旅游景区开发热潮，老君山、倒回沟、养子沟等生态游景区随之被开发。在这一阶段中，政府主导是旅游发展的核心动力，政府从政策扶持、优化招商环境、鼓励农户参与，形成"公司+农户"的乡村旅游经济价值链，创造了以"党政主导、部门联动、市场化运作、产业化发展"为内涵的县域旅游发展"栾川模式"[1]。1999 年，重渡沟充分利用自身禀赋条件，用绿水翠竹点缀乡村氛围，将乡村旅游与乡村发展结合起来，生态旅游发展理念的渗入，呈现了良性循环模式。截至 2005 年，栾川接待游客达到 389 万人次，与 2000 年同期相比翻了四番，旅游总收入达到 10.8 亿元，同期增长了 20 倍[2]。

51.2.2　快速发展阶段的成果（2006—2012 年）

在这一阶段中，社会资本、民营资本介入旅游产业发展，工业反哺旅游。以"旅游引领、融合发展、产业集聚、全景栾川"为内涵的"栾川模式"新内涵在全国备受关注。2006 年 8 月，河南省政府出台《关于进一步加快伏牛山生态旅游发展的意见》，伏牛山生态旅游开发建设进入全面实施阶段，因伏牛山生态旅游开发涉及全省 6 个省辖市，包括栾川、嵩县等 15 个县，伏牛山地处中原腹地，绵延近八百里，是南北气候的过渡带，长江、黄河、淮河的分水岭，是河南省平均海拔最高、森林面积最大、动植物种类最多、地质构造多样的地区，因此伏牛山生态旅游开发为栾川县生态旅游的发展提供了很好的机遇。随着生态旅游的迅速发展，"栾川模式"享誉全国，成为全国贫困山区依靠旅游业带动群众脱贫致富的典型，2007 年成为河南省唯一的国家级旅游强县。同时，栾川成功创下"伏牛山世界地质公园"这块"金字招牌"，大大提升了栾川生态旅游的知名度和美誉度。自 2008 年以来，栾川县累计投入财政资金 1.2 亿元，先后开展了一系列重大林业生态建设工程，依托自身生态优势，发展集山水游、森林游、溶洞游、农家游、观光农业游、温泉游等为一体的生态旅游产业，实现了旅游开发与生态保护的同步推进、双赢发展。2009 年 3 月，第二届中国旅游论坛会上传来喜讯，栾川县荣获"中国生态旅游百强县"，栾川生态旅游发展的经验、做法得到了充分肯定和高度评价。2012 年 9 月，栾川县通过了国家级生态县的考核验收，成为河南省第一个国家级生态县。

51.2.3 转型升级阶段的成果（2013 年至今）

栾川县将旅游业定位成引领和统领县域经济发展的核心产业，目前已经走到了改革创新的十字路口。2013 年，党的十八大报告提出"全面建成小康社会、建设美丽中国"的宏伟目标，把生态文明建设放在了更加突出的重要位置，河南省委、省政府在《河南省旅游业"十二五"规划》中将栾川纳入伏牛山休闲度假区功能板块重点发展，洛阳市委、市政府提出将建设"栾川养生度假区"作为"建设国际文化旅游名城"的核心引擎之一。栾川县确定将打造"全景栾川"作为栾川县域经济发展的目标，是发展全域旅游的一种探索性实践，打造山地观光、度假、运动、养生四位一体的产品体系，欲形成"点成景、线成荫、面成林"和"城即景、景即城"的生态之城。

2015 年 9 月的国际乡村旅游大会上，栾川县凭借发展全域旅游、无景点度假，打造"全景栾川、美丽乡村"，被联合国世界旅游组织、亚太旅游协会评选为"世界十大乡村度假胜地"，成为中部地区唯一获此殊荣的地方。

51.3 栾川县生态旅游发展模式

51.3.1 政府主导

我国旅游经济发展具有典型的"政府主导型"超前发展特征。栾川在发展旅游的过程中，不但率先成功创造了县域政府主导旅游管理体制，而且各级政府都有极好的服务态度，这也正是栾川旅游能够迅速崛起的核心驱动力。

栾川旅游发展是政府主导开发旅游的典范。作为一个资源型城市，栾川县委、县政府高瞻远瞩，创新制胜，探索出以山清水秀的美丽乡村为核心的生态旅游发展转型之路，并且主动搭建引资平台，吸引其他产业领域的发展资金注入乡村旅游发展，为栾川生态旅游发展打下坚实基础。

51.3.2 景区深度开发生态旅游资源

高品质生态资源是栾川发展的独特优势。栾川县旅游发展迅猛，以植被、花鸟、地质等独特的自然生态景观为特色的风景区、乡村生态旅游景观等生态农业观光园等已然成为栾川生态旅游的发展引擎。2014 年"五一"黄金周，全县各生态旅游景区共接待游客 7.87 万人次，门票收入 439.83 万元，同比分别增长 62.2%、80%，创历史新高[3]。

老君山是八百里伏牛山的主峰，拥有众多地质遗迹，独特的滑脱峰林地貌景观，以及石林、马鬃岭等景观群。在开发中，引入人文生态旅游理念，以道家文化为切入点，将老君山打造成山水和文化相融的生态旅游景区。2014 年，栾川通过大营销战略在省内外市场迅速叫响"生态栾川、度假胜地"和"山岳经典·十里画屏——老君山"两大旅游品牌。

4A 级旅游景区重渡沟是栾川县生态旅游发展的典型。重渡沟景区自开发以来，一直围绕"原始、古朴、自然、粗犷"的开发理念打造生态型景区，利用当地的竹、木、草、石、闲置农户用房、旧屋等现有资源，利用当地工匠，自行设计，自行施工，自行开发，形成了"投资小，见效快，效果好，效益高"的乡村旅游模式；推出"吃农家饭，住农家屋，参与农事活动，享农家乐趣"的"农家乐"。这一生态旅游的开发理念为重渡沟景区赢得了稳定的客源市场。2005 年以来，重渡沟景区影响力越来越大，客源市场规模也越来越大，游客层次呈现出日益高端化的趋势。重渡沟水林相拥，竹林相映，空气幽静，森林覆盖率达 90%以上，实属休闲养生胜地。因此，重渡沟景区及时、准确地把握生态体验游、休闲度假游的时代脉搏，把开发理念调整为"绿色休闲会所，生态快乐车间，自然健康乐园"。重渡沟景区通过合理开发得天独厚的自然生态资源，走出了一条生态奔小康的致富路，为业内树立了成功的典范。

51.3.3　社区参与生态旅游开发和建设

鼓励社区最大限度参与，让当地群众加入生态旅游业的开发中去，这也是区域生态旅游开展成功的必要条件之一。栾川的生态旅游发展过程中，社区居民参与程度非常高，栾川生态旅游景区已有的社区参与旅游发展模式主要是景区和社区分工模式。

有"国家级自然保护区""国家森林公园"之称的龙峪湾景区与龙庙镇居民形成很好的分工和利益分配关系，景区负责核心功能的开发，龙峪湾居民提供食宿等服务，是景区和社区分工的社区参与旅游发展模式。以生态探险游和休闲生态度假游闻名的养子沟景区是典型的景区和社区分工模式，养子沟景区吸引客源，周围景区接待客源，两者合理分工，共同成长。游客欣赏完景区风光，要感受淳朴自然民风，可以选择住农家院、吃农家饭。养子沟周围社区拥有 130 多家农家宾馆，5226 张床位。在农家宾馆，游客可以放心地吃到农家自种自采的无公害蔬菜，还可以吃到回味无穷的山果野菜。因而，养子沟景区与周边的农户顺其自然地一起合作，两者形成了良性的利益分配共生关系，保证了当地生态旅游业的健康发展。

51.4　栾川县生态旅游发展的效益

生态旅游是可持续发展的旅游，追求经济效益、社会效益和生态效益的同步提高。栾川县生态旅游十几年的发展，在经济、环境和社会方面都取得了较大的正面效益。

51.4.1　经济效益

发展生态旅游能带来较大的经济效益，不仅有利于地方产业结构的优化，创造更多的就业机会，还有助于地方增加税收，改善当地基础设施。生态旅游业已发展成为栾川新的支柱产业，优化了经济结构，对县域经济的拉动作用日益增强，旅游扶贫成效显著。自生态旅游起步与快速发展以来，栾川县取得的经济效益尤为明显，三次产业比重由 2000 年的 17.5：50.1：32.4 优化为 2004 年的 17.8：40.3：41.9；2004 年全县生产总值达到 27 亿元，年均增长 10.7%，财政收入达到 1.48 亿元，年均增长 27%；农民人均收入达到 2110 元，年均增长 6.5%，全县 20%以上农民依靠旅游脱贫致富。据统计，2015 年，栾川县全年累计接待游客 1031 万人次，实现旅游总收入 63.5 亿元，同比分别增长 8%和 20%[4]，旅游业带动了全县经济的发展。

51.4.2 环境保护效益

生态旅游是一种强调全新的旅游形式，其遵循的是可持续发展思想，其根本宗旨是旅游经济与环境保护的协调发展，从永续发展的观点来看，生态旅游对环境的正面效益是十分明显的。一方面，开发生态旅游资源是在进行了充分的环境影响评价和旅游开发的可行性论证之后，依据科学的旅游环境规划来进行的。在栾川县的地质公园和保护区内，主要景点处很少有建筑物，必要的服务设施的设计和建设都与自然景观保持高度和谐，为防止游人践踏植被，破坏表土，采取措施加固路面等措施。栾川县的生态旅游区在规划时秉着科学性的原则，如根据国家级风景区质量等级标准规定，其区域大气环境质量和水环境质量都应该是Ⅰ级或者Ⅱ级，鸡冠洞严格保护其区域大气环境和水质量，创造出了环境优美的国家级风景区。另一方面，发展生态旅游所带来的收入反过来用于自然环境的保护，为生态环境的保护提供了资金支持，正所谓"发展是为了更好的保护"。

51.4.3 社会效益

生态旅游不仅是自然生态旅游，也包括民族生态文化、地域生态文化的内涵。生态旅游不仅保护自然资源的旅游，而且也保护人文资源、尊重地方文化的旅游。一方面，对旅游者来说，生态旅游的实质就是在享受自然的同时学习、保护自然，生态旅游提高了旅游者的生态意识；保护和尊重当地旅游区的文化，不仅丰富旅游者的经历，而且保护了文化的多样性。栾川县鼓励开发与当地居民文化传统相一致的旅游项目，如抱犊寨风景区，主要展现古寨文化和豫西民俗文化。另一方面，生态旅游开发中注重社区的参与，增加当地人管理生态旅游业的权力，带动当地居民的学习意识，提高了当地居民的文化素质。重渡沟景区是"公司+农户"的经营模式，初期农民角色转换成服务人员甚至经理时，专业知识和技能几乎是空白，针对这一状况，公司聘请专家、学者对需要角色转换的农户进行专业知识讲解，对服务礼仪和技能进行培训。

51.5 栾川县生态旅游发展的经验启示

51.5.1 主动转型，抢占发展先机

栾川县是矿产资源大县，矿产经济占县域经济总量的 80%，栾川县域经济长期依赖"钨钼采选+工业支撑"发展，尽管长期保持较高的经济增速，但栾川政府及早谋划，主动转型，避免了许多资源型城市因资源枯竭而被动转型的老路子，持续加大对生态旅游发展的政策和资金投入力度，成功实现了由工矿大县向旅游强县的转变，"栾川模式"中"旅游立县""生态立县"为县域经济的可持续持续发展奠定了良好的基础，实现了由"黑色经济"向"绿色经济"的成功转型。

51.5.2 采取措施，保证生态旅游的可持续发展

第一，坚持不懈造林，栾川县采用飞播造林与人工造林相结合、自愿造林和组织造林相结合的方法，不间断造林，不仅为生态旅游资源的开发培育资源，而且为生态旅游资源的开发创造良好的生态环境；第二，积极保护生态旅游资源，加强"天保"工程宣传，加大了森林资源管护、野生动植物保护的力度，为生态旅游的发展创造了良好环境；第三，采取限制景区容量的措施，以保证生态旅游景区和旅游资源的可持续开发和永续利用。

51.5.3　加快基础设施和旅游配套项目建设

针对生态旅游资源富集地区通信信号差的问题，栾川县主要景点全部开通移动和有线电话，达到了"游客走到哪里通信就发展到哪里"的要求；抓住国家交通扶贫的机遇，新修建了 25 条旅游公路，扩宽改线 311 国道和龙宁路建成通车，初步形成了辐射全省、连接陕西、山西、湖北等周边省份四通八达的公路网络，有力支撑、促进了旅游业的快速发展。

在配套项目建设上，栾川县投资兴建了伊河七级水面工程，形成了以伊河水面为中心的伊滨休闲区，建成了君山广场、龙泉山公园等旅游配套项目。

51.5.4　发挥县域资源优势，全力开发生态旅游产品

栾川在资源开发上，充分利用自己生态旅游资源丰富而独特的优势；在生态旅游资源的保护上，发挥各个部门的联动作用；在旅游商品的开发上，充分利用本地所富有的资源优势；在旅游宣传上，利用资源优势加强与区内各县市的联系进行整合宣传等。

参 考 文 献

[1] 邵春. "栾川模式"考[N]. 中国旅游报，2004-10-29.

[2] "华夏雪场"启发录—河南省栾川县采访[EB/OL]. (2006-06-12). http://news.163.com/06/0612/09/2JDHN98800011229.html.

[3] "全景栾川"正崛起[EB/OL]. (2012-12-08). http://lyrb.lyd.com.cn/html/2012-12/08/content_887848.htm.

[4] 栾川旅游的 2015 和 2016[EB/OL]. (2016-01-11). http://lyrb.lyd.com.cn/html2/2016-01/11/content_53228.htm.

第52章 黑龙江扎龙国家级自然保护区生态旅游探索与实践

丛丽　刘佳艺　北京林业大学园林学院，北京

52.1 扎龙国家级自然保护区概述

扎龙国家级自然保护区位于黑龙江省齐齐哈尔市东南 30km 处，位于松嫩平原西部乌裕尔河下游漫流区，地域上包括齐齐哈尔市的铁锋区、昂昂溪区、富裕县和泰来县，大庆市的林甸县和杜蒙县（北纬 46°52′~47°32′，东经 123°47′~124°37′），总面积 21 万 hm²，是世界最大的芦苇湿地。扎龙景区是国家 4A 级旅游景区，也是中国首个国家级自然保护区，被列入中国首批《国际重要湿地名录》。扎龙国家级自然保护区以保护湿地生态系统和以鹤类等珍稀水禽为主，被誉为"世界大湿地，中国鹤家乡"。

52.1.1 生态旅游资源概况

扎龙湿地有着丰富的动植物资源，主要动物资源有昆虫类、鱼类和鸟类。昆虫类有 11 目 65 科 277 种；鱼类有 6 目 9 科 51 种，占嫩江流域鱼类的 60%；鸟类 16 目 48 科 265 余种。保护区的鸟类有 41 种，其中国家 Ⅰ 级保护鸟类有月一顶鹤、白鹤、玉带海雕等 8 种，国家 Ⅱ 级保护鸟类有白琵鹭、大天鹅、雀鹰等 33 种。扎龙湿地植被分为草甸草原、草甸植被、沼泽植被和水生植被 4 种类型，拥有威类植被 2 科 2 种，被子植物 65 科 468 种，蒙古植物区系成分占 15.2%，达乌里植物区系成分占 14.50%，满洲植物区系成分占 12.79%，华北植物区系成分占 4.1%。扎龙湿地西部边缘地区的村屯是聚居满族人的地方。扎龙湿地核心区的居民大部分为达斡尔族人。满族人的舞蹈、服饰，美食"八大碗"，以及满族人民自己酿制的高粱酒，是扎龙一道亮丽的色彩。同时扎龙开发了达斡尔族歌舞类节目、服装、鞋帽、首饰等旅游产品。扎龙湿地内芦苇丰富，当地居民利用芦苇编织出各种古朴大方、精美细致的芦制品，是具有纪念价值的商品。

52.1.2 生态旅游发展概况

扎龙国家级自然保护区凭借独特的原始湿地自然景观，吸引了众多游客观光游历。扎龙国家级自然保护区开展旅游已有 10 多年的历史，取得了一定的效益。现已建成人工园林、观鸟路线、戏鹤观赏、鸟类宣传教育中心、望鹤楼、湿地景观远眺、乡风民俗观光等旅游项目，形成了以观鸟和湿地观光为主的网络结构，游人可步行或乘船以观赏原始的湿地景观。2014 年扎龙景区累计接待旅客数量达 30 万人次，2015 年接待游客数量已经超过了 30 万人次，与 2014 年持平。2015 年期间，扎龙国家级自然保护区进一步完善设施建设，同时加强了对外的宣传推介力度，与国内知名旅行社联合，提升景区湿地游品牌形象，并投入近 8000 万元建设扎龙生态博物馆。

52.1.3　生态旅游管理概况

扎龙国家级自然保护区是我国首批列入《国际重要湿地名录》的保护区之一。建区以来，扎龙国家级自然保护区一直以保护为根本，大力开展宣传教育活动，扩展科研工作，在湿地和鹤类保护管理方面取得了一定成效。到目前为止，扎龙国家级自然保护区已经建立了我国第一个丹顶鹤、白枕鹤散放驯养不迁徙种群，先后人工繁殖丹顶鹤、白枕鹤 800 多只。扎龙国家级自然保护区已成为国内主要的鹤类种源输出地和鹤类研究科研教学基地，为此扎龙自然保护区也被誉为"丹顶鹤的故乡"。在扎龙湿地的保护管理和建设上，黑龙江省委、省政府出台了《黑龙江省湿地保护条例》，明确了湿地保护区的管理办法，但管理方面还存在着诸多问题，如管理多门、条块分割、效益不高等。对此，扎龙湿地也采取了相应对策和措施，如通过多种方式与渠道开展宣传工作，提高人们的保护意识；加强水资源监测，控制水环境污染，建立监测系统，为保护湿地生态系统提供科学数据；建立协调管理机制，各级政府发挥主导作用，对农业、林业、水利等做好监督检查和协调指导工作；及时开展区域性和国际性合作，引进先进管理建设经验，推进湿地资源保护管理工作，使扎龙湿地自然保护区得到可持续发展。另外，为统筹开发，齐齐哈尔市计划成立扎龙景区管委会，统一负责保护区的旅游开发和管理。

52.2　扎龙国家级自然保护区生态旅游开发模式

52.2.1　旅游基础设施生态化

扎龙国家级自然保护区是 20 世纪 70 年代建立的，经过多年的国家和地方的不断投入，基本接待设施已经比较完善，有接待来自国内外各地游客的能力。近年来，齐齐哈尔市委、市政府领导高度重视旅游业发展，齐齐哈尔市旅游产业定位不断提升，财政投入逐年增加，政策环境日益完善。与此同时，扎龙的旅游服务基础设施的建设还要继续增加品种，提高服务水平，以达到旅游"六要素"协调发展的目的。为实现生态性效益，实现生态效益与经济效益双赢，游乐、食宿、商店等服务行业的基础设施应建在保护区外，并遵循生物工程和景观协调等原则，在形态、色彩、材料等方面力求与自然环境及文化背景相协调，采取小体量的建筑物和隐蔽、分散的布局方式，保证人与自然和谐相处不受损害，达到顺应自然、保护环境的效果。

52.2.2　生态旅游项目精品化

齐齐哈尔在打造生态观光和休闲度假旅游产品的同时依托资源优势，整体推进了齐齐哈尔市旅游产品的建设，并积极培育滨江度假、乡村度假、温泉疗养、冰雪、会展、宗教文化、体育等旅游产品。打出了以生态观光游、湿地赏鹤游、冰雪娱乐游为主体的特色旅游产品，形成了"四线六区"旅游格局。齐齐哈尔市委市政府对扎龙景区进行了一系列的旅游综合开发，围绕丹顶鹤的养、繁、观光，对保护区及周边的扎龙村、扎龙湖、扎龙温泉等地进行了统一规划。同时，齐齐哈尔市邀请国内知名专家，重点突出开发扎龙景区湿地观鹤、明月岛度假休闲两大主线。此外，扎龙村还开发了"泥草房"民俗餐饮，对位于扎龙保护区边缘的温泉进行了高标准高档次的开发建设。例如，齐齐哈尔市铁锋区扎龙乡哈拉乌苏地区有着丰富的地热资源，是罕见的绿色能源，在洗浴疗养、食品加工、工农业生产等方面都有较高的开发利用价值。

52.2.3　生态旅游商品特色化

旅游商品的开发与规划是发展旅游的一项必要环节，在提高购物在旅游人均消费中的比例的同时，提倡就地取材，注重当地的环境保护，保证旅游业的可持续发展。在旅游商品的开发过程中，应注意标准化、规范化、实用化。同时注重旅游商品的质量保证，不符合质量的商品会破坏旅游形象，丢失市场。在市场竞争中从设计、生产、包装等方面入手，严格执行国家标准，打造商品特色，是吸引旅游者的根本所在，对特色旅游商品和风味食品进行重点开发，开展丰富的系列活动，如旅游纪念品设计大赛、旅游商品博览会等活动，挖掘适销对路、地方特色突出的旅游商品，实现旅游商品生产的系列化、精品化、规模化。

52.2.4 生态旅游保护优先化

扎龙国家级自然保护区开展生态旅游时必须在充分保证自然生态环境安全的前提下开展旅游。旅游开发、经营、管理需要有更严格的生态与环境保护措施。自然保护区开展生态旅游难度很大，要正确处理好保护与生态旅游的关系，在《扎龙保护区总体规划》的基础上进行充分的科学研究和环境影响评估。根据自然生态环境的承载力制定旅客控制规划，优先进行环境保护建设，严格实施环境管理和监控，严格控制旅游开发范围和路线，绝不允许在核心区开展旅游活动。旅游项目建设中要着重考虑保护区的自然保护对象及其保护价值，景点开发中保持原始性，不可过多地人为造就，避免生物多样性受到破坏。例如，扎龙村的自然景观保持原貌，是全国湿地面积较大的地区之一，当地群众仍保持着传统的生活特色，自然资源未被破坏，仍可见到大湿地的原始景观和典型的民族部落景观。

52.2.5 区域协作范围扩大化

近年来，齐齐哈尔开发出"以扎龙湿地为代表的生态旅游、以明月岛景区为代表的休闲度假游、以一重装备工业和华安兵器工业为代表的工业游、以甘南兴十四绿色观光为代表的农业游、以和平广场为代表的红色旅游、以黑龙江将军府和金长城为代表的文化古迹游、以大乘寺和清真寺为代表的宗教特色游、以劳动湖和党政办公中心为代表的都市观光游、以哈拉新村达族风园为代表的民俗风情游"九大系列旅游产品，形成了连线、成片、结网的旅游精品网络。同时，齐齐哈尔一直加强扎龙与黑龙江省西部区域旅游合作，使齐齐哈尔的大湿地、大庆的大油田、五大连池的大火山、黑河的大界江等生态旅游资源得到整合，形成区域间无障碍旅游，实现客源与资源共享，人流与资金流互通，消除区域间障碍，达到经济效益的新增长。同时，利用关东文化旅游节等载体，积极联系与沟通相关城市，共同打造大东北旅游。

52.2.6 旅游开发管理信息化

扎龙在旅游资源开发与环境保护中充分运用科技，采用物理手段、化学手段、生物手段、工程手段、计算机手段等以促进旅游资源与环境保护，加强旅游生态环境保护的基础性和应用性研究。积极推广环境保护技术，将科技运用在旅游业的可持续发展中。通过数字化信息网络技术提升旅游业的影响力，实现旅游产业的信息化、现代化、国际化。可成立扎龙旅游信息网络中心，通过互联网向国内外公众提供各类旅游产品的信息，开展旅游查询服务和无时空限制的宣传促销活动。一方面，与国家旅游局的全国旅游信息网站连接，进而与国际互联网联通；另一方面，与重点旅游城市、景区、星级饭店、骨干旅行社、航空公司、旅游车船公司及相关行业、企业和部门联网。多方位运用网上检索、网上咨询、网上预订、网上设计、网上付款、网上投诉等，使之成为 21 世纪旅游者的最佳消费模式。这种宣传促销和营销方式有极大的便利性，能把产品信息直接送到消费者的身边，不受时间和空间的阻隔，同时节省了资金，不需要花费巨额的广告费用等。

52.2.7 旅游市场营销国际化

旅游形象的塑造和推广是现代旅游目的地对外宣传的重要媒介和手段，对旅游目的地的综合竞争力具有较大影响。扎龙自然保护区生态旅游开发中建立统一有效的宣传促销机制，扩大对外宣传，形成整体旅游宣传，迅速提高知名度，并通过刊发旅游专版、广告，编印旅游图书、明信片、制作音像制品，开通旅游电视活动、旅游信息网等方式让更多的人了解扎龙国家级自然保护区、向往扎龙国家级自然保护区，形成良性循环。齐齐哈尔市推出"世界大湿地，中国鹤家乡"这一核心文化和地域特色的主题形象，同时通过国内外主流媒体开展广泛宣传促销。

52.3　扎龙国家级自然保护区生态旅游开发存在的问题

52.3.1　生态环境污染严重

旅游开发给保护区带来了环境污染和环境压力，游客大量进入保护区，很大程度上影响了生态质量。湿地周边的人为干扰和旅游开发等活动，导致扎龙湿地正面临着缺水、火灾、污染和资源枯竭的问题。旅游车和旅游活动造成的固体、液体和大气污染，水资源不合理的管理和过度收割芦苇也被认为对鹤类种群有不良影响。同时，工农业发展导致扎龙湿地受到周边环境污染越来越严重，生态环境承载负荷加大。

52.3.2　缺乏完整系统的策划

湿地旅游在开发模式上大多数是按照旅游规划模式进行，照抄照搬，针对性不强，不能从环境经济学的角度来研究湿地旅游操作的可行性与可持续性。另外，湿地价值主要体现在其经济价值和生态价值上，人们对湿地价值往往只看到了直接的经济价值，而忽视了湿地的生态价值，从而造成决策失误，破坏了湿地的许多功能和价值。

52.3.3　所需经费严重不足

开展湿地旅游需要大量的资金支持。调查表明，我国的自然保护区仅有 1/3 具备较健全的管理机构，经费基本够用的保护区只占 11.5%。扎龙湿地由于资金不足引发了一系列的问题，由于资金短缺，景区没形成规模，接待能力比较有限，湿地生态旅游的优势也没有得到充分挖掘，丰富的湿地旅游资源无力开发和利用，造成旅游资源的闲置和浪费，在资金不足的情况下，盲目地上项目，设施不配套，旅游产品品位不高，缺乏吸引力，导致旅游开发不能步入良性循环的轨道。

52.3.4　缺乏有效管理模式

扎龙国家级自然保护区的管理体系还不完善，管理素质参差不齐。扎龙湿地旅游资源开发处于多部门的共管条件下，各部门职责不清。在发展旅游业的过程当中，人类过度利用资源、管理力度不够、生态环境污染、宣传不到位等原因造成了生态资源衰减、水资源短缺等问题，而这些问题还不能得到有效解决。

52.4　扎龙自然保护区生态旅游开发对策

52.4.1　加大力度进行环境保护

加强对环境的管理，减少各种污染，包括对废水、污水的治理，控制农药、化肥的使用，搞好湖泊疏浚，减少底泥有机污染，合理使用湿地资源，有针对性地解决扎龙自然保护区的生态环境污染问题，实现可持续发展。自然保护区开展旅游的部分应当优先使用环保产品。自然保护区的管理者有对旅客进行环境保护宣传的义务。开展旅游的自然保护区所获得的旅游收入，应当划分出一部分宣传教育公民保护环境，提高公民环境保护意识。鼓励当地社区和有关单位参与扎龙生态旅游过程的维护、管理工作，使当地居民自觉为自然环境和生物多样性贡献自己的一份力量。

52.4.2 拓宽多种筹资渠道

生态旅游业建设往往需要大笔资金支撑，必须考虑多种筹资渠道，如采取"争取项目""招商引资"。将"荒漠化治理""湿地未开发补偿"和"新农村建设"等结合起来，以解决扎龙国家级自然保护区生态旅游基础设施建设资金不足的问题。扎龙国家级自然保护区应开拓旅游投资渠道，扎龙旅游开发应当与当地的经济和社会发展相结合，将生态旅游与周围乡村统一规划起来。除了以国家为主的投资外，可通过发行债券等方式广集社会闲散资金，向企业、商家、个人寻找合作伙伴，向银行申请贷款，提供优惠的政策吸引海外的资金进行投资与联合开发，争取一切可以争取的，打破城乡、行业、所有制的界限，充分调动各方面的力量来解决资金短缺问题。

52.4.3 完善管理制度

在管理制度上，加强质量管理，加大检查、监督和指导力度。扎龙国家级自然保护区当地环境保护行政部门应当切实履行监督义务，定期对自然保护区开展旅游的区域进行环境调查，并将报告向社会公布。同时，还要加强扎龙国家级自然保护区管理人员的能力建设，全面招纳各方面的人才，提高旅游从业人员的素质，充实科技知识，形成一支高素质的生态旅游专业队伍。

巩合德 叶文 西南林业大学地理学院，昆明

香格里拉普达措国家公园是我国内地按世界自然保护联盟定义建设的首个国家公园，是云南省国家公园试点建设的先行，是为保护滇西北高寒山地特有的生态环境、自然风景和特定的文化系统，同时又提供科学研究、教育和公众游憩而建立的新型保护地。普达措位于滇西北"三江并流"世界自然遗产核心地带，由国际重要湿地碧塔海省级自然保护区和"三江并流"世界自然遗产红山片区之属都湖景区两部分构成，距香格里拉县城 22km，位于东经 99°59′16″～100°02′38″，北纬 27°43′52″～27°58′30″，总面积约 602.1km²。

普达措国家公园的核心是碧塔海，著名藏学家王晓松认为，"碧塔海"名字的含义，没有藏文化方面的文字依据，但是据藏传佛教噶玛巴著作记载，"碧塔海"按音译和意译为"布达"或"普陀"，也就是"香格里拉普达措国家公园"名称的由来。

53.1 普达措国家公园概况

普达措国家公园地处青藏高原东南缘横断山脉的中西部，由起伏和缓的残余高原面和山地组成，最高点在弥里塘北部海拔 4159m，最低点在碧塔海东部金子沟海拔 3200m，相对高差为 959m。境内植被景观以高山—亚高山寒温性针叶林森林生态系统、高山—亚高山草甸、沼泽生态系统和高原湖泊—湿地生态系统为主，是原生生态环境保存相对完好的区域。同时是金沙江水土保持和水源涵养林的重要区段，主要有属都冈河、尼汝河、洛吉河溪流纵横；碧塔海、属都湖湖水清澈，湖滨水草丰茂，湖岸坡地原始森林茂密。以碧塔海为中心，西南、西北和南部分别为岗擦坝、弥里塘和吉利古等传统牧场，且均为沼泽化草甸；以属都湖为中心，其西北、西南和东北分别是属都坝、洛茸坝和地基塘草场。境内水域面积约占 1.2%，沼泽、草甸和草地约占 15.8%，森林、灌木丛约占 83%。

53.2 普达措国家公园生态旅游资源

普达措国家公园的生态旅游资源主要包括自然生态旅游资源、农牧业生态旅游资源和文化生态旅游资源三个部分。

53.2.1 自然生态旅游资源

普达措的地貌景观资源主要由天宝雪山、高山生物垂直带谱、众多的湖泊湿地、峡谷溪流、起伏和缓的蚀余高原面等构成。

普达措地处横断山系北段，是青藏高原东南隅向横断山脉过渡的重要部分，物种十分丰富，不但具

有生物多样性，还具有生态系统多样性和景观多样性。已记载野生种子植物 140 科 568 属 2275 种，植物共 2408 种，丰富度高达 160.97 种/km²。其中，国家级珍稀保护植物 8 种。共记录脊椎动物 28 目 70 科 279 种，丰富度为 19.74 种/km²。种子植物特有种的数量多达 1322 种，占普达措种子植物总数的 60%。其中，中国特有种 292 种，西南地区特有种 171 种，云南特有种 32 种，滇西北特有种 218 种，本地特有种 95 种。根据《中国植被》和《云南植被》分类系统，区内植被可划分为 6 个植被型，11 个植被亚型，34 个群系，49 个群落类型。区域内的草甸具有很高的观赏和保护价值，分布在此的草甸主要有湖滨沼泽化草甸、五花草甸、莎草草甸和禾草草甸等。

普达措植被类型是随着海拔的垂直变化依次更替的，立体化分布明显，具体生态系统有高山、亚高山寒温性原始针叶林森林生态系统，高山、亚高山草甸和沼泽化草甸湿地生态系统，高原湖泊水生生态系统。

普达措分布有大小不等的十几片湿地，高密度和类型多样的湿地是其资源最主要的特色，最具代表的是碧塔海和属都湖，它们是"香格里拉的眼睛"。本地区的湿地有两个最显著的特点：①分布海拔高；②生态结构组成完整。其中，碧塔海和属都湖的湖盆水面与其周围的湖滨、湖岸及汇水面山的寒温性针叶林组成了封闭或半封闭的典型高原湖泊湿地生态系统，这种特殊的湿地类型，孕育了特殊的湿地植被和物种，具有极为重要的地位和保护价值。因此，在 2004 年碧塔海被列为国际重要湿地。

自然景观多样性主要体现在雪山、森林、草地、溪流、湖泊、湿地、沼泽、水域、野生动物、野生花卉、高山错落地分布，构成优美的天际轮廓线，形成了组合关系良好、景观类型多样的景区。

遗传多样性体现在拥有一些特有的或是珍稀濒危的动植物资源，如第四纪冰川时期遗留的古生物——中甸叶须鱼之碧塔海重唇鱼和属都湖裂腹鱼为代表的高原珍稀特有鱼类等，它们是本区特有、具有巨大经济开发潜力的种质资源。

53.2.2　农牧业生态旅游资源

普达措国家公园内的缓坡地带、亚高山草甸、沼泽化草甸是滇西北著名的牧场，历史上利用亚高山草甸和沼泽化草甸开垦而成的农田，现在是藏族主要粮食青稞的种植地，形成了大尺度的高山农牧业景观系统。

53.2.3　文化生态旅游资源

普达措及其周边居民以藏族为主，他们是文化生态旅游资源的生产者和承载着。宗教以藏传佛教为主，而藏传佛教是藏族文化的理论根基和哲学基础。它将本教的"万物有灵论"和佛教的"灵魂不灭"观念统一起来，赋予自然以某种生命的象征，形成对一些特殊山川的敬畏和崇拜，提倡人对自然的顺从和人与自然的协调，形成了其独特的对自然生物多样性和整个环境实施保护的生态观。境内分布的各种规模不等、宗教影响力不同的"自然圣境"成为很多物种的"保护地"和"基因库"，通过保持水土和保护水源，对维系整个区域的生态系统起着十分重要的作用。

普达措国家公园近可观湖泊湿地、高山牧场、河流森林、藏家村庄，远可眺望天宝雪山，带给你的将不仅是视觉上的满足，而且这里是无污染的童话世界，湖清清，天湛蓝，林涛载水声，鸟语伴花香，是世人修身养性和陶冶情操的最佳净域。漫步其中，你将心旷神怡，流连忘返，忘却世间烦恼。

53.3　普达措国家公园规划建设

53.3.1　规划和管理

早在 1998 年，当时的云南省计委与大自然保护协会在进行滇西北保护合作研究时，就提出了建设

"滇西北大河流域国家公园"的构想。普达措国家公园的规划建设启动，是云南省政府尤其是当地迪庆州政府的卓识远见使这一伟大构想得以实施。

香格里拉普达措国家公园是融高原冰渍湖泊、湖滨带、沼泽化草甸、寒温性五花草甸、原始亚高山寒温性针叶林等自然资源和横断山区独特的文化资源于一体的、保存完整的、典型的内陆高原区域，以其独特性、珍稀性、不可替代性和不可模仿性闻名于世。但其地处高寒地区，生态环境比较脆弱，抗干扰能力低，易遭自然或人为破坏，且难以恢复。在规划与建设中，普达措选择了生物多样性和环境敏感性较弱的小范围区域，以生态景观和文化旅游为载体，实现科学开发和管理，使大面积自然环境和生物多样性得到有效保护，达到人与自然和谐共生和可持续发展。

2005 年 11 月，香格里拉普达措国家公园的工作启动，将原碧塔海景区、属都湖景区等片区进行了统一规划和建设。为了通过建设和游览达到社会共同保护的目标，规划者在进行设施建设时，组织了强大的专家团队。

普达措国家公园规划建设秉承世界自然保护联盟的"在保护区域内生态系统完整性的前提下，经过适度开发，为民众提供精神的、科学的、教育的、娱乐的和游览的场所"精神，结合中国的体制特点和文化特征，在"本土化"理念引领下，以目标引领规划，注重物质形态规划与综合行动计划、软性规划与硬性规划、规划与管理的有机结合，强调公众参与、环境影响评价和生物多样性评价。以生态和文化旅游为载体，控制环境容量，充分发挥国家公园保护、游憩、教育、扶贫的综合功能，实现区域的协调发展。规划充分体现了生态环境可持续发展是经济可持续发展的基础，经济可持续发展是生态环境可持续发展动力的价值取向。

保护地的管理主要是通过分区管理而实现的，因此规划将普达措国家公园划分为 6 大功能区：特别保护区、自然生境区（包括野生动物区和荒野区）、户外游憩区、文化保存区、公园服务区、引导控制区（遗产廊道）。生态旅游和文化体验区利用面积低于整个国家公园的 2%。功能分区特别关注了进入普达措国家公园廊道地带的景观环境保护，增加了国家公园范围以外的引导控制区。特别保护区禁止人类任何行为的干扰；自然生境区主要功能是保护，因此需少量的专业生态旅游者和科学考察者进入；户外游憩区主要开发大众生态旅游产品，规划设计理念是"所有设施建设的空间布局要求最小的环境破坏，为人们提供欣赏和学习自然美景最佳的区位和环境。所有设施与环境协调、所有设施本身就是景观的一部分、设施上的人互为景观"。规划团队利用大自然保护协会提供的资金，系统规划设计了环境解说和标识系统，特别注重游客的体验和科普教育；以洛茸村为核心的藏族乡村聚落，按照三个层次的规划理念（图 53.1），系统设计了文化体验项目；公园服务区是整个公园的游客集散、管理服务的中心。

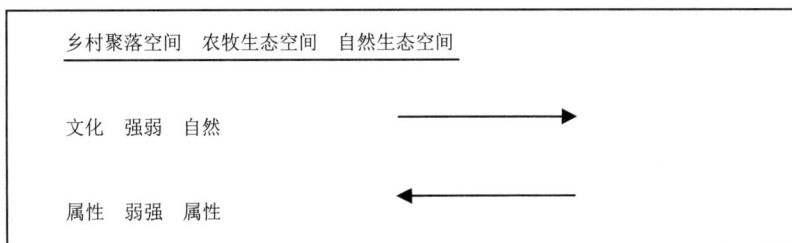

图 53.1　乡村聚落规划三个空间层次图

为切实做好普达措的各项建设和经营管理工作，云南省迪庆藏族州政府设立国家公园管理局，代表政府对国有资源进行管理，并通过特许经营的方式来进行旅游经营活动。

53.3.2　建设

经过 3 个月的规划设计和反复论证、5 个多月的谨慎施工建设，2006 年 8 月，普达措国家公园向公众试行开放。2007 年 6 月 21 日，云南省省长秦光荣为"香格里拉普达措国家公园"揭牌，标志着香格里拉的眼睛——中国内地第一个按世界自然保护联盟要求建设的第一个国家公园诞生。

根据规划，在实施大面积保护的前提下，目前已建成 7 个不同生态旅游功能区：一是"8"字形大众生态旅游区——北面是属都湖，南面是碧塔海，两湖之间是洛茸民族生态文化旅游村和弥里塘亚高山牧场，这"两湖一村一坝"是公园的 4 个亮点。二是属都湖野奢度假旅游区，能够满足游客深度融入自然、体验藏族文化和风情。三是洛茸村文化体验区，能满足游客体验藏族民俗文化、高原农耕文化的需要。四是属都岗—地基塘专业生态旅游区，能充分满足游客户外运动、软式探险、徒步穿越和科学考察的需要。五是吉利古徒步旅游带，能满足游客徒步穿越和科学考察的需要。六是碧塔海南线自驾车旅游带，能满足自驾车游客的需要。七是红坡村引导控制区，包括这一区域的建筑景观和农牧业生态景观，打造与国家公园相协调的文化遗产廊道。

沿着历史上的乡村道路，精心规划设计和建设的交通系统把户外游憩区、文化保存区、公园服务区有机地联系起来，形成了快速的旅游交通体系。富有创造性景观游览栈道的规划设计和建设，把公园内最美的景观都连接了起来。景观栈道的设计和建设是生物多样性保护、生态旅游规划、文化艺术工作者和有情怀的建设施工者共同的杰作。并且没破坏湿地、没砍一棵树。

生态专家和民族学家对设施建设过程和未来的经营活动可能带来的生态和文化环境影响进行评估；艺术家从艺术的角度绘制了大量游览配套设施的草图；旅游规划学专家根据各类专家的意见和工作基础，创造性地进行游览设施规划。设施规划和建设坚持了几个原则：①规划—设计—施工一体化，规划者对建设负责，是建设的首席专家；②所有的人类活动都局限于约束性的道路系统（包括车道、步道），以有效地保护脆弱的生态系统；③所有的设施都要与景观协调、符合生态原则，所有的设施都是景观的一部分，徜徉于配套设施上的游客互为景观。

由西南林业大学叶文教授率领的团队完成的规划成果"香格里拉普达措国家公园规划技术"，获"云南省科技进步三等奖"（2011）。2012 年 11 月 26 日，普达措国家公园旅游开发部分被评定为国家 5A 级旅游景区。

53.4 普达措国家公园生态旅游发展现状

53.4.1 旅游经营状况

2006—2011 年，普达措国家公园累计固定资产投资 25034 万元；游客人数从 47 万增长到 93 万，其中海外游客从 4.7 万增长到 10.09 万，均翻了一番；旅游总收入从 4271 万元增长到 17385 万元，翻了两番；2011 年上缴利税比 2007 年增长 5 倍；周边社区与国家公园互利互惠发展，获得了较大的发展机会和经济效益。

2007 年以来，普达措国家公园旅游保持了良好的增长势头（表 53.1），6 年间实现了接待人数及旅游收入双翻番，两个主要指标增长率均高于全省水平，极大地带动了当地旅游业的发展。

表 53.1　2007—2014 年普达措国家公园经营状况

年份	总游客数/万人次	总收入/万元
2007	56.6	10378
2008	48.2	8720.5
2009	65.7	11703
2010	68.9	12500

续表

年份	总游客数/万人次	总收入/万元
2011	93	17385
2012	109	20263
2013	125	31400
2014	108	25000

对于景区的建设，游客的体验和反馈同样重要。2012 年 5 月，景区共进行了三次大范围的问卷调查，发出并回收调查表 1 万多份。回收调查问卷统计显示，超过九成游客对景区旅游质量表示"非常满意"或"满意"。普达措国家公园现已成为香格里拉旅游不可不去的亮点景区。通过表 53.2 可知，游客对普达措公园的总体印象分为 19.22，达到满分 20 分的 96.1%；评价总分为 94.87。可见，游客对普达措国家公园的各项工作的满意度很高，得到游客的普遍赞美。

表 53.2　普达措国家公园游客意见调查表

计分项目		自检计分
总分		94.87
各项评分数	总体印象	19.22
	外部交通	4.40
	内部游览线路	4.87
	观景设施	4.68
	路标指示	4.98
	景物介绍牌	4.78
	宣传资料	4.82
	导游讲解	4.76
	服务质量	4.73
	安全保障	4.78
	环境卫生	4.85
	厕所	4.62
	邮电服务	4.88
	商品购物	4.52
	餐饮或食品	4.39
	旅游秩序	4.73
	景物保护	4.86

53.4.2　保护措施

普达措国家公园采用国际通行的保护地管理模式，在科学分区的基础上，围绕旅游发展抓环境保护，坚持资源开发与保护并重，通过大量的生态设计和引入绿色技术，确保了规划、建设环节与生态环境的有机协调。在经营生产过程中，普达措国家公园专门成立了保护科研部，保护科研部先后进行了植物种类调查和生态分析、动物种类调查和生态分析、景区建设对生物的影响研究等科研工作，取得了一批研究成果，为景区的保护性开发、生态管理提供了基础。科研管理部会同景区其他部门，对国家公园内的生态环境进行监测、评估、干预，对游客行为和建设行为进行监督，避免出现环境破坏，对出现的已对生态环境造成不利影响的行为及时纠正，并进行恢复。严格的保护措施保证了普达措国家公园生态环境不受破坏，并始终保持优良等级。

在 2008 年云南省政府工作报告和同年 2 月云南省政府滇西北生物多样性保护工作会议及会后出台的《关于加强滇西北生物多样性保护若干意见》都明确提出，云南省要积极探索建设国家公园保护模式。为此，国家林业局要求云南省以具备条件的自然保护区为依托，以科学发展观为指导，遵循"保护优先，合理利用"的原则，在保护生物多样性和自然景观的基础上，更全面地发挥自然保护区的生态保护、经济发展和社会服务功能，探索出具有中国特色的国家公园建设和发展道路。依据会议指示精神，普达措国家公园借鉴国外国家公园的管理经验，把生态旅游开发和生态保护结合起来，遵循资源保护为首的可持续发展观，根据自身资源特点及在专家的指导下，长期进行资源保护及旅游服务的研究工作。景区内的各项工作及服务设施均以不破坏资源及自然景观为原则，对游客则大力进行科学普及和宣传教育工作，开辟了保护自然环境和满足公众欣赏自然的新途径。

普达措保护费用投入，自成立以来均超过门票收入的 10%（表 53.3）。普达措国家公园用于景观、生态、古树名木等的保护费用为 2009 年 740.43 万元，占门票收入的 11.35%；2010 年 1033.76 万元，占门票收入的 14.89%；2011 年 1143.89 万元，占门票收入的 11.98%。每年保护费用支出均有相应财务支出证明。景区建立有《古树名木保护制度》《古树名木防火安全保护制度》等管理制度。各项预防及保护措施的全面实施保证了景区景观和生态环境的维护，全面保持了景观的真实性和完整性。

表 53.3　2004—2011 年普达措国家公园保护费基本信息　　　　　　　　单位：元

年份	门票收入	保护费用支出				
		保护经费拨付	社区反哺	保护区工资支出	合计	保护费用占门票收入的比例/%
2004	429630.00	—	—	—	—	—
2005	3433322.00	—	247500.00	—	247500.00	7.21
2006	21485917.00	285780.00	—	305954.50	591734.50	2.75
2007	64164045.00	5270082.72	495000.00	671320.00	6436402.72	10.03
2008	55557535.00	1455207.72	1791270.81	887060.00	4133538.53	7.44
2009	65236135.00	197050.00	5550387.78	1656910.00	7404347.78	11.35
2010	69431720.00	265021.00	8144390.38	1928231.00	10337642.38	14.89
2011	95475985.00	3840000.00	5589512.46	2009466.00	11438978.46	11.98
合计	375214289.00	11313141.44	21818061.43	7458941.50	40590144.37	10.82

53.4.3　社区发展

普达措国家公园的建设为香格里拉县的发展提供了社会保障，在景区员工中，有 83.39% 为本地员工。普达措国家公园吸引了大批游客，带动了景区沿线运输、餐饮、住宿业的发展，景区旅游商品销售量巨大，实现了较大的旅游直接经济效益和间接经济效益。

景区自 2005 年以来，平均每年投入约 400 余万元用于社区的扶持和建设，上缴利税逐年增加。目前，周边 4 个社区旅游反补每年户均 5000 元，人均 2000 元；普达措门景停车场社区扶贫服务部资产由普达措建设，收益全部归 3 个社区 70 多户村民享受，该服务部年租金收入超 180 万元；周边 4 个社区饮水工程等公益项目由普达措投资建设，该惠民工程投资超过 1500 万元；普达措员工 100% 为本地户口员工，其从业人员中有周边社区居民 55 人。

53.4.4　服务措施

景区的服务措施在很大程度上也影响着整个景区的品质。普达措景区内建筑在选址、体量、材质、造型、色彩、文化、与景观协调性的综合效果好，旅游景区与其周边环境形成优美的天际轮廓线，景观与栈道等建筑形成优美的视觉形象。

景区内设有占地 $2800m^2$ 的大型自助餐厅，建筑造型、色彩、材质与景观环境相协调。可同时为 1000 位游客提供餐饮服务。餐厅聘请名师主理，结合本地特色为游客提供 60 种风味佳肴，以合理的价格，规范的服务，满足八方游客的不同需求。

普达措国家公园对旅游场所进行统一规范建设，现景区内各购物场所建筑布局合理，造型色彩材质与景观环境相协调，不破坏主要景观，不妨碍游客游览，不与游客抢占道路和观景空间，外部广告标志不影响景观效果。

53.4.5　交通情况

普达措国家公园具备良好的可进入性。普达措国家公园距中甸机场 27km，距香格里拉县城仅 19km，全程二级公路。香格里拉县城客运站有定时公共交通直达普达措国家公园。抵达景区公路路面硬化，桥涵完整，护坡良好，道路畅通。在通往景区的重要路段（机场出入口、客运站、县城康珠大道进入景区二级公路路口）设有专用外部交通标识。景区内自配有生态停车场、环保大巴停车场，停车场总面积 $13000m^2$。

普达措国家公园内部有 69km 的四级公路供环保大巴通行，7.2km 的木栈道供游客步行。主出入口分设，游客疏散和进出较为方便。普达措国家公园内各游览线路设置合理，线路设置形成环线，观赏面大，有利于游客游览。各游步道依据地势不同进行规划设计，特色突出，且全部游步道为生态游步道，能使游客切身感受到景区各处的景致。

53.5　普达措国家公园生态旅游发展存在的问题

53.5.1　自然保护区与国家公园建设之间的矛盾日益突出

普达措国家公园在原碧塔海自然保护区的基础上建立，保护区面积占了整个公园的 2/3 左右，现在随着公园地不断发展，开发建设与保护管理之间的矛盾日益突出，特别是省级《自然保护区管理条例》的相关规定，从法律的高度明确了可从事旅游开发的范围，可这些范围的确定，科学依据明显不足。因此，在开发过程中与保护之间矛盾突出，无法完善合法手续，规划的审批无法正常通过，审批环节及部门较多，阻碍了公园各项事业的发展。

53.5.2　社区利益分配问题依然存在

普达措国家公园范围内涉及的社区主要有建塘镇和洛吉乡中共计 758 户、3408 人，根据所处的范围及过去受益的情况分为一类、二类、三类区并进行差异化经济补偿，无论是在经济补偿上还是社区就业方面等，普达措国家公园的发展已经充分使周边的社区居民受益，周边社区的生活水平已经从过去贫穷落后的状态转变到今天比较富裕的局面。现在，普达措国家公园第二轮一类社区反哺协议虽然已经签订，但是随着普达措国家公园的进一步发展，门票收入增多，社区的利益诉求会越来越高。第二轮反哺谈判是从 2013 年 5 月开始，历时近一年才签订了反哺协议，从中我们看到社区利益的分配问题形势依然非常严峻，存在的矛盾依然很大。没有好的利益分配制度及管理机制，今后公园的发展将越来越困难。社区发展的根本出路在于建立以造血机制为主，输血机制为辅的利益分配机制。

53.5.3 国家公园的定位及产权不清晰

普达措国家公园借鉴国际上先进的管理理念，在云南省政府的大力支持下进行开发建设，但由于国家公园的建设在我国刚刚起步，还没有形成基本的发展思路，一直处于探索阶段。从目前的发展来看，公园产权不明确，关于公园的核心内涵、国家公园的标准、与旅游开发之间的区别是什么等问题，都没有清晰的定位。普达措国家公园地处集体林、国有林、保护区当中，公园应该是公益性的、自然性的、国有性的，是划归国有、地方掌控还是征地补偿没有清晰明确的指导标准。因此涉及的产权不明晰，这样就无法实现普达措国家公园建设管理中责、权、利的相互统一。

53.5.4 管理体制不健全，多头管理阻碍公园发展

普达措国家公园因其特殊性，管理部门较多，涉及林业、环保、建设等，从目前的发展看因管理体制不健全，管理部门责权利不明晰，多头管理依然是阻碍公园各项事业发展的主要问题之一。

53.6 普达措国家公园生态旅游发展对策建议

53.6.1 强化生态和文化特色，完善旅游产品结构

在协调好生态保护与旅游开发建设、生态保护与社区共同发展、文化多样性保护、传承与旅游开发建设的关系的基础上，充分展示"保护""生态""文化""体验"4 个主题。完善提升"8"字形大众生态旅游带，重点建设属都湖休闲度假旅游区、属都岗—地基塘专业生态旅游区、碧塔海南线自驾车旅游带、红坡村遗产廊道、吉利古生态休闲度假旅游区、洛茸村文化体验旅游区，并且丰富体验型旅游产品，强化管理和信息化建设，加强宣传营销。

53.6.2 理顺管理体制

普达措国家公园要获得长远发展，需要多方面配合，明确权责，平衡开发建设与保护管理的矛盾，依法管理，合理规划，让景区在科学的制度管理中正常运行。

53.6.3 建立更加合理的积极保护机制

政府要将普达措国家公园自然资源保护作为政府领导政绩评价体系的一个方面，把监管的责任落实到部门，由部门统一负责。另外，还要扶持大学和科研院所等机构对敏感区域和敏感物种进行定期监测和研究，使保护和管理建立在科学和可操作层面。

第 54 章　四川王朗国家级自然保护区生态旅游探索与实践

陈佑平　张甲林　王朗国家级自然保护区，绵阳
蒙秉波　野生动植物保护国际 FFI，南宁

54.1　王朗国家级自然保护区简介

王朗国家级自然保护区处于全球 17 个生物多样性热点地区中的喜马拉雅—横断山区，也是我国生物多样性保护的优先地区——岷山山系的腹心地区，由于其大熊猫分布密度高，生境保存完好，于 1965 年作为我国主要的大熊猫自然保护区之一正式建立。特殊的地理位置也造就了保护区独特的生态系统与生物多样性。王朗保护区不但是我国大熊猫种群密度较大的自然保护区之一，同时也有金丝猴、扭角羚等 7 种国家一级保护动物和 29 种国家二级保护动物。区内还有着种类丰富的鸟类资源，其中国家一级保护鸟类有斑尾榛鸡、雉鹑、绿尾虹雉和金雕 4 种，国家二级保护鸟类有鸢、雀鹰、苍鹰、普通鵟、血雉、红腹角雉、蓝马鸡、勺鸡、灰林鸮 9 种。植物种类也十分丰富，区系组成复杂，据统计，植物共计 97 科、296 属、615 种。植被类型种有阔叶林、针叶林、灌丛和灌草丛、草甸、流石滩植被。资源植物有材用林木、中药材、野生果蔬和花卉及观赏类等，还有珍稀濒危植物，如麦吊云杉、星叶草、独叶草等，其中以大熊猫主食——箭竹类最为重要，是靠它养活了大熊猫。完整独特的生态系统、丰富的动植物资源、野生大熊猫的特殊吸引力，以及依靠保护区多年巡护监测与科研成果转化的自然与文化解读系统等均是王朗开展生态旅游的天赋条件。

保护区行政区划属于四川省绵阳市北部的平武县，相邻的主要社区是平武县文化风情独特的白马藏族乡，全乡辖 4 个村，15 个村民小组。白马藏族为我国十分独特的一个少数民族，拥有别具一格的服饰、习俗及生活方式，与王朗自然景观相互映衬，二者结合形成内涵丰富、价值较高的生态旅游资源。

54.2　王朗国家级自然保护区生态旅游历史沿革

54.2.1　开发与探索阶段（1996—2005 年）

生态旅游在王朗国家级自然保护区的兴起源于 1997 年世界自然基金会与国家林业局开展的综合保护和发展项目。当时此项目的主要目的是保护大熊猫的栖息地与发展当地社区的经济，而生态旅游作为平衡资源保护与社区发展的一种激励机制也引入了王朗国家级自然保护区的发展中。

致谢：感谢四川王朗国家级自然保护区在资料收集中给予的帮助。

这一阶段是王朗国家级自然保护区开始进行生态旅游的开发与探索阶段。不同于有些保护区的贸然行进，王朗国家级自然保护区采取了渐进式的开发过程。首先对保护区内的资源进行了评估，明确了生态旅游开发的基本条件。之后在世界自然基金会的支持下，引入了国外的生态旅游发展理念，确定了王朗生态旅游是小规模、负责任的旅游，它的目标是促进周边社区、游客、公司与企业、政府与非政府部门参与大熊猫栖息地保护机制的建立。这种理念强调的是生态系统的保护与多利益相关方参与的重要性，所以也造就了保护区在一开始就把生态旅游的利益反哺重点放在了当地社区和大熊猫的栖息地保护上面。

在明确的理念引导下，王朗国家级自然保护区根据自身发展的优势与不足确定发展策略。相对于大众化的旅游，王朗国家级自然保护区走的是针对特定的客户群、低容量旅游客流的小众化的旅游路线，并将最开始十年的旅游规划分为三个阶段，采取渐进的开发方式，下一个阶段的旅游开发根据前一阶段的旅游影响、市场反应和资金情况进行调整。

王朗的"小规模的渐进式开发模式"保证了王朗有一个正确的起点，也确保了之后生态旅游的可持续发展，并且获得了国内外的认可。2001 年王朗的生态旅游顺利通过了国际著名的生态旅游认证机构——澳大利亚"自然与生态旅游认证项目"的生态旅游认证，2002 年王朗的生态旅游被作为发展中国家生态旅游的典型案例向当年在加拿大召开的"国际生态旅游大会"推荐，王朗的生态旅游开始有了国际性影响。在生态旅游发展的同时，王朗的管理、科研、环境教育、监测巡护等工作都得到了全面的发展。

54.2.2 挑战与磨合阶段（2006—2015 年）

虽然"小众"的旅游模式保证了当地生态环境的保护，但也限制了其所产生的经济效益，而当地政府在看到王朗国家级自然保护区的生态旅游模式初见成效之后，希望王朗的旅游能够有更大的规模和收益。2006 年，平武县政府与民营企业四川汉龙集团签订了《合作开发王朗白马景区协议》，将这些新建的经营性资产作价入股，共同组建了"四川王朗白马旅游发展有限责任公司"，王朗白马景区的旅游经营权也从王朗国家级自然保护区移交给了该公司。

与保护区以资源保护为主要目的不同的是，旅游企业的利益诉求主要是经济效益，其次是社会效益，最后才是环境效益。因此，在该公司接手白马景区的经营之后不久，就对"小规模"的生态旅游模式产生了动摇。虽然在经过仔细的分析和讨论之后，地方政府选择站在了生态保护这一方，于 2008 年 10 月解除了与四川汉龙集团之间的协议，将保护区生态旅游的经营权归还了保护区。但目前保护区与开发商仍处于磨合和胶着状态，以开发商主导的规模化旅游与以保护区主导的小众生态旅游模式并存，同时由于旅游公司与当地社区在利益分配上面产生的矛盾，当地社区又自发成立了自己的旅游开发公司。而社区为保护生态环境，已经失去了一定的机会成本，自然要求更多的经济利益作为补偿，因此白马社区自发成立的旅游开发公司的经营模式也从小众向大众旅游倾斜。而保护区极力通过小规模生态旅游和自然教育倡导，引导开发商转型为"区内创品牌，区外出效益"的模式。

相对于保护区，生态旅游对企业来说挑战更大，它要求旅游企业既有责任感又有专业能力，既要具备能获得经济效益的旅游经营能力，又要有保护环境的意识和专业技能，既是当地社区的雇佣者，更是合作者。显然，不管是汉龙集团还是白马社区成立的旅游开发公司都不具备这些能力。而地方政府在这个过程中，又没有起到对企业的监督作用，所以王朗国家级自然保护区的生态旅游走向动荡与磨合也是在所难免。

由于不同的利益诉求、不同的旅游开发理念和思路，王朗国家级自然保护区一度退出了进行中的"绿色环球 21"的生态旅游认证，汉龙集团提出的修建林区道路、整治宾馆设施等计划无法开展。同时由于区外电站建设、"5·12"地震、交通建设等影响，保护区旅游经营基本处于停滞状态，造成了保护区在生态旅游游客市场中份额和知名度的下降。王朗国家级自然保护区前期建立的"小众"的开发模式遇到了前所未有的挑战。不过经过了这个时段的动荡，王朗国家级自然保护区的生态旅游又重新上路，积极地、建设性思考这些问题，调整生态旅游发展思路，以构建科研平台来促进王朗生态旅游的核心竞争力，以发展的心态和勇气来解决保护与发展面临的阶段性问题。

54.3　王朗案例带来的思考

54.3.1　保护与发展的平衡

生态保护与经济发展之间的冲突与平衡是大部分保护区都要面临的难题，也是王朗国家级自然保护区最开始发展生态旅游的动机。通过这些年的发展，王朗国家级自然保护区确实通过自身的自然和文化的资源，将生态旅游产生的效益（经济效益、社会效益、生态效益）又反馈到了资源保护中去，形成了一种激励的机制。但是王朗国家级自然保护区的发展历程也不是一帆风顺的，挑战也时刻存在着。

首先，王朗国家级自然保护区处在我国地势第一阶梯和第二阶梯的过渡带，是农牧交界地带，自然生态系统脆弱。而白马地区位于汉、藏两大文化圈的交接处，是典型的边缘文化生态系统。在这样一个自然和文化生态都十分脆弱的地区开发旅游，采取小规模的、渐进式的开发方式看似是必然的结果。但是小众化的旅游方式限制了旅客量与收益，而白马地区又同时是资源和生态制约型贫困地区，因此在考虑到经济利益的时候，政府和当地社区通常倾向于选择能够快速带来经济效益和拉动经济增长的大众旅游模式。

从体制上来说，保护区接受行业主管部门和地方政府的双重领导，这两方面领导在保护与经济发展方面各有侧重，而旅游开发使得保护区成为矛盾的焦点。所幸的是经历了挫折之后，王朗国家级自然保护区还可以坚持自己小众的开发模式。但是又有几个保护区在保护与发展的冲突中可以坚持住自己的原则呢？这恐怕也是目前国内保护区发展生态旅游所面临的主要难题。

54.3.2　相关利益群体的利益平衡

随着王朗国家级自然保护区生态旅游的发展，涉及的利益相关方也不断多元化，从最开始的保护区、世界自然基金会、白马社区，到越来越多的高校与科研机构、地方政府与企业的参与。不同的利益主体、多样化的利益需求和多途径的利益实现方式构成了一个错综复杂的利益网络，也引起了各种各样的矛盾和冲突。因此，了解不同的利益相关方的特点，并且可以利用其特点使其各安其位、各司其职就成为王朗国家级自然保护区生态旅游将来可以顺利发展的关键。

（1）地方政府

地方政府在保护区生态旅游发展的过程中应起到宏观调控的作用，通过所制定的法律规范和规章制度协调不同利益相关方的矛盾，建立协调监督机制。但在现实中，政府由于受到地方经济增长的压力，会较多地关注于生态旅游所带来的经济效益，忽视对环境带来的负面影响。这种以经济拉动为主的发展模式往往会与保护区的以保护为主的旅游发展思路相冲突。这种意愿和行为又凭借不同的权力、按照不同方式对保护区的生态旅游发展施加影响。因此，必须引入社会舆论机制监督政府，使政府在忽视生态环境保护的情况下损失声誉效益，以此激发当地政府加大对保护的投入和生态旅游的监督力度。

（2）保护区

保护区是政府的行政管理部门，代表政府行使对资源的保护和管理权，其主要职责是对自然资源进行有效管理，而生态旅游是为了实现资源保护这个目标的其中一个手段，因此保护区发展生态旅游应该把生态效益放在首位。但是需要注意的是，由于管理体制等方面的原因，目前我国大部分保护区都实行事业化管理、企业化经营，保护区的科研、监测、巡护等都需要经费，在目前政府所提供给保护区的财政预算的条件下，保护区也具有了独立的利益追求。在角色错位、职能交叉的情况下，保护区不仅有盈利目标而且参与经营，往往会产生过度开发、利用的强烈驱动。为此，政府要在法律、行政管理权限的设定等方面做出规定，保证保护区管理局在保护区内进行的生态旅游活动有整体的规划与规范的监控机制，确保旅游收入用于保护。

（3）当地社区

当地社区与当地自然历史和文化资源关系最为密切，它们的参与对于生态旅游发展的成败具有决定性的作用。在王朗国家级自然保护区的案例中我们可以看出，生态旅游在一定程度上促进了当地社区的经济发展，并且缓和了保护区与社区间的矛盾。但是问题依然存在，比如说社区旅游受益不平衡，只有小于 5%的农户能受益，村民对保护的参与度和积极性不高。限制社区参与有几个不同的因素：对市场销售状况的担忧、保护区与社区间的信息交流不畅、社区组织工作的繁杂等。在之后的生态旅游发展的过程中，保护区需要考虑将社区真正纳入生态旅游的决策、管理、利益分配体系中来，同时通过生态旅游增加当地社区对其文化独特性和价值、自然资源及传统知识的认知。

（4）非政府组织

在王朗国家级自然保护区生态旅游发展的初期，世界自然基金会引进了国外的生态旅游理念，拓展了国外的生态旅游市场，并帮助建立了生态旅游发展规划。可以说没有世界自然基金会等国际非政府组织的参与，就没有王朗国家级自然保护区前期的生态旅游发展。而在王朗国家级自然保护区生态旅游将来的发展中，非政府组织主要起到的还是协助者的作用，利用其先进的理念和灵活的工作方式协助政府和保护区一起制定政策，同时拓展资金申请渠道，为保护区能力建设与社区发展提供资金和技术。

54.3.3　不同开发模式间的平衡

王朗国家级自然保护区生态旅游发展的两个阶段也代表了两种不同的开发模式，从最开始借助世界自然基金会等国际组织的支持，到将开发权、经营权交予企业，到最后两种模式并存。不同的开发模式各有其利弊点，而选择何种开发模式应当根据保护区的具体情况来确定。

在生态旅游发展的初期，王朗国家级自然保护区不管是在基础设施上，还是在技术人才上面都相对贫乏，特别是在国内生态旅游市场的不成熟和以经济增长为主的大众旅游为导向的大背景下，正确的理念引导和规划制定就非常重要，而世界自然基金会和其他国际组织作为协助者，成功帮王朗国家级自然保护区开了个好头。虽然中期的与企业的合作虽然以失败告终，但随着生态旅游带来的经济效益的增加，政府与企业的参与也是不可避免的。而这种模式的失败，使得地方政府及时调整了旅游开发的模式，从而使王朗国家级自然保护区在之后可以坚定地走以保护为主的"小众"生态旅游路线。经过前面两个阶段，王朗国家级自然保护区积累了丰富的旅游经验，开发了相对成熟与稳定的旅游产品和市场，这种情况下，自主开发自然就成了王朗国家级自然保护区的必经之路。这种自主开发的模式并不代表由保护区管理局垄断一切经营权，地方政府应该起到共同管理的监督的责任，特别要同时加大社区的参与，解决社区收益不均衡和参与程度不高的问题，缓解自然保护区周边社区与当地政府的关系。

第55章 国家森林公园低碳旅游内容探索

姚娟 阿依古丽艾力 马娟 新疆农业大学经济与贸易学院，乌鲁木齐

55.1 导论

55.1.1 研究背景

森林生态系统是陆地生态系统中最大的碳库。在全球气候暖化和能源问题日益严峻的背景下，国家森林公园的生态文明宣传和生态文化建设的功能，在开发利用中进行有效的保护是亟须解决的问题。党的十八大报告中提出推进绿色发展、循环发展、低碳发展，建设美丽中国的战略，这是国家森林公园和西北干旱区的森林旅游业可持续发展的绝好机遇。低碳旅游的研究在旅游研究中具有相当重要的理论意义。低碳旅游是一种全新的旅游发展形式，它在旅游过程中注重减碳，是一种更深层次的环保旅游。很多学者认为在可持续发展理论的背景下采用低碳技术，推行碳汇机制，合理利用资源，可以发挥旅游业节能减排的作用，达到经济、社会、生态效益最大化，并且国内很多学者对低碳景区评价体系及森林低碳旅游方面进行了探索，但鲜有学者对国家森林公园及其低碳发展水平进行实证研究，本章在借鉴前人对低碳旅游评价方法研究的基础上，结合旅游循环经济生态系统的分析框架，对贾登峪国家森林公园低碳旅游发展水平进行测度，以期为今后国家森林公园的低碳发展提供依据。

55.1.2 案例实证区概况

贾登峪国家森林公园于 2000 年正式批复成立，位于新疆阿勒泰地区布尔津县北，距布尔津县城 130km。地处布尔津县窝依莫克乡和禾木哈纳斯蒙古乡境内，是喀纳斯景区景观吸引力的重要组成部分。公园总面积 42673hm²，与喀纳斯国家地质公园面积重合达 42673hm²，是由森林、草原、河流、峡谷交织的具有新疆特色的森林公园，森林覆盖率达到 41.70%。公园所处的地理位置和森林植被的生物学特性及其分布特点，使其成为集森林旅游、休闲度假、疗养避暑、登山探险、观景摄影、科研科普等多功能于一体的旅游胜地。2011 年，喀纳斯景区荣获首批"全国低碳旅游示范景区"、新疆首家国家级"刷卡无障碍景区"等荣誉，这对贾登峪国家森林公园低碳发展起到了积极的推动作用。

55.2 国家森林公园低碳旅游评价框架与指标构建

55.2.1 低碳旅游评价框架

笔者参照旅游循环经济生态系统模型，以"低开采—高利用—低排放"的目标为原则，拟从旅游企业的低碳化经营、旅游者的低碳素养、资源和环境的低碳化管理三个方面对国家森林公园进行整体

评价（图 55.1）。

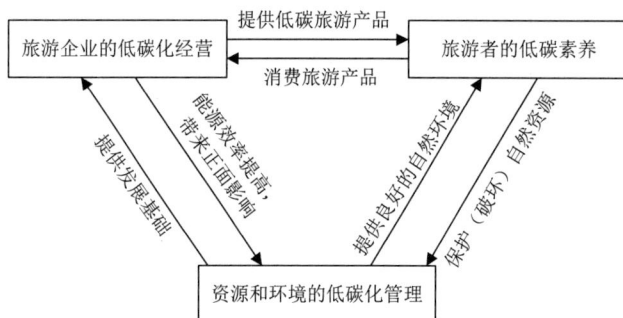

图 55.1 低碳旅游评价分析框架

55.2.2 国家森林公园低碳旅游评价体系构建与权重确定

基于低碳旅游评价分析框架，选取旅游企业的低碳化经营、旅游者的低碳素养、资源和环境的低碳化管理三个维度及其下设的 9 个项目指标和 46 个小项指标，按其逻辑顺序及相互包含关系构建国家森林公园低碳旅游评价体系。根据专家的评价打分后对数据进行分析，得出各指标的权系数。经过一致性检验后，最终得出国家森林公园低碳旅游评价指标体系中三大系统层的权重分别为：资源和环境的低碳化管理 0.349，旅游企业的低碳化经营 0.208，旅游者的低碳素养 0.443。其中，旅游者的低碳素养的权重最高（表 55.1）。根据低碳旅游发展水平，可将国家森林公园低碳发展分为 5 个等级（表 55.2）。

表 55.1 国家森林公园低碳旅游评价体系

目标层	系统层	项目层	指标层	指标权重	目标权重	总目标权重
国家森林公园低碳旅游水平评价指标体系	资源和环境的低碳化管理（A1）0.349	碳汇环境（B1）0.4216	森林植被覆盖率（C1）	0.238	0.100	0.035
			森林资源面积（C2）	0.101	0.042	0.015
			森林碳储量（C3）	0.305	0.128	0.045
			森林生物多样性水平（C4）	0.146	0.062	0.022
			森林公园碳汇项目开展（C5）	0.141	0.059	0.021
			旅游环境容量（C6）	0.070	0.029	0.010
		景区低碳化管理（B2）0.5784	低碳旅游的总体规划（C7）	0.035	0.020	0.007
			景区节能环保监督机制（C8）	0.027	0.016	0.005
			景区低碳旅游宣传教育措施（C9）	0.044	0.026	0.009
			自然资源保护投入（C10）	0.067	0.039	0.014
			景区信息化管理投入（C11）	0.109	0.063	0.022
			环保设施投入（C12）	0.109	0.063	0.022
			可再生能源及清洁能源投入（C13）	0.269	0.156	0.054
			节水设施投入（C14）	0.211	0.122	0.043
			生态免水冲厕所投入（C15）	0.129	0.075	0.026

续表

目标层	系统层	项目层	指标层	指标权重	目标权重	总目标权重
旅游企业的低碳化经营（A2）0.208		低碳餐饮（B3）0.1333	餐厨垃圾处理方式（C16）	0.289	0.039	0.008
			餐饮企业能源结构（C17）	0.112	0.015	0.003
			餐饮食材的低碳采购（C18）	0.134	0.018	0.004
			一次性餐具、塑料袋、饮料吸管使用情况（C19）	0.464	0.062	0.013
		低碳住宿（B4）0.0716	建筑装修的低碳措施（C20）	0.120	0.009	0.002
			保温材料使用措施（C21）	0.059	0.004	0.001
			可再生能源使用情况（C22）	0.419	0.030	0.006
			一次性日用品使用情况（C23）	0.402	0.029	0.006
		低碳交通（B5）0.2513	可供选择的低碳交通方式（C24）	0.275	0.069	0.014
			生态游步道长度（C25）	0.106	0.027	0.006
			合理设计的旅游线路（C26）	0.370	0.093	0.019
			低碳停车场的建设（C27）	0.249	0.063	0.013
		低碳娱乐（B6）0.1001	低碳旅游娱乐项目的种类（C28）	0.081	0.008	0.002
			产品包装环保性（C29）	0.160	0.016	0.003
			可循环利用、可回收的降解包装材料（C30）	0.419	0.042	0.009
			旅游商品的低碳性（C31）	0.341	0.034	0.007
		废弃物处理与管理（B7）0.4438	废弃物管理方案（C32）	0.296	0.131	0.027
			废弃物归类措施（C33）	0.131	0.058	0.012
			垃圾减量措施（C34）	0.174	0.077	0.016
			废弃物回收利用措施（C35）	0.398	0.177	0.037
旅游者的低碳素养（A3）0.443		低碳意识（B8）0.3938	低碳问题的了解（C36）	0.211	0.083	0.037
			生态观念（C37）	0.126	0.050	0.022
			低碳旅游的态度和价值观（C38）	0.662	0.261	0.116
		低碳行动（B9）0.6063	旅游者的低碳控制（C39）	0.311	0.188	0.084
			旅游者的低碳行动意图（C40）	0.112	0.068	0.030
			旅游者的低碳策略行动（C41）	0.577	0.350	0.155

表 55.2　国家森林公园低碳旅游发展水平等级标准

综合评级指标	<0.20	0.20~0.40	0.40~0.60	0.60~0.80	>0.80
低碳发展水平	远离低碳阶段	低碳准备阶段	基本低碳阶段	低碳发展阶段	成熟低碳阶段

55.3　国家森林公园低碳旅游调查与评价

55.3.1　低碳旅游调查

（1）问卷设计

国家森林公园低碳旅游的评价从 3 个方面对其低碳旅游水平进行综合测度。

1）旅游企业的低碳化经营：通过景区低碳餐饮、低碳住宿、低碳交通、低碳娱乐及废弃物处理与管理 5 个指标来衡量旅游企业低碳化经营程度，其中各项指标下又运用详细的细分指标进行考量。

2）旅游者的低碳素养：通过旅游者的低碳意识和低碳行动来衡量旅游者的低碳素养程度，通过问卷设计的 32 个语义判断题进行考量。

3）资源和环境的低碳化管理：低碳旅游的实施离不开良好的资源条件及管理和制度的规范，结合访谈和实地观察对国家森林公园的碳汇环境和景区的低碳化管理两个方面进行考量。

（2）调查过程

本研究通过访谈、实地观察和问卷调查相结合的方式，以实证区的酒店经营者、喀纳斯管委会及布尔津县林场员工、大西部旅游公司员工及旅游者为调查对象，分别进行了调研。

2013 年 7—9 月发放了 301 份游客问卷，收回问卷 301 份，问卷回收率 100%；2013 年 9 月 18 日—9 月 23 日，走访了 33 家酒店，并对喀纳斯管委会的旅游局、林业局、发改委、环保建设交通局、污水处理厂及环卫大队和布尔津县林场进行访谈和资料收集。

（3）研究方法

本研究的数据获得分为两个阶段，第一阶段参照前人的研究成果，以抽样的形式对旅游者、喀纳斯管委会和布尔津林场的员工进行问卷调查和访谈；第二阶段对问卷及访谈收集的资料进行整理、统计、换算和分析。

55.3.2 低碳旅游评价

根据评价指标的测算方式，通过对实证区问卷及访谈内容的统计整理，得出各指标的赋分值，将该分值乘以该指标的权重值，即可得到该指标在总指标体系中所得的分数（表 55.3）。

表 55.3　贾登峪国家森林公园低碳旅游水平指标评价结果

指标层	指标测算方式	指标赋分	指标权重	得分
森林植被覆盖率（C1）	2011 年森林覆盖率最高的地区为 63.1%，理想值为 70%	0.596	0.035	0.021
森林资源面积（C2）	林业用地面积/公园总面积	0.424	0.015	0.006
森林碳储量（C3）	成熟林面积×森林植被碳密度/公园林地面积×森林植被碳密度	0.322	0.045	0.014
森林生物多样性水平（C4）	国家一、二级保护动植物高于 40 种，高等动植物大于 500 种即可得 1 分，若小于则为 0	1.000	0.022	0.022
森林公园碳汇项目开展（C5）	无为 0，有则酌情给分，总分不超过 1	0.000	0.021	0.000
旅游环境容量（C6）	到森林公园的年旅游人次/森林公园的开园时间＜公园旅游环境容量值则为 1，大于则为 0	1.000	0.010	0.010
低碳旅游的总体规划（C7）	无为 0，有则酌情给分，总分不超过 1	0.000	0.007	0.000
景区节能环保监督机制（C8）	无为 0，有则酌情给分，总分不超过 1	0.000	0.005	0.000
景区低碳旅游宣传教育措施（C9）	无为 0，有则酌情给分，总分不超过 1	0.000	0.009	0.000
自然资源保护投入（C10）	有投入为 1，无投入为 0	1.000	0.014	0.014
景区信息化管理投入（C11）	有投入为 1，无投入为 0	1.000	0.022	0.022
环保设施投入（C12）	有投入为 1，无投入为 0	1.000	0.022	0.022
可再生能源及清洁能源投入（C13）	有投入为 1，无投入为 0	0.000	0.054	0.000
节水设施投入（C14）	有投入为 1，无投入为 0	1.000	0.043	0.043
生态免水冲厕所投入（C15）	有投入为 1，无投入为 0	1.000	0.026	0.026
餐厨垃圾处理方式（C16）	根据问卷及餐厨垃圾处理的碳排放量获得	0.200	0.008	0.002
餐饮企业能源结构（C17）	根据问卷及能源结构的碳排放量获得	0.139	0.003	0.000
餐饮食材的低碳采购（C18）	无为 0，有则根据问卷统计酌情给分，总分不超过 1	1.000	0.004	0.004
一次性餐具、塑料袋、饮料吸管使用比例（C19）	无为 1，有则根据问卷统计酌情给分，利用越高总分越低，不能低于 0	0.667	0.013	0.009
建筑装修的低碳措施（C20）	无为 0，有则根据问卷统计酌情给分，总分不超过 1	0.576	0.002	0.001
保温材料使用措施（C21）	无为 0，有则根据问卷统计酌情给分，总分不超过 1	0.606	0.001	0.001

续表

指标层	指标测算方式	指标赋分	指标权重	得分
可再生能源使用情况（C22）	无为 0，有则根据问卷统计酌情给分，总分不超过 1	0.000	0.006	0.000
一次性日用品使用情况（C23）	无为 1，有则根据问卷统计酌情给分，利用越高总分越低，不能低于 0	0.030	0.006	0.000
可供选择的低碳交通方式（C24）	根据问卷中低碳交通方式的数量计算	0.600	0.014	0.009
生态游步道长度（C25）	根据调研中生态游步道长度占游线长度的比例	0.321	0.006	0.002
合理设计的旅游线路（C26）	根据问卷中的几项原则加总给分	0.400	0.019	0.008
低碳停车场的建设（C27）	根据问卷中的几项原则加总给分	0.750	0.013	0.010
低碳旅游娱乐项目的种类（C28）	根据问卷中的几项原则加总给分	0.680	0.002	0.001
产品包装环保性（C29）	根据问卷中的几项原则加总给分	0.500	0.003	0.002
可循环利用可回收的降解包装材料（C30）	根据问卷中的几项原则加总给分	0.000	0.009	0.000
旅游商品的低碳性（C31）	根据问卷统计酌情给分，总分不超过 1	0.600	0.007	0.004
废弃物管理方案（C32）	无为 0，有则根据问卷统计酌情给分，总分不超过 1	0.500	0.027	0.014
废弃物归类措施（C33）	无为 0，有则根据问卷统计酌情给分，总分不超过 1	0.300	0.012	0.004
垃圾减量措施（C34）	无为 0，有则根据问卷统计酌情给分，总分不超过 1	0.000	0.016	0.000
废弃物回收利用措施（C35）	无为 0，有则根据问卷统计酌情给分，总分不超过 1	0.300	0.037	0.011
低碳问题的了解（C36）	根据问卷计算值	0.800	0.037	0.030
生态观念（C37）	根据问卷计算值	0.900	0.022	0.020
低碳旅游的态度和价值观（C38）	根据问卷计算值	0.900	0.116	0.104
旅游者的低碳控制（C39）	根据问卷计算值	0.800	0.084	0.067
旅游者的低碳行动意图（C40）	根据问卷计算值	0.900	0.030	0.027
旅游者的低碳策略行动（C41）	根据问卷计算值	0.800	0.155	0.124
合计			1.000	0.650

（1）资源和环境的低碳化管理评价分析

国家森林公园的生态环境、自然资源保护、适度旅游开发是其进行旅游开发的基础，拥有良好的碳汇环境和必要的低碳管理是其进行低碳旅游开发和低碳转型所必须付出的努力。通过对实证区资源和环境的低碳化管理的测算得出该项的得分为 0.200。通过分析得出：①在节水设施投入、环保设施投入、景区信息化管理投入、生态免水冲厕所投入、自然资源保护投入及森林植被覆盖率的指标项中均有得分，说明贾登峪国家森林公园较重视对生态环境保护的基础工作，这些工作的开展为今后的旅游开发提供了良好的自然环境和物质基础；②但在低碳旅游的总体规划、景区节能环保监督机制、景区低碳旅游宣传教育措施及可再生能源及清洁能源投入指标项中未得分，说明贾登峪国家森林公园管理者还未深刻意识到低碳旅游规章及措施的制定对景区可持续发展的重要性，建议在后续的管理工作中加大对可再生能源的投入及低碳旅游规章制定的工作，使国家森林公园的资源和环境的管理更为有效。

（2）旅游企业的低碳化经营评价分析

旅游企业的低碳化经营不仅给消费者提供了低碳、环保、健康的旅游产品，而且降低了其对国家森林公园自然环境所带来的负面效应，并为企业自身的长期发展带来了巨大的经济效应。经测算，实证区低碳化经营项的得分为 0.079。通过分析了解到该地区可再生能源使用情况、可循环利用或可回收的降解包装材料、垃圾减量措施的指标项中都未得分，其他项即使有所得分也相对较低，说明贾登峪国家森林公园内的旅游企业整体低碳化经营水平较低。主要体现在以下几个方面：①旅游餐饮企业方面，旅游餐饮企业的能源结构主要以煤炭和柴油为主，菜肴制作类型煎、炸、炒的方式占到 94%，餐厨垃圾为外运填埋处理，仍有部分餐饮企业向游客提供一次性餐具和塑料袋，对员工的低碳培训也仅仅是"水费电费很贵，要节约用水用电的"层面；②旅游住宿企业方面，部分旅游住宿企业对建筑装修的低碳措施和保温材料的使用都有涉及，但在实际操作过程中大量使用一次性日用品的情况又显现出其高碳的经营理念；③低碳交通和低碳娱乐方面，由于喀纳斯自然保护区在 2011 年被评为"全国低碳旅游实验区"，而贾登峪国家森林公园是通往喀纳斯自然保护区的必经之路且森林公园面积与喀纳斯自然保护区存在交叉，因而，贾登峪国家森林公园在经营低碳交通和低碳娱乐项目方面表现较好，但在产品包装环保性和可循环的材料使用过程中存在较大不足；④废弃物处理与管理方面，废弃物处理与管理在旅游企业低碳化经营项中的权重较大，而通过对贾登峪国家森林公园的实地调查发现，各经营企业及园区的管理者对这一项指标的关注度不够，从而影响了旅游企业低碳化经营的整体水平。

（3）旅游者的低碳素养评价分析

旅游者的低碳素养程度是其在旅游消费过程中是否主动选择低碳服务的先决条件。通过对这一项的测算可知，实证区旅游者的低碳素养得分为 0.371，占贾登峪国家森林公园低碳旅游发展总得分的57%，表明旅游者的低碳素养程度较高。从旅游者在生态观念、低碳旅游态度和价值观、低碳行动意图方面的表现略高于对低碳问题的了解、低碳控制及低碳策略行动方面来看，旅游者意识到了低碳旅游在其旅游过程中的重要性。但旅游者对低碳问题了解得不够深入，导致其在低碳控制及低碳策略行动中不知如何更好地采取行动。因而，贾登峪国家森林公园在今后的发展过程中应当重视对旅游者的低碳宣传和低碳实践的教育，营造良好的低碳实践氛围，引导旅游者加入低碳旅游活动中来，这对园区今后更好实施低碳旅游具有重要意义。

55.4　结论与讨论

55.4.1　结论

1）经测算，贾登峪国家森林公园低碳旅游发展水平为 0.650，处于低碳发展阶段，表明贾登峪国家森林公园低碳发展的现状较好。

2）贾登峪国家森林公园中旅游者的低碳素养指标项得分较高，资源和环境的低碳化管理指标项得分次之，旅游企业的低碳化经营项得分最低。

3）贾登峪国家森林公园在低碳旅游发展过程中应当重视对低碳旅游规章和措施的制定，积极采取对景区垃圾管理和处理的应对措施，注重对旅游者的低碳教育和低碳引导。

55.4.2　讨论

1）相对于一般性的旅游景区，国家森林公园在林业保护和旅游业利用中的地位不同小觑。如何更好地协调两者之间的关系，一直是学者较为关注的热点。本研究以基于旅游循环经济生态系统视角的低碳旅游评价分析框架为依据，对贾登峪国家森林公园低碳旅游发展水平进行了测度，能够较为系统全面地测量出国家森林公园各个指标中的低碳旅游发展水平，但由于指标层级较多，部分指标主观性较强，客观地评价实证区发展水平略有不足。

2）评价指标的选取是以全面的体现对该项指标的解释和衡量为原则开展的，运用层次分析法和德尔菲法较为科学地得出了各指标项的权重。但所选专家对低碳旅游研究的时间及其对低碳旅游的主观性认识的差异，恐对结果有影响。

3）对贾登峪国家森林公园低碳旅游发展水平的小范围的实践和测度，为笔者今后研究旅游目的地低碳旅游发展和测度指明了方向。

第 56 章　北京松山国家级自然保护区生态旅游探索与实践

蒋万杰　北京松山国家级自然保护区管理处，北京

56.1　概况

北京松山国家级自然保护区位于北京市延庆县境内西北部，距市区 90km，距延庆县城 25km。地理坐标东经 115°43′44″~115°50′22″，北纬 40°29′9″~40°33′35″。保护区西、北分别与河北省赤城县境内的大海坨国家级自然保护区相接，西南与河北省怀来县接壤，东与北京市玉渡山自然保护区毗邻、南与延庆县张山营镇相邻。在保护区腹地，镶嵌有一行政村，即延庆县张山营镇大庄科村。

保护区前身为 1963 年 4 月成立的松山林场，1985 年经北京市政府批建为市级自然保护区，1986 年经国务院批准为森林和野生动物类型的国家级自然保护区。

保护区总面积 4660hm²，森林覆盖率为 90.2%。保护区内动植物资源丰富，据记载：保护区有维管束植物 816 种，有国家级重点保护区野生植物 2 种，北京市 I 级保护植物 3 种，北京市 II 级保护植物 43 种。有脊椎动物 216 种及变种，其中兽类 29 种，鸟类 158 种及亚种，爬行类 15 种，两栖类 2 种，鱼类 12 种。野生动物资源中，有 3 种国家 I 级保护野生动物，12 种国家 II 级保护野生动物，14 种北京市 I 级保护野生动物，61 种北京市 II 级保护野生动物。

松山旅游区以自然景观为主，风景资源雄厚，独具特色。自然景观有天然油松林、百瀑泉、松月潭、鸳鸯岩、三叠水、听乐潭、雷劈石、回声崖、雄狮饮水、金蟾望月、飞龙壁等 30 余处景点，各具特色。信步景区，一览大自然风采。山、水、石、林、古、雄、幽、险、奇、秀，给游人提供远望取其势，近视得其质，观形而悟神，怡神以冶性的画境、诗境、意境美的享受。

松山也有大量的人文古迹景观。八仙洞殿宇和汤泉观两处是战乱遗留古迹，据碑文记载，均为清代重修古迹。汤泉观有古今闻名的塘子温泉，是沐浴疗疾的理想场所。松山温泉早在 1500 多年前的北魏时期就被"契石凿池"，供"仕女沐浴"。清人称松山是"安体之佳所""养身之圣地"。北魏晚期郦道元《水经注》记载着"上有庙则次仲庙也，右有温汤，治疗百病"。松山温泉水温 42℃，日出水量 2000m³，泉水中含钾、镁、硫、铁等 27 种元素，其中氟离子含量高达 12ml/L，对皮肤病、关节炎、类风湿病、局部神经痛等疗效明显，至今仍吸引着众多沐浴疗疾者。

56.2　松山生态旅游的发展方向

松山国家级自然保护区于 1993 年开展旅游，经过多年建设，设施不断完善，森林改造提升了景观效果，2009 年松山森林旅游区被评为 3A 级旅游景区，2014 年晋升为 4A 级景区。松山独特的地理位

置、优越的自然环境、丰富的动植物资源、良好的基础设施,为科普宣教、休闲娱乐、森林疗养创造了理想的场所。今后松山生态旅游的发展将凸出森林疗养功能,为市民提供健康疗养服务。

56.2.1 建设森林疗养的背景

在德国和日本,森林疗法逐渐兴起,国民对于森林疗法的认识也不断得到加强,并积极参与到森林健身及森林改造中,使得这些国家的森林疗养基地建设不断走向专业化、人性化。在我国,"森林疗养"对国人来说还比较陌生,没有系统地认识,大多数人只是从宏观的角度认为在森林中行走会起到健身作用而已,对于不同的道路体验、不同的林分、不同的行走速度、不同的森林环境等对身体的不同影响基本上没人提出疑问,这主要还是因为我们对森林疗法没有一个基本的认识。

北京作为首都,正在努力建设世界城市,其国际影响力大。然而,由于大都市人口高度集中,承载的人口压力大,城市这种人工生态系统存在着环境污染严重、生物多样性欠缺、与自然环境割裂等诸多问题,再加上面对空气污染、社会老龄化、交通拥堵、城乡发展不平衡、生活成本高、负担重、工作繁忙等问题,很多市民都有抑郁、烦躁、高血压、高血脂、肥胖等亚健康症状。随着这些问题的出现,市民对于森林的诉求是强烈的,北京市有必要充分利用广阔的森林绿地资源,发展森林疗养产业,以提高公众健康水平,培育绿色产业,促进兴绿富民。近几年,北京市园林绿化局也开展了森林疗养工作,一方面邀请了日本的学者到北京授课,增进了市民对森林疗养这个新理念的认识;另一方面开展森林疗养基地选址建设,而松山保护区是首批建设的森林疗养基地之一。

56.2.2 建设森林疗养基地的优势

松山国家级自然保护区作为北京重要的生态科普教育基地、北京市计划建设的森林疗养基地,理应承担森林文化教育责任,发挥森林优势,建成北京森林疗养基地的示范。

(1)具备资源优势

松山国家级自然保护区基本上被森林所覆盖,是北京地区重要的森林浴场,而森林浴可起到降血压、放松身心的作用,还可提高人体自然杀伤细胞活性和抗癌蛋白活性。松山国家级自然保护区有不同的森林群落,如杨树林、油松林、桦木林等,不同的森林群落其林内的物理环境、化学环境是不尽相同的,可以为人们提供不同森林体验和疗养选择,同时也可以为研究森林医学提供良好平台。松山国家级自然保护区塘子沟常年溪水不断,走进保护区除了能聆听潺潺流水的声音外,还可以听到各种鸟类、昆虫的鸣叫声,让人容易感触到大自然的魅力。

根据测量,北京松山国家级自然保护区负氧离子浓度是城区的十几倍。从国内公开发表的学术论文来看,负氧离子能够降解有害气体、调节人体生理机能、消除疲劳、改善睡眠等。

(2)具备地理优势

松山国家级自然保护区距离市区约100km,距离延庆县城25km,是北京重要的森林生态系统保护区,是北京市重要的观光休闲场所和自然教育基地。北京人口众多,松山国家级自然保护区为北京市民的周末提供了理想的出行选择地。另外,松山国家级自然保护区海拔较高,是北京低温区之一,夏季平均气温比市区低6~10℃,是北京地区名副其实的避暑胜地。

(3)基础设施比较完善

松山国家级自然保护区塘子沟景区经过多年的建设,基础设施及服务水平都有了较大提升。目前已建设有标本馆、游客中心、大型停车场;修建木栈道1500m,铺设石板路6km,安装解说标牌100余块,休闲桌椅、垃圾桶、生态厕所等服务设施也比较完善,基本能满足市民休闲、体验及开展基本森林疗养的需求。

56.3　松山森林疗养基地建设的思考

相比日本的森林疗养基地，松山国家级自然保护区要想建设北京地区高质量的森林疗养基地，还存在较大的差距，归纳起来，需要重点强化以下几方面建设。

56.3.1　人性化的服务设施

松山国家级自然保护区在疗养步道方面还需要完善，应该建设一条坡度小于 8 度，以自然材料铺装（碎木屑、针阔树叶）的步道或土路，步道尽可能地避免台阶，这样能满足轮椅车在基地内的使用，为特殊人群提供疗养需求。

56.3.2　开发营养餐

可以借鉴发达国家疗养基地的做法，结合保护区特点，尤其是利用保护区特有的松蘑、野菜等自然资源，开发合理的营养餐。

56.3.3　多形式普及森林疗养知识

森林疗养对北京市民来说还是比较陌生的，这主要是因为过去市民对森林的疗养功能没有具体的认识，在宣传上也没有系统实施。增进市民对森林疗养的认识，可以促进森林保护和森林经营工作的开展，也能顺利推动森林疗养基地的建设。森林疗养知识宣传，可以采取三种措施：一是在景区内增加一些森林疗养知识的标牌，让广大游客更方便地了解森林疗养；二是结合松山科普教育活动，开展森林疗养知识的普及；三是把森林列入森林文化活动，将森林疗养作为森林文化的一部分进行宣传推广，同时也能丰富森林文化的内涵。

56.3.4　开展森林疗养医学研究和基地认证工作

北京的一些高校研究人员已经开展了大量有关树种挥发物的研究。但是，这些成果大多只限用于森林生理方面的研究，很少涉及对疗养效果的运用。另外，如何评价森林疗养基地的疗养效果，迫切需要开展对比研究，为森林疗养的宣传、疗养师的培训、疗养基地的认证和建设提供数据支撑和指导。

56.3.5　启动森林疗养师培训

疗养师是基地运行的灵魂，疗养师的水平直接决定着疗养的效果及市民对森林疗养的认可程度。这就需要培养一支具有疗养技能、了解保护区资源状况和历史文化的疗养师队伍。松山国家级自然保护区在今后应该积极参与疗养师培训，并借助北京林学会的指导，不断加强疗养师队伍的能力建设。疗养师的构成可以借鉴国外的做法，可以是本单位的职工，也可以招募志愿者，还可以招募周边社区居民为森林疗养师，为社区居民提供就业机会。

第57章 安徽八里河风景区生态旅游探索与实践[①]

王咏 安徽师范大学国土资源与旅游学院，芜湖

57.1 八里河风景区概况

八里河风景区位于安徽省阜阳市颍上县南的八里河镇，淮河和颍河交汇处，南临淮河，东濒颍河，北距颍上县城 8km，西离阜阳 60km，东南距合肥 170km，东经 116°38′，北纬 32°27′~32°54′。2013 年，八里河风景区被国家旅游局评为国家 5A 级风景区。安徽省现有 10 处 5A 级景区，集中于皖南和皖中，八里河风景区是皖北地区唯一的一处，为皖北旅游发展的龙头。

八里河镇地处黄淮平原，为典型的湖洼湿地，历史上一直洪水泛滥，自然灾害频繁，环境恶劣，生产力水平低下。"颍上要崛起，水利需先行"，八里河风景区正是"水利先行"的典范。20 世纪 80 年代末，八里河人大兴水利工程，昔日的水害逐步变成可控制的水利。1991 年特大洪水后，八里河农民利用低湖、沼泽、洼地综合开发旅游资源，对沼泽地进行治理改造，1996 年风景区建成开放。风景区占地 15.8km²，由"西区""东区""十二花岛" 3 部分组成，风光秀丽，交通便捷，年游客接待量多次超过黄山风景区，有"天下第一农民公园"之称（图 57.1）。1993 年八里河被联合国环境规划署授予环境保护"全球 500 佳"。2001 年经安徽省政府批准建立八里河省级自然保护区。2004 被中华环境保护基金会定为"中华环境保护基金会青少年宣传教育基地"，同年被评为"全国农业旅游示范点"。2005 年八里河镇被评为"全国环境优美乡镇""全国文明村镇"，获"中华环境奖——绿色东方城镇奖"。2013 年风景区通过 5A 级旅游景区验收。2014 年被国家水利部授予"国家水利风景区"称号。2015 年，八里河风景区旅游人数达 394 万人次，旅游总收入为 9270 万元。

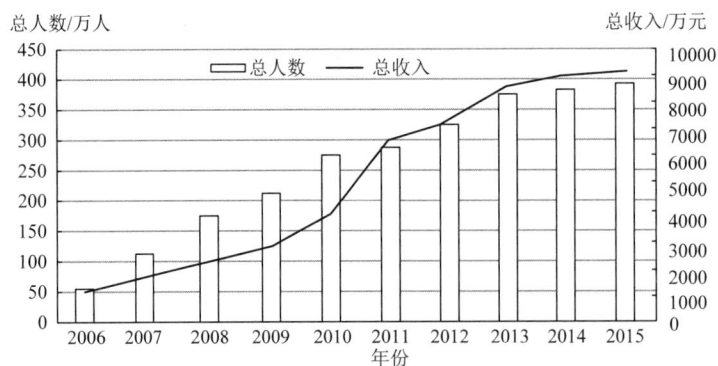

图 57.1 2006—2015 年八里河风景区旅游接待情况

① 安徽省教育厅人文社科重点研究基地项目（编号：2011sk712zd）；安徽师范大学博士科研启动基金项目（编号：2014bsqdj45）；安徽省旅游业青年专家培养计划（编号：AHLYZJ201519）。

资料来源：安徽八里河旅游开发有限公司。

57.2　八里河风景区发展生态旅游的优势

57.2.1　生态环境优势良好，生物多样性丰富

（1）自然环境优越

生态旅游的发展需要依托良好的自然生态环境。八里河实际上是一个狭长的内陆湖，东西长 15km，为淮河和颍河流域的湖泊地区，岗坡、湖洼交错，圩区纵横，湿地、沼泽地占全区的 1/3，湖区周围土壤主要为棕壤。风景区处于暖温带向亚热带过渡带，四季分明，光照充足。年均气温 15.1℃，年均无霜期 221 天，年均日照 2213.3h，年均降水量 923.8mm。日照 8 月最多，降水随季节、年际变化大，集中于 5—7 月。风景区森林覆盖率为 26%，景区湖泊水域风光自然原始，气候宜人，天然水质优良，发展生态旅游的自然条件优越。

（2）动植物资源丰富，珍稀鸟类众多

八里河风景区是典型的湿地类型保护区，具备典型的湿地植物植被特征，区内植被状态优良，水生动植物种类和数量丰富，处于良性演替状态，为开展生态体验、生态教育创造了良好的条件。景区共有野生维管植物 41 科 106 种；被子植物中菊科和禾本科数量最多，湿地的表征科为浮萍科等 4 科，浮萍群系、藤草群系和覆花群系等共 11 个群系。八里河有浮游动物 70 余种，其中原生动物占绝对优势。

自然景观是八里河的神韵，水、柳、鸟为八里河景区的三大自然景色。水有数万亩的大湖风光，也有整齐的小鱼塘；4000 棵垂柳环湖而立，随风舞动。宽广的湖面、良好的湿地生态系统、丰富的水生植物和浮游生物资源，让八里河成为鸟类的乐园。八里河是东西伯利亚候鸟迁徙途中的重要栖息地，越冬候鸟种类之多、数量之大，实属罕见。区内栖息着候鸟、留鸟 12 科 57 种，多达数十万只。候鸟多为天鹅、大雁、野鸭等越冬水禽，其中有国家一类保护动物丹顶鹤等数万只。八里河自然保护区是目前世界上最大的白鹭、白枕鹤等珍禽的越冬群体所在地，每年在保护区越冬白枕鹤的最高数量达 2800 多只，白鹭种群数量占全国的 55%以上，也是迄今发现的全国最大的鸿雁越冬群体所在地，数量达 30000 多只。区内栖息着国家一级保护动物 10 种，二级保护动物 30 种，有 10 种鸟类被国际鸟类保护组织列为国家濒危鸟类。

57.2.2　交通便利，旅游需求旺盛

淮河以北及沿淮区域的阜阳、蚌埠、淮南、淮北、宿州、亳州 6 市被称为皖北。皖北地区人口密集，八里河风景区为皖北唯一的一处 5A 级风景区，旅游需求旺盛，旅游市场潜力巨大。景区所在的阜阳市是安徽省人口最多的市，是全国较大的一个地级市，为全国六大路网性铁路枢纽之一，六路交汇、十一线引入，区位条件优越，交通便捷。阜阳编组站是京九线上最大的铁路枢纽，京九铁路纵贯全境，与商阜、漯阜、青阜、阜淮、阜六铁路在境内构成"米"字形框架，与陇海、京广、京沪等铁路干线接轨。高速公路呈"井"字形，路网纵横交错，淮河水系星罗棋布。加上民用机场，已经开工建设的商阜杭高速铁路，共同构建了立体交通网。颍上县距阜阳站和阜阳飞机场不到 60km，合（肥）淮（南）阜（阳）、阜（阳）六（安）高速公路等高速公路纵横全境。依托便捷的交通，八里河风景区客源市场可以延伸至皖中、苏北、鲁南、豫南等地，市场需求旺盛，自助游、自驾游市场潜力大，生态旅游开发前景良好。

57.2.3　景区承载量大，客源市场覆盖面广

八里河风景区地处平原地区，可进入性强，和山地旅游景区不同，景区承载量大。为保障景区内旅游者人身安全和旅游资源环境安全，《中华人民共和国旅游法》第四十五条对景区最大承载量进行了规定。据此，2015 年 7 月，国家旅游局公布了所有 5A 级旅游景区的最大承载量，当时安徽省 8 家 5A 级景区中，八里河的日承载量最大，为 8 万人次，远高于黄山（5 万人次），天柱山（3.6 万人次），天堂寨（5 万人次），西递、宏村（4.8 万人次）等景区。八里河湖泊湿地型景区道路平缓，对游客自身的身体条件要求不高，各年龄段的游客均适合游览，可进入性良好，客源市场覆盖面相对较广。

57.2.4　人文景观有一定的吸引力

阜阳市文化底蕴深厚，曾是管仲、鲍叔牙、嵇康的故里，宋代大诗人晏殊、欧阳修、苏轼都曾在此为官，并留下了"未觉杭颍谁雌雄"等诗篇。据《史记》记载，春秋时期齐桓公的宰相管仲出生在颍上，留下"管鲍之交"的佳话。深厚的历史文化为八里河旅游开发创造了条件。八里河风景区自然、人文景观融为一体，除了自然景观外，主园区"世界风光"建有世界著名建筑的微缩景观，有巴黎圣心教堂、希腊宙斯神庙、德国柏林众议院、美国大峡谷等；"锦绣中华园"则具东方建筑特色，有苏式园林、白雀寺、人民丰碑、九龙壁、长城等景观。此外，还有湖心书画长廊、铁索桥、游乐场等，设施齐全，可让人品味或惊险或舒适的多种意境。在旅游资源较为缺乏的皖北地区，异域风光具有一定的吸引力。

57.3　八里河风景区生态旅游发展中存在的问题

57.3.1　旅游产品结构单一，优势缺乏

目前八里河风景区处于旅游经济发展的初级阶段，旅游开发以传统意义上的观光型产品为主导，主要依靠湿地自然风光及人文微缩景观吸引游客，文化类旅游产品和专项旅游产品开发严重不足，经营特色不够，淡旺季明显。景区旅游产品开发过程中对自然生态资源的作用较重视，而对地方特色文化的深入挖掘不够，造成了产品结构不合理、竞争性较弱等局面。旅游产品结构单一，自然风景、微缩景观观光缺乏参与性、体验性，使得游客缺少切身的强烈感受，无法留下深刻印象，停留时间短，重游率不高。随着经济的快速发展，人们旅游经验日益丰富，单一的观光型产品已经很难满足游客的需求，游客消费金额有限，对地方经济发展带动不足。八里河风景区如果不对旅游产品进行升级改造，不断推陈出新，很难跟上当今旅游业的发展形势，在周边迪沟、颍州西湖景区等同类或新型旅游产品的竞争下，会失去最初的产品优势。

57.3.2　"门票经济"现象明显，旅游漏损严重

"旅游门票经济"是指在一个特定的旅游市场内，旅游经营管理者以收取景区门票作为其主导的盈利和管理模式的一种旅游经济现象。在旅游经济发展的初期阶段，单纯的门票经济对于缓解旅游景区开发建设资金的不足、保护旅游资源起到一定作用。但旅游业的关联性较强，旅游收入的来源应该是多渠道的，从长远看，"门票经济"不利于当地经济和社会发展。八里河风景区发展严重依托"门票经济"，门票收入在景区总收入中占绝对比重，住宿、餐饮、娱乐、购物及其他旅游产业要素发展严重不足。景区"一日游"游客占大多数，不利于旅游产业链的延伸，损害了游客和社区居民的利益，弱化了景区特别是生态旅游景区的社会教育功能，不利于地方旅游业的可持续发展。"门票经济"是旅游产业的初级

发展模式，在"稳增长，调结构"背景下，八里河风景区旅游产业面临着产业升级的问题。

此外，八里河风景区管理体制存在不足，虽然成立了安徽八里河旅游开发有限公司，但是企业往往受制于政府，招商引资、项目推广、决策规划等方面受到镇政府制约。目前，八里河风景区门票价格 80 元/人，景区收入依赖门票收益。因政府干预，门票免费的情况经常发生，政府部门接待免票或通过各种关系免票或低价入园情况经常发生，旅游漏损情况严重，企业接待任务不堪重负，影响到企业的正常经营。

单一的门票经济和严重的旅游漏损，造成八里河风景区游客量多而旅游效益较差的局面。以 2013 年为例，八里河风景区接待游客 369.28 万人次，旅游总收入 0.86 亿元，同时期游客量高于黄山风景区的 274.6 万人次，而收入远远低于黄山风景区的 20.1 亿元。

57.3.3　开发建设资金不足，景区服务功能不完善

八里河旅游收益的不足制约了其在旅游方面尤其是基础设施上的投入，并且旅游发展初期的资金主要投入到风景区外表的建设上，而较少考虑供水、供电、通信交通、医疗健康及排污系统等基础设施的建设，因而基础设施环节薄弱。景区存在硬件设施老化、线路布局不合理（如铁索桥过长）、财政乏力、融资困难等问题。旅游功能不健全，接待游客的宾馆、饭店不够，娱乐和旅游商品购物场所极少，景区旅游配套设施质量差、无特色等制约着景区的进一步发展。完善旅游六要素需要建的项目多、标准高、耗资大、建设时间长，基础设施和旅游服务设施、项目建设任重道远。只有加大投入，才能快速做大旅游经济，旅游开发建设资金不足已成为制约八里河风景区经济转型升级的一大阻碍。

发展生态旅游对从业者有较高的专业能力和业务素质的要求，现阶段的八里河管理人员、服务人员素质和能力相对偏低，专业知识储备不足，服务水平有待提高。景区先进的服务体系（如电子商务、咨询服务信息平台系统）有待完善，数字化的旅游动态查询、网上支付、网上预订及其他个性化信息服务欠缺，服务的广度和深度难以满足游客多元化的消费需求。

57.3.4　社区居民参与不足，生态保护意识缺乏

可持续旅游目标的实现离不开社区参与。社区参与有利于地方政府制定规划、减少旅游者与居民的冲突、减轻旅游发展的文化和生态环境负面影响，促进和谐社区建设。1993 年，国际生态旅游协会把生态旅游定义为"具有保护自然环境和维系当地人民生活双重责任的旅游活动"，把社区参与作为检验生态旅游的一个重要标准。生态旅游必须考虑社区的参与，强调当地居民成为环境保护的倡导者、管理者和监督者，实现对生态环境和文化的保护。八里河风景区地处八里河镇，部分居民通过风景区旅游旺季用工、商品销售等方式从旅游开发中获益，而因为年龄、文化程度的限制，真正参与到景区旅游的几大要素中来的却不多，居民创收渠道单一，受惠面小，参与程度不够。同时，在收入分配上缺乏合理的良性机制，社区居民在旅游收益的分配中处于弱势地位，旅游收益主要被政府、旅游公司所得，社区没有话语权，收益很少。

社区居民对生态旅游的认知水平对其生态旅游参与意向和行为均有显著的影响。居民对生态旅游发展的印象越好，就越能激发居民参与的热情和激情，从而增强居民参与生态旅游的意愿，提高环境保护意识。部分八里河居民对生态保护的认识不足，利益驱使下电网捕鱼、偷猎候鸟、乱扔垃圾等现象偶有发生。

57.4　八里河风景区生态旅游发展策略

57.4.1　保护优先，合理开发，完善生态教育功能

生态旅游作为一种旅游开发形式，它的最终目标是保护旅游地生态环境。生态旅游开发需以优化和保护资源环境为根本，进而实现生态环境与旅游的协调永续发展。八里河风景区为"全球 500 佳"、省级自然保护区，水面广阔，生态环境比较脆弱，需遵循生态优先和可持续发展理念，实施保护优先原则，合理规划开发并举，保证核心区不受任何干扰，在保护自然资源和生态环境完整的同时，突出重点，讲究特色，合理布局，分期建设。把环保工作列为景区目标管理的重要内容，在保护风景区旅游资源与自然环境、最大程度提升游客旅游品质并能给地方带来稳定收益的同时，将开发对八里河的负面影响控制在最小范围内，在风景区基础设施建设过程中应尽量避开生态敏感区域。将风景区建成为定位明确、功能完善且经济效益良好的景区，实现生态、经济、社会效益协调统一。

只有以自然环境为旅游对象，重视环境保护，由此进行的具有科教性质的旅游才能被称作是生态旅游。生态旅游追求在保护的前提下进行科研教育等活动，以求经济效益及生态效益的双赢。八里河风景区在保护资源、发展观光旅游的同时，提高旅游从业人员素质，以宣传教育和普及自然知识为宗旨，通过宣讲、图片介绍、标语牌设置等方式，使游客增长生态环保意识，倡导低碳旅游消费理念，将景区建设为集科普考察、宣传教育、观光旅游于一体的生态旅游示范区。把生态旅游建设成为一个对外宣传的窗口，成为对青少年进行爱国教育和环保意识教育的基地，充分发挥其社会公益效益和经济效益，促进保护区经济建设和生态建设的不断发展。

57.4.2　产品多元化、特色化，提高游客体验价值

八里河风景区以观光旅游产品为主，这一形式难以对游客产生吸引力，因此须打破这种静态的被动观光模式，化静为动，实现旅游产品多元化、特色化，给风景区注入活力，提高游客的参与性、体验性。景区需打破结构单一的旅游产品体系，加强旅游产品的多元化，注重传统观光产品与新型旅游产品相结合，在发展较为成熟的观光旅游产品的基础上，大力开发和发展新型专题产品，如休闲度假、体育旅游、商务会议、生态体验、娱乐休闲、康体养生、修学教育、亲子游等新型旅游产品。这样不仅可以适应旅游者渴望回归自然的心态，满足旅游市场的多样化旅游需求，平衡淡旺季旅游需求，还可以促进旅游产品的升级换代，延长产品的生命周期，最终实现旅游经济收入的增加和旅游产业的增值。

目前，正在兴起的体验经济理论认为，"企业提供的是一种让客户身在其中并且难以忘怀的体验"。八里河风景区应以服务为舞台、以商品为道具、以旅游者为中心，创造能够使旅游者参与、难以忘怀的活动。针对客源市场需求情况，发掘、传承和创新地方传统文化精髓，结合管仲、鲍叔牙、甘罗等历史人物及白雀寺、九龙传珠的神话传说，精心设计个性化和特色化的旅游主题。发挥景区承载量大的优势，开发特色旅游纪念品、特色餐饮，通过淮河民俗风情体验、农耕参与、大型文化演艺、冲浪滑雪等形式，为旅游者提供参与性强、既有娱乐体验又有文化内涵的旅游活动和旅游商品，使景区散发出新的活力，吸引新客源，提高重游率。

57.4.3　延伸产业价值链，完善风景区管理体制

八里河风景区可以与其他景区和企业建立关联，在产业链上各个节点进行横向对接。这不仅包括产业链上不同类型旅游企业之间的对接，如景区利用产业集聚的优势实现横向的联合，收购当地的宾馆、饭店、旅游纪念品生产和旅行用车等企业；也包括同一类型旅游企业间横向的合作，如与八公山、阜阳

生态乐园、迪沟风景区等景区之间的横向合作，联合营销，资源共享，客源互送，信息互通，形成整体效应。旅游产业链的横向延伸，可以吸引更多的游客，增加游客的逗留时间，利用经营项目的多元化带动收入的多元化，保障景区的生存和长远发展，促进地方经济和社会的持续发展。

要想充分发挥旅游产业要素的综合经济效益，需构建统一管理体制，成立县级风景名胜区管理委员会，协调旅游、环保、林业、建设等各部门间关系，保证旅游政策实施的统一性，在立法和政策指导下进行资源的保护和利用；经营主体真正转变为以现代企业制度为基础的独立法人，实现市场化经营，杜绝多头管理，减少政府对企业的干预，避免政企不分带来的旅游漏损，建立良好的利益分配机制和相关保障机制，以促使旅游景区管理、经营更加科学化。

57.4.4　拓宽融资渠道，完善景区服务功能

由于多种原因，旅游开发资金不可能单独依赖财政资金投入，因此必须拓宽资金来源，采取多渠道方式，借助市场和社会力量加快旅游融资步伐。积极拓宽风景区的融资渠道，通过捐赠、基金、发行彩票等多种手段建立较完整和成熟的筹募资金和收入的运作方式，共同支持基础设施建设、资源维护、景区运营、发展费用。鼓励各种社会资本通过独资、参股、合作、兼并等形式投资旅游项目，推进旅游企业资本结构调整和机制创新，扩大旅游融资规模，加快推进旅游企业集团化建设、旅游基础设施和配套设施的建设步伐。

八里河风景区要解决人才匮乏问题，完善景区服务功能。积极开展政府旅游部门管理人员、景区旅游企业管理人员、服务人员与外地的交流。建立经常性的培训制度，开展生态旅游知识、常规技能、服务理念培训，与旅游院校合作办学，解决从业人员的学历问题，以培养、留住人才。完善旅游配套服务设施，提升景区信息化、智能化、数字化程度，完善旅游综合服务功能，提高旅游管理水平、接待能力和服务质量。

57.4.5　重视社区参与，加大生态旅游宣传

1993 年，国际生态旅游协会提出社区参与是检验生态旅游的重要标准。社区参与是指在旅游的决策、开发、规划、管理、监督等过程中，充分考虑社区的意见和需要，并将其作为开发主体和参与主体，以保证旅游可持续发展和社区发展。生态旅游的内涵之一就是要顾及当地居民的利益，保证当地居民从旅游业中受益，提高社区居民生活收入、改善居民生活质量，以此推动生态旅游区的环境保护和可持续发展。八里河是农民公园，强调社区参与程度，尽可能让居民受益，是景区开展生态旅游保护及管理的重要措施。将当地居民作为合作者，使其以参与旅游产品设计、规划实施、经营管理决策、利益分配、就业等方式，在保护和社区发展中获利。社区参与也让游客更多地了解当地风俗习惯和传统文化，降低了旅游的负面影响，提高了居民保护自然资源和环境的积极性，促进社区经济的发展。

积极的生态旅游态度是吸纳居民参与的前提条件。因此，风景区管理人员在制定提升居民生态旅游参与行为的策略时，一定要重视对居民进行生态旅游教育和宣传。加大生态旅游宣传力度，以报告、座谈会等形式定期到社区对居民进行生态旅游宣讲和教育培训，尤其是对年长者和学历层次较低者。通过电视、报刊、网络或定期发放材料等形式对社区居民进行宣传教育，促进人们认识到过度捕鱼、猎鸟、毁草毁林、排放污水的严重危害，自觉参与区内生物多样性保护。对风景区周围的居民也需要加强卫生管理和环保意识宣传，只有景区内外同时进行生态环境保护工作，才能可持续保护利用风景区的自然资源。

第 58 章　云南世界文化遗产元阳哈尼梯田生态旅游探索与实践

毕永臻　王婉秋　云南世博元阳哈尼梯田文化旅游有限责任公司，红河州

2013 年红河哈尼梯田文化景观正式入选联合国教科文组织《世界遗产名录》，成为我国第 45 个世界遗产。至此，中国成为仅次于意大利的世界遗产第二大国。红河哈尼梯田文化景观充分反映了复杂的农业、林业和水分配系统，是人与环境互动的典型案例。作为红河哈尼梯田核心部分的元阳哈尼梯田以其独特的农业生态景观、厚重的文化底蕴与悠久的历史，受到全世界人们的关注。元阳哈尼梯田生态旅游开发一直秉承保护与利用并重，保护的目的是更好地为人类所利用，把发展生态旅游业作为积极的、主动的保护和利用手段，在科学论证的基础上，注重自然环境与历史文化的综合保护，通过生态旅游开发促进当地社会经济协调发展、哈尼民众脱贫致富与文化遗产保护。

58.1　生态旅游资源概况

元阳哈尼梯田是亚洲，特别是东亚和东南亚稻作文化圈的重要组成部分。早在 1300 年前的唐代就已经有了文献记载。这片层层叠叠的梯田文化景观就是千百年来以当地哈尼族为主的各族人民利用"一山分四季，十里不同天""山有多高，水有多高"的特殊地理气候条件，同垦共创的梯田农耕文明奇观。哈尼梯田呈现的森林（风水林）—村寨—梯田—水系"四素同构"的农业生态系统，其独特之处就在于当地的哈尼人民巧妙地处理好了人工建构与自然环境的关系，是人类利用自然、改造自然的极致。

元阳哈尼族开垦的 17 万亩梯田，随山势地形变化，因地制宜，坡缓地大则开垦大田，坡陡地小则开垦小田，甚至沟边坎下石隙也开田，因而梯田大者有数亩，小者仅有簸箕大，往往一坡就有成千上万亩。梯田坡度在 15°～75°。以一座山坡而论，梯田最高级数达 3000 级，层层叠叠的梯田，千余米的高程差，形成了变化丰富的综合自然景观和梯田人文景观。

元阳哈尼梯田主要有三大景区：坝达景区，包括箐口、全福庄、麻栗寨、主鲁等连片 14000 多亩的梯田；老虎嘴景区，包括勐品、硐浦、阿勐控、保山寨等近 6000 亩梯田；多依树景区，包括多依树、爱春、大瓦遮等连片上万亩梯田。除了上述三大景区以外，还有大坪乡小坪子梯田，逢春岭乡尼枯浦梯田、老曹寨梯田、大鱼塘梯田，小新街乡石碑寨梯田、大拉卡梯田，嘎娘乡大伍寨梯田、苦鲁寨梯田，上新城乡下新城梯田、瓦灰城梯田，沙拉托乡坡头梯田，马街乡瑶寨梯田等。

自 20 世纪 80 年代以来，元阳哈尼梯田的知名度日渐提高，从封闭的哀牢山走向全国，走向世界。国内外专家学者和游客纷至沓来。在 1993 年的第一次国际哈尼族文化研讨会期间，中国、荷兰、日本、美国、英国、泰国等 10 多个国家的 100 多名代表参观了多依哈尼梯田，深为其景观的壮丽与文化的丰富所折服。1995 年，法国人类学家欧也纳博士来到元阳观览老虎嘴梯田，面对脚下万亩梯田，欧也

纳博士激动不已,久久不肯离去,他称赞:"哈尼族的梯田是真正的大地艺术,是真正的大地雕塑,而哈尼族就是真正的大地艺术家!"一座座的"田山",仿佛就是一部非文字的巨型史书,直观地展示了哈尼先民在自然与社会双重压力下顽强抗争、繁衍生息的漫长历史。哈尼族古老的《天·地·人的传说》中说:"大鱼创造了宇宙天地和第一对人,男人叫直塔,女人叫塔婆。塔婆生下二十二个娃,其中老三是龙,龙长大以后到海里当了龙王,为感激塔婆的养育之恩,向塔婆敬献了三竹筒东西,其中一筒里盛有稻谷种。"也就是说,哈尼人认为,自开天辟地以来便有了稻子。说明哈尼人是较早驯化野生稻的民族之一。千百年来,哈尼族将哀牢山区的野生稻驯化为陆稻,又将陆稻改良为水稻,在得天独厚的生态环境中,使哀牢山成为人类早期驯化栽培稻谷的地区之一。

元阳的梯田景观是有最佳观赏拍摄时间的。一年中最好的季节是 11 月至次年 4 月,这时候田中无稻谷,水平梯田层层透亮,光影效果极佳,其中春节前后更是经常可见云海,元宵前后,野樱花、野木棉花、野桃花和棠梨花满山遍野。早晨最佳拍摄点是多依树景区。当太阳呈逆光角度驱散晨雾时,层层梯田便渐渐染上金色,坐落其间的哈尼族彝族山寨,被云雾掩映得扑朔迷离,如诗如画,如梦如幻。坝达和勐品的老虎嘴景区,则是观日落的必到之处。在斜阳和彩霞的映照下,连片的梯田就像是浩瀚的大海,各种有节奏的层次和美妙曲线,色彩斑斓,常让人目瞪口呆,不知身在何处。

总的来看,元阳哈尼梯田生态旅游资源具有 3 个显著的特征:①光影梯田,以梯田为特色,梯田、云海、日出日落等交相辉映,形成光影艺术效果;②文化梯田,1300 年传承的以哈尼族为核心的农耕文化和民俗文化;③人居梯田,"四素同构"完美的自然与梯田文化生态系统提供了优美的生态环境和人居环境。

58.2　元阳哈尼梯田生态旅游发展历程

2008 年前元阳哈尼梯田景区旅游由元阳县人民政府负责开发,2008 年 12 月后云南世博旅游控股集团有限公司与元阳县国有资产经营管理有限公司合作,共同注资成立云南世博元阳哈尼梯田文化旅游开发有限责任公司,负责元阳生态旅游的开发和哈尼梯田的保护。

从 2009 年至今,元阳哈尼梯田景区旅游基础设施基本建设完成,坝达景点、多依树景点、老虎嘴 3 个景点的基础设施和服务设施基本建设完成,景区内的游客中心及相关的旅游基础设施和服务设施已初步能满足游览观光、休闲度假、专业摄影、文化体验等旅游活动的需要。2014 年 7 月 2 日,元阳哈尼梯田景区正式被批准为国家 4A 级旅游景区。

58.3　元阳哈尼梯田旅游发展的经验/创新

58.3.1　建设了比较完善的生态型旅游基础设施和配套设施

根据元阳哈尼梯田景区的环境特点,精心规划设计和建设旅游基础设施和服务设施,将原来横穿元阳哈尼梯田核心区的 320 国道移植核心区以外,老 320 国道改造成景区内文化遗产廊道型的生态游览主干道,并修建了必要的步行道,以规范游客的行为,有效地保护了元阳哈尼梯田核心区梯田景观。以此为骨架,逐渐配套建设了游客中心、生态观景台、生态停车场、精品酒店等设施。通过旅游基础设施和配套设施建设,提升景区的综合接待能力和服务水平。

58.3.2　推广非物质文化旅游产品

元阳哈尼族的许多传统节日,如昂玛突、矻扎扎等都是具有典型地方特色、极具魅力的文化旅游景观。现已将这些群众自发的活动加以组织和包装，成组成团、成批成套地表演并向外推广，形成地方特色浓郁的传统节日游览文化景观。其中，最具特色的是十月年长街宴。长街宴已有百年的历史，在每年阳历 12 月初（农历十月初十左右）举行。节日当天，村子里每家每户准备好丰盛的食品，然后沿街摆放长桌，与全村一起分享。长街宴上，年轻人给老人斟酒倒茶，青年男女集中起来在寨子中吹奏乐器，还可以看到很多游人跟着唱歌跳舞，共享宴席，一眼望不到边的宴席一桌接着一桌，长度可达几百米，非常壮观。

元阳哈尼的许多传统文化艺术，如山歌、民谣、民俗舞蹈，以及哈尼族等少数民族传统服饰等，都是元阳哈尼梯田景区保留的地方传统文化，目前已逐渐在进行开发。

58.3.3 体验民居民俗风情

曲线上的蘑菇房是哈尼族历史文化的载体，既有历史文化价值、民俗研究价值、建筑艺术价值，又有实用价值，基本保持了早期的民居风貌。通过设置一些哈尼传统民居的体验，感受群众殷勤有礼的款待，感受哈尼人民热情好客的传统美德，欣赏纯朴多趣的民风民俗。婚嫁习俗、信仰习俗等也可在民居展示。

58.3.4 努力开发旅游商品

到过元阳的人都知道，当地有众多极具民族地方特色的土特产品，目前已逐渐开发出了一些富有乡土气息的传统工艺制品、古玩制品和纪念品。

58.3.5 提供特色民族餐饮

元阳哈尼梯田的民家饮食，多少年来，以梯田原生态红米为主食，田间地头随处可见的野菜是餐桌上的美味，聪明勤劳的哈尼人，在梯田里养生态鱼、饲养生态鸭。哈尼饮食重视烹饪，调料齐备，地方风味浓重。

58.3.6 提升摄影展旅游产品

光影梯田是元阳哈尼梯田最具特色的产品，一直深受广大摄影爱好者和专业人士的青睐，元阳哈尼梯田为世人所知，摄影家功不可没。元阳哈尼梯田景观四时各异，任何一个季节都能举办国际性、全球性摄影展。

58.3.7 强化企业管理职工的业务培训

公司长期以来十分注重通过培训等方式来提升员工的管理服务水平，先后聘请了西南林业大学地理学院、云南省社会科学院等单位的专家学者和业内精英对员工进行全方位的培训。

58.4 元阳哈尼梯田旅游发展存在的主要问题

世界文化遗产申报成功，为元阳哈尼梯田生态旅游产业的发展提供了千载难逢的历史机遇，日均游客量较申遗前有较明显增长。但与同是世界文化遗产的丽江古城相比，元阳哈尼梯田还没有发挥出其资源优势，元阳哈尼梯田的吃、住、行、游、购、娱等各种服务功能还远远落后于丽江古城景区。

58.4.1 旅游配套设施不齐备

近年来，公司加大力度进行票务中心、坝达、多依树、老虎嘴等基础设施建设，但随着红河哈尼梯田成功申遗，哈尼梯田的知名度不断提升，旅游发展呈现良好发展势头，加上"昆玉红"旅游带建设，元阳旅游必将成为红河旅游的领头羊，但景区内外部交通、观景台、停车场、星级公厕、特色精品酒店、农家乐、客栈等旅游配套设施不齐备，景区接待能力较弱。

58.4.2　旅游产品单一

目前元阳旅游以观光游为主，文化体验性旅游产品、生态旅游产品、休闲度假产品、娱乐购物产品开发还有广泛的空间。游客旅游体验单一，消费单一，当地社区居民参与旅游开发活力未激发出来，老百姓获益不明显。

58.4.3　景区管理粗放

哈尼梯田是活态的文化遗产，遗产区内有 6 万余人从事生产生活活动，从 2008 年至今逐步形成"政府主导、企业运作、群众参与"的经营管理模式，但尚未建立健全对生态环境、梯田保护、文化资源、环境卫生等的保护管理体制，缺乏规范化、标准化、制度化、科学化的管理体系，管理粗放，压力大。

58.4.4　旅游配套项目审批困难

由于旅游区处于世界文化遗产核心区、国家湿地公园、国家重点文物保护单位范围内，特别是必须满足文化遗产保护的要求，梯田保护性、限制性法规政策严格，投资项目审批法规多，各部门审批要求不同，旅游配套项目需要根据各部门审批条件反复进行审批申报。

58.4.5　与社区诉求不一致

元阳哈尼梯田景区与社区交融，形成既是社区中的景区、又是景区中的社区格局。随着元阳旅游业的高速发展，景区开发保护、投资建设、游客接待、经营管理等与社区生产经营、民俗文化、生活方式、生活习惯、市场认知、利益诉求等存在诸多理解认识上的不一致。

目前公司处于建设期，投入与产出不成正比，一直处于亏损状态，尚难以建立补偿长效机制。加上公司投资项目由于审批的层次高、获批难度大，基础设施及服务配套设施建设项目缓慢，旅游产业链不完整，接待服务能力不能满足游客需求，制约公司快速发展和扭亏为盈，在为当地提供更多就业岗位、带动景区村民增收致富上显得力不从心。

58.4.6　旅游市场份额小

公司每年通过参加各类旅游交易会，借用网络、旅行社等渠道努力开拓市场，同时利用互联网平台、报刊和电台等手段推介和宣传景区，以期扩大景区的品牌影响力，吸引更多的游客到元阳旅游观光。但从总体来看，市场对元阳哈尼梯田的认知度还不高，游客基本上以自由行、背包客、自驾游等散客为主。

58.4.7　旅游经济效益较低

纵向来看，元阳哈尼梯田旅游业近几年发展有起色，为地方经济发展也做出了一定的贡献。但是从横向比较来看，元阳哈尼梯田旅游发展水平不高，经济效益比较低下，与同类遗产地相比，发展水平比较低，对当地经济的贡献还十分有限。

58.5　元阳哈尼梯田旅游发展的未来展望

元阳哈尼梯田景区未来发展规划建设中，将综合旅游地的规划、开发，对旅游线路设计、组合，对旅游业态规划、设计开展整体规划，并对建筑综合游线设计、商业业态设计、环境设计等进行规划设计，立足环境保护的前提，在合理的游线设计中穿插商业、服务板块，尽可能为游客提供齐全、优质、满意的旅游服务产品。

58.5.1 强化保护

强化保护森林—村寨—梯田—水系"四素同构"的景观体系。任何旅游项目的开发建设都要以规划为导向，在科学的环境评价基础上，谨慎地开发建设。同时，要加强宣传教育，提高游客保护意识，在旅游的同时做环境保护的志愿者。

58.5.2 创新开发模式

将采用"遗产地模式+乡村模式"进行旅游开发，突出世界文化遗产魅力，将开发亮点聚焦于遗产地品牌上。农旅融合，增加互动体验，让游客可以亲自体验哈尼稻作文化、农耕文化，增加旅游产品文化内涵，打造具有元阳特色的文化旅游品牌。

58.5.3 打造高质量旅游服务产品

要把元阳哈尼梯田建成"世界知名，国内一流"的 5A 级旅游景区，除了开发好文化旅游产品外，还必须按照国际标准把各项配套服务搞上去，形成高质量、有特色的服务体系。一方面，要紧跟最前沿的时尚潮流，把握顾客需求导向，提高服务意识和服务水平，这是任何具有吸引力的旅游资源、任何具有先进水准的旅游设施所不能代替的。另一方面，要掌握服务业的管理与其他行业的差异，要在重商誉、树形象上狠下功夫。元阳哈尼梯田在旅游服务提升方面要注意以下几点。

（1）服务语言

首先，作为一个旅游景区，无论是服务行业人员还是普通居民，都应该练好普通话，体现当地人热情好客的东道主形象。其次，在打造 5A 级景区的基础上，未来元阳哈尼梯田将有大量国外游客，这就需要元阳哈尼梯田人们尽快提高语言服务水平，统一路牌、站牌、标志等的英文译法，餐饮业菜谱中英文互译，减少游客的不便之处，形成良好的国际语言环境。

（2）宣传意识

除了导游、司机、酒店、餐饮等服务业人员要热情待客，服务周到，树立良好的旅游形象外，政府还应对广大市民加强旅游宣传意识教育，人人当好东道主，共同促进旅游业发展。

（3）旅游解说

统一明确的解说词，做好导游服务，不但使旅游有更深的体验，也可以更加突出旅游景点的悠久历史。

（4）信息咨询与散客服务中心

元阳哈尼梯田的主要客源多以散客、家庭方式出游为主，而且这部分游客占了较大比例。要为这些游客提供更个性化、更贴身的服务，应建立一个专业的、知名的信息咨询和散客服务中心，提供全方位的旅游信息咨询及灵活的住、行、游等联系和预订服务，免去跟团的各种限制，满足不同游客的消费需求。

58.5.4 加强市场营销

元阳哈尼梯田的旅游业有三个层次的目标市场：一是红河地区及云南地区民众（休闲、旅游、观光）；二是国内旅客（地方风情、历史文化底蕴）；三是国外旅客（观光、饮食、摄影）。

元阳哈尼梯田文化遗产的文化底蕴在联合国教科文组织世界遗产委员会给元阳哈尼梯田的评价中已完全展示。目前，最艰巨也是最直接最重要的就是如何将这种价值完美地展示，将其价值淋漓尽致地表现、诠释到最优。

陈君联　和志飞　丽江市旅游投资有限公司，丽江

59.1　概况

丽江老君山国家公园属"三江并流"核心区域，位于丽江市玉龙县西部的金沙江和澜沧江之间，西至丽江与兰坪边界，北至黎明乡亦包含美乐在内，南至老君山麓丽江与剑川边界，东部至桃花一带。另含北部鲁甸新主片区，以及玉龙县与香格里拉县交界处的虎跳峡。景区面积共 1085km²，海拔 1800～4515m。拥有"世界自然遗产""国家重点风景名胜区""国家地质公园"三项桂冠，是"三江并流"世界自然遗产地八大片区之一，其丰富的地质地貌、生物景观多样性资源成为展示"三江并流"自然生态资源价值的重要区域。

丽江老君山国家公园具有典型的立体气候特征，从金沙江河谷到山顶，形成亚干热河谷—亚热带—温带—寒带立体气候景观，从而形成完整的生物垂直景观带，云南松林、高山丛林、西南桦树林、小果垂枝柏林、云杉、冷杉、高山灌丛、山顶杜鹃矮曲林、石滩冻荒漠植物带、高山草甸，构成了老君山景区旅游环境的绿色基调。特别是在海拔 3600m 以上的核心景区内，原始森林保存完整，人类采伐影响较少，森林郁闭度高，具有幽、秘、静之特色。加之有以滇金丝猴为代表的多种动物出没，置身其间，给人一种人与自然和谐的无限遐想。

丽江老君山是中国高山丹霞景观分布面积最大的区域，黎明地区分布最为集中。黎明丹霞景观主要分布在黎明乡境内，包括黎明、黎光、美乐 3 个行政村片区，沿着河谷两岸分布。位于北纬 26°13′～26°45′，东经 99°34′～99°50′，面积 240km²，占全乡面积的 43%，主要沿黎明河两岸分布。丹霞景观由三叠系砂页岩经风化和流水侵蚀而形成，具有分布广、面积大、山体壮观、景色绚丽、发育典型和顶平、身陡、麓缓的明显特点，是中国丹霞地貌景观中海拔最高、高差最大、层次最分明的。其景观观赏性高，分布集中，空间距离小，可进入性强，便于游览，其中比较著名的景观有"千龟山""大佛崖""太阳三起三落"等。冬季在千龟山举目南望，可欣赏老君山主峰的皑皑白雪，春季则可以看到火红的山崖间盛开的杜鹃花。公园融奇石、森林、冰雪、峰涧、湖溪于一体，集奇、险、秀、幽于一身，可登山、漂流、垂钓、原始林探险、科普修学、源头寻踪、野菜野果采摘，是科学考察、休闲度假、旅游观光的胜地。

作为丽江旅游强市"一体两翼"战略的"西翼"，丽江老君山国家公园以老君山为龙头，带动石鼓长江第一湾红色旅游、金沙江沿岸景点的旅游开发，建设生态、科考旅游区，建成世界自然遗产"三江并流"的重要展示区。丽江老君山开发区域分为：①黎明片区，"中国第一，世界一流的高山丹霞地

貌"；②老君山九十九龙潭片区，"仙山瑶池，杜鹃王国"；③金丝厂片区，"高山冰蚀湖，高山森林牧场"；④利菹滇金丝猴保护区，"滇金丝猴栖息地"；⑤新主天然植物园片区，"横断山植物基因库"五大片区。

59.2 景区开发现状

59.2.1 为生态旅游的开发奠定了一定的基础

本着开发与保护并重的原则，在规划的指导下，几年来，累计投资近 5 亿元，先后组织实施了红石街至芦笙村旅游公路、老君石像旅游公路、千龟山索道、千龟山、安七尼游览步道、游客中心改造、停车场、旅游厕所、标识系统等基础设施建设，配套建设了黎明红石街供水工程、供水管网进社区、景区环境绿化，建设了文化展演中心等公益性设施，开发了诺玛底假日酒店、格拉丹帐篷露营地（招商合作项目）、黎明帐篷营地、黎明景区餐厅、酒吧、购物点等接待服务设施，黎明景区基本实现了"山上观风景、山下观风情"的景象。这些设施的建设为开展独具特色的体育生态旅游奠定了基础。

59.2.2 体育旅游的概念

体育旅游是体育产业与旅游业的结合，是旅游业的组成部分，目的是使人们善度余暇、健身强体、消除疲劳，获得生理和心理上的满足与放松，是从传统观光旅游中逐渐分离和提升出来的一种特色生态旅游。从广义上可概括为，体育旅游是指旅游者在旅游中所从事的各种身心娱乐、身体锻炼、体育竞赛、体育康复及体育文化交流活动等与旅游地、体育旅游企业及社会之间关系的总和；从狭义上可概括为，是为了满足和适应旅游者的各种体育需要，借助多种多样的体育活动，并充分发挥其诸种功能，使旅游者的身心得到和谐发展，从而达到促进社会物质文明和精神文明的发展、丰富社会文化生活目的的一种社会活动。从形式上大致可分为健身娱乐类和尝试刺激与观战类体育旅游。

59.2.3 已开发的主要体育旅游项目

老君山国家公园已成功举办了两届"老君山穿越赛"、多届"国际传统攀岩交流大会"、四届"老君山户外节"和"JEEP 汽车越野体验之旅"等知名体育赛事。黎明景区已成功打造出飞拉达攀岩等体育旅游项目，格拉丹景区户外帐篷营地已初具规模等，景区的体育旅游经营活动正在兴起。

（1）山地车

老君山景区为山地地貌，适合开展山地车活动。全地形车（All Terrain Vehicle，ATV）俗称"沙滩车"，又称"全地形四轮越野机车"（适合所有地形的交通工具），车辆简单实用，越野性能好，外观一般无篷。目前，丽江老君山国家公园黎明景区内已拥有多辆进口北极星全地形车，其采用四轮独立双摇臂悬架、无级变速器、特制的越野轮胎和强大的四驱传动系统，有着超强的越野性能，主要用于山林、森林、草原、雪地和沙漠，能够挑战极限地形和环境。图 59.1 是全地形车线路图。

（2）飞拉达

飞拉达是意大利文（岩壁探险或铁道式攀登）的音译，英文译为 Ironroad，指的是在崖壁上建设，由铁扶手横梯、固定缆索、岩石塞、踏脚垫等构成的爬山劲道，让爬山者不会攀岩也能攀上陡峭的岩壁。

黎明飞拉达铁道攀登线路设计全长为 1000m，与河谷落差 240m 左右，可容纳攀岩爱好者 300 人。黎明飞拉达铁道攀登保留了野外攀岩的惊险刺激，达到锻炼体能和意志的目的，同时降低了对攀爬者的专业技术要求，使那些追逐攀岩激情的普通人美梦成真，是人人都能参与的极限运动。飞拉达一号线海拔跨度为 2400～2475m，绝对高差 75m，全长 280m，攀爬有一定的难度。飞拉达二号线海拔跨度为

2500～2680m，绝对高差 180m，全长 650m，攀爬难度较大。

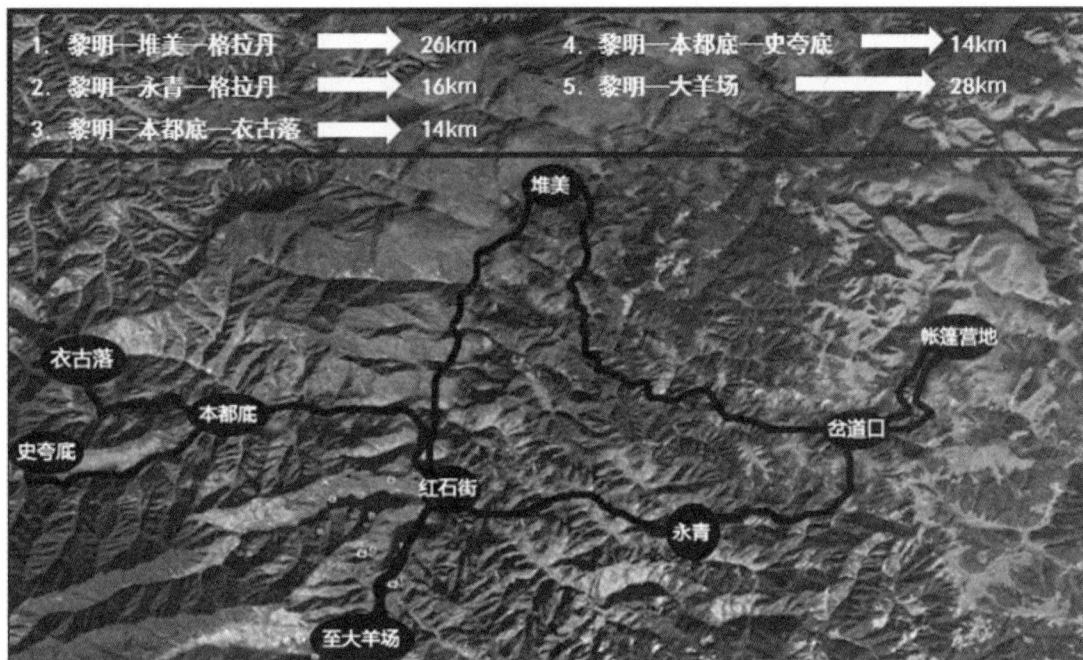

图 59.1　全地形车线路图

59.3　户外拓展基地和户外露营地

安七尼拓展训练基地毗邻黎明红石街，集景区酒店、客栈、餐饮、旅游设施于一体，于 2014 年 2 月落成，基地设施及器材均通过 ISO 9001 质量管理体系认证，拓展训练器材均获得权威机构的检测，符合国家相关标准。基地占地 10 余亩，与黎明丹霞大峡谷成为和谐一体。基地内设有八立柱高空项目组合架、电网、背摔台、毕业墙、露营营地、卫生间等设施。配备有 3 名资深的国家中级拓展师进行指导，可开展 10 余种户外拓展项目及大量模拟沙盘培训。全方位的综合服务设施和黎明洁净的空气使得基地成为滇西北不可多得的拓展训练大本营。

户外拓展基地同时也是户外露营大本营，能同时容纳 150～200 人的团队搭帐篷露营，自基地建成后每年的 5 月份开始就有陆陆续续的团队到此进行露营、烧烤野炊、团建活动等，而从每年的 7～8 月底就是属于学生夏令营活动的高峰期，每天都有 40～50 个甚至上百个学生团队在此露营。随着景区知名度的不断提高，公司于 2015 年年初在拓展基地旁边投资建造了河谷奢华帐篷酒店，同年 8 月 1 日正式投入营业，其一共有 30 顶帐篷，能同时入住 60～100 人的团队。自帐篷酒店落成后更是有很多企业单位到此开展户外拓展活动，其中规模比较大的团队就有实力集团 120 人的老君山团建活动、携程旅游 81 人老君山团建活动及国庆长假期间昆明 103 人的老君山三日亲子活动团队。20～50 人的老君山团建活动每年接待量在 10 次左右。

59.3.1　户外徒步

徒步亦称远足、行山或健行，并不是通常意义上的散步，也不是体育竞赛中的竞走项目，而是指有目的地郊区、农村或者山野间进行中长距离的走路锻炼。徒步也是户外运动中较为典型和较具特色的一种。短距离徒步活动相对简单，不需要太讲究技巧和装备，如果是长距离徒步应具备较好的户外知识技巧及装备。

丽江老君山国家公园处于三江并流核心区，有着高山草甸、高山湖泊、原始森林和丹霞奇观，地质地貌及动植物资源异常丰富，景区面积广、战线长、沟壑纵横，森林植被好，是我国不可多得的生态户外资源，适合赏花摄影、科普考察等多种户外体验需求，有着丰富的适合开展徒步穿越的资源。户外徒步已成为丽江老君山国家公园长期运营的一个项目。

59.3.2 户外节

丽江老君山户外节在每年的 11 月下旬定期举办，已经成功举办了四届，户外节设置了山地自行车、越野跑和传统攀岩等项目，吸引了来自美国、英国、加拿大等国家和地区户外运动爱好者参与比赛，同时也让更多的人领略了丽江老君山国家公园独特的户外运动魅力。

山地自行车赛是自行车比赛的一种。户外节山地自行车赛分男子组和女子组，赛道全长 29km，多为乡道公路，路面较窄，爬坡路段较多，增加了参赛者的挑战难度。

越野跑是在野外自然环境中进行的一种中长距离的赛跑。既是独立的竞赛项目，也是各项运动经常采用的训练手段。没有固定的距离，也不受场地器材的限制，每次练习或比赛都是按当时当地的自然环境条件选择路线，决定起点和终点。户外节赛道主要以观光栈道、土路、公路为主，赛道全长 13.4km。

59.3.3 传统攀岩

独特的丹霞地貌是传统攀岩的圣地。目前丽江老君山黎明景区已开发出 200 多条攀登线路，其中黎明景区丹霞凭借其独特的裂缝攀登风格，已成为中国较具特色的第一个传统攀岩区。

通过对户外运动资源的整理和开发，把老君山的天然山地生态旅游资源和户外运动资源优势通过赛事体现出来，展现在广大旅游爱好者面前。通过比赛的宣传效应及影响力，提升景区旅游形象，形成特色旅游产品，老君山体育旅游赛事的开展，极大地丰富了老君山国家公园旅游产品，实现了对资源的有效保护和科学利用。

59.4 体育旅游发展中存在的问题

59.4.1 体育旅游资源未充分开发，缺乏科学规划和管理

丽江老君山国家公园受经济发展、交通因素的限制及缺乏先进的体育旅游理念的引导和支持等各方面的原因，体育旅游资源开发比较单一，规模小，缺乏整体规划。丽江老君山国家公园面积广、战线长，开发难度大，一些有价值的体育旅游资源未开发出来或是正在开发，没有形成知名品牌，整体的经济效益、社会效益得不到有效提高。

59.4.2 体育旅游人才匮乏

体育旅游作为一项体育与旅游交叉、融合的产业，需要三类人才支撑。一是既懂旅游经营管理又具有一定体育专业技术、理论知识的管理人才；二是具备一定专业技术的技术指导人才；三是体育旅游产品的创新、研发人员。人才是开发体育旅游产业的重要保障和关键环节，经营管理者和开发者的思想观念、工作能力方法直接影响到体育产业开发的规划、决策和具体操作。当前开发制约丽江老君山国家公园体育旅游发展的是缺乏既懂体育旅游市场开发和研究、又熟悉体育产业和旅游经营的复合型人才。丽江老君山国家公园体育旅游的发展处于初始阶段，产品还没有形成一定的影响，当地民族传统体育活动流失也比较严重，直接影响了产品的市场竞争力。

59.4.3　体育旅游相关制度建设薄弱

体育旅游中相当一部分是高危项目，具有一定的风险性，要保证这些项目的健康发展，必须建立风险预警与救护标准、专业技术服务人员技术标准。

59.4.4　体育旅游营销渠道单一、宣传薄弱

对新兴的网络营销、体验营销、合作营销等营销方式的引入上还有欠缺，宣传方面也比较薄弱，缺乏政府层面公益性、教育性、主题性的宣传教育，宣传形式单一，仍以广告宣传为主。

59.5　丽江老君山国家公园发展体育旅游的战略

59.5.1　系统规划、分步实施

对丽江老君山及其相邻的其他老君山区域（大理、怒江、迪庆）作为一个整体进行系统的规划，在此基础上分步实施，将整个老君山区域建设成中国著名的户外运动、特种生态旅游的旅游区。

59.5.2　扩大宣传，提高体育旅游的知名度

加大体育旅游宣传促销的投入，重视体育旅游宣传尤其对主要客源的宣传，加强宣传力度，增强人们对体育旅游的认识，加快体育旅游市场的建立与完善。

应借助电视、网络、手机等先进的网络工具，对丽江老君山国家公园加以宣传，充分展现老君山国家公园体育旅游资源的特色及现有的成果；加大政府层面公益性、教育性、主题性的宣传教育，通过免费体验、书籍赠送、组织观看等多种多样的宣传形式，扩大覆盖面、影响力；利用傈僳族传统节日阔时节及老君山户外节等重大赛事活动的举办，形成具有一定影响力的体育旅游赛事，这样才能不断吸引国内外游客，使丽江老君山国家公园体育旅游产业不断壮大。

59.5.3　加大体育旅游设施和急救设备的投入

安全是每个旅游者出行时考虑的首要因素，先进、安全的旅游设施是进行体育旅游必不可少的条件，特别是一旦发生意外，先进的急救设备就能把损失降低到最小。同时要完善保险制度，在事故发生时，尽量挽回旅游者的损失。

59.5.4　引进、培养专业体育旅游人才

人才是开发体育旅游产业的重要保障和关键环节，丽江老君山国家公园体育旅游的有效开发与管理，必定要引进体育旅游人才，积极开展体育旅游企业人员的技能培训、技能认证，尽快建立一支有技术、懂经营的体育旅游人才队伍。

第60章 云南普达措国家公园自然解说探索与实践

郭海健 叶文 赵敏燕 西南林业大学地理学院，昆明

60.1 普达措国家公园的解说发展概况

普达措国家公园位于云南省滇西北"三江并流"世界自然遗产中心地带，由"三江并流"世界自然遗产的碧塔海国际重要湿地和属都湖景区，以及弥里塘亚高山牧场和洛茸民俗生态文化旅游村等构成，距迪庆藏族自治州香格里拉市城区22km。普达措国家公园的前身是碧塔海景区，景区早在1993年就开始了旅游开发。为了解决长久以来区内保护与发展之间的矛盾，在借鉴黄石国家公园等国际先进理念和建设管理模式的基础上，利用原有碧塔海、属都湖等景区，于2007年统一规划和建设成立了普达措国家公园，游客可游览的主要为属都湖、弥里塘高山草甸和碧塔海湿地三个景点。公园建成以来游客量不断增长，据统计，2006年8月大众生态旅游环线开始试营业至2013年，游客人数从47万增长到109万，旅游总收入从4271万元增长到19947万元。目前，平日园内日均客流为3000多人次，旺季高峰日可达5000多人次。

作为中国内地第一个国家公园，其目标是集环境保护、生态文化旅游、环境教育和社区受益功能于一体，在保护国家和世界自然文化遗产的前提下，为国内外游客提供观光机会。解说系统作为国家公园的重要部分，通过积极地策划和建立完善，其中教育功能的体现是国家公园区别于其他景区的特点之一。同时解说系统也是国家公园的管理工具，通过解说系统各组成部分的合理规划和组合来达到提高游客体验和加强游客管理的作用。因此，普达措从景区建立之初即按国家公园建设和管理理念来进行自然资源管理的设想，在解说系统的建设方面做了大量、科学的工作，如解说牌示的规划设计、解说员的引进培养等。

2007年，由西南林业大学国家公园发展研究所与大自然保护协会合作编制《普达措国家公园解说系统规划》，指导普达措的解说建设工作，成为中国内地第一个解说专项规划。而后，普达措又分阶段分批次地对景区内的解说内容和设施等进行更换、添置和完善，使解说系统更加丰富完善、设置更加科学合理，意图在发挥引导游览和管理教育等功能方面发挥更大的作用。截至目前，普达措国家公园实际建立且仍在使用解说员、解说牌示、解说手册、影视厅视频、车载广播用录音带、车载电视幻灯片、语音导览器、室内展示、环保大巴展示、明信片等形式组合的解说系统。

60.2　普达措国家公园的解说规划

60.2.1　解说系统的规划过程

（1）解说资源的调查与分析

调查收集普达措的相关信息，如自然资源、文化资源、管理、市场、原有解说系统和设施等。对普达措解说系统相关的硬件设施、解说队伍等进行调查分析，确定优势和劣势。并对现有的和潜在的解说系统服务对象和市场进行细分，进行解说系统目标定位。

（2）确立解说主题和内容

根据普达措国家公园建设理念和资源特征、整体布局和旅游线路设计、游客特征和公园管理及解说系统组成等要素确立解说主题。并根据不同景点景观特色，确定亚主题及具体解说内容，如地质地貌、地理、生态系统、自然资源保护、历史沿革、科学研究、传统文化等。

（3）解说空间和媒介策划

解说媒介的规划设计首先要确定解说活动发生的空间，即普达措国家公园内具有价值的解说资源或解说机会发生的地方。随后，根据解说空间的资源特点、解说需要发挥的功能和环境特征选择不同的解说媒介组合。从解说资源的角度开展了解说媒介的选取之后，还需要以服务游客的视角将解说内容与解说媒介组合，展开解说员的培训，解说牌示的类型、数量、版式和样式设计等细致工作。

（4）多方意见咨询与修改完善

解说系统的软硬件设施是否符合普达措实际情况，需要将其初步方案在有关专家、部分游客和社区居民中广泛征求意见，进行评估后，管理机构根据反馈意见进行必要的修改，最终定稿并实施。

60.2.2　解说系统的规划内容

（1）解说系统规划的目的

普达措国家公园有着丰富的自然资源和高原湖泊湿地风光，这些自然景观需要相应的解说安排，才能让游客在休闲、观光活动中，在一般的感性体验外获得对国家公园的深入认知和理解，并在旅游中自然而然地获得知识并受到环境保护方面的教育，使生态旅游充分发挥其教育的功能。因此，景区内外应设置兼具游憩性、教育性功能且适合游客参观的解说系统。解说系统是体现国家公园教育功能的重要部分，同时也是国家公园的管理工具，通过静态与动态解说系统的结合可以提高游览感受和加强对游客管理的作用。因此，解说系统规划的目的主要包括以下几点。

1）有助于改变游客对人生的态度及价值，从欣赏、体验大自然到调整人与环境相处的态度（环境伦理）。

2）协助开展管理工作，并且正确引导游憩活动。

3）实现教育功能，尤其是结合藏文化生态观。

4）增强游客重游、再游及深入欣赏、学习大自然的意愿。

（2）解说主题和内容

根据解说系统规划目的，按照普达措国家公园解说资源的品质和特性，将解说主题分为以下 4 类。

1）生命之美。生命之美以动植物景观及其组成的不同生态系统景观为主要解说内容。向游客展示普达措国家公园丰富多彩的生命，旨在加深游客对野生动植物的了解程度，使游客具有一定的自然科普知识，激发游客对野生动植物的兴趣爱好，以此达到探索生命、欣赏生命、珍惜和保护环境的目的，并阻止一切使珍稀濒危动植物灭绝的不良行为。

2）大地之美。大地之美以普达措国家公园地文景观和水文景观为主要内容，地文景观可以客观地呈现出国家公园地质地貌历史演变过程，解说国家公园的形成历史；水文景观紧紧围绕碧塔海和属都湖两大高原湖泊，展现出国家公园独特的自然风光，使游客能够在游憩上和精神上获得愉悦的体验，通过学习高原湖泊的形成，了解自然地理环境概况，加深对国家公园稀有物种形成的认识。

3）人文之美。人文之美主要围绕藏族的民俗风情、宗教文化和农牧文化等方面内容而展开解说。具体以普达措国家公园内形象化的藏八宝和洛茸村的藏民生活为依托，增强游客对藏族民族文化的认识与体验。解说注重娱乐性和参与性，使游客和当地居民都能够参与其中，最终游客可以体验到浓郁的藏族风情，感受到藏族人民的善良与虔诚。通过活动，当地居民对自己的民族文化产生自豪感，进而促使保留与继承优异的传统文化习俗。

4）心灵之美。这一主题包括国家公园理念、公园规划管理、环保设施及特定环境教育活动等内容，主要目的是向游客传达环境保护的重要性。结合国家公园建立历程、理念和具体的环保设施等，依托娱乐活动，使游客融入环境之中，享受大自然的阔达心境，体验到自然之美或被破坏后的状况，最终达到对游客进行环境教育的目的。

针对以上 4 个主题，根据解说内容的差异，以及不同的解说目标进而形成了更为具体的 14 个解说次主题，见表 60.1。

表 60.1　普达措国家公园的解说主题和内容

解说主题	解说次主题	解说内容
生命之美	植物	1. 公园内森林生态系统中的关键种和特有珍稀濒危物种的分布与保护 2. 常见开花植物的生长习性和花期介绍 3. 具有特定使用价值或观赏价值的植物介绍
	动物	1. 公园内特有珍稀濒危物种的现状、分布与保护 2. 常见家养动物的概况介绍 3. 具有观赏价值或特定使用价值动物的介绍
	生态系统	1. 湿地生态系统景观介绍 2. 森林生态系统景观介绍及火烧林的影响 3. 宏观生态系统的整体介绍及其相互联系 4. 生物多样性的 4 个层次
大地之美	湖泊	1. 高原湖泊的形成与特点 2. 属都湖自然环境概况介绍 3. 碧塔海人文传奇故事介绍
	河流	1. 属都岗河地理概况等 2. 属都岗河的流向及其对藏民生活的影响 3. 属都岗河谷景观
	地质地貌	1. 地质地貌的形成与类型 2. 普达措国家公园的地形发育史 3. 典型地质地貌景观介绍
人文之美	民俗风情	1. 藏族民风民俗 2. 藏族的节日庆典 3. 藏族的故事传说
	生态文化	1. 藏传佛教的戒律规定 2. 藏族人们的优良生活习惯和传统 3. "自然圣境"论及圣地文化
	宗教文化	1. 藏八宝的传说 2. 经幡、旗帜和玛尼堆等宗教遗迹的介绍 3. 宗教活动的介绍

续表

解说主题	解说次主题	解说内容
人文之美	农牧文化	1. 放牧的垂直变化
		2. 藏族耕作物种、时节和收耕方式的介绍
心灵之美	国家公园	1. 国家公园的产生与历史发展
		2. 国家公园概念
		3. 国家公园环境规划管理概况
	普达措国家公园发展历程	1. 普达措国家公园名字的由来
		2. 普达措国家公园主要保护对象
		3. 公园的发展历史
	环保设施	1. 厕所和大巴的环保原理介绍
		2. 有无栈道的今昔对比，修筑栈道的环保措施介绍
	生态旅游	1. 生态旅游的概念
		2. 生态旅游的三大标准
		3. 生态旅游者的行为准则

（3）解说空间和媒介

根据游客的空间移动特征，以及现有的游览方式和普达措国家公园景观开发状况，确定环保大巴旅游环线上所涉及的三大游憩区为游客活动密集地区，并呈现点、线、面的空间结构。以此作为解说空间，即普达措国家公园的主要园内解说场所，向游客分别展示公园的不同主题景观。

按照普达措国家公园解说主题和内容分类，以及解说空间的分布，在空间解说点上设置相应的媒介，配合游客身临其境地感受到景观的多样性，并通过不同的组合，生动活泼地展示解说资源的丰富性、独特性和新奇性，提高对游客的吸引力。普达措国家公园的解说媒介主要包括解说员、解说牌示等向导式和自导式解说媒介两大类型，见表60.2。

表 60.2　普达措国家公园的解说空间和媒介组合

结构类型	解说空间	解说媒介选择	解说媒介组合特性
点状结构	观景点、停车湾、旅游设施点、休息点、管理站	解说牌示	解说牌示随处可见，位置醒目，利于明确设施和景点的位置和方向；利于明确解说对象的位置和方向
线状结构	环保大巴环线公路、游览观景栈道、生态小道	解说员、解说牌示	解说员可依游客的兴趣和需要决定解说的内容和方式，利用集体的反应来激发游客个人兴趣；可解答游客的问题；应对旺季大客流的解说需求；自身可以发展出公园管理等各方面的能力
			解说牌示随处可见，位置醒目，利于明确解说对象的位置和方向；可以设计成和周围环境互融的样式；游客可以依自己的速度观赏；两者可以结合真实景象作为解说对象
			解说牌示和室内展示位置醒目，利用简洁明了的图文组合引导游客完成游览前的准备工作，快速了解园内或该片基本情况
面状结构	主入口、游客中心、餐厅	解说牌示、室内展示、解说出版物、视听器材	解说出版物可以让游客在旅途开始前携带，可有多种语言选择；适合表达有次序性的材料，游客可依自己的速度阅读，弥补人员解说之不足；容易修订，不同时期和情况下提供特别的游览建议；提升有纪念价值，可作为商店的商品售卖
			视听器材具有写实性，且造成游客情感上的冲击，视觉和听觉配合帮助激发游客的想象力；使游客能看到无法接近或当时不能看见的景色、动植物、季节风光等；能同时服务室内较集中的众多游客

60.3　普达措国家公园的解说实践

60.3.1　游客对解说的选择

（1）游客对解说媒介的选择

目前，普达措国家公园的主要游客群体以 18～35 岁年龄段青年人为主，前来普达措的主要目的是欣赏自然、休闲放松和徒步体验等。在使用解说系统的情况调查中，解说员获得的得分最高，表明游客对于解说员发挥作用的普遍认可。解说员在所有解说媒介中具有最强的灵活性，他们会根据游客兴趣爱好选择讲解内容，如重点讲解游览规模大的和具有代表性的内容、景观的与众不同处，以吸引游客的注意，利用所见景物使游客产生联想，将典故、传说与景物介绍有机结合，用游客熟悉的事物与眼前的景物相比较等方式，容易激起游客共鸣，提高游客的愉悦之感。因而，解说员在游客愿意主动接受的旅游服务中占有重要的地位。

普达措国家公园为大众观光游客规划了"环保车+栈道徒步"的方式作为主要游览路线，且核心景观都集中于全长 3.3km 的属都湖栈道和全长 4.2km 的碧塔海栈道，客观上为游客创造了摆脱对解说员依赖的机会，利用解说牌示、解说手册等媒介独立完成游览活动。沿着栈道密集设置的解说牌示，利用不同的样式在功能和内容上形成有规律的引导和区分，对旅游者来说，阅读解说牌示内容没有时间上的限制，可以根据自己的喜好、兴趣和体力自由决定观看的时间长短和进入深度，甚至还弥补了季节性景观缺失的遗憾。自导式解说媒介被使用的频率大为增强，相较解说员能带领的游客数量有限，解说服务的效率也大幅提高。

受国内教育方式的影响，与西方游客面对生态和环境知识所具有的强烈求知欲不同，中国游客不习惯在旅游过程中接受"教育"，把旅游视为在自然中休闲享乐的方式，对知识含量太高的旅游活动不少游客会产生反感情绪，甚至拒绝接受，因此要避免"填鸭式""灌输式"的解说方式。普达措国家公园为了达到实现环境教育同时满足游客体验的目的，采用自导式媒介和向导式媒介组合服务游客的方法。环保车接送游客抵达栈道出发点的路途中，依靠解说员简洁生动的语言帮助游客对国家公园、周边环境和游览方式等建立初步印象，激发游客进一步深入了解园内或下一站各种景观的好奇心和能动性；游客在栈道步行游览的过程中，以配合景观设计的解说牌示和解说手册创造大量解说机会，让游客自发地对解说内容产生兴趣，由浅及深养成阅读和学习的习惯，旅途中自然实现环境教育的过程。

（2）游客对解说主题和内容的选择

研究者在普达措国家公园国内游客旅游行为分析中，被调查游客印象最深的景物依次是雪山＞湖泊＞森林＞藏文化＞民俗风情＞草甸＞湿地＞河流＞动物。从各项调查结果中可以看出，香格里拉和普达措国家公园吸引游客之处除了神奇秀美的自然风光，还有与高原环境密不可分的藏区民族文化和农牧民俗风情，其正是自然与人文的相互映衬之下才充满魅力。因此，游客对普达措的欣赏，一部分是因为自然景致的秀美，但更重要的是雪山湖泊和森林草甸中凝结的藏族人民千百年与自然和谐相处、顺应和利用自然的生产生活方式及藏传佛教的神话传说等人文精粹。因此，在解说内容的选择上，对自然资源的解读和对人文风情的挖掘，特别是两者之间密切相关的联系，显得尤为重要。

同时，与崇尚"人地分立"生态价值观的西方人群不同的是，"天人合一"的生态价值观也是中国游客对自然与文化融合渗透的景观资源特别关注的内在动力。"天人合一"思想产生人地共生观念，这正与普达措国家公园内碧塔海的生态景观要素与藏传佛教中八种宗教符号一一对应的情形一致。例如，在碧塔海栈道的解说内容设计上，将景观的美感与"藏八宝"的神奇巧妙融合，引导从心灵深处体验大自然地大物博与藏传佛教博大精深的相通性，神灵造物的近在咫尺，自然敬畏之情油然而生，最终促成尊重自然、爱护环境的意识和行为产生。

此外，以普达措为代表的中国西部生态旅游地，与西方特别是北美地区的差别较大，不会是人迹罕至的荒野地带，反而是少数民族集聚、人文资源丰富、地方民俗独具特色、自然与人文景观交相辉映的地区。同时，人们已经形成了"东强西弱"的贫富差距意识，大多数游客会较为关注经济不发达地区的社会状况，甚至考虑旅游活动是否对于改善当地经济水平带来正面的扶持作用，所以在对社区居民的生产生活方式、旅游商品及游客行为影响方面的解说需要加以充实。因此，普达措国家公园的解说内容并不单纯强调生态景观和环境科学知识，还包括许多与自然伴生的民族、宗教、民俗风情、社会状况等人文内涵，这才是吸引游客深入了解普达措自然和文化交融、国家公园内涵的魅力所在。

60.3.2　解说媒介

1. 解说员

（1）解说员的选拔与培养

普达措国家公园的解说员是在各种解说方式中较受欢迎，也较传统的一种。根据游客调查分析和管理人员的解说经验，具有国家公园丰富的自然人文知识、和蔼的解说态度及解说技巧的导游，在进行解说节目中，不但能够使整个活动进行得生动有趣，而且能够紧紧地吸引游客，把知识通过解说活动传递给游客，并获得积极反馈。

表 60.3 中列出了普达措国家公园选拔和培训解说员程序中，需要解说员具备的特质、能完成的工作、应达到的要求和应参与的训练，实质上包含了个人素养、知识和技能三个层面的内容。

表 60.3　解说员选拔与培训纲要

特质	工作	要求	训练
热忱与爱心	带队解说	教育背景	自然保护
自信心	定点解说	文化知识	园区概括和解说资源
丰富的解说知识	游客中心和展示馆解说	素养	解说技巧
丰富的人文素养	操作视听器材和多媒体		辅助性的解说技巧
善解人意	出版物的编撰		安全训练
愉悦的外表与风采	展示品的收集和整理		
	区外解说		
	研究发展		

解说员首先要有正向的环境态度与价值观，才有能力使游客觉察环境问题、了解环境及环境问题的知识，让游客理解国家公园建立的体制、模式和理念。解说员知识层面的具备才能帮助游客了解国家公园的特殊地理条件和生态环境状况、民族和宗教多元文化特征等核心资源，以及其相互支持和作用的关系等；增加游客的见闻，在解说服务过程中满足他们的好奇心。优秀的语言表达技能是解说员应该必备的，同时训练掌握多种景区管理和野外技能，保证游客安全顺利地完成旅途，保障景区正常科学运营，同时以自身的环保实践引导游客以合理方式采取行动保护环境。此外，解说员需要在工作中日益积累丰富的经验，促使个人能力和水平的不断提升。

普达措国家公园解说人员的培训周期为每年一训，多集中在 4—5 月的淡季，曾数次邀请园外专家培训。近年的培训师任务多是由工作时间较长的解说人员承担，时长一般为 1 个月，培训内容主要来源于工作经验。

（2）解说员的工作

普达措国家公园内的解说员主要以通俗易懂的语言，告诉游客国家公园内资源的科学内涵，突出重点的同时引发更丰富的想象。解说员主要是在环保大巴环线公路上随车讲解，因此不但要注意囊括空间上景观的变换，而且也要描述出景观在一年四季内的主要变化，这样才使解说词富有内涵，引人入胜。

目前，普达措国家公园内共有全职解说员 40 多名，其中约 20%具有本科及以上学历，约 80%为专科学历。每位游客都必须到游客中心乘坐环保大巴才能进入景区，因此解说员主要在环保大巴上工作，基本保障每辆大巴车配有一名解说员，主要负责入口—属都湖—弥里塘—碧塔海—出口之间的站点解说，每天每人至少跟车三趟。内容多为景区概况、安全事项、乘车注意，旅游资源解说主要涉及动植物、生态系统等生态学和环境科学知识，同时车载电视配合解说循环播放公园四季不同景色。在 7～8 月旺季，一般会邀请周边高校学生作为解说志愿者缓解服务压力，并在客流高峰时段提供录制的车载语音解说，并配合背景音乐引导游客关注不同路段的景色。

普达措通过建设多样化的解说人员队伍，如将景区的定点管理人员调动起来、借助高校和非政府组织的人力资源、引入志愿解说者机制，保证旺季有足够的解说人员，淡季不浪费人力物力，从而保证不同季节的每一位游客都能在解说员的引导下完成整个国家公园的游览。

2. 解说牌示

（1）解说牌示的类型与功能

普达措国家公园内的解说牌示设置可小可大，可单一可连贯，可简洁可丰富，可室内可室外，集合了多种媒介的优点，是所有自导式媒介中数量最大、分布最广、游客使用频率最高的一种。解说牌示大致可以分为引导性、管理性、说明性和教育性 4 种基本类型（表 60.4），不同类型的划分实质上是由各种解说牌示的作用和内容决定的。

表60.4　解说牌示的功能与类型

牌示类型	牌示功能	举例
引导性	景区资源水平、质量等级	三江并流世界自然遗产地、三江并流国家级名胜风景区、国家公园、国际重要湿地
	景点景观	属都湖、弥里塘、碧塔海
	游憩运动场所及设施	影视厅、码头
	服务管理设施	停车场，游客中心，售、补、退票处，检票处，接待室，卫生间，吸烟室，商店，导游刷卡处，环保车站，餐厅，灭火器
	特殊保护区域	生态恢复区
	游览导向	导游全景图、游客中心平面示意图、团队通道、导游通道、候车区
	道路指示	栈道入口、栈道导览图、公路交通标志
管理性	警示行为	森林防火公告、"禁止践踏""禁止采摘""禁止摇晃""禁止攀爬"等
	通告性管理	国家公园管理制度和法规、游客须知、救援电话、游船经营收费（价格）公示、"防止滑倒""当心倒树"等
	规范行为	"来时给你一片芳香，走时还我一身洁净""文明自脚下起步，保护从你我做起"
说明性	水域风光类资源	碧塔海、属都湖、属都岗河等
	生物景观类资源	弥里塘草甸、云杉林、中甸叶须鱼、牦牛、黑颈鹤、"杜鹃醉鱼"和"老熊捞鱼"等
	建筑与设施类资源	玛尼堆
	旅游商品类资源	食用菌、竹叶菜
	人文活动类资源	"藏八宝"、经幡、六字真言经文等
	其他	奥运火炬传递纪念

续表

牌示类型	牌示功能	举例
教育性	管理体制与环境理念	"三江并流世界自然遗产地"授予历程、国家公园简介、国际重要湿地简介、建立国家公园的意义
	自然遗产	碧塔海、属都湖等高原湖泊生态环境，中甸叶须鱼等珍稀动物栖息地，"杜鹃醉鱼"和"老熊捞鱼"等生态系统循环
	人类活动及影响	食用菌和松茸采摘，"藏八宝"文化与自然景观的融合、玛尼堆等民族和宗教文化遗迹
	生态旅游活动	森林徒步线

需要说明的是，说明性牌示与教育性牌示很难有严格的区分，其主要内容都包括自然生态景观资源和人文景观资源两部分，并且涵盖碧塔海、属都湖、弥里塘草甸三大核心景点，特殊景观草花、植被和树种、珍稀野生动物、四季景观、"杜鹃醉鱼"和"老熊捞鱼"等趣味性与科普性相结合的丰富内容，并将"藏八宝"、玛尼堆、经幡等藏族宗教文化和传统民俗加以融合，在对景观说明的同时为游客提供正确的环境认知及观念，展示了国家公园丰富的资源内涵。此外，还设置了森林徒步、湿地观鸟等生态旅游活动解说，使牌示系统的服务功能不局限于一般的大众观光游览活动中。

（2）解说牌示的形式和设置

在形式和风格方面，普达措国家公园内的解说牌示系统基本上都采用了喷绘或木刻藏式风格解说牌，中、英、藏三种文字结合说明的方式。各个层面的考虑不仅有利于实现其多功能，更为提升景区质量和游客感受营造了井然有序的环境。

引导性牌示、管理性牌示、说明性牌示和教育性牌示等共同构成了普达措国家公园的整套解说牌示系统，其安放的位置以环保大巴环线公路串联起的两条游览观景栈道和一个观景台为主轴，进行了详细规划。引导性牌示设置于国家公园入口、环保车站、道路交叉口、较长路段中段等，以地图和文字结合的形式，并使用不同颜色标注不同的区域，使游客了解自己所在的位置、距离观景及服务设施的方向和路程等；管理性牌示设置在环保车站、人行木栈道、生态小道沿线等，在意外多发路段的栈道边数量最多，主要目的是提醒游客行为、减少对资源的破坏并保障游客安全；说明性和教育性牌示设置于地理地貌特殊、动植物资源丰富、人文景观特色明显的地点。牌示分布与游客游览线路的一致性，保证了每一位游客接触到牌示的机会均等，也使得每一块解说牌都能得到最大效率的使用。

普达措国家公园在解说牌示的维护更新方面十分重视，曾分阶段分批次地对景区内的各类牌示进行更换和添置，陆续投资 700 万元分期实施，至今实施规划设计的一半左右。2012 年，公园创建国家 5A 级旅游景区，遵循评定部分对各种引导牌示的要求，邀请专业公司统一设计安装牌示；2013 年，香格里拉县林业局投入部分经费，针对公园内的动植物资源又设计制作了一批牌示；另外，还有国际重要湿地、生态恢复工程等各种其他环境教育内容的牌示等。

3. 其他解说媒介

普达措国家公园还有解说折页、解说手册、影视厅视频、语音导览器、室内展示、明信片等形式的解说媒介，但从目前的实际状况来看，游客使用的频率和效果远不如前述的解说员和解说牌示这两类。

普达措国家公园的游客中心内有供游客取阅的解说折页和解说手册，解说折页分为花草、动物、藏八宝等系列，解说手册分为四季风光、普达措和属都湖等系列，语言有中、英、韩三国语言，但由于印刷成本较高，目前采用分时段分版本提供，取阅的游客也甚少；语音导览器曾在园内使用过一段时间，游客入园前在游客中心凭身份证登记免费使用，但由于丢失损坏率高目前几乎消失匿迹；影视厅、室内展示区等设置在游客中心偏僻一角，除了在去往乘车通道必经路线上的部分墙面展示，基本处于无人问津的状态。

60.3.3　解说主题和内容

　　普达措国家公园解说内容的撰写是在对资源进行科学、系统、全面分析的基础上，用于阐明解说资源的生态内涵、价值，以及其相互之间、与人和社会之间的联系。普达措国家公园内的解说资源主要包括湖泊草甸等自然风光、野生动植物和生态系统等生物景观、藏八宝和玛尼堆等民族宗教文化等，并从中筛选归纳出内容撰写的重点，主要为高原湿地、森林生态系统和藏文化三大类型景观，同时融合了国家公园管理制度和环境教育的知识，形成了"大地之美""生命之美""人文之美""心灵之美"4大主题（表60.5），生态学和环境科学知识、游客行为规范及后果两个方面内涵的解说内容。

　　在普达措不同的游览区域，根据解说资源的特点对解说内容进行了重点区分。例如，属都湖注重对自然环境的解说，让游客更多地认识自然环境，体验自然之美；碧塔海注重对人文故事的介绍，旨在增加游客对藏文化和藏传佛教的理解；环保车进入和离开核心游览区的路段注重对国家公园理念的解说，让游客对深刻理解管理制度并激发其在环境观念方面的思考。这样也避免了游客在游览路程较长的栈道时产生审美乏味的感觉，增加游客游览公园的机会和时间。

表60.5　普达措国家公园解说内容分类

内容主题	解说资源	代表景点	知识内涵	举例
大地之美	高原湿地	属都湖、碧塔海、弥里塘、岗擦坝、属都岗河	生态学和环境科学知识	"……碧塔海非常的古老，从距今四、五千万年前就开始逐渐形成，走过了冰雪覆盖的冰河时期，经受了冰川无声无息的作用一点点发育成今天的模样，纷飞的雨雪，周边的山体上冰川消融，为湖泊提供了相对稳定的补给水源，良好的植被又不断把水源涵养起来，如今它用最美的姿态展示在世人面前……"
			游客行为规范及后果	"足下留情，绿意更浓"
生命之美	森林生态系统 野生动植物	云杉、冷杉、落叶松、高山栎、熊、黑颈鹤、杜鹃	生态学和环境科学知识	"……在这些云冷杉树的树枝上还悬挂有一些浅灰绿色的丝状物，当地人称其为树胡子，它的学名叫'长松萝'……"
			游客行为规范及后果	"……这种植物对生长的环境特别挑剔，一旦空气遭到污染，它就会自动消失……"
人文之美	藏文化 农牧文化	藏传佛教、藏八宝、松茸	生态学和环境科学知识	"……弥里塘亚高山牧场是当地藏民夏季放牧的最佳场所，在牧场上主要放牧有三种牛：牦牛、黄牛和犏牛。牦牛是藏民世代赖以生存的'传家宝'……"
			游客行为规范及后果	"……本教里认为：万物皆生于宇宙、存于大地，大地形象地代表人格化以后，定位于山有山神、树有树神、水有水神，不可轻易破坏……用现在的生态价值观来讲，人类违背客观规律与大自然抗衡，只会遭到大自然无情的报复……"
心灵之美	管理制度	国家公园理念、公园规划管理、环保设施		"……也许在500年前数千年前或是更早，不论是中国的长江下游、黄河流域，还是大家的家乡城市自然生态也应该是如此的完整，然而今天大城市的人们只有来到香格里拉，来到普达措国家公园才能看到大自然本来的面貌，才能看到保护得如此完好的生态环境……"

　　因此，解说内容的撰写是根据解说资源特点用一种游客能够接受的说明方式而进行的表达，是解说资源直观形象和深刻内涵的呈现方式。解说内容的撰写需要兼顾多数游客需求，将自然和文化的产生原因、现有及潜在价值与游客的兴趣相互结合，用游客易于理解且生动有趣的语言、图文、视听等方式准确地展现出来，使游客在欣赏旅游资源价值的同时，获得精神的满足和丰富的游憩体验，并学习对自然环境的理解和尊重。

60.4　实践启示

追溯历史，解说发源并获得认同正是始于世界范围内广泛发展的国家公园。在开展国家公园体制建设的探索之前，国内大量的传统旅游区在强调资源利用、以游憩活动为核心作为景区经营管理重要内容的同时，实际提供给游客的游览体验服务既没有明确的规划目标，也缺乏明确的内容主题。特别是一些本身以良好的生态环境为资源基础的旅游区，忽视如何使游客产生对景观形成机理、动植物生态知识等方面的兴趣，照搬书本或网络上的科教内容，难以帮助游客获得与生态环境认识和互动的教育机会，却一味地迎合大众口味，将重心放在传递历史背景和相关传说故事等方面。

随着旅游体验时代的到来，越来越多的旅游者不再单纯地以观赏风景为主要出游动机，他们更希望在旅途过程中能够收获丰富的旅游体验，了解环境背后的故事，得到更多知识和阅历的增长。因此，如何满足旅游者对愉悦而富有内涵的旅游体验的诉求，又遏制游客增长所带来的环境破坏，最终使旅游业向可持续目标迈进，是旅游管理部门和学者的共同理想。而解说能传递新鲜知识和保护理念的共同信息，被认为是实现这些目标最为积极有效的方式。

60.4.1　解说内容的撰写以富有环境知识内涵和通俗简洁为标准

解说牌示的内容大部分时间需要游客主动去关注和学习，其发挥作用的效率和应具有吸引力则有更高的要求。在指引性牌示的正确引导下，让游客关注到景区希望他们了解的场景及对应的牌示。牌示在形式上以标题、插图、文字说明的形式排布；在内容上以环境认识和保护作为解说主题，重要突出其价值，揭示资源的意义，明确提示游客正确的环境行为并指出生活细节对环境保护所带来的良性结果，帮助游客认识他们在景区的所见所为与日常生活中的所见所为有所关联；在叙述方式上口语化、通俗化，以便普通游客的理解，并适当增强趣味性，避免解说语言与方式枯燥、冗长、繁杂所带来的信息传递缺失。特别是动植物资源、地质地貌成因、生态系统和环境科学内容、民族宗教文化等较为复杂内容的解说，注重从美学的角度出发，以艺术的高度来评价，做到文本长度的控制。

60.4.2　解说词的创作和讲演要融合科学内容、贴近游客生活

从相当一部分解说员的讲解中我们可以发现，解说词的创作曾是为了迎合大众赏奇求趣的需求，将讲解内容集中在了景观的外形特征，以及联想化的历史故事和神话传说等方面，甚至掺入了低俗化、虚假性的误导，使解说内容失去了与自然环境相关联的生态知识和科学水平。而正相反的是，大量林木、动植物、地质地貌的概念和科学解释大篇幅地出现在了自然保护区、森林公园、地质公园和湿地公园等旅游地，生僻的词句和晦涩难懂的表述逻辑让游客难以阅读和理解。

这就要求现代解说词的创作和解说员的讲解中应避免毫无内涵的夸张描述和繁复呆板的书面语言，在对专业内容理解和概括的基础上，将其富有人情味地、通俗化、口语化地向游客表达，针对不同的群体（如儿童）使用不同的语言模式。引领游客将眼前所见融入生活，一方面拉近与游客的距离，使其愿意认真倾听；另一方面巧妙运用提问鼓励游客思考，使游客更容易清晰地理解，并产生深层次的感悟。

60.4.3　解说的配置以游客需求为本

解说牌示因其成本相对较低，选择多样化，并且往往看起来"一劳永逸"，现在已成为国内景区建设解说系统的首选方式。但大多数景区都是在缺乏系统规划的情况下，凭着某一时的热情在区内布置一批牌示、标识，鲜有充分的空间逻辑考虑和内容联系性，也使得很多景区存在有解说但类型构成单一、数量少、实际效用缺乏科学评价等问题。这也使得很多游客到不少景区游玩时会发现，作为解说主体的

自导式解说媒介存在更新换代较慢、数量有限，缺乏有效的维护，设备陈旧、字迹模糊等通病。同时，又有很多旅游地在申报 A 级景区、森林公园、地质公园等"金字招牌"的过程中，在牌示的材质、样式等方面花费大量心思，游客中心等区域设置各式电子解说触摸屏、多媒体展示系统等不少现代化影音解说媒介，最终却因为使用率过低、缺乏专业维护、更换成本过高等因素而破败、荒废。

因此，在解说牌示的设计和采购上应当以"合理引导，信息明确，简单实用"为首要目标，发挥指引和说明等游客依赖度较高的功能基础之上，拓展更为丰富的内容。例如，道路岔口设置方向指引牌，标明目的地、方向、距离等信息，公用设施符号采用通用、准确、国家认同的指示形态；以沿途连贯的短途线路信息辅助入口的大篇幅全景图，对于帮助游客完成游览更加实用；注重大标题的概括且内容简短易读，针对褪色严重、识别度不高的文字介绍和展览图片，尽可能及时更换，从最大程度上方便游客。此外，借助科技发展契机创新解说载体，将二维码、微信导览等云技术功能融入解说媒介设计中，既可以弥补传统解说媒介没有可选择性、制作成本高、难以更新维护等的不足，又可以将其发展成为景区对外宣传、吸引重返和游客信息管理的线上平台。

60.4.4 解说员的地位和作用不可替代

游客体验是解说实现其功能的核心，解说系统作为介于环境与旅游者之间的桥梁，一定程度上扮演着满足游客旅游体验需求的角色。解说员在服务过程中具备双向沟通的能力，可以因人而异解答或启发游客的各种问题，因此受到很多旅游者和旅游地管理方的青睐。但由于人才匮乏，国内相当一部分景区都严重缺乏专业的解说员。因此，旅游地应重视解说人才建设，加强解说员岗位的人员招募、人才储备，同时从文化素养、专业知识、解说技巧等方面对讲解员进行培训，适应文化程度和知识水平不断提高的游客的需求。

60.4.5 解说的环境教育目标在严格生态保护中实现

当前中国很多旅游地仍没有形成一整套合理、有效的解说系统，环境教育功能未得到有效发挥，一定程度上造成了景区的生态环境破坏和自然景观质量下降。本研究案例中普达措通过尝试国家公园的规划和管理方式，实现解说系统的科学设计和效用发挥，这种积极探索的路径是值得其他景区学习的。但将国家公园简单地等同于一种更好的旅游开发方式，这种观念是错误，实际上普达措内的生态旅游用地只占整个国家公园的 0.19%。如果片面地把国家公园理解为一个旅游区，只看重国家公园建成之后所带来的经济效益，忽视国家公园是在严格生态保护基础上利用解说系统发挥游客引导和管理作用的努力，也不可能实现目前的水平。因此，正是几十年来对生态环境的有效保护，才积累了普达措国家公园的游客环境教育目标和旅游效益增长两方面实现的条件。

第61章　上海崇明东滩鸟类国家级自然保护区生态旅游环境解说实践与探索

付晶　高峻　王紫　王亚惠　李杰　上海师范大学旅游学院，上海

61.1　概述

61.1.1　保护区自然地理概况

崇明东滩鸟类国家级自然保护区位于长江入海口，崇明岛的最东端，是长江口规模最大、发育最完善的河口型潮汐滩涂湿地，由长江径流夹带的巨量泥沙在江海相互作用下沉积而成。东滩地区属海洋性季风气候，气候温和湿润，降水充沛。区内潮沟密布，高、中、低潮滩分带十分明显，是亚太地区迁徙水鸟的重要通道，也是多种生物周年性溯河和降河洄游的必经通道。保护区南起奚家港，北至北八滧港，西以1988年、1991年、1998年和2002年等建成的围堤为界限，东至吴淞标高1998年零米线外侧3000m水域为界，呈半椭圆形，航道线内属于崇明岛的水域和滩涂，总面积241.55km^2。

61.1.2　保护区重要意义

崇明东滩滩涂区域宽广，拥有大量的底栖动物和植被资源，是候鸟迁徙途中的集散地，也是水禽的越冬地。保护区内有记录的鸟类达312种，每年冬季来临，迁徙到此越冬的水鸟有上百万只。

2002年1月，崇明东滩鸟类国家级自然保护区入选拉姆塞尔湿地公约（Ramsar Convention），成为亚太地区候鸟迁徙路线上的重点保护区域之一，涉及东亚—澳大利西亚鸻鹬类、东北亚鹤类及东亚雁鸭类的迁徙或越冬，在维持迁徙候鸟种群的生命过程中发挥着重要作用，同时也是长江水系和东海近岸水生生物的重要洄游通道和繁育场所。

61.1.3　保护区重要的生态问题

20世纪90年代初期，崇明东滩开始引种原产于北美的物种——互花米草（*Spartina Alterniflora*），这是由于它植株高大、生长密集、繁殖迅速，有利于护堤防浪、滩涂淤长。然而，这种外来物种的长势明显抑制了本地植被芦苇、藨草和海三棱藨草的生长，堵塞潮沟，使迁徙的鸟群在此地觅食困难，难以筑巢，严重影响了崇明东滩的生态环境和鸟类生境。保护区通过开展"围、割、淹、晒、种、调"的治理工程，正在逐步对区内互花米草进行清除，效果显著。

61.2 崇明东滩鸟类国家级自然保护区环境解说空间布局

61.2.1 空间分析

（1）功能分区

依据《自然保护区总体规划技术规程》（GB/T 20399—2006）、《自然保护区功能区划技术规程》（LY/T 1764—2008），结合崇明东滩鸟类国家级自然保护区（以下简称保护区）鸟类栖息地季节性变化的实际，保护区划分为核心区、缓冲区和实验区 3 个区域，其中实验区可以开展旅游参观等活动（图 61.1）。

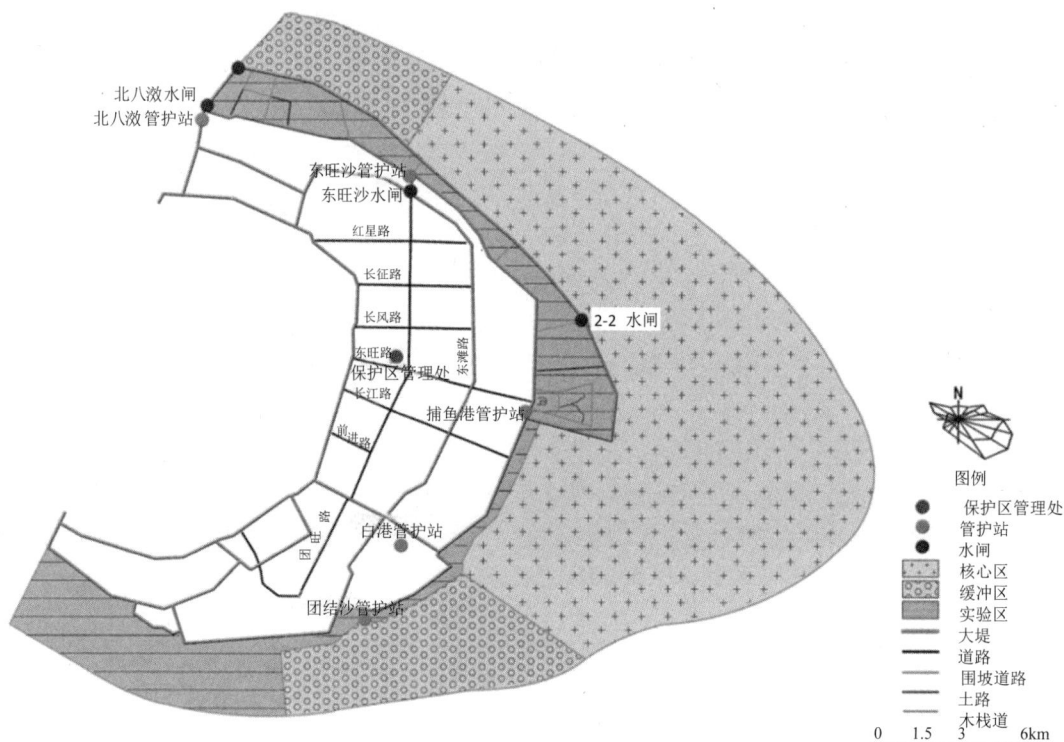

图 61.1 崇明东滩鸟类国家级自然保护区功能分区图

（2）道路分析

保护区内部的交通方式包括机动车、轻型船只及步行。由于轻型船只主要用于保护区内部工作人员及研究人员进入浅水区域使用，所以纳入环境解说设计的交通方式为机动车与步行。环境解说的空间布局以保护区内部道路为基础架构，包括大堤道路、围堰道路、土路和木栈道 4 种类型。

（3）节点分析

对保护区内自然资源与人文资源进行梳理后，选择有解说价值、体现保护区特点、并可以在游览中停留的点作为重要的解说节点，在空间上与道路和区域进行叠合，在保护区的实验区内共筛选了 27 个节点。

61.2.2 空间布局规划

（1）"一核"：湿地科研宣教中心

湿地科研宣教中心位于实验区中部（图 61.2），是保护区环境解说的重要核心，主要用于监管互花米草控制与治理工程区域、展示互花米草治理技术、开展环境教育等，提升科研服务水平，促进对外交流合作。

（2）"两轴"：1998 大堤与 2013 大堤

1）人与自然体验轴（图 61.2）。以 1998 大堤为主体，包括与之相连的 1997 大堤、2000 大堤，东侧是保护区，西侧是村庄，所以将解说主题定位为人与自然体验。

2）鸟类多样性体验轴（图 61.2）。以 2013 大堤为主题，该轴线上东西两侧可以观赏到各种鸟类，又与宣教中心、互花米草治理成果展示区域相连，所以将解说主题定位为鸟类多样性体验。

（3）五大分区

1）互花米草一期治理项目区域（图 61.2）。项目区域内已建成南北宽 700m、东西长 1000m、总长度为 2700m 的土质简易围堰，形成了 1000 亩环境相对封闭、水位可调控管理的水鸟栖息地优化区域，为成功灭除优化区内的互花米草、水鸟栖息地适宜性改造创造了良好的条件。该区域解说内容为湿地环境。

2）互花米草二期治理项目区域（图 61.2）。项目区域内已建成南北宽 700m、东西长 1000m、总长为 4015m 的土质简易围堰，形成了 2000 亩环境相对封闭、水位可调控管理的水鸟栖息地优化区域。同时，区域内建成长 4760m，相互连通的骨干水系，营造了总面积近 0.18km² 的生态环境岛屿，为迁徙过境的鸻鹬类和越冬的雁鸭类提供了良好的栖息环境。该区域解说内容为保护鸟类栖息地。

3）北八滧区域（图 61.2）。由于长江北支的冲刷作用，该区域滩面较为狭窄，靠近大堤的植物群落主要是芦苇，外侧为海三棱藨草，生长着盐渍藻类，是湿地鸟类的觅食区。该区域解说内容为湿地观鸟。

4）东旺沙区域（图 61.2）。本区域滩面较为开阔，是东滩地区淤涨最快的地区，长江水在此处水量较小，流速缓慢。目前植被类型包括海三棱藨草、芦苇及外来物种互花米草。该区域解说内容为发展地方产业。

5）团结沙区域（图 61.2）。本区域位于长江北港北侧，保持了良好的滩涂地貌单元，潮沟明显，外侧滩涂区域宽阔，未受到互花米草侵占，主要植被为芦苇群落。该区域解说内容为保护河口湿地。

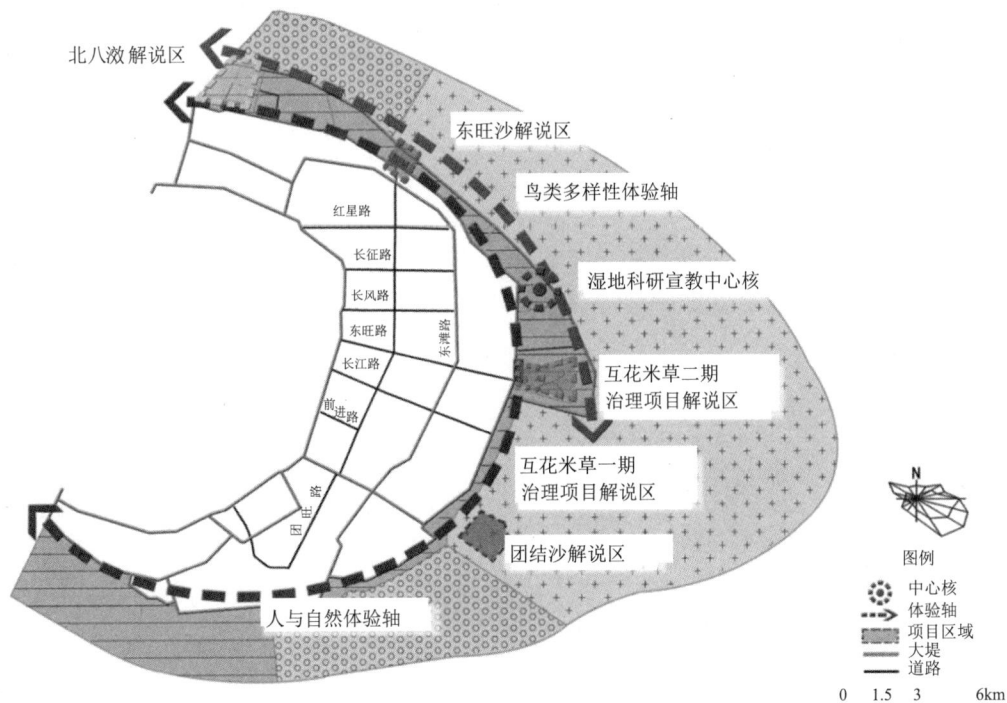

图 61.2　崇明东滩鸟类国家级自然保护区空间布局规划图

61.3 环境解说主题构思

61.3.1 主题确定

二期工程示范区是崇明东滩鸟类国家级自然保护区互花米草治理工程的典型区，治理至今的效果非常突出，芦苇植被恢复茂盛，鸟类在此栖息的数量众多，是一处开展环境解说的示范场所。通过对区域内地形结构、道路组成、游览动线的考察，设计本区域内环境解说主题为把外来物种互花米草赶走，恢复芦苇涵养湿地生态环境，这是保护崇明东滩鸟类栖息地的重要手段。

61.3.2 主题分解

（1）外来物种互花米草的危害

解说知识点：互花米草的特性、芦苇的特性、外来生物入侵过程与严重后果。

解说目标：让游览者充分了解崇明东滩因为生物入侵后芦苇植物曾经销声匿迹，鸟类觅食困难；外来生物入侵的后果是很严重的；生长芦苇的湿地生态环境才是鸟类的天堂。

解说位置：出入口 A、出入口 B。

解说形式：全景牌、翻盖箱子、图书、拼图等互动形式。

（2）清除互花米草，重建鸟类家园

解说知识点：清淤治理的物理实验、化学实验、生物实验，以及这 3 种方式的效果比较，清淤治理的过程与效果。

解说目标：让游览者充分了解清淤治理的原理与过程；崇明东滩清淤治理选用的方法与效果；清淤治理的工作时长与互花米草生长时长之间的比较，突出治理工作的艰辛。

解说位置：观光平台 A、出入口 B。

解说形式：翻盖箱子、图书、拼图等互动形式。

（3）震旦鸦雀和东方大苇莺的故事

解说知识点：震旦鸦雀的生活习性、震旦鸦雀的外形特征、东方大苇莺的生活习性、东方大苇莺的外形特征，以及芦苇是一种引鸟植物。

解说目标：让游览者充分了解震旦鸦雀和东方大苇莺；它们喜欢在芦苇中筑巢；芦苇荡对于这两种鸟类生存的重要性。

解说位置：观光平台 B。

解说形式：翻盖箱子、图书、拼图、模型等互动形式。

（4）湿地是鸟类的美好家园

解说知识点：鸻鹬类、雁鸭类、鹭类、鸥类、鹤类这 5 大鸟类的外形特征，以及其生活区域与湿地生态环境之间的关系，食物与湿地生态环境之间的关系，如何观鸟。

解说目标：让游览者充分了解如何分辨一两种鸟类特征；芦苇营造的湿地生态环境对鸟类生存的重要性；鸟类食物的特点，懂得为何禁止喂食鸟类。

解说位置：出入口 C、潮沟桥梁。

解说形式：翻盖箱子、图书、拼图、模型等互动形式。

综上所述，共设计 3 块全景解说牌、11 块生态知识解说牌、1 块湿地生态系统常见野生动植物长轴和 7 种栈道来引导标识（表 61.1）。

表 61.1　环境解说牌内容分析表

解说牌类型	主题分类	编号	解说牌标题	数量	安放位置
A. 全景解说牌	全景解说	Aa1	互花米草生态治理示范区导览	3	出入口 A、出入口 B、出入口 C
B. 生态知识解说牌	a. 主题一：外来物种互花米草的危害	Ba1	认识外来物种互花米草	2	出入口 A、出入口 B
		Ba2	互花米草的分布	1	出入口 A
		Ba3	互花米草入侵崇明东滩的生态后果	1	出入口 A
	b. 主题二：清除互花米草，重建鸟类家园	Bb1	互花米草的常见控制方法	1	观光平台 A
		Bb2	崇明东滩治理互花米草的方法	2	观光平台 A、出入口 B
		Bb3	崇明东滩治理互花米草的成效	2	观光平台 A、出入口 B
	c. 主题三：震旦鸦雀和东方大苇莺的故事	Bc1	震旦鸦雀的"衣食住行"	1	观光平台 B
		Bc2	东方大苇莺	1	观光平台 B
	d. 主题四：湿地是鸟类的美好家园	Bd1	鸟类与湿地的关系	1	出入口 C
		Bd2	崇明东滩水鸟的主要类群	1	出入口 C
		Bd3	弹涂鱼和螃蟹	1	潮沟桥梁
C. 鸟类知识问答牌	—	C	—	32	观鸟屋
D. 望远镜使用说明牌	—	D	望远镜使用说明	1	观鸟屋
E. 观鸟须知解说牌	—	E	观鸟须知	1	观鸟屋
F. 栈道引导标识牌	a. 鱼类	Fa1	弹涂鱼	—	栈道两侧
	b. 琵鹭类	Fb1	琵鹭头部		
		Fb2	琵鹭脚印		
	c. 雁鸭类	Fc1	绿头鸭头部		
		Fc2	绿头鸭脚印		
	d. 鸻鹬类	Fd1	中杓鹬头部		
		Fd2	中杓鹬脚印		
G. 湿地生态系统长轴图	—	G	上海崇明东滩湿地生态系统常见物种	1	观鸟屋

61.4　环境解说版面设计

61.4.1　全景解说牌

　　互花米草生态治理示范区全景解说牌（图 61.3），分别放置在二期出入口 A、出入口 B、出入口 C，由文字介绍和全景鸟瞰图组成。全景解说牌分为 3 个层级：第一层级为道路结构与动线系统，包括二期步行栈道、观鸟屋、观鸟掩体、出入口及平台的位置；第二层级为功能分区，包括潮沟、随塘河、芦苇区、开阔水域、浅滩湿地及鸟类食物种植区；第三层级为动物生活区域标识，使用了动物剪影图标明鸟类、鱼类、底栖动物和兽类在本区域中主要的生活范围。上述 3 个层级的结合，使全景解说牌不仅能够标识各节点位置关系，同时还表达了构筑物和动植物生态环境之间的关系。

61.4.2　生态知识解说牌

　　"认识外来物种互花米草"解说牌（图 61.4）介绍互花米草的生物特性，采用手绘图与照片相结合的方式，主要在进入示范区之前对互花米草进行初步的植物生理特性介绍。

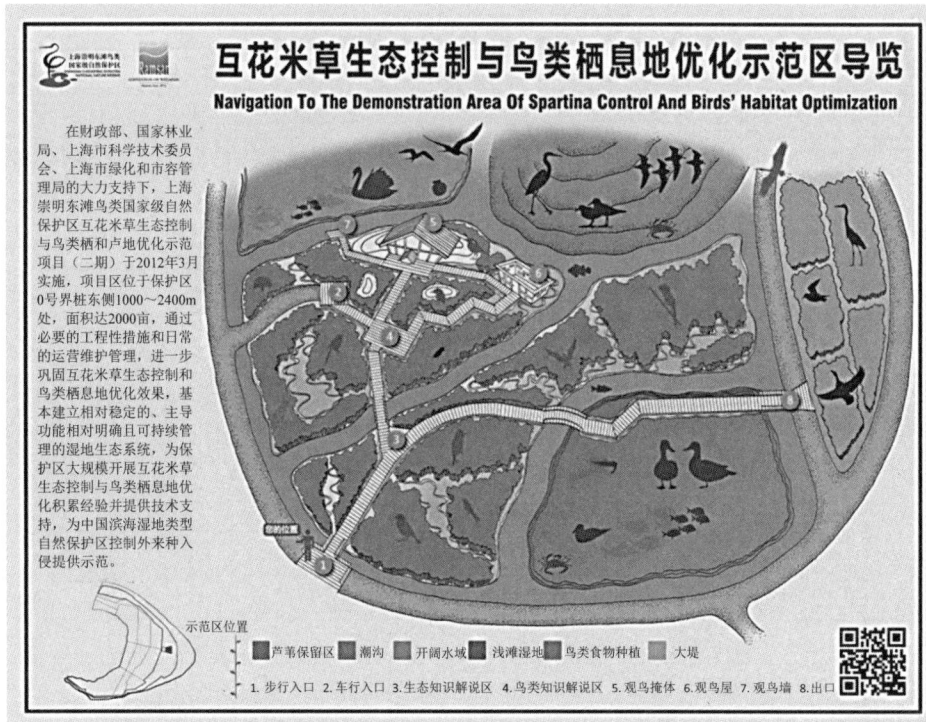

图 61.3　互花米草生态控制与鸟类栖息地优化示范区全景解说牌（Aa1）

整个版面由主标题、LOGO、文字内容、生态绘画插图及互花米草照片组成。其中文字内容可分为 4 个段落。内容 1 主要介绍了互花米草的形态特征、拉丁学名等，并配有互花米草植株形态手绘图；内容 2 介绍了互花米草的生长习性，使用照片直观地展示植物和花序；内容 3 对互花米草如何适应海水条件进行解说，配以手绘图进一步表明叶片的作用；内容 4 介绍互花米草的繁殖方式，并用手绘图来表示繁殖体种子、根状茎与断落的植株的形态。

图 61.4　认识外来物种互花米草解说展示设计图（Ba1）

"崇明东滩水鸟的主要类群"解说牌（图 61.5）梳理并介绍了崇明东滩水鸟的主要类群。解说牌上最为醒目的是物种水鸟的形象，通过手绘方式，表现了五大水鸟喙和脚的形态区别，便于在野外识别这些鸟类。

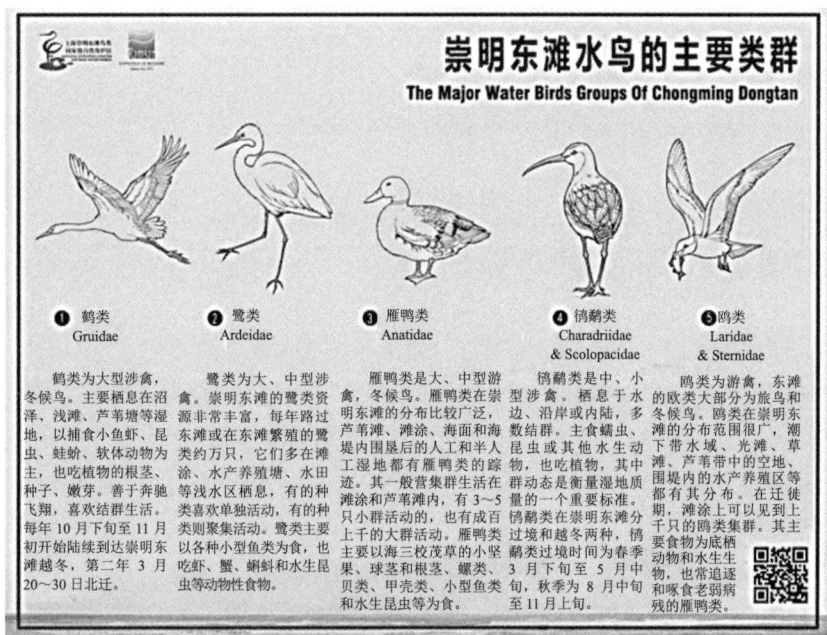

图 61.5　崇明东滩水鸟的主要类群解说展示设计图（Bd2）

整个生态知识解说内容做到生物入侵—治理方法—生态环境—水鸟类群的自然过渡。在解说的过程中，通过解说牌的内容强化次主题，重现主题内容，加深游览者的印象，达到环境解说的目的。

61.4.3　鸟类知识问答牌

生态知识问答牌是以鸟类剪影为外形的异形解说牌，采用双面印刷，一面印有鸟类生态知识问题，另一面印有答案；以中轴固定的方式安装在栏杆空隙间，并且可以自由旋转（图 61.6）。

图 61.6　鸟类知识问答题及安装效果图（C）

这类解说牌是面向儿童使用的解说牌，活动式增加了趣味性，符合儿童喜欢动手的特点。解说牌上的文字内容较为口语化，适合儿童的阅读和理解。

61.4.4 望远镜使用说明牌

望远镜使用说明牌置于观鸟屋内，便于游客在观鸟时使用望远镜。将使用方法分解为 5 个步骤，分别介绍调整望远镜的间距、调整目镜眼罩、调整屈光度、望远镜的把持方法，以及如何进行观察，通过手绘的形式来表达动作的细节（图 61.7）。

61.4.5 观鸟须知解说牌

观鸟须知解说牌置于观鸟屋中，将观鸟时的着装颜色、观鸟距离、观鸟中的禁忌、不干扰鸟类活动和不破坏鸟类的食物这 6 个方面对旅游者进行宣传。解说牌采用活泼的版面设计，打破了传统又呆板的垂直排列方式，文字的左右两侧配有手绘鸟类图，增加了解说牌的趣味性（图 61.8）。

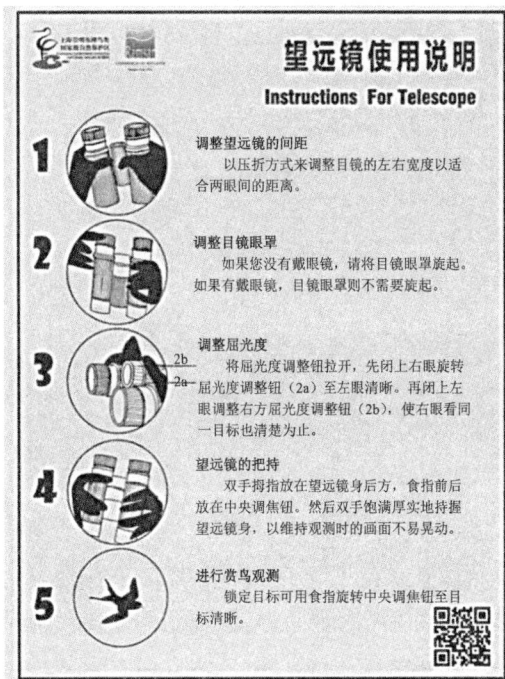

图 61.7 望远镜使用说明牌（D）

图 61.8 观鸟须知解说牌设计图（E）

61.4.6 栈道引导指示牌

栈道引导标识采用可钉在栈道上的不锈钢生物剪影做标志。这种地面栈道引导标识减少了直立解说牌的数量，同时可以：①增加趣味性；②可刷夜光漆，夜间也能起到引导作用；③不遮挡旅游者参观时的视线。

选择了保护区中具有代表性的物种，并设计成 7 种剪影标识，分别是底栖动物弹涂鱼的外形，琵鹭、绿头鸭和中杓鹬的头部和脚部轮廓（图 61.9）。

61.4.7 《上海崇明湿地生态系统常见物种》长轴图

为了更好地重现保护区解说主题，展现湿地生物物种的分布，通过提取 112 种崇明东滩湿地生态系统常见生物，设计制作了一幅《上海崇明东滩湿地生态系统常见物种》长轴图（图 61.10）。

图 61.9　崇明东滩互花米草治理二期工程栈道引导标识设计图（F）

图 61.10　《上海崇明湿地生态系统常见物种》长轴图（G）

（1）描绘背景

首先以近景视角绘制了芦苇丛、草丛、泥滩，还原"芦苇带—草滩—光滩—水域"的湿地地貌；再以鸟瞰视角绘制出潮沟、潮沟走向；还在草滩下方表现了湿地剖面，展现了湿地地貌的全景空间。

（2）手绘物种

物种绘制参考了照片，而上色则参照了生物图鉴，着重突出每个物种的外形特征、体态特征和颜色，使画面上的物种形态各异，生动活泼，并容易辨识。

（3）空间布局

按照湿地动植物在湿地环境中各自的生活习性与分布范围，将手绘物种布局到背景图案中，展现湿地生态系统结构。考虑到解说牌整体布局的平衡性，动植物体并不是按照其真实比例排布的。

（4）编号注释

完成湿地生态系统常见物种布局后，将 112 种物种分类为鸟类、哺乳类、鱼类、两栖类、甲壳类、软体动物类及植物类群，来制作图例。物种按科属种的顺序编号，编号对应的文字分别是物种的中文名、英文名及拉丁文名。

（5）装帧设计

在《上海崇明东滩湿地生态系统常见物种》长轴图的两侧加上中英文标题，黑色衬底压住画面。这幅长轴不仅在观鸟屋内可以作为解说牌使用，还可以在宣传折页、书签、野外记录本等多种形式的解说媒介中使用。

61.5　结语

　　研究和设计环境解说的形式和内容，就是要以生物学、生态学、地理学和环境科学为基础，通过传播学、心理学和设计学的方法来"改造"复杂的科学内容，让科学变得"亲切有趣"。因此，就要把不同专业背景的研究人员组合在一起，共同为不同需求的旅游者"量身定制"符合其认知水平的解说内容，进一步优化解说的效果。本章作为作者团队亲身实践经验的研究和总结，希望能够起到抛砖引玉的作用，让更多的专家学者、保护区的管理人员、自然教育工作者都来关注环境解说的发展。

第62章 香港湿地公园解说系统：为游客创造正念体验的案例

黄志恩　香港理工大学酒店与旅游管理学院，香港

62.1　引言

本案例研究的主要目的是使用"解说的正念和无意识模型"[1]的概念性框架，来解释在一个生态旅游景点中如何有效使用不同沟通因素。首先，本章将简要说明"解说的正念和无意识模型"的概念，接着将阐释香港湿地公园的背景，然后将解释香港湿地公园是如何融合不同的沟通因素以使得所有游客都满意。本案例所收集的信息来自作者和他的学生所收集的一手和二手数据。

62.2　解说的正念和无意识模型

最新文献表明，正念模型是很有用的解说工具[2]。这个模型是由 Moscardo 提出[3]，并由 Woods 和 Moscardo 改进[4]。该模型的主要因素由改变/变化、使用多感官媒体、新奇/冲突/惊奇、利用问题、旅游管制/互动展品、连接游客和良好的设施引导 7 个关键的沟通背景因素构成。解说工作的有效性不仅取决于这些沟通背景因素，也取决于游客/访客因素，如游客/访客是否对内容有较高的兴趣和低水平的疲乏感。沟通背景因素和游客因素都会影响游客的认知状况。一个走心的游客会学到更多，有着很高的满意度和更好的理解（表 62.1）。

表 62.1　解说的正念和无意识模型

沟通背景因素	游客因素	认知状态	内容组织方式	结果
1. 改变/变化				
2. 使用多感官媒体				
3. 新奇/冲突/惊奇	对内容很感兴趣		清晰的结构	1. 学习更多
4. 利用问题	低程度疲乏	正念	与游客已知匹配	2. 高满意度
5. 旅游管制/互动展品				3. 更好的理解
6. 连接游客				
7. 良好的设施引导				

致谢：作者要感谢香港湿地公园所有工作人员的帮助。没有他们的支持，作者无法完成这篇涵盖最新消息的文章。

沟通背景因素	游客因素	认知状态	内容组织方式	结果
1. 重复				
2. 非感官的媒体				
3. 传统展示	对内容不感兴趣		无结构	学习很少
4. 无控制/互动	高程度疲乏	无意识	与游客已知不匹配	低满意度
5. 静态展示				很少的理解
6. 不想连接或挑战游客				
7. 低程度的体能导向				

与正念游客相反，无意识的游客学到的会很少，满意度会很低，并且缺乏深刻的理解。认知状态处于无意识的游客会同时被环境因素和游客因素影响，比如一些展品千篇一律，属于非感官性的传统媒介，无控制或互动，不会与游客产生联系或为游客带来挑战，静态、非体能导向、高疲乏值或趣味性很低。

Woods 和 Moscardo[4]的模型还加入了一些其他的游客因素，如文化背景、是否怀揣教育目标、到访的结伴方式和熟悉度。

在本案例的研究中，我们不会测验所有因素，而是会择取一些例子，这些例子中包含一些香港湿地公园可能的成功因素。

62.3　香港湿地公园

香港湿地公园前经理说："香港湿地公园是一个结合了保护、教育和旅游目标的世界级生态旅游设施[5]"。更具体地说，湿地公园项目的目标有：

1）旅游景点类别的多样化。

2）增加有关自然遗产和野生动物的游客体验。

3）培育公众对湿地内在价值的意识、知识和理解。

4）为湿地保护组织公共支持和行动。

香港湿地公园有 60hm² 的生态保护区（图 62.1），弥补因天水围新市镇发展造成的栖息地丧失。事实上，它是天水围与米埔内后海湾拉姆萨尔湿地之间的缓冲区。这是一个推广生态旅游的千年基建工程项目，也是《郊野公园条例》中的特殊区域。

在公园设计中加入了很多优秀的"绿色概念"：

1）绿色屋顶和房子的朝向让主建筑外层实现了能源的高效率利用。

2）空调的地热系统节省了传统冷却塔 25%的能量。

3）自然采光依靠中央中庭和外厕所的天窗（北灯）。

4）连接地下层和 1 层的循环式斜梯既能满足残疾人游客的需要，又能减少机械升降机的使用。

5）厕所中低容量、6L 抽水马桶的使用能减少水的消耗。

6）南面的环保砖壁能减轻太阳能对建筑物的影响。

7）整个项目中建筑的遮蔽和外部景观工程都是由可持续木材资源制作的水平和垂直百叶窗。

8）景观主要使用原生植物物种，它们需要的维护费用和水耗更少。

香港湿地公园因它的设计获得了不同的奖项，感兴趣的读者可以查阅其他文献[6,7]。公园在 2006 年5 月 20 日向公众开放，并在前 5 个月吸引了 60 万访客。事实上，根据 2014 年香港湿地公园的出口调查

（图 62.1），多年来公园的游客人数非常稳定。女性游客比男性游客多了大约 18%（图 62.2）。在年龄分布上，最大的群体在 30～39 岁之间，占到 37%；65 岁以上的老年组是最小组，占 5%（图 62.3）。需要注意的是，21% 的游客认为最有趣的区域是红树林浮桥；其次是演替之路和原野漫游径，占到 11%（图 62.4）。总的来说，游客都很喜欢公园的展览，32% 和 52% 的人为他们的愉悦感评 5 分或 4 分（图 62.5）。其他数据表明香港湿地公园运营很成功。有 96% 的游客表达了重游的意愿，94% 的人会把公园推荐给自己的亲人和朋友（图 62.6、图 62.7）。

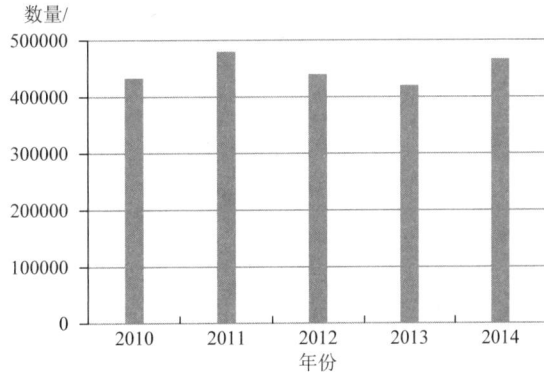

图 62.1　过去 5 年香港湿地公园游客数量

　　读者了解香港湿地公园的最佳方式是通过公园网站（http://www.wetlandpark.gov.hk/tc/index.asp）查看或预先浏览公园情况。这里提供了大量的信息，甚至可以免费下载教学资源。例如，"香港湿地公园资料页第 1 号：香港湿地公园设施的可持续发展概念"就是湿地公园的一个很好介绍。

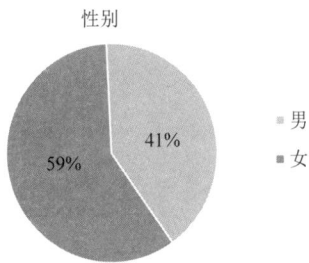

图 62.2　性别数据

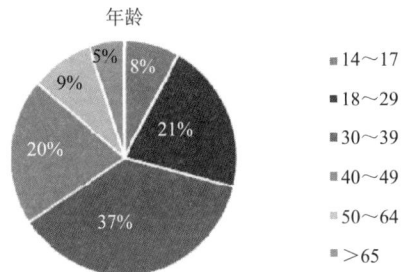

图 62.3　年龄数据

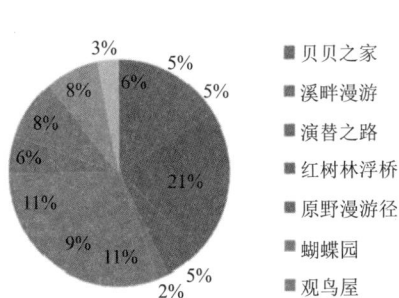

图 62.4　游客感知中最有吸引力的区域

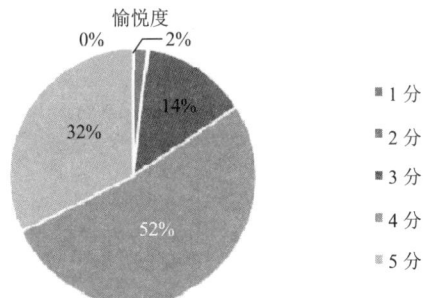

图 62.5　展览愉悦度（5 分—非常愉悦，1 分—不愉悦）

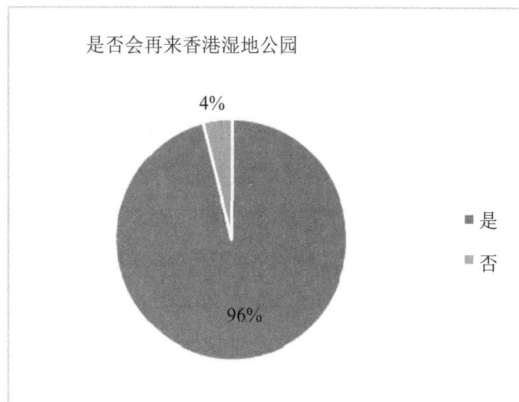

图 62.6　游客重访意愿

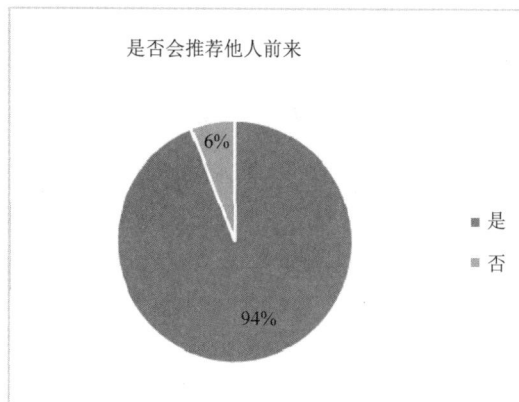

图 62.7　游客推荐意愿

62.4　环境因素和香港湿地公园

62.4.1　良好的设施引导

香港湿地公园的入口用不同的信息牌和明确的方向标志为游客提供了很好的视野和感受。良好的导向和标志对游客寻找他们的路线来说很重要。迷路不仅会分散游客的注意力，还会给予游客负面的体验，良好的引导系统为沟通交流提供支持（图 62.8～图 62.11）。

图 62.8　宽敞的入口

图 62.9　吸引青少年的植物迷宫

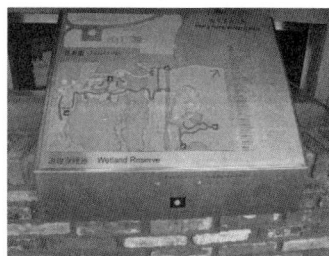

图 62.10　详细的地图

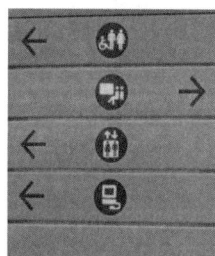

图 62.11　清晰的标志

62.4.2　改变/变化

香港湿地公园用各种方式来展示信息，并为游客提供多样的活动。不同的颜色、大小和展示形式能吸引游客的关注，并为游客带来更好的记忆。作为对比，静态和传统的展示就不会吸引游客。香港湿地公园为目标游客提供了多样的导览路线、创作室和路边表演，并给予他们有关生态旅游和湿地公园的教育。不同的活动为游客带来了体验式学习，让他们获得了更好的理解和记忆（图 62.12～图 62.18）。

图 62.12 海洋主题展览板　图 62.13 卡通主题展示区　图 62.14 湿地知识工作坊

图 62.15 仿真湿地森林　　　　图 62.16 湿地知识展览板

图 62.17 探索湿地生趣活动　　　图 62.18 仿真展示区

62.4.3 多感官媒体和互动展品

使用多感官媒体和互动展品可使游客产生更多的兴趣和为游客创造参与机会。例如，有个同游戏和语言的触摸屏电脑。另一个例子是"心灵启迪"区域，当按下按钮时，可以听到不同的动物发出的不同声音。另外，湿地直播室能给予游客不同的体验（图 62.19～图 62.22）。

图 62.19 互动触摸板　　　图 62.20 互动体验游戏　　　图 62.21 弹涂鱼的一天

图 62.22　湿地直播室

62.4.4　游客管制

游客管制就是简单地给予游客更多的自由和参与机会，来激发更多人成为走心的游客。例如，为游客提供多种选项。香港湿地公园给游客提供了两种不同类型的旅游方式，根据游客的兴趣和时间，他们可以提前预约并参与其中一项。另一个例子是为游客提供工具，如单筒望远镜和双筒望远镜，以便游客更仔细地观察红树林和湿地（图 62.23 和图 62.24）。

图 62.23　用单筒望远镜观察红树林

图 62.24　用双筒望远镜观察湿地

62.4.5　连接游客/互动/利用问题

在走心和不走心的解说模型里，这三者也是环境因素中重要的沟通要素。在谈话中吸引游客，讲述与之相关的故事，运用日常生活的类比和比喻，选择有关日常经验的主题，这些都是与游客建立个人连接的有效方法。为了提供更多的互动，解说导游可以询问游客相应的内容，让游客问问题，让游客触摸、闻气味和尝味道。

湿地公园提供了多条高质量的导赏路径（面向个人游客、家庭和团体游客，在网站可以查询到更多细节），在导赏中应用了上述诸多引导技巧。在每一次导赏开始前，小组（如"湿地保护区"公众导览团，每次 15 人左右）要听取简要介绍。通常，每次导赏都会有一个以上的导游陪同，可能一个经验丰富，另一个只是志愿者。他们将随身携带不同的书籍和材料，以便于向参观者解释现象。在导赏结束时，小组里每一个成员都会被要求填写一个反馈评估问卷，并收到一个小纪念品（图 62.25～图 62.28）。

图 62.25　图片资料展示

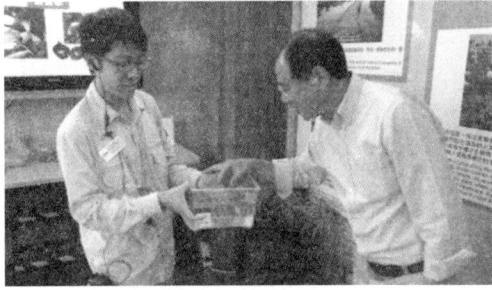
图 62.26　实物互动展示

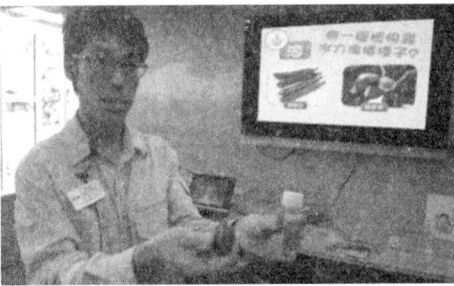
图 62.27　实物展示

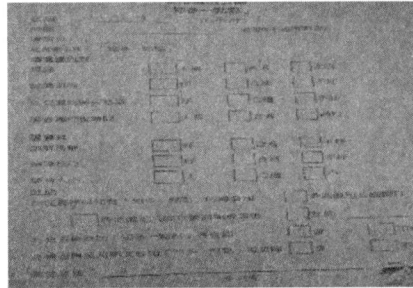
图 62.28　反馈评估问卷

62.5　结论

解说的正念和无意识模式是许多不同的环境背景下（如国家公园、遗产地）一个有用的解说工具，能提高游客体验和满意度[8]。本案例仅展示一些关键的沟通因素，这些因素可能有助于香港湿地公园解说系统的成功。每个沟通要素对游客效果的测量研究存在局限。此外，游客因素，如疲劳程度、内容兴趣、文化背景、游客的教育目标、结伴方式和熟悉度都没有纳入考虑范围之内。应用该模型，并用更严格的方式测量每一个因素和效果，在未来有很大的研究空间。最后，希望引入这个概念模型能有助于中国背景下解说吸引力领域的未来发展和研究。

参 考 文 献

[1] MOSCARDO G. Making visitors mindful[M]. Illinois Sagamore Publishing, 1999.
[2] LING T P, NOOR S M, MUSTAFA H. Promoting interpretation through the concept of mindfulness: the case of selected heritage sites in Malaysia[J]. Advances in environmental biology, 2015: 69-83.
[3] MOSCARDO G. Mindful visitors: heritage and tourism[J]. Annals of tourism research, 1996, 23 (2): 376-397.
[4] WOOD B, MOSCARDO G. Enhance wildlife education through mindfulness[J]. Australian journal of environmental education, 2003(19): 97-106.
[5] LAM. Lecture given to The Hong Kong Polytechnic University students in 2006[Z]. 2006.
[6] LEWIS A H. Hong Kong Wetland Park: a multi-disciplinary in sustainability[J]. Urban space design, 2007(1).
[7] TANG X, ZHAO X. Ecological planning design of Hong Kong Wetland Park[J]. Urban and rural planning landscape architecture and virescence, 2008, 26(3): 119-123.
[8] FRAUMAN E, NORMAN W C. Mindfulness as a tool for managing visitors to tourism destinations[J]. Journal of travel research, 2004, 42(4):381-389.

第63章 云南西双版纳野象谷生态旅游探索与实践

野象谷位于云南省西双版纳傣族自治州景洪市、国道213旁，是西双版纳国家级自然保护区生态旅游重点建设项目。景区距离景洪市24km，G213国道（高速公路）从侧面穿过，规划控制面积517hm^2（包括景区和亚洲象种源繁育及救助中心），是一个以建设"国际知名的野生动物保护地"为目标、突出"亚洲象保护"和"人与自然和谐"的生态旅游景区。2013年，野象谷被评为全国首批国家生态旅游示范区。

63.1 概况

63.1.1 基本情况

西双版纳傣族自治州是我国热带生物多样性最丰富、热带重要生物类群分布最集中、热带森林生态系统最完整的地区，种质资源十分丰富，被誉为"动植物王国"和"热带生物种质基因库"。西双版纳国家级自然保护区地理位置处于北纬20°10′～22°24′、东经100°16′～101°50′，地跨勐海、景洪、勐腊一市二县，由互不相接的勐养、勐仑、勐腊、尚勇、曼稿5个子保护区组成，规划总面积24.2510万hm^2，占全州土地面积的12.68%，主要保护以热带北缘雨林、季雨林森林生态系统为标志的热带森林生物多样性及热带珍稀濒危野生动植物种群及其生存环境。区内分布有热带雨林、热带季雨林、亚热带常绿阔叶林、落叶阔叶林、热性竹林、暖性针叶林、灌木林和草丛8种植被类型，高等植物约5000种，已知哺乳动物130种、鸟类461种、爬行类79种、两栖类53种、鱼类100种，其中被列为国家重点保护的野生动物达114种，占全国重点保护动物种数的44.36%、云南省重点保护动物种数的69.51%。

63.1.2 野象谷生态旅游发展现状

（1）旅游资源丰富、特有

野象谷地处西双版纳国家级自然保护区勐养子保护区东西两片的结合部，是该片区野生亚洲象等野生动物交流汇聚的最佳地带。野象谷自然资源十分丰富，分布有热带沟谷雨林、落叶季雨林、南亚热带季风常绿阔叶林和热性竹林，保存着许多珍稀、濒危和特有的物种，仅游道两侧生长的高等植物就有400多种。云南苏铁、千果榄仁、绒毛番龙眼、粉叶羊蹄甲、多花白头树、箭毒木、云南石梓、绒毛紫薇、滇南美登木、大叶木兰等在野象谷广泛分布；野生亚洲象、黑熊、云豹、野猪、豪猪、水鹿、赤麂、大灵猫、巨松鼠、原鸡、白鹇、孔雀锥、蟒、巨蜥、眼镜蛇、眼镜王蛇等众多野生动物在林中栖息。区域内森林层次复杂、种类繁多，粗细不一的藤蔓缠绕于林木之间和密布在林冠之上，支柱根、气生根、大板根、独树成林、树瀑布、绞杀植物、老茎生花、老茎结果、空中花园（附生的兰花）等热带雨林特征构成了自然保护区独特而又迷人的风景画卷。旗舰物种亚洲象更是最具影响力的特色旅游资源。

（2）旅游发展现状

丰富的旅游资源和西双版纳州旅游产业发展战略，为自然保护区生态旅游的发展提供了重要的保障。自 1990 年起，西双版纳国家级自然保护区管理局利用得天独厚的自然资源结合"中国亚洲象研究"和"野生蝴蝶饲养繁殖试验"科研项目，以科普宣教为切入点，在野象谷开始生态旅游活动的探索与实践，得到了各级政府、各有关部门和社会各界的充分肯定。1993 年、2000 年和 2008 年，《西双版纳国家级自然保护区生态旅游总体规划》把野象谷列为生态旅游重点建设项目；2009 年列为西双版纳国家公园重点建设项目；2010 年，《野象谷景区详细规划》通过西双版纳州人民政府审批。2007 年以来接待游客人次位居西双版纳州各景区首位，2015 接待游客 187.6 万人次。在 20 多年的发展历程中，野象谷受到社会各界的广泛关注和支持，1997 年被评为云南省 11 个优秀精品景点之一，2005 年 9 月 24 日通过 ISO 9001/14001 质量/环境管理体系认证，2005 年 11 月被评为国家 4A 级旅游景区，2006 年评选为"中国 50 个最值得外国人去的地方"（《环球时报》组织），2012 年 4 月通过省级服务业标准化试点验收，目前正在申报国家级服务业标准化试点验收，2013 年 12 月被评为首批国家生态旅游示范区。截至 2015 年，野象谷累计完成投资约 2.1 亿元、接待游客 1321 万人次、直接收入 88548.7 万元，每年带动社区收益超过 4000 万元。

63.2　野象谷旅游模式探索与实践

63.2.1　"管经分离"激发市场潜力

野象谷原名"三岔河特种旅游区"，1993 年更名为"三岔河森林公园"，是自然保护区一期规划的"野象监测点"，由管理局直属森旅公司负责管理和经营。2003 年，在国企改革的强力推动下，野象谷随着森旅公司一起完成了体制改革，走上所有权、管理权和经营权"三权分离"的发展轨道。管理局代表国家承担资源保护、景区规划、设施建设审批、规范化经营管理，并对生态旅游、科研工作进行指导；企业独立承担融资、盈亏和安全生产责任，承担资源保护直接责任，接受相关部门业务指导，配合履行自然保护区有关职能和义务，按期上缴资源保护费等。同时，管理局先后制定实施了《生态旅游景区管理办法及量化考核标准》《生态旅游景区日常工作管理细则》《生态旅游景区日常监管制度》等，指导保护区生态旅游规范管理。

"管经分离"促进了野象谷资源保护管理和企业经营职责上的划分，是人力资源专业化的细分与重组，也是管理机构、资源保护和科研队伍与企业团队的全面合作，各司其职、各尽其责，在资源得到有效保护的同时，生态旅游也实现了可持续发展。野象谷旅游在企业化的运作下，进一步激活了市场潜力，经营业绩直线上升。据不完全统计，2015 年旅游接待量从 2003 年的 20.3 万人次增加到 187.6 万人次，增长 8.24 倍；旅游直接收入从 2003 年的 583 万元增长到 12593 万元，增长 20.6 倍。目前，野象谷已成为西双版纳州生态旅游的一张名片，见图 63.1 和图 63.2。

63.2.2　"创新营销理念"保护创造经营效益

了解中国亚洲象的人都知道野象谷，野象谷是中国唯一能安全观看野象的地方。20 世纪 90 年代以来，西双版纳州"人象冲突"引起社会的广泛关注，中国亚洲象的生存现状和保护工作成为专家学者及媒体关注的焦点。媒体有关亚洲象活动、救助的报道都来自野象谷，报刊、专著上使用的野象图片几乎都摄自野象谷，公众拍摄、传看的野象视频也大多来自野象谷。中央电视台连续两年（2013 年、2014 年）"春节黄金周"到野象谷直播亚洲象活动、《最野假期》连续安排在野象谷拍摄，湖南卫视《爸爸去哪儿》到野象谷拍摄，英国剑桥公爵威廉王子探访野象谷等都是景区致力于保护亚洲象工作产生的效应。野象谷几乎不做商业广告，不惜花巨资开展亚洲象保护研究、繁育救助，重视"保护理念"的宣传推广。应该说，保护亚洲象大大提高了野象谷的知名度和影响力，提到亚洲象，人们就会想起野象谷，到西双版纳，人们就想去看野象，保护亚洲象已成为野象谷的营销亮点。

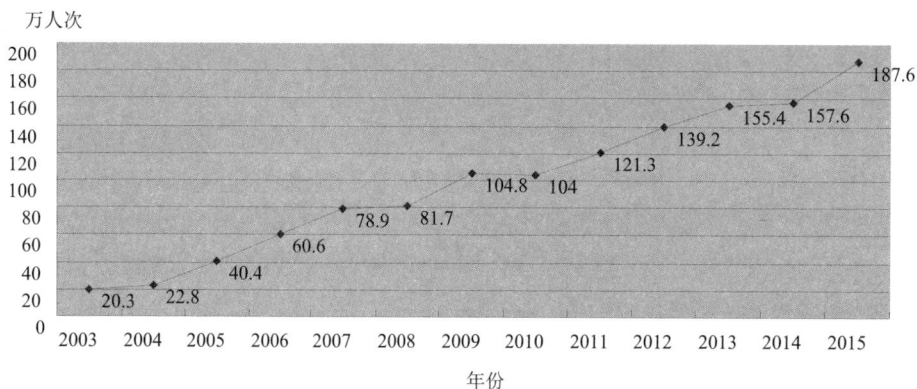

图 63.1　西双版纳野象谷旅游人次统计（2003—2015 年）

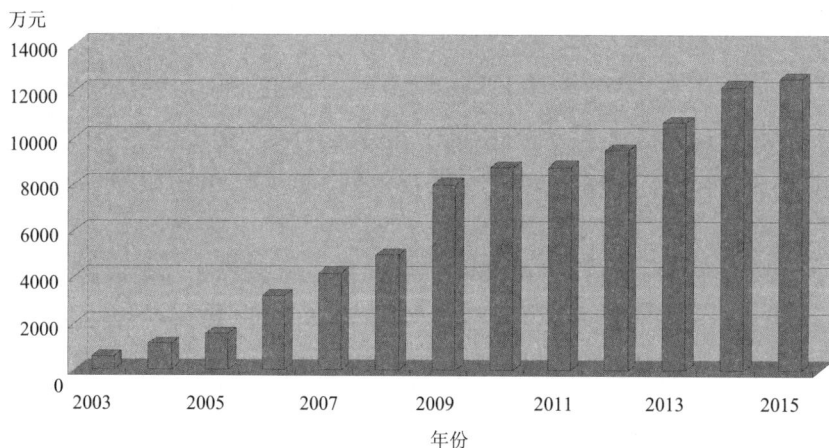

图 63.2　西双版纳野象谷景区旅游经营收入统计（2003—2015 年）

63.2.3　"保护性旅游"创新生态旅游发展模式

"中国只有一个野象谷"，这是野象谷的宣传广告，既体现稀有性、唯一性，同时也说明了保护大象的重要性和紧迫性。"保护亚洲象、保护我们共同的家园"是野象谷在发展过程中逐渐形成的经营理念。当你置身野象谷，你会亲身体会到这不仅是一个旅游景区，更像是一个宣传大象及生态保护的学堂，不管是管理员、讲解员，还是后勤工作者，他们都在用实际行动保护着亚洲象、守护着这片绿色家园、宣传着"绿色旅游"思想。

（1）重视亚洲象保护研究工作

从 20 世纪 90 年代开始，自然保护区管理局就与世界自然基金会（WWF）合作，在野象谷开展亚洲象监测研究工作。2006 年 6 月以来，西双版纳野象谷景区有限公司（以下简称景区）专门成立了"亚洲象观察保护小组"，在自然保护区科研所的指导下专门从事亚洲象跟踪观察及预警工作（为游客及老 213 国道车辆和行人服务），并与国内科研院所合作开展有关课题研究，发表多篇研究亚洲象学术论文及多本专著。该观察保护小组一般由 14 人组成，最多的时候达到 53 人，主要来自周边村民和大中专院校毕业生。

（2）开展亚洲象繁育与救助工作

西双版纳亚洲象种源繁育及救助中心是中国林业 6 大工程（全国野生动植物保护及自然保护区建设工程）15 个物种拯救工程在云南实施的重点建设项目之一。为保证本项目配套资金和建成后的维持经费，管理局于 2006 年与景区合作并委托景区管理，2008 年建成投入使用以来，景区先后投入近 2000 万元建设了亚洲象博物馆，在自然保护区科研所的指导下，与国内外有关机构合作先后成功救助了"然然""平平""昆六""小强""羊妞" 5 头野象和 4 头戒毒象，繁育了"安安""旺旺""明明" 3 头小象，并招募志愿者参与亚洲象救助及相关工作。

（3）用"绿色"理念宣传环境保护

野象谷作为西双版纳国家级自然保护区对外开放的重要窗口，一直在发挥着全国科普教育基地的职能。2002 年以来，景区与自然保护区生态旅游管理所、国际爱护动物基金会（IFAW）合作，持续开展亚洲象知识及生态环境保护专题培训，不断提升景区职工的资源环保意识。2008 年以来，景区引入"绿色"理念，多方合作编写《野象谷绿色导游培训手册》，作为景区讲解员的培训教材。2012 年，管理局与国际爱护动物基金会（IFAW）合作，以野象谷为重点撰写并编辑出版了《绿色导游解说技巧》，野象谷职工人手一本。景区每年都举办绿色导游解说培训班，以不断提升职工导游水平。

（4）建设旅游活动影响监测系统

2013 年 12 月，野象谷被列为国家生态旅游示范区。以此为契机，生态旅游管理所、科研所与景区合作，在长期监测亚洲象的基础上，启动了"野象谷旅游活动影响监测系统建设"工作，初步建立了游客活动监测、生物资源监测（包括亚洲象）、社区监测、旅游企业管理、景区环境监测和旅游设施监测 6 个子系统，用监测结果指导景区科学管理。

（5）开展宣传亚洲象系列专题活动

为了让更多的客人深度接触和了解亚洲象，景区每年都组织开展冬令营、夏令营活动，招募志愿者参与繁育基地养象、野象跟踪监测、游客解说等服务。2014 年推出"画象"活动并建立了"画象屋"，让公众根据自己的认识画出想象中的大象。2015 年，以英国剑桥公爵威廉王子探访野象谷为契机，与旅行社合作推出"大象王朝"旅游产品，让参加本项活动的游客走近大象，与大象亲密互动和进行肢体交流，进一步加深对大象的认识和了解。

63.2.4 "人象和谐"谱写生态旅游新篇章

亚洲象（*Elephas maximus*）是《濒危野生动植物种国际贸易公约》（CITES）附录 I 保护的物种，中国国家 I 级重点保护野生动物。中国野生亚洲象总数量约 300 头，主要集中分布在云南省西双版纳州。据 1997 年调查，99%以上的本地居民没有看到过野象；生活在野象谷周边的村民在 1995 年以前几乎未曾见过野象，尽管他们的农作物年年遭受象灾。为了一睹野象的真容，1993 年，亚洲象研究项目组从英国请来了一位摄像专家，利用"陷阱摄影"技术在野象谷终于拍到了一头独象和三头群象的清晰照片。

野象谷生态旅游活动开展以来，观象避象设施逐步完善，为人象近距离接触创造了条件，人类的友好信息不断传递，区域内活动的独象和象群逐渐走近游人，野象出现的频次不断增加，人们能安全看野象的机会也越来越多。随着"保护优先，人象和谐理念"在景区的深入，野象与人的距离越走越近，今天的野象谷已经形成了"人在空中走，象在地面玩""人在笼中转，象在外面看"的和谐景象。监测表明，在野象谷及周边区域活动的野象约有 70 头，最大集群为 2010 年 4 月 14—15 日活动的 46 头；野象常年活动于树上观测站、游道、河边森林、宾馆服务区和老 213 国道，职工生活区亦常见；野象出现在公众视线内的频率不断增加，1995 年前几乎看不到，1999 年为 2.47 天 1 次，2009 年为 2.12 天 1 次，2015 年达到 1.87 天 1 次。2016 年 2 月 5 日以来，每天都有几头独象和 2～4 个象群、近 50 头野象活动在野象谷及周边区域。

63.2.5 "回馈社会"带动周边社区收益

随着游客量增加、效益的提升，野象谷也越来越重视周边社区的发展问题，据 2015 年统计，野象谷带动周边社区收益超过 4500 万元，其主要工作包括以下 4 个方面。一是扶持周边村民种植"象草"供应亚洲象种源繁育及救助中心，景区购买象草花费约 326 万元；二是帮助周边社区解决就业人数 580 人，人均年薪 4.5 万元，就业收入合计 2610 万元；三是控制区内用餐规模，约 120 万人到周边用餐，按人均消费 12 元计算，合计 1440 万元；四是雇佣周边劳工参与景区建设，劳务费用支出约 100 万元。另外，野象谷还参加了许多社会公益捐赠和贫困山区儿童帮扶等活动。

63.2.6 "去商业化"建设中国野象最佳保护地

为进一步打造和提升野象谷品牌，2014 年启动了"大野象谷"规划，对其发展进行了明确定位，即以建设"国际知名的野生动物保护地"为目标，突出"亚洲象保护"和"生态环境保护"。2015 年，野象谷进一步完善高空封闭型游览环线，为游客深度探访亚洲象的家园提供更为有利的平台，高架巡护监测栈道将人与象分离在不同的空间，把地面还给亚洲象等野生动物，起到了人类与亚洲象沟通的桥梁作用，呈现出"人与自然和谐"的发展理念；加强了保护研究和救助亚洲象的工作，与国际爱护动物基金会（IFAW）、英国伦敦动物学会（ZSL）、泰国喃邦大象医院等建立了合作关系，启动了亚洲象遗传研究等相关课题。同时，景区内加快了去商业化的步伐，高架巡护监测栈道全程仅定点售卖水、水果、饮料和食品等必需品，其他商品禁止售卖；南北门景区先后撤出商铺 12 间，树上观测区商务活动全部取消。

63.3 后续发展

目前，"大野象谷"已完成规划，按照建设"国际知名的野生动物保护地"目标和"国家生态旅游示范区"定位，秉承"突出生态保护"的发展理念，进一步整合、搬迁，推动野象谷可持续发展。

63.3.1 积极开展亚洲保护研究和救助工作

加强与国内外科研院所、保护组织的合作及交流，不断提高保护管理、科研能力及救助繁育亚洲象的水平，为我国亚洲象的保护工作做出努力。

63.3.2 开展亚洲象保护宣教活动

一是做大并完善亚洲象博物馆，以讲解亚洲象为主题完善景区智能解说系统；二是建设野象活动监控系统，实现影像的实时传输；三是与有关国内外机构合作，组织开展亚洲象保护大型宣传活动及科教活动，进一步提高野象谷的知名度和影响力。

63.3.3　减少环境承载压力，保护亚洲象栖息地

一是拆除与亚洲象无关的项目；二是把门景区系统搬迁到勐养镇，让游客在勐养转乘环保车进入野象谷游览；三是搬迁职工生活区至勐养镇，让职工乘坐交通车上下班；四是把大象学校搬出自然保护区；五是加强游客量调控，严格控制景区内游客容量。

63.3.4　做大亚洲象种源繁育及救助中心

把人工繁育及救助的大象展示给游客，用影像和文字、图片把大象背后的故事讲述给观众，让他们更深入地认识和了解亚洲象及为保护亚洲象所做的工作，进一步提高保护亚洲象的意识。

第64章 湖南古丈少数民族原生态文化保护与乡村生态旅游研究

王玥宁 康涅狄格学院（Connecticut College），美国

叶文 西南林业大学地理学院，昆明

中国是多民族国家，各民族在漫长的适应自然环境的过程中，形成了独特的生活及生产方式，随着代际相传积累了宝贵的物质及非物质文化遗产。传统农耕社会中，由于生产方式决定了人对土地亲密的依附关系，这种依附关系造成乡土社会较低的流动率，也是民族文化认同及地方依恋感形成的重要因素。在相对封闭的社会环境中，文化交流与涵化现象有限，形成了原真性较高的文化生态。这些丰富多彩的原生态民族文化不仅具有指导生产与生活的实用功能，而且还具有旅游审美、文化教育、科学研究等方面的价值。然而，随着城市化与现代化的推进，生产力的变革使部分原生态民族文化失去了存在的根基，原生态民族文化面临危机。抛开物质基础的文化保护是不切实际的，以乡村文化和生态景观为核心旅游吸引物的乡村生态旅游，不仅是传承民族文化、重建乡村文化认同的一种有效手段，而且是乡村社会重构与资源良性循环，适应现代性全球化的理性选择。

64.1 中国少数民族原生态文化

64.1.1 中国少数民族原生态文化内涵

民族文化反映一个国家的精神内涵。中国是由汉族和 55 个少数民族组成的多元民族国家，其中汉族占总人口的 90.56%，各少数民族占总人口的 9.44%。随着历史进程的发展、民族文化的沉淀，中国的少数民族文化有着其独特的文化特征，也是构成中华多元文化的重要组成部分。

中国每个少数民族的文化及其特点有着各自不同的形成原因，一方面是受到该族群居住地的地理环境因素的影响，以及由此形成的生产和生活方式的影响；另一方面也受该族群的政治和宗教等内部因素的影响。在表现形式上主要有物质文化和非物质文化两个方面。物质文化主要以建筑文化、器物文化和服饰文化等为载体，是"凝固的艺术"；非物质文化是指各种以非物质形态存在的与群众生活密切相关、世代相承的传统文化表现形式，包括口头传统、传统表演艺术、民俗活动和礼仪与节庆、有关自然界和宇宙的民间传统知识和实践、传统手工艺技能等，以及与上述传统文化表现形式相关的文化空间。非物质文化遗产是以人为本的活态文化遗产，它强调的是以人为核心的技艺、经验、精神，其特点是活态流变。非物质文化最大的特点是不脱离民族特殊的生活生产方式，是民族个性、民族审美习惯的"活"的显现。它依托于人本身而存在，以声音、形象和技艺为表现手段，并以身口相传作为文化链而得以延续，是"活"的文化及其传统中最脆弱的部分。因此对于非物质文化遗产传承的过程来说，人的

传承就显得尤为重要。

原生态民族文化是各民族在长期的生产生活中自然形成的，与当地自然环境相适应的行为模式，具有原生性、地方性和历史性特征，是维系一个民族保持身份认同的文化和心理基础。但是文化本身就是功能性的，是动态的，原生态不是绝对的不受影响，不改变，而是文化内核的原生态。少数民族地区文化之所以能保持原生态状态是因为没被涵化，没被涵化可能的原因有二，一是文化交流少，没有涵化的机会；二是文化优越感高，没有涵化的必要。

64.1.2　少数民族原生态文化危机

在中国过去近千年的历史中，已经有许多少数民族消失，如鲜卑族、氐族、契丹族、党项族，它们大多在历史的演变中被汉族或其他少数民族同化。进入工业文明时代，随着社会、经济和科技的发展，越来越多的现代观念如洪流般涌入少数民族村落，经过漫长发展历史积累起来的少数民族文化也逐步被外部世界的各种信息所覆盖、淹没，原本有着鲜活文化特点的一个个族群部落，不同程度地被现代性所同化，在中国主要表现为汉化。少数民族的原生态文化在以汉文化为代表的主流文化面前，正面临着巨大的变迁压力和消亡危机：民间习俗悄然"变味"，祖祖辈辈传下来的习俗在不少地方如今变成了一种哗众取宠的商业手段；有着独特文化特征和岁月沉淀的传统民居在现代潮流的驱使下，也变成了失去民族符号和地域文化特点的水泥建筑，民族的原生态文化正在失去其最真实、最淳朴的气息。

产生危机的根本原因在于文化是依附于生活和生产方式产生的，当生活和生产方式改变时，文化的根基就不在了，人是趋利避害的，现代化的生活方式可以带来更大的便利性和心理满足。有了现代化的洋楼，没有人愿意住没有厕所的木头房子。另外，文化危机的主要表现形式为：一则是显性的，在景观上、生活场景上都发生改变；一则是隐性的，就像现在的民族旅游的常态，看起来是民族的，其实都是展示性的，在旅游情境的前台取悦游客，在文化后台都已经改变。文化成为旅游代表物，是肤浅的、扭曲的、原真性丧失的。

64.1.3　原生态文化保护的价值

中国是一个多民族国家，各少数民族在多元一体的中华文化影响下，演变并形成具有自身特色的民族文化。在现代社会经济环境下对原生态民族文化进行保护和传承，不仅是中华民族多元一体格局的重要保障，而且也是构建和谐文化生态的必然要求。具体来说，有以下 4 个方面的意义和价值：一是为重构少数民族的文化自信、文化认同与自豪感提供基础；二是发挥少数民族原生态文化作为地方性知识的优势，弥补普适现代性的地方适应不足；三是为构建和谐繁荣的文化生态提供基础和保障；四是保护好这些文化和地方性知识，是开展有情怀的乡村生态旅游的现实基础。

64.1.4　少数民族原生态文化保护与传承的基本策略

改革开放以来，中国经济快速增长，少数民族地区的经济也得到很大的发展，但在区域经济发展的同时，如何加强对少数民族原生态文化的有效保护，是最容易被忽视却又至关重要的问题。中国将民族区域自治制度确立为解决民族问题的基本国策和基本政治制度，为传承和保护少数民族原生态文化提供了坚实的制度保障。近年来，中国政府针对物质文化遗产和非物质文化遗产实施了一系列的保护政策和抢救措施，以及正在积极推动的贫困地区（其中许多是少数民族聚居区）的扶贫工作，为少数民族文化的保护和传承创造了新的机遇。

对少数民族原生态文化的保护和传承，需要政府部门、社会各界及文化的拥有者本身共同努力。首先，政府的重视和支持力度是至关重要的，但如何在政府的支持下，根据不同地区、不同民族的特点，把本地区的经济发展与原生态民族文化的保护和传承进行有效结合，是最现实的问题；其次，作为传统文化的拥有者，如何在现代全球化的背景下重新认识自身文化，增强对自身文化的认同感，也是很重要的问题；第三，各种文化企业、非政府组织、民间团体等的善意关心和积极支持也很重要。

文化保护不能是形式上的，抛开物质基础谈文化价值、文化保护是不切实际，不能落地的。要抓住解决问题的关键，战略上是文化、社会甚至政治意义的，战术上需要是经济性的。让少数民族同胞切实感受到因为原生态文化的存在带来的经济利益和生活的改善，这也是我们要用乡村生态旅游的方式实现原生态文化保护的原因。从哲学层面来说，这是资源保护主义而不是自然保护主义，即为了发展而保护，而不是为了保护而保护。

乡村生态旅游能保护文化？这和现代性与城市化有关，社会发展太快，社会变化太大，人不适应了，不舒服了，开始怀念以前的，这是一种后现代主义的"乡愁"，也是现在正在提出的新"上山下乡"主义，所以人们开始回归乡村，回归原真。

64.2　发展乡村生态旅游与土家族原生态文化的传承

64.2.1　土家族——聚集在中国中南部的少数民族

土家族是中国 55 个少数民族之一，世居在中国的中南部山区（包括湘、鄂、渝、黔比邻地区），人口数量约为 800 万人，在中国的 55 个少数民族中排名第七位。1957 年成立了湖南省湘西土家族苗族自治州，1983 年又成立了湖北省恩施土家族苗族自治州。

经过上千年的历史演化，土家族独有的文化特点已经形成，蕴含着鲜明的民族性：

1）土家族大多依山而居，吊脚木楼显现出其山地民族的民居建筑风格，具有群居特点，建房都是按村、寨集中分布，很少单家独户。

2）在生活文化方面，由于土家族地处中国的南方，日常主食以水稻制成的米饭为主，烹饪方式和肉制品加工方面有自己的特色。

3）在服饰方面，土家族服饰的结构款式以俭朴实用为原则，结构简单，但是注重细节，男女老少皆穿无领滚边右衽开襟衣，衣边衣领会绣上花纹，绣工精彩，色彩艳丽，具有浓厚的民族特点。

4）在民俗文化方面，作为祭祀祈祷的摆手舞、傩堂戏、茅古斯舞有着深厚的文化色彩，土家族的梯玛歌、哭嫁歌、摆手舞、织锦技艺也被列入国家级非物质文化遗产。

在湘西不少土家族聚居地，当地村民们拆掉了先辈们居住的传统住宅，街道上的传统瓦房和山坡上的吊脚楼已被水泥楼房代替。年轻人开始不屑于传统的哭嫁仪式，姑娘们也不再钟情原来象征吉祥的原生态传统服饰，选择汉族红色旗袍或西式的白色婚纱，在教堂司仪的主持下完成婚礼仪式。由于没有文字，只能通过口口相述、代代相传的土家族文化濒临消失，如今只有偏远山区村落里的一些年迈老人还懂土家语。更为严峻的是，随着外出打工人群的不断增多，农村人口空心化，以汉文化为主的外来文化对年轻人的影响加剧，大多数年轻人更愿意接受汉文化和外来文化，土家族人对自己民族文化的认同感明显下降，土家族的原生态传统文化正逐渐走向消亡。

64.2.2　发展乡村生态旅游——土家族山区扶贫与民族文化传承保护的有效结合

乡村生态旅游是以农村为空间、农村生产生活方式为载体所开展的旅游活动。改革开放以来，中国的旅游业经过几十年的发展，旅游消费者的需求结构有了很大的变化，除了观光旅游之外，休闲、户外活动和各种体验式旅游越来越受到欢迎。作为生态旅游的重要方式，乡村生态旅游迎来了巨大的发展空间。在土家族村寨因地制宜地发展乡村生态旅游，既是对土家族山区进行扶贫开发的有效方式，同时也是推动土家族原生态民族文化传承和保护的好方法。首先，通过保护和展示本地区土家族原生态民族文化，能够大大增强作为主要旅游吸引物的历史的厚重和特色魅力；其次，在开展乡村生态旅游的过程中，通过向旅游者展示本地原生态民族文化，可以大大增强当地居民对于自我文化的认同感和自豪感，使传统民族文化在乡村生态旅游经济的发展中得到传承和保护；三是通过乡村生态旅游的开发，使文化承载者认识到自身文化的市场价值，有利于其主动地、积极地保护。

64.3　案例分析——古丈张家坡土家族村落乡村生态旅游的可持续发展之路

64.3.1　原乡的土家族山村

张家坡村是一个土家族聚居的山寨，位于湖南省湘西土家族苗族自治州古丈县红石林镇东北部，距离古丈县城区约 24km。村庄地处坐龙峡国家森林公园景区出口，境内山清水秀，景色迷人，周边有奇特的红石林国家地质公园、挂在瀑布上的千年古镇——芙蓉镇、天下第一漂——猛洞河等名景区。全村现有 5 个自然寨，5 个村民小组，共有 134 户 545 余人。村寨民居是反映湘西建筑风格的"吊脚楼"，土家族特有的建筑风格使全村屋连屋、户连户。全村民风纯真质朴，全寨人民勤奋团结、和睦相处，犹如陶渊明笔下的世外桃源。2009 年，该村被当地旅游局评为"三星级旅游村"，2010 年初被湖南省民委评为"少数民族特色村寨"，2012 年被湖南省旅游局评为"湖南省特色旅游名村"。保持完整的近缘聚居地、宜人的环境、别致的优美建筑、精细的雕刻工艺、独具特色的土家文化成为张家坡村最具吸引力的文化特色。

64.3.2　村民对开展乡村生态旅游的态度

2016 年 2 月，笔者参加了张家坡村的实地调研和考察，并对当地村民和村干部进行了访谈，调查结果（表 64.1）反映出村民对本民族的文化认同感及民族自豪感是不够的，对发展乡村生态旅游的态度十分积极，盼望着早日富裕起来。通过调查也反映出来，村干部对文化的保护和传承比较重视，但对通过什么方式来影响民众、引导民众保护好和利用好传统文化资源，缺乏必要的手段和方法。

表 64.1　张家坡村土家族民族文化与乡村生态旅游情况调查表（2016 年 2 月）

问题	非常强	强	一般	弱
村民对本民族文化的认同程度			√	
村民目前对土家族服饰和风俗习惯的表现				√
村民对参与本村发展旅游的积极性	√			
为了发展旅游，村民穿戴本民族的服饰和展示其风俗仪式的意愿	√			
村民对旅游者进入本村的欢迎态度	√			
村民对将其农舍部分改为游客住宿客栈的意愿		√		
村民们对接受旅游机构统一指导和规划的意愿		√		
村民领袖（村干部）对发展旅游的态度和认识	√			
村民领袖（村干部）对保护和传承民族文化的意识	√			
当地政府部门对支持发展乡村生态旅游和土家族文化保护的态度	√			
当地政府对乡村生态旅游可持续发展方式的认知			√	
村民们对开展乡村生态旅游的有效方式的认识				√
村民在旅游服务接待方面得到的培训				√

64.3.3 张家坡村土家族文化的传承与乡村生态旅游的可持续发展

（1）原生态土家族文化是发展本村旅游的重要基础

张家坡村发展乡村生态旅游，要体现其真实、质朴、原生态的特点，引导和鼓励村民们把土家族的生活文化、民间传承文化、礼节庆典等用最质朴的方式展现出来。张家坡村在乡村生态旅游的民俗体验方面，一方面要保护好秀美的自然环境，以及土家族吊脚楼特色民居；另一方面，村民们要保持土家族自然的日常生活，使游客无论来到村里歇息、吃饭，还是居住、体验户外活动，都可以在点点滴滴中很自然地感受土家族的风情，这种原生态的少数民族文化体验将是张家坡乡村生态旅游可持续发展的重要资源基础。

通过到村里实地调研得到的反馈，近几年发展乡村生态旅游使得村民们的收入明显增加，这种直接的回报也激发了村民们对回归本真、展示土家族民俗文化的原生动力，以及进一步挖掘和展现土家族非物质文化遗产的积极性。发展乡村生态旅游，提高了村民们文化的自觉性，进而也就达到了促进土家族文化传承的效果。

（2）鼓励年轻人参与本村的旅游发展是可持续发展的保障

目前，张家坡村的年轻一代对土家族文化认同感不强，不少青壮年村民外出打工，年轻人更加接受、认同和追求外部世界的"时髦"生活方式。实际上，通过发展乡村生态旅游，年轻人完全可以离土不离乡，获得高于在外打工的收入。另外，通过与旅游者的互动和深入交流，还可以在思想上与主流社会接轨。

张家坡村要在保护和传承土家族传统文化的同时，做到乡村生态旅游可持续发展，年轻人的积极参与必不可少。鼓励年轻人回乡创业，鼓励年轻人加入到本村旅游接待服务和乡村生态旅游经济的发展中，指导他们开展与本村旅游相结合的农产品加工或其他旅游服务项目，是张家坡村乡村生态旅游可持续发展的基础和保障。只有年轻人愿意继承和发扬土家族传统文化，传统文化才有生机和活力；只有通过发展乡村生态旅游，保护和继承土家族传统文化才有可持续的基础和保障；只有年轻人参与到旅游业发展中来，乡村生态旅游发展才有可持续的人才保障。

（3）创新旅游发展方式是促进二者融合的有效手段

目前，张家坡全村有 33 家农户开办了农家乐，其中 22 家是本村旅游协会的会员，另外 11 家没有加入。该村旅游的发展方式是比较初级的，基本上处于自发状态，集约化和规模化程度较低，旅游接待能力和接待水平也很有限，因此，提升和创新该村的旅游发展方式也是当务之急。针对张家坡村的特点和条件，需要在以下方面进行改进和提升。

1）张家坡村需要有一个高水平的旅游发展规划。针对该村的旅游资源特点、区位条件和现有的旅游服务接待水平，迫切需要对该村的旅游发展做一个具有前瞻性、精准对接市场的旅游发展规划，以便指导旅游项目的开发设计、旅游活动的策划安排及旅游服务接待设施的改进建设。由于该村不具备支付开展专业规划费用的能力，建议可以将该旅游规划项目纳入扶贫工作，寻求政府部门或相关专业机构的公益支持。

2）张家坡村需要借助外部力量，实施高水平的市场营销。该村旅游资源品位较高、文化底蕴较深，但是缺乏好策划、金点子、高平台，迫切需要专业团队或机构对本地土家文化进行深入挖掘、提炼和融合，进而通过媒体（特别是新媒体）针对目标人群进行精准推广。

3）创新乡村生态旅游发展方式，探索"公司＋合作社＋农户"的经营模式。要突破张家坡村旅游发展存在的瓶颈和困难，就需要改变目前低水平的乡村生态旅游自发式经营方式，这是一个非常重要的现实问题。目前，村民对发展旅游有很高的意愿，也不排斥有专业公司统一操作经营，因此，在兼顾村民利益、集体利益的前提下，寻求有实力的、合适的旅游公司参与到本村的旅游开发中，采取"公司＋合作社

＋农户"的经营模式，将是张家坡村旅游开发实现集约化、规模化、品质化和规范化的可行解决方案。

4）开发高端体验式的乡村生态旅游产品，走出乡村生态旅游发展新模式。将张家坡村的旅游资源和周边旅游资源进行整体开发，可以打造高端户外探险、土家族原生态民俗体验和高品质的乡村休闲相结合的旅游产品。通过对当地土家族美食产品进行标准化的加工和品牌化的包装，可以显著提高本村农畜产品的附加值，形成一定的产业链条，大大提升该村开发旅游的综合经济效益。

64.4　结论

张家坡村是中国众多不发达农村的一个缩影，是土家族村落的一个代表。做好张家坡村乡村生态旅游的可持续发展，实现土家族原生态文化的传承与保护，将能够为中国少数民族乡村经济与社会文化的发展树立有价值的典范。

第65章 四川九寨沟生态旅游探索与实践

邓贵平　九寨沟风景名胜区管理局，阿坝

生态旅游已成为 21 世纪旅游业的重要方向，在整个旅游产业中扮演着可持续发展思想引领者角色的九寨沟一直倡导注重旅游环境影响，重视当地居民参与，强调游客环境教育的生态旅游，已成为有效协调环境、社会、经济发展的正面案例。本章将从环境教育、社区参与、环境管理、科学研究、人才培养等方面系统分析九寨沟过去 30 多年在发展生态旅游过程中的探索与实践，以为九寨沟有效应对未来挑战，实现生态旅游可持续发展提供经验，也为其他景区发展生态旅游提供参考和借鉴。

65.1　九寨沟景区概况

65.1.1　九寨沟区位与生态旅游资源

九寨沟景区位于四川省阿坝藏族羌族自治州九寨沟县中南部，地处青藏高原东缘岷山山脉南段尕尔纳峰北麓，地理位置 103°46′～104°05′E、32°55′～33°16′N，面积约 720km²。景区地貌为高山峡谷区，地势南高北低，海拔高度 1996～4764m。景区大小湖泊 118 个，瀑布 17 条，滩流 5 处。景区气候条件较复杂，以高原山地温带、寒温带季风气候为主。生物多样性极其丰富，调查显示，景区内共有原生物种 3553 种，其中藻类 419 种、菌类 203 种、维管束植物 2061 种、无脊椎动物 693 种和脊椎动物 310 种。景区物种珍稀性明显，生长着银杏、红豆杉等国家 I 级保护植物，生活着绿尾虹雉、雉鹑、斑尾榛鸡等国家 I 级保护鸟类，是大熊猫、金丝猴、林麝、马麝和牛羚等国家 I 级保护动物的重要栖息地。

65.1.2　九寨沟发展历程

中华人民共和国建立以后，九寨沟经历了森林砍伐（1965—1978 年）和旅游发展（1979 年至今）两个时期。由于九寨沟具有世界性独特的科学和审美价值，旅游资源品位极高，自 1978 年建立自然保护区以来，旅游业发展迅猛，现已集国家级自然保护区（1995 年）、国家 5A 级景区（2007 年）、世界自然遗产（1992 年）、世界人与生物圈保护区（1997 年）等多项桂冠于一身，成为中国标志性的自然保护区和世界级的旅游胜地。自 1984 年旅游开放以来，累计接待游客 3296.8 万人次，年均增长率达 18.05%。另外，年接待游客在 2015 年 11 月 29 日突破 500 万人次。

65.1.3　九寨沟生态旅游产品

旅游产品是一个复合概念，它在理论上是指旅游者出游一次所获得的整个经历。学界将其区分为广义、中义和狭义三种情况：广义的旅游产品是由景观（吸引物）、设施和服务三类要素所构成，其中景观（吸引物）是指自然实体和历史文化实体（包括文化氛围和传统习俗）所组成的中心吸引物；中义的旅游产品是指景观（吸引物）和设施构成的集合体；狭义旅游产品仅指景观（吸引物）。本章主要讨论九寨沟狭义的生态旅游产品。

　　根据资源禀赋和地理特征，九寨沟所开发的生态旅游产品主要包括自然类、文化类和小众体验类。九寨沟山水相依，湖瀑相连，自然类是九寨沟最主要的生态旅游产品，主要分布在树正沟、日则沟和则查洼沟。游客既能欣赏到"树在水中生，水在林间流"的迷人画卷，也能欣赏到"鸟在水中飞，鱼在云中游"的神奇景象。水景是九寨沟的灵魂，包括湖泊、瀑布、滩流、泉水和激流等，这些水景因时因地而异，其美学价值具有垄断性。九寨沟生物多样性也非常丰富，游客能够观鸟，能看到一些动物，也能看到一些珍稀植物。九寨沟因 9 个藏族村寨而得名，生活在九寨沟景区内的近 1200 多名藏族居民多信奉本教，藏族风情和宗教文化形成了较独特的生态旅游产品。游客不仅能够参观藏族村寨，也能够体验藏民生活，还能够参观扎如寺，参加嘛智节等宗教活动。另外，藏族村寨和山水风景融为一体，天人合一。为丰富旅游产品种类，增加游客体验，九寨沟还在扎如沟、曲那乌沟精心打造小众高端生态旅游产品。游客在专业导览人员的陪同下可以骑自行车、徒步、宿营、探险，专业人员还将提供地质、动植物、藏族文化等专业讲解，这类产品已受到美国探索发现频道（Discovery）、中央电视台英语新闻频道（CCTV-News）等著名媒体的特别推荐报道。

65.2　九寨沟生态旅游探索与实践

65.2.1　环境教育

　　生态旅游把生态保护作为既定前提，把环境教育和自然知识普及作为重要内容。九寨沟管理局一直非常重视环境教育工作的开展，环境教育成效显著，先后荣获"国家环保科普基地""全国林业科普基地""全国科普教育基地"等称号，并在 2013 年被评为首批"全国中小学环境教育社会实践基地"。管理局不但配备专职人员负责环境教育工作，而且在场地建设和素材的选择上因地制宜，针对儿童、一般性大众游客、生态旅游者、社区居民和景区员工等开展不同形式的教育活动。在场地方面，既有游客中心室内科普场地，又有扎如沟生态旅游区和主景区等野外实践场所；在环保科普资料方面，既在游客中心放置了《中国儿童百科全书》等全国通用科普资料，又结合本地实际，编制了《九寨沟的生物多样性》《九寨沟扎如沟生态手册》《九寨沟扎如沟植物手册》《九寨沟扎如沟鸟类手册》《九寨沟扎如沟兽类手册》《九寨沟扎如沟文化手册》等环境教育资料。

　　1. 环境教育对象

　　环境教育工作的有效开展必须明确教育对象，目前九寨沟的环境教育对象主要包括普通游客、生态旅游者、中小学生、景区及其周边社区的居民、景区工作人员等。

　　2. 环境教育基础设施

　　（1）游客中心

　　九寨沟景区游客中心占地 1764m^2，建筑面积超过 3200m^2，既是综合性的游客服务、引导中心，又是大型的环境教育场所。中心设有民俗文化、动植物、地质、风景和历史 5 个展区，以多媒体电脑触摸屏、电子沙盘、实物展示、展板展出、导游讲解等形式向游客介绍有关九寨沟的科学文化知识，并设有专门的"儿童天地"，针对儿童开展环境科普教育。另外，还设有国际联合实验室、水质实验室、森林病虫害实验室和一个学术报告厅，供科研、科普之用。

　　（2）解说系统

　　目前，九寨沟景区的标识牌 1000 余个，主要包括导向性、解说类、警示限制性、景观引赏类标识牌。解说系统是科学信息传递的重要途径，其中关于动植物、景观成因和化石等解说类标识牌对景区自然资源环境进行了很好的科普宣传。

（3）展示平台

为做好环境教育工作，九寨沟建设了多种展示平台，主要包括：景区官方网站、景区入口和诺日朗旅游服务中心 LED 大屏、绿色环保观光车车载解说视频、"乐行九寨" APP、自动售票终端、音像资料。另外，景区沿线还张贴有大量的环保科普宣传图片。

3. 环境教育活动

九寨沟景区环境教育活动内容主要包括生物多样性和生态环境保护宣传教育，即通过各种方法和措施，让人们在欣赏到九寨沟独特的自然风光、丰富的生物多样性和绚丽的民族文化的同时，树立"人与自然和谐相处和可持续"理念，增长其在动植物、生态环境、生态环境保护与文化传承等方面的知识和技能，使保护有益生物、保护生态环境、传承文化成为一种自觉行为。

（1）以重要环保节日为依托，开展主题环保活动

每年世界地球日、爱鸟周、国际生物多样性日，九寨沟管理局在沟口广场面向游客开展主题环保活动。活动通过展览展示、发放宣传资料、现场咨询及环保签名等方式，向游客宣传生态环境保护和生物多样性保护等知识，提高活动参与者对生物多样性和生态环境保护的认识。

（2）整合力量，开展科普游和科普讲座

每年暑期，九寨沟自然保护协会联合其他环保组织面向景区居民、社区中小学生、管理局员工等开展了一系列的自然解说和净山活动。通过自然体验和净山活动，加深活动参与者对大自然的感知、热爱，增强他们的自然环境保护意识，带动社区居民主动加入到环境保护队伍中。另外，九寨沟景区还开展"暑期环境教育讲座""两岸环境智慧景区行动研讨会"等活动，邀请著名环境教育学家徐仁修、徐荣崇、汪静明、周儒等授课。

（3）自然旅游形式环境教育和小众型生态旅游

九寨沟景区各种旅游服务设施完善，标识牌种类齐全，并配设了中、英、日、韩 4 种解说文字。游客通过导游讲解和自行阅读标识牌、免费导游手册，了解九寨沟的动植物知识、地质成因、民族文化等科普知识。另外，九寨沟管理局在扎如沟和曲那乌沟打造了小众生态产品，游客在专业解说人员的带领下认识沿途的动植物、地质地貌，领略民风民俗等。

65.2.2 社区参与

社区参与、保障社区居民合法权益是生态旅游区别于大众旅游的重要特征。九寨沟因景区内有荷叶、树正、则查洼等 9 个藏族村寨而得名，沟内的 1311 位居民中几乎都是藏族居民。他们信奉藏传佛教中最原始的苯波教，认为万物有灵，与自然和谐相处。九寨沟景区在社区参与方面做了不少有效的探索，较好地处理了九寨沟管理局与景区居民的关系，为其他景区提供了有益的借鉴。归纳起来主要包括以下举措。

（1）社区共管

设立专门的社区管理机构和利用社区自有管理组织实施社区共管。九寨沟管理局下设居民管理办公室，负责处理景区内居民事务；以居民管理委员会为载体，健全社区居民基层管理机制，建立各基层组织的领导、政策、资金三个支撑体系，制定各基层组织的领导管理、工作考核、表彰奖励办法；组建了由公安、城建、工商、旅游等部门负责人参加的"管理达标工作组"和"综合治理办公室"，协同实施景区的共同管理与社区的共同管理，形成了多个部门配合、多种行业协作、多数人员参与的"社区共管"局面。

（2）社区参与经营

创造多种渠道鼓励与吸纳社区居民参与旅游从业和景区管理。九寨沟管理局对凡具有大专以上学历的景区居民子女都优先安排就业，据 2012 年统计，在九寨沟管理局 486 名正式工、365 名非在编职工中，社区居民分别有 83 人和 331 人，各占 17%和 90%。九寨沟管理局下属企业——联合经营公司聘用景区居民 20 人，占公司职工总数的 6.5%。居民中，有 600 多人直接从事保护管理、经营服务活动。目前，景区内居民旅游从业人员 497 人，占景区内居民总人数的 49.4%，实现了社区从自给自足的农耕生活向以资源保护、旅游管理和经营服务为主结构的改变。

（3）合理的分配机制

通过股份制经营，建立"公平"优先的利益分配机制。社区居民利用景区内自然资源进行垄断性经营，社区居民全方位参与各项经营活动。一种途径是到九寨沟管理局下属公司工作，另一种是在景区内开展自主经营活动，包括诺日朗旅游服务中心的商品售卖、景点租衣照相和村寨摊位经营等个体户经营项目。组建股份制公司，确保社区居民获得大部分红利。九寨沟管理局在 2001 年成立联合经营公司，筹建诺日朗餐厅，组织沟内居民入股。九寨沟管理局占餐厅股份 51%，景区居民以 49%的股份享受77%的收益。2001—2005 年，九寨沟管理局每年从门票收入中拨出 836 万元作为景区居民的生活保障费。2006 年开始，九寨沟管理局每年每张门票提取 7 元作为景区居民的生活保障费，保证了景区居民的收入随旅游的发展而增长。根据该方案，2014 年九寨沟景区居民人均收入超 3 万元。

（4）全面实施惠民工程

实施惠民工程，全面保障景区居民利益。九寨沟管理局积极落实"退耕还林"、粮食补偿政策，全面实施社区环境美化、社区数字化、社区安居、饮水消防、居民经营点和社区居民医疗点建设等民生工程，积极实施"惠民行动"，切实推进和谐景区建设，景区居民的经济收入和文化生活水平得到了极大改善。

65.2.3　环境管理

旅游业最早被称为"无烟产业"，但随着研究的不断深入，越来越多的学者认为旅游业会对资源、环境、生态等造成一定的负面影响。九寨沟地处青藏高原向四川盆地过渡地带，湖泊、瀑布属于高山喀斯特景观，千姿百态的"海子"属于贫营养型湖泊，因此，生态环境非常脆弱，较易受到旅游产业发展的影响。九寨沟管理者非常重视可持续发展，不断探索和创新，摸索到一系列行之有效的环境管理举措，使九寨沟旅游资源和生态环境得到较好的保护。

（1）沟内游、沟外住

"沟内游、沟外住"是指游客白天在主景区树正沟、日则沟、则查洼沟旅游，但晚上不能在景区内住宿，只能到景区外面的宾馆、酒店等住宿。景区禁止一切宾馆的修建，也不允许景区居民为游客提供住宿服务。从 2001 年 4 月 30 日起，九寨沟管理者严格实行"沟内游、沟外住"，最终拆除了景区内的所有宾馆。这样不仅有效制止了"景区城市化"，而且有效避免了宾馆建设和运营对水体和生态环境的影响，尤其是降低了因宾馆含 P 废水的排放导致贫营养湖泊富营养化的风险。

（2）禁止外来车辆进入景区

汽车尾气容易对环境造成污染，主要污染物为碳氢化合物、氮氧化合物、一氧化碳、二氧化硫、含铅化合物和固体颗粒物等，并能引起光化学烟雾。自 1999 年，九寨沟景区开始采用绿色环保观光车，禁止外来车辆进入景区，只允许因管理需要的工作用车（即使工作用车也只能是指定车型）和景区居民的车辆进入。进景区的游客除徒步外，都需乘坐统一的绿色环保观光车。这样的措施除大幅度减少了进入景区的汽车数量，也减少了车辆尾气排放对生态环境造成的影响。另外，九寨沟景区正在试运行电动汽车，如果成功，将进一步减少汽车尾气的排放。据 2010 年在景区投入运行的大气背景值监测站监测数据，九寨沟不少时间 PM2.5 为零。

（3）建设免冲环保型厕所

人类排泄物可能对水体造成污染，一是病毒和病原体污染水体；二是尿液和粪便可能使水体富营养化。九寨沟湖泊为高山钙化贫营养型湖泊，美学价值极高，每年吸引数百万游客前来游览，因此，除为游客提供必要的如厕条件，还需处理好游客排泄物。为保护生态环境和给游客创造清洁舒适的如厕环境，九寨沟景区管理者在 2001 年 10 月前拆除了景区内的所有旱厕，在全国景区中第一个大规模引入智能型全自动免水冲环保型生态厕所，并购置 8 辆环保型车载式流动厕所。随着游客数量的快速增长和技术的不断进步，景区的厕所也不断增多和升级，游客的排泄物被工作人员打包密封后全部运到景区外垃圾处理厂集中处理，有效减少了湖泊富营养化风险。

（4）控制游客量

环境具有最大承载力，超过该承载能力，就会对环境造成负面影响，有些影响是不可逆的。发展生态旅游，非常重要的原则是旅游发展不能破坏生态环境。因此，生态旅游区应该科学测算环境承载量，严格实行限量旅游。九寨沟景区 2001 年就开始实施限量旅游，在当时收到很好的效果。但要真正做到限量旅游非常困难，一是很难科学测定环境容量；二是景区管理能力影响环境容量；三是景区所在区域把发展旅游业作为脱贫致富发展经济的重要手段；四是绝大多数景区未实现全部游客网上预订门票。深受游客喜爱的九寨沟地处我国经济欠发达的西部地区，未能实行所有游客网上预订门票，因此，很难做到实质性限量旅游。随着旅游的快速发展，九寨沟旅游旺季日最大环境承载力由 2.8 万人逐步增长到 4.1 万人，2014 年还发生了 "10.2 游客滞留" 事件。

（5）调整能源结构

生态旅游倡导 "资源节约，环境友好"，提倡使用清洁能源。九寨沟在 1978 年建立保护区后就严禁砍伐森林，景区居民不仅实行 "以电代柴"，还使用风能和太阳能。九寨沟景区管理者大力推进节能减排，不禁在景区生态广场和办公区安装了太阳能、风能照明供电系统，还采用网上办公系统，推行无纸化办公，这也使九寨沟景区于 2012 年获评 "全国首批低碳旅游示范区"。

此外，景区近年来已累计投入 15 亿余元，建成了约 70km 用于人车分离的生态栈道、功能齐全的诺日朗旅游服务中心及污水管网，较大提升了景区的环保水平。

65.2.4 科学研究

生态旅游多发生在风景优美、生物多样性丰富、生态环境脆弱的自然区域，要处理好保护与发展之间的矛盾非常困难，实时监测和深入研究可以为保护与发展生态环境提供必要的信息，为生态旅游景区管理决策提供科学数据。九寨沟景区一直坚持可持续发展战略，非常重视科学研究，这也是九寨沟景区能够入选 "世界遗产地可持续管理最佳案例" 的重要经验，其主要举措如下。

1. 设立科研处

1995 年，九寨沟管理局设立了科研处，逐步建立了气象、水文、水质、环境、森林病虫害等监测站，配备相应的专业技术人员，对景区气象、水文、水质、环境、森林病虫害等进行常规监测。2004 年，九寨沟管理局建立了水质实验室。2006 年，九寨沟管理局联合四川大学、美国加州大学戴维斯分校、华盛顿大学、美国优胜美地国家公园等建立了 "九寨沟生态环境与可持续发展国际联合实验室"。2009 年，四川省人事厅批准设立九寨沟博士后科研工作站。2012 年，九寨沟获科技部批准建设九寨沟国家国际科技合作基地。2014 年，九寨沟管理局联合克罗地亚萨格勒布大学、普利特维采国家公园和中国科学院成都生物研究所建成中—克生态保护国际联合研究中心。

2. 进行生态环境监测

（1）气象监测

景区内建立了 4 个全自动气象监测站，监测内容包括风向、风速、温度、湿度、太阳辐射、气压、降雨、地温等，为景区旅游天气预报、地质灾害防治、护林防火等工作的开展提供有力支撑。

（2）水文水质监测

景区内建有 6 个流量自动监测站和 7 个水位自动监测站，对景区水位、流量实现全年监测，以便掌握九寨沟水循环系统动态变化规律。2004 年建立了水质监测实验室，逐步购置了离子色谱仪、总有机碳/总氮分析仪等高精度仪器，对景区主要湖泊、溪流的水质指标（主要包括 N、P、生化需氧量等）进行监测。

（3）环境质量监测

2010 年，九寨沟景区同四川省环保厅合作建成空气质量背景站，监测指标包括硫氧化物、氮氧化物、一氧化碳、PM10、PM2.5 等。

（4）生物多样性监测

九寨沟景区共设有 27 条监测样线和一块 4hm² 样地，监测的内容有：大熊猫野外种群状况及伴生物种监测、大熊猫栖息地植被和竹子状况、大熊猫及其栖息地受干扰状况、大熊猫栖息地周边社区社会经济状况、两栖爬行和小型兽类种类多样性、针阔混交林和落叶阔叶林森林生态系统动态变化等。

（5）森林病虫害监测

九寨沟景区建立了国家级森林病虫中心测报点，承担着对九寨沟森林病虫害预测预报工作，主要包括景区内 26 块标准地的物候观测、病孢子捕捉、线路调查、林木等级调查及森林病虫害的全面监测和调查等工作，并对景区内突发（暴发）性森林病虫害提出可行性防治方案等。

此外，九寨沟景区还建立了地质灾害监测站、GIS 地理信息系统站、文化监测站和 7 个野外保护站。

3. 科研项目申报执行

常规监测为科学研究创造了条件。九寨沟管理局基于这些基础不断联合国内外著名高校、研究机构、技术公司等围绕九寨沟生态旅游发展重要事项合作申请和开展省级、国家级科研课题，并取得较好成果。据统计，近年来，九寨沟先后作为项目依托主体单位，成功申报执行了系列国家级科研课题，包括国家"十五"重大科技攻关示范项目"数字九寨沟综合示范工程"、国家"863"重大专项"基于时空分流导航管理模式的 RFID 技术在自然生态保护区和地震遗址博物馆的应用"、国家国际科技合作专项"九寨沟水资源与生态安全保护关键技术合作研究"、国家科技支撑计划项目"智能导航搜救终端及其区域应用示范""实景化景区智能管理与服务系统应用"等。这些国家级科研课题的成功开展不仅有效提升了九寨沟景区管理能力，而且推动九寨沟在全国率先提出和建设"数字景区"和"智慧景区"，有力推动了九寨沟生态旅游的发展。

65.2.5　人才培养

生态旅游要运营和管理好，需要大量专业人才，其专业涉及产品打造、市场营销、规划建设、游客服务、环境解说、生物多样性和环境保护、灾害防治等领域，但生态旅游多发生在相对偏远的经济欠发达区域，很难吸引高层次人才前来工作，因此，做好生态旅游景区员工的培训和自主培养工作就显得尤其重要。九寨沟管理局一直非常重视人才战略，一是努力招聘高学历专业人才；二是加强员工的培训和自主培养；三是临时聘请专业人才，取得较好效果。据最新统计，九寨沟管理局现有博士研究生 1 人，硕士研究生 34 人（其中海归硕士研究生 5 人），有本科学历人员 152 人，另外，6 人正攻读博士学位；

专业技术人员中高级工程师和高级经济师 29 人，副研究馆员 1 人。

九寨沟管理局人才培养的主要举措包括：①支持员工攻读硕士研究生和博士研究生，为其提供学习假，报销 90%的学杂费；②选派优秀员工到国外著名大学和国家公园去学习交流，据统计，到目前为止已派出 22 人到美国密歇根大学、加州大学戴维斯分校、新西兰梅西大学、澳大利亚莫纳什大学等著名大学和美国优山美地、黄石等国家公园交流学习；③在旅游淡季（11 月 16 日—次年的 3 月 31 日），组织优秀员工到清华大学、北京大学、中山大学等大学开展为期 30 天左右的专业培训，或到新东方外语培训中心学习外语；④将每年 4 月设置为培训月，邀请专家和本单位专业人员以讲座形式为单位全体员工进行培训；⑤围绕九寨沟发展举办论坛，邀请国内外专家做报告或进行对话，开阔景区工作人员眼界和提高认识。

65.3　九寨沟生态旅游未来的挑战

过去 30 多年，九寨沟在生态旅游发展过程中进行了大量卓有成效的探索和实践，利用科学研究为生态旅游发展护航，重视社区参与和人才培养，强调环境管理和环境教育，这使得九寨沟在生态旅游事业高速发展的同时，旅游资源和生态环境保护良好。当然，九寨沟过去生态旅游发展中也存在一些不足，如未能有效实施限量旅游、缺乏文化旅游产品、旅游淡旺季差异太大等。另外，随着全球气候变化和通达性的进一步改善、人们收入水平提升、带薪休假等政策的贯彻落实，九寨沟未来的生态旅游发展将面临严峻挑战，主要包括：①全球气候变化对九寨沟自然景观、生态环境和生物多样性造成的影响。②快速增长的游客对九寨沟生态环境造成更大压力。③为满足游客日益增长的需求而新建或扩建的基础设施和旅游服务设施对环境造成的破坏。因此，要实现九寨沟生态旅游的可持续发展，九寨沟管理者还需进一步努力，全面整合力量，深入研究，科学管理。

第 66 章 生态四项公开赛案例分析

徐世海　李桐　北京恒健国际体育文化传播有限公司，北京

66.1 生态四项运动介绍

66.1.1 项目简介

生态四项运动，是人类在清水、绿地、蓝天和林地等较好的生态环境中所从事的陆地上最基本的行进技能——越野跑、山地自行车和水上最基本行进技能——游泳横渡、皮划艇四项一次性连续完成的体育运动项目，是在自然场地举行的一组集体项目群，具有很大的挑战性和刺激性，旨在拥抱自然，挑战自我。生态四项公开赛是中国首个原创的以"生态+体育"为主题的品牌赛事，并由此赛事原创了一个新的体育项目"生态四项"运动，以此倡导运动健康和重视生态文明建设。

66.1.2 生态四项运动项目的特点

（1）创意科学合理

生态四项赛是由宿迁市政府和北京体育大学等单位共同研发的新兴时尚运动项目。赛事从运动科学角度深入研究，设置多元化项目，避免长时间单一运动对人体的运动损伤，设置游泳、皮划艇、自行车、越野跑等有氧运动，让人们在上下肢交替作息的状态下进行一定强度的科学运动。随着人们对体育运动丰富性、科学性认识的提高，将有更多的运动爱好者参与到生态四项运动中来。

（2）环节形式新颖时尚

生态四项运动具有结合生态环境和塑造城市名片的功能，以其独有的特点，进行规范化、流程化的设计，建立生态四项体育体验旅游体系并设计了众多新颖时尚的赛事系列活动。在赛事开闭幕式、准备活动、赛程进行、媒体宣传等过程中注入时尚元素，加入户外运动电影展播、生态公园露营、生态摄影大赛等凸显现代时尚元素的活动，形成一个盛大的户外生态运动会，让赛事活动的参与性和观赏性提升到新的高度。

（3）政府政策倡导

生态四项运动因其倡导生态文明建设和运动健康的主题，以"生态+体育"为核心的创新，受到国家政策导向和国家体育总局相关司局的认可和推介，各地方表现出积极参与并开展生态四项运动的意向。随着生态四项运动城市联盟的成立，生态四项将成为新潮运动项目。

66.1.3 生态四项公开赛的立项及方案制定

1. 市场调查

休闲体育项目一旦启动就牵涉诸多方面，包括项目主办方、承办方、参与者、项目举办地相关部门等，因此在立项之前要进行充分的市场调查，对项目的可行性进行论证，进而在此基础上才能确立项目能否立项。而方案的制定更是要依据市场调查的结果进行，做到有理有据，确保科学可行。

2. 宏观市场环境调查

生态四项公开赛项目的立项同样离不开详细的市场调查。体育产业发展离不开宏观市场环境，首先针对宿迁市近五年来整体经济文化发展趋势及人口构成特点等进行调查。

1）对经济发展水平进行调查：通过查阅江苏省宿迁市统计局的经济调查数据帮助做出判断。

2）对社会文化环境进行调查：通过多种方法了解一个地方的文化，亲身去感受能够直观地感受判断；通过查阅资料，翻看一个地方的地方志能够全面地了解某一时期某一地域的自然、社会、政治、经济、文化等方面情况或特定事项。

3）对人口结构特点进行调查：通过查阅官方统计局的数据了解宿迁市人口结构特点，但同时注意到官方数字和实际情况之间的差距，因为在体育活动举办期间的当地人口结构可能会受到其他社会因素的影响，需要另外注意。

4）对自然环境资源进行调查：通过查阅书面资料和实地考察相结合，能够得到更全面的认识。

（1）问卷调查和座谈

对宏观市场环境的把握是基础，更重要的是要对目标市场进行调查。生态四项公开赛立项之前主要采用问卷调查法和座谈法进行市场调查。

生态四项公开赛问卷调查是以随机选取的 50 位北京市铁人三项运动协会会员及北京体育大学社会体育系 100 位学生为调查对象发放问卷。

生态四项是挑战极限的户外运动，与铁人三项具有相似之处。铁人三项综合了三个截然不同的体育项目——游泳、自行车和跑步，现有的奥运会比赛项目包括游泳 1.5km，自行车 40km 和跑步 10km。生态四项运动除包括铁人三项的三项运动之外，还有皮划艇项目，各项目的比赛距离也因此和铁人三项不同，能参加生态四项比赛的运动员至少要有参加铁人三项比赛的经历。基于以上理由，项目组选择 50 位北京市铁人三项运动协会会员进行调查。

选择北京体育大学社会体育系学生为调查对象主要是基于，首先，社会体育系所有学生都是通过体育单招考试选拔而来，自身具有专业运动员背景；其次，通过对学校课程的学习，能够从运动训练、运动生理解剖等方面更加全面地去理解生态四项运动项目对运动员身体的要求和影响。

（2）问卷调查和访谈结果

通过问卷统计，发现 85%以上的受调查者对参加铁人三项所必须进行的身体检查确切了解，90%以上受调查者对长距离跑步马拉松对身体造成的损伤确切了解。95%以上的受调查者认为把皮划艇和游泳、自行车、跑步结合在一起并在合理安排四个项目进项的顺序的情况下举行比赛是可行的。71%的受调查者认为应该把游泳设为第一个比赛项目，45%的受调查者认为应该把皮划艇设为第二个比赛项目，60%的受调查者认为应该把自行车设为第三个比赛项目，67%的受调查者认为应该把跑步设为最后一个比赛项目。

除了问卷调查外，生态四项公开赛项目立项之前主办方还与国家体育总局登山运动管理中心的专家进行了座谈，重点讨论了划、骑、游、跑 4 个项目合理的顺序和距离安排，以及项目的推广前景。人在跑步时肝脏器官储存的血液会流入血液循环系统，身体血流量增加，血管扩张。跑步时骨骼肌收缩，带动骨骼、肌肉及内脏器官的振动，其中肌肉的物质代谢急剧增强，产热量大增，会引起体温升高。一般情况下，长跑后人的腋下体温会上升到 38.5℃。体温升高的同时，由于中枢神经系统的调节作用，散热过程也增强了。这时分布于身体各处的数百万条汗腺张开，导管将汗液和分泌物引向皮肤表面。出汗越多，人体内的电解质丢失越多。因此，如果在长距离跑步之后立即进入冷水中游泳，水温（即使是在炎热夏季，水温也不会超过 28℃），与人体的温差会导致皮肤血管收缩，肌肉紧张、抽搐，毛孔迅速收缩、闭合，体内热气不能散发出来，滞留在体内易引起高热症。若电解质丢失过多，则可能会引起心律不齐，严重的引发心肌梗死等。长距离跑步之后，体内能量不断消耗，乳酸在体内大量堆积可能会导致肌肉疲劳，也会引起抽筋。若在游泳时抽筋，极易发生危险。综上所述，不能把跑步项目放在游泳项目之前。为了参赛者的人身安全，游泳运动应该放在四个项目的第一位进行。

在夏季的高温下，长距离跑步结束后，大多数运动员都会出现轻微中暑现象。中暑发生在跑步过程中比发生在骑自行车过程中危险性稍低。另外，把自行车项目放在跑步之前，选手们此时还不会太在乎进换项区的先后顺序，相对来说场面更有次序，发生危险的概率较小。如果自行车是最后一项比赛项目，摔车、撞车的概率会大大上升，同时对主赛场的场地要求会更高，终点线后的区域更容易出现一片混乱的景象。基于以上原因，自行车项目放在跑步之前更合适。

皮划艇分为皮艇和划艇，在生态四项运动中采用的是双人皮艇。比赛时，运动员坐在艇内，面向前方，手持两头带桨叶的桨在艇的两侧轮流划动，依靠脚操纵舵控制航向。皮划艇属于周期性项目，运动员通过协调用力，用桨推动船行进，技术动作周期性重复，动作要领关键在于腰部乏力及上手支撑转换到水下支撑。在皮划艇运动的技术环节中，拉桨是划桨的关键，拉桨实际上就是使身体的力量传递至桨叶作用于水，产生反作用力，以克服水和空气等阻力，使船体前进。划船的技术可解释为用力的效果即通过拉桨，使全部的力量由桨叶最有效地作用于水，周而复始。因此，以坐姿参与比赛的皮划艇放在游泳比赛之后最合适，对刚刚进行过长距离游泳的运动员来说，身体能够得到有效调节。

根据问卷调查和专家座谈的结果，最终确定生态四项公开赛由 2km 游泳、10km 皮划艇、38km 自行车和 8km 跑步组成。

（3）调查报告与评估

2014 年 10 月 20 日，国务院印发了《关于加快发展体育产业促进体育消费的若干意见》，简称为 46 号文件。文件中设定了到 2025 年基本建立布局合理、功能完善、门类齐全的体育产业体系，体育产业总规模超过 5 万亿元的发展目标。该文件从坚持改革创新、发挥市场作用、倡导健康生活、创造发展条件、注重统筹协调等方面阐释了发展体育产业的基本原则。同时该文件明确指出，支持中西部地区充分利用江河湖海、山地、沙漠、草原、冰雪等独特的自然资源优势，发展区域特色体育产业。国家把体育产业发展提升到国家战略地位，将极大促进体育产业的发展。

宿迁位于江苏省北部，属淮海经济带、沿海经济带、沿江经济带的交叉辐射区；交通十分便利，京杭大运河纵贯南北，京沪高速、宁宿徐高速、徐宿淮盐高速、宿新高速建成通车，新长铁路、205 国道穿境而过，宿淮铁路、省道 344 加快推进；西距徐州观音国际机场 60km，北离连云港白塔埠机场 100km，东到淮安涟水机场 130km，空港优势非常明显。

宿迁历史悠久，境内泗洪县天岗湖乡松林庄发现的长臂猿化石，距今有 1000 多万年，到目前为止为亚洲最早；双沟地区在距今约 5 万年前就有古人类下草湾人逐水而居的记录，据考证，这里是世界人类起源中心之一。距今 8000 年前后的泗洪县顺山集遗址被确认为江苏省境内已发现的最早的新石器时代遗址，它的发现将江苏文明史至少推前了 1600 年。相传夏、商、周三代，古族徐夷在境内生息。公元前 113 年，古泗水国在此建都，历时 132 年。秦代置下相县，东晋设宿豫县（现为宿豫区），唐代宗宝应元年（公元762年），为避代宗李豫讳，改称宿迁至今。宿迁是革命老区，新四军在此创建的淮北抗日民主根据地为全国19大根据地之一。同时，宿迁是闻名中外的"水产之乡"，水域面积350余万亩，境内有两湖（洪泽湖、骆马湖）三河（大运河、淮河、沂河），其中两湖水质达国家二类标准，盛产银鱼、青虾、螃蟹等50多种水产品。泗洪县还被原国家农牧渔业部命名为"中国螃蟹之乡"。

综上所述，宿迁具有得天独厚的自然资源环境，同时交通发达，处于长三角经济圈，各项配套设施良好，发展户外赛事和体育体验旅游的条件成熟。

66.1.4 生态四项运动赛事发展历程

首届生态四项公开赛于2013年8月18日在江苏省宿迁市举办。为期一天的赛事分为专业组和业余组。两个组别的选手均要一次性完成全程58km的比赛，比赛共包含"2km骆马湖横渡""10km骆马湖皮划艇""38km山地自行车"和"8km森林公园越野跑"四项。专业组邀请国内外20支高水平山地户外专业队伍（其中有2支国际队）参加比赛，每队5人，4名队员（最少1名异性）外加1名领队。业余组向宿迁市及徐州等周边地区公开招募业余男子组、女子组、接力组400～600人，以个人参赛形式参加。

2014年生态四项公开赛升级为国际A级户外运动赛事，赛事等级的提升意味着赛事规模、影响力的扩大。2014年5月21日"生态苏酒杯"中国宿迁骆马湖国际生态四项精英赛启动仪式新闻发布会在国家会议中心举行，该赛事汇聚了"骆马湖横渡""骆马湖皮划艇""山地自行车""森林公园越野跑"4项陆上和水上经典运动项目。正赛在2014年9月5—7日在江苏省宿迁市骆马湖进行。与2013年比赛相比，2014年在生态四项精英赛正赛开始之前进行为期3个月的推广活动，结合时下全球风靡的时尚休闲运动，设计出生态四项个人赛、家庭赛、情侣赛、企事业单位团体赛4个主题推广活动。通过主题推广活动，让宿迁骆马湖旅游资源得到更广泛传播。

2014年9月5日，2014中国（宿迁·骆马湖）生态四项国际户外运动精英赛开幕式之后，"生态四项体验行"4个绿色项目开始进行，共有来自各行各业2000余名市民参与其中。生态四色跑比赛调动参与者的情绪，让所有人乐在其中。

2014年9月6日清晨6点，2014"生态苏酒杯"中国宿迁骆马湖生态四项国际户外运动精英赛专业组比赛正式开始，共有来自国内外的24支队伍参加比赛。最终，原始探险队以15小时25分10.3秒的成绩夺冠。专业组比赛赛程总计238km，除游泳、皮划艇、自行车、跑步之外，还包括轮滑和100m高空速降。比赛的难度和观赏度较2013年有大幅提升。

第三届国际生态四项赛于2015年9月在江苏宿迁举办，赛事设立赛程为218km的国际精英组和赛程29km的个人挑战组。赛事同期，由国内13个具备良好生态基础的城市发起成立了中国生态四项运动城市联盟，初步建立了赛事在全国的推广、申办机制，让更多的运动爱好者能享受此项运动。同时，本届赛事也开展了生态四项运动夏令营、生态四项运动成人礼、生态四项高校挑战赛等系列青少年活动，为生态四项运动奠定了一定的青少年大众基础。2016年起，生态四项运动赛事开始在全国多个城市举办。

66.1.5 生态四项运动赛事组别设置

生态四项公开赛设置有精英组和体验组，参赛者既有专业户外运动员，同时也有健身爱好者。而创办者的初衷是不仅只做体育赛事，更要延伸至体育体验旅游，任何有健康需求的人都可以参与其中。因此，生态四项公开赛的目标客户几乎覆盖所有宿迁及周边地区居民，是一项兼具体育竞赛、商业赛事和全民健身的体育竞演体验的原创赛事。

66.1.6 生态四项产品与服务

（1）原创体育品牌赛事服务

对全国有意向举办生态四项系列赛事的城市和地区进行赛事策划和包装，根据地方特色策划出能充分体现地方特色，展现地域文化的精品生态四项赛事，体现"一地一品牌，一地一特色"的理念。例如，内蒙古乌兰察布的"草原生态四项"、武义牛头山"山水生态四项"等。

（2）体育体验旅行产品及服务

公司根据地方要求设计体育体验旅行线路，以公司项目部为宿迁市骆马湖打造的体育体验旅行产品为例，宿迁骆马湖生态四项体育体验旅游项目是依托骆马湖风景区进行的，充分利用现有土地资源、生态旅游资源，将生态文明建设和体育产业发展融合于一体而打造的富有独特特色的体验体育旅游线路，丰富了宿迁市的旅游产品体系，实现了体育产业与旅游产业的互动发展。宿迁骆马湖生态四项体育体验旅游项目依托骆马湖景区和原创生态四项体育赛事经营发展，线路新颖，基础设施和配套设施完备，经营收入链长且完整。

（3）青少年体育服务

以生态四项运动的四个项目为依托，以生态四项主题公园或者生态四项训练基地为目的地，在暑期开展青少年生态四项夏令营，让青少年在体验生活的过程中掌握四个运动项目，使青少年在掌握四个运动项目的基础上更好地锻炼、成长。

为中小学生举办生态四项成人礼，用一个小比赛的形式为青少年举办一个终生难忘且有意义的成人礼。

66.2　基于生态四项运动的体育体验旅游项目介绍

66.2.1　生态四项体育体验旅游项目背景

生态四项赛是中国首个将生态文明建设融入体育、用健康产业促进地方经济发展的大型原创赛事，是一个全新的运动项目。生态四项比赛汇聚了"骆马湖游泳""骆马湖皮划艇""山地自行车""森林越野跑"等项目，是人类在水中和陆地上这两项最基本的行进生存技能的有效结合，赛事融观赏性、参与性、科学性、挑战性和深厚文化内涵于一体。赛事创办之初就确立了"宿迁·骆马湖生态四项"的品牌，力争将骆马湖"生态四项"打造成宿迁的宣传名片，为提升宿迁在全国乃至国际上的知名度起到积极的作用。

赛事同时也在打造国内首条生态体育体验旅游线路、带动当地全民健身与体育产业的协调发展、促进宿迁骆马湖生态文明建设、促进宿迁地区文化建设等方面起到推进作用。

66.2.2　项目概况

（1）项目名称

宿迁骆马湖生态四项体育体验旅游项目。

（2）项目位置

宿迁市滨湖新区，骆马湖风景区。

（3）项目建设性质

新建项目。

（4）项目可行性的初步结论

1）政策可行：该项目是国家鼓励发展的产业，加快开发可尽早形成本市的产业优势，也契合全省建设"旅游强省"的产业政策导向。

2）区位可行：文化氛围独特，地理位置优越，自然环境优美，适合开发体育体验旅游项目。

3）市场可行：目前同类产品的供给市场不足，需求市场较旺盛。

4）技术可行：项目本身所需高端大型娱乐设备，由国外设备公司提供。

5）文化可行：本市历史文化悠久，自然风光良好，该项目建成后，可与其他景区形成璧合优势，促进该地区旅游业突破性的发展。

（5）项目可行性论证的依据

1）党的十八大报告中关于生态文明建设和全面建成小康社会的论述。

2）《中华人民共和国城市规划法》。

3）《中国旅游资源普查规范（试行稿）》。

4）中华人民共和国国家标准（GB/T 17775—2003）《旅游区（点）质量等级的划分与评定之细则二》。

5）《宿迁市国民经济和社会发展"十二五"规划纲要》。

6）《宿迁市旅游业发展"十二五"规划纲要》。

7）《宿迁市政府工作报告（2014 年）》。

（6）项目建设内容（表 66.1）

表 66.1　项目建设内容

项目名称	项目选址	建设内容
骆马湖生态四项体育体验旅游公园	湖滨公园	起终点门（共用），起终点驿站（共用），园中驿站，地面和立体标识系统
生态四项体育体验旅游线	三里小区至乾隆行宫，三台山	起终点门（共用），起终点驿站（共用），驿站，地面和立体标识系统

66.2.3　项目市场定位

（1）客源市场总体定位

宿迁骆马湖生态四项体育体验旅游发展目前正处于起步阶段，旅游客源市场规模较小，品牌知名度和形象特色有待进一步提升，客源市场还有更大潜力可挖掘。因而，在近期乃至中期，应优先挖掘宿迁市及附近长三角地区旅游客源市场。在项目的中后期，随着产品规模的壮大和知名度的提高，再进一步扩大市场规模。

（2）客源市场细分定位

1）核心旅游客源目标市场：长三角城市群。长三角经济圈经济发达，人口稠密，人均收入水平较高，距宿迁市距离适中，是宿迁骆马湖生态四项体育体验旅游产品的核心旅游客源市场。

2）机会旅游客源目标市场：国内其他经济发达地区、部分国际市场。

66.2.4　项目主要建设条件

1. 文脉条件分析

（1）生态自然条件

骆马湖旅游风景区位于宿迁中心城区北部，湖滨新城西部，西临骆马湖风景片区，东临三台山风景片区，隶属于宿迁市湖滨新城开发区。景区北起嶂山闸，南至京杭大运河，东至发展大道。景区沿骆马湖东岸，平均进深 2km，占地面积约 32km²。骆马湖旅游风景区属暖温带季风气候，四季分明，年平均气温 13.9℃。骆马湖湖水多来自沂蒙山洪和天然雨水，沿湖又无工业污染，常年水体清澈透明。景区依山傍水，左侧毗邻 400km² 骆马湖，独享湖东 20 多里（1 里＝500m）黄金水岸，右侧靠近三台山风景名胜区。区内以意杨林为主，也有垂柳、紫叶李、广玉兰等树种，同时也是喜鹊、白鹭、戴胜、山斑鸠等鸟类的天堂，丰富的生态资源为骆马湖生态四项体育体验旅游产品提供了得天独厚的发展条件。

（2）人文历史条件

骆马湖位于宿豫县、宿城区西北部，即今天的晓店镇东北部，有青莲岗文化遗址。秦汉时期，该地设县，东晋称郡，唐代宗宝应元年改县名为宿迁。万世传颂的抗秦英雄西楚霸王项羽，就出生在骆马湖东南 7～8km 处的宿城梧桐巷，故里建有项里公园。国家级文物保护单位乾隆行宫，坐落在骆马湖西岸的皂河镇内。清朝乾隆皇帝 6 次巡游江南，有 5 次到敕建安澜龙王庙祭祀并留宿，故将其称为"乾隆行宫"。骆马湖东岸的马陵山上，古有秦汉时期的"霸王扳倒井"，唐朝名将薛仁贵东征的"藏兵洞"，宋朝名将韩世忠屯兵抗击金兵的宋营等古迹；今有宿北大战的诸多遗迹，如宿北大战指挥部遗址"三仙洞"、著名峰山战斗遗址、嘛陵山公园陈毅题写塔名的"宿北大战马陵山革命烈士纪念塔"等。另外，以菩提寺为中心的宗教文化及骆马湖地区的民俗文化也大有文章可做。

2. 必要条件分析

（1）经济发展转型的需要

为了充分挖掘和利用宿迁市的生态旅游资源优势，将生态旅游资源和历史文化资源转化为促进宿迁经济发展转型的动力，以打造宿迁新的旅游点和经济增长点，力争将其塑造成为具有地方特色的体育体验旅游精品，从食、宿、行、游、购、娱 6 个方面，结合体育活动的相关要素对项目进行整合，推动宿迁市经济又好又快发展。

（2）旅游市场需求变化的需要

随着我国国民经济的快速发展和旅游市场规模的不断发展壮大，旅游者的闲暇时间和可自由支配收入越来越多，旅游者的需求也呈现出高层次、多样化的特征。传统的观光型旅游产品已经不能适应市场发展的需要，我国旅游业的发展正处于从观光型旅游到度假型旅游再向体验型旅游转型升级的过程。开发出适应市场需要的体验型旅游产品势在必行。

（3）全面建设小康社会的需要

党的十八大报告指出，"广泛开展全民健身运动，促进群众体育和竞技体育全面发展"，是对未来我国体育事业发展提出的新的目标和要求，也是全面建成小康社会的目标之一。习近平总书记在出席全国群众体育先进单位和先进个人表彰会、全国体育系统先进集体和先进工作者表彰会时也强调，全民健身是全体人民增强体魄、健康生活的基础和保障，人民身体健康是全面建成小康社会的重要内涵，是每一个人成长和实现幸福生活的重要基础。宿迁骆马湖生态四项体育体验旅游项目的开发建设正是适应了全面建成小康社会的需要。

66.2.5　宿迁骆马湖生态四项 SWOT 分析

1. 优势

（1）生态资源优势

宿迁位于苏北平原，属于温带季风气候，四季分明，光照充足，雨水丰沛，年平均气温 14.2℃，降水充足，年均降水量达 910mm。独特的地理位置优势和优越的气候条件造就了宿迁丰富的生态旅游资源，集山、林、湖、地、洞与珍稀动植物等为一体，是开展多项目旅游活动，满足不同层次旅游者旅游休闲的最佳场所。经过近几年的发展，宿迁旅游业逐渐形成了以骆马湖、洪泽湖和大运河为主要特色的旅游产品体系，吸引了大批游客前来参观游览。独特的生态资源优势和良好的客源市场基础，为宿迁生态四项体育体验旅游的发展创造了条件。

（2）区位交通优势

宿迁地处徐、淮、连的中心地带，处于陇海经济带、沿海经济带和沿江经济带的交叉辐射区，是沿海开发承东启西的重要门户，也是长江三角洲北翼新兴的经济中心。宿迁市正在加快建设成为苏北地区承接长三角产业转移、淮海经济区生产要素集聚的重要基地。宿迁市作为新亚欧大陆桥东桥头堡城市群中重要的中心城市，毗邻长三角经济区，区位优势突出。

（3）独特品牌优势

"2013'运河文化杯'中国（宿迁·骆马湖）生态四项公开赛"是以宿迁独特的生态旅游资源为依托，以体育赛事为载体，将生态文明建设和体育体验旅游有机结合而打造的原创品牌比赛活动。此次赛事紧紧抓住了党和国家关于加强生态文明建设的主题和推动我国体育产业从竞技体育向全民健身体育发展的方向，集中展现了宿迁骆马湖美丽的旅游资源和精湛的体育竞技比赛，为将宿迁骆马湖塑造成具有鲜明地域特色和独特魅力的生态体育旅游城市打造了新颖的体育体验旅游品牌，对于提升宿迁市在全国乃至国际上的知名度具有巨大的作用。

2. 劣势

（1）体育旅游人才缺乏

体育旅游作为旅游产业与体育产业交叉渗透产生的一个新领域，是以体育旅游资源为基础，以参与性的体育赛事为载体，吸引人们参加与感受体育活动和大自然情趣的一种新的旅游形式，是体育与旅游相融合的一种特殊的休闲生活方式。体育旅游不是旅游业的一个普通分支，它具有自身的专业性和特殊性，对人才的要求较高。体育体验旅游产品的开发与经营需要的人才不仅要懂体育、知旅游，更要具有市场经营管理方面的专业性知识。从目前来看，宿迁市体育旅游人才匮乏，懂体育、知旅游、晓经营的复合型人才凤毛麟角，这是制约宿迁体育旅游发展的瓶颈之一。

（2）旅游业发展模式单一，面临转型升级

多元化的旅游模式是旅游业繁荣和发展的基础，也是延长游客在当地停留时间和增加旅游收入的重要手段之一。从宿迁当前的旅游业发展模式来看，虽然宿迁旅游资源种类丰富，但发展模式单一，仍然停留在观光旅游阶段，休闲旅游和体验式旅游产品较少。这就造就了旅游活动内容单调，没有形成足够的市场吸引力和竞争力，造成重游率低、逗留时间短、旅游收入增幅缓慢且收入较少的局面。与周边其他地区相比较，宿迁旅游业知名度并不高，旅游产业带动力不强，旅游业的发展面临转型升级。

（3）体育体验旅游多头管理

体育旅游开发管理，涉及旅游、文化广电体育、林业、水利、民政、建设等多个部门和各有关乡镇、村庄，但由于体育旅游业发展特有的规律性，这种政出多门的管理模式，造成整体利益与局部利益、长远利益与近期利益、经济利益与社会生态效益等多种矛盾，导致产业发展投资浪费、重复开发、破坏性建设、管理内耗等现象。因此如何理顺管理体制，消除政出多门的现象，减少人为消耗，是今后体育旅游业发展的一项重要工作。

3. 机遇

目前宿迁体育旅游业发展面临三大战略机遇期：

（1）战略机遇期一——文化体育大发展

当前，世界经济形势低迷，我国产品出口受阻。同时，我国社会经济发展处于重要转型期，小康社会建设进入关键时期。在这样的宏观背景下，我国政府提出了大力发展健康产业，全力发展体育产业，发展文化产业，促进居民消费，改善人民生活质量，提高人民生活水平的目标。因此，当前发展体育旅游的宏观投资环境和微观经济基础比以往任何时候都要好，这是宿迁体育旅游业发展的一大机遇。

（2）战略机遇期二——旅游业发展进入体验经济时代

目前，我国旅游业正从以观光型旅游产品为主的发展阶段逐步向以观光、休闲、度假、娱乐相结合的复合型旅游产品为主的发展阶段过渡。中国旅游业发展正全面进入以休闲体验为主的时代。从 2009 年开始，我国成为世界汽车生产和消费的大国，汽车产销量超过了美国，汽车已经进入到普通家庭。各种自驾游俱乐部、自驾游联盟的兴起，也为宿迁发展体育体验旅游提供了千载难逢的好机遇。

（3）战略机遇期三——产业结构调整升级

中国正在进行产业结构调整，旅游业作为第三产业中的龙头产业，在当前正在进行的产业调整中，大多数地区均把旅游业作为优势产业或支柱产业，采取很多扶持措施来促进旅游业的发展。国内体育旅游继续稳步发展的基础条件如下：中国城乡居民家庭收入有了稳步提高；旅游消费意识的变化；居民闲暇时间增多，对新型旅游产品的需求增加。

（4）战略机遇期四——休闲产业大发展

2006 年在杭州召开的以"休闲——改变人类生活"为主题的第九届世界休闲大会形成共识，21 世纪，以休闲、旅游、娱乐、健身、艺术、文化传播等为主的"休闲经济"，将名副其实地成为世界支柱产业。据美国权威人士预测，休闲、娱乐、旅游业将成为下一个经济大潮，并席卷世界各地。这意味着人们将把更多的时间、金钱用于休闲消费，出游率将大大增加。

4. 威胁

（1）周边同质产品竞争

宿迁同周边其他苏北城市相比较，其旅游资源具有较强的替代性，旅游产品结构大体趋同。尤其是在长三角都市圈内，多个国家级森林公园、国家历史文化名城、风景名胜区都推出了观光旅游产品和休闲度假旅游产品，都确定了以长三角城市群市民的周末短假出游为主要目标市场，这必将加剧区域旅游竞争，从一定程度上分散了前往宿迁旅游的客流。宿迁骆马湖生态四项体育体验旅游产品，如何在同质竞争中寻找突破口，凸显地方特色，获得应有的市场份额，是其未来发展的一项重要议程。

（2）体育体验旅游观念不成熟

体育旅游是一项新兴旅游项目，与一次性消费的传统观光旅游存在较大差异。在许多人的眼里，体育旅游是消遣，是游手好闲，这是对体育旅游的肤浅认识。体育旅游是在恢复体能和打发闲暇时间的消费，是劳动的再生产和必要劳动的补偿，更多的是追求感官享乐。如何让人们在观念上认为花钱去参与体育旅游，在获得旅游愉悦的同时又能体验到体育锻炼带给自己的不同感受，这是发展体育旅游、全面建设小康社会的一个新课题。

后　记

　　生态旅游是西方在对工业文明痛定思痛的反思基础上，力图建构新型的人地关系的过程中提出来的。中国"天人合一""和天则休"的人地关系认知观，构成了中国独特的"山水文化"的核心。这种伦理观是支撑生态旅游在中国实践的文化基础，而保护地体系则构成了生态旅游的基本资源支撑。因此，生态旅游是一种新型的环境经济伦理观，是生态文明和美丽中国建设的重要抓手。生态旅游概念从20世纪90年代初由西方传入中国内地已20余年，这20余年经历了学习—本土化—融合创新的发展历程。基于此，业界的不少学者提出应该对中国生态旅游的发展有一个阶段性的总结。在此背景下，中国生态文明研究与促进会生态旅游分会和中国生态学学会旅游生态专业委员会联合组织编写了《中国生态旅游发展报告》。"两会秘书处"经过筹备，于2015年8月11日，邀请了各省、自治区、市的学者代表，在北京商讨《中国生态旅游发展报告》的组稿编撰事宜。通过讨论，会议上推举叶文、张玉钧和李洪波教授作为召集人来具体负责报告的组织编撰工作。组稿工作得到了受邀撰稿的绝大部分学者、企业界人士、非政府组织人士的积极响应，国家相关部委和九三学社中央领导对总报告的审定付诸了心血，第十一届全国政协副主席陈宗兴同志欣然为该书作序。这样的鼎力合作，在中国旅游界是罕见的，预示着中国的生态旅游发展会有一个光明的未来。整个报告分为总报告、理论研究、区域发展和实践与案例4大篇，共68篇文章，80余万字。通过为时一年多的紧张编撰和反复审定，所有稿件于2017年4月底审定完毕。因此，《中国生态旅游发展报告》是百余名编者、审稿者和相关工作人员共同辛劳的成果。由于撰稿者来自各行各业，专业背景各不相同，审稿团队的视野和水平也有一定局限，错误和不足在所难免。

　　编撰《中国生态旅游发展报告》，是为了对历史负责，更是为了情怀。我希望以此为契机，在中国生态文明研究与促进会生态旅游分会和中国生态学学会旅游生态专业委员会的组织下，与国家社会经济五年发展计划相对应，每五年编撰一本《中国生态旅游发展报告》，使其成为记载中国生态旅游发展的重要历史文献。

　　所有的引用文献都已注明，若有注释不清之处，请与作者联系。

　　由衷地感谢为本书的编撰作出贡献的所有机构和人员！

叶　文

2017年5月